HISTOIRE GÉNÉRALE

DU

DROIT FRANÇAIS

DES ORIGINES A 1789

A l'usage des Étudiants des Facultés de Droit

(Première année de licence et doctorat ès sciences politiques).

PAR

J. DECLAREUIL

PROFESSEUR A LA FACULTÉ DE DROIT DE L'UNIVERSITÉ DE TOULOUSE

LIBRAIRIE
DE LA SOCIÉTÉ DU
RECUEIL SIREY
LÉON TENIN, Directeur
22, Rue Soufflot, PARIS-5e

1925

HISTOIRE GÉNÉRALE

DU

DROIT FRANÇAIS

DES ORIGINES A 1789

Bordeaux, Imprimerie Cadoret, 17, rue Poquelin-Molière.

HISTOIRE GÉNÉRALE

DU

DROIT FRANÇAIS

DES ORIGINES A 1789

A l'usage des Étudiants des Facultés de Droit

(Première année de licence et doctorat ès sciences politiques).

PAR

J. DECLAREUIL

PROFESSEUR A LA FACULTÉ DE DROIT DE L'UNIVERSITÉ DE TOULOUSE

LIBRAIRIE
DE LA SOCIÉTÉ DU
RECUEIL SIREY
LÉON TENIN, Directeur
22, Rue Soufflot, PARIS-5ᵉ

1925

PRÉFACE

Ce livre n'est pas de ceux qui ont besoin de longue préface. Il n'a pas le prétention de rien apprendre aux savants déjà très versés dans les études d'histoire juridique. Il a été composé, ainsi que son titre l'annonce, à l'intention des étudiants des Facultés de droit. Les débutants y trouveront ce qui constitue d'ordinaire l'enseignement historique donné en première année de licence. Il ne sera pas moins utile, je crois, à ceux qui aspirent au grade de docteur ès-sciences politiques et économiques, car beaucoup de ses chapitres correspondent à la partie générale du programme d'histoire du droit public français pour le premier examen de ce doctorat. Si les uns et les autres s'intéressent et profitent à sa lecture, il aura amplement atteint son but.

Pour satisfaire l'esprit et être vraiment utile au travail de ces deux groupes de lecteurs qui, à trois années de distance, sont, pour une part, les mêmes, il a paru bon d'adopter certains procédés de rédaction, plus susceptibles que d'autres d'éveiller et de soutenir l'attention et, dès lors, d'aider la mémoire. Pour l'ensemble des étudiants qui abordent l'enseignement supérieur avec, de leur propre aveu, des connaissances historiques restreintes, il convenait d'éviter les exposés de forme trop abstraite et trop exclusivement juridique, qui risqueraient, au premier contact, de les dérouter et de les rebuter, en tout cas leur permettraient malaisément de rétablir eux-mêmes le jeu des institutions ainsi définies dans le cadre ou la trame de l'histoire. Il fallait aussi éviter que ces exposés fussent continus et massifs, parce qu'à les suivre en de longs chapitres, uniformes et touffus, sans points de repère, l'esprit se lasse, l'attention s'évade et la mémoire se refuse, surtout quand il s'agit de lecteurs non encore avertis et qui vont à la découverte.

C'ést pourquoi, dans cet ouvrage, sans rien atténuer des caractères juridiques des institutions décrites ou des faits narrés, ni rien voiler de ce qui les constitue le domaine du droit, puisque avant tout c'est le propre objet du livre, l'auteur s'est efforcé d'en laisser voir le jeu en fonction du milieu social et de leur conserver l'allure, permanente ou changeante, qu'ils eurent d'être des éléments de la vie nationale. C'est pourquoi, en second lieu, on trouvera les chapitres scindés en paragraphes, eux-mêmes subdivisés au moyen d'une échelle de rubriques qui sont autant de relais pour l'esprit et qui, par l'annonce de ce qui va suivre, rappellent l'attention et fixent la mémoire.

Il est bien évident que, dans cette présentation successive des institutions juridiques d'une période de plus de dix-huit siècles, au cours de laquelle il n'y eut pas de solution de continuité, que le legs romain a toujours, bien que diversement, dominée et dans laquelle on ne saurait faire de coupures autres qu'arbitraires, les trouvailles personnelles de l'auteur sont peu de chose et qu'il doit à peu près tout à ses devanciers. Il leur en fait ici un bloc al hommage. Mais, préoccupé surtout de ceux pour qui il écrivait, autant qu'aux ouvrages de ces maîtres et, à fortiori de préférence à toute cette bibliographie étrangère qui s'aggrave sans cesse de noms supposés notoires et dont nos étudiants se préoccupent peu, il a invité ceux-ci à se reporter aux sources toutes les fois qu'elles étaient à leur portée. Des notes abondantes, que d'aucuns trouveront peut-être trop copieuses, leur sont consacrées, dans l'espoir que les candidats au doctorat, au moins, les utiliseront, qu'à ce contact des documents le goût de la recherche viendra à plusieurs et que s'amorceront peut-être ainsi quelques vocations d'historiens.

Le livre s'arrête en 1789. Il était difficile de condenser en quelques chapitres de plus le droit de la période postérieure. Il y faudrait un autre volume. En outre, plusieurs enseignements ont pour objet le droit public de cette période et les ouvrages de grand renom auxquels il a donné lieu et qui sont en toutes les mains, y suppléent abondamment. D'un autre côté les parties du droit privé, qui ne sont pas comprises dans l'enseignement ordinaire de première année, n'ont pas été traitées ici; car elles requerraient un travail aussi long et important que celui que je livre aujourd'hui au destin. Souhaitons que quelqu'un de mes savants collègues y apporte sa science et ses soins.

J.D.

LIVRE PREMIER

LES ORIGINES

Gaule et France.

La Gaule, avant César, était une expression géographique pour désigner la partie occidentale de l'Europe comprise dans les limites qu'il indique et où prévalait depuis longtemps le nom celtique (¹).

Les Romains apportèrent aux peuples de ces régions une unité politique et administrative qu'ils n'avaient, ce semble, jamais connue (²). Sous l'influence d'une civilisation supérieure, leur fusion s'acheva. La Gaule, informée par la pensée du vainqueur, par la place qu'elle tint et le rôle qu'elle joua dans l'Empire, acquit une individualité historique qui parut définitivement fixée quand, à la disparition de l'empereur d'Occident, des dynastes de race franque la constituèrent en une monarchie autonome, le *regnum Francorum*. Mais, ayant été, dans le système carolingien, le centre autour duquel gravitait la chrétienté occidentale, elle se trouva, à sa chute, submergée par l'anarchie et déchirée comme lui. Au traité de Verdun (août 843), ses lambeaux furent distribués entre Charles le Chauve et Lothaire. La part du premier, la *Francia occidentalis*, ne s'étendait plus que de l'Escaut à l'Espagne, de la Saône, des Cévennes ou du Rhône à l'Océan. Par moments accru, puis vite rétréci par la diffusion du régime seigneurial au point que le terme *Francia* ne correspondit plus qu'à un étroit canton entre Seine, Oise et Marne, ce royaume, avec son ombilic orléa-

---

(1) César, *De bello gallico*, I, 1.

(2) Sur l'hypothèse d'un empire celtique unitaire : D'Arbois de Jubainville, *Les premiers habitants de l'Europe*, 2ᵉ éd., t. 2, pp. 297 et s., 384 ; *L'Empire celtique au* ivᵉ *siècle avant notre ère* (RH, 1895). En sens contraire : C. Jullian, *Hist. de la Gaule*, t. 1, p. 379 et s.

nais, puis parisien, forma pourtant le noyau autour duquel la té-
nacité et l'habileté capétiennes regroupèrent les terres françaises.
Paris fut comme le haut lieu où le roi maintenait, par-dessus les
avatars seigneuriaux ou féodaux, le concept de la souveraineté
royale et d'où il faisait rayonner le nom de France aussi loin
qu'on reconnaissait ou qu'on ne niait pas expressément sa prérogative.

Ainsi fut fait et refait le royaume de France. Mais les peuples ne
se forment pas tout d'un coup. Pour constituer une nation dont la
prépondérance occidentale embrasse plus d'un millénaire, bien
des facteurs, proches ou lointains, durent successivement ou si-
multanément entrer en jeu. Certains demeurent inconnus. Parmi
les autres, il faut compter : 1° le sol, 2° les apports ethniques, autrement dit la plante humaine qui vit sur ce sol et par ce sol, 3° les
apports de civilisation : conceptions religieuses, morales ou sociales, méthodes intellectuelles et scientifiques, institutions politiques, juridiques, économiques, qui se sont, au cours des temps,
heurtées, superposées ou combinées sur ce même sol.

Dans cette suprême réussite de l'histoire qui s'appelle la nation
française, ce n'est pas toujours de la même source qu'a coulé le
sang et jailli l'idée. Les peuples qui versèrent les plus forts contingents dans la population de la Gaule furent ceux qui eurent une
moindre influence sur les institutions et les façons de penser qu'on
y connut depuis. Un autre, au contraire, en dépit de son minime
apport humain, nous a fourni les concepts essentiels sur lesquels
nous avons vécu. De sorte que les caractères propres des Français
résultèrent de la façon dont les plus anciens éléments ethniques
ont réagi au contact de ces principes, les ont interprétés, en ont
usé. L'heure de ce contact et le départ chronologique de ses effets
se placent à l'emprise romaine. Alors la masse de la population est
constituée. Rome y ajoutera peu. L'afflux barbare, plus important, s'y dispersera par flaques vite absorbées. Par contre, les
petits groupes d'administrateurs, de commerçants, de vétérans
que Rome députa dans la Gaule comme représentants de sa puissance, apportèrent à ses nouveaux sujets, ces dons magnifiques :
tout l'acquis de la civilisation méditerranéenne, déjà entrevue
par la porte ouverte de Marseille, le chef-d'œuvre rationnel de
leurs corps de lois, sans cesse accru, et, plus tard, le catholicisme, c'est-à-dire tout ce dont allaient se nourrir l'intelligence et
le cœur des temps nouveaux.

CHAPITRE PREMIER

LES FACTEURS PHYSIQUES

§ 1. — Le sol.

La terre agit sur la physiologie et le moral des hommes qui
l'habitent par influx mystérieux, dont les lois nous sont inconnues.
Des individus d'origines diverses, vivant sur un même sol, tendent insensiblement vers un type uniforme. Plus visibles, les
conditions de vie qu'imposent le climat, les productions du ter-
roir, l'ambiance atmosphérique et terrestre commandent souvent l'organisation sociale et la forme politique des Etats. Ces
considérations n'étaient pas restées étrangères aux anciens. Aristote, Hippocrate, Galien, Strabon, Pline avaient remarqué l'influence du milieu physique sur les caractères et les passions. Le
Moyen âge ne l'avait point ignorée. Bodin, Montesquieu établirent sur des observations de ce genre leurs théories des climats,
moins divergentes qu'on ne l'a dit, mais trop absolues et exclusives, parfois mal étayées sur des renseignements incomplets et
incompris, sur des faits souvent erronés, comme il a été facile à
Voltaire d'en relever dans *l'Esprit des Lois* (¹). Elles revenaient à
dire que le sol crée le peuple ou du moins contribue pour une large
part à le former. Mais cette idée simpliste vint se heurter aux
idées touchant l'homme universel, identique à lui-même et naissant armé des mêmes droits toujours et partout, sur lequel les
phénomènes naturels devaient glisser sans atteindre sa nature
permanente et invariable. De sorte que, malgré d'anciennes et
justes remarques de Joseph de Maistre, et plus encore d'Auguste

---

(1) J. Bodin, *Traité des six livres de la République*, V, 1, Lyon, 1580,
p. 461 et s. Montesquieu, *De l'Esprit des Lois*, Liv. XIV-XVIII, le dernier
consacré à la nature du terrain.

Comte, seulement de nos jours une discipline propre à ces sortes de problèmes a pu être instituée (²).

Le sol domine encore les modes de la vie nationale selon qu'il procure ou non, à l'Etat, les moyens de pourvoir à son développement et à sa défense, selon qu'il lui offre, sur ses limites ou dans leur voisinage, des facilités, ou non, de rayonner au dehors ou de se garder des pénétrations étrangères. L'histoire d'un peuple peut être attachée tout entière à la poursuite ou au maintien d'un ou de plusieurs de ces avantages : possession de matières premières, frontières historiques ou stratégiques, etc. Par un mode d'idéalisation, ceux-ci sont finalement incorporés à la patrie elle-même. Le désir de les acquérir, la crainte de les perdre, entretiennent alors dans le peuple, une ardeur de combat où s'alimentent la fierté et le courage qui le font grand. Une Gaule idéale à reconstituer anima toute la politique capétienne. A peine dégagée des entraves seigneuriales et, tout en cherchant vers l'Ouest et le Sud à toucher aux mers et aux murailles alpestres et pyrénéennes, elle se donna pour tâche de recouvrer ce qui, depuis le déchirement de 843, avait passé de l'héritage de Lothaire, de la *Gallia* ou *Francia Media*, aux mains du Germain et de se rapprocher toujours davantage de la barrière rhénane.

Nos rois, depuis Henri Ier, nos légistes, depuis Pierre Dubois. nos chroniqueurs et nos annalistes tendirent l'âme nationale vers cette limite qu'elle crut avoir définitivement atteinte en 1795 et en 1802. « Le but de mon ministère, lit-on dans le testament latin attribué à Richelieu, a été de rendre à la Gaule les frontières que lui a destinées la nature, de rendre aux Gaulois un roi gaulois, de confondre la Gaule avec la France, et partout où fut l'ancienne Gaule de rétablir la nouvelle (³) », c'est-à-dire de restituer dans ses frontières historiques la *Gallia* de César, de Clovis et de Charlemagne. Quand Louis XIV aborda au fleuve par Strasbourg, Vauban précisa : « Tout ce qui est en deçà du Rhin convient à la France, tout ce qui est au delà ne peut l'accommoder... Strasbourg ne se peut pas plus restituer que le faubourg Saint-Germain (⁴). » Un conseiller de Louis XV exposait, en 1744, qu'on devait s'en tenir là (⁵). Loin de viser à la monarchie universelle

---

(2) Vidal de la Blache, *Principes de géographie humaine*, publiés d'après les manuscrits de l'auteur par Em. de Martonne, Paris, 1922. — L. Febvre, *La terre et l'évolution humaine*, Paris, 1922.

(3) J. Flach, *Les affinités françaises de l'Alsace avant Louis XIV*, p. 73-77.

(4) *Oisivetés de M. de Vauban* : Places dont le Roy pourrait se défaire, Paris, 1843.

(5) Sorel, *L'Europe et la Révolution française*, t. 1, p. 322.

comme d'autres, la royauté capétienne s'arrêta à la conception
d'un Etat parfaitement défini par l'homogénéité de ses éléments
et par ses frontières à la fois historiques et naturelles, à la conception du « pré carré ». Encore n'en chercha-t-elle la réalisation
qu'avec prudence, plus par pénétration pacifique ou diplomatie
que par la force des armes, sachant à l'occasion consentir à des
arrêts momentanés, à des retards dans ses espérances si la tranquillité de la France et la paix de l'Europe y devaient gagner (⁶).
« La France, écrivait en 1738 Frédéric II, ne se précipite en rien.
Constamment attachée à son plan, elle attend tout des conjectures :
il faut pour ainsi dire que les conquêtes viennent s'offrir à elle
naturellement; elle cache tout ce qu'il y a d'étudié dans ses desseins, et il semble, à n'en juger que par les apparences. que la
fortune la favorise avec un soin tout particulier. Ne nous y trom-
pons point : la fortune et le hasard sont des mots qui ne signifient rien de réel. La véritable fortune de la France, c'est la pénétration, la prévoyance de ses ministres et les bonnes mesures
qu'ils prennent (⁷). » La maîtrise du Rhin, sous une forme ou sous
une autre (⁸), était pour beaucoup non seulement un idéal national,
mais une nécessité stratégique. Sans elle, Paris était trop près de
la frontière. La Convention nationale, le Tribunat, retentirent de
déclarations conformes à la politique traditionnelle. Des ennemis
mêmes admettaient qu'elle se justifiait par l'histoire et la confi-
guration de l'Europe (⁹).

§ 2. — La race. Formation ethnographique du peuple français.

I. — LA NOTION DE RACE DANS LES ÉTUDES HISTORIQUES.

Il est peut-être facile de définir théoriquement la race; il l'est
moins de la saisir dans sa réalité et ses effets. Les anciens n'en
avaient pas d'idée précise. Ils usaient, pour désigner les peuples,

(6) *Rec. d'instructions données aux ambassadeurs et ministres de France
en Autriche*, t. 1, p. 84. *Mémoires du baron de Breteuil*, 1795-1843 (éd. Trat-
chevsky).
(7) *Œuvres de Frédéric le Grand*, Berlin, t. 8 : *Considérations sur l'état
présent du corps politique de l'Europe* (1738), p. 16.
(8) Babelon, *Le Rhin dans l'histoire*, t .2, p. 150, 350, 437, 440. — *Au pays
de la Sarre*, p. 79 : « Le grand fleuve était devenu la barrière militaire de
la France par delà les petits Etats tampons ou Etats clients qui étaient, de
fait, en marge de la monarchie bien plus que parties intégrantes du Saint-
Empire. »
(9) Bielfeld, *Institutions politiques*, t. 2, ch. IV, § 20; t. 3, ch. III, § 40.
Frédéric II, du moins, s'y résignait : *op cit.*, p. 13.

d'appellations d'ordre politique et géographique et en estimaient la parenté d'après le voisinage ou la suite des escales dans les périples. Les signes extérieurs par lesquels ils décrivaient les étrangers, institutions, usages, langue, pouvant être empruntés ou imposés, ne révèlent pas nécessairement la race. Le type même, sujet à variations, ne s'établit que par des moyennes. La science moderne attache plus de prix aux caractères internes et physiologiques. Au temps encore proche où dominaient les doctrines de l'évolution et de l'hérédité, étroitement entendues, une partie de l'école positiviste, exagérant l'influence de la race et du milieu, expliquait par eux seuls le tempérament et le génie des peuples et, dès lors, leurs institutions et leurs usages. La notion de race fit ainsi son entrée dans les études historiques. Mais, déjà, les philosophes allemands avaient établi sur la prétendue pureté du sang germain leurs visées impérialistes. Pour eux et pour d'autres, le concept de la race expliquait et justifiait le funeste principe des nationalités.

Cependant, en dépit de l'immobilité apparente de quelques peuples orientaux qui vivent côte à côte depuis des siècles, parfois sous la même puissance politique, sans pénétrations réciproques, il est peu probable que des races pures aient jamais pu se maintenir longtemps [10]. Aux origines, les promiscuités et les mélanges furent facilités par le peu de différence entre les idées et les institutions rudimentaires des hommes primitifs, les mêmes partout puisqu'elles ne visaient qu'à satisfaire aux besoins essentiels de la vie, par le manque de sens national qui suppose un patrimoine commun de traditions et de culture, par la méconnaissance des signes ethniques, par l'absence de respect des coutumes des vaincus, confusément jetés dans l'ergastule et le harem du vainqueur. C'est à l'état sauvage ou barbare que les hommes se ressemblent le plus. La civilisation, en accentuant leurs qualités ou leurs défauts, fait apparaître des caractères toujours plus divergents ou leur en confère. Ces similitudes originelles légitiment et rendent fructueuses les inductions fondées sur les études de droit comparé qui, passé un certain développement social, ne doivent être utilisées qu'avec précaution et deviennent même dangereuses.

Mais, si les races primitives ont disparu, de nouvelles se sont formées par des mélanges ou des combinaisons d'éléments souvent fort complexes; car les causes qui créent ou fixent les tempéraments, les caractères, les instincts des collectivités humaines, agissent toujours, et, parmi elles, le milieu physique dans lequel

(10) J. Declareuil, NRH., 1910, p. 724.

les fusions ethniques s'opèrent. Il n'agit pas seul. Les croyances,
les civilisations en contact, les disciplines qu'elles imposent, les
progrès matériels, le hasard, travaillent à informer l'être collectif en voie de se parfaire. Ainsi lorsque, dans un canton de la planète, une série de familles ont subi longtemps une adaptation particulière et semblable, ont accumulé et perfectionné un ensemble de
qualités spécifiques et de réflexes qui, les distinguant des autres, les
rapprochent toutes entre elles, elles forment, à elles toutes, un
être corporatif qui a le droit de vivre et d'assurer, par des moyens
adéquats, la continuité de son existence. Et il est évident que des
qualités et des réflexes sélectionnés dans sa période de formation dépendent les modes de son action et de ses réactions à
l'égard des autres séries. Voilà pourquoi ce facteur de la race ne
peut être négligé au seuil d'une histoire des institutions. Il commande en partie l'avenir; car « la Cité, dit Burke, est une société
de morts et de vivants fixée sur une certaine terre » ([11]).

Pour distinguer cette création historique des problématiques
races primitives, on a proposé l'appellation plus modeste de
« groupe ethnique ». « Il existe de notre temps, dit M. Jacques
Flach, une tendance fâcheuse à confondre le groupe ethnique avec
l'espèce, le peuple avec la race. Ce sont pourtant des notions
profondément distinctes. Le groupe ethnique est un groupe social,
la race un groupe anthropologique. Le groupe ethnique peut être
composé de nombreuses espèces, races ou variétés humaines. Il est
basé sur la communauté de langue, de mœurs, de croyances, de
sentiments et d'institutions traditionnelles, et peut aussi se subdi-
viser en sous-groupes nombreux » ([12]).

Le peuple français est une résultante de ce genre. Comment
s'est-il formé ? Il est malaisé de doser les éléments qui, pendant
des siècles, se sont amalgamés pour cela. Les données de l'an-
thropologie sont trop incertaines pour qu'on puisse rien fonder
sur elles ([13]). Il faut s'en tenir aux seules documentations historique et philologique, quelque flottante que soit la première, aven-
turée parfois la seconde. D'après elles, j'indiquerai les variétés
d'hommes qui fournirent des contingents, du reste très inégaux, au
bloc français.

(11) Cpr. C. Jullian, *L'ancienneté de l'idée de Nation* (*Rev. pol. et litt.*,
janv. 1913).
(12) J. Flach, *Les origines de l'ancienne France*, t. 3, p. 127.
(13) J. Déchelette, *Manuel d'archéologie préhistorique, celtique et gallo-
romaine*. t. 1, pp. 302, 482 et s.; t. 2, p. 25 et s. De Morgan, *l'Humanité
préhistorique*, p. 1 et s., Paris, 1920.

II. — Formation ethnographique du peuple français

1º Éléments préromains.

Dès les temps néolithiques, la Gaule était occupée par des tribus dont nous ne savons rien, sinon qu'elles étaient munies d'un outillage matériel qui se retrouve identique sur d'immenses zones géographiques, soit que la race fût la même, soit que des besoins limités se satisfissent de la même manière, soit que, par les voies commerciales existantes, leur fussent venus mêmes marchandises ou mêmes modèles. Tout suggère que le sang de ces vieilles populations entra pour une part importante dans la constitution du nôtre et que nous en subissons encore les appels anonymes et lointains.

Avec l'âge du bronze, relativement court, nous atteignons l'histoire. Vers la fin de la période précédente probablement avaient apparu les *Ibères*, qui semblent avoir occupé, un certain temps, le bassin occidental de la Méditerranée et sur l'origine desquels on a fait dix hypothèses. En Gaule, ils se répandirent le long de l'Océan vers le Nord, d'où ils passèrent en Bretagne, et à l'Est jusqu'au Rhône, que les Grecs, au viie siècle avant J.-C., donnaient pour limite à l'Ibérie [14]. Ils n'y étaient plus un siècle après; et César nous les montre, sous le nom d'Aquitains, comprimés entre la Garonne, l'Océan et les Pyrénées, où leur type a subsisté [15]. On ne sait ce qu'ils ont pu laisser des leurs en se retirant des pays où ils avaient essaimé [16]. A tort on les a confondus avec les Basques dont les tribus s'étendaient sur l'autre versant des montagnes [17].

Les *Ligures* sont signalés à une date aussi ancienne. Certains veulent qu'ils aient précédé, du moins en Gaule, les Ibères [18]. On discute sur leur aire géographique. Tantôt on les confine au Nord-Ouest de l'Italie et au Sud-Est de la Gaule, d'où ils auraient remonté le Rhône et la Saône, poussé jusqu'à la Seine et à la

---

(14) Aviénus, *Ora maritima*, vv. 135, 613-14, 624-628 (éd. Holder, pp. 149, 167). Longnon, *Les noms de lieux de la France* (publié par P. Maréchal et L. Mirot), 1920, p. 21 et s.

(15) Cés., *De bel. gal.*, I, 1.

(16) D'Arbois de Jubainville, *Les premiers habitants de l'Europe* (2e éd.), t. 1, pp. 24, 38. Déchelette, *op. cit.*, t. 2, p. 25 et s.

(17) Longnon, *op. cit.*, p. 12. *Contra* : Luchaire, *Les origines linguistiques de l'Aquitaine*, 1877. Cpr. C. Jullian, *Histoire de la Gaule*, t. 1, p. 267 et s.

(18) Cpr. d'Arbois de Jubainville, *op. cit.*, t. 2, p. 46 et s. C. Jullian, *op. cit.*, t. 1, p. 116. De Morgan, *op. cit.*, p. 138 et s., voit dans les Ligures un mélange de populations antérieures de parler aryen.

Garonne, de sorte qu'au milieu du premier millénaire av. J.-C. la Gaule se fût divisée ainsi : région ibéro-armoricaine avec Ibères au Sud-Ouest et tribus inconnues (celles des mégalithes) à l'Ouest; région ligure enveloppée par le Rhône; région celto-ligure au Nord-Est ([19]). Tantôt, suivant les périples grecs qui disent les côtes océaniques et septentrionales habitées par eux, on admet qu'avant l'arrivée des Celtes ils couvraient tout l'Occident.

La toponymie paraît confirmer ces renseignements. Le peu qu'on sait de leur langue, de leur onomastique, la facilité avec laquelle ils s'assimilèrent aux Celtes, des légendes leur donnant une parenté avec les Grecs, les désignent comme les premiers venus des Indo-Européens en Europe ([20]). Plus que d'autres, sur l'ensemble du territoire, ils paraissent avoir influé sur le tempérament physique et moral (là où le physique commande le moral) du groupe ethnique qu'ils ont contribué à créer. Les caractères physiques et moraux signalés par les anciens : maigreur, taille médiocre, ossature forte, chevelure abondante, ruse, agilité, endurance de fauve, aptitude à la marche, attachement indéracinable à la terre et aux superstitions locales, correspondent au signalement de nos paysans du Centre et du Midi et même de certaines régions du Nord, par exemple des Ardennes ou du Hainaut, qui fournirent à César des fantassins et des frondeurs.

Une opinion vraisemblable est qu'une grande immigration d'Indo-Européens, venus d'Asie, se serait disloquée, vers le milieu du deuxième millénaire avant J.-C., au nord des montagnes de la Thessalie, ses tribus s'embranchant les unes vers la Mer Ionienne, les autres, par la vallée du Danube, vers l'Italie et les pays septentrionaux. Celles qui se répandirent entre le cours inférieur de ce fleuve et le Rhin, désignées d'abord vaguement sous le nom d'Hyperboréens, furent connues plus tard sous celui de *Celtes* ([21]). De sorte que « la langue et la nation celtique se seraient formées au centre du pays qui est l'Allemagne moderne » ([22]). De là et peut-être aussi de régions plus froides qu'ils avaient occupées, chassés par des phénomènes naturels et la pression continue de hordes jusque-là dépendantes, les Celtes franchirent le Rhin et, par vagues successives, s'abattirent à travers la Gaule, débordant jusqu'en Bretagne et en Irlande, en Ibérie et en Italie. Les docu-

---

(19) J. Déchelette, *op. cit.*, t. 2, pp. 7 et 9. Longnon, *op. cit.*, p. 12.

(20) D'Arbois de Jubainville, *op. cit.*, t. 1, pp. 201 et s., 368-378; t. 2, pp. 3-218. C. Jullian, *op. cit.*, t. 1, p. 122. *Notes gallo-romaines*, XXVI (*Rev. des ét. anc.*), t. 20, p. 43 et s.

(21) Strabon, IV, 1 ; Justin, XLIII, 3 ; Aristote, *ap.* Athénée, XIII, 36.

(22) D'Arbois de Jubainville, *op. cit.*, t. 2, p. 255.

ments grecs donnent l'impression d'un premier flot roulant à l'assaut du Plateau Central vers la fin du viie siècle avant notre ère, pour en redescendre lentement les pentes (²³). Pourtant les données de l'archéologie préhistorique montrent les populations de la Gaule dans le Nord-Est et le Centre identiques, au premier âge de fer, à celles que les anciens y placent 500 ans avant J.-C. (²⁴). Depuis l'an 1000 environ, les nations celtiques, constituées dans la Bohême et l'Allemagne du Sud, se seraient donc avancées directement vers l'Ouest, puis réparties dans la contrée que César appelle la Celtique : « masse profonde et circulaire, dont le centre géométrique était vers le Puy-de-Dôme et dont les rayons, d'environ 80 lieues, finissaient aux embouchures de la Loire, de la Garonne, de l'Aude, du Rhône et des affluents de Paris » (²⁵). Vers 300, une seconde vague, les *Belges*, qui apportaient avec eux le nom de *Galatae*, dont les Romains ont fait *Galli*, partie d'au delà du Rhin, bousculant et rejetant Ligures et Celtes déjà établis, vint s'étaler à travers les vallées de la Moselle, de la Somme, de l'Oise et de l'Aisne jusqu'à la mer (²⁶).

Il est impossible d'apprécier l'importance de ces masses celtiques. Estimer de 20 à 30 millions la population de la Gaule (²⁷) au temps de César est peut-être exagéré. Quel qu'en fût le chiffre, les anciens et la toponomastique nous en disent l'hétérogénéité : aux confins de la Celtique et de l'Aquitaine ou de la région du Sud-Est, des tribus hybrides, celtibères et celtoligures; en Aquitaine des Ibères presque purs; partout ailleurs, sous la récente couche celtique, survivance du fond ligure et des populations plus anciennes. Nous ignorons les modes de superposition ou de fusion des Celtes avec les premiers occupants. Il est probable que les tribus celtiques, fort nombreuses, ne se composaient pas uniquement d'une chevalerie militaire, mais traînaient des plèbes dont le genre de vie ne différait guère de celui des vaincus et qui se mêlèrent à eux. Imposant à tous sa maîtrise et sa langue, la caste noble fit seule bande à part (²⁸). La fusion paraît avoir été à peu

(23) C. Jullian, *op. cit.*, t. 2, p. 7 et s.

(24) J. Déchelette, *op. cit*, t. 2¹, p. 4, 136,350 et s.; t. 2², p. 571 et s., 678 et s. De Morgan, *op. cit.*, p. 140. Cpr. Loth, *La première apparition des Celtes* (Rev. celtique, 1920-21, pp. 285 et s.; 288).

(25) C. Jullian, *op. cit.*, t. 2, p. 13.

(26) D'Arbois de Jubainville, *op. cit.*, t. 2, p. 284. C. Jullian, *op. cit.*, t. 1, pp. 313, 316.

(27) C. Jullian, *op. cit.*, t. 2, p. 3 et s. Grenier, *Les établ. agricoles gallo-romains de Wasserwald*, BAr., 1920-1, p. 200.

(28) Timagène, *ap.* Ammien Marcellin, XV, 9, 4. — C. Jullian, *op. cit.*, t. 1, p. 247.

près complète quand l'administration égalitaire des Romains la
paracheva.

Dans la combinaison ethnique qui se trouva de la sorte réalisée, il faut croire que les éléments préceltiques plus denses et
mieux adaptés l'emportèrent; car, tandis que le type gaulois,
décrit par Grecs et Romains, est en France assez rare, on constate
dans le Midi, dans le Centre, dans de notables régions du Nord,
la survie millénaire des types plus anciens. Mais, de ce moment-là,
la race, le groupe ethnique, si l'on veut, est formé. De ce mélange
celtoligure et celtibère, auquel il faut ajouter l'apport inconnu
des populations antérieures, est résultée la masse du peuple français. L'histoire y mêlera ou y agrègera bien des éléments nouveaux; ni la qualité, ni la valeur numérique d'aucun d'eux, ni
même de l'ensemble, ne seront susceptibles de la modifier, ni de
l'altérer sensiblement.

<h3 style="text-align:center">2° Éléments introduits sous l'administration romaine :
Italiotes et Barbares.</h3>

Une alliance séculaire avec Marseille, colonie phocéenne établie
vers l'an 600 avant J.-C. sur la côte ligure, à l'est du Rhône,
des expéditions de plusieurs consuls pour la défendre contre les
Celtoligures, ses voisins, et plus encore contre la menace arverne,
avaient eu pour conséquence l'établissement, en 118, de la *provincia transalpina*. L'appel des Eduens et ses visées politiques poussèrent César, soixante ans plus tard, à conquérir toute la Gaule.
Mais ces prises de possession n'eurent pas de contre-coup sensible
sur le composé ethnique déjà existant. Des fonctionnaires, qui d'ordinaire n'y firent pas souche, des commerçants qui purent s'y fixer,
des soldats dont beaucoup y restèrent, mais qui n'étaient pas tous
de sang italien, furent le premier apport de Rome. Elle conduisit
encore au delà des Alpes des colonies de vétérans qui installèrent
sur le territoire quelques milliers d'étrangers. La plupart de
ceux-ci avaient reçu le droit de cité pour être incorporés dans les
légions ou en récompense de leurs services. L'épigraphie nous révèle aussi quantité de légionnaires gaulois. Quant aux vétérans de
droit latin, c'étaient provinciaux de toutes origines, ou même anciens mercenaires, nés hors des limites de l'Empire. Le contingent
vraiment romain ou seulement italien, sauf sur quelques points
de la Narbonnaise, ne fut jamais considérable.

Mais, comme on n'avait alors aucun préjugé de race, c'est sous
l'empire des lois romaines que les infiltrations barbares commencèrent en Gaule comme dans les autres provinces. Les causes en

furent multiples. : esclavage, colonat, recrutement militaire, puis établissement sur le sol de l'Empire de nations fédérées.

Les esclaves se recrutaient surtout par la guerre. La Germanie, mais non pas seule, en était une source inépuisable. On y faisait, au cours des expéditions, des razzias d'hommes. En temps de paix, des mercantis d'outre-Rhin approvisionnaient les marchés de leurs congénères. A l'occasion, ceux-ci se vendaient eux-mêmes. Affranchis ou non, ces esclaves ne quittaient guère le pays. Plusieurs, parmi les ruraux surtout, s'y perpétuaient (²⁹). De bonne, heure, on utilisa les Barbares comme colons agricoles. Ainsi, Tibère établit 40.000 déditices sur la rive gauche du Rhin; Marc-Aurèle répandit dans les provinces son butin de Quades et de Marcomans, Claude II le sien de Goths. Probus, Maximien, Constance Chlore se réjouissaient que Chamaves, Attuaires, Francs Saliens, etc., cultivassent les terres des Romains et repeuplassent les territoires d'Amiens, de Beauvais, de Troyes ou de Langres. Julien, ses successeurs, leurs ministres, suivirent jusqu'à la fin cette politique (³⁰). Depuis César, les armées se complétaient d'auxiliaires barbares. Les empereurs avaient des Germains dans leur garde. Individus ou bandes ayant pris du service dans les troupes (³¹); déditices soumis à l'impôt du sang, tels les Sicambres, les Ubiens, les Mattiaques sous Auguste, les Bataves dont huit cohortes tenaient garnison à Langres sous Néron, les Marcomans et les Quades sous Commode; dès le temps d'Hadrien, corps d'auxiliaires barbares de même origine servant sous la dénomination de *numeri* et de *nationes* (³²); contingents annuels fournis en vertu de traités par les peuples fédérés (³³), le recrutement barbare prenait les formes les plus diverses. Au IVᵉ siècle, douze cantonnements de *Laeti* sont signalés dans les Gaules (1 franc à Rennes; 3 suèves à Coutances, au Mans, à Clermont; 3 bataves à Bayeux, à Arras, à Noyon; 1 teutonicien à Chartres; 4 d'origine incertaine à Ivoy, à Tongres, dans la première Belgique et chez les Nerviens) (³⁴) :

(29) Tacite, *Germ.*, 24; *Vita Agricolae*, 28; Ammien Marcellin XX, 8; XXIX, 44; XXX 6.

(30) Suétone, *Tiberius*, 9; Capitolin, *Vita Marci-Aurelii*, 24; Trébatius Pollio, *Vita Claudii*, II, 9 ; Vopiscus, *Vita Probi*, 15 ; Ammien Marcellin, XX, 4.

(31) Suétone, *Caes. Aug.*, 39 ; *Caligula*, 55 ; *Nero*, 34. Tacite, *Ann.*, I, 24, 56; IV, 47, 74; *Hist.*, I, 61; III, 5, 21. Dion Cassius, LXX, 11, 16; LXXII, 2, Capitolin, *Vit. Marci Aurelii*, 21. Amm. Marcellin, XX, 4; XXIX, 4; XXXI, 10. C. Jullian, *Hist. de la Gaule*, t. 4, p. 137.

(32) Sur les *cunei* ou *exploratores*, corps de cavalerie : C. I. L., VII, 405-406, XIII, 6448.

(33) Jordanès, *De reb. get.*, 21, 28. C. Th., VII, 13, 16. *Nov. Valent.*, IX.

(34) *Notitia dignitatum* (édit. Seeck), pp. 216-7.

groupes de familles barbares dotées en terres sous la condition du service militaire et administrées par un *praefectus*. La *Notitia* indique encore six établissements sarmates sur les territoires de Poitiers, Paris, Reims, Langres, Autun. Des Taïfales résidaient près de Poitiers. Des Maures étaient fixés sur deux points de l'Armorique; il y en avait d'autres (³⁵). La toponomastique laisse soupçonner un plus grand nombre de ces colonies militaires : des localités ont tiré leurs noms des Goths, des Francs, des Alamans, des Sarmates, des Vandales ou des Alains (³⁶). Soldats et colons militaires vivaient pour la plupart en famille, soit qu'ils eussent amené des femmes de leur nation, soit qu'ils fussent unis à des indigènes. Leur établissement était définitif, à moins que l'adminis tration romaine ne les déportât. A plusieurs reprises déjà des peuples fédérés ou déditices avaient été transportés en totalité ou en partie sur le sol de l'Empire; mais, au vᵉ siècle, furent établies en Gaule des masses barbares plus importantes : les *Visigoths*, les *Burgondes* et les *Francs*.

En 412, des *Goths* fédérés, suivis d'aventuriers de toute provenance, résidus de l'armée qui avait pillé Rome, pénétrèrent en Gaule sous la conduite d'Ataulf, envoyés par Honorius afin de la défendre. Leur premier souci fut le pillage et des cantonnements dans les villes, quittes à en chasser les garnisons. Sur quoi, on les employa à guerroyer en Espagne. Pour prix de ce service, un traité concéda, en 418, à leur chef, Wallia, de s'organiser dans la seconde Aquitaine et quelques cités de la Novempopulanie (³⁷). Sous l'autorité du préfet du prétoire, le roi goth fut gouverneur de ces territoires et ses compagnons furent nantis selon le système de l'*hospitalitas*, c'est-à-dire du logement des troupes romaines chez l'habitant, remanié en vue d'une résidence définitive : propriété indivise des terres dans la proportion des deux tiers en faveur des Goths, avec faculté pour les intéressés d'opérer le partage en nature : d'où les *tertiae Romanorum* et les *sortes Gothicae* (³⁸). Pen-

(35) *Ibid.*, pp. 118. 219.

(36) Longnon, *op. cit.*, pp. 128-133.

(37) Prosper Tiro, *Chron.*, aa. 419-439. Idace, *Chron.*, aa. 418, 429 (MGH, *Chron. Minora*, t. 1, pp. 469-476; t. 2, pp. 19, 21). Jordanès, *De reb. get.*, 31. 33.

(38) *Lex Wisigothorum*, X, I, 8, 9, 16 (MGH, LL, t. 1, éd. Zeumer, pp. 388-389). Cpr. C. Th., VII, 8. Ce fut au moins la solution finale, car sur le mode d'établissement primitif, on a émis des hypothèses un peu différentes : Brunner, *Deutsche Rechtsgeschichte*, t. 1², pp. 72-83. On dit que, pour les forêts défrichées postérieurement, le partage eut lieu par moitié; mais *paris meriti terra* ne signifie peut-être pas portion égale : L. *Wisig.*, X, I, 9. Après le partage, le Romain et le Goth ne prescrivaient l'un contre l'autre tout ou partie de la part de celui-ci que par 50 ans : *Ibid.*, X, II, 1.

dant un demi-siècle, les Wisigoths tantôt observèrent le traité en
servant dans les armées, tantôt s'efforcèrent d'arracher par force
ou trahison des concessions territoriales plus vastes : une partie
de la Narbonnaise sous Sévère (462), puis la totalité; tout le pays
jusqu'à la Loire, et l'Auvergne que l'éphémère Nepos leur céda
(475), finalement la Provence (485). Mais, dans ces régions, il est
clair que le nombre des Goths fut toujours infime par rapport aux
indigènes. Si, pendant quatre-vingts ans, les naissances l'avaient
accru, les guerres continuelles l'avaient aussi diminué. Ils tenaient
le pays au moyen de garnisons et ne colonisaient qu'autour de leurs
camps; d'où des survivances toponymiques dans le Sud-Ouest [39].
La différence de culture et surtout de religion empêchait les unions
entre les deux groupes ethniques. Eux-mêmes avaient maintenu
l'interdiction sous peine de mort, portée par les lois romaines contre les mariages entre provinciaux et barbares [40]. La politique
antiromaine et anticatholique d'Euric, bien qu'atténuée par son
successeur, aboutit à la guerre avec les Francs qui rejetèrent les
Goths en bloc au delà des Pyrénées. De petits groupes restés en
Septimanie furent assimilés ou sombrèrent lors de l'invasion sarrazine. Leurs expéditions en Aquitaine au vi^e siècle furent simplement militaires [41].

En 412 encore, les *Burgondes*, se disant apparentés aux Romains,
mais évidemment barbares, au nombre de 80.000 guerriers, franchirent le Rhin, dont ils occupaient la rive droite à la hauteur
de Worms et de Spire, en ayant chassé les Alamans. Sans doute
fédérés, leurs chefs semblent activement mêlés à la politique romaine. Pourtant, en 435, Aétius les détruisit en partie; d'autres
périrent en luttant contre Attila (436). Alors, le Romain transporta
le reste en Sapaudia et leur donna des terres (443) [42]. Un peu
plus tard, le parti de Marcellianus les appela dans la vallée du
Rhône et leur livra Lyon, que Majorien reprit. Ils furent établis,
dans la région, sur les grands domaines *jure hospitalitatis* ou sur
les terres du fisc [43]. Vers 463, deux rois burgondes ayant com-

---

(39) Longnon, *op. cit.*, p. 204 et s.

(40) C. Th., III, 14, 1. Cpr. *Lex. Wisig.*, III, I, 1 (*l. c.*, p. 130).

(41) *Liber historiae Francorum*, 17 (MGH., SS., t. 1, éd. Krusch, p. 270).
Greg. Tur., *H. Fr.*, IX, 31.

(42) Prosper Tiro, *Chron.*, aa. 435-444. *Chron. Gallica*, a. DXI^a, a. 443.
Idace, *Chron.*, aa. 436-437 (MGH., *Chron. Minora*, t. 1, pp. 475, 666; t. 2,
pp. 22-23).

(43) Marius d'Avenches (456) (MGH, AA., t. 2, p. 232). Sidoine Apolli-
naire, *Ep.*, I, 11; *Carmen* XXIII (éd. Baret, pp. 209, 616). Greg. Tur.,
H. Fr., II, 9. Monod, *Sur un texte de la compilation dite de Frédégaire*
(BHE, 1878, p. 235 et s.).

battu en Espagne, se retrouvent dans la Viennoise avec le titre de *magistri militum*. Le territoire où ils commandaient, finit par embrasser celui où leurs compatriotes étaient déjà fixés. Ce fut l'origine du royaume burgonde dont les rois se proclamaient, encore au vi⁰ siècle, plus fiers de leur dignité de patrices et de maîtres de la milice que de leur royauté nationale et jaloux de se dire soldats de l'Empereur (⁴⁴). Leurs constitutions nous fournissent les règles de l'*hospitalitas* modifiées selon lesquelles leurs compagnons étaient établis : la moitié de la *curtis* et des vergers, les deux tiers des terres arables, un tiers des esclaves et la jouissance indivise des bois et des pacages, étaient attribués à l'hôte avec pleine disposition, sauf, au cas d'aliénation, un droit de préemption en faveur de l'ancien propriétaire (⁴⁵). Ces princes étendirent leur gouvernement du plateau de Langres et du Jura aux Alpes et aux sources de la Loire et disputèrent aux Goths une partie de la Provence. Mais le peuple burgonde se réduisit vite à quelques groupes de colons de moins en moins militaires. Devenus ariens, ils ne manifestèrent aucun fanatisme; englobés dans une population indigène relativement dense, poussés par leurs chefs, ils se romanisèrent. La conquête franque, leur retour au catholicisme, hâtèrent encore leur absorption.

Depuis l'immigration belge, des tribus certainement mélangées et établies sur la rive gauche du Rhin se donnaient pour germaines (⁴⁶). Dès le milieu du iii⁰ siècle, des troupes d'aventuriers, sous le nom de *Francs*, n'avaient cessé de se jeter sur la Gaule. Détruites pour la plupart, leurs débris avaient grossi la masse des esclaves ou des colons. Au iv⁰ siècle, on voyait des Francs partout

(44) *Epist. Hilarii papae* (PL., t. 8. p. 27). Jordanès, *De reb. get.*, 45. Greg. Tur., II, 33. Avitus, *Epist.*, LXXVIII (69), LXXXXIII (83) LXXXXIIII (84), (MGH, AA, t. 6, pp, 93, 100, 101).

(45) *Lex Burgundionum*, tit. 13, 17, 38, 54, 55, 79; *Const. extrav.*, 21, 2 (MGH., éd. de Salis, pp. 70, 88, 100, 121). Il a pu être procédé à l'établissement de groupes successifs selon des règles un peu différentes. Les indications données au texte correspondent avec la solution finale ou plus généralement adoptée. Fustel de Coulanges, *Rech. sur quelq. probl. d'hist.*, pp. 279-305. J. Havet, *Du partage de terres entre les Romains et les Barbares* (Œuvres, t. 2, p. 88 et s.). Caillemer, *Etablissement des Burgondes dans le Lyonnais* (*Mém. de l'Académie de Lyon*, 1878-1879). Saleilles. *De l'établissement des Burgondes dans les domaines gallo-romains* (*Rev. Bourguignonne*, 1891). Fustel croit le partage fait en usufruit, les autres en pleine propriété.

(46) César, *De bel. gal.*, II, 4; VI, 32. Tacite, *Germ.*, 28. Sur l'appellation *Germani*, Ett. Pais, *Fasti triumphales populi romani*, Roma, 1920, pp. 401-416; Carcopino, *A propos du nom de Germani* (*Rev. Celtique*, 1920-21. p. 319 et s.).

dans les armées, quelques-uns dans les hautes charges ([47]). Alors, on appelait *Francia*, une portion de la rive droite habitée par des peuplades, épaves de peuples germains conglommérées à un fond assez abondant de populations celtiques. Institutions, mythologie, onomastique, armes, légendes, les rattachaient aux anciens Celtes de la vallée rhénane, de sorte qu'on a pu considérer leurs établissements entre le Rhin et la Somme comme une « receltisation » de ces pays ([48]). Le premier se fit en Ménapie du fait de Maximien (287). Sous les fils de Constantin, un parti important de Francs fut autorisé à séjourner en qualité de *gens fœderata* en Toxandrie (341), où quelques années plus tard, Julien mâta une rébellion des *Salii*, dont il reçut la *deditio* ([49]). Les territoires ainsi concédés (Flandre, Campine) étaient marécageux et déserts. L'invasion de 407, qu'ils ne purent arrêter, projeta du même côté de nouvelles tribus qui prirent champ en avant des *Salii*. D'autres survinrent : en 432, Aétius laissa s'installer autour de Cologne et de Trèves ceux qu'on désigna sous le nom de *Ripuarii* et des Chattes s'étendre vers la Sarre; des petits rois reçurent le long ou en arrière du fleuve de quoi lotir leurs clientèles et leurs compagnonnages et administrèrent chacun un district sous l'autorité du maître des milices, tant qu'il y en eut un ([50]). A l'intérieur de la Gaule, une autre tribu se fixa autour du Mans. Ces rois cherchaient parfois à étendre le cercle de leur commandement et à accroître leur situation dans l'Empire : ainsi Clodio poussant jusqu'à Arras et une autre fois jusqu'à Cambrai, d'où Aétius le délogea; ainsi Clovis, lorsqu'avec plus de succès, il imposa insensiblement ou par bonds son pouvoir à toute la Gaule. Mais cette prise de possession ne correspondit pas à un envahissement ethnique. Les tribus franques étaient peu nombreuses. Celle de Clovis ne paraît pas avoir compté dix mille guerriers. Grégoire de Tours dit que tout son peuple s'étant converti avec lui, trois mille Francs reçurent le baptême; un autre chroniqueur, que six mille refusèrent de le suivre dans cette voie et se retirèrent auprès du roi de Cambrai ([51]). On ne voit nulle part que la masse des Francs ait quitté

(47) Zozime, I, 68; IV, 33. Amm. Marcellin, XV, 5; XVII, 8; XX, 19; XXV, 8; XXXI, 10. Cassiodore, *Chron.*, a. 338 (MGH., *Chron. Min.*, t. 1, p. 151). Greg. Tur., *H. Fr.*, II, 9.

(48) L. Reynaud, *Les origines de l'influence française en Allemagne*, t. 1, p. 27 et s. Ranke, *Hist. de France* (trad. Porchat), t. 1, p. 11.

(49) Amm. Marcellin, XVII, 8, Zozime, III, 6.

(50) Idace, *Chron.*, an. 432 (MGH., *Chron. Min.*, t. 2, p. 32). Greg. Tur., *H. Fr.*, II, 27, 39, 40, 42.

(51) Greg. Tur., *H. Fr.*, II, 9, 31. *Liber historiae Francorum*, 15 (MGH., SS. t. 1, éd. Krusch, p. 264). *Vita Remigii*, (HF., t. 3, p. 377).

les régions qu'elle occupait à la fin de l'époque romaine. La colonisation peu appréciable entre la Somme et la Seine, *a fortiori* entre la Seine et la Loire, ne fut vraiment importante que dans le Nord-Est. Ailleurs ce furent des individus ou des familles qui immigrèrent. Les noms de lieux qu'on y peut rapporter aux Francs, tirent leurs origines de garnisons létiques ou sont des dénominations de domaines, formées du nom d'un propriétaire combiné avec les mots *curtis* ou *villa* [52].

3° Éléments apportés par les invasions. Germains, Bretons, Basques, Normands, Sarrazins.

Les invasions introduisirent dans les Gaules des éléments très divers d'origine.

Plusieurs étaient Germains. Dès le IIIe siècle, l'administration romaine avait dû défendre les côtes du Nord et de l'Ouest contre les pirates saxons. De l'embouchure de l'Escaut à celle de la Gironde, le *littus saxonicum* était, au ve siècle, jalonné de colonies saxonnes, la plupart sans avenir. Des documents postérieurs et la toponomastique en révèlent autour de Boulogne, dans le pays de Caux, aux environs de Nantes, sur le territoire de Bayeux, où Grégoire de Tours et Frédégaire placent les *Saxones Bajocassini*, auxquels ils attribuent le Cotentin, le Bessin, le Bocage. Sissone paraît avoir été un établissement saxon. Plusieurs de ces colonies étaient tributaires sous les Mérovingiens [53]. Au IVe siècle, Julien avait chassé de la rive gauche une partie des *Alamans*, qui l'avaient occupée de Mayence aux environs de Bâle. Au ve, ils furent vaincus dans les mêmes parages par Sigebert et Clovis, mais d'aucuns pensent qu'il en resta en Alsace et que, deux cents ans plus tard, ils fondèrent pacifiquement quelques villages en Franche-Comté [54]. Des hordes qui ravagèrent la Gaule de 407 à 409 et franchirent, après l'avoir traversée, les Pyrénées, se détachèrent des bandes errant à l'aventure et finalement établies ici ou là : Vandales dont le nom subsiste dans celui de Gandalon, en Aqui-

---

(52) Longnon, *op. cit.*, pp. 133, 209 et s.

(53) Greg. Tur., *H. Fr.*, IV, 14, 17, 42; V, 15, 26; X, 9. Dipl. de Charles le Chauve, an. 844 (HF., t. 8, p. 443). Henri Prentout, *Littus saxonicum, Saxones Bajocassini, Otlinga saxonica* (RH., 1911², pp. 285-309). Longnon, *op. cit.*, pp. 134, 179-195 ; *Atlas hist.*, p. 98.

(54) Greg. Tur., *H. Fr.*, II, 19; V, 26. Amm. Marcellin, XVII, 8. Longnon, *op. cit.*, p. 133. Les noms de lieux formés du mot *alaman* correspondent à des garnisons de lètes. Cpr. L. Batiffol, *Les anciennes républiques alsaciennes*, p. 38; C. Jullian, *Notes gallo-romaines*, XXIX (Rev. *des Et. anc.*, t. 20, pp. 169-180).

taine; Suèves, qui en Belgique, apportèrent peut-être aux Francs, aujourd'hui les Flamands, un nouvel appoint de sang germain: Alains qui, utilisés comme auxiliaires, disparurent, laissant leur nom à trois ou quatre localités et le souvenir d'autant de colonies de lètes à Valence et en Armorique, contingents d'infime importance ([55]).

Autre fut l'immigration qui de l'île de Bretagne fit se déverser sur la Gaule un flot tardif de populations celtoligures. Du début du ve siècle à la fin du vi[e], sous la pression des Scots, des *Bretons* ne cessèrent de traverser le détroit. Dans la presqu'île armoricaine, déserte ou abandonnée en partie, ils fondèrent quatre petits Etats (Domnonée, Cornaille, Broérée, comté de Léon)., Conduits par des moines ou des chefs de guerre, ils se répandirent dans l'ensemble du *Tractus armoricanus*. On signale un évêque des Bretons à un concile de Tours. Un roi breton, Riothyme, à la solde d'Anthémius, fut défait à la tête de douze mille auxiliaires par les Wisigoths, près de Châteauroux, en 468. Ces Bretons, Celtes mêlés probablement de Ligures et d'Ibères, car leur aspect physique s'éloignait assez de celui des Gaulois, ne faisaient que renforcer les éléments primitifs de la population : ce qui explique l'accueil qu'ils en reçurent, les concessions spontanées qu'elle leur consentit moyennant de légers cens, mais dont ils ne se contentèrent pas toujours, là où ils étaient en nombre ([56]). Ils s'établirent aussi dans les déserts et dans les forêts ([57]).

Au vi[e] siècle, les *Basques*, de temps immémorial entre les Pyrénées et l'Ebre, troublés alors dans leurs possessions par les Wisigoths, se jetèrent en pillards sur les plaines du versant septentrional. De 587 à 602, les Francs les combattirent, puis les tolérèrent, moyennant tribut et reconnaissance de l'hégémonie franque ([58]). Plus tard, leurs ducs étendirent leur pouvoir jusqu'aux anciennes limites du royaume d'Euric, mais les hommes de race basque ne colonisèrent qu'entre les monts et la Garonne, d'où les noms de Gascogne et de Gascons. Ils se fondirent en partie dans le milieu indigène ibère ou celtibère. De nos jours, les usages basques et la

([55]) Greg. Tur., *H. Fr.*, II, 8. Longnon, *op. cit.*, p. 133.

([56]) Procope, IV, 20; Greg. Tur., *H. Fr.*, IV, 13; Ermoldus Nigellus, III, vv. 15-23 (MGH., AA., t. 2, p. 490). La presqu'île armoricaine prit le nom de *Brittannia* ou *Letavia; Vita sancti Gildae*, 16 (éd. Loth, dans *Mél. d'hist. bretonne*, p. 446). Longnon, *op. cit.*, pp. 301-329.

([57]) Loth, *L'émigration bretonne en Armorique*, Rennes, p. 83. *Les langues romane et bretonne en Armorique* (Rev. celt., 1907, p. 374 et s.).

([58]) Longnon, *op. cit.*, p. 330 et s.

langue *euscara* sont confinés dans la moitié occidentale des Basses-Pyrénées.

Enhardis par l'anarchie carolingienne, les pirates danois ou *Nortmans* terrorisèrent l'Occident pendant un siècle et demi. Leurs bandes, grossies de déclassés et d'aventuriers des pays qu'ils ravageaient, finissaient par être fort hétérogènes. Ils n'amenaient point de femmes. C'est dans ces conditions qu'eurent lieu les établissements normands. Le premier à l'embouchure de la Loire, assez important pour s'être soumis la Bretagne, prit fin par un retour offensif des Bretons en 937. Le second, dont l'origine paraît remonter à 899, eut plus de succès. Par le traité de Saint-Clair-sur-Epte (911), Charles le Simple céda à Rolf, qui devint son *vassus*, une partie du Vexin, le Roumois, le pays de Caux, le Talou, le Lieuvin et l'Evrecin ([59]). Deux autres traités avec le roi Raoul y ajoutèrent, en 924, les diocèses de Bayeux, de Sées et du Mans ([60]) et, en 933, un droit vague sur le littoral breton ([61]). De ces hommes du Nord et des femmes indigènes sortit un des sous-groupes ethniques les plus originaux de la France. Ayant adopté la langue et la religion des habitants antérieurs (un nombre infime de mots norois passa dans le parler roman), leurs descendants portèrent la civilisation française en Angleterre, en Sicile, dans l'Italie méridionale et dans le Levant.

Les autres envahisseurs, du VIIIe au Xe siècle, comptèrent peu dans la démographie de l'époque. En 720, les *Sarrazins* ravagèrent la Septimanie dont les habitants se réfugièrent pour la plupart dans les montagnes; en 725, ils dévastèrent toute la Narbonnaise. Leurs déprédations ne furent arrêtées à l'Est qu'à Autun, à l'Ouest qu'à Poitiers (732). Pendant quatre-vingts ans, ils tinrent garnisons dans certaines régions du Midi. Fréquemment relevés, leurs guerriers, à part quelques très rares convertis au christianisme, ne firent pas souche dans les pays occupés ([62]). Au reste, ses prétendues armées sarrazines étaient surtout composées de Berbères du Magreb ([63]). Les hordes hongroises qui envahirent à plusieurs re

---

(59) Dudon de Saint-Quentin (éd. Lair, pp. 169, 221). Flodoard, *Ann.*, aa. 923, 924, 933 (éd. Lauer, pp. 15, 24, 55). Longnon, *Atlas hist.*, pp. 85-86. Prentout, *Essai sur les origines et la fondation du duché de Normandie*, 1911.

(60) La cession du Maine n'est pas sûre; en tout cas, elle ne fut pas exécutée : *Chron. de Nantes* (éd. Merlet, p. 91, n. 2).

(61) Peut-être l'Avranchin et le Cotentin : Longnon, *Atl. hist.*, p. 86.

(62) Les soi-disant colonies arabes de Saumur, Châtel-Montagne, Mâcon, Tournus, sont des légendes : Van Gennep, *Rev. des Idées*, 1910, t. 2, p. 325 et s.

(63) Poupardin, *Le Royaume de Bourgogne* (888-1033), 1917.

prises la Lorraine et l'Est de la France ne firent que passer et laissèrent encore moins de traces.

4° Apports étrangers au cours de l'histoire de France.

De tout temps, la France, souvent trop accueillante, abrita sur son territoire des colonies étrangères; les unes, fixes comme les juiveries, ou, errantes, comme, depuis le xv⁰ siècle, les gipsys venus de l'Inde, que les répugnances raciques ou les lois religieuses, préservèrent de toute assimilation; les autres venues pour le commerce et la banque : Syriens (Byzantins) de l'époque franque, Lombards, Vénitiens, Génois, etc., ou s'assimilèrent, ou vécurent, comme les Juifs, dans des quartiers séparés, sous leurs lois nationales et la juridiction de leurs consuls ou capitaines; puis un jour, la situation économique ayant changé, disparurent. Espagnols fuyant les Sarrazins, Italiens hantant les ports de Provence ou du Languedoc, Hanséatiques, Hollandais attirés en vue du développement commercial ou industriel, gens des Allemagnes s'infiltrant dans les métiers ou cherchant la renommée, Irlandais chassés par le libéralisme anglais, Ecossais fidèles aux Stuart, Polonais manquant de goût pour la domination russe ou prussienne, étudiants de toutes nations s'initiant aux lettres, aux droits civil et canonique, à la médecine ou à la théologie dans les Universités françaises, soldats mercenaires, bénéficièrent dans la suite de l'histoire, dans des conditions diverses, de l'hospitalité française. Des lettres de naturalité ouvraient à des individus ou à des familles notre nationalité; elles étaient parfois accordées à toute une catégorie d'étrangers (⁶⁴). Le mélange primitif celto-ibéro-ligure se révéla merveilleusement apte à leur absorption et à leur assimilation.

La population de la France subit, comme celle des autres pays, des fluctuations. Elle atteignit, ce semble, ses plus hauts périodes aux xii⁰ et xiii⁰ siècles (⁶⁵), aux xvii⁰ et xviii⁰ siècles. Dans un ouvrage récent, on a exagéré l'infécondité de la race et la préoccupation des rois d'y suppléer par l'appel aux étrangers (⁶⁶). Des

(64) Ainsi, les archers écossais de la garde du roi, réputés naturels français : *Ord.*, 24 nov. 1547 (Is., t. 13, p. 35); de même pour les étrangers habitant Dunkerque : *Edit*, nov. 1662 (s., t. 18, p. 21) et pour les Polonais fixés en Lorraine : *Edit*, juillet 1738 (Is., t. 22, p. 111). Exemple de naturalisation individuelle d'un Génois : janv. 1397 (Is., t. 6, p. 783); d'Antoine Séguier : fév. 1470 (Is., t. 10, p. 622); d'un Anglais : 14 août 1476 (Is., t. 10, p. 747).

(65) L. Delisle, *Et. sur les conditions des classes agricoles en Normandie*, p. 177 et s.

(66) Mathorez, *Les étrangers en France sous l'ancien régime*, t. 1 : *Les*

faits invoqués pour en établir les preuves, il n'en est pas un qui
ne soit vrai, dans une mesure plus grande, de n'importe quel autre pays. Si de 22 millions à l'avènement de Philippe VI, le nombre des habitants de la France ne s'est élevé qu'à 23 millions et
demi — mais Necker en compte 27 à 28 — à la fin du règne de
Louis XVI, il faut faire état de l'effroyable déficit qui résulta de
la guerre de Cent ans et qu'il fallut regagner, en dépit des troubles
causés au xvie siècle par la Réformation. Les causes attribuées à
cette lenteur d'accroissement : pestes, famines, célibat même et
surtout laïque, émigrations ouvrières ou militaires, guerres civiles et étrangères, agirent d'une façon autrement forte dans les autres Etats de l'Europe. Quant aux peines portées parfois contre
l'émigration ou le racolage d'émigrants, aux exemptions fiscales
accordées aux jeunes mariés ou aux familles nombreuses, à la fréquence, moins grande qu'on ne dit, des lettres de naturalité du
reste révocables (67), aux facilités commerciales en faveur des
forains, c'étaient mesures politiques et économiques d'intérêt national que contre-balançaient d'autres fois la limitation des
lieux de marchés ouverts aux étrangers, le refus d'immigration opposé aux indésirables, la surveillance rigoureuse des ressortissants de l'ennemi et des neutres par un service spécial. La France
était, au xviiie siècle, le pays le plus peuplé, le plus riche et le
plus puissant de l'Europe.

Orientaux et les extra-Européens; t. 2 : *Les Allemands, les Hollandais, les
Scandinaves.* Champion, 1919-1920. Cpr. Levasseur, *La population française,*
t. 1, p. 152 et s.).
   (67) Exemples de révocations : *Lett. pat.* juill. 1499 (Is., t. 10, p. 404) ; —
notamment pour ceux qui ne résidaient pas dans le royaume : *Edit,* fév.
1720 (Is., t. 21, p. 177).

CHAPITRE II

LES FACTEURS DE CIVILISATION

§ 1. — Les apports préceltiques et celtiques.

Des institutions des Ibères et des Ligures, disparues, ce semble, sous la vague celtique, nous ne savons rien. Ce qu'on en raconte relève de la légende ou du folk-lore (1).

Les renseignements sur les Celtes, fournis par les Grecs et les Latins, souvent contradictoires, se rapportent à des peuplades ayant vécu à des époques différentes ou en des lieux éloignés les uns des autres. La littérature juridique, irlandaise ou galloise, postérieure dans sa forme actuelle à l'introduction du christianisme, ne permet pas de projeter dans notre passé gaulois les coutumes qu'elle nous fait connaître, outre qu'on n'est pas d'accord sur le milieu ethnique où elles prirent naissance. Le plus clair, c'est le goût et la facilité que les habitants de la Gaule eurent à se romaniser. Une commune origine dont témoignaient les langues et certains usages, menait les Celtes par des voies analogues à celles où Hélènes et Italiotes les avaient devancés de quelques étapes (2).

Au premier siècle avant notre ère, les Celtes avaient dépassé la période de la *gens*. Le devoir de vengeance, l'importance attachée aux nombreuses parentés en étaient des survies (3). Le premier élément social était, comme à Rome, la *domus*, fondée sur la puissance paternelle, absolue et perpétuelle, manifestée par le droit de vie ou de mort ou de libre disposition sur l'épouse, les enfants

---

(1) Strabon, V, 2; Tite-Live, XXI, 34, Justin, XLIII, 4. Voy. C. Jullian, *Hist. de la Gaule*, t. 1, chap. IV et VII.

(2) D'Arbois de Jubainville, *Cours de Littérature celtique*, t. V, pp. 1-255; t. VI (entier); — *La famille celtique*, Em. Bouillon, Paris, 1905; et NRH., 1898. p. 443 et s.

(3) César, *De bel. gal.*, VI, 13, 19, 65; VII, 32 66; Strabon, IV, 4.

même majeurs, les veuves, les agnates non mariées et le patrimoine familial (⁴). Elle se prolongeait, par la puissance dominicale, sur les esclaves et, par les droits du patronat, sur les affranchis (⁵). Les grands faisaient en plus rayonner leur autorité sur une clientèle nombreuse : *ambacti* ou guerriers voués par le serment à suivre la destinée du chef qui les nourrissait; familiers de tout rang et de tout emploi; cultivateurs cherchant une protection contre d'autres grands ou les agents du fisc; débiteurs qui travaillaient sur leurs terres saisies au profit du créancier. Des cantons entiers, tout ou partie d'une ville entraient en clientèle (⁶). César qualifie ces patrons de *potentiores* et de *potentia* leur droit de commander, de juger, d'utiliser leurs clients, termes qui ont le même sens dans les lois romaines. Le groupement politique, unissant les familles, était la tribu, jadis autonome, prête à le redevenir, adaptée par le bénéfice de la vieille expérience ligure à une des régions naturelles, *pagi* ou pays, qui n'ont pas cessé d'influer sur la vie provinciale française. Une enceinte fortifiée, refuge de guerre, en était le centre politique, religieux, commercial. Les chefs de village confiaient à l'un d'eux ou exerçaient ensemble l'autorité (⁷).

Une confédération de tribus constituait l'Etat gaulois : cité ou nation (⁸). Une dizaine de cités maintenaient chez elles la royauté primitive, héréditaire ou élective, investie, comme dans la Grèce homérique et la plus vieille Rome, des pouvoirs militaires, sacerdotaux et judiciaires; elle y était fort ébranlée (⁹). Ailleurs, l'aristocratie l'avait remplacée par ce que César appelle magistrature ou principat, c'est-à-dire par des chefs dépendant d'elle, à pouvoirs limités; parfois les fonctions civiles et le commandement militaire étaient séparés (¹⁰). La noblesse, d'où sortaient les *equites* et les druides, seuls ordres considérés dans l'Etat, avait confisqué celui-ci. Un Sénat recruté parmi ses chefs décidait de toutes les affaires. Sous le nom du peuple, elle se réunissait en armes et au complet pour discuter de la paix ou de la guerre, de l'élection du

(4) César, *De bel. gal.*, I, 53; V, 14; VI, 18, 19. Gaius, I, 55.
(5) César, *De bel. gal.*, I, 4, 7; VII, 42, 43; VIII, 30.
(6) César, *De bel. gal.*, I, 4, 18; V, 11; VI, 13, 15, 22, 30; VII, 4, 28, 4C. VIII, 32. Polype, II, 17. Athénée, IV, 36.
(7) Voy. C. Jullian, *op. cit.*, t. 2, pp. 14, 37.
(8) *Ibid.*, pp. 18, 40.
(9) César, *De bel. gal.*, II, 4 ; IV, 21 ; V, 24, 25, 54; VI, 31; VII, 75, 76, 79. VIII, 6, 7, 10. Justin, XLIII, 5.
(10) Strabon, IV, 4; César, *De bel. gal.*, I, 3, 4, 16; III, 59; V, 3; VI, 2, 20; VII, 4, 33, 39

chef de guerre, du partage du butin, de la mise en jugement des magistrats (¹¹).

Chaque cité avait ses lois, ses coutumes (¹²). Les crimes contre l'Etat et l'ordre public, les offenses à la religion, à la morale élémentaire, les manquements à la discipline militaire, étaient punis par la mort. Hors de la famille et de la clientèle, les litiges entre particuliers relevaient de la justice privée, étaient tranchés par les armes, ou par arbitres, ou au moyen d'ordalies extra-judiciaires (¹³). Les Gaulois connaissaient déjà « les éléments d'un Etat régulier et méthodique, le magistrat, le district de gouvernement, la loi et la coutume », mais cet Etat était fragile. La tribu y conservait son organisation propre, même en temps de guerre, où elle formait, sous ses enseignes, une unité autonome de l'armée. Aussi des nations se morcelaient; des tribus passaient d'une cité à une autre : d'où variations fréquentes dans le nombre et l'étendue de ces cités (¹⁴).

La plupart d'entre elles se trouvaient placées volontairement ou par contrainte dans la clientèle d'autres plus puissantes. Il se constituait ainsi, pour un temps, des façons d'Etats ou d'Empires fédératifs. On gardait le souvenir d'une hégémonie ancienne des Bituriges. L'empire arverne s'établit de même. Strabon lui donne pour limites Narbonne, les collines Massaliotes, les tribus pyrénéennes, l'Armorique, le pays des Trévires (¹⁵). Combattu par les Eduens qui tentaient de lui opposer une confédération rivale, il fut réduit, après la victoire de Fabius Maximus sur le roi Bituit, aux vassalités du Plateau Central (121 av. J.-C.). Aux approches de la conquête, quatre ligues se partageaient la majeure partie des cités. Leurs jalousies réciproques, la haine des aristocraties pour la monarchie qui eût fait l'unité, les retenaient dans l'état d'émiettement ou de fédérations instables. Abandonnés à eux-mêmes, les Gaulois eussent peut-être transformé le régime de la tribu en régime municipal, analogue à celui où se complurent les Grecs. Rome, aux uns et aux autres, imposa l'unité dans son ordre et dans sa paix.

Cette conformité d'institutions et de tendances, simplement moins évoluées, l'hellénisation superficielle due à Marseille, l'ha

(11) Strabon, **IV**, 4. César, *De bel. gal.*, II, 4, 28; III, 8, 16, 17; IV, 4, 24, 54, 56; VI, 13-15, 20; VII, 32, 33, 43; VIII, 7, 21.
(12) César, *De bel. gal.*, I, 4 ; II, 3 ; VI, 20, 32, 33 ; VII, 76.
(13) César, *De bel. gal.*, I, 4; V, 54, 56; VI, 16, 17; VII, 7. Strabon, I, 4.
(14) César, *De bel. gal.*, III, 17; VI, 3; Longnon, *Atlas hist.*, pp. 4-7.
(15) César, *De bel. gal.*, I, 28; II, 3, 14; V, 53; VI, 4, 6; VII, 3, 4, 10, 75, 76; VIII, 6. Strabon, IV, 2, 3.

bileté des Romains à se montrer respectueux des usages et des libertés locales, la menace pour les aristocraties de revendications et de révoltes plébéiennes, celle plus grande encore de l'invasion germaine poussèrent les meilleurs éléments de chaque nation au parti de Rome. L'assimilation fut spontanée. La langue latine devint générale. Mœurs, vêtements, modes, furent copiés ou imités. Les noms se latinisèrent. Un syncrétisme, un peu hasardé, rapprocha les cultes [16]. Les Gaules fournirent à Rome des écrivains, des orateurs, des fonctionnaires, des sénateurs. « Aucune guerre, disait Claude dans le Sénat, n'a duré si peu que la guerre des Gaules; aucune n'a été suivie d'une paix aussi continue, ni aussi fidèle. Déjà mêlés à nous par les mœurs, par les arts, par les alliances, les Gaulois nous apportent leur or et leurs richesses loin de vouloir en jouir séparément » [17]. Il put subsister un sentiment de nationalité gauloise, mais aucun mouvement séditieux signalé par les historiens dans la Gaule romaine ne fut la manifestation d'un patriotisme tendant à recouvrer l'indépendance [18]. Le premier en date fut la dernière protestation de quelques cités contre la suppression de leur autonomie (21 ap. J.-C.) [19]; les autres témoignent de la part ardente prise par les Gaulois aux dissensions politiques de l'Empire : cas de Vindex et de ceux qui se mêlèrent à l'anarchie qui suivit la mort de Néron [20]. Civilis fut un pur Germain préparant une invasion; Classicus et Sabinus, deux aventuriers ayant misé partie sur l'aide du précédent, partie sur la crainte qu'il inspirait aux cités du Nord et du Nord-Est [21]. Les représentants de la Gaule entière, réunis à Durocortorum (Reims) en 70, affirmèrent leurs raisons de rester fidèles à Rome et de lier à ses destinées celles de leurs peuples [22].

§ 2. — L'apport romain.

L'apport de Rome fut considérable, décisif. Il fut aussi complexe.

D'abord, la Gaule bénéficia de l'acquis romain, et même grec,

---

(16) C. Jullian, *op. cit.*, t. 4, p. 15 et s. Dottin, *Man. pour servir à l'étude de l'antiquité celtique*, p. 219 et s.

(17) Tacite, *Ann.*, IX, 23-25.

(18) Cpr. C. Jullian, *op. cit.*, t. 4, pp. 153, 179-217; P. Viollet, *Hist. des instit. pol. et admin. de la France*, t. 1, p. 53 et s.

(19) Tacite, *Ann.*, III, 40-47; *Hist.*, II, 61.

(20) Tacite, *Hist.*, I, 8, 16, 53-60; II, 14, 15, 30-66. Dion Cassius, LXIII, 22.

(21) Tacite, *Hist.*, IV, 13-27, 55-67.

(22) Tacite, *Hist.*, IV, 68-69.

dont la civilisation que l'Empire couronnait et stabilisait, était
formée. Elle profita aussi d'avantages qui lui furent propres :
sous la tutelle de Rome, son unification ethnique s'acheva, son
unité politique, puis administrative, fut créée; dans ses frontières naturelles, dont les moyens de défense furent étudiés et organisés, son individualité historique surgit du rôle que les événements
mêmes lui imposèrent. Ebauchée sous le gouvernement de César,
puis dans les luttes civiles du premier siècle où la Gaule eut la
part prépondérante, cette individualité se révéla mieux encore
dans l'essai d'empire gallo-romain (258-268), inauguré par Posthume : manifestation momentanée d'un égoïsme national, jaloux
de concentrer ses forces pour la seule garde du Rhin, à laquelle
la Bretagne et l'Espagne s'associèrent, sachant que leur première
et plus solide ligne de défense était le grand fleuve.

Deuxièmement, il arriva pendant le demi-millénaire d'incorporation de la Gaule à l'Etat romain, que celui-ci s'étant transformé,
lui fit expérimenter deux types d'organisation politique et sociale
opposés : l'un, jailli de l'histoire de la République et de l'Empire, subordonné au principe de la souveraineté une et indivisible, et auquel correspondait un système administratif à lignes
simples, autoritaire et centralisé; l'autre, socialiste, et par quelques côtés seigneurial, où, par adultérations orientales, le concept précédent fit place à celui de l'Etat-providence du Bas-Empire
dont les façons administratives furent aussi hardies que finalement tyranniques. De sorte qu'au jour où sa puissance s'effondra,
Rome léguait au monde deux traditions politiques différentes, avec
deux corps de lois où les pratiques gouvernementales et juridiques,
se référant à chacune d'elles, se trouvaient poussées à un haut degré de perfection technique.

Troisièmement, pendant ces mêmes siècles, le christianisme
s'était si fortement soudé au monde romain qu'il en paraissait un
des éléments les plus stables. Les peuples soumis ou hostiles, surtout après Constantin, purent le tenir pour un autre don de Rome.

Comme d'aucun de ces legs les effets ne furent provisoires ou
éphémères, mais subsistèrent, dans les temps qui suivirent, et jusqu'à nous, l'histoire de nos institutions ne serait pas comprise
sans une connaissance, au moins succincte, de ce qui reste pour
elles l'apport et l'expérience de Rome.

1. — LES INSTITUTIONS POLITIQUES ET SOCIALES DU HAUT-EMPIRE DANS LES GAULES.

1° La souveraineté romaine et le pouvoir impérial.

La souveraineté à Rome ne fut pas conçue à la façon de notre souveraineté du peuple : volonté générale ou système majoritaire. Longtemps on ne parla de la souveraineté du *populus romanus* (ou plutôt des *P S Q R*) que par rapport aux provinces et aux alliés. Rome, dans la constitution municipale du monde méditerranéen, était la ville souveraine entre les villes. Dans le cercle intérieur de la Cité, le souverain était bien encore l'entité juridique appelée *Roma, populus romanus* ([23]), mais selon les idées antiques, qui y comprenaient les divinités poliades, les Mânes, les vivants, leur postérité. La délégation ne valait qu'organisée en vue des intérêts de tous; d'où l'élection complexe des magistrats curules. Il y avait moins élection que création, *creatio*, d'organes adaptés à ces intérêts. Plus tard, le triomphe des démocrates altéra ces données, non pas au nom d'une doctrine mais au profit des individus, dans la carence de toute doctrine. Depuis Tibérius Gracchus, on raconta à la foule qu'elle pouvait tout en fait, et ses chefs successifs se conduisirent en maîtres de l'Etat, quelque magistrature ou charge qu'ils exerçassent. L'Empire fut cela, mais sanctifié par la religion : *Majestas, Augustus;* magnifié par l'apothéose : *Imperator, Princeps;* fixé dans une famille, étant le résultat du transfert de la puissance souveraine à une *domus* ([24]). Entre la *domus Augusti* et le monde, l'intermédiaire de la Cité fut supprimé. A l'instauration du nouveau pouvoir on utilisa les procédés déjà connus pour les anciennes magistratures : auspices, investiture du Sénat, *lex de imperio.* Les Prudents en plaçaient toujours la source dans une délégation populaire ([25]), mais, négligeant ces fictions, les provinces ne considéraient que le Prince. Le culte impérial, le serment des villes sur son nom, celui des légions et des auxiliaires, son patronat sur des individus, sur des cités, sur les troupes, sur les vétérans du règne, la dévotion de tous pour sa personne et sa *domus*, montrent qu'il ne s'agissait pas d'un simple manda-

---

([23]) Tite-Live, IX, 17. Florus, I, *praef :* « *Populum romanum quasi unum hominem.* »

([24]) Tac., *Hist.*, I, 16. Strabon, VI, 4. Dion Cassius, IV, 13. C. I. L., XIII, 4633.

([25]) D., I, 4, 1; 3, 31. Tac., *Hist.*, I, 12, 47. *Lex de imperio* (Girard, *Textes,* p 107). Tibère transféra, en 14, les droits des comices au Sénat : Tac., *Ann.*, I, 15.

taire (²⁶). Cette toute puissance permettait un gouvernement très
souple, dans lequel la décision transactionnelle ou d'espèce, intervenant par la voie du rescrit de façon continue, s'adaptait a la
complexité des situations mieux que la rigidité morne des lois.
Le droit apparaissait vivant et humain. Les idées, les sentiments, le
tempérament du Prince lui donnaient une allure toujours modi-
fiable et le ramenait à un système de compensations ou de compromis. Lorsque, après Néron, il n'y eut plus ni *Julii*, ni *Claudii*, que
le mystère fut révélé « qu'on pouvait faire un empereur ailleurs
qu'à Rome » et que la majesté suivrait la force, les mêmes sentiments s'adressèrent à l'empereur éternel perpétué par les adop-
tions ou les fantaisies des légions. Les malheurs du IIIᵉ siècle n'altérèrent pas la foi de la Gaule dans les destinées de l'Empire. L'élévation d'empereurs gaulois fut une tentative pour les assurer en
défendant mieux le Rhin.

2° Organisation et administration provinciale de la Gaule romaine.

I. *Division en provinces.* — Maître de la Gaule depuis la
convention de Brindes, Auguste la divisa en quatre provinces :
la *Narbonnaise*, ancienne *Provincia transalpina*, constituée en l'an
27; douze ans plus tard, l'*Aquitaine*, comprenant outre l'Aquitaine
ibérique, tous les pays entre les Pyrénées, l'Océan, la Loire et la
Narbonnaise (²⁷); la *Celtique* ou *Lyonnaise*, allongée de l'extré-
mité de l'Armorique à la Saône, entre la Loire et la Seine; la *Belgique*, embrassant, avec le *Belgium* de César, les peuples entre la
Saône, le Rhin et le Rhône. Chacune par une pointe de son territoire touchait à Lyon, *Colonia Copia Lugdunensis*, siège du légat à
pouvoirs proconsulaires qui gouverna l'ensemble des Gaules jusqu'à ce que Tibère eut renoncé à conquérir la Germanie (²⁸). La
région d'abord soumise entre le Rhin et l'Elbe constitua une
grande marche militaire ayant son centre à Cologne et à laquelle
fut jointe, aux dépens de la Belgique, la rive gauche du Rhin;
quand la Germanie fut abandonnée, cette longue bande du sol
belge resta sous l'autorité des légats consulaires commandant les
légions, puis, en 70, fut érigée en provinces : *Germanies supé-*

(26) Tac., *Hist.*, I, 4. Dion Cassius, LIII, 16. C. I. L., XII, 1851, 4333.
(27) Il semble que, déjà, vers la fin du IIᵉ siècle, les neuf peuples de l'ancienne Aquitaine, avec pour centre Lectoure, en aient été séparés sous le
nom de Novempopulanie : C. I. L., XIII, 412.
(28) Strabon, IV, 1-4. Pline, IV, 105-108. Dion Cassius, LIII-LIV. Sur les
passages de peuples d'une province à une autre : Jullian, *op. cit.*, t. 4.
pp. 68, n. 4, 8 ; 69, n. 2, 5.

rieure et *inférieure*, avec pour métropoles Mayence et Xanten ([29]). Entre temps avaient été créées les petites provinces des Alpes-Maritimes et Cottiennes (a. 25 à a. 7) et soumis les cantons qui formèrent au ɪɪɪ^e siècle les Alpes Pennines et Grées ([30]).

La défense des Gaules exigeait des frontières organisées. Quand on lâcha la Germanie destinée à les couvrir, la ligne de défense fut reportée au Rhin. Les Romains comprirent que la vallée rhénane constituait un système dont aucun élément ne devait être séparé, et que le Rhin ne pouvait être défendu que si l'on tenait sa rive droite. César y était resté en 55 et en 53; Tibère y resta vers l'an 13. Une ligne ininterrompue de peuplades alliées au milieu desquelles les soldats de Rome occupaient des camps et des forteresses, gardaient cette rive et les flancs du Taunus; sur la rive gauche, d'autres, assujetties, montaient la même garde ([31]). Au sud du Taunus, les Champs Décumates, vers la Forêt Noire, furent peuplés de colons militaires gaulois. Le long du Rhin, 8 légions (réduites à 4 par Hadrien ou Antonin le Pieux), soit 40.000 hommes, et 50.000 auxiliaires, répartis sous le commandement des légats consulaires en *exercitus superior, vel inferior*, avaient pour centres Mayence, Bonn, Xanten, en face des ponts où débouchaient les pistes germaines. La flottille du Rhin les complétait. A Lyon, une cohorte urbaine (1.200 hommes) suffisait à assurer l'ordre dans les Gaules et surveillait la route des forts gardant la trouée des Vosges ([32]). Enfin, Vespasien et Domitien commencèrent la construction du *limes* destiné à protéger l'ancien pays des Helvètes, rendu à l'immigration gauloise. C'était une route marquant la fin des terres de l'Empire, épaulée à un cours d'eau ou à une levée de terre, précédée d'un fossé et d'une palissade, et jalonnée de *castella* ([33]). Le *limes* germanique quittait le Rhin en amont de Remagen pour rejoindre à Nassau le Mein, qu'il abandonnait à Altstadt pour se prolonger à partir de Lorch par le *limes* rhétique jusqu'au Danube ([34]). Enfin pour que d'un seul contrôle dépendît tout le réseau routier aboutissant au Rhin, Lingons, Séquanes, Helvètes passèrent de la Celtique à la Belgique.

(29) Jullian, *op cit.*, t. 4, pp. 109, 131.

(30) Strabon, IV, 6. Pline, *H. N.*, III, 135-138. Jullian, *op. cit.*, t. 4, pp. 59-63, 135, n. 1.

(31) Strabon, IV, 3. Tacite, *Germ.*, 28, 29 ; *Ann.*, XII, 27; *Hist.*, IV, 23, 56, 60; V, 16, 18.

(32) Flavius Josèphe, *De bel. jud.*, II, 12, C. I. L., XIII, 1499.

(33) Suétone, *Domitianus*, 6; *Hadrianus*, 10-12. Tacite, *Germ.*, 29. Dion Cassius, LXVII, 3, 4; LXIX, 9. Travaux faits au ɪv^e siècle par Valentinien (BAr., 1919, 24).

(34) Pline, IV, 106.

II. *Les gouverneurs et leurs agents. Hétérogénéité de la « provincia »*. — Les cadres de l'administration provinciale étaient simples. En 22, conformément au partage entre l'Empereur et le Sénat, la Narbonnaise devint province sénatoriale pour le rester jusqu'à Dioclétien : son gouverneur fut un proconsul annuel, tiré au sort parmi les sénateurs de rang prétorien, assisté d'un questeur choisi de même et d'un légat à sa nomination, pris dans le Sénat [35]. Les Trois-Gaules, provinces de César, furent administrées chacune par un légat propréteur, choisi par l'Empereur dans le Sénat pour un temps indéterminé, révocable *ad nutum*. Les Germanies restaient sous l'autorité des légats consulaires [36]. Les provinces alpestres n'eurent à leur tête que des chevaliers, préfets ou procurateurs militaires, élus par le Prince. Tous menaient à leur suite un nombre variable de conseillers, comtes ou assesseurs, de bureaucrates, *officiales*, de *beneficiarii*, de licteurs et d'appariteurs. Pour écarter les abus du temps de la République, les gouverneurs et leurs subordonnés immédiats reçurent des appointements fixes et furent soumis par les constitutions à des incapacités temporaires ou occasionnelles : interdiction de se marier pour eux et leurs enfants pendant leurs fonctions dans la province, d'y acquérir des biens, d'être nommés dans leurs pays d'origine, de prendre sur place leurs assesseurs, etc. [37].

Dans chaque province, ou commun à plusieurs, le *procurator provinciae*, directeur des finances, trésorier du fisc, agent du Prince, présidait à un personnel aussi nombreux [38]. Riche, de rang équestre, il suppléait parfois le gouverneur absent ou entrait en conflit avec lui. Progressivement, d'autres chefs de services apparurent, sans qu'on voie bien leurs rapports de subordination à l'égard du gouverneur [39].

Celui-ci tenait lieu pour sa province de tous les magistrats de Rome. Leurs attributions lui étaient conférées dans les provinces du Sénat par la *lex provinciae*, dans les autres par des *mandata principis* lui déléguant le pouvoir proconsulaire de l'Empereur [40]. En entrant en charge, il publiait un édit, *edictum provinciale*, en

---

(35) Dion Cassius, LIII, 14.

(36) A la fin du IIIe siècle, après l'essai d'empire gallo-romain, on revint au système d'un légat avec *imperium majus* pour les Trois-Gaules et les deux Germanies furent confiées à de simples *praesides*.

(37) Dig., XXIII, 2, 38-pr.-1, 57-pr., 63, 65, 1. C. J., V, 4, 6.

(38) Strabon, III, 4. C. I. L., II, 1970; III, 1456, 5212-6 ; V, 867, 875 ; VI, 1620, 1626, 5197; X, 3871; XIII, 1807-10, 1822.

(39) Tacite, *Hist.*, I, 12, 58; III, 42, 43; XII, 60.

(40) C. I. L., VI, 1624; VIII, 12020· XII, 672; XIII, 797, 1807.

deux parties : l'une consacrée à l'application des lois romaines et aux citoyens habitant la province, l'autre à l'application du droit local et aux indigènes (⁴¹). Très vite, l'administration des gouverneurs fut soumise aux directions des bureaux du Palais avec lesquels ils entretenaient des relations constantes (⁴²). Par voie de circulaires et de rescrits, une jurisprudence administrative s'étendit à toutes les provinces et contribua à l'unification entre celles du Sénat et du Prince·

Le mot « *provincia* » qui avait à l'origine le sens de « pouvoir », de « mission », n'impliquait ni organisation homogène du territoire où cette mission était exercée, ni égalité de condition entre ses habitants. Rien de plus hétérogène que la province. Le statut politique variait de peuple à peuple; le statut juridique d'homme à homme. Aucun préjugé égalitaire. Rome se réservait la faculté de récompenser et de punir, d'annexer, de n'assimiler qu'avec précaution. La province comprenait des cités pérégrines et des colonies. Les premières étaient : 1° les cités fédérées, unies à Rome par un traité respectant leur souveraineté, sous la condition de « *majestatem populi romani comiter conservare* »; 2° les cités libres et *immunes*, qui ne conservaient leur autonomie qu'en vertu d'une décision unilatérale, toujours révisible, du peuple romain; 3° les cités tributaires ou stipendiaires, soumises par droit de conquête au tribut et à la capitation, ne conservant leurs lois et l'existence même que sous le bon plaisir du vainqueur. Les secondes étaient : 1° les villes de droit latin, car Rome utilisait un statut analogue à celui jadis reconnu aux membres de la Ligue latine pour en doter les provinciaux qu'elle voulait flatter sans les assimiler aux Romains; 2° les colonies de citoyens romains, dont les habitants étaient membres de la Cité romaine et inscrits dans une de ses tribus. Sous l'Empire, il n'y eut plus de colonies effectives que de vétérans; mais des cités pérégrines purent être érigées en colonies : faveur ou récompense (⁴³). Au début, le *jus civitatis* était donné souvent sans droits politiques, *sine suffragio;* mais Claude fit accorder aux Eduens la cité complète et, peu à peu, ces restrictions disparurent. Quelques colonies de citoyens jouirent de l'immunité foncière, *jus italicum* (⁴⁴). César avait prodigué le

41) Dig., I, 18, 10-12. Cic., *ad. Att.*, VI, 1; *ad. famil.*, III, 8.

(42) Pline le j., *Epist.*, lib. X (entier).

(43) Gaius, I, 14, 95, 96; II, 21. Pline, *H. N.*, 6. Dion Cassius, LXII, 30. Dig., XLIX, 15, 7. Il y a incertitude sur le titre romain ou latin de certaines villes du midi de la Gaule : Lavisse-Bloch, *H. de Fr.*, t. 1², pp. 205-7; Jullian, *op. cit.*, t. 4, pp. 240, n. 6, 243 et s.

(44) Dig., L, 15, 8, 1-2.

droit de cité. Les empereurs en furent avares; ils répandirent le droit latin dans la Narbonnaise, en Aquitaine. Sous Claude, l'ensemble des Gaules le possédait. Dès lors, le droit de cité lui-même s'étendit ([45]). Le *minus* et le *majus Latium* l'ouvraient aux magistrats ou aux décurions des villes latines. Pérégrins, Latins, Latins Juniens, vétérans, l'obtenaient dans bien des cas par le bienfait de la loi ([46]). Les grands personnages gaulois, les familles nobles le reçurent une fois ou l'autre, de sorte que l'édit de 212 qui appela à la cité tous les habitants des villes de l'Empire, ne fut peut-être pas très utile en Gaule ([47]).

La diversité des conditions politiques s'effaçait. Les inégalités sociales se multipliaient : affranchis, ingénus, *homines novi* ou plébéiens, décurions, chevaliers, sénateurs, *honestiores* et *humiliores;* d'après les uns ou les autres, les attributions du gouverneur s'exerçaient différemment.

III. *Attributions des gouverneurs et services administratifs : justice, police, armée, finances.* — Le proconsul, du fait de sa magistrature, les autres gouverneurs, par délégation du Prince, avaient la plénitude de la juridiction : *imperium merum* ou *jus gladii* qu'ils devaient exercer en personne; *imperium mixtum,* juridiction civile qu'ils pouvaient confier à leurs légats. Ils jugeaient assistés d'un *concilium* d'assesseurs ou de comtes, dans leur métropole ou dans des *conventus* aux centres les plus importants ([48]). Au criminel, s'introduisait le système des peines arbitraires ([49]). Le privilège des citoyens romains de n'être jugés qu'à Rome dans les affaires capitales était désuet; les nouveaux en faveur des *honestiores* subissaient des fluctuations ([50]). Au civil, la procédure formulaire, appliquée dans la Narbonnaise aux deux premiers siècles, ne le fut probablement jamais dans les autres provinces où les légats et *praesides* usaient de la *cognitio extraordinaria* modifiée par la pratique des délégations pour enquêter ou juger. L'appel s'organisait sur le principe de la subordination des fonctionnaires judiciaires à l'Empereur ([51]).

(45) Tacite, *Ann.*, XI, 23. Plutarque, *Galba*, 18. Voy. C. Jullian, *op. cit.*, t. 4, p. 245.

(46) Gaius, I, 93-95.

(47) Dig., I, 5, 17. Nov. 78, cap. 5. Dion Cassius, LXXVII, 9. *Griechen Papiri zu Giessen*, n° 40. Sur ce document : Th. Reinach et Bouché-Leclercq. Cpt.-R. AIBL., 1910, pp. 132, 159.

(48) Dig., I, 18, 6-8, 10; XLVIII, 1, 8.

(49) Dig., XLVIII, 19, 13.

(50) Paul, *Sent.*, V, 26, 1. Dig., XLVIII, 8, 3-5, 16; XLVIII, 19 8-9, 9-11, 10, 28-2. Cpr. pour ʼes *foederati* : Dig., XLIX, 15, 7-2.

(51) C. I. L., XII, 4333. Girard, *Man. élém. de droit romain*, p. 1139.

Chaque gouverneur pourvoyait à la police et à l'administration de sa province, au moyen de son *officium*, de cohortes ou de *vexillationes* détachées et des milices locales. Il procédait aux travaux publics par adjudication ou par régie. Digues, chaussées, greniers publics, rivières, service routier surtout, retenaient ses soins, le plus souvent sous la haute direction du Prince.[52]

Le proconsul de la Narbonnaise, les légats des Trois-Gaules n'avaient ni commandement militaire, ni troupes dans leurs provinces. Mais ils y dirigeaient le recrutement : engagements volontaires provoqués par des agents recruteurs, et qui d'ordinaire suffisaient[53]; au besoin, levées forcées régionales en temps de guerre[54], auxquelles procédaient le gouverneur sur délégation spéciale ou des *dilectatores* contrôlés par lui[55]. Beaucoup de Gaulois servaient dans les légions; un plus grand nombre dans des corps auxiliaires levés chacun dans un peuple dont il retenait le nom, les enseignes et les chefs nationaux[56]. Au recrutement de bonne heure régional, en succéda un rigoureusement local, de sorte que les Gaulois sous les armes avaient le sentiment de défendre la Gaule et leurs familles[57]. Les armées du Rhin où ils avaient la supériorité numérique, formaient le quart de celles de l'Empire. Les Trois-Gaules furent divisées en trois régions de recrutement : Aquitaine ibérique, 6 cohortes; Onze peuples et Lyonnaise, 11 cohortes et 2 ailes; Belgique et Germanies, 41 cohortes au moins et 4 ailes[58]. Le service des légionnaires était de vingt ans; celui des auxiliaires de vingt-cinq. Les vétérans constituaient dans les villes et les colonies où ils allaient jouir de leurs privilèges, une bourgeoisie moyenne, dévouée au régime et au Prince[59].

La Gaule était soumise, comme toutes les provinces, à des impôts directs et indirects qui ne parurent jamais excessifs[60]. Les

(52) C. Jullian *op. cit.*, t. 4, pp. 86 et s., 172 et s.

(53) Dig., XLIX, 16, 4-10. Tacite, *Ann.*, I, 31; IV, 6; XIV, 18; *Hist.*, IV, 14. Velleius Paterculus, II, 130.

(54) Tacite, *Ann.*, XVI, 13; *Hist.*, II, 57; IV, 14, 24, 38.

(55) Tacite, *Ann.*, XIV, 48; *Hist.*, IV, 14. C. I. L., XIII, 1808, 3602.

(56) Tacite, *Ann.*, III, 40-43; *Hist.*, IV, 13, 55.

(57) Dion Cassius, LX, 23; Hérodien, 8.

(58) Dans les provinces alpestres : 10 cohortes, 1 aile, 1 cohorte de marins.

(59) Halkin, *Les collèges de vétérans (Rev. de l'Instr. publ. de Belgique,* tt. 38, 39).

(60) Suétone, *Tib.*, 49; Tacite, *Agric.*, 19. On a dit très lourd le fardeau des impôts au Haut-Empire. Les arguments sont peu probants. On cite le mouvement des Eduens et les Trévires en 21 ; or, ils protestaient, non contre la quotité de l'impôt, mais contre l'impôt lui-même qu'on leur appliquait.

principaux impôts directs étaient l'impôt foncier, *stipendium* ou *tributum*, et la capitation, *tributum capitis*. Ils supposaient un cadastre ordonné en vain par César, auquel Auguste suppléa par le *Brevarium totius imperii*, et des recensements chroniques de la population (⁶¹). Ils comportaient la taxation préalable des contribuables et la levée, chaîne dont le gouverneur tenait les deux bouts.

Le *tributum soli*, impôt de quotité, qui variait entre un tiers et un dixième du revenu calculé sur la moyenne de dix années, était fondé depuis le vıı° siècle de Rome sur le haut domaine du peuple romain sur les terres conquises, d'où les terres italiques et les peuples fédérés ou libres ne le payaient pas (⁶²). Il était établi sur la déclaration des contribuables indiquant la situation, l'étendue, le genre de culture, la nature du sol (étangs, salines, carrières, etc.), le nombre d'esclaves ou de colons employés, celui des arbres pour les terrains plantés. L'ensemble de ces déclarations, contrôlées et rectifiées, constituait le *liber censualis* de la cité (⁶³); un double était adressé au gouverneur qui délivrait les mandats de recouvrement (⁶⁴). Cet impôt s'aggravait d'une série de prestations, *munera*, dont les lois indiquaient la diversité et la nature (⁶⁵). Le *tributum capitis* avait pour base le recensement; il n'était pas soumis partout aux mêmes règles et n'atteignait, ce semble, que les non-propriétaires (⁶⁶). Les impôts indirects, *vectigalia*, étaient affermés à des publicains; au ıı° siècle, plusieurs furent repris en régie (⁶⁷). On trouvait appliquées dans les Gaules : la *quadragesima Galliarum*, droit de 2,5 % sur la valeur des marchandises entrant et sortant, qui maintenait leur unité douanière (⁶⁸);

quoique fédérés jusqu'alors. Suétone, *Caes. Jul.*, 25, Tacite, *Ann.*, III, 40 ; *Hist.*, IV, 17, 73-74.

(61) C. Jullian, *op. cit.*, t. 4, pp. 302-4.

(62) Gaius, II, 7, 26, 31. Dig. L, 15, 8. Frontin (*Grammatici veteres*, éd. Lachmann, p. 35).

(63) Dig., L, 15, 3, 4, 15. Dion Cassius, LXII, 3. Peut-être existait-il un impôt spécial sur les maisons : C. I. L., III, pp. 944, 946, et un autre sur les meubles : Dig., XXXIII, 2, 32-9.

(64) Dig., XLI, 1, 30 ; L. 15, 4-1. C. I. L., XII, 408. Les *libri censuales* d'abord établis par les *adjutores ad census* ou *censitores* sous le contrôle dı gouverneur, le furent ensuite par un délégué spécial de l'Empereur, *procurator ad census accipendios* ou *legatus propraetore* (C. I. L., XII, 4188, XIII, 1680).

(65) Surtout Dig., L, 4.

(66) Dig., L, 15, 3, 8-7. Dion Cassius, LXII, 3.

(67) C. I. L., V, 5090, 7643; XIII, 255. Voy. Cagnat, *Etudes historiques sur les impôts indirects chez les Romains*, Paris, 1882.

(68) Dig., XIX, 2, 60-8; XXIV, 1, 21. C. I. L., V, 7209-11, 7213, 7643, 5090;

la *vicesima manumissionum*, taxe établie en 357 av. J.-C., portée
à 10 % par Caracalla ([69]); la *vicesima hereditatum et legatorum*,
portée aussi à 10 %, frappant hérédités et legs d'une certaine importance provenant à un citoyen d'un étranger ou d'un collatéral au-delà du 2ᵉ degré ([70]); la *centesima venalium* sur les ventes
à l'encan ([71]); la *quinta et vicesima venalium mancipiorum*, sur
les ventes d'esclaves. Des *procuratores*, communs à deux ou trois
provinces, étaient placés à la tête de ces services ([72]).

IV. *Les assemblées provinciales.* — Sous cette administration centralisée où les gouverneurs, sous les directions du Palais,
absorbaient toute initiative, les provinciaux faisaient entendre
leurs vœux et doléances dans des assemblées, *concilia provinciae* ([73]). Le *concilium* de la Narbonnaise, dont on a la loi de fondation et où chaque cité envoyait un représentant, paraît remonter à
Auguste. Il se réunissait au *templum Augusti*, près de Narbonne;
son président, élu, prenait le titre de *flamen Augusti* ([74]). En l'an
12, Drusus inaugura l'*Ara ad confluentes Araris et Rhodani*, consacrée à la double divinité de Rome et d'Auguste, et le Conseil des
Trois-Gaules dont elle devait être le centre ([75]). Nous ignorons
le nombre des députés et leur répartition entre les 60 cités de la
Belgique et de la Celtique dont les noms étaient là gravés ([76]). Le
président qu'ils se choisissaient était qualifié *sacerdos Romae et
Augusti ad aram ad confluentes*. Les neuf peuples de l'Aquitaine
ibérique eurent leur assemblée particulière à Lectoure et pour président aussi un *flamen*. Des prêtres de l'Auguste sont encore signalés dans les provinces alpestres ([77]). Ces sacerdoces provinciaux,
bien qu'annuels, comportaient l'honorariat avec le titre de *flamen*

XII, 717; XIII. 253 (*socii publici XI.ᵃᵉ Galliarum*). Cette circonscription douanière embrassait la Narbonnaise, les Trois-Gaules, les deux Germanies, les
Alpes-Maritimes et Cottiennes.

(69) C. I. L., XII, 2396.

(70) Dion Cassius, LV, 25. C. I. L., XII, 1916.

(71) Dig., L, 16, 17.

(72) Tacite, *Ann.*, XIII, 31. Des affranchis du Prince aux *stationes* surveillaient les agents de *socii*; C. I. L., V, 7209-7211.

(73) Voy. P. Guiraud, *Les assemblées provinciales dans l'Empire romain*,
1887. Carette, *Les assemblées provinciales dans la Gaule romaine*, 1896.

(74) C. I. L., XII, 6038, 6083; 392. Jullian, *op. cit.*, t. 4, p. 426. Kraschenin-
nikof, *Philologus*, t. 53, 1894.

(75) C. I. L., XIII, I, p. 228 et s. Aug. Bernard, *Le Temple d'Auguste
et la nationalité gauloise*, Lyon, 1863.

(76) Sur les conjectures possibles : Jullian, *op. cit.*, t. 4, pp. 440, 441.
Strabon, IV, 3-4. Ni les cités de l'Aquitaine ibérique, ni les colonies de
citoyens n'y figuraient. C. I. L., XIII, 1691, 1706, 1714.

(77) C. I. L., XIII, 412; V, 7259, 7917; XII, 81.

perpetuus ou de *sacerdotalis* et le droit à vie de siéger dans le conseil provincial. Les frais de la charge leur valaient des remerciements, voire des statues. Les députés, pareillement annuels, étaient munis d'un mandat impératif. On les disait « représentants et sauvegarde de la province » [78]; mais leurs attributions étaient restreintes : élire le *sacerdos* ou *flamen*, célébrer avec éclat les rites du culte impérial, voter le budget des pompes religieuses et des jeux, émettre des vœux et des doléances, voter des félicitations et décréter des honneurs ou, au contraire, des blâmes et des exécrations à l'adresse des gouverneurs; à l'occasion en demander la mise en accusation devant le Sénat ou devant l'Empereur. Pendant trois siècles, les assemblées de la Gaule ne décernèrent que des éloges. Le *concilium provinciae* avait une caisse alimentée par les taxes qu'il votait, par les subventions des cités, par les revenus de son domaine [79].

3º L'administration municipale de la Gaule romaine.

I. *Les cités*. — Dans le cadre de la province, l'unité administrative adoptée fut la cité gauloise. Plus de fédérations, de patronat, ni de clientèles; les cités, grandes ou petites, relevaient directement du proconsul ou du légat. Il n'y eut dans les Trois-Gaules que des remaniements partiels, sauf dans l'Aquitaine ibérique, dont les tribus furent réparties finalement en neuf peuples [80]. Strabon comptait 60 cités, Tacite 64 en l'an 21; en fait on en connaît 17 en Aquitaine, 25 dans la Lyonnaise, 22 en Belgique [81]. Par contre, la colonisation avait entraîné une refonte de la Narbonnaise. Chaque centre urbain érigé en colonie comportant un territoire indépendant, elle avait 23 à 24 cités [82]. D'abord, les cités pérégrines

(78) C. I. L., XIII, 3162. *Universa provincia* : C. I. L., XII, 392. *Tutela sociorum* : Tacite, *Ann.*, XV, 20.

(79) Inscriptions concernant les directeurs de ses services pour les Trois-Gaules. C. I. L., VIII, 1680, 1682, 1725, 3162; XIV, 324-328 (*judex arcae Galliarum, allector arcae Galliarum, exactor auri et argenti Galliarum, inquisitor Galliarum.*) Il possédait des mines.

(80) Jullian, *op. cit.*, t. 4, pp. 71, 73. Strabon, IV, 2. Pline, *H. N.*, III, 108, IV, 107. C. I. L., XIII, 412, 1808.

(81) Strabon, IV, 2; Tacite, *Ann.*, III, 44; Flavius Josèphe, *De bel. jud.*, II, 16, parle de 305 peuples et Plutarque, *Jul. Caes.*, 15, dit que 300 peuples furent vaincus par César. Il faut voir là des tribus réparties entre les 64 cités. La différence entre Strabon et Tacite vient de l'adjonction de quelques cités qui, dans l'intervalle, ont cessé d'être fédérées ou libres.

(82) Les deux cités Volques en formèrent 7, les Cavarres 5 (chacune de leurs tribus redevenant autonome), les Salyens 4, Marseille et ses possessions 4, les Voconces plus tard 2. Restaient les Allobroges et les Helviens.

conservèrent leurs institutions nationales qui comportaient parité de droits entre les habitants des villes et des campagnes. Mais diverses causes rapprochèrent les statuts de toutes les cités. Les distinctions primitives : peuples fédérés, libres, stipendiaires ou tributaires, colonies romaines ou latines, s'effacèrent. Après Claude, on ne trouve plus de magistratures gauloises. Dans la seconde moitié du IIe siècle, l'épigraphie ne fournit plus que des indications conformes au système romain, sauf chez les Voconces. Cette évolution est achevée au IIIe siècle ([83]). La diffusion des colonies latines, puis romaines, l'octroi du *jus civitatis* aux habitants des villes, même pérégrines, la création de villes nouvelles équipées à la romaine, le désir d'imiter le vainqueur contribuèrent à l'assimilation ([84]). La cité, ainsi conçue, était une réplique de la Ville souveraine de qui elle tenait du reste l'existence. Il n'y avait cité municipale, *respublica*, que si la collectivité urbaine avait reçu de l'Empereur ou du Sénat le *jus coeundi in curiam*. Ce droit et ce titre n'appartenaient qu'à la ville, *urbs*, et non au territoire qui en dépendait.

II. *Les magistratures, les services municipaux, les sacerdoces.* — Les premiers magistrats de la cité étaient des *duumviri*, rarement des *quatuorviri* ([85]). Ils avaient droit à la chaise curule, au laticlave, à deux licteurs avec faisceaux sans hache ([86]). On disait aussi *duumviri jure dicundo*, parce qu'ils étaient juges. Leur juridiction civile était réduite; au criminel, ils ne pouvaient faire mettre à mort un esclave ([78]). Au IIe siècle, le *jus coercendi*, plus tard, le *jus mulctae* leur furent enlevés; leur droit de prise de gage

---

(83) Pour les cités organisées selon le type romain, le nom de la ville remplaçait celui de la peuplade gauloise à cause de sa prédominance sur le *territorium*. Dans la composition des noms de beaucoup de villes entraient ceux d'Auguste et des *Julii*. Mais au IIIe siècle la plupart reprirent les noms de l'ancien peuple dont elles étaient le chef-lieu : ainsi *Caesaromagus*, celui des *Bellovaci*, *Lutetia* celui des *Parisii*, *Augustoritum* celui des *Lemovices* (BAr., 1915, p. 10). Les usages gaulois reparurent soit que les empereurs d'origine étrangère veillassent moins au maintien des habitudes romaines, soit que la poussée des classes populaires dans la Gaule prospère les ramenât au jour. Septime Sévère substitua dans les Trois-Gaules le calcul par lieues à celui par milles.

(84) *Municipium* et *civitas* devinrent synonymes et communs à toutes les cités : Aulu-Gelle, XVI, 13.

(85) Au début on trouve quelques appellations différentes, notamment celle de *praetor*; à Nîmes, *undecemprimi*. Mais elles furent éliminées et l'administration ne toléra plus que *II viri* ou *IV viri*.

(86) C. I. L., XII, 1029, 3210, 3572.

(87) *Lex Rubria*, XXI, XXII, si cela s'applique en Gaule. *Fragment d'Este* (Girard, Textes, p. 78 et s.). Dig., II, 1, 12. C. I. L., XII, pp. 935-38.

fut limité par les lois; la sanction de leurs arrêtés dépendit d'une action ordinaire (⁸⁸). Administration, police générale, convocation et présidence des assemblées, commandement de la milice locale, organisation des jeux étaient leurs domaines. A chaque lustre, avec le qualificatif de *quinquennales*, ils procédaient au cens, à la *lectio* des décurions, à l'adjudication des terres publiques données à ferme (⁸⁹). Au-dessous d'eux, les *aediles* veillaient à la police des marchés et des voies publiques, à l'approvisionnement, aux distributions frumentaires, à l'exécution des travaux publics; un ou deux *quaestores* étaient les comptables de la cité (⁹⁰). Les magistrats de même rang ou de rang supérieur avaient vis-à-vis des autres droit de *veto*. Les magistratures, toutes annuelles, gérées *gradatim* en commençant par la plus basse, ne devaient être, en principe, ni continuées, ni réitérées; car, gratuites, elles étaient une charge pour leurs titulaires, obligés à la *summa honoraria*, taxe dont le minimum seulement était fixé par la loi, à beaucoup d'autres dépenses en faveur de la curie et de la plèbe (⁹¹). Aux deux premiers siècles, les magistrats étaient élus par les comices populaires; une constitution de Caracalla en remit la création aux décurions, parmi lesquels ils durent être choisis, sur la présentation et sous la responsabilité des duumvirs en charge (⁹²). Parfois la cité était administrée par un *praefectus*, agent du pouvoir central, soit qu'elle eût élu duumvir l'empereur ou un prince de la *divina domus*, qui se faisait ainsi remplacer, soit qu'en cas de mauvaise gestion, l'autorité centrale se substituât pour un temps à la municipalité fautive (⁹³).

Sous la direction des magistrats, une série de services, *munera* ou *curæ*, étaient gérés par des citoyens élus dans les mêmes conditions et sous les mêmes garanties. Par là, la cité diminuait sensiblement le nombre des salariés à son service, écartait ceux qui exigent aujourd'hui les plus gros traitements. La direction de la milice, des forces de police, des travaux publics, des jeux, des eaux, de la répartition et de la levée des impôts qui lui étaient

---

(88) Dig., IX, 2, 29-7. Voy. J. Declareuil, *Quelques problèmes d'histoire des institutions municipales au temps de l'empire romain*, pp. 75-79.

(89) C. I. L., XII, 697, 4333-4, 4371; XIII, 4030; V, 7914.

(90) C. I. L., XII, 1377, 3273; 4389, 4396, 4401, 5864; XIII, 3573. On trouve parfois au lieu de questeurs de *II viri ab aerario* : Desjardin, *Géographie de la Gaule*, t. 3, p. 416.

(91) J. Declareuil, *op. cit*, p. 26.

(92) *Ibidem*, pp. 10-13.

(93) Mommsen, *Staatsrecht*, t. 2, p. 287 et s. Quand l'Empereur était *duumvir*, son *praefectus* administrait *sine collega*.

confiées, une partie de sa gestion financière et domaniale, étaient remises à des notables, qui se préparaient ainsi aux magistratures (⁹⁴). Parfois, moyennant des privilèges pour ses membres, un corps de métier était grevé d'un service public, tels les *fabri* et les *centonnarii*, chargés dans beaucoup de villes du service des incendies (⁹⁵).

Les colonies possédaient des sacerdoces analogues à ceux de Rome; cependant, pontifes et augures semblent manquer dans les villes gauloises venues tard à la Cité romaine. Mais le loyalisme avait mis partout un *flamen* de l'Auguste, et même d'autres pour les membres de la *divina domus*, vivants ou morts, et des *flaminicae* pour l'*Augusta* et les *divae*. On rencontrait aussi, mais pas toujours en Gaule, des *seviri augustales*, recrutés parmi les petites gens, honorés de la prétexte, de places d'honneur, de licteurs et rendant un culte public, au nom de la plèbe, à l'Auguste : l'honorariat, conservé après leurs fonctions annuelles, les réunissait en *ordo augustalis*, confrérie de dévôts au Prince et à sa dynastie (⁹⁶).

III. *Les assemblées. La curie, les comices.* — La curie, *ordo decurionum*, était le sénat de la cité. Ces membres, au nombre de cent d'ordinaire, constituaient son aristocratie, comme l'ordre sénatorien celle de l'Empire. Tous les cinq ans, les *duumviri quinquennales* procédaient à la *lectio*, c'est-à-dire dressaient l'*album decurionum* dans l'ordre suivant : 1° Les *patroni civitatis*, décurions honoraires, patrons et bienfaiteurs de la cité; 2° les anciens magistrats d'après leur dignité et leur ancienneté, *quinquennalicii, duumvirales, aedilicii, quaestoricii*, en joignant à chaque catégorie les *adlecti*, citoyens ayant obtenu les insignes et le titre d'une magistrature sans l'avoir remplie; 3° si, par là, le nombre légal n'était pas atteint, les *pedani*, pris parmi les notables non encore parvenus aux honneurs et riches d'au moins 100.000 sesterces (⁹⁷). Après les décurions étaient inscrits les *praetextati*, jeunes gens autorisés à suivre les travaux de la curie pour se former aux affaires (⁹⁸). Quand, au III⁰ siècle, les magistrats, devant être pris dans la curie, ne purent plus servir à la compléter, elle se recruta par cooptation sur la présentation de candidatures par les duumvirs en fonction, au fur et à mesure des vacances. L'âge de vingt-cinq ans était requis, celui de cinquante-cinq ans

(94) Declareuil, *op. cit*, pp. 36-42, 48, 72.
(95) *Ibidem*, p. 153.
(96) Voy. Beurlier : *Essai sur le culte dû aux empereurs romains*, pp. 295 et s., 309.
(97) C. I. L., X, 338. Dig., L. 3, 8. Pline, *Epist.*, I. 19.
(98) Declareuil, *op. cit*, p. 30.

était une excuse. La loi imposait aux nouveaux décurions de verser à la cité la *summa honoraria* et de tenir les promesses faites en vue de leur élection; en outre, l'usage était de donner des jeux, des banquets, des sportules. En échange, ils avaient droit aux *ornamanta curialia*, à des sièges séparés au théâtre, à des privilèges en matière pénale [99].

Les attributions de la curie, considérables au début, allèrent toujours s'effritant. Finances, domaines, travaux publics, police, approvisionnements, eaux, thermes, spectacles, milice, tout dépendait d'elle et de ses décrets. La tutelle administrative limita sa compétence par des interdictions de voter de nouvelles taxes, de modifier les anciennes, d'aliéner ou de grever le domaine communal sans autorisation du Prince. Elle décrétait des honneurs et des remerciements aux fonctionnaires provinciaux, aux magistrats municipaux, aux particuliers ayant mérité de la cité. Des comices populaires elle hérita l'élection aux *honores* et aux *curae* ou *munera*.

Les comices, aux 1er et 11e siècles, n'avaient d'autres fonctions que d'élire les magistrats et les chefs des services municipaux. Une constitution de Caracalla, entre 206 et 211, transféra ce soin à la curie et les comices disparurent [100].

IV. *Le patrimoine de la cité et la tutelle administrative.* — Le *jus coeundi in curiam* conférait à la collectivité urbaine la qualité de *respublica*, le droit d'avoir une *arca*. c'est-à-dire de posséder. Les cités eurent ensuite celui d'acquérir par fidéicommis, puis par legs [101]. La plupart étaient riches en biens fonciers, en esclaves. Leurs ressources avaient des origines diverses : taxes qu'elles étaient autorisées à lever sur leurs territoires; revenus de leurs domaines ou des capitaux prêtés, attributions d'amendes, dons des citoyens ou des princes, tributs payés par les *praefecturae* ou les *populi attributi* [102]. Nombre de monuments, de services publics étaient dus à la libéralité privée. Cependant les dépenses étaient grandes, dans ces villes, encombrées de thermes, de temples, d'arènes, de théâtres, de fontaines, d'écoles, de bibliothèques, toujours en fête, responsables des impôts généraux, du service des postes, de l'annone, etc. La gestion défectueuse, l'insolvabilité parfois provoquèrent ou hâtèrent la tutelle administrative de l'Etat.

(99) *Ibidem*, pp. 31 et s., p. 28.
(100) *Ibidem*. pp. 10-12.
(101) Ulpien, *R.*, XXIV, 18. Dig., XXX, 117, 122. C. I. L., XII, 41049
(102) Declareuil, *op. cit.*, p. 309 et s.

Elle se manifesta sous trois formes : 1° l'*appellatio* ou recours administratif, qui permit à l'administré de se pourvoir contre tout acte d'un administrateur auprès du supérieur hiérarchique [103]; 2° la *curatio reipublicae*, exercée par un contrôleur, *curator*, donné à des villes par l'Empereur dès le Ier siècle et qui absorbera peu à peu la gestion financière et domaniale de la *respublica* [104]; 3° l'intervention toujours plus étendue du gouverneur dans l'administration de la cité [105].

V. *Le « territorium » des cités.* — Le territoire de la cité, composé des *pagi* des tribus dont l'union l'avait créée, était soumis à la juridiction des magistrats municipaux, qui désignaient dans chaque *pagus*, un *praefectus* ou commissionnaient des représentants élus par la population, *magistri, aediles pagi* [106], à côté desquels apparaît alors un conseil qui rend des décrets [107]. Les *castella, oppida, vici*, bourgades répandues dans les *pagi*, avaient souvent une organisation analogue à celle de leur chef-lieu, mais fonctionnant, en l'absence du *jus coeundi*, à la façon d'associations privées, sous la surveillance ou avec la collaboration des autorités de la cité. *Pagi* et *vici* comptaient pourtant parmi les *universitates* et possédaient un patrimoine [108].

4° Organisation sociale : conditions des personnes et des terres [109].

La société gauloise, au moins dans les villes, s'était presque spontanément adaptée aux institutions romaines. Au IIe siècle, les habitants des cités se classaient et agissaient selon les catégories du droit des personnes romain, sans que celles existant avant la conquête s'en trouvassent sensiblement modifiées : libres et esclaves [110], ingénus et affranchis (citoyens, Latins, Latins Juniens, déditices [111], patrons et clients de toutes sortes [112]. Parmi les

(103) *Ibidem*, p. 22 et s.
(104) *Ibidem*, p. 17 et s. Orelli, n°s 3186, 6484.
(105) Declareuil, *op. cit.*, p. 21. Cpr. Herodien, *Vita Caracallae*, 29.
(106) C. I. L., XII, 1771, 1357, 1375-77, 1528, 2250, 2346, 2558; XIII, 604, 1670, 5026, 5110.
(107) C. I. L., XII, 2, 342, 512, 2561-62; XIII, 1670.
(108) C. I. L., XIII, 5026, 5170, 6676. Voy. sur le *territorium* : J. Declareuil, *op. cit.*, pp. 307, 314. C. Jullian, *op. cit.*, t. 4, pp. 352-356.
(109) Ici il suffira de renvoyer aux ouvrages généraux de droit romain : P.-Fr. Girard, *op. cit.*, liv. II, III. Ed. Cuq, *Manuel des institutions juridiques des Romains*, Paris, 1917, liv. I-III.
(110) C. I. L., XII, 1025 3228, 3781, 3012; XIII, 568, 1747.
(111) C. I. L., XII, 471-72, 1581, 3712, 3935; XIII, 5708.
(112) C. I. L., XII, 2208, 3296; XIII, 5474; Dig., IX, 3, 51-1; XLVII, 2 89

personnes libres : citoyens toujours plus nombreux, Latins qui formaient la masse en dehors des cités pérégrines dont le nombre sans cesse décrut; parmi les citoyens : noblesse sénatorienne, ordre équestre, *homines novi* dans le cercle de l'Empire; décurions. *plebeii*, dans celui de la cité. Les familles gauloises très vite avaient adopté les trois noms romains, s'étaient créé un *nomen gentilicium*, avaient usé du tombeau commun. En passant sous les lois romaines, peut-être subissaient-elles un léger recul sur l'individualisme gaulois auquel poussait un Etat politique mal assis; elles y trouvaient, par contre, une opposition plus marquée entre les intérêts personnels des membres de la *domus* et du *paterfamilias*. Il n'est même pas sûr que les pratiques associationnistes et collégiales qui florirent aux deux premiers siècles, aient surpris les hommes de la Gaule. Corporations de métiers, confréries religieuses, sociétés d'entr'aide, fraternités, n'avaient pas été inconnues de leurs aïeux. Cela seulement était nouveau qu'elles ne pouvaient se former qu'avec l'assentiment de l'Etat, en se soumettant à ses lois ou à une pratique administrative, très large et très tolérante (¹¹³).

La condition juridique des terres était, sauf pour quelques colonies de droit italique (¹¹⁴), celle des fonds provinciaux, dont le *dominium* restait au peuple romain à qui leurs possesseurs payaient le *census* ou *tributum soli*. En échange, il leur était reconnu une sorte de propriété, en fait presque aussi absolue, et pour laquelle certains procédés permettaient de constituer des démembrements analogues à ceux du *dominium* (¹¹⁵). Le type d'exploitation rurale était, comme en Italie, celui du *fundus* et de la *villa*, soit qu'il n'y ait eu à l'origine que des différences peu marquées entre le domaine gaulois et le domaine romain, soit que l'imitation ait été rapide. Même mode de dénomination, la suffixe *acus* remplaçant ordinairement la suffixe *anus* répandue en Narbonnaise et en Italie (¹¹⁶). Même division du domaine : 1° la partie exploitée par le maître au moyen d'esclaves, *familia rustica*, ou de salariés, avec au centre la maison d'habitation, *praetorium* ou *mediolamum*; 2° la partie composée de tenures, *mansiones*, exploitées par des familles de colons libres, affranchies ou serves, quelques-unes, *inquilini*, *laeti*, déjà, ce semble, attachées au sol; 3° les forêts et les vaines pâtures, dont

(113) Cuq, *op. cit.*, p. 117.

(114) Pline, *H. N.*, III, 3; Dig., L, 15, 1, 6-8.

(115) Gaius, II, 21. Frontin, éd. Lachmann, pp. 3-15, 36.

(116) D'Arbois de Jubainville, *Recherches sur l'origine de la propriété foncière et des noms des lieux habités en France*, Paris, 1891.

la jouissance restait commune au propriétaire et aux colons. A côté
de ces grands domaines, les propriétés moyennes ou petites, encore fort nombreuses, risquaient sans cesse l'absorption [117]. Enfin,
en dehors des circonscriptions municipales, des domaines très vastes appelés *saltus*, et, dans les limites de ces circonscriptions, les
agri excepti, domaines de l'Empereur, de la *divina domus* et des
sénateurs, soustraits, à ce titre, à la juridiction municipale, étaient
administrés exclusivement par le propriétaire ou son agent, qui
ne reconnaissait d'autre supérieur que le gouverneur de la province [118].

II. — LES INSTITUTIONS POLITIQUES ET SOCIALES DU BAS-EMPIRE DANS LES GAULES.

1º Conception nouvelle de la souveraineté. L'État socialiste et les tendances seigneuriales.

En dépit des révolutions militaires faisant et défaisant les empereurs et de quelques regains d'autorité du Sénat sous les Gordiens, par l'influence lente du culte impérial, du stoïcisme et de
l'humanitarisme en faveur avec les Antonins, de l'orientalisme
des princes africains et syriens, finalement du christianisme,
l'idée s'établit du rôle providentiel de l'Etat; son chef apparut
comme l'image de la Divinité. C'est la doctrine du Bas-Empire.
Alors, dans l'ébranlement que l'Etat subit de l'anarchie intérieure
et de la rupture des frontières, le pouvoir se révèle à la fois
pléthorique et faible. Pléthorique, car, absolu, il se veut seul et
prétend pourvoir non seulement à ce qui est le fait de l'Etat :
défense nationale, ordre public, police générale, coordination de
l'activité intérieure, rapports internationaux, mais encore à tous
les besoins spirituels et économiques des collectivités sujettes et
des individus. Faible, à l'extérieur, par un affaiblissement du
sens national et des qualités militaires chez les populations de
l'Empire : un soi-disant droit naturel transporté de la spéculation philosophique dans la dialectique des Prudents [119], un cosmopolitisme égalitaire, énervant et défigurant le vigoureux concept de la catholicité de l'Empire et de l'Eglise, un pacifisme
imbécile proclamant qu'il n'y aura plus de guerres et qu'il n'est

(117) Fustel de Coulanges, *L'alleu et le domaine rural*, pp. 1-96.
(118) Beaudouin, *Les grands domaines dans l'empire romain*. (*NRH.*, 1897-1898).
(119) Gaius, I, 1. Ulpien : Dig., I, 1, 1-pr-1, 6-pr.

plus besoin d'armées là où règnent la Justice et le Droit, alors que soixante villes des Gaules sont détruites, que le *limes* est forcé et que recommence la ruée barbare ([120]). Faible, à l'intérieur, par manque d'hommes et d'argent. La répugnance pour le métier des armes, la crainte irraisonnée des chefs militaires, font que les armées, des rangs inférieurs aux plus hauts grades, sont peuplées de barbares installés dans les provinces pour les défendre contre d'autres; ainsi l'Empire victorieux se met dans la situation d'un vaincu. A travers les terres ravagées, l'*ager desertus*, la brousse; et comme l'impôt foncier et la capitation des ruraux sont toutes les ressources de l'Etat, la matière imposable disparaît à mesure que les dépenses s'accroissent ([121]).

Dès lors, les sujets insuffisamment protégés par cet Etat débile cherchent les garanties qui leur manquent : 1° dans un développement plus grand et presque général du régime corporatif; et c'est, du haut en bas de la société, l'explosion d'un syndicalisme universel; gens de même métier ou profession, fonctionnaires, soldats, ouvriers des manufactures impériales, propriétaires voisins, fidèles d'un même culte, habitants d'un même quartier, d'un même village, s'associent ou, s'ils le sont déjà, rendent plus étroits les liens qui les unissent et s'organisent en vue de la défense du groupe; ce mouvement est surtout urbain; — 2° dans l'instauration d'un régime quasi seigneurial, établi sur la *commendatio* et le *patrocinium*. La *commendatio*, pratique ancienne, par laquelle quelqu'un déclarait se mettre dans la foi d'autrui qui l'y recevait, était une sujétion contractuelle d'homme à homme : alors elle se multiplia et s'appliqua à tous les rapports sociaux, politiques, militaires, ruraux, etc. Le *patrocinium* tendait à la création d'une clientèle collective; des corps de métiers, les habitants d'un *vicus*, d'un *pagus*, se plaçaient, eux et leurs biens, sous la protection d'un *potens* ou *potentior*, haut fonctionnaire ou grand propriétaire, pour être défendus contre les bandes de pillards, contre des créanciers ou des adversaires en justice trop influents, contre la soldatesque ou les agents du fisc, contre la misère et la famine. On appelait *patronus* celui qui se chargeait d'en protéger un autre, *susceptus in fide* ou *homo patroni*, celui qui était protégé. Le même terme : *in ditione esse*, signifiait la sujétion d'homme à

---

(120) Vopiscus, *Probus*, 20. J. Declareuil, *NRH.*, 1908, p. 544 et s., et *Mél. Gérardin*, p. 138 et s.

(121) Salvien, *De Gubernatione Dei*, IV, 21-23; VII, 5 (rareté des familles nombreuses); IV, 30-39; V, 17, 28 (mauvaise rentrée des impôts); IV, 69 (invasion commerciale des Syriens); VI, 98, 99 (tributs aux barbares), (MGH, AA, t. 1, éd. Halm., pp. 39, 43, 49, 56, 58, 60, 81, 83).

homme et celle du sujet à l'égard du Prince. Le patron acquérait
le droit de commander au *susceptus*, d'en exiger des services,
assez mal définis, de le juger, de le punir; il avait pour cela ses
soldats, sa prison : tous droits que l'Etat considérait avec raison
ne devoir appartenir qu'à lui. En échange, le protégé avait son
existence assurée.

Mais les forces de l'Etat n'étaient pas encore si anémiées qu'il
ne pût réagir et tourner à son profit une part au moins de ces
institutions et de ces pratiques. Chargé de nombreuses obligations et très pauvre, il imagina d'affecter à chaque service administratif, à chaque besoin économique, une équipe spécialisée, exclusivement vouée à cette fonction. Le régime corporatif lui offrait des organes déjà formés. Chaque collège, considéré comme
une branche de l'administration nationale, provinciale ou municipale, fut consacré à assurer corporativement la permanence et le
bon rendement de la fonction à laquelle ses membres avaient jusqu'ici individuellement collaboré. L'attache de ceux-ci au collège,
étendue à leurs biens et à leurs descendants, fut tenue pour indis-
soluble. Créée pour protéger les droits individuels, la corporation en devenait le tombeau. Les apparentes libertés corporatives
acheminèrent les sujets de l'Empire vers un fonctionnariat universel et se muèrent en un socialisme d'Etat, le plus poussé que
le monde ait connu.

Les campagnes où le régime corporatif était peu développé, où
les *potentes* tendaient à s'interposer entre les populations et
l'Etat, semblaient écartées de cette aventure. Elle n'y prit qu'une
autre forme. La coutume qui avait toujours attribué à l'Etat
une grande portion des terres conquises, les confiscations des empereurs, le rattachement au domaine public des biens fonciers
des temples, des deux tiers et finalement de la totalité de ceux
des cités semblaient acheminer vers une nationalisation du sol.
L'énormité des grandes propriétés privées seule y faisait obstacle.
Mais, les terres de l'Etat et celles des *possessores* étant soumises au même type d'exploitation, des lois, des règlements identiques s'appliquaient ici et là. Pour assurer par la culture l'approvisionnement des villes et la rentrée des impôts, l'Etat attacha à
la terre les familles qui la cultivaient et les artisans dont elles
avaient besoin de l'aide économique. Tous furent héréditairement incorporés au domaine, comme les *collegiati* au collège. A la
servitude universelle échappa seul le prolétariat des villes, l'*ima
plebs*, que sa paresse et la crainte de ses séditions latentes désignaient comme le bénéficiaire d'un régime inventé pour le nourrir
et l'amuser.

Pour maintenir le système, l'Etat dut prolonger son action jusqu'aux extrémités de l'activité sociale. La centralisation atteignit son point ultime. Les cadres superposés avec art de l'Empire, de la province, de la cité, de l'initiative individuelle, furent disloqués pour qu'à travers s'introduisissent en tous sens des agents et des organes d'Etat, substitués aux autorités locales traditionnelles et aux volontés privées, et pour que celles-ci, contraintes d'évoluer dans le plan de l'Etat, y devinssent ses instruments. Et bien que rien ne soit plus factice que d'assigner des dates précises au début ou à la fin des grandes périodes de l'Histoire, il y a quelque justesse à prendre le règne de Dioclétien pour le commencement du Bas-Empire, car si de telles transformations dépassent l'action personnelle du Dalmate, les conceptions, les modifications qu'il imposa à l'Etat, déclenchèrent des phénomènes sociaux, qui, sans lui, eussent été retardés et qu'un autre eût peut-être aiguillés différemment.

2° Organisation et administration de la Gaule.

I. *La Gaule et les grandes divisions de l'Empire.* — Estimant l'Empire trop lourd, Dioclétien le partagea en deux : Occident et Orient, avec chacun un empereur (285) bientôt doublé d'un César, héritier présomptif, mais avec affectation d'un territoire déterminé (293); d'où quatre capitales, Milan, Trêves, Nicomédie, Sirmium. La Gaule, avec l'Espagne et la Bretagne, échut au César d'Occident. L'accession à l'Empire avait lieu par cooptation : après un certain temps, les Augustes devaient abdiquer, les Césars leur succéder et tous ensemble nommer les nouveaux Césars. Ce système disparut après la victoire de Constantin sur Licinius (323), mais le partage de l'Empire se reproduisit à la mort de Constantin (337), à l'avènement de Valentinien (364), à la mort de Théodose (395). La frontière établie entre l'Occident et l'Orient n'était pas arbitraire; elle séparait des peuples et deux civilisations que Rome avait associés sans les fondre; le schisme entre les Eglises latine et grecque s'opérera plus tard selon la même ligne séparative.

Mais, parce que ce découpage de l'Empire correspondait à des réalités historiques et ethnographiques, il ne présageait que mieux la fin de l'impérialisme romain. Il en résultait : 1° la déchéance de la Ville Eternelle qui perdait son rang de capitale et de son Sénat dont la prérogative allait apparaître théorique; 2° la transformation de l'Empire en un corps de nations, sans autre unité que la collégialité unissant dans l'exercice du pouvoir les princes qui

leur commandaient, et associées pour se défendre à l'aide de
mercenaires chargés de leurs marches. Car Rome ne commandait
plus; étrangers étaient les soldats qui combattaient et les empereurs qui régnaient sous son nom. Dans ce consortium de peuples,
la Gaule voyait son individualité et son rôle historique se détacher
plus nettement. Boulevard de la civilisation occidentale, elle allait attirer à elle les empereurs et les Césars ayant à cœur la gloire
et la puissance de Rome et les consigner, sur son extrême frontière, à la garde du Rhin.

Les conceptions de Dioclétien comportaient une hiérarchie plus
complexe et des circonscriptions plus nombreuses que précédemment. Les quatre régions de l'Empire constituèrent quatre préfectures ayant à leur tête des préfets du prétoire, division maintenue
pendant les périodes où l'Empire recouvra son unité. La préfecture des Gaules comprenait la Gaule, la Bretagne, l'Espagne, la
Mauritanie Tingitane. Le *praefectus praetorio*, *vir illuster*, nommé
par l'Empereur, révocable *ad nutum*, cumulait toutes les attributions, sauf les militaires que Constantin lui enleva, jugeait *vice
principis*, présentait à la nomination du Prince les gouverneurs des
provinces et les fonctionnaires, qu'il pouvait suspendre ou révoquer dans la mesure où le régime collégial et l'hérédité qui en résultait le permettaient encore; il disposait d'une caisse pour les
dépenses de l'armée et de l'administration, alimentée par des prélèvements sur les impôts de sa circonscription; il publiait des règlements ou *formae* ayant force de loi tant que le prince n'y avait
pas contredit. Son *officium* comptait de nombreux *scrinia* [122].
Depuis les dernières années du IVᵉ siècle, presque tous les préfets
des Gaules furent gallo-romains.

Les préfectures étaient divisées en diocèses. La Gaule en formait deux : *dioecesis Viennensis* ou *V provinciarum*, plus tard
VII provinciarum, et *dioecesis Galliarum*, ayant pour chefs-lieux
Vienne et Trèves. Le premier était administré par le *vicarius prae-
fecti*, *vir spectabilis*, nommé par le Prince, avec des pouvoirs propres, le second par le préfet lui-même [123]. Vers la fin du IVᵉ siècle, la ligne du Rhin étant forcée, le gouvernement fut transporté
à Vienne, puis à Arles; les deux diocèses furent réunis en un seul.
Vers 418, la séparation tendit à se rétablir, l'ancien diocèse des

<hr>

(122) Cassiodore, *Variae*, VI, 3 (MGH, éd. Mommsen, p. 176); *Notitia dignitatum*, Occ. I-3 (éd. Seeck, p. 103). C. J., I, 26, 2-4, 40. 2; 50, 2; 52, 1; III,
1, 16; X, 19, 6. C. Th., XI 28, 16, 17.
(123) Cassiodore. *op. cit.*, VI, 15, p. 188. C. I. L., VI, 1678, 1729. *Notitia
dignitatum*, Occ., I, 28 (éd. Seeck, p. 104).

Gaules devenant de plus en plus une marche militaire où tous les pouvoirs étaient concentrés aux mains du maître des milices et de ses subordonnés.

Les provinces étaient devenues des subdivisions de diocèse. Leur nombre s'était accru par le découpage des anciennes. Au lieu de six, la Gaule en eut onze, plus deux petites des Alpes [124]. Le rang, la qualité des gouverneurs appelés *rectores* ou *judices*, avaient baissé. Ceux de la Viennoise, des Germanies, des Belgiques étaient des *consulares;* mais les autres de simples *praesides,* fonctionnaires de carrière. Sous les ordres du préfet et du vicaire, faire des inspections, rendre la justice, diriger une bureaucratie figée par l'hérédité et la routine, surveiller l'application de lois innombrables, exercer une tutelle étroite sur les cités et les collectivités, annihiler les autorités locales par une intervention continue, tel était leur rôle. Les pouvoirs politiques, les larges initiatives de leurs prédécesseurs étaient répartis aux divers échelons d'une hiérarchie dont ils étaient le bas degré. Les procédés de gouvernement en étaient plus complexes et moins clairs. A la diversité des statuts politiques avait succédé celle des statuts sociaux. Le principe égalitaire semblait à la base de la nouvelle administration; ce n'était qu'apparence; le gouvernement se laissait mener par des préjugés démocratiques et d'opposition de classes.

II. *Les services administratifs d'ordre provincial. Justice, police, armée, impôts.* — La justice était rendue presque exclusivement par les fonctionnaires impériaux. Le *rector provinciae* avait la plénitude des juridictions civile et criminelle; il était le juge ordinaire en premier ressort; d'où le nom de *judex* qu'on lui donna [125]. L'appel suivait les degrés supérieurs de la hiérarchie : vicaire, préfet, jugeant *vice principis*, sans empêcher toujours un recours au Prince [126]. La justice, en principe publique, était ren-

---

[124] Diocèse des Gaules : 1º Germanie supérieure, ch.-l. Mayence; 2º Germanie inférieure, ch.-l. Cologne; 3º Belgique Iʳᵉ, ch.-l. Trêves; 4º Belgique IIᵉ, ch.-l. Reims; 5º, Séquanie, ch.-l. Besançon; 6º Lyonnaise Iʳᵉ, ch.-l. Lyon; 7º Lyonnaise IIᵉ, ch.-l. Rouen; 8º Alpes Grées et Pennines, ch.-l. Moustiers en Tarentaise. Vers 385, furent formées : Lyonnaise IIIᵉ, ch.-l. Tours; Lyonnaise IVᵉ ou Sénonaise, ch.-l. Sens. Diocèse viennois : 1º Viennoise, ch.-l. Vienne; 2º Narbonnaise, ch.-l. Narbonne; 3º Aquitaine, ch.-l. Bourges, dont avait été déjà démembrée au iiᵉ siècle la suivante; 4º Novempopulanie, ch.-l. Eauze (plus tard Auch); 5º Alpes-Maritimes, ch.-l. Embrun. Vers le milieu du ivᵉ siècle apparaissent : Narbonnaise IIᵉ, ch.-l. Aix; Aquitaine IIᵉ, ch.-l. Bordeaux, à moins qu'elles ne datent elles aussi du temps de Dioclétien.

[125] C. J., I, 40, 3, 5, 8, 10, 10. C. Th., VII, 10, 2; XI, 44, 1.

[126] Pas d'appel, s'il y a à la fois aveu et conviction du juge : C. J., VII, 15, 2.

due, en fait, dans le demi-mystère du *secretarium* où peu de personnes avaient entrée. Au civil, la procédure extraordinaire était seule pratiquée partout; complètement écrite, elle était coûteuse. Dès 294, les *judices pedanei* ayant été supprimés, le *rector* n'usa plus que de *judices dati* [127]. Au criminel, la poursuite d'office gagnait toujours sur la procédure accusatoire; ses formes et celles de la police judiciaire devenaient de plus en plus administratives. L'instruction, établie sur des indices, se poursuivait au moyen de preuves testimoniales ou écrites et de la torture. Les peines arbitraires, variant d'après le rang de l'accusé, étaient corporelles et parfois horribles, ou pécuniaires et souvent énormes, la prison n'étant que préventive [128]. La législation que cette justice mettait en œuvre avait elle-même des caractères nouveaux, exorbitants de la droite raison et de la logique juridique [129]. Les tendances absolutistes et démocratiques avaient entraîné des lois modifiant en faveur des *humiliores* le droit commun, comme de nos jours nos lois sociales. Posant, malgré les faits, que dans certains actes juridiques un même rôle est toujours celui de l'homme riche et influent et l'autre celui du faible, elles établissaient en faveur de celui-ci des présomptions de non-existence ou de nullité de l'acte, ou même lui accordaient la faculté de s'en dédire, tout au moins renversaient la charge de la preuve [130]. Cette socialisation du droit laissait en dehors de ses atteintes la famille dont les lois pourtant continuaient la désagrégation [131]. En apparence, le type rigide du *dominium ex jure Quiritium* demeurait intact, mais sur l'immensité des terres nationalisées ou passées, par concessions de l'Etat, à d'autres mains, s'ébauchait une série de possessions et de tenures qui annonçaient le Moyen âge.

L'armée surtout préoccupait les chefs de la Gaule. Il y avait trois sortes de troupes : 1° les *limitanei* ou *riparienses*, mariés, dotés en terres dans le voisinage du *limes*, devant le service héréditairement : milice de colons militaires imaginée par les Sévères [132]; 2° les *comitatenses* et les *pseudo-comitatenses*, troupes te-

---

(127) Mommsen, *Droit public* (trad. Girard), t. VI, p. 250, C. J., III, 3, 2.

(128) C. J., IX, 41, 8-pr. 1, 11, 16-1. Amm. Marcellin, XV, 7.

(129) Sur l'effondrement de l'enseignement du droit et de la pratique : Amm. Marcellin, XXX, 4

(130) H. Monnier, *Etudes de droit byzantin, II : Méditation sur la constitution* 'EXATEPΩI *et le jus poenitendi*, pp. 28, 120.

(131) Les familles, au contraire, réagissaient pour maintenir groupées leurs diverses branches et la postérité de leurs affranchis au moyen des fidéicommis de nom ou de famille. J. Declareuil, *Observ. sur quelq. types de fidéicommis* (*Mél. Gérardin*, pp. 135, 157).

(132) C. J., I, 27, 2-8; XI, 59, 2, 3. C. Th. VII, 14-15.

nant garnison dans les villes de l'intérieur, ainsi appelées parce
que l'armée était considérée comme le compagnonnage du Prince,
dans la *ditio* duquel les soldats s'étaient placés par leur serment.
Servir, c'était être *in sacro comitatu domini nostri* [133]. Il y avait,
dans les Gaules, 20 légions, 16 *auxilia* (infanterie), 12 *vexillationes* (cavalerie) [134]; 3° des troupes barbares (*gentiles, laeti*)
sous des chefs nationaux ou des préfets militaires, soit sur les
frontières, soit sur divers points du pays. Pour la garde des côtes
et des fleuves, deux escadres et des flottilles fluviales prêtaient
leur concours. Les troupes, sous le commandement du *magister
equitum per Gallias*, sauf celles des régions du Midi restées sous
celui du *magister peditum praesentalis*, étaient réparties entre six
grands chefs : le *comes Argentoratensis*, les *duces provinciae Se-
quanici, Mogontiacensis, Germaniae I^{ae} et II^{ae}, Belgicae, tractus Ar-
moricani et Nervicani* [135]. Neuf arsenaux obéissaient à la direction
du maître des Offices [136]. Partout les villes rétrécissaient leurs
périmètres et s'entouraient de murailles [137]. Les campagnes étaient
semées de châteaux-forts. Cette armée, plus du quart de celle de
l'Empire, se recrutait : 1° par les fils des *limitanei*, des *riparienses*,
des vétérans, soldats héréditaires [138]; 2° par ceux des *gentiles* et
des *laeti* au service de Rome en tant que collectivités; 3° par la
praebitio tironum : les propriétaires fonciers devaient fournir un
nombre de conscrits en proportion de celui des *juga* qu'ils possédaient; les petits s'associaient dans ce but. Mais ils ne livraient que
le déchet de leurs colons, des esclaves affranchis ou des barbares
achetés. *Illustres* et *spectabiles* en étaient exempts. Des pays fournissaient, au lieu de conscrits, l'*aurum tironicum* que l'Etat utilisait à engager des mercenaires ou à des dépenses qui laissaient les
contingents incomplets [139]. Cependant la Gaule restait la région la
plus guerrière de l'Empire. Ses contingents n'aimaient ni à servir
au loin; ni à combattre d'autres que les Germains. Les provinces

(133) Vopiscus, *Tacitus*, 8; Amm. Marcellin, XIV, 10; XV, 8; XX, 5; XXI,
13; XXIII, 5; XXVII, 6-7. Sulpice-Sévère, *Vita Beati Martini* (éd. Halm, p. 118).
Vita sancti Maximiliani (Ruinart, *Act. Sinc.*, p. 309).

(134) *Notitia dignitatum* (éd. Seeck), Occ., XLII, 13, 15, 19.

(135) Pour la désignation et l'emplacement des troupes : *Notit. dignit.*,
Occ., XXVII, XXXVI, XXXVII, XXXVIII-IX, XLI; pour les flottilles : XLII
15, 22-23; XXXVIII, 8.

(136) *Notit. dignit.*, Occ., IX, p. 145.

(137) Blanchet, *Les enceintes de la Gaule romaine*, Paris, Leroux. BAr.,
1920. pp. 155 et s., 192 et s.

(138) C. J., I, 27, 2-8 ; XI, 59, 2, 3, C. Th., VII, 1, 5, 8, 14, 15.

(139) C. J., XII, 44 (entier). C. Th. VII, 13 (entier); XI, 18 (entier).

du Nord fournissaient 14 légions dont 11 servaient chez elles,
8 *auxilia* et 3 *vexillationes* (¹⁴⁰).

Dioclétien modifia le système des impôts directs, dont le fondement ancien : rachat de la conquête, disparut avec l'immunité
des terres italiques. L'unité foncière imposable fut désormais le
jugum ou *caput*, composé d'un nombre de *jugera* variant avec la
qualité de la terre et le genre de culture, mais toujours supposés
fournir le même revenu (¹⁴¹). Chaque cité tenait registre des *juga*
de son territoire (¹⁴²). Un édit fixait le montant annuel de la contribution foncière que le préfet répartissait entre les provinces, et
les *rectores* entre les cités d'après le nombre de leurs *juga*. Depuis
Constantin, la contribution annuelle, *indictio*, fut fixée pour quinze
ans; mais de nouveaux édits y ajoutaient, au cours de cette période, des *superindictiones*. Il semble que le préfet fût autorisé à
en établir pour sa préfecture (¹⁴³). Au principal s'ajoutaient l'*annona*, levée en nature pour l'approvisionnement des villes, des
fonctionnaires et de l'armée, mais parfois remplacée par une taxe,
annona adhaerata, de 1/20ᵉ ou 1/30ᵉ de la *jugatio* (¹⁴⁴), et la série
des *munera* (¹⁴⁵). La *capitatio plebeia*, dont les plèbes urbaines furent successivement dispensées, frappait les ruraux non propriétaires, colons, artisans, etc.; mais le propriétaire en devait faire
l'avance, donc la supporter en cas de non-paiement du contribuable (¹⁴⁶). Peut-être là encore l'unité imposable varia, le *caput*
comprenant un homme ou deux femmes, deux ou trois hommes ou
quatre femmes, au lieu qu'au début, on comptait par tête humaine (¹⁴⁷). Les cotes irrécouvrables, foncières ou personnelles,
étaient réparties entre les contribuables solvables, et les *curiales*
étaient responsables des sommes à percevoir dans les limites de

(140) Amm. Marcellin, XV, 1⁹. Voy. ci-dessus, p. 50, n. 135.
(141) C. Th., VII, 6, 3; VIII, 11, 1; XI, 7, 11; 20, 6. C. J., IV, 49, 9; X.
25, 2. Sur cet impôt : J. Declareuil, *op. cit.*, pp. 370-375.
(142) C. Th., XIII, 10, 11. C. I. L., VI, 1690.
(143) C. Th., XI, 1, 36; 16, 7, 8. Amm. Marcellin, XVII, 3.
(144) C. Th., XI, 1 (entier); VII, 4 (entier).
(145) C. Th., XI, 16, 15. Sur l'*annona* et les *munera* : J. Declareuil, *op. cit.*,
pp. 375-378. Les maisons, esclaves et animaux étaient frappés de taxes supplémentaires : C. Th., VI, 35, 1; X, 50, 2, 20-3; XI, 20, 3, 6-2.
(146) C. Th., VII, 20, 4; XI, 20, 6-2, 23-2; 47, 10; XII, 1, 36; XIII, 10-2. C. J.,
XI, 47, 10 ; 54, 1. Sur un rapport supposé entre les *capitationes terrena et
plebeia*: cpr. Fustel de Coulanges, *Rech. sur quelq. probl. d'hist.*, pp. 79 et s.,
et Otto Seeck, *Geschichte des Untergangs der antiquen Welt*, t. 2, p. 221
et s.
(147) C. J., XI, 47, 10 : ces pratiques pouvaient être locales.

la cité (¹⁴⁸). L'époque comportait des impôts de classes qui se su·
perposaient aux précédents : *aurum negotiatorium* ou chrysargyre,
perçu à chaque lustre sur les revenus du commerce et de l'industrie; *aurum coronarium*, jadis don gracieux, puis obligatoire,
finalement spécial aux *curiales; follis* ou *gleba senatoria*, grevant
les terres des sénateurs; *aurum·oblaticium*, spécial à l'ordre sénatorien (¹⁴⁹). Les impôts indirects furent peu modifiés; ceux sur les
affranchissements et les successions avaient disparu (¹⁵⁰).

Il est impossible d'apprécier la charge de l'impôt dans les Gaules. Peut-être des exemptions nombreuses, les difficultés de recouvrement auprès des *potentes* et de leurs protégés, le jeu continu
de dévastations et de réparations dues aux incursions germaines,
l'y aggravaient-ils. Quand on voit Constantin (311) remettre aux
Eduens l'arriéré de cinq années et réduire leurs contributions du
quart, les incidents entre Julien et Florentius (357), la remise de
l'impôt par Gratien à la Gaule entière, il apparaît que sa position
à proximité du Rhin en faisait la protectrice de la civilisation au
prix de son sang et de ses richesses.

III. *Les assemblées régionales.* — Ni la préfecture, ni les diocèses, n'avaient d'assemblées qui leur correspondissent. Cepén-
dant une constitution de 382 autorisa la convocation d'une assemblée du diocèse des Sept provinces. De 401 à 404, le préfet Pé-
tronius tenta de l'organiser. En 418, un édit d'Honorius imagina de
réunir annuellement à Arles les députés de l'ancien diocèse viennois, sorte de conseil administratif, car y étaient convoqués, sous
menace d'amendes, les *rectores*, les hauts fonctionnaires provinciaux et municipaux, les grands domaniers: On n'en connaît d'autre acte que la mise en accusation d'Arvandus (¹⁵¹).

Mais chacune des dix-sept provinces avait son *concilium*, tenant une ou plusieurs sessions annuelles, tout à fait différent des
concilia provinciae du Haut-Empire. La reconnaissance du christianisme avait entraîné la sécularisation du *sacerdos* ou *flamen*
et changé la nature de ses fonctions. Y assistaient seuls les *honorati*, c'est-à-dire les fonctionnaires provinciaux et les dignitaires municipaux qui pouvaient, du reste, siéger par procureurs.
Le *rector* ou *judex* y était l'agent du pouvoir central. L'assemblée
adressait des vœux ou des doléances au préfet ou au Prince, décré-

(148) J. Declareuil, *op. cit.*, p. 370 et s. H. Monnier, *Etudes sur* l'ἐπιϐολή
(149) C. Th., 1, 17, 18. Zozime, Il, 38 (*aur. negot.*); C. Th., XII, 12, 15;
13, 3 (*aur. coron.*). C. Th., VI, 2 (*follis*) ; VII, 24 (*aur. oblat.*).
(150) C. J., XII, 47,-1, 4-7.
(151) C. Th., XII, 12, 9.

tait des honneurs à qui avait bien mérité de la province ou des blâmes aux agents impériaux. En 359, celle de la Narbonnaise mit en accusation le gouverneur Numérius ([152]).

3° L'organisation municipale.

I. *Les cités et les « curiales »*. — Dans le cercle de la cité les transformations sociales se montraient plus à nu parce qu'on y atteignait le fond réel de la société. Les cités avaient augmenté en nombre par dédoublement de quelques-unes, soit que des *castra* eussent obtenu le *jus coeundi in curiam*, soit que d'autres l'eussent usurpé. La *Notitia Galliarum* en annonce cent quinze et en énumère cent vingt-cinq ([153]).

Toutes étaient organisées sur le même type, traditionnel pour les cadres politique et administratif, nouveau pour les cadres sociaux. Jadis tous les habitants nés ou domiciliés dans une cité y avaient droit aux honneurs et en supportaient les charges. Désormais, honneurs et charges étaient le lot exclusif d'une portion de la population : les *curiales*. Les autres, incorporés dans diverses équipes sociales ou *collegia*, y étaient affectés à un service public, *functio publica*, qui, absorbant leur activité et leurs facultés les dispensait de tout le reste ([154]). Gens des métiers voués à une fonction économique, corporations attachées à un service d'intérêt général ou provincial, comme l'Annone ([155]), ou à un service municipal et qualifiées alors de *membra urbis*, de *collegia in obsequio curiae* ou *patriae*, soustrayaient les familles *subnixae collegio, in obsequio collegii*, à la collectivité, dont c'était le sort de maintenir la forme de la cité et d'en assumer le poids. La classe curiale, *consortium curiale*, fut formée par voie d'élimination. Les collèges ayant retiré leurs contingents, il fallut trouver dans ce qui restait d'éléments libres un groupe capable de remplir les charges de la curie, identifiée à la *respublica*. Or, la noblesse sénatorienne, qui n'avait cessé d'augmenter dans les provinces, les hauts fonctionnaires de l'Etat, *honorati* en activité ou retraités, les militaires, les vétérans

(152) C. Th., XII, 12, 12, 13. C. I. L., XIII, 412. Amm. Marcellin, XVIII, 1. Sidoine Apollinaire, *Epistolae*, I, 3 (éd. Baret, p. 4). J. Declareuil, *op. cit.*, p. 114 et s.

(153) J. Declareuil, *op. cit.*, p. 310 et s. *Notitia dignitatum* (éd. Seeck), p. 262 et s.; p. 274 et s.

(154) C. Th., XIV, 7, *de collegiatis*. J. Declareuil, *op. cit.*, p. 124 et s.; p. 143 et s. Si l'incorporation a été générale : p. 147, n. 1, p. 183.

(155) Ex. les *navicularii* : C. J., XII, 2; les *utricularii* : L. Bonnard, *La navigation intérieure de la Gaule à l'époque gallo-romaine*, Picard, 1913; J. Declareuil, *op. cit*, pp. 125 et s., 134, 136, 158 et s.

en principe, les prêtres païens, le clergé chrétien, en étaient exempts et, comme ces charges étaient coûteuses, l'*ima plebs*, le prolétariat urbain s'en trouvait exclu ([156]).

La liste des *curiales*, *subnixi* ou *subjecti curiae* ou *patriae*, était établie par les magistrats : pour y être inscrit, une certaine aisance et la qualité de natif ou de domicilié suffisaient. L'inscription pouvait donner lieu au recours administratif, *appellatio* ([157]). Le *consortium curiale* comprenait, comme jadis, les *municipes*, deux catégories : 1° les décurions et leurs fils, ceux dont les familles, ayant géré les *honores*, formaient la noblesse locale; 2° les *homines novi* ou *plebeii*, qui n'avaient supporté que des charges ([158]). Mais le *consortium* entier fut, successivement, en commençant par les décurions, plié au même statut, dans la première partie du IV° siècle. Ce statut, identique à celui des *collegiati* et commandé par le principe de l'hérédité dont on ne voit pas très bien le point de départ ([159]), était fait d'incapacités et de restrictions à la liberté de disposer de sa personne et de ses biens, eux aussi *obnoxia curiae* : 1° obligation de résider, de se consacrer presque exclusivement à la *functio*, de n'embrasser aucune profession qui en détournât, sous peine d'y être ramené de force : la noblesse sénatorienne, les services de l'Etat, l'armée, le clergé n'étaient ouverts qu'au *curialis* ayant déjà rempli toutes les charges et les magistratures de sa cité et y laissant un fils, avec tout ou partie de ses biens, pour l'y remplacer; 2° obligation, pour les donataires de biens curiaux, de payer au profit de la curie, la *collatio denarismi*, sous peine d'y être eux-mêmes incorporés; interdiction au *curialis* de vendre ses immeubles sans l'avis de la curie et un décret du gouverneur; attribution de sa succession vacante au *consortium*, ou d'un quart si l'héritier ou l'héritière n'épousait pas, dans un délai préfixe, un membre du groupe ([160]). Des obligations imposées à chacun de ses membres, par contre celui-ci, était solidaire ([161]).

Les *consortia curialia* s'étant formés du résidu des *municipes* après les autres prélèvements d'hommes, surtout des gens sans profession, *otiosi*, *vacantes*, les avaient vite absorbés. Il fallut pour

(156) J. Déclareuil, *op. cit.*, p. 158 et s.

(157) *Ibidem*, p. 165 et s. Sur l'erreur de Jacques Godefroy assimilant les *curiales* aux possesseurs fonciers de 25 arpents : pp. 166, 172.

(158) *Ibidem*, pp. 177 et s., 219 et s.

(159) *Ibidem*, pp. 187-192 ; cpr. Otto Seeck, *op. cit.*, t. 2, p. 311, qui attribue l'attache héréditaire à un édit de Maxence.

(160) *Ibidem*, pp. 180-187, sur les restrictions à la liberté individuelle; pp. 196-204, sur celles à la liberté de disposer.

(161) *Ibidem*, p. 185.

les compléter dans les villes où ils étaient trop réduits imaginer les moyens les plus divers : chasse aux plébéiens aisés, aux fils réformés de vétérans, aux clercs et aux fils de clercs déclassés, suppression des immunités d'une partie de la noblesse d'Empire, emprunts d'office aux collèges ou aux villes mieux fournies, même à des *gentes* fédérées, légitimation des enfants naturels par oblation à la curie ([162]).

II. *Les charges des « curiales » : magistratures, décurionat, services municipaux et d'intérêt général.* — Les obligations des curiales étaient d'ordre municipal ou d'intérêt général, car l'Etat qui les rivait à la cité, les prenait aussi à son service.

Les premières comprenaient : 1° la gestion des magistratures. Les lois ne nomment plus que les duumvirs ([163]), élus d'après les règles du IIIe siècle, et dont les attributions judiciaires sont réduites presque à la juridiction gracieuse (affranchissements, tutelle), aux pouvoirs de police sans droit d'emprisonner et les attributions administratives à la présidence de la curie et des jeux, aux *nominationes* pour les magistratures, *curae* et *munera*, aux *acta publica*, à la surveillance des *curiales* et des *collegiati*, au contrôle de l'annone et des relais ([164]). Telles quelles, les fonctions paraissaient si onéreuses, qu'ils étaient autorisés à faire valoir de justes excuses et que de graves sanctions menaçaient ceux qui tentaient d'y échapper par la fuite ([165]); 2° le décurionat. L'*ordo decurionum* était toujours composé de la même façon; l'*album* restait le même; mais il n'y avait plus de cens décurional. Pour le recrutement par cooptation, les lois prescrivaient aux duumvirs de faire les *nominationes* dans l'ordre de préférence suivant : fils de décurions, *curiales*, *homines novi*, *vacantes idonei*, possesseurs de biens ayant appartenu à un *curialis*; à défaut, l'Empereur, d'autorité, empruntait à des groupements mieux fournis d'hommes. Des conditions d'âge (dix-huit ans), d'honorabilité, étaient maintenues. Des excuses de santé, de fortune, de famille, faisaient l'objet d'une *appellatio*. Privilèges et insignes anciens subsistaient. Les attributions s'effritaient : élections des magistrats, des chefs de service, répartition des *munera*, reste de pouvoirs de police, d'initiative en matière domaniale ou financière, décrets honorifiques, vœux, doléances, jouaient chaque jour de façon plus imprécise ([166]); 3° la gestion des services lo-

<hr>

(162) *Ibidem*, pp. 191-196.

(163) Des édiles et questeurs sont encore mentionnés dans les inscriptions, mais pas en Gaule : J. Declareuil, *op. cit.*, pp. 221. 257.

(164) *Ibid.*, pp. 258-267.

(165) *Ibid.*, p. 256.

(166) *Ibid.*, pp. 219-229, 230, 390.

caux : gratuits, et souvent aux frais du titulaire, s'il n'y avait pas de collège spécialisé; 4° les *munera* divers : taxes que la curie a été autorisée ou obligée à établir sur son territoire, corvées collectives ou individuelles contraignant parfois aux travaux les plus humbles (¹⁶⁷).

Les services d'Etat comprenaient : 1° les impôts généraux grevant dans les mêmes conditions tous les sujets de l'Empire et leur impôt de classe, l'or coronaire; 2° sous leur responsabilité pénale et civile et la responsabilité collective du *consortium* : la confection des *libri censuales* et des rôles de répartition, la levée, dans les limites de la cité, de ces impôts et l'exécution des *munera* accessoires : annone, montre des conscrits et des chevaux, contrôle des corvées publiques réparties par le gouverneur, qu'ils accompagnaient souvent de fraudes vis-à-vis des contribuables ou de l'Etat (¹⁶⁸); 3° les greniers publics, le service postal, la mise à ferme des terres du fisc et des *agri deserti*, la distribution de lots agraires aux *laeti*, etc. : autres occasions de responsabilité pécuniaire ou d'amendes (¹⁶⁹). Ainsi, dans la cité, l'Etat s'asservit le *curialis* et utilise son temps et sa fortune en vue d'intérêts qui la dépassent Pendant ce temps, son représentant est devenu le maître de l'administration locale.

III. *Le « curator reipublicae » et le patrimoine des cités.* — Cet agent est le *curator reipublicae*, fonctionnaire impérial subordonné au *rector provinciae* (¹⁷⁰). De conseiller et de contrôleur, mué en administrateur de la cité, il dirige les finances, le domaine, les travaux publics, l'approvisionnement, exerçant les attributions qui n'ont pas été reportés au gouverneur, exécutant les décisions du pouvoir central et celles que la curie peut encore prendre. Magistrats et curie sont des incapables dont il administre le patrimoine. Même pour les actes dont ils sont encore chargés, *acta publica*, police judiciaire, surveillance des *curiales* et des *collegiati*, il a un pouvoir concurrent et le droit de se substituer à eux.

Sa gestion devenait pénible devant des ressources diminuées et des dépenses accrues. Les premières restaient théoriquement les mêmes; mais le territoire de beaucoup de cités avait diminué par le morcellement : dans toutes, les *agri excepti* ou *deserti* occupaient de grands espaces; enfin, le fisc avait successivement confisqué les

---

(167) *Ibid.*, pp. 157 et s., 357, 369.
(168) *Ibid.*, pp. 381-388.
(169) *Ibid.*, pp. 390, 391.
(170) *Ibid.*, pp. 269, 286. Fustel de Coulanges. *La Gaule romaine*, p. 272 et s. C. Jullian. *Les transformations politiques de l'Italie*, p. 113.

deux tiers des contributions indirectes des villes, une portion d'abord, puis la totalité de leurs domaines fonciers dont le tiers des revenus était seul alloué à la caisse municipale. Les contributions directes, dépendant de la volonté de l'Etat, étaient d'ordinaire affectées à un but spécial qui les absorbait. Finalement, on tendit à confondre le budget de l'Etat et celui des cités qui ne vécurent plus que d'allocations sur lesquelles le gouvernement ordonnançait les dépenses sévèrement limitées aux murailles des villes, à l'entretien et aux constructions indispensables, aux jeux, aux distributions frumentaires. La curie détenait la caisse municipale et remplissait le rôle de comptable, contrôlée par le *rector* et des inspecteurs du Palais ([171]).

IV. *Le « defensor civitatis »*. — Le *defensor civitatis* fut aussi un agent du pouvoir central, apparu vers le milieu du IVe siècle ([172]). Choisi par le préfet parmi les fonctionnaires de rang élevé pour concurrencer les *potentes* dans la protection des petites gens contre les agents du fisc et la soldatesque, sa mission s'étendait à une ou plusieurs cités. L'institution, mal venue, n'atteignit jamais son but. Une constitution de 387 fit du *defensor* le protecteur élu de tous les habitants de la ville et du territoire et joignit à cette attribution vague les *acta publica*, la police judiciaire, la surveillance des *curiales* et des collèges déjà confiés à d'autres. Ces produits du suffrage universel, insupportables tyranneaux, nécessitèrent des lois répressives. En 409, Honorius essaya d'un collège électoral restreint : clergé, *honorati*, *possessores* et *curiales*, avec mission pour l'élu de protéger surtout ces dernières classes d'électeurs. Le résultat fut médiocre. Majorien limita à son tour ce collège aux *municipes*, *honorati* et *plebeii*, se réservant la confirmation de l'élection. On était en 458; on ne voit pas dans quelle mesure son édit fut appliqué en Gaule. Le *defensor civitatis* fut investi à un certain moment d'une juridiction difficile à préciser ([173]).

V. *Le « territorium » des cités*. — Le *territorium* restait comme avant, placé dans la dépendance des chefs de la cité, magistrats, ou agents impériaux; mais des portions toujours plus notables du sol échappaient à leur autorité. Les *agri excepti*, possessions du fisc, de la *divina domus*, des églises, des clarissimes dont l'hérédité

(171) J. Declareuil, *op. cit.*, pp. 309, 324, 328-339, 343-351, 353-355.

(172) *Ibid.*, pp. 286-305. E. Chénon, *Etude historique sur le Defensor civitatis* (NRH., 1889, pp. 321 et s., 515 et s.).

(173) C. Th., I, 29, *de def. civ.*; VIII, 5, 59; XVI, 10, 2, 13; *Nov. Major.*, III, 1; C. J., I, 55.

et des concessions nouvelles augmentaient sans cesse le nombre,
étaient par fiction détachés du territoire municipal et situés *in solo
imperii tantum*. Les *curiales* n'y pénétraient qu'à titre de collecteurs de l'impôt, c'est-à-dire comme agents du pouvoir central,
dont ces terres et leurs maîtres relevaient directement. Propriétaires ou fermiers du fisc y tenaient la place des autorités municipales et y exerçaient des pouvoirs analogues : droits de règlement, de police, de justice pour les petits litiges ([174]), désignation
des conscrits, protection des personnes et des biens, à quoi ils
employaient les habitants qu'ils armaient ou les soldats domestiques qu'ils entretenaient malgré les lois. Peu à peu, ces *potentes*
apparaissaient comme les chefs naturels du pays : une sorte de
régime seigneurial s'organisait dans les campagnes parallèlement
au régime socialiste des villes. Parfois ils obtenaient l'immunité
fiscale pour leurs terres et pour leurs hommes ou ils savaient protéger ces derniers contre les tracasseries de l'administration; sous
leur couvert, on pouvait éconduire le collecteur. Aussi des *curiales*,
des *collegiati* se réfugiaient sur leurs terres. La population d'un
vicus ou d'un *pagus* ([175]) se plaçait sous leur *potentia*. Des pénalités et des amendes énormes, la confiscation des biens des deux
parties n'arrêtèrent pas cette pratique des *patrocinia vicorum*.
Les pouvoirs qui en résultaient pour le *potens* ne pouvaient être
sans doute nettement définis, mais ils contre-balançaient ceux des
autorités municipales et les empêchaient souvent en fait de s'exercer ([176]).

(174) Cpr. Esmein, *Quelques renseignements sur l'origine des juridictions
privées* (M. Ar-H., 1886).

(175) J. Declareuil, *op. cit.*, pp. 312, 316. Cpr. Zulueta, *De patrociniis vicorum a commentary on Th. XI, 24, and C. J., XI, 57 (Oxford Studies on social and legal history, t. I² 1909)*. Thibault, *Les patrocinia vicorum (Vier-
teljahreschrift für Social- und Wirtschaftsgeschichte, t. 2, p. 413, qui ont
cherché en vain à limiter à un avantage fiscal précis le but de ces *patrocinia* pour les habitants des *vici*.

(176) Certains ont cru que, dès le temps de l'Empire, les institutions municipales complètement déchues avaient fait place à un gouverneur de cité
portant le titre de comte. Baudi di Vesme, *L'origine romana del comitato
longobardo e franco (Bollet. stor.-bibligr. subalpino, 1903, pp. 324-375)*. Mais
les comtes de cité n'existèrent pas avant les barbares. Ceux qu'on a pris
pour tels, à l'époque romaine, sont ou des comtes auliques en mission, ou
des comtes militaires en résidence dans la ville, qui ont pu, il est vrai, en
territoire militaire, cumuler des attributions civiles avec leur commandement: J. Declareuil, *Les comtes des cités à la fin du v⁰ siècle (NRH., 1910,
pp. 794-836, et tirage à part)*. D'autres ont imaginé que l'évêque, se substituant aux magistratures municipales défaillantes, était entré, seul ou avec
tout son clergé, dans la curie et en était devenu le chef. L'Eglise aurait

4° Organisation sociale. Condition des personnes et des terres.

I. *Conditions des personnes.* — Il ne s'agit ici que du statut des personnes dans ses rapports avec le droit public.

La distinction, ébauchée au Haut-Empire, précisée au III° siècle, entre *honestiores* et *humiliores*, était devenue la principale classification sociale [177]. Les *honestiores* comprenaient les décurions des cités, les sénateurs, les fonctionnaires impériaux d'un rang un peu élevé, les grands propriétaires fonciers qui, souvent, se confondaient avec les précédents. Les décurions dans leur cité, les sénateurs, *cives in solo imperii tantum*, constituaient une noblesse héréditaire, mais non pas fermée [178]. Tous les *honestiores* remplissant une fonction officielle avaient droit à un prédicat, variant avec le rang de cette fonction. Des plus élevés aux plus humbles, ils étaient : *illustres, spectabiles, clarissimi, perfectissimi, egregii* [179]. Le clarissimat correspondait à l'ordre sénatorien. Les *honestiores* jouissaient de quelques privilèges en droit pénal ; d'autres étaient attachés à tel ou tel prédicat [180]. Parmi les *honestiores* riches se recrutait la classe des *potentes*. Une loi de constance veut que les arrangements sociaux, toujours imaginés au profit de l'individu, ne changent que pour qu'il y trouve tantôt plus de liberté, tantôt plus de protection. Alors les hommes se jetaient dans la clientèle des puissants.

Les *humiliores, tenuiores, plebeii*, formaient la masse des *collegiati* et des *curiales* non encore parvenus aux *honores*. Les *collegiati* avaient le même statut que les *curiales :* même attache héré-

---

ainsi recueilli l'héritage de l'Empire : Fustel de Coulanges, *L'invasion germanique à la fin de l'Empire*, pp. 35, 38, 64; Lavisse-Bloch, *Hist. de Fr.*, t. 1², p. 318. Imbart de la Tour, *Elections épiscopales dans l'Eglise de France du IX° au XII° siècle*, p. 55 et s. Mais on voit dans les textes le contraire. Clergé et *curiales* forment deux classes tout à fait séparées, sans passage facile de l'une à l'autre. Jamais on ne voit l'évêque remplir une fonction municipale. Le rôle considérable que les évêques jouent parfois dans les affaires séculières est purement officieux et spontané ou tient à quelque constitution qui le rattache alors à l'administration centrale : J. Declareuil, *Quelq. probl. d'hist.*, pp. 4-8 et NRH, 1898, p. 135 et s., 1899, p. 768.

(177) Duruy, *Mémoire sur la formation historique de deux classes de citoyens romains désignés dans les Pandectes sous les noms d' « honestiores » et d' « humiliores » (Mém. de l'AIBL, t. 29, p. 253 et s.).*

(178) J. Declareuil, *op. cit.*, p. 125-133, 219-234.

(179) Paul, *Sent.*, V, 4, 10. C. J. XII, 8, *Ut dignit. ord. serv.*

(180) Ci-dessus, p. 31 et 48.

ditaire, mêmes restrictions à la liberté de disposer de leur personne et de leurs biens (181).

Les campagnes n'échappèrent pas à l'emprise de la conception socialiste. Les propriétaires fonciers étaient presque tous d'une d'une classe sociale affectée à une *functio* : sénateurs, *curiales collegiati*, *negotiatores*, etc. Seuls quelques petits propriétaires ruraux échappaient encore. Mais puisque l'Etat assumait la charge de tous les besoins économiques et que l'impôt direct était sa principale ressource, il devait assurer la production agricole, sans quoi l'Empire eût cessé d'être approvisionné et l'impôt d'être payé. Pour cela il attacha à la terre ceux qui la cultivaient et ceux qui, dans les campagnes, exerçaient des métiers utiles à la vie des premiers. Ils devinrent ainsi *membra terrae, subjecti functioni tributariae* : ce qui fut réalisé par une inscription au *liber censualis* incorporant les familles de colons au domaine qu'elles exploitaient. D'où les qualifications d'*adscripticii, censibus adscripti* ou de *censiti, tributarii*, que les textes leur attribuent (182). Les premières lois qui parlent du colonat ne le créent pas et le considèrent comme établi (183). Le gouvernement impérial ne fit que généraliser une institution à l'état sporadique dans les provinces. Cette condition juridique existait dans les domaines royaux des monarchies orientales et avait persisté après leur annexion à l'Empire (184). Les prisonniers de guerre (185), transportés par les empereurs comme colons, les lètes, les peuplades fédérées, les colons des Champs Décumates, les *limitanei* et *riparienses* étaient déjà autant d'exemples d'hommes fixés au sol avec obligation de services économiques ou militaires (186). Motifs différents, résultats semblables. Il est possible que le recensement fait par Galère ait été le point de départ d'une généralisation du colonat en

---

(181) J. Declareuil, *op. cit.*, p. 143-158. Kuhn, *Die städtische und burgerliche Verfassung des römischen Reichs*, t. II, p. 79.

(182) C. Th., VII, 3, 6; 13, 6; X, 12, 2; C. J. II, 4, 43; XI, 48, 6, 18. 21, 22; XII, 43, 1.

(183) C. Th., XI, 3, 2 (an. 327); V, 3, 1 (332).

(184) Dareste, Haussoulier, Reinach, *Rec. des inscrip. jurid. grecques*, I, p. 424. Haussoulier, *Et. sur l'histoire de Milet*, p. 106, et *Rev. de philol.*, 1908, p. 8. Rostowzew, *Studien zur Geschichte des römischen Kolonatz* (C. R. de Mispoulet, JS., 1911, p. 203-211). Rostowzew et Meyer, *Beiträge zur alten Geschichte*, t. I, 1901, p. 295-99, t. II, 1902, p. 424.

(185) Au Bas-Empire, les nouveaux lètes sont établis dans les conditions du colonat : C. Th., XI, 24, 6-3. Amm. Marcellin, XXVIII, 15.

(186) Ci-dessus, p. 29, 49. — C. Th., IV, 5, 3 (408) ; XII, 19, 2. C. J., XI, 60, *de fund. limitr.*

Orient ([187]). En Gaule il était connu au début du ive siècle. Le colon, attaché à la glèbe, ne pouvait ni la quitter sous peine d'y être ramené comme esclave, ni en être enlevé, ou du moins le ravisseur ne l'attachait à son propre domaine que par la prescription de 30 ans pour un homme, de 20 pour une femme ([188]).

D'abord, l'attache à la terre laissait intacte le statut juridique du colon : ingénu, affranchi, lète, esclave, il le restait ([189]). Puis les conditions se rapprochèrent. Les uns perdant, les autres gagnant, il se constitua une classe sociale à caractères spéciaux et uniformes. En principe, le colon dut épouser une personne de même condition et du même domaine. Les enfants d'une *colona* et d'un père d'une autre classe naquirent colons; ceux nés de parents colons de domaines différents furent répartis : un tiers au domaine maternel, deux tiers à celui du père ([190]). Ils ne pouvaient être vendus sans la terre et devaient l'être avec elle ([191]). Toute occupation les détournant de la culture du sol leur était interdite. Réfugiés dans une curie ou un collège urbain, ils en étaient ramenés par la force, à moins de possession paisible de 30 ou de 40 ans ([192]). Aucune aliénation soit du pécule, soit de leurs biens propres, n'était permise, sans l'assentiment du propriétaire, contre qui ils ne pouvaient ester en justice que pour accusation criminelle, revendication de propriété ou violation de la charte domaniale, qui était immuable ([193]).

Le colonat se rapprocha peu à peu de la condition servile et, par là, comporta l'affranchissement : Sidoine Apollinaire parle d'un *tributarius* qui devient *persona plebeia* ([194]).

II. *Conditions des terres*. — Les caractères juridiques du droit de propriété sur la terre restaient, en principe, inchangés. Grands ou petits possesseurs continuaient à s'assurer sur le *dominium ex jure Quiritium* dans les pays de droit italique, ailleurs sur la propriété provinciale. Cette distinction, vaine depuis la fin du iiie siècle quant à l'impôt foncier, théorique quant aux modes volon-

(187) Lactance, *De mortibus persecutorum*, 23. Lydus, *De magistratibus*, I 5.

(188) C. Th., V, 9, 1; 10, 1; XI, 24, 1. C. J., VIII, 2, 5; XI, 48, 7, 19; 53, 1; 64, 1.

(189) C. Th., IX, 42, 7. C. J., XI, 50, 1.

(190) C. Th., V, 10, 1-3. C. J., XI, 64, 1. Cpr. *Nov. Valent.*, XXIV, c. 19. c. 19

(191) C. J., XI, 48, 2, 7-pr.

(192) C. Th., XII, 19, 1. C. J., VIII, 2, 5; XI, 48, 7; 64, 1. *Nov. Valentiniani*, XVIII, c. 8.

(193) C. Th., V, 11, 1, 2; C. J., VII, 48, 2, 5, 7.

194) Sidoine Apollinaire, *Epistolae*, V, 7 (éd. Baret, p. 320).

taires de transmission, gardait son utilité en matière d'usucapion
et de prescription (¹⁹⁵). Les formes de concessions aux exploitants étaient celles du droit classique : bail à ferme, colonage
partiaire, précaire; elles persisteront pendant des siècles.
Mais sur l'immensité des terres nationalisées, aux mains de
l'Etat ou cédées par lui à de grands possesseurs, se rencontraient
des types de tenures nouveaux, imités d'anciennes pratiques orientales ou africaines ou se rattachant au *jus in agro vectigali* des
cités : *jus perpetuum*, sorte de bail à rente perpétuel, transmissible entre vifs et pour cause de mort (¹⁹⁶); *jus privatum, canone
salvo*, propriété concédée moyennant le paiement d'un capital et
d'une rente annuelle, transmissible sous la condition pour les sous-
acquéreurs d'acquitter celle-ci (¹⁹⁷); *jus emphyteuticum*, dont la
nature semble être restée assez longtemps flottante (¹⁹⁸).

La répartition de la propriété foncière se manifestait de plus
en plus en faveur des *potentes;* mais il existait encore de moyens
et petits possesseurs en assez grand nombre, puisqu'on ne cessera
d'en noter la diminution pendant des siècles. La vérité est que les
fortunes aristocratiques étaient énormes et que la terre en était
l'élément principal. Mais, sauf dans les *saltus*, rares en Gaule,
ces grandes possessions n'étaient pas du type des *latifundia*.
Celui de la *villa* avec sa division classique : *praetorium*, souvent
fortifié (*burgus, castellum*), tenures diverses, bois et pacages, continuait à l'emporter. Plusieurs *villae* contiguës appartenant au
même formaient une *massa*. D'ordinaire les domaines d'une famille étaient disséminés dans les provinces. Dans les transformations sociales, *villae* et *fundi* avaient maintenu leur autonomie et
leur fonctionnement anciens (¹⁹⁹). Mais comme toute puissance tend
à s'accroître, les *potentes* augmentaient sans cesse le nombre de
leurs homines et de leurs terres. D'ordinaire leur protection
se payait de l'abandon des biens du protégé, consenti expressément ou dissimulé sous une vente, un louage, une dation en
paiement; ils lui étaient restitués à précaire pour quelques années

---

(195) Cuq, *Man. des instit. jurid. des Romains*, p. 250.

(196) C. Th., XI, 16, 12, 20. C. J., XI, 66, 2, 3; 71, 3, 5. Cpr. Gaius, III, 145.
Cuq, *op. cit.*, p. 358.

(197) C. Th., V, 13, 15, 17, 38. C. J., XI, 58, 1; 62, 6, 9-13. Cuq, *op. cit.*,
p. 359.

(198) C. J., XI, 62, 1, 7, 8. Cpr. Mispoulet, *NRH.*, 1892, p. 117; Gzell, M.
Ar.-H., 1895.

(199) Fustel de Coulanges, *L'alleu et le domaine rural*, p. 31-88; *L'invasion
germanique et la fin de l'Empire*, p. 146, 171, 197.

ou sa vie durant, mais étaient perdus pour ses héritiers [200]. Certains *potentes* ou leurs intendants contraignaient les faibles à se soumettre, envahissaient les terres des petits possesseurs ou obligeaient le maître à les leur céder, réunissaient à leurs domaines celles de leurs débiteurs insolvables, plaçaient leurs *tituli* sur les biens litigieux et, le procès gagné par leurs intrigues, les gardaient, achetaient les créances et les droits douteux, et terrifiaient les juges pour se les faire attribuer [201]. L'Etat s'évertuait par des lois répressives à se faire protecteur à son tour et à leur arracher cette immense clientèle pour la maintenir dans la norme. Moralistes et rhéteurs déclamaient en ce sens; mais l'Etat n'offrant pour abri que l'ergastule socialiste des villes, les hommes préféraient les tenures et les cortèges des grands.

III. — L'Église dans l'Empire romain et son établissement en Gaule.

1° L'Église et la Romania.

Il faut montrer ici comment le christianisme fit partie de la *Romania*, c'est-à-dire de l'héritage que l'Empire abandonnait au monde à venir.

Vus du dehors, ils paraissaient ne faire qu'un. C'était l'impression des Barbares, toute distinction entre les pratiques cultuelles et la fidélité au pouvoir politique étant étrangère aux peuples anciens. Par là, du reste, s'expliquait l'hostilité maintenue, pendant trois siècles, par le gouvernement impérial contre la religion nouvelle. Les Romains qui toléraient les superstitions orientales le plus diffamées, qui conservaient leurs privilèges aux juiveries des pays grecs, n'interdisaient aucune croyance ni l'adoration d'aucun dieu. Cependant tous les actes de leur vie publique restaient sous la dépendance de la religion; les lois ordonnaient d'obéir aux prescriptions du culte national. Y déroger était d'autant plus grave qu'il avait pour objets la divinité de Rome et celle de l'Auguste, pour fin l'expression du loyalisme de chacun vis-à-vis de l'ordre établi. Abstention semblait rébellion. Or, le monothéisme imposait aux chrétiens de s'abstenir : d'où malen-

---

(200) C. J., I, 69, 1, C. Th., I, 20, 3; 16, 14. C. J., II, 16, 1, 2; 19, 6, 12; VIII, 4, 7, 11. C. Th., I, 22, 1; II, 14, 1; III, 1, 9.

(201) C. J., II, 14, 1, 2 ; 15, 1 ; 16, 1-2 ; VIII, 36, 3 ; Salvien, *De gub. Dei*, V, 8 (MGH, AA, t. 4, éd. Halm, p. 96); Sidoine Apollinaire, *Ep.*, III, 11 (éd. Baret, p. 257).

tendu et conflit. La religion leur interdisait ce dont l'Etat faisait un devoir au citoyen. Admettre que celui-ci fût soumis à une loi morale qui ne trouvait pas sa source aux mêmes lieux que les lois civiles et pourrait les tenir pour funestes et non obligeantes, était chose inouïe dans les conceptions antiques. La scission entre le temporel et le spirituel et la dualité des autorités qui commandent, étaient ressenties comme follement subversives. Moins par un principe métaphysique que par la situation qui résultait pour eux de cette doctrine, les chrétiens furent poussés à travailler au triomphe d'une sorte de liberté de conscience et de la séparation des deux pouvoirs ([202]). Pour y atteindre, il fallait que le christianisme eût pénétré la société romaine, l'eût en partie conquise, qu'en outre, il se fût informé et adapté, quant à ses méthodes de penser et à son fonctionnement extérieur, selon une mentalité et une sensibilité helléno-romaines.

Répandues à travers les provinces, les communautés chrétiennes y vécurent longtemps sans statut légal. L'hypothèse qu'elles auraient emprunté le truchement des *collegia tenuiorum*, sociétés de secours mutuel entre petites gens, est à peu près abandonnée ([203]). On suppose qu'elles s'étaient arrangées du régime des associations simplement tolérées, qu'on croit avoir existé aux II° et III° siècles ([204]). A la vérité, on n'y trouve pas les éléments habituels des collèges. La police romaine connaissait leur existence. La vie secrète des catacombes est du romantisme. Celles-ci étaient des lieux de sépulture et de culte parfaitement repérés. Il eût été difficile de s'y tenir caché. Dans l'intervalle des persécutions, les chrétiens vivaient au grand jour. Leur droit de posséder était reconnu par les tribunaux. La hiérarchie ecclésiastique était chose notoire : les empereurs en tenaient compte dans les édits et divers actes administratifs. Sous Alexandre Sévère, sous Gallien, la liberté de conscience et le droit commun leur avaient été accordés ([205]). L'esprit de l'Eglise, ses intentions furent plus longtemps

(202) Si des textes évangéliques seraient aisément interprétés dans le sens de la séparation : « Mon royaume n'est pas de ce monde » (Math., XXII, 21); « Rendez à César ce qui est à César et à Dieu ce qui est à Dieu » (Jean, XVIII, 36 ; cpr. Math., XII, 17 ; Luc, XX, 25), ils ne semblent pas avoir été le principe déterminant des premiers chrétiens. C'est, après le triomphe de l'Eglise, l'exégèse de saint Athanase et de saint Augustin qui rattacha la distinction des pouvoirs à ces textes.

(203) De Rossi, *Roma sotterana*, t. 1, p. 101, t. 2, p. 371, t. 3, p. 507.

(204) Waltzing, *Et. hist. sur les corporations professionnelles chez les Romains*, t. 1, p. 316. Cep. Ugo Coli, *Collegia e sodalitates*, p. 116.

(205) Lampride, *Vita Alex. Sev.*, 49. Eusèbe, *H. E.* (éd. Grapin), VI, 28; VII, 13, 30, 19.

ignorés que le détail de sa vie extérieure. Même persécutée, elle n'était pas l'ennemie de l'Empire; la plupart des chrétiens n'imaginaient pas qu'on pût vivre autrement que dans l'Empire [206]. De bonne heure, elle adopta une organisation simple et rigoureuse, des procédés administratifs et disciplinaires tout romains. Une tradition veut que la communauté romaine ait compris, dès le Ier siècle, des membres de l'aristocratie et l'on sait l'influence qu'elle exerçait sur les autres. En trois siècles, le christianisme, sans cesser d'être celui de l'Evangile, avait pris figure romaine. Des Grecs avaient systématisé et parachevé sa théologie et sa christologie; des Romains avaient mis à son service leurs habitudes de gouvernement et organisé ses cadres, qui restèrent toujours imprégnés d'esprit juridique. Lorsque l'édit de Milan lui reconnut le rang de religion de l'Empire, son adoption officielle modifia à peine le sens de cette civilisation; la destinée du droit public n'en subit aucune déviation. En lui s'unirent et se concentrèrent les sèves les plus fortes qui soient montées du sol de l'Hellade et des collines du Latium.

De l'édit de Milan (313) résultait un dualisme religieux : deux religions d'Etat [207]. Ce système où l'on voyait l'Empereur faire profession de christianisme, convoquer les conciles, demeurer pontife de Vesta et chef de l'ancienne religion, fut atténué par Valens et Gratien, dont un édit (382) sépara celle-ci de l'Etat et en supprima le budget, puis disparut avec Théodose (391 et 392) qui prohiba tout acte d'adhésion, public ou privé, au paganisme [208]. Ces démarches du pouvoir impérial avaient pour but de maintenir l'unité religieuse en conjonction avec celle de l'Etat et d'assurer l'œcuménicité des deux. Au ive siècle, ils paraissaient si étroitement unis que Grégoire de Nazianze put dire que la tentative de Julien avait ébranlé la puissance romaine [209]. L'idée de catholicité s'était manifestée dès le iie siècle dans les rapports de l'Eglise de Rome avec les autres communautés chrétiennes. Ses chefs, comme successeurs de l'Apôtre, se qualifiaient d'évêque des

(206) J. Declareuil, *Quelq. probl. d'hist. munic.*, p. 96-121.
(207) Eusèbe, *H. E.* (éd. Grapin), X, 5, 4 ; Lactance, *De mort. persec.*, 48.
(208) Eusèbe, *Vita Constantini*, I, 44; II, 21, 24 et s., 45; III, 6; Socrate, *H. E.*, II, 20, 39-40; VII, 11, pr.
(209) C. Th., XVI, 10; C. J., I, 11. Eusèbe, *Vit. Const.*, IV, 41-43. L'hellénisme de Julien répugne, en effet, à l'universalité. Sa réaction n'eut rien de romain; d'où la froideur méprisante du parti païen de Rome à son égard. Le christianisme était plus conforme à l'esprit de Rome que l'hellénisme de Julien.

évêques (210). L'*aeternitas* des empereurs et de Rome fut mêlée aux promesses de Jésus à son Eglise (211). D'abord confondues, leurs destinées furent tenues, la première préfigurant la seconde, pour la continuité l'une de l'autre quand l'Empire eut croulé.

2° Le christianisme dans les Gaules.

I. *Les origines*. — Le premier document chrétien des Gaules est la lettre des martyrs lyonnais aux églises d'Asie et de Phrygie, en 177. Saint Pothin, qui périt alors, était le premier évêque de Lyon. La diffusion du christianisme dans la vallée du Rhône, puis, en suivant la Saône, dans les Germanies, fut due aux Asiates. Plus tardive dans le reste du pays, un concile de Tours note, en 567, qu'elle n'était pas, dans l'Ouest, de beaucoup antérieure à l'apostolat de saint Martin. Du récit de Grégoire de Tours sur la venue, au temps de Dèce, de sept missionnaires romains qui auraient fondé autant de sièges épiscopaux, il faut retenir que la prédication eut lieu sur l'initiative de Rome, dont les églises gauloises furent les filiales (212).

Les premières communautés chrétiennes furent établies dans les villes. Elles furent, à l'origine, un phénomène urbain; d'où *pagani*, pour désigner les derniers tenants des anciens cultes. Le principe fut : un évêque par cité. Un concile de Chalcédoine décida que le démembrement administratif d'une cité entraînait son démembrement ecclésiastique; mais on tempéra plus tard cette exigence (213). Avant que d'être officiellement reconnue, l'Eglise avait adopté des cadres identiques à ceux de l'Etat. Elle était un ensemble de cités épiscopales, παροικίαι, *dioeceses*, formées en provinces sous

(210) Harnack, *Lehrbuch der Dogmengeschichte*, p. 384, 452. Quand Cyprien de Cartharge conteste le droit épiscopal universel d'Etienne de Rome, il réserve celui de l'Eglise. Cpr. Tertullien, *De pudicitia*, 1.

(211) Eusèbe, *Vit. Const.*, II, 56. L'idée de l'unité religieuse sous la forme chrétienne transparaît dans le rescrit *ad Elpidium* (323).

(212) Eusèbe, *H. E.*, V, 1, 24, 11; Sulpice Sévère, *Chron.*, II, 32 (éd. Lavertujon, t. 2, p. 22). Greg. Tur., *H. Fr.*, I, 28, 36; IX, 39; X, 31; Fortunat, *Vita sancti Martini*, II, 8 (MGH, AA., éd. Krusch, t. 4, p. 329). Sur les évêchés connus à la fin du vi[e] siècle, on a des renseignements, pour un, Lyon, au iie siècle (177); pour quatre, Toulouse, Reims, Vienne, Trèves, au iiie siècle; pour six, Rouen, Bordeaux, Paris, Cologne, Sens, Bourges, au commencement du ive; pour dix-sept autres au ive. On en voit s'établir vingt-deux de la fin du ive au vi[e] siècle. Pour les autres, la date de fondation est inconnue : Duchesne, *Fastes épiscopaux de l'ancienne Gaule*, 3 vol., 1898-1910.

(213) Chalcédoine (451), c. 17. Cpr. c. 12 (Mansi, t. 7, p. 361). Innocent Ier, *Epist.*, XXIV, 2 (PL., t. 20, p. 548).

la suprématie de l'Eglise de Rome. Dès l'origine, les fraternités chrétiennes (ἐκκλησίαι, *contiones*) comprirent deux catégories tranchées : les clercs, ayant reçu les pouvoirs de présider aux cérémonies du culte et d'enseigner; les laïques qui étaient dirigés et enseignés. Dans l'Eglise, fondée par Jésus-Christ, sur un principe d'ordre et de hiérarchie, l'autorité et la doctrine viennent d'en haut; l'assemblée des fidèles n'y a pas la souveraineté ([214]). En Gaule, le clergé comptait huit ordres ou degrés : épiscopat, prêtrise, diaconat, sous-diaconat et les fonctions inférieures d'acolyte, exorciste, lecteur et portier ([215]). Au Bas-Empire, il constituait dans la cité une équipe consacrée au culte, exempte par conséquent des charges spéciales aux autres collectivités et ne pouvant se recruter parmi leurs membres que s'ils étaient quittes de toutes charges de la curie ou du collège, de sorte que l'entrée de la cléricature n'était guère ouverte qu'aux clarissimes et à l'*ima plebs* ([216]).

II. *Les circonscriptions ecclésiastiques : le diocèse et les paroisses; la province métropolitaine.* — L'organisme diocésain était le plus ancien. Les autres en furent des subdivisions ou des groupements. Le chef du diocèse était l'évêque. Le clergé de la ville épiscopale dépendait de lui. Au début l'évêque avait été institué par l'apôtre ou celui du siège dont son Eglise était filiale. Mais, dès les premiers temps, on évita d'imposer aux communautés des chefs qu'elles n'auraient pas agréés. Surtout en Occident, l'évêque fut élu par le clergé et les fidèles, *a clero et populo*, proposé au jugement du métropolitain et de ses comprovinciaux, et consacré par trois d'entre eux au moins, s'ils approuvaient l'élection; sinon, ils s'efforçaient d'en faire accepter un autre par l'assemblée ([217]). Cela n'allait pas sans incident; les

(214) *Iª Petri*, v. 3. Tertullien, *De monogamia*, 12; *De exhortatione castitatis*, 7.

(215) Eusèbe, *H. E.*, VI, 43, 11, et les *Rituels* gallicans. Les diaconesses (*ministrae*), veuves âgées de plus de quarante ans, partageaient la charge des diacres pour les œuvres de miséricorde : Pline le j., *Epist.*, X, 96. *Nov. Majoriani* (451). L'institution condamnée par le concile d'Orange (441), c. 26, se maintint en Occident jusqu'aux environs du vie siècle et se fondit dans la vie monastique. Hefele-Leclercq, *Hist. des conciles*, t. II, p. 446.

(216) J. Declareuil, *op. cit.*, p. 137-142 : les clercs ne devaient ni *munera sordida personalia* : C. Th., XVI, 2, 2, 8, 10, 36, ni chrysargyre, s'ils faisaient des actes de commerce : C. Th., XVI, 2, 8-5, 10.

(217) IIIe Tolède, c. 7 (Mansi, t. 9, p. 545). Cpr. Arles (452), c. 54 (Mansi, Suppl., t. 1, p. 327). Sozime, *Ep.* (417), (MGH, *Ep.* t. 1, p. 10-13). Léon le Grand, *Ep.* 84. = D. Gr., dist. 62, c. 1. Sulpice Sévère, *Vita sancti Martini*, 9

compétitions étaient ardentes. Ni le pouvoir impérial, ni la papauté, en principe, n'intervenaient. Pourtant quand l'Eglise eut emprunté aux lois romaines l'institution de l'*appellatio*, le Pape put connaître, sur appel du jugement du métropolitain, de la légalité de l'élection et de la valeur de l'élu [213]. La consécration seule conférait la dignité épiscopale. Celle-ci comportait : 1° des pouvoirs d'ordre : consécration des évêques, ordination des clercs, sacrement de confirmation, bénédiction des vierges, dédicaces des églises et des objets du culte, imposition de pénitences publiques et réconciliation des pénitents; 2° des pouvoirs de juridiction : *ratione personae* sur les fidèles de son diocèse à l'égard de qui il pouvait prononcer ou lever l'excommunication et les censures ecclésiastiques; la visite des églises et la tenue des synodes s'y rattachaient; *ratione materiae* sur tous les biens ecclésiastiques de son diocèse, dont il avait seul la gestion.

Les prêtres, sous le nom de *presbyterium* ou *ordo ecclesiasticus* [219], composaient le conseil permanent de l'évêque et partageaient avec lui les fonctions sacerdotales; au-dessous d'eux était placée la foule des clercs, et à leur tête l'archidiacre, armé d'un pouvoir disciplinaire, qui secondait l'évêque dans l'administration du temporel. On l'appelait *custos totius ecclesiae*, car il était le premier en pouvoir et en influence après l'évêque, bien qu'inférieur aux prêtres en dignité [220]. Les clercs supérieurs menaient dans beaucoup de diocèses la vie commune [221].

Aux iv° et v° siècles, des églises furent établies dans des *castra* et des *vici* sur l'initiative de l'évêque et des habitants, dans des *villae* sur celle des propriétaires et à leurs frais, et ils en conservaient la propriété. Chapelles et oratoires se dressèrent aussi sur l'emplacement d'anciens temples, sur le tombeau d'un saint ou au lieu de mortification d'un ermite. Aucun de ces édifices ne pouvait être ouvert au culte sans l'autorisation et la consécration de l'évêque diocésain. Il n'en résulta d'abord ni subdivision

(Pl., t. 20, p. 189). Sidoine Apollinaire, *Ep.* IV, 4; VII, 4, 5 (éd. Baret, p. 271, 361 et s.). *Nov. Valent. III*, c. 16. Cette élection ne se rattache en rien à celle des magistrats municipaux; J. Declareuil, *op. cit.*, p. 4 et s.

(218) Ci dessus p. 32. — Hefele-Leclercq, *H. des conciles*, t. 2, p. 1228.

(219) Can. arabes de Nicée, cc. 57, 60, 62, 71, 72 (Mansi, t. 2, p. 947 et s.). L'Occident ne connaissait pas encore les chorévêques : Hefele-Leclercq, *Hist. des conciles*, t. 2, p. 1221 et s.

(220) Arles (314), cc. 18, 21 (Mansi, t. 2, p. 472 et s.). C. Th., XVI, 10, 25; Zozime, *Epist.* (417), *loc. cit.* Paulin de Nole, *Epist.* 32 (éd. Hartel, p. 22).

(221) Thomassin, *Ancienne et nouvelle discipl. de l'Eglise*, t. 2, p. 472 ; Sohm, *Kirchenrecht*, II, § 21.

géographique du diocèse, ni rupture de l'unité paroissiale primitive, qui ne se produisirent qu'à la fin du ve ou au commencement du vi^e siècle. Des diacres ou des prêtres étaient détachés par l'évêque pour quelques cérémonies du culte dans ces églises, sur la présentation des propriétaires, quand elles étaient édifiées par des particuliers. C'est à quoi, du moins depuis le pape Gélase, l'Eglise tendait à réduire les droits des fondateurs [222].

Les Eglises avaient eu de bonne heure tendance à se grouper autour d'un siège illustre à raison de la ville où il était établi ou des personnages qui l'avaient occupé. Le Concile de Nicée (325) avait donné pour centres à ces groupements les métropoles provinciales. En Occident le système était rudimentaire et plus fantaisiste. Vers le milieu du ve siècle, les papes firent triompher en Gaule la règle de Nicée [223]; mais la chute de l'Empire interrompit leur œuvre. Le métropolitain n'était pas un sur-évêque, mais l'évêque d'une église particulière ayant rang prééminent et un certain droit de direction sur ses collègues. Ses prérogatives attachées au siège, non à la personne [224], ne comprenaient que des pouvoirs de juridiction : jugement des élections épiscopales, convocation et présidence du synode provincial auquel les suffragants devaient assister ou se faire représenter, inspection des diocèses, délivrance des lettres commissoires, juridiction contentieuse sur les suffragants et appel de leurs sentences [225].

L'Occident n'ayant ni patriarcat, ni primatie, il n'existait aucun intermédiaire entre la province ecclésiastique et la papauté, en qui se manifestaient l'unité et la catholicité de l'Eglise. La prééminence romaine avait toujours été acceptée en Gaule dont la plupart des Eglises devaient l'existence à celle de Rome. On y avait vu celle-ci convoquer des conciles, organiser les provinces métropolitaines, exercer sa juridiction d'appel, créer un vicariat

---

[222] Orange (441), c. 10; Arles (443-451), c. 36); I^r Orléans (511), c. 17 (Mansi, t. 6, p. 435; t. 7, p. 322; t. 8, p. 351), Cpr. *Epist. Gelasii papae* (Jaffé, 636) et en Orient : C. J., I, 5, 10 ; *Nov. Just.*, CXXIII, c. 18. Sur l'origine de la patrimonialité des églises qui n'est ni une tradition germanique, ni une particularité arienne, comme on l'a dit : P. Fournier, *NRH*, 1897, p. 505; P. Thomas, *Le droit de propriété des laïques sur les églises et le patronage laïque au Moyen âge*, p. 4-18.

[223] Innocent I, *Epist. ad Victricium* (Jaffé, 286, (85). a. 404). Duchesne, *Fastes épiscopaux*, t. 1, p. 139. A part la *Viennensis* qui a deux sièges métropolitains, Arles et Vienne, et les Germanies pour lesquelles on ne sait rien, et qui sont envahies, les autres métropoles civiles ont alors acquis le même rang dans l'ordre religieux.

[224] Sohm, *Kirchenrecht*, p. 368. Thomassin, *op. cit.*, 1re part., 43, 12.

[225] Agde (506), c. 23 (Mansi, t. 8, p. 321) = D. Gr., c. 3, dist. 8.

apostolique dans la personne d'archevêques d'Arles [226]. Elle ne tenait alors qu'à être un pouvoir exceptionnel et supérieur, la norme étant que chaque affaire fût réglée dans la province. Le pouvoir temporel proclamait la légitimité de son action et y aidait [227]. A son tour, elle ne redoutait pas la collaboration de celui-ci et la provoquait, à mesure qu'avec Damase, Sirice ou Zozime, elle définissait mieux sa primauté juridictionnelle et doctrinale. Théodose ne considérait comme légitimes que les évêques en communion avec Damase. Valentinien et Gratien reconnaissaient au pape le ressort sur toute l'Eglise. Innocent Ier notifiait aux évêques ce qu'il avait décidé avec Honorius (405). Dans la constitution *Certum est* (445), Valentinien III déclara toute juridiction et décision appartenir au pape, toute résistance à ses décrets une offense à l'Empire à réprimer par la force [228].

A chaque organe, diocèse, province, papauté, correspondait un synode ou concile. L'évêque pouvait convoquer en synode les clercs de son diocèse, le métropolitain les évêques de sa province, le pape ceux de certaines régions ou, d'accord avec l'Empereur, tous ceux de la chrétienté. Les décisions prises valaient pour la circonscription représentée, si elles ne contredisaient pas celles des autorités supérieures. Les canons des Conciles œcuméniques étaient regardés comme les lois de l'Eglise universelle. A la fin du IVe siècle, les décrétales des papes prirent place à côté d'eux [229].

III. *Le patrimoine ecclésiastique.* — L'édit de Milan rendit aux églises leurs biens confisqués et le droit de posséder sans aucune limitation [230]. Les dons, nombreux des empereurs et des fidèles, surtout des clercs, les dîmes et oblations encore volontaires grossirent ce patrimoine reconstitué. Des conciles sanctionnèrent sévèrement le respect des dispositions testamentaires en faveur de l'Eglise et des œuvres pies [231]. Des constitutions impériales attribuèrent à leur église tout ou partie de la succession des évêques et des clercs.

---

(226) Sur le vicariat d'Arles : Duchesne, *La primatie d'Arles* (*Mém. de la Soc. nat. des antiquaires de France*, 1891-1892, p. 155 et s.). Babut, *Le concile de Turin*, p. 27 et s. Hefele-Leclercq, *H. des conciles*, t. 2, p. 424, n. 1. J. Declareuil, *NRH*, 1905, p. 261 et s.

(227) Eusèbe, *H. E.* (éd. Grapin), X, 5, 18-20. C. J., I, 13, 12; III, 12, 2.

(228) J. Declareuil : *NRH*, 1905, p. 261-274.

(229) Babut, op. cit, p. 73 et s.

(230) Eusèbe, *H. E.*, X, 5, 9 et s. C. Th., XVI, 2, 4; C. J., I, 2, 1, 14, 23-pr.; 3, 2, 3, 5, 11.

(231) Vaison (442), c. 2; Agde (506), cc. 4-6 (Mansi, t. 6, p. 451; t. 8, p. 323).

L'évêque avait seul la gestion et la disposition des biens de
son diocèse. Cependant des conciles avaient ordonné qu'il fît
quatre parts des revenus : pour lui, pour les clercs, pour les frais
du culte, pour les pauvres (²³²). Les particuliers ne devaient être
admis à fonder d'églises sans les doter; mais les biens qu'ils
leur affectaient ne rentraient pas dans la masse diocésaine à la
disposition de l'évêque. Des règlement locaux, puis des constitutions impériales lui interdirent aussi d'aliéner aucun bien de
son église, sans l'assentiment de son clergé, ou, ailleurs, sans
l'approbation écrite de deux ou trois évêques de la province (²³³).

IV. *La juridiction et la législation ecclésiastiques.* — Des lois
conférèrent aux évêques quelques fonctions administratives (²³⁴),
mais surtout des prérogatives judiciaires : 1° pour consacrer la
tradition d'éloigner les fidèles des tribunaux séculiers, Constantin
permit de recourir par compromis à l'arbitrage de l'évêque, même
en cours d'instance et jusqu'à la sentence (321); 2° le rescrit *ad
Ablavium* (331) autorisa l'une ou l'autre des parties à déférer à
l'évêque tout procès civil; la sentence épiscopale eut dès lors force
exécutoire (²³⁵). De cette tolérance, l'Eglise fit une obligation pour
les clercs (²³⁶); 3° Arcadius et Honorius revinrent, en 398, au type
de l'arbitrage compromissoire, mais, en 408, rendirent force exécutoire à la sentence de l'évêque. Les autorités ecclésiastiques imposèrent cette procédure quand les deux parties étaient des clercs et
en firent un cas de conscience pour les autres (²³⁷). Déjà les évêques
ne pouvaient être jugés que par le synode du métropolitain ou tout

(232) *Epist. Gelasii* (494) (Jaffé-Wattenbach, n° 936); *Epist. sancti Gregorii*,
XI. 56ª (MGH., *Reg. Gregorii*, éd. Hartmann, t. 2, p. 332).

(233) Carthage (398), cc. 31-32; Agde (506), c. 7 (Mansi, t. 3, p. 982; t. 8,
p. 324); C. J., I, 2, 14.

(234) C. J., I, 4, 2; 12, 12.

(235) *Constitutions de Sirmond*, c. 17 (321), c. 1 (331). Bruns, *Canones
apostolici*, I, 124. Eusèbe, *Vit. Const.*, IV, 24.

(236) C. J., I, 4, 7, 8. Chalcédoine (451), c. 9; Arles (452), cc. 2, 3 (Mansi,
t. 7, p. 359; t. 8, p. 322). *Constitutiones apostolicae*, II, 37, 45, 47, 49, 51
(éd. Funk, t. 1, p. 123 et s.).

(237) Quelque importance que l'Eglise ait attachée à l'extension de sa
juridiction et que l'*audientia episcopalis* présente dans les lois byzantines,
il ne semble pas qu'elles aient eu en Gaule de grands développements : J. De-
clareuil, NRH, 1897, p. 136 et s. Ce fut le contraire en Afrique : Saint-
Augustin., *Confess.*, VI, 9; *Enarr. in ps.* 25, 13; *in ps.* 118, 24; Possidius,
Vita Augustini, 19 (PL., t. 327, p. 49; t. 36, p. 199; t. 37, p. 1669). Martroye,
Saint Augustin et la compétence des juridictions ecclésiastiques (*Mém. de la
Soc. des Antiq. de France*, t. X, 1910).

autre convoqué par l'Empereur [238]. La coutume fit que les clercs ne ressortirent plus que du tribunal épiscopal; mais le clerc déchu retombait sous la juridiction séculière. Le privilège de clergie apparaît très net dans une constitution de 412 [239]. Il reçut après des atténuations : Valentinien III ramena la juridiction épiscopale au seul personnel clérical et aux causes criminelles d'ordre exclusivement religieux [240]. Cependant, dans les royaumes barbares survécut une partie des dispositions antérieures.

Un autre mode d'action des autorités ecclésiastiques en matière criminelle était de faire respecter étroitement le droit d'asile et de s'efforcer d'obtenir soit des pénalités réduites, soit même la grâce des criminels [241].

Cette justice ne s'appuyait encore que sur une législation peu avancée. L'Eglise dirigeait ses démarches en se fondant sur l'Ecriture sainte, la coutume constante des plus anciennes communautés chrétiennes, Rome, Antioche, Corinthe, Carthage, sur l'opinion des docteurs, mais surtout sur les canons des conciles et à partir de la fin du IVe siècle, sur les décrétales des papes [242]. Décisions conciliaires et décrétales étaient sa législation positive et écrite. Quelques compilations de sa coutume avaient été essayées, ainsi les Διαταγαὶ τῶν ἁγίων ἀποστόλων [243] vers la fin du IIIe siècle, et les Κανόνες τῶν ἀποστόλων au IVe, sans grande influence en Occident.

IV. — LE LEGS ROMAIN.

De Rome subsista, sous l'expression nostalgique de *Romania*, née au début du Ve siècle, comme l'Empire déclinait, un vaste ensemble d'institutions, de concepts, de souvenirs, éléments des cultures à renaître. Sa langue, truchement, pour des siècles encore, de ce qui se rencontrerait de pensée ou de science, allait être, sous les déformations populaires, la source des langues romanes.

(238) Eusèbe, *H. E.* (éd. Grapin), X, 8, 14. Socrate, *H. E.*, IV, 33. L'Empereur pouvait appeler l'affaire devant lui : C. Th., XVI, 2, 13 (355); Chalcédoine (451), c. 9 (Mansi, t. 7, p. 362). Sulpice Sévère, *Chron.*, II, 36, 45, 48, 51 (éd. Lavertujon, t. 2, p. 90, 100, 108-115).

(239) C. Th., XVI, 1, 41. C. J., I, 3, 8. *Const. de Sirmond*, c. 15 (412). Génestal, *NRH*, 1908, p. 161-212. *Contra* : Martroye, *loc. cit.*

(240) *Nov. Valent. III*, 23, 35 (452).

(241) C. Th., IX, 45, 1, 3, 5. C. J., I, 12, 3, 6-10. C. Th., IX, 40, 4, 16, 22.

(242) Tardif, *Hist. des sources du droit canonique*, p. 46-56 ; Maassen, *Geschichte der Quellen und Litteratur des canonischen Rechts*, t. I, p. 10 et s.

(243) Ap. Pitra, *Juris ecclesiastici Graecorum historia et monumenta*, t. 1.

Deux corps de lois correspondaient aux conceptions politiques et sociales, sous lesquelles elle avait plié le monde. Le premier, expression de la période individualiste, droit classique, était contenu dans l'*Edit*, les *Constitutions*, les *Rescrits* des empereurs et l'imposante littérature des Prudents. Deux compilations privées, les *Codes Grégorien* et *Hermogénien*, visaient à en condenser la partie législative (294-324); Valentinien III avait tenté un but analogue par la *Loi des Citations* (426) pour la partie doctrinale, en donnant force de lois aux écrits de Papinien, Paul, Gaius, Ulpien, Modestin, sauf aux notes de Paul et d'Ulpien sur Papinien, avec, en cas de désaccord, prédominance de celui-ci et jugement en équité de la part du juge, devant son silence. Enfin Justinien devait insérer l'essentiel de ce droit classique, avec certaines retouches, dans son Digeste (*Digesta vel Pandectae*) et des fragments importants dans ses *Institutes (Institutiones)* et dans son *Code (Codex repetitae praelectionis)* (528-534). Le second formé des constitutions impériales du Bas-Empire, organisait, mettait en œuvre le socialisme d'Etat où elles avaient fait verser les tendances corporatives antérieures, et regorgeait de dispositions propres à caresser les passions des démocraties et à endiguer, sans les maîtriser, les manifestations seigneuriales. Théodose II en avait consigné le principal dans le *Code* qui porte son nom et que Valentinien III approuva et promulgua pour l'Occident (438). Le même esprit inspira la législation de leurs *Novelles* et de celles de leurs successeurs.

Le droit classique ne conservait qu'une influence limitée. Ses principes d'ordre politique, ses façons de comprendre les rapports entre individus, s'écartaient de ceux de la société d'alors. Les manuscrits devenaient rares; le manuel chassait l'œuvre originale. L'enseignement avait disparu ou tout comme (²⁴⁴). Les compilations justiniennes ne préoccuperont l'Occident que bien plus tard; ce qu'on en connaîtra d'abord en Gaule, un résumé de Novelles, par l'*Epitome* de Julien, sera du droit byzantin. Le droit théodosien était le droit de l'époque. Sa doctrine politique allait renaître dans les royaumes barbares, surgis de la disparition de l'Empire. Il restait le droit des Gallo-Romains (²⁴⁵). Cependant,

---

(244) J. Flach, *Etudes critiques sur l'histoire du droit romain au Moyen âge*, Paris, 1890. *Contra* Fitting, *Die Anfänge der Rechtsschule zu Bologna*, Leipzig, 1888 (et traduction française par Leseur). Cpr. M. Conrat, *Geschichte der Quellen und Litteratur des römischen Rechts im früheren Mittelalter*, t. 1. Blondel : NRH, 1892, p. 238 et s.

(245) Greg. Tur., *H. Fr.*, IV, 32 (46) : « Legis Theodosiani libris eruditus ». *Vita Boniti*, 3 (Mabillon, *AA. SS. ord. Sancti Benedicti*, III, p. 1 a, p. 90) :

avec l'Empire périssaient les administrations provinciales et municipales et, avec celles-ci, l'organisation socialiste urbaine, dont on
ne trouvera plus de traces. La disparition des fonctionnaires impériaux et la défaillance des lois répressives ouvraient, au contraire, le champ plus large aux *potentes*. Tout survivra pendant
des siècles, en changeant parfois de nom, de l'organisation domaniale et de son économie rurale, de la *villa*, des tenures, des communaux et, avec eux, survivance du régime socialiste, le servage;
car une force restait pour empêcher la rupture entre le colon et
la glèbe, celle du propriétaire. De l'attache créée par l'Etat et
pour l'Etat, il garda les avantages pour lui. La coutume était là
si forte et l'intérêt du colon si grand qu'ils concoururent à ce résultat.

La revanche du droit classique était fixée aux temps où, nationalités et Etats en partie constitués, les dynasties occidentales,
en particulier les rois de France, chercheront à leur autorité et à
leur action politique une explication rationnelle et doctrinale, où,
dans la sécurité retrouvée, les individus s'enquerront des fondements d'un ordre autre que celui qui tient à des solidarités trop
étroites. La première et la seconde renaissance du droit romain
marquèrent des étapes dans ces voies nouvelles. Grâce à lui on
évita de refaire toute l'expérience humaine. Reste à savoir si les
temps marqués pour cette renaissance ne déclinent pas à leur
tour, si notre époque ne se rapproche pas des conceptions juridiques du ive siècle. Cosmopolitisme, humanitarisme, pacifisme,
unis aux chimères socialisantes, impriment à notre législation un
mouvement singulier qui l'apparente aux lois des empereurs en
faveur des *humiliores* et des plèbes urbaines. Les *potentes* aussi
ont reparu, avec une puissance qui n'a plus pour assise la terre,
mais l'argent.

En attendant, l'Eglise, demeurée seule, prenait, avec ce qu'elle
pouvait sauver de la culture romaine, la direction de l'humanité
occidentale et s'efforçait de maintenir à travers les siècles le sens
de l'autorité, l'esprit de gouvernement, de mesure, d'ordre, l'art
d'administrer qui avaient été les grandes créations de Rome. Ce
fut sa tâche de les imposer à la Barbarie. Pour cela, elle se créa
une législation en grande partie empruntée aux sources romaines,
à moins qu'il ne s'agît de conceptions purement chrétiennes, mais
encore revêtues de formes romaines. La phraséologie d'après laquelle l'Eglise aurait accueilli avec joie des peuples jeunes et

« Grammaticarum imbutus initiis, necnon Theodosii eductus decretis. » Cpr.
Vita Desiderii, 1 (PL., t. 87, p. 220).

sains pour remplacer la société dégénérée de l'Empire, va trop à l'encontre des faits pour qu'on s'y attarde. Le grand tort de cette société et de ses chefs fut de n'avoir pas réussi à se défendre, d'avoir failli à la garde du Rhin et du Danube, d'avoir, en mettant ainsi l'Eglise directement aux prises avec les Barbares, retardé de plusieurs siècles le bienfait complet du Christianisme et mis en péril la civilisation gréco-latine ([246]).

§ 3. — Les apports barbares et francs.

1. — Les monuments législatifs des rois wisigoths et burgondes.

Il faut savoir ce que les Barbares, établis dans les Gaules, y apportèrent, quelle fut leur part dans la création des institutions qui y florirent postérieurement. Cette contribution n'a pu venir ni des esclaves, sans personnalité juridique et qui, affranchis, étaient citoyens, latins-juniens ou déditices, ni des lètes qui étaient enveloppés dans un réseau de règlements devenus leur unique statut, ni des mercenaires qui avaient bien imposé aux armées une allure de bandes ou de comitats, mais dont la condition légale dépendait des lois impériales, ouvrant, du reste, à la plupart la cité romaine à la fin du service. Ni les uns, ni les autres n'avaient pu introduire d'institutions nouvelles, mais seulement des mœurs regrettables. Pas davantage les petites troupes barbares qui, à chaque poussée d'invasions, s'étaient infiltrées dans quelques coins des provinces : il leur avait fallu accepter la condition des lètes ou se disperser parmi les colons agricoles. Restaient les peuplades fédérées ou sujettes, auxquelles un établissement sur le sol de la Gaule avait été consenti. En 476, il y en avait trois : les *Wisigoths*, les *Burgondes*, les *Francs*. Il semble que leurs apports doivent être marqués surtout dans les *Leges* rédigées par eux sur ce sol.

Les *Wisigoths* vécurent sous la souveraineté impériale jusqu'au règne d'Euric. Leurs rois, délégués de l'Empereur pour les provinces où ils étaient cantonnés, faisaient à l'occasion des règlements qui ne s'appliquaient qu'aux Goths, armée au service de Rome. Euric, le premier, régna *pro suo* et donna au peuple wisigoth des lois écrites qui ne nous sont pas parvenues ([247]). On croit en avoir, dans une loi très postérieure, des passages assez

(246) Voir à ce sujet les remarques très justes de Littré, *Etudes sur les Barbares*, p. 129 et s., 209 et s., et de Guérard, *Prolégomènes du polyptyque d'Irminon*, t. 1, p. 200 et s.

(247) Jordanès, *De reb. get.*, 15.

nombreux, distingués du reste de la loi par la rubrique : *Antiqua*. On y rattache aussi un manuscrit du vi⁰ ou du vii⁰ siècle (Bibl. nat., Lat., n° 2161) qui en contiendrait les chapitres 276 à 336 (²⁴⁸), et quelques fragments publiés, en 1886 et 1888, par Gaudenzi (²⁴⁹). Ces textes, de style ferme, clair, dus probablement à un scribe romain, ne sont pas une rédaction de coutumes des anciens Goths, mais la reproduction de règlements ou de constitutions de rois goths, très pénétrés de droit romain. En 508, le peuple wisigoth fut rejeté au delà des Pyrénées et, sauf de la Septimanie, il disparut avec ses lois. Dès lors sa législation est à peu près étrangère à notre histoire. Refonte de la loi d'Euric par Léowigilde (569-586), substitution au principe de la personnalité des lois de celui de la territorialité par Chindaswind (648), code de Receswind, connu sous les noms de *Liber judiciorum*, *Forum judicum* ou *Lex Wisigothorum vulgata* (649-652) et ses remaniements par Egica et Wittiza, appartiennent à l'histoire de l'Espagne (²⁵⁰). Même en Septimanie où le droit goth, devenu territorial, aurait dû s'appliquer depuis 648, au viii⁰, au ix⁰ siècle, c'est le droit romain qui l'emporte (²⁵¹).

Les *Burgondes* ne furent pas expulsés. Quand les Francs supprimèrent la dynastie, ils laissèrent le peuple en place et l'annexèrent (534). Il avait alors une législation écrite. Le roi Gondebaud, vers 500, l'avait fait composer des meilleures constitutions de ses prédécesseurs et des siennes (²⁵²). Le titre, *Liber*

---

(248) Bluhme, *Die Westgothische Antiqua oder das Gesetzbuch Reccareds des ersten*. Halle, 1847, et *Zur Texteskritik des Westgothenrechts*, 1872. K. Zeumer, *Leges Wisigothorum antiquiores*, 1894. Voy. Brunner, *Deutsche Rechtsgeschichte*, p. xiii, p. 495 et s.

(249) Gaudenzi, *Un' antiqua compilazione di diritto romano et visigoto, con alcuni frammenti delle legi di Eurico*, Bologna, 1886, et *Nuovi frammenti dell' editto di Eurico*, Roma, 1888. Ces textes se trouvent dans *NRH*, 1886, p. 325 et s.; 1889, p. 430 et s. — Brunner, *op. cit.*, p. 438 et s.

(250) *Leges Wisigothorum* (MGH, LL, I, II, éd. Zeumer, 1902). De Ureña y Semenjaud, *La legislacion gotico-hispana*, Madrid, 1905. Un sixième de la loi est du droit romain; le droit canonique, l'influence des évêques et des *concilia mixta* ont inspiré un grand nombre d'autres dispositions. Elle est divisée en douze livres, comme le Code de Justinien. Il serait impossible de rétablir les coutumes des anciens Goths avec ce document.

(251) Savigny, *H. du dr. rom.*, trad. Guenoux, t. 2, p. 71. Cependant Gervais de Tilbury, a. 759 (HF., t. 3, p. 366) : « Facta pactione cum Francis quod illic Gothi patriis legibus, moribus paternis vivant; et sic Narbonnensis provincia Pippino subjicitur. » De plus, le marquis de Gothie rendit à Narbonne un jugement d'après la *Lex Wisigothorum*, le 18 nov. 862 (*Hist. du Languedoc*, éd. Privat, t. 2, p. 311-325).

(252) *Lex Burgundionum* (MGH, LL, éd. de Salis, 1892). Sur cette édition :

constitutionum ou *Liber inter Burgundiones et Romanos* (plus tard
on a dit *lex Gundobada*, loi Gombette) montre qu'elle n'était pas
non plus une rédaction de vieilles coutumes, mais des disposi·
tions que les rois, patrices et maîtres de la milice, avaient jugées
bonnes pour un peuple de soldats au service de l'Empereur. Le
droit romain s'y mêle à du droit barbare. Certains titres n'intéressent que les Romains, un autre permet aux Burgondes l'usage
du droit romain. La loi s'applique entre Romains et Burgondes.
Nous n'avons pas le texte primitif, soit que des copistes y aient
ajouté, soit que Sigismond, qui succéda à Gondebaud en 517, l'ait
retouché. Des lois nouvelles ont été substituées ou intercalées, des
dispositions abrogées; des constitutions de Gondebaud, de Sigismond, une de Godemar y ont été jointes [253]. Cette loi, après
l'annexion, resta la loi personnelle des Burgondes. Au IX⁰ siècle,
Agobard dit très rares ceux qui s'en réclamaient [254].

Mais les rois wisigoths avant de la quitter, les rois burgondes
avant de disparaître, avaient fait à la Gaule un don autrement
important. En occupant des provinces comme féaux de l'Empereur, ils n'avaient en rien diminué sa puissance législative : sol
et habitants continuaient d'être soumis aux lois romaines et celles-ci d'y être promulguées et appliquées. Cependant la rébellion d'Euric, sa prétention d'être le souverain des Gallo-Romains,
sa politique anticatholique et antiromaine pouvaient l'amener
à les priver de leurs lois. Peut-être la rédaction des lois écrites,
dénoncée par Isidore de Séville, préparait-elle quelque fait de ce
genre. Mais il était difficile de substituer au droit romain, dans
une des contrées les plus civilisées, le *complexus* fruste, insuffisant de contenu et de pensée, auquel il paraît avoir abouti. Devant la menace franque que son fanatisme et la diplomatie byzantine allaient déclencher, son successeur, pour gagner les indigènes, imagina de leur procurer la garantie d'une loi purement
romaine, mais ramenée à la portée des juges et des praticiens
du moment. La *Lex romana Wisigothorum*, connue sous le nom
de *Brevarium Alarici*, composée de textes choisis par une commis·
sion d'évêques et de notables, ordonnés et remaniés par des juristes, approuvés par une assemblée de prélats et de députés des

Zeumer, *Neues Archiv.*, t. 25, 1900, p. 261-269. Smith, *La loi Gombette, reproduction intégrale de tous les manuscrits connus*, Paris, 1889-1890. Petot,
Un nouveau manuscrit de la loi Gombette (NRH, 1913, p. 337 et s.). Brunner,·
op. cit., p. 497.
   [253] Brunner, *Deutsche Rechtsgeschichte*, t. 1², p. 497 et s.).
   [254] Agobard, *Liber adversus legem Gundobadi*, 6-10 (HF., t. 6, p. 356 et s).

provinces, fut promulguée à Toulouse par Alaric II, en 506 (²⁵⁵).
Pour y représenter les deux sources alors admises du droit romain,
le *Jus vetus* et les *Leges*, on réunit les éléments suivants : 1° pour
les *Leges* : le *Code Théodosien*, réduit dans certaines de ses parties, les *Novelles* de Théodose II, Valentinien III, Marcien, Majorien, Sévère (²⁵⁶), 22 constitutions du *Code Grégorien* et 2 du *Code
Hermogénien;* 2° pour le *Jus :* un abrégé, déjà existant, en deux
livres (*Liber Gaii*) des *Institutes* de Gaius, une réduction des *Sentences* de Paul, un court fragment des *Responsa* de Papinien (²⁵⁷).
A part l'*Epitome* de Gaius, ces textes sont accompagnés d'un
commentaire perpétuel ou *Interpretatio*, qui n'est pas l'œuvre des
rédacteurs, mais a été parfois retouchée par eux, et qu'ils ont utilisée, comme d'autres avant eux, dans un but d'abréviation et
de mise à la portée de tous des textes juridiques (²⁵⁸).

Vers le même temps, les Gallo-Romains du royaume burgonde
furent dotés d'une *Lex romana Burgundionum*, plus modeste (²⁵⁹).
Annoncée dans la préface du *Liber constitutionum*, elle fut calquée sur lui; les matières s'y succèdent dans le même ordre : sur
47 titres, 36 ont mêmes rubriques. Ce sont de courts extraits, souvent remaniés ou altérés des Codes, manuels, *interpretatio* qui
composent le *Bréviaire d'Alaric*, sauf le titre II qui fait application aux Gallo-Romains du système de wergeld. C'est une sorte
d'instruction adressée aux juges sur des matières dont le choix a
été dicté par le contenu de la loi Gombette (²⁶⁰). Le principe que
les Gallo-Romains étaient régis par l'ensemble du droit impérial
n'en était pas atteint.

(255) *Lex romana Wisigothorum*, éd. Haenel, 1849. *Legis romanae Wisigothorum fragmenta*, Matriti, 1896 : fragment de manuscrit trouvé en Espagne. Du viiᵉ au xiᵉ siècle, furent composés plusieurs abrégés de cette loi
reproduits par Haenel.

(256) Jusqu'à l'année 463.

(257) L'abrégé du Gaius ne dépasse pas, au livre III, la matière du *furtum;*
le texte des *Sentences* paraît réduit à la valeur d'un sixième. L'ordre des
matières est le suivant : Code Théodosien, Novelles, *Liber Gaii*, Sentences
de Paul, Code Grégorien, Code Hermogénien, *Responsa* de Papinien.

(258) Brunner, *op. cit.*, p. 514 et s. Krüger, *Hist. des sources du dr. rom.*
(trad. franç.), p. 416 et s. Cpr. Mommsen, *Theodosiani libri*, p. xxxv, lxxxvi,
lxxxvi.

(259) *Lex romana Burgundionum* (MGH, LL, éd. de Salis, 1892). Cette
loi a été connue au Moyen âge sous le nom de *Papianus*, Papien ou *Liber
Papiani;* car, comme elle était d'ordinaire copiée à la suite de la *Lex romana
Wisigothorum*, on prit le fragment de Papinien terminant celle-ci et précédé
de la rubrique *Incipit Papian lib. I Respons.*, pour le début de celle-là.

(260) Cpr. Brunner, *op. cit.*, p. 506 et s.

Dans la région provençale que Wisigoths, Burgondes, Ostrogoths se disputèrent au ve siècle et dans les débuts du vi[e], les
lois du royaume ostrogoth d'Italie s'appliquèrent comme droit territorial de 510 à la conquête franque ([261]). Mais Théodoric ayant
soumis les Ostrogoths au droit romain, son édit et les lois de ses
successeurs en étaient presque exclusivement tirés ([262]). Rois
goths et burgondes avaient donc surtout travaillé à perpétuer les
lois romaines. Des lois nationales, rédigées pour leurs congénères, les premiers n'avaient rien laissé en Gaule, les seconds
n'avaient rien imaginé qui, s'écartant du droit romain, ne se rap-
prochât du droit franc ou n'ait été assimilé par lui.

II. — Les lois et les coutumes franques.

Il existe deux lois franques : la *Lex Salica*, la *Lex Ribuaria*.

La loi des Francs Saliens nous est parvenue dans 70 manuscrits,
divisés par Pardessus en 3 familles et par Hessels en 8 ([263]).
Ceux en 65 titres se rapprochent le plus de la rédaction primitive.
Elle était en langue latine et accompagnée de gloses en francique, ajoutées après coup pour traduire en leur langue des termes
peu familiers aux praticiens francs et appelées malbergiques parce
qu'elles sont précédées de l'abrévation *mall.* ou *malb.* et une
fois de l'indication : *hoc est in mallobergo* ([264]). Ne contenant
aucune trace de christianisme, faisant, au contraire, allusion à
des cérémonies païennes, elle doit être antérieure à 496. Certains
la croient postérieure à 488 parce que le titre 47 suppose que
des Francs habitaient au delà de la Loire et de la Forêt Charbon-
nière et que ses indications monétaires la font voisine du temps
où le sou d'or valut non plus 12 deniers, mais 40 siliques d'argent, ce dont elle prend soin d'avertir ([265]). Disons qu'elle est pos-

---

(261) Brunner a pensé que les fragments publiés par Gaudenzi se référaient
à cette région et à la domination ostrogothe : *op. cit.*, p. 495 et s.

(262) *Edictum Thedorici* (MGH., LL, I, II, éd. Bluhm).

(263) Pardessus, *Loi Salique*, Paris, 1843; Hessels and Kern, *Lex Salica*,
London, 1880; Berhend, *Lex Salica*, 2e édit., Weimar, 1897. Depuis quelques
années un érudit allemand a prétendu bouleverser toutes les données aujourd'hui admises sur la *Lex Salica* : Voy. L. Levillain (BECh., 1820, p. 349).

(264) Calmette, *Observ. sur les gloses malbergiques de la Lex Salica* (BECh.
1899, p. 397) et Kern, *Lex Salica* (éd. Hessels, p. 435), les croient le résidu
d'une rédaction primitive en langue francique. Cpr. d'Arbois de Jubainville,
NRH, 1902, p. 335, et *Et. sur la langue des Francs à l'époque mérovingienne*.
1900.

(265) Prou, *Catalogue des monnaies mérovingiennes de la Bibliothèque*

térieure à la chute de l'Empire, et probablement des premières années du règne de Clovis [266].

Les renseignements donnés par des *Prologues* et *Epilogues* plus récents, sur sa rédaction par quatre commissaires en trois *mallus* successifs, paraissent légendaires, sauf en ce qui concerne les corrections de Clovis, Childebert et Clotaire. Par celles-ci le nombre des articles se trouva peut-être augmenté; puis les copistes ajoutèrent arbitrairement tantôt dans le corps même de la loi, tantôt à sa suite. Charlemagne fit procéder à une édition épurée, *Lex emendata*, qui ne contient plus de gloses.

La loi des Francs Ripuaires est connue par plusieurs manuscrits se référant tous à un texte unique de la fin du viiie siècle, car il cite un *praeceptum* de Karloman et de Pépin (740-743) [267]. C'est un document complexe, dépendant à la fois de la Loi Salique, du droit romain, du droit ecclésiastique. Sa première rédaction fut ordonnée par un roi franc, probablement Thierry Ier; d'autres y ajoutèrent. Au viiie siècle, elle présentait les séries suivantes : 1° titres 1 à 31, tarif de compositions, datant du vie siècle; 2° titres 32 à 56, 63 et 64, emprunts très libres à la Loi Salique; 3° titres 57 à 62, droit ecclésiastique, tiré d'un Edit de Childebert II (575-596); 4° titres 80 à 89, empruntés encore à la Loi Salique et Edit royal, placés là vers le milieu du viiie siècle [268].

La *Lex Salica*, en 65 articles, est le document franc le plus ancien et le plus pur. Je dis franc, non germanique, car il faudrait pour cela être sûr que ce qu'elle contient a été apporté de Germanie et était, dans son ensemble, commun aux peuples germains. Or les Francs, fortement celtisés, vivaient depuis longtemps sous l'autorité de Rome et avaient adapté leurs coutumes au genre de vie et aux obligations que cette sujétion leur imposait. Le do-

---

Nationale, Introd. — Guilhiermoz, *Remarques diverses sur les poids et mesures du Moyen Age* (BECh., 1919, p. 39-47).

(266) Pardessus, *op. cit.*, p. 417. Brunner, *op. cit.*, p. 297.

(267) *Lex Ribuaria* (Pertz, LL., t. 5, éd. R. Sohm, 1882).

(268) Autres *Leges Barbarorum* : Au viiie et au ixe siècles, d'autres lois à l'usage des peuples, protégés ou sujets des Francs, furent rédigées par les ducs nationaux, sur l'ordre et sous le contrôle des rois francs. Alamans, Bavarois, Frisons, Saxons, Thuringiens reçurent des lois où se mêlèrent droit romain, droit franc, droit canonique et parfois quelques usages nationaux. Aucune n'était franchement une mise par écrit des vieilles coutumes de ces peuples. Toutes furent étrangères au développement de notre droit qui leur prêta et n'en reçut rien. Elles s'appliquèrent hors des limites de la Gaule : *Pactus* et *Lex Alamannorum* (éd. Lehmann); *Lex Bajuwariorum* (éd. Merkel); *Lex Frisonum* (éd. Richtofen); *Lex Saxonum* (éd. Richtofen); *Lex Anglorum et Verinorum* (éd. Richtofen), (MGH., LL., I, III et V).

maine de la *Lex* apparaît, du reste, limité aux actes individuels intéressant l'ordre public et déclenchant l'intervention du pouvoir collectif, soit pour en réprimer les écarts, soit pour les aider ou les protéger. La procédure et le droit pénal en sont les éléments importants; quelques titres se réfèrent au droit privé. Procédure se déroulant selon les thèmes connus des législations primitives : citation en justice, introduction d'instance, comparution personnelle, système de garanties pour y contraindre, procédés singuliers de recherches et d'enquêtes, modes d'exécution sur la personne et sur les biens y ont les formes et les caractères qu'on trouve chez tous les peuples à un certain degré de développement social ([269]). Les Francs avaient franchi la première phase de la justice privée; mais l'initiative et la direction des incidents de cette procédure étaient laissées aux soins des parties sous la surveillance et avec l'autorisation du juge. Quelquefois pourtant, la loi exigeait qu'il procédât lui-même à l'acte de contrainte ou d'exécution ([270]). On a fait grand état du système de preuves admis par le droit germanique. Il serait singulier que la *Lex Salica*, qu'on tient pour son monument le plus ancien et le plus authentique, s'en fût précisément départie. La vérité est que, à l'instar de tous les droits primitifs, ni la *Lex Salica*, ni les autres *Leges*, n'avaient de système de preuves arrêté, que la charge de la preuve appartenait dans ces milieux au plus faible ou au moins habile, qui recourait alors à tous les moyens à sa portée. La preuve directe y était la norme; à défaut on recourait aux preuves subsidiaires. De nos jours, des peuples moins évolués s'en tiennent là ([271]). Droit pénal ramené en grande partie à un tarif de compositions et d'amendes : chaque délit, concrètement décrit, était tarifé. La guerre privée se terminait d'ordinaire par des transactions pécuniaires dont le montant pour le même dommage était devenu coutumier : la loi écrite l'avait adopté. Le prix payé en cas de meurtre, le *wergeld* ou prix de l'homme, servait d'unité. La composition, rachat de la vengeance, était due par les parents qui auraient été compris dans la guerre; tous les vengeurs y participaient. Cette procédure, ce système de pénalités n'étaient spécialement ni francs, ni germains. Les droits grec, celtique, indou, celui des Sémites en présentent de pareils. Le droit romain en

---

(269) J Declareuil, *La justice dans les coutumes primitives*, p. 19 et s.
(270) *Ibid.*, p. 99 et s.
(271) J. Declareuil, *Les preuves judiciaires dans le droit franc du Vᵉ au* vιιιᵉ *siècle*, p. 5 et s., p. 20 et s.

avait longtemps gardé des traces et vu, dans les derniers temps, une nouvelle efflorescence ([272]).

Par contre, les rares dispositions de la *Lex Salica* touchant au droit privé semblent lui être particulières. Ses moyens de se soustraire à la solidarité familiale ou de l'utiliser en la rejetant ne se trouvent nulle part ailleurs ([273]). Sa loi successorale diffère de celles de la plupart des peuples germains ([274]). Le *mundium* de la famille du mari sur la veuve y prend un sens presque symbolique, par comparaison aux autres *Leges* ([275]). Son régime foncier dépend visiblement du mode d'établissement des Francs dans l'Empire. Toute disposition d'une *Lex* ne peut être considérée *à priori* pour du droit germanique; quand on ne la rencontre plus nulle part, le doute devient très grand ([276]).

Les institutions des Francs n'étaient pas renfermées dans ces procédures et ces tarifs. Cependant nous n'avons sur les autres nul renseignement que nous n'inférions de l'histoire antérieure ou postérieure. Or, à part quelques aventures de guerre et deux ou trois indications sur l'entrée des Francs en Gaule, leur passé nous échappe. Car il ne sied pas d'appliquer au hasard des textes de César ou de Tacite à des peuplades dont les noms mêmes n'apparaissent que deux ou trois siècles après, ni de leur attribuer des usages relevés à des dates bien plus tardives dans les édits mérovingiens ou les capitulaires carolingiens. Ce qui apparaît, c'est que les Francs de la rive gauche du Rhin s'étaient arrêtés à une organisation voisine de celle d'un vaste clan dont le chef héréditaire, le roi, investi des pouvoirs civils et militaires, fondait son autorité à la fois sur une sorte de domaine appartenant à sa lignée à l'égard du clan et sur le lien de clientèle. Ces droits se trouvaient renforcés par le *foedus* ou la *deditio* qui le liait avec tous les siens à l'Empire et qui, le constituant maître absolu de son groupe ethnique, le rendait responsable des obligations de celui-ci vis-à-vis de Rome. Entouré de sa truste, une manière de cour dont les familiers se classaient sous les mêmes appellations

(272) *XII* Tab., V; Dig., XLVIII, 16, 6-pr.; C. J., II, 4, 18. Sidoine Apollinaire, *Epist.*, V, 7, VI, 3 (éd. Baret, p. 320, 345).

(273) *Lex Salica*, t. 38, *de chrenecruda*; t. 60, *de eum qui se de parentilla tollere vult.*

(274) *Ibid.*, tt. 44, 46, 59. Cep. *Lex Thuring.*, t. 7, 1 ; *Lex Chamav.*, t. 42 (Pertz, LL, t. 5, p. 123, 276).

(275) *Lex Salica*, t. 44.

(276) L'idée de Michelet de résumer sous le titre d'*Origines du droit français* les *Deutsche Rechtsalterthümer* de Grimm paraît, à cet égard, effarante.

que dans celle d'un préfet du prétoire, le roi franc, comme le burgonde, faisait figure de fonctionnaire romain autant que de chef national. Par ailleurs, nul ne lui ressemblait plus qu'un *potens*, entouré de soldats domestiques, faisant des règlements, levant l'impôt sur ses domaines et conduisant à l'occasion leurs habitants au combat : la différence était à son avantage, car, ce faisant, il obéissait aux traités ou aux lois, tandis que le *potens* souvent s'insurgeait contre. On considère la clientèle et le comitat guerrier comme des apports germaniques; mais, signalés jadis par César chez les Celtes et les Ibères, ils avaient reparu et étaient depuis longtemps endémiques dans la société romaine, tandis que, chez les Francs, ils étaient la prérogative du roi seul. Les tribus franques ne possédaient aucune noblesse, contrairement à tous les peuples germains et même aux Burgondes, chez qui elle disparut après qu'ils eurent été soumis aux Francs. Il n'est point interdit de penser que plusieurs coutumes de ces derniers se retrouvaient dans les tribus qui habitaient au delà du Rhin; mais ce qu'on en saisit appartient à ce droit primitif, semblable à l'origine de tous les peuples et qu'on ne saurait attribuer en propre à aucune race. Quand les princes francs prirent en main le gouvernement de la Gaule, il y existait un droit romain; il n'existait pas de droit germanique ([277]). Aussi, tandis que la plupart prêtent aux Francs une germanisation partielle du pays, d'autres leur font honneur d'une receltisation. En vérité, il y eut (et ce ne fut pas la faute de ces princes) une régression. L'anarchie produisant toujours les mêmes effets, on vit refleurir les mêmes conceptions juridiques qu'aux temps primitifs de l'organisation sociale.

III. — LE RÉGIME DE LA PERSONNALITÉ DES LOIS.

Rien n'était plus hétérogène que le contenu des *Leges* rédigées du vi^e au ixe siècle pour les peuples successivement annexés au royaume franc. Coutumes primitives, droit royal, emprunts ro-

---

(277) R. Sohm (*Fränkisches Recht und Römisches Recht* (ZSS., A. G., t. 1, 1880) soutient même qu'il n'y en a jamais eu : le droit coutumier dont se servait l'Allemagne du Moyen âge, ne fut, selon lui, que le droit coutumier de la monarchie franque, né et formé dans le royaume franc; puis, du xve au xixe siècle, elle reçut et adopta le droit romain; enfin depuis et jusqu'à ses Codes d'Empire, elle démarqua les Codes napoléoniens. Cependant, si l'on admet la thèse de Sohm, il faut constater que l'Allemagne, en empruntant le fond des règles juridiques à autrui, les a enveloppées de formes et pénétrées d'un esprit barbares qui sont à elle : Voir J. Declareuil, *Luther et sa conception allemande du droit* (Bull. de l'Acad. de Législation, n°s 5-6, p. 165 et s.).

mains ou canoniques y sont assemblés pêle-mêle comme, dans
les murailles des villes de ce temps, les matériaux disparates.
Rien n'est moins clair que la façon dont ces éléments se combi-
naient et jouaient à la fois. Pourtant ces ensembles étranges servaient de lois nationales aux peuples qu'on prétendait ainsi paci-
fier et ordonner. Ces lois dérivaient en partie les unes des autres. On prenait aux plus anciennes pour composer les suivantes.
Finalement toutes semblaient avoir puisé au même magma juridique. Mais chaque groupe ethnique avait la sienne et, pour les
matières qu'elle embrassait, était régi par elle.

Ce système de la *personnalité des lois* a été présenté comme
dérivant du droit germanique et inspiré par un sentiment d'humanité à l'égard des vaincus que les Germains ne voulaient pas
priver de leurs lois. Rien n'est plus faux. La personnalité des
lois n'est pas un fait germain. Les Ostrogoths ne l'appliquèrent pas en Italie; les Wisigoths s'empressèrent de l'éliminer
en Espagne; les Saxons de la Bretagne ne semblent pas l'avoir
connue; la loi burgonde témoigne de certaines hésitations sur la
portée du principe qui ne fut jamais ni complet, ni établi sur des
données précises ([278]). Ce serait plutôt un fait romain; et ce fut
bien comme tel qu'elle s'introduisit, mais elle se perpétua pour des
causes complexes et par parti pris doctrinal. Wisigoths, Burgondes, Francs, vécurent en Gaule d'abord comme peuples fédérés,
par conséquent demeurant en corps de nations sous leurs rois et
leurs coutumes nationales. Cela n'atteignait en rien l'application
des lois romaines aux indigènes et aux biens situés dans les provinces où ils étaient établis; leurs rois mêmes pouvaient être
chargés de l'exécution de ces lois dans la mesure où ils étaient
les agents de l'Empereur. Après la rébellion d'Euric ou la disparition de l'administration romaine, les choses auraient pu changer. Devant la menace franque, le successeur d'Euric et les rois
burgondes accentuèrent leur bienveillance à l'égard du roma-
nisme et des Gallo-Romains : d'où leurs compilations romaines et
le maintien du droit impérial. L'attitude des Francs fut, à plus
forte raison, la même. Du reste, les princes francs et burgondes
définissaient mal leur situation vis-à-vis du *Basileus*. Aucun ne
désirait une rupture. Le pli une fois pris, la monarchie franque
étendit le système à tous les peuples assujettis, d'autant que
plusieurs étaient des peuples plutôt protégés ou annexés qu'assi-

---

(278) Voyez ce que dit la loi burgonde : tit. 10, « Burgundio et Romanus
una conditione teneantur »; tit. 15, « Inter Burgundiones et Romanos æquali
conditione volumus custodiri ».

milés et conservaient, sous leurs ducs, une certaine autonomie.
Les mêmes lois, au surplus, ne pouvaient être imposées à des populations d'étiages législatifs si différents, et, dans la conception
du *regnum Francorum*, tous les sujets du roi étant égaux, il n'existait aucune raison de plier les uns à la loi des autres. Mais cette
égalité impliquait qu'il en serait autrement quant aux règles et
aux moyens d'exercer la puissance souveraine : ils furent pareils
pour tous, c'est-à-dire qu'il n'y eut qu'un seul statut politique,
un seul droit public, une seule organisation judiciaire, une seule
administration. Que leurs éléments fussent empruntés aux traditions romaines ou franques, ou suggérés par les circonstances,
le bloc en fut donné comme ayant sa source dans la volonté
royale : ce qui a fait attribuer pour domaine à la personnalité des
lois celui des *Leges*, considérées par fiction comme les vieilles
coutumes nationales; affirmation erronée en un sens, car la procédure, les modes de preuves, le droit pénal, qui en constituaient
la grosse part, échappèrent très vite au régime de la personnalité.

La procédure devint commune; ses preuves, le *wergeld* et les
compositions furent appliqués dans les rapports de Gallo-Romains à Barbares et des Gallo-Romains entre eux. Les *Leges*
fixaient le *wergeld* du Romain comme celui du Franc ou du Burgonde ([279]). Par contre, les Barbares prirent des Romains l'usage
des actes écrits; la preuve par écrit leur fut ouverte devant les
tribunaux ([280]); la loi des Burgondes leur permettait le testament
et les donations dans les formes romaines ! Sous l'influence ecclésiastique, la pratique en devint générale ([281]). Il appert assez que
les modes d'aliéner et de s'obliger, quelque loi qui les consacrât,
en vinrent à être utilisés par les hommes de toutes races. Ainsi
tous les procédés d'affranchissement furent employés par n'importe qui, et la loi à laquelle on les empruntait, non celle de
l'ancien maître, était celle de l'affranchi ([282]).

----

(279) *Lex Sal.*, t. 14, 2, 3 ; t. 16, add. 2 ; t. 39, add. 3, 3 ; t. 41, 5-7.
Lex Rib., tt. 36 A: 37 B; t. 65 A: t. 67 B; t. 87 A: t. 89 B (Pertz, LL.,
t. 5, éd. Sohm, p. 229, 253, 266). *Lex Burg.*, tt. 4, 1, 3, 4 ; 7. 1 ; 8, 1 ;
9 ; 10, 1 ; 15 ; 26 : 47 (*MGH.*, LL., t. 2, éd. de Salis, p. 44, 48, 50, 54, 63,
79). Même dans ces cas, le système de la personnalité des lois joue entre
ressortissants romains ou barbares de lois différentes. Ces textes ne s'ap-
pliquent qu'entre ressortissants d'un même État.
(280) J. Declareuil, *Les preuves judiciaires dans le droit franc*, p. 83 et s.
(281) *Lex Burg.*, t. 43 ; t. 60, 2 (*loc. cit.*, p. 74, 92). J. Declareuil, *l. c.*
(282) *Lex Rib.*, t. 58, 1 A : t. 60, 1 B ; t. 61, 1 A : t. 65, 1 B (*loc. cit.*,
p. 242, 252). *Formulae arvernenses*, 3 (Z., p. 30).

De proche en proche, au sein d'un même agglomérat barbare et gallo-romain, la personnalité des lois tendait à ne plus jouer qu'en matière de capacité des personnes et de statut familial (283). Encore l'Eglise, dont la législation pénétrait ces domaines, s'efforçait-elle vers l'unité. Celle-ci ne fut jamais réalisée au profit d'aucune des traditions juridiques en présence. L'opinion qui veut que le droit salien l'ait un jour emporté, est pure imagination (284). Les Francs ont promené leur loi personnelle dans tout leur empire. Voilà pourquoi on en parle partout (285). Au ixe et au xe siècle, on appela *droit salien* ou *salique* l'ensemble du droit ayant cours dans les Etats francs, par opposition à celui des autres royaumes. Ce droit, mal défini, de sources fort diverses, n'avait que des rapports lointains avec la *Lex Salica*, même amendée par Charlemagne, dont les capitulaires avaient réformé, sur certains points, la procédure et finalement écarté l'usage du *wergeld* et des compositions. Le système de la personnalité céda la place à celui de la territorialité vers la fin de la période franque. Tant qu'il dura, il fallut déterminer la nationalité de chacun et résoudre les conflits entre les lois nationales. On usa pour cela de quelques règles qui n'étaient pas toutes de même provenance.

La preuve de la nationalité résulta de la possession d'état fondée sur le fait qu'on avait vécu jusqu'alors sous telle loi ou qu'on était né de parents qui y étaient soumis. L'enfant légitime suivait la loi paternelle, le bâtard celle de sa mère (286). Certains actes juridiques comportaient un changement de loi nationale : le mariage plaçait la femme sous le *mundium* de son mari (287), la mainbournie entraînait la sujétion du protégé à la loi du protecteur (288). A tort, d'aucuns ont cru qu'il était venu un temps où chacun pouvait adopter la loi qui lui plaisait sur sa simple déclaration (289). Les Eglises, en tant qu'institutions juridiques, étaient

(283) Dans la même mesure nous avons maintenu le droit musulman pour les indigènes algériens.

(284) Sohm, *Fränkisches und römisches Recht* (ZSS., t. 1, p. 84; ZRG., t. 5, p. 381). J. Havet (RH., t. 21, p. 413). Heusler, *Instit. des deutschen Rechts*, t. 1, p. 20

(285) Hessels, *Lex Salica*, p. 421. J. Declareuil, *op. cit.*, p. 17.

(286) Luitprand, 127, 153 (Walter, t. 1, p. 811, 824).

(287) Thévenin, *Textes relatifs aux instit. privées et publiques aux époques mérov. et carol.*, 143. Cpr. Luitprand, 127. Un capitulaire de Lothaire (823) restitua à la veuve sa loi d'origine (Bor., t. 1, p. 319).

(288) Cpr. *Edictum Rotharis*, 390 (Walter, t. p. 752).

(289) Sic : Montesquieu, *Esprit des Lois*, XXVIII, 2; Muratori, *Antiquitates italicae*, t. 2, p. 251; Savigny, *Hist. du dr. rom.*, t. 1, p. 108 et s. Ces *professiones* n'apparaissent en Gaule qu'au ixe siècle, alors que pour beaucoup la nationalité d'origine est devenue un problème.

soumises à la loi romaine : leur statut, leurs privilèges en étaient
des créations. Il en était ainsi des autres établissements ecclésiastiques, à moins qu'ils ne fussent placés sous la mainbournie royale
et, par là, assujettis à la loi personnelle du roi (²⁹⁰). Les clercs
conservaient individuellement·leurs lois nationales, au moins au
début (²⁹¹).

Le conflit des lois ne trouvait, dans les précédents historiques,
aucun procédé de solution, pas même dans le droit romain, qui
ignorait l'étranger ou le soumettait directement à ses prescriptions. Seule la *Lex Burgundionum* décidait qu'entre Burgondes
et Romains elle s'appliquerait. La *praeceptio* de Clotaire II disait bien qu'entre Romains on appliquait la loi romaine, mais
ne prévoyait pas de litiges entre Romains et Francs (²⁹²). La jurisprudence posa des règles rudimentaires. Dans les actes extra-
judiciaires, la capacité de chaque partie dépendit de sa loi personnelle, la forme des transferts des droits réels de la loi de l'aliénateur, suivant le préjugé que celui-ci surtout y est intéressé. Dans
la procédure, on s'attacha à la loi du défendeur, mais chaque plaideur bénéficiait des délais et des modes de preuves admis par sa
propre loi. En matière pénale, le délinquant subissait les pénalités
portées par sa loi : amendes ou peines corporelles. Quant aux réparations, *wergeld* et compositions, à moins que la loi ne les dé·
terminât pour les hommes d'autres nationalités, on s'en tenait à
celle de la victime. Cependant il y eut des divergences ou des flottements (²⁹³).

---

(290) *Lex Ribuaria*, t. 58, 1 A; t. 60, 1 B (*loc. cit.*, p. 242). Orléans (511),
c. 1 (Maassen, p. 4). Brunner, *op. cit.*, t. 1, p. 269, et *Zeugen und Inquisi-
tionsbeweis*, p. 83.
(291) Lœning, *Gesch. des deutschen Kirchenrechts*, t. 2, p. 281.
(292) *Lex Burgundionum, praef.*, 3, 8 (éd. de Salis). *Praeceptio Clotarii* II
(Bor., t. 1, p. 19).
(293) Stouff, *Etudes sur le principe de la personnalité des lois*, p. 90 et s.

LIVRE II

LES INSTITUTIONS POLITIQUES
ET SOCIALES
SOUS LES MONARCHIES FRANQUES

On considère généralement comme une époque historique homogène le temps compris entre les dernières années du Ve siècle et
les dernières du Xe. Il y a lieu, au contraire, d'y distinguer deux
périodes : la mérovingienne et la carolingienne. Les fondements
politiques et juridiques de la souveraineté royale y sont dissemblables et l'organisation sociale n'y présente pas partout la même
contexture. Cependant, des institutions, celles qui constituent les
moyens externes d'exercer le pouvoir et d'administrer, n'y offrent pas des différences aussi tranchées, car, quel que soit le principe au nom duquel on gouverne, il n'est qu'un choix limité de
moyens rationnels ou empiriques à y employer.

CHAPITRE PREMIER

LA ROYAUTÉ AUX ÉPOQUES MÉROVINGIENNE ET CAROLINGIENNE

SECTION PREMIÈRE

LA MONARCHIE MÉROVINGIENNE

§ 1. — Le pouvoir royal. Ses fondements : Patrimonialité et sujétion personnelle. Le décor romain. Causes de faiblesse.

L'extraordinaire aventure de Clovis, maître en quelques années, d'abord du nord de la Gaule, puis de la presque totalité du pays, ayant assujetti, pour ainsi dire sans combat, les populations et les troupes qui restaient encore parmi elles au service de Rome, ne modifia en rien les idées sur l'ordre politique et social qu'il entretenait naguère dans son *pagus* de Tournai. Chef d'un groupe ordonné sur le plan de la parenté et de la clientèle et d'une bande de fidèles, il n'incarnait pas la souveraineté d'une nation. Le droit de sa famille sur le clan, le lien qui lui rattachait les hommes au sort de qui il présidait, étaient d'ordre privé. Ses obligations et ses responsabilités vis-à-vis de l'Empire écartées, il apparaissait à la façon d'un grand particulier, d'un *potens*. Dans ses prises de possession territoriales, il ne faut pas voir des agrandissements d'un Etat salien qui n'existait pas, mais l'accroissement du domaine propre du roi, travaillant et acquérant pour son compte personnel; dans son armée, vite hétérogène, il faut voir, non l'armée du peuple salien, mais la troupe guerrière du seul Clovis. D'où le royaume et les droits y attachés étaient partie du patrimoine du roi. Cette conception de la patrimonialité du pouvoir dura autant que la dynastie.

Chaque acquisition des rois francs se ramena à l'adjonction du *regnum* et des trésors du chef ou du gouvernement évincé à leur domaine et au passage d'un nouveau groupe d'individus sous leur protection. Par *regnum*, entendons le sol et ses habitants pour en prendre exactement les mêmes avantages que l'ancien maître [1]; par trésors, surtout l'or et les autres matières précieuses [2]; par protection royale, *tuitio*, *sermo*, *verbum*, un assujettissement au *mundium* ou à l'*obsequium* du roi, consenti au moyen de la *commendatio* ou du serment. De tout cela, ils usaient exclusivement *pro utilitatibus regis* [3]. Le royaume avait figure de clan élargi. Sur de vastes provinces, le roi étendait les droits et la puissance qu'il avait sur son *pagus* ancestral. Il s'ensuivait un traitement égal pour tous les peuples soumis à son autorité. D'où il n'eut pas deux façons de gouverner, l'une pour les Barbares, l'autre pour les Gallo-Romains, et les Francs n'eurent à se prévaloir d'aucune supériorité sociale sur les autres, ni surtout sur ces derniers [4]. Patrimonialité, sujétion personnelle, sur ce principe et sur ce fait le pouvoir du roi était établi. Comme ils n'étaient pas nécessairement liés, la politique mérovingienne devait être d'en empêcher la séparation.

La patrimonialité avait pour effet de placer le *regnum* et les droits qu'il comportait sous la loi personnelle de la famille royale, la *Lex Salica*. Les résultats furent les suivants : 1° Conformément au titre LIX, le *regnum*, attaché à la possession du sol

---

(1) Greg. Tur.., *H. Fr.*, II, 27, 33, 37, 40-42 (éd. Poupardin), *Liber historiae Francorum*, 14 (MGH, SS., t. 2, éd. Krusch, p. 260).

(2) Greg. Tur., *H. Fr.*, II, 40-41 ; IV, 2, 20, 22, 26 ; VI, 22 ; VII, 6. *Fredeg. chron.*, III, 24-27, 32, 36, 55 (MGH., SS., t. 2, p. 102-104, 107).

(3) *Epist. Chlodowechi ; Edict. Chilperici*, 10 ; *Pactum Guntchramni* et *Childeberti ; Edict. Clotarii* (Bor., p. 2, 10, 13, 22). Procope, *De bel. getico*, 1. 12. *Lex Rib.*, t. 6, 3 A : t. 7, 3 B (Pertz, LL., t. 5, éd. Sohm, p. 255).

(4) Une chronique du XII° *siècle*, la première, imagina la Gaule conquise par les Francs et asservie par là à une aristocratie militaire : thèse adoptée plus tard par Fr. Hotman dans sa *Franco-Gallia*, par Loyseau (*Tr. des seigneuries*, I, n°ˢ 4, 55 et s.) et surtout par le comte de Boulainvilliers : *Mémoires historiques sur les anciens gouvernements de la France jusqu'à Hugues Capet*, 1727, et *Essais sur la noblesse de France*, 1732; admise en partie par Montesquieu : *Grandeur et décadence des Romains* et *Lettres persanes*, atténuée dans l'*Esprit des Lois;* reprise par Mably : *Observ. sur l'hist. de France*, Augustin Thierry : *Considérations sur l'histoire de France*, 1840, Montlosier : *De la monarchie française depuis son avènement jusqu'à nos jours*, 1814; Guizot : *Du gouvernement de la France depuis la Restauration*, 1820; Balzac : *Les paysans* (Iʳᵉ part., ch. V, IV, IX; 2ᵉ part., ch. IV, X); combattue par l'abbé Dubos : *Hist. critique de l'établissement de la monarchie française dans les Gaules* (1734) ; complètement écartée par les travaux de Fustel de Coulanges, *Histoire des institutions politiques de l'ancienne France*, 1874-1892, et de quelques autres.

et assimilé au patrimoine foncier, fut héréditaire avec exclusion des femmes. Les descendants mâles au même degré, légitimes ou non, à défaut les collatéraux les plus proches, le partageaient par parts égales, c'est-à-dire de revenus équivalents, sans préoccupations politiques ou stratégiques; de sorte qu'elles n'étaient même pas toujours composées de territoires contigus (5). Les dynastes étaient soumis aux règles ordinaires de la tutelle (6). — 2° Le roi vivant pouvait disposer du *regnum* entre vifs ou pour cause de mort. En principe, ce n'était possible qu'en l'absence de descendants mâles; mais la longue chevelure était si essentielle aux *reges criniti*, qu'en les en privant, il les exhérédait (7). La *Lex* ne connaissant pas le testament, la transmission était faite sous forme d'adoption; puis les Francs empruntèrent aux Romains l'usage des actes écrits (8). — 3° Le roi trafiquait des portions ou des droits du *regnum* librement, donnant des cités ou des *pagi* en dot ou *morgengab* à sa femme, en cadeaux à ses filles, à ses fidèles, aux églises, en cédant à titre de compositions pour ses délits (9) : aliénations *in alode*, c'est-à-dire en toute propriété. Plus tard, il abandonna à des particuliers, sur leurs terres, le produit des impôts, des amendes, etc. (10). — 4° Les partages successoraux étaient définitifs, absolus. Il faut rejeter l'opinion qui les réduit à l'administration, de sorte que l'unité du royaume aurait été maintenue (11). Mais l'antique solidarité familiale subsistait entre ces princes, même ennemis; cette survivance faisait que les dynastes et leurs peuples constituaient, par rapport aux autres, le *regnum Francorum*. L'unité du clan tendait à se reformer; par successions collatérales, à plusieurs reprises, elle se reforma.

La sujétion personnelle établissait entre le roi et chaque indi-

(5) *L. Sal.*, tit. 59, 5 (éd² Behrend). Greg. Tur., *H. Fr.*, III, 1, 18, 55 ; IV, 22, 52 ; V, 1 ; IX, 20, 23. *Fredeg. chr.*, III, 29, 55 (MGH., SS., t. 2, p. 103, 107. Sur les partages : Longnon, *Atlas historique de la Gaule*, planche 3.

(6) Greg. Tur., VII, 33 ; *Fredeg. chr.*, IV, 3 (*l. c.*, p. 124) ; Pardessus, *Diplomata*, t. 2, nᵒˢ 311, 319, p. 82, 93.

(7) Greg. Tur., *H. Fr.*, V, 14; VI, 24 ; *Fredeg. chr.*, III, 74 (*loc. cit.*, p. 113).

(8) Greg. Tur., *H. Fr.*, V, 17; VII, 33; IX, 20, 26 (*loc. cit.*, p. 124); *Fred. chr.*, III, 78, 86 ; IV, 7 (*loc. cit.*, p. 114, 116, 125).

(9) Greg. Tur., *H. Fr.*, VI, 45 ; IX, 20. *F. Marculfi*, I, 14, 15, 30 (Zeumer, p. 52, 61). Pardessus, *Diplomata*, nᵒˢ 87, 88, 163, 191, 251, 172 (t. 1, p. 57, 58, 116, 150, 227 ; t. 2, p. 35, 36).

(10) Pardessus, *Dipl.*, nᵒˢ 167, 337, 477 (t. 1, p. 123 ; t. 2, p. 115, 285). Greg. Tur., *H. Fr.*, III, 25 ; IX, 30.

(11) Brunner, *Deutsche Rechtsgeschichte*, t. 2², p. 26. Lavisse, *Hist. de Fr.*, t. 2¹, p. 18. Flach, *Les origines de l'ancienne France*, t. 3, p. 162.

vidu un lien juridique d'ordre privé; elle était susceptible de degrés ou de variétés. Elle embrassait les hommes « en une série de cercles concentriques », prenant dans chacun les caractères d'un *mundium* ou d'un *obsequium*, c'est-à-dire d'une clientèle ou d'un comitat, considérablement agrandis (¹²) : 1° Sur le commun des hommes, le roi étendait sa protection, afin que « tous vivent dans la paix, suivant leurs lois et coutumes, que soient défendus les veuves et les orphelins, réprimés les crimes des voleurs et des brigands, et que ceux soumis à son gouvernement restent en joie et quiétude » (¹³). Cette *pax regis* différait peu de celle que tout Etat a mission de procurer. C'est pourquoi le mode général de sujétion était ramené au serment de fidélité dont on connaît l'équivalent romain et que les agents du roi exigeaient de tous. Prononcé sur des reliques, il était la première chose réclamée par les rois aux populations (¹⁴). Sans lui, ils se croyaient bien les maîtres des hommes, mais ne pensaient pas pouvoir en attendre fidélité, ni collaboration active à l'ordre social (¹⁵). Nul ne songeait à s'y soustraire. Vivre dans la paix du roi était un grand bienfait. Le plus grand crime était de la violer. Le coupable, s'il ne se soumettait aux réparations exigées, était déclaré *extra sermonem regis*, ce qui équivalait à la rupture des liens sociaux : *wargus sit*, disait la loi (¹⁶). Il semblait qu'on n'y fût jamais assez. Le roi était donc sollicité d'accorder une protection spéciale et l'accordait à des veuves, orphelins ou jeunes filles, à des serviteurs ou amis particuliers, à des églises ou des monastères, par un *praeceptum* ou *epistola*, plaçant le bénéficiaire et ses biens sous son *mundium;* ce qui incorporait celui-ci, en quelque sorte, à la famille du patron, désormais son seul juge et son vengeur (¹⁷). En sa faveur, *wergeld* et compositions étaient triplés. — 2° La bande guer-

(12) Greg. Tur., *H. Fr.*, II, 40 ; VII, 7 ; J. Flach, *op. cit.*, t. 1, p. 81.

(13) *F. Marculfi*, I, 8 (Zeumer, p. 47).

(14) *Ibid.*, I, 40 (p. 68).

(15) Greg. Tur., *H. Fr.*, IV, 30, 46 ; VII, 7, 12, 13, 24, 26.

(16) *L. Sal.*, tit. 15, Add. 5 ; tit. 52, 2 ; tit. 56 ; Cap. II, 8 ; Cap. V, 9 (éd.² Behrend, p. 142, 155).

(17) *L. Sal.*, tit. 13, 6; tit. 14, 4; tit. 56; tit. 60; Cap. I, 7 (éd.² Behrend, p. 135). *Lex Rib.*, tit. 54 A : t. 56 B (Pertz, LL., t. 5). *F. Marculfi*, 1, 24 (Z., p. 54). *F. senonicae*, 28 (Z., p. 54, 197). Greg. Tur., *H. Fr.*, VII, 47; IX, 19, 27, 40. Pardessus, *Dipl.*, n° 87 (t. 1, p. 57). Dipl. de Clovis II à Saint-Denys (BECh., mai-août 1911). M. Havet tire de la formule de Marculfe, I, 24, que les protégés de cette catégorie étaient sous la *tuitio* ou le *sermo* du roi, et sous la *mundeburdis* du *major domus*, chef de la clientè'e royale (*OEuvres*, t. 1, p. 125-126).

rière, menée jadis par le roi au service de Rome, comprenait tous les Francs Saliens en état de porter les armes. Quand le royaume s'étendit, tous les sujets durent le service militaire et devinrent les fidèles ou leudes du roi [18]. Leur sujétion se manifestait à ce titre par le serment individuel, *leude samio*, ou par la *sublimatio in clypeo*, qui avait lieu au premier contact du roi avec l'armée ou quand une bande nouvelle se rangeait parmi ses leudes [19]. Mais il y avait un compagnonnage plus étroit. Le roi en accordait l'entrée par un *praeceptum* à celui qui était venu l'en solliciter en armes et jurer dans ses mains « *trustem et fidelitatem* » [20]. Les membres de la truste royale ou antrustions étaient les vrais compagnons du roi, *comites*; il était leur juge, leur vengeur et leur attribuait aussi un triple *wergeld*. Il les choisissait seul; ni nationalité, ni condition sociale n'en excluaient. Chacun y conservait sa condition antérieure et y était utilisé selon son rang. On qualifiait de *nutriti* ceux qui étaient nourris dans le palais, de *convivae regis, amici regis*, ceux qui vivaient dans la familiarité du prince [21]. Une forte part composait la garde du roi; d'autres étaient délégués dans diverses fonctions. Contrairement à la clientèle étroite où l'idée de protection, de *mundium* ou *mundeburdium* l'emportait, il semble que, dans la truste, le caractère synallagmatique fût plus sensible et qu'il s'y attachât une nuance d'association [22].

Par la double voie de la patrimonialité et de la sujétion personnelle, le Mérovingien atteignait au pouvoir absolu. A l'origine, ni noblesse, ni assemblées populaires, ni institutions locales. Seul organe politique, il rehaussait sa puissance d'un décor romain : sceptre, manteau, diadème. On lui disait, comme aux plus hauts dignitaires de l'Empire, *Serenitas, Gloria, Sublimitas Vestra*. Il n'est pas démontré qu'il n'usât pas pour lui-même du prédicat de *vir inluster* [23], ni qu'au début les princes francs aient considéré

---

(18) Greg. Tur., *H. Fr.*, III, 23; IV, 30, 50; V. 25, 27; VI, 31; VII, 27, 34, 58; IX, 20,25.

(19) Greg. Tur., *H. Fr.*, II, 42; VI, 52; VII, 10. *F. Marculfi*, I, 40 (Z., p. 68).

(20) *Lex Sal.*, Cap. II, 8 (éd.² Behrend, p. 141). *F. Marculfi*, I, 18 (Z., p. 55).

(21) Greg. Tur., *H. Fr.*, IX, 36. *L. Sal.*, tit. 51, 3; tit. 63, 1, 2. Cpr. *L. Rib.* tit. 7, A. B.; tit. 11, A. B. (*loc. cit.*, p. 215 et s.).

(22) De là des conflits : Greg. Tur., III, 7, 12 ; IV, 14, 52.

(23) Cpr. Fustel de Coulanges : *Les titres romains dans la monarchie franque*, dans *Nouv. rech. sur quelq. probl. d'hist.*, p. 237 et s.; Gasquet, *L'emp. byz. et la mon. franque*, p. 136, qui tiennent pour l'affirmative, et J. Havet, *La formule N. rex Francorum v. inl.* (*Œuvres*, t. 1, p. 1-18), pour la négative.

leur royaume comme séparé de l'*orbis romanus*. Ni Clovis, qui pour sa victoire sur les Wisigoths reçut les insignes d'une dignité aulique, ni ses successeurs immédiats, qui correspondaient avec le *Basileus* en le qualifiant de *dominus*, ni celui-ci, ne tenaient probablement à ce que la situation fût précisée. Théodebert voulut que la cession que les Goths lui faisaient de la Provence fût confirmée par l'Empereur [24]. Jusqu'à lui, les monnaies, frappées à l'effigie impériale, n'étaient que d'argent [25]. Après, les relations, plus rares, s'établirent insensiblement sur le pied de l'égalité.

Cette royauté paraissait forte. Elle l'était peu, étant trop éloignée d'une conception normale de l'Etat. La patrimonialité entraînait le morcellement indéfini du royaume. Si le hasard trois fois le reconstitua, l'unité fut momentanée et consista à placer dans les mêmes mains le gouvernement de trois organismes politiques, nés du fait de ces partages : Neustrie, Austrasie, Burgondie [26]. La sujétion personnelle avait des effets plus graves encore. Le lien de clientèle pouvait être rompu, et le compagnonnage ramené à une association entre roi et *comites*. En principe, le leude ne devait pas quitter le service du roi sans congé de celui-ci; en fait, les leudes passaient d'un roi à un autre et aux changements de règne choisissaient entre les copartageants [27]. Aussi, au viie siècle, sous l'influence de palatins gallo-romains, de Brunehaut, de Bathilde, de la littérature monastique exaltant un idéal de royauté tiré des textes bibliques et romains, une réaction se dessinait [28]. Certains penchaient pour un roi unique; à plusieurs reprises, on s'en tint là [29]. Mais ce roi unique devait être choisi parmi les dynastes; dès lors, la sujétion personnelle prit l'avance sur la patrimonialité et tendit à devenir la base principale du pouvoir. Le danger était grand, car, au viie siècle, une aris-

(24) Greg. Tur., *H. Fr.*, II, 28 ; IV, 29 ; VI, 2, 42 ; IX, 20 ; X, 2-4.

(25) M. Prou, *Les Mérovingiens*, p. 72 : la frappe des monnaies d'or était réservée à l'empereur.

(26) Greg. Tur., *H. Fr.*, V, 4, 18. *Fredeg. chr.*, IV, 39-41 (*loc. cit.*, p. 140).

(27) Greg. Tur., *H. Fr.*, III, 9, 11 ; V, 3 ; VII, 32.

(28) Le *Sermo ad regem* (attribué à Saint-Ouen?) expose l'idéal biblique du roi (PL., t. 87, p. 653 et s.). Souci de l'unité dans Frédégaire et soin qu'il prend de modeler l'histoire de Dagobert sur celle de Salomon (IV, 56-60, *l. c.*, p. 148 et s.); ses tendances impérialistes (IV, 73-78, p. 157 et s.). L'idée de patrie reparaissant dans l'entourage de Bathilde et d'Ebroïn : Pardessus, *Dipl.*, n° 355, t. 2, p. 140.

(29) *Fredeg. chr.*, IV, 56, 57, 67, 85 (*loc. cit.*, p. 141, 163). *Liber hist. Franc.*, 43-44 (*loc. cit.*, p. 317), *Vita sanctae Bathildis*, 6-10 (MGH., SS., t. 2, p. 484).

tocratie était née de l'exercice des fonctions publiques, au profit
des familles palatines dont la fortune et l'influence croissaient au
cours des fréquentes minorités royales. Il apparaissait que le roi
n'était plus le seul puissant, ni le seul protecteur possible. Les
grands, *proceres*, *optimates*, rangeaient autour d'eux clientèles et
compagnonnages, s'interposaient ainsi entre la royauté et ses sujets (30) et tâchaient de faire établir un statut de leurs prérogatives. Des factions se disputaient les fonctions palatiales, le droit
de faire ou de gouverner le roi. Les ducs levaient des troupes à leur
compte et se faisaient la guerre (31). Cette révolution, opérée lentement, ne touchait pas, en théorie, au pouvoir absolu du roi qui
restait seul administrateur, seul législateur, seul juge.

§ 2. — Le gouvernement royal. Comment le roi gouverne.

I. — L'ADMINISTRATION. LES IMPÔTS. L'ARMÉE.

1° L'administration centrale. L'administration locale et les circonscrip-
tions administratives.

L'administration centrale résidait dans le *palatium* ou *aula regis*,
groupe d'hommes, *palatini*, *aulici*, se déplaçant avec le roi, les
uns, *domestici*, à son service personnel, les autres, *publici*, investis des fonctions publiques. La forme d'exploitation patrimoniale
du gouvernement ne laissait guère de différence entre les deux catégories, recrutées d'ordinaire parmi les *comites*. *Publicus* avait
pris le sens de royal. A la tête du palais était placé le *major domus*
ou *palatii*. Chef des *palatini*, il avait un pouvoir de direction et de
discipline sur les *domestici* et les *publici*. On disait qu'il administrait le palais et tout le royaume. Chef du comitat royal, tous
les fidèles devaient se commander à lui; il avait sur eux droit de
juridiction. Nommé et révoqué par le roi, il ne fut jamais le chef
d'une aristocratie opposée au roi, mais l'adversaire de celle-ci,
quand elle se fût constituée. Par l'étendue de ses attributions, il
devint vite puissant. A la fin du vii° siècle, la charge s'étant fixée
peu à peu dans une grande famille, celle-ci l'intégra dans son patrimoine, comme la royauté l'était dans celui du roi et, par ce truchement, gouverna et sauva le *regnum*. Sous les ordres du *major
domus*, les chefs des services domestiques étaient : le *senescalcus*

---

(30) *Vita Arnulphi*, 3 (MGH., SS., t. 2, p. 433).

(31) *Cont. Fredeg.*, 1, 2 (*loc. cit.*, p. 68), *Liber historiae Francorum*, 45
(*loc. cit.*, p. 317), *Vita Leudegarii ab Anonymo*, 5-8; *ab Ursino*, 5 (MGH, SS.,
t. 5, p. 287-291, 327).

(service de la table), le *comes stabuli* (écuries et haras), le *pincerna* (échanson), le *camerarius* et le *thesaurarius*, chargés de la chambre et du trésor, l'*abbas palatii*, gardien des reliques; ceux des services publics ou *scrinia* : le *comes palatii*, aux attributions surtout judiciaires, le *referendarius*, chancelier et gardien du sceau, ayant à sa disposition notaires, archivistes, etc [32]. Il reste 90 diplômes de cette chancellerie, dont 37 originaux; le style est à peu près celui de la chancellerie impériale [33].

A l'imitation des empereurs et des hauts fonctionnaires romains, et aussi parce que l'Eglise lui faisait un devoir moral de s'éclairer, avant de prendre toute décision le roi constituait un conseil, *concilium*, *placitum*, avec les principaux palatins, *domestici*, *publici*, évêques, abbés [34]. Ceux-ci, choisis pour chaque affaire en nombre variable, n'avaient que voix consultative, siégeaient non en vertu d'un droit, mais d'un ordre royal. A mesure que le royaume s'agrandit et que beaucoup de *comites* exercèrent leurs fonctions au loin, le roi eût intérêt à les rappeler au palais à certains jours, pour entendre leurs rapports, mettre à profit leur compétence, leur transmettre ses ordres. A partir du viie siècle, s'introduisit l'usage des *conventus generales* où étaient mandés tous les agents royaux des provinces, les dignitaires ecclésiastiques, les immunistes, sorte de conseil élargi, mais dont le caractère restait le même [35].

L'administration locale était un prolongement de l'administration centrale. Le palais fournissait les chefs. Les rois francs n'avaient trouvé en Gaule qu'une circonscription territoriale subsistante, la *civitas*. Les documents la désignent encore sous cette appellation ou celles de *pagus*, *territorium* [36]. Toute organisation

----

(32) Sur le *palatium* : Fustel de Coulanges, *La monarchie franque*. p. 135 183.

(33) A. Giry, *Manuel de diplomatique*, p. 706 et s.

(34) Greg. Tur., *H. Fr.*, VII, 7 ; X, 28. *Edictum Guntchramni ; Decretio Childeberti, Edictum Clotarii*, 24 (Bor., p. 11, 15, 23). Pardessus, *Dipl.*, n°s 255, 281, 289, 308-9, 313.

(35) *Chr. Fredeg. cont.*, IV, 75, 84, 89, 90 (*loc. cit.*, p. 158, 164-166). *Gesta Dagoberti*, 39, 51 (*loc. cit.*, p. 416, 423). Pardessus, *Dipl.*, n°s 234, 342, 388, 429 (t. 1, p. 224 ; t. 2, p. 121, 178, 227).

(36) Greg. Tur., *H. Fr.*, I, 48; V, 50; VI, 34; VII, 17; VIII, 30; IX, 20. Pardessus, *Dipl.*, n°s 177, 196, 256-7, 259, 273, 289, 316 (t. 1, p. 131, 157; t. 2, p. 14, 19, 36, 57, 81). *Pagus* désignait aussi le vieux *pagus* celto-romain, portion de la *civitas*: Greg. Tur., *H. Fr.*, VI, 12; IX, 19; Pardessus, n°s 177, 256, 514, 540 (t. 1, p. 135, 157; t. 2, p. 323, 349); ou le *territorium* par opposition à l'*urbs* : Pardessus, n° 247 (t. 2, p. 4). *F. senonicae*, n° 16 (Z., p. 191). Les

municipale ayant disparu ([37]), le roi pourvut à l'administration
de la *civitas* en y déléguant un agent avec le titre de *judex publicus*, porté en dernier lieu par les gouverneurs romains. Comme il
était pris parmi les *comites*, on lui donna communément celui de
comes ou *grafio* ([38]). Nommé par le roi, révocable *ad nutum*, indifféremment franc ou gallo-romain, pourvu de la jouissance de
terres fiscales et du tiers des amendes dans sa cité ([39]), il cumulait
toutes les attributions. Il était assisté par des *ministri* ou *juniores*,
choisis et révocables par lui seul et des agissements desquels il répondait devant le roi : *vicarii*, substituts du comte pour l'ensemble
ou pour une subdivision de la *civitas; centenarii* (*thungini* de la
Lex Sal., tt. 44, 46, 50), *tribuni*, probablement employés à toutes
sortes de besognes ([40]). Pour divers motifs, le roi réunissait parfois
plusieurs cités sous le commandement d'un duc, qui, supérieur
aux comtes, avait dans sa circonscription tous les pouvoirs et se
choisissait aussi des *ministri*. Sa mission pouvait lui être retirée ([41]). Par intermittence, les rois confiaient aussi le soin d'ins-
pecter et de corriger les agents locaux à des *missi regales* ou *de
latere regis* ([42]).

2° Les impôts.

La conception rationnelle de l'impôt avait disparu; sous l'influence de la patrimonialité, il devint un revenu que le roi tirait
du *regnum* et dont son intérêt personnel, non les besoins de l'Etat,
déterminait le montant. La morale, non plus la politique, en fut
la régulatrice. Les rois pensaient ainsi; la même idée poussait les
évêques à s'opposer à l'augmentation, parfois à la levée de la con-

civitates avaient complètement retrouvé leurs dénominations celtiques :
Civitas Bitturensis, Urbs parisiaca, territorium Biturigum, etc.

(37) Voyez ci-dessus, p. 74.

(38) *Lex Sal.*, tit. 48; tit. 50, 5; tit. 54. *Lex Rib.*, tit. 84 A : 86 B; tit. 88 A :
tit. 90 B (*loc. cit.*, p. 208, 267). Greg. Tur., *H. Fr.*, IV, 13, 35; V, 37, 48;
VI, 31, 45 ; VIII, 18, 22, 38. Pardessus, n° 294, (t. 2, p. 63). *Comitatus*
désigna la fonction : Greg. Tur., *H. Fr.*, IV, 32 ; VIII, 18. F. *Marculfi*, 1, 8
(Z., p. 47).

(39) *L. Rib.*, tit. 89 : tit. 90 B (*loc. cit.*, p. 268).

(40) *Edict. Guntchramni ; Childeberti decretio*, 9 (Bor., p. 12, 17). Greg.
Tur., *H. Fr.*, IV, 23; VII, 33; X, 5, 21. F. *senonenses*, 3, 6 (Z., p. 213, 214).

(41) Greg. Tur., *H. Fr.*, II, 20; III, 13; IV, 47; V, 12; VI, 4; VIII, 18, 26, 42.
F. *Marculfi*, I, 8 (Z., p. 47). Certains gouverneurs régionaux en Burgondie
ou dans le Midi conservèrent les titres de patrice ou de *rector* : Greg. Tur.
H. Fr., IV, 24, 42, 43; VI, 7, 11.

(42) Greg. Tur., *H, Fr.*, IV, 13. F. *Marculfi*, I, 20 (Z., p. 56). Mais les *missi*
carolingiens ont leur origine dans les *missi* du *major domus* : J. Havet, *Œuvres*, t. 1, p. 127.

tribution (⁴³). Les impôts directs ou indirects, établis sous l'Empire, étaient compris dans le *regnum*, comme tous les droits ayant appartenu à une autorité politique remplacée par le Mérovingien. Ils furent maintenus avec les procédés fiscaux qu'ils comportaient dans la mesure où l'on sut les mettre en jeu. Les impôts directs, *capitatio terrena, capitatio humana*, furent levés en utilisant les *libri censuales* ou *polyptyci* trouvés dans les archives des provinces et des cités et les connaissances des scribes de l'administration antérieure (⁴⁴). Mais on s'égara dans les complications du système. Les rois ne publiant plus d'indictions régulières, on s'en tint au montant de la dernière publiée. L'impôt tendit à devenir coutumier; toute augmentation parut une violation de la coutume, motivant le refus ou des protestations (⁴⁵). Bientôt les registres ne furent plus à jour, ni en ce qui concernait les propriétaires des domaines, ni quant aux *adscripticii* ou *tributarii* qui les garnissaient. On réclamait l'impôt pour les morts; on ne taxait pas tous les vivants. Des Francs, nouveaux venus ou bénéficiaires de dotations fiscales, étaient dans ce cas. Dans la seconde moitié du vi⁰ siècle, des rois firent réviser les *libri censuales* par des Gallo-Romains, afin d'obtenir une répartition équitable (⁴⁶), ce qui suscita des émeutes et des vengeances contre les agents du fisc. Le comte, dans chaque cité, était chargé de la levée des impôts. Il se servait d'*exactores*, probablement choisis dans la population des villes parmi les descendants des anciens *curiales*, et, comme eux, responsables des cotes non recouvrées (⁴⁷).

Les impôts indirects étaient aussi restés en vigueur. Ils furent même, à certains moments, augmentés (⁴⁸). Douanes (*telonea*),

(43) Greg. Tur., *H. Fr.*, IV, 2; V, 34; VI, 28; IX, 30; X, 7. *Vita sancti Aridii.* 3 (HF., t. 3, p. 413). *Edict. Clotarii* (614), 8, 9 (Bor., p. 22).

(44) Greg. Tur., *H. Fr.*, V, 29 ; IX, 30. *F. Marculfi*, I, 19 (Z., p. 56).

(45) Greg. Tur., *H. Fr.*, III, 36; IV, 2, où il semble que l'impôt du tiers du revenu promulgué par Clotaire ne visât que les Eglises ; V. 28. *Vita sancti Aridii*, 24 (HF., t. 3, p. 414).

(46) Greg. Tur., *H. Fr.*, V, 29; IX, 30, 37. Aucun texte n'indique que les Francs n'étaient pas soumis à l'impôt direct; deux disent qu'ils le payaient : *Ibid.*, III, 36 ; VII, 15. A supposer qu'avant Clovis ils ne payassent aucun impôt à leurs rois, ce qui n'est pas sûr, ils devaient aux Romains le *tributum* ; or, Clovis, en prenant le *regnum* de la Gaule, y trouva ce *tributum* : *Fredeg. chr.*, III, 11 (MGH., SS., t. 1, p. 95). Voy. pour la thèse contraire : Thibault, *L'impôt direct dans les royaumes francs* (NRH., 1907, p. 49 et 205).

(47) Greg. Tur., *H. Fr.*, X, 7, 23, 30; *F. Marculfi*, I, 8 (Z., p., 47). Greg. Tur. *H. Fr.*, VII, 23, où l'on voit un comte se faisant avancer le montant de l'impôt par des juifs.

(48) *Edict. Clotarii* (614), 9 (Bor., p. 22). *F. Marculfi, Supplem.* 1 (Z., p. 107). Pardessus, *Dipl.*, nᵒˢ 247, 425, 496 (t. 2, p. 4, 224, 304).

péages ou parcours (*pontaticus, rotaticus, rivaticus, temonaticus, pulveraticus, cespitaticus,* etc.), droit de gîte (*hospitalitas*) et de réquisition (*procuratio*) au profit du roi et de ses agents ([49]). Sauf ces derniers, ils étaient donnés à ferme à des *telonearii* ([50]).

Rien dans les textes ne permet d'affirmer que ces impôts aient cessé d'être perçus au vii° siècle. Ils le furent parfois difficilement; mais, sauf en faveur d'établissements ecclésiastiques et d'immunistes, on ne voit pas que les rois y aient spontanément ou par négligence renoncé ([51]). On ne retrouve plus les impôts de classes, parce qu'il n'y avait plus de classes.

Les autres ressources des rois consistaient dans les produits des *villae* royales, héritées en grand nombre du fisc impérial et où ils transportaient successivement leur *palatium* pour vivre et l'entretenir de ce qu'elles procuraient; dans les droits de justice (amendes, *freda*, confiscations); dans l'exploitation des mines, des salines; dans le butin et les tributs de guerre; peut-être aussi, dans la frappe des monnaies.

3° L'armée.

Il n'existait pas d'armée permanente. Les antrustions ne fournissaient qu'une garde du corps restreinte. Les corps de troupes romaines qui s'étaient soumis à Clovis disparurent sous ses fils. Mais le roi, maître des hommes, appliquait à toutes les populations du royaume le régime militaire que ses pères avaient pratiqué chez les Francs au service de Rome. Quand il lui plaisait, il ordonnait, par un ban de guerre, que tout homme valide, sans distinction d'âge ni de race, sans limitation de temps, ni de lieu, vînt à l'armée à ses propres frais ([52]). Ni solde, ni équipement, ni vivres. Quand ceux-ci manquaient, on vivait sur le pays. Les comtes et leurs *ministri* étaient les commandants militaires des hommes de leurs cités ([53]). Les armées étaient sous le commandement de *duces* ou du roi. Cette organisation, qui se ramenait à la levée

---

(49) *L. Burg.*, tit. 38 (MGH., LL., t. 2, éd. de Salis, p. 69); *L. Rib.*, tit. 65, 3 A : tit. 67, 3 B (*loc. cit.*, p. 255). *F. Marculfi*, I, 3, 11 (Z., p. 43, 49). Greg. Tur., *H. Fr.*, IV, 45; VIII, 42. Pardessus, *Dipl.*, n°ˢ 281, 336 (t. 2, p. 47, 114).

(50) Mâcon (583), c. 13 (Maassen, t. 1, p. 158).

(51) Cpr. Fustel de Coulanges, *Les transformations de la royauté franque,* p. 34 et s.

(52) *L. Rib.*, t. 65 A: t. 67 B (*loc. cit.*, p. 254). *Cartae Senonicae*, 19 (Z., p. 193). Greg. Tur., *H. Fr.*, IV, 30 ; V, 26 ; VI, 31 ; VII, 42. L'opinion qui veut que seuls les Francs et les sénateurs romains dussent le service militaire (Thibault, *loc. cit.*, p. 205) est contredite par les textes.

(53) *Fredeg. chr.*, IV, 74 (*loc. cit.*, p. 158). Greg. Tur., *H. Fr.*, II, 27, 31.

en masse et à la nation armée, eut pour résultat des guerres continuelles, souvent sans autre dessein que le butin. Ni discipline, ni art de la guerre : d'où de fréquentes défaites. Rome avait recouru à des mercenaires barbares parce que personne plus ou presque, dans l'Empire, ne se battait; les rois francs y recoururent parce que tout le monde se battant d'une façon à peu près continue, personne n'était capable de se battre avec succès. Levée en masse et absence d'esprit militaire coïncident dans l'Histoire et aboutissent au désastre. Dagobert essaya de réagir [54]. Les maires du palais durent refaire contre les Sarrazins une armée de métier.

II. — Le pouvoir législatif. Les sources du droit.

Le roi avait la puissance législative absolue. Maître du royaume. il lui imposait les règlements qu'il voulait. Ni peuple, ni grands, ne partageaient, ni ne tempéraient son pouvoir. Il légiférait, assisté de son seul conseil, de ses *optimates* ou *proceres*, comme l'Empereur entouré des siens.

On a tenté d'opposer les *Leges* comme coutumes populaires, ayant leurs sources dans la volonté des peuples, aux actes législatifs des rois : *edicta, decretiones, decreta, praeceptiones, constitutiones* [55]. Mais les *Léges* ne sont pas les coutumes qu'on imagine; en outre, le grand Prologue, l'Epilogue de la *Lex Salica* et le Prologue de la *Lex Ribuaria* montrent les rois ajoutant, retranchant, modifiant ce qui leur plaît dans ces *Leges* [56]; des *edicta* et des *decretiones* les réforment ou les complètent [57]. On a encore soutenu que les actes législatifs des rois n'avaient qu'une portée limitée et force légale que pendant la durée du règne. A vrai dire, les rois pouvaient faire des actes de ce genre, se rapprochant de nos actes administratifs et sanctionnés comme tout ordre du roi par le *bannus regius*, amende de 60 *solidi* [58]. Mais les actes législatifs qualifiés indistinctement des noms qui avaient désigné ceux par lesquels les empereurs faisaient le droit, délibérés dans les mêmes conditions, rédigés autant qu'on le savait faire selon les mêmes formules et dans le même style, pourvus

[54] Greg. Tur., *H. Fr.*, IV, 50 ; *Fredeg. chr.*, IV, 74 (*loc. cit.*, p. 159).
[55] Baluze, *Capitularia regum Francorum*, éd. Chiniac, Paris, 1780, 2 vol. in-fol.; Borétius, *Capitularia* (MGH., LL., Sect. II, 1883).
[56] Voy. ci-dessus, p. 79. L. *Sal.*, *prol. et epil.* (Ed² Behrend, p. 170, 172). L. *Rib.*, *praef* (Pertz, LL., t. 5 ; éd. Sahm).
[57] L. *Sal.* (*loc. cit.*, p. 131-162).
[58] L. *Rib.*, tit. 65 A : t. 67 B (*loc. cit.*, p. 254).

des mêmes sanctions (amendes, mutilations, peine de mort),
avaient même force impérative et contraignante, même caractère
de généralité et de perpétuité [59]. La seule différence entre la *Lex*
et les actes royaux qui la réformaient, d'une part, et la masse
des *edicta, decretiones*, etc., d'autre part, était que les premiers
ne s'appliquaient, en principe, qu'aux hommes d'une même nationalité, tandis que les autres s'adressaient indistinctement à tous
les sujets du roi [60].

L'activité légiférante du Prince s'étendait à tout : Chilpéric
ajoutait des lettres à l'alphabet, décrétait sur le dogme de la
Trinité. Cependant le droit privé relevait des *Leges* ou du droit
romain, loi personnelle des Gallo-Romains, et plus encore de
la coutume [61]. Ce droit nous est surtout connu par les diplômes,
actes juridiques publics et privés [62], et par les formules qui leur
servaient de modèles [63]. On y relève de très nombreuses survivances romaines : l'étude des lois romaines se perpétuait dans
de grandes familles du palais [64]. Parmi les formulaires de ce
temps-là, les *Formulae* du moine Marculf : *Marculfi monachi for-
mularum libri duo*, paraissent avoir été réunies vers 655 [65]; les
Formulae andecavenses, probablement vers la fin du VIIe siècle,
mais contiennent des modèles d'actes bien plus anciens, du temps
de Childebert Ier; les *Formulae arvernenses* sont un recueil du
VIIIe siècle. D'autres, postérieurs, renferment des formules de cette

(59) *L. Sal.*, tit. 14, 4; 60, 6; 65, 3; *L. Rib.*, tit. 65 A : tit. 67 B (*l. c.*, p. 254).

(60) Greg. Tur., *H. Fr.*, VI, 41.

(61) *Edict. Clotarii* (560) (Bor., p. 16). *Gesta Dagoberti regis Francorum*,
35 (MGH., SS., t. 2, éd. Krusch, p. 413): application de la *lex romana* aux
fils du duc d'Aquitaine. Voy. Stouff, *Et. sur le princ. de la person. des
lois*, p. 3, 8 et s. L'*Interprétation de la loi romaine des Wisigoths dans les
formules et les chartes du* VIe *au* XIe *siècle* (*Mél. Fitting*, t. 2, p. 145-189).

(62) Pardessus, *Diplomata, cartae, epistolae, leges, aliaque instrumenta ad
res Gallo-francicas spectantia, prius collecta a* W. CC. de Bréquigny et La-
porte du Theil. *Nunc nova ratione ordinata.* Paris, 1843-1849, 2 vol. in-fol.
Pertz, *Diplomata* (MGH., Sect. III, 1, 1872). Tardif, *Cartons des rois*, Paris,
1886, in-4°.

(63) Pour les formules : de Rozières, *Recueil général des formules usitées
dans l'Empire des Francs*, 1859, 3 vol. (classement par ordre de matières).
Zeumer, *Formulae aevi merowingici et karolini*, 1882 (MGH., Sect. V.
1882). Les formulaires contiennent aussi des modèles de jugements et d'actes judiciaires.

(64) Greg. Tur., *H. Fr.*, IV, 32 (46); *Vita Boniti*, 3 (Mabillon, AA., SS.,
III, p. I[a], p. 40); *Vita Desiderii*, 1 (PL., t. 87, p. 220).

(65) Tardif, *NRH.*, 1884, p. 557 ; 1885, p. 368. Bonvalot, *Hist. du dr. et
des inst. de la Lorraine*, p. 36 et s. Brünner, *Deutsche Rechtsgeschichte*,
t. 1[2], p. 578.

époque. Des cartulaires comme ceux de Beauvais, de Saint-Denys, de Montier-en-Der, de Saint-Germain-des-Prés, de Saint-Vaast d'Arras, de N.-D. de Paris, etc., nous ont conservé des chartes de la période mérovingienne [66].

III. — LA JUSTICE.

1° L'organisation judiciaire.

Le roi était le seul juge et, sous son autorité, ses agents. *Leges, edicta, decretiones*, annalistes ou hagiographes n'en connaissent pas d'autres [67]. Il était naturel que sa justice fût d'abord rendue dans le palais, par lui ou son suppléant, d'ordinaire le *comes palatii* [68], avec l'assistance, selon l'usage traditionnel, d'un auditoire d'évêques, d'optimates, de ducs ou de comtes, en nombre restreint et variant pour chaque affaire [69]. Même absent ou mineur, le roi était censé présent et la sentence était rendue en son nom. La compétence de ce tribunal était générale au civil et au criminel, car le roi devait la justice à tous et dans tous les cas. Il pouvait, du reste, s'il lui plaisait, juger seul sans aucune forme et manifester sa sentence par un ordre direct d'exécution [70]. A plus forte raison, il dépendait de lui seul qu'une cause fût plaidée devant lui pour la première fois ou après un jugement déjà rendu [71]. Les personnes, dans sa mainbour, les membres de sa truste, ses fonc-

(66) Voir dans Flach, *Les Origines de l'ancienne France*, t. 1, p. 26 et s., le catalogue des cartulaires.

(67) Voy. Fustel de Coulanges, *La monarchie franque*, p. 304-331; *Rech. sur quelques problèmes d'hist.*, p. 359-528. Sur l'existence d'une prétendue justice populaire : Waitz, *Deutsche Verfassungsgeschichte* (3e éd.), t. 2², p. 137 et 2. Sohm, *La procédure de la loi salique* (trad. Thévenin), p. 100 et s. Schulte, *Hist. du dr. public et priv.* (trad. Fournier), p. 375. Beauchet, *Hist. de l'org. judic. en France, époque franque*. Beaudouin, *La participation des hommes libres au jugement dans le droit franc* (*NRH.*, 1888).

(68) *L. Sal.*, t. 18; t. 46; t. 56; t. 57, 3. *L. Rib.*, t. 32, 4 A: t. 34, 4 B; t. 67, 5 A : t. 47, 5 B ; t. 79 A : t. 81 B (*loc. cit.*, p. 225, 237, 263). *Childeberti decretio* (Bor., p. 16) ; *F. Marculfi*, I, 21, 25, 28, 37, 38 (Z., pp. 56, 58, 60, 67); *F. andegavenses*, 1 b. (Z., p. 4). Greg. Tur., *H. Fr.*, VI, 10, 23. *Fredeg. chr.*, 43, 58 (*loc. cit.*, p. 142, 149). Cpr. *L. Burg.*, *praef.* (éd. de Salis, p. 31).

(69) *F. Marculfi*, I, 35. Pardessus, *Dipl.*, nᵒˢ 349, 429, 431, 440 (t. 2, p. 131, 227, 229, 241).

(70) Greg. Tur., *H. Fr.*, V, 17, 25, 29; VIII, 11, IX, 9. *Fredeg. chr.*, III, 43; IV, 28, 44, 52, 54, 58 (*loc. cit.*, p. 106, 132, 148, 150).

(71) *F. Marculfi*, I, 25-29, 37; II, 31. Pardessus, *Dipl.*, nᵒˢ 331, 349, 394, 415, 424, 425, 439 (t. 2, p. 107, 131, 185, 214, 223, 240). Greg. Tur., *H. Fr.*, V, 17, 26; IX, 9, 12; X, 10, 19, 21, 22.

tionnaires, certains immunistes, ne plaidaient qu'au tribunal royal [72].

Dans les cités, le juge ordinaire était le comte, *judex publicus* ou *fiscalis*, c'est-à-dire juge royal. Il tenait ses assises au chef-lieu ou dans les centres importants [73], mais pouvait déléguer sa juridiction à ses *ministri* : vicaires, centeniers [74]. Le tribunal local s'appelait *mallus* : y comparaître se disait *venire in mallum* [75]. L'audience était publique et le jour annoncé [76]. Responsable de sa sentence [77], le juge s'entourait, comme le roi, d'un conseil de notables (*auditores*), riches (*idonei*), qualifiés par les documents de *boni viri, boni homines, rachimburgi, viri magnifici et venerabiles* [78]. Il les choisissait clercs ou laïques, sans distinction de race, en nombre indifférent, sauf dans les cas où la loi leur attribuait un rôle déterminé. Civile ou criminelle, la juridiction du comte s'étendait à tous les habitants qu'il était chargé de juger « *secundum legem et consuetudinem eorum* » [79]. Dans leurs circonscriptions, ducs, patrices, recteurs en exerçaient une semblable en concurrence avec les comtes.

On a discuté sur le rôle des *rachimburgi* [80]. Les textes leur attribuent les fonctions suivantes : 1° appelés par le juge pour l'éclairer de leurs avis, ils prenaient part aux enquêtes et interrogatoires pour se former une opinion [81]; 2° ils disaient quelle solution légale la cause comportait, cela d'autant mieux que la person-

<hr>

[72] *F. Marculfi*, I, 24 (Z., p. 57). Pardessus, *Dipl.*, n° 349. *L. Rib.*, t. 53 A : t. 55 B (*loc. cit.*, p. 239).

[73] Greg. Tur., *H. Fr.*, VIII, 18. *F. Marculfi*, I, 3, 4, 8. *F. arvernenses*, 2a (Z., p. 29, 43-47).

[74] *L. Sal.*, t. 44; *L. Rib.*, t. 50 A: t. 52 B (*loc. cit.*, p. 238); Cp. *L. Chamavorum*, t. 30 (Pertz, LL., t. 5, p. 274).

[75] *L. Sal.*, t. 14; t. 39; t. 46, 2; t. 54, 4; t. 56, 1; t. 57, 1. *L. Rib.*, t. 22 A: t. 34 B; t. 50 A: t. 52 B; t. 59 A: t. 61 B (*loc. cit.*, p. 224, 238, 248). *Cartae senonicae*, 10, 17, 21. *F. senonenses*, 1, 2 (Z., p. 189, 191, 194, 211, 273).

[76] *Vita Amandi*, 13 (MGH, SS., t. 5, p. 436); *Vita Eligii*, II, 61 (MGH., SS., t. 4, p. 731). Voy. Levillain, RHD., 1922, p. 285, 288.

[77] *Edict. Chilperici*, 8; *Edict. Guntchramni; Decret. Childeberti*, 6, 9; *Praeceptio Clotarii*, 7 (Bor., p. 9, 11, 16, 19).

[78] *L. Sal.*, t. 50, 3; t. 53; t. 57, 3. *L. Rib.*, t. 55 A: t. 57 B (*loc. cit.*, p. 240). *Edict. Chilperici*, 8. *F. andecavenses*, 5, 6, 10-12, 24, 28, 43, 47, 50 (Z., p. 6-9, 12, 13, 19, 21, 22). *F. turonenses*, 29, 32, 39, 41 (Z., p. 152, 155, 157). *F. senonenses*, 1, 3, 4, 6, 8 (Z., p. 211-24). Greg. Tur., *H. Fr.*, V, 48 ; VIII, 21.

[79] *L. Sal.*, t. 32 ; t. 45, 2 ; t. 50, 3. Greg. Tur., *H. Fr.*, VII, 23 *in fine*.

[80] Les textes donnent partout ce mot comme synonyme de *boni viri*.

[81] *L. Sal.*, t. 57, 1. *Cartae senonicae*, 1, 4, 11, 20 (Z., p. 185, 187, 189, 194). *F. turonenses*, 41 (Z., p. 157).

nalité des lois exigeait que le jugement fût rédigé par des praticiens versés dans le droit applicable aux parties et ignoré parfois du juge, qui adoptait leurs suggestions, comme jadis le juge romain celles de ses assesseurs; à ce titre, ils disaient la loi, et de l'avoir mal dite, ils étaient sévèrement punis [82]; 3° dans certains actes judiciaires, ils étaient témoins de publicité ou de la légalité des agissements du juge et des plaideurs [83]; 4° parfois, ils étaient chargés d'expertise ou de constater les résultats des *judicia Dei*.

A côté de la justice royale, survivaient les pratiques de la justice primitive : vengeance privée, guerres entre familles, jugements par arbitres. La *Lex Salica* et Grégoire de Tours montrent des notables, *rachimburgi, cives* ou *primates urbis*, jugeant seuls, en l'absence du fonctionnaire royal [84]. Leurs décisions n'avaient pas force exécutoire. Ils se bornaient à dire le droit, à proposer une solution. Si la partie perdante refusait de s'y soumettre, il ne restait que le recours aux armes ou au tribunal royal pour inexécution du compromis [85].

On dit que, vers la fin du viie siècle, la justice échappa en partie à la royauté. Mais, des évêques et des immunistes qui l'auraient ainsi dépouillée, les premiers, comme tels, ne jugeaient que les clercs; les seconds, ecclésiastiques ou laïques, jugeaient sur leurs terres leurs hommes, par privilège royal, et restaient eux-mêmes les justiciables du roi [86].

2o La procédure et les pénalités.

La procédure avait repris ses formes primitives, où apparaît mal la distinction entre actions civiles et délictuelles.

La comparution en justice était la suite d'une assignation, *mannitio*, faite par le demandeur au domicile du défendeur ou d'une convention entre eux, *placitum*, qui en fixait les conditions et la date. Chacun devait attendre l'autre trois jours au *mallus*, après quoi il obtenait acte du défaut qui, en l'absence d'excuse légitime, était

(82) *L. Sal.*, t. 56; t. 57, 3. *L. Rib.*, t. 55 A; t. 57 B (*loc. cit.*, p. 250). *F. andecavenses*, 11, 12, 24, 28 (Z., p. 9, 12), 50. *F. senonicae*, b. 20 (Z., p. 185, 194), *F. turonenses*, 32 (Z., p. 154).

(83) *L. Sal.*, t. 50, 3 (saisie des biens du débiteur). *Edict. Chilperici*, 7-9 (témoins de publicité), p. 105, 154 et s.

(84) Voy. J. Declareuil, *La justice dans les coutumes primitives*, p. 11, 17, 35, 44, 46, et *Les preuves judiciaires dans le droit franc*, p. 13, 19, 25.

(85) *L. Sal.*, t. 56; Greg. Tur., *H. Fr.*, V, 5; VII, 47; IX, 33; *De gloria martyrum*, 33 (34) (MGH., SS., t. 1, p. 509).

(86) Cpr. Fustel de Coulanges, *Les transformations de la royauté franque* p. 41-50.

sanctionné par des amendes ou la saisie de gages opérée par le comte à la requête du plaignant, ou par la mise *extra sermonem regis* [87]. La procédure criminelle était en principe accusatoire : il n'appartenait de l'engager qu'à la victime ou à son lignage, tenu du devoir de vengeance, ou encore à son mainbour [88]. Cependant, à l'instar du droit romain des derniers temps, la législation royale y ajoutait la poursuite d'office, sans pouvoir l'imposer toujours, pour les crimes portant atteinte à la paix publique, tel le brigandage, et à la dignité ou à la personne du roi : infidélité, lèse-majesté. Leur commission enjoignait aux comtes de poursuivre les malfaiteurs. Chroniqueurs et hagiographes nous les montrent arrêtant les criminels, les frappant de peines arbitraires, les faisant exécuter [89]. Il en était toujours ainsi en cas de flagrant délit. Un système de police pour la recherche des criminels fut organisé de bonne heure sur le principe de la responsabilité collective des habitants d'une même *villa* [90].

Dans la pratique, Francs et Gallo-Romains usaient indifféremment de tous les modes de preuves connus, quelle qu'en fût l'origine. Il en était de deux sortes : 1° les preuves directes : testimoniale et écrite (très voisines, tout acte écrit contesté devant être appuyé par les témoignages de son auteur et de ses témoins), étaient les preuves normales, servant de bases aux jugements [91]; mais, dans ce milieu social, tramé de solidarités de toutes sortes et peu sûr en dehors de leur protection, il était difficile de trouver des témoins; de là, à défaut de preuves directes : 2° les preuves subsidiaires, serment purgatoire de l'accusé, serment de l'une des parties confirmé par celui d'un nombre variable de *cojuratores*, *judicia Dei* ou ordalies : épreuve de l'eau bouillante, *sors*, peut-être réservé aux esclaves, duel judiciaire emprunté par les rois francs à la *Lex Gondobada* [92]. Quand on recourait à la

---

(87) *L. Sal.*, t. 4, 1, 3; t. 40, 7, 8; t. 47; t. 52; t. 56, 2. *L. Rib.*, t. 33 A; t. 35 B (*loc. cit.*, p. 224 et s.). *F. Marculfi*, I, 37; *F. andecavenses*, 1, 12-16; *F. arvernenses*, 1; *F. senonicae*, 10, 13 (Z., p. 4, 9-10, 29, 129). Greg. Tur., *H. Fr.*, VII, 23.

(88) Greg. Tur., *H. Fr.*, VI, 10 ; VII, 23; *F. andecavenses*, 12, 39, 50 ; *F. senonicae*, 1, 6, 51 (Z., p. 9, 17, 22, 185, 187, 207).

(89) *L. Sal.*, t. 61, 2. *Decretio Childeberti*, 4, 7; *Edict. Clotarii*, 3 (Bor., p. 16, 17, 18). *F. turonenses*, 33; *C. senonicae*, 26 (Z., p. 155, 196); Greg. Tur., *H. Fr.*, VII, 47 ; *Vita Patrum*, VIII, 7 (MGH., SS., t. 1, p. 697).

(90) *L. Sal.*, cap. 1, 9 (éd² Behrend, p. 135). *Edict. Childeberti*, 12 (Bor., p. 17). J. Declareuil. *Les pr. judic. dans le dr. franc*, p. 156 et s.

(91) J. Declareuil. *Les pr. judic. dans le dr. franc*, p. 22 et s., 57 et s., 84 et s.

(92) *Ibid.*, p. 35 et s., 99 et s. pour le serment avec *cojuratores* ; p. 9, n. 1, 37, 43 et s., 162 et s. pour les ordalies; p. 170 et s. pour le duel; voir

preuve subsidiaire, la sentence était prononcée sous la condition que celle-ci serait, ou non, fournie, aurait, ou non, tel résultat : c'était le jugement de preuves. Par paresse ou crainte des responsabilités, les tribunaux inférieurs eurent tendance à se ranger à ce parti. L'intéressé n'avait plus qu'à subir l'épreuve, ou à s'exposer à la procédure du recours au tribunal du roi. Les lois réservaient la torture aux esclaves; mais des comtes l'appliquaient même aux clercs ([93]).

Les pénalités étaient rigoureuses, ayant un double but : 1° assurer la *pax regis;* et la législation royale multipliait la peine de mort, les mutilations, le fouet, avec, d'ordinaire, la confiscation ([94]); 2° satisfaire et apaiser l'instinct de vengeance de la victime ou de son lignage et, par là, tâcher de substituer aux guerres privées un châtiment contrôlé par le juge, après recherche de la culpabilité. Ces sévérités s'étendaient aux débiteurs insolvables qui, s'ils ne trouvaient ni parents, ni répondants pour acquitter leurs dettes, étaient mis à mort ([95]). Ces peines ne comportaient aucune atténuation quand elles frappaient des crimes contre la sécurité publique ou la personne du roi. Au contraire, il était permis aux particuliers de terminer leurs litiges par le paiement d'une composition, rachat de la vengeance, graduée sur l'imminence et la violence de celle-ci, autant que sur le dommage causé. On prenait pour base de ce calcul le *wergeld*, prix de l'homme vivant, augmenté ou diminué suivant les cas. Contre ces pratiques, les lois réagirent en les interdisant pour les crimes les plus graves ([96]) et en substituant, pour les délits moindres, à la composition facultative, une amende fixe et légale : d'où les tarifs pénaux des *Leges.* Mais elles se heurtèrent aux mœurs générales inclinant vers les procédés de la justice privée et à l'attitude de

aussi. *A propos de quelques travaux récents sur le duel judiciaire*, p. 1-11 et *NRH.*, 1909, p. 73 et s.

([93]) *Ibid.*, p. 79, 118 (jugement de preuve); p. 47 et s. (torture).

([94]) *L. Sal.*, t. 5, 5; t. 18, 2; t. 32, 5; t. 68; t. 70. *L. Rib.*, t. 60, 6 A: t. 62, 6 B; t. 69 A: t. 71 B; t. 89 A: t. 91 B (*loc. cit.*, p. 152, 157, 168). *L. Burg.*, t. 2. 1; t. 4, 1; t. 29, 1, 2; t. 34; t. 35, 2; t. 47; t. 68 (MGH., LL., t. 2, éd. de Salis, p. 42, 44, 66, 68, 77, 95). *Pactum pro tenore pacis*, 1, 2, 10 (Bor., p. 4-6). *Edict. Chilperici*, 10 ; *Decretio Childeberti*, 4-8 (Bor., p. 10, 16-17). Greg. Tur., *H. Fr.*, IX, 19, 38; X, 21; *Miracula sancti Martini*, IV, 16. *Fredeg. chr.*, IV, 51 (*loc. cit.*, p. 145).

([95]) *L. Sal.*, t. 58, 1, 2. *Pactum pro tenore pacis*, 2 (Bor., p. 4). Greg. Tur., *H. Fr.*, VI, 36.

([96]) *L. Burg.*, t. 2, 2; t. 46; t. 50; t. 71 (*loc. cit.*, p. 42, 76, 81. 96). *Pact. pr. ten. pacis*, 1, 3; *Decretio Childeberti*, 4 (Bor., p. 4, 16).

l'Eglise contre les peines capitales et afflictives, en faveur de leur commutation en compositions pécuniaires. Les lois fléchirent, acceptèrent ces transactions, pourvu qu'elles fussent réglées en présence du juge (ce qu'on n'obtint pas toujours) [97] et tolérèrent même le rachat, par une somme d'argent, des peines capitales, pour les coupables invoquant le droit d'asile [98]. Puis, dans les cas où la victime était une personne privée, le rachat fut permis à tous [99]. Mais il n'y a pas trace de litiges ainsi résolus devant le roi; et quand cela se produisait dans le *mallus*, c'était en présence des *rachimburgi*, jouant le rôle d'arbitres dont il a été parlé [100]. Leur décision n'étant pas exécutoire, le perdant devait s'engager par la *fides facta*, à payer la composition; en cas de refus de sa part, il fallait avoir recours au tribunal royal dont la décision était sanctionnée par la mise *extra sermonem regis* [101]. La composition était payée à la victime, ou à son mainbour, ou à son lignage : la moitié aux fils, un quart à chaque lignée paternelle et maternelle [102]. Dans tout procès, le fisc avait sa part, le *fredum*, égal au tiers de la composition et remis au comte [103]. Amendes, confiscations, droits de chancellerie, *freda*, traduisaient le caractère d'exploitation de la justice royale et sa dépendance du principe de la patrimonialité.

---

(97) Greg. Tur., *H. Fr.*, VII, 43 ; VIII, 3 ; X, 3. *F. Marculfi*, II, 16, 18 ; *F. andecavenses*, 6, 26; *F. turonenses*, 16, 32 (Z., p. 6, 22, 85, 88, 144, 145).

(98) *L. Burg.*, t. 70, 2; t. 52. *L. rom. Burg.*, t. 2; t. 4 (*loc. cit.*, p. 85, 95, 125, 127). *Pact. pr. ten. pacis*, 14-15 (Bor., p. 6). Cpr. Orléans (511), c. 1 (Maassen, p. 2) ; *L. Bajuwariorum*, t. 1, 7 (Pertz, LL., t. 3, p. 273).

(99) *L. Sal.*, t. 12, 1, 2; t. 50, 5; t. 51, 2; t. 53; *E. Rib.*, t. 58, 2 A: t. 60, 2 B; t. 59, 3 A: t. 61, 3 (*loc. cit.*, p. 243, 249). *L. Burg.*, t. 72; *L. rom. Burg.*, t. 2, t. 4 (*loc. cit.*, p. 97, 125, 127).

(100) Ci-dessus, p. 105.

(101) *L. Sal.*, t. 50; t. 56.

(102) *L. Sal.*, t. 62 ; Cap. II, 3 (éd.² Behrend, pp. 128, 138).

(103) *L. Sal.*, t. 50, 4; t. 53, 2. *L. Rib.*, t. 89 A: t. 91 B (*loc. cit.*, p. 268). *Decretio Clotarii*, 16 (Bor., p. 7); *F. andecavenses*, 9, 37, 57 (Z., p. 8, 16, 25).

SECTION II

LA MONARCHIE CAROLINGIENNE

§ 2. — La souveraineté royale et impériale et ses nouveaux fondements.

I. — LE CHANGEMENT DE DYNASTIE. NOUVEAUX FONDEMENTS DU POUVOIR
ROYAL : ÉLECTION ET SACRE. CARACTÈRE DE LA SOUVERAINETÉ.

On sait qu'au vıı^e et au vıı^e siècle, une famille du palais d'Austrasie se mit en possession des deux mairies (104). A la fin, sous
les titres de *principes* ou *duces Francorum*, ses chefs, subtitués
aux rois mineurs, faibles ou absents, ayant chancellerie et monnayage propres (105), rendant la justice, publiant des *prae-
cepta* (106), présidant aux relations extérieures, jouant vis-à-vis
de l'Eglise le rôle reconnu aux rois, gouvernaient tout le royaume.
Chefs du comitat et de la clientèle du Prince, les amalgamant aux
leurs, ils administraient l'Etat par leurs fidèles, leurs optimates (107), pourvoyaient aux guerres contre les menaces germaine
ou sarrazine, à la répression des ducs ou des seigneurs rebelles,
veillaient aux frontières et à l'unité du royaume. Il leur était aisé
de s'attribuer la royauté. Mais si affaibli que parût le principe
de la patrimonialité, il faisait hésiter les maires du palais, qui ne
pouvaient le violer pour s'en prévaloir sitôt après. Il leur fallait
trouver une autre assise, légitime et rationnelle, de leur droit
royal. On pensa à une intervention de l'Eglise. Les annalistes
s'accordent sur trois faits : 1° une ambassade envoyée au pape,
rapportant l'avis ou même l'ordre, disait-on, que, par l'autorité
du Siège apostolique, Pépin fût fait roi; 2° le sacre conféré à
Pépin l'année suivante par les évêques, en présence du saint Boniface; 3° l'*electio omnium Francorum*, selon la coutume franque (108). Par l'*auctoritas* pontificale, on justifia la révolution dy-

---

(104) Voy. Fustel de Coulanges, *Les transformations de la royauté pendant
l'époque carolingienne*, p. 149 et s.
(105) *Chr. Fredeg. cont.* II, 11, 18, 20, 28 (MGH., SS., t. 2, éd. Krusch,
p. 180).
(106) Giry, *Man. de diplomatique*, p. 714. *Capitularia reg. mer. et karol.*
(Bor., p. 24 et s.).
(107) *F. Marculfi*, I, 24 (Z., p. 58).
(108) *Einhardi annales, Vita Karoli, Annales Mettenses, Annales Fuldenses*
(Pertz, SS., t. 1, p. 137, 143, 331, 346). *Chr. Fredeg. cont.*, 33 (MGH., SS.
t. 2, p. 182).

nastique : Pépin parut exceptionnellement investi du droit de fonder un ordre nouveau [109]. Aussi ne fut-elle plus demandée. Il en fut autrement du sacre et de l'*electio* qui, sources désormais du pouvoir royal, se retrouvent aux origines de chaque règne. Le sacre, inconnu chez les Francs, pratiqué en Espagne et chez les Anglo-Saxons [110], consécration religieuse analogue à celle des évêques, faisait du candidat à la royauté un personnage sacro-saint, une sorte clerc et de collègue, sans pouvoirs sacerdotaux, des évêques. On y attacha, comme effets juridiques, la dignité et le titre de roi, la capacité de régner : ceux qui résultaient de la naissance sous la dynastie précédente. Le sacre était substitué, dans cette conception, à l'hérédité et à la patrimonialité. Mais tandis que celui qui les invoquait portait son droit en lui-même, le sacre dépendait de qui le donnait. Il appartint aux évêques du royaume de le conférer; le consécrateur agissait au nom de tous. Les sacres de la main des papes furent occasionnels et cérémoniels. L'*unctio in regem* put donc être soumise par l'épiscopat national à des conditions préalables : profession de foi orthodoxe, promesse de protéger les églises, de garder leurs privilèges, d'administrer la justice, etc. Engagements supposent sanctions : le sacre pliait le Prince au contrôle et à la juridiction des évêques. Ses dispensateurs en suspendaient à l'occasion les effets [111]. Louis le Pieux, Charles le Chauve, leur reconnaissent le droit de juger et de déposer les rois. [112].

Mais le sacre apportait encore moins que l'hérédité le pouvoir immédiat de commander et laissait une place encore plus large à la sujétion personnelle. C'est autant et plus que le choix préalable par les grands du candidat à la royauté, ce que les textes entendent par *electio omnium Francorum* [113]. Tous mon-

---

(109) Fustel de Coulanges pense que cette *auctoritas* était un acte écrit ordonnant de faire roi Pépin; ce n'était probablement qu'une approbation orale de l'intronisation du *major domus* en qui le pape et la cour byzantine espéraient un allié contre les Lombards.

(110) VI Tolède (628); XII Tolède (681) (Mansi, t. 10, p. 659; t. 11, p. 1023) Gildas (éd. Stevenson, p. 27). Lingard, *History and Antiquities of the anglo-saxon Church*, t. 2, p. 27.

(111) Hincmar, *Coronatio Caroli Calvi* (PL., t. 125, p. 806). *Annales Sancti Bertiniani*, a. 869 (éd. Dehaisnes, p. 193 et s.).

(112) *Cap. Wormense* (829) (Kr., p. 20). *Libellus proclamationis domini Karoli* (Pertz, LL, t. 1, p. 462). Hincmar, *De ordine palatii*, V. seqq. (éd. Prou). *Testamentum Remigii* (Varin, *Arch. adm. de la ville de Reims*, t. 1, p. 21). — Paris (829), III, c. 8 ; Fismes (881) (Mansi, t. 14, p. 603 ; t. 17, p. 537).

(113) *Clausula Pippini* (HF., t. 5, p. 9). *Einhardi annales* (*loc. cit.*); *Ann. Sancti Bertiniani* (*loc. cit.*). *Cap.* (789) (Bor., p. 101).

trent que le roi sacré a reçu, par la *commendatio*, la soumission des grands, clercs ou laïques, puis que ses *missi* sont allés dans les provinces requérir le serment des sujets depuis l'âge de douze ans et leur en expliquer la formule. Les hommes ne se croyaient liés que par là; à défaut, ils ne se sentaient tenus à rien, pas même à respecter la vie du Prince ([114]).

Ni l'*auctoritas* de Zacharie, ni la multiplicité des sacres n'avaient fixé dans la descendance de Pépin l'autorité royale. Evêques et *principes* pouvaient porter leur choix ailleurs que dans la famille de Charles Martel. De fait, le IXe et le Xe siècle virent trois rois Robertiens avant Hugues Capet, sans compter les rois de Bourgogne, ni de Provence, et il n'y eut là nulle usurpation, mais application du principe accepté. Pourtant l'Eglise et les peuples, pendant deux siècles, restèrent assez fidèles à la race de Pépin. Cela tint à l'habitude prise par les rois de faire sacrer leurs fils de leur vivant. Cette procédure de la *designatio* et de la *coronatio* préalables consistait dans un ordre du roi régnant aux grands, qui lui avaient juré obéissance, de se « commander » au prince qu'il leur désignait et aux évêques de le sacrer, de sorte qu'en mourant il laissait un roi fait et déjà en place. Pépin donna l'exemple en faisant sacrer ses fils ([115]). Sans doute, par cette espèce de cooptation, le choix des évêques et des *principes* était forcé; mais on ne voit pas que ces désignations allassent contre leurs sentiments. A défaut, les compétitions entraient en jeu, troublaient l'Etat et risquaient de le morceler par le départ des fidélités entre les candidats.

La révolution dynastique ne correspondit, malgré qu'on l'ait prétendu, ni à une réaction germanique, ni à une nouvelle invasion ([116]), mais à une renaissance partielle des idées romaines ([117]). Accomplie sous le patronage de l'Eglise, elle imprima à la souveraineté des caractères nouveaux. Celle-ci cessait d'être un *dominium* et devenait un *ministerium* : le roi gouvernait désormais *pro utilitate reipublicae*. Avec une nuance plus chrétienne, on

(114) *Cap.* (792), *Cap. miss. gen.*, (802), 2-9; *Cap.* (811-813), 13 (Bor., p. 66, 92, 117); *Cap. Worm.* (829), 7; *Cap. missorum* (834), 6; (854), 11; *Cap. Caris.* (873). 5 (Kr., p. 20, 64, 278, 345); *Epist. Hincmari de fide Carolo regi servanda* (PL., t. 125, p. 961). *Ann. Laureshamenses* (a. 786) (Pertz, SS., t. 1, p. 32).

(115) *Chr. Fredeg. cont.*, a. 534, 4 (MGH., SS., t. 2, p. 192 et s.). *Ann. Mettenses* (Pertz, t. 1, p. 335).

(116) Ranke, *Hist. de France* (trad. fr.), t. 1, p. 13.

(117) Cpr. Fustel de Coulanges, *op. cit.*, p. 123 et s. Aug. Longnon, *Origine et formation de la nationalité française*, p. 67 et s., et J. Flach, *op. cit.*, t. 4, p. 311 et s.

se rapprochait de la conception du Bas-Empire. La royauté, mi-séculière, mi-ecclésiastique, était tenue à la fois pour délégation divine et institution rationnelle, ses buts étant la paix et la justice en ce monde, le salut des âmes dans l'autre [118]. La littérature monastique qualifiait le roi de *minister Dei*, adopté au moment du sacre par Dieu à qui était le royaume et qui le donnait à qui lui plaisait. Mais le pouvoir souverain n'était légitime qu'exercé selon les voies de Dieu et de l'Eglise; au cas contraire, il devait être retiré; d'où le contrôle des évêques [119]. Cependant, c'était la notion fondamentale de l'Etat qui renaissait. L'*imperium* mérovingien, identifié au *dominium*, était arbitraire. La volonté du Prince n'avait de limites que celles qu'elle s'imposait en vue de son intérêt qui seul, en maintenant cette volonté stable, en faisait la loi. Dès lors, le Prince ne pouvait se concevoir dans un rapport de droit, autre que privé, avec une personnalité quelconque; il n'y avait pas de droit public. L'*imperium* carolingien n'est plus arbitraire, mais exercé selon des règles de droit qui enclosent dans un champ donné sa puissance de commander. Il ne crée pas ces règles, il les reçoit des croyances morales et religieuses du temps. Il les reconnaît à leur conformité au but qui lui est assigné. Il y a un droit public.

II. — L'Empire.

Ces doctrines se trouvèrent fortifiées par la restauration de l'Empire. Depuis Charles Martel, des ambassades avaient sollicité une intervention des princes francs contre les Lombards, soit que les papes aient agi seuls, soit qu'ils eussent l'agrément de Constantinople [120]. En 754, Etienne II conférait le titre de *Patri-*

[118] *Cap.* (789), 62; *Cap.* (802), 32; *Cap.* (811), 9 (Bcr., p. 58, 97, 163). *De honore episcoporum* (806), (Mansi, t. 14, p. 305). *Epist. Karoli Magni ad Leonem papam* (796) (MGH, *Epist.*, t. 2, p. 137). Thégan, *Vita Leodowici imp.*, 6 (MGH, SS, t. 1, p. 591). Cpr. Alcuin, *Epist.*, 17, 33 (PL., t. 100, p. 170, 187).

[119] Cathuulfus, *Epist. regi Karolo* (MGH., *Epist.*, t. 2, p. 501-5). Smaragdus *Via regia* (vers 813) (PL., t. 102, p. 933 et s.). Jonas d'Orléans, *De institutione regia* (830-833) (PL., t. 106, p. 883). Sédulius Scotus, *Liber de rectoribus christianis et convenientibus regulis quibus est respublica rite gubernanda* (855-859), éd. Hettmann, Munich, 1906. Lecdrade, *Liber de sacramento baptismi* (PL., t. 99, p. 864). Les écrits d'Hincmar ont une plus grande portée politique : *De regis persona et regio ministerio* et *De institutione regis* (Ibid., t. 125, p. 833, 984).

[120] Diehl, *Etudes sur l'adm. byzantine dans l'Exarchat de Ravenne*, p. 222. Duchesne, *Les premiers temps de l'Etat pontifical*.

ces des Romains et « commandait » l'Eglise et le peuple de Rome à Pépin et à ses fils ([121]); à partir de 774, Charlemagne agit en chef de l'Etat romain. Enfin, après un séjour de Léon III en Gaule, le roi fut couronné empereur, à Rome, le 25 décembre 800, et se qualifia dès lors d'*Imperator romanum gubernans imperium qui est per misericordiam Dei rex Francorum et Longobardorum*. La pensée du pape était de rétablir l'unité chrétienne. Les deniers de Charlemagne portèrent pour légende : *Religio christiana*. Pour les peuples, le nouvel Empire continuait celui des Césars. Plus encore que la royauté de Pépin, il parut une renaissance de l'Etat, de la *respublica*, mais, comme elle, uni à l'Eglise. On disait : une Eglise, un Empire. Ils semblèrent même ne faire qu'un gouvernement régi par le collège souverain de deux personnes exerçant l'une la puissance spirituelle, l'autre la puissance temporelle, mais sans séparation nette, de sorte que l'Empereur, évêque du dehors, collaborait avec l'Eglise pour mener ses sujets dans les voies de Dieu. Son double rôle éclate dans la formule du serment que tous lui devaient à titre de César ([122]). Cependant l'édifice était fragile. La souveraineté impériale n'était liée ni à une dynastie, ni à une race. Elle dépendait du couronnement par le pape et de la sujétion personnelle des *principes* romains qui n'engageaient qu'eux. Le rôle du pape l'emporta ([123]). Par contre, celui-ci ne pouvait être intronisé sans l'assentiment impérial. Cette belle ordonnance ne se maintint pas. La dignité impériale ne resta un siècle dans la maison de Charlemagne que grâce au prestige de son nom et à l'association à l'Empire d'un des fils de l'empereur régnant, par un procédé analogue à celui employé pour la royauté; mais, là, fallait-il encore le concours du pape. Après Arnulf, mort en 899, la pourpre promenée des Italiens aux Provençaux, échut après un long interrègne (926-962) à un Saxon. Dès le troisième empereur, elle tendait, du fait des partages, à n'être plus qu'un titre nu.

La notion retrouvée de l'Etat excluait évidemment tout partage. Cette logique fut mise en défaut par le désir des rois de nantir

(121) Jaffé, *Liber carolinus*, p. 36, 38, 53-54.
(122) *Cap.* (802) (Bor., p. 92).
(123) *Annales regni Francorum* (éd. Kurtze, p. 112); *Annales Laureshamenses* (Pertz, SS., t. 1, p. 36). Cependant l'*ordinatio imperii* de 817 semblait remettre aux Francs la destinée de l'Empire (Bor., p. 270). Cpr. Nithard, IV, 3 (Pertz, SS., t. 2, p. 659). Le pape associe aussi à son choix le peuple romain et semble agir comme chef à la fois de l'Eglise et de l'Etat romain. *Epist. Hadriani II* (PL., t. 122, p. 1319).

DECLAREUIL. — HIST. DU DR.   8

chacun de leurs fils et de diviser entre eux les fidèles des diverses parties du royaume ou de l'Empire ([124]). Le titre impérial, auquel ne correspondait aucune terre, devait être attribué à l'un des co-partageants et ne restait effectif que si les autres se reconnaissaient ses lieutenants et ses subordonnés. C'était là l'idée de Charlemagne et de Louis le Pieux; mais, des querelles et transactions successives des fils de celui-ci, il ne survécut qu'une unité fictive qui, sous les noms vagues de *fraternitas, concordia, societas caritatis*, reposait sur des engagements d'égal à égal, des traités, valant en proportion des avantages qu'on y avait ([125]). En fait, elle n'exista plus qu'aux rares moments où le hasard ramena les royaumes aux mains d'un seul prince. L'Eglise, qui favorisait cette unité, lui fournit presque seule des défenseurs, Théodulf d'Orléans, Wala, Agobard, qui tenaient pour le principe : Un empire, un empereur. Les *principes* laïques lui étaient en général opposés. Réginon montre les peuples, qui s'étaient réjouis, en l'an 800, de la restauration impériale, très enclins, vers 888, à se donner chacun un roi pris dans son sein. Les derniers Carolingiens maintinrent leur royaume en dehors du cercle de l'Empire, encore que, sous Lothaire II et Louis V, un parti impérial ait assez intrigué pour s'attirer des mesures répressives de la part de ces rois ([127]).

III. — Nouveaux caractères de la sujétion personnelle : Seniorat et vassalité.

L'avènement au trône des maires du palais avait marqué le triomphe du principe d'autorité et de centralisation sur les instincts d'indépendance de l'aristocratie palatine et terrienne. Charles Martel brisa, dit Einhart, les tyrans qui, par la France entière, s'attribuaient la domination ([128]). Mais le mouvement qui

---

(124) Dans la *divisio imperii* du 8 fév. 806 (Bor., p. 127), Charlemagne, partageant l'Empire entre ses fils, ajoute que si l'un d'eux mourait et que son peuple voulût élire son fils, ses frères ne devraient pas s'y opposer.

(125) Voyez les conventions de Diedenhofen (oct. 844), de Mersen (847, 852), le partage entre les fils de Lothaire (855), les renouvellements de la *fraternitas* à Mersen (858), Coblentz (860), Gondreville (880).

(26) Agobard, *De comparatione regiminis ecclesiastici et politici* (PL., t. 104, p. 291). *Flebilis epistola de divisione imperii* (*Ibid.*, p. 297).

(127) Des lettres de Gerbert sont des documents précieux de cette tendance : J. Havet, *Lettres de Gerbert* (983-997), Picard, 1889.

(128) Einhart, *Vita Karoli*, 2 ; Thégan, *Vita Leodowici*, 13 (Pertz, SS., t. 2, p. 444, 643).

jetait les faibles et les petits sous la protection et dans la dépendance des puissants, n'en fut point arrêté. Tous rapports réels
ou personnels entre les individus aboutissaient au même résultat :
la sujétion d'un homme à un autre ([129]). *Commendationes* et *patrocinia* d'origine romaine, troupes domestiques, clientèle et comitat
francs d'abord réservés au roi, puis pratiqués au VIIe siècle par
la masse des palatins et des immunistes, immunités, *commendatio
terrarum*, *precariae* de diverses sortes, concouraient à augmenter le
nombre de ceux qui étaient *in obsequio alterius* et s'avouaient
l'*homo* d'un plus puissant ou son *vassus*, mot celtique ayant le
sens d'esclave et devenu courant pour désigner les fidèles d'un
grand, les anciens *comites*, les deux termes restant accouplés
quand il s'agissait de ceux du Prince : *comites et vassi dominici* ([130]). Le patron prit alors le nom de *senior* qui, dans les habitudes romaines et franques, désignait le supérieur hiérarchique
par rapport à l'inférieur (*junior*); car les vassalités les plus importantes avaient d'abord été celles des palatins. Le *vassus* s'engageait à servir son *senior* sa vie durant, comme un homme libre
le doit faire, par un serment prononcé les mains dans les mains,
dont on croit posséder la formule ([131]). Il promettait d'obéir en
tout ce qui plairait au *senior* et lui serait à honneur et profit ([132]).
En échange, il en recevait un gage de protection lui assurant secours matériel, vengeance et assistance en justice ([133]). Aucune
obligation militaire, car les lois, sous des peines sévères, interdisaient aux particuliers l'entretien de troupes armées ([134]). En fait,
il n'y avait guère de *seniores* qui n'eussent leurs hommes d'armes ([135]). Comme les anciens empereurs, les premiers Carolin-

---

(129) Fustel de Coulanges, *Les Origines du régime féodal : Le bénéfice et le
patronat,* p. 248-335; Guilhiermoz, *Essai sur les origines de la noblesse en
France,* p. 5 et s.; 86 et s.; J. Flach, *Les origines de l'ancienne France,* t. 1,
p. 79 et s.; t. 2, p. 419 et s. Cpr. Brunner, *Deutsche Rechtsgeschichte,* t. 2²,
p. 259 et s.

(130) Ticin (855), (Mansi, t. 15, p. 15).

(131) *F. turonenses,* 43: « *Qui se in alterius potestate commendat.* » C'est
la formule de *commendatio* d'un homme pauvre, d'un temps plus ancien
que le séniorat; mais il n'y a ni cloison étanche, ni solution de continuité
entre les conceptions successives de la sujétion personnelle. Le serment
d'Hincmar à Charles le Chauve semble tout de même plus exact pour
l'époque : Hincmar, *Juramentum* (Pl., t. 125, p. 1126).

(132) Hincmar, *De instit. regis,* VIII-IX (PL., t. 125, p. 988); *Ep. Hincmari Laudunensis* (PL., t. 124, p. 1030).

(133) *Chr. Fredeg. cont.* 45 (*loc. cit.,* p. 189). Thégan, *loc. cit.*

(134) *Cap. Herist.* (779), 14: *de truste facienda nemo presumat* (Bor., p. 50).

(135) *Cap. Herist.* (779), 14; *Cap.* (787), 6 (Bor., p. 50, 197).

giens luttèrent contre des pratiques qui établissaient au sein de l'Etat des puissances de trouble et de dissolution, sans, du reste, plus de succès. Alors, ils imaginèrent d'en faire un élément d'ordre et de discipline sociale. Ils conçurent la société comme une superposition de vassalités de plus en plus larges à la base et venant toutes aboutir, au sommet, au seniorat universel du roi ou de l'Empereur. Ils sanctionnèrent l'engagement entre le *senior* et le *vassus*, interdisant à celui-ci de quitter celui-là dès qu'il en aurait reçu le moindre don, à moins de très graves injures ([136]) et ils exigèrent que tout homme libre se choisît pour *senior* le roi ou l'un de ses *vassi* ([137]). Les étrangers autorisés à s'établir sur le sol de l'Empire durent faire de même ([138]). La vassalité ne rompait pas les obligations du *vassus* vis-à-vis de l'Etat. Par ce système, les rois crurent les renforcer. Tout *vassus* du Prince ou d'un autre devait au premier un serment de fidélité en tant que roi et un autre à titre de César, dont la formule se rapprochait de celle du serment de vassalité ([139]). Mais le roi ou Empereur s'en remettait à ses *vassi* immédiats, *vassi dominici* ou *regales*, du soin de faire respecter les lois et ses ordres par les leurs. Le *senior* fut obligé de conduire ses *vassi* au ban du roi, équipés et armés, sous peine d'amende ([140]); il fut tenu pour responsable de leurs actes, dut leur faire rendre justice aux tiers ou les produire en justice ([141]). Par son propre engagement, le *vassus dominicus* devait assurer au roi la tranquillité de ses Etats et le respect de ses ordres, veiller à ce que rien ne fût tramé contre lui ([142]).

Ce système conçu en vue de l'ordre dans l'Etat et de l'intérêt du roi ([143]), aboutissant à une société hiérarchisée de *seniores*,

---

(136) *Cap. missorum in Theodonis villa datum* 804, 9; *Cap.* (813), (Bor , p. 124, 172).

(137) *Cap. Mars* (847), 2 (Kr., p. 71). Cpr. *Cap.* (817), 9 (Bor., p. 272).

(138) *Cap. pro Hispanis* (815), 6 (Bor., p. 262), *Cap. pro Nortmannis* (853). *Cap.* (864), 34 (Pertz, t. 1, p. 418, 496).

(139) *Cap.* (802): ils jurent « *sicut per drictum debet esse homo domino suo* » *Cap.* (803), 9. Cpr. *Cap.* (867), 4; *Cap.* (807), 1-4; *Cap.* (847), 5; *Cap.* 873), 5 (Bor., p. 101, 102, 124; 67, 133; Kr., 69, 345).

(140) *Cap.* (807), (808) *de exercitu*; *Cap.* (811) *de reb. exerc.*; 9; *Cap. Bonon.* (811), 7, 9; *Epist. ad Fulradum* (811), (Bor., p. 134, 137, 167, 168).

(141) *Cap.* (809), 12; *Cap* (811), 8 (Bor., p. 150, 165); *Cap.* (813), 4; *Cap.* (837); *Cap.* (869), 11; *Cap.* (883), 3 (Kr., p. 268, 290, 336, 374). Anségise, II, 15; III, 8 (Bor., p. 417, 426).

(142) *Cap.* (803), 10; *Cap.* (818), 15; *Cap.* (820), 5; (Bor., p. 115, 284, 298; *Cap.* (856), 3 (Kr., p. 279).

(143) *Cap. miss. in Theodonis villa datum* (804), 9 : « de juramento ut

de *vassi* et de *vassali*, pour satisfaisant qu'il parût, contenait un danger latent. Le roi, absolu en tant que roi, était en même temps le plus haut *senior*. Tous les grands, et par conséquent ses agents, étaient ses *vassi*. Or, entre *senior* et *vassi*, il y avait association et obligations réciproques. L'indépendance et l'absolutisme du roi pouvaient être atteints par les obligations du *senior*. Le danger était d'autant plus grave que les *vassi* s'interposaient hiérarchiquement entre le roi et la masse des sujets et que la désobéissance de l'un d'eux entraînait presque fatalement celles de ses propres fidèles. Un autre péril fut ce mélange, cette incorporation, aux rapports d'ordre personnel et privé de la vassalité, de l'autorité publique, que le *senior* exerçait pour le compte du roi, par quoi il était à même de l'exercer de son chef et pour son compte. Dès le ixe siècle, un flottement présagea la rupture, sur des points multiples, de la chaîne des vassalités ([144]).

§ 2. — Le gouvernement royal ou impérial.

Le roi, sacré et soumis au contrôle des évêques, n'eut pas d'autres façons de régner et d'administrer que le roi héréditaire du viiie siècle. La royauté restait l'unique institution politique de l'Etat. Ses organes et ses procédés d'administration ne subirent que des modifications de détail.

I. — L'ADMINISTRATION. LES IMPOTS. L'ARMÉE.

1° L'administration centrale. L'administration locale et les circonscriptions territoriales. Les missi.

L'organisation du *palatium* nous est alors connue par un capitulaire de 820 sur son régime intérieur et le *De ordine palatii* d'Hincmar ([145]).

Le Prince choisissait ses fonctionnaires parmi ses *vassi*. Les services avaient pris le nom de *ministeria*, leurs agents celui de *ministeriales*. Le *comes palatii* et le *senescalcus* s'étaient partagé les

nulli alteri per sacramentum fidelitas promittatur nisi nobis et unicuique proprio seniori ad nostram utilitatem et sui senioris » ; c. 19 : « et nostri missi caveant et diligenter inquirant ne per aliquod malum ingenium subtrahant nostram justitiam, alteri tradendo et commendando » (Bor., p. 124-125).

(144) Déjà Charles le Chauve admet que le *vassus* puisse désavouer son *senior* : *Cap.* (856), 3 (*Kr.*, p. 279).

(145) *Cap.* (820) (Bor., p. 297). Hincmar, *De ordine palatii*, XII seqq. (éd. Prou)

attributions du *major domus;* l'archichapelain était une sorte de
directeur des cultes avec juridiction sur les clercs palatins; sous
ses ordres, l'*a secretis* ou *summus cancellarius* remplaçait le *referendarius* disparu à la tête de la chancellerie ([146]). Un élément
nouveau était le *concilium regis.* Il y eut désormais des conseillers
en titre permanents. On distinguait le petit conseil, composé de
trois de ceux-ci, toujours à la disposition du roi et servant par
roulement, le conseil ordinaire, le *placitum* ou *conventus,* où
siégeaient, avec les palatins, toutes les personnes que le roi y convoquait. Des *conventus generales* furent tenus régulièrement au
printemps (champs de mai) et à l'automne sous les grands règnes.
Aux champs de mai surtout, les rois apparaissaient dans leur
gloire : on y vit des rois barbares, des ambassadeurs du pape,
du *Basileus* et des califes. Un *bannus* royal en fixait la date, le lieu
et le but. Etaient convoqués les ducs, comtes, marquis, évêques,
abbés de monastère, immunistes, pour y rendre des comptes
comme tels ou fournir le devoir de conseil comme *vassi.* Le *conventus* se tenait dans une *villa* royale où les grands venaient cam-
per, à moins d'excuse acceptée par le roi. Hincmar dit qu'on y
délibérait, laïques et ecclésiastiques, d'ordinaire séparés, sur les
questions posées par le Prince, qui gardait seul la décision.
Cela se voit encore nettement, quoi qu'on ait dit, dans les édits
de Pistes (864) et de Quierzy-sur-Oise (877). Il ajoute que les fonctionnaires y fournissaient leurs comptes et leurs rapports, qu'on y
recevait les *dona publica* et les tributs de guerre, qu'on y jugeait ([147]). Sous les empereurs, *conventus* de l'Empire et du
royaume se confondaient.

Les circonscriptions territoriales prirent alors le nom de *comitatus,* plusieurs cités ayant été morcelées ou absorbées. Vers la
fin du vIII^e siècle, elles furent subdivisées en centaines (*centenae*),
du fait probablement de la répartition que les comtes faisaient de
leur territoire entre leurs agents ([148]); chartes et formules parlent

---

(146) Hincmar, *op. cit.*, XX; sur les *juniores* des *ministeria,* XXVII,
XXVIII.

(147) Hincmar, *loc. cit.*, XXIX, XXXV. Sur les *conventus* : Fustel de Coulanges, *Les transf. de la royauté,* p. 356-411. L'allure prise par les conciles
dans les dernières années de Childéric III sous l'influence de Boniface et qui
aurait pu amener les *conventus* à jouer le rôle, non d'assemblée populaire,
mais de grand conseil de gouvernement comme les *synodia mixta* de l'Espagne wisigothique, ne se maintint pas sous Pépin : Voy. Hefele-Leclercq,
Hist. des conciles, t. III², p. 815 et s.

(148) *Cap.* (786), 4; *Cap.* (818), 10 (Bor., p. 67, 283); *Cap.* (829), 7 (Kr.,
p. 19). Voy. Guérard, *Essai sur le système de division territoriale de la
Gaule,* p. 54 et s.

aussi de *vicariae*, que certains leur identifient ([149]). Les circonscriptions ducales, *ducatus*, se consolidaient, groupant tous les comtés ou presque sous le gouvernement d'un certain nombre de ducs. Des comtes de frontière conservaient le titre de *marchio*. Ducs, comtes, marquis, *ministri, cooperatores regii ministerii*, étaient nommés et révoqués par le Prince. Charlemagne fit comtes des serfs de ses *villae* ([150]). Toujours, leurs *juniores* : vicomtes ou *missi comitis* ([151]), vicaires, centeniers, dizeniers, choisis par eux, agissaient sous leur responsabilité. Le système des immunités soustrayait à leur administration beaucoup de terres que les immunistes administraient par des agents semblables aux leurs.

Tous étaient soumis à la surveillance des *missi dominici*. A partir de Charlemagne, le royaume était divisé chaque année en *missatica*, inspectés chacun par deux *missi*, l'un laïque, comte ou duc, l'autre ecclésiastique, évêque ou abbé, opérant collégialement à travers les comtés, diocèses, monastères, avec pleins pouvoirs, d'après des instructions précises ([152]). Redressant la conduite des comtes, des évêques, de leurs agents, assurant le respect des lois et du domaine royal, tenant des assises pour y publier les volontés du Prince, y juger souverainement, y recevoir les plaintes, réformer les abus; de tout, ils rapportaient au palais.

2° Les impôts.

Le relèvement de la notion de l'Etat ne rendit pas à l'impôt son fondement véritable. Bien que perçu *pro utilitate publica*, il ne reçut d'autre explication que la coutume. « Nous ordonnons, écrivait Charlemagne, de rechercher les cens de toute antiquité dus aux rois ([153]) ». Les impôts directs, sous les noms de *census regales, inferanda*, prirent, s'ils ne l'avaient déjà, le caractère de redevances coutumières que les redevables payèrent *de suo capite*

(149) *F. bituricenses*, 15; *F. imperiales*, 3; *Libelli dotis*, 9, 10 (Z., p. 175, 289, 539-40). Tardif, *Cartons des rois*, n° 231.

(150) *Miracula Sancti Benedicti*, I, 18 (éd. Certain, p. 43).

(151) Sur la distinction à faire entre les vicomtes qui apparaissent alors et les vicaires : A. de Lasteyrie, *Et. sur les comtes et vicomtes de Limoges, antérieurs à l'an* 1000, p. 45 et s.

(152) Les *missatica* étaient assez étendus : en 853, Louis, chancelier de Charles le Chauve, inspecta comme *missus* les *pagi* de Paris, Meaux, Senlis, du Vexin, de Beauvais et Vendeuil. Sur les *missi* : Fustel de Coulanges, *op. cit.*, p. 535-572.

(153) *Cap. missorum*, 20 ; *Cap. de justitiis faciendis* (811), 10 ; Cpr. *Cap. de justitiis faciendis* (820), 3 (Bor., p. 125, 177, 295).

et de rebus suis ([154]). Sur ce principe, Charlemagne paraît avoir fait établir des rôles généraux pour tout le royaume : aucun homme, aucun bien foncier n'en devait être exempt. En fait, l'impôt personnel se perdit et ne fut maintenu que pour les serfs; l'impôt foncier, à son tour, n'alimenta plus le trésor royal soit que les rois en eussent accordé la dispense, soit qu'ils en eussent abandonné le produit à des immunistes, ayant fini par ne plus distinguer ce droit régalien d'un fermage ordinaire. Les impôts indirects conservèrent mieux leurs caractères; mais on en dispensa beaucoup de gens : églises, monastères, juifs, immunistes, ou on leur en céda le profit. Ils furent alors mieux défendus, ils augmentèrent même parfois, mais non plus au bénéfice du roi. Aussi Charlemagne et ses successeurs s'efforcèrent-ils d'y suppléer : 1° par une exploitation plus intensive des *villae* fiscales dont les revenus pourvoyaient aux dépenses du *palatium* et de l'administration centrale ([155]); 2° par d'énormes réquisitions en nature pour la nourriture et l'équipement de l'armée; c'était le *fodrum* ([156]); 3° par les *dona publica* qui, de dons gracieux offerts au roi, étaient devenus obligatoires. La nature et le montant en étaient fixés chaque année d'après les productions et la richesse des provinces, avant le champ de mai, où ils devaient être remis à la reine et au *camerarius*, qui en avaient la charge ([157]). Les immunistes mêmes n'en étaient que rarement dispensés ([158]); 4° par la levée extraordinaire de dîmes générales, signalées surtout dans la seconde moitié du IXe siècle ([159]); 5° par les tributs de guerre des peuples vaincus ([160]). Mais *dona* et tributs diminuèrent à la fin du IXe siècle et disparurent au Xe. D'autre part, corvées, droits de gîte, de procuration, de monnayage ([161]), abandonnés ou perdus, passaient vers le même temps aux seigneurs.

---

(154) *Cap.* (805), 20; *Cap.* (812), 10; *Cap.* (819) 2 (Bor., p. 125, 234, 287). *Edict. Pistense* (864), 28 (Kr., p. 322).

(155) *Cap. de villis* (800) (Bor., p. 83).

(156) Anségise, IV, 70 (Bor., p. 445).

(157), Hincmar, *op. cit.*, XXII, XXIX.

(158) *Notitia de servitio monasteriorum* (Bor., p. 350): Listes des monastères qui les doivent ou ne les doivent pas.

(159) *Annales Sancti Bertiniani*, aa. 864, 866, 877 (éd. Dehaisnes, p. 128, 134. 255). Richer, I, 48 (éd. Guadet, t. 1, p. 92).

(160) *Annales Sancti Bertiniani*, loc. cit.

(161) Charlemagne chercha à maintenir le caractère régalien du monnayage : *Cap.* (805), 18 ; *Cap. de monetis* (820) (Bor., p. 125, 299).

3° L'armée.

Tout homme libre devait le service militaire en vertu du serment de fidélité prêté au roi ([162]). Le réfractaire qui ne payait pas l'amende de l'hériban (60 *solidi*) était réduit en esclavage ([163]). Seuls, les clercs en étaient exempts ([164]). Les hommes étaient commandés par les comtes ou par les immunistes, même évêques ou abbés, bien que les clercs fussent écartés en principe de ce service ([165]). Avec les incursions sarrazines, l'armée, presque uniquement composée de troupes à pied, s'était transformée au point de n'être plus guère qu'une cavalerie ([166]). Des capitulaires du IXe siècle lui donnèrent un recrutement très voisin du dernier système romain. Le service était gratuit, mais l'homme sous les armes bénéficiait d'un triple *wergeld*, de la suspension de toute poursuite judiciaire, de l'exemption de tout autre service public. Un capitulaire de 807 décidait que le possesseur de 3 à 5 manses devait marcher à l'ennemi, équipé et muni de vivres pour trois mois: les possesseurs de 2 manses s'associaient deux à deux, l'un partait, l'autre faisait les frais; ceux d'un seul manse s'unissaient, trois à trois, pour équiper et munir de vivres l'un d'eux. Une fortune mobilière de 600 *solidi* obligeait son possesseur à servir à ses frais; les propriétaires de 300, 200, 100 *solidi*, s'associaient aussi à deux, à trois, à six, pour que l'un d'eux partît aux frais des autres ([167]). Mais une cavalerie ayant besoin de cadres exercés, la fréquence des guerres incitant les hommes à fuir le service militaire par tous les moyens et la masse d'entre eux ne le devant que par l'intermédiaire des *seniores* qui, vite, n'obéirent plus aux rois que d'une façon relâchée, ceux-ci multiplièrent les bénéfices militaires, dont les *precariae ecclesiasticae sub verbo regis* avaient été le type originaire ([168]). Ces bénéficiers, *vassi* directs du roi,

(162) *Edict. Pistense* (864). Cpr. *Cap.* (847), 5 (Kr., p. 71). Les serfs, en principe, ne le devaient pas : *Cap.* (825), 30; *Cap. pro Hispanis* (815), 1 (Bor., p. 261, 325).

(163) *Cap. de exerc. prom.* (808), 3; *Cap.* (811), 1, 9 (Bor., p. 137, 166)

(164) *Cap. missorum* (805), 15 (Bor., p. 125).

(165) *Cap.* (744), 3; *Cap* (808), 7; *Cap.* (811), 9; *Cap.* (811), 8 (Bor., p. 29, 158. 159, 161). Cpr. Benedictus Levita, II, 370-71; III, 4, qui tend à exempter les évêques immunistes (Walter, t. 2, p. 651-654, 691).

(166) Brunner (ZSS., t. 8, p. 1-40).

(167) *Cap.* (807), 1-3; *Cap. de exerc. prom.* (808), 1-9; *Cap.* (811), 1-10; *Cap.* (828) ; *Cap.* (829) ; *Edict. Pistense* (864), 26-27 (Bor., p. 134, 137, 167 ; Kr., p. 3, 6, 311). Anségise, III, 74 (Bor., p. 433).

(168) Voy. p. 164 et s.

devaient combattre à toute réquisition sous peine de perdre leur bénéfice ([169]). L'armée eût alors une double base : service obligatoire pour tous; obligation contractuelle des bénéficiers. Celle-ci s'étendra de plus en plus.

II. — LE POUVOIR LÉGISLATIF. LES SOURCES DU DROIT.

Les Carolingiens légiféraient dans les mêmes formes que leurs prédécesseurs, mais *pro salute patriae et utilitate Francorum* ([170]). Leurs lois, *capitula, capitularia,* termes pris à la chancellerie byzantine, ont été réparties par une tradition ancienne en trois classes ([171]) : 1° les *capitula per se scribenda,* se rapportant au gouvernement politique, économique, ecclésiastique. A tort on les a crus personnels à chaque roi et ayant besoin pour lui survivre de la confirmation de son successeur ([172]). Sanctionnés par l'amende du *bannus* ou des peines afflictives, ils formaient un droit territorial; 2° les *capitula missorum,* instructions adressées aux *missi* ou autres agents royaux, perpétuant l'habitude romaine de légiférer par rescrits; 3° les *capitula legibus addita vel addenda,* corrigeant les *Leges,* y ajoutant ou y retranchant, et auxquels il sied de ramener les refontes de ces *Leges,* telle que la *Lex Salica emendata* ([173]). Contrairement à une opinion répandue naguère, on ne voit nulle part que ces réformes dussent être consenties par les peuples ([174]). Le Prince en décidait toujours en son

(169) *Cap.* (807), 1; *Cap* (805), 6; *Cap.* (808), 5; *Cap.* (804), 5 (Bor., p. 134, 125, 137, 167).

(170) *Chr. Fredeg. cont.,* 42 (*loc. cit.,* p. 187).

(171) Borétius, *Beiträge zur Capitularien Kritik,* Leipzig, 1874. Seeliger, *Die Capitularien der Karolinger,* München, 1893. Montesquieu, *De l'esprit des Lois,* liv. XXLIII, ch. 10.

(172) Cpr. Thévenin, *Lex et Capitula,* p. 150-155, dont l'opinion est fondée sur l'idée *à priori* que les rois n'avaient pas un vrai pouvoir législatif.

(173) *Cap. add. legi Salicae,* par Charlemagne (803) (Bor., p. 113) et par Louis le Pieux (Mns. 204, nouv. acq. lat. Bibl. nat., fol. 20). Adde : *Cap. add. leg. Rib.* (Bor., p. 117, 280, 292). Einhart, *Vita Karoli,* 29 (Pertz, SS., t. 2, p. 444). *Ann. Laureshamenses,* a. 802 (Pertz, SS., t. 1, p. 41). Charlemagne fit aussi rédiger des lois pour les peuples annexés : ci-dessus, p. 90, n. 266.

(174) Cpr. Waitz, *Deutsche Verfassungsgeschichte,* t. 4, p. 506 ; Brunner, *Deutsche Rechtsgeschichte,* t. 1, p. 548; Thévenin, *loc. cit.,* dont la doctrine, toujours *a priori,* n'est pas confirmée par les textes où l'on chercherait vainement une opposition entre ce que ces auteurs appellent *Volksrecht und Königsrecht.* Voici un texte où l'on pourrait voir une assemblée faisant la loi : « Incipiunt capitula quæ D. Ludowicus, serenissimus imperator, imperii sui V° anno, cum universo cœtu populi a Deo sibi commissi

conseil ou dans un *conventus* dont Hincmar ne laisse rien ignorer du rôle purement consultatif ([175]). Ce qui est vrai, c'est que le roi, ayant fait la loi, la faisait jurer dans le *conventus* aux person- nes présentes et chargeait les *missi* d'exiger cela des juges infé- rieurs ou même de tous les habitants de leurs *missatica*, tant était grande l'importance attachée à l'engagement individuel qui, du reste, n'était pas libre puisqu'il s'agissait d'une loi déjà faite, qu'on ne pouvait discuter. Il sied surtout de noter qu'il ne s'agit pas ici d'un peuple exprimant une volonté générale, mais d'une masse d'individus dont chacun s'engage, séparément et unique- ment pour soi, à respecter et observer la volonté royale ([176]).

Cette législation, si copieuse et touchant à tout sous les pre- miers Carolingiens, tendit à se raréfier dans la dernière partie du IXe siècle et disparut au Xe. Alors la chancellerie royale n'émit plus que des actes particuliers, des *privilegia*, quelques termes dont elle usât pour les qualifier ([177]). Des capitulaires nous sont

id est cum venerabilibus episcopis et abbatibus atque comitibus et reliquo populo, in Aquisgrani palatio promulgavit atque legis Salicæ addere et uni- versis ordinibus superioris videlicet et inferioris gradus populi imperii sui firmiter tenere præcipit. » Mais, 1º l'empereur seul a promulgué et ordonné que tous obéissent; 2º la masse du peuple soumise à la *Lex Salica* n'était évidemment pas présente dans le palais, pas même tous les grands, car le texte continue : « Ipsaque postea cum in Theodone villa, generale conven- tum habuisset ulterius, capitula appellanda esse prohibuit sed tamatum (tartum) lex dicenda immoque ea firmissime ab omnibus pro lege tenenda cum totius optimatum suorum concilio præcepit »; d'où il appert que le Prince seul, avec son conseil, incorpore ses *capitula* à la *Lex* (Mns., 204, nouv. acq. lat., Bibl. nat., fol. 20).

(175) Hincmar, *de ord. palatii*, XXI, XXIX, seqq. Agobard, *Adv. leg. Gon- dobadam*, 7 (HF., t. 6, p. 357).

(176) *Cap.* (801); *Cap.* (803), 19 (Bor., p. 112, 116) et encore cela résulte du c. 6 de l'édit de Pistes (864) (Kr., p. 313) invoqué en sens contraire. Dans une hypothèse où le roi substitue à la procédure inopérante de la *Lex Salica* une autre procédure, il ajoute : « Et quoniam lex consensu populi et constitutione regis fit, Franci jurare debent quia secundum regium man- datum nostrum ad justitiam reddendam vel faciendam legibus bannitus et mannitus fuit. » Noter que: 1º *Lex consensu populi fit et constitutione prin- cipis* est une formule romaine du temps où l'empereur était seul légis- lateur ; 2º la modification apportée à la *Lex*, l'a été par un *mandatum regium* ; 3º les Francs ne sont pas libres de jurer, mais *debent jurare*. Dans le *Cap.* (789), 63, où l'on trouve : *judici diligenter discenda est lex a sapientibus populo composita* (Bor., p. 58), il est clair que *sapientes*, comme *legislatores* des *Annales Laurhesamenses*, désigne les juristes chargés de rédiger le texte de la loi. Ajoutez le *Cap. Worm.* (783), 10, qui met la *Lex* au-dessus de la coutume.

(177) Voy. *Recueil des actes de Lothaire et de Louis V, rois de France* (954-987), publiés par L. Halphen et F. Lot : *Introd.*, p. III et s.

parvenus à l'état isolé. Mais dès 827, l'abbé Anségise composa, avec 27 d'entre eux, un recueil, tout de suite cité par les rois mêmes à l'instar d'un code officiel (178). Ce *Capitulare* est divisé en quatre livres : deux pour les *capitula ad ordinem pertinentia ecclesiasticum*, le premier contenant ceux de Charlemagne, l'autre ceux de Louis le Pieux; deux pour les *capitula ad mundanam pertinentia legem*, l'un consacré aux lois de Charlemagne, l'autre à celles de Louis le Pieux et de Lothaire, associé à l'Empire. Suivent trois appendices d'énumérations de *capitula* (179). Peu après 848, sous le pseudonyme de *Benedictus Levita*, parut un recueil composite dont l'auteur prétend s'être documenté à Mayence, travailler pour l'évêque du lieu, Otger, et vouloir compléter l'œuvre d'Anségise. Ces *Faux capitulaires* présentent, comme lois impériales, des combinaisons de textes de droit romain ou canonique, des Pères de l'Eglise, de certaines *Leges*, voire de vrais capitulaires (180). Divisés en trois livres, ils furent très vite tenus et cités comme authentiques (181). On en fit des abrégés. Comme origine, Mayence paraît un alibi. On les rattache à la série des documents de même sorte provenant du diocèse du Mans (182).

Les principaux formulaires carolingiens sont les *Formulae Turonenses, F. Bituricenses, F. Senonenses, F. Salicae Begnonianae et Merkelianae, F. Imperiales e curia Ludowici Pii*, etc. Les diplômes se multiplièrent. Les cartulaires et polyptyques les plus intéressants sont de ce temps-là, tels les cartulaires de Saint Père de Chartres, de N.-D. de Paris, de Brioude, de Cluny, et le polyptyque de l'abbé Irminon, de Saint-Germain-des-Prés, etc. (183).

(178) *Cap. Worm.* (829), 5; *Cap.* (853), 6, 11 (Kr., p. 19, 273). Hincmar. *Epist.*, 15 (PL., t. 126, p. 94).

(179) Baluze, *Capitularia regum Francorum*, 2 vol., Paris, 1677 ; 2e édit. par Chiniac, 1780. Borétius et Krause, *Capitularia* (MGH., LL., Sect. III, 2 vol., 1881-1897), où se trouve le *Capitulare* d'Anségise.

(180) Seckel, *Studien zu Benedictus Levita* (*Neues Archiv.*, t. 26, p. 54 et s.). Max Conrat, *Geschichte der Quellen und Litteratur des röm. Rechts*, t. 1, p. 300 et s.

(181) *Cap. Carisiacum* (858) (Kr., p. 289).

(182) Paul Fournier, *La question des fausses décrétales* (*NRH*, 1887, p. 92, et *Rev. d'hist. eccl. de Louvain*, 1907). Von Simson, *Pseudo-Isidor* (ZSS., 1907).

(183) Sur les éditions des *Formules* et des *Diplômes* et des *Cartulaires* : Voy. p. 102, notes 62, 63. Le *polyptyque d'Irminon* a été publié par Guérard, Paris, 1843, et par Aug. Longnon : *Polyptyque de Saint-Germain-des-Prés, rédigé au temps de l'abbé Irminon*, 2 vol., Paris, Champion, 1886.

III. — La justice et les réformes carolingiennes.

1° L'organisation judiciaire,

Pour alléger le travail du tribunal du roi où le comte du palais ou l'archichapelain tenaient d'ordinaire la place de celui-ci, les *missi* jugeaient *vice principis* au cours de leurs inspections et il était interdit aux laïques de plaider devant le roi sauf au cas de déni de justice de leur part ou de celle des comtes, et aux clercs. sans exciper de l'autorisation de l'évêque ou prouver son refus de juger ([184]). Mais le roi restait libre d'évoquer ,tout litige au moyen d'un *indiculus commonitorius* adressé aux parties ou au juge saisi ([185]). Pour des raisons analogues, on établit un départ entre les compétences du comte et du *vicarius*, les affaires criminelles comportant peines afflictives, les causes civiles touchant l'état des personnes, la propriété des esclaves et des immeubles étant réservées au comte ([186]).

Les *rachimburgi* ou *boni viri*, choisis jadis pour chaque affaire, furent remplacés par des *scabini* ([187]), investis à titre permanent des mêmes fonctions par les *missi* et les comtes ([188]) et seuls tenus désormais d'être présents aux assises judiciaires ([189]). Ils siégeaient au nombre de sept ou de douze ([190]). La permanence de leur charge tendit à les transformer en véritables jugeurs ([191]). L'époque est

---

(184) *Cap. Pippini* (754), 7; *Cap.* (810), 5; *Cap. Worm.*, (829), 14 (Bor.. p. 32. 155; Kr., p. 16). *Capit. incert. anni*, 7 (Mansi, t. 12, p. 571).

(185) *Cartae senonenses*, 18, 19 (Z., p. 193), *Capit. incerti anni*, 7 (Mansi, t. 12, p. 571).

(186) I^m *Cap. missorum Aquisgr.* (810), 3, 15; *Cap. de just. fac.* (811-813), 4. Cpr. *Cap. Herist.* (779), 9 (Bor., p. 153, 176, 48).

(187) On trouve déjà le mot dans une charte de 706 : P. Viollet, *Histoire des inst. pol. et adm. de la France*, t. 1, p. 311.

(188) *Cap.* (803), 10, 20; *Cap.* (809), 5, 11; *Cap.* (829), 5 (Bor., p. 113, 116, 149; Kr., p. 19). Saleilles, *Du rôle des scabins et des notables dans les tribunaux carolingiens* (RH., 1889).

(189) *Cap.* (760-770), 12; *Cap.* (805), 16; *Cap.* (817), 14 (Bor., p. 105, 126, 190).

(190) Des capitulaires et des chartes fournissent des nombres variant de trois à vingt-sept. : Beaudouin, *NRH.*, 1888, p. 189 et s.

(191) *Cap. Aquisgr.* (801), 13 (Bor., p. 171 et s.). « Quia postquam scabini eum dijudicaverint, non est licentia comitis vel vicarii ei vitam concedere. » *F. senonenses*, rec. 3, 6 (Z., p. 212, 214). *F. bignonianae*, 7 ; *linde brogianae*, 20, 21 (Z., p. 230, 281).

marquée par un développement important des justices des *potentes* et des immunistes ([192]).

2° La procédure.

Les mœurs judiciaires restaient les mêmes en dépit des capitulaires condamnant les guerres privées ([193]) et tâchant d'imposer à la place les compositions ([194]). Mais une action plus directe de l'autorité dans l'administration de la justice fut la *bannitio*, citation par ordre du juge substituée dans bien des cas à la *mannitio* du demandeur et sanctionnée par un mode de saisie plus rapide ([195]). La poursuite d'office sur dénonciation spontanée ou provoquée devint fréquente. L'*inquisitio regis*, procédure par enquête, propre au roi et aux *missi*, mais parfois déléguée aux comtes par un *indiculus inquisitionis*, eut pour but de rechercher des témoignages assez nombreux et autorisés pour qu'on pût prononcer une sentence d'après eux. Elle jouait pour les crimes graves dans la carence d'accusateur, et, au civil, pour les questions d'état et les actions immobilières ([196]). Dans le système des preuves, les capitulaires maintenaient le serment par *cojuratores* ([197]), le duel judiciaire qui, malgré les protestations de l'Eglise ([198]), devenait peu à peu la preuve ordinaire ([199]); on assistait à une efflorescence d'ordalies dont les lois antérieures ne parlaient pas : par l'eau froide, par le pain ou le fromage bénits, par le sort, par la croix, etc. ([200]). L'Eglise, plus tolérante qu'antérieurement, se préoccu-

(192) Voy. p. 105.

(193) *Cap.* (757), 21; *Cap. missorum* (802); *Cap.* (806), 7; *Cap. Carisiacum* (873), 3; *Cap.* (759), 67 (Bor., p. 39, 97, 123, 59; Kr., p. 96, 343).

(194) *Cap. Herist.* (779), 22; *Cap. Worm.* (783), 4; *Cap. miss. gen.* (802), 32; *Cap. miss. Theodulphi* (805), 5; *Cap.* (818), 13; *Cap. Worm.* (829), 7-8; *Cap.* (884), 10 (Bor., p. 51, 97, 122, 284; Kr., p. 15, 20, 374).

(195) *Cap.* (782), 8; *Cap.* (816), 4; *Cap.* (818-19), 12; *Cap. Pap.* (853), 3; *Edit. Pistense* (864), 3 (Bor., p. 92, 268, 283; Kr., p. 87, 311).

(196) *Cap.* (802), 31, 46, 55; *Cap.* (803), 8; *Cap. Worm.* (829), 8; *Cap. Pap.* (856), 3 (Bor., p. 97, 101, 104, 146; Kr., 13, 90). Brunner, *op. cit.*, t. 2², p. 524.

(197) *Adminitio generalis* (787), 64; *Cap. leg. add.* (803), 4, 5; *Lex Rib.*, tit. 12, 20; *Cap.* (802-13), 2, 11, 12; *Cap.* (819), 9-15 (Bor., p. 58, 157, 282).

(198) Agobard, *Liber adv. leg. Gondobadi et impia certamina quae per eam geruntur* (PL., t. 104, p. 113). Valence (851), c. 12, voit dans le duel un suicide et un meurtre (Mansi, t. 15, p. 1).

(199) J. Declareuil, *A propos de quelq. trav. réc. sur le duel judiciaire* (NRH., 1909; tir à p., p. 9, 16).

(200) *Cap.* (758), 17; *Cap.* (779), 10; *Cap.* (794), 9; *Cap. Aquisgr.* (817), 7, 63; *Cap.* (816), 1; *Cap.* (818-19); *Cap.* (895), 22 (Bor., p. 41, 42, 208, 279, 282).

pait surtout de les christianiser ([201]). Agobard les condamnait à
l'égal du duel ([202]).

(201) *Ordines judiciorum Dei* (Zeumer, p. 608 et s.). **J.** Declareuil, *l. c.*
et *Les preuves jud. dans le dr. franc*, p. 169 et s.).
(202) Agobard, *Liber de divinis sententiis digestus cum brevissimis adno-*
tationibus contra damnabilem opinionem putantium divini judicii verita-
tem, igne, vel aquis, vel conflictu armorum patefieri (PL., t. 104, p. 250).

CHAPITRE II

L'ÉGLISE SOUS LES MONARCHIES FRANQUES

§ 1. — L'Église et le pouvoir royal.

I. — L'Église et la royauté mérovingienne.

L'épiscopat avait puissamment aidé à l'établissement du royaume franc, élément d'ordre dans la carence de l'Empire [1]. Cela, le prestige de leurs fonctions religieuses et, pour la plupart, de leur origine gallo-romaine, avaient désigné les évêques pour les conseillers le plus écoutés des rois. Mais, d'autre part, l'Eglise, institution romaine établie en Gaule, fut comprise dans le *regnum* et les dynastes eurent sur elle un droit patrimonial [2]; on ne l'a pas assez remarqué. Sans se croire autorisé à toucher à ses dogmes, à sa constitution essentielle, le roi franc pensa à tirer de celle-ci et du personnel ecclésiastique tout le profit possible. Loin que la disparition de l'administration romaine ait accru la puissance de l'Eglise, elle la fit glisser dans une subordination relative. L'Eglise devint partie du gouvernement royal. Disant mes évêques, comme mes optimates, mes comtes, le roi les tint pour ses agents et les employa tant aux besoins de sa politique qu'au service de l'Eglise. L'épiscopat ne gouvernait pas le royaume sous le nom du roi, comme on l'a dit. L'influence des évêques était grande, mais individuelle. L'Eglise, pas plus que le peuple, ne faisait corps en face du roi. Son unité se réali-

---

(1) *Epist. sancti Aviti; Epist. sancti Niceti ad Chlodowechum* (Mansi, t. 8, p. 175, 198).

(2) J. Declareuil, NRH, 1898, p. 139; 1899, p. 768 et s. Cpr. Von Schubert, *Staat und Kirche in den arianischen Königreichen und im Reiche Chlodowigs*, 1912. L'opinion récente qui veut que la subordination de l'Eglise aux rois fût un emprunt aux royaumes barbares, pratiquant l'arianisme, a été justement critiquée par M. Génestal (NRH., 1914, p. 524 et s.).

sait au dehors dans la Papauté, dont la puissance supérieure
était déjà indiscutée (3), mais ne se manifestait que par intermittences, à cause de la difficulté des temps (4). Des tentatives pour
relever le vicariat d'Arles sous Vigile, Pélage et Grégoire le
Grand, avaient échoué (5). Aussi les papes poussaient-ils les
rois à intervenir dans le gouvernement et la discipline des églises
des Gaules (6). Dans les questions non dogmatiques, en fait, la décision appartenait aux rois et aux conciles locaux. De cette dépendance les conséquences apparurent vite.

D'abord, dans le recrutement du clergé. Aux canons exigeant,
pour le choix des évêques, l'élection du clergé et du peuple, la
confirmation de l'élection par le métropolitain, la consécration
par le même ou son délégué, assisté de deux suffragants, les rois
prétendirent ajouter leur propre consentement, *assensus regalis*.
L'Eglise protesta, céda; les papes mêmes l'admirent. Ce droit
modéré fut dépassé dans la pratique. Le roi tantôt suggérait aux
électeurs un candidat de son choix, tantôt le désignait directement au consécrateur (7). Cette habitude fut étendue aux abbés de
monastères, qui, régulièrement, devaient être élus par les moines. Bien que la simonie et l'intrigue n'y fussent pas toujours
étrangères, ces choix royaux, se portant d'ordinaire sur des palatins en faveur, assez heureux dans l'ensemble, montrent les rois
attentifs aux intérêts de l'Eglise et des fidèles. De l'évêque dépendait toujours l'ordination des clercs, sauf l'affranchissement
préalable pour les serfs; mais, les hommes devant en principe le
service militaire et les clercs en étant exempts, nul ne pouvait
être ordonné sans l'autorisation du roi ou du comte (8).

(3) J. Declareuil, NRH, 1905 p. 261-274.

(4) Jaffé-Wattenbach, *Regesta*, nos 764, 766, 874, 876. Une lettre de Sym-
maque porte: « Haec tamen ad omnium episcoporum volumus perferri noti-
tiam. » Cpr. d'autres de Jean II, d'Agapet (Mansi, t. 8, p. 807 et s., 856 et s.)

(5) *Ep. Vigilii ad Auxancium, ep. Aurelianensem* (545) (HF, t. 4, p. 61).

(6) *Epist. Sti Gregorii*, VII, 5, 117; XI, 55-57, 59-61, 63 (PL., t. 77, p. 1172
et s.). *Ep. Pelagii ad Childebertum* (556 et 557) (MGH, *Ep. aev. mer.*, t. 3,
p. 71, 75, 76).

(7) Orléans (549), c. 10; Paris (557), c. 8 (=c. 5, dist. 58); Paris (615), c. 1,
(Maassen, t. 1, p. 103, 144, 186). *Edict. Clotarii* (614), 8 (Bor., p. 22). La procédure comportait régulièrement : 1º *electio a clero et populo* sous la présidence
du *visitator*, délégué du métropolitain, suivie d'un procès-verbal (*sug-
gestio*) adressé au roi; 2º *decretum regis* approuvant l'élection; 3º jugement
canonique de la valeur de l'élection et de l'élu par le métropolitain; 4º consécration; 5º remise du temporel par le roi. *F. Marculfi*, I, 5-7 (Z., p. 45-47).
Greg. Tur., III, 1, 17; IV, 3, 6, 7; V, 45, 46; VI, 5, 9, 15, 30-39; VIII, 22, 23, 39;
X, 26.

(8) Orléans (511), *praef.*, cc. 4, 6; Clermont (535), c. 6; Tours (567) (Maassen,

En second lieu, aucun concile, même les synodes annuels pres
crits aux métropolitains, ne pouvaient être réunis sans la permission du roi ([9]). Beaucoup de ces assemblées étaient convoquées et
même présidées par lui ([10]). Dressant leur ordre du jour, il n'acceptait que les décisions qui lui paraissaient bonnes; il leur donnait force légale; de sorte que les législations canonique et civile
s'imposaient au même titre ([11]). Il jugeait lui-même les évêques ou composait le tribunal ecclésiastique appelé à le faire ([12]).
Il frappait de lourds impôts le patrimoine de l'Eglise ou l'en
exemptait absolument, à son gré.

II. — L'Eglise et l'Etat carolingien.

Le rôle de l'Eglise ne fut pas moins grand, en fait, dans l'avènement carolingien; en droit, il fut autrement important. Les
rapports des deux pouvoirs en reçurent un fondement juridique
nouveau. De subordonnée aux dynastes, l'Eglise devint l'associée
intime de l'Etat dont la notion renaissait, d'abord par la conception qu'on eut de leur mission commune, ensuite par la façon dont
le roi était créé. Par le sacre, le roi acquérait des droits dans
l'Eglise et celle-ci en acquérait sur lui. Cette union se manifestait de toute manière entre l'Empereur et le pape, entre le roi
et l'épiscopat ([13]), par la confusion des législations séculière et
ecclésiastique, par la dualité des *missi*, le caractère mixte des
conventus generales, la surveillance réciproque des évêques et des
comtes les uns vis-à-vis des autres ([14]), l'obligation pour ceux-ci
de protéger les églises ([15]), de se soumettre à la réprimande et
d'assister au *placitum* de ceux-là ([16]), parfois par l'attribution

t. 1, p. 4, 66, 122). *F. Marculfi*, I, 19 (Z., p. 55); Greg. Tur., IV, 99: Les clercs
étaient exempts du service militaire et des *munera civilia* : Orléans (538),
c. 11: Orléans (541) (Maassen, p. 77, 95).

(9) Orléans (541), c. 37; Orléans (549), c. 23; Eauze (551), c. 7; Tours (567),
c. 1 (*Ibid.*, p. 95, 108, 114, 122). Greg. Tur., IV, 47; V, 18, 20, 27, 49; VI,
1; IX, 20; X, 15.

(10) Greg. Tur., I, 5; II, 1; V, 2.

(11) Clichy (627), c. 24 (Maassen, p. 200); Paris (614), c. 2 (Maassen,
p. 186)=*Ed. Clotarii* (614), 1 (Bor., p. 21).

(12) *F. Marculfi*, I, 26 (Z., p. 59). Greg. Tur., *H. Fr.*, X, 29.

(13) Voy. p. 110, 113.

(14) *Cap.* (623-25), 14; *Cap. Lotharii, de episc. caus.* (Bor., p. 305, 326).

(15) Anségise, II, 23 (Bor., p. 419); *Conc. germ.* (742), c. 5; Meaux (845),
c. 71; Pavie (876), cc. 12, 13 (Werminghoff, p. 3; Mansi, t. 12, p. 365;
append., p. 103; t. 14, p. 811; t. 17, p. 306).

(16) Francfort (794), cc. 6, 30; Arles (813), cc. 13-17; Aix-la-Chapelle (813),

aux évêques d'un *missaticum* permanent ou des fonctions comtales ([17]). Au VIIIe et au IXe siècle, si les papes interviennent dans la politique, ils trouvent naturel que rois et empereurs en fassent autant dans le gouvernement de l'Eglise, que les chefs religieux se « commandent » aux princes et s'en constituent les *vassi*. Car Empire et Eglise ne faisaient qu'un, ayant la direction du même peuple chrétien. On disait : un Empire, une Eglise. Aucun conflit ne semblait trouver place entre eux. Il n'y en eut que lorsqu'il fut avéré que l'unité de l'Empire disparaissant, celle de l'Eglise subsisterait. Il fallut alors adapter cette universalité religieuse aux diversités politiques. Les moyens n'apparurent pas les mêmes à tous ([18]).

Cette alliance et ses effets s'étaient révélés dès que Karloman et Pépin avaient été les chefs des deux fractions du royaume, dans les conciles tenus, d'accord avec le légat Boniface, chez les Francs de l'Est et à Leptinnes dans le royaume de l'Ouest, pour la réforme de l'Eglise et des mœurs ([19]). Aux temps troublés de Charles Martel, évêchés et abbayes étaient tombés aux mains de laïques et de clercs indignes; le clergé inférieur, recruté au hasard, vivait dans l'ignorance et le relâchement; l'organisation ecclésiastique, la hiérarchie se disloquaient ([20]). Une part considérable du patrimoine de l'Eglise lui avait été enlevée par le maire du palais pour doter ses guerriers ou par des intrus agissant pour leur compte. Les conciles tombaient dans l'oubli ([21]). Les papes au début du VIIIe siècle n'écrivaient au *princeps Francorum* que pour l'entretenir des Lombards. Il fallait tout reprendre à la base. Dès l'établissement du nouveau régime, le concours des chefs religieux et des princes fut acquis pour cette entreprise.

La définition dès lors admise du rôle des rois dans l'Eglise ne modifia sensiblement ni les procédés, ni les résultats antérieurs. Leur protection s'exerça dans les mêmes formes que le droit de

cc. 10, 22 (Mansi, t. 13, p. 864; t. 14, t. 55, 344). Benedictus Levita, I, 182 (Tibur (894), c. 9), III, 293 (Walter, t. 2, p. 537).

(17) *Cap.* (876), 12 (Kr., p. 103). Dom Vaissette, *Hist. du Languedoc* (éd. Privat), t. 5, p. 146-7, n° 49; p. 220, n° 97.

(18) J. Declareuil, NRH, 1903, p. 278-291.

(19) Hefele-Leclercq, *Hist. des conciles*, t. III², p. 815, 825, 844, 861, 885, 893.

(20) Leptinnes (742), *praef.* (Werminghoff, p. 7).

(21) *Epist. Sancti Bonifacii*, 50 (MGH, SS., *Epist.*, t. 3, p. 299). Lesne, *La hiérarchie épiscopale. Provinces, métropolitains, primats en Gaule et en Germanie depuis la réforme de saint Boniface jusqu'à la mort d'Hincmar, 742-882*, p. 25 et s.

leurs prédécesseurs, mêlé aussi de protection ou de mainbour. Si les règles canoniques furent sévèrement maintenues par les conciles et les capitulaires touchant la liberté des élections épiscopales (²²), la candidature officielle ou la désignation directe d'un palatin ou de tout autre furent constamment pratiquées (²³). On disait même que le pape Zacharie avait investi Pépin du droit de choisir les personnages dignes d'occuper les sièges épiscopaux et abbatiaux. La remise du temporel n'avait lieu qu'en échange du serment de fidélité de l'élu au roi (²⁴). Cependant la défense d'abord maintenue d'ordonner un clerc sans l'agrément royal tomba en désuétude au IX⁰ siècle (²⁵). L'exemption du service militaire, privilège des clercs supérieurs, fut transformée par les capitulaires en une interdiction de porter les armes pour toute la hiérarchie ecclésiastique (²⁶).

Les conciles continuaient à n'être tenus qu'avec l'autorisation ou sur l'ordre de l'Empereur ou du roi (²⁷). L'obligation de deux conciles annuels, et pour les provinces ecclésiastiques, et pour le royaume, fut relevée et les conciles nationaux concordèrent avec les *conventus generales*, où le Prince apparaissait comme le chef des deux hiérarchies séculière et religieuse (²⁸). Les canons préparés par les évêques n'avaient force de loi qu'après qu'il les avait incorporés aux capitulaires. Louis le Pieux fit publier un livre entier sur la discipline ecclésiastique. « Tels sont, disaient les Pères d'Arles (813), les canons qu'évêques et abbés avons rédigés, décidant qu'ils seront soumis au seigneur Empereur afin que sa sa-

---

(22) *Cap.* (818-819), 2 (Bor., p. 276). Aix-la-Chapelle (817); *Capit. ad episcopos*, c. 2 (Mansi, t. 14, p. 381; Werm., p. 832). Florus, *de elect. episcop.* (PL, t. 119, p. 14). *F. Marculfi*, 12-14 (Z., p. 119 et s.).

(23) Des capitulaires, *Cap.* (742), 1; *Cap.* (744), 3 (Bor., p. 25, 29), des conciles mêmes semblent l'admettre : Valence (855), c. 7 (Mansi, t. 15, p. 1). Hincmar, *de ord. palatii* (éd. Prou), p. 22, note 2. Les papes admettaient seulement l'*assensus regalis. Epist. Johannis X* (921) (HF., t. 9, p. 216).

(24) Hincmar, *Ep.* 5 (PL., t. 126, p. 55).

(25) *Cap.* (805), 15; Anségise, I, 114, 125 (Bor., p. 125, 410 et s.). *Cap. Carisiac.* (877), 10 (Kr., p. 363).

(26) Anségise, I, 114 (Bor., p. 125); Aix-la-Chapelle (801), c. 17; Meaux (845), c. 37 (Mansi, t. 14, p. 258, 811), sauf les immunistes : Ver (844), c. 8 (Mansi, t. 14, p. 811).

(27) Francfort (794), cc. 4, 6, 7-10; Reims (813) : « in conventu a domino Cæsare Karolo, more priscorum imperatorum, congregato. » (Werminghoff, p. 111 et s., 253).

(28) Ver (755), c. 4; Meaux (ou Paris 846), c. 32 (Mansi, t. 12, p. 578; t. 14, p. 814). *Chron. Moissiacense*, a. 813 (Pertz, t. 1, p. 310). Cpr. *Cap.* (828), 1 seqq (Kr., p. 4 et s.).

gesse ajoute ce qui manque, retranche ce qui n'est pas raisonnable et promulgue en loi ce qui lui semblera bon. » En 846, le roi rejeta la plupart des décisions du concile d'Epernay. Parfois, il ajoutait des canons de sa main [29].

Parallèlement aux droits du roi, se précisaient ceux de la Papauté, exercés surtout jusque-là par la voie longue et incertaine de l'appel. Les papes du IXᵉ siècle s'appliquèrent à une direction plus rapprochée des églises franques, utilisant une série de pratiques et de doctrines dont quelques-unes trouvèrent un appui dans les textes du Pseudo-Isidore et de Bénoit Lévite : primaties à forme de vicariats apostoliques conférées, sans grand effet, successivement aux sièges de Metz, de Sens, de Trèves [30], rattachement des prérogatives métropolitaines à une délégation pontificale [31], droit exclusif du Saint-Siège sur les *negotia majora*, théorie des dispenses nécessitant une *postulatio* [32], systématisation rigoureuse du droit d'appel [33]. Toute déposition ou suspension d'évêque, tout transfert d'un siège à un autre, tout incident grave dans les élections épiscopales ou irrégularité dans la vie religieuse, toute modification dans les circonscriptions, etc., requéraient l'intervention ou le jugement du pape. Ces tendances atteignirent leur point culminant avec Nicolas Iᵉʳ et Jean VIII.

(29) Arles (813), c. 8 (Mansi, t. 14, p. 65); Epernay (840), *praef.;* Verdun (845), c. 80; Verberie (753), c. 18, inséré par le roi contre la volonté des évêques (Mansi, t. 14, p. 850, 982; t. 12, p. 566).

(30) *Ann. Sancti Bertiniani*, a. 844 (éd. Dehaisnes, p. 57). Jaffé-Wattenbach, nᵒˢ 2607. 3032.

(31) Nicolas Iᵉʳ, *Ep. ad Hincmarum* (Mansi, t. 15, p. 691 et s., 706). *Ann. Sancti Bertiniani*, a. 865, 866 (p. 144 et s., 157 et s.). Il semble bien que le Saint-Siège se reconnut le droit de convoquer des conciles en France et que ceux qui s'y réunissaient le faisaient sous son autorité ou avec son assentiment tacite. Cela paraît certain pour les synodes provinciaux, car les métropolitains étaient considérés par lui comme ses délégués et pour les conciles nationaux, étant donnée la faveur avec laquelle il les voyait : Viollet, *op. cit.*, t. 1, p. 359, note 1. Cette doctrine étayée du Ps.-Isidore (Hinschius, *Ps. Decretales*, p. 503 (decr. *Damasii*), p. 720. Cpr. Pélage II : Jaffé-Wattenbach, nᵒ 1051) fut combattue au concile de Saint-Basle par Gerbert et Arnoul d'Orléans (J. Havet, *Lettres de Gerbert, Introd.*, p. XXIV, XXVI).

(32) Hincmar refusait au pape le droit de dispense par voie d'autorité, mais le lui accordait *ex benignitate et venia indultae*, de sorte que la dispense n'était qu'un pardon : Hincmar (PL, t. 125, p. 947). Le système de la *postulatio* n'était pas encore défini clairement.

(33) Contrairement aux décrétales et à la pratique, Hincmar soutenait que le pape pouvait casser, mais non juger sur appel les sentences des métropolitains : *Ep.*, 32 (PL, t. 126, p. 230).

Au x⁰ siècle, les directions romaines et l'activité conciliaire disparurent presque. L'Eglise franque vécut sur l'acquis.

§ 2. — Les circonscriptions ecclésiastiques.

I. — LE DIOCÈSE ET SES SUBDIVISIONS : PAROISSES, ARCHIPRÊTRÉS, ARCHIDIACONÉS.

Les circonscriptions diocésaines ne subirent aucune modification importante, malgré les difficultés résultant des partages royaux [34]. L'évêque conservait dans son diocèse un pouvoir monarchique; cependant des conciles accordèrent certaines garanties aux clercs investis des fonctions pastorales et entretenus, à ce titre, sur le patrimoine de l'Eglise [35]. Pour resserrer la discipline du clergé urbain, on tâchait de le soumettre à la vie commune [36]. Avec la période carolingienne, on assiste à une efflorescence de cette pratique grâce à la diffusion ou à l'imitation de la règle de saint Chrodegang, évêque de Metz, au milieu du vIIIᵉ siècle [37]. Cette institution fut généralisée et réformée par le concile d'Aix-la-Chapelle (817) et les capitulaires qui suivirent [38]. Les évêques y déclarèrent que la vie canoniale était établie presque partout. Les *canonici* comprenaient tous les clercs, qui devaient abandonner la nue propriété de leurs biens à l'Eglise et n'en garder que l'usufruit. Mais, le développement, à cette époque, des paroisses urbaines entraînait des exceptions. Dans les grandes villes, celles des faubourgs étaient desservies par des prêtres, *presbyteri cardinales*, qui y étaient définitivement attachés et y dirigeaient les clercs inférieurs [39].

Evêques, plèbes rurales, monastères, grands propriétaires multipliaient églises et chapelles dans les *vici* et les *villae* [40]. Celles

(34) Voy. la tentative d'érection de Châteaudun en évêché pour ce motif, vers 573 : Greg. Tur., *H. Fr.*, V, 5. Hefele-Leclercq, *Hist. des conciles*, t. III¹, p. 196.

(35) Orléans (538), cc. 17-30; Tours (567), c. 7; Paris (618 ?), c. 11 (Maassen, p. 79 et s., 124).

(36) Tours (567), c. 12; Ver (755), c. 11 (Maassen, p. 125; Werm., p. 54). Greg. Tur., IX, 1.

(37) Voy. la règle de Saint Chrodegang : Mansi, t. 14, p. 313 et s.

(38) *Cap.* (817) (Bor., p. 338 et s.; Mansi, t. 14, p. 147-277). Cpr. *Cap.* (789), 73, 75; *Cap.* (802), 22; *Cap.* (805), 9; *Cap.* (813), 110 (Bor., p. 60, 77, 91, 110, 183).

(39) Paris (846), c. 54 (Mansi, t. 14, p. 817).

(40) Arles (524), c. 2; Orléans (541), cc. 22, 33; Tours (567), c. 20 (Maassen, p. 36, 92, 127). Pardessus, *Dipl.*, nᵒˢ 413, 559, 562, 587, t. 2, p. 211, 379, 399. Greg. Tur., *H. Fr.*, VIII, 03; *De gloria confessorum* (loc. cit., p. 47).

dues à l'initiative épiscopale ou populaire, érigées conformément aux canons, restaient avec le personnel attaché dans la dépendance exclusive de l'évêque [41]. Les conciles prétendaient bien soumettre les autres aux conditions par eux prescrites : autorisation préalable de l'évêque, dotation suffisante pour les frais du culte et l'entretien des desservants, sujétion complète de ceux-ci, tant pour l'ordination que pour l'administration des biens et l'organisation du culte à l'autorité épiscopale [42]. Mais l'attitude manifestée par les fondateurs à l'époque romaine devint plus nette encore du fait que, graduellement, immunistes et *potentes* agirent davantage en maîtres sur leurs terres : elle fut le pendant de celle qu'ils prenaient vis-à-vis du pouvoir royal. Se tenant pour propriétaires de l'église bâtie sur leurs domaines et de leurs deniers, ils la traitaient en bien patrimonial, susceptible de toutes les transactions juridiques, dont les revenus ainsi que les profits perçus à son occasion, offrandes, casuel, dîmes, leur appartenaient, *jure fundi, ratione soli*. Ils en nommaient le desservant, comme l'intendant d'un de leurs biens [43]. Parfois ils reprenaient les biens donnés à la fondation [44]. Les mêmes prérogatives étaient revendiquées par les *potentes* non fondateurs, mais devenus *seniores* par la *commendatio* [45]. Ces prétentions atteignaient la discipline et l'ordre ecclésiastiques, d'autant que beaucoup des ces églises s'étaient transformées, avec le temps, en centres paroissiaux, dont les ressources se trouvaient ainsi aux mains de laïques. S'efforçant d'atténuer cette situation, l'Eglise reconnut bien aux fondateurs un *dominium* un moment contesté, mais en limita l'exercice, s'efforçant de distinguer sans trop de succès entre les revenus de la *dos ecclesiae* et les *altaria* (casuel, oblations et dîmes) qu'elle refusait en principe aux propriétaires laïques, n'admettant pas que

---

(41) Clermont (535), c. 15; Orléans (538), c. 12; Tours (567), c. 20, qui font un seul corps (*canonici*) des clercs urbains et ruraux (Maassen, p. 69, 77, 127). Sur les origines assez complexes des paroisses rurales : Longnon, *Les pagi du diocèse de Reims*, t. 2, p. 67. Imbart de la Tour, *Les paroisses rurales dans l'ancienne France*, RH., t. 60, p. 240; t. 61, p. 10. Lamprecht, *Deutsches Wirtschaftsleben im Mittelalter*, t. 1, p. 238 et s.

(42) Orléans (528), c. 18, Orléans (541), cc. 26, 33 ; Orléans (549), c. 16 ; Clichy (626), c. 10; Chalon (647), c. 14 (Maassen, p. 79, 93, 94, 105, 198, 211).

(43) Voy. P. Thomas, *op. cit.*, p. 33-36, p. 89 et s.

(44) Orléans (549), c. 16; Paris (614), c. 8 (6) (Maassen, p. 105, 187); Reims (625-25), c. 10 = Clichy (627?), c. 12; Chalon (647), c. 4 (*Ibid.*, p. 198, 209).

(45) C'est peut-être ce qui explique les archiprêtres laïques dont il est question dans Reims (624-25), c. 19 = Clichy (627), c. 21 (*Ibid.*, p. 200).

les prêtres et chapelains nommés par ceux-ci exerçassent leurs fonctions sans l'assentiment de l'évêque et tâchant d'écarter la trop grande dépendance des clercs vis-à-vis des *seniores ecclesiarum* en interdisant l'ordination des esclaves et la mainbour des laïques sur les clercs ([46]).

Au vi[e] siècle, s'opéra une décentralisation du culte : la plupart des églises rurales furent desservies, non plus par des diacres, mais par des prêtres, *presbyteri vicarii*, *archipresbyteri*, qui joignirent dans les *castra* et les *vici* aux fonctions catéchétiques et baptismales la prédication et la célébration des fêtes solennelles ([47]), pour lesquelles la présence à l'église cathédrale ne fut plus exigée que des fidèles habitant hors d'une circonscription paroissiale ([48]). Mais ce qui contribua le plus à conférer aux paroisses une personnalité distincte, ce fut l'attribution d'un patrimoine propre, formé des biens dont l'évêque avait affecté les revenus à leur entretien. Seules, d'abord, les églises dépendant d'une abbaye ou d'un patron laïque en avaient un, car les conciles interdisaient de rien distraire de leur dotation, qui restait ainsi séparée de la manse épiscopale. Par analogie, on fut incliné à placer les autres dans la même condition; ce qui fut acquis au début du viie siècle ([49]).

Le nombre croissant des paroisses en fit distinguer de plusieurs sortes : celles des centres où le clergé était assez nombreux pour organiser la vie canoniale et qui devinrent, au viiie siècle, des collégiales ([50]); celles de *castra* ou de *vici*, moins importantes, ayant à leur tête un archiprêtre; celles plus petites, rangées, avec les chapelles et oratoires de *villae*, sous la direction et la discipline des chefs des précédentes ([51]). C'est ainsi que fut constitué

(46) Orléans (541), c. 7. Cpr. Epaone (517), c. 15 et IXe Tolède (655), c. 8 (Maassen, p. 89, 22; Mansi, t. 11, p. 23). Le desservant fut souvent, dans les *villae*, un serf ou un affranchi du domaine autorisé à rentrer dans les ordres : P. Thomas, *op. cit.*, p. 39 et s., 68 et s.

(47) Tours (567), c. 19 (20); Chalon (650), c. 11 (Maassen, p. 127, 210). Greg. Tur., *H. Fr.*, V, 5; *Vita patrum*, 9; *De Gloria confessorum*, 5; *Liber de virtutibus Sancti Juliani*, 22 (MGH, SS., t. p. 702, 751, 573). *Hist. episcop. Antidissiodoransium* (PL, t. 138, p. 233 et s.).

(48) Agde (506), c. 21; Vaison (529), c. 1; Clermont (535), c. 5; Orléans (541), c. 3 (Mansi, t. 8, p. 323; Maassen, p. 56, 67, 88).

(49) Suivre les progrès dans ce sens à travers : Agde (509), c. 49; Orléans (511), cc. 14, 15; Epaone (517), 55. 7, 8; Carpentras (527); Orléans (538), c. 5; Paris (614), cc. 8 (6), 10 (8) (Mansi, t. 8, p. 430; Maassen, p. 6, 21, 41, 74, 187).

(50) Hefele-Leclercq, *Hist. des conciles*, t. IV[1], p. 637.

(51) Paris (829), cc. 5, 29, 40, 49; Toulouse (844), c. 3; Pavie (850), c. 1, 6, 13;

l'archiprêtré géographique ou *decania* ([52]). Mais déjà une autre subdivision du diocèse commençait de se former avec la pluralité des archidiacres; chacun d'eux fut affecté à l'administration et à la surveillance de plusieurs archiprêtrés ([53]). Cette organisation ne laissait aucune place aux chorévêques, personnages à attributions incertaines et discutées, mentionnés seulement en Occident dans les textes du viiie siècle, toujours combattus par les conciles et qui disparurent au xe ([54]). La tendance des archidiacres à se tailler des attributions propres aux dépens de l'évêque en fut accrue. Agents et délégués de celui-ci ([55]), mais pourvus désormais d'une manse séparée, d'un territoire, de l'inamovibilité ([56]), ils brimèrent et grugèrent les clercs placés sous leur autorité. Ils se constituèrent, par la coutume, une juridiction personnelle et des prérogatives fondées sur une usurpation si osée qu'ils contestèrent un jour aux évêques le droit de les exercer eux-mêmes. Cependant, capitulaires et conciles fortifiaient le plus possible l'autorité épiscopale contre eux et les patrons laïques ([57]).

II. — LA PROVINCE MÉTROPOLITAINE. LE MÉTROPOLITAIN ET SON SYNODE.

Le système des provinces ecclésiastiques restait tel au vi[e] siècle, qu'au temps de l'Empire, incomplet et flottant. Il n'avait pas tout à fait disparu. La juridiction du métropolitain sur ses suffragants, son rôle dans les élections épiscopales sont encore attestés ([58]). Le morcellement de la province entre les royaumes

(Werm., p. 612, 631, 637, 642; Mansi, t. 14, p. 798, 1019). Longnon, *Les pagi du diocèse de Reims*, t. 2, p. 6 et s.; Imbart de Latour, *Les paroisses rurales du ive au ixe siècle* (RH., t. 61. p. 11-44).

(52) Paris (829), c. 25; Le Mans (840) (Werminghoff, p. 628, 785).

(53) Guérard, *Etude sur les divisions territoriales de la Gaule*, p. 97.

(54) *Cap.* (742), 4; *Cap.* (755), 13; *Cap.* (789), 9 (Bor., p. 25, 35, 36, 54): Paris (829), c. 27; Paris (846), cc. 8, 44 (Werm., p. 628; Mansi, t. 14, p. 798, 811, 813). Hinschius, *Decretales pseudo-isidorianae*, p. 658, 715. Cpr. *Decr. Damasii*, p. 515. Leclercq, *La législation conciliaire relative aux chorévêques*, dans Hefele-Leclercq, *op. cit.*, t. II², p. 1236 et s.

(55) *Règle de Saint Chrodegang*, 25; Chalon-sur-Saône (813), c. 15; Paris (829), s. 25 (Werm., p. 628). Benedictus Levita, I, 192; III, 443 (Walter, t. 2, p. 539, 769).

(56) Grea, *Essai historique sur les archidiacres* (BECh., 1851, t. 12, p. 215).

(57) *Cap.* (769), 9, tout prêtre doit avoir l'agrément de l'évêque; *Cap.* (819), 6 : il doit être de condition libre. *Cap.* (875), 78 (Bor., p. 45, 276; Kr., 419).

(58) Orléans (541), c. 37; Orléans (549), c. 17; Lyon (567), c. 1 (Maassen, p. 95, 106, 139).

n'en rompait pas l'unité et ne dispensait pas les suffragants dépendant d'un autre roi de se rendre à son synode ([59]). Cependant l'institution étant en rapport étroit avec les interventions du Saint-Siège, la rareté de celles-ci la laissait sans appui ([60]). A l'heure de la décadence mérovingienne, elle parut sombrer. Une réaction favorable sortit des relations étroites des papes et des derniers maires du palais; mais ce ne fut guère qu'après les voyages de Charlemagne en Italie que l'œuvre fut menée à fond. A peine rétablie, l'institution fut en butte à des théories diverses qui tendaient à l'amoindrir. Les papes tenaient la juridiction des métropolitains pour une délégation qu'ils conféraient avec le *pallium*, qu'ils suspendaient ou retiraient en le reprenant. Sauf exception, ils ne le donnaient qu'à Rome en échange d'une promesse de sujétion à Saint-Pierre ([61]). De là la possibilité de supprimer les prérogatives du siège en refusant cet insigne au titulaire et la nécessité de l'assentiment pontifical à l'élection de celui-ci. Et, le délégant pouvant toujours se substituer au délégué, le pape intervenait, à son gré, dans l'administration de la province, même en présence d'un métropolitain revêtu du *pallium* ([62]). D'autre part, les évêques contestaient cette juridiction soit en tirant profit des théories papales, soit en usant des *Fausses Décrétales* pour transporter au synode provincial les prérogatives de son chef et échapper à ses pouvoirs disciplinaires. Tout en faisant tête à cette double menace, les métropolitains les plus hardis, tels Hincmar et Gerbert, aux IXe et Xe siècles, ne semblent pas lui avoir opposé une doctrine parfaitement nette ([63]).

(59) Orléans (538), c. 4 (Maassen, p. 73).

(60) On chercha à y suppléer en faisant dépendre la consécration d'un métropolitain des autres métropolitains : Orléans (538), c. 4. Cpr. Orléans (533), c. 7 (Maassen, p. 74, 62).

(61) Marca, *De concordia sacerdotii et imperii*, VI, VII, 5, Paris, 1663, t. 2, p. 861. Constantinople (861), c. 17 (Mansi, t. 15, p. 596). Cpr. Hincmar, *Ep.* 55 (PL. t. 126, p. 277).

(62) Marca, *op. cit.*, VI, XXX, 1 et s., t. 2, p. 181 et s.

(63) Sur les conflits entre Hincmar de Reims et ses suffragants : Lesne, *La hiérarchie épiscopale*, p. 171 et s. Hincmar fut le champion des métropolitains : *Epistula* 30 *ad episcopos, de jure metropolitanorum; Libellus expostulationis Hincmari; Opusculum LV Capitulorum* (PL., t. 126, p. 190, 282, 494, 566).

§ 3. — Le patrimoine des églises.

I. — Sources du patrimoine ecclésiastique.

A cette époque, le patrimoine des églises fut considérablement
accru : dons continuels par les rois de terres fiscales [64]; dons,
presque aussi importants par leur nombre, des évêques, des clercs,
des laïques; legs obligatoires ou non des mêmes et qui n'exigeaient
pas pour valoir que le testament fût conforme aux règles du droit
civil [65]; abandons de terres par la *commendatio terrarum* ou
la voie de la *precaria* [66]. Sous les Carolingiens, aux règles disciplinaires sur l'obligation de laisser un legs minime à l'Eglise,
s'ajoutèrent les attributions qui lui furent faites de la nue propriété de biens des *canonici* et des acquêts des évêques et des
prêtres à partir de leur entrée en fonctions [67].

Les ressources des églises s'augmentaient des oblations des
fidèles, partagées par moitié entre l'évêque et les clercs, des dîmes que des conciles avaient essayé de rendre obligatoires [68]
et qui le devinrent quand Pépin eut ordonné de les lever *de verbo
nostro*. Les capitulaires en prescrivirent le paiement sous la menace des censures ecclésiastiques, d'amendes et de prison [69].
Laïques et clercs, le fisc même, les devaient, en nature, sur le
produit brut du sol; à l'origine, la dîme frappait aussi les gains
tirés du travail et de l'industrie [70]. Les possesseurs de *precariae
sub verbo regis* payaient double dîme, *nonae et decimae*, même
s'ils devaient déjà un *census* à l'église [71]. La dîme était quérable,

(64) *F. Marculfi*, I, 15, 16 (Z., p. 53).

(65) Agde (506), c. 33; Lyon (567), c. 2; Paris (614), c. 12 (10) (Maassen,
p. 140, 190).

(66) Voy. ci-après, p. 163.

(67) Voy. ci-dessus p. 134; *Cap. Francf.* (794), c. 41; *Cap. Aquisgr.* (809),
c. 11 (Bor., p. 77, 164).

(68) Pour les oblations dans les paroisses, l'évêque n'avait que le tiers :
Orléans (511), c. 15 (Maassen, p. 6). Un concile de Nantes (658), c. 10, reve-
nant à l'ancien usage, prescrit quatre parts : édifices du culte, pauvres,
clergé, évêque. Pour les dîmes : Tours (567), c. 26; Mâcon (585), c. 5 (Maassen,
p. 134, 167).

(69) *Epist. Pippini ad Lullum*; *Cap. Herist.* (779), 7; *Cap. de part. Saxon.*
(775-790), 16-17; *Cap. Aquisgr.* (818-819), 5 (Bor., p. 42, 48, 76, 287; *Cap.
Worm.* (829), 5, 7 (Kr., p. 13); *Cap. Francf.* (794), c. 25; Anségise, I, 37; II, 38
(Bor., p. 76, 400, 422).

(70) *Cap. de part. Saxon.* (775-790), c. 17; *Cap. de villis* (800), 6 (Bor., p. 76,
83).

(71) *Cap. Herist.* (779), c. 13; *Cap. Aquisgr.* (818-19), c. 14 (Bor., p. 43,
289).

et vite le montant en varia d'après des coutumes locales. Chaque église paroissiale eut son ressort où elle perçut les dîmes dont ses clercs furent tenus de faire, devant témoins, trois parts : pour l'église, eux et les pauvres [72]. Les nouvelles églises, établies dans les *villae* avec autorisation épiscopale, eurent droit aux dîmes sur ces *villae*, sans que celles perçues par les églises plus anciennes fussent supprimées [73]. Un premier abus résulta de ce que les dîmes furent comprises dans le *jus patronatus* [74]. Les patrons, monastères ou laïques, qui possédaient souvent plusieurs églises, les concentrèrent entre leurs mains, laissant juste ce qu'il fallait pour vivre aux desservants. Un second abus vint de ce que les patrons et les églises mêmes, pour rémunérer divers services, les inféodèrent [75]. Il y fallait ajouter les *regalia*, c'est-à-dire les droits appartenant aux rois en cette qualité, tels qu'octrois, péages, etc., concédés par eux aux églises ou aux monastères dans un privilège d'immunité ou par faveur spéciale [76].

II. — ADMINISTRATION DU PATRIMOINE ECCLÉSIASTIQUE.

L'Eglise, qui répandait largement en aumônes, entretien des pauvres, rachat des captifs, etc., son avoir mobilier, conservait avec soin dans ses archives les titres sans cesse accrus de ses biens immobiliers [77] et sanctionnait sévèrement tout détournement de la part des clercs qui en avaient la gestion ou la garde [78]. Elle en déclarait la propriété inaliénable, sauf quelques réserves, et imprescriptible [79]. Tous ces biens étaient placés sous l'administration de l'évêque qui en répartissait les revenus [80] avec l'obligation morale, sanctionnée par des peines canoniques, d'en user

[72] *Cap.* (802-3), 2 ; *Cap.* (809). 10 (Bor., p. 119, 122) ; *Cap. Worm.* (829), 6 (Kr., p. 12). Au début de la période carolingienne, l'évêque faisait à son gré l'attribution des dîmes; puis il dut faire quatre parts, pour lui, le clergé paroissial, les pauvres, l'église : Freising (799), c. 3 (Werm., p. 209); enfin, la paroisse en disposa seule à mesure que son autonomie se constitua.

[73] *Cap.* (803), 3 (Bor., p. 241).

[74] *Cap. de villis* (800), 6 (Bor., p. 83); *Cap.* (856). 11 (Kr., p. 281).

[75] *Cap.* (829) (Kr., p. 9).

[76] *Gallia Christiana*, t. 4, *Instrum.*, col. 129-130.

[77] Agde (506), c. 26 (Mansi, t. 8, p. 324).

[78] Orléans (549), c. 16; Paris (557), cc. 1, 2, 6; Tours (569), c. 25 (Maassen, p. 105, 143, 134).

[79] Agde (506), c. 7 (= c. 1, Ca. 10, q. 2, et c. 57, Ca. 12, q. 2); Clichy, c. 43, = Chalon (636), cc. 13, 22, = c. 32, Ca. 12, q. 2).

[80] Orléans (511), cc. 14, 15 (Maassen, p. 6).

selon les besoins des clercs et les exigences du culte [81]. Mais les attributions que l'évêque avait faites, selon ces vues, aux paroisses et aux clercs chargés des multiples fonctions de l'Eglise se consolidèrent; ces biens furent définitivement attachés à la paroisse ou à la fonction [82]. Les capitulaires exigèrent que chaque église reçût au moins un manse libre de toute charge et gardât pour elle la totalité ou la plus grande partie de ses dîmes [83]; les dons que lui firent des tiers s'incorporèrent à sa dotation. Au centre même du diocèse, les biens, réservés dans cette répartition, furent partagés entre l'évêque et le chapitre, en manse épiscopale et manse capitulaire [84]. Chaque masse ainsi affectée à un service ou à une fonction fut administrée par le chef du service ou le titulaire de la fonction et constitua un bénéfice ecclésiastique dont ceux-ci avaient non la propriété, mais la jouissance temporaire [85]. Ne pouvant l'aliéner, ils devaient le remettre à leurs successeurs [86]. L'entretien des édifices religieux fut mis à la charge des bénéficiers [87].

Chose singulière, à mesure que presque tous les clercs se trouvaient chargés d'une portion des biens de l'Eglise, on faisait revivre la règle antique *Nemo militans Deo implicet se negotiis secularibus*. D'où l'institution des avoués, *advocati*, et des vidames, *vidami* [88], qui étaient sur les domaines ecclésiastiques, en majorité terres d'immunité, les agents de l'évêque ou de l'abbé, nommés avec l'assentiment ou sur la désignation du roi, à qui ils prêtaient serment de fidélité et qui pouvait les destituer [89]. L'avoué ou le vidame remplissait, à la place de l'évêque ou de l'abbé, les obligations d'ordre séculier auxquelles les capitulaires astreignaient les immunistes [90]. Juge de l'immunité et assimilé

(81) Orléans (511), cc. 5, 11 (*Ibid.*, p. 5 et s.).
(82) Voy. p. 136.
(83) *Cap. Aquisgr.* (818-19), 10 (Bor., p. 227), Anségise, I, 25 (Bor., p. 399).
(84) R. de Lasteyrie, *Cart. gén. de Paris*, n° 40, p. 58.
(85) La théorie du bénéfice ecclésiastique fut construite en même temps que celle du fief. On put le définir : « Jus perpetuum percipiendi fructus ex bonis ecclesiasticis, ratione spiritualis officii, personæ ecclesiasticæ, auctoritate ecclesiæ constitutum. »
(86) Anségise, I, 77; II, 29 (Bor., p. 405, 420).
(87) Francfort (794), c. 26; Mayence (813), c. 42, y fait participer 'es possesseurs de *precariae sub verbo regis* (Bor., p. 76; Werm., p. 271).
(88) Voy. E. Senn, *L'institution des avoueries ecclésiastiques en France*, 1903. *L'institution des vidamies*, 1906.
(89) Serment : *Cap. miss.* (786-92), 4; Destitution : *Cap. miss.* (802), 3; (805), 12 (Bor., p. 67, 93, 124). Cpr *Cap. Pipp.* (782-786), 6. *Cap. leg, add.* (818), 18 (p. 192, 285). *Cap.* (829), 10 (Kr., p. 10).
(90) *Cap. Herist.* (779), 9 (Bor., p. 48). *Form. senonences recentiores,*

parfois au *centenarius* (91), il représentait l'établissement ecclésiastique devant les tribunaux royaux; il assurait la liaison entre les *judices publici* et les hommes de l'immunité, produisait ceux-ci en justice et les menait à l'armée. Il recevait un bénéfice en terres ou prélevé sur les dîmes (92). Mais vers la fin du ix* siècle, avoués et vidames d'agents d'affaires des monastères et des églises en devinrent les protecteurs armés. Ce furent alors des guerriers plus ou moins puissants échappant au contrôle royal et dont on eut plus à redouter les exigences qu'à se louer de la protection (93).

III. — DROITS DU ROI SUR LE PATRIMOINE ECCLÉSIASTIQUE.

D'abord assujetties aux règles communes, les terres ecclésiastiques devaient l'impôt et leurs tenanciers le service militaire (94). Très vite, la plupart bénéficièrent de privilèges d'immunité, spécialement de l'immunité fiscale totale ou partielle (95). A l'époque carolingienne, ce vaste patrimoine l'avait définitivement acquise et ne payait aucun *census* (96). Par contre, sans qu'on voie sur quels arguments ils se fondaient, les rois disposaient parfois des biens d'Eglise en faveur de laïques, directement ou en investissant ceux-ci de fonctions ecclésiastiques qu'ils étaient incapables de remplir (97). Les conciles protestaient contre les archiprêtres et desservants laïques, tenaient ce dépouillement pour illégal et réclamaient restitution (98). Les excès commis en ce sens au temps de Charles Martel suscitèrent un règlement amiable, établi par les premiers conciles de Pépin et de Karloman. Les terres attribuées par les rois à des guerriers furent censées baillées par l'église ou le monastère, sur l'ordre du roi et sous les condi-

nos 1-5 (Z., p. 211, 214). Flodoard, *Hist. remensis ecclesiae*, II, 19, III, 28 (Pertz, SS., t. 13, p. 417, 552).

(91) *Cap. miss* (802), 13, 58; (805), 12; *Cap. Aquisgr.* (809) (Bor., p. 93, 104, 124, 149). Cpr. *Cap. de exerc. prom.* (808), 3 (p. 137).

(92) *Cap. miss* (809), 23 (Bor., p. 151).

(93) *Cap.* (823), 7, *Cap. Olonense* (825), 4 ; *Cap. legationis* (836) (Bor., p. 319, 326, 529).

(94) Greg. Tur., *H. Fr.*, III, 25 ; V, 27 ; VII, 42 ; X, 7.

(95) Voy. p. 168.

(96) Meaux (845), c. 63 (Mansi, t. 14, p. 811).

(97) Voy. p. 131; Orléans (533), c. 19; Clermont (535), c. 5; Orléans (538), c. 27; Paris (557 ?), cc. 1, 2, 6; Mâcon (583), c. 19; Paris (614), c. 4; Bordeaux (663 ?), c. 2 (Maassen, p. 64, 67, 81, 142 et s.; 159, 187, 225).

(98) Paris (516), c. 1 (Maassen, p. 141). Dipl. de Pépin (754) (HF., t. 5, p. 701). *Gesta abbatum Fontanellensium*, 10 (MGH., SS., t. 2, p. 282).

tions que : 1° le bénéficiaire payât à l'établissement dépouillé un *solidus* par an et par *casata;* 2° il fût soumis à la double dîme, *nonae et decimae;* 3° à sa mort, ou en cas de grande pauvreté de l'établissement, la terre fît retour à celui-ci. Ce furent les *precariae sub verbo regis.* Le concile de Leptinnes tolérait ces pratiques encore quelque temps pour l'entretien de l'armée; en cas de nécessité ou d'ordre du roi, la concession devait être renouvelée (⁹⁹). Les rois considérèrent comme un droit acquis ces affectations qui se perpétuèrent malgré les efforts de l'Eglise pour rentrer en possession de ces terres (¹⁰⁰).

§ 4. — Les juridictions et la législation ecclésiastiques.

I. — LES JURIDICTIONS ECCLÉSIASTIQUES.

Une série de dispositions, parmi lesquelles l'interdiction faite aux clercs de se « commander » à des laïques révélait le plan de l'Eglise de faire du clergé un monde séparé des agitations du siècle. Cela postulait une juridiction particulière. La hiérarchie judiciaire existait déjà. Deux points étaient acquis : les évêques ne relevaient que du métropolitain et de son synode; les litiges entre clercs ne pouvaient être portés que devant l'évêque (¹⁰¹). Les conciles du vɪᵉ et du vɪɪᵉ siècle posèrent successivement les principes suivants : 1° interdiction pour le clerc d'agir comme demandeur devant le juge civil et excommunication du laïque qui l'y poursuivrait à tort (¹⁰²); 2° défense à tout laïque d'assigner un clerc devant la justice séculière sans autorisation de l'évêque (¹⁰³); 3° interdiction au juge civil de juger ou de poursuivre un clerc sans cette autorisation et la présence du supérieur hiérarchique du clerc, à moins de crime entraînant la peine ca-

(99) Leptinnes (743), c. 2 (Werm., p. 7).

(100) *Cap. Heristale* (779), 13 (Bor., p. 50, *Cap. ad Theodonis villam datum.* 844), 3-5, *Cap. Vernense* (844), 9, 12, Cap. (845) (Kr., p. 114, 385, 387). Aix-la-Chapelle (809), c. 18; Thionville (844), cc. 3-5; Soissons (853), c. 9; Valence (885, c. 10 (Mansi, t. 14, p. 23, 799, 996; t. 15, p. 4). Hincmar, *Ep. ad Hincmarum Laudunensem* (PL., t. 126, p. 494).

(101) Agde (506), cc. 2, 3; Orléans (549), c. 17; Eauze (551), c. 4; Lyon (583), c. 2; Mâcon (585), c. 8; Paris (614), c. 13 (11) (Mansi, t. 8, p. 321; Maassen, p. 106, 113, 154, 168, 189).

(102) Agde (506), c. 32; Epaone (517), c. 11; (551), c. 4 (Mansi, t. 8, p. 325; Maassen, p. 22, 113). Cpr. Angers (453), c. 1; Vannes (465), c. 9 (Mansi, t. 7, p. 899, 961).

(103) Orléans (538), c. 32 (Maassen, p. 82).

pitale ([104]). Cette législation aboutit au concile de Paris et à l'édit de Clotaire II (614). Le concile consacrait nettement le privilège de clergie, pour tous les clercs, au criminel. L'édit, rectifiant, l'admit pour tous en matière civile; pour tous en matière criminelle, sauf, en cas de délit manifeste, pour les clercs inférieurs aux diacres ([105]). Ce n'était pas une abdication de la justice royale. Dans la conception du temps, le roi était le chef des deux hiérarchies judiciaires; l'édit ne fait que répartir les compétences ([106]). Tout procès relevant de l'une ou de l'autre juridiction pouvait être jugé par lui. Son rôle dans les procédures contre les évêques le démontre clairement ([107]).

Nulle part, à l'époque mérovingienne, on ne voit trace d'une juridiction autre que disciplinaire sur les laïques; mais en revendiquant un droit de protection sur certaines catégories, veuves, orphelins, affranchis, *matricularii*, l'Eglise posait les fondemehts d'une juridiction future à leur égard ([108]).

(104) Orléans (541), c. 20; Mâcon (585), c. 7; (Maassen p. 91, 167). Le concile de Chalon-sur-Saône (693-654), c. 11, interdit aux juges civils d'intervenir dans les paroisses et les monastères sans y être appelés par l'archiprêtre ou l'abbé (*Ibid.*, p. 210).

(105) Paris (614), c. 6 (4) (Maassen, p. 184) *Edict. Clotarii II*, cap. 4 (Bor., p. 20) : « Ut nullum judicum de qualibet ordine clerecus de civilibus causis, præter criminale neguoia, per se distringere et damnare præsumat, nisi convicitur manifestus, excepto presbytero et diacono. Qui convicti fuerint de crimine capitali juxta canones distringantur et cum pontificibus examinentur. » Mon interprétation paraît la plus littérale du texte de l'édit. Elle est renforcée par Reims (624-25), c. 6 (=Clichy (625), c. 7) où il est dit qu'il n'appartient qu'à l'évêque de punir un clerc coupable et, par la suite de l'édit qui indique que le clerc accusé de crime capital sera poursuivi conformément aux canons et jugé par l'évêque. Je crois, du reste, que l'évêque restait libre de consentir à la poursuite par le juge séculier et qu'il l'accordait dans les grands crimes, les clercs ne pouvant, comme juges, prononcer de peines capitales.

(106) Il en est ainsi bien que la juridiction ecclésiastique se soit édifiée sur le fondement du pouvoir disciplinaire de l'Eglise qui est d'essence religieuse et qu'elle possède en propre, sans aucune concession royale; la juridiction arbitrale des évêques à l'époque romaine ne joua ici aucun rôle : voy. J. Declareuil : NRH., 1898, p. 135 et s. Il est également clair que ce rattachement de la juridiction ecclésiastique au roi cadre mal avec la théorie de l'appel qui aboutit, au contraire, au pape. Cette sorte de disparate tient à ce que la théorie de l'appel a été empruntée par l'Eglise au droit romain et organisée pour elle-même, abstraction faite de tout rapport avec une puissance séculière, tandis que la subordination de la juridiction ecclésiastique au droit royal est la conséquence d'un autre avatar historique; la situation des églises des Gaules dans le *regnum* des rois francs. Ces deux causes ont agi indépendamment l'une de l'autre.

(107) Greg. Tur., *H. Fr.*, V, 18, 20, VIII, 2, 7, 31.

(108) Orléans (541), c. 32; Orléans (549), c. 7 (affranchis), c. 21 (lépreux);

L'époque carolingienne apporta quelques modifications dans l'ordre primitif des degrés de juridiction : à la base, usurpations des archidiacres ([109]), attributions aux archiprêtres de pouvoirs disciplinaires ([110]); au sommet, reconnaissance au profit du Saint-Siège d'un droit de contrôle extraordinaire, *retractatio* ou cassation, mais rétablissement au ixe siècle de l'appel au pape, parfois *omisso medio*, surtout dans les causes criminelles où les évêques étaient en jeu ([111]); au centre, lutte autour de la compétence des métropolitains, contestée par en bas, diminuée ou asservie par en haut ([112]); enfin couronnement en quelque sorte bicéphale de cette hiérarchie judiciaire par le tribunal royal où toute justice pouvait être rendue et par le tribunal pontifical auquel aboutissait le système de l'appel.

En même temps l'Eglise s'appliquait à organiser et à accroître le privilège de clergie. Au criminel, l'évêque juge seul abbés, prêtres, clercs, moines, et, en général, toutes personnes dépendant de lui ([113]). Des capitulaires semblent l'admettre pareillement au civil. Hincmar ne fait d'exception que pour les *causae de possessione* (revendications immobilières) et les *causae de libertate et statu* (état des personnes). On semble s'en être tenu à sa formule; dans ces hypothèses, les autorités religieuses étaient représentées devant la justice séculière par leurs *advocati* ([114]).

Dans les actions personnelles, le laïque demandeur devait assigner le clerc devant l'évêque; en matière réelle, le jugement au fond devant le juge séculier devait être précédé d'une citation en conciliation au tribunal épiscopal ([115]). Quelques capitulaires parlent aussi d'un tribunal mixte, évêque et comte, système préconisé

Paris (556-573), c. 9; Paris (614), c. 7 (affranchis), (Maassen, p. 94, 102, 107, 145, 187).

(109) Voy. p. 137.

(110) Salzbourg (800), c. 7; Pavie (850), c. 6 (Mansi, t. 13, p. 1025; t. 14, p. 931).

(111) Voy. p. 133.

(112) Voy. p. 138, Parisot, *Le Royaume de Lorraine sous les Carolingiens*, p. 234 et s.

(113) Francfort (794), cc. 6, 39 (Mansi, t. 13, p. 900, 911). *Cap.* (813), 9. Cpr. *Cap. Aquisgr.* (789), 38 (Bor., p. 56, 174). Alcuin, *Opera* (éd. Froben), t. 1, p. 175.

(114) Hincmar, *Ep. ad Carolum regem pro Ecclesiae defensione* (PL., t. 125, p. 315 et s.).

(115) *Cap.* (787) (Bor., p. 194). Hincmar, *Quales judices constituere debeatur ad causas inter ecclesiasticos et saeculares dirimendas* : Ep. 40 (PL, t. 120, p. 261).

par Hincmar ([116]). Les *Fausses Décrétales*, fondement des nouveaux progrès des juridictions ecclésiastiques, avaient tenté de les étendre en certains cas aux laïques. Benedictus Levita prétendait aussi que Charlemagne avait confirmé le rescrit *ad Ablavium* ([117]). Mais c'était surtout par l'extension de sa compétence *ratione materiae* et le développement de sa juridiction disciplinaire, que l'Eglise atteignait les laïques ([118]). Les évêques, en tournées pastorales, réunissaient les notables les plus considérés de la région, leur imposant de dénoncer, sous la foi du serment, les fautes graves commises par les fidèles. Les personnes ainsi désignées devaient se disculper par serment, appuyé de cojureurs ou d'une ordalie, ou subir la pénitence infligée par l'évêque. C'étaient les *causae synodales*, dont le pouvoir séculier imita parfois la procédure ([119]). Cette juridiction n'excluait pas pour les mêmes faits la juridiction laïque ([120]), mais, à mesure que les lois placèrent les comtes sous le contrôle des évêques, celle-ci cessa d'agir quand celle-là avait obtenu un résultat satisfaisant. On s'acheminait ainsi vers une compétence à peu près exclusive en cas de sacrilège, de blasphème, de sorcellerie, d'hérésie, de fautes charnelles ([121]) et en matière de mariage dont la réglementation s'était singulièrement précisée et augmentée dans divers conciles des viiie et ixe siècles ([122]). Au xe, l'Eglise paraît bien être seule compétente. Au reste, le pouvoir séculier concourait à l'exécution des excommunications et des sentences ecclésiastiques ([123]).

Le clergé intervenait, en outre, constamment, dans le cours de la justice, surtout à l'époque mérovingienne, par ses suppliques et ses exigences en faveur des prisonniers et des condamnés qu'il

(116) *Cap. Francf.* (794), c. 30 (Bor., p. 177). Hincmar, *loc. cit.*

(117) Benedictus Levita, II (VI), c. 366 (Walter, t. 3, p. 408). Hinschius, *Decretales pseudo-isidorianae*, I, 8, 82, pp. 33, 65.

(118) J. Declareuil, *NRH.*, 1898, p. 140-142.

(119) Regino, abbé de Prüm, composa au début du xe siècle un manuel de cette procédure : *Reginonis abbatis prumiensis libri II de synodalibus causis et disciplinis ecclesiasticis* (éd. Wasserschleben, Leipzig, 1840 et PL., t. 132). Procédure analogue pour l'Italie dans : *Cap. Pippini, Italiae regis* (782-786), 8; *Cap. Ticinense* (850), 3 (Bor., p. 192; Kr., p. 84).

(120) *Edict. Pist.* (864), 9, 13, 20 (Kr., p. 314-318). Cpr. Attigny (822) (Mansi, t. 14, p. 407).

(121) *Cap. Herist.* (779), 5; *Cap.* (801-813), 1; *Cap.* (802), 33 (Bor., p. 47, 170. 106); *Cap.* (846), 6 (Kr., p. 261). Troyes (898); c. 12 (Mansi, t. 18, p. 228).

(122) *Sic* : Verberie (758) contient une longue série de dispositions sur le mariage; Cpr. Compiègne (757), (Mansi, t. 12, p. 566, 652; Verm, p. 55, 59).

(123) *Cap. Vernense* (755), 9 ; *Cap.* (883), 10 (Bor., p. 32 ; Kr., p. 371).

s'efforçait d'arracher à la mort, ou par son attitude énergique en faveur du droit d'asile ([124]).

II. — LE DROIT CANONIQUE ET SES SOURCES.

Aux collections de conciles orientaux connus dans les Gaules dès le début de la période franque ([125]), des recueils de canons des conciles locaux s'étaient ajoutés. Les rois, les évêques en remettaient des exemplaires à leur clergé, en ordonnaient la lecture annuelle ([126]). L'œuvre des conciles nationaux de Pépin à Charles le Chauve fut énorme et comme leurs décisions n'avaient force légale que transformées en capitulaires, près de la moitié de ceux-ci ne sont que la reproduction de celles-là. Ainsi l'autorité des lois séculières répandait les systèmes et organismes juridiques, créés par l'Eglise ([127]).

Vraisemblablement on connaissait en Gaule le recueil formé au ve siècle en Italie des plus anciennes décrétales, *Canones urbicani* ([128]). Sous le règne de Charlemagne deux compilations furent importées d'Italie et d'Espagne : 1° la *Collectio Hadriana*, adressée, en 774, par le pape Hadrien au roi, qui s'en inspira pour ses capitulaires. Promulguée, dit-on, en loi de l'Empire (802), elle fut connue sous le nom de *Codex canonum Ecclesiae gallicanae* ([129]). Formée de deux recueils, composés en Italie au vi^e siècle par le moine slave Denys le Petit, *Dionysius Exiguus*, et contenant, le premier : la traduction latine des cinquante premiers

(124) Orléans (511), c. 3; Epaone (517), c. 39; Mâcon (585), c. 8 (Maassen, p. 3, 28, 168).

(125) Epaone (517), c. 3 (Maassen, p. 20). Greg. Tur. *H. Fr.*, IX, 33. Voy. Hefele-Leclercq, *Hist. des conciles*, t. III², append. I : *Les conciles grecs dans les collections canoniques de l'Occident.* En 755, Pépin utilisait la *Collectio Quesnelliana* pour rédiger les canons de Ver. Voy. Maassen, *Gesch. der Quellen des kanonischen Rechts*, t. 1, p. 494.

(126) Greg. Tur., *H. Fr.*, VII, 16. *C. gen. Francf.* (747), c. 1 (Werm., p. 47). *Bonifacii epist. ad Cuthbertum* (747), LXVI (éd. Jaffé) : il y est ordonné de lire chaque année les *decreta canonum*, les *jura Ecclesiae*, la *norma regularis vitae*. Cpr. les statuts synodaux de Saint-Boniface (Mansi, t. 12, append., p. 108 ; t. 12, p. 383) et le *De institutione canonicorum* du diacre Amalaire, approuvé par le concile d'Aix-la-Chapelle et par l'Empereur en 817 (Mansi, t. 14, p. 147-277).

(127) Voy. p. 146, note 122.

(128) R. Massigli, *La plus ancienne collection de décrétales* (*Rev. d'hist. et de littér. relig.*, 1914).

(129) Entre le temps de Denys le Petit et celui d'Hadrien II, la collection subit quelques remaniements : R. Massigli, *Sur l'origine dé la collection dite Hadriana augmentée* (MAr.-H., 1912, p. 163 et s.).

canons des Apôtres et de plusieurs séries de canons de conciles grecs, quelques canons africains; le second : des décrétales allant de Syrice (385-398) à Anastase II (496-498) [130]; 2° la *Collectio Isidoriana*, ou *Hispana*, ou *Codex canonum Ecclesiae hispanicae* [131], attribuée à Isidore de Séville, apportée d'Espagne et comprenant une ancienne version de conciles grecs, quelques conciles africains, seize gaulois et trente-six espagnols, plus des décrétales empruntées ou non à Denys le Petit.

Une nouvelle compilation fut mise en circulation vers 850, sous le nom fantaisiste d'*Isidorus Mercator* [132]. Ce sont les *Fausses Décrétales* [133], « *Hispana* augmentée d'interpolations et de pièces apocryphes... précédée d'une partie entièrement composée d'apocryphes (décrétales depuis saint Clément jusqu'à Miltiade) » [134]. Le Pseudo-Isidore use moins de textes fabriqués de toutes pièces qu'il n'altère par interpolations et retouches le sens des textes authentiques [135]. Son but, en un temps de violence et d'anarchie, est de garantir les clercs, surtout les évêques, soit contre la tyrannie des laïques, soit contre les prétentions métropolitaines, en multipliant les cas d'intervention directe de la Papauté ou d'appel à sa juridiction. Les autres préoccupations sont surtout l'extension du privilège de clergie, la condamnation des sécularisations des biens ecclésiastiques, la lutte contre les chorévêques, le maintien de la suprématie épiscopale sur les monastères. Dès 853, il est fait allusion à cette collection au concile de Soissons; elle est citée par un autre en 857 [136]. Ce n'est qu'au xv° siècle qu'on douta sérieusement de son authenticité. On a cherché son lieu d'origine successivement à Rome, où pourtant on s'en défia longtemps, à Mayence, dans la province de Reims où l'on supposait que quelque adversaire d'Hincmar

(130) On trouve l' « *Hadriana* » dans Justel, *Biblioth. veterum patrum*, t. 1, p. 101 et s., et PL., t. 67.

(131) PL., t. 84.

(132) Hincmar dit avoir été des premiers à la connaître et qu'elle était antérieure à la naissance d'Hincmar de Laon, son neveu, consacré évêque en 858. Il la cite le premier : *Cap. praesb.* (852), (PL., t. 129, p. 775), *Ad Karolum regem pro Ecclesiae defensione* (PL., t. 125, p. 1039); *Op. LV. Cap., XIV* (PL., t. 125, p. 327).

(133) Edition critique : Hinschius, *Decretales pseudo-isidorianae et Capitula Angilramni*. Lipsiae, 1863, in-4°.

(134) P. Fournier, *La question des Fausses Décrétales* (NRH., 1887, p. 70); *Et. sur les Fausses Décrétales* (R. d'hist. eccl., Louvain, 1907).

(135) Maassen, *Pseudo-isidorische Studien*, t. 1, p. 22.

(136) *Cap. Carisiac. (admonitio)* (857) (Kr., p. 287).

l'avait composée contre lui; en Bretagne (137). On la rattache aujourd'hui au groupe d'apocryphes sorti de l'entourage de l'évêque du Mans, Aldéric (832-856) (138). Analogie de style, sources consultées, matériaux utilisés, tendances, fausse bulle en faveur d'Aldéric, la rapprochent des *Faux capitulaires* (139). A la même officine se rapportent les *Capitula Angilramni episcopi mettensis*, auxquels ce prélat est bien étranger (140). Un peu antérieurs aux *Fausses Décrétales*, ce sont soixante-douze articles tendant à rendre plus difficiles les accusations contre évêques ou clercs.

L'usage que ses suffragants firent contre Hincmar des textes isidoriens provoqua de sa part la première théorie sur le pouvoir législatif dans l'Eglise (141). Il attribua au droit trois sources : les Saintes Ecritures, la coutume de l'Eglise universelle, les conciles généraux. Les papes et les conciles particuliers, munis d'un pouvoir réglementaire, pouvaient légiférer provisoirement dans le silence des autres sources. D'où les décisions de Nicée avaient fait tomber les décrétales antérieures. Mais les textes qu'il cite lui sont évidemment contraires; l'opinion de son temps était dans le sens des décrétales (142).

§ 5. — Les institutions monastiques.

La vie monastique se développait de plus en plus, surtout sous les règles de Lérins, puis de saint Colomban, fort distancées au viiᵉ siècle par la règle bénédictine. Religieux des deux sexes restaient sous la juridiction de l'évêque (143), sans l'autorisation de qui

---

(137) J. Havet, *Œuvres*, t. 1, p. 273 et s. Lurz, *Ueber die Heimat Pseudo-Isidors*, Munich, 1898.

(138) P. Fournier, *loc. cit.* et *Une forme particulière des Fausses Décrétales* (Bibl. de l'Ec. des Chartes, 1886) et *Et. sur les Fausses Décrétales*. Voir Simson, *Pseudo-Isidor und die Le Mans Hypothèse* (ZSS., 1914).

(139) M. J. Havet (*Les actes des Evêques du Mans, Œuvres*, t. 1, p. 318 et s.) a démontré, cependant, que le Pseudo-Isidore ne peut être ni l'auteur des *Gesta Alderici*, qui est Aldéric lui-même, ni celui des *Actus pontificum in urbe Cenomanis degentium* : un certain chorévêque David, auxiliaire d'Aldéric (*Ibid.*, p. 336), qui défend diverses opinions ou institutions, notamment les chorévêques, contre les *Fausses Décrétales*.

(140) Hinschius, *op. cit.*, p. CLXVIII et s.

(141) Hincmar, *Opusc. LV Capitulorum*, X, XXV, XXVI (PL., t. 125, p. 316, 387 et s., 391).

(142) *Décr. de Saint-Léon* (423) (éd. Ballerini), nᵒ 4.

(143) Orléans (511), c. 19; Orléans (538), c. 11; Arles (554), c. 5; Auxerre (578) c. 23, Chalon-sur-Saône (639-654), c. 15 (Maassen, p. 7, 76, 119, 181, 211).

Aucun monastère ne pouvait être fondé (144) L'abbé, élu par les moines, l'abbesse par les moniales, devaient être agréés et bénits par lui, avec appel, en cas de conflit, au métropolitain (145). Un abbé ne pouvait diriger qu'un monastère (146). Il avait un pouvoir disciplinaire sur les religieux qui ne devaient changer de monastère, ni voyager, ni construire des cellules séparées, ni se « commander » à un laïque, ni être ordonnés clercs sans sa per- disciplinaire sur les religieux qui ne devaient changer de monas- réfractaire ou girovague était ramené de force (148). La nomination aux fonctions conventuelles, l'administration du patrimoine dépen- daient de l'abbé sous le contrôle et la censure de l'évêque, dont les actes juridiques importants requéraient le consentement (149).

La dynastie carolingienne s'appliqua à la réforme et à l'exten- sion de la vie monastique à plusieurs reprises. A la première ten- tative de ce genre par Charlemagne et Louis le Pieux sont attachés le nom de saint Benoît d'Aniane et le souvenir du Capitulaire de 817 qui transforma la règle bénédictine remaniée en loi de l'Etat (150). Au x⁰ siècle, la réforme de Cluny transforma l'insti- tution monastique. Jusqu'alors les monastères étaient indépen- dants les uns des autres. Cluny fédéra, sous sa suprématie, tous ceux qui acceptèrent sa réforme : premier ordre monastique éten- dant son activité à tout l'Occident. En même temps, les moines se rapprochaient des clercs : les deux professions ne furent plus incompatibles; la plupart des abbés reçurent la prêtrise; les moi-

(144) Agde (506), c. 2 (Mansi, t. 8, p. 321). Le roi intervenait presque tou- jours pour donner quelques privilèges ou plus de solennité et de garanties à l'acte de fondation.

(145) Orléans (511), c. 19; Epaone (517), c. 19; Tours (567), c. 7; Paris (614), c. 4 (Maassen, p. 7, 24, 124, 187); *Regula Sancti Benedicti*, 61. Lévy- Bruhl, *Les élections abbatiales en France jusqu'à la fin du règne de Charles le Chauve*, 1913, p. 15 et s.

(146) Agde (506), c. 57; Orléans (511), c. 9; Arles (524), c. 3 (Mansi, t. 8, p. 321 ; Maassen, p. 5, 37).

(147) Agde (506), cc. 27, 38; Orléans (511), c. 22; Mâcon (583), c. 19 (Maas- sen, p. 7, 159). Longtemps les moines n'entraient pas dans les ordres sacrés. Il y avait même un préjugé en faveur de leur incapacité à y être admis contre lequel un concile de Rome (27 février 610) s'éleva dans une circulaire : *De vita monachorum et quiete* : Hefele-Leclercq, *Hist. des conciles*, t. III¹, p. 248.

(148) Paris (614), cc. 14 (12), 15 (13) (Maassen, p. 189 et s.).

(149) Orléans (533), c. 21; Orléans (541), c. 11 (Maassen, p. 62, 89).

(150) *Cap. monasticum* (817) (Bor., p. 343 et s.). Cpr. *Cap.* (789), 73; *Cap.* (813), 4 (Bor., p. 60, 173).

nes ordonnés clercs ne cessèrent pas d'être moines [151]. Enfin, bien que les conciles maintinssent la discipline ancienne de la sujétion à l'évêque, les exemptions apparurent. Des monastères s'efforçaient, par des privilèges obtenus ou fabriqués, de relever directement du Saint-Siège, moyennant le paiement d'un cens à l'Apôtre [152]. Nicolas Ier tenta de rendre exempts tous les monastères des Gaules [153].

(151) *Cap.* (789), 27 (Bor., p. 56)

(152) *Sic* Saint Calais (dipl. de Louis de Pieux), (Mansi, t. 14, p. 760-764) : Voy. L. Havet, *Les chartes de Saint Calais* (Œuvres, t. 1, p. 103-190). Pour Saint-Denys *Ibid.*, p. 236-242 : Pour le monastère de Vezelay, exempté par une bulle de Nicolas Ier (867) : PL., t. 119, p. 1116.

(153) PL., t. 119, p. 844 : Jaffé-Wattenbach, n° 732.

CHAPITRE III

LA CONDITION DES PERSONNES ET DES TERRES PENDANT L'ÉPOQUE FRANQUE

———

§ 1. — De la condition des personnes.

La façon dont le royaume franc avait été constitué, le système de la personnalité des lois, avaient déterminé les conditions des individus, la première dans leurs rapports avec le pouvoir royal, la seconde dans leurs rapports entre eux. Il en était résulté l'égalité politique et l'inégalité sociale. Plus tard, la généralisation de la pratique des clientèles et des comitats au profit des grands tendit à l'établissement d'une hiérarchie entre les hommes libres et, dès lors, d'une inégalité qui fut à la fois politique et sociale.

I. — Egalité politique.

La monarchie mérovingienne était un régime égalitaire. On n'y voit nulle part un privilège ou une infériorité fondée sur la race. Francs, Gallo-Romains, Burgondes, etc., étaient commandés, administrés, jugés dans les mêmes formes, obéissaient aux mêmes obligations fiscales et militaires, étaient admis indifféremment dans la mainbour spéciale ou la truste du Prince, aux plus hautes fonctions du palais. Les palatins et les comtes nommés par les documents sont, pour la plupart, gallo-romains. L'idée d'un asservissement des Gallo-Romains à une nation franque apparaît pour la première fois au xiie siècle et n'a été reprise plus tard que pour la satisfaction de préjugés politiques souvent divergents. On a tenté de l'établir sur les textes de la *Lex Salica* qui attribuent à l'*homo romanus* un wergeld égal à la moitié de celui de l'*ingenuus francus* ou du barbare vivant sous cette loi (¹). Mais

———

(1) *L. Sal.*, tit. 41, 1, 5, 6; tit. 42, 4; cpr. tit. 14, 2, 3; tit. 39, 3.

si cela peut être expliqué à la rigueur par le désir du législateur
de mieux protéger ses nationaux (²), il paraît plus exact de tenir
cet *homo romanus*, que la *Lex* rapproche des lètes et des esclaves,
pour un affranchi. La *Lex Ribuaria* use de ce terme dans ce
sens (³). Tous les autres droits barbares, même celui d'Euric, in·
diquent expressément l'égalité entre nationaux et Gallo-Romains;
il serait singulier que ce fussent les Francs qui fissent exception (⁴).

Egalité encore entre tous les hommes libres et ingénus. Pas
de noblesse dans le royaume mérovingien. L'ordre sénatorien perdit ses privilèges que soutenait seule la constitution politique de
l'Empire. La loi Gombette connaissait un noble romain, un opti-
mate burgonde; cela disparut après l'annexion (534). Grégoire de
Tours, les hagiographes vantent l'origine sénatoriale de personnages nombreux. Ce n'était plus qu'une parure qui les désignait
seulement à l'attention des rois pour les charges du palais. La
classe dirigeante était la bureaucratie. Sous les appellations vagues de *proceres*, d'*optimates*, de *fideles*, avec les prédicats romains de *viri inlustres*, *viri magnifici* pour les laïques, *viri apostolici* pour les évêques et de *viri venerabiles* pour les abbés, les
membres du palais formèrent vite la classe des *majores personae*
qu'on opposa aux *minores*. Cette bureaucratie, enrichie par les
fonctions publiques et la faveur des rois, s'efforça, au v11ᵉ siècle,
de se constituer un statut fait de droits sur les fonctions qu'elle
remplissait, de précisions sur la façon de les remplir. Mais ces

(2) Cpr. *L. Rib.*, tit. 36 A = 38 B (Pertz, LL., t. 5, p. 229).

(3) *L. Rib.*, tit. 5, 11 A = 60, 11 B; t. 61 A = 63 B (*loc. cit.*, p. 246, 252).
Sic : Fustel de Coulanges, *Nouv. recherches sur quelq. problèmes d'histoire*,
p. 360-398. En sens contraire, J. Havet, *Du sens du mot « Romanus » dans
les lois franques* (*Œuvres*, t. 2, p. 7-28), qui croit qu'il n'y a aucune différence entre les conditions juridiques des ingénus et des affranchis de même
nationalité.

(4) Ci-dessus, pp. 85, 91. L'argumentation de J. Havet est, en somme, assez
faible, car : 1º il cite comme preuve de haine et de mépris entre les races
des textes du xᵉ siècle; 2º il invoque la loi tardive permettant le mariage
entre Romains et Goths; mais l'interdiction antérieure venait des constitutions impériales; 3º les dispositions de la loi burgonde en faveur de l'égalité
ne sont pas tardives, mais apparaissent dès que l'Etat burgonde s'organise
seul dans la carence de l'Empire; 4º les dispositions des lois salique et
ripuaire n'auraient pas eu de raison d'être tant qu'à duré l'Empire; après,
le désir de plaire et de faire une politique catholique et romaine se prêterait
encore moins au sens qu'il leur attribue, surtout dans la loi salique; 5º si
une différence était établie entre Romains et Francs, on la comprendrait
mieux dans la loi ripuaire ; or, c'est elle qui assimile formellement l'*homo
romanus* au *libertus* (tit. 63).

changements sociaux s'opéraient en dehors des lois. Cette aristo
cratie palatine n'avait qu'une existence de fait. Les *primates regni*,
les *principes* du viie et du viiie siècle, pouvaient ressembler aux
potentes du ive et du ve, mais ils ne formaient rien de pareil à l'ancien ordre sénatorien dont les textes ne parlèrent plus à mesure
qu'ils occupèrent la scène. Au viiie siècle, la société franque prit
l'aspect d'un ensemble de groupes réunissant sous la protection
de ces puissants personnages, à des titres divers, des clientèles
plus ou moins considérables que les Carolingiens s'appliquèrent
à hiérarchiser et à intégrer au profit de l'Etat dans le vaste système du sénoriat et de la vassalité. On s'est demandé si
ces pratiques dérivaient des habitudes germaniques ou des survivances romaines. Elles étaient le produit de l'histoire franque
depuis un siècle. Quand l'Etat est incapable d'assurer la sécurité
des individus, petits et faibles recherchent la protection de ceux
qui semblent mieux armés pour parer aux malheurs des temps et
se placent sous leur autorité; et ceux-ci, voyant leur puissance augmenter avec le nombre de leurs clients, font tout le possible pour
l'accroître.

<h2 style="text-align:center">II. — Inégalité sociale.</h2>

Toutes les lois romaines ou barbares connaissaient trois sortes
de personnes : libres ou ingénus, esclaves, et entre les deux un
groupe complexe de demi-libres; affranchis de diverses sortes,
lètes, *tributarii*, qui n'avaient pas toujours passé par la servitude (⁵).

<h3 style="text-align:center">1° La population de condition libre.</h3>

La plupart des hommes libres étaient établis dans les villes. Mais
les petits propriétaires ruraux n'avaient pas complètement disparu : dans les siècles suivants on ne cessera de nous instruire
de leur diminution. Les capitulaires du ixe siècle, surtout ceux sur
le recrutement militaire, supposent un nombre encore assez considérable de petits et de moyens propriétaires. Nous sommes mal
renseignés sur les conditions de la vie urbaine. Si l'on qualifie encore les habitants de *cives* ou *municipes* (⁶), il n'y a plus ni décurionat, ni *consortium curiale*; mais des comtes semblent maintenir
à titre de corvées quelques services à la charge de certaines gens.
On ne sait ce qu'il advint des *collegia* quand cessèrent les lois sociales : quelques-uns se transmuèrent peut-être en confréries re-

____

(5) Voy. J. Havet, Œuvres, t. 2, p. 4.
(6) Greg. Tur., *H. Fr.*, IV, 16, 46. 47 ; X, 25.

ligieuses (7). Mais le tableau, tracé par des historiens, des Francs indépendants dans leurs grands domaines ruraux et des indigènes asservis, confinés dans les villes, est pure imagination. Les chroniqueurs montrent les rois entrant dans ces villes aux acclamations d'un peuple en fête, acceptant les invitations des bourgeois et les traitant à leur tour avec faste (8). Tout d'abord l'outillage économique romain subsistait en partie. Le commerce resta prospère. Il est fréquemment question de *negotiatores* de toutes races (9). Les villes contractaient des emprunts sous la garantie de leurs marchands (10). Les colonies étrangères étaient nombreuses (11). Les juiveries faisaient leurs affaires (12). Il est possible que, pour certaines agglomérations, ces conditions aient changé aux vii° et viii° siècles. Cependant les capitulaires y révèlent une classe d'artisans libres de quelque importance (13). Libres ou demi-libres y pratiquaient, au moins dans le Nord, sous le nom de gildes, des associations de défense, de secours, d'assurances mutuelles, fondées sur le serment, mais que les conciles réprouvaient au nom de la morale et les capitulaires en considération de l'ordre public (14).

<h3 style="text-align:center">2° Les demi-libres.</h3>

Ils formaient la grande majorité de la population rurale; peut-être leur nombre s'accrût-il aussi dans les centres urbains. Ils sont caractérisés, dans les *Leges*, par un wergeld inférieur, d'ordinaire de moitié de celui des ingénus, parfois moindre (15) et, dans les cartulaires, par le paiement du chevage, *capaticum*, et du droit de *forismaritagium*. qui s'introduisit alors (16). Leurs conditions,

---

(7) Il y eut peut-être dans certaines régions, notamment en Italie, quelques survivances : Solmi, *Le associazioni in Italia avanti le origine del comune*, 1898; *Contra :* Tamassia (*Arch. guir.*, t. 59, p. 121 et s.).

(8) Greg. Tur., *H. Fr.*, VIII, 1 ; IX, 9.

(9) Greg. Tur., *H. Fr.*, IV, 44; VII, 29, 45, 46; *De gloria martyrum*, 77 (MGH., SS., t. 1, p. 539); *Fredeg.chr.*, IV, 48 (MGH., SS., t. 2, p. 144). Fortunat, *Vita Sancti Germani*, 47, 48 (MGH., AA., t. 4, p. 21). Pardessus, *Dipl.*, nos 358, 477, 784, 501, t. 2, p. 143, 285, 291, 308.

(10) Greg. Tur., *H. Fr.*, III, 34.

(11) Greg. Tur., *H. Fr.*, VII, 31 ; VIII, 1 ; X, 26.

(12) Greg. Tur., *H. Fr.*, IV, 35 ; V, 11 ; VI, 5 ; VII, 33.

(13) Voy. ci-dessus, p. 121.

(14) *Cap.* (779) (Bor., p. 61); *Cap.* (884) (Kr., p. 375).

(15) *L. Sal.*, tit. 41, 6, 7 ; tit. 42, 4 ; *Cap.*, IV, 1 ; *Recap.*, A., 14 ; B., 16 (éd². Behrend, p. 81, 85, 187, 179, 181). *Pactus pro tenore pacis*, 8 (*Ibid.*, p. 147).

(16) *Polyptyque d'Irminon* (éd. Longnon). V° *Capaticum* à la table, et introd., p. 134. Voy. P. Allard, *Les origines du servage* (RQH., 1911, p. 1. 385, 1911², p. 28 ; 1912¹, p. 1 ; 1912², p. 1).

diverses à l'origine, ne cessèrent de s'égaliser. Colons, libres ou affranchis, attachés à la terre non plus du fait de l'*adscriptio* légale sur les *libri censuales* mal tenus ou perdus, mais par la longue coutume, non plus dans l'intérêt de l'Etat, mais dans celui du propriétaire et un peu dans le leur; *liti*, *lidi* ou *leti*, affranchis barbares, colons ruraux pour la plupart et étrangers au rôle militaire des lètes du temps de l'Empire ([17]); débiteurs insolvables, ayant *per obnoxiationem* engagés leur personne ou leur travail, à titre viager ou temporaire, comme colons ou dans des conditions analogues à celles des anciens *nexi* ([18]); *homines votivi* qui se sont livrés, avec leurs biens, à une église ou à un monastère par dévotion et vivent sous sa protection ([19]); anciens propriétaires qui, par la *commendatio terrarum* ou la *precaria* ont passé dans la sujétion d'un grand possesseur ([20]); hôtes qui ont reçu des terres, sous des conditions déterminées pour les cultiver ([21]), tous ou à peu près ont été ramenés avec le temps au type, comportant du reste quelques variétés, du serf. Insensiblement et sans affranchissement préalable, les *servi fiscalini* et les *servi ecclesiastici*, colons du fisc et de l'Eglise, avec leur wergeld supérieur, le droit qu'on leur accorda d'ester en justice et de prêter serment, la fixité de leur cens et de leurs redevances, la sûreté de leurs possessions foncières, se rapprochaient de ce groupe et ouvraient la voie par où les esclaves ruraux allaient se fondre dans le colonat devenu le servage ([22]). Il semble, en outre, que ces demi-servitudes n'existant que dans l'intérêt privé, l'affranchissement en était devenu possible ([23]).

(17) *L. Sal.*, tit. 36, 1, 2, 3; *L. Rib.*, tit. 61 A = 63 B; t. 62 A = 64 B, p. 252. 254 ; *Cap.* (803), 2 (Bor., p. 117). *Polyptyque d'Irminon* (éd. Longnon), Vº *Lidi et Lidae* à la table et *introd.*, p. 32-49. Brunner, ZSS, t. 5², p. 82. Dans la *Lex Ribuaria*, tit. 38, 5 et 64, 1, les *liti* paraissent n'être que des esclaves, dont ils ont le wergeld, mais jouissant parfois d'une liberté de fait, tenant à leur situation de colons agricoles : Voy. J. Havet (*Œuvres*, t. 2, p. 3).

(18) *L. Sal. emend.*, tit. 72 ; *L. Rib.*, tit. 58 A = t. 60 B, 20, 21, p. 247. Cpr. *L. Alam.*, tit. 8 A = tit. 9 B ; tit. 22 A = tit. 23 B, p. 83. *L. Bajuw.*, tit. 1, 14, 4-6 (Pertz, LL, t. 3, p. 316). Pardessus, *Dipl.* nº 180, t. 1, p. 136.

(19) *Polyptyque d'Irminon* (éd. Longnon), XII, 49 ; XXIV, 182 ; *Introd.*, p. 53 et s.

(20) Voy. pp. 62, 163.

(21) *Polyptyque d'Irminon* (éd. Longnon), VI, 48 ; XVI, 2 ; XIX, 2 ; XX, 30, 32, 33 ; XXII, 88 seqq.; XXIV, 67 seqq.; *Introd.*, p. 52.

(22) *Cap. leg. Rib. add.* (803), 2 ; Anségise, III, 16 (Bor., p. 117, 427).

(23) *L. Sal.*, t. 26, t. 1-3 ; *L. Rib.*, 1, 57 A = t. 59 B, p. 241, *Form. imperiales*, 36, 43 (Z., p. 314, 320).

3° **Les esclaves et les modes d'affranchissement.**

Les invasions, la désorganisation économique avaient arrêté la décroissance de l'esclavage. Esclaves domestiques ou ruraux étaient fort nombreux [24]. Ils se recrutaient par la guerre, la naissance, le mariage parfois, l'abandon que certains, poussés par la misère ou la piété, faisant de leurs personnes (*vendebant semet ipsos*) à ce titre [25], l'insolvabilité soit que les débiteurs se livrassent eux-mêmes (*obnoxiatio*), soit qu'ils fussent adjugés à leurs créanciers par le juge [26], et des condamnations capitales remettant le coupable à la victime ou au roi [27]. Leur condition tendit d'abord à s'abaisser, les lois barbares étant plus dures que les lois romaines. Les plus anciens textes assimilaient l'esclave à l'animal [28]; la répartition en cas de meurtre ou de dommage fait à son corps était due au maître et proportionnée à sa capacité professionnelle. La puissance dominicale comportait le droit de vie ou de mort que la Loi Gombette et un édit de Clotaire II supprimèrent [29]. Sous l'influence de l'Eglise, les lois apportèrent d'autres adoucissements. On reconnut à l'esclave une personnalité juridique en lui restituant son statut familial. Son mariage fut valable avec le consentement du maître, que le clergé s'efforçait d'obtenir; son honneur marital fortement protégé [30]. L'esclave ne dut plus être vendu hors du royaume. Fugitif et réfugié dans un lieu saint, il n'était rendu qu'après le serment du maître de ne lui infliger aucun sévice; criminel, il échappait ainsi à la mort et aux peines corporelles. Le repos dominical lui fut assuré [31]. Des

---

(24) Greg. Tur., *H. Fr.*, III, 15, 25 ; VIII, 15, 25, 31 ; IX, 9, 38 ; X, 29. *Vita Sanctae Bathildis* (MGH., SS., t. 2, p. 495).

(25) *L. Sal.*, t. 29, 5. *L. Rib.*, t. 58 A = t. 60 B, 2, 9, 14, 15, 16, p. 242 et s. Cpr. *L .Alam.*, A, XVII, 2 = B XVIII, 2, p. 80. *F. andecavenses*, 3, 9. Greg. Tur., *H. Fr.*, III, 5; VII, 45. *Fr. turonenses*, 10 (Z., p. 67, 140).

(26) *L. Sal.*, t. 58; *Cap.* V, 7 (éd². Berhend, p. 121, 155). *F. Marculfi*, II, 28; *F. senonicae*, 4 (Z., p. 93, 187).

(27) *L. Rib.*, t. 58 A = t. 60 B, 18, p. 246. *L. Burg.*, t. 35, 3; t. 36; t. 47, 1, 2, p. 69, 77. Cpr. *L. Alam.*, t. 37 A = B, p. 97. Greg. Tur., *H. Fr.*, VI, 36. Orléans (511), c. 2 (Maassen, p. 2).

(28) *L. Sal.*, t. 10, t. 35, 6. *L. Burg.*, t. 10, *loc. cit.*, p. 50. Cpr. *L. Wisig.*, VI, 5, 9 (MGH, éd. Zeumer, p. 275).

(29) *L. Burg.*, t. 10, 1, p. 50. *Edict. Clotarii II*, 22 (Bor., p. 23). Cpr. Greg. Tur., *De mirac. sancti Martini*, II, 59 (MGH., SS., t. 1, p. 629); Epaone (517), c. 24 (Maassen, p. 24).

(30) Greg. Tur., *H. Fr.*, III, 15. Orléans (541), c. 24 (Maassen, p. 92).

(31) Orléans (511), c. 3; Auxerre (578), c. 16; Chalon (450), c. 9 (Maassen, pp. 3, 188, 208).

conciles défendirent de réduire en esclavage aucun ingénu, ni de condamner à la servitude aucun homme libre [32]. Cependant l'esclave ne pouvait être fait clerc sans l'assentiment du maître qui, au cas contraire, devait le reprendre en s'engageant à le traiter comme tel ou accepter de l'évêque deux autres esclaves à sa place [33]. Encore assez fréquent au début du VIIIe siècle [34], l'esclavage disparaît graduellement au cours de la période carolingienne.

Les affranchissements étaient nombreux. L'Eglise y incitait pour la rémission des péchés [35]. Elle-même affranchissait soit des esclaves rachetés à leurs maîtres, soit les siens, en leur donnant jusqu'à vingt *solidi* en dot [36]. Dans certains diocèses, l'usage était que l'évêque libérât, dans la semaine *in albis*, le dixième des esclaves de l'Eglise; dans les monastères, l'affranchissement, plus difficile, exigeait le consentement de tous les moines ou que l'abbé substituât à l'affranchi un *vicarius* [37]. De façon générale, la liberté était octroyée gratuitement avec abandon de tout ou partie du pécule. L'affranchissement avait lieu : 1° *per denarium*, mode franc où l'esclave, tenant un denier sur la main, était présenté au roi qui, en le frappant, faisait tomber le denier à terre [38]; *in ecclesia*, aux jours de grandes fêtes, en présence du clergé, par déclaration du maître dont il était dressé acte (*tabulae*) [39]; 3° *per cartam*, tantôt acte solennel déclarant l'esclave citoyen romain et les portes ouvertes devant lui, tantôt instrument de preuve des conditions dans lesquelles la liberté était

(32) Lyon (567), c. 3 ; Reims (625), c. 17 (Maassen, pp. 140, 196).

(33) Orléans (511), c. 8 ; Orléans (540), c. 6 (Maassen, pp. 3, 97).

(34) *Cap.* (810), 18 (Bor., p. 211) ; Pardessus, *Diplom.*, n°s 585, 576.

(35) *L. Rib.*, t. 58, 1 A = t. 60, 1 B, p. 242; *F. Marculfi*, II, 17, 32, 52 (Z., pp. 84, 95, 106).

(36) Agde (506), c. 7; Orléans (541), c. 9 (Maassen, p. 89). *F. bituricenses* (Z., p. 171); Pardessus, *Diplom.*, n° 240, t. 1, p. 197.

(37) *Regula Sancti Ferreoli* (PL., t. 66, p. 959).

(38) *L. Sal.*, t. 26; *L. Rib.*, t. 58, 1 A = t. 60, 1 B; t. 61, 3 A = t. 63, 1 B; t. 62, 2 A = t. 65, 2 B ; t. 64, 2 A = t. 66, 2 B, pp. 242, 252, 254 ; *F. Marculfi*, I, 22 (Z., p. 57). Comme autres modes d'affranchissements barbares, citons : celui *per hantradam*, procès fictif où le maître avec douze *cojuratores* jure que l'esclave est ingénu (*L. Chamavorum*, XI-XII (Pertz., LL, t. 5, p. 272), et celui *per sagittam* (Paul Diacre, *Hist. Longobardorum*, I, 13 : MGH., SS. rer longob., p. 54). J. Havet, *L'affranchissement per hantradam* (Œuvres, t. 2, p. 32 et s.).

(39) C. Th., IV, 7, 1. *L. rom. Burg.*, t. 3, 1, p. 117; *L. Rib.*, t. 61, 1 A = 63, 1 B, p. 252.

accordée [40]; 4° *per testamentum*, d'après la tradition romaine [41]. Suivant le mode, employé indifféremment par les maîtres de toutes nationalités, l'affranchi était qualifié *denerialis, tabularius, chartularius* et vivait sous la loi à laquelle ce mode était emprunté : d'où les affranchis romains (*homines romani*) semblent avoir été les plus nombreux. La liberté était graduée selon les cas : le *denerialis* toujours, les affranchis *in ecclesia* ou *per cartam*, si le *manumissor* les avait expressément proclamés *cives romani*, étaient assimilés aux ingénus, sauf qu'ils ne testaient qu'à la troisième génération [42]. Pour les autres, *tabularii, liti* [43], l'acte réservait au patron, soit le maître ou ses héritiers, soit l'établissement ecclésiastique qu'il désignait, des redevances ou des *operae*, un droit de succession sur les biens de l'affranchi mort sans descendants, l'*obsequium;* la liberté était révocable pour cause d'ingratitude [44]. La condition était héréditaire [45]. Les affranchis du roi, *homines regii*, et de l'Église, *homines ecclesiastici*, étaient particulièrement favorisés. Celle-ci s'efforçait de faire admettre la juridiction épiscopale pour les affranchis *in ecclesia*, quel que fût le patron, et d'étendre sa protection sur tous, même sur ceux du fisc royal [46].

§ 2. — La condition des terres.

I. — CARACTÈRES GÉNÉRAUX DE LA PROPRIÉTÉ FONCIÈRE.

1° Type juridique de la propriété.

Le type juridique de la propriété foncière restait le *dominium* romain, avec ses démembrements possibles. Les *Leges*, même des peuples transrhénans, si elles connaissaient encore la propriété familiale, lui attribuaient un caractère aussi absolu que

(40) *L. Burg.*, t. 88, p. 108 ; *L. Rib.*, t. 61, 1. Cpr. *L. Wisig.*, V, 7, 2. Greg. Tur., X, 9. *Fredeg. chr.*, 11, 57.

(41) *L. rom. Wisig.* (*Sent. Pauli*, IV, 14). *L. Rib.*, t. 57 A = t. 69 B ; t. 62, 2 A = t. 64, 2 B; t. 64, 2 A = t. 66 B, pp. 241, 253, 254; Pardessus, *Diplom.*, nos 180, 254 (*testam. Aredii, carta Eligii*, t. 1, p. 136; t. 2, p. 11).

(42) *L. Rib.* (note précédente).

(43) *L. Rib.*, t. 62, 1 A = t. 64, 1 B, p. 253.

(44) *L. Rib.*, t. 58, 4 A = t. 60, 1 B, p. 244; *L. Burg.*, t. 40, 1, p. 72. Pardessus, *Diplom.*, nos 220, 339, 449, 452, 559, t. 1, p. 186; t. 2, pp. 118, 251, 255, 371.

(45) *L. Rib.*, t. 58, 1 (*loc. cit.*).

(46) *L. Rib.*, t. 7, A et B; t. 9, A et B; t. 10, A et B; t. 12, A et B; t. 14, A et B; t. 52, A; t. 54, B; t. 58, 1 A : t. 60, 1 B, pp. 215 et s., 239, 242. *Edict. Clotarii II*, 5, 7 (Bor., p. 22). Mâcon (583), C. 7; Paris (614), C. 7 (Maassen, t. 1, pp. 167, 187).

celui du droit de la *domus* romaine sur ses terres [47]. Leurs rédacteurs n'avaient que des concepts romains. Les actes de transfert énonçaient le droit du propriétaire d'user de son bien comme il lui plaisait [48]. Les donations de terres fiscales, dont les rois gratifiaient leurs fidèles, étaient faites *in alode*, c'est-à-dire en pleine propriété; les fidèles en disposaient librement par la suite [49]. On ne voit nulle part que les rois ne transmissent qu'un droit provisoire ou viager, révocable selon leur plaisir [50]. La pratique des bénéfices ne se répandit que plus tard. Les reprises signalées sont ou des confiscations pour crimes, ou des révocations pour ingratitude [51], ou des retraits de la jouissance, seule concédée dans l'espèce. Les confirmations que les donataires ou leurs héritiers demandaient au Prince et qui s'appliquaient aux biens qu'ils avaient acquis autrement aussi bien qu'à ceux qu'ils tenaient de lui ne témoignent que du désir que tout homme avait alors de placer ses biens et tous les actes de sa vie juridique sous la garantie de la parole et du sceau du roi. Ces pratiques avaient leurs équivalents dans celles de la chancellerie impériale et des préfets du prétoire [52].

2° Type d'exploitation économique.

Nous retrouvons la *villa* avec sa division tripartite : 1° la réserve exploitée directement par le maître sous les noms de *dominicum, mansus indominicatus, terra dominicata* avec, au centre, la maison d'habitation, *casa, sala indominicata* [53]; 2° les tenures, *mansi*

(47) *L. Alam.*, t. 81, A; B, t. 84, p. 148; *L. Bajuw*, t. 12, 4 seqq. (*loc. cit.*, p. 311).

(48) *F. Marculfi*, I, 10, 12, 30; II, 3, 6, 14, 19; *F. turonenses*, 5, 21, 26, 12, pp. 48, 50, 61, 74, 78, 84, 89, 138, 146, 149; Pardessus, *Diplom.*, nᵒˢ 108, 140, 179, 196, 230, 253, 256, 312, 358; t. 1, pp. 73, 107, 135, 156, 197; t. 2, pp. 10, 14, 87, 131.

(49) *L. Burg.*, t. 1, 3, p. 41. *Praeceptio Clotarii*, 12; *Edict. Clotarii II*, 16-17 (Bor., pp. 19, 23); *F. Marculfi*, I, 14, 15, 17, 19 (Z., p. 52, 55); Pardessus, *Diplom.*, nᵒˢ 58, 87, 230, 254, 270, 273, 293; t. 1, pp. 31, 57, 197; t. 2, pp. 14, 34, 57, 62.

(50) En sens contraire : Brunner, *Deutsche Rechtgeschichte*, t. 2², p. 244 et s.

(51) Par imitation de l'*indignatio* ou *ira principis* du droit byzantin, les Francs ont connu l'*offensa principis* faite au roi par un de ses fidèles; elle entraînait la perte de tous les avantages que le fidèle tenait du prince : charges, dignités, immunités personnelles, donations, etc.; R. Köstler, *Huldenzug als Strafe*, Czernowitz, 1910.

(52) Fustel de Coulanges, *Les origines du système féodal*, pp. 30-62.

(53) *Polyptyque d'Irminon* (éd. Longnon), II, 1; HI, 1; IV, 1; V, 1, pp. 7, 29, 41, 49.

ingenuiles, *lidiles*, *serviles*, quelquefois *censiles* aux mains de ruraux moins anciens dans le domaine ([54]), toutes occupées par des familles de colons libres, affranchis ou esclaves, *mansuarii*, *casati*, avec logis, bâtiments d'exploitation, terres de cultures: la condition très variable des tenanciers se ramenait en gros à l'obligation à une part de fruits, *agrarium*, et à des corvées, *rigae*, *curroperae*, *manoperae*, au profit du *dominicum*; 3° les *pascua et silvae*, dont la jouissance était commune au propriétaire et aux colons ([55]). Les propriétaires fonciers pouvaient, en dehors de l'aliénation, disposer de leurs terres de diverses façons : concession à précaire, bail à ferme, emphytéose ou bail perpétuel ([56]); mais, à moins qu'il ne s'agît de terres inoccupées, cela s'entend qu'ils disposaient ainsi des redevances, cens, corvées dus par les colons, qui ne pouvaient être enlevés à leurs tenures.

Il arrivait que des *villae* fussent morcelées, soit par ventes, donations ou legs de certains manses, soit par des partages successoraux. Les rois ne donnaient pas toujours à leurs fidèles une *villa* entière, mais un ou plusieurs manses ou seulement tout ou partie du *dominicum*. L'unité économique de la *villa* était néanmoins maintenue. Les *pascua et sylvae* notamment demeuraient communs aux propriétaires des diverses portions. Cela explique quelques textes dont on a tiré des conclusions pour l'existence d'une communauté de village à laquelle ils sont bien étrangers. Ainsi Grégoire de Tours parle d'hommes qui *participes (ejusdem) villae erant* ([57]). La loi salique, prévoyant l'intrusion d'un étranger sur le domaine d'autrui, permet à tout habitant de la *villa* de le faire expulser par le comte, s'il n'a pas encore douze mois de possession paisible. Outre qu'elle pouvait autoriser un tiers à défendre les droits d'un absent, l'exclusion se justifiait par l'intérêt que les *villani* avaient à écarter un indésirable à cause tant de la jouissance commune des *pascua* et des *silvae* que de leur responsabilité collective au point de vue pénal ([58]). Un édit

(54) *Ibid.*, I, 1, 14, 17; XIII, 41, 63, pp. 1, 3 et s, 187 et s.; XXI, 79, p. 292. On distinguait aussi les *mansi* occupés ou non, *mansi vestiti*, *mansi obsi* ou *vestiendi* : *Ibid.*, III, 62 ; XI, 10, pp. 40, 160.

(55) Fustel de Coulanges, *L'alleu et le domaine rural*, pp. 220 et s., 438 et s.; Henri Sée, *Les classes rurales et le régime domanial au Moyen âge*, pp. 28 et s. La villa carolingienne est minutieusement décrite dans le *Cap. de villis*, commenté par Guérard (BECh., 1853, p. 34).

(56) Esmein, *Les baux perpétuels dans les formules d'Angers et de Tours* (*Mél. de critique et d'histoire*, p. 396 et s.).

(57) Greg. Tur., *H. Fr.*, VII, 47.

(58) *L. Sal.*, *Cap.* I, 9; *Cap.* IV, 9, 1 (éd². Behrend, pp. 135, 147); *Decretio*

de Chilpéric décidait qu'à défaut de descendants mâles, les filles hériteraient de la *terra salica*, et à défaut de filles, les frères, puis les sœurs, non les *vicini* : par là, le roi de Neustrie effaçait un des caractères juridiques des terres d'établissement des Francs. Concédées par l'autorité romaine, sous la condition du service militaire, elles devaient être tenues par des guerriers et, si la descendance ou la parenté du possesseur primitif n'en fournissaient plus, être attribuées à des hommes du même groupe. La raison de ce vieux statut n'existant plus, Chilpéric en enferma la succession dans la parenté ([59]).

Ces *villae* morcelées se rapprochèrent du type des *vici*, d'autant que souvent les *casae* ou *mansiones* des tenanciers étaient groupées sur un point du domaine ou n'étaient pas très éloignées les unes des autres et qu'il y eut toujours des *vici* composés de fermes ou de hameaux plus ou moins disséminés dans la campagne. Les uns et les autres furent l'origine des villages des siècles postérieurs dont l'onomastique rappelle souvent celle des grands domaines fonciers ([60]).

II. — COMMENT LA PROPRIÉTÉ FONCIÈRE SE DÉDOUBLE.

1° Les tenures.

Pour les causes dénoncées jadis par Salvien et par Paul Orose, la petite et la moyenne propriété se raréfiaient ([61]). Si elles s'étaient un moment et sur quelques points du territoire reconstituées par le morcellement des *villae*, les capitulaires indiquent aussi comment elles disparaissaient à mesure ([62]). Des

---

Childeberti (596), 12 (Bor., p. 17); J. Declareuil, *Les preuves jud. dans le dr. franc.*, p. 156 et s.

(59) L. *Sal.*, *Cap.* V, 3 (éd². Behrend, p 152).

(60) Sur cette question : d'Arbois de Jubainville, *Recherches sur les origines de la propriété foncière et des noms des lieux habités en France;* Fustel de Coulanges, *L'alleu et le domaine rural*, pp. 88 et s., 198 et s., 424 et s.; J. Flach, *Les orig. de l'anc. France*, t. 2, pp. 47 et s., 87-139 et *Etude sur les origines et les vicissitudes historiques de l'habitation en France*, préface à l'*Enquête sur les conditions de l'habitation en France* de M. de Foville.

(61) Voy. p. 63.

(62) *Cap. de reb. exercit.* (811), 3 : Dicunt etiam quod quicunque proprium suum episcopo, abbati, vel comiti, aut judici, aut centenario dare noluerit, occasiones quærunt super illum pauperem, quomodo eum condemnare possint et illum semper in hostem faciant ire usque dum pauper factus volens nolens suum proprium tradat aut vendat; alii vero qui traditum habent absque illius inquietudine domi resideant. Cpr. *Cap. Leg. Rib. addenda*

pratiques, les unes remontant à l'époque romaine, les autres ayant pris naissance à l'époque franque, mais toutes se rattachant au passage des *homines plebeii* sous la protection des puissants, y contribuaient : 1° la *commendatio terrarum* : pour s'assurer, par la protection d'un puissant, une vie à l'abri de la misère, des brigands, des tracasseries de l'administration et du fisc, on lui abandonnait sa terre à la condition qu'il en garantît la possession viagère; on ne dépouillait que ses héritiers ([63]); 2° les *precariae* qui supposaient aussi l'abandon d'un bien foncier à l'Eglise, aussitôt suivi d'une lettre, *precaria*, priant l'évêque ou l'abbé de le restituer à son ancien propriétaire, moyennant un cens annuel. Il y était répondu par un écrit, *praestaria, commendatitia*, accordant la concession pour cinq années, toujours renouvelable. Si la concession ne comprenait que la terre reçue par l'Eglise, c'était la *precaria oblata;* si elle comprenait en outre, et c'était la norme, une terre d'Eglise d'égale étendue, de sorte que le requérant en échange de son droit de propriété doublait son revenu, c'était la *precaria remuneratoria* ([64]).

Il arrivait parfois, au contraire, que les grands propriétaires offrissent des terres à cultiver, soit sous la forme du *precarium* romain, soit sous celle du contrat d'*hostisia* qui apparaît déjà et dont les conditions pouvaient varier, soit d'après des règles voisines de l'emphytéose ([65]).

Ces concessions, à l'origine temporaires, devinrent rapidement viagères, puis, pour la plupart, héréditaires. Celles du dernier type furent les plus fréquentes. Tout d'abord, le non-paiement du *census* entraînait la reprise de la tenure : *Qui negligit censum, perdat agrum*. On substitua à cela une simple amende ([66]). Ainsi, on voyait le droit sur la terre se dédoubler entre le propriétaire con-

---

(803), 3; *Cap. miss.*, 16 (Bor., pp. 117, 125, 165); Thégan, *Vita Leodowici imp.*, 13 (*loc. cit.*, p. 593).

(63) *L. Alam.*, t. 2 A = t. 2 B (*loc. cit.*, p. 69); *L. Bajuw.*, t. 1, 1 (*loc. cit.*, p. 269); *Polypt. d'Irminon*, III, 61 (éd. Longnon, p. 38).

(64) *F. Marculfi*, II, 5, 39-41 (Z., pp. 77-78, 98-100), *Form. turonenses*, 7; *F. bituricenses*, 2 (Z., pp. 139, 169). *Polypt. d'Irminon*, XII, 15, 18, 39; XIV, 93; XIX, 38, pp. 165-166, 217, 267. Les *precariae* n'étaient pas toujours pratiquées par des petites gens ; on en voit conclues entre l'abbaye de Saint-Martin de Tours et le vicomte Hildegaire et sa femme (BECh., 1869, p. 430); entre l'abbaye de Saint-Martin de Tulle et le vicomte Foucher (Baluze, *Hist. Tullensis*, col. 369).

(65) *Polypt. d'Irm.*, VI, 46-54; XVI, 89; XX, 37; XXI, 74, 77, pp. 73, 247, 277, 291.

(66) *F. Marculfi*, II, 41; *F. bituricenses* (Z., pp. 100, 169); *Polypt. d'Irm.*, *Introd.*, pp. 40, 95.

cédant et le tenancier. La terre possédée *in alode*, le *proprium* cessait d'être le type ordinaire de la propriété foncière aux mains des exploitants ([67]).

2° Les bénéfices.

La période carolingienne renforça ce mouvement par l'extension qu'elle donna à la pratique du bénéfice. Il était d'usage que l'homme *in obsequio alterius* reçût un don de son patron, armes, chevaux, bétail, argent, profit résultant de quelque droit. Ce don, appelé par les Romains *beneficium* ([68]) et, en langage populaire aux temps francs, *fevum, feodum* (bétail), rendable quand le protégé quittait le patron, pouvait être révoqué par celui-ci et avait aussi pour terme la mort de l'un ou de l'autre ([69]). Cela supposait que le bénéficiaire en jouissait à la façon d'un usufruitier, sans pouvoir en disposer, ni en altérer la substance ([70]). Au début, il avait un caractère absolument gratuit, c'était un bienfait. Puis l'on en fit la contre-partie des engagements du vassal de sorte que sa reprise fut la sanction de leur inexécution ([71]). Au IX° et au X° siècle, les bénéficiers fonciers se multiplient, les terres fiscales ne sont plus guère concédées autrement, car le roi n'en use plus que *pro utilitate reipublicae*, en échange de services qui en sont la condition *sine qua non;* enfin, rois et particuliers, dans la rareté des métaux précieux, rétribuent tous services en jouissance de terres, depuis les plus humbles jusqu'aux hautes charges de l'Etat ([72]). Quand les rois voulurent constituer une cavalerie mobilisable à toute heure, ils firent ainsi,

(67) M. Viollet donne, comme preuve que certains hommes ont échappé à la vassalité, leurs alleux (*Hist. des inst. pol. et adm. de la Fr.*, t. 1, p. 477); mais la qualité de *vassus* n'influait pas sur les possessions foncières de ce *vassus*.

(68) Le mot garda longtemps sont acception latine; il s'appliquait à toute donation ou concession dont on tirait un avantage, p. ex. aux *precariae.* *Cap.* (801) (Bor., p. 205). Cpr. D., XLIII, 26, 14.

(69) Hincmar de Laon, *Ep. ad Hinc. Rem.* (PL., t. 124, p. 1028 et s.).

(70) « Usufructuario et jure beneficiario omnibus diebus vitæ suæ. » (H. Fr., t. 8, col. 654 F.). *Sancti Stephani lemovicensis cart.*, XCI (84) (Soc. arch. et hist. du Limousin, 1922, p. 106). J. Flach, *Les origines de l'ancienne France*, t. 3, pp. 67 et s., 94 et s.

(71) *Cap.* (768), 5; *Cap. Bonon.* (811), 5; *Cap. de Hisp.* (815), 6; *Cap.* (818), 3 (Bor., p. 43, 167, 262, 287); *Cap. Pap.* (866), 4 (Kr., p. 96). Meichelbeck, *Hist. Frisigensis*, t. 1², n° 251, p. 142.

(72) *Cap.* (807), 1, 4; *Cap. Bonon.* (811), Anségise, III, 19, 20, 36, 82; IV, 37 (Bor., p. 134, 136, 167, 418, 429). *Polypt. d'Irm.*, XXII, 97 (éd. Longnon, pr. 312).

et, à défaut de terres fiscales, ils prirent les terres d'Eglise; puis les *seniores* en donnèrent afin de répondre à leur obligation d'amener des soldats au roi ou d'avoir, en dépit de celui-ci, des soldats à eux [73]. De temporaires ou viagers, beaucoup de ces bénéfices devinrent, comme les tenures foncières, patrimoniaux et héréditaires. Dès le premier moment, des bénéfices se préoccupèrent de transformer leurs bénéfices en alleux [74]; mais l'affranchissement ne fut le plus souvent qu'incomplet; un droit plus ou moins défini resta au concédant et il y eut encore là une sorte de dédoublement du droit domanial.

III. — L'INCORPORATION DE LA PUISSANCE A LA TERRE.

1º Les chartes d'immunité.

I. *Origines et but des immunités.* — Aux domaines autonomes du Bas-Empire [75] correspondaient, à l'époque franque, ceux dont les propriétaires avaient obtenu des chartes d'immunité. Certains croient à une filiation des uns aux autres en tenant compte surtout des exemptions d'impôts et de l'administration indépendante des *procuratores* impériaux dont le régime dut se perpétuer dans les *villae* du fisc mérovingien [76]. *Procuratores* et grands domaniers, soustraits à la juridiction municipale, investis de droits de police et de justice sur leurs terres, s'étaient toujours efforcés d'accroître leur puissance. Mais, si les empereurs avaient résisté aux agissements des *potentes*, les rois francs paraissent s'y être prêtés et avoir cherché, pour les tourner à leur profit, à les transformer en système. Ce ne fut ni tout de suite, car les actes dans ce sens attribués à Clovis et à ses successeurs du vi[e] siècle sont rares, faux ou fortement interpolés et remaniés [77], ni une conséquence de l'affaiblissement de la dynastie, car c'est à la fin du vi[e] et au viie siècle, sous les grands règnes, que, les immunités se multipliant, l'institution trouva sa formule définitive [78], consécration juridique d'un état de fait préexistant,

(73) *Cart. du Saint-Père de Chartres* (éd. Guérard), t. 2, pp. 277, 466.

(74) J. Flach, *op. cit.*, t. 1, p. 125, note 1; de Lasteyrie, *Les comtes et les vicomtes de Limoges avant l'an 1000, P. just.*, III, VII : bénéfice concédé en 872, dont le titulaire dispose en toute propriété en 914 Surtout *Cap.* (806), 6-7 (Bor., p. 131).

(75) Voy. p. 57, 58.

(76) Kroell, *L'immunité franque*, pp. 1 et s., 58 et s.

(77) J. Havet, *Questions mérovingiennes*, t. 1, pp. 19 et s., 121 et s. Voir la liste des diplômes d'immunité connus dans Kroell, *op. cit.*, p. 335 et s.

(78) Pardessus, *Diplom.*, nᵒˢ 242, 258, 268, 270, t. 1, p. 228; t. 2, pp. 4, 17,

continuation lui-même d'habitudes romaines dans le jeu desquelles le roi n'était pas d'abord intervenu.

Dans la période troublée qui va de la disparition de l'administration romaine à l'organisation de celle du roi franc, les *potentes* ecclésiastiques ou laïques avaient réellement gouverné, jugé, commandé les hommes de leurs domaines. Leurs droits antérieurs, consolidés et accrus, leur autorité, assise sur la coutume, s'étaient pourvus d'organes nécessaires. Quand l'administration royale s'étendit et s'affermit en Gaule, elle se heurta à la leur. La plupart d'origine gallo-romaine, habitués à l'indépendance ou à un gouvernement plus savant, peu favorables aux agents royaux parfois barbares, d'extraction et d'éducation médiocres, ils étaient eux-mêmes considérés comme les chefs naturels des populations. Nul ne voyait que leurs pratiques ni leur justice fussent inférieures à celles des comtes. Comme ceux-ci, ils avaient des *agentes* ou *ministri* ([79]). Ils demandèrent à continuer ce qu'ils avaient fait jusqu'alors. Les rois consentirent; leur pouvoir absolu n'en semblait pas diminué. Placé, sous leur contrôle immédiat, le *potens* était constitué sur ses terres leur représentant *pro pace atque disciplina facienda* ([80]), comme le comte dans la cité.

II. *Le diplôme d'immunité et ses effets.* — Le *praeceptum* ou *auctoritas immunitatis* était accordé sur sa demande et à titre de faveur individuelle, à une personne nommément désignée, par la chancellerie royale. Il était remis au bénéficiaire, mais rédigé en forme de lettre aux agents royaux, ducs, comtes, *judices* de tout rang, etc. Le privilège était concédé pour des domaines également indiqués, mais pouvait embrasser les possessions présentes ou à venir de l'immuniste. Il était exclusivement personnel *ex utraque parte*, de sorte qu'il devait être sollicité à nouveau par son titulaire à l'avènement de chaque roi, et par l'héritier de celui-là après sa mort; en cas d'aliénation il ne passait pas à l'acquéreur. La caractéristique de l'immunité était l'interdiction à tous les agents du roi, spécialement aux comtes, de pénétrer sur les terres de l'immuniste ([81]). Ils ne devaient ni y juger, ni y procéder à aucun acte de contrainte, *districtio*, tels que prise de gage, ordre de se porter

---

32, 33. *Praeceptio Clotarii II* (Bor., p. 18). Au début du vi[e] siècle, *immunitas* signifie seulement exemption d'impôts : Orléans (511), c. 5 (Maassen, p. 2).

(79) Fustel de Coulanges, *Les origines du système féodal*, p. 347 et s.; Kroell, *op. cit.*, p. 33 et s.

(80) *Edict. Clotarii II* (614), 14 (Bor., p. 18).

(81) *F. Marculfi*, I, 2-4, 14 (Z., pp. 42-43).

garant de formalités judiciaires ou d'engagement vis-à-vis du juge, ni y faire exécuter aucun jugement rendu ailleurs, ni y percevoir les *freda* ou l'amende de l'hériban. Défense aussi d'y lever ou faire lever aucun impôt, d'y exiger aucun droit de gîte ou de procuration, d'y procéder à aucune levée d'hommes pour l'armée. Les terres d'immunité formaient, au milieu de la *civitas*, un îlot étranger à l'administration royale, remplacée pour elles et leurs habitants par l'immuniste et ses agents [82]. Vers le même temps, les rois prirent l'habitude d'insérer semblable privilège dans les donations de terres fiscales faites aux églises et aux fidèles: l'acte portait que le donataire les posséderait dans les conditions où elles étaient aux mains du roi, c'est-à-dire qu'il s'y substituerait, pour toutes ses attributions, au *domesticus* [83].

Les conséquences étaient les suivantes : 1° l'immuniste, sous l'autorité du roi, avait seul la police et la justice sur ses terres [84]; les juridictions domaniales des *potentes* se trouvèrent ainsi consolidées. Il jugeait dans les mêmes formes que le comte et suivait la même procédure [85]. Sa compétence s'étendait à toutes les personnes résidant sur ses domaines et ne s'étendait qu'à elles. Dans les litiges entre étranger et résidant, le *judex publicus* restait compétent, mais l'immuniste, ou son agent, assistait « son homme » dans le *mallus* et devait l'y conduire de force s'il y était appelé comme défendeur. La justice d'immunité comprenait les *causae minores*, c'est-à-dire les affaires civiles ne touchant pas aux questions d'état et les crimes ou délits n'entraînant qu'une peine légère ou le paiement d'une composition. Les autres litiges étaient réservés au comte qui sommait l'immuniste de lui conduire le délinquant ou de procéder à l'exécution de sa sentence : en cas de non-obéissance, le tribunal royal était saisi [86]; 2° les impôts et les autres droits fiscaux devaient être perçus par l'immuniste pour être versés au trésor royal. Mais, dès l'origine, les *freda* furent abandonnés au juge d'immunité [87]. Puis, assez vite, les diplômes se rattachant à la région du Nord et de l'Est concédèrent tous les impôts directs et revenus du fisc aux *potentes* [88].

(82) *Edict. Clotarii II* (614), 14 (Bor., p. 22).

(83) *F. Marculfi*, I, 14, 17 (Z., pp. 52, 54). *Gesta Dagoberti*, 39 (*loc. cit.*, p. 416). Kroell, *op. cit.*, p. 63, note 2.

(84) L'opinion de Prost (*L'immunité*, NRH., 1882, p. 177 et s.), qui nie la juridiction des immunistes, doit être écartée.

(85) *F. andecavenses*, 10, 11, 13, 15, 16, 24, 28-30, 47 (Z., p. 8-14, 21).

(86) *Edict. Clotarii II* (614), 5, 14, 15, 19 (Bor., p. 21 et s.).

(87) Pardessus, *Dipl.*, n° 486, t. 2, p. 295.

(88) *F. Marculfi*, 1, 3, 4 (Z., pp. 43, 44).

Le sort des impôts indirects dépendit de la situation du bureau de perception en dehors ou en dedans des limites des terres d'immunité. Les droits de gîte et de procuration au profit du roi même furent abandonnés; 3° l'immuniste, en cas de convocation de l'armée, devait lever et conduire au roi les hommes de ses domaines : il était leur chef militaire.

Les rois pensaient, par l'immunité, se rattacher plus directement les *potentes;* mais le système poussait les hommes à « commander » eux et leurs terres aux grands pour bénéficier du privilège ([89]), et ceux-ci à tenir les droits qui leur étaient délégués ou concédés pour leur chose propre et à n'en plus user que dans leurs intérêts privés.

III. *L'immunité à l'époque carolingienne.* — Les Carolingiens consacrèrent toutes les immunités existantes ([90]). Sauf de rares exceptions ([91]), ils n'en accordèrent de nouvelles qu'à des établissements ecclésiastiques dont les chefs paraissaient plus dociles à leur autorité et sur l'administration desquels ils avaient droit de regard, grâce à la façon dont les avoués et les vidames étaient nommés ([92]). Les chartes furent multipliées en faveur de l'Eglise, les privilèges qu'elles contenaient sans cesse augmentés : dispense du service militaire pour les hommes de l'immuniste; abandon général des profits fiscaux, les prestations en nature étant seules maintenues dans l'intérêt public; droits de monnayage et de marchés, d'où l'essor économique des terres ecclésastiques; abandon de tous droits de justice, la justice criminelle exceptée; renforcement de la protection royale et des garanties du privilège : *defensio et compositio immunitatis* de 600 *solidi,* à quoi l'Eglise ajoutait l'excommunication ([93]). Par contre, le privilège était suspendu si l'immuniste désobéissait aux lois, ne livrait pas les criminels réfugiés chez lui, violait ses obligations de *vassus regalis.* A tant de concessions s'ajouta, dans la seconde moitié du ixe siècle, la *facultas advocati eligendi* ([94]) : avoués et vidames choisis par l'immuniste ecclésiastique seul cessèrent d'être

(89) *Polyptyque d'Irminon,* III, 61 (éd. Longnon, p. 38). « Isti homines fuerunt liberi et ingenui, sed quia militiam regis non valebant exercere, tradiderunt alodos suos Sancto Germano. »

(90) *Cap.* (755), 6; *Cap. Vernense* (755), 19; *Cap.* (819), 8; *Cap. Olonen.* (825), 4 (Bor., pp. 32, 34, 268, 333); *Cap. Pist.* (869), 1; *Odonis regis promissio* (Kr., pp. 333, 376); *Chr. Fredeg. cont.* (760), 41 (MGH., SS, t. 2, p. 186).

(91) *Cap. pro Hisp.* (815), 7; *Cap. pro Hisp.* (844) (Bor., p. 262; Kr., p. 258).

(92) Voy. p. 141.

(93) *Cap. leg. add.* (818, 18; *Cap. Vorm.* (829), 10 (Bor., p. 285; Kr., p. 16).

(94) *Gallia Christiana,* t. 2, *Instrum.,* col. 118, 258; t. 14, *Instrum.,* col. 35.

des administrateurs royaux et devinrent des défenseurs armés du temporel de l'Eglise. On rechercha naturellement pour cela des puissants, et le danger s'accrut.

Mais, avec l'extension du régime seigneurial, l'immunité perdit sa signification première. Des seigneurs l'accordèrent non plus contre leurs officiers, mais contre eux-mêmes; et ainsi les rois, qui trouvaient à cela cet avantage qu'en affranchissant les terres d'Eglise dans les limites de la *potestas* d'un seigneur ils affirmaient leur souveraineté théorique et donnaient prétexte aux évêques et aux abbés de repousser celle du seigneur. Beaucoup de ces terres devinrent des seigneuries en acquérant, par ces concessions, la haute justice. Au xie siècle, on traduisit les *jura fisci* des vieux diplômes par *jura regalia* [95].

2° Les bénéfices honneurs héréditaires.

L'hérédité des bénéfices ne fut pas qu'une révolution économique. Un grand nombre étaient la rémunération de fonctions publiques et servaient de dotations à ces *honores* qui devinrent héréditaires dans la même mesure qu'eux. On a voulu rattacher à quelque fait précis cette hérédité, notamment au capitulaire de Quiersy-sur-Oise (877). Mais ce règlement provisoire, non inséré aux *Libri regales* et fixant quelques directives au Conseil pendant le séjour de Charles le Chauve en Italie, ne contient rien de pareil [96]. En cas de décès d'un comte ou de tout autre fonctionnaire pendant son absence, l'Empereur ordonnait au fils de ce comte ou de ce *vassus* de continuer l'administration de son père jusqu'au retour du Prince; à défaut de fils capable, le Conseil chargerait de cette gérance un proche ou un ami du défunt ou l'évêque du lieu, assisté des officiers du comté, jusqu'à ce que l'Empereur revenu nommât lui-même à l'office vacant : ce qui exclut l'hérédité. Mais nous savons par ailleurs que beaucoup de familles se perpétuaient dans les charges et les bénéfices qu'elles tenaient du roi ou d'un *senior*, soit que le titulaire en eût obtenu la survivance pour l'un des siens, tel en 914 Robert faisant accorder par le roi un privilège de ce genre à son fils Hugues le Grand, soit que ses héri-

---

(95) *Ibid.*, t. 6, *Instrum.*, col. 44. *Registre criminel de Saint-Maur-les-Fossés* (éd. Tanon), pp. 325, 336.

(96) Fustel de Coulanges, *Nouv. rech. sur quelq. probl. d'hist.*, pp. 424-427. Halphen (*A propos du Capitulaire de Quiersy-sur-Oise*, RH., 1911¹, p. 282 et s.), montre que les fidèles y sont parfaitement soumis à l'Empereur, mais marque fortement le rôle de la sujétion personnelle dans leurs rapports avec lui. Cpr. Emile Bourgeois, *Le capitulaire de Kiersy*, 1885.

tiers aient eux-mêmes obtenu ces honneurs et bénéfices en lui succédant dans la vassalité du *senior*. C'est par ces concessions renouvelées à chaque génération que la grande masse des bénéfices finit par s'incorporer au patrimoine des *vassi*; mais d'autres furent aussi usurpés (⁹⁷).

(97) Dans certaines régions excentriques, l'hérédité apparut vite. Vers 880, Wilfred le Velu publie une charte de *poblacion* et passe pour le premier comte héréditaire de Barcelone (?). De 841 à 918, les comtés de Toulouse et de Limoges paraissent tenus ainsi par le comte Raymond (841-864) et ses fils Bernard (864-875) et Eudes (875-918) : ce n'est qu'une hérédité de fait, car Eudes eut pour successeur dans le *pagus* de Limoges, Ebles de Poitiers. En 932, le roi Raoul enleva à Ebles les titres de duc d'Aquitaine et de comte d'Auvergne pour les donner à Raymond de Toulouse; en 951, Louis IV les rendit à Guillaume, de la famille d'Ebles (R. de Lasteyrie, *op. cit.*, pp. 27 et s., 41). Les vicomtes de Limoges, vers la fin du x⁰ siècle, étaient héréditaires et affranchis des comtés (*Ibid.*, p. 128). Ils s'intitulaient *gracia Dei Lemovicensium vicecomites*.

LIVRE III

LE RÉGIME SEIGNEURIAL
ET LA SOCIÉTÉ FÉODALE

CHAPITRE PREMIER

SEIGNEURIES, FIEFS, ROYAUTÉ

§ 1. — L'anarchie du Xe siècle : éléments d'ordre politique
ou juridique qui y survivent.

I. — Seigneuries et fiefs : ce qu'ils sont.

Les Carolingiens avaient cru renforcer l'ordre politique et asseoir un édifice social en faisant concourir au même but la hiérarchie administrative et celle des vassalités. Voulant maintenir l'une
sans laquelle il n'y a pas d'Etat, ne pouvant supprimer l'autre,
ils les avaient conjointement utilisées. Mais, en se rapprochant,
elles avaient acquis moins de force que d'occasions de se rompre.
Aux plus hauts échelons, fonctionnaires et *vassi* se confondaient :
le fonctionnaire prenait de sa qualité de *vassus* une allure plus
libre vis-à-vis de l'autorité royale, le *vassus* tirait de ses fonctions publiques des moyens de faire valoir l'importance de sa fidélité et d'en discuter le prix. Par eux, le roi était isolé, d'une part,
des agents subalternes de l'administration, qui dépendaient exclusivement de leurs supérieurs immédiats, comtes, marquis, ducs,
d'autre part, de la masse des sujets avec qui il ne communiquait
plus que par les *seniores* intermédiaires. Son pouvoir se réduisait
à un contrôle difficile sur les agissements des puissants. A chaque degré de cette double échelle, l'homme qui s'y trouvait s'ef-

forçait de distendre, sinon de rompre, la partie qui le reliait au sommet, c'est-à-dire à son *senior* ou à son chef hiérarchique et de consolider, au contraire, celle qui, vers la base, lui rattachait ses *vassi* ou ses *juniores*, qui faisaient de même à leur rang. D'où quand les mains qui avaient instauré ce fragile échafaudage et en retenaient les fils les laissèrent échapper, il se brisa; l'anarchie se répandit, et, dans les pays qui avaient constitué l'Empire de Charlemagne, on assista : d'abord, à un obscurcissement de la notion de souveraineté; puis, à deux phénomènes historiques, provoqués par ou réagissant contre cette carence de l'Etat, le régime seigneurial et l'organisation féodale, qui ne sont pas la même chose.

Ils ne correspondent, en effet, ni à des situations, ni à des faits de même nature; ils n'ont ni même explication, ni mêmes fondements juridiques. Le premier s'est développé dans le domaine politique, le second dans le domaine économique et social. On les imaginerait très bien se produisant l'un sans l'autre. Le régime seigneurial fut la dissémination aux mains de particuliers des droits sur les personnes et sur les choses qui sont le propre de la souveraineté. Celle-ci, qu'on dit d'ordinaire indivisible, se trouva alors divisée dans des proportions et sous des formes qui variaient de quelques bribes de juridiction et de fiscalité au bloc des prérogatives régaliennes, sans que fussent niées, du reste, la persistance et la prééminence du droit royal, ce dernier fait caractérisant le régime seigneurial et le différenciant du morcellement pur et simple d'un Etat en plusieurs autres. Mais, en se répandant ainsi, en se fragmentant, la souveraineté perdait de sa majesté et de son mystère. On ne reconnaissait plus ses éléments dispersés, qui furent assimilés aux autres droits et inclus avec eux dans le patrimoine des hommes qui les exerçaient.

La féodalité, au contraire, dans le cercle des relations privées, tira ses origines du contrat. Ses débuts se ramenèrent à la concession en jouissance d'un bien quelconque, soit à raison de la profession de fidélité ou de sujétion du bénéficiaire à l'égard du concédant, soit en échange de services que les contractants déterminaient. Issues de la pratique du *beneficium* (*fevum*, *feodum*, furent longtemps synonymes de *beneficium*) et du *precarium* romains, plus directement parfois de la *precaria* franque, ces tractations, dont les termes opposés n'étaient pas d'abord rigoureusement liés en droit, virent s'accentuer leur caractère, de fait, synallagmatique. On aboutit au contrat de fief. La rareté des métaux précieux imposait de suppléer souvent ainsi aux conventions où, en d'autres temps, la monnaie eût joué un rôle. Des types se précisèrent. Les fiefs ayant pour objets des fonds de terre occupèrent le premier rang en importance économique et sociale. Eux-mêmes, par des contingences historiques, se scindèrent en catégories : fiefs nobles, octroyés en échange de services personnels, surtout militaires; fiefs roturiers ou vilains, cédés en échange de redevances et de corvées; d'autres plus infimes faisaient descendre le tenancier vers la condition servile. L'usage ayant réservé par la suite, dans beaucoup de lieux, la dénomination de fiefs aux premiers, les seconds en furent plus habituellement appelés censives, rotures, vilenages, etc. (¹); les derniers se perdirent dans la masse des tenures serviles. Plus ou moins vite, selon les moments et les régions, l'accoutumance des parties les unes aux autres, l'inutilité ou la difficulté pour celles-ci de remplacer celles-là, la force qu'une longue jouissance et l'adaptation à la terre des familles qu'elle nourrit, infusent à la possession, firent que de temporaire ou viagère qu'elle avait d'abord été, cette possession devint définitive et fut muée en propriété quand la connaissance du droit romain eut mis les feudistes à même d'en définir le statut. Mais nulle évolution ne suivit courbes plus hésitantes, ni plus capricieuses. Fiefs révocables, fiefs viagers, fiefs patrimoniaux, d'une patrimonialité plus ou moins accentuée, subsistèrent et voisinèrent sur le même sol pendant des siècles.

La légende est détruite des seigneuries et des fiefs, créés d'un seul coup et naissant, si l'on peut dire, jumelés, de la concession héréditaire des bénéfices-honneurs, arrachée par leurs titulaires à la faiblesse de quelque roi. Ni Charles le Chauve, en 867 ou 877, ni Hugues Capet, en 987, ni aucun autre, ne concéda rien de pareil. La patrimonialité des seigneuries et celle des fiefs s'établirent sur des plans distincts, pour des causes différentes, selon des processus dissemblables (²).

C'est pourtant ce caractère patrimonial, commun aux droits seigneuriaux et aux droits féodaux, qui en fait méconnaître l'hétérogénéité première et entraîne à les confondre, alors qu'on ne devrait les rapprocher qu'en tant que fractions d'un même patrimoine, susceptibles de s'étalonner à la même valeur d'échange. A ce titre, il arriva que, compris dans des tractations semblables, ils furent troqués les uns pour les autres et qu'un jour ils se trouvè-

(1) Waitz, *Vassalität*, p. 24 Cpr. Brussel, p. 73 et s. Voy. ci-après, p. 245 et s.

(2) Fiefs non patrimoniaux au xii⁰ siècle, ou du moins ne pouvant être vendus, ni engagés : *Sancti Stephani lemovicensis cartularium* (publié par J. de Fonts-Réaulx : *Soc. arch. et hist. du Limousin*, 1912), n⁰ CXCII, p. 189.

rent combinés et enchevêtrés. Les droits seigneuriaux, tombés dans le patrimoine, furent l'objet de contrats de fief, comme de tout autre contrat. On les vendait, on les donnait; on put les inféoder, d'où quelqu'un les posséda en qualité de vassal. La totalité même de la haute justice, c'est-à-dire le tout de la seigneurie, était parfois cédée avec la terre (³). Par contre, des concessions foncières étaient faites fréquemment en retour, au profit du concédant, de droits seigneuriaux sur les personnes : ainsi dans les chartes de peuplement ou les conventions d'hostise. La variété des transactions était grande, mais la nature originelle des droits n'y subissait pas d'altération essentielle.

II. — LES ORIGINES DU RÉGIME SEIGNEURIAL.

Une explication généralement admise des origines de la seigneurie se trouve corroborée par la masse des documents.

Les fonctionnaires royaux, ducs ou comtes, voire les évêques et les abbés, qui souvent partageaient leurs charges ou gouvernaient les *plebes* des terres d'Eglise en qualité d'immunistes, usurpèrent insensiblement les pouvoirs qu'ils tenaient par délégation ou privilège du roi et, s'étant affranchis, ou tout comme, de son autorité, les exercèrent en leur nom, pour leur compte personnel. Les premières grandes familles seigneuriales descendaient toutes d'un duc ou d'un comte carolingien ayant rempli ses fonctions dans la région (⁴). La faiblesse, l'instabilité du pouvoir central, le désordre des temps avaient permis ou provoqué ce déplacement sans qu'on n'en ait saisi ni le moment, ni la manière. Ces hauts agents étaient devenus si hardis et le pouvoir si craintif, qu'autant dire qu'à leur égard le droit de révocation avait cessé (⁵). Ils ne se démettaient guère de leurs honneurs et de leurs bénéfices, une fois obtenus, que pour en recevoir de plus grands. Cumulant tous ceux qu'ils pouvaient arracher à la faveur royale, ils en sollicitaient la survivance pour leurs fils ou leurs proches, ce qui ou-

---

(3) Beaumanoir, *Coutumes de Beauvaisis* (éd. Salmon), nᵒˢ 295, 1641; *Summa de legibus Normannie*, XXVII, 7 (éd. Tardif, p. 96).

(4) Lot, *Fidèles et vassaux*, pp. 3, 7, 28, 49, 98, 146, 183.

(5) Cependant, au xᵉ siècle, le roi nomme encore des comtes : Flodoard, *Ann.*, a. 940 (éd. Lauer, p. 72); *Hist. eccl. remensis*, IV. Sous Hugues Capet, le gouvernement de la Bourgogne restait à la disposition du roi et ne fut héréditaire qu'après l'adoption d'Otto Guillaume par le duc Henri en 1003 : Flodoard, *Ann.*, a. 960, p. 102; *H. eccl. rem.*, III, 13; *Chron. de Saint-Bénigne* (éd. Bougaud, p. 163). Encore Robert II voulait-il le reprendre : Raoul Glaber, II, 8; III, 9, 37 (éd. Prou, pp. 42, 85).

vrait la voie à une hérédité de fait que la coutume changeait, un jour, en hérédité de droit (⁶). Quand il n'y eut plus de *missi*, les comtes reçurent les serments dus au roi et, finalement, se les firent prêter à eux-mêmes, allant jusqu'à en exiger des *vassi dominici* habitant leurs comtés (⁷). Ainsi, chaque circonscription administrative eût tendu à s'ériger en territoire autonome sous la puissance de son ancien administrateur ou commandant, devenu seigneur souverain, et il en eût été de même des terres d'immunité, si l'anarchie et les mœurs violentes de l'époque eussent comporté un tel ordre et quelque logique.

Pendant que cette révolution s'accomplissait dans les sphères élevées, les agents des ducs, comtes, évêques, abbés, immunistes, pratiquaient à leur encontre une offensive pareille. Ils obtenaient le renforcement de leurs charges, de leurs bénéfices; par des cumuls et des survivances, ils progressaient dans le sens d'une hérédité ou de quelque chose d'approchant. Mais comme ils n'avaient reçu jadis de leurs supérieurs ou de leurs maîtres que des attributions restreintes ou spéciales, ils ne consolidèrent à leur profit que celles-ci : leurs droits seigneuriaux ne furent que des fractions souvent minimes, des lambeaux peu reluisants d'autorité. Au dessous des seigneurs disposant de la plénitude des pouvoirs souverains et dont la puissance oscillait de celle du hobereau de quelque canton montagneux ou forestier à celle des *principes* d'allure et d'éclat égaux à ceux d'un roi, gravitait tout un peuple de seigneurs partiels, se réjouissant et vivant des reliefs de souveraineté ravis à la table des premiers.

A ce tableau un peu schématique, sans doute bien des incidents s'ajoutèrent : aventuriers, grands domaniers vinrent planter leurs châteaux forts entre ceux de ces fonctionnaires affranchis et frondeurs, s'infiltrant dans les interstices de leurs possessions disjointes, et s'attribuèrent des droits qui ne leur avaient jamais été délégués par personne. Mais ces réussites ne faisaient qu'étendre un système déjà créé.

Le caractère de la révolution seigneuriale fut d'abord l'émiettement. La hiérarchie, fondée sur le séniorat et la vassalité, fut dé-

---

(6) Richer, III, 21 (éd. Guadet, t. 2, p. 23); Gerbert, *Ep.*, 114 (éd. Havet, p. 104); Adhémar de Chabannes, III, 23, 25 (éd. Chavanon, pp. 143, 146); le comte Eudes écrivant à Robert II se dit *princeps hereditabilis* (ap. Fulbert, 96, *Ep.*, *PL.*, t .141, p. 938). Mabille, *Chron. des comtes d'Anjou*, p. xcviii : Poupardin, *Les gr. fam. carolingiennes* (RH., 1900, p. 86 et s.); Guilhiermoz, *Essai sur les origines de la noblesse en France*, p. 139 et s.

(7) *Cap. Caris.* (873), 5-6; *Cap.* (877) (Kr., pp. 345, 367).

truite. Les points de rupture s'étant multipliés le long de sa chaîne, elle ne fournit plus de lien continu remontant des plus humbles sujets au roi. Les rapports se limitèrent d'individu à individu. Il fallut dire : *Vassalus vassali mei non est meus vassalus*. Ce fut, en second lieu, l'instabilité. Les seigneurs se classèrent, non d'après leurs titres et leurs anciens rangs, mais d'après leur puissance réelle qui dépendait moins de la situation que l'homme eût occupée dans l'Etat subsistant que de l'étendue de ses domaines, de l'éclat de sa lignée, du nombre de ses vassaux, de l'importance de sa mesnie. Il faut tenir compte de ce qu'il y avait de complexe et d'hétérogène à la base de ces puissances princières et seigneuriales qui, dans un monde ébranlé, se heurtaient les unes aux autres. D'après les forces et le prestige dont il disposait, chacun agrandissait ses possessions et voyait venir à lui d'autres hommes en quête d'un protecteur et d'un justicier. La seigneurie n'eut pas toujours pour limites celle de l'ancienne circonscription administrative ou de l'ancien domaine d'immunité. *Potestas*, qui désignait l'ensemble des droits appartenant à un seigneur, avait un sens dont le contenu variait d'après les lieux et les personnes. Un même seigneur ne commandait pas à tous et partout de la même façon. On en voyait exiger certains droits ou y prétendre sur les terres ou sur les sujets d'un autre. Enfin, la confusion de l'ordre politique et de l'ordre privé par le passage des droits de la puissance publique dans le patrimoine des seigneurs et le trafic qui en était fait aggrava encore la dissociation et l'enchevêtrement : il n'était pas rare qu'un seigneur souverain dépendît pour l'exercice de quelque droit d'un plus faible [8].

(8) On a cherché au régime seigneurial d'autres origines.

I. — Sous le nom de *régime domanial*, des historiens [voyez surtout Guérard, *Le Polyptyque de l'abbé Irminon*, t. 1, *Prologomènes* ; Henri Sée, *Les classes rurales et le régime domanial en France au Moyen âge*, 1901] opposent bien la seigneurie aux institutions féodales, mais la font naître du pouvoir qui appartenait au grand propriétaire sur ses domaines, progressivement accru de l'époque romaine au Moyen âge et porté à sa limite extrême au temps où s'affaissa la souveraineté royale. Cette doctrine restreint le champ de la puissance seigneuriale aux populations rurales occupant les parties des grands domaines autres que celles concédées à fief pour lesquelles les rapports entre propriétaires et tenanciers étaient exclusivement réglés par le contrat de fief. Dans ce cercle limité, la justice seigneuriale dériverait du droit de propriété sur les terres et les hommes qui les cultivaient, les tailles étant ramenées à des redevances dues à raison de la tenure, les tonlieux, banalités, corvées, même le service militaire, à des règlements domaniaux du propriétaire dans l'intérêt de l'exploitation. Cette explication de la puissance seigneuriale doit être écartée parce que : 1° si affaiblie qu'elle ait été à certains moments, la

III. — Les origines de la société féodale.

Les individus à qui l'Etat n'assurait plus une protection suffisante avaient cru la trouver, au vii⁰ siècle, dans la clientèle et le

notion de l'autorité publique n'a jamais complètement disparu, de sorte que les seigneurs, quand ils eurent cessé de représenter l'Etat royal, parurent incarner une sorte d'Etat seigneurial, et, pour les plus puissants, la différence était peu sensible; 2° le système domanial laisse en dehors des cadres qu'il admet une masse importante de personnes et de terres; si la souveraineté royale a sombré, si le pouvoir féodal est borné aux rapports entre propriétaires et possesseurs de fiefs, si le pouvoir seigneurial ne dépasse pas le domaine rural et les vilains ou serfs qui l'habitent, de qui relèveront les petits propriétaires de terres libres et les roturiers qui ne sont établis sur aucun domaine? Or, les documents les montrent soumis à la justice seigneuriale; 3° la justice domaniale a toujours été considérée comme dérivant, non pas du droit de propriété sur les terres et les esclaves, mais d'une tolérance ou d'une concession de la puissance publique, qu'il s'agît des *potentes*, possesseurs de *saltus* ou d'*agri excepti* ou acquéreurs de *villae* du fisc à l'époque romaine, des *potentes* ou des immunistes de l'époque franque. La basse justice correspondit approximativement à celle qu'on leur reconnaissait dans leurs domaines, la haute tout à fait à celle réservée aux fonctionnaires impériaux, puis royaux. Cela apparaît nettement dans les textes que M. Sée (pp. 109-111) invoque en sens contraire : *Cap. de latronibus* (807), 7, 9; *Cap. de villis*, 56 (Bor., pp. 88, 181). Les pouvoirs judiciaires ont ici leur source dans les *capitulaires;* 4° quant aux droits fiscaux, les propriétaires les exerçaient si peu en vertu de leur droit patrimonial sur la terre, qu'ils avaient soin de se les faire concéder toujours d'une façon plus large et qu'on suit leurs progrès en ce sens à travers la série des diplômes francs. Il en fut de même de leur droit de juridiction sur les marchés (Huvelin, *Essai hist. sur le droit des marchés et des foires*, p. 172) et du droit de battre monnaie (Prou, *Catal. des monnaies mérovingiennes à la Bib. Nat., Introd.*, p. xxxvi); 5° de nombreux textes font voir la justice, la fiscalité, la puissance militaire seigneuriales autrement étendues que ne l'autoriserait logiquement la théorie domaniale.

II. — M. J. Flach (*Les origines de l'ancienne France*, t. 1 : *Le régime seigneurial*), croyant que le pouvoir des ducs et des comtes s'était effondré en même temps que celui du roi, n'admet tout d'abord que des seigneuries restreintes et en cherche l'origine dans l'autorité du chef de famille étendue des siens et de ses esclaves aux serviteurs de tout ordre, aux *vassi* ou fidèles, à la clientèle, quelle qu'en fût la provenance, en un mot, à tous ceux qui étaient placés dans sa dépendance. Et comme la puissance, *potestas*, du chef de famille s'exerçait aussi sur les biens, M. Flach imagine que la propriété du sol équivalait à une sorte de souveraineté, c'est-à-dire que toute possession foncière était primitivement un alleu, comportant immunité fiscale et pleine juridiction, d'où ce dernier droit appartenait au propriétaire sur tous les habitants de son domaine, même non assujettis à lui par un lien personnel. L'immunité accordée aux laïques ne faisait que constater une situation préexistante. Cette justice établie soit sur la sujétion individuelle, justice domestique, soit sur la propriété, justice censuelle, aurait remplacé la justice

comitat mérovingiens, vers la fin du viii°, dans le groupement
vassalique. Avant que ce dernier eût disparu, on vit surgir, aux
x° et xi° siècles, un procédé nouveau qui ne visait plus à la création d'une échelle sociale continue, mais de groupes distincts, où
la terre servit en général de fondement aux relations juridiques
essentielles. Le contrat de fief en fut le truchement. De ses divers
types, la plupart créaient des rapports étroits entre les contractants et plaçaient l'un dans la sujétion de l'autre. Les fiefs nobles
comportaient pour le vassal, outre la fidélité absolue, des devoirs
d'aide et de conseil et déclanchaient de la part du suzerain pareilles obligations. Entre celui-ci et l'ensemble des vassaux qui
avaient lié leur fortune à la sienne s'établissait, par son intermédiaire, une association de fait, une sorte de *fraternitas*, qui les
faisait qualifier de pairs, *pares*. Chacun avait dans sa dépendance
une famille, d'autres vassaux, des tenanciers roturiers ou serfs.
Comme tout dépendait ici du contrat, ces personnes, n'en ayant
pas avec le suzerain, restaient en droit hors de sa protection ;
mais, comme le vassal souffrait des maux qu'elles subissaient et

territoriale de l'ancienne puissance publique. Tout homme ayant sous sa
dépendance ou sous sa protection d'autres hommes en était le juge. M.
Flach explique même le privilège de clergie par la situation dépendante
des clercs vis-à-vis de l'évêque. D'où le vassal était doublement sous la
justice de son suzerain comme fidèle et comme tenant fief. Il reconnaît cependant que, par la convention, l'usage ou l'abus qui n'auraient pas suffi
à le créer, les seigneurs ont aggravé et étendu le système, et, en outre, contrairement à l'école domaniale, que, leur puissance croissant, ils usurpèrent
certains droits qui n'avaient d'abord appartenu qu'au roi : service militaire,
impôts indirects, banalités, etc. Cette thèse, appuyée d'un appareil d'érudition
impressionnant, ne résiste pas cependant aux objections suivantes : 1° Ni au
Bas-Empire, ni à l'époque franque, le chef de famille ne jouit sans conteste
des droits que M. Flach lui attribue. Le pouvoir diminué que les lois lui
maintenaient sur sa *familia* n'aurait pu servir de fondement à la pleine juridiction sur d'autres hommes. 2° Jamais la propriété n'y a, par elle-même,
comporté la souveraineté indépendante, c'est-à-dire immunité fiscale et droit
de justice sur les habitants du domaine, autrement que par tolérance, ou concession de l'Etat, ou usurpation. L'alleu entendu dans ce sens n'est lui-
même qu'une des conséquences de l'anarchie seigneuriale. En réalité, les
textes utilisés par M. Flach montrent ces droits, prétendus nés de la puissance paternelle ou de la propriété, sollicités du roi ou du seigneur supérieur,
concédés par eux ou établis sur un accord suggéré par les mœurs du temps.
Ce qui doit être retenu de la théorie de M. Flach, c'est qu'il n'y a eu de
révolution ni politique, ni sociale brusque. Le système seigneurial fut un
composé d'éléments fournis par le milieu juridique précédent; il fallut du
temps pour qu'ils prissent leur forme nouvelle; c'est encore que, si la sujétion contractuelle avait joué un rôle important longtemps avant le xi° siècle,
elle n'a pas complètement disparu des habitudes à ce moment-là.

que par lui, elles étaient une force pour le groupe, le suzerain mettait à son service, pour les défendre, toute la puissance qu'il tirait de la fidélité et des engagements des membres de l'association. Ainsi le vassal se trouvait protégé dans sa personne et dans les siens. Ce groupement constituait une petite société qui se suffisait, ayant sa force armée, sa cour de justice, son conseil délibérant. A un degré au dessous, les fiefs non nobles qui n'obligeaient le tenancier qu'à des prestations appréciables en argent, exigeaient aussi à l'origine que le bénéficiaire, en échange de la concession, se déclarât l' « *homo* » du concédant et fût, dès lors, incorporé au groupe dont celui-ci était le centre. Ainsi se formèrent par une série de contrats semblables, entre un homme et d'autres hommes, les groupements féodaux (*).

Leur origine contractuelle les tenait en marge de la révolution seigneuriale, en face de laquelle ils apparaissaient plutôt comme des moyens de suppléer à ce qu'on perdait à son désordre. Cependant, pour se constituer suzerain d'une troupe importante de vassaux, il fallait disposer de terres nombreuses : il en résulta que les seigneurs furent les chefs féodaux les plus puissants. Les deux situations furent cumulées. Le suzerain mit au service du seigneur la force militaire, les ressources économiques des organismes féodaux. Par là, il affermit et accrut sa puissance seigneuriale. Il soumit, dans ses entours, les seigneurs plus faibles et, quand il ne put ou ne voulut les supprimer, la féodalité lui procura le moyen de se les subordonner honorablement; ils entrèrent, avec leurs terres, dans son vasselage et prirent place parmi ses pairs. Puis à mesure que, dans les grandes seigneuries, l'autorité fut mieux assise, on imagina que, puisque le vassal tenait (réalité ou fiction) sa terre du suzerain, ce qu'il avait concédé à d'autres et qui mouvait de cette terre devait aussi en relever, et l'on dit que ces possesseurs tenaient de ce suzerain en arrière-fief. Par là fut reconstituée tardivement, sur le plan féodal la mérarchie jadis rompue. Pour se rattacher les hommes de leurs vassaux, les seigneurs doublèrent, par le lien féodal, celui plus direct, mais sans doute apparu moins solide, de la seigneurie.

Pourtant la féodalité foncière n'enferma pas dans ses cadres toute la vie de l'époque. Parallèlement à ses institutions, des pratiques dérivées de l'ancienne organisation sociale convergèrent vers les mêmes buts. La forte constitution de la famille s'établissait sur la solidarité rigoureuse maintenue entre ses membres et

(9) V. ci-dessus, p. 172 et s. et ci-après, p. 236 et s.

s'étendait, par delà, dans une clientèle qui ne se confondait pas toujours avec les hommes de fief. Le centre en était la *mesnie*, composée de ceux que le chef de grand lignage entretenait dans sa demeure, parents, pages, écuyers, chevaliers non fieffés, varlets et soudoyers. Un puissant rangeait autour de lui des hommes qui l'étaient moins et que lui rattachait une promesse de fidélité à laquelle ne correspondait souvent aucun fief. Cette *mesnie* ou clientèle reposait sur des engagements simplement personnels. De son existence on a eu tort de conclure à l'apparition tardive de la féodalité foncière. Du x⁰ au xiii⁰ siècle il y eut concomitance (¹⁰).

(10) M. J. Flach (*Les origines de l'ancienne France*, t. 2, *La féodalité*, pp. 427-560 ; *La chevalerie*, pp. 561-579) enseigne que la féodalité foncière, telle qu'on la décrit ordinairement, n'aurait apparu qu'au xii⁰ siècle, sous l'influence de pratiques adoptées par les établissements ecclésiastiques. Le groupe social auquel on réclamait aide et protection, dans la carence de l'Etat, aurait été la famille et, par extension, la *mesnie*, conçue sur le modèle de celle-là et la prolongeant fictivement. Le groupe reposerait donc uniquement sur la recommandation, devenue l'*hominium* ou *homagium*, et le serment de fidélité qu'elle impliquait de la part des *vassi* au chef de *mesnie*. Le lien ainsi créé aurait été purement personnel comme aux temps antérieurs, la concession foncière n'intervenant pas encore ou n'intervenant que postérieurement à l'entrée en vasselage, comme un bénéfice viager octroyé en récompense de bons services. Au xii⁰ siècle seulement, à l'imitation des églises et des abbayes qui ne concédaient de terres qu'en échange d'engagements précis de services déterminés, les chefs de groupes féodaux auraient organisé leurs vasselages sur le fief, lui conférant par là une solidité inconnue auparavant. Laissant de côté les caractères de parenté fictive que M. Flach a cru devoir attribuer au *comitatus* franc, puis à la *mesnie*, d'après les *Chansons de geste*, car les théories sur les sources et les origines de cette partie de notre littérature médiévale changent trop souvent pour qu'on puisse faire grand fond sur elle, on peut opposer à la thèse de M. Flach des arguments directs : 1° Au xiii⁰ siècle, les auteurs de coutumiers considèrent que l'évolution qui a acheminé les fiefs d'abord temporaires, puis viagers, vers l'hérédité est, pour la généralité, achevée depuis longtemps [*Jostice et Plet*, XII, vi, 1-2 (éd. Rapetti, p. 230); *Etabl. de Saint-Louis*, I, 26 (éd. Viollet, t. 2, p. 36); Beaumanoir (éd. Salmon), nᵒˢ 468-473; Guillaume Durant, *Speculum juris*, IV, iv⁰, nᵒˢ 12-15]. Il en est déjà de même au xii⁰ siècle dans les *Libri feudorum* (I, 1, 1). 2° A la fin du xi⁰ siècle, Yves de Chartres parle de *beneficia hereditaria*, tenus en échange de *fiduciae et sacramenta* ou pour lesquels leurs possesseurs doivent *hominium facere*; d'autres textes montrent des chevaliers, *milites*, obligés à des services militaires à raison de leurs *beneficia* et de la foi jurée; Orderic Vital connaît le fief de reprise [Yves de Chartres, *Ep.* 71, 208 (PL., t. 162, pp. 81, 202); *Coutumes établies par le comte Bouchard de Vendôme*, CIX, ap. *Vie de Bouchard le Vénérable* (éd. Bourel de la Roncière, pp. 22-28); Orderic Vital (éd. Leprévost, t. 2, p. 26)]. 3° Dès le début du xi⁰ siècle, Fulbert de Chartres, à propos de fiefs héréditaires, relevant de son église, expose nettement la nature et les règles juridiques du fief

§ 2. — La royauté à l'époque seigneuriale et féodale.

I. — Persistance des caractères antérieurs du pouvoir royal.

Le morcellement de l'Empire et le départ de ses provinces entre les rois au traité de Verdun (843) et au cours du siècle suivant furent le résultat des convenances, des tractations ou des violences de ces princes. Il n'apparaît nullement que le sentiment des populations y ait eu aucune part ([11]). Le royaume des Francs occidentaux, autour duquel les Capétiens travailleront à

noble et menace leurs possesseurs de la commise. Il connaît des vassaux tenant fiefs de plusieurs suzerains et dès lors obligés de réserver à l'un l'hommage lige [Fulbert de Chartres, *Ep.* 6, 10, 50, PL., t. 141, pp. 204, 206, 209]. La façon dont il parle des fiefs héréditaires, concédés en échange de services déterminés, révèle que ce n'était pas chose nouvelle pour lui. 4° Lorsqu'on n'avait pas encore distingué les fiefs en plusieurs catégories, les *beneficia* (= *feoda*) étaient déjà en partie héréditaires; quand on sépara les fiefs nobles des roturiers, il y eut quelque temps une certaine hésitation à admettre l'hérédité des premiers à raison des obligations personnelles du vassal, mais ce temps paraît avoir été court. En fait, il y eut de très bonne heure, peut-être dès le VIII° siècle, des bénéfices ou fiefs concédés en vue de services déterminés. Quant à l'hérédité, elle s'introduisit selon un processus extrêmement variable d'après les lieux et les cas particuliers. (Voy. ci-après, p. 248 et s.) Mais il est vrai que l'habitude se perpétua d'entretenir, à côté des vassaux fieffés ou chasés, *casati*, une troupe de simples fidèles, gens de *mesnie*, chevalerie soldée, etc. Fulbert les signale (*Ep.* 6); il y en avait encore au XIII° siècle (G. Durant, *loc. cit.*, n° 15). D'autre part, ce qui prouve que l'*homagium* n'était pas toujours lié à une concession foncière, c'est qu'on put le faire longtemps à qui l'on voulait. On voit les grands de Normandie, au X° siècle, « se commander » les uns au roi, les autres à Hugues le Grand [Flodoard, *Ann.*, a. 943 (éd. Lauer, p. 75); Richer, II, 34 (éd. Guadet, t. 1, p. 174]. Ils n'entraient ainsi que dans leurs vassalités personnelles, comportant du reste le service d'ost.

(11) Voyez pourtant : Regino, *Chron.*, a. 888 (Pertz, SS, t. 1, p. 598) : « Post cujus (Karoli) mortem regna quæ ejus ditioni paruerant... in partes a sua compage resolvuntur, et jam non naturalem dominum praestolantur, sed unumquodque de suis visceribus regem sibi creari disposuit. » *Panegyricus Berengarii*, I, vv. 45-48 (*Ibid.*, t. 4, p. 122) : Richer, I, 20; IV, 11 (éd. Guadet, t. 1, p. 48; t. 2, p. 156). Mais cela est contredit par les faits. Les princes tenaient peu de compte des nationalités dans leurs arrangements. En outre, l'élection de ces rois, Boson en Provence, Rodolphe en Bourgogne Transjurane, Bérenger et Gui en Italie, qui étaient francs et non originaires des pays qui les prirent pour rois, dément les dires de Regino. Cpr. G. Monod. *Du rôle de l'opposition des races et des nationalités dans la dissolution de l'Empire carolingien* (*Ann. Ec. H.-Et.*, 1896); Gaston Paris, *Romani, Romania* (*Romania*, t. 1, p. 6 et s.); Molinier, *Introd. aux sources de l'Hist. de Fr.*, n° 94, t. 1°, p. 64.

refaire le royaume de France, n'embrassait plus toutes les terres
gauloises. Il naissait amputé de celles comprises à Verdun dans
le lot impérial de Lothaire et qui furent, en 855, du fait de celui-
ci, divisées en Provence, Bourgogne et Lotharingie. Quand Louis
le Germanique porta la guerre dans cette dernière, en Alsace, il
n'invoqua aucun argument de race mais seulement qu'elle lui avait
été concédée par l'Empereur, à la suite du chantage de 833. On
choisissait alors les rois en dehors de la famille de Charlemagne
ou l'on revenait aux Carolingiers d'après les promesses qu'on en
recevait, l'habileté ou la puissance qu'on leur supposait, très peu à
raison de leur sang (12).

Le royaume naissait non seulement diminué, mais encore déchiré par la révolution seigneuriale. Prête à surgir depuis la fin
du vi⁰ siècle, elle n'avait été retardée que par l'action vigoureuse
de certains rois. La mauvaise constitution de l'Empire dont les
royautés nouvelles avaient hérité et le rôle prépondérant qu'y
jouait le système de la sujétion individuelle, maintenant la précipitaient.

Le pouvoir passa du dernier Carolingien à Hugues Capet par le
jeu de cette constitution. Le duc de France fut élu (13), quatrième
de sa maison depuis un siècle, et préféré à Charles, duc de la
Basse-Lorraine, non parce qu'il représentait un principe national,
ou féodal, ou religieux, autre ou plus accentué que le Carolingien,
mais parce qu'il fut jugé plus riche, plus puissant, par conséquent
plus capable de maintenir un ordre relatif et de procurer à tous
une protection (*patrocinium*) (14). Les premiers Capétiens continuè-

---

(12) Boson et Louis l'Aveugle, Rodolphe, Bérenger et Gui, durent leur
royauté à des motifs de ce genre. De grande famille, riches, ils avaient exercé
de hautes charges. Que certains fussent, non pas de sang carolingien, mais
alliés à la dynastie, ne fut pour leur élection d'aucune valeur. Du reste, les
rois Robertiens, Eudes (888-898), Robert (922-923), Raoul (923-933), avant
Hugues Capet, étaient étrangers à la famille de Charlemagne. Ce que M. Flach
(*op. cit.*, t. 3, p. 173) a appelé le « droit royal carolingien » est une illusion.

(13) Il fut couronné le 1ᵉʳ juin et Robert le 30 décembre 987. J. Havet, *Les
couronnements des rois Hugues et Robert* (Œuvres, t. 2, pp. 68-76).

(14) Richer, IV, 11 (éd. Guadet, t. 2, p. 156): « Si fortunatam rempublicam
voletis, egregium ducem Hugonem in regnum coronate... Promovete igitur
vobis ducem actu, nobilitate, copiis clarissimum quem non solum rempu-
blicæ, sed et privatarum rerum tutorem invenietis. Ipsa ejus benevolentia
favente, eum pro patre habebitis. Quis enim ad eum confugit et patrocinium
non invenit? Quis suorum auxiliis destitutus, per eum suis non restitutus
fuit? » Cpr. le discours de l'évêque de Metz au sacre de Charles le Chauve
(*Ann. de Saint-Bertin*, a. 869 (éd. Dehaisnes, pp. 191 et s.; *Ann. de Metz*,
a. 888 (HF., t. 8, p. 68).

rent sans plus le gouvernement précédent et soutinrent de tout leur pouvoir le concept de la souveraineté, tel qu'il était réapparu au vIIIe siècle. L'*electio*, c'est-à-dire la soumission des grands sous la forme de la *commendatio*, et le sacre restaient ses sources; la *designatio* et la *coronatio* préalables, les seules procédures susceptibles d'en assurer la transmission et l'intégrité dans une lignée (¹⁵). La royauté ne cessa pas d'être une magistrature, *ministerium ad dispensationem reipublicae et utilitatem ecclesiarum*. C'était le roi qui, en dépit des bouleversements et des rébellions, maintenait l'*ordinatio ad unum*. Sa chancellerie écrivait que de lui dépendait l'ordre de tout l'État et que la grâce de Dieu l'élevait au-dessus des autres mortels (¹⁶). Dans un traité de morale politique, Abbon, abbé de Fleury, ami des rois Hugues et Robert, assimilait les dignités impériale et royale et proposait pour modèles à ses maîtres Constantin et les empereurs Charles et Louis, leurs prédécesseurs (¹⁷). Empruntant au VIe concile de Paris (829) un exposé des devoirs des rois, il plaçait en premier lieu, le soin de la sécurité de tous, la défense des faibles, la punition des méchants, c'est-à-dire la justice et la paix (¹⁸). Le comte de Blois écrivait à Robert qu'elles étaient la racine et le fruit de l'office royal (¹⁹). Le roi jurait à son sacre de se conformer à cette obligation de sa charge. Puis venaient le choix de bons conseillers, la répression de l'impiété, la protection des églises et des monastères dans toute l'étendue du royaume (²⁰). Avec la profession de foi

(15) Nos renseignements sur le sacre des premiers Capétiens sont peu nombreux : un procès-verbal du sacre de Philippe Ier, rédigé par l'archevêque de Reims Gervais, surtout préoccupé d'y démontrer le privilège de l'Eglise de Reims : *Coronatio Philippi* (HF., t. 2, p. 32), et quelques détails donnés par Suger (*Vita Ludovici Grossi*, éd. Molinier, p. 40) sur celui de Louis VI. L'ordonnance de Louis VII sur le cérémonial du sacre, rapportée en français par du Tillet (*Recueil des rois de France, leurs couronne et maison*, Paris, 1607, p. 265-274) et reproduite par Godefroy (*Cérémonial français*, Paris, 1649, t. 1, pp. 1-12) est apocryphe et n'a pas été rédigée avant le milieu du XIVe siècle.

(16) *Rec. des actes de Philippe Ier* (éd. Prou, nos 40, 91, pp. 115, 235). Robert II écrit de lui-même : « Constat nos divina disponente gratia ceteris mortalibus supereminere. » (HF., t. 10, p. 612).

(17) *Canones Abbonis abbatis ad Hugonem et Robertum ejus filium, Francorum reges* : III, *De ministerio regis* (PL., t. 139, p. 474).

(18) Cpr. *Diplôme d'Hugues et de Robert* pour Saint-Pierre de Melun (HF., t. 10, p. 559).

(19) *Ep. ad. reg. Robertum* (PL., t. 141, p. 938) : Officii tui radicem et fructum justitiam loquor et pacem.

(20) *Sic* Diplôme du roi Raoul confirmant les biens de Saint-Martin d'Autun dans tout le royaume, même sur les terres de Louis l'Aveugle et dispen-

orthodoxe, la promesse de cette protection était la condition du sacre. A cette œuvre complexe tous devaient aider le roi. Abbon rappelait que la *commendatio* équivalait pour les grands à un engagement d'obéissance et d'assistance ([21]). Le serment, exigé des autres sujets, restait pour lui le fondement de la concorde ([22]). Il n'est pas sûr que la pratique en ait persisté; encore, était-il requis chaque fois que les rois ramenaient quelque portion de territoire sous leur autorité. Le roi, sanctifié par le sacre, chargé par Dieu de veiller sur le peuple chrétien, demeurait le centre d'une nationalité latente, autour duquel tous se rangeaient spontanément en cas de menace extérieure ([23]). Dans toute l'étendue du territoire, même là où les rapports entre la royauté et les *principes* semblaient les plus rares ou inexistants, en Gascogne, en Languedoc, même dans les pays bourguignons et provençaux, nominalement rattachés à l'Empire, les peuples et souvent leurs chefs évoquaient le nom du roi de France, symbole de l'unité nationale, dans les chartes ou les actes publics, datés des années de son règne ou placés sous sa garantie ([24]). Les entreprises seigneuriales limitaient matériellement l'exercice du pouvoir royal, sans en atteindre le concept. « Tout ce qu'établit la puissance des rois très glorieux, disait Abbon, doit être stable et incontesté, sous quelque forme que se manifeste leur volonté. » On extrairait de telles pensées des lettres de Gerbert. Au début du xiie siècle, Hugues de Sainte-Marie reproduisait cette doctrine ([25]). Yves de Chartres, Jean de Salisbury tirèrent des *Institutes*, pour l'appliquer au

---

sant les hommes de tout service, hors du sien, 6 avril 924 (HF., t. 9, p. 563); *Chartes de Cluny* (éd. Bernard et Bruel), n°s 482, 499, 797, 890, etc.

(21) *Canones Abbonis* (*Ibid.*, pp. 477, 478) : « Tres namque electiones generales novimus quarum una est regis vel imperatoris, altera pontificis, tertia abbatis. Et primam facit concordia totius regni... Melius est electioni non suscribere quam post subscriptionem electum contemnere et proscribere, quandoquidem in altero libertatis amor laudatur, in altero servilis contumacia probo datur. »

(22) *Ibid.* : « Porro ordinatus rex ab omnibus subditis fidem sibi sacramento exigit, ne in aliquibus regni sui finibus discordia generari possit. »

(23) Ainsi en 978 : Raoul Glaber, I, 3, 7 (éd. Prou, p. 9), en 1124, 1214.

(24) J. Flach, *op. cit.*, t. 4, p. 383 et s., p. 407 et s.; Degert, *Le pouvoir royal en Gascogne* (RQH., 1902, p. 424); Luchaire, *Man. des instit. franç., Pér. capét.*, p. 457 et s. Dans le *Sancti Stephani lemovicensis cartularium* (ix-xiie s.), publié par J. de Fonts-Réaulx (*Soc. arch. et hist. du Limousin*, 1922), la plupart des actes se réfèrent à l'année de règne du roi de France.

(25) *De regia potestate et sacerdotali dignitate* (MGH., *Lib. de lite*, t. 2, pp. 415-494).

roi de France, la formule *Quod principi placuit, legis habet vigorem* [26].

Mais le roi ne gouvernait de façon effective que des lambeaux du royaume : ce qui demeurait en dernier lieu aux mains des Carolingiens et les domaines de la maison robertienne, un moment considérables, mais vite diminués par l'attitude indépendante des anciens officiers des ducs de France ou par des inféodations pour acheter des fidélités ou payer des services [27]. Le reste du territoire, passé sous le gouvernement des *principes* ou de moindres sires, constituait des seigneuries dont les chefs étaient rattachés au roi par des liens sur la nature desquels on discute, parce qu'elle ne fut pas toujours la même.

II. — La souveraineté royale et les « principes ».

L'autorité et la prééminence du roi que les seigneurs ne niaient pas, dont ils assuraient le maintien par l'élection et le sacre, où les plus puissants revendiquaient un rôle en vue [28], reposaient précisément sur ce fait qu'il était le roi [29]. C'est ainsi que les Capétiens du xiᵉ et du xiiᵉ siècle maintinrent leur vocation souveraine et leur puissance majeure, dont le malheur des temps suspendait en partie les effets. Mais formes et caractères de l'allégeance ne furent pas toujours pareils; il arriva même qu'elle s'atténua au point d'être difficilement perçue. Les chefs des grandes seigneuries, héritiers d'hommes qui étaient à la fois fonctionnaires et *vassi* du roi ou du duc de France [30], étaient rattachés à lui

(26) *Inst. Just.*, I, 7, 6.

(27) Aug. Longnon, *La formation de l'Unité française*, pp. 32, 48.

(28) Ainsi le comte de Flandre réclamait au sacre de Philippe-Auguste le droit de porter l'épée du roi comme appartenant *nobiliori principi regni* : *Geneal. comitum Flandriae* (HF., t. 13, p. 144 d.) ; Gilbert de Mons (HF., t. 13, p. 579 c.). Le roi d'Angleterre y tenait la couronne comme duc de Normandie (Rigord, HF., t. 17, p. 5).

(29) « Norisne me esse regem Francorum », dit le roi Lothaire à Richard de Normandie : Dudon de Saint-Quentin (éd. Lair, p. 270). Guillaume de Poitiers, *Gesta Willelmi ducis* (PL., pp. 1149, 1222), parle de *regia dignitas*, de *decus regium*.

(30) M. J. Flach (*op. cit.*, t. 3 et 4), en cherchant à définir les rapports entre les principautés et la royauté, établit une différence entre les *principes* de la *Francie* ou *France Mineure*, anciens vassaux du duc de France, qui devraient au roi, à ce titre, la fidélité et l'hommage, et ceux de la *France Majeure*, anciens fonctionnaires du roi, qui ne devraient que la fidélité. Mais les documents s'expriment de la même façon, qu'il s'agisse des uns ou des autres : *comes noster, se committere, facere fidem militationis, jurare militiam*. Tous s'intitulent comtes. Le comte de Vermandois, bien que vassal

par un double lien de sujétion personnelle. L'émancipation seigneuriale consistait dans une quasi-rupture de ces attaches hiérarchiques. La norme du moment était que les *principes* poussassent l'indépendance jusqu'où leurs forces et les circonstances le permettaient [31]. S'ils avouaient la préexcellence du titre royal, ils tendaient à devenir les égaux du roi ou, si l'on veut, ses « compagnons ». En 881, un concile de Fismes déplorait que le roi eût tant de « *comparticipes atque aemulos* » dans le royaume qu'il gouvernait plus de nom que de fait [32]. Ce qui les rattachait à lui et entre eux, c'était le souvenir de l'ancienne unité territoriale de la Gaule et plus encore du *regnum Francorum*, quelque conception analogue à cette *unanimitas, concordia* ou *fraternitas* imaginée aux premiers râles de l'Empire pour en soutenir l'illusion. Ce qui les retenait dans l'orbe royal, c'était quand le roi en imposait le respect, la *commendatio*, ou *hominium*, consentie au début du règne et dont Abbon faisait la source de leurs obligations vis-à-vis de l'élu [33]. Par elle, ils étaient ses sujets et aussi ses fidèles ou *vassi* [34]. Mais la sujétion s'amenuise quand le protecteur paraît moins fort et les protégés plus puissants; elle tend vers l'alliance

théorique du duc de France, fut un des opposants à Hugues Capet : Flodoard, *Hist. eccl. remensis*, IV, 20 (PL., t. 135, p. 289) ; Dudon de Saint-Quentin (éd. Lair, pp. 222, 247); Richer, II, 26 (éd. Guadet, t. 1, p. 160).

(31) Richer, I, 4 (*Ibid.*, p. 5) : « Cum regnorum principes nimia rerum cupidine sese præire contenderent, *quisque, ut poterat, rem dilatabat.* Nemo regis provectum, nemo regni tutelam quærebat. » Cpr. Dudon (éd. Lair, p. 250); Guillaume de Poitiers, *op. cit.* (PL., t. 149, p. 1229 et s.); Clarius, *Chron. de Saint-Pierre-le-Vif* (éd. Duru, *Bibl. hist. de l'Yonne*, t. 2, pp. 517, 519).

(32) Fismes (881), c. 8 (Mansi, t. 17, p. 537). La hiérarchie vassalique des premiers Carolingiens restait l'idéal, ce n'était plus la réalité : Hugues le Grand reprochait au duc de Normandie de ne vouloir être fidèle ni du roi, ni du *dux Franciae.* Guillaume Longue-Epée parlait de même à ses fidèles révoltés : Dudon de Saint-Quentin, III, 4 ; IV, 93 (éd. Lair, pp. 189, 250). Cpr. *Cap.* (779), 18 (Bor., p. 51).

(33) Les termes *se commendare, se committere, hominium* ou *homagium facere* étaient synonymes : Flodoard, *Ann.*, a. 927-928 (éd. Lauer, p. 57); *H. eccl. remensis,* IV, 25 (PL., t. 135, p. 295).

(34) *Cap. Mersen* (851), 8 (Kr., p. 73) ; *Ann. Vedastini,* aa. 888, 894 (éd. Dehaisnes, pp. 332, 356); Hincmar, *Expositio I[a] ad Karolum regem* (PL., t. 125, p. 1050). *Cart. de Saint-Vincent de Mâcon,* n°s 59, 60, 162 (éd. Ragut); Brussel (pp. 38, 135, 191, 889) a émis l'idée que les *principes* ne devaient au roi que le serment de fidélité qui en faisait des fidèles, non des vassaux. Plusieurs, notamment J. Flach (*op. cit.*, t. 1, p. 252 et s., t. 4 entier), l'ont suivi dans cette voie. *Contra* : Lot, *Fidèles ou vassaux,* Paris, 1904. En réalité, ces mots ont même sens tant que l'hommage n'est pas lié à l'investiture du fief : voy. ci-après, pp. 240 et s.

ou l'amitié (³⁵). La politique royale fut d'écarter les frictions, de remplacer sans cesse par d'autres les fidélités ou les amitiés inconstantes. Aucune doctrine n'ayant surgi pour nier le droit royal ou y mettre un terme, les rois ne manquaient de le faire reconnaître chaque fois que leur supériorité militaire ou diplomatique leur en ouvrait le champ. Par de continuelles tractations, chaque partie s'évertuait à obtenir le plus et à céder le moins.

Les Capétiens prolongèrent tant qu'ils purent la notion que les pouvoirs seigneuriaux étaient des *honores*, portion de la puissance publique, une *administratio*, une *cura provinciae* consentie par eux (³⁶) et toujours ils exigeaient que le pacte ou le traité fût complété par l'*hominium*, aveu de la vassalité du co-contractant, si haut qu'il fût. Dans ces conflits avec les *principes*, le roi n'était pas toujours le plus faible. Il n'eût pas résisté à leurs puissances réunies; il fit qu'elles ne le furent jamais. Quand il luttait contre l'un, souvent d'autres l'assistaient (³⁷).

Cependant, des deux qualités primitives, fonctionnaires et *vassi*, la première s'obscurcit le plus vite et devint chaque jour plus difficile à évoquer. Le caractère patrimonial des seigneuries, la substitution, dans celles qui manquaient de dynastes, de l'élec-

---

(35) Ainsi le traité de Saint-Clair-sur-Epte : « ut pax et concordia atque amicitia firma et stabilis atque continua omni tempore inter te et illu n permaneat. » Dudon (éd. Lair, p. 166 et s.). Lothaire propose au duc Richard : « ut collegiati indissolubili compotentia amicitiarum gaudeamus unanimes securi hostium et adversariorum. » (*Ibid.*, pp. 270, 287). De même entre Henri Ier et Beaudouin V de Flandre : « Rex et comes fœdus inter se inierunt et magna inter eos viguit amicitia quad vixerunt. Sed.... inter filios eorum Philippum scilicet regem et Robertum comes fœdus ruptum est amicitiæ. » (*Miracles de Saint-Adalhard*, Pertz., SS, t. 15, p. 863). — « Rodbertus Fresio totam sibi Flandriam subigit... amicitiamque Philippi regis Francorum facile promeruit (Orderic Vital, éd. Leprévost, t. 2, p. 236). Entre Philippe Ier et Guillaume le Bâtard : G. de Malmesbury (PL., t. 179, pp. 1217, 1233). J. Flach s'en tient à tort à ces traités et amitiés; avec le roi, il y avait autre chose, car les *principes* en contractaient entre eux sans qu'il en résultât subordination de l'un à l'autre.

(36) Richer, I, 64 : *procuratio provinciae* pour désigner la dignité comtale ; *militare regi*, être au service du roi ; — II, 39 : *cura provinciarum*, administrationem *principari*, gouverner un comté ; III, 13 (éd. Guadet, t. 1, pp. 116, 182 ; t. 2, p. 14). Cpr. Flodoard, *Ann.*, aa. 940, 943, 944, 960 (éd. Lauer, p. 70 et s.). Louis VI appelle Robert de Normandie *hominem meum* (Ord. Vital éd. Leprévost, t. 4, p. 376).

(37) Kervyn de Lettenhove, *Hist. de Flandre*, pp. 346, 351 ; Luchaire, *Essai sur les actes de Louis VI*, n°s 122, 262, 318, 349; Hermann de Tournai (Pertz, SS. t. 14, p. 236) ; Robert de Thorigny, *Chron.* (éd. L. Delisle, t. 1, pp. 233, 277); *Miracula Sancti Benedicti*, VIII (éd. Certain, p. 315); Suger, *Vit. Ludov. Gr.*, 15, 26 (éd. Molinier, pp. 49, 103).

tion par les *principes* locaux au diplôme de nomination royale [38], en réduisant le roi à ne plus donner qu'un assentiment forcé sous la réserve de l'hommage, effaçaient le souvenir de la délégation et les rapports de vassalité seuls comptaient. Il en fut surtout ainsi lorsqu'au xii° siècle, l'allégeance personnelle, qui jusqu'alors assujettissait tant bien que mal les seigneurs au roi, fut changée en allégeance réelle, chaque seigneurie étant alors considérée comme tenue à fief du roi [39].

Plusieurs causes contribuèrent à l'évolution. Vrai est que les rois n'eurent pas d'abord la pensée d'inféoder les fonctions publiques. Pour qu'on en trafiquât, il fallut qu'elles fussent devenues patrimoniales et que le fief fût conçu comme la forme normale de toute convention. D'autre part, le premier mouvement des seigneurs fut de transformer leurs bénéfices en alleux, et beaucoup y parvinrent [40]. Mais, bientôt, pour recruter des hommes d'armes on céda à fief tous les droits qu'on avait, quelle qu'en fût la nature. Puis de la diffusion de l'hérédité des seigneuries et des fiefs, de l'habitude d'inféoder tout ou partie des droits seigneuriaux avec la terre, ces droits parurent si bien incorporés à celle-ci qu'il était difficile au roi de les reprendre séparément. Cependant la politique capétienne laissait voir un plan de reprise. Mêmes tendances dans les grandes seigneuries. La spéculation juridique y aida. On rattacha l'hommage à la possession de la seigneurie; on expliqua l'un par l'autre, réduisant celle-ci à la nature du fief [41]. Avec le raffermissement du pouvoir royal, les faits allèrent peut-être plus vite que la théorie. Au xii° siècle on ne rencontre plus, dans les rapports des principaux seigneurs avec le roi, d'hommage nu; toujours il est dit qu'ils le font *de feodo, de comitatu* ou *ducatu, de terra N*, etc. [42]. La terre et tous les droits exercés sur

(38) Ci-après, pp. 199 et s.

(39) On voit à cette époque tantôt l'hommage fourni sans qu'il soit question d'investiture de fief : Suger, *loc. cit.*, p. 109; Ord. Vital, XII, 21 (éd. Leprévost, t. 4, p. 376), *Chanson de Guillaume IX d'Aquitaine* (éd. Jeanroy, n° 11) ; tantôt l'investiture liée à l'hommage : Rymer, *Foedera*, 3ª t. 1, p. 2 ; Galbert de Bruges, *Hist. de la mort de Charles le Bon*, 107 (éd. Pirenne, p. 152); Suger (*loc. cit.*, p. 49) parle de la Normandie *tanquam proprium feodum*, tenu de la libéralité du roi (1106).

(40) Ci-dessus, p. 165.

(41) On n'oublia pas que les grands feudataires avaient été titulaires d'*honores*. La *Pratica aurea* de Petrus Jacobi classe à part, parmi les fiefs, les *ducatus et cetera feuda quae cum dignitate sunt* (tit. 63, éd. de Cologne, 1575, p. 271). Cpr. au xi° s.: *Chron. de Saint-Maixent* (éd. Richard, t. 1, p. 119), et Du Cange, V° *Honor*.

(42) En 1120, Guillaume Adelin, « homagium regi (Ludovico VI) Franco-

elle, ou à son occasion, étaient déclarés tenus du roi, à fief si le possesseur lui en faisait l'hommage, en arrière-fief, s'il le portait à quelqu'autre [43]. Dans les dernières années du XIIe siècle et les premières du XIIIe, le roi exigea le relief au changement, pour cause de mort, du titulaire des grandes seigneuries : quand ce droit ne pouvait être payé en argent, il l'était en abandon de villes ou de territoires qui étaient rattachés au domaine : ainsi le château de Douai en 1195 pour le comté de Flandre, la ville de Gien en 1199 pour le comté de Nevers [44].

rum de Normannia fecit, jure legitimo de eo provinciam cogniturus » : Suger, *loc. cit.*, p. 52. Pour les autres ducs : Henri de Huntingdon (éd. Arnold, p. 260) ; Roger de Hoveden (éd. Stubbs, t. 1, pp. 215, 284 ; t. 2, p. 354 ; t. 3, p. 4; t. 4, p. 94); Robert de Thorigny, *Chron.* (éd. L. Delisle, t. 1, p. 329; t. 2, p. 10); Gervais de Cantorbury, *Gesta regum Angliorum* (éd. Stubbs, t. 1, pp. 207, 450); Rigord (éd. Delaborde, p. 77 et s.). Pour les comtes de Flandre : Gilbert de Mons, *Chron.* (Pertz, SS. t. 21, p. 518, 580 et HF., t. 17, p. 51 ; t. 18, p. 88) : Galbert de Bruges, *op. cit.*, p. 176 : « Dominatum Flandriæ, rege concedente, obtinuit ». Delisle, *Catal. des actes de Philippe-Auguste*, n° 496. A mesure que la doctrine des feudistes royaux se développait, les légistes seigneuriaux esquissaient une opposition fondée sur l'histoire déformée. Robert de Thorigny nie que le duc de Normandie doive aucun service au roi *de terra Normanniae* et dit qu'il n'en devrait que si le roi lui donnait des fiefs *in Francia*. Il n'admet entre eux qu'un engagement de fidélité et de sécurité, né de l'hommage ou *commendatio* du duc. Sur ce texte : Flach, *op. cit.*, t. 4, p. 171, note 1 ; Lot, *op. cit.*, pp. 232, 261. Même tendance dans les récits imaginaires de H. de Huntingdon, *Hist. Angl.* (éd. Arnold, p. 201 et s.).

(43) Suger, *loc. cit.*, fait dire au duc d'Aquitaine : « Arvernensis comes quia Alverniam a me, quam ego a vobis habeo, habet, si quid commisit curie vestre vestro habeo imperio representare. » La hiérarchie se rétablit, mais la soumission du duc, garantie par otages, est le résultat d'une tractation.

(44) Vuitry, *Etudes sur le régime financier de la France avant la Révolution*, t. 1, p. 279.

CHAPITRE II

LE RÉGIME SEIGNEURIAL

§ 1. — Les seigneuries.

Les seigneuries différaient par l'étendue de leurs territoires et la puissance de leurs chefs. Les plus considérables, en général les plus anciennes, étaient les produits de l'anarchie et du relâchement de l'Etat royal; d'autres, de formation pour ainsi dire secondaire, étaient nées d'inféodations que les seigneurs avaient faites de leurs pouvoirs. Il en était de laïques et d'ecclésiastiques; un jour, il y en eut de municipales.

I. — LES GRANDES SEIGNEURIES.

Les grandes seigneuries laïques, anciens duchés ou assemblages de comtés carolingiens, faisaient figure de principautés. *Regnum, monarchia, principatus, dominatio* étaient employés pour désigner l'autorité de leurs chefs et les régions où ils l'exerçaient (1). Eux-mêmes se qualifiaient indifféremment ou cumulativement de *princeps, dux, comes* ou *marchio,* quelquefois *consul,* en faisant suivre, ou non, ces titres d'un ethnique (2); de sorte qu'ils semblaient présider aux destinées de groupes nationaux. « La nationalité est l'essence du principat », dit à ce propos J. Flach; mais peut-être eût-il été aussi juste de dire que le principat fut l'essence de plus d'une de ces nationalités.

Les principautés entre lesquelles le royaume était ainsi partagé

---

(1) Flodoard, *Ann.,* a. 960 (éd. Lauer, p. 102); Dudon de Saint-Quentin (éd. Lair, pp. 250, 280); Charles de Saint-Vandrille (éd. Lot, p. 61); Guillaume de Poitiers (HF., t. 11, p. 83); *Ann. de Sainte-Colombe de Sens* (éd. Duru, t. 1, p. 205) ; *Vita Bertulfi* (Pertz, SS., t. 15, p. 639) ; *Translatio Sti Wandregisili* (Mabillon, AA. SS., t. 5, p. 204).

(2) Voy. J. Flach, *op. cit.,* t. 4, pp. 129, 181, 247, 338-341, 344-346, 350, 383-385, 508-510, 613, où se trouve relevée toute la titulature des *principes regni.*

et qui en enveloppaient d'autres plus ou moins subordonnées, étaient : le *comté de Flandre* dont les dynastes, issus de Beaudouin, gendre de Charles le Chauve, eurent pour successeurs, au xıı^e siècle (1128), des princes de la maison d'Alsace: — le *duché de Bourgogne*, portion conservée à !a *Francia occidentalis* de l'ancien royaume burgonde, accrue de quelques comtés et érigée en marche par Richard le Justicier, plus tard qualifiée duché et stabilisée aux mains des cadets capétiens, sous Hugues et Henri Ier; — le *duché de Normandie*, sorti du traité de Saint-Clair-sur-Epte (911), qui plaçait Rolf et ses descendants dans la condition de ducs ou de comtes supérieurs héréditaires vis-à-vis du roi des Francs; — le *comté*, dans la suite *duché de Bretagne*, sous des chefs nationaux, fidèles plus ou moins des souverains francs et ayant, quand ils l'étaient, situation de comtes ou de *missi;* aspirant au titre et aux insignes royaux et les ayant un jour obtenus du Carolingien; un moment chassés et toujours menacés par quelque voisin, livrés enfin à l'Anglais et rentrant par un détour dans le giron de la royauté; — le *duché d'Aquitaine*, constitué de pièces rajustées par la dynastie des Guilhem (du vıı^e au xıı^e siècle), finalement embrassant, des Pyrénées à la Loire, la plus grande partie de l'ancien royaume d'Aquitaine; — le *duché de Gascogne*, qui devait être réuni au précédent en 1052; — le *comté de Toulouse*, portion aussi du royaume d'Aquitaine, mais contenu par son puissant voisin et tourné vers Narbonne et Béziers, informant peu à peu le futur Languedoc (³); — le *marquisat de Gothie* et le *comté de Rouergue*, aux mains d'une maison cadette de celle de Toulouse. L'élection de Hugues Capet avait fait disparaître le duché de France; mais les comtes sur lesquels il exerçait la suprématie, les vicomtes, mis par lui dans les comtés dont il était titulaire, s'en trouvaient immédiatisés et la *Francia* allait être aux mains de turbulents *principes*, d'autant plus redoutables pour la royauté qu'ils touchaient au siège de sa puissance : *comtes de Vermandois*, qui visèrent un temps l'accaparement de la *Francia;* — *comtes du Vexin*, sortis d'un avoué de Saint-Denys, grandis par intrigues, successions, mariages, ayant réuni un moment le Vexin et le Valois, qui retournèrent assez vite, le premier à la Couronne, le second à la maison de Vermandois; — *comtes de Blois et de Champagne*, qui d'abord eurent sur la Loire le centre de leur puissance, puis, y laissant leur branche cadette, firent, au xıı^e siècle, du comté de Troyes l'assise

---

(3) Les comtes de Toulouse portèrent aussi les titres de duc de Septimanie, marquis de Gothie, puis de comte de Saint-Gilles, duc de Narbonne (Brussel, pp. 134, 136).

d'un principat fort gênant et qui eût pu l'être davantage si ses dynastes n'avaient été accaparés en partie par leur accession au royaume de Navarre; — *comtes d'Anjou*, vicomtes émancipés des Robertiens, travaillant à joindre non sans peine le Maine au domaine angevin, et promis par le destin aux couronnes ducale de Normandie et royale d'Angleterre (⁴).

Les frontières de ces dominations changeaient au hasard de guerres incessantes, d'héritages ou d'alliances. Les *principes regni* avaient, à leur tour, leurs *principes ducatus* ou *comitatus, pares patriae*, aussi peu soumis qu'eux-mêmes l'étaient au roi, menant à travers leurs possessions des querelles sans répit, en modifiant l'ordre interne par traités, successions ou mariages. Si les ducs de Normandie, tenant leurs agents dans une dépendance rigoureuse, se prévalaient d'un pouvoir absolu et direct dans un Etat en quelque sorte unitaire, les dynastes bretons ne se firent jamais obéir des chefs régionaux les plus humbles, le sol de la Bourgogne était découpé par les possessions de grandes abbayes indépendantes; dans le Midi, quantité de seigneurs, d'évêchés, de monastères, échappaient aux juridictions ducales ou comtales. Dans le duché de Bourgogne, les comtés de Flandre, de Champagne, de Blois, presque tous les évêchés restaient sous la souveraineté du roi.

Les seigneuries ecclésiastiques, de territoire plus restreint, ne différaient pas de nature avec les précédentes.La plupart résultaient de l'adjonction du *comitatus* à l'évêché. L'*archevêque de Reims*, qui participait aux fonctions comtales depuis 940 au moins, acquit un jour le comté tout entier : de cette seigneurie importante relevaient d'autres comtés (⁵). L'*évêque de Châlons-sur-Marne* paraît avoir été comte depuis la première partie du xᵉ siècle (⁶). L'*évêque de Noyon*, ayant reçu des droits seigneuriaux de Charles le Simple sur la cité de Tournai (901), étendit ses prérogatives d'immuniste, évinça successivement le comte, puis le châtelain royal de sa propre cité (⁷). Vraisemblablement vers la fin du xᵉ siècle, l'intrigant Adalbéron adjoignit le pouvoir comtal à l'*évêché de Laon*. Par concessions graduelles, confirmées par Robert II (1015), l'*évêque*

---

(4) Sur les limites géographiques et les vassaux de ses seigneuries : Longnon, *La formation de l'unité française*, pp. 40, 47.

(5) Flodoard, *Hist. eccl. remensis*, IV, 27, 35 (PL., t. 35, p. 298 et s.) ; Longnon, *Atlas historique*, p. 222.

(6) Lot., *Les derniers Carolingiens*, pp. 39, 40.

(7) *Dipl. de Charles le Simple*, a. 901; *Narratio restaurationis abbatiae Sti Martini Tornacensis* (HF., t. 9, p. 492 ; t. 10, p. 236) ; *Bulle de Jean XVI*, a. 988 (PL., t. 137, p. 829).

de Beauvais en fut finalement investi [8]. Pour l'*évêque de Langres*, un acte de Lothaire (30 août 967) fut le point de départ de ce transfert [9]. Il y a bien d'autres exemples d'évêques-comtes : celui du Puy qui tenait ses droits de Raoul et de Lothaire [10], ceux d'Amiens et d'Auxerre [11]; celui de Mende qui se disait comte du Gévaudan et de Brioude, celui de Chartres qui en partageait la seigneurie avec le comte de Blois [12]. Des évêques seigneurs de tout ou partie de leurs cités épiscopales se rencontraient dans les principats laïques où leur puissance, comme à Nantes, contrebalançait souvent celle du duc ou du comte [13]. Les seigneuries du clergé régulier étaient sorties pour la plupart des immunités. Cependant il y eut des abbés-comtes, tel celui de Saint-Riquier [14]. Les abbayes risquaient plus de tomber aux mains des laïques que les charges séculières aux mains des abbés. Mais, dans les villes, il n'était pas rare qu'une abbaye ou un chapitre régulier disputât au roi, au comte, à l'évêque, tout ou partie de la seigneurie en se fondant soit sur quelque concession royale, soit sur la coutume [15].

II. — LES SEIGNEURIES INFÉRIEURES.

Le pouvoir seigneurial eût été vain s'il n'avait disposé de centres où il se révélât sous une forme concrète et agissante. Une seigneurie était essentiellement un château fort (*castrum, castellum, domus defensibilis*), avec une troupe de fidèles par lesquels on dominait le pays. Un aventurier, un propriétaire foncier, un *vassus* rebelle, s'il parvenait à en bâtir un, devenait *princeps* ou *dominus* d'une région et s'y conduisait en souverain [16] : genre de réussite plus rare qu'on ne croie, les rois et les *principes* ayant toujours sévèrement interdit et supprimé les *castella adulterina*,

(8) *Charte de Robert II* (HF., t. 10, p. 288, 598).

(9) *Actes de Lothaire et de Louis V*, n° 29 (éd. Halphen-Lot, p. 71 et s.). Cpr. Brussel, p. 649.

(10) *Dipl. de Raoul et de Lothaire*, aa. 924, 955 (HF., t. 9, p. 564, 618). *Actes de Lothaire et de Louis V* (n° 5) (éd. Halphen-Lot, p. 19).

(11) *Cartulaires de l'Yonne* (éd. Quentin, t. 2, p. 414).

(12) *Cart. de N.-D. de Chartres* (éd. Lépinois-Merlet, p. xxiv).

(13) Léon Maître, *La seigneurie des évêques de Nantes*, pp. 61, 90 et s.

(14) Thomassin, *Anc. et nouv. discipline de l'Eglise* (éd. André, t. 2, p. 489; t. 6, p. 583); Hariulf, *Chron. Centulense*, IV, 21 (d'Achéry, t. 2, p. 343).

(15) *Dipl. de Charles le Simple*, a. 901 (HF., t. 8, p. 481); *Cart. de Saint-Bertin* (éd. Guérard, p. 184 et s.).

(16) Guilhiermoz, *Essai sur l'origine de la noblesse en France*, p. 143 et s. et les textes cités note 19, p. 148; J Flach, *op. cit.*, t. 1, p. 449; t. 3, p. 229.

illicite constructa (¹⁷). Mais ils multipliaient les châteaux pour leur compte, de sorte que chaque portion de leurs seigneuries vivait sous la menace et la protection d'un château, commandé par un *miles* ou *vavassor* (¹⁸). Le district dépendant d'un château fort, appelé *castellania* (¹⁹), devint la circonscription seigneuriale type, « l'unité, la cellule fondamentale de l'organisation politique française à tous les points de vue : judiciaire, juridique, militaire, administratif, commercial, etc. » (²⁰). Les possesseurs de ces forteresses, qu'elles leur appartinssent ou leur fussent confiées par un seigneur, furent tous finalement qualifiés de *castellani*, châtelains. Certains parvinrent à ériger leurs châtellenies en seigneuries indépendantes; la plupart restèrent dans la sujétion d'un haut seigneur ou disparurent au cours des luttes qu'ils avaient engagées contre lui. Les rois et les comtes de Flandre abattirent les plus dangereux de l'Île-de-France et du comté (²¹). Les châtelains établis dans les villes eurent des droits et une fortune très dissemblables selon la puissance ou l'entregent des évêques, abbés, comtes, avoués, plus tard autorités municipales, auxquels ils se heurtaient. Leurs pouvoirs variaient de la pleine justice, comme à Noyon, à quelques droits de police, comme à Beauvais (²²). En principe, châtelain était souverain, c'est-à-dire avait toute justice dans sa châtellenie : *jurisdictio castro cohaeret* (²³). Une châtellenie pouvait en avoir d'autres dans sa dépendance (²⁴).

De même ordre étaient les *vicomtes*, qui avaient leur origine dans les *missi comitis* de l'époque carolingienne. Les plus puissants, ceux que les ducs ou comtes supérieurs avaient autrefois délégués dans leurs comtés, s'étaient parfois poussés jusqu'au rang de *principes regni* ou à des situations voisines des comtes (²⁵); au contraire, en Normandie, ils restèrent de simples officiers du duc. Mais dans le Centre et le Nord de la France, les vicomtes s'assi-

---

(17) Orderic Vital (éd. Leprévost, t. 3, p. 290 ; t. 4, p. 236); Suger, *Vita Ludov. Gr.*, 23 (éd. Molinier, p. 88); *Fors de Béarn, for général*, 20 (éd. Mazure-Hatoulet, p. 10).

(18) Guilhiermoz, *op. cit.*, p. 150 et s.

(19) Dans le Midi, on dit aussi : *mandamentum, succidimentum*.

(20) Guilhiermoz, *op. cit.*, p. 144.

(21) Lavisse, *H. de Fr.*, t. 2², pp. 311 et s.

(22) Lefranc, *Hist. de Noyon*, pièc. just., n° 39; Boutaric, *Actes du Parlement de Paris*, n°ˢ 1487-1488.

(23) Blanqui, *Epitome Feudorum*, I, 3, 57 (*Tractatus universis juris*, t. 10, p. 266); Brussel, p. 712 et s.

(24) L. Delisle, *Catal. des actes de Philippe-Auguste*, n° 929; Bourdot de Richebourg, t. 3, p. 308.

(25) J. Flach, *op. cit.*, t. 1, p. 448.

milaient d'ordinaire aux châtelains ([26]); ces appellations étaient
prises l'une pour l'autre, dans le domaine royal, dans les comtés
de Champagne et de Brie, en Bourgogne, où l'on trouvait des vicomtes dans des villes ou bourgs peu importants. Aux xie et
xiie siècles, la plupart des vicomtes partageaient avec le comte ou
avaient pour eux seuls les droits régaliens ([27]); par la suite, des
tractations ou l'autorité croissante du roi ou du haut seigneur
créèrent des exceptions à cette règle ([28]). Combattus et supprimés
par ceux-ci à mesure que le royaume et les Etats seigneuriaux
s'organisaient, ils eurent, dans les cités épiscopales ou municipales, le sort des châtelains. La vicomté de Paris disparut en 1027,
celle d'Etampes au xiie siècle; celles de Sens et de Turenne subsistèrent jusqu'au xviiie.

Avoués et *vidames* nous sont connus. Quand ils cessèrent d'être
des agents royaux et que l'usage s'établit d'en confier les fonctions à des seigneurs, les abbayes sollicitèrent ou subirent les
bons offices, gratuits ou rémunérés ([29]), de puissants voisins; des
avoueries furent réunies à des seigneuries préexistantes. Mais les
abbés donnèrent aussi ces charges à fief à des personnages secondaires. Devenues patrimoniales, elles purent être cédées ou sous-
inféodées à des sous-avoués, *subadvocati*, *vice advocati*, ce qu'interdirent sans succès les conciles de Reims (1146) et de Lyon
(1274). D'ordinaire, en échange du tiers des droits de justice et
de redevances ou corvées assignées sur des terres de l'abbaye,
l'avoué devait représenter celle-ci devant la justice séculière, conduire ses hommes à l'ost, juger ses vassaux, assister l'abbé dans
sa justice criminelle et en exécuter les sentences; mais il se conduisit souvent en maître du patrimoine de l'abbaye, la pillant ou
usant de ses ressources pour se pousser jusqu'à la dignité comtale ([30]). Au xiiie siècle, les abbayes s'évertuèrent à écarter les
avoués, soit en rachetant le fief, soit en se plaçant sous la garde
directe du roi, soit en faisant, par traité, le départ exact des droits
seigneuriaux de l'abbé et de l'avoué. Les avoueries disparurent
au xive siècle.

(26) Brussel, p. 713 : « La Châtellenie était l'alternative de la Vicomté. »
(27) Cependant Loyseau, *Tr. des seigneuries*, VIII, 7, n°s 9, 24, 25.
(28) Brussel, p. 679 et s.; Lecoy de la Marche, *Les coutumes et péages de
Sens* (BECh., t. 27, p. 273 et s.); Duchalais, *Chartes inédites de 1138 (Ibid.,*
t. 6, 7, 10).
(29) *Cart. de Gellone*, n° 162 (éd. Alaus-Cassan-Meynial, p. 146); Brussel,
p. 769 et s.
(30) Brussel, p. 816 : l'avoué de l'Eglise de Verdun se fit comte de Clermont-
en-Argonne; celui de l'abbaye de Saint-Riquier, comte de Ponthieu.

Les *vidames* ne furent jamais de grands personnages en France; peu d'évêchés en possédaient [31]. Leur appellation, *vicedomini*, les montre analogues aux vicomtes, malgré quelques différences d'attributions et qu'un évêque pût avoir vidame et vicomte [32]. Les vidamies, devenues laïques, furent l'objet d'un fief dont le titulaire était investi par l'anneau : maison forte ou hôtel dans la cité épiscopale, juridiction sur partie de la ville et de sa banlieue, part dans les profits seigneuriaux, les redevances et les corvées [33]. Le vidame, chancelier-né de l'évêque, avait la garde de ses biens, le représentait devant la justice séculière, commandait ses hommes d'armes, exerçait sa juridiction temporelle [34]. Contre des excès de même genre que ceux des avoués, les évêques utilisèrent les mêmes procédés de réaction. Le concile de Latran (1179) autorisa les clercs à se présenter en justice dans leurs propres causes, celles de leur église ou des *personae miserabiles* [35]. Le droit de garde du roi ou du haut seigneur entraîna la disparition des vidames [36].

D'autres seigneuries résultaient de l'inféodation des droits de justice ou de police, sans qu'il soit possible d'en définir, pour chaque cas, exactement l'étendue : *vigueries*, dont les titulaires paraissent succéder aux *vicarii* carolingiens, dans le Nord, comme dans le comté de Brie, mais surtout en Languedoc : elles comprenaient la justice sur les non-nobles, exercée dans un châtelet qui leur servait de chef-lieu [37]; *voyeries* ou *vaieries*, que certains assimilent, à tort ce semble, aux précédentes [38], mais que d'autres tiennent pour des juridictions réunies par inféodation à la police des grands chemins [39], en tout cas très inégales puisqu'elles pouvaient comprendre le jugement des crimes capitaux ou se

---

(31) On en cite une douzaine environ : Brussel, p. 767.

(32) La différence était à l'avantage du vidame : Brussel, pp. 756, 769; Loyseau, *Tr. des seigneuries*, VII, n° 68. Vicomtes et vidames prenaient le nom tantôt de la ville où ils exerçaient leurs fonctions, tantôt de leur domaine propre.

(33) Brussel, p. 756, note (a.).

(34) Brussel, p. 756, Du Cange, v° *Vicedominus*.

(35) C. 12, Latran (1179) = c. 4, X, I, 37.

(36) Cpr. L. Delisle, *Catal. des actes de Philippe-Auguste*, p. 504.

(37) Germain, *Liber instrumentorum memorialis*, C, CXX, CXXII, pp. 107, 212, 249, 252. Brussel, p. 718 et s.; Dognon, *Les instit. pol. et adm. du pays de Languedoc*, p. 50 et s.; Molinier, *Et. sur l'adm. féod. dans le Languedoc*, p. 347.

(38) P. Viollet, *Etablissements de Saint-Louis, Introd.*, t. 1, pp. 164, 167.

(39) Beaumanoir, n°s 722 et s.; Brussel, p. 729 et s.; Loyseau, *op. cit.*, V, n° 51.

borner soit aux pouvoirs de police, soit à l'exécution des sentences d'une cour seigneuriale (⁴⁰); *sergenteries fieffées*, tout à fait
au bas de l'échelle, qui, dans le domaine royal, en Normandie,
en Anjou, en Champagne, avaient pour attributions les semonces de pair à pair et l'exécution des jugements de la cour féodale (⁴¹).

III. — La hiérarchie seigneuriale.

Il n'y eut longtemps entre les seigneurs qu'une hiérarchie de
fait, établie sur la puissance réciproque de chacun. Les *principes
regni*, ducs, comtes, quelques vicomtes, en tenaient la tête. Au dessous, la masse des seigneurs sans titres, désignés au xiᵉ siècle par
les appellations génériques et vagues de barons et de vavasseurs.
Le mot *baron*, dont le sens primitif était : homme libre, ou fort,
s'appliquait tantôt aux seigneurs supérieurs aux châtelains, tels les
sires de Bourbon et de Beaujeu, qui finirent par s'ériger en comtes,
tantôt aux châtelains eux-mêmes, *barones castellenses*, tantôt à
tous les hauts justiciers (⁴²). Sans plus de précision, avec une
nuance d'infériorité, on employait les termes *demaines* ou *vavasseurs*, utilisés d'abord pour les *vassi dominici* passés dans la dépendance d'un *princeps*, à qualifier des seigneurs de puissance et
de richesse fort diverses (⁴³). En Auvergne, dans le Gévaudan, le
Quercy, le Rouergue, le Languedoc et le Roussillon, *comtor, co-
mitor*, avaient le même sens (⁴⁴). Des expressions larges : *milites
majores, primi* ou *praecipui, media nobilitas* ou *secundi ordinis,
milites minores* ou *tertii ordinis*, embrassaient les contingents seigneuriaux inférieurs et la simple noblesse (⁴⁵).

La hiérarchie ne se précisa qu'après que les seigneuries furent
entrées dans les cadres féodaux et formèrent un système de fiefs
superposés, au xiiᵉ siècle. Alors, dans la titulature des grandes seigneuries, devenus fiefs de dignité, le nom du pays ou du fief rem-

(40) *Et. de Saint-Louis*, I, 42, 45 (t. 2, pp. 59, 61, 64).
(41) *Et. de Saint-Louis*, I, 70, 84 (t. 2, pp. 110, 137); Brussel, p. 171 et s.;
Laurière, Vᵒ *Sergent féodé;* Loyseau, *Tr. des offices*, II, 2, nᵒ 49. Sur quelques autres titres : *captal* en Guyenne, *soudic* dans le Bordelais, *dauphin*
en Auvergne et en Viennois : Giry, *Man. de diplomatique*, pp. 121, 132.
(42) Beaumanoir, nᵒ 1043 : « Car chascuns barons est souverains dans
sa baronie. » Pierre de Fontaines, XXII, 6; XXXII, 17, pp. 289, 375; *Et. de
Saint-Louis*, t. 2, pp. 14, 36, 39, 50, 62, 68, 94. *Gr. Cout. de Fr.*, XXV, p. 280.
(43) Guilhiermoz, *op. cit.*, pp. 150, 168 et s.
(44) *Ibid.*, p. 162 ; Viollet, *Hist. des instit. pol. et adm. de la Fr.*, t. 2,
p. 419.
(45) Guilhiermoz, *op. cit.*, p. 145 et ci-après, p. 356 et s.

plaça l'ethnique (⁴⁶). La liste des feudataires de Philippe-Auguste, en 1204, admet l'ordre suivant : ducs, comtes, barons, châtelains, vavasseurs, chevaliers (⁴⁷). Les ducs sont ceux de Guyenne (Aquitaine), Gascogne, Bourgogne, Normandie et Bretagne, mais jusqu'au xiii⁰ siècle la chancellerie royale persista à ne les nommer que comtes. Les comtes sont les autres *principes regni* (appellation qui disparaît); quelques-uns se qualifient de comtes palatins (⁴⁸). Les barons, *barones regis Franciae*, paraissent être tous les hauts justiciers ayant des vassaux (⁴⁹); les châtelains, les vassaux ayant droit à une maison forte (⁵⁰). Les fiefs de chevaliers ne comportaient pas toujours de seigneurie.

A cette adaptation des seigneuries à l'ordre féodal correspondit l'institution des paieries. D'abord tous les vassaux directs d'un même suzerain étaient pairs; mais les seigneurs souverains ayant donné à fief des parts importantes de leurs terres et de leur autorité constituèrent avec leurs principaux vassaux, plus spécialement appelés *pares* ou *pares majores*, leur conseil et leur cour de justice; sans que ce nombre eût rien d'absolu, ces paieries étaient ordinairement de douze par seigneurie ou châtellenie (⁵¹). Au début du xiii⁰ siècle, douze vassaux directs du roi occupent auprès de lui une place analogue et la liste nous est donnée des *pares Franciae*, six ecclésiastiques et six laïques; à titre de ducs, l'archevêque de Reims, les évêques de Langres et de Laon, les ducs de Narbonne, d'Aquitaine, de Bourgogne et de Normandie; à titre de comtes, les évêques de Châlons, de Beauvais, de Noyon, les comtes de Champagne et de Flandre (⁵²). Une indication postérieure range parmi ceux-ci le comte de Toulouse qui figurait sur le premier document comme duc de Narbonne (⁵³). On explique

(46) Giry, *Man. de diplomatique*, pp. 326-332.

(47) L. Délisle, *Premier registre de Philippe-Auguste*, fl⁰ˢ 6-v⁰, 7-v⁰, 75, 76; Brussel, pp. 173, 176, 694, 696. — HF., t. 23, pp. 652-684. *Jostice et Plet*, I, 14, 16, p. 67, qui donne : Ducs, comtes, vicomtes, barons, châtelains, vavasseurs.

(48) Giry, *op. cit.*, p. 325.

(49) Guilhiermoz, *op. cit.*, p. 171, notes 90, 91.

(50) *Barons* prend un sens étroit. On appelle barons du royaume, de tel duché ou comté, les vassaux relevant directement du roi, du duc ou du comte. Au xiii⁰ siècle, des fiefs commencent à être cédés à titre de baronnies, *nomine baroniae* : Brussel, p. 46.

(51) Guilhiermoz, *op. cit.*, pp. 175, 182; P. Viollet, *op. cit.*, t. 3, p. 303. Les pairs devaient être au moins chevaliers de haubert.

(52) J. Flach, *op. cit.*, t. 4, p. 613.

(53) *Ord. de Philippe III* (1275) : Ch.-V. Langlois, *Hist. de Philippe III*, p. 423. Mais à cette date la Normandie avait été réunie à la couronne (1215). Le comté de Toulouse était en train de l'être (1275).

mal une telle symétrie de pairs ecclésiastiques et laïques, ducs et comtes (⁵⁴). Du reste, le nombre des pairs laïques fut augmenté quand on eut pris l'habitude d'en créer pour remplacer ceux dont les fiefs étaient réunis à la couronne. A la fin du xive siècle, ils étaient quatorze ou quinze.

§ 2. — L'état seigneurial.

I. — LA « POTESTAS » DU SEIGNEUR. SES FONDEMENTS JURIDIQUES, SON DÉCOR.

En s'organisant, grandes et moyennes seigneuries prirent forme d'Etats; leurs chefs modelèrent leur gouvernement sur celui du roi. Cependant, sauf d'abord dans quelques-unes, les droits régaliens y avaient repris le caractère patrimonial que la révolution dynastique du viiie siècle leur avait enlevé. La patrimonialité reparaissait à la base du pouvoir politique. La sujétion individuelle s'y retrouvait, mais ses modes, en train d'évoluer, tendaient à l'intégrer dans la première. Le mot *potestas* désignait l'ensemble des droits qui résultaient de l'une et de l'autre; il s'appliquait également au sol sur lequel on les exerçait. La puissance et la terre parurent ainsi soudées : conception nouvelle de la territorialité du droit.

Cette patrimonialité renaissante, qui plaçait la souveraineté et ses démembrements parmi les biens des familles seigneuriales, comportait pour l'Etat seigneurial lui-même des dangers contre lesquels les dynastes tâchèrent de réagir. Premièrement, le pouvoir seigneurial se trouvait soumis à la loi successorale commune et à des partages indéfinis. Des maisons, pourtant ambitieuses, celles de Toulouse, de Champagne, d'Anjou, de Nevers, de Boulogne, etc., persistèrent longtemps dans ces errements. Au xiie siècle, on compta à la fois cinq comtes de Carcassonne. Contre cet émiettement, des réactions se produisirent à des dates diverses. Le droit d'aînesse fut établi, ce semble, dans la vicomté de Narbonne dès le xe siècle; les comtes de Toulouse s'y rangèrent vers la fin du xie (⁵⁵). Il se généralisa au xiie par imitation ou application du droit féodal à mesure qu'augmentaient les seigneuries issues d'inféodations ou que les anciennes étaient réduites à la condition

---

(54) P. Viollet (*op. cit.*, t. 2, pp. 428 et s.) pense qu'on en décida ainsi par symétrie. A l'origine, aucun évêque n'était duc.

(55) J. Flach, *op. cit.*, t. 3, p. 519; t. 4, p. 589 et s.

de fiefs. L'*Assise* du comte Geoffroi (1185) l'admit pour des seigneuries de Bretagne [56]; un peu plus tard, il s'introduisit en Champagne [57]. Mais souvent encore on partagea entre les frères et les sœurs [58]. Des dynasties seigneuriales mirent dans leur statut le privilège de masculinité; bien qu'il paraisse en avoir été ainsi en Normandie et en Flandre, ce ne furent pas ordinairement les plus considérables [59]. De grandes seigneuries appartinrent à des femmes qui en perpétuèrent parfois l'autonomie, plus souvent les apportèrent en dot à d'autres maisons, ainsi fit Aliénor du duché d'Aquitaine. Par mariages, le comté de Toulouse, celui de Champagne, le duché de Bretagne furent réunis à la couronne [60].

Mais les maisons les plus puissantes s'appliquèrent à transmettre le pouvoir par le procédé utilisé par les rois. Ducs et comtes désignaient par avance leurs successeurs et exigaient que les *principes ducatus* ou *patriae*, leur fissent une soumission anticipée. La coutume en Flandre voulait que le comte élût celui de ses fils qui lui agréait, lui transmît de son vivant son nom et le comté, et obligeât les grands et les autres enfants à lui jurer fidélité [61]. La *designatio* préalable fut adoptée là même où le principe héréditaire avait triomphé, soit pour écarter les autres héritiers, soit pour suppléer à leur carence. Les ducs de Normandie, d'Aquitaine, les comtes de Toulouse, procédaient à l'intronisation anticipée de leurs successeurs [62]. De moins hauts seigneurs, des comtes de Mâcon, de Nevers, de Châlons, une comtesse de Vendôme, un vicomte de Béarn, associaient un fils ou un neveu à leur pouvoir

---

(56) Brussel, pp. 881 et s.; mais cela ne fut pas appliqué au comté luimême.

(57) P. Viollet, *Et. de Saint-Louis*, t. 1, p. 125.

(58) *Sic* Joinville, *Hist. de Saint-Louis*, XX (éd. Natalis de Vailly, 1874, p. 50-54).

(59) Au xiii⁰ siècle, par imitation du droit féodal, on constate l'admission du privilège de masculinité pour des seigneuries de second ordre : *Hist. du Languedoc* (éd. Privat, t. 8, p. 462).

(60) Brussel, p. 162 : La comtesse Mahaut d'Artois assista comme pair de France au jugement du comte de Flandre et au couronnement de Philippe V; la comtesse Marguerite remplit le même rôle à celui de Charles V.

(61) Lambert de Hersfeld, *Ann.*, a. 1071 (PL., t. 146, p. 1102); Galbert de Bruges (éd. Pirenne, pp. 110-112); Hermann de Tournai, *Restauratio abbatiae sancti Martini* (HF., t. 11, p. 254).

(62) Dudon de Saint-Quentin (éd. Lair, pp. 202 et s., 220 et s.); Orderic Vital (éd. Leprévost, t. 3, p. 242); *Chron. de Nantes* (éd. Merlet, pp. 112, 118); *Vita Sancti Roberti* (Mabillon, *AA. SS. Ben.*, t. 11⁰, p. 215).

pour lui en assurer l'héritage ([63]). L'élection par les *proceres* jouait à plus forte raison en cas de changement de dynastie ([64]).

Secondement, les droits seigneuriaux étaient objets de trafics. Pour cause de mort ou entre vifs, le seigneur régnant pouvait disposer des droits et des choses compris dans sa *potestas*. Donations, ventes, échanges, engagements furent innombrables ([65]). Mais les actes les plus normaux et les plus dangereux étaient les inféodations. Par là, la seigneurie se fragmentait, se dispersait à l'infini. Il est vrai aussi que, par donations, ventes, engagements, le résultat inverse fréquemment se produisit. Quand ces actes profitaient au haut seigneur, ils allaient dans le sens d'une reconstitution de l'Etat seigneurial et préparaient celle de l'Etat royal. Des seigneurs s'appliquaient à racheter les droits et les terres disséminés aux mains de seigneurs subalternes ou de vassaux ([66]). Les rois n'y faillirent pas : Philippe Ier acheta la vicomté de Bourges ([67]), Louis IX les comtés de Mâcon, de Blois, de Chartres, de Sancerre, le fief de Châteaudun ([68]); Philippe le Bel le comté de Guignes, puis celui de Bourgogne. Un héritier de la couronne acquit le Dauphiné. D'autres portions de la France revinrent par cette voie au domaine. Une seigneurie pouvait faire l'objet d'une copropriété, d'une société : cela s'appelait *pariage*. Le plus puissant associé finissait par évincer l'autre. On connaît beaucoup de pariages entre le roi et des hauts seigneurs, des églises ou des abbayes ([69]).

---

(63) Luchaire, *Man. des instit. franç.*, p. 140.

(64) Guillaume de Jumièges, IV, 20; V, 17; VI, 3, 11 (PL., t. 149, pp. 822, 834, 836, 846); Galbert de Bruges (éd. Pirenne, pp. 89, 112-113, 144-153).

(65) Exemples dans Luchaire, *op. cit.*, p. 241, notes 2-6; *Hist. du Languedoc*, t. 9, pp. 941, 961.

(66) Comte de Loisne, *Catalogue des actes de Robert Ier, comte d'Artois* (BPhH., 1919, p. 133 et s.). Nombreuses acquisitions de droits seigneuriaux ou féodaux par Robert Ier dans les années 1238 et s. L'apanagiste unifie son Etat et rapproche de la couronne les droits et les terres qu'il acquiert : notamment n[os] XCI à XCV.

(67) Orderic Vital (éd. Leprévost, p. 119).

(68) Joinville, *Hist. de Saint-Louis, XIX* (éd. Nat. de Vailly, p. 50).

(69) Ex. de pariage entre le comte de Toulouse et l'abbé de Saint-Martial (15 février 1231). Celui-ci cède « in villa de Asperiis quæ ad nostrum dominium ex antiquo noscitur pertinere, medietatem justiciarum, fidejussionum, quistarum, albergarum, totaliter boade sive bladade ita videlicet ut vos dominus comes et successores vestri per ballivum vestrum et ballivum prioris nostri ejusdem villæ medietatem memoratam recipiatis in perpetuum bona fide... et vos dominus comes et successores vestri sitis nobis et hominibus dictæ villæ fideles et perpetue defensores. (B. N., ms. lat. 12082. Monasticum gallicanum). De Lasteyrie, *L'abbaye de Saint-Martial de Limoges*, p. just., XI, p. 434.

Jadis, au concept de la patrimonialité, qui livrait les hommes à l'état passif avec la terre qu'ils occupaient, il fallait joindre pour assurer leur complète sujétion, un engagement individuel par le serment ou *laudesamio*. Insensiblement, l'usage souda ensemble ces deux choses, car, sous cette forme, la fidélité et l'obéissance étaient requises de tous les habitants du royaume, *sicut consuetudo semper fuit* [70]. De personnelle, la foi tendit à devenir naturelle, c'est-à-dire à être due à raison de la naissance sur le territoire. Quand l'autorité se morcela, elle fut exigée par le chef le plus proche et ne fut portée à ceux de rang supérieur que par son intermédiaire; en fait, il en était à peu près ainsi depuis longtemps pour les plèbes rurales des *potentes* ou des immunistes. Elle bénéficia au seigneur direct comme *naturalis dominus*; et la *potestas* sur les personnes parut une conséquence de la *potestas* sur la terre. L'homme soumis [71] au seigneur comme tel fut le natif, *nativus ligius terrae*. *Ligence* devint synonyme de sujétion et de foi [72]. On appela *homes de poosté, sougiés, gens de poosté*, les sujets d'une seigneurie [73]; on disait encore *originarii* pour désigner ceux qui tenaient leur condition de leur naissance sur son sol, ou *homines consuetudinarii* pour embrasser tous ceux soumis aux coutumes en vigueur dans son détroit [74]. La *naturalitas* comportait de plein droit la fidélité et la sujétion sans distinction de nobles, de roturiers ou de serfs [75]. Le serment, encore parfois exigé, n'était plus qu'une garantie d'obligations préexistantes. Sans doute des individus restaient attachés au seigneur par engagements contractuels : hommages vassaliques, contrats de fief; mais c'était à un autre titre que celui de seigneur souverain. La foi lige naturelle ne supprima pas, mais prima la foi personnelle, qui dut toujours la réserver.

Les chefs des grandes seigneuries affectaient des allures royales, portaient le diadème d'or, le manteau, le glaive, la ban-

---

(70) *Cap.* (829), 4; *Cap.* (854), 13; *Cap.* (873), 5-6. (Kr., pp. 10, 278, 345).

(71) Orderic Vital (éd. Leprévost, t. 3, p. 223; t. 4, pp. 102, 234, 305); Du Cange, V^is *Ligeius, Naturales.*

(72) Cpr. J. Flach, *op. cit.*, t. 3, pp. 550 et s. : doctrines un peu divergentes.

(73) Pierre de Fontaines, XIX, 8, p. 225; Beaumanoir, nos 97, 145, 295, 305, 456, 536, 571, 628, etc.; *Et. de Saint-Louis*, t. 1, p. 354. *Home de poosté* désigne ordinairement le roturier, mais aussi à l'occasion le noble ou le serf, considérés en tant que sujets d'un seigneur. De même le mot *sosmes* dans le Midi (Béarn).

(74) *Et. de Saint-Louis*, I, 146-147 (t. 2, pp. 280-281).

(75) Du Cange, V° *Naturalitas* : Tous sont *homes liges naturaux*.

nière (⁷⁶). Les *principes* de Normandie, de Flandre, de Bretagne, d'Aquitaine, de Toulouse, inauguraient leurs règnes par une intronisation religieuse. Un de leurs prélats leur imposait la couronne, les revêtait des insignes ducaux ou comtaux, recevait leur serment de gouverner avec justice, de défendre l'Eglise et ses privilèges, de protéger les faibles, de châtier les méchants. Mais les autorités ecclésiastiques n'y joignirent jamais l'onction sainte qui était le propre du sacre et n'appartenait qu'aux rois (⁷⁷). Les seigneurs les plus hauts n'étaient ni personnes sacro-saintes, ni agrégés au corps de l'Eglise. La formule *Dei gratia* dans leur titulature, n'était qu'un témoignage de piété, sans conséquence politique (⁷⁸). Cependant des seigneurs s'étaient arrogé les droits du roi sur les évêchés et les abbayes, exerçaient ceux de dépouille, de gîte, de régale; quelques-uns pratiquèrent l'investiture (⁷⁹), ou tentèrent de séculariser et de rattacher au duché ou au comté les fonctions épiscopales. Avec plus de succès, des abbayes furent usurpées par des laïques ou leur furent inféodées (⁸⁰). Ces pratiques heurtaient la discipline de l'Eglise et la doctrine royale déjà signalée. Beaumanoir tâcha de les concilier avec celles-ci : « Voirs est que li rois generaument a la garde de toutes les eglises du roiaume mes especiaument chascuns barons l'a en sa baronie » (⁸¹). Mais les seigneurs bénéficiaient du respect et de l'obéissance que l'Eglise imposait envers les puissances régulièrement établies. La puissance seigneuriale trouvait sa justification dans le règne de la justice et le maintien de la paix.

Presque tous les droits seigneuriaux étaient rattachés à la justice, car le seigneur était considéré comme un justicier, un « paissier »; les autres tenaient de leur nature patrimoniale un caractère d'exploitation.

(76) *Chron. de Nantes* (éd. Merlet, p. 36); Raoul Gluber, II, 23 (éd. Prou, p. 30); Lot, *Mél. d'hist. bretonne*, p. 83.

(77) Roger de Hoveden (éd. Stubbs, p. 167); Galbert de Bruges, 66 (éd. Pirenne, p. 99). *Ordo ad benedicendum ducem Aquitaniae* (HF., t. 12, p. 452, et Th. Godefroy, *Cérémonial français*, t. 1, p. 605 et s.), rédigé pour l'intronisation de Richard Cœur de Lion (1167).

(78) Formule de piété, non d'indépendance, imitée de la titulature des évêques. Hugues Capet l'accorde au duc d'Aquitaine dans un diplôme (HF., t. 5, p. 556).

(79) Adhémar de Chabannes (HF., t. 10, p. 156); Brussel, pp. 280-305, et *Preuves*, pp. II, XXIV et s.

(80) Ex. ducs d'Aquitaine, abbés de Saint-Hilaire de Poitiers; comtes de Vermandois, abbés de Saint-Quentin; comtes d'Anjou, abbés de Saint-Aubin d'Angers; comtes de Ponthieu, anciens avoués et abbés de Saint-Wulfrand d'Abbeville, etc. Du Cange, v° *Abba-Comites*.

(81) Beaumanoir, n° 1465.

II. — LE GOUVERNEMENT SEIGNEURIAL : INSTITUTION SE RATTACHANT A L'EXPLOITATION.

1° L'administration centrale et locale.

Du grand au petit, les seigneurs avaient établi des administrations similaires, reproduisant au détail près l'administration royale. Une cour, *curia ducis, comitis*, réglée selon la puissance et la richesse du maître, composée de vassaux et de fidèles, parmi lesquels des dignitaires ecclésiastiques et des seigneurs eux-mêmes puissants, de chevaliers, de pages, de familiers, de la domesticité de l'hôtel, avec sa suite d'empiriques, de jongleurs, de nains, de fous, mêlés aux clercs et aux hommes d'armes, constituait le centre du gouvernement et en fournissait le personnel [82]. A la tête des services, *ministeria*, étaient placés les *proceres palatii, principes curiae* : sénéchal ou *dapifer*, chef des services privés, mais aussi de toute l'administration, de la police, de l'armée; connétable, qui manquait ici, et là primait ses collègues, avec pour lieutenant un maréchal; chambrier, d'ordinaire chargé du trésor; bouteiller; chancelier, clerc de la cour ou titulaire d'un bénéfice ecclésiastique, auquel la charge était annexée, chef des notaires, chapelains et clercs de la chancellerie, y joignant tantôt les finances, tantôt la justice [83]. Leurs attributions n'ayant rien d'exclusif, on les suppléait les uns par les autres. La chancellerie et quelques charges de finances plus tardives comme de trésoriers ou receveurs généraux exceptées, ces fonctions souvent inféodées se muèrent en seigneuries inférieures, héréditaires, dont le suzerain dut plus d'une fois combattre les bénéficiaires, trop indépendants et dangereux [84].

Des fractions détachées de cette cour constituèrent des organes autonomes : 1° la *Chancellerie*. Les chancelleries seigneuriales, copiées au X° siècle sur celle du roi en train de se désorganiser et de perdre ses traditions, ne s'assujétirent à des règles précises qu'au XII°, lorsqu'elle eut été elle-même restaurée. Les grandes seigneuries lui empruntèrent alors des pratiques rationnelles et un style qui, insensiblement, s'étendirent aux petites; aux XIII° et

---

(82) *Histoire du Languedoc*, t. 7, pp. 128-132, note 45. De La Borderie, *La cour du duc de Bretagne, Jean II (1305). — Une cour féodale vers la fin du XIII° siècle : L'hôtel de Robert II, comte d'Artois* (BPhH., 1918, p. 84 et s.); Seignobos, *Le régime féodal en Bourgogne*, pp. 170 et s.; J. Flach, *op. cit.*, t. 4, p. 581.

(83) Brussel, pp. 636-645.

(84) Brussel, p. 638 et s. Luchaire, *op. cit.*, p. 261, notes 1, 2.

xiv° siècles, l'imitation se fit plus parfaite ([85]); 2° les *Conseils*.
Longtemps, les seigneurs délibéraient de leurs affaires avec leurs
optimates, officiers, prélats ou vassaux présents à leur cour :
au xiii° siècle, tout seigneur d'importance eut son conseil permanent composé de *consiliarii* en titre ([86]). Mais toujours il put
l'élargir en y appelant ses principaux *familiares*, ses agents, les
seigneurs ou vassaux relevant de lui et, de bonne heure, en certains lieux des représentants des villes. Ces *curiae solemnes* ou
plenae, où l'on était mandé en vertu du devoir de conseil, tenues
d'ordinaire aux grandes fêtes, donnaient lieu à des réjouissances,
à des largesses du seigneur. Il y soumettait, à la délibération des
fidèles, les questions qu'il lui plaisait, prenait leur avis, communiquait ses ordres, concédait des privilèges, armait des chevaliers,
tenait des assises judiciaires ([87]). Au xiv° siècle, ces assemblées
devinrent parfois les Etats généraux du duché ou du comté ([88]); 3°
les *Cours de justice*, et, séparés d'elles à des dates qui ont varié
selon les seigneuries, les corps chargés du contrôle ou du contentieux des finances : ainsi l'*Echiquier des comptes* de Normandie,
détaché au xii° siècle de *l'Echiquier des Paids*, la *Chambre des
comptes* de Lille sortie au xiv° de la *Curia comitis Flandriae*, la
Chambre des comptes de Dijon, instituée à la même époque. Au
xiii°, il y avait des *Maîtres et clercs des comptes* en Champagne,
des *Maîtres rationnaires* en Provence; la Bretagne, le Bourbonnais,
le Berry, le Nivernais, le Languedoc, d'autres fiefs, avaient leurs
Chambres des comptes ([89]).

L'administration du seigneur ne s'étendait pas à toutes les
terres de sa *potestas;* une forte part était aux mains de seigneurs
inférieurs ou de vassaux. Dans les grandes seigneuries, les principales circonscriptions, restées sous son obédience, avaient pour
administrateurs des baillis ou sénéchaux; les circonscriptions inférieures ou celles des seigneuries plus petites étaient placées sous
la direction d'agents appelés *praepositi* ou *prévôts* dans la plupart
des provinces du Nord, *châtelains* en Flandre, Champagne et Bour-

([85]) Giry, *Man. de diplomatique*, pp. 813-822.
([86]) Voy. *Une cour féodale vers la fin du xiii° siècle*, cité nota 82.
([87]) Du Cange, *Des cours et des fêtes solennelles des rois de France* (Col..
Leber, t. 8, pp. 55-58 [cours seigneuriales]).
([88]) Cadier, *Les Etats de Béarn*, p. 52 et s.; P. Rogé, *Les anciens fors de
Béarn*, p. 93 et s.; Coville, *Recherches sur les Etats de Normandie pendant
la première moitié du xiv° siècle* (*Ann. de la F. des Lettres de Caen*, 1885,
p. 1 et s.).
([89]) Brussel, p. 242 et s.; P. Viollet, *op. cit.*, t. 3, p. 378-383; de Fourmont,
Hist. de la Ch. des Comptes de Bretagne.

gogne, *bayles* ou *sénéchaux* en Bretagne, *vicomtes* en Normandie, *viguiers* ou *bayles* dans le Midi, et investis de toutes les attributions administratives, judiciaires, financières et militaires.
Ayant reçu leurs charges à ferme, ou à fief, ce qui en entraîna parfois l'hérédité, ils furent finalement, en bien des lieux, ramenés
au type du fonctionnaire. Au dessous, des agents subalternes,
chargés, la plupart, de la perception des droits fiscaux ou domaniaux, *forestarii*, *telonarii*, tenaient souvent leurs fonctions à
ferme. En Flandre, des *espiers* ou *receveurs des briefs*, étaient affectés à la perception des redevances en nature (90). Plus bas encore, administrateurs de petites circonscriptions, des *maires*, *sergents*, *voyers*, nommés par le seigneur ou le prévôt, tenaient à
ferme ou à fief ces modestes fonctions (91); d'aucuns mêmes, de
condition servile, surent les rendre et les maintenir héréditaires;
des femmes les exercèrent (92). Dans le Midi, de bonne heure, on
sépara des autres attributions la justice et la perception des droits
fiscaux : il y eut des juges dans les baylies et vigueries et aussi
des receveurs ou clavaires, auxquels étaient subordonnés forestiers, gruyers, péagers, prévôts des foires. Dans le Nord, la Flandre avait ses receveurs locaux des finances. Vers le xiiᵉ siècle, à
l'imitation du roi, les hauts seigneurs eurent des inspecteurs de
leurs agents qui se muèrent en un nouveau degré de la hiérarchie
administrative, d'ordinaire sous le nom de baillis.

2° Les droits fiscaux.

Dans le domaine de la fiscalité, il est parfois difficile de faire
le départ entre les droits seigneuriaux et féodaux. Les premiers
étaient ceux qui dépendaient de la puissance publique usurpée
par les seigneurs. Bien que la notion rationnelle de l'impôt eût
été par là encore obscurcie, on distingua sans trop de peine, parmi
ces droits, ceux qui étaient la suite des anciennes contributions
directes ou indirectes, ceux qui dérivaient du pouvoir réglementaire, c'est-à-dire du *bannus royal*, et les profits attachés de tout
temps à l'exercice de la justice.

1. *Survivance des impôts.* — Les impôts directs se présentaient
en un système assez confus. Il semble que de la *capitatio plebeia*
ne survécut que le *chevage*, à peu près uniforme (3 ou 4 deniers),

(90) Luchaire, *op. cit.*, p. 270; Brussel, p. 242-243.
(91) Luchaire, *op. cit.*, p. 167, notes 1 et 2. *Contra* Lefèvre, *Les Baillis de
la Brie au xiiiᵉ siècle* (BECh., t. 1).
(92) Brussel, pp. 236 et s., 317, 501, 661; P. Viollet, *op. cit.*, t. 2, p. 456,
note 1.

payé par les serfs et qui tendit à disparaître au XIIIᵉ siècle : il y faut
joindre les droits occasionnels de *maritagium* et de *forismaritagium* (⁹³). La *taille servile*, d'abord presque toujours « à merci et
à volonté », plus tard coutumière ou abonnée, la *taille roturière*
qui avait habituellement l'une de ces dernières formes (⁹⁴), étaient
des taxes sur le revenu, levées une ou plusieurs fois par an. Leurs
origines, probablement coutumières, restent obscures; il n'est
pas exact que la seconde ne fût que la première réservée au moment de l'affranchissement ; les roturiers qui la payaient n'avaient
pas tous passé par la servitude. Dans des hypothèses déterminées, une taille extraordinaire, *aide* ou *revouage*, était exigée de
tous les sujets, nobles ou non nobles; cette sorte d'aide fut seule
maintenue dans la suite (⁹⁵). Il n'est pas douteux que beaucoup
de contributions foncières, cens, champarts, agriers, etc., ne fussent la continuation des impôts fonciers romains et francs (⁹⁶),
mais d'aussi nombreuses avaient une origine féodale. Aucune
règle générale ne peut être émise; c'était question d'espèces. En
tout cas, certaines prestations et corvées, aux époques antérieures plus ou moins associées à l'impôt foncier, persistaient au
profit des seigneurs : droit de *gîte et procuration* (*albergue* dans
le Midi), obligation de fournir au seigneur, aux hommes et aux
animaux de sa suite le logement et le vivre; à raison d'abus, la
coutume ou la convention réglèrent avec précision sa durée et la
dépense qu'elle comportait; en bien des lieux une taxe annuelle,
gîte accensé, la remplaça; droit de *prise* ou de *réquisition* gratuite, ou au prix fixé par le seigneur, de tous objets nécessaires
au service de son Etat ou de son hôtel; droit de *crédit*, c'est-à-dire
de ne payer qu'à terme (d'ordinaire à 40 jours) les choses acquises dans ses déplacements; *corvées* de formes variées : travaux
manuels (*manoperae*), charrois (*carroperae*) pendant un nombre
de jours déterminé, chaque année, pour le service personnel du
seigneur, la réparation de ses immeubles, la culture de ses terres,

(93) Sur ces droits, pp. 155, 367 et s.

(94) Parfois réduite aux cas où étaient fournies les aides féodales. Conventions de ce genre : *Arch. hist. du Limousin*, 1ʳᵉ série, t. 9, pp. 124-137,

(95) Boutaric, *Tr. des dr. seign.* (1775), pp. 332 et s.; elle se levait souvent
dans les mêmes circonstances que les aides féodales : voy. p. 244. Le nombre
des cas variait d'après les coutumes. *Tr. anc. cout. de Normandie*, XLVIII
(éd. Tardif, p. 36); *Cout. et instit. de l'Anjou et du Maine* (1492) (éd. Beautemps-Beaupré, t. 2, p. 537). Au XIIIᵉ siècle, la taille était en certains lieux
déjà déniée au seigneur, sauf au cas où il était appelé lui-même à payer
l'aide d'ost au roi.

(96) P. Viollet, *Hist. du dr. civ. franç.*, pp. [674] et s. et ci-après, p. 265.

l'entretien des routes, chaussées, ponts, digues, etc. Au début, corvéables à merci, sous peine d'amendes arbitraires, les hommes de poosté obtinrent, soit par adoucissements progressifs de la coutume, soit par convention ou abonnement, une réglementation méticuleuse et restrictive des corvées et souvent, dès le xıı⁰ siècle, leur remplacement par une taxe coutumière (⁹⁷). Ces conventions, d'autres qui introduisirent des droits similaires nouveaux au bénéfice des seigneurs, ont parfois donné à ces prestations une apparence contractuelle; mais leur caractère seigneurial ressort des documents primitifs.

Les impôts indirects, en passant aux seigneurs, s'étaient aggravés. Les considérant non plus comme une recette correspondant à des nécessités publiques, mais comme un patrimoine à exploiter, ils augmentaient le plus possible les droits sur les marchandises, *telonea, vendae, leudae*, les droits sur les actes de commerce, *paces, accordamenta, foriscapia* (⁹⁸). Peu d'objets ou de transactions échappaient. Des taxes spéciales frappaient certains négoces, tels celui du vin (droit de hauban) et la banque. Les foires et marchés étaient occasions de prélèvements sur les ventes (*jus mercati*), de droits de halle, d'étau. de stationnement. L'enchevêtrement des seigneuries, s'emboîtant les unes dans les autres, avait multiplié à l'infini douanes et octrois : *portagium, introitus vel exitus*. Des droits innombrables entravaient la circulation : péages sur les routes, sur les ponts, tarifés selon qu'on voyageait à pied, à cheval, en voiture, accompagné ou non d'animaux ou de troupeaux, qu'on était, ou non, marchand; péages dans les ports; péages pour traverser les fleuves ou rivières, ou y naviguer, justifiés par l'entretien des chaussées, ponts, digues, bacs, mais exploités, affermés, inféodés, sans que nul s'inquiétât le plus souvent d'entretenir rien. Des seigneurs y avaient ajouté des droits de *guidage*, de *surguidage* ou de *sauvegarde*, sorte d'assurances contre les attaques des brigands ou les leurs propres (⁹⁹).

II. *Droits dérivant du « bannus »*. — C'étaient les *banalités* et les *monopoles*, établis par règlements du seigneur et dont plusieurs remontaient probablement au temps où il agissait encore au nom

---

(97) J. Flach, *op. cit.*, t. 1, pp. 345 et s., 355 et s.; Luchaire, *op. cit.*, p. 343 et s. Cpr. *Cap. de villis*, 11 ; *Cap.* (806-810), 1 (Bor., pp. 84, 87, 211).

(98) J. Contrasti, *Hist. de Saint-Jory*, Toulouse, 1922, p. 20 et s. : *leudaire de Saint-Jory. Fors du Béarn : for de Morlàas*, 43 et s. (éd. Mazure-Hatoulet, p. 124 et s.).

(99) J. Flach, *op. cit.*, p. 367 et s.; Luchaire, *op. cit.*, pp. 338-339.

du roi ([100]). Un premier type auquel était plus spécialement
réservé le nom de banalités, était celui du four, du moulin ou du
pressoir édifiés par le seigneur dans l'intérêt commun, dont les
habitants devaient se servir exclusivement, moyennant une rétri-
bution fixée par le ban seigneurial ([101]). Le but primitif avait été
l'amortissement des dépenses d'installation et d'entretien; plus
tard, les monopoles ayant paru lucratifs, les seigneurs les maintinrent et en créèrent d'autres arbitrairement ([102]). Un deuxième
type consista dans l'interdiction faite aux hommes de poosté de
vendanger ou de moissonner avant le seigneur, ou du moins de vendre leurs vins ou d'autres sortes de denrées avant qu'il eût vendu
ses produits similaires : droit de banvin, ban de vendange, etc.
Dans quelques régions, ce droit prit la forme d'un monopole de
la vente du vin par le seigneur pendant une période déterminée ([103]). Une troisième sorte de monopoles résulta de règlements
réservant aux seigneurs la jouissance des forêts, des vaines pâtures, les droits de chasse ou de pêche dans les étangs et les rivières : ce qui leur permit de fixer à leur gré les conditions de rétri-
bution et de police dans lesquelles les habitants de la région seraient autorisés à en bénéficier; ils eurent tout un personnel pour
exploiter ces droits ([104]). Il en fut de même pour les mines, les
carrières, les salines, là où il s'en trouvait. Le pesage et le me-
surage des matières vénales furent aussi l'objet d'une exploitation
seigneuriale ([105]).

Le droit de battre monnaie, redevenu régalien sous les Carolingiens, eut ce caractère aux mains des seigneurs. Il se complétait
de celui d'interdire la circulation de toute autre monnaie que la
leur, de bénéficier seuls du change, de modifier le taux et le poids
à leur gré. D'abord affermé ou inféodé, le monnayage fut repris et

(100) *Cap. de villis*, 18, 45 (Bor., pp. 84, 87). Paris (827), 52 (Mansi, t. 14,
p. 570). *Statuta et consuetudines Normannie*, LX (éd. Tardif, p. 51).

(101) J. Flach, *op. cit.*, t. 1, p. 327 et s. L'idée émise par Viollet (*Et. de
Saint-Louis, Intr.*, t. 1, p. 104 et s.) et Luchaire (*op. cit.*, p. 430) qu'il y
aurait là le reste d'une ancienne propriété collective des habitants usurpée
par le seigneur, doit être complètement écartée. Cpr. *For de Morlàas*, 51-52,
loc. cit.

(102) *Statuta et consuetudines Normannie*, LX, 3, 4 (éd. Tardif, p. 52).

(103) J. Flach, *op. cit.*, t. 1, p. 325 et s.; Guérard, *Cart. de Saint-Père
de Chartres, Intr.*, p. XXXIV.

(104) *Tr. anc. cout. de Normandie*, LIX bis (éd. Tardif, p. 48). Vié, *Le régime
forestier en France depuis le Moyen âge* (*Rec. de l'Ac. de Législation*, 1922,
pp. 89 et s.).

(105) *Summa de leg. Normannie*, XV (éd. Tardif, p. 43); Brussel, pp. 426, 524
et s.

exercé en régie dans la plupart des seigneuries à partir du
xiiie siècle ([106]). On commençait à s'apercevoir que la valeur réelle
de la monnaie était indépendante de sa valeur nominale. Des
seigneurs renoncèrent alors à l'altération périodique des monnaies,
mais firent payer cette concession par une taxe, d'ordinaire trien-
nale, taille du pain et du vin (Orléanais, Parisis), fouage (Normandie, Bretagne) ([107]).

III. *Les profits de la justice et quelques autres droits régaliens.*
— *Justitia* signifiait, en même temps que l'exercice de la justice,
les profits qu'on en tirait et dont elle prenait un caractère d'exploitation. Ils comprenaient d'abord des *amendes* de plusieurs
sortes. Les plus nombreuses constituaient les pénalités ordinaires. Tantôt arbitraires, tantôt coutumières ([108]) et rappelant alors
parfois les tarifs de composition des *Leges* et des capitulaires ([109]),
elles variaient suivant la qualité des délinquants : pour le même
délit, le roturier payait la moitié de l'amende du gentilhomme
ou payait en sous quand celui-ci payait en livres ([110]); la femme
amendait moitié moins que l'homme, et l'amende était souvent
doublée quand elle était la victime; d'autres circonstances aggra-
vantes avaient cet effet ([111]). Certaines amendes étaient la sanction des manquements aux règles de l'instance ou aux ordres du
juge; d'autres des droits compensatoires des profits dont le justicier se trouvait frustré par le désistement ou la transaction des
parties ([112]). La *confiscation* s'ajoutait traditionnellement à toutes les peines capitales. Chaque seigneur saisissait les biens du
condamné trouvés dans sa seigneurie; mais on admit que les meubles seraient acquis à celui dont le condamné était « levant et
couchant », les droits des tiers respectés ([113]). Les droits de

(106) Prou, *Intr. au catal. des monn. carol.*, pp. xlvi et s.; Caron, *Les
monn. féod. franç.*, 1884.

(107) *Summa de leg. Normannie*, XIV, LII (éd. Tardif, pp. 40, 138); Beaumanoir, n° 743 et s.

(108) *Jost. et plet*, XVIII, 24, p. 277, 280 ; *Et. de Saint-Louis*, I, 59, 69,
104, 105, 108, 125, 146, 148, 161; II, 24 (t. 2, pp. 73, 104, 175, 177, 187, 233,
280, 283, 297, 415); Beaumanoir, n°s 843, 846; J. Boutillier, II, 60, pp. 855-
871; Loysel, n° 822.

(109) J. Declareuil, *A propos de quelques travaux récents sur le duel judiciaire*, p. 23.

(110) Beaumanoir, n°s 844, 1720; Loysel, n° 850.

(111) *Jost. et Plet*, loc., cit., p. 278 ; Loysel, n°s 853, 854.

(112) Loysel, n°s 853, 883.

(113) Beaumanoir, n° 824; J. Boutillier, II, 15, pp. 780-784; Loysel,
n°s 839 : « Qui confisque le corps, il confisque les biens », 847; *Gr. Cout. de
France*, II, 11, p. 205.

chancellerie, les droits de sceau (tout acte produit en justice devait être scellé), les droits de greffe et de tabellionnage (¹¹⁴), l'exploitation de toutes les charges rattachées à la juridiction seigneuriale par la garde, la ferme, l'inféodation, s'y ajoutaient.

Comme souverain, le seigneur s'emparait de tous les biens vacants : d'où les droits d'épaves, de naufrage, de trésor; des successions en déshérence dans les limites de la seigneurie : d'où le droit d'aubaine, car la coutume territoriale ne connaissait pas les étrangers (¹¹⁵), le droit de bâtardise, car le bâtard n'avait d'héritiers que ses descendants (¹¹⁶). Ajoutez les usurpations possibles des droits du roi vis-à-vis de l'Eglise (¹¹⁷). La seigneurie tâchait de s'incorporer tous ceux qu'elle voyait dans la royauté (¹¹⁸).

Le bloc des droits seigneuriaux n'appartenait pas en son entier à tous les seigneurs, pas même toujours aux ducs ni aux comtes, bien qu'en principe tout haut justicier pût y prétendre. Quand le régime s'était établi, chaque seigneur, petit ou grand, avait consolidé les pouvoirs qu'il exerçait et, quoi qu'il eût tenté depuis pour les compléter ou les étendre, il n'était pas toujours parvenu à conquérir ceux qu'il n'avait jamais eus, ni à recouvrer ceux qu'il avait délégués ou perdus. Depuis il en avait aliéné de toutes manières (¹¹⁹). L'inféodation des terres, qui pouvait se faire sans aucune transmission des droits souverains, en comportait le plus ordinairement un certain nombre, parfois la tota-

---

(114) Les notairies le plus souvent étaient données à ferme, mais un tarif officiel était imposé aux notaires : *Arch. munic. de Bordeaux*, t. 1; *Livre des Bouillons*, p. 383; t. 5: *Livre des Coutumes*, p. 64. *Fors de Béarn: for général*, 123, p. 47. *Arch. munic. de Bayonne : Livre des Etablissements*, n° 91, p. 92. *Etablissements de Dax, rub. de Notariis*, ap. Abbadie, *Hist. de la commune de Dax*.

(115) *Sum. de leg. Normannie*, XVI, XVIII, XXV et s. (éd. Tardif, pp. 45-51); Loysel, n°ˢ 279 et s.

(116) Beaumanoir, n°ˢ 333, 578, 1435; *Sum. de leg. Norm.*, XXV (éd. Tardif, p. 87).

(117) A. de la Borderie, *Rec. d'actes inédits des ducs de Bretagne*, p. 224; Luchaire, *Hist. des instit. monarch.*, t. 1, p. 119.

(118) Il existait encore une infinité de droits seigneuriaux locaux ou très spéciaux impossibles à énumérer ici; à ce sujet, voir Boutaric, *op. cit.*, pp. 634 et s.

(119) Parfois le haut seigneur limitait le droit du vassal en interdisant d'augmenter ou de modifier les droits seigneuriaux existant au jour de l'inféodation ou définis par le contrat de fief; ainsi Simon de Montfort pour les fiefs qu'il concéda dans le Midi : *Const. de Simon de Montfort*, ap. Galland, *Du franc-aleu*, p. 356; *For de Morlàas*, 53, *loc. cit.*

lité ([120]). Les feudistes cherchèrent ensuite à apporter des règles dans ces imbroglios en proportionnant ces droits ou en attribuant certains d'après l'étendue de la juridiction; ce système très arbitraire correspondit mal à la réalité.

3° L'ost seigneurial.

Au seigneur souverain le service militaire était dû par ses sujets sans distinction de classes ([121]). En cas de guerre générale, le haut seigneur pouvait appeler le *bannum* et le *retrobannum*, c'est-à-dire, avec ses sujets directs, ceux des seigneurs inférieurs, ceux de ses vassaux et des vassaux de ceux-ci.

Mais, comme les contingents féodaux formaient une armée d'élite théoriquement permanente, le service, pour le reste des hommes, avait pu être très réduit : 1° par de nombreuses exemptions fondées sur l'âge, les infirmités, la pauvreté, la profession, des concessions de faveur faites en vue du repeuplement ou arrachées dans des chartes ([122]); 2° par la possibilité de fournir un remplaçant propre au service; 3° par une série de limitations quant au temps, au lieu, aux conditions du service. Celui-ci prenait trois formes : l'*ost* et la *chevauchée* qui, très vite, ne purent être exigés que deux fois l'an et, selon les coutumes, pendant une, ou deux, ou vingt et une, ou plus ordinairement quarante journées et dans un rayon géographique nettement défini; au delà, les hommes qui consentaient à combattre le faisaient à titre de volontaires soldés; le *guet* ou *escharguet*, garde de jour ou de nuit, en paix et en guerre, des murailles de la ville ou du château fort du seigneur; le *muragium* et le *vintenum*, corvée et taxe pour l'entretien, les réparations des places fortes et des travaux de défense accessoires.

Dès le xie siècle, les roturiers et, à leur suite, les petits tenanciers nobles, surtout dans le Midi, se firent dispenser en grand nombre du service militaire, moyennant une contribution pécu-

---

(120) D'où l'on peut dire tantôt : « Fief et justice n'ont rien de commun » ou « Fief et justice, c'est tout un ». Loysel, n° 271, et ci-après, p. 223.

(121) Prou (*De la nature du service militaire dû par les roturiers aux xie et xiie siècles*, RH., 1890, n° 6) croit que le service, conformément à la tradition carolingienne, n'était dû que par les hommes libres. Luchaire, (*op. cit.*, p. 347, note) a démontré le service de guet, d'ost et de chevauchée des serfs. Dans ce sens : Borelli de Serres, *Rech. sur divers services publics du xiiie au xviie siècle*, t. 1, pp. 507 et s.

(122) Bidache, *La poblacion d'Oloron, texte roman de 1080*, art. 8 25, pp. 213, 218 ; *For de Morlàas*, art. 34-35, loc. cit.

niaire appelée communément *aide d'ost,* grâce à laquelle le seigneur loua des mercenaires [123].

III. — LE GOUVERNEMENT SEIGNEURIAL : INSTITUTIONS SE RATTACHANT A LA JUSTICE.

1° Le droit de règlement et d'établissement.

La révolution seigneuriale avait fait disparaître le pouvoir législatif. Le morcellement territorial ne comportait plus ces prescriptions à caractère général qui supposent que la masse des faits reste ignorée du souverain et admet le plus souvent des solutions identiques. Alors, il les pouvait trancher presque tous directement et rares étaient ses rapports avec les individus ou les communautés établis sur un principe unique. Ils ne se traduisaient guère qu'au moyen d'actes spéciaux de l'espèce du *privilegium.* En plus, n'ayant jamais été délégué par les rois, le pouvoir législatif était le seul à n'avoir pas été usurpé. Ce qui l'avait été, c'étaient la police et la justice, qui requièrent une réglementation dans l'espace et dans le temps. D'où un pouvoir de règlement ou d'établissement, attaché à toute juridiction et se mesurant sur elle [124]. Longtemps les seigneurs ne publièrent d'établissements, *stabilimenta,* qu'en vue de la police et de la paix. Pour cela, le haut justicier avait le droit de ban et de cri, les autres un simple droit d'affiche.

Au XIIᵉ siècle, juste au temps où leur indépendance se pliait sous la suzeraineté royale, les plus hauts seigneurs se mirent, à l'imitation du roi, à publier des ordonnances à caractère général; puis de moindres suivirent leur exemple. Certaines législations seigneuriales furent remarquables et restèrent longtemps en vigueur. Il subsiste des ordonnances baronniales sur les matières les plus diverses du droit public, féodal ou privé [125].

(123) Cette taxe de remplacement apparut encore plus tôt dans certaines régions : Viollet, *op. cit.,* t. 2, pp. 433-434, notes; Borelli de Serres, *loc. cit.,* p. 488, note 3, 489 et s.

(124) *Jostice et Plet,* II, 2, p. 78; P. de Fontaines, XVI, 1, p. 159; Boutillier, I, 2, p. 7 : « Establissement que le seigneur a establi en la Cour... pour ce qu'aucunefois est de nécessité que les juges facent aucuns establissemens pour obvier ou refrener la malice des subtils qui toujours contendent à venir ou faire contre les us ou stilles du temps passé. »

(125) Brussel, pp. 874 et s.; Luchaire, *op. cit.,* p. 253, note 1, énumère les plus importantes. Voy. aussi Champeaux, *Ordonnances franc-comtoises sur l'organisation de la justice,* 1343-1477 ; ces remarquables ordonnances s'appliquèrent jusqu'à Louis XIV. Pour une époque plus tardive (XVIIᵉ s.) : Rouy,

Le pouvoir réglementaire, puis législatif du seigneur, ne s'exerçait primitivement que sur le territoire qu'il administrait directement; pour ceux qui relevaient de ses barons, il y fallait leur assentiment. Il ne prenait de décision devant s'appliquer à toute sa *potestas* qu'en cour plénière où ils étaient mandés. Rien ne les obligeait à se ranger à son avis [126]. Mais au xiiie siècle, le pouvoir seigneurial trouva, comme la royauté, dans les textes romains, des arguments pour imposer aux barons le respect d'établissements faits par le seigneur supérieur seul ou avec son conseil. Beaumanoir admit son droit absolu à légiférer pour toute sa seigneurie et celui du roi pour tout le royaume, de sorte que le droit du haut justicier fut limité non pas par en bas, mais par en haut. Nul baron ne put rien faire contre l'établissement du seigneur supérieur, ni par conséquent du roi [127].

2° Le droit de guerre.

i. *La guerre et la justice.* — Le droit de guerre était étroitement lié à la justice : pour la faire prévaloir il était invoqué par le seigneur haut justicier et par le plus humble lignage. Celui-là l'exerçait pour la défense de ses droits et de ceux de ses sujets, celui-ci pour venger les outrages dont ses membres avaient été victimes. Malgré les capitulaires qui avaient tâché d'y faire obstacle, les pratiques de la justice privée n'avaient jamais disparu [128]. L'anarchie du xe siècle, l'enchevêtrement des rapports sociaux leur avaient ouvert un champ plus large. La guerre entre seigneurs prenait figure de guerre d'État à État; mais chaque seigneur avait aussi ses guer-

Essai sur les anciennes ordonnances des ducs de Bouillon pour le règlement de la justice, et coutume générale dans les terres et seigneuries de Sedan, Raucourt, Jametz. Sedan, 1914.

(126) *Et. de Saint-Louis*, I, 26, t. 2, p. 36 : « Bers si a toutes joutises en sa terre, ne li rois ne puet metre ban en la terre au baron, sanz son asantement, ne li bers ne puet metre ban en la terre au vavasor, sanz l'asantement au vavasor. » Beautemps-Beaupré, *op. cit.*, t. 1, pp. 386-387.

(127) Beaumanoir, n° 1043 : « Car chascuns barons est souverains en sa baronie. Voirs est que li rois est souverains par dessus tous »; 1499, 1510-1515. A la fin du xiiie et au xive siècle, des recueils d'établissements seigneuriaux furent rédigés dans de nombreuses seigneuries; par exemple : *Arch. munic. de Bordeaux*, t. 2 : *Le livre des privilèges*, t. 5 : *Le livre des coutumes* (*Essai sur le régime législatif de Bordeaux au Moyen Age*, p. xxx et s.; par Barckhausen). *Etablissements de la cour ou des Etats de Béarn* (P. Rogé, *Les anc. fors de Béarn*, pp. 283-304).

(128) Ci-dessus, p. 105.

res privées, et il n'était pas toujours facile de distinguer. On appliqua à toutes les mêmes lois, les mêmes restrictions. Les unes et les autres étaient tenues pour des procédures parfaitement légales [129]. On y recourait pour trancher n'importe quel litige ou après une sentence judiciaire dont on n'était pas satisfait [130]. Aussi le Moyen âge fut-il préoccupé d'établir une théorie de la « juste guerre » [131].

II. *Quelles personnes avaient le droit de guerre et quelles étaient comprises dans la guerre.* — **La** guerre était permise à tous et contre tous, clercs ou laïques, nobles, roturiers ou serfs, sans condition d'âge, ni de sexe [132]. Tel était le droit primitif. Les églises, les communautés urbaines et religieuses s'en réclamaient [133]. Elle était admise entre vassaux du même suzerain, contre le suzerain lui-même en cas de violation de la foi ou de déni de justice, mais des coutumes faisaient alors une loi au vassal de n'être assisté que de sa parenté [134]. Pour les mêmes causes, elle pouvait être faite au roi; cependant les vassaux ne

(129) Du Cange, *Des guerres privées et du droit de guerre par coutume* (Col. Leber, t. 11, pp. 424 et s.). Cpr. sur le caractère juridique de la guerre : Proudhon, *La guerre et la paix*, t. 1, pp. 115 et s.

(130) Yves de Chartres, *Ep.*, 168 (PL., t. 162, p. 171). *Le livre des serfs de Marmoutiers*, CXVI (éd. Salmon), p. 108.

(131) *Libri feudorum*, I, 28; Saint-Thomas, *Sum. theol.* II^a pars, q. XL, *de bello*.

(132) Sinibaldus Fliscus, *Lectura super decretales*, II, 13, 8 : « Omnibus licitum movere bellum pro defensione sua et rerum suarum. » L'opinion d'après laquelle la guerre ne fut jamais permise qu'aux nobles (Guilhiermoz, *op. cit.*, p. 351) est contredite par les faits. Les prescriptions touchant la paix et la trève de Dieu visent les personnes de toutes conditions, du reste représentées aux assemblées de la paix : Charroux (989) : *Omnes uterque sexus* (Mansi, t. 19, p. 89); Raoul Glaber, V, 6 (éd. Prou, p. 15); *Nemo mortalium*. La façon dont Beaumanoir, n° 1671, écarte les roturiers, qui peuvent encore être provoqués, dénote une réglementation récente, non générale, car, en 1353, le roi Jean se plaint que « guerras aut diffidationes quascumque inter quoscumque subditorum nostrorum nobilium aut ignobilium cujuscumque status et conditionis existant », et en 1361, de « nobles et autres de nostre royaume disanz estre privilégiez et accoustumez de user de deffiances et guerres » : Brussel, p. 141. Cpr. Espinas. *Les guerres familiales dans la commune de Douai aux* XIIIe *et* XIVe *siècles* (NRH., 1889, pp. 414 et s.); Brissaud et Rogé, *Textes additionnels aux anciens fors de Béarn*, p. 126, n° VII. Ord., 9 avril 1353; — 5 oct. 1361 (Is., t. 4, p. 688, t. 5, p. 126).

(133) *Cout. de Perpignan*, 41 (éd. Massol-Regnier, p. 24). Pour Montpellier : *Petit Thalamus*, I, 3, p. 16. En 1322 et 1340, la commune de Douai eut des guerres privées avec les familles d'un damoiseau et d'un chevalier : Espinas, *loc. cit.*, p. 416: Brussel, p. 144.

(134) *Et. de Saint-Louis*, I, 52 = C. *de Touraine-Anjou*, 42, t. 2, p. 74 ; t. 3, p. 24.

devaient y suivre leur suzerain qu'après s'être assurés qu'elle était fondée (¹³⁵).

La guerre privée se faisait non d'homme à homme, mais de lignage à lignage, à raison de l'étroite solidarité familiale. De sorte qu'elle n'était pas possible entre frères germains, qui avaient même lignage, mais qu'elle l'était entre frères utérins ou consanguins qui, soit du côté paternel, soit du côté maternel, en avaient de différents. Entre les premiers, le seigneur faisait droit; en principe, il devait tâcher d'imposer la paix entre parents (¹³⁶). Le lignage s'étendait tout d'abord jusqu'au septième degré canonique au delà duquel, le mariage étant permis, la parenté semblait cesser; il fut restreint au quatrième quand le concile de Latran, en 1215, y eut ramené l'interdiction du mariage (¹³⁷).

L'obligation de prendre part à la guerre s'étendait : 1° à tout le lignage du chevetaigne ou chef de la guerre, excepté aux parents au même degré des deux parties, à moins qu'ils ne prissent délibérément part aux actes d'hostilité, et aux membres du lignage qui, n'étant pas auteurs du méfait, déclaraient publiquement leur neutralité (¹³⁸). Par contre, parents plus éloignés, bâtards étrangers à tout lignage, amis, pouvaient prendre rang parmi les belligérants (¹³⁹); 2° les vassaux, dans les conditions réglées par le contrat de fief ou par la coutume; 3° les roturiers et même les serfs, sujets du chevetaigne; 4° les soudoyers, c'est-à-dire les hommes de guerre que celui-ci prenait à sa solde. Mais pour ceux-ci, comme pour les roturiers et les serfs, la qualité de belligérants commençait et cessait avec leur présence dans la troupe armée (¹⁴⁰).

III. *Règles de la guerre.* — La coutume, sous l'influence de la chevalerie, avait soumis la guerre à des règles. Elle ne devait commencer que « par fet », c'est-à-dire par rixe ouverte à la suite de quoi ceux qui s'y étaient trouvés étaient tenus pour avertis et belligérants, à moins qu'ils ne déclarassent, sous serment, devant le juge et l'adversaire appelé, leur présence fortuite et leur volonté de rester hors de la guerre; ou « par paroles », c'est-à-

---

(135) *Et. de Saint-Louis*, I, 53 = *C. de Touraine-Anjou*, 43, *loc. cit.*; J. Boutillier, I, 83, p. 483.

(136) Beaumanoir, nᵒˢ 1667, 1669.

(137) Beaumanoir, nᵒ 1686 : le septième degré canonique correspond au quatorzième degré civil et le quatrième au huitième. Cpr. Cc. 3, 5, 8, X, IV, 14.

(138) Beaumanoir, nᵒ 1668.

(139) Beaumanoir, nᵒˢ 1684-85, 1687, 1697.

(140) Beaumanoir, nᵒ 1687.

dire par menaces directes accompagnées de gestes symboliques; ou par défi (*diffidatio*) adressé dans une lettre-missive ou porté par une personne qualifiée [141]. Souvent le défi fixait jour et lieu pour le combat. La dureté de la lutte était tempérée par le sentiment de la confraternité d'armes chez les guerriers de profession et le point d'honneur chevaleresque. La guerre était souvent interrompue par des trêves ou des suspensions d'armes. La violation de la trêve, d'ordinaire garantie par serment et remise d'otages, était une félonie punie, par le haut justicier, de l' « amende des trêves enfreintes » et, en cas de meurte, de la hart, sans, du reste, qu'on rendît les autres belligérants solidaires [142].

La guerre cessait par un traité de paix, signé et juré par les adversaires, homologué et enregistré par la cour du haut justicier. Consenti par les chevetaignes, il profitait à tous les belligérants, à moins que certains ne refusassent de cesser les hostilités, ce dont leur chef de guerre devait informer l'ennemi, afin d'éviter l'accusation de « paix brisée ». Mais la paix pouvait être inférée d'autres circonstances. Beaumanoir dit que la guerre cessait « par fet et par paroles » si les adversaires mangeaient, buvaient, séjournaient ensemble; « par paroles sans fet », s'ils déclaraient, devant la justice ou des témoins, déposer les armes; « par fet sans paroles », s'ils se conformaient tacitement à la paix signée par leur chevetaigne. La guerre prenait fin encore quand le litige était porté devant la justice, ou lorsque celle-ci avait puni le crime qui en était la cause [143].

IV. *Restrictions dues à l'initiative ecclésiastique : la Paix et la Trêve de Dieu.* — Dans les dernières années du xe siècle, sur l'initiative d'évêques et d'abbés, de grandes assemblées pacifistes furent tenues en Aquitaine, par exemple à Charroux et au Puy. Dans ces *placita Dei*, où les rangs et les sexes étaient confondus, des vœux furent émis pour le rétablissement de la paix et des anathèmes lancés contre ses perturbateurs [144]. Un peu plus tard, à Limoges, en l'an 1000 à Poitiers, les assistants furent invités à se liguer et à s'engager par serment à porter leurs litiges devant la justice civile, sous menace de châtiment de la part des

---

(141) Beaumanoir, n° 1670. Dans *Garin le Loherains*: « Dist à Girbert, mult me tenez por vil. — Il prist deu paus del peliçon hermin, — Envers Girbert, les rua et jali; — Puis lui a dit : Girbert, je vos deffi. »

(142) Beaumanoir, n°ˢ 1694, 1697, 1704, *Summa de leg. Norm.*, LXXI, LXXIV (éd. Tardif, pp. 180, 188, 186).

(143) Beaumanoir, n°ˢ 1677, 1683.

(144) Charroux (989) (Mansi, t. 19, p. 90); Du Cange, Vᵒ *Treuga*.

adhérents de la paix, *homines* ou *jurati pacis, paciarii* [145]. Des conciles développèrent ces pratiques qui, sous Robert II, s'étendirent dans l'Est et au Nord [146]. Des évêques se firent les inspirateurs et les chefs d'associations diocésaines de la paix, libres ou forcées, fondées sur le serment qu'on exigeait dès l'âge de quinze ans [147]. Les *paciarii* constituaient dans chaque paroisse une troupe armée sous la direction du curé [148].

Ne pouvant supprimer la guerre, on tâcha d'y soustraire quelques catégories de personnes et de biens et d'établir à leur profit la *Paix de Dieu*. Sans qu'il y eût une liste limitative ni des unes ni des autres, car on étendait toujours un peu plus les cas de *fractio pacis*, les personnes habituellement neutralisées étaient : les clercs et les religieux sans armes, les pèlerins, les femmes et les enfants non accompagnés d'hommes armés, les paysans, les marchands; on y joignit parfois, selon les pays, les voyageurs, les bergers, les marins, les pêcheurs ou chasseurs, puis les agents du roi ou du seigneur; les biens étaient les églises non fortifiées et les immeubles attenants, les biens ecclésiastiques, les moulins, les instruments et les bestiaux de labour, les biens des croisés. On assimila aux actes de *fractio pacis* une série de délits à raison de leur gravité : établissements de châteaux forts ou de nouveaux droits seigneuriaux, trêves enfreintes, paix brisées, dépossessions violentes, incendies, vols à main armée ou en troupe.

La *Trêve de Dieu* apparaît pour la première fois au concile d'Elne (1027) qui la limita au dimanche. Dans un *placitum Dei*, à Nice, en 1041, elle commença d'être étendue du mercredi soir au lundi matin. Des conciles y joignirent la période de l'Avent jusqu'à l'octave de l'Epiphanie, puis celle allant de la Septuagésime à l'octave de Pâques. Un décret de Guillaume de Normandie ajouta le temps depuis la fête des Rogations jusqu'à l'octave de la Pentecôte (1042) [149]. A Narbonne, en 1054, on y comprit

---

(145) *Chron. de Saint-Martial de Limoges* (éd. D. Agier, p. 6); Poitiers (1000) (Mansi, t. 19, p. 266); Raoul Glaber, V, 1, a. 1033 (éd. Prou, p. 15).

(146) Pfister. *Et. sur le règne de Robert le Pieux*, p. LX : *sacramentum pacis* de Warin, évêque de Beauvais, imposé aux *paciarii* du Nord.

(147) Verdun sur le Doubs (1066) (Hefele-Leclercq, *Hist. des conciles*, t. 4², pp. 917, 1407). Limoges (1031) (Mansi, t. 19, p. 520 et s.).

(148) Tours (1098), cc. 8, 9 (Mansi, t. 20, p. 912). *Miracles de Saint-Benoît* (éd. Certain, pp. 192 et s.). De Gauzal, *Et. hist. sur le Rouergue*, t. 1, p. 71 et s.; t. 2, p. 52; de Burdin, *Doc. hist. sur la prov. du Gévaudan*, t. 1, pp. 8, 14.

(149) Mansi, t. 19, pp. 483, 594, 598; Raoul Glaber, IV, p. 15; V, 1, 15 (éd. Prou, p. 15); Pfister, *op. cit.*, p. 164.

les Quatre-Temps, toutes les fêtes de la Vierge, celles de nombreux saints; on distingua nettement les deux institutions : paix de Dieu, trêve de Dieu ([150]). Les sanctions étaient les mêmes : peines ecclésiastiques, excommunication, au besoin interdit de la seigneurie ou du territoire des délinquants, amendes ou représailles de la part des associés de la paix.

On s'en tenait à des associations régionales, bien que de puissants seigneurs eussent tenté de généraliser l'institution et que Robert II, ayant présidé à beaucoup d'assemblées de la paix, eût rêvé d'établir la paix perpétuelle de concert avec Henri II, en 1023, à Mouzon. Il était réservé à la papauté et aux abbés de Cluny de transformer la Paix et la Trêve de Dieu en lois générales de la chrétienté au concile de Latran (1059) et à celui de Clermont (1095) ([151]). Mais cela ne supprima pas les associations existant en France. Elles avaient leur organisation judiciaire : les infractions à la paix étaient jugées concurremment par la *curia episcopi* et par la justice séculière, chacune appliquant les peines dont elle disposait ([152]). Les textes attribuent à la première un rôle prépondérant jusqu'à la fin du xiie siècle, époque où la justice royale attira à elle les délits contre l'ordre public ([153]). Leur organisation militaire fut maintenue ; mais, parmi les confréries armées de la paix, quelques-unes, comme les Encapuchonnés du Puy, prirent au xiie *siècle* des allures révolutionnaires; d'autres, sous le nom de *Pacifici*, furent assez fortes pour détruire des armées de routiers ([154]). Ces associations échappaient à la direction du clergé et finirent par être interdites ([155]). La défense de la paix, l'exécution des sentences de ses juridictions furent confiées à des gentilshommes soldés ou *paissiers*, recrutés dans la région ([156]). Les ressources financières

---

, (150) Narbonne (1054), cc. 1-10 (Mansi, t. 19, p. 831). *Summa de leg. Norm.*, LXXX (éd. Tardif, pp. 195).

(151) D. Gr. c. 11, dist. 90; c. 32, ca 23, q. 8; X, 1, 34, *De treuga et pace.*

(152) Raoul Glaber, IV, 5, 15; IV, 1, 15; Narbonne (1054), c. 6 (Mansi, t. 19, p. 827).

(153) Il ne semble pas qu'il y ait eu de juridictions spéciales, comme on l'a parfois soutenu à cause du nom de *paciarii* donné aux juges de la paix : Montpellier (1215); Toulouse (1229) (Mansi, t. 22, p. 935; t. 23, p. 191). Mais voyez Tours (1095), cc. 2, 8, 9; Clermont (1130), c. 17; Reims (1157), c. 3, et *Epist. Odilonis* (1041) (Mansi, t. 19, p. 593; t. 20, p. 912; t. 21, pp. 437, 843); Yves de Chartres, *Ep.* 50, 90, 173, 266, 274, 275 (PL., t. 162, pp. 62, 111, 176, 270, 276, 278).

(154) Boutaric, *Institutions militaires de la France*, pp. 172 et s.

(155) Toulouse (1229), c. 34 (Mansi, t. 23, p. 191).

(156) Montpellier (1215), c. 36 (Mansi, t. 21, p. 950).

consistaient surtout dans une taxe, *pezade, commun de la paix*. D'origine ecclésiastique, progressive dans certains diocèses d'après le rang et la fortune, elle était à la fois une prime d'assurance contre les déprédations des biens mobiliers des associés et un fonds de réserve pour les travaux de défense [157]; finalement, elle servit à solder les mercenaires au service de la paix [158]. Au xiiie siècle, elle fut incorporée aux *regalia*, à mesure que les hauts seigneurs et le roi se chargèrent d'assurer la paix.

L'usage d'armes nouvelles, balistes, flèches enflammées, fut prohibé aux IIe et IVe conciles de Latran (1139, 1215), du reste sans grand succès. Seul Louis VII supprima les arbalétriers, qui reparurent sous son fils [159].

v. *Restrictions coutumières ou d'initiative seigneuriale ou royale.* — Les justices seigneuriale et royale, ayant acquis plus de force et de régularité, imposèrent une série de règles nouvelles.

D'abord, l'*asseurement, assecuratio*, trêve définitive, imposée par le haut justicier à l'une des parties qui devait s'y engager par serment à la requête de l'autre [160]. Celui qui la demandait et celui qui l'accordait obligeaient tout leur lignage [161]. Les peines pour l' « asseurement brisé » étaient celles des trêves enfreintes : bannissement, longue prison, amende arbitraire; en cas d'homicide, pendaison et confiscation [162]. Les résidents en terres lointaines, bannis et prisonniers, étaient dispensés des obligations de l'asseurement [163] jusqu'à ce qu'ils en aient été avertis ou que, depuis leur retour ou libération, la justice les ait con-

(157) *Bulle d'Alexandre III* (1170) (Mansi, t. 1, p. 1153).

(158) J. Declareuil, NRH., 1902, p. 768.

(159) C. 1, X, V, 15; c. 9, X, III, 50. Guillaume le Breton, *Philippide*, II, vv. 316 et s.; V, vv. 377 et s. (HF., t. 27).

(160) Loysel, n° 276; Brussel, p. 866. En Béarn, aux xiie et xiiie siècles, le seigneur exigeait des chefs de guerre des otages ou *thianssers* garantissant qu'aucun acte d'hostilité ne serait fait jusqu'à sa sentence ou à la paix. *Fors de Béarn, for général*, art. 24, 28, 153, pp. 11, 12, 58. Si les parties étaient clerc et laïque, chacune s'engageait devant sa juridiction : Beaumanoir, n° 347. *Fors de Béarn : Charte du 12 juillet 1368*, p. 266. *Etabl. de Dax*, ap. Abbadie, *op. cit.*, p. 508.

(161) Beaumanoir, nos 1690, 1694, 1696, 1701 ; J. Boutillier, I, 34 ; II, 2, pp. 236, 384. *Gr. Cout. de France*, II, 46, pp. 391 et s. *Anciens usages d'Amiens*, ap. Du Cange, *Des guerres privées*, loc. cit., p. 463; *Formules d'asseurement : Ibid.*, p. 410. Brussel, p. 810 et s.; *For général de Béarn*, art. 157, p. 59.

(162) *Jostice et Plet*, X, 17, 6, p. 112; *Et. de Saint-Louis*, I, 31, 41 ; II, 29, 35; t. 2, pp. 46, 56, 424 454; Beaumanoir, nos 1704-1708.

(163) Beaumanoir, nos 1695-1698

traints d'y souscrire. Laissé en principe à l'initiative des parties.
l'asseurement dans certaines seigneuries devint obligatoire pour
les roturiers (164). On attribue à Louis IX une ordonnance (1245 ?)
prescrivant aux hauts justiciers de l'imposer à tous les belligérants,
ce qui eût supprimé les guerres; elle resta sans effet (165).

En second lieu, la *quarantaine-le-roi*. Philippe-Auguste généralisa la règle que les parents non présents à la rixe ouverte par laquelle la guerre avait été ouverte ne pouvaient être traités en belligérants que 40 jours après (166). Les sanctions étaient les mêmes que pour l' « asseurement brisé ».

On en peut rapprocher les *sauvegardes* que le roi et les seigneurs accordaient par ban ou sauf-conduit à l'occasion des foires et marchés sur le territoire de leur domination directe, ou à
ceux qui se rendaient à leurs assises judiciaires (167).

Des coutumes, comme celle de Beauvaisis, n'autorisèrent plus
la guerre qu'entre gentilshommes, à moins que le lignage roturier
en conflit avec un lignage noble n'eût refusé l'asseurement; en tout
autre cas, le groupe offensé ne pouvait qu'arrêter les coupables
et les remettre à la justice. Les premiers coutumiers de Normandie l'interdisaient entre tous (168). En outre, même quand la guerre
restait légale, elle n'enlevait plus au haut justicier le droit de
saisir et de punir les délinquants, « car cil qui font tel mesfet, ne
mesfont pas tant seulement à leur averse partie, ne a leur lignage, mes au seigneur qui les a à garder et à justicier » (169).

(164) Beaumanoir, n° 1691. En Béarn, il était obligatoire pour tous, nobles
et non-nobles : voy. note 160 ci-dessus. Cpr. *Summa de leg. Norm.*, IV, 5
(éd. Tardif, p. 10).

(165) Beaumanoir, n° 1701). Un ordre du roi à un bailli dans ce sens :
P. Viollet, *Et. de Saint-Louis*, t. 4, p. 277. Au xiiie siècle, l'asseurement brisé
devient cas royal: Brussel, t. 2, p. 865. Sous la même dénomination d'*asseurement*, on entendit aussi le fait pour le possesseur d'une maison forte de
promettre à un seigneur voisin, en échange de sa protection, qu'elle ne
serait jamais utilisée contre lui : Brussel, p. 853.

(166) *Jostice et Plet*, I, 2, 7, p. 8; Beaumanoir, n°s 1702, 1704; J. Boutillier, I, 33, p. 235. Une ordonnance du roi Jean (1353) montre que ne jouissaient de la quarantaine le roi ni les chevetaignes, ni 'es parents qui avaient
pris effectivement les armes avant ce délai : Du Cange, *op. cit.*, p. 436 et s. ;
P. Viollet, *Hist. des instit. pol. et adm. de la Fr.*, t. 2, p. 206.

(167) *Bull. de la Soc. arch. et hist. du Limousin*, t. 65, p. 146 : en 1239, le
vicomte de Limoges accorde sa sauvegarde aux gens venant aux marchés
de Solignac; un sauf-conduit est accordé sept jours avant et après la foire
de Saint-Léonard. *For général de Béarn*, art. 5, p. 4.

(168) Beaumanoir, n°s 1671, 1672, 1691 ; *Statuta et Constit. Norm.*, XXX ;
Très anc. cout. de Normandie, XXXI (éd. Tardif, p. 27, 24).

(169) Beaumanoir, n° 1674. Cpr. *For de Morlàas*, art. 3, *loc. cit.*

Par toutes ces voies, on tendait à ramener les litiges devant les juridictions seigneuriale ou royale, à supprimer les guerres. Des ordonnances baronniales les interdisaient entre vassaux du même seigneur [170]. Une ordonnance de Louis IX, à laquelle fait allusion un mandement de 1254, avait défendu toute guerre privée [171]. Philippe le Bel, en 1311, en 1314, réitéra la défense, mais dut revenir sur elle après le soulèvement de la noblesse en 1315. Le roi Jean interdit encore, en 1353 et 1361, les « deffiemens et coutumes de guerroier » aux nobles et aux non-nobles [172]. Une ordonnance de Charles V défendait aux nobles de se faire la guerre ou, du moins, sous peine de lèse-majesté, de saccager dans leurs querelles les biens des sujets; une autre prohibait formellement la lutte armée [173]. Un principe cependant l'emporta vers la fin du xiiie siècle : toute guerre particulière devait cesser quand le roi soutenait une guerre nationale, puisque tous ses vassaux étaient tenus alors d'être à ses armées [174].

3° La justice seigneuriale.

1. *Nature de cette justice, ses degrés.* — La justice seigneuriale ou justicière était celle que le seigneur devait à ses sujets en tant que souverain. On appelait détroit de sa justice les limites géographiques dans lesquelles il l'exerçait. Essentiellement territoriale, elle s'étendait à tous les « couchants et levants », c'est-à-dire aux domiciliés ou résidents; « car l'en dit que li homs est justisables de cors et de chatel là où il couche et lève; et meesmement quant il est gentixhoms de lignage » [175]

Les pouvoirs judiciaires s'étant consolidés aux mains des premiers seigneurs inégalement, rarement la justice appartenait tout entière à un seul sur un même territoire. Une part importante avait été appropriée par des seigneurs inférieurs. Depuis, par

(170) Du Cange, *op. cit.*, pp. 462, 467.

(171) *Ibid.*, p. 463; *Et. de Saint-Louis*, II, 38, t. 2, p. 465. *Ord. des r. de Fr.*, t. 1, p. 84.

(172) Du Cange, *op. cit.*, pp. 464, 465, 468 ; Brussel, pp. 141 et s.

(173) *Ord.*, juillet 1367, art. 10 (Is., t. 5, p. 279) ; Du Cange, *op. cit.*, p. 468.

(174) *Mandement*, 1314; *Ord.*, 17 déc. 1350; — 18 mai 1830 (Is., t. 3, p. 40 et s., t. 4, p. 673, t. 5, p. 529); G. Durant, *Speculum juris*, II^a pars, IV, iv, *de feudis*, n° 16 : « Nam rex qui habet administrationem regni, vocat eos pro communi bono, scilicet pro defensione patriæ et coronæ unde sibi jure gentium obedire tenentur. »

(175) Beaumanoir, n° 214 ; P. de Fontaines, III, 5-7, pp. 12, 15 ; Cpr. Boutillier, I, 3 ; II, 1, pp. 9 et s., 653. Les causes immobilières relevaient de la justice dans le détroit de laquelle étaient situés les immeubles : Beaumanoir, *loc. cit.*; *Et. de Saint-Louis*, I, 18 ; II, 32 (t. 2, p. 27, 441).

ventes, échanges, inféodations, elle n'avait cessé d'être morcelée.
Les justices étaient entremêlées et enclavées « les unes dedans les autres et cil qui sont establi a garder les justices ne
puecnt pas aucunes fois aler garder leur justices qu'il ne passent
par mi autre justice » ([176]). La distinction très ancienne entre les
hautes et les basses justices correspondait assez bien à l'origine
aux pouvoirs judiciaires réservés aux comtes royaux et à ceux
qu'ils avaient coutume de déléguer à leurs *ministri* ([177]).

Les hauts justiciers avaient la plénitude de la juridiction criminelle et civile, sauf ce qui, dans leur détroit, en avait été usurpé
par les seigneurs subalternes ou ce qu'ils en avaient eux-mêmes
aliéné. A eux seuls appartenait la *justitia sanguinis*, c'est-à-dire
le jugement des crimes punis de mort ou de mutilation : meurtre,
trahison, viol, incendie, pillage nocturne, fausse-monnaie, bris
d'asseurement, de paix ou de trêve, sauf le vol puni de mort même
par le bas justicier, et tous les procès civils pouvant donner lieu
au duel judiciaire ([178]). Les signes emblématiques de la haute
justice étaient le gibet, les fourches, le pilori, le carcan, les peintu-
res de champions et le sceau ([179]). Des basses justices relevaient
les vols, tous les méfaits n'entraînant pas de peines corporelles et
le petit nombre de causes civiles auxquelles le duel restait étranger ([180]).

Ce départ ne fut pas immuable. Quand un long trafic des droits
de justice en eut bouleversé l'ordonnance, les praticiens du
XIIIe siècle ([181]), pour remettre quelque ordre dans l'imbroglio,

(176) Beaumanoir, n° 1653.
(177) Ci-dessus, p. 104, 125. Brunner, *Deutsche Rechtsgeschichte*, t. 2, n. 178.
Génestal, *Note sur les vicomtes fieffés de Normandie* (NRH., 1904, p. 766).
(178) Beaumanoir, n°s 1641-1643 ; *Et. de Saint-Louis*, I, 34, 42-44 (t. 2,
pp. 51, 59 et s.); *Gr. Cout. de Fr.*, IV, 8, p. 637 et s. Cas de haute justice en Normandie où elle appartenait exclusivement au duc : *Statuta et
consuet. Normannie*, LXX (éd. Tardif, p. 64). Il en était de même dans le
comté de Toulouse : Brussel, p. 273 et s., et en Béarn : *For de Morlàas*,
art. 359, p. 206.
(179) *Gr. Cout. de France*, IV, 8, p. 637 ; Loysel, n° 274. Les justices des
seigneurs ecclésiastiques avaient l'échelle. Le haut justicier avait le droit
de grâce : Brussel, p. 217.
(180) Acte d'inféodation de l' « *alta et bassa justitia et mediocris* » en
1279 (*Arch. hist. du Limousin*, 1re sér., t. 9, p. 79 et s.). Viollet, *op. cit.*,
t. 2, p. 438, n. 3.
(181) Rien de plus indécis que les limites de ces diverses justices :
Loyseau, *Tr. des Seigneuries*, X, p. 80 et s.; P. Viollet, *Et. de Saint-
Louis*, t. 1, p. 165 ; t. 4, p. 308 et s. On appela parfois la moyenne et la
basse justices : *haute et basse voiries*. Cpr. Loysel, n° 272.

intercalèrent entre les hautes et les basses un degré nouveau, les moyennes justices aux frontières assez mouvantes [182]. On leur attribua une partie de la justice criminelle, en réservant le profit des confiscations au haut justicier; on leur donna le tout, ou presque, de la justice civile, sauf le ressort de celui-ci. Cela réduisit les basses justices aux amendes jusqu'à LX sols et à quelques menues affaires civiles, souvent à moins; aussi n'étant plus lucratives, en beaucoup de lieux elles disparurent [183].

Lorsqu'une justice, haute ou basse, était inféodée, le suzerain conservait vis-à-vis du vassal le ressort, la prévention et la commise. Ainsi, en Beauvaisis où tout fief comprenait la haute justice, le comte exigeait des vassaux, sous peine de la perdre, qu'ils jugeassent dans les 40 jours les criminels notoires détenus et que le procès, en cas d'aprise ou d'enquête, fût vidé dans ce délai, à moins que le justicier embarrassé ne vînt prendre conseil dans la cour de ses pairs pour reporter le jugement dans la sienne. L'élargissement des malfaiteurs, la paix permise à des condamnés, sans assentiment du seigneur, étaient punis de même. Toute entreprise contre les droits du justicier supérieur était sanctionnée par une amende de LX livres, et, en cas de résistance, par la commise [184].

II. *Organisation des justices seigneuriales*. — En principe, il n'appartenait qu'au seigneur ou à l'officier institué par lui de juger dans sa justice [185]. Selon son rang et sa puissance, elle était organisée sur le modèle de la justice royale ou des tribunaux inférieurs de l'époque franque. Dans le premier cas, elle avait son centre dans la cour (*curia*) du seigneur. Bien qu'il pût juger seul, celui-ci ou son délégué choisissait parmi les clercs, barons, vassaux, *familiares* présents, des conseillers, dont, conformément aux plus vieilles traditions, il se faisait assister [186]. Au XIIe siècle, en Normandie et dans quelques autres Etats seigneuriaux, au XIIIe à peu près partout, une fraction de la *curia* tendit

<hr>

(182) *Gr. Cout. de France*, IV, 9, 10, p. 643 et s.

(183) Beaumanoir, n° 295; *Summa de leg. Normannie*, IV, 2, 6 (éd. Tardif, pp. 9, 11).

(184) Beaumanoir, n°s 1650-1652, 1656, 1660-1661 ; *Et. de Saint-Louis*, I, 33, 42-44 (t. 2, pp. 50, 59 et s.).

(185) *Jostice et Plet*, I, 17, 19, pp. 68-69; Beaumanoir, n°s 11 et s. Exemples d'instances tenues par les seigneurs eux-mêmes ou leurs juges : *Arch. hist. du Limousin*, 1re sér., t. 9, p. 12. Règlement pour l'exercice de la justice entre coseigneurs : *Ibid.*, p. 14 et s.

(186) Beaumanoir, n°s 24-25; *Cout. d'Artois*, LVI, 17, 20, 23 (éd. Tardif, pp. 150, 151); Boutillier, I, 2, p. 5.

à se spécialiser dans les affaires judiciaires. Sous les noms de *parlementum, placitum, curia,* elle tint une ou plusieurs sessions annuelles; puis, vers la fin de ce dernier siècle ou au début du xive, elle fut constituée en organe autonome investi par le seigneur de la mission de juger en son nom. Presque partout des deux éléments qui composèrent d'abord ces corps judiciaires : hommes de fief obligés au service de plaid et dignitaires ecclésiastiques liés par le serment de fidélité, d'une part, officiers et conseillers d'autre part, le premier très vite n'eut plus qu'un rôle occasionnel et décoratif, le second, par ses connaissances juridiques et sa permanence, acquit la prépondérance. Il en fut ainsi pour l'*Echiquier des Plaids* de Normandie, la *Cour des Grands Jours* de Champagne, le *Parlement* de Languedoc encore ambulatoire sous Alphonse de Poitiers, le *Conseil Delphinal*, le tardif *Parlement* de Bretagne (1485) ([187]), etc. Mais il arriva aussi que la portion aristocratique de la *curia* l'emporta. Les *Jurats de la Cour* de Béarn, séparés, au xiiie siècle, comme institution judiciaire de la *curia* du vicomte, étaient neuf barons, et les juges de la Cour de Dax douze autres, dont les charges étaient héréditaires ([188]). Dans le comté de Clermont en Beauvaisis, il semble bien que la cour de justice fut uniquement composée d'hommes de fief ([189]). En ce cas, le risque était que la cour prétendît trouver son pouvoir en elle-même et non dans la délégation seigneuriale; mais le seigneur créait alors une juridiction concurrente pour la déposséder; ce fut, en Béarn, la Cour du Sénéchal. Dans les seigneuries de petite étendue, le seigneur a pu longtemps juger lui-même ou par son bailli, appelant autour de lui quelques prud'hommes; « car, se l'en apele du jugement et li jugemens est trouvés mauvès, li baillis est escusés de blasme quant on set qu'il le fist par conseil de sages gens » ([190]). La plupart de ces tribunaux se déplaçaient avec le seigneur et sa cour. Souvent, des tournées d'assises étaient régulièrement établies ou une commission de la cour se transportait sur certains points du territoire pour se rapprocher des plai-

(187) Brussel, p. 234 et s.; P. Viollet, *Hist. des inst. pol. et adm. de la Fr.*, t. 3, p. 346 et s.

(188) Pierre Rogé, *Les anciens fors du Béarn*, pp. 106, 141, 179; Abbadie, *Hist. de la commune de Dax*, p. 515.

(189) Beaumanoir, n° 23 : « Il i a aucun lieu la ou li baillis fet les jugemens et autre lieu la ou li homme qui sont homme de fief au seigneur les font... », n° 24 : « Tout aions nous parlé des lieus la ou li baillif font les jugemens : il n'en a nul en la contée de Clermont ; ainçois doivent estre fet tuit li jugement par les hommes de fief... », n°s 25-26.

(190) Beaumanoir, n° 23 ; Boutillier, I, 3, p. 9.

deurs. Les grands baillis et sénéchaux commencèrent par être des juges itinérants (191).

La justice locale n'eut à être organisée que pour les terres de l'obédience directe du seigneur. Les prévôts, viguiers, bayles, vicomtes, etc., à qui était confiée l'administration, furent aussi pour leurs circonscriptions les agents judiciaires. Leur compétence était généralement bornée à la basse justice; il en résulta que tout ce qui appartenait à la haute justice et toutes les causes des nobles restèrent de la compétence exclusive de la cour seigneuriale, jusqu'à l'établissement des baillis ou sénéchaux sur lesquels elle ne conserva que le ressort.

A partir du xive siècle, les justices seigneuriales se réglèrent de plus en plus sur le modèle des justices royales et en adoptèrent tous les organes.

III. *La procédure civile et criminelle.* — La procédure était formaliste et orale (192). La distinction entre les instances civiles et criminelles manquait de netteté, les unes et les autres exigeant un demandeur (*actor, querulus*) et un défendeur (*reus, querelatus*); celle entre actions personnelles et réelles ne se précisa que dans les coutumiers du xiiie siècle (193). Grâce aux précédents canoniques, la théorie du possessoire et du pétitoire avait atteint plus de développement que de clarté : Beaumanoir s'appliqua à lui en apporter (194). Le formalisme exigeait que les parties dirigeassent elles-mêmes la procédure, quittes à demander conseil à des « avant-parliers » ou même aux juges (195); il imprimait à l'instance une marche logique et simple vers un but défini d'avance, sans qu'aucun obstacle l'en pût détourner : *Reconvention en cour laye*

---

(191) Boutillie", *loc. cit.* P. Rogé, *op. cit.*, p. 132. Certaines juridictions locales du Midi (Jurats des bourgs de Béarn, Cours municipales de Dax et d'autres villes) prétendirent plus tard à une compétence étendue et au ressort sur la région parce que les lieux où elles siégeaient avaient été ceux des assises tenues par le seigneur : Dognon, *Hist. des inst. pol. et adm. du pays de Languedoc*, p. 118 et s.

(192) Beaumanoir, n° 211 : « L'en ne plede pas par escrit, ainçois convient fere sa demande ou sa requestre sans escrit et reccorder toutes les fois que l'en revient en court ». P. de Fontaines, XXIV, I, p. 318. *Cout. d'Artois*, XXVIII (éd. Tardif, p. 50).

(193) *Summa de leg. Norm.*, LXVI, LXXXIV, LXXXVI-VIII (éd. Tardif, pp. 165, 198, 208) ; *Gr. Cout. de Fr.*, III, 30-31, pp. 493 et s.

(194) Beaumanoir, n°s 128-232, 954-958 ; *Cout. d'Artois*, II, 29 ; VIII, 1 ; XIX, XXI, XXII, 8 (éd. Tardif, pp. 25, 37, 51, 58, 64) ; *Gr. Cout. de Fr.*, III, 32 et s., pp. 495 et s.

(195) P. de Fontaines, XI, p. 57 et s.; Beaumanoir, n° 180 ; *Cout. d'Artois*, X, 3, p. 41 ; *Summa de leg. Norm.*, LXII, *loc. cit.*

n'a lieu ([196]). Il commandait l'emploi de formules rigoureuses que la coutume avait fixées et des incidents méticuleusement réglés, dans lesquels la moindre erreur entraînait la perte du procès et parfois des sanctions ([197]). On disait : *Fautes valent exploits* ([198]). Pour parer à ses dangers, l'expérience suggéra aux praticiens une masse de *réserves, retenues, retenails* ou *cautèles*, que la diffusion du droit romain permit d'accroître, de parfaire ([199]) et qui contribuèrent à la fortune des hommes de loi et à leur impopularité ([200]).

Au civil, l'ajournement, à la requête du demandeur, était signifié par sergent : le délai variait selon la qualité du défendeur (7 à 14 jours pour les tenants fief; du matin au soir ou du soir au matin, sauf quelques exceptions, pour les autres) ([201]); il était souvent prolongé par le jeu des *contremans* et des *essoines* ([202]). Les parties devaient comparaître en personne; mais au xiiie siècle, on commença d'admettre que les clercs, les gentilshommes, les religieux, les femmes, quand ils étaient défendeurs, plaidassent par procureurs, institués par acte authentique ([203]). Des coutumes obligeaient le demandeur au moins en cas de revendication immobilière et le défendeur plus souvent encore à donner caution ([204]).

Le défaut non justifié entraînait à la première fois pour le demandeur, à la tierce pour le défendeur, la perte du procès ([205]).

(196) *C. de Paris*, 106 (75 anc.). *C. de Toulouse*, n° 13, p. 13 (éd. Tardif).

(197) *Jostice et Plet*, XIX, 4, 1-2, p. 289; P. de Fontaines, XXVI, p. 324 et s.; Beaumanoir, n°ˢ 198-201 ; *Cout. d'Artois*, IX, 8 ; XIX, 5, pp. 39, 52 ; *Olim*, t. 1, p. 470, 6. Cpr. Bracton, 19, 6, t. 1, p. 414.

(198) Loysel, n° 297 (divers sens de la maxime).

(199) Baumanoir, n°ˢ 180, 248, 296 ; *Assises de Jérusalem*, H-C, 10, 33 (éd. Beugnot, t. 1, pp. 28, 37, 478).

(200) Éd. Meynial, *Les renonciations au Moyen âge et dans notre ancien droit* (NRH, 1904, pp. 774 et s.) et *Remarques sur la réaction populaire contre l'invasion du droit romain en France aux xiie et xiiie siècles* (*Mél. Chabaneau*, pp. 557 et s.).

(201) P. de Fontaines, III, 1-2, 5 ; IV, 17 ; XIII, 1 ; XXI, 10, pp. 9, 29, 71, 235 ; *Jostice et Plet*, I, 4, pp. 13-25 ; *Et. de Saint-Louis*, II, 38 (t. 2, p. 38); Beaumanoir, n°ˢ 59, 69, 95, 97, 109, 901 ; *Cout. d'Artois*, I, 1-3 ; LVI, 14, pp. 17, 149 ; *Statuta et consuetudines Normannie*, LX, p. 154 ; *Gr. Cout. de Fr.*, III, 4, p. 423.

(202) P. de Fontaines, IV, V, VI, pp. 17 et s.; Beaumanoir, n°ˢ 98 et s.; *Gr. Cout. de Fr.*, III, 7, p 435.

(203) Beaumanoir, n°ˢ 139, 152, 537, 867 ; *Cout. d'Artois*, X, 5, p. 38. *Gr. Cout. de Fr.*, III, 7, p. 393.

(204) *Fors de Béarn* : *for général*, art. 192, p. 73 ; *for de Morlàas*, art. 263, p. 180. Beaumanoir, n° 1343.

(205) Beaumanoir, n°ˢ 64, 95 ; *Summa de leg. Norm.*, XXXVII, p. 117 ;

Aux conclusions de celui-là, si la tentative de conciliation de la part du juge n'avait pas abouti [206], celui-ci devait répondre ou en en reconnaissant le bien-fondé, ou en proposant les *barres*, exceptions dilatoires et péremptoires dont il disposait, toutes à la fois, « pour ce que l'en ne barroie qu'une fois chaque partie » [207], ou en les niant absolument en termes identiques, parfois mot pour mot [208]. Cette réponse était exigée immédiatement, sauf l'obtention d'un délai : jour de conseil ou d'avisement, jour de vue, jour avenant ou de garant [209]. Aussitôt après il y avait *plaid entamé ou mu*, et rien ne pouvait plus arrêter l'instance jusqu'au jugement [210].

La preuve était définitivement mise à la charge du demandeur [211], mais l'ensemble du système de preuves ne fut sensiblement modifié avant le xiie siècle que par le développement excessif que prit celle par gages de batailles : rares devinrent les cas où à quelque phase de la procédure on ne pouvait recourir à elle [212]. D'abord on assista à un nouveau fléchissement des preuves testimoniale et par écrit, la première du reste primant la seconde : *Témoins passent lettres*. Les solidarités familiales et féodales, l'usage admis que tout témoin pouvait être levé ou faussé dans les procès qui se résolvaient en champ clos, rendaient la production des témoignages difficiles, multipliaient les récusations et les incapacités [213]. Cependant, les coutumiers révèlent un sens assez

Cout. d'Artois, III, 34, p. 27 ; *Gr. Cout. de Fr.*, III, 10, 11, pp. 450 et s.; J. Boutillier, I, 5, pp. 27-30.

(206) P. Viollet, *Et. de Saint-Louis, Introd.*, t. 1, p. 208.

(207) Beaumanoir, n°s 196, 235-241, 249. *Cout. d'Artois*, VII, p. 32 et s.; *Gr. Cout. de Fr.*, App., XI, p. 735.

(208) *Statuta et consuet. Normannie*, LXII, 2, 3, LXXXV, 2 (éd. Tardif, p. 53, 95); *Tr. anc. Cout. de Normandie*, LXII, 2 (éd. Tardif, p. 50); *Summa de leg. Norm.*, LXXXIV, 2, 4, p. 199; *Assises de Jérusalem*, J.-I., 90, 100, 104 (éd. Beugnot, t. 1, pp. 148, 164, 171).

(209) P. de Fontaines, XIII, 1-5, p. 72 et s.; Beaumanoir, n°s 276 et s., 1712. *Cout. d'Artois*, III, 33, XX, 1, 3, XXI, 1, 2, XLV, 3, pp. 26, 53, 103. *Summa de leg. Norm.*, XLIX, LXVI, pp. 131, 166.

(210) P. de Fontaines, XXV, p. 323 ; Beaumanoir, n° 250. Sur cette question et les précédentes, l'influence romaine et canonique est sensible au xiiie siècle.

(211) Beaumanoir, n°s 1217-1219.

(212) J. Declareuil, *A propos de quelques travaux récents sur le duel judiciaire* (NRH., 1909, p. 73 et s., et tir. à p.); A. Coulin, *Der gerichtliche Zweikampf im fraenkischen Prozess* (ZSS., 1907). *Fors de Béarn: for général*, art. 172, p. 64. *Cart. du prieuré de Saint-Mont* (éd. de Jaurgain, pp. 31 et s., 106 et s.).

(213) Beaumanoir, n°s 1170-1189, 1206, 1209-1211 ; *Cout. d'Artois*, L, 2-6.

fin de la psychologie des témoins. Ils en exigent au moins deux [214]
et les classent en témoins « par savoir ou par croire ou par cui-
dier », selon qu'ils ont vu, entendu dire ou conclu par raisonnement [215]. Dans certains cas, les témoins devaient affirmer ou nier
sous serment une formule arrêtée par un jugement préalable [216].
Avec la procédure par enquête, au xiiie siècle, l'importance des
témoignages reparut, mais on dut les garder plus ou moins secrets,
pour éviter à leurs auteurs des représailles [217]. La preuve tirée
d'actes authentiques n'avait plus besoin, comme jadis, d'être confirmée par les témoins instrumentaires; mais les lettres émanant
des chancelleries ecclésiastiques n'avaient, dans les instances civiles, en cour laie que la valeur d'un simple témoignage [218]. Le
serment par cojureurs (compurgatores) ne se rencontrait plus
guère au civil [219]. Il en était de même des ordalies, défendues par
l'Eglise. Le duel les rejetait alors au second plan. Dans certaines
coutumes, il suffisait que le litige eût une valeur supérieure à
cinq sous pour qu'on eût droit d'y recourir [220]. Comme on
pouvait l'invoquer contre le serment de l'adversaire, les dires
des témoins, souvent la sentence des jugeurs, il était l'*ultima ratio*.
On crut le restreindre en le réglementant : on exigea en principe,
même condition sociale, identité d'armement, parité de religion,
d'honorabilité, de loyauté, de forces physiques entre les combattants; les parties étaient soumises à une série de serments affirmant la justice de leur cause, à des rites religieux qui achemi-
naient les plaideurs de mauvaise foi vers la nécessité de combattre
parjures et sacrilèges. Tout était mis en œuvre pour frapper leur
imagination et les inciter, même le combat commencé, à faire

15-17; LI., 1-10, pp. 115-119 ; *Summa de leg. Norm.*, XXXVIII-XLVII, pp. 118-
129.

(214) Beaumanoir, n° 1149 ; *Cout. d'Artois*, L, 19, p. 118.

(215) Beaumanoir, n°⁸ 1234-1235 ; *Summa de leg. et consuet. Normannie*,
LXI, p. 157.

(216) Beaumanoir, n° 1226.

(217) Beaumanoir, n°⁸ 1145 et s. P. Viollet, *Et. de Saint-Louis, Introd.*,
t. 1, p. 271 et s.

(218) Beaumanoir, n° 1201-1202, 1878 ; *Cout. d'Artois*, XLIX, 10-14, p. 113
et s.

(219) Voyez cependant : *Summa de leg. et consuet. Normannie*, LXVIII,
CXXIII, pp. 175, 328 : *deraisnia, deresne*, fréquente devant les juridictions
civiles. P. Viollet, *loc. cit.*, p. 201. Serment supplétoire : *C. de Toulouse*,
n°⁸ 46-48, p. 23 ; Brissaud et Rogé, *Textes additionnels aux anciens fors de
Béarn*, p. 47, n. 7.

(220) *Et. de Saint-Louis*, I, 95, 122 = *Compilatio de usibus*, 32 (t. 2, p 154,
222 ; t. 3, p. 123).

la paix. Les peines corporelles et pécunaires dont le vaincu était menacé concouraient au même but ([221]). Quand Louis IX voulut remplacer le duel par la procédure d'enquête, il n'y réussit même pas dans les limites du domaine royal. En 1306, Philippe le Bel tâcha de le restreindre à quelques affaires et à lui restituer un caractère subsidiaire ([222]). Il devint de plus en plus rare aux xiv⁰ et xv⁰ siècles. Beaumanoir compte encore parmi les modes de preuves l'aveu, la reconnaissance en justice, l'évidence de la coutume, les présomptions, les records ou preuves d'actes judiciaires ([223]).

Après les plaidoiries, le jugement, à la suite d'un délibéré parfois de plusieurs jours, devait, à peine de nullité, prononcer une absolution ou une condamnation ([224]). Le seigneur ou son bailli pouvait du reste y contraindre les jugeurs par l'amende ou la prison ([225]). Les frais restaient à la charge de chacune des parties ([226]). L'exécution des jugements était assurée, pour les actions réelles ou possessoires, par la remise des choses litigieuses à la partie gagnante, fût-ce par la force, pour les autres, par des contraintes, saisies, impositions de garnisaires, etc. La chose jugée se prouvait par record, à défaut par simples témoignages ou par le procès-verbal de paix de chose jugée intervenu entre les parties sur les bases du jugement, en présence du juge.

La procédure criminelle ([227]) fut d'abord exclusivement accusa-

---

(221) J. Declareuil, *loc. cit.*, pp. 11-23 ; P. Viollet, *Et. de Saint-Louis, Introd.*, t. 1, p. 184. Femmes, enfants, infirmes, personnes morales combattaient par champions. On pouvait combattre aussi par champions à raison d'un compromis. *Sti Stephani lemovicensis cart.*, *loc. cit.*, CXLIV, an. 1060, p. 124 ; CXV (96), an. 1024, 1050, p. 133, où le duel a lieu *per scutum et basto*.

(222) *Ord.* 1306 (Is., t. 2, p. 831) ; Beaumanoir, nᵒˢ 1722, 1723 ; cpr. nᵒˢ 1710, 1758, où il est admis que l'appelant peut choisir, en cas de crime notoire ou de coutume certaine, entre le duel et la dénonciation.

(223) Beaumanoir, nᵒˢ 1145-1156. Sur les records : en principe, nul ne peut recorder que les jugeurs; *Cout. d'Artois*, XLIX, 26, p. 112; *C. de Toulouse*, nᵒˢ 20, 26-30 (éd. Tardif, p. 16, 18).

(224) *Cout. d'Artois*, LVI, 32, p. 153. Sur les répits des juges : *Ibid.*, 28, 30, p. 151 et s.

(225) Beaumanoir, nᵒˢ 1862-1864 ; *Cout. d'Artois*, LVI, 28-30, p. 152.

(226) P. de Fontaines, XXI, 10, p. 233; Beaumanoir, nᵒ 989. Au xiv⁰ siècle, il y a tendance à les mettre à la charge du perdant : *Arch. munic. de Bordeaux*, t. 9, p. XXXIV. Abbadie, *op. cit.*, p. 232 ; *For général de Béarn*, art. 238 (1398), p. 89.

(227) Sur la procédure criminelle, Esmein, *Hist. de la proc. crim. en France*, Paris, 1881.

toire, sauf pour les cas de flagrant délit (²²⁸) et d'arrestation par la foule, sur clameur de *haro, hue et cri* ou *chaude chasse* (²²⁹) qui autorisaient le juge local à justicier le coupable sur-le-champ (²³⁰), ou encore si le crime était commis dans les lieux placés sous la sauvegarde du seigneur (²³¹). Cette procédure qui soumettait l'accusateur, s'il échouait, aux peines qui eussent frappé le défendeur condamné (²³²), n'était ouverte qu'à la victime ou à son lignage, quelquefois à son mainbour (²³³). Ajourné par eux, le délinquant devait répondre à l'accusation, mot pour mot, immédiatement. Le défaut ou l'absence de défense entraînait, outre des sanctions spéciales, la condamnation (²³⁴). Les preuves étaient l'aveu qu'on s'efforçait d'obtenir par tous les moyens, d'où l'usage de la question qui se répandit à partir du xⁱⁱⁱᵉ siècle (²³⁵), le serment avec ou sans cojureurs quand les preuves de l'accusation étaient douteuses, les ordalies et, quand la condition respective des parties le permettait, le duel judiciaire, avec ses conséquences connues, pour les crimes, meurtres, viols, incendies, vols à mains armées, etc. (²³⁶). Sans disparaître (²³⁷), cette procédure céda peu à peu devant deux autres : la procédure par dénonciation et la procédure par enquêtes.

La première, reçue dans quelques régions du Nord et du Midi, consistait à signaler au juge l'existence d'un crime en lui offrant

(228) Beaumanoir, nᵒˢ 1876-1878. — P. Viollet, *Et. de Saint-Louis, Introd.*, t. 1, p. 209.

(229) *Jostice et Plet*, XIX, 44, 14, p. 318; *Assises de Jérusalem, C.-B.*, 16 (éd. Beugnot, t. 2, p. 314); Beaumanoir, nᵒˢ 911, 950, 1710 ; *Cout. d'Artois*, XLVII, 2-3, p. 105.

(230) Beaumanoir, nᵒˢ 1187, 1571 ; *Summa de leg. Norm.*, LIII, p. 141 ; *Tr. Anc. C. de Bretagne*, 144-148 (éd. Planiol, p. 169). A signaler peut-être une survivance de la responsabilité collective en Béarn : P. Rogé, *op. cit.*, p. 128, et dans l'*Anc. Cout. de Bordeaux*, art. 16 (*Arch. munic. de Bordeaux*, t. 5, p. 31).

(231) *For de Morlàas*, 3, 3, *loc. cit.*, p. 110 et s.

(232) P. de Fontaines, XXXI, 3, p. 363 ; Tancrède, *Ordo judicarius* (éd. Bergmann, p. 157).

(233) *Ord.*, 1270 (*Ord. des r. de Fr.*, t. 1, p. 36); Beaumanoir, nᵒˢ 207, 215 : entre plusieurs accusateurs, le juge choisissait le plus désigné. *Cout. d'Artois*, XLIV, 1-3; XLV, 2, pp. 101-103.

(234) *Jostice et Plet*, XIX, 1, 2, p. 287 ; *Et. de Saint-Louis*, I, 29 ; II, 17, (t. 2, p. 43, 387).

(235) *Cout. d'Artois*, XLVII, 16, p. 109.

(236) *Cout. d'Artois*, XLVII, 8, p. 106.

(237) J. Boutillier, I, 36, p. 249; Imbert, *La pratique judiciaire*, III, 1, 1665, p. 567 et s.

de lui aider à en établir les preuves, n'entraînait aucune responsabilité judiciaire et n'avait pour but que de mettre en mouvement l'action publique (238).

Mais en l'absence ou dans le silence du lignage, on finit par voir un trouble à la paix dans l'impunité d'un malfaiteur, désigné par la voix publique. Le juge l'emprisonna : ce fut la *prise pour soupçon*. Il fit publier la prévention et les délais dans lesquels une accusation régulière pourrait se produire. A défaut, d'abord, il libérait le prévenu; puis l'on admit que celui-ci, pour se purger de la *diffamatio* et abréger sa détention, se soumît à l'enquête que le juge s'engageait à faire « selonc Dieu et selonc son âme ». Si elle aboutissait à un non-lieu, celui qui s'était « mis en enquête » recevait des *litterae securitatis* le garantissant de nouvelles poursuites sur le même fait; par contre, le juge acquérait le droit de lui infliger les peines du crime confirmé par l'enquête (239). Dans les premiers temps, le consentement du prévenu était absolument libre; par la suite, il fut plus ou moins contraint ou supposé. Ces pratiques furent renforcées par l'emprunt fait aux juridictions ecclésiastiques de la procédure d'*aprise* (*aprisio*), par laquelle elles s'efforçaient depuis le XIIe siècle de rapprocher le délit notoire (*notorium*), c'est-à-dire établi sur des témoignages irréprochables, du délit flagrant : par là, le juge prenait l'initiative de l'enquête et condamnait d'office (240). Cependant, les juridictions séculières n'osèrent de longtemps prononcer, à la suite de cette procédure, des peines corporelles, notamment la mort, se contentant du bannissement pour les crimes les plus graves. Beaumanoir semble, le premier, conclure à l'application de la peine capitale, mais peut-être sans avoir été immédiatement suivi (241). Ces procédures furent vivement combat-

(238) Beaumanoir, nos 208, 215, 917-919 ; *C. de Toulouse*, nos 51-52a, p. 25. *Cout. d'Artois*, XLVII, 1, p. 105.

(239) *Et. de Saint-Louis*, I, 29; II, 17 (t. 2, pp. 41, 386); *Cout. d'Artois*, XLVI, 4 ; XLVII, 13-17, p. 108 ; *Constitutions demenées el Chastelet de Paris*, 61 (éd. Mortet, p. 71).

(240) Cc. 17, 24, X, V, 1. Beaumanoir, nos 1157, 1224, 1235, 1237, 1238, 1661 ; *Et. de Saint-Louis*, I, 28, 38, t. 2, pp. 40, 54 ; *Cout. d'Artois*, XLV, II, 18, p. 110 ; *C. de Toulouse*, no 50, p. 27. *Ord.*, 1254, art. 21 (*Ord. des r. de Fr.*, t. 1, p. 65). Cpr. la *Charte de feu et de tahl*, rédigée en Béarn en 1252 et instituant, d'accord avec les autorités ecclésiastiques, un organe de recherche et d'instruction, les jurats des vics : P. Rogé, *op. cit.*, p. 167 et s.

(241) *Jostice et Plet*, XIX, 45, p. 319 ; Beaumanoir, nos 1236, 1237 ; *Et. de Saint-Louis*, II, 17 (t. 2, p. 386); *Const. dem. el Chastelet*, 61, p. 71.

tues par la noblesse, qui obtint plusieurs ordonnances l'en exemptant [242].

Les pénalités étaient sévères. La composition n'était plus admise que dans de rares coutumes. La mort, qui par la hart, le feu, l'enfouissement pour les femmes, punissait à peu près tous les crimes, n'était prononcée qu'en cas d'aveu, de flagrant délit ou d'acceptation de l'enquête. Le bannissement la remplaçait en cas contraire. L'amende était à peu près la seule peine applicable aux menus délits [243].

Les voies de recours étaient rudimentaires et confuses. Deux procédures portaient le nom d'appel. L'une, l'*appel pour défaute de droit*, supposait que le juge compétent, mis en demeure de juger devant sa cour ou devant témoins, s'y était refusé ou apportait à l'affaire des retards injustifiés [244]. Jadis, ce déni de justice autorisait la guerre. Les coutumiers ne permettent plus que l'ajournement du juge, dans des délais raisonnables, devant le justicier supérieur [245]. Si, d'après la coutume du lieu du délit [246], l'appel se trouvait fondé, le juge, frappé d'une amende de lx livres, perdait au profit du seigneur souverain ses droits seigneuriaux et féodaux sur le justiciable, sinon celui-ci, après avoir amendé pareillement, était renvoyé plaider le litige devant le juge illégalement ajourné, qui le frappait d'une amende arbitraire et lui reprenait toutes ses concessions [247]. L'autre, l'*appel de faux jugement*, tenait à l'idée un peu primitive qu'un jugement mal rendu ne s'expliquait que par la perversion et la déloyauté du juge. La partie perdante s'offrait à les prouver par gages de bataille. Du jour où le duel exigea parité de condition chez les combattants, cet appel ne fut possible que là où il y avait jugement par les pairs, ce qui était loin de se rencontrer toujours dans la justice justicière [248]. Il devait suivre immédiatement le

(242) *Ord.*, 1er avril 1315 ; mai 1315 (Is., t. 3, pp. 51, 65, 85, 91). *Cout. d'Artois*, XLII, 1-4; XLV, 4; XLVI, 1; XLVIII, 1; pp. 104-110.

(243) Beaumanoir, nos 823, 834, 835, 839, 879; 1306 ; *Cout. d'Artois*, XI, 14-15 ; XVIII, 8, pp. 45, 111 ; J. Boutillier, I, 39, p. 280.

(244) Beaumanoir, nos 1740-1742, 1778-1779, 1782-1784 ; *Jostice et Plet*, XVIII, 27, 1-2. *App.*, pp. 286, 348.

(245) P. de Fontaines, XXI, 23-26, p. 248 et s.; *Et. de Saint-Louis*, 1, 8; *Usage d'Orlenois*, 6 (t. 2, p. 17 ; t. 1, p. 496); Beaumanoir, nos 1771-1775.

(246) *Et. de Saint-Louis*, I, 8, 56; II, 4 (t. 2, pp. 17, 29, 399); Beaumanoir, n° 1780.

(247) Beaumanoir, nos 1740-1742.

(248) *Jostice et Plet*, I, 4, 4, p. 17; Beaumanoir, n° 24; P. de Fontaines, XXII, 3, 4, p. 288. La règle n'était pas encore absolue de son temps :

prononcé de la sentence et contenir, outre l'affirmation que le jugement était « faux et mauvès », la provocation adressée aux jugeurs et l'engagement de les rendre « morts ou recréants », sous peine de nullité et d'une amende de v à x sous (²⁴⁹). Les *Assises de Jérusalem* le comprennent comme embrassant toute la cour ou tout au moins tous les jugeurs ayant acquiescé à la sentence, de sorte que l'appelant devait les combattre tous successivement (²⁵⁰). Mais on admit qu'il faussât seulement le second jugeur appelé à opiner publiquement et concluant contre lui (²⁵¹). Les gages de bataille étaient portés devant la cour supérieure (²⁵²). Tout d'abord, le contumace ou le vaincu était décapité ou pendu, banni ou emprisonné, suivant l'accusation dont il était chargé; au XIIIᵉ siècle, il ne perdit plus, outre l'amende de LX livres payée au seigneur et à chacun des jugeurs ayant adhéré au jugement faussé, que le procès, son cheval et ses armes (²⁵³). Dès lors, le haut justicier ne toléra plus l'appel lorsque le coupable avait avoué, ni lorsque la coutume était certaine dans les litiges ayant pour objet des châtels, meubles ou héritages (²⁵⁴).

L'élimination progressive des gages de bataille que saint Louis tenta de rendre absolue nécessitait d'autres voies de recours. Le droit romain permettait d'appeler du juge mal informé au juge mieux informé, c'est-à-dire de lui demander de réformer sa sentence, sans en suspendre préalablement l'exécution. Cette procédure, adoptée d'abord par les juridictions royales, fut imitée par celles des seigneurs (²⁵⁵). Puis l'amendement put être demandé, non plus seulement au juge, mais à celui dont il tenait sa justice (²⁵⁶), devant qui il devait être ajourné pour répondre de son

---

XXII, 14, 22, pp. 21, 27. L'appel de faux jugement était inconnu en Béarn : P. Rogé, *op. cit.*, p. 135.

(249) Beaumanoir, nº 1759.

(250) *Assises de Jérusalem*, J.-I., 110; Ph.-Nov., 87 (éd. Beugnot, t. 1, pp. 179, 541).

(251) Beaumanoir, nᵒˢ 1752-1755. Procédure un peu différente : *Et. de Saint-Louis*, I, 86 (t. 2, p. 182); *Cout. d'Artois*, LVI, 24, p. 152.

(252) *C. de Touraine-Anjou*, 74 et s. : *Et. de Saint-Louis*, I, 86 (t. 3, p. 48 et s.; t. 2, p. 140); Beaumanoir, nᵒˢ 296, 322, 1757, 1989.

(253) *Assises de Jérusalem*, loc. cit.; P. de Fontaines, XXII, 10, 16, 17, 26, p. 292 et s. *C. de Touraine-Anjou*, 131, loc. cit., p. 89 ; Beaumanoir, nᵒˢ 1755, 1890.

(254) P. de Fontaines, XXII, 5-6, 30-31, pp. 288, 311; Beaumanoir, nº 1758.

(255) Beaumanoir, nº 1888; *Et. de Saint-Louis*, I, 83, 85; II, 16 (t. 2, pp. 134 et s.) et *Introd.*, t. 1, p. 219.

(256) *Jostice et Plet*, XX, 16, 1-4, p. 331 et s. *Et. de Saint-Louis*, I, 85 ;

jugement ([257]). Ce fut le début de l' « *appel sur erremens du plaid* » ([258]).

C. *de Touraine-Anjou*, 73 (t. 2, p. 133; t. 3, p. 47). *Const dem. el Chastelet de Paris*, 55, 64, pp. 65-73.

([257]) P. de Fontaines, XXII, 23-24, p. 303 et s.

([258]) Beaumanoir, nᵒˢ 24, 1755, 1889. *For de Morlàas*, art. 302, p. 190; *For général de Béarn*, art. 11, 49, 148, 190, pp. 6, 22, 66, 72.

CHAPITRE III

LA SOCIÉTÉ FÉODALE

La société féodale était formée par une série de groupes, primitivement autonomes, qui s'étaient constitués eux-mêmes par le contrat de fief. Le droit féodal était par conséquent limité aux rapports juridiques nés de ce contrat. Il restait étranger soit à la condition générale des personnes, soit à celle des terres quand elle ne résultait pas d'une inféodation. Ce n'est que tardivement, vers le déclin de la féodalité, que les feudistes imaginèrent, tant par amour d'une conception simpliste que pour des raisons de politique unitaire, de faire entrer dans ses cadres l'ensemble des tenures, supposées toutes d'origine contractuelle, et d'établir un parallélisme artificiel entre trois catégories de personnes : nobles, roturiers et serfs, et trois catégories de tenures : nobles, roturières et serviles. Encore cette entreprise, qui violentait la réalité, ne fut-elle jamais achevée.

§ 1. — Le contrat de fief.

Le contrat de fief était celui par lequel un suzerain ou seigneur de fief concédait à une autre personne, le vassal, en échange de certains services, une terre ou tout autre objet. En principe, tout pouvait être inféodé (1). Des seigneurs donnaient à fief les charges de leur palais, des plus hautes aux plus infimes, les offices de leur administration, tels de leurs droits seigneuriaux : droits de justice ou fiscaux (2), droits de chasse, de gruerie, banalités, etc. (3).

---

(1) Ci-dessus, pp. 172, 177 et s. Brussel, p. 42 et s.; Du Cange, v° *Feudum* : *feoda carpentariorum, molendinarii, ad cellerarium, coquinae, ad forestarium.* Dans le *Sti Stephani limovicensis cartularium* (v. p. 173, note 2), le mot *fevum* désigne toute tenure. Laurière, *Glossaire*, v° *Fief.*

(2) *Arch. hist. du Limousin*, 1re sér., t. 9, p. 79 (acte de 1279) : inféodation des justices haute, moyenne et basse à un roturier.

(3) Brussel, p. 396.

Les églises et leurs patrons laïques inféodèrent des dîmes. Des fiefs consistèrent uniquement dans l'affranchissement de quelque obligation coutumière. Vers le milieu du XIIe siècle, se répandit le *fief-argent*, manière de se procurer des vassaux sans plus démembrer ses domaines : ce fut la dation d'un capital ou, plus ordinairement, l'assignation d'une pension (4), d'une rente temporaire ou perpétuelle sur quelque bien ou quelques profits seigneuriaux ou autres du suzerain (5). Des offices, des œuvres pies furent dotés de la sorte. Mais le fief en terre, ou du moins ayant pour objet un droit immobilier, devint très vite et resta l'assise véritable du système féodal (6). Tantôt il était une seigneurie, c'est-à-dire comportait pour le vassal des droits de justice; tantôt, simple concession foncière, il entraînait exclusivement des obligations vassaliques (7).

De nombreux fiefs n'étaient concessions qu'en apparence. Beaucoup de petits seigneurs ou de propriétaires libres offrirent, au cours des siècles, leurs seigneuries ou leurs terres à un homme plus puissant, à la condition qu'il les leur restituât à titre de fiefs, afin de bénéficier de sa protection et des avantages de l'association dont il était le chef. C'étaient les *fiefs de reprise* (8). Parfois il arrivait que le suzerain rétrocédât ce fief plus ou moins augmenté; par contre, le vassal pouvait se contenter de joindre au fief concédé tout ou partie de ses biens propres (9).

Le contrat de fief apparaît finalement comme un contrat formel, et pourtant complexe, qui était résulté, vers le XIIe siècle, de la soudure de deux actes juridiques d'abord séparés. Dans le premier, *homagium* ou *hominium*, mode solennel de s'obliger personnellement par la bouche et les mains, quelqu'un se déclarait l'« *homo* »

(4) Ces pensions pouvaient consister en argent ou en approvisionnements, blé, vin, etc.: *feoda de camera aut de cavena : Libri feudorum*, II, 1. On les appela plus tard fiefs de revenu, fiefs boursiers. Loyseau, *Tr. des Offices*, II, 2, n°s 56-58 ; Brussel, *loc. cit.*

(5) *Ass. de Jérus.*, J.-I., 242 (éd. Beugnot, t. 1, p. 388 et s.). Loyseau, *loc. cit.*; Brussel, p. 44 et s

(6) *Libri feudorum*, II, 1, *in fine*. Cujas, *De feudis*, tit. 2 : quia proprie feudum rebus soli consistit.

(7) *Et. de Saint-Louis*, I, 102, 115 ; II, 20 (t. 2, pp. 173, 206, 405) ; Loysel, n° 271.

(8) *Cart. de Gellone*, n°s 77, 82, 550, 585, pp. 69, 73, 474, 507. G. Durant, *loc. cit.*, n° 12. Fief de reprise en vue de la protection du vassal : *Sti Stephani lemovicensis cart.* (*loc. cit.*); n° XCVIII, an. 1081, p. 118.

(9) *Catal. des actes de Robert Ier, comte d'Artois*, n°s XLI, CXXXIX (années 1240 et 1248), BPhH., 1919, p. 133 et s. Stouff, *Catherine de Bourgogne et la féodalité d'Alsace*, p. 49 et s.

d'autrui, c'est-à-dire remettait en gage sa personne physique et morale qui ne serait libérée que par l'exécution complète de l'obligation dont l'énoncé était inclus dans un serment, *fides, sacramentum*. D'où l'expression *foi et hommage*, pour désigner cet engagement (¹⁰). On s'obligeait ainsi à réparer une injure, à observer un traité, à payer une dette, à se porter caution ou champion, mais surtout à garder une fidélité absolue au puissant dans la vassalité de qui l'on entrait (¹¹). Le second, *investitura*, était la tradition symbolique que le *senior*, plus tard le suzerain, faisait du fief au vassal par le bâton, le gant ou la motte de terre, parfois, s'il s'agissait d'une seigneurie, par le sceptre ou le chapeau (¹²). Chacun de ces actes, *hominium, investitura*, valait par lui-même, indépendamment de l'autre (¹³). Mais sous l'influence des canonistes, qui tenaient pour nulle toute obligation sans cause, et des légistes, qui tendaient à établir l'ordre social sur les bases de la féodalité foncière, ils furent considérés comme la cause l'un de l'autre, réunis en une opération synallagmatique, et le vassal, en faisant l'hommage, indiqua qu'il le faisait à raison du fief (¹⁴).

(10) Des historiens ont pensé que le serment ou *fides* avait été surajouté postérieurement à l'*hominium*, soit à titre d'engagement général de fidélité, soit pour le renforcer par un acte religieux. Mais toujours l'engagement par les mains fut accompagné d'un serment qui indiquait à quoi l'on s'engageait : pour l'*antrustion* : F. *Marculfi*, I, 18 (Z., p. 55); pour le *vassus* : Hincmar, *Juramentum* (PL., t. 125, p. 1126 et s.); de même pour le vassal au sens féodal : *Lib. feudorum*, II, 6, 7, pr.; Yves de Chartres, *Ep.*, 71, 80 (PL., t. 162, pp. 77, 197) ; Galbert de Bruges, *Hist. de la mort de Charles le Bon*, n° 56 (éd. Pirenne, p. 89) : « Primum hominia fecerunt ita : Comes requisivit si integre vellet homo suus fieri, et ille respondit : Volo, et junctis manibus, amplexatus a manibus comitis, osculo confederati sunt. Secundo loco, fidem dedit is qui hominium fecerat prolocutori comitis in iis verbis : Spondeo in fide mea me fidelem fore amodo comiti Willelmo et sibi hominium integraliter contra omnes observaturum fide bona et sine dolo. »

(11) *Assises de Jérusalem*, J.-I., 19 ; *Jacq. d'Ib.* (éd. Beugnot, t. 1, p. 313, 454), *Summa de leg. Normannie*, XXVII, p. 94. G. Durant, *loc. cit.*, n° 15 ; J. Boutillier, 1, 82, p. 478; Du Cange, V° *Hominium pro emenda* : diplôme de 1133. — Platon, *L'hommage féodal comme moyen de contracter des obligations privées* (RGDL., 1902, pp. 1, 97, 224).

(12) *Lib. feudorum*, II, 1, 2; *Ass. de Jérus.*, J.-I., 162 (éd. Beugnot, t. 1, p. 231 et s.). G. Durant, *loc. cit.*, nᵒˢ 1.2.

(13) L'investiture était si indépendante de l'*hominium* qu'elle était employée pour réaliser une vente, une donation, étant la mise en possession solennelle de l'acquéreur.

(14) *Et. de Saint-Louis*, II, 19. = *Abrégé champenois*, 120 (t. 2, p. 398 ; t. 3, p. 173). *Cout. d'Artois*, XXVIII, p. 75. G. Durant, *loc. cit.*, n° 11. Parfois le contrat paraît synallagmatique dès la fin du xıᵉ siècle : *Cart.*

La forme extérieure du contrat, à quelques variantes près, était la suivante : le suzerain, debout ou assis, recevait le vassal qui, à genoux, nu-tête et sans épée, les mains dans les siennes, se déclarait « son homme » à raison du fief, et lui promettait de le défendre contre tous; alors, l'ayant relevé, il disait le recevoir pour son « homme » et l'embrassait sur la bouche en signe de fidélité réciproque ([15]). Le vassal confirmait ses engagements par un serment sur l'Evangile ou des reliques et recevait l'investiture ([16]).

L'hommage, comme tous les actes formels, était rompu par un acte contraire, *exfestucatio*, consistant dans le bris ou le jet de la *festuca* par l'un des intéressés, ou les deux consentant ([17]). Tant qu'hommage et investiture restèrent des actes distincts, le fait de retirer sa foi ne semble pas avoir eu d'effet sur l'autre. Après qu'ils furent fondus en un contrat synallagmatique, la foi ne put être renoncée sans le fief, par exemple lorsque le vassal voulait appeler son suzerain en champ clos; mais la rupture par le suzerain n'emportait pas en pareil cas reprise du fief dont le sort

de Gellone, n° 477, p. 387 : « Berengarius, abbas sancti Guilelmi, dono vobis... de villa et de honore, terminato de istius ville, que vocatur ad boschet ad Alsidia, ad fevum, medietatem de quarto et medietatem census et usatici, de quistis et de placitis medietatem et medietatem de hominibus et feminis... et de omni re medietatem excepto de villa et obliis, que midi reservo in proprio jure, ita tamen ut quistam seu placitos ibi non faciat unus sine altero, ex nobis, et ex vobis; et per *hunc fevum eritis comendati homines et mei fideles.* » Par contre, un acte de 1122 montre l'*hominium* séparé de la *fidelitas*, qui est l'engagement de servir le fief. *Ibid.*, n° 364, p. 297 : « Abbas enim dicebat quod supradictus G... A... debebat facere ei non solum hominium, set etiam jurare fidelitatem pro feudo ab eo quem tenebat ; G. A. vero hominium quidem profitebatur, set sacratum fidelitatis negabat. »

(15) *Assises de Jérus.*, J.-I., 195, t. 1, p. 313 ; *Jostice et Plet*, XII, 22, 1, p. 238. *Coût. et Inst. de l'Anjou et du Maine* (éd. Beautemps-Beaupré, t. 3, p. 53); *Et. de Saint-Louis*, II, 19 (t. 2, p. 398); G. Durant, *loc. cit.*, n° 3 ; J. Boutillier, I, 82, p. 478.

(16) Lorsque l'engagement du suzerain fut indiqué dans l'hommage, le serment de *fidelitas* parut surérogatoire et des érudits en ont cherché diverses explications : Flach, *op. cit.*, t. 1, pp. 529, 545 ; Guilhiermoz, *Essai sur l'origine de la noblesse*, p. 255 ; Esmein, *Nouv. théor. sur les origines féodales* (NRH., 1894, p. 541). Cpr. Brussel, p. 26 et s. Pour le même motif, les *Libri feudorum*, I, 4, inclinaient à penser que l'investiture devait précéder la *fidelitas* ; mais voy. note 14, acte de 1122.

(17) Adhémar de Chabannes, 9 (éd. Chavanon, p. 142) : « Festucas manibus projicientes, rejecerunt eum ne esset iis ultra senior. » Galbert de Bruges, *loc. cit.*, n° 15 : « arreptis festucis exfestucaverunt hominium. » M. Bloch, *Les formes de la rupture de l'hommage dans l'anc. dr. féodal* (NRH., 1912, p. 141 et s.).

dépendait de l'issue du duel. En outre, on n'admettait pas que l'hommage pût être rompu de façon déloyale, pour ne pas son « seigneur aidier à son besoing » [18].

D'abord, l'hommage était absolu; la fidélité ne se partageait pas. Mais il arriva, par la patrimonialité des fiefs, qu'on devint vassal de plusieurs suzerains et qu'il y eut conflit entre les hommages. Il semble qu'on ait alors donné la préférence à celui qui était dû au suzerain dont le vassal était le sujet : pour ce motif, on l'appela hommage lige, *hominium ligium*, et l'on dit que : « Nul homme ne puet fere plus d'une ligèce » [19]. Plus tard, il fallut admettre des « ligences » superposées et dépendant exclusivement des réserves introduites dans les hommages successifs, faits *salva fide* ou *ligeitate Dominorum N. N.* [20]. La foi et l'hommage furent relatifs [21]. Cela restreignait singulièrement leurs effets. Le vassal simple ne fut plus obligé qu'à raison du fief, *nisi ratione et sic tantum ratione feudi sit subjectus in quantum se feudum extendit*. Aussi au XIIIᵉ siècle des suzerains s'efforcèrent, même au prix d'augments de fief, à transformer les hommages simples de leurs vassaux en hommages liges [22].

Le contrat de fief n'était pas spécial à l'origine, comme il tendit à l'être dans la suite, aux fiefs nobles. La distinction entre fiefs nobles et roturiers se fit progressivement; tardive dans certaines régions, dans d'autres elle ne fut jamais complète. En Normandie, la puissance centralisatrice et niveleuse des ducs fit que la différence fut peu sensible; en Bretagne, le mot garda son acception générale et les tenures restèrent très proches les unes des

(18) Beaumanoir, nᵒˢ 1734-1737; *Summa de leg. et us. Normannie*, LXXXIII, 2, p. 197 ; XXVI, p. 91: « Per homagium autem tenentur feoda de quibus fides inter dominum et hominem promittitur. »

(19) *Assises de Jérusalem*, J.-I., 195, 197, t. 1, p. 313, 317 ; G. Durant, *loc. cit.*, nᵒ 23. Sur le sens de *ligius*, ci-dessus, p. 202. Cpr. Du Cange, vᵒ *Fidelitas*. Guilhiermoz, *op. cit.*, p. 324, nᵒ 5; Pirenne (*Bull. de l'Acad. roy. de Belgique*, 1909, n. 40-60).

(20) *Lib. feudorum*, II, 99; *Assises de Jérusalem*, J.-I., 141, t. 1, p. 215, et *loc. cit.* Brussel, p. 105 et s., Longnon, *Feoda Campanie* (*D. I. rel. aux comptes de Champagne et de Brie*, t. 1, p. 92 et s.). *Summa de leg. Norm.*, XXVII, 1, 4 (éd. Tardif, p. 94).

(21) Brussel admet trois sortes d'hommages : *lige*, qui prime les autres et astreint à un service militaire rigoureux ; *ordinaire*, qui assujettit aux devoirs d'*ost*, de cour et de conseil; « *plane* » ou *simple*, engagement de ne pas nuire: ch. X, XI, XII. Ce classement, en tout cas, n'était pas général. Autres sens d'hommage lige : G. Durand, *loc. cit.*, nᵒ 3 ; Guilhiermoz, *op. cit.*, p. 181.

(22) Brussel, p. 121 et s.

autres. Des remarques analogues seraient à faire en Languedoc et
en d'autres parties du Nord et du Midi (²³). Toute tenure
dont la concession était connexe à un acte de sujétion ou à un engagement de fidélité de la part du tenancier y comportait la foi
et l'hommage (²⁴). Des textes relativement récents parlent d'hommages portés par des roturiers (²⁵). Dans le Cambrésis et le Noyon-
nais, à Toulouse, l'hommage simple pour les fiefs tenus en roture
a persisté longtemps (²⁶). Mais, dans beaucoup de coutumes, on
imagina une sorte d'incompatibilité entre les rites de l'hommage
et la qualité de roturier; on refusa la bouche au vilain (²⁷) et l'on
voulut, s'il tenait fief, qu'il fournît la foi sans l'hommage (²⁸).
Dès lors l'hommage des roturiers et des serfs disparut ou s'amenuisa en obligations cérémonielles, parfois étranges ou burles-

(23) J. Flach, *op. cit.*, t. 2, p. 514 et s.; Viollet, *Hist. du dr. civ. fr.*,
p. [645], n. 5 ; L. Delisle, *Et. sur la cond. des clas. agricoles en Normandie*,
p. 40 ; H. Sée, *Et. sur les clas. rur. en Bretagne au M. A.*, p. 23 et s.
(24) Il existait dans ce cas même pour les serfs : *C. de Toulouse*, n° 147 :
Feuda hominis de corpore ; hommes liges de condition servile en Dauphiné : Brussel, p. 114 ; Guilhiermoz, *op. cit.*, pp. 322-330.
(25) *Cart. de Saint-Père de Chartres* (éd. Guérard, t. 2, p. 735); *Et. de
Saint-Louis : Compilatio de us. et cons. Andegaviae*, 111, t. 3, p. 138;
C. de Toulouse, n° 135, 137-144, 153 : *feudum, feudatarius, honor*, à propos
de toutes ces tenures. *Const. dem. et Chastelet*, 65 (éd. Mortet, p. 75) ;
Anc. Cout. de Bretagne, art. 340 (356 nouv.) : Dargentré, *Commentaria*,
1528, p. 1187. *C. du Nivernais*, IV, 27 et s. — Brutails, *Et. sur la cond.
des pop. rur. en Roussillon au M. A.*, pp. 171, 179, 181 ; Léopold Delisle,
Et. sur la cond. de la classe agricole en Normandie, pp. 4 et s., 695 et s.
(26) *Fiefs roturiers à simple hommage en Cambrésis* (*Mém. de la Soc.
d'émulation de Cambrai*, t. 32, 1re part., p. 565 et s.). Cpr. Soulatges :
C. de Toulouse, pp. 29, 98. Entre fiefs nobles et roturiers des tenures,
tenaient le milieu : *franc-socage* normand ; *afféagement* breton, *bouryage* :
L. Delisle, *op. cit.*, pp. 32, 39, 45 ; *aînesses* de Normandie pour lesquelles
était admis le parage : Brussel, p. 814 ; Guilhiermoz, *op. cit.*, p. 216.
(27) G. Durant, *loc. cit.*, n° 4 ; *Et. de Saint-Louis*, t. 4, p. 252. On ne
l'avait pas toujours fait : *Livre des serfs de Marmoutiers, App.* XXX (éd.
Salmon), p. 152.
(28) Beaumanoir, nᵒˢ 1505, 1506. Cpr. *Et. de Saint-Louis*, I, 147 (t. 2,
p. 281) et s. *Comp. de us. et cons. Andegaviae*, 81, 111 (t. 3, pp. 132, 138 ;
t. 4, p. 158 et s.). Cependant le suzerain pouvait par faveur recevoir à
l'hommage le roturier tenant fief : en 1247, un bourgeois de Douai prête
l'hommage lige pour 30 rascères de terre : *Catal. des actes de Robert Iᵉʳ,
comte d'Artois*, CXXV ; et il est visible que les biens qualifiés fiefs et pour
lesquels est fourni l'hommage : XXVII, XXIX, XXX, XLVI, étaient des
censives (*BPhH.*, 1919, p 133 et s.). En 1248, 1295, des bourgeois acquéreurs
de fiefs mouvants de l'évêché de Limoges font hommage lige dans la forme
des vassaux nobles (*Bul. de la Soc. arch. et hist. du Limousin*, t. 67, p. 145).
Voy. P. Viollet, *Hist. du dr. civ. fr.*, p. [663].

ques (29). Du reste, les tenures roturières, considérées toujours plus exclusivement dans leurs caractères économiques et dissociées de tout rapport personnel entre le concédant et le tenancier, se rapprochèrent d'autres qui n'avaient jamais été des fiefs, et l'on construisit pour elles un type de contrat qui fut le *bail à cens*.

§ 2. — Les tenures féodales.

I. — LES FIEFS OU TENURES NOBLES.

1° Les obligations du vassal et du suzerain.

I. *Obligations contractuelles et coutumières.* — Des obligations nées du contrat de fief, celles du vassal étaient les plus apparentes. D'abord, elles avaient résulté nûment de l'*hominium*, puis avaient trouvé leur cause dans la tenure. Au début du xi⁰ siècle, Fulbert de Chartres en avait dressé un tableau que lui empruntèrent Gratien et le compilateur des *Libri feudorum* (30). Il en était de négatives qu'il résumait en six mots : *incolume, tutum, honestum, utile, facile et possibile*, qui signifiaient que le vassal était tenu de ne porter aucun dommage à la personne du suzerain, de ne pas violer ses secrets, ni diminuer la sûreté de ses châteaux forts, de n'attenter ni à sa justice, ni à ses droits et prérogatives légitimes, de ne pas attaquer ses territoires, ni faire obstacle à ses entreprises. Il en était de positives, classées sous les termes d'*auxilium* et de *consilium*, aide et conseil, à fournir dans les hypothèses précédentes. (31)

(29) L. Greil, *Un hommage féodal dans le Bas-Limousin* (*B. de la S. hist. et arch. de la Corrèze*, t. 2, 221) et *Lettres de requête civile* à ce propos (*Arch. hist. du Limousin*, 1ʳᵉ sér., t. 9, p. 376) : le baron de la Roche recevait l'hommage des habitants de Laguenne par un homme nu qui, un roitelet à la main, se livrait tous les sept ans devant lui et la population à des facéties grossières. Cet hommage, appelé *tire fesse*, finit par être interdit par le Parlement de Bordeaux. — De la Borderie, *Hist. de Bretagne*, t. 3, p. 121 : En échange d'une concession foncière aux habitants de deux maisons d'une rue de Saint-Brieuc, l'évêque avait stipulé que chaque année, la veille de la Saint-Jean, à l'heure des vêpres et en sa présence, ils iraient battre un ruisseau voisin en criant : « Grenouilles, taisez-vous, laissez Monsieur dormir. »

(30) Fulbert de Chartres, *Ep.* 58 (1020) (PL., t. 141, p. 229) = D. Gr., c. 18, Ca 22, q. 5 = *Lib. feud.*, II, 6.

(31) Textes réunis par Guilhiermoz, *op. cit.*, p. 256 et s., notes 4-8. A l'origine, les clauses du contrat de fief, à la volonté des contractants, étaient entremêlées de services personnels et de redevances pécuniaires ou en nature ; la séparation des deux sortes de prestations fut tardive et

L'*auxilium* comprenait le service militaire et subsidiairement des secours pécuniaires dans des cas déterminés par le contrat ou la coutume.

Le service militaire, dû aux premiers temps par le vassal dans la mesure de ses forces et de façon permanente, très vite ne le fut plus que d'une façon restreinte, sur semonce du suzerain, par lettres aux hauts barons, par sergent aux autres, car « sçachez que mander peut son home de fief qui est tenu de venir en armes et en chevaux selon que le fief le doit » (³²). Il comprenait communément : 1° l'ost et la chevauchée, c'est-à-dire la guerre publique faite par le seigneur et l'expédition d'intérêt personnel permise à tous gentilshommes, avant les interdictions de Louis IX (³³); 2° l'estage ou garde du château du suzerain, permanente (*resseantise*) ou intermittente en cas de guerre, qui exigeait la présence du vassal, avec ou sans sa femme, du moins avec une partie de sa mesnie (³⁴); 3° la reddition des châteaux et places fortes, d'abord « jurables et rendables à merci, au seigneur irrité ou apaisé », mais ne devant plus, au xiiiᵉ siècle, être réquisitionnés que pour motifs raisonnables (³⁵). Obligés à tous ces services ou seulement à l'un d'eux, dans les conditions de temps et de lieu, variant de région à région et même de fief à fief, les vassaux avaient vu réduire à peu près partout, dès le xiiᵉ siècle, l'ost et la chevauchée à 40 jours par an, au moins à titre gratuit (³⁶). Au delà, ils étaient défrayés ou dispensés de servir. Bientôt la gratuité tendit à disparaître (³⁷). On distinguait les fiefs d'après l'équipement du vassal et le nombre d'hommes et de chevaux

en grande partie l'œuvre de la doctrine : voy. le terrier du seigneur de Chanac (vers 1297) où les vassaux nobles doivent encore cens, rentes, etc. (*Arch. hist. du Limousin*, *loc. cit.*, p. 20 et s.).

(32) J. Boutillier, 1. 83, p. 486 ; Beaumanoir, nᵒˢ 65-68.

(33) *Et. de Saint-Louis*, I, 65 = *C. de Touraine-Anjou*, 54 ; *Compil. de us. et cons. Andegaviae* 60 (t. 2, p. 93 et s.; pp. 30-32, 128); Beaumanoir, nᵒ 821 ; *Livre des droiz*, nᵒ 395 (éd. Beautemps-Beaupré, t. 2, p. 87); Beautemps-Beaupré, *Cout. et inst. de l'Anjou et du Maine*, t. 2, p. 561.

(34) *Et. de Saint-Louis*, I, 57 ; *C. de Touraine-Anjou*, 47 ; *Abrégé Champenois*, 106 (t. 1, p. 81; t. 3, pp. 27, 169, 335).

(35) Beaumanoir, nᵒˢ 1662-1666; Du Cange, *Des fiefs jurables et rendables* (dissertation XXX à la suite de *Joinville*).

(36) *Rôles de l'ost de Foix* (1278) (HF., t. 23, p. 778 et s.); Brussel, p. 165 et s.

(37) *Et. de Saint-Louis*, I., 65 = *C. de Touraine-Anjou*, 54 (t. 2, p. 68 ; t. 3, p. 31). *Summa de leg. Normannie*, XXII bis, 1-3, p. 68. *Enquête sur les fiefs de Normandie* (1172) (HF., t. 23, p. 698). Du Cange, vᵒ *Hostis;* Brussel, p. 1028.

qu'il amenait à l'ost du suzerain : *fiefs de vavasseur* ou *d'écuyer*, dont le vassal ne devait d'ordinaire que sa personne, armée de l'écu, de la lance et de l'épée; *fiefs de chevalier* ou *de haubert*, dont le titulaire ajoutait à ses armes la cotte de maille ou haubert et était accompagné pour le moins d'un écuyer, d'un page, d'un varlet et de deux servants à cheval; *fiefs de chevalier banneret* qui rangeaient sous leur bannière plusieurs chevaliers de haubert [38]; *fiefs de baronnie* dont dépendait un certain nombre de bannerets et qui devaient avoir une ville close.

La plupart des vassaux avaient inféodé une partie de leur fief ou leurs biens propres pour être à mesure de remplir leurs obligations. Ces fiefs, d'abord constitués pour permettre au vassal de s'entretenir et de s'équiper, avec le temps n'y suffirent plus. En outre, beaucoup se morcelèrent. Il se forma une plèbe féodale n'ayant plus ni le goût, ni les moyens des services personnels du début. Il y eut des demi-pairies, des demies ou des quarts de fief de haubert, pour lesquels on n'exigea plus qu'une portion du service ordinaire, ou un ronsin de service, une lance, des éperons ou quelque menue redevance pécuniaire [39]. Le cadre féodal était en train de se vider, à la suite du cadre militaire seigneurial [40]. Ceux qui restaient tenus ne répondaient pas toujours à la semonce; et, sans évoquer les rigueurs du droit, on les frappait d'une simple amende, estimation en argent du service refusé [41]. Alors roi et hauts seigneurs augmentèrent leur chevalerie soldée et reprirent le droit de convoquer directement et par-dessus les vassaux, les arrière-vassaux et même les « hommes de poosté » : arrière-ban qui les ramenait sur le plan seigneurial [42].

L'obligation générale de fidélité entraînait le vassal à des aides gracieuses quand le suzerain était pressé par des nécessités graves : cela était vague et probablement de sanction difficile [43]. Contrats et coutumes réduisirent, en précisant, les cas où les « loyaux aides » seraient dus. On s'en tint le plus souvent à l' « aide aux quatre cas » : pour la chevalerie du seigneur et de son fils aîné, le mariage de sa fille aînée, sa rançon et le voyage en

---

(38) Du Cange, *Sur les chevaliers bannerets* (dissert. IX, à la suite de *Joinville*). Liste des bannerets sous Philippe-Auguste (HF., t. 23, p. 652 et s.).

(39) Guilhiermoz, *op. cit.*, pp. 190 et s., 213, 221. *For de Morlàas*, art. 308, *loc. cit.*, p. 192.

(40) Ci-dessus, p. 212 et s.

(41) *Ord.*, 1226, 1235 : Brussel, pp. 165, note a, 167 et s.

(42) Guilhiermoz, *op. cit.*, p. 241 et s.

(43) Boutillier, I, 86, p. 490. *Contra* G. Durand, *op. cit.*, *de homagiis*, n° 67.

terre sainte (⁴⁴). Il y faudrait joindre quelques menues redevances et le ronsin de service à l'occasion de l'hommage (⁴⁵).

Le *consilium* comprenait d'abord le devoir pour le vassal de conseiller le suzerain quand il en était requis. Ce devoir se mêlait d'un droit. La solidarité entre membres du groupe féodal faisait qu'aucun ne restait indifférent à la façon dont le chef menait sa fortune politique et privée. Admission de nouveaux vassaux, nouvelles inféodations, mariage et éducation de ses enfants intéressaient son fief ou sa seigneurie et requéraient l'avis des hommes de fief. Ce devoir de conseil prenait une forme précise dans le service de cour et de plaid : le vassal y était semont pour participer aux fêtes, aux délibérations qui s'y tenaient, surtout pour être jugeur et, à l'occasion, jugé. Nous avons vu les seigneurs utiliser leurs hommes de fief dans les cours de justice seigneuriale; mais ceux-ci constituaient seuls la cour féodale où le suzerain se bornait à prononcer leur sentence (⁴⁶).

Le suzerain avait envers le vassal les mêmes obligations négatives et positives : ne lui nuire en rien; le secourir par les armes; l'assister de ses conseils, ce qui confinait à un droit, car rien ne lui était indifférent de ce qui touchait à la famille ou à la fortune du vassal (⁴⁷); par-dessus tout, lui faire obtenir justice dans les limites du groupe féodal et lui garantir la possession du fief (⁴⁸).

La patrimonialité des tenures eut pour effet d'augmenter le nombre des obligations vassaliques sous formes de renouvellements d'hommages, d'aveux et dénombrements, de droits casuels aux changements de suzerain ou de vassal dans des conditions qui seront indiquées plus loin (⁴⁹).

(44) *Et. de Saint-Louis*, I, 81 (t. 2, p. 132 ; t. 4, p. 18 et s.). *Ass. de Jérusalem*, J.-I., 249, t. 1, p. 398. *Summa de leg. Norm.*, XXXIII, XLIII, pp. 110, 125, Loysel, nᵒˢ 605-607. Brussel, p. 414 : le comte du Perche percevait l'aide à sa première campagne.

(45) Beaumanoir, nᵒˢ 793, 795, 797. *Des fiefs à l'usage de France*, publié par G. Boulen et O. Martin (NRH., 1919, p. 552).

(46) P. de Fontaines, XXI, 9, 10, 29-31, 33, 35, 40, p. 222 et s. *Ass. de Jérus.*, J.-I., 217, t. 1, p. 347 ; Beaumanoir, nᵒˢ 23, 68, 797, 1738 ; J. Boutillier, I, 83, p. 485. V. ci-après sur la justice féodale, pp. 276 et s.

(47) Fulbert de Chartres, *Ep.* 58 = *Lib. feudorum*, II, 6 : « Dominus quoque in his omnibus vicem fideli suo reddere debet. Quod si non fecerit merito censebitur malefidus, sicut ille qui in eorum prævaricatione vel faciendo, vel consentiendo deprehensus fuerit perfidus et parjurus » ; II, 47. Beaumanoir, nᵒˢ 1735 : « Pour autant comme li hons doit a son seigneur de foi et de loiauté par la reson de son homage, tout autant li sires en doit a son homme », 1738, 1739 ; G. Durand, *op. cit.*, *de feudis*, nᵒ 2.

(48) Beaumanoir, nᵒ 1423 ; G. Durant, *loc. cit.*, nᵒ 1.

(49) Ci-après, pp. 254 et s., 259 et s.

II. *Sanctions des obligations du vassal et du suzerain.* — Obligations du vassal ou du suzerain avaient leurs sanctions. La plus naturelle, pour les premières, la seule tant qu'il resta un bienfait en témoignage de la fidélité du vassal, avait été le retrait du fief. Après que les fiefs furent devenus patrimoniaux, les feudistes, sous le nom de *commise* (du latin *commissum*) l'organisèrent en action judiciaire, sanctionnant les manquements les plus graves à la fidélité et au service du fief : 1° les cas de félonie ou de foi brisée : guerre, voies de fait contre le suzerain, viol ou séduction de sa femme ou de sa fille, violence contre ses agents, reprise de gages, accusation de trahison ou de déni de justice controuvée, gages de bataille avant la démission de la foi et de la tenure [50], refus d'accepter la justice du seigneur, désaveu du suzerain avec négation de la qualité de fief de la tenure [51]; 2° les refus de servir le fief : défaut de service militaire, montrée frauduleuse [52], « défaute d'homme », c'est-à-dire d'hommage dans l'an et jour où il aurait dû être fourni ou renouvelé [53]. Dans certaines régions, on était rigoureux sur l'hommage; on appelait *fiefs de danger* ceux dont on encourait la commise en en prenant possession avant l'hommage [54].

Ce droit sévère fut tempéré par l'introduction de la *saisie féodale*. D'abord spontanée de la part du suzerain et bornée aux meubles pour les infractions peu graves [55], elle fut tournée en acte judiciaire et substituée à la commise pour celles concernant le service du fief. On disait que le suzerain « assénait le fief » ou le « réunissait à sa table »; car, tant qu'elle durait, il faisait les fruits siens [56]. Elle fut admise : 1° pour « défaute d'homme » si l'hommage n'était porté au changement de suzerain, à moins que le fief

<hr>

(50) *Ass. de Jérus.*, J.-I., 184, 191, t. 1, pp. 287, 305; *Et. de Saint-Louis*, I, 52-53; *C. de Touraine-Anjou*, 44; *Règles coutumières*, 14 (t. 2, p. 74 et s.; t. 3, pp. 8, 215); *Cout. d'Artois*, XV, p. 48; *Gr. cout. de Fr.*, II, 25, p. 284; Loysel, nos 648, 650, 842.

(51) *Lib. feudorum*, I, 26, 4 ; *Jostice et Plet*, XVIII, 26, p. 285 et s.; P. de Fontaines, XIII, 15, p. 7; *Et. de Saint-Louis*, I, 86; II, 30, 38 (t. 2, pp. 140, 425, 460 ; Cpr., t. 4, p. 283 et s.). Loysel, n° 667.

(52) *Et. de Saint-Louis*, I, 50, in fine, 53, t. 2, p. 72 et s.; Loysel, n° 648.

(53) *Lib. feud.*, I, 22; *Assises de Jérusalem*, J.-I., 182, 191, t. 1, p. 287, 305 : *Et. de Saint-Louis*, I, 72 = *Abrégé Champenois*, 111 (t. 2, p. 119; t. 3, p. 171); *Anc. C. de Bretagne*, 240 (Dargentré, Comm., 1528, p. 1160).

(54) Loysel, nos 575, 646.

(55) P. de Fontaines, XXI, 9, p. 227 et s.; *Cout. d'Artois*, XVII, p. 49. Sur ses origines : Viollet, *Et. de Saint-Louis*, t. 4, p. 81 et s.; Pocquet de Livonnière, *Règles du dr. fr.*, II, 3, 1.

(56) *Et. de Saint-Louis*, I, 105 (t. 2, p. 178); Loysel, nos 575, 597.

ne fût tenu « à un hommage tant seulement » ou à celui du vassal.
Celui-ci jouissait d'un délai ou souffrance, de 40 jours, pendant lequel le suzerain put d'abord opérer la saisie, mais à charge de
restituer les fruits (⁵⁷); 2° pour défaut d'aveu et dénombrement :
inventaire (⁵⁸) qui succéda à l'ancienne montrée et que le vassal devait remettre au suzerain de ce qu'il tenait de lui, au moins une
fois, et le semondre d'accepter; les choses recélées étaient confisquées (⁵⁹); 3° pour absence de l'ost, après convocation régulière;
elle durait alors un an, mais n'était pas, semble-t-il, pratiquée
partout (⁶⁰); 4° pour non-paiement des droits casuels, à moins que
le suzerain ne l'eût pas réservée à la prestation de l'hommage (⁶¹).
À l'origine, la saisie, au bout de l'an et jour, entraînait la commise; très vite il n'en fut plus ainsi. En outre, à défaut d'aveu et
pour fautes légères, le suzerain ne « réunit plus le fief à sa table ».
La saisie ne fut qu'un moyen de contrainte; le retard dans le paiement des droits casuels ne fut plus puni que d'une amende égale
à ces droits.

La violation de la foi se manifestait de la part du suzerain par
l'outrage à la personne du vassal et des siens, par voies de fait
contre eux et leurs biens, mais le plus ordinairement par le déni
de justice, « défaute de droit » ou faux jugement, prouvés judiciairement (⁶²). Or, « fidélité et félonie sont réciproques entre le seigneur et le vassal et comme le fief se confisque par le vassal, ainsi
la tenure féodale par le seigneur », c'est-à-dire que le vassal gardait le fief comme alleu, s'il n'avait pas de suzerain supérieur,
sinon il relevait désormais directement de lui (⁶³).

(57) *Des fiefs à l'usage de France* (NRH., 1919, p. 558 et s.). *Et. de Saint-Louis*, II, 19 = *Abr. Champenois*, 149, t. 2, p. 396 ; t. 3, p. 173 ; *Gr. Cout. de Fr.*, II, 27, pp. 297-307 ; Loysel, n° 602.

(58) Encore inconnu au temps des *Etablissements de Saint-Louis* (t. 3, p. 323).

(59) Loysel, n°ˢ 595, 596, 598. La saisie était aussi une contrainte contre la non-comparution en justice : P. de Fontaines, XXI, 18, p. 243.

(60) *Ass. de Jérus.*, J.-I., 191, t. 1, p. 305 ; *Constit. de Simon de Mont-fort*, ap. Galland, *Du franc-alleu*, p. 358. Il semble qu'on ait passé, ailleurs, directement de la commise à l'amende : Brussel, p. 147.

(61) *Gr. Cout. de France*, II, 27, p. 297 ; Loysel, n°ˢ 575, 603.

(62) *Et. de Saint-Louis*, I, 56, 86 ; II, 6, 16 (t. 2, pp. 79, 142, 341, 383 ; t. 3, p. 334 ; t. 4, p. 283 et s.); *Tr. anc. C. de Bretagne*, 60 (éd. Planiol, p. 120). J. Boutillier, I, 39, p. 276 ; *Gr. Cout. de Fr.*, II, 29, p. 309.

(63) *Et. de Saint-Louis*, I, 53 (t. 2, p. 76); *Cout. d'Artois*, XVI, p. 44 ; Loysel, n° 649.

2° La patrimonialité des fiefs.

I. *La succession aux fiefs.* — Le fief était, à ses origines, essentiellement temporaire. Conclu *intuitu personae* de part et d'autre, le contrat de fief prenait fin à la mort soit du suzerain, soit du vassal.

Cependant des inféodations étaient consenties à un chevalier et à sa postérité; à défaut, le vassal, avant de mourir, priait le suzerain de maintenir sur le fief tel ou tel de ses descendants, apte à en assurer le service, ou, après sa mort, ses héritiers l'obtenaient. La longue possession, leur besoin de la terre pour vivre, la difficulté de les y remplacer établirent en faveur de nombreuses familles une hérédité de fait soutenue par l'opinion (64) et le point d'honneur qu'on se faisait, ce semble, de ne point accepter d'investiture au dommage d'un frère d'armes (65). Constituée plus ou moins vite selon les lieux et les cas (66), la patrimonialité devint en France à peu près générale à mesure que les services personnels diminuèrent d'importance, car moins le subordonné fut utile à celui de qui il tenait la terre, plus ses prétentions sur elle s'accrurent et se réalisèrent (67).

La première manifestation de la patrimonialité fut naturellement l'hérédité; mais la nature et le but du fief la soumirent presque partout à des règles s'écartant du droit commun, qui était le partage égal entre les enfants. Ce furent : 1° le *droit d'aînesse*, commandé par l'indivisibilité du fief qui, morcelé, n'eût plus pourvu

(64) *Cart. de N.-D. de Chartres* (éd. Lespinois-Merlet, t. 1, p. 73). Diplômes de 901 et 904 (HF., t. 9, pp. 440, 592).

(65) Hincmar, *Ad. Carolum reg. pro Eccl. defensione* (PL., t. 125, p. 1036); Richer, IV, 75 (éd. Guadet, t. 2, p. 255). *Couronnement de Loys*, vv. 83, 153, 178 (éd. Langlois, pp. 6, 9, 11); *Charroi de Nimes*, vv. 310 et s. (Meyer, *Rec. d'anc. textes*, pp. 250 et s.).

(66) Voy. ci-dessus, pp. 173 et s.

(67) *Lib. feud.*, I, 1, 1 : « Antiquissimo enim tempore sic erat in dominorum potestate connexum, ut quando vellent possent auferre rem in feudum a se datam. Postea vero eo ventum est ut per annum tantum firmitatem haberent. Deinde statutum est ut usque ad vitam fidelis produceretur, sed cum hoc jure successionis ad filios non pertineret, sic progressum est ut ad filios deveniret : in quem scilicet dominus hoc vellet beneficium confirmare. Quod hodie ita stabilitum ut ad omnes aequalitur veniat. » 4 : « Hoc quoque sciendum est quod beneficium ad venientes ex latere ultra fratres patrueles non progreditur successione, secundum usum ab antiquis sapientibus constitutum, licet moderno tempore usque ad septimum geniculum sit usurpatum ; quod in masculis descendentibus novo jure usque ad infinitum extenditur. »

à l'entretien et à l'équipement du vassal; 2° le *privilège de masculinité*, les services d'ost et de cour ne paraissant pas le fait d'une
femme; 3° la règle : *Fief ne remonte*, parce que ces services requéraient des hommes jeunes. Mais ces dérogations, qu'on n'admit pas toujours sans résistance, ne se maintinrent longtemps
intactes nulle part. Les conventions particulières d'inféodations,
les coutumes, les établissements seigneuriaux aboutirent à un droit
extrêmement disparate dont il n'est possible de marquer ici que
les traits principaux (⁶⁸).

Le *droit d'aînesse*, inconnu d'abord dans certaines régions (⁶⁹),
apparaît au contraire rigoureux dans d'autres : l'aîné y était tenu
à peine moralement d'assurer la vie de ses frères et sœurs, selon
ses ressources ou les besoins de leur état, ou du moins ne les
lotissait qu'en usufruit (⁷⁰). Ailleurs, après avoir régné, il déclina
vite. Des établissements seigneuriaux l'introduisirent ou le ren-
forcèrent en Normandie sous Henri II, en Bretagne sous le comte
Geoffroi (1185), qui l'imposèrent aux baronnies, aux fiefs de chevaliers et sergenteries ducales, en Champagne (1224), en Gascogne (1295), etc. (⁷¹). Heurtant visiblement l'opinion générale, il fut
entamé par des pratiques testamentaires (⁷²) ou coutumières qui
tâchaient de concilier l'intérêt du suzerain et celui des puînés. Selon les coutumes et les moments, on usa à cet effet de divers systèmes. Le premier attribuait à l'aîné, avec le principal château,
les deux tiers ou la moitié de la succession, selon qu'il avait un ou
plusieurs cohéritiers, parfois les quatre cinquièmes, et partageait
le reste entre les puînés qui faisaient chacun hommage de leur
part à l'aîné. Celui-ci portait la foi et l'hommage et garantissait
seul le service du fief entier au suzerain dont ses frères deve-

---

(68) G. Durant, *loc cit.*, n° 25. V. Charlot, *Le droit d'aînesse dans la
France coutumière*, Thèse-Paris, 1901.

(69) *Lib. feudorum*, I, 1, 1.

(70) P. de Fontaines, XXXIV, 2-4, n. 416 et s.; Boutillier, I, 84, p. 426 ;
C. du Maine, 242. *Enquête sur la châtellenie de Montdidier* (HF., t. 23,
p. 658, 3). D'Espinay, *Cart. Angevins*, p. 231 et s. L'usufruit portait sur le
tiers ou le cinquième des biens féodaux : *Et. de Saint-Louis*, I, 26 (t. 2,
p. 36 ; t. 3, p. 285). *Cout. de Picardie*, 73 (éd. Marnier, p. 63). *Anc. C.
d'Amiens*, 38-39.

(71) *Tr. Anc. Cout. de Normandie*, VIII, 4-5, p. 7. *Statuta et cons. Norm.*,
VIII, 4-5, p. 8. *Summa de leg. Normannie*, XXIV, 1, p. 79. Planiol, *L'Assise
du comte Geoffroi*, art. 1 (1185) (NRH., 1887, p. 117 et s.); Brussel, pp. 876,
881, 884.

(72) *Et de Saint-Louis*, I, 26 = *C. de Touraine-Anjou*, 17 (t. 2, p. 36; t. 3,
p. 9).

naient les arrière-vasseaux [73]. Cet usage, le plus répandu en
France [74] dans les premiers temps, ne voilait que momentanément le morcellement de la tenure, destiné à s'accroître à chaque
génération. Aussi des coutumes exigeaient ou permettaient que
chaque copartageant fît hommage direct au seigneur du fief [75].
D'autres ne l'appliquaient que s'il y avait moins de fiefs que d'enfants, sinon l'aîné choisissait, et chacun en suivant jusqu'à épui-
sement, mais seulement si les fiefs relevaient du même suzerain;
car pour les fiefs tenus de suzerains différents, « lors les emporterait tous l'aisné fils, par raison de son aisneté » [76]. Un second
système fut la *tenure en parage* dont il y eut deux sortes. Le *parage
général*, visant surtout à prolonger l'unité familiale, fleurit en Normandie. L'aîné, à son défaut son fils aîné, comme héritier principal, était saisi de toute la succession jusqu'à la demande de partage à formuler par les puînés, car sa branche formait tête de famille. Alors le plus jeune faisait les lots dans lesquels l'indivisibilité des fiefs devait être respectée, puis chacun par rang d'âge,
à commencer par l'aîné, choisissait. Celui-ci restait chef féodal
et portait seul l'hommage pour toute la succession; ses frères ou
oncles servaient les fiefs qui leur étaient échus, sous sa main et
sa garantie [77]. Le *parage ordinaire* supposait la succession de plusieurs à un fief unique et indivisible et servait à en masquer le
plus possible le partage économique. Le préciput de l'aîné prélevé,
les deux tiers, la moitié ou le cinquième restant étaient divisés
entre les autres sans qu'ils eussent à faire hommage à personne,
ni à en supporter la moindre charge, sauf les « loyaux aides ». En
échange de leur simple *fidelitas*, l'aîné assumait les obligations
vassaliques comme s'il eût été seul [78]. Le suzerain voyait en lui

(73) P. de Fontaines, *loc. cit.*; *Jostice et Plet*, XII, 6, 30; 21, 7, pp. 233,
232 ; *Et. de Saint-Louis*, I, 10 (t. 2, p. 19); Beaumanoir, n°s 249, 465, 1478,
1491. Cpr. *Gr. Cout. de France*, II, 25, p. 282.

(74) Otto de Freisingen, *Gesta Frederici*, II, 48 (éd. Waitz, p. 124) : « Pene
in omnibus Galliæ provinciis servatur... quod semper seniori fratri paternæ
hereditatis cedat auctoritas, ceteris ad illum tanquam ad dominum respicien-
tibus. »

(75) Brussel, p. 870 et s. Cpr. *Gr. Cout. de Fr.*, II, 27, p. 290 et s.

(76) *Ass. de Jérus.*, J.-I., 148, t. 1, p. 223 ; *Et. de Saint-Louis*, I, 26 (t. 2,
p. 36 ; t. 3, p. 285) ; Boutillier, I, 86, p. 448.

(77) *Statuta et const. Normanniæ*, LXXXIII, p. 91. *Tr. Anc. Cout. de Nor-
mandie*, LXXXIV, p. 77. *Summa de leg. Normanniæ*, XXIV, 1, p. 79.
Génestal, *Le parage normand* (Bibl. d'hist. du dr. normand, fasc. II, 1911);
Lefebvre, *L'anc. dr. suce. de Normandie* (NHR., 1917, p. 91 et s.).

(78) *Et. de Saint-Louis*, I, 46, 47, 81, 119, 130, 147 = *C. de Touraine-Anjou*,
1, 3, 15, 70, 108, 119, 183 (t. 2, pp. 65, 132, 213, 246, 281; t. 3, pp. 4, 5, 9,

tout le fief; on l'appelait le « miroir de fief ». Si un aparageur
mourait ou encourait la confiscation, à l'aîné seul revenait sa
part (⁷⁹). Le parage se perpétuait tant que durait le lignage, jusqu'à la septième, plus tard la quatrième génération; au delà, le
représentant de la branche aînée pouvait exiger des autres qu'ils
lui fissent hommage (⁸⁰). La *tenure en frérage* différait des précédentes en ce que l'aîné des puînés faisait hommage lige à
son aîné pour sa part et celles de ses autres frères qui
servaient leurs fiefs ou portions de fiefs, « sous sa garantie et par sa main », tandis que le chef de la famille
reportait au suzerain l'hommage de tout ce qui était tenu
en *frérage* (⁸¹). Dans le Midi où le droit d'aînesse ne fut introduit que tardivement par quelques coutumes, la liberté de tester
avait permis souvent les mêmes effets. A défaut, les héritiers
avaient coutume de rester pendant plusieurs générations dans l'in-
division, de sorte qu'à la fin les copropriétaires ou *pariers* avaient
des parts fort inégales dans le fief : ils s'associaient pour établir
une administration et une justice à frais communs et en partageaient les profits proportionnellement à leurs droits. Les détails
de ces *pariages* pouvaient varier; des arrangements intervenaient
pour le service du fief (⁸²). Mais dans un grand nombre de coutu-

21, 46, 71, 80, 91). Si le fief était assorti d'une justice, l'aîné la gardait toute,
les autres n'en partageaient que les émoluments. Cép. *Gr. Coût. de Fr.*, II,
25, p. 282.

(79) *Et. de Saint-Louis*, I, 23 (t. 2, p. 33 ; t. 3, p. 297). Cpr. *Sum. de leg.
Normannie loc. cit.; Assise du comte Geoffroi* (NHR., 1887, p. 121); L. Delisle, *Rec. des jug. de l'Echiquier*, n° 599.

(80) *Et. de Saint-Louis*, I, 24, 48, 79 = *C. de Tour.-Anj.*, 15, 28, 68 (t. 2,
pp. 33, 66, 129 ; t. 3, pp. 9, 21, 44, 278).

(81) Chénon, *Le pays de Berry et le détroit de sa coutume* (NRH., 1915,
p. 604 et s.). Quelques coutumes pratiquèrent des modes de succession aux
fiefs assez étranges ; ainsi, en Poitou, dans certaines régions, les biens
féodaux, prélèvement fait d'un quart à partager entre les filles, s'il y
en avait, passaient successivement, par ordre de primogéniture, à tous les
frères pour revenir à la mort du dernier au fils aîné du premier, chaque
titulaire successif devant fournir à ses frères et neveux, fils de l'aîné, une
provision des deux neuvièmes des fiefs. Dans une coutume voisine, le fils
représentant de la branche aînée, après le décès de ses oncles, ne recueillait
que les deux tiers des biens nobles, l'autre se partageant entre tous ses
cousins germains. Ce mode de succession était le *viage* ou *retour* : voy.
d'Espinay, *Le dr. d'aînesse en Poitou* (NRH., 1896, p. 477); M. Garaud,
Le viage ou le retour du vieux « coustumier de Poictou » (1417) (*Bull. de
la Soc. des Antiq. de l'Ouest*, 1921, p. 747-786). La succession de frère à
frère apparaît dans d'autres lieux : Planiol, *L'assise du comte Geoffroi*
(NRH., 1887, p. 115).

(82) *Hist. du Languedoc* (éd. Privat), t. 7, note XLVI, p. 150 et s.; Ménard,
Hist. civ. de Nîmes, t. 1, proem., n°ˢ 6, 9, 72 ; Contrasti, *op. cit.*, p. 48.

mes, ces diverses pratiques n'étaient tolérées que pour les fiefs inférieurs. Baronnies, fiefs de hauḃert continuaient d'être dévolus
en entier à l'aîné sous la condition de fournir aux autres un
« avenant bienfait » ou pension viagère ([83]); en outre, les fiefs
trop petits pour lotir plus d'un chevalier ne se divisaient pas ([84]).
Cependant le démembrement continu des fiefs moyens ruinant
l'édifice féodal, les seigneurs tâchèrent du moins de recouvrer
l'hommage direct des arrière-vassaux. Une ordonnance royale
(1209) interdit à partir du 1er mai 1210 la constitution de nouveaux
parages et obligea tous possesseurs de fief démembré à l'avenir d'en
faire hommage au seigneur du fief et de servir celui-ci sans intermédiaire ([85]). Mais, sauf au centre du domaine royal, les anciens
errements persistèrent ([86]).

Le *privilège de masculinité* ne fut jamais absolu; si la coutume
d'abord l'imposait, la convention pouvait y déroger ([87]). Très vite
les femmes ne furent plus exclues en ligne directe que par les descendants mâles, « car fille ne puet estre dreit heir devant fils » ([88]).
Des coutumes s'en tinrent là; d'autres, réservant ses prérogatives à
l'aîné des mâles, firent concourir les sœurs avec les puînés ([89]).
On vit, parfois dans la même région, des « fiefs masculins » réservés aux hommes et des « fiefs de quenouille » accessibles aux
femmes ([90]). Quand des filles venaient seules à la succession, le
principe prévalut qu' « entre femeles n'a point d'ennéence » ([91]).
Mais il y eut des exceptions : de sorte que tantôt l'aînée jouissait
des mêmes droits qui eussent appartenu au fils, surtout pour les

---

(83) *Jostice et Plet*, XII, 6, 16, p. 233 ; *Et. de Saint-Louis*, I, 26 (t. 2,
p. 36 ; t. 3, p. 284); *Cout. et institut. de l'Anjou et du Maine* (éd. Beautemps-Beaupré, t. 1, p. 183 et s.); *Summa de leg. Norm.*, XXIV, p. 79; *Assise du comte Geoffroi*, art. 1 (NRH., 1887, p. 117); *Constit. de Simon de
Montfort* (1225), *loc. cit.*, p. 357, 362.

(84) P. de Fontaines, XXIV, 8-9, p. 419 ; *Ass. de Jérus.*, J.-I., 150, t. 1,
p. 226.

(85) Brussel, pp. 873-874, note (a); *Gr. Cout. de Fr.*, II, 24, p. 290.

(86) Ainsi en Normandie jusqu'au xvᵉ siècle, en Anjou, quoique dise
Brussel, p. 879. Il semble qu'on y ait mieux tenu la main quand il n'y
avait que des filles : *Arrêt du Conseil* (1315) : NRH., 1911, p. 694.

(87) *Lib. feud.*, I, 1, 3, 8 : « Filia non succedit in feudo, nisi investitura
fuerit ut filii et filiæ succedant. » Brussel, p. 91 ; Marca, *Hist. de Béarn*,
preuves, II (a. 1192), p. 945.

(88) *Ass. de Jérus.*, J.-I., 175, 176, t. 1, p. 275 et s. *Const. dem. el Chastelet*,
75, p. 82 ; *Stat. et cons. Norm.*, XXXIV, p. 28.

(89) Beaumanoir, nº 465 ; *Gr. Cout. de Fr.*, II, 27, p. 290.

(90) Stouff, *Catherine de Bourgogne et la féodalité alsacienne*, p. 151.

(91) *Jostice et Plet*, XII, 6, 14, p. 233; Loysel, nº 632.

baronnies ([92]); tantôt elle ne prenait que le principal manoir et la *chesée* ou *vol du chapon* et une part égale à celles de ses sœurs qu'elle garantissait en parage ([93]). Si la vassale pouvait en fait siéger dans la cour du suzerain, son sexe lui interdisait les autres services personnels, qu'elle rendait par procureur ([94]). Comme il était normal que celui-ci fût son mari, elle était tenue au mariage. Sauf en de rares coutumes, l'héritière du fief ne pouvait se marier sans l'assentiment du suzerain ([95]) qui était en droit d'exiger d'elle le mariage, de 15 à 60 ans, sous peine de commise, et de la semondre, en cas de négligence, de choisir sur une liste de trois barons, celui qui lui agréerait; pour cela, il devait prendre avis du lignage paternel ([96]).

L'exclusion des ascendants qui résultait de clauses de style insérées aux contrats de fief ([97]), ne résista pas longtemps. Sans grandes conséquences par elle-même, peut-être contribua-t-elle à l'introduction d'une autre règle de portée plus large : « Propres ne remontent » ([98]). Sous sa forme primitive, elle était écartée au XIIIᵉ siècle ([99])

Au début la succession féodale n'avait lieu qu'en ligne directe, à moins de convention contraire. Puis on admit les frères et successivement les autres collatéraux. Des formules d'inféodation investissaient le vassal et tous ses hoirs. On y vit une sorte de substitution fidéicommissaire en faveur de ces derniers qui, après deux générations, comptaient des collatéraux ([100]). Quand se fut accentué le caractère patrimonial des fiefs, leur droit fut expliqué autrement; mais il se différencia de celui de la ligne directe

(92) *Assises de Jérusalem*, J.-I., 150, t. 1, p. 226 ; *Et. de Saint-Louis*, I, 12 = *Comp. de us. et consuet. Andegaviae*, 56, 63 (t. 2, p. 26; t. 3, pp. 129 261).

(93) *Et. de Saint-Louis*, loc. cit.; Beaumanoir, nᵒ 464, 472, 473; *Statuta et constit. Normannie*, IX, XIII, pp. 9, 13 ; *Etabl. de la Comtesse de Champagne* (1212), ap. Brussel, p. 875.

(94) *Jostice et Plet*, XII, 7, 3, p. 230 ; Beaumanoir, nᵒ 821 ; *Tr. anc. C. de Bretagne*, art. 233 (éd. Planiol, p. 232). G. Durand, *loc. cit.*, nᵒ 25.

(95) *Ass. de Jérus.*, J.-I., 177, 227, 229, 231, t. 1, pp. 279, 359, 364-66 ; *Et. de Saint-Louis*, I, 67 (t. 2, p. 99, cpr. t. 1, p. 145). *Tr. anc. C. de Bretagne*, art. 232, loc. cit.; *Summa de leg. Normannie*, XXXI (éd. Tardif, p. 105); *Let. pat. de Henri II*, 8 ; *Acte entre Philippe-Auguste et Alix d'Issoudun*, ap. Brussel, p. III, p. 448.

(96) *Ass. de Jérus.*, J.-I., 154, 171, 179, 227, 330, t. 1, pp. 254, 264, 269, 359, 365. Cpr. *Et. de Saint-Louis*, I, 67 (t. 2, p. 94).

(97) *Lib. feud.*, II, 50, 84 ; *Ass. de Jérus.*, J.-I., 181, 185, t. 1, p. 264, 288.

(98) Loysel, nᵒ 332, et les commentaires de Laurière.

(99) Beaumanoir, nᵒ 493.

(100) *Lib. feud.*, I, 1. 2-4 ; *Orderic Vital* (éd. Leprévost, t. 2, pp. 92, 104).

par l'absence de droit d'aînesse dans presque toutes les coutumes, sauf pour les baronnies ([101]), et par une persistance plus marquée du privilège de masculinité : les collatérales, d'abord exclues par tous les mâles, même par leurs fils ([102]), le furent du moins, dans la suite, par ceux du même degré qu'elles ([103]).

La succession établie sur le consentement exprès ou tacite du suzerain ou sur une substitution incluse dans l'inféodation ne laissait place à aucune disposition testamentaire. Il en fut autrement quand elle dériva de la patrimonialité. De bonne heure dans le Midi, et dans le Nord, quand s'y fut développée la pratique des testaments, les fiefs furent soumis en général aux règles concernant les acquêts et les propres ([104]). Au XIIIe siècle, le vassal pouvait disposer tantôt du cinquième, tantôt du tiers des fiefs; le droit de tester était ainsi limité par le privilège de l'aîné. Puis, plus largement, on appliqua la réserve des quatre quints des propres, et des coutumiers amorcèrent, sous l'appellation de « soutenance des enfants », une renaissance de la légitime ([105]).

L'hérédité des tenures avait gravement atteint le droit primitif du suzerain, sans le faire oublier. Il continuait à s'affirmer sous trois formes : 1° des *droits casuels*. Dans les occasions où jadis le suzerain était libre de reprendre ou de restituer la possession du fief au vassal ou à ses héritiers, ce qu'il ne faisait guère sans exiger un *exenium* ou étrenne ([106]), il fallait encore obtenir de lui, par un nouvel hommage, l'investiture, qui donnait lieu à la perception d'un *droit de relief* ou *de rachat*. A l'origine, il était dû à la mort soit du suzerain, soit du vassal; car le contrat de fief était rompu. Mais, hors quelques coutumes et des fiefs dont on disait qu'ils « relevaient de tout » ([107]), le vassal ne dut bientôt au nouveau

(101) *Jostice et Plet*, XII, 16, 15, p. 232. Beaumanoir, n° 469 : « En escheoite de costé n'an point d'ainsneece, ains en porte autant l'uns comme l'autres et va chacuns de sa partie à l'homage du seigneur. » Cependant l'aîné prenait le nom, le cri et les armes : Loysel, n. 633. *Contra*, P. de Fontaines, XXXIV, 12, p. 423 : en Vermandois, le fief ne se partage pas en ligne collatérale. *Et. de Saint-Louis*, I, 23 = *C de Tour.-Anjou* (t. 2, p. 203, t. 3, p. 9); *C. de Touraine* (nouv.), art. 282, *C. du Lodunois*, art. 23.

(102) *Cout. desmenées et Chastelet*, 68, p. 77 ; *Olim*, t. 1, 567 (a. 1261).

(103) *Jostice et Plet*, XII, 6, 26, p. 227; Beaumanoir, n° 270; *Cout. notoires*, n° 71 ; *Gr. Cout. de Fr.*, II, 25, p. 273 ; Loysel, n°s 634-636.

(104) Lefebvre, *L'anc. dr. des successions*, t. 1, pp. 236-254.

(105) *Jostice et Plet*, XII, 4, 2, p. 224 et s.; P. de Fontaines, XXIII, XXXIV, 2, 13, p. 411 et s.; Beaumanoir, n°s 362, 365, 369, 382, 482, 1972 ; J. Boutillier, I, 108, p. 604 (*De testament contre pitié*).

(106) Hincmar, *Ad. Carolum reg. pro Ecclesiae defensione*, 14 (PL., t. 125, p. 1088).

(107) *Summa de leg. Normannie*, XXXII (éd. Tardif, p. 107).

suzerain que « les mains et la bouche »; encore fallut-il qu'il en fût semont, car, disait-on, « tant que le seigneur dort, le vassal veille » (¹⁰⁸). Au contraire, le nouveau vassal fut tenu de porter la foi et l'hommage dans les 40 jours de l'ouverture de la succession ou d'obtenir « souffrance » (¹⁰⁹), sinon il y avait « défaute d'homme » (¹¹⁰). Mais le relief (*relevium*), d'abord exigé de tout héritier, bientôt ne le fut plus des descendants, puis des ascendants; dans certaines coutumes, comme celle d'Anjou, il ne fut plus perçu qu'au delà des cousins germains (¹¹¹). Rares furent les coutumes qui, à l'exemple de celles du Vexin et du Poitou, conservèrent le droit primitif (¹¹²). Autrefois débattu entre le suzerain et le vassal et qualifié pour ce motif de « plait de morte main » (¹¹³), le montant du relief fut déterminé, au xiiiᵉ siècle, par l'usage : tantôt, comme en Flandre, Picardie ou Normandie, on adopta un tarif fixe et proportionnel à l'importance du fief ou à son rang (¹¹⁴), tantôt, surtout dans le Midi, les fiefs furent abornés ou abonnés, c'est-à-dire qu'une convention particulière fixait le relief pour chacun d'eux (¹¹⁵); tantôt et ce fut la règle ordinaire, il fut égal au revenu d'une année, calculé sur la moyenne des trois précédentes (¹¹⁶); dans la région parisienne, le vassal pouvait, dans les 40 jours, offrir le choix entre les fruits réels de la première année, ou une somme d'argent correspondante, ou leur estimation à dire d'experts (¹¹⁷); 2° la *garde féodale*. Le fief pouvait échoir à des héritiers mineurs. Anciennement le suzerain le reprenait. L'hérédité une fois admise, il put le remettre sous sa main pendant la minorité du vassal, prolongée vers le xiiᵉ ou le xiiiᵉ siècle jusqu'à

(108) *Et. de Saint-Louis*, II,19 (t. 2, p. 356); *Coutumes notoires*, n° 345.

(109) *Ass. de Jérus.*, J.-I., 191, t. 1, p. 305 ; *Des fiefs à l'usage de France*, § 22; *App.* III, 1 (NRH., 1920, p. 342); Loysel, n° 552.

(110) Ci-dessus, p. 246 et s.

(111) *Jostice et Plet*, XII, 15, 6, p. 231 ; *Et. de Saint-Louis*, I, 24 = *Comp. de us. et consuet. Andegaviae*, 76, 103 (t. 2, p. 33; t. 3, pp. 131, 137); Beaumanoir, nᵒˢ 468-471, 761-766 ; *Gr. Cout. de Fr.*, II, 21, p. 311.

(112) Beaumanoir, n° 763; *Cout. du Vexin*, 8 (NRH., 1884, p. 217); Douet d'Arcq, *Rech. sur les comtes de Beaumont-sur-Oise*, pp. 73, 195, 212.

(113) Guilhiermoz, *op. cit.*, p. 311, note 163.

(114) *Statuta et cons. Norman.*, XLVII, LXXXIV, pp. 39, 93. *Tr. Anc. Cout. de Normandie*, XLVII, LXXXV, pp. 39, 79 ; *Summa de leg. Normannie*, XXXII, p. 107 J. Boutillier, I, 84, p. 492 et s. Guilhiermoz, *loc. cit.*, note 164.

(115) *Arch. Hist. de la Gironde*, t. 3, p. 2 et s.; t. 5, p. 243 et s. Bardonnet, *Hommages d'Alphonse de Poitiers*, pp. 33, 48, 51, 61, 66, 70.

(116) *Et. de Saint-Louis*, I, 24 (t. 2, p. 33); Beaumanoir, n° 762. Cpr. Loysel, nᵒˢ 564, 565. *Ord.*, mai 1235 (?) (Is. t. 1, p. 244). *Brussel*, p. xxxiv.

(117) *Des fiefs à l'usage de France*, § 4ᵃ-[9]ᵃ (NRH., 1920, p. 308); *Gr. Cout. de Fr.*, II, 30, p. 311.

21 ans pour les mâles et 15 ans ([118]), et même jusqu'à leur mariage dans quelques coutumes ([119]), pour les filles. Cette garde procurait au suzerain la jouissance du fief, mais l'obligeait à l'entretenir pour le remettre au vassal majeur ([120]), en même temps qu'il pourvoyait à l'éducation de celui-ci ([121]). Mais presque partout, la garde féodale fut remplacée par le bail des lignagers, sinon le suzerain la mit entre eux aux enchères ou la céda aux plus proches contre finance. Dans l'intérêt du lignage plus que du mineur, le bail était dévolu, dans l'ordre successoral, au plus proche apte à servir le fief ([122]) et la garde de l'enfant était confiée à une autre personne, car « ne deit mi garder l'agnel, qui deit en aveir le pel » ([123]). Au xiiie siècle, le bail fut très souvent, au contraire, remis à des ascendants, au père, même à la mère, en l'absence du frère aîné majeur ([124]). Il conservait alors le nom de garde et la personne du mineur était remise au gardien ([125]). Le baillistre jouissait de tous les droits actifs du fief, sauf ceux de disposition du fonds ([126]), acquérait les meubles, faisait siens fruits et revenus, sous la réserve de rendre la tenure à l'issue du bail et de payer les dettes : « Qui bail prend, quitte le rend » ([127]). Il portait la foi et l'hommage ([128]), payait, s'il n'était que collatéral, le

(118) *Et. de Saint-Louis*, I, 19, 78, 82 (t. 2, pp. 28, 126, 132); *Des fiefs à l'usage de France* [10]ª (loc. cit., p. 311); Beaumanoir, n° 5ª2, admet encore douze et quinze ans, n° 546. Cpr. *Cout. d'Artois*, XXIX, 5, p. 77.

(119) *Jostice et Plet*, XII, 6, 7, p. 242; *Et. de Saint-Louis*, I, 67 (t. 2, p. 99); Cpr. *Ord.*, mai 1246 (Is., t. 1, p. 241); Brussel, p. xxxv.

(120) *Tr. Anc. C. de Bretagne*, art. 232 (éd. Planiol, p. 232). *Sum. de leg. Norm.*, XXXI, 13, 14, p. 105.

(121) S'il y avait plusieurs suzerains, la garde appartenait à celui dont le mineur était vassal lige, qui, d'ordinaire, l'élevait parmi ses pages. *Tr. Anc. C. de Normandie*, XI, p. 9. *Stat. et cons. Normannie*, XI, p. 11 = *Sum. de leg. Norm.*, XXXI, 5, p. 102. Cpr. Beaumanoir, n°s 533-534.

(122) Beaumanoir, n° 510 : double bail si le mineur avait des fiefs paternels et maternels, n° 542.

(123) *Ass. de Jérus.*, J.-I., 17ª, 227, t. 1, p. 258-267, 359. *Jostice et Plet*, XII, 6, 12, p. 233 ; *Et. de Saint-Louis*, I, 117 (t. 2, p. 210). Beaumanoir, n°s 506-511. De plusieurs mineurs, le premier majeur pouvait prendre le bail : n° 507.

(124) *Et. de Saint-Louis*, I, 19, 124 (t. 2, pp. 28, 219); Beaumanoir, n° 518 ; *Cout. d'Artois*, XXIX, 3, 4, 8, 16, p. 76 et s.

(125) *Ass. de Jérus.*, J.-I., 170, t. 1, p. 262 : « Par ce que l'eschete ne peut venir à lui » à cause de la règle : *Feuda non ascendunt*, qui au xiiie siècle était tombée en désuétude en France.

(126) Cep. Beaumanoir, n° 515.

(127) *Et. de Saint-Louis* : *Comp. de us. et cons. Andegaviae*, 78 (t. 3, p. 103); Beaumanoir, n°s 508, 527.

(128) *Et. de Saint-Louis*, I, 19 (t. 2, p. 29); Beaumanoir, n° 507.

relief ([129]), accomplissait les obligations vassaliques; c'est pourquoi : « Il n'accepte bail, ni garde qui ne veult » ([130]). Quand il
acceptait, il s'engageait aux charges; et l'on en pouvait exiger
caution ([131]). Le mari de la vassale était à peu près assimilé au
baillistre : on disait qu'il avait le bail ou qu'il était bail de sa
femme ([132]). A défaut de baillistre ou de mari ayant porté l'hommage dans les délais, le fief était saisi pour « défaute
d'homme » ([133]); 3° le *droit de réversion*. Lorsque le vassal ne
laissait d'héritiers d'aucune sorte, le fief faisait retour au suzerain, dont le droit subsistant attirait celui que le vassal avait
laissé tomber en mourant. Un jour vint où cette reprise ne fut permise qu'au haut justicier, encore sous l'obligation de vider ses
mains dans l'an et jour, s'il n'était seigneur direct, afin que celui
qui l'était ne fût pas dépouillé de ses profits ([134]).

II. *Les transferts entre vifs.* — Les aliénations entre vifs, à titre
gratuit ou onéreux, nécessitèrent même après que les fiefs furent
devenus héréditaires et, dans nombre de coutumes, jusqu'au
XIII° ou XIV° siècle, le consentement du suzerain sous peine de commise ([135]). Le contrat de fief ayant été conclu en considération du
vassal et de son lignage, d'autres que n'aurait pas agréés le suzerain, ne pouvaient leur être substitués sur la terre et dans le
groupe féodal ([136]). C'est lentement que les types divers de dispositions entre vifs s'insinuèrent dans la pratique sans que l'assenti-

(129) Peu de coutumes l'exigeaient des ascendants : *Jostice et Plet*, XII,
6, 5, p. 232; Beaumanoir, n°ˢ 517, 519 ; *Gr. Cout. de Fr.*, II, 27, p. 291 et s.
Cpr. *Et. de Saint-Louis : Comp. de us. et cons. Andegaviae*, 103 (t. 3, p. 137).

(130) Beaumanoir, n°ˢ 508, 509, 514, 524 ; *Gr. Cout. de France*, II, 30,
p. 312; *Olim.*, t. 2, p. 240; Loysel, n° 179.

(131) Beaumanoir, n° 520 ; *Cout. d'Artois*, XXIX, 9, XXX, p. 76 et s.

(132) Beaumanoir, n°ˢ 546 et s., *Gr. cout. de Fr.*, II, 27, p. 299, *Olim*, t. 2
(an. 1246), p. 56 ; Brussel, p. xxxv ; Loysel, n° 178.

(133) Beaumanoir, n°ˢ 532-533, Cpr. n° 566 ; *Des fiefs à l'usage de France*
[13]ᵃ, [22]ᵃ, [23]ᵃ (*loc. cit.*, pp. 314, 321 et s.). Cependant le premier mari
d'une femme vierge ne devait pas le relief. *Gr. cout. de Fr.*, II, 27, p. 395.

(134) *Des fiefs à l'usage de Fr.* (NRH, 1919, p. 569).

(135) *Libri feudorum*, I, 13, II, 9, 40. G. Durant, *Speculum juris*, IV, *de
feudis*, n° 30.

(136) Beaumanoir, n°ˢ 77, 1483 : « Je ne voi pas que nus fiés puist estre
mis en arrière fief du seigneur sans l'assentement du seigneur, fors par reson
de partie qui vient en descendant. » *Summa de leg. Normannie*, XXVII.
9, p. 96 : « Notandum eciam est quod nullus terram quàm tenet de domino
per homagium non potest vendere vel invadiare sine assensu domini speciali. » Jacques de Révigny, *ap.* Tourtoulon, *Les œuvres de Jacques de Révigny*, p. 46 et s.: « Non video rationem quomodo possit alienare invito
domino...; sed in feudo exigitur fidelitas et industria personæ. »

ment du suzerain fût requis. On commença par ceux qui facilitaient l'exploitation de la tenure ou les devoirs du vassal. Les *Libri feudorum* permettaient de céder à emphytéose la moitié du fief, mais sans que le bail fût opposable au seigneur de fief ([137]). Les sous-inféodations furent tolérées comme utiles au vassal, soit pour s'assurer les chevaliers qu'il devait mener à l'ost ou les hommes qui le servaient à la guerre, soit pour tirer du sol les ressources pour son entretien et son équipement : ici encore le retour du fief au suzerain entraînait celui des arrière-fiefs à moins que les vavasseurs ne fussent reçus à l'hommage direct ([138]). A mesure que les groupes féodaux s'organisèrent et se soumirent à des règles plus précises, on réagit contre ces démembrements : ici, on les interdit; là, on ne les permit que dans la proportion du tiers ou du quart. Les coutumiers du xiiie siècle ne les admettent qu'à titre gratuit, en faveur des descendants, pour leur part héréditaire, ce qui les ramenait à un avancement d'hoirie ([139]). Plus tard, on maintint le principe, mais en le tournant au moyen du jeu de fief ([140]). L'aliénation proprement dite est déjà permise par les *Libri feudorum* en faveur des descendants, même des collatéraux, parce qu'elle était considérée comme une simple renonciation anticipée en leur faveur. En dehors d'eux, la patrimonialité, en s'affirmant, apportait un nouvel obstacle : au consentement du suzerain devait s'ajouter celui du lignage ([141]). En cas de parage, le chef aparageur ne pouvait aliéner si les autres s'y opposaient; finalement il fut autorisé à vendre sa part après avoir dédommagé ceux qu'il garantissait en parage. Dans le Midi, les coseigneurs avaient sur la part de celui qui aliénait un droit de préemption ([142]). Mais sous la pression des nécessités économiques, la prohibition fut réduite par des coutumes à l'obligation pour le vassal d'offrir le fief au suzerain; le refus de celui-ci de se porter acquéreur rendait à celui-là toute liberté. La règle ancienne disparut dans beaucoup de régions ([143]). Après la vente, toutes façons

(137) *Libri feudorum*, II, 9, 34 et la glose.

(138) *Ibid.*, II, 9; G. Durant, *loc. cit.*, n° 38, p. 314; Boutillier, I, 80, p. 472, décrit sous le nom d'*esclichement de fief* l'aliénation morcelée faite par l'entremise du suzerain.

(139) Beaumanoir, n°⁸ 77, 497, 498, 499 ; *Et. de Saint-Louis*, I, 10 (t. 2, p. 19). La nouvelle *C. de Paris*, art. 51, permit de sous-inféoder les deux tiers.

(140) Loysel, n° 641.

(141) *Lib. feud.*, I, 13, et la glose ; II, 34, 39.

(142) *Et. de Saint-Louis*, I, 130 (t. 2, p. 240). Molinier, *Et. de l'adm. féod. dans le Languedoc*, p. 151 et s.

(143) G. Durant, *loc. cit.*, n° 30, p. 313.

de disposer du fief furent successivement acceptées, même la plus grave, l'*impignoratio*, longtemps interdite, car le fief ne garantissait pas même d'une façon générale les dettes du vassal. On fit une première exception pour celles dont le fief était l'occasion; puis les créanciers furent admis à saisir celui-ci (144). Au XIVe siècle, dans le droit de l'Ile de France, le vassal pouvait engager son fief pour trois ans, sans recourir au suzerain; mais les rentes constituées sur cette terre ne lui étaient pas opposables (145). De militaire, la féodalité tendait à devenir économique. Les traités et compilations de droit féodal de la fin du XIIIe et du XIVe siècle révèlent ce caractère nouveau. S'ils sont rigoureux sur la prestation de l'hommage, c'est qu'il était le signe du paiement des droits casuels et l'investiture qui l'accompagnait, un moyen de contraindre à les payer. Ces droits pécuniaires devenaient l'intérêt principal des suzerains : on en dressait des catalogues méthodiques (146).

Du même coup, les droits qui restaient au suzerain sur la terre et qui jadis n'auraient pu être aliénés, car le vassal pouvait exiger que celui-ci ne se substituât pas un tiers, devinrent des valeurs d'échange et furent l'objet des mêmes transactions. C'étaient eux qui, par rapport au suzerain, constituaient le fief. Ils embrassaient, outre les services personnels (147), les droits casuels auxquels les mutations par décès donnaient ouverture et ceux qui se rattachaient aux mutations entre vifs et qui étaient au nombre de trois : 1° le droit d'exiger l'*hommage* du nouveau vassal et de l'investir du fief : l'aliénateur devait se dessaisir aux mains du suzerain, en le priant d'investir l'acquéreur en échange de l'hommage, car la propriété de la tenure n'était acquise que par là (148): le vassal entrant avait 40 jours pour requérir « sa prise en

----

(144) *Ass. de Jérus.*, J.-I., 186, t. 1, p. 294 ; Boutillier, I, 71, p. 271 et s.

(145) *Des fiefs à l'usage de France* [13]ᵃ, [35]ᵃ. App. II [5]ᵃ (NRH., 1920, pp. 314, 334, 340). Cpr. Loysel, nᵒˢ 650 et s. Mais l'on a de bien plus anciens exemples d'engagements de fiefs : *Cart. de Saint-Vincent du Mans*, nᵒˢ 317, 321 (a. 1096) (éd. Charles-Menjot d'Elbenne, p. 190 et s.); *Cart. de La Réole* (a. 1087) (éd. Grellet, p. 140).

(146) *Sic* les *Jura feodalia*, dans le *Livre Bertrand de Saint-Martin-des-Champs* (1340), le *Livre des fiefs de Saint-Denys* (1384), par Jehan Gaucher, sur l'ordre de l'abbé Gui de Monceau; voyez Boulen et O. Martin (NRH., 1919, p. 548 et s.).

(147) Ci-dessus, p. 242 et s.

(148) *Et. de Saint-Louis*, II, 19 (t. 2, 398) ; Beaumanoir, nᵒ 1553 ; cpr. nᵒ 769 ; *Des fiefs à l'usage de Fr. App.* II [7] ; IV [4] (*loc. cit.*, pp. 338, 343) ; *Gr. Cout. de Fr.*, II, 25, p. 273 : « Si c'est fief noble, saisine de droit, ne autre n'est acquise sans foi. »

foi » ([149]); 2° une taxe jadis débattue avec le suzerain quand il consentait au transfert du fief, mais, qui, devenue coutumière, était fixée en général au cinquième du prix, plus parfois le cinquième de ce cinquième : c'étaient le *quint* et le *requint* ([150]). Quelques coutumes s'en tenaient à un droit de lods et vente du douzième du prix ([151]). Ces droits frappaient les aliénations à titre onéreux. Les donations restaient soumises, comme les successions, au droit de *relief* ou de *rachat* ([152]); 3° le droit de *retrait féodal*. Le suzerain, avait le droit de prendre le fief pour lui au prix de vente, avant d'investir l'acquéreur, à moins que celui-ci ne fût du lignage du vendeur et que le fief ne vînt de son côté ([153]), car autrement « li sires est plus pres de ravoir par la bourse ce qui muet de lui que n'est persone estrange » ([154]). Ce retrait était, dans la plupart des coutumes, primé par le retrait lignager ([155]).

Le droit d'aliéner le fief n'emportait pas celui de le diminuer, de l' « abréger ». L'aliénation changeait la personne du vassal, mais ne réduisait pas la valeur intrinsèque du fief, ce qui avait lieu, au contraire, si le vassal cédait à un étranger son homme de fief, car il perdait les services et les droits casuels ([156]); s'il divisait son fief en plusieurs sans retenir aucun droit sur les parties aliénées; s'il l'accensait en tout ou en partie ([157]); s'il renonçait à l'hommage ainsi qu'aux services et droits qui y étaient attachés en échange d'une rente   annuelle ([158]) : on disait alors le fief

---

(149) *Et. de Saint-Louis, loc. cit.; Des fiefs à l'usage de Fr.*, App. III [1], IV [1], [3] (*loc. cit.*, p. 342 et s.).

(150) *Jostice et Plet*, XII, 13, 21, p. 341; Beaumanoir, nos 767, 1581; *Gr. Cout. de Fr.*, II, 25, 30, pp. 272, 313. Au lieu du requint, on donne ailleurs quelques menues redevances : marc d'argent, roussin, etc. Loysel, nos 571-572.

(151) *C. de Toulouse*, n° 135, p. 65. Beautemps-Beaupré, *Cout. et instit. de l'Anjou et du Maine*, t. 1, p. 423.

(152) Beaumanoir, n° 766 ; *Gr. Cout. de Fr.*, II, 30, p. 313 ; Loysel, n. 573 : « Quand quint est dû, n'est dû relief, et quand relief est dû, ne sont dus quints. »

(153) C'est-à-dire ne lui fût un « propre ».

(154) Beaumanoir, n° 1553. *Et. de Saint-Louis : Abrégé Champenois*, 19 (t. 3, p. 148); *Des fiefs à l'us. de Fr.* [36]a (*loc. cit.*, p. 335); *G. Cout. de Fr.*, II, 25, p. 274.

(155) *Et. de Saint-Louis*, I, 164-166, t. 2, p. 304 et s.; c'est le contraire dans le Midi : t. 4, p. 184 et s. Cpr. *Lib. feud.*, II, 26.

(156) *Et. de Saint-Louis*, I, 120 = *C. de Tour.-Anj.*, 109 (t. 2, p. 217; t. 3, p. 72) : la chose n'était possible que du consentement de l'homme de fief cédé à raison du caractère synallagmatique du lien féodal.

(157) *Cons. dem. del Chastelet de Paris*, 23, 33, p. 42, 51.

(158) Beaumanoir, nos 798-799. *C. d'Anjou*, art. 258, 41. Loysel, n° 547.

« abonné » ou « abrégé » (¹⁵⁹). L'abrègement résultait aussi du
transfert du fief à une personne inapte juridiquement ou physique-
ment à le servir. Primitivement, les hommes de toutes conditions
pouvaient acquérir des fiefs, car, par les fiefs, on cherchait à
créer une élite militaire. Vers la fin du XIIe siècle, les roturiers qui
en achetaient voulaient, pour la plupart, non pas embrasser la
carrière des armes, mais faire des placements d'argent; ils requéraient que ces fiefs fussent « abonnés ». Sous Philippe-Auguste,
tout au moins sous Louis IX, ces acquisitions leur furent interdites (¹⁶⁰). Mais la prohibition ne put tenir devant les transformations économiques et le trafic qui se faisait alors des terres.
Une ordonnance de Philippe III, en 1275, la reprenant pour l'avenir, décidait quant aux acquisitions passées que les non-nobles
tenant fiefs en hommage et les servant effectivement les garde-
raient, que ceux qui possédaient des fiefs « abrégés », s'il ne se
trouvait pas au moins trois suzerains entre l'aliénateur et le roi, ou
transféreraient ces fiefs en mains nobles, ou paieraient une taxe
égale au revenu de deux années; si la tenure avait été muée en
censive, son possesseur paierait la valeur du revenu de quatre années, sinon elle serait restituée dans son état antérieur (¹⁶¹). Beaumanoir explique que cette ordonnance s'applique à tout le
royaume (¹⁶²), mais qu'elle n'atteint ni les fiefs possédés par le roturier du chef de sa femme, ou qui lui sont venus par succession
ab intestat, ni ceux qu'il tient comme baillistre, ou dont l'acquisition a été approuvée par le Prince (¹⁶³). Ces dispositions furent
renouvelées en 1291, 1320, 1328, 1344, puis chroniquement au
cours du XIVe et du XVe siècle (¹⁶⁴). Chaque fois étaient consolidées, moyennant la finance fixée, les acquisitions illégales réalisées

(159) D'autres fois, des fiefs étaient dispensés de la formalité de la foi et
de l'hommage, pour un temps ou définitivement, à titre de récompense ou de
distinction : *feuda franca, feuda honorata.*

(160) *Ass. de Jérus.*, J.-I., 187, t. 1, p. 297 ; G. Durant, *loc. cit.*, n° 30,
p. 317 ; Boutillier, II, 1, p. 654. *Tr. anc. C. de Bretagne*, 263 (éd. Planiol,
p. 256). *Anc. C. de Bretagne*, art. 343, *ap.* Dargentré, p. 1499. Brussel, p. 674.

(161) *Ord.*, 1275, art. 6 à 9 (Is., t. 2, p. 659).

(162) Beaumanoir, n°s 1496 : « Selonc l'establissement le roi li homme de
poosté ne pueent ne ne doivent tenir fief, ni eus acroistre en fief », 1497 :
« ... Car li bourjois et li homme de poosté treoient mout de fiés à eus, si que
au loins aler li prince peussent avoir mendre service des gentius hommes »,
1499.

(163) Beaumanoir, n°s 1500-1504, 1507-1509 ; *Olim*, t. 2, p. 213. Les nobles
par leurs mères payaient le droit de franc-fief : *L. P.*, 15 nov. 1370 (Is., t. 5,
p. 350).

(164) Is., t. 3, p. 222 ; t. 5, pp. 386, 388, 398, 450, 600 ; t. 6, p. 772.

depuis la précédente (¹⁶⁵). On finit par considérer l'achat des fiefs par les roturiers comme reçu sous la condition de payer cette taxe qu'on appela *droit de franc-fief* ou de *nouvel acquêt.* Le non-paiement n'entraîna plus que la saisie (¹⁶⁶). La perception du droit de franc-fief et la dispense de le payer furent des droits purement régaliens (¹⁶⁷).

L'abrègement du fief paraissait encore plus grave si l'acquéreur était un établissement de main-morte. D'une personne morale, aucun des services personnels n'était possible : encore pourrait-elle s'y faire suppléer. Mais, échappant aux accidents humains et régie le plus souvent par un statut qui frappait ses biens d'inaliénabilité, elle ne laissait au suzerain aucun espoir de droits casuels. On interdit d'abord à l'Eglise et aux autres personnes morales l'acquisition des tenures féodales (¹⁶⁸). Mais la piété du temps ne se pliant à ce parti, on les laissa acquérir à la condition qu'elles videraient leurs mains, dans l'an et jour, sous peine de commise (¹⁶⁹), où, du moins, de saisie jusqu'à ce qu'elles se fussent exécutées (¹⁷⁰) : procédé fort critiquable qui forçait l'établissement à vendre à vil prix à des acquéreurs qui l'épiaient à l'expiration du délai. On trouva alors le système « de l'homme vivant, mourant et (parfois) confisquant », c'est-à-dire d'une personne désignée à la mort de qui le relief était payé (¹⁷¹) et, dans quelques coutumes, en cas de crime de sa part, le fief confisqué (¹⁷²) : solution qui ne permettait pas encore de suppléer aux droits dus pour les aliénations entre vifs. Sans faire disparaître ces errements, l'habitude s'introduisit d'un droit compensatoire des avantages perdus par le suzerain; elle prévalut au xiiiᵉ siècle (¹⁷³). L'établissement de mainmorte garda le bien acquis moyennant un *droit d'amortissement.* Mais, comme, le fief étant abrégé, tous les suzerains supé-

---

(165) L'ordonnance de 1291 assimilait fiefs tenus en hommage et abonnés, et exigeait de tous un droit de franc-fief égal à trois années de revenu : Brussel, p. 662, note a.

(166) *Mandement*, 16 février 1367 (Is., t. 5, p. 312).

(167) Boutaric, *Tr. des dr. seigneuriaux*, p. 492 et s.

(168) *Lib. feud.*, I, 13. Cpr. Viollet, *Hist. des inst. pol. et adm. de la Fr.*, t. 2, p. 406.

(169) *Et. de Saint-Louis*, I, 129 (t. 2, p. 243).

(170) *Ass. de Jérus.*, J.-I., 234 bis⁴, 249, t. 1, pp. 372, 399; Beaumanoir, nᵒˢ 367, 1454; *Gr. Cout. de Fr.*, II, 21, p. 258; la *C. de Toulouse*, 144ᶜ, p. 70, exige en même temps le *relief* ou *paix.*

(171) *C. de Toulouse*, loc. cit.

(172) *C. de Bretagne*, art. 368 (éd. Dargentré, p. 69).

(173) *Cart. de Marmoutiers*, nᵒ 621, a. 1090 (éd. Mabille, p. 75). Cpr. *Jostice et Plet*, I, 3, 4, p. 11.

rieurs y prétendaient, ce qui pouvait absorber, et au delà, la valeur du fief, l'ordonnance de 1275 prescrivit que les églises conservassent sans plus la jouissance des biens féodaux, acquis par elles sur les terres des seigneurs ayant toujours eu le droit d'amortir (174), ou dont elles auraient payé l'amortissement à trois suzerains de l'aliénateur. Quant aux biens possédés depuis trente ans sans autorisation royale, elles les pouvaient garder en payant la valeur du revenu de deux ou de trois années suivant qu'ils avaient été acquis à titre gratuit ou onéreux. L'ordonnance de 1291 augmenta ces tarifs (175). Dans les actes qui, périodiquement, ordonnèrent la recherche des biens de mainmorte (176), le principe fut posé que seul le roi avait le droit d'amortir (177). Charles VI fixa la taxe d'amortissement au tiers de la valeur du bien (178). Parfois l'on admit des établissements à s'en racheter par avance ou la perception en fut suspendue pendant une période déterminée. Elle était assez lucrative pour qu'on y revînt très vite (179).

II. — LES TENURES ROTURIÈRES.

1° — Le bail à cens et les origines des cens.

Les tenures roturières, sous les appellations génériques de *fief vilain*, *roture*, *vilenage*, plus communément *censive*, procédaient, au xiii⁰ siècle, du *contractus censuarius* ou *bail à cens*, dégradation du contrat de fief, d'où avaient été éliminés tout rapport personnel entre les contractants et le formalisme ancien, hormis l'investiture qui prenait ici les noms de *saisine*, *ensaisinement*, et

---

(174) Une déclaration de 1920 en compte dix-sept : Brussel, p. 667, note a.

(175) *Ord.*, 1275, art. 1-5 (Is., t. 2, p. 657). *Ord.*, 1291, art. 61-6 : Brussel, p. 662, note a. N'étaient pas soumises à l'amortissement les acquisitions faites par l'Eglise sur les territoires où elle avait la haute justice : *Déclar.*, 1290, art. 6 (Brussel, p 668 et s.).

(176) *Ord.*, 1320, 1326, 5 août 1366, 21 juill. 1368, 7 avr. 1372, 14 juill. 1375, 11 févr. 1385 (Is., t. 3, pp. 271, 322 ; t. 5, pp. 255, 317, 450, t. 6, 600) ; *Ord.* 1324, 1326 (Brussel, v 672).

(177) *Instr. royale*, 8 mai 1372, art. 11 (Is., t. 5, p. 370) : « Au roy seul et pour le tout appartient amortir en tout son royaume, à ce que les choses puissent estre dictes amorties : car supposé que les pers, barons et autres seigneurs subgiez du roy, amortissent pour tant comme il leur touche ce qui est tenu d'eulx, toutes voies ne pevent, ne doivent les choses par eulx amorties avoir effect d'amortissement, jusques à ce que le roy les amortisse. » A défaut, le roi confisquait la tenure. Cpr. Beautemps-Beaupré, *Cont. et inst. de l'Anjou et du Maine*, t. 4, p. 51 et s.; Brussel, p. 655 et s.

(178) *Ord.*, oct. 1402 (Is., t. 7, p. 42).

(179) Brussel, p. 162 et s., et le privilège cité en marge.

dont on dressait un acte écrit. Ces tenures se différenciaient des tenures nobles en ce que le preneur ou *censitaire* n'était obligé envers le bailleur ou *seigneur censier* qu'à des prestations périodiques en argent ou en nature: « Nous apelons vilenage éritage qui est tenus de seigneur a cens, ou a rente ou a champart », dit Beaumanoir, pour qui ces mots sont à peu près synonymes (180).

On peut être surpris que la plupart des terres fussent alors des censives, c'est-à-dire fussent considérées comme ayant été concédées par leurs propriétaires à des tiers, dans des conditions qui, nous le verrons, n'étaient pas d'un grand rapport. Mais il faut tenir compte que : 1° depuis des siècles, des conventions dont tous les types n'avaient pas encore disparu, contribuaient directement ou par détour, à donner aux terres cette situation juridique : *commendatio terrarum* (181), *precariae* (182), *donationes sub modo* (183), *obnoxiationes* (184); 2° après les ravages des Sarrazins, des Normands, des Hongrois et les fléaux naturels qui marquèrent le xr° siècle, les seigneurs disposèrent de nombreuses terres vacantes : chartes de peuplement, villes neuves, contrats d'hostise, mis en jeu pour repeupler les régions dévastées, aboutissaient à céder, moyennant cens ou redevances, des immeubles urbains ou des propriétés rurales (185); 3° la masse des particuliers qui ne pouvaient ou ne voulaient exploiter eux-mêmes leurs terres n'avaient le plus souvent, vu le manque de capitaux des acquéreurs ou la difficulté d'utiliser le prix qu'ils en auraient reçu, que le recours au bail à cens; 4° des tenures serviles, dont les tenanciers étaient affranchis, les suivaient dans la liberté et étaient fré-

(180) Beaumanoir, n° 467 ; *Jostice et Plet*, XII, 2, 2, 224 ; *Et. de Saint-Louis*, I, 104 = *Usage d'Orlenois*, 3, 9, 30 (t. 2, p. 175; t. 1, pp. 496, 498, 515). *Ass. de Jérus.*, C.-B., 43 (éd. Beugnot, t. 2, p. 273). Ici, le mot *seigneur* n'a pas le sens de personne exerçant une autorité publique, mais celui de propriétaire ayant donné son bien à cens.

(181) Pratiquée encore en Limousin sous le nom de *commanda terrae* au xiii° siècle : *Cart. de l'abbaye Uzerche*, aa. 1086, 1114, 1122 (éd. Champeval, p. 147, 234, 297 et s.); *Cart. de Tulle* (éd. Champeval, pp. 40, 120).

(182) Du Cange, v° *Precaria*; Baluze, *Hist. Tutelensis*, App. col. 373, 376, 379, 380.

(183) Par ex.: cession avec réserve d'usufruit : *Cart. de Beaulieu* (éd. Deloche), p. iii; *Cart. de Tulle*, a. 958, p. 315 ; Baluze, *loc. cit.*, col. 339-340.

(184) Dudon de Saint-Quentin, *De mor. et act. ducum Norman.*, II, 31, p. 171 ; *Hist. du Languedoc*, t. 2, *Preuves*, p. 323 ; Van Gennep, *Légendes populaires et Chansons de gestes* (Rec. des Idées, 1910², p. 324).

(185) *Cart. de Saint-Victor de Marseille* (éd. Guérard), n° 77, 1 (p. 104) ; *Cart. de Saint-Hugues de Grenoble*, n° 16 (éd. Marion, p. 93). Ces concessions portaient déjà souvent le nom de *census* : Guérard, *Polypt. d'Irminon*, t. 1, p. 697 et s. et aux tables, v° *Census*.

quemment assimilées aux tenures roturières les plus répandues;
5° beaucoup de cens n'étaient que la survivance du *census* romain
qui avait pris à l'époque carolingienne le caractère de redevance
due pour la jouissance de la terre; divers incidents, tels que les
privilèges d'immunité, avaient transférés ces cens aux mains des
propriétaires fonciers qui ne les distinguaient plus de ceux qu'ils
avaient eux-mêmes stipulés en concédant des immeubles ou des
terres ([186]). Le cens n'était donc pas toujours historiquement d'origine contractuelle; mais les feudistes du xiiie siècle ramenèrent
toutes ces tenures au type unique d'un bail à cens, réel ou supposé, qui, après qu'ils en eurent établi la théorie, tendit à se répandre aux dépens d'autres tractations. Il apparut assez tard
dans plusieurs provinces ([187]); mais, dès lors, il devint la norme
des tenures roturières. Il y en avait bien d'autres, particulières à
certaines provinces; mais elles n'entraient dans le cadre des terres féodales que si elles reproduisaient au moins les caractères essentiels du bail à cens.

La principale obligation du censitaire était le paiement du cens
annuel, en général fort minime, soit que, restant immuable, il eût
perdu, pour les tenures anciennes, toute proportion avec leurs
nouveaux rendements, soit que, dès l'origine, il ait été un simple
signe de la dépendance de l'immeuble et du droit réel que le seigneur censier gardait sur lui ([188]). Aussi le disait-on « recognitif
de la seigneurie ». Purement cérémoniel, il était indivisible comme
elle, c'est-à-dire exigible pour le tout du possesseur d'une fraction quelconque de la censive; imprescriptible, c'est-à-dire que si
les arrérages non-perçus ne pouvaient plus être réclamés après un
certain temps, cela était de nul effet sur la perpétuité du cens lui-
même; rendable et portable en principe, cependant dans le ressort
du Parlement de Paris, le seigneur censier devait veiller à ce qu'il

(186) L. Delisle, *Et. sur la cond. de la cl. rur. en Normandie*, p. 60 ;
P. Viollet, *Hist. du dr. civ. franç.*, p. [674].

(187) M. R. Fage observe que les baux à cens deviennent fréquents en
Limousin à partir du xive siècle. L'inventaire des titres de Pompadour en fait
connaître qui s'échelonnent entre 1320 et 1492. Ils ne sont pas rares à la même
époque dans le fonds notarial des Archives de la Corrèze (*Hist. de la propr.
fonc. en Limousin* (*B. de la S. arch. et hist. du Limousin*, t. 66, p. 103).
Cpr. H. Sée, *Les clas. rur. et le rég. dom. en Fr. au M. A.*, p. 570 et s.;
Legras, *Le bourgage de Caen, tenure à bail et tenure à rente* (xie-xvie siècle)
et Cpt-R. de Génestal : *NRH.*, 1912, p. 417.

(188) Ainsi, en 1241, Robert d'Artois concédait aux habitants d'un village des terres acquises par lui de Thibaut d'Amiens, à la charge d'un cens
annuel de neuf deniers : *BPhH.*, 1919, p. 132 et s. Du Moulin, *Gl.* 1, n° 16, sur
C. de Paris, art. 73.

lui fût exactement payé, sans quoi, au bout de l'an et jour, il perdait la saisine et ne la recouvrait qu'en prouvant son droit de propriété (189). Plusieurs coutumes atténuèrent la rigueur de ces principes (190). D'ordinaire le cens était accompagné de redevances accessoires en argent (oblies) ou en nature (volailles, céréales, corvées). N'étant pas recognitives de la seigneurie, elles étaient moins sévèrement sanctionnées que le cens (191). Primitivement, la sanction pour le non-paiement du cens était la commise : *Qui negligit censum, perdat agrum.* Maintenue longtemps dans la région parisienne, elle était remplacée à peu près partout, au XIIIᵉ siècle, par une amende de 5 à 7 sous. Pour les redevances accessoires, on s'en tenait à la saisie provisoire ou à quelques obstacles à la jouissance. Ce n'était qu'en cas d'inefficacité de ces contraintes que Beaumanoir permettait encore la commise (192).

Le cens grevait la tenure, non le censitaire (193) qui, à moins d'une clause expresse du bail, n'y était pas personnellement obligé (194). Il pouvait s'y soustraire en « déguerpissant », c'est-à-dire en vidant les lieux après avoir averti le seigneur censier, payé les cens arriérés et celui de l'année en cours (195). D'abord le déguerpissement libérait le censitaire, sans permettre au seigneur censier de reprendre la chose; mais, d'après le droit amélioré du XIIIᵉ siècle, Beaumanoir décidait que le seigneur non payé dans l'an et jour, sommation faite de payer les arrérages en retard et l'amende, pouvait s'emparer de la censive (196). Dans le droit parisien, les censitaires, sous peine de saisie et de vente en justice, devaient garnir et entretenir leurs maisons afin que le bailleur y pût trouver son cens (197), et celui-ci recouvrait les terres que le tenancier, mis en demeure, passait trois ans sans rendre

(189) *Const. dem. el Chastelet de Paris,* 62, 63, p. 72 et s.
(190) Loysel, nᵒˢ 530-532.
(191) *Jostice et Plet,* XII, 2, 2, p. 224; Beaumanoir, nᵒˢ 703, 862.
(192) *Et. de Saint-Louis* = *Abrégé Champenois,* 23 (t. 3, p. 149); Beaumanoir, *loc. cit.;* Loisel, nᵒ 551. Cpr. *Ass. de Jérus., C.-B.,* 105 ; *Abr.* 43, 47, t. 2, 76, pp. 274-276.
(193) *Jostice et Plet,* XII, 11, 2, p. 240 : « Cil qui deu par la reson des terres sont cens, obliez, gelines, corvées et plusors autres choses qui plus doivent par la reson des terres que par autres. » *Const. dem. el Chastelet,* 63, p. 73 ; *Cout. rotoires,* nᵒ 165.
(194) Beaumanoir, nᵒ 695 ; *Gr. Cout. de Fr.,* II, 31, p. 317.
(195) Beaumanoir, nᵒ 694 ; *Abrégé Champenois,* 22, loc. cit.; *C. de Toulouse,* nᵒ 136, p. 65.
(196) *Et. de Saint-Louis,* I, 169 (t. 2, p. 314 et s.); Beaumanoir, nᵒˢ 862, 894.
(197) *Const. dem. el Chastelet,* 35, 45, 65, pp. 51, 59, 73; *Gr. Cout de Fr.,* II, 31, p. 317. Même solution s'il les laissait tomber en ruines : II, 25, p. 277.

à la culture ([198]). Une ordonnance de 1287 organisa une procédure analogue pour les immeubles urbains ([199]). Par là, on tendait vers la résolution pour inexécution des charges ([200]).

Des coutumes connaissaient des tenures qui, sous des noms différents, ne s'écartaient du bail à cens que par des détails : *mainferme* ou *coterie* dans la région du Nord ([201]); *fiefferme* en Normandie ([202]); *albergement* en Dauphiné; tenures en *champart* ou en *terrage* un peu partout, dont le cens était une quotité de la récolte et, pour ce motif, quérable et ne s'arrérageant pas ([203]); en pays de coutumes, *baux à complant*, qui, en conservant leur nom, s'étaient transformés souvent au XIII⁸ siècle en censives ou en champarts ([204]); très fréquemment *emphytéoses*, rapprochées tour à tour du fief ou du bail à cens ([205]). Parfois, sous le même nom, les feudistes distinguaient des tenures féodales et d'autres qui n'en étaient pas : ainsi pour les emphytéoses, terrages ou champarts ([206]). Le départ n'était pas toujours facile. Le critère, à savoir si la redevance emportait reconnaissance de la seigneurie, était une question de fait : on admit qu'il en était ainsi quand elle appartenait au « chief seigneur ou seigneur foncier, c'est-à-dire premier et plus ancien seigneur et bailleur du fonds » ([207]).

(198) *Gr. Cout. de Fr.*, II, 25, p. 277 et s. En Anjou, la commise était encourue après sept ans de friche. *Et. de Saint-Louis*, I, 170 (t. 2, p. 313 ; t. 4, p. 77); *C. de Toulouse*, *loc. cit.* : ni commise, ni amendes, mais seulement les arrérages jusqu'au déguerpissement.

(199) *Ord.*, mars 1287 (Is., t. 2, p. 679 ,et s.).

(200) Loyseau, *Tr. du déguerpissement*, 1650.

(201) J. Boutillier, I, 84, p. 489 : « Tenir en cotterie par l'usage de coustume localle si est tenir toutes terres en possession de mainferme, c'est-à-dire qui n'est tenue en fief, que ruralement on appelle entre les coustumiers terre vilaine. »

(202) L. Delisle, *Et. sur les cl. agricoles en Normandie*, pp. 32, 43.

(203) Beaumanoir, r.ᵒˢ 789, 852, 899, 900, 985-986, 912 ; *Gr. Cout. de Fr.*, II, 24, p. 270 et s.; *C. d'Amiens*, art. 195-199 ; *C. de Toulouse*, n° 136, p. 65. *Agrier*, souvent synonyme de *champart*, s'appliquait surtout aux cas où la redevance n'était perçue qu'à périodes assez éloignées, par exemple chaque quatrième année.

(204) H. Sée, *op. cit.*, p. 212 et s.; Roger Grand, *Le contrat de complant depuis ses origines jusqu'à nos jours* (NRH., 1916, pp. 205 et s., 337 et.s.).

(205) Loyseau, *Tr. du déguerpissement*, I, IV, 8. Il énumère une série d'autres tenures : terceau, vignage, carpot, fouage, festage, herbeau... : *Ibid.*, n° 9.

(206) *Gr. Cout. de Fr.*, II, 24, p. 271.

(207) Loyseau, *loc. cit.*, nᵒˢ 10-12, ou comme dit l'art. 123, *C. de Paris* : « cens portant directe seigneurie ». La modicité du cens était aussi une présomption.

2° La patrimonialité des tenures roturières : Règles successorales et mode de transmission entre vifs.

Le caractère patrimonial des tenures roturières s'affirma encore plus rapidement que celui des fiefs nobles, bien qu'il ait aussi dépendu des lieux et des circonstances. Les tenures très anciennes que les feudistes firent entrer par fiction juridique dans le cadre du bail à cens étaient en grande partie patrimoniales dès avant la période féodale [208]. Quant aux fiefs roturiers, anciens bénéfices non militaires, les suzerains en renouvelèrent d'autant plus la concession aux héritiers du censitaire que la main-d'œuvre agricole était plus rare. Mais il fallut dans les premiers temps une nouvelle investiture, qu'ils faisaient payer. Cela fut maintenu en partie, même après que l'hérédité fut établie.

Restreinte d'abord à la ligne directe, elle s'étendit, plus ou moins vite, selon les coutumes, aux collatéraux. Comme les motifs qui avaient dicté les règles successorales des fiefs n'existaient pas ici, il n'y eut dans la presque totalité des coutumes, ni droit d'aînesse [209], ni privilège de masculinité [210], ni exclusion des ascendants [211], ni bail autre que celui du père ou de la mère [212].

La tenure était divisible, sinon le cens dont les copartageants restaient solidaires [213]. Le seigneur censier conservait dans les transmissions pour cause de mort : 1° un droit pécuniaire, *relief* ou *rachat*, dans le Midi *acape*, d'ordinaire égal au double cens [214],

(208) Ci-dessus, pp. 163 et s.

(209) P. de Fontaines, XXXIV, 12, p. 421 ; Beaumanoir, n° 466. Cependant quelques exceptions : ainsi le droit normand admettait pour les vavassories non nobles, droit d'aînesse et parage : *Summa de leg. Norm.*, XLIX, p. 241. On appelait *aînesse* la part de l'aîné : *C. de Normandie*, art. 279 (Brussel, p. 894 et s.) ; Guilhiermoz, *op. cit.*, p. 216. Par contre, dans la *quevaise*, tenure à convenant non congéable de l'Usement de Rohan, apparaît le privilège de *maineté* ou du *juveigneur* qu'on retrouve dans quelques régions du Nord de la France.

(210) *Jostice et Plet*, XII, 25, 7, p. 257 : « Femes et homes prenent inéement en acheestes en vilenage. » Au contraire, le droit normand excluait les femmes de la totalité de la succession ; des coutumes excluaient les filles mariées et dotées : Lefebvre, *op. cit.*, pp. 9, 74 et s., 128 et s.

(211) Sauf en Auvergne et en Normandie où l'exclusion portait sur tout le patrimoine : *Ibid.*, p. 92 et s.; 134-140.

(212) *Et. de Saint-Louis*, I, 141, II, 19 = *Abr. Champenois*, 38, t. 2, pp. 271, 400, t. 3, p. 153.

(213) *Gr. Cout. de Fr.*, II, 37, p. 354. Cpr. *Ass. de Jérus.*, *Abr. C.-B.* 49-51, pp. 277-278.

(214) *Jostice et Plet*, XII, 5, 6, p. 227 ; J. Boutillier, I, 84, p. 492 ; Loysel, n° 547.

parfois dû à la mort du seigneur comme à celle du censitaire ([215]);
2° le droit d'investir ou *ensaisiner* l'héritier; mais des spécula-
tions auxquelles on se livrait au xiii° siècle sur la possession ([216])
surgit le principe : *Le mort saisit le vif*, qui visait à mettre l'héritier en possession par le seul fait du décès et par conséquent à
rendre inutile l'ensaisinement et le relief qui en était la condition
ou le prix ([217]). On l'admit d'abord en ligne directe ([218]), mais il
semble que les collatéraux aient pu du moins s'ensaisiner eux-
mêmes en prenant possession en fait des biens succéssoraux, si
nul ne s'y opposait ([219]). Si quelques coutumes maintinrent l'ensaisinement, surtout pour ces derniers ([220]), la plupart complétèrent la règle par les mots : *son hoir le plus proche et habile à lui
succéder*, qui les englobèrent tous ([221]).

Héréditaires, les tenures devenaient vite aliénables; beaucoup
l'étaient dès l'origine ([222]). L'aliénation requérait une intervention du seigneur censier. Dans la huitaine, le censitaire devait se
démettre entre ses mains du bien aliéné ([223]); ce qui lui permettait

---

(215) *Jostice et Plet*, XII, 15, 6, p. 242. La *C. de Toulouse*, n° 144, p. 69,
n'admet les droits d'acapte et arrière-capte qu'en vertu d'une clause de l'inféodation.

(216) Lefebvre, *op. cit.*, t. 2, pp. 281-304.

(217) P. de Fontaines, XXXII, 16, p. 386 : « Et bien s'acorde à nostre
usage que de toz les biens au mort sont li hoirs mis en seisine et d'els
demande l'en les lais. » D'après les *Et. de Saint-Louis*, II, 4, 12 (t. 2, p. 334-
336), il ne paraît pas que la règle fût encore admise en Anjou ; mais elle
est indiquée dans l'*Usage d'Orlenois* (p. 337). Elle embrasse tous les biens
féodaux ou non ; on ne l'écarte que pour les fiefs à raison de la nature des
services du vassal.

(218) *Const. dem. el Chastelet*, 12 : « Le mort saisist le vif par la coustume de France. » 51 : « Li sires... puot dire : tel est mors sans hoirs de
son cors, je vueil asséner à l'eritage. » 65 ; *Gr. Cout. de Fr.*, II, 19,
pp. 230, 234 : « La coustume qui dit le mort saisit le vif est à entendre
en ligne directe, et en ligne collatérale, *saisina juris tantummodo et non
facti.* » *Anc. C. de Bretagne*, art. 509 (nouv. 548) (éd. Dargentré *Commentaria*, p. 1906). Cpr. *Tr. anc. C. de Bretagne*, 36 (éd. Planiol, p. 92), où la
règle n'est pas encore connue.

(219) Beaumanoir, n°ˢ 199, 1260, Cpr. *Gr. Cout. de Fr.*, *loc. cit.*

(220) *Anc. C. de Bretagne*, *loc. cit.*, J. des Mares, *Decisiones*, 234, 286.

(221) Des coutumes étendirent la saisine à l'héritier testamentaire : *C. de
Berry*, XIX, 28 ; *C. du Comté de Bourgogne*, III, 43.

(222) En 1029, Robert II donne à deux moines de Marmoutiers une terre
de 67 pieds manuels sur 40 pour un cens de douze deniers d'argent dont ils
devront *fidem facere* en cas de retard ; il ajoute : « *Dedi eis etiam licentiam dandi, vendendi, salvo jure sicut mos ipsius pagi.* » (*Cart. de l'abb.
de Marmoutiers* (B. N., lat. 5441, f° 2).

(223) *Gr. Cout. de Fr.*, II, 23, p. 264 et s.

ou d'exercer le *retrait censuel* dans les 40 jours suivants ([224]), ou de consentir à l'aliénation en exigeant le *laudemium, lods et ventes*, que les coutumes fixaient en général à 1/6ᵉ ou 1/12ᵉ du prix ([225]), à payer dans un délai préfixe (de 7 à 40 jours) après lequel, faute de *dépri*, il y avait lieu à *saisie censuelle* ou *amende de ventes recélées* ([226]). Il fallait ensuite requérir du seigneur l'ensaisinement, qui donnait lieu à un nouveau droit fixe ([227]). Mais le retrait censuel disparut de la plupart des coutumes. Sauf dans quelques-unes du Nord et du Nord-Est, pays de nantissement, l'ensaisinement ne fut plus exigé ([228]). Le transfert résulta d'une clause de *dessaisine-saisine* ou de *vest et devest*, insérée dans l'acte. Le principe fut : *Ne prend saisine qui ne veut*. Facultative, la saisine conserva une utilité : par elle, le transfert devenait opposable aux tiers et les délais couraient des retraits possibles. Les lods et ventes et les droits accessoires subsistèrent.

La disproportion du cens par rapport à la valeur locative de la tenure suggéra naturellement aux censitaires de la céder au même titre, moyennant un cens beaucoup plus élevé, appelé *surcens, cens costier* ou *gros cens*, le premier étant le *droit cens, chef cens* ou *menu cens* ([229]). Les seigneurs censiers n'y avaient d'abord consenti que pour avoir leur part de cet augment de cens, *crois cens*, ou sa totalité ([230]). Mais, la liberté de disposer devenue complète, ils voyaient leur droit s'éloigner et se fondre dans des accensements successifs, sans qu'ils y eussent aucun profit. D'où la prohibition : *Cens sur cens n'a lieu*, qu'on expliqua par la doc-

---

([224]) Jean des Mares, *Decisiones*, 204 ; Loysel, n° 424.

([225]) Chiffres qui n'ont rien d'absolu et auxquels s'ajoutent de menus droits : *Jostice et Plet*, XII, 13, 1, p. 241 ; Beaumanoir, nᵒˢ 766-769, 789 ; différents pour les donations, n° 765. En cas d'échange : *Et. de Saint-Louis*, I, 100 = *Abr. Champenois*, 25 = *Comp. de us. et cons. Andegaviae*, 38 (t. 2, p. 296 ; t. 3, pp. 125, 149 ; t. 4, p. 175 et s.). En général, pour les simples mutations, le seul droit de saisine, non les « ventes », était perçu : *Const. dem. el Chastelet*, 82, p. 86 ; *Gr. Cout. de Fr.*, II, 24, p. 270. Cpr. *Ass. de Jérus.*, A.-C.-B., 27-28, 46 (éd. Beugnot, t. 2, p. 257, 275).

([226]) Beaumanoir, nᵒˢ 1578-1581 ; *Et. de Saint-Louis*, I, 167 = *C. de Tour.-Anjou*, 157 = *Comp. de us. et cons. Andeg.*, 23 (t. 2, p. 309, t. 3, pp. 100, 121). *Gr. Cout. de Fr.*, II, 23, p. 265 et s. — *Liv. des droiz et constitutions*, n° 618 (éd. Beautemps-Beaupré, t. 2, p. 123).

([227]) *Jostice et Plet*, XII, 15, 8, p. 247 ; Beaumanoir, n° 766. *Gr. Cout. de Fr.*, loc. cit.

([228]) *Gr. Cout. de Fr.*, II, 23, p. 265, note 5.

([229]) Beaumanoir, n° 704. Voy. les actes cités par P. Viollet, *Hist. de dr. civ. fr.*, 2ᵉ éd., p. 732, note 1, 733, note 4.

([230]) *Cart. de Saint Père de Chartres* (éd. M. Guérard, p. 345); *Le livre des droiz*, n° 843 (éd. Beautemps-Beaupré, t. 2, p. 235) ; P. Viollet, *loc. cit.*

trine, nouvelle aussi, qu'une tenure féodale ne pouvait mouvoir que d'un fief ou d'un alleu (²³¹). Inventée dans l'intérêt de droits chaque jour plus vagues, cette maxime était économiquement difficile à maintenir (²³²). Pour en pallier les inconvénients en la respectant, on s'attacha à quelques pratiques déjà connues dont on tira la théorie du *bail à rente*, calqué sur le bail à cens sans qu'on lui attribuât aucun caractère féodal : d'où tout bien immobilier put en faire l'objet. Ce fut un contrat par lequel on concédait un immeuble moyennant une rente annuelle, conçue elle-même, sous le nom de rente foncière, comme un droit réel, immobilier, perpétuel, indivisible (²³³), mais aliénable, prescriptible et à la charge duquel on se soustrayait en « déguerpissant » à moins de clause de « fournir et faire valoir » (²³⁴). On créait la même situation juridique par la *rente constituée*, c'est-à-dire assignée sur un immeuble en échange d'un capital aliéné, et qui, une fois établie, avait les mêmes caractères que la précédente (²³⁵). Réalisée d'abord par la vente de l'immeuble et la restitution sous forme de *precaria* (²³⁶) à l'aliénateur qui en avait touché le prix, cette opération fut ramenée par les canonistes des xɪɪɪᵉ et xɪᵛᵉ siècles. à une sorte d'achat du droit de toucher des arrérages (²³⁷).

L'acquisition des tenures roturières par les gens de mainmorte faisait naître les mêmes difficultés que celle des fiefs; on y pourvoyait par les mêmes procédés; mais le droit d'amortissement fut ordinairement fixé pour elles à un cinquième du prix (²³⁸).

(231) *Jostice et Plet*, XII, 15, 10, p. 243 ; Loysel, n° 533.

(232) La pratique antérieure avait aussi des inconvénients : multiplicité des surcens sur les mêmes biens, surtout sur les maisons, susceptibles de baisser de valeur par dépérissement, ce qui entraînait des déguerpissements et la ruine des immeubles : Beaumanoir, n° 705 ; *Ord.*, 1297 (*Ord. des r. de Fr.*, t. 12, p. 327). Cpr. Le Grand, *Les costumes et lois du comté de Flandre*, t. 1. p. 27 et s.

(233) *Gr. cout. de Fr.*, II, 37, p. 354; *Le livre des droiz*, n° 789, t. 2, p. 211; J. des Mares, *Décis.*, 276. Les ordonnances tendirent de plus en plus à permettre le rachat.

(234) Beaumanoir, n° 695 ; *Cout. notoires*, n° 95, 97, 171 ; J. des Mares, *Decis.*, 183 ; Loysel, n° 520.

(235) Elle fut cependant plus vite et parfois, dès sa constitution, rachetable : Loysel, nᵒˢ 511-517.

(236) Ce type d'opérations était assez ancien : Viollet, *op. cit.*, p. 681, note 1 ; Génestal, *Du rôle des monastères comme établissements de crédit étudié en Normandie du xɪᵉ à la fin du xɪɪɪᵉ siècle*, Paris, 1901.

(237) Thomassin, *Tr. du négoce et de l'usure*, 1697, p. 453 et s.

(238) *Ord.*, 7 avril 1372 (Is., t. 5, p. 388) ; J. Boutillier, I, 84, p. 490 et s.; Loysel, nᵒˢ 75-80. Cpr. ci-dessus, p. 262 et s.

III. — LA THÉORIE DU DOMAINE DIVISÉ : DOMAINE DIRECT, DOMAINE UTILE.

Tant que le droit du vassal et du censitaire resta incertain et révocable, on le désignait par les termes vagues de *possessio*, *ususfructus* ou en usant d'une périphrase, *hoc quod ab aliquo habet* [239]. Les rapports entre concédants et tenanciers dépendaient exclusivement des clauses de l'inféodation et de l'accensement ou d'une coutume formée de celles de ces clauses devenues de style. La patrimonialité, en rendant ce droit définitif et négociable, provoqua une analyse plus poussée de ces rapports et un effort pour mieux définir la situation de chacun. On aboutit à la théorie du domaine divisé qui fut, du reste, assez lente à s'imposer [240]. Œuvre de romanistes italiens qui pensaient trouver dans les textes romains des cas analogues, elle demeure encore étrangère à nos coutumiers du xiiie siècle : des témoignages postérieurs signalent même l'opposition qu'elle aurait rencontrée longtemps de la part des romanistes de l'Université d'Orléans [241].

Au xiie siècle, on trouve mentionnée dans les *Libri feudorum*, plus tard dans *lo Codi*, une *actio in rem utilis* en faveur du vassal et du censitaire, par analogie avec l'emphytéote, le *superficiarius* et le fermier de l'*ager vectigalis* [242]. Elle était fondée sur un *jus in re*, reconnu unanimement à ces derniers. Restait à déterminer la nature de ce *jus in re*. Ni Obertus ab Orto, ni l'auteur du *Codi*, ne l'identifiaient avec le *dominium*. Mais on parlait déjà d'un *dominium directum* [243]. Pour quelques glossateurs, sans

---

(239) *Lib. feud.*, II, 8, 23, 43.

(240) Voy. Ed. Meynial, *Notes sur la formation du domaine divisé (domaine direct, domaine utile) dans les romanistes du* xiie *au* xive *siècle* (*Mél. Fitting*, t. 2, pp. 409-461). J'ai suivi presque constamment dans ce paragraphe le travail de mon savant collègue, auquel le lecteur devra se reporter.

(241) Paulus de Castro, *Dig.: Quemadm. servit. amitt.*, t. 1, p. 178, Venetiis, 1575. Orléans était alors le principal centre de l'enseignement du droit romain.

(242) *Lib. feud.*, II, 8 pr.: « Vassalus hanc habet potestatem ut tanquam dominus possit a quolibet possidente sibi quasi vindicare et si ab alio ejus rei nomine conveniatur defensionem opponere, nam et servitutem eidem rei debitam debere potest et retinere » ; 43 : Vassalus agere et conveniri potest pro feudo et pro parte feudi. » *Lo Codi*, III, 25 (éd. Fitting, p. 55 et s.) : « Ille qui habet rem in censum, id est in feodum, quamvis non sit suum dominium tamen potest eam petere omnibus qui tenent eam quocumque modo » ; IV, 70, p. 148.

(243) Azo, *Cod. Just.*, IV, *De jur. emphit.*, f° 119, IV^a col., n° 11.

doute *actio* ou *vindicatio utilis* devait entraîner logiquement un *dominium utile*. Celui-ci naquit dans les gloses et triompha par elles au xiii⁰ siècle (²⁴⁴). Qualifié encore par Jac. Balduinus de chimère, il est définitivement consacré par la glose d'Accurse (²⁴⁵). La notion s'en répandit alors en France où, malgré le silence des auteurs, on la relève à la fin du siècle dans quelques actes de la pratique (²⁴⁶).

Il s'agissait dès lors de différencier les deux domaines et, puisqu'ils avaient chacun une existence séparée, de déterminer leurs modes de fonctionnement. On identifia le domaine direct, appelé aussi éminent, *eminens*, avec le *dominium ex jure Quiritium*, en lui attribuant tout ce qui en dépendait. Plusieurs éléments entrèrent dans la construction du domaine utile : 1⁰ une action qu'on voulut d'abord, parce qu'on rapprochait ce *dominium* de tous les droits qui, à Rome, représentaient un degré de propriété inférieur et pêle-mêle des cas où l'Edit donnait la *publicienne*, être celle-ci (²⁴⁷). Mais on s'aperçut de l'erreur : car elle pouvait, dans les hypothèses de l'Edit, s'appliquer aussi bien à l'un qu'à l'autre domaine. On s'arrêta à une *rei vindicatio utilis* (²⁴⁸); 2⁰ des modes de transfert qui furent ceux du *jus gentium*, plus la *carta*, procédé plus récent (²⁴⁹); 3⁰ une théorie de la possession, difficile à édifier, car la possession, étant un fait, ne pouvait se trouver à la fois dans deux endroits (²⁵⁰). On attribua au propriétaire éminent la *possessio civilis*, la vraie possession romaine, et au propriétaire utile la *possessio naturalis*, qui était la simple détention, mais qu'on enrichit avec le temps du pouvoir de subsister, quoi qu'il ar-

(244) *Lib. feud.*, II, 43 ; gl. *Ipse enim solus :* « Et ita videtur quod habeat utile dominium. » *Adde*, I, 5, pr.; 13; II, 3: gl. *De suis rebus :* « Imo dominium alienat, sed utile, retinet tamen directum ; unde utilis et non directa vindicatio datur... » Cpr. 30 et la gl. — Hostiensis, *Summa aurea*, III, *De feudis*, n⁰ 11, expose la controverse sur le *dominium utile* et l'opposition qu'il a soulevée. Il l'admet : Quicquid tamen superius sit allegatum, satis videtur dici posse quod habeat utile dominium... Sed, dominus meus (J. Balduinus) dicit quod utile dominium est chimæra. »

(245) Accurse, *Cod. Just.*, X, 15, 1 : gl. *Nam in suis ; Dig.*, I, 1, 5 : gl. *Dominia distincta :* vel dic dominia distincta, scilicet directa ab utilibus et ei contra » ; IV, 3, 1, gl. *In rem ;* XXXIX, 2, 15-16 : gl. *Dominium;* XLIII, 18, 2 : gl. *Ejus est.*

(246) Voy. les textes cités : Meynial, *loc. cit.*, p. 461.

(247) *Dig.* XXI, 2, 9-11 : gl. *Supererit.*

(248) *Cod. just.*, VI, 59 ; gl. *Nisi dominus.*

(249) Sur le choix de la *praescriptio* et le rejet de l'*usucapio ; Dig.*, XLI, 3, 3, gl. *Adjectio ; C. Just.*, VI, 59 : gl. *Nisi dominus.*

(250) *Dig.*, XL, 2, 3, 5 : Non magis eadem possessio apud duos esse potest.

rivât, tant que le vassal ou le censitaire conserverait l'*animus*
et de lui procurer ainsi le bénéfice des interdits [251]. Ce travail
d'approximation aboutit au système très hardi de Bartole : trois
sortes de *dominia*, le *directum*, unique, mais dépouillé de son caractère d'absolutisme, simple *jus incorporale* dans la chose; les
utilia aussi nombreux qu'il y avait de manières d'user utilement
de la chose; le *quasi-dominium*, n'étant par rapport aux autres
que les hypothèses où jouait la *publicienne;* et trois sortes de possessions : *civilis*, produisant tous les effets de la possession romaine
au regard du *d. directum; naturalis*, faisant de même au regard de
tout *d. utile; corporalis*, celle du *dejiciens*. Désormais, domaines
direct et utile furent de même nature; leurs modes de transfert
furent les mêmes [252].

Ainsi Bartole étendait la théorie du domaine divisé au delà du
cercle féodal. Les romanistes français l'y ramenèrent en se préoc-
cupant surtout des droits respectifs des concédants et cessionnai-
res successifs d'une même tenure. En contradiction avec la pratique, les glossateurs du xiiie siècle enseignaient que la sous-inféo-
dation faisait perdre au vassal tout droit sur la tenure. Jacques
de Révigny accepte cette solution *descensive*, mais décide que le
suzerain qui aliène *ascensive* le domaine direct, garde le *dominium* et que l'acquéreur devient suzerain *sine re* [253]. L'impossibilité où l'on était d'admettre plus d'une possession pour chaque *dominium* imposait l'unité de celui-ci. Mais Eudes de Sens,
vers 1301, enseignait, comme Bartole, que les *dominia* étant de
simples *jura incorporalia*, pouvaient être en nombre indéfini et
qu'à chacun correspondait une quasi-possession. Puis, Petrus Jacobi et mieux encore, Jean Faber, proclamèrent la pluralité des
domaines engendrés par les inféodations successives d'un même
fief et leurs caractères relatifs selon qu'on les considérait par rapport au suzerain ou à l'arrière-vassal, utile vis-à-vis du premier,
direct vis-à-vis du second [254]. Cette doctrine, acceptée dans la
pratique avant peut-être qu'elle ait été définitivement formulée
dans les livres et qui nous apparaît comme la doctrine classique
du droit féodal, n'atteignit sa complète expression qu'au déclin
de la féodalité politique. Elle allait servir aux tenures foncières,
qui en avaient été l'occasion, d'armature juridique pour traverser

(251) Meynial, *loc. cit.*, pp. 435-441.
(252) *Ibid.*, p. 441-449.
(253) *Ibid.*, pp. 453-457, et les textes de Jacques de Révigny cités pp. 454,
note 1 ; 455, notes 1, 2 ; 456, note 1.
(254) *Ibid.*, p. 458, note 1 : texte d'Eudes de Sens, pp. 459-461.

une longue période historique au cours de laquelle elles ne seraient pas nées [255]. Jacques d'Ableiges résume ce travail doctrinal en opposant la seigneurie directe, qui « est le droict à la re-
ception de la foy pour le fief et du cens ou annuelle pension
pour le fons » à la seigneurie « prouffitable ou demaine », qui
« est usaige ou possession de fons avecques les levées et revenus
des fruicts qui en yssent ». La seigneurie directe sans moyen est
celle qui existe sur le fief, ou sur la censive, celle par moyen, celle
qui existe sur l'arrière-fief ou sur la censive mouvante du fief [256].

§ 3. — La justice féodale.

I. — ORIGINES ET DOMAINE DE LA JUSTICE FÉODALE.

Le groupe féodal avait sa justice particulière et son organisme
judiciaire approprié. Cette justice avait une double origine : 1° la
sujétion personnelle, conséquence de l'*hominium* : celui qui était
in obsequio alterius, *vassus* ou *homo* d'un puissant, était, dans
une certaine mesure, sous sa juridiction, car dans la protection
qu'il en espérait, il y avait surtout la justice; 2° la concession
foncière qui avait toujours réservé au profit du domanier concédant la justice domaniale ou foncière, c'est-à-dire le droit de connaître des litiges auxquels la possession de la tenure donnerait
lieu [257]. Quand l'*hominium* fut communément suivi d'une concession de ce genre qui finalement en parut être la cause, ces deux
sortes de justice se confondirent en laissant prédominer, conformément au processus général de la féodalité, les caractères de la seconde.

Ayant eu ces commencements, la justice féodale ou foncière
s'étendait : 1° aux rapports personnels entre le suzerain et son
vassal ou entre les vassaux du même suzerain qui leur était commun justicier et par qui ils étaient constitués en une *societas* ou
fraternitas en vue l'entr'aide [258]; 2° aux procès relatifs à la
tenure [259]. Mais les avatars de la société féodale compliquèrent ces
données. Lorsqu'on en vint à tenir des fiefs de plusieurs suzerains,

(255) Sur la part des romanistes dans la construction du droit féodal et
'e caractère de leur intervention : P. de Tourtoulon, *Les œuvres de Jacques
de Révigny, d'après deux manuscrits de la Bibliothèque Nationale*, pp. 48-52.
(256) *Gr. Cout. de Fr.*, II, 11, p. 204 et s.
(257) Ci-dessus, pp. 115 et s.
(258) Ci-dessus, pp. 177 et s. *Cart. de la Trinité de Vendôme* (éd. Métais,
t. 1, p. 1039).
(259) P. de Fontaines, XXI, 9, p. 227 et s.; Beaumanoir, n°s 58, 64, 72.

il fallut dire qui aurait juridiction sur le vassal : elle fut reconnue à celui dont il était l'homme lige, sauf pour les litiges concernant les fiefs relevant d'autres suzerains, à qui il appartenait de
les juger (²⁶⁰). Ici le caractère de la justice féodale apparaît purement foncier. Il l'apparaît encore davantage quand il s'agissait
de tenures pour lesquelles, et c'était le cas pour la masse des tenures roturières, on avait renoncé plus ou moins vite à exiger
l'*hominium* ou pour lesquelles on ne l'avait peut-être jamais réclamé (²⁶¹). On a rapporté à cette matière deux maximes célèbres : *Fief, ressort et justice n'ont rien de commun ensemble*,
qui rappellerait que la justice seigneuriale était, en effet, étrangère
au pur concept féodal, et : *Fief et justice, c'est tout un*, qui mar-
querait que le fief est la cause et l'assise de la justice féodale.
Mais il ne semble pas que nos anciens s'en soient servis dans ce
sens. Par elles, ils opposaient plutôt deux catégories de coutumes :
les unes où les inféodations étaient ordinairement faites, même
par les seigneurs justiciers, sans aucune communication de la justice seigneuriale (²⁶²); les autres où tout fief était assorti d'une justice justicière (²⁶³).

II. — Organisation des justices féodales.

Le fonctionnement de la justice féodale n'est bien connu qu'en
ce qui concerne les vassaux nobles et leurs fiefs. La cour féodale

(260) G. Durant, *loc. cit.*, n° 17 : « Eo enim quod aliquis est homo meus
ligius, hoc ipso est juridictioni meæ subjectus et sum ejus judex. Et omnia
bona ejus, quæ non habet ab alio feudum non ligium, sunt mihi subjecta
ratione jurisdictionis, licet illa non teneat a me in feudum. Eo enim quod
personam suam mihi principaliter subjecit, videtur per consequens omnia
bona subjecisse »; n° 33: « Quia homo ligius principaliter se astringit gratia
personæ suæ, licet aliqua res quæ vocatur feudum ligium gratia remune-
rationis interveniat. » *Sum. de leg. Norm.*, XXXIV, 3, p. 113; Beaumanoir,
n° 72 ; Mathieu Paris, *Chron. Majora* (éd. Luard, t. 2, p. 687).

(261) Ci-dessus, pp. 240 et s. *Jostice et Plet*, XIX, 26, 2, p. 302; Beaumanoir,
nᵒˢ 1530-1532. *Summa de leg. Norm.*, XXIX, 6 ; XXX, 2 ; L., 10-12, pp. 98,
99. 140 ; *Cout. d'Artois*, III, 17, 18, pp. 20 et s. *Gr. Cout. de Fr.*, IV, 11,
p. 645

(262) *Et. de Saint-Louis*, I, 102, 105 ; II, 20 (t. 2, pp. 173, 206, 405 ;
t. 4, p. 97, 258). Loysel, n° 271, et les coutumes citées par Laurière.

(263) Beaumanoir, n° 295 : « Tuit cil qui tienent de fief en la contée de
Clermont ont en leur fiés toutes justices, haute et basse, et la connoissance
de leurs sougiés sauves les resons du conte », n° 1641. *Stat. et cons. Norm.*,
II, 2, p. 2 ; Loysel, n° 271, et notes de Laurière. Les *Assises de Jérusalem*
en donnent un autre cas, le régime politique s'y confondant avec le cadre
féodal : Dodu, *Hist. des inst. monarchiques dans le royaume latin de Jérusalem* (1099-1291), pp. 260 et s.; Cep. *Ass. de Jérus., J.-I.*, 189, t. 1, p. 303.

était alors composée du suzerain ou de son bailli et des hommes de fief. Ceux-ci étaient les jugeurs et faisaient seuls le jugement que le suzerain prononçait et exécutait. L'association, la fraternité d'armés entre les compagnons d'un même chef avaient entraîné le jugement par les pairs [264]. Il n'était pas nécessaire qu'ils fussent tous présents : deux, trois, quatre, selon les coutumes, suffisaient. Ceux qui étaient présents ne pouvaient exciper de l'absence des autres pour surseoir au jugement. La double obligation de tenir la cour et de rendre une sentence était sanctionnée, à l'occasion, par la saisie du fief [265]. Mais cette égalité première disparut pour les hommes de fief : dans les seigneuries importantes, la pairie fut restreinte à quelques barons qui tinrent la cour dont les autres vassaux ne furent plus que les justiciables [266]. Par contre, de petits suzerains avaient peine à constituer leur cour. Ils suppléaient à leur manque d'hommes, soit par l' « efforcement », c'est-à-dire qu'à leur requête, le suzerain leur prêtait ses propres hommes de fief, qui étaient leurs pairs, soit par la mise de leur cour en cour supérieure, qui consistait à aller, avec les hommes qu'ils avaient, siéger dans la cour du suzerain où le litige était porté [267], seul procédé employé quand celui-ci était seigneur souverain [268]. Le refus de faire juger la cause d'un vassal constituait une félonie et, à l'origine, autorisait la guerre privée; au xiiie siècle, le déni de justice relevait de la cour supérieure et le jugement comportait, selon l'issue du procès, confiscation du fief ou de la tenure [269].

La procédure devant les cours féodales était la même que devant les juridictions seigneuriales, sauf que l'ajournement était notifié par deux pairs du vassal [270]. Les modes de preuves étaient

(264) *Jostice et Plet*, XVI, 1, p. 264; *Et. de Saint-Louis*, I, 76 = *Abr. Champenois*, 112 (t. 2, p. 124 ; t. 3, p. 171); *Tr. anc. cout. de Normandie*. XXVI, p. 22 ; *Summa de leg. Norm.*, IX, 9, p. 34; Beautemps-Beaupré, *Cout. et Inst. de l'Anjou et du Maine*, t. 1, p. 82. Dans certaines coutumes, le suzerain ne délibère pas avec les hommes de fief : Beaumanoir, n°s 1883, 1898; Dom Calmet, *Hist. de la Lorraine*, t. 5, col. ccxlvi et s.

(265) P. de Fontaines, XXI, 30, 31, p. 257 ; Beaumanoir, n° 1886.

(266) Ci-dessus, p. 198.

(267) P. de Fontaines, XXI, 10, 29, 35, pp. 236, 255, 260 ; Beaumanoir, n° 1884.

(268) Beaumanoir, n° 1885. Il en était de même en cas de motifs de tenir à soupçon la cour des pairs : P. de Fontaines, XXI, 40, p. 262.

(269) P. de Fontaines, XXI, 23, p. 241 ; Beaumanoir, n°s 1738 et s., 1774-1776, 1782, 1894 ; Loysel, n° 649. Ci-dessus, pp. 215, 233.

(270) *Ass. de Jérus.*, J.-I., 216, 220, t. 1, p. 344, 349-350. P. de Fontaines,

pareils, mais le duel y prédominait plus encore, puisqu'il y avait parité de condition entre les parties et que l'appel de faux jugement, toujours possible, y resta jusqu'à la fin la seule voie de recours [271].

C'est un problème si, lorsque l'hommage était encore fréquent de la part des tenanciers de fiefs roturiers ou vilenages [272], il créait entre ceux qui le prêtaient au même seigneur un lien semblable à celui qui existait entre les vassaux nobles et si, dès lors, il n'y avait pas lieu à jugement par les pairs ? Il est remarquable que dans les Etats de Terre-Sainte créés tout d'une pièce sur des bases exclusivement féodales, il y eut Cour des barons et Cour des bourgeois, ou des Cours mixtes où barons et bourgeois étaient les jugeurs. Quelques textes inclineraient à penser qu'il en fut ainsi ailleurs. Pierre de Fontaines parle de vilains « garniz de loi privée », par quoi ils peuvent fausser jugement, ce qui n'a lieu que pour les sentences rendues par les pairs, Boutillier d'hommes cottiers dont le seigneur « peut faire ses eschevins pour traiter et demener les héritages entre ses tels sujets » [273]. Mais ce sont des textes peu clairs et ces cas furent probablement exceptionnels ou se raréfièrent très vite, car la justice foncière, dérivée d'un contrat d'accensement, nous apparaît tout entière aux mains du seigneur censier [274]. Depuis longtemps le censitaire n'avait de rapports qu'avec lui et à raison seulement de la tenure [275]. Cette justice, née de conventions privées, parut bientôt étrange; elle s'amenuisa rapidement [276]. Au xive siècle elle est reconnue à qui appartient sur un fonds le *menu* ou *chef cens;* elle est limitée à des moyens de contrainte exercés par un sergent pour la percep-

XXI. 9, 35, pp. 228, 260. *Et. de Saint-Louis*, I, 70-71, p. 110 et s.; Beaumanoir, nos 58, 59.

(271) P. de Fontaines, XXI, 29 ; XXII, pp. 256, 285 et s.

(272) Ci-dessus, p. 241.

(273) P. de Fontaines, XXII, 3, p. 287 : « Vileins ne puet fauser le jugement son seignor, ne de ses homes, s'il n'est garniz de loi privée par quoi il le puisse fère. » J. Boutillier, I, 3, p. 9 (ce qui est dit des *fonciers*), 84, p. 489 (ce qui est dit des *cottiers*).

(274) *Jostice et Plet*, XIX, 26, 2, p. 302 ; Beaumanoir, no 1530 : « Li sires de qui l'eritages muet le puet justicier comme son tenant de ce qu'on li puet demander par la reson de l'eritage. » *Summ. de leg. Norm.*; XXVII, 9; XXX, LIV, 8, 12, pp. 96, 99, 139. J. Boutillier, I, 84, p. 489.

(275) *Cout. d'Artois*, III, 17, p. 20 et s.: « Car mout gringneur reverence doit il a la court son signeur, desous qui il couce et lieve, que a celui de qui il tient la terre à cens, sans plus. »

(276) Loyseau, *Tr. des seigneuries*, X, nos 43, 50 et s., la nie et n'y voit qu'une usurpation.

tion des cens, des droits casuels ou des amendes qui en sont les sanctions [277].

(277) *Gr. Cout. de Fr.*, IV, II, p. 646 : « Item toutes personnes qui ont menu cens tenu en fief ont ès-lieux justice foncière, et à cause de ce, amende de sept sols. » ; p. 645 : « Et peult avoir sergent pour exécuter sur son fons, et siège d'une forme ou d'une table pour recepvoir ses cens et peut avoir droit de chantellage et de rouage. »

CHAPITRE IV

LES INSTITUTIONS MUNICIPALES ET CORPORATIVES

———

SECTION PREMIERE

LES INSTITUTIONS MUNICIPALES

L'organisation des groupements d'habitants sur le sol constitue l'un des problèmes permanents de l'histoire. Pendant la période franque, l'agglomération urbaine, comme l'ensemble de la *civitas* ou du *pagus*, était administrée par le comte, agent royal, et ses *ministri*. Dans l'Etat seigneurial, héritier de cette tradition, les villes furent d'abord régies par le seigneur, son prévôt ou son bailli, assisté de *ministeriales* et de *scabini*. Puis, plusieurs causes provoquèrent une efflorescence d'institutions diversifiées, où, sous la richesse des particularités locales, on suit cependant des traits essentiels qui permettent de les ramener à un petit nombre de types. Elles ne se manifestèrent en antagonisme, ni avec le régime seigneurial, ni avec la hiérarchie féodale : elles s'y incorporèrent et (c'est pourquoi il sied d'en traiter à part) en furent une des formes les plus originales. Il ne convient plus guère de s'arrêter aux explications erronées ou étroitement systématiques qu'on a souvent fournies de cette révolution : mieux vaut s'efforcer de dire ce qui a été. Seules, les lignes principales selon lesquelles ces institutions se développèrent pourront être ici indiquées : car ce qui caractérise la vie municipale de la fin du Moyen âge, c'est, avec son intensité, une diversité extrême dans l'espace, une mobilité singulière et des changements multipliés dans le temps (¹).

(1) L'opinion de Savigny (*Hist. du dr. rom.*, trad. *Guénoux*, t. 1, pp. 207-219), d'Aug. Thierry (*Lettres sur l'hist. de Fr.*, p. 9 et s., et *Essai sur l'hist. du Tiers Etat*, p. 26 et s.), de Raynouard (*Hist. du droit municipal en France*, t. 1, pp. 300-396), d'après laquelle les libertés municipales seraient la suite du régime des cités romaines, maintenu obscurément pendant le haut Moyen âge, est absolument erronée. Pendant la période franque, les *civitates*, villes et territoires, n'eurent d'autre administration que celle du comte. La persistance des *acta*, qui dépendaient du reste de celui-ci, et l'utili-

§ 1. — **Villes et villages avant le mouvement communal.**

I. — LES VILLES ET LES AGGLOMÉRATIONS RURALES.

Il était difficile de définir la ville par rapport aux autres groupes
d'habitations, *bateïces*, répandus dans la campagne. L'individu vivant isolé avec sa famille se trouvait presque à la discrétion du
seigneur; mais partout où les hommes étaient rapprochés par un
voisinage immédiat, il y avait force collective avec laquelle il
fallait compter; on vit de très petites agglomérations défendre
leurs droits et conquérir des franchises. La distinction romaine
si nette, parce que purement juridique (²), entre l'*urbs* et le *territorium*, était complètement oubliée. Villes et campagnes, au début de la période seigneuriale, étaient soumises au même régime.
Comme le voisinage crée fatalement des intérêts communs, les hom-

cation de vieilles formules où étaient encore mentionnés *defensor* et *curiales*,
ne prouvent rien, puisque les signatures des personnages ainsi qualifiés
dans l'acte ou un autre acte de même date nous montrent qu'ils sont le
vicomte, des centeniers ou d'autres *juniores* du comte (*Testament d'Harvich*,
d'*Angers* (804) : Martène et Durand, *Amplissima collectio*, t. 1, p. 58-59 ;
Chartes d'appennis (xᵉ siècle) : *Cart. de Nîmes*, nᵒˢ 32, 33, p. 56, 58). Des
formules de *suggestiones* ou d'élections épiscopales énumérant *clerus, ordo,
honorati, populus* ou *plebs*, recopiées mécaniquement dans les chancelleries
ecclésiastiques, n'ont pas plus de valeur démonstrative. Quelques décisions
prises par des agglomérations d'habitants en vue d'intérêts communs
(plaids d'Angers (864) ou d'Anduze (967) vont à l'encontre du système, car
les habitants n'auraient pas à s'associer en ces circonstances, s'il existait
un rudiment de municipalité. Les noms des villes relevés sur les monnaies
ne servaient qu'à désigner l'atelier de provenance. L'absence de législation
franque concernant les villes était fort naturelle ; avant leur prise de possession de la Gaule, ils ne connaissaient rien de pareil ; après, ne trouvant plus dans les villes les organisations romaines disparues, ils y mirent
un fonctionnaire royal. Enfin, ce qui montre qu'il n'existait aucune institution urbaine avant le xıᵉ ou le xııᵉ siècle, c'est le mouvement communal
lui-même, incompréhensible et inutile dans l'hypothèse inverse, et qui
aboutit à des résultats qui ne ressemblèrent en rien à ce qu'avaient connu
et pratiqué les cités romaines : voy. ci-dessus pp. 36, 53, et ci-après.

Les multiples théories que, selon leur coutume, les érudits allemands
ont échafaudées sur les origines des organisations urbaines sont totalement
fausses ou ne contiennent qu'une part de vérité, relative à des cas particuliers spécialement étudiés par les auteurs de ces théories et arbitrairement généralisés. En voir l'analyse : J. Flach, *op. cit.*, t. 2, pp. 219-225 ;
Pirenne, *Villes, marchés et marchands au Moyen âge* (*RH.*, t. 67, p. 59
et s.); Bourgin, *Les études sur les origines urbaines au Moyen âge* (*RSH.*,
1903).

(2) Ci-dessus, pp. 41, 57.

mes ainsi réunis, en nombre petit ou grand, trouvaient dans l'association des moyens d'y pourvoir : la communauté pouvait être propriétaire, administrer ses biens et en disposer [3], ester en justice par procureur [4], délibérer sur ce qui touchait à la vie commune [5] : entretien de l'église [6], jouissance des communaux, rapports avec le seigneur, parfois répartition et levée des tailles [7]. En tout, les règles du contrat de société s'appliquaient. Rien ne sollicitait une classification entre les collectivités urbaines et villageoises.

Il n'y avait pas de différences très sensibles quant à l'étendue. Beaucoup de villes romaines avaient disparu; les autres étaient réduites à un *castrum* [8], ayant abandonné la plus grande partie de leur ancien emplacement, où s'étaient élevés, depuis, des faubourgs, parfois aussi des bourgs indépendants ou des villes rivales. Par contre, des agglomérations nouvelles s'étaient formées ou étaient en voie de formation, ici au pied d'un château fort [9], là sous la protection d'un monastère [10], ailleurs autour d'un marché. Nulle part on ne trouvait de grandes unités urbaines.

Cependant certains avantages réunis au profit d'une communauté d'habitants tendaient à la différencier des autres : d'abord, le nombre, car par lui la force s'accroît; les murailles qui faisaient de la ville close la protectrice, mais aussi la dominatrice, du plat pays; puis les sortes d'activités qu'on y déployait, commerce, industrie, professions libérales, crues supérieures à celle du vilain, en tout cas différentes et réquérant une forme et des complications

(3) Viollet, *Hist. des inst. pol. et adm. de la Fr.*, t. 3, p. 23-24, et les textes cités ; J. Flach, *op. cit.*, t. 2, pp. 76, n. 3, 100, n. 1-3, 126, n. 1.

(4) Beaumanoir, nos 169, 171-172, 1516, et Giry, *Documents sur les relations de la royauté avec les villes*, p. 113 et s., où l'on voit que ces procureurs sont établis par le seigneur et ont un mandat nettement déterminé.

(5) Beaumanoir, nos 647-648.

(6) *Cart. de Saint-Hilaire de Poitiers*, no 86, p. 92 (éd. Redet).

(7) Des collectivités, sans avoir rien d'institutions publiques, pouvaient très bien imposer leurs membres. Ainsi les juiveries. Un acte du 13 mai 1438 montre celle d'Aix en Provence imposant pour cinq ans une capitation sur ses membres des deux sexes (BPhH., 1918, p. 77, no 2).

(8) Ex. Dijon, Bourges, Tournus, Périgueux, etc. Voy. ci-dessus, pp. 33, 57.

(9) Ex. Châteauroux, Niort, Mirepoix, Beaucaire, Aubusson, Alençon, Bellac, et toutes les villes, grandes ou petites, dans l'onomastique desquelles on trouve les mots : *castellum, castrum, arx* : voy. J. Flach, *op. cit.*, t. 2, pp. 301, 309.

(10) Ex. Corbie, Saint-Jean-d'Angély, Saint-Denis, Saint-Omer, Arras, Saint-Trond, Pamiers, Condom, Saint-Brieuc, Dol, Quimperlé, Redon, Tréguier, Saint-Maixent, Tulle, etc. Voy. Flach, *op. cit.*, t. 2, pp. 311-327.

administratives inutiles à celui-ci. Mais la séparation ne se précisa nettement qu'à l'apparition d'un élément juridique nouveau : la charte, qui, dotant la collectivité urbaine d'un organisme spécial permanent, créa la municipalité (¹¹). Il put y avoir des municipalités plus ou moins complètes, mais il en fallut une pour qu'on distinguât en droit la ville du village. Jusque-là, les *bateïces*, grandes ou petites, étaient pliées aux principes uniformes de l'administration seigneuriale, exclusivement dominée par les préoccupations d'une vie militaire et agricole (¹²).

II. — LE POUVOIR SEIGNEURIAL DANS LES VILLES. IL EN MORCELLE LE TERRITOIRE ET LA POPULATION.

La population des villes n'est donc pas à l'origine d'autre condition que celle des campagnes. On y rencontrait d'ordinaire plus de nobles et de roturiers; mais les serfs n'en étaient pas absents, bien qu'il soit fort inexact de dire qu'il fut un temps où toutes les populations urbaines étaient tombées dans le servage. Ce ne fut jamais complètement vrai dans les campagnes, bien moins encore dans les agglomérations de quelque importance. Mais, comme les *villae* et les plèbes rurales avaient été morcelées par les inféodations des droits domaniaux, les villes et leurs habitants le furent par les inféodations des droits seigneuriaux, et, dès avant, par l'établissement sur des portions de leur sol de seigneuries différentes. Dans la même ville l'autorité se fractionnait entre plusieurs seigneurs. Ceux-ci exerçaient tantôt leurs droits sur des quartiers différents et tantôt, sur la même portion du sol urbain, des droits différents.

« Le comte, l'évêque, l'immuniste, l'alleutier, ne pouvant s'exclure entrent en partage. Ils sont obligés en même temps de réserver sa part (divise ou indivise) au prince régional ou au roi » (¹³). Ce départ tint souvent au morcellement géographique de la ville ancienne, du sol qu'en se restreignant elle avait laissé hors de ses

---

(11) La charte équivaut au Moyen âge et dans l'Etat seigneurial au *jus coeundi in curiam* dans l'Etat romain; elle crée, comme il la créait, la municipalité en reconnaissant à l'agglomération un organisme propre et adapté.

(12) La langue administrative de l'Etat seigneurial n'a que deux mots pour distinguer entre les hommes libres : *miles*, le combattant ; *ruptuarius*, le laboureur, qui a pour synonyme *vilanus francus*, le paysan ou villageois libre. *Civis* ou *municeps*, rencontrés encore quelquefois pour désigner le citadin, sont littéraires.

(13) Flach, *op. cit.*, t. 2, p. 275.

murailles et sur lequel s'élevèrent châteaux forts, monastères, bourgs ou faubourgs. L'évêque, jadis investi du *comitatus* ou associé aux fonctions comtales [14], triompha de préférence dans le *castrum*, cité épiscopale, ou tout au moins le partagea avec le comte; d'autres fois, ce fut à titre d'immuniste qu'il disputa quel que quartier de la ville ou portion de sa banlieue. Mais il arrivait aussi que comte, abbaye ou chapitre l'emportât dans la ville et que la seigneurie épiscopale eût, comme à Arras, son siège dans un faubourg. Les situations étaient les plus diverses. A Tours, la cité restait le siège du pouvoir comtal; mais un faubourg, né sur le territoire de l'abbaye, devint, sous sa seigneurie, le *castrum novum*, de même à Nevers, autour de l'abbaye de Saint-Etienne; à Limoges, au IXe et au Xe siècle, à côté de la cité épiscopale, un *castellum* grandit sous la crosse de l'abbé de Saint-Martial, en face duquel le vicomte, dressant la motte féodale, chef-lieu de l'autorité ducale dans la région, éleva des prétentions rivales; à Toulouse, cité et château étaient aux mains du comte ou de ses vassaux, le bourg de Saint-Sernin dépendait de l'abbaye. Arles, divisé en quatre parties : cité, vieux bourg, marché et bourg neuf, avait six seigneurs, deux dominants : l'archevêque et le comte de Provence, et quatre, tenant de ceux-ci : le viguier, le vicomte de Marseille, les seigneurs des Baux et de Porcellet. Même après la réunion dans une même enceinte d'une cité et de ses faubourgs, la division souvent subsistait. Le morcellement allait s'accentuant. Un jour ou l'autre, les évêques inféodaient tout ou partie de leurs droits à des vidames, les abbayes à des avoués. Presque partout le pouvoir ducal ou comtal était représenté par des vicomtes ou des châtelains. Les droits de la même seigneurie étaient dissociés aux mains d'autres vassaux : viguiers ou voyers pour la justice justicière (en inféodant la viguerie de Montpellier à leur branche cadette, les Guilhems se donnèrent de dangereux rivaux), maires, prévôts pour la justice foncière ou les droits fiscaux. Ce n'était pas seulement le sol qui par lambeaux était déchiré entre ces juridictions, c'étaient les hommes habitant le même sol, quartier ou faubourg. Les nobles dépendaient de la cour de leur suzerain ou du seigneur local, les roturiers et les forains du viguier, les clercs de l'évêque, les sujets de l'évêque ou d'une abbaye du vidame ou de l'avoué. Dans les limites plus restreintes des villes, l'extrême complexité des rapports seigneuriaux ou féodaux apparaissait d'une façon encore plus saisissante que dans les campagnes, et les inconvénients en étaient plus profondément ressentis.

(14) Ci-dessus, p. 192.

III. — Initiatives seigneuriales en faveur des agglomérations urbaines. Création de nouveaux centres.

1° Le repeuplement.

A la fin du xe et au xie siècle, la grande préoccupation des seigneurs, alors que le danger des invasions paraissait écarté, fut de repeupler et de provoquer un rendement agricole plus grand. Ne pouvant compter uniquement sur l'accroissement des naissances, ils firent appel aux populations étrangères, aux « hôtes » et, reprenant la tradition des grands établissements ecclésiastiques de l'époque antérieure, s'appliquèrent à réduire au minimum les charges des cultivateurs [15]. D'où les chartes d'hostise et de peuplement, la création de nombreuses villes neuves, caractéristiques de cette époque. Le mouvement, commencé dès la fin du xe siècle, se prolongea au xie et au xiie, car les villes fondées postérieurement eurent un tout autre caractère. Centres de populations agricoles, ces agglomérations étaient peu étendues, c'est pourquoi on leur donnait le nom de *villae* qui, après avoir longtemps désigné les grands domaines, prenait alors le sens de notre mot villages. C'étaient de grands villages ou des bourgs. Quelques seigneurs laïques, de plus nombreux ecclésiastiques ouvrirent la voie où les suivirent les autres, même les rois. Louis VII fonda beaucoup de villes neuves ou de bourgs neufs et, par surenchères d'avantages et de franchises, enleva, dit-on, beaucoup de leurs sujets aux églises et aux seigneurs. Les moines s'entendaient à ces fondations; ils ouvrirent et défrichèrent leurs forêts dans ce but, et celles des laïques, associés à leurs œuvres sous la forme du pariage [16].

2° Les Villes neuvès et les Sauvetés.

Ces agglomérations étaient créées d'un seul coup sur un terrain inhabité ou, du moins, que n'occupait aucune *bateïce* importante, par l'initiative du seigneur à qui ce terrain appartenait : d'où les appellations *Villeneuve, Villenave, Neuville, Neuvic, Bourgneuf, Bourganeuf*, etc., ou par l'ouverture d'un asile sur un terrain ecclésiastique, d'où encore ces noms de *Sauveté, Salvetat, Sauve-*

---

(15) Guilhiermoz, *Cpts-r.* ASMP., 1916.
(16) Ci-dessus, p. 201. *Cart. de Conques*, n° 547, p. 386, p. 349 (éd. Desjardins).

terre, Sauviat ([17]). En Bretagne, on trouve *Menehi*, sans doute analogue à *masurae* ([18]).

Le plus simple était qu'un seigneur installât dans une bonne situation ce qui était nécessaire pour que des habitants y fussent attirés : ce que fit l'évêque de Paris, Raynaud, dans une partie défrichée de la forêt de Gâtine, en y élevant une église, un marché et des maisons, le comte de Champagne pour fonder Charleville, ou Suger pour fonder Villeneuve, près de Vaucraisson ([19]).

Le sol était divisé en trois parties: les *masurae* (terrain bâti), les *horti* (potagers), les terres cultivables, hors de l'agglomération, réparties par lots égaux entre tous les habitants. On y joignait des droits de jouissance commune sur les pâtures et les bois voisins. Ces villes affectaient la forme géométrique, toutes les rues se coupant à angles droits ([20]). Puis le seigneur publiait les conditions auxquelles on pouvait s'établir dans la ville et les avantages qu'il y attachait. Il arrivait aussi qu'on donnât le terrain nu ([21]).

Le type le plus fréquent, à l'origine, était celui de la *Sauveté*, à caractère essentiellement religieux. Dans le voisinage d'une église, sur un emplacement libre que le clergé délimitait solennellement en plantant des croix et auquel on étendait le droit d'asile, qui n'était attaché en principe qu'au périmètre immédiat, à l'aître du monastère ou de l'église, on établissait la ville. Toute personne, même criminelle ou attachée à la glèbe, y était reçue. Les seigneurs laïques renonçaient à leur juridiction sur ce sol et les futurs occupants. Les droits de justice étaient remis à l'église ou à l'abbaye. Les sanctions les plus rigoureuses, excommunication, amende de 900 *solidi*, étaient décrétées contre quiconque en arracherait un fugitif ou y porterait tort à un habitant ([22]).

---

(17) Le *Dictionnaire de l'Administration des Postes* est un document précieux pour étudier la répartition des villes et des bourgs neufs ou des sauvetés sur le territoire.

(18) D'Arbois de Jubainville donne *menehi=monachia* : *Cart. de Landevennec* (éd. Le Men et Ernault, p. 592).

(19) Suger, *De reb, in adm. sua gest.* (éd. Lecoy de la Marche, pp. 164, 360). Flach, *op. cit.*, t. 2, p. 156.

(20) C'est ce qu'on peut constater encore pour quelques-unes : par exemple, Aigues-Mortes, Grenade (Haute-Garonne). Cette disposition reproduisait celle des *castra stativa* et des colonies romaines.

(21) A. du Bourg, *Et. sur les cout. comm. du Sud-Ouest de la France*, pp. 23-25. Cpr. *H. du Languedoc*, t. 3, pp. 731, 777 ; t. 5, p. 684 et s.

(22) *Petit Cartulaire de la Grande Sauve*, ap. Cirot de la Ville, *Hist. de l'abbaye de la Grande Sauve*, 1844, pp. 491-498 ; Mabillon, *De re diplomatica*, 1681, pp. 586 et s.; *Cart. de Conques* (éd. Desjardins), n° 547, p. 386 ;

Rarement ces avantages étaient surajoutés au territoire d'un marché ou d'un village déjà établi ([23]). Les laïques cherchèrent à faire bénéficier du régime de la *Sauveté* leurs propres fondations en les plaçant sous la protection d'un saint et d'un monastère, ou encore en associant celui-ci à leur initiative. La ville était alors tenue en pariage : les associés en étaient les coseigneurs. Ces combinaisons se rencontrent surtout à une époque plus tardive : les établissements ecclésiastiques moins puissants cherchaient dans un seigneur laïque, d'ordinaire le roi, un protecteur pour la ville; ils fournissaient le terrain et lui offraient le partage de la justice ou, à l'inverse, le laïque donnait l'emplacement et les moines apportaient les sanctions ecclésiastiques ([24]).

Dans ces villes, répandues dans toutes les provinces et dont l'apparition s'échelonna sur plus de deux siècles, la condition des habitants ne fut pas toujours la même; et l'on n'en peut relever ici que les traits essentiels. Les plus constants étaient : dépendance exclusive de la juridiction locale, c'est-à-dire du seigneur ou de l'établissement fondateur; affranchissement, soit immédiat, soit au bout de l'an et jour, de tous les serfs qui venaient s'y fixer, en tout cas sécurité complète pour leurs personnes tant qu'ils y demeuraient; ni formariage, ni mainmorte, sauf quelquefois en cas de décès sans enfant légitime ([25]); limitation sérieuse des frais de justice et des amendes; diminution dans une large mesure et même suppression des tailles, coutumes, corvées ou des taxes compensatoires et du service militaire; cens infimes pour les immeubles occupés; enfin établissement de foires ou de marchés, sous la sauvegarde seigneuriale. Cette population ne formait pas corps; elle n'était qu'une collection d'individus, *quidam morantes in villa N.;* mais ceux-ci pouvaient posséder, gérer leurs intérêts communs, agir judiciairement dans les limites et par les moyens déjà connus, pour les agglomérations anciennes ([26]).

Lorsque eut commencé le mouvement communal, les villes neuves de date plus tardive reçurent ordinairement une charte sur le modèle des villes de bourgeoisie ou des villes libres. Celles que fonda Philippe-Auguste furent soumises au régime de la *charte*

Cart. de Redon, n°s 107, 108, 140, 142, 150, 252 (éd. de Courson); J. Flach, *op. cit.,* t. 2, pp. 187, 192.

(23) *Cart. de Saint-Sernin* (éd. Douais), p. 163 et s., 382.

(24 J. Flach, *op. cit.,* pp. 203-211.

(25) *Cart. de Conques* (éd. Desjardins), n° 547, p. 386.

(26) Ci-dessus, pp. 281, 282.

de Lorris; les bastides de la fin du xiiie et du xive siècle furent des consulats (27).

§ 2. — **Les franchises municipales.**

I. — LES CAUSES ET LES ORIGINES DU MOUVEMENT COMMUNAL.

On a fourni plusieurs explications de la concomitance du mouvement vers la fin du xie siècle en faveur des libertés urbaines et de l'apogée du régime seigneurial (28). Les causes de cette révolution, qu'on a indiquées, opérèrent dans une mesure plus ou moins large; quelques-unes semblent avoir été particulièrement décisives. Dans l'anarchie générale, chacun cherchait à tirer de sa force ce qu'il pouvait, les collectivités urbaines, les plèbes rurales comme les seigneurs. La *pax regis* était rompue; elles en profitèrent et osèrent contre ceux-ci ce que peut-être elles n'auraient pas osé contre les anciens rois, dont l'administration avait été, du reste, plus juste et plus ferme que celle de beaucoup d'entre eux. Affaiblis par les guerres dynastiques ou de voisinage, ils n'offraient qu'une protection intermittente et apportaient un danger constant. On s'associait pour suppléer à leur insuffisance et imposer un terme à leurs luttes, où gens des villes et des champs étaient toujours foulés. A ce moment la fusion était complète, même dans les régions du Nord et de l'Est, entre les éléments de la population; à la personnalité des lois, dont il ne faut pas exagérer les effets, avaient succédé des coutumes locales où se traduisaient des mœurs et un état d'esprit communs à tous ceux qu'elles régissaient. Mais les causes économiques furent déterminantes. Dans les grandes seigneuries, dans le domaine royal, les villes jouissaient de périodes de tranquillité assez longues. L'industrie, surtout le commerce, redevenaient prospères.

Au xie, au xiie siècle, un capitalisme mobilier se constitue. Les opérations bancaires se développent. Italiens de grandes firmes, Lombards, tenanciers de tables de prêts, Artésiens qui sont leurs rivaux dans le Nord et Juifs, comme toujours, font de fructueuses affaires. Les routes, souvent peu sûres, étaient sillonnées de marchands nationaux ou étrangers. Les croisades multipliaient les échanges avec l'Orient. Des colonies de Vénitiens, de Génois, de

---

(27) Ci-après, p. 302.

(28) Luchaire, *Les communes françaises à l'époque des Capétiens directs,* 1890. Pirenne, *L'origine des constitutions urbaines au Moyen âge,* **R.H.,** t. 53 et 57.

Syriens, se réinstallaient. Bientôt les foires de Champagne, de Beaucaire, allaient attirer de fort loin des caravanes organisées. Aussi, vers la fin du xiie siècle, l'or reparut abondamment en France; une période s'ouvrit florissante pour le commerce de l'argent. Or, certains monastères mis à part, l'organisation seigneuriale était tournée tout entière vers la vie agricole et insuffisante à soutenir une vie urbaine industrielle et commerciale. Aussi, est-ce dans les cités laborieuses du Nord que les franchises furent réclamées le plus vite, le plus violemment, dans les villes commerçantes du Midi, que ce mouvement ressembla le plus à ce qu'il avait été dans le Nord, et dans les plus populeuses et les plus riches, ici et là, qu'il aboutit le plus complètement. Ailleurs l'évolution fut plus lente, plus calme et parfois moins absolue. Quelques régions, et notamment la Bretagne, restèrent étrangères au mouvement. Ce n'est qu'au xive siècle, qu'à la suite d'une certaine agitation à Saint-Malo (1302), le duc plaça à côté des capitaines, gouverneurs de ses villes, quelques conseils de bourgeois, mais cela n'avait rien d'une municipalité réglée. Au xve siècle seulement on y trouve échevins, corps de ville, procureurs-syndics permanents ([29]) et ce n'est qu'au xvie que les villes bretonnes furent assimilées par les rois à celles des pays voisins, mais à un moment où déjà une partie des libertés communales avaient disparu.

Cependant, quelles que fussent leurs aspirations, les collectivités urbaines n'auraient pas atteint, même partiellement, leur but, s'il n'avait existé déjà quelques voies pour les y conduire : organes locaux établis par des seigneurs pour des villes éloignées de leurs résidences ou pour grossir les privilèges des villes neuves, appui des seigneurs voisins enclins à aider les sujets d'un rival à s'affranchir, appui surtout du haut seigneur ou du roi contre le seigneur direct à la suppression duquel ils travaillaient; enfin une longue et très variée pratique de l'entr'aide et de l'association. Nous avons constaté celle-ci dans l'ordre administratif; les associations de la paix avaient poussé au même résultat dans l'ordre militaire, dans ceux de la police et de l'assurance mutuelle. Il ne faut pas confondre les associations paroissiales de la paix, *communia*, avec les communes jurées; ce sont choses différentes ([30]). C'est le même mot; les unes ont précédé les

____

(29) Ainsi Guingamp vers 1380, Nantes vers 1411. Poquet, *Hist. de Bretagne*, t. 4, pp. 120 et s., 267 et s.; H. Sée, *Notes sur les origines de l'organisation municipale en Bretagne (Ann. de Bretagne*, 1923, n° 3).

(30) Orderic Vital, aa. 1094, 1104-8 (t. 3, p. 415; t. 4, p. 285 et s.); Suger,

autres. Parmi les premières chartes de communes, certaines, celle de Valenciennes par exemple, furent qualifiées *chartes de la paix* [31]. La vie religieuse de l'agglomération en groupait tous les membres par paroisses ; plus librement, les habitants se réunissaient en *fraternitates*, *caritates*, confréries pieuses qui servaient à l'occasion de truchement à des intérêts de nature très différente, commerciale, industrielle, philanthropique, quelquefois fiscale ou politique. On s'associait par rues, par quartiers, par métiers, dans les halles ou sur les marchés. Tous ces groupements avaient leurs bannières, leurs règlements, leurs chefs chargés de la discipline. Il se formait peu à peu des coutumes, des usages, qui n'embrassaient pas toute la vie juridique, mais réglaient les rapports des citadins et des multiples communautés ou *amicitiae*, qui constituaient le magma urbain. Qu'un intérêt plus général apparût, les reliant tous, l'expérience était acquise des procédés qui réalisaient l'entr'aide le plus rapidement et liaient le plus fortement les hommes. Groupes déjà formés, où les individus en s'unissant par le serment, *conjuratio, communis*, s'engageaient à poursuivre jusqu'à complète réussite le dessein qu'ils avaient conçu [32]. Beaucoup de franchises ont été conquises ainsi par la force ou par la menace. Toutes les villes n'arrivèrent pas au même degré de liberté : les unes obtinrent du seigneur une sorte de constitution, mais restèrent ses sujettes, on les appela *villes de bourgeoisie, villes privilégiées*, souvent *villes prévôtales;* les autres parvinrent à l'autonomie complète et furent des seigneuries collectives indépendantes du seigneur ou ne se rattachant à lui que par le lien féodal; ce furent les villes libres : *communes*, dans le Nord, *consulats* dans le Midi.

II. — LES VILLES DE BOURGEOISIE OU DE PRÉVÔTÉ.

De gré ou de force, innovant ou consacrant un état de fait, le seigneur leur avait accordé une charte de franchise, *franchisia, libertas* [33], c'est-à-dire des privilèges qui les distinguaient du plat pays, mais elles restaient soumises à sa souveraineté. Elles étaient des *bateïces*, selon le terme de Beaumanoir, et la col-

---

De reb. in adm. s. gest. (éd. Lecoy de la Marche, p. 73). Voy. ci-dessus, pp. 218 et s., et P. Viollet, *op. cit.*, t. 3, p. 56.

(31) *Charta pacis Valencenensis* (1114), achetée du reste à prix d'argent à Baudouin III (Pertz, SS., t. 21, p. 605).

(32) Luchaire, *Man. des instit. franç.*, p. 410.

(33) On disait encore : *burgesia, fora* (Béarn), *kora* ou *keures* (Flandre), d'après les pays.

lectivité bourgeoise n'y formait qu'une « compagnie » ([34]). Dès la fin du xe siècle, on signale quelques concessions de ce genre ([35]), elles augmentent au xie et se multiplient au xiie. Les villes de bourgeoisie étaient répandues sur tout le territoire, au Nord et au Midi où elles s'entremêlaient aux villes libres, au centre où elles prédominaient de beaucoup. La franchise pouvait être plus ou moins largement octroyée. Pour la plupart des villes, elle résulta de concessions successives, quelquefois assez éloignées dans le temps. Des seigneurs trouvèrent d'une bonne politique de ne pas tout céder à la fois; ils se réservèrent quelques dons à faire à l'occasion de nouvelles réclamations prévues, d'autant qu'il leur arrivait de monnayer ces dons. Des bourgeoisies conquirent leurs libertés par la force ou la diplomatie, d'autres les achetèrent. La charte bénéficiait tantôt à toute la population de la ville, tantôt à une partie seulement, aux roturiers d'une certaine catégorie, aux habitants d'un quartier, à une ou plusieurs corporations de métiers, le reste demeurant soumis au droit commun. Les privilèges qu'elle contenait variaient de nature et d'étendue selon les circonstances, la générosité du seigneur, la force ou les exigences des bourgeois ([36]). On ne peut indiquer ici que les dispositions essentielles les plus fréquentes.

1° Ordinairement, la charte comportait la suppression du servage, s'il existait auparavant sur le territoire de la ville; mais il y eut d'assez fréquentes exceptions, surtout dans les plus anciennes franchises, ou lorsque la bourgeoisie n'était acquise que par une portion de la communauté urbaine. Il était rare, sinon sans exemple, que les bourgeois ne disposassent pas d'une façon complète de leurs personnes et de leurs biens ([37]).

2° Les droits seigneuriaux étaient considérablement atténués : la taille supprimée, ou muée en aides casuelles, ou tout au moins abonnée, les corvées abrogées ou remplacées par une taxe pécuniaire. Les contributions indirectes, péages, tonlieux, soigneusement révisées, dans un esprit de protection de l'industrie et du commerce local, faisaient dans les chartes l'objet de tarifs détaillés et réduits : les banalités et les autres monopoles disparais-

---

(34) Beaumanoir, n°s 647, 648; Boutillier, II, 19, p. 795 et s.

(35) Aucune n'est bien certaine : Morville-sur-Seille (969?), Broc (984).

(36) Voy. Aug. Thierry, *Tableau de l'anc. France municipale*, *Œuvres* (éd. Garnier, t. 9, p. 321 et s.).

(37) Guibert de Nogent, *De vita sua*, III, 7 (HF., t. 12, p. 250). Dans la Charte de Lorris, la liberté était acquise dans l'an et jour. Cpr. Bonvalot, *Le Tiers Etat d'après la Charte de Beaumont et ses filiales*, p. 299.

saient ou étaient partagés entre le seigneur et le corps de bourgeoisie.

3° Les droits féodaux subissaient un sort pareil : les cens et toutes les redevances foncières étaient ou abandonnés, d'où la terre devenait libre, le domaine se remembrait, ou maintenus pour le principe ([38]); les droits d'usage, étendus au contraire, se transformaient en certains lieux en propriété collective des habitants.

4° Les parties contestées, obscures de la coutume locale étaient parfois l'objet de précisions ou de révisions dans ces chartes, où il ne faudrait pas, du reste, chercher l'ensemble, ni même des portions importantes et méthodiques du droit coutumier, qui n'y figure qu'à l'état dispersé et sporadique.

5° C'est surtout dans les chartes de franchise qu'apparaissent les restrictions au service militaire quant à sa durée, aux lieux et aux conditions où le devaient les roturiers ([39]). D'après la charte de Lorris, il était d'une journée en cas de danger imminent et la chevauchée ne devait pas dépasser quelques lieues.

6° Enfin, les privilèges d'ordre judiciaire étaient considérés parmi les plus essentiels. Les bourgeois avaient le droit de ne plaider que devant le seigneur ou son représentant, dans leur ville ou du moins dans un rayon déterminé de leurs murailles. La suppression des amendes arbitraires ou à tarif trop élevé, la simplification de la procédure, des restrictions dans l'usage des *judicia Dei* et surtout du duel, mais aussi une police plus rigoureuse et des pénalités aggravées pour les crimes contre les personnes ou les biens, comptaient au premier rang des revendications bourgeoises ([40]).

La charte avait aussi à définir le corps de bourgeoisie en désignant quelles personnes y étaient comprises au jour de l'octroi de la charte et quelles seraient tenues pour lui appartenir plus tard. Or, on était bourgeois de nativité quand on était fils légitime d'un bourgeois; on le devenait d'ordinaire par mariage en épousant une personne du corps de bourgeoisie; on pouvait en recevoir le titre et les privilèges par une sorte de naturalisation dans la ville sous des conditions qui étaient d'ordinaire les suivantes :

(38) Dans la Charte de Lorris, les cens étaient de six deniers par maison ou par arpent de terre cultivée ; art. 1, 3, 7, 8, 18 (éd. Prou, pp. 129, 148).

(39) Ci-dessus, p. 212.

(40) Il faut y ajouter aussi le droit de plaider par compromis devant arbitre sans avoir à payer l'amende compensatoire des droits de justice, perdus dans ce cas par le seigneur. L'arbitrage était de pratique courante.

n'être ni bâtard, ni banni, ni excommunié, ni criminel de droit commun condamné .comme tel, ni serf, ou avoir par la résidence de l'an et jour acquis la franchise; dans la plupart des chartes, posséder une maison ou s'engager à en acquérir une dans la ville et y être domicilié; prêter le serment de bourgeoisie devant l'autorité seigneuriale en promettant de se soumettre à toutes les charges et à la juridiction locale; payer, presque toujours, un droit d'entrée [41]. La bourgeoisie se perdait par le départ sans espoir de retour ou en notifiant son admission dans une autre, après avoir acquitté les contributions en retard et payé sa part dans les dettes de la communauté [42]. Des bourgeoisies avaient exceptionnellement la faculté de reprendre leurs bourgeois [43].

Rédigée d'un commun accord, la charte était jurée par le seigneur et par les bourgeois, puis par l'officier seigneurial, prévôt ou maire, qui devait gouverner la ville. Elle devait être approuvée par les suzerains du concédant à cause de l'abrègement du fief et par ses vassaux, car elle diminuait sa situation de chef féodal. A la fin du xiiie siècle, elle dut l'être par le roi, seigneur fieffeux de tout le royaume. Remise avec les sceaux de ces seigneurs aux habitants, elle était l'instrument juridique de leurs franchises. On y joignait quelque autre signe extérieur : croix, inscription, beffroi. Chacune de ces villes avait sa constitution particulière. Mais en s'en tenant aux traits les plus apparents, elles se ramenaient aisément à un petit nombre de types : les unes, exclusivement administrées par l'officier seigneurial, correspondaient le mieux aux dénominations de villes soumises ou villes prévôtales : leur liberté consistait en ce que cet officier devait conformer son administration au contenu de la charte; les autres avaient une magistrature municipale à laquelle l'administration appartenait en principe, mais, sauf parfois pour les *causae minores*, la justice était retenue par le seigneur; d'autres s'étaient vu octroyer non seulement l'administration, mais encore la juridiction sous le contrôle du seigneur ou en collaboration avec son représentant. Ces trois catégories urbaines ne se laissent classer ni dans l'espace. ni dans le temps; du xie au xive siècle, il y en eut de toutes un peu partout.

(41) Boutillier, II, 19, p. 793 et s.

(42) Boutillier, *loc. cit.*, p. 794. Le seigneur de la ville abandonnée conservait « la cognoissance des cas perpetrez par le Bourgeois dessous luy trois mois paravant son partement, supposé qu'en autre bourgeoisie soit entré ».

(43) *Ibid.*, p. 795 : « Item il y a plusieurs bourgeoisies privilégiées de ravoir leurs Bourgeois de tout cas. »

La charte du premier type, la plus célèbre, fut celle de Lorris en Gâtinais, octroyée par Louis VI. Inspirée par des considérations économiques et ne conférant aucun droit politique, elle fut étendue dans le domaine royal (Ile de France, Orléanais, Gâtinais, Touraine) et dans des provinces voisines, Champagne, Berry, Bourgogne, à plus de quatre-vingts cités. Le prévôt royal ou seigneurial y administrait et jugeait (44), mais, suivant la tradition, assisté de prud'hommes ou d'échevins. Quand la communauté avait besoin de se faire représenter dans la gestion de ses biens ou de ses intérêts, elle délibérait dans la forme précédemment décrite et choisissait pour procureurs quelques notables que le prévôt utilisait déjà à son *aula* ou à la répartition des tailles, ou bien les chefs de corporations influentes (45). Il y avait là les éléments d'une administration qui permirent à ces villes d'évoluer vers le second type.

Celui-ci est assez bien représenté par la charte de Langres de 1289 où les habitants reçoivent le droit d'élire tous les trois ans quatre procureurs permanents pour défendre leurs intérêts (46). Souvent aussi un droit analogue fut usurpé (47).

La charte de Beaumont-en-Argonne, octroyée en 1182 par l'archevêque Guillaume-aux-blanches-mains et représentant le troisième type, fut adoptée en France et en Belgique, avec quelques retouches, pour plus de cinq cents villes ou bourgades. Elle avait une administration plus complexe qui, élue par les bourgeois, administrait en partie et jugeait au nom du seigneur. Un maire et douze jurés, élus annuellement, constituaient la magistrature municipale; les mêmes, avec quarante prud'hommes, étaient l'organe délibérant; le prévôt et deux jurés (conseil des amendes) affectaient la part de celles-ci laissée à la ville aux travaux d'embellissement et de défense. La municipalité rendait compte de sa gestion financière au seigneur (48). Les *Etablissements de Rouen* plus compliqués encore et dont l'influence rayonna sur toute la partie ouest de la France, correspondaient à des agglomérations plus nombreuses (49). Des villes acquéraient une situation analogue en affermant la prévôté au seigneur.

(44) Prou, *Les coutumes de Lorris et leur propagation aux* xiie *et* xiiie *siècles*, 1884.

(45) Voy. p. 181 et s.

(46) De la Boullaye, *Invent. des arch. comm. de Langres*, pp. ix-xii; *Olim*, t. 1. p. 154.

(47) Boutaric, *Actes du Parlement de Paris*, t. 1, p. cccxxiv.

(48) Bonvalot, *Le Tiers Etat d'après la Charte de Beaumont et ses filiales*.

(49) Giry, *Les Etablissements de Rouen, Paris*, 1883-85, 2 vol. (*Bibl. de*

D: grandes villes ne furent jamais que des villes de bourgeoisie, surtout celles du domaine royal qui servaient de résidences aux rois. Paris ([50]), Angers, Orléans, la cité de Tours, étaient villes prévôtales. Blois, Lyon, Auxerre, Mâcon, quantité de villes d'Auvergne pourtant qualifiées de consulats, ne possédaient aucune juridiction ou n'en avaient qu'une très réduite. Par contre, des municipalités du troisième type, comme Dijon, Beaune, qui avaient droit de beffroi et de sceau, se rapprochaient singulièrement des villes libres.

III. — LES VILLES LIBRES.

Communes dans le Nord, *consulats* ou *cités consulaires* dans le Midi, car elles se raréfiaient à mesure qu'on se rapprochait du centre, les villes libres étaient complètement affranchies de l'autorité seigneuriale et constituées elles-mêmes en seigneuries. Les bourgeois y formaient « cors » ou « commune » et ce corps avait la puissance et les prérogatives d'un seigneur. Occupant ainsi une place importante dans le système seigneurial, ces bourgeoisies n'étaient pas non plus étrangères à la société, ni aux classements féodaux. Les bourgeois étaient pairs entre eux et liés par les mêmes procédés et les mêmes obligations que les membres du groupe féodal : ils s'étaient juré fidélité, aide et conseil : *Unusquisque jurato suo fidem, auxilium consiliumque per omnia juste observabit* ([31]). Les seuls rapports subsistant entre la ville et son ancien seigneur étaient des rapports de vassale à suzerain :

l'Et. des H. Et., fasc. 55, 59). D'après la Charte de 1174, cent pairs (notables) héréditaires désignaient trois candidats entre qui le roi choisissait le maire, puis élisaient vingt-quatre jurés (douze échevins, douze conseillers). Après la réforme démocratique de 1321, il y eut trente-six pairs élus par tiers pour trois ans ; le maire était choisi par le roi sur trois candidats désignés au moyen d'une élection à plusieurs degrés ; douze prud'hommes, contrôleurs de l'administration du maire, étaient élus par une assemblée générale qui avait la décision en matière financière et répartissait l'impôt.

(30) La municipalité parisienne ne se constitua que dans la seconde partie du XIIIᵉ siècle et fut concentrée tout d'abord aux mains de la corporation des marchands de l'eau, dont la juridiction, le Parloir aux bourgeois, n'avait qu'une compétence commerciale pour certains genres de négoce sur la Seine et ses affluents, mais s'étendit plus tard en matières fiscales et domaniales. La juridiction ordinaire appartenait au Châtelet, la plus importante prévôté de France. G. Huisman, *La juridiction de la municipalité parisienne de Saint-Louis à Charles VII*, Leroux, 1912.

(31) *Charte d'Amiens*, art. 1 : Giry, *Doc. sur les relations de la royauté avec les villes libres*, p. 21.

elle lui devait d'ordinaire la foi et l'hommage et, comme place forte, elle était livrable et rendable dans des conditions déterminées. Tout aussi bien elle pouvait avoir des vassaux (⁵²).

La plupart des villes libres, surtout des communes du Nord, conquirent leurs libertés par la force; il fallut souvent qu'elles s'y reprissent à plusieurs fois. Les tractations pécuniaires eurent aussi un rôle. Leur victoire était constatée par une charte. Quelques-unes n'en avaient pas; leur indépendance était un fait résultant de ce que, dans leurs luttes contre le pouvoir seigneurial, elles l'avaient emporté. Mais, dès le xiiiᵉ siècle, la jurisprudence du Parlement posa le principe : « Nulle commune sans charte. » Comme l'érection d'une ville libre entraînait l'abrègement du fief du seigneur concédant, cette charte devait être approuvée par les suzerains successifs jusqu'au seigneur souverain. A partir de la fin du xiiᵉ siècle, le roi, suzerain général, dut toujours y consentir (⁵³). Mais, un peu plus tard, on tendit à admettre que le consentement des suzerains intermédiaires rompait tout lien entre eux et la ville libre et la laissait sous la souveraineté directe du roi, *rex reputans omnes civitates suas esse in quibus sunt communiae* (⁵⁴); ou tout au moins on tenait que le roi était juge entre la ville et son ancien seigneur (⁵⁵). Au xivᵉ siècle la doctrine royale avait définitivement triomphé (⁵⁶); mais le mouvement en faveur des libertés municipales était à son déclin.

Les rois ne favorisèrent pas toujours les communes; leur politique à cet égard fut toute d'opportunité. Si Louis le Gros en soutint, il en combattit d'autres, et ne les aida jamais que contre quelqu'un (⁵⁷). Le règne de Louis VII commença par la répression de deux révoltes communales armées : Orléans (août 1137), Poitiers (oct. 1138); il punit les bourgeois de Soissons, meurtriers de l'abbé de Saint-Pierre-le-Vif, qui avait détruit leur commune (1147); il réprima celle de Vézelay soutenue par le comte de

---

(⁵²) Toulouse, par exemple, avait des vassaux nobles portant la foi et l'hommage au corps municipal.

(⁵³) Beaumanoir, nº 1517 : « De nouvel nus ne puet fere vile de commune ou roiaume de France sans l'assentement du roi, fors que li rois, pour ce que toutes nouveletés sont défendues. » Giry, *op. cit.*, p. 119.

(⁵⁴) *Hist. episc. Autesiodorensium* (HF., t. 12, p. 302), Abbadie, *Hist. de la commune de Dax*, p. 13, n. 2, 3.

(⁵⁵) Garnier, *Chartes de communes et d'affranchissements en Bourgogne*, nº 1, t. 1, p. 1.

(⁵⁶) *Ord. de Charles V* (*Ord. des r. de Fr.*, t. 3, p. 305): Cum... nos pertineat creare et constituere consulatus et communitates.

(⁵⁷) Luchaire, *Louis le Gros, Annales de sa vie et de son règne*, p. xxxv, 337.

Nevers (1135) [58]. Les rois voyaient trop bien que communes et consulats étaient l'extension et une forme nouvelle du régime seigneurial qu'ils s'efforçaient de supprimer.

1° Les communes.

L'établissement de beaucoup de communes fut précédé de luttes très vives, parfois de véritables guerres. Presque toujours on trouve à l'origine de la commune une association des habitants qui se liaient entre eux par le serment, *conjuratio, commune jurée.* Les associés prenaient pour ce motif le nom de *jurati, jurati communiae, amici, homines de communia.* Dans certaines agglomérations commerçantes, la révolution municipale fut l'œuvre des puissantes corporations de métiers et principalement de marchands. La fin du XI⁰ siècle, mais surtout la première moitié du XII⁰, furent les moments où elle se manifesta le plus violemment : Saint-Quentin était déjà érigée en commune en 1077 et Beauvais en 1099; Noyon l'était en 1108. Amiens le fut en 1113, Valenciennes et Soissons l'étaient en 1114 et 1116, Lille et Saint-Omer en 1127, et Arras probablement avant elles. Pendant ce temps, Laon s'efforçait de le devenir avec des succès divers [59]. Les dernières années du XII⁰ siècle furent marquées par l'apparition d'un nouveau groupe de communes, mais la plupart de ces villes à municipalités organisées ou suggérées par le seigneur (Normandie, Champagne, Bourgogne) eurent moins grande allure et souvent se distinguaient très peu de celles de bourgeoisie.

Le fondement de la liberté communale était, comme nous l'avons vu, la charte jurée par le seigneur et les bourgeois, confirmée par les suzerains et le roi, scellée par eux, et soigneusement gardée dans l'*arca* communale. La seigneurie urbaine avait pour signes extérieurs ceux de la haute justice, le sceau, le beffroi, le gibet, le pilori et les fourches patibulaires. Ici encore, les chartes étaient des instruments juridiques très complexes, mais dont on peut dé-

---

(58) Suger, *Vit. Ludov. VII,* I, VI (éd. Molinier, pp. 145, 151-154).

(59) Voy. Melleville, *Hist. de la ville de Laon et de ses institutions,* 1846; Guesnon, *Les origines d'Arras et ses institutions,* 2 vol.; Giry, *Histoire de Saint-Omer jusqu'au* XVI⁰ *siècle,* 1877 ; *Et. sur les origines de la commune de Saint-Quentin,* 1887 ; Lefranc, *Hist. de la ville de Noyon jusqu'à la fin du* XII⁰ *siècle,* 1888 ; Flammermont, *Hist. des instit. munic. de Senlis,* 1881 ; Aug. Thierry, *Lettres sur l'Hist. de Fr.,* XIII-XXIV, éd. Garnier, t. 1, pp. 218, 432 ; *Essai sur l'hist. du Tiers Etat* (commune d'Amiens), t. 9, pp. 408-490 ; Viollet, *H. des inst. pol. et adm. de la Fr.,* t. 3, p. 31 et s.; Luchaire, *Les communes françaises à l'époque des Capétiens directs,* 1890.

gager d'autant mieux les lignes essentielles que certaines se propagèrent de ville en ville ou servirent de modèles, avec quelques variantes, à beaucoup d'autres communes. On les appelait coutumes chefs de sens : celles de Laon, de Saint-Quentin, de Soissons, de Mantes, d'Amiens étaient dans ce cas. On se référait à elles pour interpréter leurs filiales ou en suppléer l'insuffisance; leurs magistrats étaient des arbitres désignés entre les municipalités et leurs seigneurs.

La charte devait en premier lieu déterminer le territoire et les limites de la commune, car toute seigneurie a un détroit où s'exerce sa juridiction. Il comprenait au moins le sol clos par les murailles et les faubourgs, mais aussi, ordinairement, une banlieue d'étendue variable. Des communes en avaient de très vastes. Au XIIᵉ siècle, elles s'évertuaient à les étendre, à y englober le plus de villages possibles. Parfois les habitants de la banlieue jouissaient des privilèges du corps de bourgeoisie; le plus souvent ils n'en étaient que les sujets, et les grandes communes du Nord se montraient de durs seigneurs. Les paysans préférèrent très vite rester sous leurs seigneurs primitifs, ou se constituer eux-mêmes soit en minuscules communes rurales, soit en communes formées de villages confédérés. Ces confédérations de villages se rencontraient surtout dans le Laonnais, le pays de Caux, la Flandre maritime, le Soissonnais, le Briançonnais. Le baroichage de Pontarlier était la fédération en commune de vingt villages [60].

La charte indiquait ensuite comment se composait le corps de bourgeoisie. Il comprenait les membres de la *conjuratio*, sous les mêmes conditions où ils avaient été admis dans celle-ci. Il fallait d'ordinaire : 1° être de condition libre; cependant, des communes jouissaient du *jus attractus*, c'est-à-dire du droit de s'incorporer les hommes venus d'autres seigneuries s'établir chez elles, où la résidence de l'an et jour les affranchissait, s'ils étaient serfs [61]; 2° être enfant légitime; 3° être non seulement solvable, mais encore, dans nombre de communes, posséder dans la ville une maison ou une propriété immobilière [62]; 4° être exempt de maladies

---

(60) Luchaire, *op. cit.*, p. 77-90 ; Giry, *Les établissements de Rouen*, t. 1, p. 48 ; de Coussemaker, *Sources du dr. publ. et cout. de la Flandre maritime*, 1ʳᵉ sér., pp. 10-21; Delisle, *Catal. des actes de Phil.-Aug.*, n° 148, p. 36; Déy : *Et. hist. sur la cond. du peuple au Comté de Bourgogne au Moyen Age : fédération de Solh : vingt villages*. Luchaire, *op. cit.*, p. 34.

(61) Avaient le *jus attractus*, Saint-Quentin, Saint-Riquier ; il est très répandu en Bourgogne : Garnier, *op. cit.*, t. 1, p. 12.

(62) *Sic Charte de Noyon* (1182), art. 2 ; *Charte de Soissons* (1181), art. 17 ;

contagieuses; 5° payer un droit d'entrée; 6° prêter, devant les magistrats municipaux, après en avoir été agréé, le serment de bourgeoisie; 7° avoir son domicile dans la ville, bien que cette obligation ne fût peut-être pas absolue (63). Pour abdiquer la qualité de bourgeois, il était nécessaire : 1° d'en faire la déclaration expresse aux magistrats; 2° d'acquitter tous les droits de taille échus jusqu'à ce jour; 3° de payer sa part dans les dettes de la commune (64); 4° de se soumettre à un droit de sortie. Parmi les résidants sur le territoire de la commune, étaient exclus de celle-ci les officiers royaux et seigneuriaux, les sujets et serfs du seigneur que la charte avaient réservés, en principe les nobles, les clercs, sauf de très rares exceptions (65), et les prolétaires. Par contre, des étrangers étaient admis à jouir de tout ou partie des droits de bourgeoisie quand ils séjournaient sur le territoire communal : c'étaient les bourgeois forains.

Mais il arrivait aussi que les grandes communes du Nord fussent constituées non par des individus, mais par des collectivités, appelées *membres de la commune;* de sorte que pour faire partie de celle-ci, il fallait faire partie d'un de ses membres : ainsi la commune de Gand était composée de trois membres : la marchandise, les tisserands et un collège embrassant quelques autres métiers. C'était là la commune dont les autres habitants étaient les sujets.

Les chartes contenaient aussi des dispositions fragmentaires de droit privé, de très rigoureuses de droit pénal, car les marchands dont la fortune mobilière était surtout exposée la voulaient sévèrement protégée, et, comme il était naturel, le rudiment d'un droit commercial. Mais les plus nombreuses étaient consacrées à l'organisation politique et administrative de la municipalité, différente selon les villes, en général très complexe, et qui changea plusieurs fois pour chacune (66).

On adopta pour principal organe de la cité le groupe des dirigeants de la *conjuratio* bourgeoise qui avait fondé la commune ou les anciens *scabini* ou échevins; ces deux groupes tantôt se confondirent et tantôt eurent, séparés, chacun son rôle. Dans le premier cas, le plus fréquent, le collège des jurés ou des échevins

Ch. de Laon, art. 26 ; Simple domicile : *Charte de Beauvais* (1182), art. 1 ; *Et. de Rouen*, art. 30 ; *Ch. d'Arras* (1211), art. 1.
(63) Boutaric, *Actes du Parlement de Paris*, n° 562.
(64) Beaumanoir, n° 646.
(65) A ce sujet : Viollet, *op. cit.*, t. 3, pp. 45, 47, n. 5.
(66) Pirenne, *Villes, marchés et marchands au Moyen âge*, RH., t. 67, p. 59 et s.

constituait le pouvoir exécutif investi du droit de faire des établissements, se recrutant par cooptation, ou par le choix des magistrats sortant de charge, ou par des scrutins à plusieurs degrés. Il avait d'habitude à sa tête un maire ou prévôt, choisi par lui dans son sein ou élu selon des procédés savants, et assisté d'un sous-maire ou lieutenant de maire. Sous leurs ordres, des chefs de services, argentier ou trésorier, greffier ou clerc, procureurs syndics, manœuvraient la foule des scribes ou des ouvriers municipaux (⁶⁷). Dans les affaires les plus importantes, guerres, finances, etc., le corps municipal, le « Magistrat », comme on disait dans beaucoup de villes, devait, surtout à partir du xiiiᵉ siècle, appeler à délibérer les chefs des métiers ou mayeurs de bannières. Rarement et tardivement on voit fonctionner une assemblée générale de la commune; encore n'était-elle souvent, malgré ce qualificatif, qu'une assemblée de notables.

Comme seigneurie, la commune avait la haute justice qu'elle exerçait par son maire et son corps municipal, mais il y avait des villes où l'administration était confiée à des jurés et la justice à des échevins, telles Laon, Noyon, Saint-Quentin et quelques autres (⁶⁸). Ailleurs, la juridiction échevinale, non incorporée à la commune, demeurait juridiction seigneuriale; mais il arrivait aussi que celle-ci fût déléguée ou vendue aux bourgeois (⁶⁹). Le seigneur ou le roi (⁷⁰) se réservait seulement le ressort.

La seigneurie bourgeoise était, comme les autres, une puissance militaire. La milice, où prenaient rang les bourgeois et leurs sujets, était placée sous les ordres du maire, représenté parfois sur le sceau de la ville, à cheval, en armure, une épée dans une main et la bannière dans l'autre. Vassale du seigneur ou du roi, la ville libre devait le service d'ost, de chevauchée et d'estage, elle était rendable dans les conditions fixées par les clauses de la charte qui tenait lieu pour elle de contrat de fief (⁷¹).

A l'inverse des simples villes de bourgeoisie, elle avait la per-

---

(67) Luchaire, *Les communes françaises*, p. 112 et s.

(68) Giry, *Et. sur les orig. de la comm. de Saint-Quentin*, p. 35 et s., 151 et s.; Lefranc, *Hist. de la ville de Noyon*, p. 79 et s.; Luchaire, *op. cit.*, p. 169 et s.

(69) Viollet, *op. cit.*, t. 3, p. 36.

(70) Beaumanoir, n° 1532; l'appel pour défaute de droit ou de faux jugement pouvait être porté devant le seigneur qui avait le ressort « non pas par gages de bataille, mes par les erremens du plet ».

(71) Ci-dessus, pp. 242, 296. Luchaire, *Les milices communales et la royauté capétienne* (Pr.-verb. des séances et tr. de l'Ac. des sc. mor. et pol., mai-juin 1888) a montré que les milices communales étaient loin d'avoir rendu les services que l'on prétend.

sonnalité civile : elle possédait et administrait ses biens sans qu'il y eût lieu de faire intervenir individuellement tous ses membres ([72]). Ses ressources étaient de même nature que celles déjà indiquées pour tout autre seigneur ([73]) : impôts directs et en particulier tailles générales ou spéciales établies par la municipalité, d'après les déclarations sous serment, sévèrement vérifiées et sanctionnées, des contribuables ([74]); corvées réduites ou ordinairement remplacées par une contribution pécuniaire, sauf celle du guet, impôts indirects, parfois partagés de façons variables avec le seigneur; droits de justice, dont les amendes et les confiscations étaient les plus lucratifs; enfin, revenus féodaux et domaniaux. Ses charges étaient de plusieurs sortes : municipales, car il fallait pourvoir à toutes les dépenses d'administration urbaine; — féodales, car en tant que vassale, elle devait les aides féodales et d'autres prestations à l'occasion du renouvellement de la foi et de l'hommage, mais, établissement de mainmorte, elle ne pouvait acquérir, ni garder de fief, ni de censive : pour elle, le droit d'amortissement ne semble pas être admis ([75]); — plus tard nationales, quand le roi tailla directement les arrière-vassaux et les sujets des seigneurs.

2° Les villes consulaires.

Le régime consulaire fleurit d'abord dans le Midi, en Provence, en Languedoc, puis remonta vers le Centre, embrassant à peu près les pays de droit écrit, où même de simples villes de bourgeoisie se parèrent du titre de consulats. Les termes de *consulatus*, *consules*, qui paraissent avoir été empruntés à des corporations italiennes, car les souvenirs municipaux ne les eussent pas fournis, plurent sans doute aux bourgeois à raison du grand passé qu'ils avaient l'apparence de rappeler. Mais ces institutions municipales ressemblèrent toujours beaucoup plus à celles des communes du Nord qu'au gouvernement des républiques d'Italie.

Le mouvement consulaire retarda un peu sur le mouvement communal : on ne cite guère d'autre consulat que celui de Saint-Gilles au xie siècle. Ce fut seulement dans la seconde partie du xiie siècle ou même au xiiie, que les grandes villes, Arles, Béziers (1131), Montpellier (1141), Nîmes (1144), Narbonne (1148),

---

(72) Beaumanoir, n°s 157, 171.

(73) Ci-dessus, pp. 206 et s.

(74) Beaumanoir, n°s 1526, 1529 : Les personnes qui ne font pas partie de la commune, étrangers, nobles, clercs, y paient la taille réelle portant sur leurs « eritages vilains dedens la banlieue de la vile de commune et mouvans de la dite vile ».

(75) Beaumanoir, n° 1531.

Toulouse (1152), plus tard Marseille, s'y rangèrent. Il eut, en outre, des caractères un peu différents (⁷⁶).

Dans le Midi, l'indépendance des villes fut encore le résultat, surtout dans les villes commerçantes, d'une insurrection victorieuse; mais plus souvent que dans le Nord elle fut aussi la suite d'une révolution pacifique. La féodalité y était moins fortement établie et la différence entre les classes moins tranchée (⁷⁷). Non seulement la noblesse ne s'opposa pas toujours aux libertés urbaines, mais elle prit parfois l'initiative du consulat, particulièrement en Provence. Dans la plupart des villes elle entra dans le corps de bourgeoisie et occupa une place importante et même prépondérante dans le gouvernement, par exemple à Nimes, Rodez, Narbonne, Tarascon, etc. Il arriva que les consuls nobles se nommaient entre eux par cooptation et élisaient leurs collègues roturiers. Ailleurs, bien que rarement, les nobles seuls étaient consuls. De plus, chose à peu près inouïe dans le Nord, la bonne entente régna presque toujours entre le clergé et la haute bourgeoisie. Les évêques provençaux ont tantôt provoqué, tantôt protégé l'éclosion du consulat; ils s'y sont, ici et là, incorporés au point d'être, comme à Arles, un des éléments du gouvernement de la cité (⁷⁸).

A partir du milieu du xiiiᵉ siècle et au xivᵉ, on vit s'élever dans la région du Sud-Ouest un nombre assez considérable de villes neuves fortifiées ou *bastides*, dues à l'initiative des officiers du roi de France ou du roi d'Angleterre, ou encore d'Alphonse de Poitiers et dont la plupart furent des consulats, mais d'autres ne furent que plus ou moins franches et souvent établies en pariage. Toutes, du reste, étaient des villes à charte (⁷⁹).

Dans les provinces méridionales, l'instrument juridique contenant la constitution consulaire portait ordinairement le nom de *statuts municipaux*. Sur leur contenu, les magistratures urbaines

(76) Cpr. Viollet, *op. cit.*, t. 3, p. 33 et s.

(77) Voy. Dognon, *Les instit. pol. et adm. du pays de Languedoc*, pp. 58-63 ; Viollet, *op. cit.*, t. 3, p. 50.

(78) Luchaire, *op. cit.*, p. 177.

(79) Le caractère de ces bastides a été très discuté. Voyez Vigié (*Les bastides du Périgord*, Montpellier, 1907) qui en ramène les chartes à trois types : celle de Monclar-Monflanquin, celle de Castelagrat, celle de Riom, dite l'Alphonsine, répandues confusément d'après le genre de ville ; Boutaric (*Saint Louis et Alphonse de Poitiers*), qui croit à un type de charte par province; Eloi Laval (*Les chartes de coutumes du Bas-Quercy, octroyées par Alphonse de Poitiers : Bul. phil. et hist.*, 1914, p. 82 et s.), qui relève des caractères communs dans ces chartes, mais aussi beaucoup de variétés ; Chan. Pottier, *Les chartes de coutumes du Tarn-et-Garonne*, Montauban, 1889.

avaient un pouvoir de révision et de modification presque inconnu pour les chartes communales, à caractère beaucoup plus synallagmatique, où tout changement requérait l'assentiment des parties contractantes. Des dispositions statutaires établissaient une procédure à cet effet, et quelques-unes la prévoyaient annuelle (⁸⁰). Beaucoup plus copieux que les chartes, ces statuts contiennent des dispositions similaires, avec une insistance plus grande sur le droit privé (droit écrit et droit coutumier), le droit féodal et le droit seigneurial à raison du contact étroit de toutes les classes sociales mêlées dans la cité. Le droit public et l'organisation du consulat y font aussi l'objet de nombreux articles où sont réglées sa situation de vassal vis-à-vis du seigneur régional ou du roi, sa situation de suzerain vis-à-vis de ses vassaux nobles (⁸¹).

Le pouvoir exécutif appartenait aux consuls dont le nombre, à l'origine, variait, pas toujours selon l'importance de la cité, de deux à douze. Narbonne en eut vingt-quatre et Toulouse autant de *viri capitulares* (capitouls). Ils étaient élus pour un an, tantôt par les consuls sortants (⁸²), tantôt par un collège choisi par eux (⁸³), tantôt par le Conseil ou l'assemblée générale des notables (⁸⁴). Parfois le mode de recrutement se compliquait; le sort (⁸⁵), l'autorité seigneuriale ou épiscopale y avaient un rôle. Ils n'étaient pas rééligibles, au moins de quelques années. Dans certaines villes du Sud-Ouest, un maire était superposé aux consuls, qui en remplissaient d'ordinaire les fonctions par roulement. Mais la mairie paraît avoir été une magistrature distincte dans les villes à jurade où les consuls étaient remplacés par des jurats.

(80) A Arles, douze *statutores* étaient enfermés dans le palais archiépiscopal jusqu'à ce qu'ils eussent fait connaître à l'extérieur que leur tâche était achevée.

(81) Viollet, *op. cit.*, t. 3, p. 51 et s.; Tardif, *Hist. des sources du dr. fr.*, p. 274 et s., et *Le droit privé au xiiiᵉ siècle, d'après les coutumes de Toulouse et de Montpellier*, p. 5 et s. Bien que le côté économique ait été moins important que dans le Nord, le *jus mercatorum* a une place encore grande dans les statuts des villes : *sic* pour Montpellier, *Grand Thalamus*, art. 91, art. 173.

(82) *Ch. de Saint-Antonin* (1144) (Teulet, *Layettes du Trésor de Chartes*, t. 1, p. 59-60). — A Montpellier, les consuls s'adjoignaient sept représentants des corps de métiers : *Cout. de Montpellier* (1205), art. 9 (Giraud, *Essai sur l'hist. du dr. pr.*, t. 1, p. 76).

(83) *Carta Consulatus Arelatensis :* Giraud, *op. cit.*, t. 2, p. 3.

(84) *Libertates et consuetudines Carcassonae*, art. 145 (Giraud, *op. cit.*, t. 1, p. 78).

(85) Lambert, *Essai sur le rég. munic. et l'affranchissement des communes en Provence*, p. 299.

Sous l'autorité des consuls travaillaient des clavaires. des notaires, des syndics, des sergents, etc., nommés par eux seuls ou d'accord avec le Conseil.

Les consulats étant pour la plupart des seigneuries, les magistrats consulaires exerçaient sur leur territoire le pouvoir réglementaire et la haute justice dont la ville érigeait les symboles, sceau, bannière, gibet; mais assez fréquemment, le seigneur, outre le ressort, s'en était réservé une partie et l'on discutait souvent sur les limites de cette réserve. Ailleurs, les deux justices fusionnèrent, comme à Montpellier, à Toulouse. En Provence, on sépara très vite les pouvoirs judiciaires du reste de l'administration, soit en y affectant exclusivement quelques consuls, soit en établissant à côté du consulat des *judices curiae*, des juges des consuls. Le système se répandit, mais de grandes villes y restèrent étrangères, ainsi Toulouse. Consuls ou maire avaient le droit de guerre, commandaient la milice bourgeoise, rendaient les devoirs de vassaux au seigneur régional. La gestion financière et domaniale, l'établissement et la perception des impôts leur appartenaient; ils représentaient la ville en justice ou déléguaient à cet effet des procureurs [86].

Des villes provençales, Arles, Avignon, Nimes, Tarascon, Marseille, à dater du xiiie siècle, substituèrent par intermittence la *podestatie* au consulat. Le podestat, unique, étranger à la ville, était une sorte de dictateur nommé pour un an. L'institution fut la conséquence des luttes de classes et correspondit au succès du parti démocratique dans les cités [87].

A côté des agents d'exécution, les villes consulaires possédaient un corps délibérant assez nombreux, qualifié de *consilium magnum* ou *generale*, ou *secretum*, ou de *colloquium* et élu pour un an, soit par les consuls, soit par cooptation, soit par les notables. De recrutement aristocratique, il s'agrégeait ou on lui adjoignait, par des procédés variés, quelques représentants des métiers ou de la banlieue. Pour la répartition et la levée des impôts, des prud'hom-

---

(86) *Statuta Consulatus Arelatensis*, art. 15, 19, 30, 38 (Giraud, *op. cit.*, t. 2, p. 185).

(87) Cette institution était fort pratiquée en Italie, à l'époque des luttes civiles au sein des républiques transalpines. Des *condottieri* faisaient métier d'offrir aux villes leurs services à cet effet et prenaient des mains du parti prépondérant le gouvernement de la ville à forfait. On écrivait des manuels du parfait podestat à leur usage. Ainsi l'*Oculus pastoralis pascens officia*, composé en 1190 par un inconnu ; le *Liber de regimine civitatum*, rédigé vers 1228. On peut en rapprocher le chapitre consacré au gouvernement des cités de Brunetto Latini et le *Poema de regimine et sapientia potestatis* (1246-1250) d'Orfino de Lodi.

mes pris dans les quartiers lui prêtaient leur collaboration. Sa compétence était la même que celle des consuls·

La plupart des villes libres du Midi connaissaient encore sous le nom de *parlamentum* ou de *commune consilium* une assemblée beaucoup plus étendue qui, presque jamais, ne comprenait tous les bourgeois. Les magistrats la consultèrent à certaines époques assez couramment dans les affaires les plus importantes, sans qu'il soit aisé de déterminer selon quelles règles. Son rôle fut plus ou moins grand suivant les lieux et aussi suivant les temps.

IV. — LE DÉCLIN DES LIBERTÉS MUNICIPALES. SES CAUSES.

Dès la seconde moitié du XIIIᵉ siècle, les libertés urbaines penchaient vers leur déclin. Seigneuries, et l'une des manifestations les plus saillantes du régime seigneurial, les villes libres subissaient, comme l'ensemble du système, l'hostilité du pouvoir royal et une dépréciation qui correspondait à la reconstitution de ce pouvoir. Des princes régionaux, comtes de Flandre ou de Champagne dans le Nord, Raymond VII ou Alphonse de Poitiers en Languedoc, Charles d'Anjou en Provence, avaient précédé les rois dans cette voie et fait la guerre aux communes et aux consulats, comme Louis VI et Louis VII aux seigneurs [88]. Mais au XIVᵉ siècle, ces villes étant réputées relever de lui, le roi prétendit établir des tailles ou des aides sur leurs ressortissants ou en exiger le service militaire, sans passer par l'intermédiaire des autorités communales ou consulaires [89]. Sous Philippe III, Bourges, Reims, Issoudun, Dun-le-Roi, malgré leurs protestations, durent, comme les autres, payer l'aide pour la chevalerie du roi. Des villes révoltées contre l'autorité royale (Agde, Provins, Cahors) ou seigneuriale (Limoges, Le Puy, Châlons) furent châtiées et frappées d'amendes au profit du Trésor. Ailleurs, la commune fut suspendue pour un temps à titre de peine (Laon en 1291, Saint-Quentin en 1317) [90]. Mais d'autres causes que la politique antiseigneuriale des rois entraînèrent les villes dans la sujétion et provoquèrent l'établissement sur elles de la tutelle administrative.

A leurs origines, les bourgeoisies se présentaient comme de petites sociétés à peu près égalitaires. Le développement de l'indus-

---

(88) *Hist. du Languedoc*, t. 10, pr., p. 118 ; Bourquelot, *Hist. de Provins*, t. 1, p. 235 ; Dufour, *Hist. de la commune de Cahors*, p. 45.

(89) Ci-dessus, p. 244.

(90) Giry, *Doc. sur les rel. de la royauté avec les villes*, p. 147 et s.; Lemaire, *Arch. anc. de la ville de Saint-Quentin*, t. 1, nᵒˢ 265, 292, 298, 301.

trie et du commerce, l'extension des affaires aboutirent dans les plus prospères à la constitution d'aristocraties marchandes, de patriciats qui monopolisèrent le gouvernement municipal au xiie et au xiiie siècle, et, à côté, de plèbes formées par les métiers vilains, ou même d'un prolétariat dont l'opposition devint chaque jour plus agressive. Des guerres intestines éclatèrent entre certaines bourgeoisies et ce qu'on appelait le « commun » : ainsi à Arras (1285), à Sens (1283), à Dijon, etc. Joignez que les bourgeois se divisaient eux-mêmes en partis ou en lignages qui se disputaient le pouvoir. Les concessions faites, ici ou là, à la plèbe par le patriciat urbain furent sans autre résultat que de l'enhardir pour des revendications nouvelles. Ces troubles ouvrirent au roi l'occasion d'intervenir. Beaumanoir érige en théorie le droit (pour lui un devoir) d'intervention de l'autorité royale ou seigneuriale afin d'empêcher qu'il ne se passe dans la commune rien d'injuste, afin d'imposer la paix et l'asseurement aux partis en guerre, d'annuler les tailles exagérées ou partialement réparties, et même de substituer, tant que le maintien de l'ordre l'exigera, des officiers du roi ou du haut seigneur aux autorités municipales (⁹¹). Le *Livre de Jostice et de Plet* nous montre une série d'élections de maires soumises au jugement du roi et celui-ci, à défaut d'entente entre les bourgeois, désignant le maire. Toute illégalité, tout vice dans l'élection lui donnait ce droit (⁹²). Le chef de la cité ne put plus entrer en charge sans la confirmation royale (⁹³). Il y eut des cas où les magistrats municipaux, impuissants, sollicitèrent eux-mêmes la présence d'un représentant du roi : au xive siècle, le maire de Saint-Quentin fit appel au bailli de Vermandois et demanda l'établissement d'un lieutenant de bailli dans la ville, comme conseiller permanent de la commune (1383) (⁹⁴).

La mauvaise gestion financière des villes libres, même des autres, se révéla très vite. Beaucoup durent à plusieurs reprises cesser leurs paiements. Saint Louis avait ordonné que le maire et quatre prud'hommes de chaque ville du domaine vinssent annuellement soumettre leur gestion aux gens des Comptes. Cela fut

---

(91) Beaumanoir, n°s 1519, 1520, 1523, 1525, 1526.

(92) *Jost. et Plet*, I, 5, pp. 25-28; 6, p. 28.

(93) *Jost. et Plet, loc. cit.*, 9, 16, 18 : « Et li rois est chiés des viles », pp. 30, 32, 33. L'auteur a adapté la législation canonique aux institutions municipales et transformé le tit. 8, liv. I, des Décrétales de Grégoire IX en un chapitre de son coutumier. Mais sa tendance d'esprit en faveur de l'intervention royale n'en apparaît pas moins.

(94) Emm. Lemaire, *op. cit.*, pp. cui, cxv. — Cpr. pour Soissons (1335) : *Ord. des r. de Fr.*, t. 12, p. 28.

maintenu sous les règnes suivants [95]. Beaumanoir en fait une règle générale, surtout pour les villes où les magistratures et les fonctions de comptables sont recrutées par cooptation entre parents et amis; il fait un devoir au seigneur de prendre des sanctions rigoureuses pour exiger des restitutions des comptables négligents ou coupables [96]. Il consacre un chapitre à la procédure de liquidation des faillites municipales [97]. La triste situation des villes, où ni l'ordre financier, ni l'ordre de la rue n'étaient plus assurés, entraînait insensiblement leur mise en tutelle dans l'intérêt même des habitants [98]. Quelques-unes le comprirent et demandèrent d'être soustraites aux dangers de la liberté [99]. Ainsi Provins, dont les habitants votèrent par 2.545 voix contre 150 la suppression de la commune. A défaut, l'autorité royale y pourvut [100]. Des cités furent rendues à l'état primitif de simples communautés d'habitants [101]. Plus ordinairement, les organes administratifs furent maintenus, mais dépouillés de leurs pouvoirs seigneuriaux [102].

Entre temps, par un phénomène déjà connu, les autorités locales dépouillées de leur ancienne puissance étaient muées au moins partiellement en agents du pouvoir central : magistrats municipaux, chefs des métiers étaient chargés de faire exécuter les ordres du roi ou d'en surveiller l'exécution [103].

(95) Giry, *op. cit.*, p. 120.

(96) Beaumanoir, n°s 1521, 1522, 1524.

(97) Beaumanoir, n°. 1527. — A. de Boislisle, *Une liquidation financière communale sous Philippe le Bel* (*Ann. Bul. de la Soc. d'Hist. de Fr.*, 1872, pp. 86 et s.). Sur la faillite de Noyon (1291) : Lefranc, *Hist. de Noyon*, p. 153 et s.

(98) Beaumanoir, n° 1524 : « Grans mestiers est aucune fois que l'en sequeure les viles de commune en aucun cas comme l'en feroit l'enfant sousaagié. » Cependant, il ne leur accorde un recours contre les tiers que s'ils étaient de mauvaise foi. Dognon, *Les inst. pol. et adm. du pays de Languedoc*, pp. 469-494.

(99) Viollet, *op. cit.*, t. 3, pp. 40, n. 5 ; 41.

(100) Le roi, dès lors, réforme, *proprio motu*, chartes communales et statuts municipaux : Sic, Philippe III pour Rouen en 1278, pour Toulouse en 1283: Molinier, *La commune de Toulouse et Philippe III* (BECh., 1883, p. 13). Parfois, pour ménager les susceptibilités locales, il fait suivre ses réformes de *Lettres de non-préjudice*.

(101) Viollet, *op. cit.*, t. 3, p. 40, n. 3, 4 ; Bourquelot, *Un scrutin au* xive *siècle* (*Mém. de la Soc. des Antiq. de France*, t. 21, pp. 455-490).

(102) Des villes rachetèrent souvent partie de leurs libertés ou elles leur étaient rendues à raison de services financiers ; c'est ce qui arriva pour Lyon au xve siècle.

(103) Ainsi en 1284, les prud'hommes des métiers reçurent ordre de publier les ordonnances sur les monnaies : Ch.-V. Langlois, *Hist. de Philippe III*, *pièces just.*, n° 163.

SECTION II

LES INSTITUTIONS CORPORATIVES.

§ 1. — Confréries, hanses, gildes.

On ne sait plus rien des corporations des villes du Bas-Empire après le v⁰ siècle. Le mot même disparut. [104]. Le caractère religieux que beaucoup d'entre elles avaient déjà revêtu en préserva sans doute quelques-unes en tant que confréries pieuses [105]. Des associations d'artisans réapparaissent sous cet aspect aux ix⁰ et x⁰ siècles [106]. Les groupements par quartiers ou par métiers, signalés dans les agglomérations urbaines et dans de grands domaines ecclésiastiques, durent aboutir souvent à ce résultat. La perpétuité de la profession dans les mêmes familles, le voisinage prolongé, fatalement les unissaient [107]. A côté, les *collegia illicita*, les gildes d'allure douteuse, condamnées jadis par les capitulaires et ayant pour but, au moins apparent, l'entr'aide, continuaient d'être tenues en suspiscion par les décrets conciliaires et les ordonnances baronniales, à cause des festins, beuveries, troubles, dont elles étaient l'occasion et peut-être la raison d'être [108]. Les *communiae pacis*, très surveillées à leurs débuts par le clergé, grossi-

---

(104) Même en Italie, il faut descendre jusqu'au ix⁰ ou au x⁰ siècle pour retrouver la mention de *scholae*. Fantuzzi, *Monumenti Ravennati*, t. 1, n⁰ 25 : *schole negociatorum*, qui est une confrérie, sans qu'on voie bien si c'est une renaissance ou la prolongation d'une ancienne. Voyez contre la persistance des corporations romaines : Solmi, *Le associazioni in Italia, avanti le origini del comune*, Modène, 1898, et pour : Tamassia, *Le associazioni in Italia nel periodo precomunale* (*Arch. Giur.*, t. 59, pp. 121, 141).

(105) Voy. André Michel, *Hist. de l'Art*, t. 1¹, p. 54, 90, et cpr J. Nicole, *Le livre du préfet ou l'édit de l'empereur Léon le Sage sur les corporations de Constantinople*, Genève, 1893.

(106) Par ex., des cordonniers (11 déc. 885), *clientela sutorum* (P. Viollet, op. cit. t. 3, p. 145). — Prou (*Le Moyen Age*, 1896, p. 43 et s.).

(107) Par ex., à Saint-Riquier (Fagniez, *Documents relatifs à l'histoire de l'industrie et du commerce en France*, t. 1, p. xix-xxxix). Mais la filiation entre les *nautae parisienses* et les marchands de l'eau n'est pas sûre. L'hérédité constatée aux xii⁰ et xiii⁰ siècles dans certaines professions n'est pas non plus une indication de survivance romaine : Cpr. *Ibid.*, n⁰ 146, p. 132.

(108) Rouen (1189), c. 25 (Fagniez, *loc. cit.*, n⁰ˢ 119, 693). *Const. de Simon de Montfort*, ap. Galland, *Du franc-aleu*, pp. 36-38 ; Guillaume Durant, *Tractatus de modo generalis concilii celebrandi*, II, 35, Pa is, 1671, p. 133. *Statut de la réformation du comté de Toulouse en* 1270, art. 19 (*Rec. de l'Ac. de Législation*, 1860, p. 324).

rent le nombre des *fraternitates, amicitiae, caritates* déjà connues.
Mais le moment décisif de cette histoire fut celui où confréries et
gildes, sous l'influence de la renaissance commerciale et industrielle due à l'ordre seigneurial, s'assignèrent plus particulièrement un but économique; ce fut le même où, pour les mêmes causes, le mouvement communal se trouvait être déclenché. De sorte
que l'évolution des pratiques corporatives et les révolutions municipales furent concomitantes, étroitement mêlées, pliées aux mêmes nécessités d'organisation et de vie ([109]) et que ces associations
prirent une part active à la conquête des libertés urbaines.

Cependant leur rôle ici ne fut ni unique, ni constant, contrairement à ce que certains ont cru. Pour beaucoup de villes,
il reste encore douteux si les corporations s'y sont
constituées avant la municipalité ou se sont, plus tard,
développées et organisées dans son ombre. Les gildes
marchandes, c'est-à-dire les associations de négociants en gros
et trafiquant au loin, grâce à la richesse de leurs membres, parvinrent les premières à se faire reconnaître officiellement : ce furent elles, et non pas l'ensemble des métiers, qui entreprirent la
lutte pour les franchises communales, dans leur intérêt propre, au
point qu'après la victoire l'administration de la ville leur ap
partint et que la municipalité se confondit avec la gilde ou la
hanse victorieuse. Il semble qu'à Saint-Omer la gilde marchande,
confirmée au début du xiie siècle par le châtelain Guluricus Rabel,
se soit identifiée ensuite avec la commune ([110]), et de même à
Mantes pour la confrérie de l'Assomption, à Marseille où la confrérie du Saint-Esprit devint le consulat, à Paris où la hanse des
marchands de l'eau se mua progressivement en municipalité ([111]).
Nous savons que des communes étaient composées de membres
dont chacun était formé par un ou plusieurs corps de métiers ([112]). Mais, le plus souvent, en fait de groupements d'artisans
les premières autorités municipales paraissent n'être en face que
de confréries religieuses ou d'associations de secours mutuels.
C'est en tant que confréries que ces groupes ont un patrimoine,
une administration, un chef (prévôt, bayle, prieur) ([113]). Même

(109) Ci-dessus, pp. 289 et s.

(110) Giry, *Hist. de la ville de Saint-Omer et de ses institutions*, pp. 153,
275, 281. Il subsiste quelques doutes.

(111) Lambert, *Essai sur le régime municipal en Provence*, pp. 265, 283 ;
Lecaron, *Orig. de la munic. parisienne (Mém. de la S. de l'Hist. de Paris.
1880)*.

(112) Ci-dessus, p. 299.

(113) *Statuts de la Charité de Valenciennes* : Wauters, *De l'orig. et des
prem. développ. des libertés communales, Preuves*, p. 251 et s.

sous le couvert de la piété, elles sont tenues pour dangereuses; et les autorités séculières et ecclésiastiques s'efforcent de les supprimer (¹¹⁴). Dans les grandes communes flamandes, la corporation professionnelle, organe économique et social, juridique et politique, muni de franchises et de privilèges, autonome sous ses chefs particuliers, n'apparaît qu'au xiiⁱᵉ siècle (¹¹⁵), et ailleurs plus tard. A Douai, les corporations batailleuses du xvᵉ siècle ne sont encore au xivᵉ que des confréries, du reste fort anciennes (¹¹⁶). En se transformant, les *confratriae* ou *caritates* changèrent ces appellations en celles de *gildes*, de *hanses*, de *métiers*, rappelant moins le caractère exclusivement dévotieux ou bienfaisant du passé (¹¹⁷).

Les gildes ou hanses marchandes ne se bornèrent pas toujours à une activité locale. Associées entre elles, elles monopolisèrent, ou du moins exploitèrent les ressources et les débouchés de zones géographiques plus ou moins vastes. La *Hanse de Londres* fédérait, sous la présidence de Bruges, les gildes marchandes des Flandres; la *Communauté des marchands de Paris et de Rouen* s'agrégeait, au xiiiⁱᵉ siècle, les corporations des villes riveraines de la Seine; la *Hanse des marchands de l'Eau de la Somme*, la *Communauté des marchands fréquentant la rivière de Loire et autres fleuves descendant en icelle*, associaient au commerce l'exploitation de la batellerie sur ces fleuves (¹¹⁸).

§ 2. — Les métiers.

La transformation de la confrérie ou de la gilde en association professionnelle n'en fit pas disparaître le fondement primitif,

(114) *Olim.*, t. 1, pp. 13, 14; *Jost. et Plet*, II, 8, p. 9, Toulouse (1229) (Mansi, t. 21, p. 387, sous la fausse date de 1129). Avignon (1326), c. 37 (Mansi, t. 25, p. 739). Giry, *Etabl. de Rouen*, t. 1, p. 205. — Fagniez, *Et. sur l'industrie et la classe industrielle de Paris au xiiⁱᵉ siècle et au xivᵉ siècle*, p. 33; Dognon, *op. cit.*, p. 49.

(115) G. Des Marez, *La première étape de la formation corporative* (*Bull. de l'Ac. roy. de Belgique*. Clas. des Lettres, 1921, nᵒˢ 9-10). Cpr. Van der Linden, *Les Gildes marchandes dans les Pays-Bas au Moyen Age.*

(116) G. Des Marez, *loc. cit.*; Espinas, *La vie urbaine à Douai au Moyen Age*, 1913, 4 vol. in-8º. Dans ces villes, la confrérie ou *caritas* fut la matrice de la corporation ou *guilda mercatorum*.

(117) Ces mots gilde, hanse, ont le sens large d'association. A tort, Hegel (*Städte und Gilden*, t. 2, p. 147 et s.) a donné de la gilde une définition étroite et lui a attribué des caractères juridiques nettement déterminés.

(118) H. Pirenne, *La Hanse flamande de Londres*, Bruxelles, 1899; De Fréville, *Hist. du commerce maritime à Rouen*, 1857, 2 vol.; Mantellier, *Hist. de la communauté des marchands fréquentant la rivière de Loire* (1867), 2 vol.

l'entr'aide, dont elle étendit le champ, mais elle y ajouta un caractère défensif, ou même agressif, dans l'intérêt du groupe et
de son monopole, et une préoccupation d'égalité entre ses membres
que rien n'avait jusqu'alors motivée.

L'association eut pour but la lutte : 1° contre le travail libre et
la production domestique ([119]) qu'elle s'efforça de supprimer en
rendant obligatoire par des moyens directs ou indirects l'incorporation de tous les gens du métier. D'après la gilde de Saint-Omer,
aucune aide ne devait être apportée au marchand pillé ou attaqué
qui n'en faisait pas partie; la communauté des navigateurs de
Bayonne interdisait, sous peine d'amende, de secourir en mer un
équipage non associé ([120]). Cependant de grandes villes telles que
Narbonne, Lyon, Bordeaux, Limoges, maintinrent pendant tout
le Moyen âge la liberté du travail; dans d'autres, il subsista des
ouvriers libres en marge des corporations ([121]). Mais à mesure
qu'elles devenaient puissantes, celles-ci arrachaient progressivement aux seigneurs l'extension de leurs monopoles ([122]); — 2°
contre les entreprises industrielles ou commerciales de la banlieue
ou des petites villes voisines. Il n'était point rare que les intéressés fissent des expéditions armées contre leurs concurrents du voisinage, pour saccager leurs ateliers et leurs biens; — 3° contre
les corporations qui, par leur genre d'activité, pouvaient empiéter sur les droits du métier, d'où batailles et procès ([123]); — 4°
contre les membres mêmes de l'association qui tenteraient de rompre l'égalité entre confrères par des procédés de production plus
intensifs, par la réclame ou l'abaissement des prix.

De pareilles vues comportaient une réglementation très minutieuse dans les statuts des métiers. Des renseignements sur cette
réglementation nous sont fournis par le *Livre des mestiers*

---

(119) Hauser, *Ouvriers du temps passé*, pp. 26, 29, 117-119.

(120) Espinas et Pirenne, *Les coutumes de la gilde de Saint-Omer*, art. 1
(*Le Moyen Age*, 1900) ; J. Fagniez, *op. cit.*, t. 1, n° 142, p. 119 ; n° 150,
p. 135, où la prétention au monopole est rejetée.

(121) Fagniez, *op. cit.*, t. 2, pp. xvii, n° 155, p. 781. — *Cosdumas,
libertat e franchesas de la viela e Chatel de Lemotges*, 64 : Tot hom en
general (e chascu en singular) deu dich chasteu, eyssament li estranh,
poden esser deu mestier, e chascu pot aprofechar e aquel qui may li
pleyra, li qual mestier se excequissen eu dich chasteu. E *sagrament o alcuna
conveneio no deu esser entre aqueus que exercissent aqueus mestiers ; e si
sagrament o convencio era facha, no val, de cosduma deu dich chateu.*
(*Rev. des lang. rom.*, 1893, t. 38, p. 131).

(122) De Lettenhove, *Hist. de Flandre*, t. 4, p. 125 et s.

(123) Martin Saint-Léon, *Hist. des corps de métiers*, p. 128 et s. ; Fagniez,
op. cit., t. 1, n° 240, p. 280.

d'Etienne Boileau, recueil des statuts des métiers parisiens constitué sur l'ordre du prévôt de ce nom vers 1268 ([124]). Les règles contenues dans ces documents et que confirment des indications partielles d'autres provenances peuvent être groupées de la façon suivante :

a) Règles concernant le personnel de la corporation et les conditions d'admission. Ce personnel se composait de maîtres, de valets et d'apprentis. Les maîtres étaient les chefs de boutiques ou d'ateliers : les conditions de l'industrie faisaient qu'ils étaient à la fois patrons et ouvriers, fournissant les fonds nécessaires au fonctionnement de l'établissement et un travail personnel quotidien. Des métiers devaient être achetés au seigneur; mais le plus grand nombre était gratuit ([125]). Il existait des métiers à maîtrises limitées où l'on ne pouvait être admis que si l'une d'elles devenait vacante, et des métiers à maîtrises non limitées où il suffisait de remplir certaines conditions morales ou pécuniaires : prouver sa capacité professionnelle par un examen subi devant les chefs du métier ou par la confection du chef-d'œuvre; être quitte de dettes et exempt de maladies incurables ou contagieuses; avoir fourni un temps déterminé d'apprentissage et de valetage; parfois être originaire de la ville ou de sa banlieue; payer un droit d'entrée, aggravé d'autres dépenses de bienvenue; prêter le serment corporatif. Les valets étaient les ouvriers, d'ordinaire logés et nourris, payés à la journée, à la tâche ou aux pièces. On ne devenait valet, dans la plupart des métiers, qu'après avoir été apprenti. L'apprenti était confié à un maître au moyen d'un contrat dont les statuts du métier fixaient les clauses essentielles. Il était logé, nourri et entretenu par le maître à qui, dans les premières années, il payait une pension, en attendant que, par son travail, il en pût exiger salaire ([126]). Variable d'après les métiers, le temps d'apprentissage était au minimum de six ans ([127]). Le nombre des apprentis était limité pour chaque maître; des statuts n'en admettaient qu'un; mais des exceptions étaient établies en faveur des enfants et des proches parents ou alliés du maître ([128]).

(124) Deux éditions du *Livre des métiers* : Depping, *Règlements sur les arts et métiers de Paris*, rédigés au XIIIe siècle et connus sous le nom de « Livre des mestiers », d'Etienne Boileau, 1837 ; de Lespinasse et Bonnardot, *Le Livre des métiers*, 1879 (Coll. des docum. sur l'hist. gén. de Paris. Nos références se rapportent à cette dernière.
(125) *Le livre des métiers*, 1re part., LVII, LIX, LXII, XC, p. 117, 198 et s.
(126) *Liv. des mét.*, 1re part., XXIV, XXV, p. 53 et s.
(127) *Liv. des mét.*, 1re part., LXI, LXV-LXVIII, pp. 127, 134-141.
(128) *Liv. des mét.*, 1re part., XI, XXII, XXX, XXXVII, LVII, pp. 33, 51,

Des règlements fixaient en détail l'âge, le travail, la nourriture, le logement, le vêtement des apprentis et s'appliquaient à maintenir l'uniformité du traitement chez tous les maîtres [129].

b) Règles concernant les procédés du travail. Elles avaient pour but d'en assurer la qualité et d'empêcher la concurrence entre les maîtres : d'où l'obligation d'accepter la surveillance, à toute heure du jour et de la nuit, des chefs du métier, et celle, dans certaines professions, du travail en public; d'où le devoir de n'utiliser que des matières premières de bonne qualité, vérifiées par le métier; mais défense aussi de travailler un nombre d'heures et de se servir d'outils autres que ceux fixés par les statuts [130].

c) Règles se rapportant aux marchés et aux ventes. Les principales concernaient l'achat des matières premières dont beaucoup de règlements corporatifs déterminaient minutieusement la qualité et qu'il était d'ordinaire interdit de se procurer ailleurs que sur les lieux du marché; le droit pour les confrères de bénéficier des achats avantageux opérés par l'un d'eux [131]. En général, il était interdit aux maîtres d'exercer deux métiers à la fois, de tenir plusieurs boutiques de la même marchandise, d'avoir des associés [132], de faire annoncer leurs produits à trompe, à cris ou par écrits : choses qui eussent pu rompre l'égalité des chances entre eux. Ils étaient, en outre, obligés de se conformer pour la vente aux prix fixés par les autorités corporatives. En cas de ruine imméritée, le métier venait au secours du confrère malheureux [133].

L'administration du métier était confiée à des officiers qui portaient les noms de *gardes* ou de *jurés*, parfois aussi ceux de *syndics*, *bayles*, *eswards*, etc., élus diversement par leurs confrères, ou nommés par les autorités municipales [134]. A partir du XIIIe siècle, ils le furent, dans certaines corporations, par le roi ou le personnage à qui il avait conféré ses droits sur le métier [135]. Il

64, 72, 118. Pas de limitation, VIII, IX, XXIII, XXVI, pp. 26, 28, 52, 56. Fagniez, *Docum.*, t. 1, nos 188, 203, p. 200, 222.

(129) *Liv. des mét.*, 1re part., L, LI, LV, p. 94, 102, 113. Cpr. LVI, p. 116.

(130) *Liv. des mét.*, 1re part., XX, XXI, LVI, LVII, pp. 47, 48, 116, 119. Fagniez, *Docum.*, t. 1, no 241, p. 281. Cpr. nos 136, 195, 198, pp. 112, 195, 218.

(131) Fagniez, *Et. sur l'ind. et la cl. ind. à Paris*, p. 111 et s. Cpr. *Liv. des métiers*, 1re part., I, LVIII, pp. 14, 120.

(132) Fagniez, *Docum. sur l'hist. de l'idustrie*, t. 1, nos 188, 240, pp. 200, 280. *Liv. des mét.*, 1re part., L, LXIX, p. 98, 146.

(133) Fagniez, *Et. sur l'ind. et la cl. ind.*, *Preuves*, no XII, p. 290.

(134) A Paris, les foulons avaient quatre jurés : deux maîtres et deux valets : *Liv. des mét.*, 1re part., LIII, p. 110. Fagniez, *Docum.*, t. 1, nos 136, 207, pp. 112, 234 ; Giry, *Hist. de la ville de Saint-Omer*, p. 340.

(135) *Liv. des mét.*, 1re part., I, LXXXIII, LXXXVIII-IX, pp. 7, 181, 196 et s.

existait aussi parfois, au-dessus des gardes ou jurés, un *mayeur de bannière, capmestier, connétable* ou *châtelain*. Chargés de faire respecter les statuts, ces personnages avaient la gestion des biens de l'association, un pouvoir disciplinaire plus ou moins étendu touchant les rapports entre ses membres (maîtres, valets, apprentis), la mission de contrôler, avec l'assemblée des maîtres, la valeur professionnelle et morale des candidats à la maîtrise et d'en recevoir le serment.

§ 3. — Les métiers et les pouvoirs publics.

Dans les villes de bourgeoisie ou prévôtales, les métiers restèrent le plus souvent placés sous la juridiction royale ou seigneuriale. A Paris quelques métiers étaient rattachés à certaines charges de la maison du roi, les autres dépendaient du prévôt de la ville (136). Ces officiers royaux nommaient les gardes ou jurés, disposaient des maîtrises, bénéficiaient d'une partie des amendes (137). Ce droit régalien ou seigneurial sur les métiers était ancien; il existait sous Louis VII. Le roi le concédait fréquemment à des tiers à titre onéreux ou gratuit (138). Son origine est obscure. On l'a fait dériver de l'ancienne organisation domaniale où des *ministeria* (mestiers), c'est-à-dire des équipes d'artisans travaillaient exclusivement au profit du maître. Cette explication paraît inacceptable pour la plupart des cas, où il est clair que la corporation fut toujours étrangère au régime domanial. En outre, on assiste à un progrès très sensible des droits du roi du xɪɪᵉ au xvᵉ siècle.

Dans les villes libres, les métiers, après s'être constitués en associations autonomes en face de la classe marchande au xɪɪɪᵉ siècle, en exigèrent presque immédiatement une participation au gouvernement de la cité. Très vite, en bloc ou par leurs mayeurs de bannières, leurs capmestiers, ils participèrent soit à l'élection de la municipalité dont parfois ils disposèrent, soit à l'établissement de l'impôt ou à la réformation des lois municipales. D'importance plus politique que professionnelle, l'élection des chefs des métiers donna lieu, dès lors, à des intrigues et à des luttes qui motivèrent l'intervention royale et contribuèrent

---

(136) *Liv. des mét.*, 1ʳᵉ part., XV, XVI, LXX, LXXI, LXXIII, LXXVI, LXXVIII, LXXXIII, LXXXVIII, pp. 38, 40, 149, 151, 155, 159, 168, 180, 194.

(137) *Liv. des mét.*, 1ʳᵉ part., XXXVIII, XXXIX, XL, p. 74, 76, 84.

(138) Luchaire, *Catal. des actes de Louis VII*, nº 136 : *magisterium praeconium vini;* nº 170 : *magister carnificum. Liv. des mét.*, 1ʳᵉ part., IX, XLVIII.

au déclin des libertés locales ([139]). A partir du xive siècle, la tutelle administrative et l'intervention continue du pouvoir central s'exercèrent sur les métiers comme sur les villes. Tous les métiers furent annexés au domaine ([140]). La royauté sembla alors vouloir opposer la liberté aux contraintes corporatives. Une ordonnance de Philippe le Bel, et un *vidimus* de 1322 firent disparaître à peu près celles-ci ([141]). Le principe du travail libre, confirmé de nouveau en 1351 ([142]), ne supprima pas la réglementation; mais ce fut l'autorité publique qui, par ses ordonnances de caractère plus administratif que social, prit sur elle d'assurer par des règles appropriées une production « bonne et loyale », l'approvisionnement convenable et la probité dans les marchés. Les ordonnances de Jacques d'Ableiges, bailli d'Evreux, en 1385-1387, pour les métiers de cette ville, semblent correspondre à cette tendance ([143]). Mais le xve siècle débuta par un retour offensif de la conception corporative ([144]).

(139) *Olim*, t. 1, pp. 13-14.

(140) *Ord.* 1314 (*Ord.*, t. 12, p. 408) ; *Jost. et Plet*, III, 5, 6, p. 11 et s.

(141) Ord. 1307 (Richard, *Mém. de la Soc. de l'Hist. de Paris*, t. 2, p. 100), De Lespinasse, *Les mét. et corp. de la ville de Paris*, t. 1, p. 1.

(142) R. Vivier, *La Grande Ordonnance de 1351. Les mesures anticorporatives et la liberté du travail* (RH., 1921, juill.-août).

(143) A. Giffard, *Ordonnances de Jacques d'Ableiges pour les métiers d'Evreux (1385-1387)*, Caen, 1913 (*Bibl. d'hist. du dr. normand*).

(144) Ord. 1351; de Lespinasse, *op. cit.*, t. 2, p. 528; t. 3, p. 13; Fagniez, *E., sur l'ind. et la clas. ind. à Paris*, p. 317.

CHAPITRE V

L'ÉGLISE PENDANT LA PÉRIODE SEIGNEURIALE ET FÉODALE

§ 1. — L'Église et les puissances séculières.

La position éminente de l'Eglise dans la seconde partie du Moyen âge tenait à ce double fait que, munie d'un organisme administratif et juridique complet, elle était la seule institution se suffisant à elle-même en face des Etats désemparés par l'anarchie seigneuriale et qu'elle retenait à son profit exclusif la catholicité qui lui était jadis commune avec l'Empire. Elle restait la puissance universelle, capable de suppléer à la carence des royaumes, et en tout cas maintenant entre eux l'unité religieuse. Il était clair que ses rapports avec les chefs multiples de la chrétienté comportaient d'autres modalités que ceux qu'elle avait eus avec l'Empereur unique du IXe siècle et qu'aucun prince ne pouvait plus prétendre, à l'encontre des autres, aux mêmes prérogatives. Mais les rois de Germanie, parés du titre impérial, ne le voulurent pas entendre. Afin de faire servir la catholicité de l'Eglise à leurs prétentions dominatrices, ils résolurent son asservissement et la réunion entre leurs mains des pouvoirs temporel et spirituel. De là leur doctrine anticléricale du droit divin et leur dessein de faire, au moyen de l'investiture par la crosse et l'anneau, symboles de la puissance ecclésiastique, évêques et abbés, comme ils faisaient ducs et comtes. La lutte du Sacerdoce et de l'Empire, au cours de laquelle les papes, dans la violence du combat, opposèrent, tantôt le droit populaire, tantôt la théocratie pure, finit à l'avantage du Sacerdoce et de la Latinité, et, pour un temps, la liberté des peuples parut sauvée [1].

Les Capétiens ne s'engagèrent pas très avant dans ce conflit. Ils

(1) J. Declareuil, NRH., 1902, pp. 278-291; P. Viollet, *op. cit.*, t. 2, pp. 267-288.

pratiquèrent l'investiture corporelle par intermittence, afin de n'en point laisser, au cas où elle triompherait, le monopole au Germain. Cependant, les papes ne formulèrent aucune plainte à ce sujet. Dans les synodes romains où elle fut souvent condamnée, aucun Français n'est visé. D'instinct, les papes et les rois de France se sentaient alliés contre l'Empire. Le plus souvent ceux-ci n'exigeaient des dignitaires ecclésiastiques que l'hommage et le serment ou le serment seul. Après le concordat de Worms (1122), bien qu'ils n'y fussent pas partie, ils ne réclamèrent en principe que la féauté; l'hommage ne fut requis que si le temporel de l'Eglise comprenait des seigneuries (²). Nos princes n'avaient jamais entretenu aucune pensée de schisme, ni d'impérialisme religieux. Leurs préoccupations allaient, au contraire, à refouler celui des Allemands ou à s'opposer aux empiétements des seigneurs sur les droits que la tradition et l'Eglise leur reconnaissaient dans le gouvernement et la discipline ecclésiastiques.

L'Eglise bénéficiait des avantages et subissait les inconvénients du régime seigneurial. Comme la souveraineté morcelée sous le nom de seigneurie était entrée dans le patrimoine des particuliers et que les établissements ecclésiastiques en avaient un, évêchés, chapitres, abbayes possédèrent des seigneuries. Les pouvoirs et la justice qu'ils exerçaient à titre de seigneurs étaient de nature et d'ordre différents de ceux qui appartenaient à leurs dignitaires comme chefs religieux. Pour leur gouvernement intérieur, leurs rapports avec le roi et les autres puissances, ces seigneuries ne se différenciaient pas des seigneuries laïques (³). Mais l'Eglise, en tant qu'elle manifestait son activité religieuse à travers les territoires des Etats seigneuriaux, était soumise à leur souveraineté et à leurs pouvoirs de police. Les hauts seigneurs prétendaient, vis-à-vis d'elle, aux prérogatives qui appartenaient à l'Etat royal. Ducs de Normandie, d'Aquitaine ou de Bretagne, comtes de Toulouse, de Flandre ou d'Anjou, de moindres substituaient leur assentiment à l'*assensus regalis* ou leur volonté à celle des électeurs dans les élections épiscopales, investissaient les candidats par la crosse et l'anneau, s'arrogeaient les droits de régale, de dépouille, exigeaient le serment de féauté et, s'il y avait matière, l'hommage, percevaient les décimes et les

(2) *Ep. Caroli VII ad Eugenium IV* (d'Achery, *Spicilegium*, t. 3, p. 766). *Le Grant Stille et protocolle de la Chancellerie de France*, 1532, pp. LIII vº, LIV vº, LV rº; Brussel, p. 30. — Les prélats de la province métropolitaine de Bordeaux ne devaient même pas le serment de féauté : Luchaire, *Et. sur les actes de Louis VII*, p. 83.

(3) Ci-dessus, pp. 192 et s. — Beaumanoir, nᵒˢ 322, 332 *in fine*.

droits d'amortissement (⁴). Cette dépendance des chefs de l'Eglise vis-à-vis des seigneurs était à la fois combattue par la royauté et par l'Eglise. Le principe de la garde universelle du roi plaçait tout établissement ecclésiastique sous sa souveraineté directe; il ne concédait jamais un territoire sans se réserver l'évêché. Les représentants de l'Eglise s'attachaient à cette doctrine et stipulaient fréquemment, en jurant fidélité au roi, qu'il n'abandonnerait en aucun cas ses droits sur leur église ou leur abbaye (⁵).

L'Eglise n'évita pas davantage l'emprise féodale. Il était si difficile d'échapper à la loi générale du temps que très vite ses dignitaires se trouvèrent dans la situation de suzerains ou de vassaux, souvent dans l'une et dans l'autre. Chefs, dans le premier cas, d'un organisme militaire et économique dont ils tiraient quelques secours pour l'Eglise, ils étaient entraînés à disperser leur activité en marge de leur mission pastorale, à prendre des allures peu compatibles avec leur caractère. Dans le second, les services personnels qu'imposait le fief, notamment l'hommage et le service d'ost, y semblaient encore plus contraires : ou ils servaient le fief de leur personne et se transformaient en combattants, ce qui soulevait de sévères critiques (⁶) ou, pour se faire remplacer, ils devaient inféoder des biens d'Eglise ou des dîmes à des laïques, les détournant ainsi de leur destination. Quoi qu'ils fissent, l'hommage assujettissait personnellement l'évêque ou l'abbé à un laïque qui, dans l'imbroglio des vassalités, pouvait n'être ni d'un rang élevé, ni d'une réputation flatteuse pour eux.

Ces seigneuries, ces biens féodaux pouvaient être considérables. Le désir de leur possession faisait alors convoiter l'évêché ou l'abbaye pour eux seuls. De là brigues, compétitions et marchés où les fonctions religieuses risquaient de devenir l'accessoire et leur dignité d'être avilie. L'intrusion de laïques indignes, la simonie, le nicolaïsme entrèrent par cette voie : la subordination aux puissances séculières suivit, ce qui nécessita la réforme entreprise par la papauté à partir de Léon IX et que Grégoire VII acheva presque. La France, moins atteinte que les autres pays, fournit les initiateurs et les meneurs du mouvement qui, parti de Cluny, dut en grande partie son succès à ses moines; elle procura aux papes réformateurs, avec l'appui de ses rois, un abri dans l'exil, une base géographique pour le combat ou la diplomatie qu'ils menaient.

(4) Brussel, pp. 280-302, 313-310, *Preuves*, pp. ii, xxiv, Thomassin, *Anc. et nouv. discipl. de l'Eglise*, t. 2, p. 930 et s.
(5) Brussel, p. 295 et s.
(6) *Epistolae Fulberti*, 112 (PL., t. 141, p. 255).

En France, les deux puissances ne se heurtèrent que sur des points limités et d'ordre pratique. Les conflits et leurs modes de solutions varièrent peu. Ils naissaient du choc de deux affirmations également légitimes : celle de l'Eglise se proclamant indépendante dans sa mission spirituelle et armée de tous les droits nécessaires à l'exercice de celle-ci; celle de l'Etat subordonnant à sa juridiction toute activité se manifestant dans les limites territoriales de sa souveraineté. Ce qui les obligeait à prendre contact à propos : 1° du recrutement de la hiérarchie ecclésiastique; 2° du patrimoine de l'Eglise; 3° du jeu de sa législation et de ses juridictions sur le territoire du royaume.

Dès les premiers moments la tendance fut de s'en remettre, pour régler les rapports et résoudre les difficultés, aux deux chefs suprêmes de l'Eglise et de l'Etat. Le caractère religieux que le roi tenait de la tradition et du sacre, le fait que l'Eglise ne formait pas corps dans le royaume, facilitèrent cette politique. Dans ces matières, tout se passait finalement entre le roi et le pape.

§ 2. — La collation des bénéfices.

Le recrutement de la hiérarchie se confondait avec la collation des bénéfices depuis que la règle s'était établie qu'à chaque fonction il en était attaché un. Nommer à celui-ci était conférer celle-là. A raison des procédures suivies, on distinguait entre les bénéfices supérieurs et les inférieurs.

I. — LES BÉNÉFICES SUPÉRIEURS.

Les bénéfices supérieurs étaient les évêchés et les abbayes.

D'abord, rien ne fut changé pour les élections épiscopales, ni quant aux règles canoniques antérieures, ni quant aux moyens par lesquels elles étaient souvent éludées. Simonie, investitures, interventions séculières, poussèrent papes (7) et conciles (8) à

---

(7) *Alexandri II epistolae*, 43, 79, 93, 94, 105 (PL., 146, p. 1320 et s.); *Gregorii VII epistolae*, I, 65, 69; II, 41; III, 7, 20, 21; IV, 3, 4, 5, 14, 15, 17, 22; V, 8, 14 ; VI, 23 ; VIII 17, 18 (PL., t. 148, p. 341 et s. ; 458 et s. ; 467, 470, 476, 493, 498, 517) ; *Urbani II epistolae*, 3, 35, 37, 44, 45, 79, 95, 118, 136, 172, 202 (PL., t. 151, pp. 285, 317, 319, 325, 360, 372, 390, 408, 443, 473) ; *Ademari historia*, III, 57, 62 (PL., t. 141, p. 62). Les élections sont maintenues dans l'acte arraché à Pascal II par Henri V et dans le concordat de Worms (PL., t. 163, pp. 284, 1395).

(8) Reims (1049), c. 1 ; Châlons (1073), c. 1 ; Poitiers (1078), cc. 1, 2 ; Rome (1078) c. 1 ; Rome (1080), cc. 1, 2 (=D. Gr. c. 2, dist. 4) (Mansi, t. 19, p. 74; t. 20, pp. 47, 495, 507, 531); Latran (1123), c. 3 (Mansi, t. 21, p. 278).

maintenir le principe de l'*electio a clero et populo*. Les canonistes et les polémistes réformateurs y voyaient une de leurs armes les plus maniables contre les simoniaques et les intrus [9].
C'était en France que, malgré de fréquentes dérogations, il restait
le plus observé. Mais cette élection n'était soumise à aucune forme.
Par *clerus* on entendait tous les clercs, même mariés, urbains et
ruraux; ces derniers étaient du moins représentés [10]; par *populus*
tous les fidèles du diocèse, sans distinction d'âge ni de sexe [11];
tous les religieux étaient appelés [12]. Cette foule inorganique manifestait par des clameurs son approbation ou sa réprobation des
candidatures proposées. On voulait seulement l'élection publique
pour que toute opposition fondée pût se produire. A part de rares
occasions où l'acclamation populaire l'emportait, il y avait place
pour l'action officieuse des dignitaires ecclésiastiques, assistés ou
non de notables laïques, dans la recherche ou la désignation des
candidats. Ce rôle appartint longtemps au métropolitain et à ses
suffragants [13]. Puis, le soin de faire agréer un candidat par le
clergé et le peuple fut laissé fréquemment, au xiie siècle, aux
chanoines de l'église cathédrale [14]. Les chapitres réguliers, qui
se multipliaient, prenaient, du fait de l'exemption et de la constitution des prébendes individuelles, une place à part dans le clergé
urbain.

Les chanoines assumèrent pendant la vacance du siège l'administration du diocèse; l'envoi d'un *visitator*, délégué du métropolitain, cessa. Vers la fin du siècle, ils avaient écarté les autres électeurs, d'abord les laïques, puis les autres clercs et les religieux.

(9) Burchard de Worms, *Decretum*, I, vii, *Parisiis*, 1550, fo 2 ro; Fulbert
de Chartres, *Ep.* 136 (131) (PL., t. 141, p. 275 et s.).

(10) Hincmar, *Epist.* 46, 48 (PL., t. 126, pp. 268-269). *Forma electionis
Walteri* (PL., t. 160, p. 1163). Lambert, *De primatu sedis Atrebatensis* (PL.,
t. 162, p. 627 et s.).

(11) *Leonis IX epistolae*, 89, 92 (PL., t. 143, p. 736 ; t. 144, p. 347). *Forma
elect. Walteri* (not. préc.). *Gesta pontificum Cameracensium* (éd. de Smedt),
p. 2; *Hugonis abbatis Flaviniacensis chron.* ii (PL., t. 154, p. 274 et s.).
Voy. les formules de l'église de Sens rapportées par Odoran (PL., t. 142,
p. 818 et s.).

(12) Hincmar, *Epist.* 48 (not. 10 préc.). Latran (1139), c. 28 (Mansi, t. 21,
p. 523).

(13) Ci-dessus, pp. 129, 138. — D. Gr., c. 2, dist. 23; c. 4, dist. 24; c. 7,
dist. 61; cc. 5, 78, dist. 64; *Fulberti epistolae*, 26, 28, 56, 62, 70 (PL., t. 141,
pp. 212, 218, 227, 235). *Yvonis Carnotensis epistolae*, 12, 60 (PL., t. 162, pp. 24,
70). *Urbani II epistolae*, 44, 45 (PL., t. 151, pp. 325, 326).

(14) *De primatu sedis Atrebatensis* (PL., t. 162, p. 627). *Raynaldi epistolae*, 1, 3, 4 (PL., t. 150, p. 1383). *Yvonis Carnot. epistolae*, 58 (PL., t. 162,
p. 68). *Callixti epistolae*, 42 (PL., t. 163, p. 1134).

On commença à tenir le choix du chapitre pour l'élection véritable; le reste n'était que reconnaissance et approbation. Du pontificat d'Alexandre III [15], le mouvement s'accélérera jusqu'au IV⁰ Concile de Latran (1215), qui admit trois procédés d'élection : 1° par les votes de la *major vel sanior pars capituli;* 2° par compromis, si les électeurs déléguaient leurs pouvoirs à quelques personnes choisies; 3° *per quasi inspirationem,* qui pouvait réserver parfois un rôle aux fidèles [16]. Mais l'élection n'était point établie sur le système majoritaire pur; il restait, en cas de conflit, au métropolitain, bien que dans ses termes le concile écartât l'appel, à juger des conditions de la *major vel sanior pars.* Dès le x⁰ et le xi⁰ siècle on voit s'introduire cette notion complexe [17]. Tout d'abord elle n'avait qu'élargi le pouvoir d'appréciation du juge de l'élection; l'adoption du suffrage restreint, avec vote nominal, avait permis de la préciser mieux; elle se développa dans le droit des Décrétales [18]. On admit que la *sanior* ne fût pas la *major pars* et que la minorité l'emportât, ce que les canonistes expliquèrent par l'indignité de la majorité qui, privant celle-ci de son droit électoral, réduisait les électeurs à la minorité [19]. Mais ils raffinèrent si bien sur la manière d'apprécier la *sanioritas* qu'ils tendirent à l'anarchie et qu'il fallut se rapprocher de la loi du nombre et s'en tenir à la majorité des deux tiers [20].

Le droit de confirmation du métropolitain, qui exigeait de l'élu une profession de foi orthodoxe et parfois le serment de fidélité, subsistait donc dans les conditions antérieures, mais la participation des suffragants à l'enquête sur l'élu et au jugement de l'élection paraît s'être régularisée [21]. Le droit du pape en matière de *postulatio* [22] et de dispense n'était plus contesté et se développait [23]. Les appels au Saint-Siège étaient courants.

(15) *Alexandri III epistolae* (an. 1169, 1175) (Mansi, t. 21, p. 969). — C. 7, X, I, 6 ; c. 3, X, II, 12 ; c. 50, X, I, 6.

(16) Latran (an. 1215), c. 4 = c. 42, X, I, 6.

(17) D. Gr., c. 36, dist. 63.

(18) CC. 40, 42, 50, 55-57, X, I, 6.

(19) Cc. 22, 40, 53, X, I, 6. Abbas Panormitanus, *Commentaria de electionibus,* cap. 22, f⁰ 162, 10; cap. 42, f⁰ 165, 7.

(20) C. 6, VI⁰, I, 6. — Esmein, *L'unanimité et la majorité dans les élections canoniques (Mél. Fitting,* t. 1, p. 375 et s.).

(21) D. Gr. cc. 2, 4, 7, dist. 64 ; c. 7, dist. 61 ; c. 3, dist. 65 : fait démontré par toutes les correspondances de Fulbert et d'Yves de Chartres.

(22) Abb. Panormitanus, *loc. cit., cap.* 40, f⁰ 191.

(23) Yves de Chartres, *Decretum, prol.* (PL., t. 161, p. 49 et s.). Abb. Panormitanus, *loc. cit., cap.* 5, f⁰ 143, 1, 7. De Marca, *De concordia sacerdotii et imperii,* III, 14, t. 1, p. 199.

L'élection motivait l'intervention du pouvoir royal à deux moments différents. Le roi devait autoriser l'assemblée du clergé et du peuple, tant qu'elle exista; il le faisait le plus souvent sous la forme, un peu étrange, d'une concession bienveillante de la liberté d'élire ([24]), tout en déclarant son candidat, s'il en avait. On avouait, en s'en glorifiant, avoir été élu par la faveur ou sur la recommandation royale. Après l'élection, l'*assensus regalis* devait être obtenu avant la consécration. L'Eglise ne le confondait ni avec l'investiture, ni avec l'imposition violente d'intrus dans les fonctions ecclésiastiques; elle en donnait elle-même les motifs légitimes ([25]).

Les élections des métropolitains étaient soumises à la même procédure; la confirmation et le jugement en appartenaient au pape ([26]). Le *pallium* et le serment, qui était exigé à sa remise, liaient plus étroitement que jamais le métropolitain au Saint-Siège; il ne pouvait entrer en fonctions qu'après avoir reçu cet insigne ([27]). Cependant, au XIVᵉ siècle, la confirmation apostolique devint distincte du *pallium* ([28]). Les papes, qui n'avaient jamais admis la dévolution du droit de l'inférieur au supérieur hiérarchique, quand le premier n'agissait pas dans un certain délai, contre les prérogatives du *clerus* et du *populus*, en usèrent d'autant plus contre celles des métropolitains qu'ils les considéraient comme de simples délégations de leur part. D'où de constantes interventions dans le choix, l'élection, le jugement ou la consécration des simples évêques ([29]). Le IVᵉ Concile de Latran avait fixé à trois mois le délai après lequel s'opérait la dévolution ([30]).

L'élection des abbés était soumise aux mêmes procédures : autorisation d'élire donnée par le Prince, élection sous l'une des trois formes indiquées par les religieux réunis en *congregatio*, jugement de l'élection, sur la base de la *major vel sanior pars*, et de l'élu par l'autorité épiscopale, confirmation du pouvoir séculier, consécration ou bénédiction et intronisation de l'abbé par l'évêque

(24) Richer, IV, 26 (éd. Guadet, t. 2, p. 179). *Testamentum Philippi Augusti*, 1190, art. 9, 10 (HF., t. 17, p. 30, Is., t. 1, p. 180).

(25) Abb. Panormitanus, *loc. cit.*, fᵒ 176, 7 ; *Fulberti epistolae*, 35, 56, 62 (PL., t. 141, pp. 218, 227, 230); *Gregorii VII epist.*, I, 35 (PL. t. 152, p. 317). Cpr. *Gallia christiania*, t. 2, p. 280.

(26) *Urbani II epistolae*, 3, 27, 172 (PL., t. 151, pp. 285, 309, 445). *Codex monasterii Sancti Auduini* (PL., t. 150, p. 86, nᵒ 28).

(27) *Greg. VII epist.* VI, 17 (PL., t. 148, p. 496). D. Gr., c. 1, dist. 100; c. 3, X, I, 8, gl.

(28) Abb. Panormitanus, *loc. cit. cap.* 4 ; 11, fᵘˢ 140, 152, 1,

(29) Abb. Panormitanus, *loc. cit. cap.* 3, fᵒ 139.

(30) Latran (1215), c. 23 = c. 41, X, I, 6.

diocésain qui, d'ordinaire, exigeait une profession de foi orthodoxe et une promesse d'obéissance. Elle donnait lieu aux mêmes
incidents, intrusions laïques, simonie, investiture. Pour les monastères exempts, la confirmation et le jugement appartenaient
au pape. Un certain nombre d'abbayes étaient pourvues *jure patronatus*, selon les règles suivies pour les églises dans le même
cas. Les chapitres réguliers nommaient, dans des formes presque
identiques, leur *praepositus*, prévôt, ou *prelatus regularis*.

II. — LES BÉNÉFICES INFÉRIEURS.

Ces bénéfices étaient séculiers ou réguliers, c'est-à-dire attachés
à l'exercice de fonctions cléricales ou de charges conventuelles.

Les premiers étaient, en principe, à la collation de l'évêque [31],
mais les exceptions l'emportaient sur la règle. Dans nombre de
diocèses, l'élection aux canonicats avait passé aux chapitres en
tout ou en partie, et la féodalité avait encore accru le nombre des
églises auxquelles il était pourvu par des laïques, soit que leurs
curés les eussent « commandées » à des seigneurs pour s'en assurer
la protection, soit que, profitant de la vacance, les paroissiens eussent abandonné leur église à un monastère, soit que, par intrigue ou violence, des laïques s'en fussent arrogé la cure. Mais
l'Eglise, au XIIe siècle, a définitivement transformé le *dominium*
ancien, fondé sur le sol, en un droit personnel de patronat expliqué tantôt comme un droit de servitude retenu par le fondateur au
moment où la consécration a placé l'église dans le domaine de
l'évêque [32], tantôt et le plus ordinairement comme une faveur,
un privilège concédé, à titre de reconnaissance, au fondateur [33].
Cette faveur consistait en un *jus provisionis* lui permettant, outre
l'exercice d'un droit de protection, un contrôle de la conduite du
desservant et de la gestion des biens, le droit, non plus de nommer, mais de présenter à la nomination de l'évêque, en cas de vacance. Les termes *jus patronatus* l'emportèrent pour désigner ce
que cette doctrine laissait aux fondateurs. Cette conception nouvelle prit forme dernière avec Alexandre III [34], qui couronna
ainsi le long effort que, depuis les débuts de la réforme grégorienne, l'Eglise avait fait pour soustraire les bénéfices inférieurs à
l'emprise laïque [35].

(31) Ci-dessus, p. 69. On trouve encore aux XIIe et XIIIe siècles quelques
cas d'*electio rectoris parrochiae*, notamment en Bretagne.
(32) Thaner, *Summa magistri Rolandi*, p. 57 : gl. in c., 31, Ca 16, q. 7.
(33) C. 3, X, III, 38.
(34) Cc. 5, 11, 20, 24, X, III, 38.
(35) Paul Thomas, *op. cit.*, pp. 115 et s., 120 et s., 142 et s.

Le patron, qui ne pouvait se présenter lui-même ([36]), avait quatre mois s'il était laïque, six s'il était ecclésiastique, pour faire la *praesentatio*, après quoi le droit d'élire était dévolu à l'évêque ([37]). Pour la même vacance, le patron ecclésiastique épuisait son droit par une seule présentation ([38]). Il était ecclésiastique si son droit dépendait de sa fonction ou de son bénéfice; autrement, il était laïque, fût-il clerc. Le droit de patronage laïque était personnel et héréditaire, ou réel et transmissible avec la terre à laquelle il était attaché, sans qu'on en pût faire un trafic séparé ([39]). Il était indivisible : les cohéritiers ou copropriétaires ne devaient présenter ensemble qu'un candidat. A partir au moins du xie siècle, les patrons ecclésiastiques collectifs, chapitres, monastères, remplirent souvent eux-mêmes, par un de leurs membres, les fonctions curiales. On appela paroisses incorporées celles qui étaient ainsi desservies ([40]). Mais des tractations à titre onéreux du patronage réel ou des transferts héréditaires, il arrivait que le curé, souvent laïque, percevait les revenus et réduisait à la portion congrue le clerc desservant ou *vicarius* : contre cet abus, conciles et canonistes s'efforcèrent d'obliger les curés à remplir les conditions canoniques sur la capacité des clercs, à exercer eux-mêmes les fonctions curiales, à n'user qu'exceptionnellement d'un vicaire, mais souvent en vain.

Les bénéfices réguliers étaient à la collation de l'abbé. Leurs titulaires étaient les officiers claustraux et les prieurs à la tête des maisons filiales de l'abbaye : *praepositurae, obedientiae, priorati*. Le prieur, dans les prieurés importants, était souvent élu par ses moines, et simplement confirmé par l'abbé, juge de la régularité de l'élection et à qui il devait le serment d'obédience ([41]).

(36) A défaut de nomination par l'évêque ou par le chapitre, il y avait dévolution de l'un à l'autre, puis, à défaut, au métropolitain : c. 8, Latran (1179) = c. 2, X, III, 8. Sanctions en cas de violation des règles sur les élections et collations : C. 3, Latran (1179) = c. 7, X, I, 6.

(37) *Cart. de N.-D. de Paris*, I (a. 1202), p. 111. — *Journal des visites d'Eudes Rigaud* (a. 1255), éd. Bonnin, p. 258. — Latran (1179), c. 17 = c. 3, X, II, 38

(38) Cc. 24, 29, X, III, 38. Cela était fondé sur la perte du droit du collateur indigne ; la présentation d'un indésirable, repoussé par l'évêque, transférait à celui-ci le droit d'élire lui-même ; le patron laïque, censé ignorant des règles canoniques, échappait à cette sanction, disait-on ; mais l'argument était faible, car le patron laïque pouvait être clerc.

(39) C. 13, X, III, 38. Mais l'aliénateur de la terre pouvait se le réserver.

(40) On peut aussi noter l'*unio per subjectionem* entre une église et une ou plusieurs autres avec nuances diverses se rapprochant tantôt du patronat (cas de fractionnement des paroisses), tantôt de l'incorporation (cas d'union des paroisses).

(41) Suger, *De rebus in admin. sua gestis*, éd. Lecoy de la Marche, p. 185,

Le cumul des bénéfices avait été tout de suite interdit. Un bénéfice ne devait avoir à la fois plusieurs titulaires; on ne pouvait donc y pourvoir que lorsqu'il était vacant ([42]). Les bénéfices séculiers ne devaient être attribués qu'aux clercs séculiers, les réguliers qu'aux religieux. Mais on s'écarta vite de la rigueur de ces principes.

III. — L'intervention pontificale dans la collation des bénéfices.

L'Eglise était devenue un gouvernement très centralisé. De la papauté, source de toute autorité, de toute juridiction, de tout pouvoir d'ordre, dépendait l'unité de dogme, de hiérarchie, de discipline. Son intervention dans les élections et la collation des bénéfices à tous les degrés se fit fréquente, au point de menacer de tout absorber. Au pape seul il appartenait de créer ou de supprimer des diocèses, de déposer et de rétablir les évêques, d'en accepter l'abdication, d'en autoriser le transfert d'un siège à un autre, de dispenser des canons ([43]). Chaque fois qu'un bénéfice était attribué en l'absence des conditions requises, il y avait lieu à *postulatio*, c'est-à-dire à requête au pape, afin qu'il nommât lui-même à la fonction celui que les électeurs ou le collateur ne pouvaient légalement élire ([44]). Un décret d'Alexandre IV rangea toutes les contestations relatives aux élections épiscopales au nombre des *causae majores* réservées au pape et fut à peine atténué par le concile de Lyon (1274) ([45]). Or, toutes les fois que, pour une des causes précédentes ou parce que le métropolitain ne pouvait agir, une élection était confirmée par le pape, celui-ci exigeait de l'élu le serment direct d'obédience, dû par les évêques de la province romaine ([46]). Puis, au xɪvᵉ siècle, les élections même confirmées par le métropolitain durent, en outre, recevoir l'assentiment du pape; d'où l'usage de la formule qui s'introduisit alors : *N., Dei et Sanctae Sedis Apostolicae gratia episcopus* ([47]).

341 et s. Guérard, *Cart. de l'abb. de Saint-Victor*, t. 2, p. 283 : exemple de serment d'obédience.

([42]) Latran (1179), cc. 3, 13=c. 3, X, III, 4 ; c. 17 = c. 3, X, III, 38 (Mansi, t. 22, p. 209 et s.).

([43]) *Dictatus papae* (PL., t. 148, p. 407 et s.), Petrus Damiani, *De abdicatione episcoporum* (PL., t. 145, p. 424 et s.), *Gregorii VII epistolae*, V, 19 (t. 148, p. 528).

([44]) Abb. Panormitanus, *loc. cit.*, cap. 5, fᵒ 143, 7; cap. 7, fᵒ 146, 2. — De Marca, *op. cit.* III, t. 1, p. 199 et s. — Cpr. ci-dessus, p. 133.

([45]) C. 10, VIᵒ, I, 6=cc. 9, 14, Lyon (1274).

([46]) C. 4, X, II, 24 : Ce serment contient l'obligation des visites *ad limina*.

([47]) Giry, *Man. de diplomatique*, p. 338. Il cite les décrétales de Gré-

Mais le droit du Saint-Siège de nommer directement à toutes sortes de bénéfices se développa du xiie au xive siècle dans le double but d'empêcher la simonie et les intrusions et de procurer à la Curie romaine les profits pécuniaires de la collation : *communia et minuta servitia*, droits de chancellerie, annates ([48]). On imagina successivement, à cet effet, des pratiques nouvelles : 1° la *prévention* qui, au xiiie siècle, permit au pape de nommer à tout bénéfice auquel le collateur n'aurait pas pourvu dans un délai normal, ou même avant lui ([49]); — 2° les *grâces expectatives*, nominations anticipées à un bénéfice non encore vacant, prohibées par le IIIe Concile de Latran, se multiplièrent au xiiie siècle : d'abord simples monitoires adressés aux collateurs, les priant de réserver le bénéfice à une personne déterminée, puis mandats apostoliques ordonnant de le faire, enfin, lettres exécutoriales ([50]) ordonnant des contraintes pour assurer la décision du Saint-Siège; — 3° les *réserves* spéciales ou générales. Par les premières, le pape retenait à sa collation personnelle un certain bénéfice, temporairement ou à perpétuité. Clément IV inaugura les secondes en s'attribuant la collation de tous les bénéfices dont les titulaires seraient décédés *in curia*, ou, ajouta Boniface VIII, à moins de deux journées de marche de la curie ([51]). Jean XXII, dans ses *Règles de la Chancellerie*, se réserva tous les bénéfices consistoriaux; Benoît XII résuma tout le système dans une décrétale de 1335; Grégoire XI retint, sa vie durant, les bénéfices de toutes les églises

goire X et de Nicolas III de 1274 et 1278 (cc. 6, 16, VI°, I, 6) comme obligeant les prélats électifs à recevoir la confirmation du pape. Cependant Boniface VIII n'exigeait la délivrance d'une bulle que pour ceux pourvus *in curia*.

(48) L'annate était une taxe égale d'ordinaire au revenu annuel du bénéfice, accordée jadis à des évêques sur les bénéfices de leur collation, perçue à certaines dates au profit du Saint-Siège et généralisée progressivement à partir de Jean XXII. La pratique n'en fut introduite en France que le 20 février 1326 : la Chambre apostolique prit en fait, tantôt une somme égale à ce dont le bénéfice était censé s'enrichir annuellement, tantôt le reste (*residuum*), lui laissant la première somme. — Au xive siècle, l'annate était due par les bénéfices d'un revenu au-dessus de 10 livres, que le collateur fût le pape ou l'évêque.

(49) La prévention est le droit de dévolution exercé, *omisso medio*, par le pape : c. 3, VI°, III, 2. Jadis le droit de dévolution était acquis au supérieur au bout de six mois : c. 2, X, 8=c. 8, Latran (1179) ; désormais, entre le pape et le collateur ordinaire, il y avait concours de vitesse. Voy. Ebers, *Das Devolutionsrecht vornehmlich nach katolischen Kirchenrecht*, Stuttgard, 1906.

(50) C. 37, X, 7, 1 ; cc. 27, 28, X, III, 5 ; cc. 1, 6, VI°, III, 7.

(51) Cc. 2, 34, VI°, III, 4.

épiscopales et collégiales et tous les bénéfices conventuels. — Ces pratiques n'atteignaient que les collateurs ecclésiastiques et ne touchaient pas aux *jura patronatus* des laïques. Bien plus, les papes dépouillaient parfois les premiers au profit des seconds.

§ 3. — **Le patrimoine des Églises**.

I. — LES BIENS ECCLÉSIASTIQUES.

Les sources et la composition du patrimoine ecclésiastique restaient à peu près inchangées et ne suscitent que de brèves observations sur quelques faits nouveaux.

Un certain nombre de biens immobiliers avaient été englobés, pour diverses raisons, dans les cadres féodaux [52]; mais la masse continuait à être possédée allodialement « sans fere redevance nule à nului » [53]. Cependant la liberté absolue d'acquérir, en principe maintenue, se trouva indirectement entravée par les exigences féodales quand il s'agissait de fiefs ou de censives. Les établissements ecclésiastiques ne pouvaient servir le fief que par personne interposée et surtout échappaient, par leur perpétuité et leur incapacité d'aliéner, au paiement des droits casuels qui devinrent finalement les plus clairs profits des suzerains et des seigneurs censiers [54]. L'amortissement qui fut le plus perfectionné des moyens compensatoires, plaçait les biens amortis libres de toutes redevances seigneuriales ou féodales aux mains de l'Eglise. Il en fut longtemps de même dans le cas où la cession lui était faite en échange de services spirituels, ceux-ci étant dus à Dieu et ne comportant aucun domaine réservé par le concédant sur les biens donnés ou aliénés *in eleemosyna in perpetuum libera* [55]. On les qualifiait de franches-aumônes et on les assimilait aux francs-alleux qui n'étaient tenus que de Dieu [56]. Dès lors, ils subirent une évolution analogue. Au XIIIe siècle le donateur fut autorisé à retenir un *jus patronatus* [57]; et on distingua aussi entre la fran-

(52) Ci-dessus, pp. 318 et s.
(53) Beaumanoir, n° 1641 ; *Summa de leg. et cons. Normannie*, XXX, p. 99.
(54) Ci-dessus, pp. 261 et s.
(55) Brussel, p. 813, a.
(56) J. Boutillier, I, 84, p. 490 : « Tenir par aumosne si est tenir ce qui est donné à l'Eglise, par telle manière que le donneur tout si franchement a donné que l'Eglise en est pure possesseresse sans moyen et ne le tient que de Dieu. » Loysel, n° 84.
(57) *Summa de leg. et consuet. Normannie*, XXX, 1, p. 99.

ehe-aumône et l'aumône simple qui restait sous la juridiction du seigneur (⁵⁸).

Les dîmes personnelles ou prédiales étaient assimilées à un cens religieux, imprescriptible comme l'autre, sauf quant à la quotité, et ne s'arrérageant pas (⁵⁹). Elles étaient dues par tous les fidèles et pour toutes les sortes de biens, sauf dispense expresse du pape (⁶⁰). La réforme grégorienne eut pour conséquence l'interdiction formelle pour les laïques de posséder ou de trafiquer des dîmes. En fait, les patrons laïques, en qualité de curés primitifs, s'attribuaient la plus forte part des dîmes dues aux églises qu'ils avaient fondées, ne laissant que la portion congrue au clerc desservant (⁶¹). Beaucoup de dîmes, soit par eux, soit par les autorités ecclésiastiques, avaient été inféodées. Il semble qu'un privilège pontifical ait toléré, en France, cette appropriation aux profits des laïques quand elle était antérieure au IIIᵉ Concile de Latran (1179 (⁶²). Parfois aussi les dîmes se trouvaient partagées entre divers bénéficiers, soit par cession ancienne, soit par abus et prescription (⁶³). Les novalles ou dîmes dues pour les terrains nouvellement défrichés et mis en rapport étaient attribuées au curé seul : les laïques en étaient exclus et les décimateurs ecclésiastiques n'y pouvaient prétendre qu'en se fondant sur un titre (⁶⁴).

Les dispositions conciliaires, attribuant à l'Eglise une partie du patrimoine des clercs, avaient été un moment écartées par des seigneurs qui, exerçant d'abord le droit de mainmorte sur les biens des clercs d'origine servile, avaient tenté d'étendre à tous ce *jus spolii*. Condamné de la part des laïques, ce droit passa aux évêques (⁶⁵). Mais le IIIᵉ Concile de Latran restitua les acquêts des bénéficiers à leurs églises respectives; Alexandre III décida qu'ils ne pourraient tester sur leurs biens meubles (⁶⁶). Cependant, en

(58) P. Viollet, *Hist. du droit civil français*, p. 754. Cpr. Loysel, n° 84 (notes).

(59) J. Boutillier, II, 10, pp. 746-748.

(60) Les Hospitaliers, les Templiers, les religieux de l'ordre de Cîteaux en étaient dispensés : Boutillier, II, 10, p. 748.

(61) Conséquence de la domanialité des églises survivant à la condamnation de cette doctrine.

(62) C. 14 *in fine* = c. 19, X, III, 30 « Prohibemus etiam ne laici decimas cum animarum suarum periculo detinentes, in alios laicos possint aliquo modo transferre. Si quis vero recoperit et Ecclesiae non tradiderit, christiana sepultura privetur ». J. Boutillier, II, 10, p. 747, *Additio*.

(63) Par exemple, l'évêque, le chapitre, l'archidiacre, quelque abbaye, etc.

(64) Boutillier, II, 10, pp. 749-752.

(65) Parfois le *jus spolii* était exercé par les archidiacres ou les archiprêtres, ou d'autres dignitaires.

(66) C. 15 = c. 7, X, III, 26; c. 8, X, III, 26. Cpr. c. 12, X, III, 26. Saint

France, on admettait dans la région parisienne qu'ils fissent des legs raisonnables; dans des diocèses du Midi, au *jus spolii* de l'évêque sur le mobilier des curés et au droit successoral de leur église sur leurs immeubles succéda, au xiv° siècle, un compromis accordant aux curés le droit de tester moyennant une taxe annuelle payée à l'évêque et l'obligation de laisser à leurs successeurs un mobilier décent ([67]). Le Saint-Siège appliquait à son profit le *jus spolii* à la succession des évêques; mais Charles VI l'interdit ([68]).

II. — L'ADMINISTRATION DES BIENS D'EGLISE. LES BÉNÉFICES.

Le système bénéficial introduit pendant la période précédente était devenu exclusif. Tout le patrimoine ecclésiastique était fragmenté en portions dont chacune avait été définitivement affectée à l'entretien et aux charges d'une dignité, d'une fonction ou d'un service d'Eglise. Après la constitution des patrimoines paroissiaux, après la séparation des menses épiscopales, archidiaconales, abbatiales, des menses capitulaires et conventuelles, celles-ci s'étaient à leur tour sectionnées en prébendes, quand, au xi° siècle, les chanoines avaient cessé la vie commune, et en bénéfices claustraux ([69]). Chaque bénéficier avait seul l'administration des biens formant la dotation de sa fonction ([70]). Aux xii° et xiii° siècles, les canonistes travaillèrent à la théorie juridique du bénéfice sans arriver ni à une doctrine unitaire, ni à une précision complète sur la nature de l'institution.

Le bénéfice était un ensemble de biens ou de revenus conféré à une personne idoine à remplir une fonction religieuse pour lui permettre de vivre et de pourvoir aux frais de sa charge, *in usus domesticos et in causas pietatis*. Il constituait une personnalité juridique ([71]) dont le bénéficier était le représentant, en même temps qu'il avait sur les biens qui y étaient compris un droit de jouissance, *jus percipiendi fructus ex bonis Ecclesiae*. Cette adminis-

Thomas admet le clerc à disposer de tout ce qu'il a légitimement acquis, ses charges remplies.

(67) Louis de Lagger, *Etats administratifs des anciens diocèses d'Albi, de Castres et de Lavaur (Textes et mémoires relatifs à l'histoire des anciens diocèses du Tarn, fasc. 2)*, p. 217 et s. Des règlements synodaux réservaient aux parents un tiers des biens des clercs intestats.

(68) *Ord.*, 6 oct. 1385 (Is., t. 6, p. 605).

(69) Ci-dessus, p. 141.

(70) Huguccio, *Summa*, in c. 13, Ca. 12, 91, c. 37, Ca. 12, 92. Il reconnaît au bénéfice la faculté de *gerere vicem personae*.

(71) Huguccio, *op. cit.*

tration n'admettait aucune faculté de disposer, les biens d'Eglise
étant inaliénables. La collation au bénéfice était viagère et ne pouvait être révoquée qu'en vertu d'une sentence judiciaire. Il y avait
donc à distinguer dans tout bénéfice deux sortes de droits : le
droit réel et perpétuel de l'Eglise sur les *res beneficiales* et le
droit personnel qui compétait sur le bénéfice à celui qui en avait
obtenu la collation (72), munis l'un et l'autre de moyens possessoires et pétitoires. La nature du droit du bénéficier qualifié parfois de *jus in re* a été fort discutée : on a tenté de l'assimiler à un
droit de propriété temporaire. Mais la masse des textes canoniques est contraire; c'est à l'usufruitier que le bénéficier est le plus
volontiers comparé (73). Au reste le concept juridique ne fut pas
tout à fait le même pour tous les bénéfices. Tandis que les menses
épiscopales, abbatiales, celles d'autres dignitaires et certains établissements acquirent tout de suite des droits propres et constituèrent des entités juridiques autonomes (74), les prébendes ca-
noniales furent, après hésitations, traitées de même dans leurs
rapports avec l'Eglise dont elles dépendaient, le chapitre et les
autres prébendiers de celui-ci; mais, dans leurs rapports avec les
tiers, il semble que l'opinion qui obligeait leurs titulaires d'agir
nomine ecclesiae et non *prebendae*, l'ait emporté (75). Quant aux
bénéficiers paroissiaux, ils ne se dégagèrent jamais de l'église :
le patrimoine de celle-ci et le bénéfice étaient une seule et même
chose (76) et le bénéficier ne put faire d'actes juridiques ni agir
en justice qu'au nom de son église (77). Il ne pouvait revendiquer

(72) Dans le cas de *praesentatio jure patronatus*, celle-ci ne faisait acquérir
au clerc présenté qu'un *jus ad rem* sur le bénéfice, sanctionné par une
action personnelle ou un recours administratif, jusqu'à la *collatio* faite par
l'évêque : Sinibaldus Fliscus, *Commentarii in V libros Decretalium*, in c. 9,
X, I, 2 ; in c. 38, X, 1, 3 et c. 6, X, 1, 30, Venetiis, 1570.

(73; *Clerus in beneficio usufructuario comparatur :* Goffredus de Trano,
Summa in titulos decretalium, in tit. Ne *praelati vices*, n° 5, Venetiis, 1570,
p. 192. Rodofredus Epiphanii, *Libelli de jure canonico*, pars IV, n° 6, Col.
Agripp., 1596, p. 471. — L'idée que le *jus in re* du bénéficier était
équipollent à un *jus proprietatis* ou *quasi dominium* a été soutenue par
Gross (*Das Recht an der Pfründe, zugleich ein Beitrag zur Ermittlung des
Ursprunges des « Jus ad rem »*, Graz, 1887) dont la doctrine n'est ni très
claire, ni, malgré l'apparence, très conforme aux sources.

(74) Sinibaldus Fliscus, *op. cit.*, in c. 3, X, II, 19, n° 1-3, f° 150 verso.

(75) Sinibaldus Fliscus, *op. cit.*, in c. 3, X, II, 19, f° 150 verso ; in c. 21,
X, 1, 3, n° 7, f° 14 verso. Abb. Panormitanus, *Lectura in Decretales*, in c. 3,
X, II, 19, n° 1, Venetiis, 1569, III, f° 7, *verso*.

(76) G. Durant, *Spec. jur.*, III, 1, 2, p. 69; *Praelatus enim est in ecclesia
et ecclesia in praelato.*

(77) Sinibaldus Fliscus, *op. cit.*, in c. 15, X, 1, 6, n° 1, f° 21. Tancrède,

les biens sans revendiquer l'église elle-même, ni les droits spirituels sans les temporels : il y avait *beneficium indistinctum* ([78]).

Dans cette répartition des biens d'Eglise, certains avaient été affectés à des établissements charitables ([79]), d'autres à l'entretien des édifices du culte, *portio fabricae*. Pour les églises cathédrales d'abord, puis pour les collégiales, lorsque furent instituées les prébendes, cette *portio fabricae* avait reçu une administration distincte et était devenue un organisme autonome ([80]). Mais pour les autres églises, tous les revenus de la paroisse étant compris dans le bénéfice, on substitua à la *portio fabricae*, un *onus fabricae* grevant le bénéficier et, en outre, dans certains pays, les possesseurs laïques de dîmes inféodées ([81]). Quant à la fabrique conçue comme institution distincte, elle fut une création des décrétalistes travaillant sur des constitutions d'Honorius III et de Grégoire IX ([82]). Les bénéficiers grevés de l'*onus fabricae* s'acquittaient mal; une institution ayant pour but de pourvoir directement à l'entretien des édifices et du culte correspondait, du reste, au sentiment des fidèles qui spécifiaient souvent que leurs dons devaient avoir cette affectation. On confia la gestion des fonds réservés à des laïques pour les intéresser à la prospérité de la *fabrica* ([83]).

§ 4. — **Les juridictions ecclésiastiques.**

I. — Développement des justices d'église : leur rivalité avec les justices seigneuriales.

Le rôle des juridictions ecclésiastiques fut alors considérable. La dépendance dans laquelle elles s'étaient trouvées, à des titres di-

Ordo judiciarius, pars II, tit. 9, Gottingae, 1842, p. 166. Abb. Panormitanus, *op. cit.*, in c. 4, X, II, 12, n° 21, f° 201 *recto*.

(78) G. Durant, *op. cit.* III, 3, n° 2, p. 426 et s. Goffredus de Trano, *op. cit.* f° 119, v°.

(79) Sinibaldus Fliscus, *loc. cit.*, nota 75, assimile « hospitale vel quaecumque alia domus » aux menses episcopale et abbatiale.

(80) D. Gr., c. 1, Ca. 10, q. 3, gl. *episcopo*. Même pour ces églises, les bénéficiers qui perçoivent une partie de la *portio fabricae* contribuent à l'entretien : D. Gr., c. 23, Ca, 12, q. 3 ; c. 3, Ca. 10, q. 3. gl. *tertius et omnimodo*.

(81) *Cap. de canonibus excerptis* (813), 35 (Bor., p. 175), Burchard de Worms, *Decretum*, III, 30, f° 99 r°. — D. Gr., c. 22, Ca. 16, q. 1; c. 4, X, III, 48. (Alexandre III).

(82) C. 31, X, V, 40 ; c. 20, X, III, 6.

(83) C. 2, *Clem.* III, 2 gl. *eleemosynariis*. Zabarella, *Comm. in Clementinis* : sur ce texte, n°ᵇ 11-12. Lugduni, 1551, f° 86, v°. — Panormitanus, *op. cit.*, f° 164, v°, f° 276, r°. — Lavaur (1368), c. 91 (Mansi, t. 26, p. 473). Du Cange, v° *Fabrica*. J. Declareuil, NRH, 1898 pp. 805 et s.

vers (84), vis-à-vis du roi pendant la période franque, avait cessé. L'Eglise apparaissait une société autonome, munie de tous les or-ganes nécessaires au gouvernement et ne puisant qu'en elle-même le pouvoir d'établir des tribunaux et d'en fixer les attributions. La royauté, dépouillée de ses droits de justice par les seigneurs, ne songeait guère à lui disputer ceux qu'elle disait être inclus dans sa mission divine. De préférence, les intéressés s'adressaient à elle, même quand sa législation ne les y contraignait pas : car seule sa hiérarchie judiciaire était sérieusement organisée, fonction-nait régulièrement avec des garanties de science et d'impartia-lité de la part des juges. Sa procédure, en grande partie tirée du droit romain, semblait plus rationnelle : elle était écrite, fondée sur enquêtes (85), admettait les demandes reconventionnelles (86). Pas de duel judiciaire, ni même bientôt d'aucune sorte de *judicia Dei* (87). Les frais, peu élevés, étaient prononcés contre la seule partie perdante (88). Son système d'appel, selon la tradition ro-maine, pouvait épuiser tous les degrés supérieurs de juridiction, mais permettait d'aller directement au pape (89). Enfin, l'Eglise pos-sédait seule un droit général, ne variant pas selon les coutumes et complet, tandis que celles-ci laissaient en dehors de leurs cadres nombre de matières juridiques. Aussi les défenseurs des juridic-tions d'Eglise affirmaient-ils qu'en matière de transactions com-merciales les parties contractantes se soumettaient de préférence aux cours de chrétienté et renonçaient souvent à une affaire

(84) Ci-dessus, pp. 128 et s.

(85) La procédure, calquée du droit romain, s'introduisit dans les vingt dernières années du xiie siècle ; le concile de Rouen (1231) l'imposa même aux cours inférieures des doyens ruraux. Pas de formalisme pour agir en justice, il suffit d'être lésé et capable de plaider.

(86) Beaumanoir, nos 337 et s.

(87) D. Gr., cc. 11, 20, 20, 22, Ca. 2, q. 5; cc. 1-3, X, V. 35. — C. 18, Latran (1215) = c. 9, X, III, 50. Beaumanoir, n° 340. *Yvonis Carnotensis epistolae*, 168, 205, 249 (PL., 162, pp. 171, 210, 255).

(88) Le procès s'engageait sur un *libellus* remis au juge qui faisait citer le défendeur en lui donnant un délai pour en prendre connaissance et con-clure à un acquiescement ou à une contradiction : à l'issue du délai, cita-tion des parties, *litis contestatio*, serment *de calumnia* et sorte d'interro-gatoire sur faits et articles ; jour pris pour les plaidoiries, et, après, sentence. Moyens de recours : *querela nullitatis*, appel, *restitutio in inte-gram* : Tancrède, *Ordo judiciarius*, loc. cit.; G. Durant, loc. cit.

(89) Beaumanoir, n° 1774 : « Car de quel que juge que ce soit l'en puet apeler a l'apostoile, et qui veut il puet apeler de degré en degré si comme du dcien à l'evesque et de l'evesque à l'arcevesque et de l'arcevesque à l'apos-toile. »

plutôt que de s'exposer à la porter devant la justice séculière ([90]).

Le succès de ces justices enlevait des justiciables, par conséquent des profits importants aux seigneurs. D'où des conflits continuels qui eurent leur période la plus aiguë au xiiie siècle : en 1205, *acte de Chinon* ou protestation des seigneurs du centre et de l'ouest contre l'extension de la juridiction ecclésiastique aux causes féodales, suivie d'une ordonnance limitant cette compétence ou la rendant commune aux deux justices en quelques matières ([91]); — en 1225, nouvelles plaintes à propos des causes mobilières des laïques, qui furent examinées au concile de Melun sans résultat ([92]); — en 1235, remontrances des barons réunis à Saint-Denys adressées à Grégoire IX avec qui saint Louis était aussi en conflit pour une question de juridiction touchant l'évêché de Beauvais ([93]); — en 1246, protestation de Mauclerc et confédération des seigneurs sous la direction de quatre d'entre eux : d'où excommunication du duc de Bretagne et des autres *staturii*. Cette fois saint Louis soutint le pape ([94]); — en 1248, la bourgeoisie d'Arras et quelques autres s'unirent à la noblesse; — en 1252, le concile de Sens invitait le comte de Champagne à cesser ses agissements contre les tribunaux d'Eglise ([95]). Tous les arguments pour ou contre les deux juridictions furent exposés lors de la dispute de Vincennes en 1329 et consignés dans le procès-verbal qu'en dressa Petrus Bertrandi, évêque d'Autun. Mais déjà la lutte s'était déplacée. Avec Philippe le Bel les seigneurs avaient passé à l'arrière-plan : c'était avec la justice royale que les juridictions d'Eglise allaient désormais s'affronter ([96]).

(90) *Libellus domini Bertrandi* (ap. Durand de Maillane, *Libertés de l'Eglise gallicane*, t. 3, p. 470).

(91) *Ord. 1205 : Etablissement entre le roi, les clercs et les barons* (Brussel, *Preuves*, p. xxvii. — Is., t. 1, p. 194).

(92) Melun (1225) (Mansi, t. 22, p. 1214). Teulet, *Layettes du Trésor des Chartes*, t. 2, n°s 1734, 1737, 2404.

(93) Teulet, *op. cit.*, n° 2415.

(94) Teulet, *op. cit.*, n° 3569 ; Is., t. 1, pp. 252-253 ; Elie Berger, *Les registres d'Innocent IV*, t. 2, p. clxxvi et s. Saumur (1253), c. 23 (Mansi, t. 23, p. 818).

(95) Sens (1256), Pont-Audemer (1257), cc. 3-4 (Mansi, t. 23, p. 856). E. Berger, *op. cit.*, *Intr.*, p. 263 et s.

(96) *Libellus D. Bertrandi, cardinalis Sancti Clementis, adversus magistrum Petrum de Cugneriis : Oratio electi senonensis, summaria Philippi Probi*, ap. *Les libertés de l'Eglise gallicane*, t. 3, pp. 425-505. Olivier Martin, *L'Assemblée de Vincennes*, 1909.

II. — L'ORGANISATION JUDICIAIRE.

L'organisation judiciaire restait établie sur le même principe qu'antérieurement et suivait la hiérarchie. L'évêque, *judex ordinarius*, en était le centre. Dans le diocèse, les autres justices (archidiacres, archiprêtres, chapitres) étaient des émanations de la sienne ou des usurpations commises sur elle. La principale, celle de l'archidiacre, fut définitivement constituée par la consolidation entre ses mains de ce qu'il s'en était approprié, dans un but principalement fiscal ([97]). Pour parer à de nouveaux empiétements, l'évêque lui enleva sa délégation pour les pouvoirs judiciaires qu'il n'avait pas encore prescrits et, vers la fin du XIIe siècle, on vit se répandre une nouvelle institution, l'officialité, motivée aussi par la nécessité de confier le soin de la justice à des clercs versés dans le droit romain dont les principes renaissants formaient la trame d'une part importante du droit canonique ([98]). L'official, *officialis allocatus, judex episcopi*, simple délégué de l'évêque, était révocable *ad nutum* et correspondait, dans l'évolution des juridictions ecclésiastiques, au prévôt ou au bailli dans celle des juridictions séculières. Il engagea contre les juridictions détachées de l'Ordinaire une lutte analogue à la leur contre les juridictions particulières, et par les mêmes moyens (compétence concurrente, prévention, juridiction volontaire). Mal vue d'abord, l'institution, une fois généralisée, fut imitée par les autres juridictions. Archidiacres, archiprêtres, chapitres, abbés, se nommèrent des officiaux; mais les évêques, le plus souvent, le leur interdirent. L'official était un clerc, souvent un chanoine; il était payé par l'évêque et lui prêtait serment. Celui-ci pouvait se substituer à lui quand il lui plaisait, ou déléguer à d'autres certaines causes. Il y avait des officiaux principaux, dont le mandat s'étendait à tout le diocèse et à l'*universitas causarum;* il y en avait de forains à attributions ou circonscriptions limitées, quelquefois d'ambulatoires. L'official jugeait entouré d'assesseurs pris parmi les avocats du siège. Il eut pour auxiliaire, aux XIIIe et XVe siècles, un vice-gérant. Son tribunal comportait un scelleur payé par l'évêque, un *receptor actorum*, un *registrator*, et, au

---

(97) La juridiction des archiprêtres ne s'était modifiée depuis les Carolingiens que par quelques usurpations locales ; celle des chapitres plus récente, due aux circonstances, ne suivait aucune règle fixe.

(98) Paul Fournier, *Les officialités au Moyen Age*, pp. 1-31 ; N. Hilling, *Die Offiziale der Bischöfe von Halberstadt im Mittelalter*, 1911.

xive siècle, des promoteurs, à l'instar des procureurs du roi dans les tribunaux laïques.

Entre temps s'étaient établis au profit de la juridiction suprême du pape : 1° la possibilité d'y appeler, *omisso medio*, dans tous les cas ([99]); 2° une théorie ferme des cas réservés ou *causae majores* ([100]); 3° un certain pouvoir d'évocation devant lui où ses légats, quand il le jugeait utile à la justice et aux intérêts de l'Eglise. Il envoyait dans ce but des légats juger dans les diocèses.

L'Eglise organisa, au début du xiiie siècle, une juridiction d'exception en matière criminelle, à propos de l'hérésie albigeoise ([101]). Elle la confia en 1233 aux dominicains. Cette institution qui empiétait fortement sur la juridiction épiscopale, fut peu soutenue par les évêques. Elle se composait d'un juge, l'inquisiteur, assisté d'un jury consultatif comprenant l'évêque (qui y figura rarement), des théologiens et des juristes. Les inquisiteurs se montrèrent très indépendants, même vis-à-vis de la Curie romaine. L'*inquisitio hereticae pravitatis* eut une réelle importance dans l'histoire de la procédure criminelle : la sienne, exorbitante de celle des cours d'Eglise ordinaires, fut adoptée au xive siècle dans ses traits essentiels par presque toutes les cours séculières ([102]). Cette juridiction ne pouvait, du reste, prononcer aucune peine de sang; mais, après la sentence, le coupable était repris par l'autorité séculière ([103]).

III. — COMPÉTENCE DES JUSTICES ECCLÉSIASTIQUES.

La compétence des cours d'Eglise donna lieu, du xie au xve siècle, à un grand travail doctrinal; mais la jurisprudence admise en France ne s'y plia pas en toutes ses parties.

1° Compétence « ratione personæ ».

Le privilège de clergie, *privilegium fori*, occupait la première place. Jusqu'au milieu du xiie siècle, les renseignements font à peu près défaut. Il semble alors fondé sur l'*opinio communis* et

(99) Beaumanoir, n° 1774. Cpr. c. 6, Latran (1179) = c. 26, X, 2, 28 ; c. 35, Latran (1215)=c. 59, X, 2, 28.

(100) Ci-dessus, pp. 133, 325.

(101) P. Fournier, *op. cit.*, pp. 270-280.

(102) Elle est sous sa forme primitive très admirée par l'école des criminalistes positivistes italiens.

(103) J. Havet, *L'hérésie et le bras séculier au Moyen âge* (Œuvres, t. 2, pp. 117 et s.). Sur la *traditio curiae seculari* et ses origines : Génestal, RHD., 1924, p. 189 et s.

comporter des particularités locales. La doctrine ancienne ayant été reprise et quelques textes consignés dans le *Décret de Gratien* ([104]), deux tendances, l'une extensive, l'autre plus modérée, et plus près des textes, se dessinèrent dans les *Summae* des décrétistes. Il fut courant de le rattacher au *privilegium canonis*, qui entraînait des peines ecclésiastiques très graves contre tout acte de violence fait à un clerc ou à toute personne au service de l'Eglise ([105]), et des textes le présentent comme une application de ce dernier, l'acte de juridiction ou de contrainte étant considéré comme une violence faite par le juge séculier au justiciable.

A partir d'Alexandre III, il prit un caractère différent de celui qu'il avait eu primitivement. Comme l'on estimait qu'il y avait dans la société chrétienne deux peuples, les clercs et les laïques, obéissant chacun à un principat différent et soumis à sa juridiction particulière, le clerc, lié au *forum ecclesiasticum* en tant que sujet de l'Eglise, n'y pouvait renoncer, car cette sujétion était pour lui, non plus un privilège, mais une obligation ([106]). Le déni de justice même ne l'autorisait plus à s'adresser à la justice séculière; le flagrant délit ne l'y soumettait plus ([107]). Le juge séculier qui l'avait arrêté devait le remettre à l'autorité ecclésiastique ([108]). Jusque vers la fin du xvᵉ siècle, les juridictions séculières n'entravèrent en rien l'application des règles canoniques, mais contribuèrent plutôt à en faciliter l'observation ([109]).

Le *privilegium fori* s'étendait à tous les clercs, même simplement tonsurés, aux religieux des deux sexes, en y embrassant les convers et oblats menant la vie religieuse et en portant l'habit ([110]), à toutes personnes vivant dans la dépendance de l'Eglise : serviteurs des clercs, *habitatores atrii ecclesiae* ([111]). Quelques cano-

---

(104) D. Gr., Ca. 11, q. 1. — J. Declareuil, NRH., 1907, p. 599.

(105) Latran (1139), c. 15 (Mansi, *Suppl.*, t. 22, p. 433). Cpr. Clermont (1130), c. 10 (Mansi, t. 22, p. 428).

(106) *Ep. Alex. III ad Ludovicum VII* (1164) (Jaffé-Löwenfeld, n° 11053) (7590) ; — Latran (1179), c. 14 (Mansi, t. 22, p. 116). — *Epist. Innocentis IV*, 6 nov. 1206 (Jaffé-Potthast, n° 2769). — Meynial, *Des renonciations au Moyen âge et dans notre ancien droit* (NRH., 1902, p. 668).

(107) *Libellus Domini Bertrandi*, loc. cit., p. 494.

(108) *Summa de legibus Normannie*, LXXXII (éd. Tardif, p. 107). Beaumanoir, n°ˢ 350-352 ; *Etabl. de Saint-Louis*, I, 89, 90 (t. 2, pp. 145 et s.).

(109) Génestal, *Le privilegium fori en France du décret de Gratien à la fin du xiiᵉ siècle*, 1921, pp. xiv et s.

(110) D. Gr., c. 5, dist. 89; c. 5, X, III, 39. Lillebonne (1080), c. 19 (Mansi, t. 20, p. 69). En France, on admit, au moins théoriquement, le *privilegium* tardivement pour les chanoinesses et les béguines et, dans quelques provinces, pour le tiers ordre franciscain : Génestal, op. cit., pp. 30 et s.

(111) Génestal, op. cit., pp. 43-50 ; il ne paraît pas que cette extension ait prévalu en France.

nistes y voulaient joindre les femmes légitimes des clercs mariés (¹¹²). Mais le *privilegium* de ceux-ci fut lui-même alors très discuté. La tradition les soumettait à toutes les conditions de la vie cléricale. Or, le mariage était écarté pour les ordres majeurs; quant aux clercs mineurs, l'abus qu'on faisait de la tonsure, ne permettant plus de les utiliser au service de l'Eglise, les papes inclinèrent à les dépouiller du privilège de la cléricature (¹¹³). La pratique gallicane le leur conservait, à moins qu'adonnés aux affaires séculières ils ne reprissent pas la vie cléricale après trois sommations. Consacrant l'opinion générale, le concile de Lyon avait prononcé la déchéance *ipso facto* des clercs bigames, c'est-à-dire s'étant mariés deux fois ou ayant épousé une femme non vierge (¹¹⁴). Boniface VIII, sur les plaintes des princes séculiers, à propos des coutumes anticanoniques, décida que les clercs mariés *cum unica et virgine*, portant tonsure et habit clérical, conserveraient le privilège du for en matière pénale, mais n'en jouiraient plus au civil et que les autres n'en auraient plus d'aucune sorte (¹¹⁵). Pendant le xivᵉ siècle, les juridictions séculières s'appuyèrent sur cette législation pour écarter les coutumes locales contraires et la firent triompher (¹¹⁶). De certains genres de vie, incompatibles avec la dignité ou la réserve cléricale résultait aussi la déchéance du privilège du clerc, car l'on y voyait l'abdication de cette qualité (*apostasia ab ordine* ou *a religione*); mais là encore la pratique fut peu conforme au droit. Le métier des armes, la profession de juge criminel, écartant les *privilegia canonis et fori* d'après les décrétales du xiiiᵉ siècle, n'eurent plus cet effet qu'en cas de persévérance après une triple *monitio* au xivᵉ. Il n'y eut plus guère que les goliards ou houliers qui fussent déchus de plein droit (¹¹⁷). Les trois *monitiones* furent finalement exigées pour que le clerc perdît le privilège du for, quelque vie qu'il menât; mais les officiers royaux requirent les évêques d'y procéder (¹¹⁸). Dans quelques hypothèses la justice séculière put mettre directement la

(112) C. 9, X, III, 3.

(113) C. 1, in VIᵒ, I, 12; Beaumanoir, nᵒ 1800; Boutillier, II, 7, p. 717-721. *Gr. cout. de Fr.*, IV, 6, p. 619.

(114) C. 1, in VIᵒ, III, 2 ; Cpr. c. 2, Ca. 2, q. 1.

(115) Génestal, *op. cit.*, pp. 108-122.

(116) *Ibid.*, p. 173 et s.

(117 C. 1, in VIᵒ, III, 1; c. 1, *Clem.*, I, 1. Boutillier, II, 7, p. 717. *Gr. Cout. de Fr.*, IV, 4, p. 628.

(118) *Ord.*, 1274 (*Ord. des r. de Fr.*, t. 1, p. 301). *Gr. cout. de Fr.*, IV, 4, p. 626 et s.; Baudouin, *Lettres inédites de Philippe le Bel*, p. 239, 250.

main sur le clerc par la voie des cas privilégiés [119]. Vers la fin du xv° siècle, elle fonda sur la récidive et l'incorrigibilité une déchéance tacite qui lui assujettissait le délinquant. Du reste, les cours d'Eglise étaient seules compétentes quand la qualité de clerc ou de religieux était en litige [120].

Au criminel, le *privilegium fori* était absolu et empêchait, devant la justice séculière, même les actions civiles auxquelles pouvait donner lieu un crime ou un délit. Son principal avantage était que les cours d'Eglise ne disposaient pas de peine plus grave que la longue prison [121]. Aussi pour les grands crimes, même et surtout de caractère religieux, après avoir dégradé le coupable, elles le livraient au bras séculier, *traditio curiae seculari* [122]. En matière civile, l'Eglise, après avoir essayé de s'attribuer la juridiction sur les fiefs à raison de la foi engagée par le vassal ou du moins une compétence subsidiaire [123], avait renoncé, devant les résistances des intéressés, aux causes concernant les tenures féodales et serviles [124]. Puis toutes les actions réelles immobilières, toutes les actions possessoires furent exclusivement dévolues aux juges séculiers, même si des clercs y étaient parties [125]. De sorte

(119) Boutillier, II, 7, pp. 721-722.

(120) C. 12, in VI°, V, 11. — *Et. de Saint-Louis*, I, 89, 90 (t. 2, pp. 145 et s.); Beaumanoir, n°s 353-355, met à la charge du juge d'Eglise la preuve de l'état du clerc qu'il réclame.

(121) *Yvonis Carnotensis epistolae*, 101, 241 (PL., t. 141, pp. 120, 248). Aussi les criminels habiles s'organisaient de façon à avoir ce qu'il fallait pour se grimer en clercs, s'ils étaient arrêtés, car le tribunal ecclésiastique saisi de la question d'état du délinquant jugeait le délit : Beaumanoir, n°s 355, 356.

(122) Beaumanoir, n° 312, *Sum. de leg. Norm.*, LXXXII, p. 197. La peine du feu appliquée aux hérétiques semble d'origine coutumière et populaire : J. Havet, *L'hérésie et le bras séculier au Moyen Age* (Œuvres, t. 2, p. 117 et s.) ; Génestal, *La dégradation des clercs et le droit normand* (*Bull. des sc. écon. et soc. du Comité des Trav. hist.*, 1911) et RHD., 1924, p. 189 et s.

(123) *Alexandri III epistolae* (Jaffé-Löwenfeld, n° 14099 (9154) ; 14329 (9320). Brussel, *Cap. de interceptionibus clericorum : Preuves*, p. xxvii.

(124) *Innocentis III epist.* (Potthast, n° 2181). C. 13, X, II, 1; cc. 6 (casus), X, II, 2. Beaumanoir, n°s 317, 348.

(125) Beaumanoir, n° 345. *Sum. de leg. Norm.*, loc. cit. *Arrêt du Parlement de Paris*, 13 mars 1377. *Mandement* (de Charles V) *donné aux requêtes de l'Hôtel sur un appel comme d'abus* (Is., t. 5, pp. 482, 484). Il est vraisemblable que l'incompétence en matière féodale s'étendit à toutes les causes immobilières avec la maxime : Le roi est le seigneur fieffeux de tout le royaume. — Quant aux actions possessoires, « la cause pour quoy la jurisdiction temporelle a ceste congnoissance peult estre pour ce que, comme dit est, la possession est de fait, et la cause de la nouvelleté ne décide pas la cause de la propriété à laquelle l'en pourroit retourner à la court spirituelle. » *Gr. Cout. de Fr.*, II, 19, p. 254.

que le *privilegium fori* se trouva réduit aux actions réelles mobilières et aux actions personnelles des clers [126].

Les cours de chrétienté jouirent aussi pendant un certain temps d'une juridiction concurrente sur certaines personnes, pour qui leur compétence subsidiaire s'ouvrait comme un refuge contre des oppresseurs, ou en cas de déni de justice : *miserabiles personae* (veuves, orphelins), pénitents, pèlerins, croisés. Il résultait du caractère de ce privilège qu'il n'était ouvert à ces protégés qu'en tant que demandeurs et parfois seulement au possessoire [127]. En France, les étudiants des Universités étaient assimilés aux clercs; mais l'Eglise rencontrait ici des juridictions concurrentes : celle du roi pour les grands crimes et la perception des amendes; celle de l'Université, représentée par le recteur ou le chancelier, ou des professeurs délégués, toujours, il est vrai, plus ou moins dépendante de celle de l'évêque à laquelle on voit jouer parfois le rôle de tribunal d'appel [128].

2° Compétence « ratione materiae ».

Par l'extension de sa compétence *ratione materiae*, la juridiction ecclésiastique atteignait la masse des laïques. Les canonistes justifiaient cette compétence tantôt par les constitutions du Bas-Empire, tantôt par la primatie du glaive spirituel; mais on trouvait toujours à des arguments de ce genre des explications restrictives. Le fondement le plus solide que l'Eglise fournît de sa juridiction presque indéfinie, était le pouvoir disciplinaire et correctionnel qu'elle tenait de son magistère religieux sur les fidèles. C'était un concept presque irréfutable que, souveraine des consciences et législatrice dans l'ordre spirituel, l'Eglise connût des faits entachés de péché. Alors elle pouvait toujours interve-

(126) Beaumanoir, n°ˢ 317, 338.

(127) Cc. 11, 15, X, II, 2; c. 38, X, I, 29. Beaumanoir, n°ˢ 318, 319. Cependant les *Et. de Saint-Louis*, I, 89 (t. 2, p. 145 et s.), accordaient aux croisés le *privilegium fori* au criminel ; mais, sur les réclamations de Louis IX, Alexandre IV l'avait supprimé, au moins pour les crimes capitaux : d'Achery *Spicilegium*, t. 6, p. 466. Les étudiants des Universités de Paris et d'Orléans jouissaient du *privilegium* au criminel : Denifle et Châtelain, *Cart. Universitatis parisiensis*, n° 1, t. 1, p. 60. — Un retour offensif du *privilegium fori* en faveur des *miserabiles personae* se manifeste au xvᵉ siècle dans Guillaume Durant le Jeune (*Tractatus de modo generalis concilii celebrandi*, II, 70, Parisiis, 1671, p. 212), qui attribue les causes au possessoire et la juridiction gracieuse les concernant à l'Eglise.

(128) Denifle, *Cart. Universitatis parisiensis*, t. I, pp. 6, n° 5, 60, 79, n° 20 ; Olivier Martin, *L'assemblée de Vincennes*, p. 312.

nir : *cum de peccato agitur, silet virtus legis civilis;* et elle était seule compétente pour juger de l'existence ou non du péché. Si elle revendiquait pour ses tribunaux tant d'affaires civiles et criminelles, c'était que, dans toutes, il y avait matière à péché ([129]).

Dès lors, les crimes contre la foi, hérésie, sacrilège, simonie, parjure, blasphème, sorcellerie, certains crimes contre nature, étaient de sa compétence exclusive ([130]), quitte à elle, après avoir infligé les peines canoniques, à livrer ou à abandonner les délinquants au bras séculier, pour l'application d'une peine capitale et la confiscation ([131]). D'autres qui atteignaient à la fois la règle des mœurs et l'ordre public séculier, inceste, adultère ([132]), usûre ([133]), etc., pouvaient être l'objet de poursuites concurrentes de la part des deux justices. Aux xiiie et xive siècles, à l'aide de théories ou de déductions subtiles, les cours d'Eglise attirèrent à elles, pour un temps et dans plusieurs régions, la connaissance de certains délits sans arriver à imposer en ces matières une pratique universelle, de sorte que les limites des deux juridictions restèrent imprécises. A la recherche du péché, décrétistes et décrétalistes s'avançaient en fourrageurs sur les domaines de la législation civile.

Il était aussi fort naturel que les causes intéressant les sacrements relevassent des cours de chrétienté. Or, tout le statut familial reposait sur le mariage. Non seulement les conditions de forme et de validité du mariage, mais encore tout ce qui en dépendait, fiançailles, dot, douaire, filiation, légitimité et légitimation, séparation de corps, donations entre époux, tout litige survenant entre les époux entra dans la législation complète et minutieuse de l'Eglise et tomba sous sa juridiction : cela d'autant mieux que, dans la tradition romaine, ces questions formaient bloc, ayant été étudiées par les Prudents dans leurs rapports avec

(129) J. Declareuil, NRH., 1898, p. 135 et s.; 1907, pp. 559, 603.

(130) Beaumanoir, n°s 312, 326, 334, 336, *Et. de Saint-Louis*, I, 90 = C. *Touraine-Anjou*, 78 (t. 2, p. 147 ; t. 3, p. 50).

(131) *Jostice et Plet*, I, 30, p. 12 et s.; XVII, 24, 55, 21, 24, p. 280; *Et. de Saint-Louis*, I, 127 (t. 2, p. 239, 242).

(132) *Libellus domini Bertrandi*, 39, loc. cit., p. 452. — C. 1, X, I, 31 ; c. 19, X, III, 32. Beaumanoir, n°s 930, 934, 1637.

(133) C. 8, X, II, 2, gl. *malefactores*. Beaumanoir, n° 1925 : le défendeur peut choisir entre les deux juridictions jusqu'à ce qu'il y ait « plet entamé »; *Et. de Saint-Louis*, I, 91 (t. 2, p. 148 et s.). *Sum. de leg. Norm.*, XIX, p. 52 et s.; *Libellus dom. Bertrandi*, 38, 46, 54, loc. cit. Marnier, *Etabl. et cout. de l'Echiquier de Normandie*, p. 34. — Hostiensis, *Summa aurea, de usuris*, n° 10 ; *Lugdini*, 1556, f° 374 r°. Les canonistes avaient d'abord revendiqué pour l'Eglise seule la compétence en matière d'usure.

les *justae nuptiae*, que, pour elles, les coutumes étaient muettes ou insuffisantes et qu'aucune autre juridiction n'eût été alors capable d'appliquer une législation aussi savante [134]. C'était fragmentairement, à propos de dot, de douaire ou obliquement, sous forme de questions préjudicielles, que les cours séculières tâchaient de conserver ou de reprendre une compétence concurrente dans quelques-unes de ces matières [135].

La pratique du testament, réintroduite dans une partie de la Gaule franque sous l'influence et le contrôle de l'Eglise, resta longtemps plus ou moins dans la dépendance de ses chancelleries et de ses tribunaux. Les canonistes se préoccupaient surtout des legs pieux dont elle faisait une obligation pour les testateurs [136], au point qu'on assimila souvent les intestats aux déconfès et qu'on leur refusa la sépulture chrétienne [137]. Mais on admettait, pour les deux justices, de connaître indifféremment de la validité, de l'interprétation et de l'exécution de l'ensemble des testaments, parce qu'on pensait qu'il n'y aurait jamais trop de moyens d'assurer la volonté des testateurs [138].

C'était encore pécher que de ne pas tenir ses engagements : pour ce motif, les cours de chrétienté revendiquèrent la connaissance de tous les contrats, ou tout au moins le droit pour le défendeur de ne plaider que devant elles [139]. Leur compétence dut se restreindre, au cas où les parties, soit dans le contrat, soit après, s'étaient mises d'accord pour se soumettre au juge ecclésiastique [140] et, à cause du parjure, à celui où elles avaient confirmé leurs engagements par un serment [141], ce qui était, du reste, devenu de style dans les contrats [142]. Pour éviter les par-

---

(134) Beaumanoir, nᵒˢ 313, 333. — Esmein, *Le mariage en droit canonique*, t. 1, pp. 25-45.

(135) Beaumanoir, nᵒˢ 578-602 ; *Et. de Saint-Louis*, I, 13, 20 (t. 2, pp. 24, 30) ; Brussel, *loc. cit.*

(136) Cc. 3, 6, 17, X, III, 26.

(137) *Summa de leg. Norm.*, XX, p. 56. — Viollet, *Et. de Saint-Louis*, t. 1, p. 118 et s.; t. 4, pp. 42, 48. Encore fallait-il écarter la mort subite. Sur le droit des évêques aux meubles des intestats, Génestal, NRH., 1912, p. 403 et s.

(138) *Summa de leg. Norm.*, loc. cit.; Beaumanoir, nᵒˢ 320, 321, 361, 424, 428 ; *Et. de Saint-Louis*, I, 93 (t. 2, p. 152). *Libellus dom. Bertrandi*, 64, *loc. cit.*

(139) Petrus Bertrandi, *De orig. juridictionis* (*Tractatus tractatuum*, t. 3, p. 30).

(140) Beaumanoir, nᵒ 342.

(141) P. de Fontaines, XV, 6, p. 109; Hostiensis, *Summa aurea*, Lugduni, 1556, fᵒ 155, seqq. Brussel, *loc. cit.*

(142) Abb. Panormitanus, *Lecturae*, in c. 28, X, II, 24, nᵒ 23. *Guidonis Papae decisiones*, q. 199, nᵒ 3.

jures, les décrétalistes acceptèrent l'exécution d'une série de promesses contraires aux principes du droit séculier et même du droit canonique (¹⁴³).

L'Eglise avait pleine juridiction pour défendre son patrimoine et l'économie qu'elle lui avait assignée : elle jugeait toutes les causes réelles ou personnelles l'intéressant, s'il lui plaisait, sauf les actions immobilières où elle était demanderesse; elle connaissait des causes bénéficiales et des litiges concernant les dîmes non inféodées (¹⁴⁴). Elle avait la police des lieux saints et réprimait, sauf exceptions, les délits qui y étaient commis (¹⁴⁵).

Mais ces justices d'Eglise n'avaient, pour faire exécuter leur jugement en matière civile, que des peines spirituelles dont la plus grave était l'excommunication; elles ne pouvaient que rarement obtenir que la justice séculière leur prêtât ses moyens de contrainte, étant réduites à l'en prier sans aucun droit de l'exiger (¹⁴⁶).

3° Le droit d'asile.

On rattache le droit d'asile à la justice ecclésiastique, parce qu'on y voit un appel à Dieu; mais c'est à tort, car il n'aboutissait à un jugement ni d'appel, ni de cassation, et il était admis pour les criminels notoires. Il était attaché aux « saints lieus », églises, moustiers, chapelles, cimetières, abbayes privilégiées, mais point aux lieux simplement religieux, ni aux croix des chemins (¹⁴⁷). Sa violation était punie d'une peine laissée à la discrétion du juge. Il n'avait pour but que de soustraire le corps du réfugié à la mort ou à la mutilation. On ne pouvait « mettre en l'Eglise », ni ses biens ni sa personne, pour les détourner de ses créanciers; le réfugié était légalement ajourné (¹⁴⁸). En outre, la justice sécu-

---

(143) Esmein, *Le serment promissoire en droit canonique* (NRH., 1888, pp. 270-277, 333 et s.).

(144) Beaumanoir, n⁰ˢ 314-315, 348, 349 : exception pour les bénéfices de collation royale. Cpr. *Yvonis Carnot. epistolae*, 184 (PL., t. 162, p. 184).

(145) Beaumanoir, n⁰ˢ 323, 325, 343. Distinctions entre lieux saints et religieux, n° 324.

(146) Beaumanoir, n⁰ˢ 321, 342. Cep. *C. Touraine-Anjou*, 116 = *Et. de Saint-Louis*, I, 127 (t. 2, p. 238 et s.), autorise l'official à requérir du prévôt la saisie des biens de l'excommunié condamné au bout de l'an et jour : application d'une ordonnance de 1228 (*Ord.*, t. 1, p. 52). Boutillier, II, 1, 2, pp. 758 et s.; « Si sçachez s'il ne plaist au juge lay, il n'executeroit mie ceste requisitoire (de l'official) : car contraindre ne le peut l'Evesque, ne ammonester fors par requisitoire ; mais selon conscience le Juge y est tenu. Et pour ce ne le font plusieurs juges lays s'ils n'y ont profit. »

(147) Beaumanoir, n⁰ˢ 324, 332, 741.

(148) Boutillier, II, 9, pp. 739-741.

lière se reconnaissait le droit d'en arracher les sacrilèges, les voleurs de grand chemin, les « essilleurs de biens », ceux qui faisaient
de l'Eglise un lieu d'aguets ou une base d'opérations pour attaquer leurs ennemis et leur nuire ou commettaient des délits dans
les trente pas à partir des murs de l'asile [149].

§ 5. — Le droit canonique et ses sources.

Société spirituelle, l'Eglise continuait de développer et d'appliquer sa législation, dans les cadres de la constitution qu'elle s'était
donnée, d'autant plus librement que les lois civiles étaient inexis-
tantes ou imparfaites sur les matières qu'elle régissait et que le
pouvoir séculier, dont elle avait eu besoin jadis pour transformer
ses décisions en lois, ne la gênait plus. Cependant, aux premiers
temps de la période seigneuriale correspondent moins une activité
législative proprement dite que des travaux de compilation, de
coordination et de fusion des textes canoniques [150].

Depuis les *Fausses Décrétales*, de nouvelles collections canoniques avaient été composées [151]. Aucune n'avait eu un rayonne-
ment étendu, ni persistant, lorsque Burchard, évêque de Worms,
aidé d'Olbert, futur abbé de Gembloux, publia, entre 1008 et
1012, un *Decretum* en 20 livres et 1.785 articles [152], mettant à
contribution les *Libri de synodalibus causis* de Réginon, d'après
une recension remaniée et interpolée, la Collection *Anselmo dedicata* [153], l'*Hadriana*, des décrétales, des conciles surtout de
l'époque franque, les *Fausses Décrétales*, les *Capitula Angilramni*, la *Collectio Hibernensis* [154], quelques *capitula* diocésains

(149) Beaumanoir, n⁰ˢ 326-331; Boutillier, II, 9, p. 739 et s. (arrêt du
Parlement de 1382). Cpr. *Sum. de leg. Norm.*, LXXXI, p. 195.

(150) Ad. Tardif, *Hist. des sources du droit canonique*, Paris, 1887 ; Maassen, *Geschichte der Quellen und der Litteratur des canonischen Rechts im
Abendlande*, 1870 ; von Schulte, *Geschichte der Quellen und Litteratur des
canonischen Rechts von Gratian bis auf den Gegenwart*, Stuttgart, 1875-
83, 3 vol.

(151) Paul Fournier, *Un groupe de recüeils canoniques inédits du x⁰ siècle*
(Ann. de l'Univ. de Grenoble, 1899, p. 391 et s.).

(152) *Burchardi Wormaciensis ecclesiae episcopi decretorum libri XX*,
Parisiis, 1550, et dans Migne, *PL.*, t. 140, p. 536 et s. — Paul Fournier,
Etudes critiques sur le Décret de Burchard de Worms (NRH., 1910, pp. 41,
213, 289, 364); *Le Décret du Burchard de Worms* (Rev. d'hist. ecclés., 1911).

(153) Paul Fournier, *L'origine de la collection « Anselmo dedicata »*
(Mél. P. F. Girard, t. 1, pp. 475-498).

(154) Paul Fournier, *De l'influence de la collection irlandaise sur la formation des collections canoniques* (NRH., 1899, pp. 49 et s.).

attribués à des conciles pour leur donner une portée générale, des *Livres pénitentiels*, quelques phrases de droit romain et beaucoup de capitulaires authentiques ou apocryphes, des fragments d'écrivains ecclésiastiques. Souvent il altère ou démarque les textes anciens, ou en change l'attribution; il en forge qu'il place sous le parrainage d'un pape ou d'un concile. Répandue dans tout l'Occident, cette compilation dont on fit de nombreux extraits, qui fournit la plus forte part des autres collections du xi° siècle [155], se signalait par le triple souci de classer les textes méthodiquement et non plus, comme on faisait avant, dans l'ordre chronologique, d'écarter du droit canonique tout élément séculier en mettant les capitulaires utilisés sous le couvert de quelque autorité ecclésiastique et de rattacher le plus possible aux papes les dispositions auxquelles la société religieuse obéissait.

Mais ces caractères sont autrement saillants dans les recueils de la fin du siècle en rapport avec la réforme grégorienne. Grégoire VII entreprit une rénovation du droit canonique selon des directives qui apparaissent nettement : 1° séparer de façon absolue la législation de l'Eglise de celle de la société civile par l'élimination de tout ce qui se mêlait à son contenu de survivances des lois carolingiennes, franques ou lombardes, tout en maintenant en lumière les constitutions romaines qui proclamaient et garantissaient les privilèges de l'Eglise; 2° expurger la masse des textes des apocryphes qu'on savait vaguement y pulluler, ce à quoi l'on s'essaya avec plus de bonne volonté que d'habileté et de succès; 3° rapporter toute la législation canonique au Siège Apostolique, en n'admettant que des textes provenant de lui ou confirmés par lui, au moins tacitement, ce qui était le cas des conciles quand il n'y avait pas contredit; mais cependant tendre à limiter l'application des canons des conciles nationaux au pays où ils avaient été décrétés; 4° accorder la supériorité au droit positif émané des papes sur la coutume, en faveur de la vérité, tout en ne rejetant pas la tradition qu'il faut, dès lors, aller chercher dans les anciennes décrétales et les anciens conciles, dans les ouvrages des Pères; d'où nécessité de recherches à travers les plus vieilles archives du Saint-Siège, afin d'y trouver le secret d'unir l'histoire et la raison [156]. La Collection en 74 articles, premier manuel de

(155) Paul Fournier, *De quelques collections canoniques issues du Décret de Burchard* (*Mél. Paul Fabre*, pp. 189-214).
(156) Voy. Paul Fournier, *Un tournant de l'histoire du droit* (NRH.. 1917, pp. 129-151) que je résume.

la réforme du xie siècle (157), la Collection d'Anselme de Lucques (158), le *Capitulare* d'Atton (159), la *Collectio canonum* du cardinal Deusdedit (160), sont inspirés de cet esprit (161). En France, la *Liber Tarraconensis* (162) et quelques autres travaux du même genre mêlaient les doctrines nouvelles aux traditions nationales (163).

Les compilateurs du xiie siècle ne semblent pas s'être maintenus dans des voies aussi difficiles. Pourtant avec Urbain II une nouvelle avance fut réalisée. Si l'état de la documentation fut pour un temps stabilisé, on s'appliqua à instaurer des méthodes d'interprétation et de conciliation des textes où l'imitation des juristes de Bologne ne fut sans doute pas étrangère. Yves de Chartres et Bernald de Constance, représentants de ce mouvement, introduisirent la dialectique dans l'étude du droit et préludèrent à l'instauration d'une science juridique sur ce double fondement : 1° une distinction entre les dispositions canoniques exprimant les lois nécessaires et éternelles qui, ayant Dieu pour auteur, n'étaient susceptibles ni de variations, ni d'atténuations et les lois contingentes qui admettaient des transactions ou des suspensions, *si honesta vel utilis sequatur compensatio*, et pour l'application desquelles il y avait à considérer le temps, le lieu et la qualité des personnes; et Yves révéla le secret d'une pratique très souple de gouvernement établie sur le jeu des dispenses (164); 2° un classe-

(157) Paul Fournier, *Le premier manuel canonique de la réforme du xie siècle* (*M. Ar. H.*, 1894).

(158) *Anselmi episcopi Lucensis collectio canonum*, Innsbrück, 1906; Paul Fournier, *Observations sur diverses recensions de la collection canonique d'Anselme de Lucques* (*Ann. de l'Univ. de Grenoble*, 1901, p. 450).

(159) Atton, *Capitulare* (Maï, *Scriptorum veterum nova collectio*, t. 6, 2e part., p. 60 et s.).

(160) Deusdedit, *Collectio canonum*, éd. Martinucci, Venetiis, 1869. — Voy. P. Viollet (*Rev. critique*, 1872, 14 sept.); Wolf de Glanvell, *Die Kanonessammlung des Kardinals Deusdedit*, Paderborn, 1905.

(161) P. Fournier, *Une forme particulière de Fausses Décrétales, conservée dans un manuscrit de la Grande Chartreuse* (BECh., 1888, p. 325). Sous l'empire des mêmes préoccupations, les textes de conciles grecs, africains, gallo-romains, espagnols, y sont remplacés par des canons des six premiers conciles généraux; — *Les collections canoniques romaines à l'époque de Grégoire VII* (Mém. AIBL., 1918, p. 297).

(162) Sur le *Liber Tarraconensis* : *Mél. Julien Havet*, p. 259 et s.

(163) J. Tardif, *Une collection canonique poitevine* (NRH., 1897, p. 149 et s.).

(164) Yves de Chartres, *Decretum, praef.* (PL., t. 161, p. 47). *Epistolae*, 181, 190, 236 (PL., t. 162, pp. 182, 196, 238); Bernaldus, *De excommunicatis vitandis* (MGH., *Libelli de Lite*, t. 2, p. 139 et s.). Cpr. une doctrine paral-

ment hiérarchique des sources du droit, où l'Evangile l'emportait toujours sur l'Ancien Testament et les Pères, où le pape était le seul vrai législateur, l'*auctor canonum* : les canons des conciles généraux ne valaient que s'il les avait confirmés; ceux des conciles provinciaux ne s'imposaient que dans la province et s'ils n'allaient à l'encontre ni de la raison, ni des décrétales, ni des conciles généraux confirmés. Enfin la raison (*ratio*) l'emportait sur la coutume ([165]).

Les œuvres d'Yves de Chartres furent surtout composées pour satisfaire aux conceptions nouvelles ([166]). Il faut vraisemblablement lui attribuer les deux premières parties d'un ouvrage qui en a actuellement trois, les *Tripartita* : rédigées, vers 1090, les deux premières parties constituent une collection dont les éléments sont tirés du *Decretum* de Burchard et d'une recension particulière de la collection italienne *Britannica*, dont on y retrouve, adouci, l'esprit réformateur; la troisième partie dépend du *Decretum* d'Yves et lui est par conséquent postérieure. Ce *Decretum* est une vaste compilation en 17 parties (et 3.760 articles), réalisée entre 1090 et 1095, où l'on retrouve presque toute l'œuvre de Burchard qui y représente la tradition franque, des chapitres des *Tripartita*, d'autres, notamment des fragments du Digeste, pris à la *Britannica*; puis des matériaux de toutes provenances, décrétales, conciles, extraits patristiques, droit romain. Ce recueil, destiné, semble-t-il, à accumuler des matériaux pour d'autres travaux, fut suivi, dès 1095, par la *Panormia* qui en était une sorte de synthèse très condensée et méthodiquement ordonnée en 8 livres, enrichie de documents nouveaux destinés à y renforcer les doctrines réformatrices ([167]). La *Panormia*, qui était le meilleur manuel de droit

lèle établie par les docteurs de l'Islam pour le droit coranique: J. Declareuil, *La codification du droit musulman algérien* (*Bull. de l'Acad. de législation*, 1917, pp. 73, 81).

(165) Yves de Chartres, *Decretum*, IV, 194 et s., 240, 242 ; V. 45 (PL., t. 161, pp. 308 et s., 310, 340) ; Bernaldus, *loc. cit.*, pp. 155-169. Sur les apports respectifs d'Yves et de Bernaldus dans ces théories: Paul Fournier, *Un tournant de l'histoire du droit* (*loc. cit.*, p. 155-169). — Cette question de la hiérarchie des sources du droit préoccupa beaucoup le Moyen âge, surtout lorsque la scolastique eut compliqué ce problème par l'introduction de la notion d'un droit naturel : J. Declareuil (NRH., 1907, p. 804).

(166) Paul Fournier, *Les collections canoniques attribuées à Yves de Chartres* (BECh., 1896, pp. 645 et s.; 1897, pp. 26, 293, 410, 629) ; *Yves de Chartres et le droit canonique* (RQh., 1898, p. 52 et s.; 384 et s.).

(167) Le *Decretum* et la *Panormia* sont reproduits dans Migne, PL., t. 161. — La *Collectio Tripartita* est inédite.

canonique qu'on eût alors, se répandit dans tout l'Occident. L'œuvre d'Yves, à son tour, commanda la production canonique du temps qui suivit. On en fit des extraits; des collections nouvelles procédèrent de son *Decretum*, comme en partie la *Caesaraugustana* ([168]); d'autres de la *Panormia*, ainsi la *Collectio* en 10 parties, ou la *Summa decretorum* d'Haimon; d'autres de la *Tripartita*. La plupart des *Libri* ou *Summae sententiarum* en dépendent pour leurs parties juridiques ([169]).

Ce travail de coordination et de synthèse prit corps définitivement dans la *Concordia discordantium canonum*, connue sous le nom de *Decretum Gratiani*, un peu après 1140 ([170]). Gratien, camaldule de Bologne, puisa sans aucun souci de critique textuelle dans les œuvres de Burchard, d'Anselme de Lucques, d'Yves, dans le *Polycarpus* du Cardinal Gregorius ([171]), le *Liber de misericordia et justicia* d'Alger de Liège ([172]) et mêla, comme eux, décrétales, conciles, textes scripturaires ou patristiques, etc. Son originalité fut de grouper par rubriques les textes concordants, puis discordants, s'il y en avait, sur la même question, et dans le dernier cas, d'exposer, selon les procédés scolastiques, surtout ceux inaugurés par Abélard dans le *Sic et non*, en quoi ils différaient et comment ils se pouvaient concilier. Ces notes personnelles, *dicta Gratiani*, s'insèrent quand besoin est dans la série des textes; un disciple de Gratien, Paucapalea, en ajouta quelques autres de son cru, désignées par la rubrique *Palea* ([173]). L'ouvrage, divisé en trois parties : sources du droit et personnes ecclésiastiques; juridictions ecclésiastiques; sacrements et culte, comprenant des séries de textes plus ou moins nombreuses, fut subdivisé, la deuxième partie par Gratien lui-même, en *causae*, embrassant plusieurs questions, la première et la troisième par Paucapalea en *dis-*

(168) Paul Fournier, *La Collection canonique dite : Caesaraugustana* (NRH., 1921, pp. 52, 79).

(169) Paul Fournier, *Yves de Chartres et le droit canonique (loc. cit., p 39 et s.).*

(170) Sur la date du *Decretum Gratiani* et la question d'antériorité entre cet ouvrage et le *Liber Sententiarum* de Pierre Lombard, Paul Fournier, *Deux controverses sur les origines du décret de Gratien (Rev. d'hist. et de littér. relig.*, 1898).

(171) Paul Fournier, *Les deux recensions de la collection canonique romaine, dite le Polycarpus* (M. Ar. H., 1918-19, p. 59 et s.).

(172) G. Le Bras, le *Liber de misericordia et justicia d'Alger de Liége* (NRH., 1921, p. 116 et s.).

(173) Sur Paucapalea : Schulte, *Summa des Paucapalea über das Decretum Gratiani*, Giessen, 1890.

tinctiones ([174]). Le *Décret*, comme corps du droit canonique, fut l'objet de travaux analogues à ceux des romanistes sur les compilations de Justinien. Il eut ses *Glossae* et ses *Summae* ([175]). Les premières, colligées et étendues au début du xiiie siècle par Johannes Teutonicus, dont le travail fut repris par Barthélemy de Brescia, ont abouti à la *Glossa ordinaria*, établie par celui-ci vers 1236 ([176]). Citons, parmi les secondes, celle de Paucapalea, le *Stroma* ou la *Summa magistri Rolandi* (le futur Alexandre III) ([177]), l'*Abbreviatio Decreti* d'Omnibonus, la *Summa decretorum* d'Huguccio qui a servi à Joh. Teutonicus à établir sa glose ([178]), la *Summa* d'Etienne de Tournai, auxquelles il faut joindre un traité de procédure ([179]), l'*Ordo judiciarius* de Tancrède, de Bologne (1214-1216) ([180]).

L'activité législative des papes n'en était pas ralentie. En moins de quarante ans, les décrétales fournissaient la matière des cinq compilations : 1° de Bernard de Pavie (1190), dont le plan résumé par le vers : *Judex, judicium, clerus, connubia, crimen*, inaugura la division traditionnelle de tous les travaux futurs; 2° de Jean de Galles (1210-1215), qui contient, comme la précédente, des décrétales antérieures à Innocent III; 3° de Pierre de Bénévent, composée sur l'ordre de ce pape (1210); 4° des décrétales d'Innocent III et des canons de Latran (1215); 5° des décrétales d'Honorius III (1216-1226) ([181]). Mais, abrogeant ces compi-

---

(174) Chaque texte du *Decretum* étant tenu pour un canon, les références s'établissent, pour la première et la troisième partie, par la désignation du canon et de la distinction, avec l'indication du livre de la troisième pour distinguer ses textes de ceux de la première : c. 4, dist. 2, et c. 8, dist. 3. *de consecrationis* ; pour la deuxième, en désignant le canon, la cause et la question : c. 2, Ca. 4, q. 3. La Ca. 32, *de poenitentia*, est, par exception, divisée elle-même en sept distinctions : on y réfère sous la forme c. 4, dist. 3, *de poenit*.

(175) Tardif, *Hist. des sources du droit canonique*, p. 183 et s.; Schulte, *Geschichte der Quellen des canonischen Rechts von Gratian bis auf den Gegenwart*, 1875, p. 4 et s.

(176) Schulte, *Die Glossen zum Decretum Gratiani*, 1872 ; Friedberg, *Die Kanonessammlungen zwischen Gratian und Bernhard von Pavie*.

(177) Thaner, *Summa magistri Rolandi*, Innsbrück, 1874.

(178) Tanon, *Et sur la littér. canon. : Rufin et Huguccio* (NRH., 1888, p 822 ; 1889, p. 57).

(179) Publiée par Schulte en 1891.

(180) Publié par Bergmann en 1842. Il fut traduit en français au xiiie siècle.

(181) On les groupa sous le titre de *Quinque compilationes antiquae* : la *Prima* ou *Brevarium* fut glosée partie par son auteur, partie par Tancrède ; la *Tertia*, antérieure en date à la *Secunda*, par Tancrède ; la *Quarta*,

lations, tout en usant de leur contenu, Grégoire IX fit composer par Ramon de Pennafort au recueil, en 5 livres, des décrétales publiées depuis le *Décret* de Gratien jusqu'en 1234 ([182]). Les *Décrétales de Grégoire IX* furent aussi l'objet de gloses et de *Summae*. Bernard de Parme fut l'auteur de leur *Glossa ordinaria* ([183]). En 1298, sur l'ordre de Boniface VIII, les décrétales postérieures et les canons des conciles généraux de Lyon (1245-1274) furent réunis et distribués d'après le même plan par Guillaume de Mandagout, archevêque d'Embrun, et Bérenger Frédol, évêque de Béziers, pour former un *Liber sextus decretalium* ou *Sexte*, que glosa Johannes Andreæ ([184]). Chaque livre du Sexte faisait suite à l'un des cinq livres du recueil grégorien.

Clément V, en 1313, fit rédiger pareillement, et peut-être par Guillaume de Mandagout, un *Liber septimus* (titre auquel la postérité a substitué celui de *Clementinae*), qui est composé de ses propres décrétales et des canons du concile de Vienne (1311), plus ou moins complétés ou retouchés par lui. La promulgation, tour à tour entreprise et suspendue, fut définitivement décidée par Jean XXII en 1317 ([185]).

Decretum Gratiani, Decretales Gregorii IX, Liber Sextus, Clementinae, formèrent ainsi les quatre parties d'un recueil constitué par apports successifs du milieu du xii⁰ siècle au premier quart du xiv⁰ et auquel, à partir des conciles de Constance (1414) et de Bâle (1431), on donna le nom de *Corpus juris canonici* ([186]). Depuis Grégoire IX, il était le code officiel de l'Eglise ([187]).

par Vincentius Hispanus, et la *Quinta*, par Jacobus d'Albenga. Ant. Augustinus publia les quatre premières en 1576, en collaboration avec Cujas ; la *Quinta* le fut à Toulouse, en 1645, par Cironius. Edition moderne : Friedberg, *Quinque compilationes*, Tauchnitz, 1882.

(182) On désignait les décrétales non contenues dans le Décret de Gratien par *Extra (Decretum) vagantes* (X) et il fut référé aux *Décrétales* de Grégoire IX en indiquant ainsi le canon, la partie, le titre : c. 8, X, II, 6.

(183) Tardif, *op. cit.*, p. 201 et s.

(184) Référence au *Sexte* : c. 3, in VI° IV, 2. Il se termine comme le recueil grégorien par un titre *De regulis juris* qui n'est pas formé avec des décrétales, mais est probablement de Boniface lui-même. Hauréau, *Jour. des Sav.*, 1884, p. 271 ; 1891, p. 303. Sur les auteurs du *Sexte* : P. Viollet, *Hist. littéraire de la France*, t. 34, pp. 1-178.

(185) Sur les hésitations et les retards dans la publication des *Clémentines* : P. Viollet, *op. cit.*, p. 60 et s. — *Hist. du dr. civ. franç.*, 1905, pp. 77-79. Références aux *Clémentines* : c. 1, Clém., III, 2.

(186) Les décrétales postérieures furent mises à la suite des *Clémentines* et classées seulement, en 1500, en cinq livres d'*Etravagantes* (de Jean XXII et communes), par Chappuis, recueil sans caractère officiel.

(187) On a pourtant émis des doutes sur le caractère officiel et la force légale du *Decretum* : Tardif, *op. cit.*, p. 227.

Ces compilations de décrétales eurent de nombreux commentateurs, décrétatistes par opposition aux décrétistes, commentateurs du *Décret*. Les plus célèbres, dans l'ordre des dates, furent Henri de Suse (*Henricus de Segusia*), connu sous le nom d'*Hostiensis* parce que, après avoir occupé les sièges de Sisteron et d'Embrun, il fut cardinal-évêque d'Ostie, et qui a écrit : *Lectura in Decretales Gregorii IX, Lectura in Decretales Innocentii IV; Summa aurea vel super titulos Decretalium, Summa vel tractatus de poenitentia et remissionibus* ([188]); Guillaume Durant (*Guillelmus Durantis*), dit le *Speculator*, évêque de Mende en 1286, auteur du *Speculum juris* ou *judiciale* sur la procédure canonique, mais touchant à toutes les parties du droit ecclésiastique ou séculier et qui a été commenté par Johannes Andreæ ([189]); Guillaume de Mandagout, dont le *Tractatus de electionibus* eut grande réputation ([190]); Nicolas Tedeschi (*Nicolaus de Tudisco*), surnommé *Abbas Siculus* parce que abbé de Monachis en Sicile, puis *Panormitanus*, parce que archevêque de Palerme, dont l'œuvre fut la plus considérable en son genre au xve siècle : il commenta toute la série des décrétales existant de son temps ([191]); enfin Jean de Turrecremata (*Torquemada*), cardinal en 1439, auteur d'un *Summa ecclesiastica* et à qui l'on attribue un remaniement du Décret de Gratien ramené au plan des *Décrétales* de Grégoire IX ([192]).

§ 6. — Les institutions monastiques.

Des tendances ou des conceptions juridiques qui commençaient d'apparaître dans le monde monastique, à la fin de la période franque, s'étaient développées ou plus nettement affirmées.

I. — LA CONDITION DES RELIGIEUX.

A raison des trois vœux d'obéissance, pauvreté et chasteté, qu'elle comportait, la profession religieuse entraînait : 1° l'abdication de la liberté individuelle; le religieux profès ayant abandonné

(188) Schulte, *op. cit.*, t. 2, p. 123 et s.

(189) Guillaume Durant, *Speculum Juris* ou *Judiciale*, 1592. Voy. Victor Leclerc, *Hist. littér. de la Fr.*, t. 20, p. 411-497 ; Guillaume Durant le Jeune, neveu et successeur du *Speculator* sur le siège de Mende, a écrit un *Tractatus de modo celebrandi concilii et corruptelis in Ecclesia reformandis* (Paris, 1671).

(190) P. Viollet, *Hist. litt. de la Fr.*, *loc. cit.*

(191) Schulte, *op. cit.*, p. 312 et s.

(192) Schulte, *op. cit.*, p. 347. Hænel, *Ueber die nova ordinatio Decreti Gratiani durch Johannes a Turrecremata.*

son monastère y était ramené par l'autorité séculière si son abbé le requérait; au cas contraire, il restait dans le monde, soumis aux incapacités civiles résultant de ses vœux ([193]); 2° la renonciation au droit de posséder, de sorte que le moine était incapable de succéder, même en ligne directe, de recevoir ni don, ni legs, *à fortiori* de tester ([194]); si quelque chose lui était personnellement attribué, il devait le remettre à son supérieur conventuel ou à l'économat du monastère ([195]). Le pape pouvait en ces matières accorder des dispenses ([196]); mais nos coutumiers les écartaient et se prononçaient dans le sens le plus restrictif ([197]); 3° l'interdiction de se marier; les vœux solennels constituaient un empêchement absolu; les vœux simples un empêchement seulement prohibitif ([198]). D'une façon générale les religieux devaient s'abstenir de tous les *negotia secularia*, ils ne pouvaient être avocats ni procureurs en justice qu'avec l'autorisation du supérieur et seulement dans l'intérêt de l'Eglise ([199]).

Par contre, l'ancienne incapacité d'entrer dans les ordres ayant complètement disparu, au xi° siècle presque tous les moines devinrent clercs et prétendirent assumer, avec le clergé séculier, la *cura animarum*, c'est-à-dire l'administration des sacrements et la prédication, ce qui souleva des protestations. Des conciles, des canonistes, défendirent le droit des séculiers contre cet envahissement des moines ([200]). L'ignorance et la corruption des clercs légitimèrent et favorisèrent cette entreprise ([201]). Quantité de bé-

---

(193) Cc. 23, 24, X, III, 31. — Beaumanoir, nos 55, 1616. Hostiensis, *Sum. aurea*, Lugduni, 1556, f° 256, r° : « Sed hoc verum est quod religiosus tenetur esse obediens. Et hoc est unum de tribus substantialibus regulæ scilicet propriæ voluntatis renunciatio. Nam religiosus hominem vice Dei super caput suum constituit ».

(194) Beaumanoir, n° 1616, *Gr. Cout. de Normandie*, XXV, 2, 8, 90 ; Boutillier, I, 103, p. 599.

(195) C. 6, X, III, 35 : « Si quicquam alicui (religioso) fuerit specialiter destinatum, non presumat illud accipere, sed abbati, vel priori, vel celerario assignetur. »

(196) Bulles des 13 février 1245, 11 juin 1246, 15 juin 1256, 23 janvier 1256 (Viollet, *H. du dr. civ. fr.*, p. 309).

(197) *Gr. Cout. de Fr.*, II, 40, p. 370 : « Item religieux quelsconques ne succèdent point, soit par dispense du pape ou aultrement, excepté les hospitaliers, qui aucunement en furent dispensés du roy et du pape. »

(198) Cc. 3, 4, 5, 6, 7, X, IV, 6. — *Jostice et Plet*, X, 6, 3-6-7, pp. 193-194.

(199) Boutillier, I, 10, p. 45.

(200) Yves de Chartres, *Ep.* 36 (PL., t. 162, p. 48). Poitiers, cc. 10, 11 (1100). En sens contraire, Nîmes (1096), cc. 2, 3 (Mansi, t. 20, pp. 1123 et s., 932).

(201) Hostiensis, *op. cit.*, f° 264, r° et v°.

néfices furent donnés à des réguliers qui desservaient des cures avec le consentement et sous le contrôle, parfois impatiemment supporté, de l'évêque [202]. Par là, les maisons religieuses furent multipliées, car les réguliers ne pouvaient habiter seuls, et en même temps les conflits entre les autorités épiscopale et abbatiale dont elles dépendaient [203].

II. — LES ORDRES RELIGIEUX.

Nous savons comment l'abbaye de Cluny avait réussi à s'en assujettir d'autres à des degrés divers : abbayes ordonnées ou sujettes, abbayes affiliées, abbayes associées qui avaient accepté sa réforme. Elle avait ainsi inauguré, à la place de l'ancienne autonomie des communautés monastiques, un grand ordre religieux étendant, sous le gouvernement d'un archiabbé, des ramifications et son action en tous sens. Les créations de la fin du xi° siècle en vue d'une nouvelle réforme de la vie religieuse, furent conçues selon ce principe. Les Chartreux institués, vers 1086, par saint Bruno, les Cisterciens, en 1098, par Robert de Molesmes, essaimèrent, surtout ces derniers, au cours du xii° et du xiii° siècle, des filiales par centaines. La *Charte de Charité* conclue entre l'abbaye de Cîteaux et ses quatre premières filiales, la Ferté, Clairveaux, Pontigny, Morimond, organisait un gouvernement représentatif de l'Ordre au moyen d'un chapitre annuel, présidé par le *majorabbas* et dont les chefs des quatre abbayes indiquées étaient les agents d'exécution (1118). Les Chartreux en 1141, les Clunisiens en 1200, se donnèrent des constitutions analogues.

Entre temps avaient apparu les ordres religieux militaires. Ayant pris naissance en Palestine, les Chevaliers de Saint-Jean de Jérusalem ou Hospitaliers, organisés d'après la règle des Prémontrés, les Templiers d'après celle de Cîteaux, remplirent la chrétienté de leurs prieurés et de leurs commanderies. Un grand maître, assisté de conseils, un chapitre général, des prieurs et des commandeurs à la tête des maisons conventuelles, en composaient le gouvernement et l'administration. Devenus très vite riches, ces Ordres eurent des destinées que l'on sait et que ce n'est point ici le lieu de rapporter [204].

(202) Ci-dessus, p. 324.
(203) C. 5, X, III, 35.
(204) Voy. Delaville Le Roulx, *Cartulaire général des Hospitaliers de Saint-Jean de Jérusalem*, 3 vol. 1897-1899 ; de Curzon, *La règle du Temple*, Paris, 1886 ; Mis d'Albon, *Cartulaire général de l'Ordre du Temple*, Paris, 1922.

Sur le même modèle fut conçue l'organisation des deux grands ordres du xiiie siècle, Frères Mineurs de Saint François, Frères Prêcheurs de Saint Dominique : un *minister generalis* ou général de l'Ordre avec des chapitres triennaux pour les premiers et annuels pour les seconds. De ceux-ci, les couvents étaient administrés par des prieurs, de ceux-là par des gardiens. Les Ordres mendiants envahirent les écoles d'où une lutte longue et vive avec l'Université et le clergé séculier [205].

III. — LES EXEMPTIONS.

Beaucoup de monastères s'affranchirent de la juridiction épiscopale. Il ne faut pas confondre l'exemption avec l'abandon de droits divers, fait par des laïques et même les évêques, de droits fiscaux, voire de droits de justice leur appartenant sur les terres des abbayes ou des monastères [206]. Quand la *libertas* ainsi octroyée était complète, elle se rapprochait de l'ancienne immunité et tendait à faire de l'établissement monastique un petit monde séparé et un organisme économique autonome qui, grâce à ses marchés et à ses privilèges douaniers, atteignit parfois à une grande prospérité. Mais, même si l'évêque renonçait à des droits touchant à la *cura animarum*, *parata*, *circada*, *synodum*, cela n'impliquait pas souvent la disparition de la *canonica justitia* de l'Ordinaire [207].

C'est par le rattachement direct au Saint-Siège que quelques établissements conventuels de l'époque carolingienne, d'autres plus nombreux au xie siècle, s'en affranchirent : soit que le fondateur en eût « commandé » et livré les biens à l'Apôtre, ou que, à la requête des moines, le pape eût confirmé leur droit de propriété sur les biens de l'abbaye, ce qui entraînait le paiement d'un cens annuel récognitif du domaine supérieur et du pouvoir de protection du Saint-Siège [208], soit que par un privilège direct le pape eût libéré l'abbaye de la juridiction de l'Ordinaire. Les rè-

---

(205) Il semble que le IVe concile de Latran (1215) ait tenté de limiter les ordres religieux : c. 13, Latran, 1215 = c. 9, X, III, 36 ; c. 23, Lyon (1274).

(206) *Actes de Philippe Ier*, n^{os} XCVII, CIX (éd. Prou, pp. 250, 278).

(207) *Cart. de Saint-Père de Chartres* (éd. Guérard, t. 2, p. 265 et s.). *Actes de Philippe Ier*, n°s VI, VII, LXXIV, pp. 17, 22, 186.

(208) Ces sortes de confirmations étaient elles-mêmes faites souvent sous la réserve du droit de justice de l'évêque. Ainsi dans des bulles d'Eugène III (1151) et d'Alexandre III (1162) en faveur de la collégiale de Saint-Junien : *Chron. comodoliacense a Steph. Maleu* (éd. Arbellot, pp. 49, 55).

gles de la matière, jusqu'alors flottantes, furent précisées par
Alexandre III. Il résulta de l'exemption en faveur du Saint-Siège :
1° la substitution de sa juridiction à celle de l'évêque; 2° des
jura pontificalia et des dîmes; 3° la surveillance directe sur l'abbé
et la vie conventuelle; 4° la surveillance du patrimoine et le contrôle de sa gestion. Au reste, ces droits devaient se combiner avec
ceux très grands aussi des chefs d'ordre. Bien que combattues par
l'épiscopat et quelquefois même par des moines, tel saint Bernard,
les exemptions se multiplièrent. Elles se produisirent finalement
sans aucune attache directe au Siège Apostolique : les Cisterciens
avaient pour règle de ne fonder de couvent dans un diocèse que si
l'évêque s'engageait à respecter la *Charte de Charité* de 1118 qui
les plaçait exclusivement sous l'autorité de leurs abbés. Pour
d'autres abbayes, l'exemption était plus ou moins complète; ce
n'était parfois qu'une partie de la juridiction épiscopale qui avait
passé aux mains de l'abbé.

CHAPITRE VI

LA CONDITION DES PERSONNES ET DES TERRES

§ 1. — La condition des personnes.

A travers ce monde complexe, seigneurial, féodal, municipal,
évoluaient trois classes d'hommes : nobles, roturiers et serfs [1].
Il n'y avait plus d'esclaves, sauf quelques prisonniers de guerre
infidèles [2]. Au XIIe siècle il était déjà vrai de dire : « Toutes personnes sont franches en ce roïaume; et sitôt qu'un esclave a atteint
les marches d'icelui, se faisant baptizer, est affranchi » [3]. Quelque différenciées que fussent ces trois conditions, elles n'étaient
pas si séparées qu'on ne pût passer de l'une à l'autre. Chacune
d'elles comprenait divers degrés et nuances qui, à la limite, se
rapprochaient singulièrement de la voisine.

I. — LA NOBLESSE.

1° Les origines de la noblesse. Son rôle social primitif.

On a vu que la noblesse n'a été, en France, le résultat ni
d'une conquête violente, ni même la persistance, à travers cinq

---

(1) Beaumanoir, nos 1451, 1452.

(2) Adhémar de Chabannes, *Chron.*, III, 52 (éd. Chavanon, p. 175); A.
Brutails, *Et. sur l'esclavage en Roussillon du VIIe au XIIIe siècle* (NRH., 1886).

(3) Loysel, n° 24 ; Limoges (1031) (Mansi, t. 19, p. 548). — *Assises de Jérusalem*, C.-B., 255, t. 2, p. 191 : « Ains est puis seignor de son cors, de faire
sa volenté là où il vora, car ce est dreis et raison par l'assise. Car por ce a
non la terre des Crestiens et tels gens, *la terre des Frans*, et por ce si i devent
estre toutes franchises de tous biens. » Dans le Midi, le voisinage de l'Espagne et surtout de la Catalogne, où l'esclavage subsistait, fit qu'on eut
longtemps à se préoccuper de la situation des esclaves ; il semble qu'assez
vite on n'exigea plus le baptême, mais leur seule présence sur le sol français, pour leur attribuer la liberté. La Faille, *Hist. de Toulouse*, IIe partie,
pp. 156, 203. — *Usages de Barcelone*, 21 (Giraud, *H. du dr. fr.*, t. 2, 2e part.)

ou six siècles, du sentiment de supériorité des envahisseurs francs sur les gallo-romains, mais qu'elle eut son origine dans la vassalité militaire du x⁰ siècle (⁴). L'interdiction faite aux *seniores* par les capitulaires d'exiger le service militaire de leurs vassaux autrement que pour le service du roi avait sombré dans l'anarchie des temps. On recrutait des vassaux pour son service propre et les formules indiquant l'entrée ou la réception dans la vassalité marquèrent le but de cette dernière : *alicui se in militem dare, aliquem in militem recipere* (⁵). *Miles* et *vassus, militare* et *servire*, devinrent synonymes. Or, le noble d'alors était le *miles* (⁶) et, comme le *miles* par excellence était le cavalier, *cavoer, cavarius,* la noblesse se confondit d'abord avec la chevalerie. On dit indifféremment pour désigner la classe noble, *ordo militaris, ordo equestris* (⁷). La noblesse était un fait, une situation sociale, le fait de combattre à cheval. Étaient nobles : 1° les gens assez riches pour s'équiper et combattre à cheval, quand ils devaient le service d'ost; 2° ceux qui recevaient d'un homme puissant le moyen de s'équiper à cheval par la concession d'un fief, *milites casati, feodati,* ou par une solde et l'entretien dans sa mesnie, *tirones,* bacheliers (⁸); plus tard encore par un fief-argent (⁹).

La noblesse n'était pas un ordre fermé; on y entrait en devenant cavalier. L'admission se réalisait par l'adoubement ou remise des armes. Le chef militaire adoptait en quelque sorte le chevalier en lui ceignant l'épée; il lui attachait les éperons, couvrait sa tête du heaume, le revêtait de beaux habits; au xıı⁰ siècle, il y joignait la colée, coup asséné sur la nuque du candidat avec la paume de la main (¹⁰).

Les *milites* se classaient d'après leur équipement, plus ou moins complet selon leur fortune ou la valeur de leur fief. Le plus restreint comprenait la lance, l'épée et l'écu; l'armement complet, et qui alla se compliquant, y joignait la broigne ou le haubert.

---

(4) Ci-dessus, pp. 83, 91, 114 et s.

(5) Luchaire, *Man. des instit. franç.,* p. 179.

(6) Alors le mot *nobilis* n'a pas le sens qu'on lui a attribué depuis, l'épithète *vir nobilis* ne se donnait qu'à des seigneurs d'un rang élevé.

(7) Guilhiermoz, *Essai sur l'origine de la noblesse en France,* pp. 235, 242, 331.

(8) Guilhiermoz, *op. cit.,* pp. 346 et s.

(9) Ci-dessus, p. 237.

(10) Sur l'évolution et la complication progressive de l'adoubement : De la Curne de Sainte-Palaye, *Mémoires sur l'ancienne chevalerie,* t. 1, pp. 67-114; Guilhiermoz, pp. 227, 231, 346 et s.; 393-421, 466-478 ; Léon Gautier, *La Chevalerie,* pp. 245-340.

Dans le Midi on distinguait selon que le *miles* combattait *cum* ou *sine equo armato* ([11]). On appelait écuyers ou varlets, on qualifiait damoiseaux les jeunes gens qui, sous la direction d'un chevalier, apprenaient le métier des armes et aspiraient à l'adoubement.

2ᵒ La noblesse se transforme.

Ainsi conçue, la noblesse ne dépassa guère la fin du xiiᵉ siècle ou le commencement du xiiiᵉ. Deux causes contribuèrent à sa transformation : la consolidation des familles nobles par l'hérédité ; la dissociation entre la noblesse et la chevalerie.

D'une part, la coutume ou longue prescription avait fixé les avantages de la noblesse dans certaines familles d'alleutiers et de vassaux héréditaires et tendait à ériger celles-ci en caste fermée ; d'autre part, le contingent féodal paraissait suffisant ; il était nombreux et l'on prévoyait qu'on l'emploierait moins. L'effort est visible dans les *Coutumiers* du xiiiᵉ siècle pour restreindre les cas où l'on devenait noble ([12]). D'où leur souci de rappeler l'interdiction faite aux roturiers d'acheter des fiefs ([13]), ce qui était, jadis, le moyen le plus commode de le devenir, le service du fief se faisant à cheval ([14]). Nous savons que cette défense, économiquement inapplicable, avait été atténuée par l'introduction du droit de franc-fief : or, le roturier qui, moyennant le paiement de cette taxe, acquérait un fief, devenait bien seigneur, si quelque seigneurie y était comprise, mais non pas noble ; ses descendants ne l'étaient qu'à la tierce fois, ou troisième génération, et seulement dans quelques coutumes ([15]). Finalement, on n'admit qu'il n'y avait de nobles que par la naissance ou la concession du Prince ([16]).

(11) Guilhiermoz, p. 173-194 ; De la Curne de Sainte-Palaye, t. 1, p. 289 et s. ; L. Gautier, pp. 705-735.

(12) Beaumanoir, nᵒˢ 1450-1451, 1496, 1498 ; déjà des roturier combattent à cheval, nᵒ 976.

(13) *Ass. de Jérus.*, J.-L., 187, t. 1, p. 297. P. de Fontaines, III, 4-6, p. 10 et s. Beaumanoir, nᵒˢ 1496, 1499, 1902. *Ord.*, 1275 (Is., t. 2, p. 657). *Et. de Saint-Louis*, I, 146, 147 ; Loysel, nᵒ 27.

(14) *Jostice et Plet*, I, 12, 4, p. 66 : « Aucuns est frans et dignes par la reson de l'éritage qu'il tient, tout ne soit-il pas par la reson de son cors ne des (ancessors). »

(15) *Et. de Saint-Louis*, I, 25, 147 (t. 2, pp. 35, 282). Le roturier pouvait par l'achat d'un fief acquérir un vassal noble. Viollet, *Et. de Saint-Louis*, t. 4, p. 159. Au reste, il n'était interdit au roturier que d'acquérir par vente entre vifs, un fief pouvait lui parvenir légalement de toute autre façon.

(16) Beaumanoir, nᵒ 1502 ; *Gr. Cout. de Fr.*, II, 14, p. 210 et s.

Les premiers étaient nobles de nativité, « car gentilece, disait-on, vient d'hoirie » paternelle [17], sauf dans quelques rares coutumes, en Champagne, par exemple, où « le ventre anoblit » [18]. La noblesse par le fait du Prince s'expliquait par la concentration entre les mains souveraines d'un droit qui avait jadis appartenu à tout chef et même à tout homme de guerre, car longtemps tout chevalier avait pu en armer un autre [19]. Puis le droit fut peu à peu monopolisé par les hauts seigneurs, pour être réservé, un jour, au roi seul; on suit bien le mouvement à travers les chansons de geste du xiie et du xiiie siècle [20]. Les *Coutumiers* de ce dernier siècle, surtout Beaumanoir, concluent dans ce sens [21]. La conséquence fut que le droit de franc-fief dut toujours être payé au roi et que seul le roi put armer chevalier un roturier ou un serf [22], parce que, du même coup, il l'anoblissait.

Mais à partir de la seconde moitié du xiie siècle, la chevalerie s'était différenciée peu à peu de la noblesse. Celle-ci était désormais héréditaire; et « nul ne naît chevalier » [23]. Sous l'influence de l'Eglise et de la littérature courtoise, la chevalerie se muait en vaste confrérie mi-religieuse, mi-militaire au service d'un idéal d'honneur et de sacrifice à toutes les causes saintes de la religion, des faibles, des opprimés [24]. Le chevalier ne se confondit plus avec

(17) Beaumanoir, n° 1434 : « C'est coustume ou roiaume de France que cil qui sont gentil homme de par le pere, tout soit leur mere vilaine, pueent estre chevalier » ; n° 1451 : « Et ceste gentillece si est tous jours raportée de par les peres et non de par les meres » ; *Etabl. de Saint-Louis*, I, 134 : « Usages n'est mie que fame franchisse home, mais li hom franchist la fame, car s'uns hom de grant lignage prenoit la fille à un vilain à fame, si anfant porroient bien estre chevalier par droit. » = C. *Touraine-Anjou*, 123 (t. 2, p. 252 ; t. 3, p. 32). *Gr. Cout. de Fr.*, II, 14, p. 211 et s. Loysel, n°s 27, 54, 96.

(18) Guilhiermoz (BECh., 1889, p. 509); La Roque, *Tr. de la Noblesse*, p. 141.

(19) Léon Gautier, *op. cit.*, pp. 257, 270-273. Beaumanoir, n° 1100.

(20) *Chanson d'Aspremont* (éd. Brandin, n° 9-12, p. 6). Charlemagne défend de faire des chevaliers en dehors de lui.

(21) Beaumanoir, n° 1512 ; Boutillier, II, 1, pp. 654, 657 : « Nul ne se peut anoblir sans l'auctorité du Roy en son Royaume. » *Gr. Cout. de Fr.*, I, 3, p. 95 : « Au roi seul et pour le tout appartient faire et donner nobilisations et par tout son royaume indifféremment. » *Olim*, t. 2, pp. 166, 194; de La Roque, *op. cit.*, ch. XXI, p. 63 et s.

(22) Boutillier, II, 1, p. 654 ; Loysel, n°s 30, 46 ; Brussel, p. 662 et s.

(23) Loysel, n°s 30, 47 : « Car vilain ne sçait ce que valent éperons. »

(24) Guilhiermoz, *op. cit.*, pp. 463-490 ; L. Gautier, *op. cit.*, pp. 24 et 25. Sur les sanctions de ces obligations et la dégradation du chevalier : *Ibid.*, p. 321. Sur le caractère d'universalité de la chevalerie dans la chrétienté : le P. Menestrier, *De la chevalerie ancienne et moderne* (Collect. Leber, t. 12, pp. 9-226).

le noble; il fallut être noble pour être armé chevalier. L'ordre de
la chevalerie exigea un noviciat; l'initiation fut l'occasion de grands
frais; il fallut être riche pour y aspirer. Beaucoup de nobles différaient le moment d'être adoubés et n'y parvenaient qu'âgés. Cette
conduite menaçant de tarir l'armée féodale, des rois, Philippe-
Auguste, Philippe le Bel, ordonnèrent, sous peine de fortes amendes, aux jeunes nobles de se faire adouber avant leur vingt-qua-
trième année, s'ils avaient, d'abord, 60 livres, plus tard 200 livres de revenu. Au xive siècle, ces prescriptions disparurent [25].

Cette noblesse comportait quelques privilèges : juridiction,
pour la plupart des litiges, de la cour féodale et délais plus longs
d'ajournement en justice, mais ces singularités semblaient attachées
plutôt à la qualité d'homme de fief, car elles s'étendaient aux roturiers tenant en franc-fief [26]; — exemptions des tailles [27] et,
à moins d'actes de commerce, des impôts indirects [28], mais
aux xiie et xiiie siècles, les impôts généraux levés par les rois
étaient exigés sans distinction de classes, ni de personnes [29]; —
le port des éperons d'or pour les chevaliers, d'argent pour les
écuyers et, d'une façon générale, les ornements d'or [30], les armoiries timbrées depuis Louis VII [31]. Par contre, les pénalités
étaient plus graves à l'égard du noble [32].

II. — LES ROTURIERS.

Les roturiers [33] étaient les hommes « franc naturelment », qui
n'étaient ni engagés dans les liens de la vassalité comme les nobles, ni soumis aux obligations caractéristiques du servage, mais

(25) *Summa de leg. Normannie*, XXII *bis*, 9, p. 71; Beaumanoir, n° 1510.
Ord., 1270 (Is., t. 2, p. 645).
(26) Ci-dessus, p. 227. P. de Fontaines, III, 3-7, p. 11 et s.; Beaumanoir,
n° 25.
(27) *G. C. de Fr.*, II, 14, p. 210 : « Les nobles sont personnes simplement franches, lesquelles de droict sont quittes et francs de toutes servitudes
de pays comme de tailles, impositions, gabelles et aultres subsides. Car les
nobles ont été esleus et ordonnés pour tenir et garder le pays en paix et pour
deffendre les subjects et la chose publicque. »
(28) *Et. de Saint-Louis*, I, 63 (t. 2, p. 91) : « Nuns gentils homs ne rant
ne costumes ne paages de riens que il achate ne qu'il vande, se il n'achate
por revandre. »
(29) Vignes, *Hist. des doctrines de l'impôt en France*, p. 378.
(30) Boutillier, II, 1, p. 657 ; Loysel, n° 47.
(31) La Roque, *Tr. du blason*, n° 15.
(32) Ci-dessus, p. 210. *Gr. Cout. de Fr.*, II, 54, p. 211.
(33) Du latin *ruptuarii* ou *ruptarii*, de *ruptura* : on suppose que ce terme
fait allusion au métier du laboureur, qui rompt la terre (?).

avaient « franche poosté de fère ce qui leur plest, exceptés les vilains cas et les mesfès qui sont defendu entre les crestiens pour le commun poᵤrfit » (34). Ils étaient simplement les sujets du seigneur en tant qu'il exerçait la souveraineté, d'où on les appelait *homes de poosté, homines potestatis,* comme on dira plus tard régnicoles, républicoles. On les distinguait en bourgeois et vilains, suivant qu'ils habitaient une agglomération un peu importante, souvent fortifiée (*burgus*), ou dans les propriétés rurales (*villae*) (35). Par la suite, la qualité de bourgeois parut plus relevée, lorsque la richesse acquise dans le commerce, une culture relative et surtout le succès du mouvement communal eurent assuré aux habitants des villes une situation sociale et des avantages politiques, inconnus à la masse des ruraux (36).

Leur condition juridique constituait la norme : le seigneur n'exerçait sur eux que les droits ordinaires du souverain sur ses ressortissants. Comme originaires ou domiciliés, « couchans et levans », ils étaient soumis à sa justice pour leurs personnes et pour leurs biens, sauf les immeubles possédés ailleurs, qui relevaient du juge du lieu où ils étaient situés (37); en cas d'ajournements concomitants, la déférence vis-à-vis du seigneur naturel l'emportait (38); et la juridiction de celui-ci pouvait être réclamée soit par lui-même, soit par son homme de poosté, encore que le crime eût été commis sur le territoire d'une autre seigneurie (39). Ils devaient ce qui survivait des anciens impôts, notam-

---

(34) Beaumanoir, n° 1431. *Gr. Cout. de Fr.,* II, 14, p. 211 : « Les personnes non nobles et franches sont celles qui pevent ordonner à leur voulenté de tous leurs biens sans délinquer ou forfaire envers aucuns ; ils se pevent marier à qui leur plaist, vendre ou donner leurs biens. »

(35) *Vilains, hommes de poosté* se référant au lieu de résidence, on a parfois étendu ces appellations aux serfs : Loysel, n° 93. Cpr. Loysel, nᵒˢ 25, 26.

(36) *Jostice et Plet,* I, 15, 1, p. 67 : « Duc est la première dignité, et puis contes, et puis vicontes, et puis baron, et puis chastelain, et puis vavasor, et puis *citaen,* et puis *vilain.* »

(37) P. de Fontaines, III, 1 et s., p. 9, etc.; XIX, 8 : « Par nostre usage n'a-t-il, entre toi et ton vilein, juge fors Deu, tant com il est tes couchans et tes levans, s'il n'a autre lois vers toi que la commune », p. 273. Beaumanoir, nᵒˢ 90, 214. *Et. de Saint-Louis,* II, 32, 33, t. 2, pp. 441, 446. Boutillier, I, 3, pp. 8, 9, 17; Loysel, nᵒˢ 37-38.

(38) *Cout. d'Artois,* III, 17, 18, p. 20 et s. *Et. de Saint-Louis,* II, 13, 1, t. 2, p. 364.

(39) Beaumanoir, n° 1631 ; *Et. de Saint-Louis,* II, 13, 33, p. 364, 446 ; Boutillier, I, 84, p. 228 ; Loysel, n° 44. « L'aveu emportoit l'homme, et estoit justiciable de corps et de chatel où il couchoit et levoit. »

ment la taille seigneuriale et les corvées ([40]) et le service militaire dans la mesure où ils l'avaient fait réduire, à moins qu'ils n'en eussent obtenu la dispense quasi-complète ([41]).

Cette condition de roturier était-elle fréquente à l'époque seigneuriale ? Etait-elle identique partout ? Ces questions ont été tranchées diversement ([42]). Certains ont cru que presque toute la population, même des villes, était descendue à la condition de mainmortables dans le temps qui a précédé la féodalité; de sorte qu'au début de celle-ci il n'y aurait eu que des nobles et des serfs ([43]). Mais, comme à l'origine on ne naissait pas noble, qu'on le devenait par l'adoubement, il en résulterait que la société de ce temps-là n'eût compris que des serfs, fors les chevaliers pendant leur carrière militaire, car, trop jeune pour être adoubé, le fils du chevalier et, trop vieux pour combattre, l'ancien chevalier eussent été serfs ([44]). Il n'y aurait plus eu de libres, de façon permanente, que les hauts seigneurs, détenteurs des droits souverains; ce qui n'apparaît nullement dans les actes de la pratique qui nous sont parvenus. Nulle part la classe des hommes simplement libres n'a disparue, si réduite qu'elle ait pu être parfois. Elle s'est maintenue dans les villes ([45]). On en suit la trace dans les campagnes ([46]). La plupart des paysans étaient des tenanciers ruraux, mais les petits propriétaires se rencontraient encore, puisqu'on en

(40) Ci-dessus, p. 207. Beaumanoir, nᵒˢ 732, 862, 1529. *Gr. Cout. de Fr.*, II, 14, p. 211 : « Les non-nobles sont personnes qui sont subjects aux tailles, impositions, gabelles et aultres subsides du pays. »

(41) Ci-dessus, p. 212. Beaumanoir, nᵒˢ 9767, 1687; *Cout. Touraine-Anjou*, 54 (Viollet, *Et. de Saint-Louis*, t. 3, p. 30 et s.).

(42) Voy. ci-dessus, pp. 154 et s., 283.

(43) Guilhiermoz, *op. cit.*, pp. 347, 369. Cpr. H. Pirenne, qui soutient avec raison que la liberté bourgeoise du Moyen âge n'a pas ses origines dans l'indépendance germanique, mais qui admet, ce semble à tort, qu'elle est sortie toute entière des coalitions entre serfs ou demi-libres (*Bull. de la Soc. d'hist. et d'arch. de Gand*, 1911, p. 91 et s.; *Bull. de la Comm. roy d'hist.*, 1911, p. 496 et s.

(44) Guilhiermoz, *op. cit.*, p. 378 et s. La place manque pour examiner ici la série de raisonnements sur lesquels cet auteur a établi son système. Il suffira de noter, par exemple, que si les gentilshommes possédaient seuls, au xiiiᵉ siècle, le droit de saisie privée ou de guerre privée (?), ce n'était pas du tout qu'ils avaient été antérieurement les seuls hommes libres, mais par suite de restrictions apportées à l'usage ou à l'abus de ces procédures qui étaient jadis ouvertes à tous. Cpr. Esmein (*Le Moyen Age*, mars 1902). Voy. ci-dessus, p. 215.

(45) Ci-dessus, sur les villes à l'époque franque, p. 154 et s.

(46) H. Sée, *Les classes rurales et le régime domanial en France au Moyen âge*, p. 212 et s. ; *Et. sur les classes rurales en Bretagne*, p. 45 et s.

voit qui cessent de l'être par la commande ou la *precaria* [47].
Nombre des tenanciers libres remontent très sensiblement au
xii⁰ siècle; dans quelques provinces, au xi⁰. Ce qui est vrai, c'est
que la classe roturière, à mesure qu'elle augmenta, vit se diversi-
fier, sinon la condition juridique de ses membres, qui restait,
dans ses traits essentiels, la même partout, mais leurs conditions
politiques et sociales. Cela tint à son recrutement hétérogène et à
quelques avatars historiques.

Ce qui caractérise l'époque, c'est la diversité infinie des coutumes et la mobilité des populations. Celle des « couchans et levans » d'une seigneurie avait des origines très variées : *originarii*, c'est-à-dire ce qui survivait de petits propriétaires, d'artisans ruraux, mêlés aux tenanciers fixés depuis longtemps sur le
sol; *consuetudinarii* : recommandés ou précaristes qui avaient
placé leurs terres et leurs personnes sous l'autorité du seigneur
en acceptant de se conformer aux coutumes de la seigneurie; serfs
affranchis dans des conditions qui changeaint selon l'intérêt du
seigneur ou la convention [48]; « hôtes » [49], émigrants venus un
jour s'offrir pour l'exploitation des terres inoccupées, ou attirés
par les avantages promis par le seigneur dans un but de défrichement et de repopulation. Exiguës étaient la plupart du temps
leurs tenures, *curtilia, ostisiae*, et les redevances qui les grevaient, mais ces hôtes étaient de condition libre ordinairement.
La convention et les circonstances qui présidaient à leur établissement, pouvaient en nuancer les conditions, les rapprochant
tantôt des vavasseurs et tantôt, au contraire, des serfs [50]. La
constitution des villes libres ou privilégiées, les bourgeoisies personnelles contribuèrent à opposer plus nettement bourgeois et
vilains. Les premiers finirent, dans les grandes villes du Midi surtout, par différer peu des nobles; des seconds, du fait de leurs
tenures, certains paraissaient parfois fort près du servage [51].

(47) Voy. pp. 263 et s.
(48) Voy. pour les *originarii*, pp. 202; pour les *affranchis*, p. 376.
(49) Ou encore *convenae, advenae, albini, habitatores*.
(50) Henri Sée, *op. cit.*, p. 225-238, et NRH., 1898, pp. 116-131; Brutails,
Et. sur la cond. des popul. rur. du Roussillon au Moyen Age, p. 257 et s.
(51) Léopold Delisle, *Et. sur la cond. de la classe agricole en Normandie*,
p 9 et s.

III. — LES SERFS.

1° **Les sources du servage.**

En ces temps, le servage apparaissait comme un carrefour où,
depuis des siècles, des courants multiples déversaient des hommes venus qui de l'esclavage, qui du colonat, qui de la liberté [52].
Ni le régime seigneurial, ni la féodalité, ne commandaient le servage; ils ne l'eussent pas créé; ils virent se restreindre ce legs du
passé. Cependant des causes qui avaient contribué à l'étendre et
à le perpétuer, toutes n'avaient pas disparu. Au xive, même au
xve siècle, des personnes libres entrèrent, volontairement ou par
force, dans la condition servile, alors que sur des territoires voisins le servage avait cessé depuis longtemps [53]. L'histoire est
loin d'être uniforme et d'avancer partout du même pas. Beaumanoir signale encore parmi les anciennes causes sociales du servage : 1° le refus du service militaire, qui remontait aux capitulaires, mais semble persister dans les coutumes du xiiie siècle, décrites aux Chansons de Geste [54]; — 2° l'oblation que, par zèle
pieux, des hommes libres, et même des nobles, faisaient de leurs
corps et de leurs biens aux églises et aux monastères [55]; — 3° la
convention suggérée par la pauvreté, le besoin de protection, la
crainte : « Vous me donrès tant et je devenrai vostres hons de
cors » [56]. L'*ostisia* qui, d'ordinaire, n'atteignait pas la condition
de l'hôte, pouvait, par exception, être accompagnée de clauses
ayant des effets analogues [57]; — 4° l'insolvabilité qui poussait
souvent le débiteur à s'offrir, lui et ses enfants, comme serfs au

(52) Ci-dessus, p. 155 et s.

(53) Polyptyque d'Irminon, App. XLII (éd. Guérard, t. 2, p. 391). — H. Sée,
Les classes rurales et le régime domanial, p. 276 et s.

(54) Beaumanoir, nos 1438, 1453. Cpr. *Cap.* (801), (805); *Cap. Bononiense*
(811) (Bor., pp. 105, 125, 166). *Chanson de Guy de Bourgogne et Renart le
Contrefait* (BECh., 1914, p. 321 et s.).

(55) Beaumanoir, n° 1438. *Le livre des serfs de Marmoutiers*, X, XXXVI-
XLI, XLV, XLVI, LXVIII, CXX, éd. Salmon, pp. 36-40, 43, 44, 57, 68, 112) ;
Cart. de Beaugency, n° 170 (an. 1304), éd. Vignat, p. 198 ; *Cart. de Saint-
Nicolas-des-Prés*, n° 19, éd. H. Stein, p. 50 ; *Cart. de Saint-Vincent-du-Mans*,
n° 324, éd. R. Charles et Menjot d'Elbenne, t. 1, p. 194. — H. Sée, *Et. sur
les classes serviles en Champagne*, p. 7.

(56) Beaumanoir, n° 1438, *C. de Toulouse*, n° 155a, p. 76 ; Guy Pape,
Déc., 314, 315; H. Sée, *Les clas. rur. et le rég. dom.*, p. 159, n. 2. Cet usage
persista dans la Marche, en Bourgogne, Franche-Comté : Dunod, *Tr. de la
mainmorte et des retraits*, 1720, p. 28.

(57) Beaumanoir, n° 1439.

créancier ([58]); — 5° la résidence de l'an et jour sur un meix mainmortable; mais dans les coutumes qui l'admettaient, on écartait ce résultat, au xiii° siècle, en s'avouant le bourgeois du roi ou du seigneur sur les terres duquel on s'établissait. Les seigneurs eux-mêmes y pourvurent par des traités de parcours et d'entrecours, garantissant à leurs sujets réciproques la libre pratique sur les territoires des contractants ([59]).

A côté de ces phénomènes sociaux, les sources proprement juridiques du servage étaient : 1° la naissance : l'enfant de deux personnes serves naissait serf. Mais si l'un des parents était de condition libre, les solutions divergèrent parce qu'on hésita sur la validité du mariage des serfs ([60]). Celle-ci admise, l'enfant aurait dû suivre la condition du père : il en fut ainsi dans certaines coutumes ([61]); dans les autres, tantôt on lui attribua celle de la mère, ce fut d'abord l'usage le plus répandu ([62]), tantôt on usa des textes romains pour dire que « le mauvais emporte le bon » et le retenir dans le servage ([63]) pour ne pas dépeupler les tenures; — 2° le mariage : la maxime reçue presque partout : « En fors mariage le pire emporte le bon », réduisait, du fait de son union, le conjoint libre à la condition de l'autre ([64]). Ailleurs, on n'attribua cet effet qu'au mariage d'une femme franche avec un

([58]) *Le livre des serfs de Marmoutiers*, CV, CXXVII, pp. 99, 117 ; *Cart. de Marmoutiers pour le Dunois*, n° 57, éd. Mabille, p. 51.

([59]) Beaumanoir, n° 1438, *C. de Bourgogne*, 9, 5-6. *Li droiz et li coustumes de Champaigne et de Brie*, 29 (B. de Richebourg, t. 3, p. 211); Brussel, p. 1021 et s.).

([60]) Yves de Chartres (*Epist.* 242, PL., t. 162, p. 250) ne tenait pas l'union des serfs pour un vrai mariage et attribuait à l'enfant la condition de la mère. Cpr. *Le Livre la Roine*, XV, 7, append. au *Conseil* de P. de Fontaines, éd. Marnier, p. 500. — Voy. Esmein, *Le Mariage en droit canonique*, t. 1, p. 326 et s.

([61]) *C. de Bourgogne* (duché), IX, 3, 7, 8 et (comté), 87, 91 (B. de Richebourg, t. 2, pp. 1179, 1204). *Le livre des serfs de Marmoutiers*, app. XXIX, p. 151.

([62]) Beaumanoir, n° 1434 : « Voirs est que servitude vient de par les meres, car tuit li enfant que cele porte qui est serve, sont serf, tout soit il, ainsi que li peres soit frans hons. » *Et. de Saint-Louis*, II, 31, t. 2, p. 432 ; cpr. t. 1, pp. 44, 178 ; t. 4, p. 288. *Le livre des serfs de Marm.*, app. VII, p. 126. Guérard, *Polypt. d'Irminon*, t. 1, pp. 418. Pour Beaumanoir, n° 1435, le bâtard n'ayant pas de lignage est libre. *Le Livre la Roine*, loc. cit.

([63]) *Lex rom. Wisigoth., Interpr.* sur l. 3, C. Th. IV, 8 : « Ad inferiorem personam vadit origo. » D. Gr., c. 15, Ca. 32, q. 4 : « Semper enim qui nascitur, deteriorem partem sumit. »

([64]) *Cart. de Saint-Père de Chartres*, éd. Guérard, t. 1, pp. LI, LII; *C. de Bourbonnais*, 199; *C. de Nivernais*, 22. Warnkönig, *Flanden Staats und Rechtsgeschichte*, t. 3, p. 187.

serf, en invoquant le S. C. Claudien ([65]). De bonne heure, du reste,
on dérogea à ces règles par la convention; des maîtres permettaient le mariage avec réserve de la liberté pour la femme franche
ou même pour le mari de la serve ([66]); — 3° la prescription de l'an
et jour en cas de résidence sur une tenure servile dans beaucoup
de coutumes, de trente ans dans quelques autres par application
de la loi romaine du colonat ([67]).

2° **Les diverses sortes de serfs et leur condition juridique.**

Bien que certaines règles fussent communes à tous, les serfs
étaient loin de présenter une condition juridique uniforme, même
sur des points essentiels. La diversité d'origine, les usages locaux,
la convention, le genre de travaux auxquels ils étaient affectés,
créaient entre eux des différences sociales ou juridiques. Au
xiiie siècle, Beaumanoir en tenta une classification approximative
d'après les distinctions suivantes :

1° Les serfs domestiques n'avaient pas de tenure. Ils « sont si
sougiet à leur seigneur que leur sires puet prendre quanqu'il ont
et a mort et a vie, et les cors tenir en prison toutes les fois qu'il
li plest soit a tort, soit a droit, qu'il n'en est tenus à respondre fors
a Dieu » ([68]). Affectés au service de la maison et de l'exploitation
domaniale, ou exerçant de petits métiers, ils étaient au dernier degré de la liberté ([69]); mais, en contact permanent avec le maître,
parfois plus avancés dans sa faveur, ils échappaient alors aux exac-
tions, aux corvées, devenaient ses principaux officiers. Parmi eux
se recrutaient des *ministeriales*. Ayant reçu, à ce titre, des bénéfices héréditaires, beaucoup s'insinuèrent dans la bourgeoisie,
voire dans la noblesse, et les obligations de leurs fiefs conservèrent plus d'une fois la marque de leurs origines ([70]);

2° La résidence loin de la *familia*, la convention créèrent des

(65) *Cart. de N.-D. de Paris*, éd. Guérard, t. **2**, p. 41 ; *Cart. de Saint-
Père de Chartres*, t. **1**, p. 433. *Le livre des serfs de Marm.*, LXXVI, CVI,
CVIII, app. XL, pp. 31, 100, 104, 164.

(66) *Le livre des serfs de Marm.*, app. VII, XVII, XXVII, p. 126, 140, 148.
F. andecavenses. 58 (2, p. 24); Giraud, *Essai sur l'hist. du dr. fr.*, t. **2**, p. 458
et s.

(67) C. de Bourgogne (duché), IX, 5, 6 ; (comté), 94 (B. de Richebourg,
t. **2**, p. 1179, 1202). — Beaumanoir, n° 1438; cpr. C. J., XI, 47, 23-1.

(68) Beaumanoir, n°ˢ 1452, 1457.

(69) *Cart. de N.-D. de la Trappe*, n° 20, p. 16 ; *Chron. Besuense* (d'Achéry,
Spicil., t. **2**, p. 447).

(70) Galbert de Bruges, *Hist. du meurtre de Charles le Bon* (éd. Pirenne,
p 12).

servitudes personnelles qui suivaient l'homme de corps où qu'il s'établît et permettaient au seigneur de disposer du serf indépendamment de sa tenure, s'il en possédait [71];

3° Les serfs attachés à la glèbe, *adstricti glebae*, pouvaient être repris partout où ils se trouvaient ou du moins revendiqués, quand ils avaient quitté le territoire de leur seigneurie, devant le seigneur dont ils étaient devenus « couchans et levans » [72], sous la condition d'apporter la preuve de l'*ourine* ou du ventre. A ceux-ci « li seigneur pueent prendre... et a mort et a vie toutes les fois qu'il leur plest et tant comme il leur plest. Et si les pueent contraindre de tousjours manoir dessous aus » [73]. Mais au xii° siècle, les traités de parcours et d'entrecours permirent aux serfs des cocontractants de passer du territoire de l'un sur celui de l'autre, sans craindre ni reprise corporelle, ni commise de leurs tenures ou encore d'hériter et de posséder des terres dans une autre seigneurie [74];

4° Les serfs d'héritage, mainmortables ou mortaillables, n'étaient tenus qu'à raison de la terre et s'affranchissaient en déguerpissant [75]. S'ils étaient « d'héritage et de meubles », ils devaient alors abandonner les meubles avec la tenure [76]. Le déguerpissement exigeait le désaveu du seigneur, signifié à celui-ci ou à son

---

(71) *Polypt. d'Irminon*, XIX, 51 (éd. Longnon,, p. 270). *Cart. de Beaugency*, n° 12, p. 20. *Le liv. des serfs de Marm.*, XXX, p. 155. *C. de Toulouse*, n°ˢ 147, 154, 155, p. 73-76. Seignobos, *Le rég. féod. en Bourgogne*, p. 48 ; Melleville, *La cond. civ. e: pol. des serfs dans le dép. de l'Aisne*, p. 171 et s.

(72) Beaumanoir, n° 1431 : « Li sers qui se désaveue doit estre poursuis de son droit seigneur par s'orine en la court de celi dessous qui il est couchans et levans s'il se fet frans, ou en la court du seigneur au quel il se connoist hons de cors. Ne contre la prueve de s'orine il ne puet riens dire quant l'en la prueve par son lignage meismes. Mes se li sires qui le veut ateindre veut prouver l'orine par autres tesmoins que par son lignage, il puet dire contre les tesmoins s'il a resons par lesqueles il les puist et doie debouter ou par voie de gages. » *Et. Saint-Louis*, II, 31, 32 (t. 2, pp. 431 et s.; 444 et s.) — HF., t. 12, p. 340. — Brussel, p. 1003.

(73) Beaumanoir, n° 1457. *C. de Toulouse*, n°ˢ 147, 155, p. 73, où sont distingués l'*homo de corpore*, l'*homo de corpore et casalagio*. *C. du Nivernais*, VIII, 3 (éd. G. Coquille, p. 129). Brutails, *Les class. rur. et le rég. dom.*, p. 205. *C. de Vitry*, 145. *Ord.* 1230, art. 2 (*Ord. des R. de Fr.*, t. 1, p. 53).

(74) Brussel, p. 1007-1024.

(75) *Le liv. des serfs de Marm.*, LXXVI, p. 73 : « Notum est quod Otbertus tenuit quandam terram... propter quam etiam ipse erat servus Sancti Martini. » *Cart. de Marm. pour le Dunois*, n° 17 (a. 1040), p. 18. G. Durant, *Spec. jur.*, V, 4, n° 32, p. 311. — *Arch. hist. de la Gironde*, t. 8, pp. 106-108. Luchaire, *Actes de Louis VI*, n° 497 (a. 1132), p. 340.

(76) *Constit. de Simon de Montfort*, ap., Galland, *Du franc-aleu*, p. 222.

représentant qui devait au serf la conduite, c'est-à-dire de veiller à sa sécurité et à celle de sa famille jusqu'aux limites de la seigneurie [77]. Quelques coutumes permettaient au serf émigré de venir reprendre sa tenure pendant 10 ans; puis on admit qu'il en conservait la possession s'il émigrait sur les terres du roi [78].

Le serf était une personne juridique; il avait état civil, famille, patrimoine, parfois opulent. On vit des serfs dans de hautes charges. Les droits que son maître avait sur lui étaient devenus patrimoniaux, comme tous les droits seigneuriaux. Rien d'étonnant qu'on en trafiquât, que le serf fût donné, vendu, échangé, transmis héréditairement [79]. Il en était de même des roturiers et des vassaux nobles [80]. Ce qui était ainsi aliéné, c'étaient les profits qu'on tirait d'eux. Mais il y avait de spécial pour les serfs attachés à la glèbe qu'ils étaient aliénés avec la terre et ne pouvaient l'être sans elle [81]. Cette situation de bonne heure se raréfia. Du XIe au XIIe siècle, les serfs sont assez souvent vendus sans la terre ou, à la cession de celle-ci, le droit sur leurs personnes est retenu [82], ce qui ne va pas sans protestation. Si le serf dépendait d'un fief, l'aliénation exigeait alors l'assentiment du suzerain [83].

De façon générale, le statut particulier du serf était constitué de charges et d'incapacités.

Les charges semblaient être la survivance d'impôts des époques antérieures : 1° Le chevage, *capitagium, cavagium,* payé annuellement, à échéance fixe, très faible (2 à 4 deniers), rarement en nature, était récognitif de la seigneurie sur le serf, d'où impres-

---

(77) *Anc. C. de Bourgogne,* 120, éd. Bouhier, p. 131. *Olim,* t. 1, p. 706. — Loysel, n° 89 ; Seignobos, *op. cit.,* pp. 48-54.

(78) *Olim* (a. 1263), t. 1, p. 76. — Des tenanciers connus dans plusieurs provinces sous le nom de *colliberti* sont tantôt rattachés, tantôt non, à la condition servile. Des textes obscurs qui les définissent, rien ne permet de les distinguer des autres serfs. H. Sée, *op. cit.,* pp. 190-199 ; Luchaire, *Man. des inst. franç.,* p. 353. On les a aussi assimilés aux *adstricti glebae* : Grandmaison, *Essai sur le servage en Touraine,* p. XI et s., ap. *Le livre des serfs de Marmoutiers.*

(79) *Cart. de Marm. pour le Dunois,* n° 36, p. 33 ; *Cart. de N.-D. de Paris* (a. 1194), t. 1, p. 54. *Cart. de Saint-Sernin,* éd. Douais, p. 93. Cpr. *Cart. de Boulogne-sur-Mer,* n° 98, p. 174. H. Sée, *Et. sur les clas. serv. en Champagne,* pp. 8-12 ; *Les clas. rur. et le rég. dom.,* pp. 162-166.

(80) *Cart. de Redon,* n° 284 (éd. de Courson, p. 231); *Chartes de Cluny,* n°s 2489, 2685 (éd. Bruel), t. 3, pp. 570, 714 ; n° 4054, t. 5, p. 408. Guilhiermoz, *op. cit.,* p. 330, n° 16.

(81) *Le liv. des serfs de Marm.,* XLVII ; app. IV, V, VIII, pp. 43, 124, 127.

(82) *Ibid.,* App. XXXI, p. 155, *Cart. de Boulogne-sur-Mer;* pp. 71, 83.

(83) *Le liv. des serfs de Marm.,* LXXV, LXXXIX, pp. 71, 83.

criptible; il disparut presque partout aux xɪɪ[e] et xɪɪɪ[e] siècles (84); — 2° la taille, *exactio*, *quête*, *maltôte*, soit personnelle, c'est-à-dire frappant le revenu blocal (85), soit réelle et ne grevant que celui de la tenure (86), était une contribution imposée aux serfs d'un territoire et répartie entre eux par le seigneur et ses agents. Au début, la plupart étaient taillables à merci, haut et bas, et la taille pouvait être fixée à un chiffre qui absorbât tout l'avoir mobilier du serf (87). Au xɪɪɪ[e] siècle, il n'y avait plus guère que des tailles abonnées, fixées conventionnellement entre serfs et seigneurs et annuelles (88), ou des tailles raisonnables, c'est-à-dire ramenées à un taux modéré par la coutume (89) ou par le haut suzerain (90); — 3° Les corvées, journées consacrées au service du seigneur, pour des travaux d'intérêt public ou pour aider à l'exploitation ou à l'entretien de son domaine personnel (91), variaient de forme et d'importance selon les coutumes locales. A l'origine, à la discrétion du seigneur et aux dépens des corvéables à merci, elles furent restreintes quant au temps et aux dépenses qu'elles entraînaient par l'abonnement ou la coutume (92); — 4° D'autres redevances, souvent en nature, étaient dues par les serfs à raison

(84) Du Cange, v° *Capitale* : *homo de quatuor nummis. Chron. Besuense,* loc. cit., p. 431. *Cart. de l'abbaye de Bucilly* (éd. de Barthélemy, p. 158) : « Homines videlicet ab origine capitaneos et qui solvunt capitagia in recognitione servitutis. » *Le liv. des serfs de Marm.*, LXIX, CXXIV, pp. 66, 115.

(85) Beaumanoir, n⁰ˢ 1457, 1458. *C. de Nivernais*, VIII, 3, éd. G. Coquille, p 129.

(86) Guilhiermoz, *Enquêtes et procès*, p. 295 : « Habebant manum mortuam et non habent talliam nisi super suam terram. »

(87) Beaumanoir, n° 1458 ; P. de Fontaines, XXB, p. 224 ; Loysel, n° 49.

(88) Chasseneus, *In consuet. duc. Burgundiae*, p. 1285 ; « Abonnati sunt qui omnes de uno vilagio debent certam summam determinatam et taxatam domino et per ipsos de vilagio cuilibet imponitur portio secundum magnitu dinem praediorum. »

(89) *Gr. Cout. de Fr.*, II, 14, p. 212 : « Toutefois, en Brie et Champaigne sont plusieurs sers... taillables à voulenté. Taillables, c'est-à-dire que le seigneur les peult tailler une fois l'an, qui est à entendre du quint de leur meuble. » *C. de Nivernais*, VIII, loc. cit., p. 128.

(90) *Constit. de Simon de Montfort*, loc. cit., p. 360.

(91) On trouve ici réunis les anciens *munera sordida et extraordinaria* dus comme accessoires de l'impôt foncier à l'Etat et les corvées dues par les tenanciers du grand domaine au propriétaire pour l'exploitation de la *terra indominicata*.

(92) *C. de Toulouse*, n° 155a, p. 76 et s. *Constit. de Simon de Montfort*, ap. Galland, *Du franc-aleu*, p. 360 : « Secundum antiquam consuetudinem terrarum et villarum, recipiant domini ab hominibus suis jornalia in oper' suis et secundum consuetudinem dent eis ad comedendum. »

de leurs tenures (⁹³). Il faut noter dès le xiie siècle, en quelques lieux, le rachat des corvées ou de ces redevances ou leur remplacement par une taxe.

Les incapacités avaient rapport au mariage, au droit de disposer de ses biens et de sa personne, et tenaient à la situation dépendante des serfs, qui avait reçu une sorte de confirmation et peut-être d'aggravation par le soin qu'on mit, aux xiie et xiiie siècles, de la définir à l'aide de textes romains concernant les esclaves ou certains affranchis (⁹⁴).

Le mariage du serf avait été soumis, à l'origine, au consentement du seigneur (⁹⁵), qui le faisait payer. Lorsqu'une personne serve épousait une autre de la même seigneurie ou une personne libre qui, du fait du mariage, tombait, par l'autorité de la coutume ou par la convention, en servage, cette taxe portait le nom de *maritagium* (⁹⁶); elle disparut de bonne heure. Mais il en fut autrement, et des difficultés naissaient, en cas d'union entre serfs de seigneuries différentes ou entre une personne serve et une autre de condition franche, qui conservait cette qualité (⁹⁷). Dans la première hypothèse, la serve suivait son mari dans la seigneurie de celui-ci : elle et ses enfants étaient perdus pour son ancien maître; dans la seconde, les enfants l'étaient, là où la coutume leur assignait la condition de celui des parents qui était franc (⁹⁸). Devant ces conséquences, le droit séculier avait un temps hésité à reconnaître la validité du mariage des serfs. Mais le mariage ressortissait de la juridiction ecclésiastique qui repoussait toute inégalité entre les fidèles en matière de sacrement (⁹⁹). D'abord, elle avait songé à exiger le consentement préalable du seigneur, ce qui était difficilement applicable avec le principe que le mariage résultait du simple consentement. Les seigneurs durent se contenter

(93) Elles n'existaient pas partout; elles se rattachaient aussi aux obligations des colons vis-à-vis du propriétaire.

(94) Voy. *Le Livre la Roine*, XV-XVIII, en appendice à P. de Fontaines (éd. Marnier), p. 499-504. Beaumanoir, nᵒ 1452 ; *Gr. Cout. de Fr.*, II, 11, p. 211 et s. — *Olim*, t. 1, p. 181.

(95) *Cart. de Saint-Bertin*, nᵒ 111 (éd. Guérard), p. 43. *Const. dem. el Chastelet*, 72, p. 79. Guilhiermoz, *Enquêtes et procès*, p. 295. Par contre, le seigneur pouvait parfois imposer le mariage à sa serve pour l'exploitation de la tenure : *C. de Montpellier*, art. 24.

(96) Il ne faut voir aucun rapport entre ce droit et le *jus primae noctis*.

(97) Cep. Guilhiermoz, *loc. cit.* (XIIIe siècle).

(98) Sur la condition des enfants : ci-dessus, p. 364. Cpr. *C. de Vitry*, art. 144 (*B. de Richebourg*, t. 3, p. 467). *C. de Bourgogne*, IX, 3, 21 (*Ibid.*, t. 2, pp. 1177-78). Laurière, *Gloss*, vᵒ *Le mauvais emporte le bon*.

(99) Voy. Esmein, *Le mariage en droit canonique*, t. 1, pp. 318 et s.

d'une amende arbitraire, souvent très forte, et aggravée, dans quelques coutumes, de la commise de la tenure [100]. Mais ces sanctions gênaient les mariages que l'Eglise favorisait. D'où cette transaction : le consentement seigneurial remplacé par une contribution pécuniaire, droit de *forismaritagium* assez élevé, mais qui, au XIIIᵉ siècle, fut réduit à cinq sols [101]. En cas de non-paiement, il était en général doublé. Le sort des enfants fut réglé diversement : beaucoup de coutumes les partageaient entre les seigneuries d'où les parents étaient originaires [102]; quand ceux-ci étaient de conditions différentes, la convention parfois, la maxime : « En formariage le pire emporte le bon » ordinairement en décidaient. Il arriva aussi que les seigneurs ayant compris leur intérêt à faciliter les mariages, les autorisèrent moyennant échange de serfs d'une seigneurie à l'autre [103] ou des traités d'entrecours permirent aux serfs de chaçun d'eux d'épouser les serves de l'autre [104].

Le serf acquérait et possédait librement, sa vie durant, toutes sortes de biens [105], sauf, dans certaines coutumes, des fiefs et parfois des censives [106]. Il disposait entre vifs tantôt de ses ac-

---

(100) *Beaumanoir*, nᵒ 1452. *Liber practicus de consuet. Remensis*, 392 (éd. Warin, p. 305). *C. de Bourgogne*, IX, 21 (B. de Richebourg, t. 2, p. 1178).

(101) *Liv. des serfs de Marm.*, XXI, LVIII, LXI, pp. 23, 56, 57. Beaumanoir, nᵒ 1452, *Anc. Cout. de Bourgogne*, art. 40. *Restitution d'un volume des Olim*, nᵒ 346 A (*Actes du Parlement*, pp. 354, 357).

(102) *Liv. des serfs de Marm.*, LIII, App. XXVI, pp. 57, 159 ; *Cart. de N.-D. de Paris* (a. 1160), t. 1, p. 53 : L'évêque de Paris accorde qu'une de ses serves épouse un certain Giroldus, homme de corps du couvent de Saint-Marcel, à la condition de partager avec l'Abbé et le couvent les enfants qui sortiront de ce mariage. Glanville, cc. 5 et 6. *Cart. de Morigny* (éd. Menault, pp. 25-27). Cpr. *Liv. des serfs de Marm.*, App. XIX, p. 151.

(103) *Assises de Jérusalem*, J.-I., 253, t. 1, pp. 404. — NRH., 1895, p. 654. H. Sée, *Et. sur les class. serv. en Champagne*, p. 21.

(104) *C. de Vitry*, art. 78, loc. cit.; Brussel, p. 1021 et s.

(105) Beaumanoir, nᵒˢ 1454, 1458 : « Par nostre coustume puet li sers perdre ou gaaignier par marcheandise et si puet vivre dè ce qu'il a largement a sa volenté que ses sires ne l'en puet ne ne doit contraindre. » Mais le seigneur pourrait tout prendre à mesure. *Le Livre la Roine*, XVIII, 3 : « Li serf sont en la poeté lor seingneurs…, quanque li sers acquiert est à son seigneur » (op. cit., p. 503). Mais il n'y a pas intérêt, car dit Beaumanoir : « Et si dit on en un proverbe que cil qui une fois escorche, ne II, ne III, ne tout; dont apert ès païs ou l'en prent chascun jour le leur, qu'il ne vuelent gaaignier fors tant comme il convient à la soustenance d'aus et de leur mesnie. »

(106) *Tr. anc. C. de Bourgogne*, art. 40-41. *C. du Nivernais*, VIII, 7 (éd. G. Coquille, p. 127). *Fors du Béarn*, 189.

quêts quels qu'ils fussent, tantôt simplement de ses meubles ([107]),
mais ne pouvait transmettre rien pour cause de mort.

Le seigneur recueillait tout ce qu'il possédait à son décès et
que sa main laissait échapper en mourant. D'où l'expression *droit
de mainmorte* et les appellations de *mainmortables, mortaillables,*
appliquées aux serfs ([108]). Le plus souvent, le seigneur laissait aux
descendants du serf la jouissance de la tenure pour ne pas la dé-
garnir, en exigeant d'eux une contribution arbitraire que beaucoup payaient pour ne pas émigrer. Le temps apporta des atténuations, qui ne furent ni générales, ni de même nature, ni de même
étendue dans toutes les coutumes. D'abord, l'Eglise avait exigé
que le serf pût tester *pro remedio animae*, dans la mesure d'au
moins cinq sols ([109]). Puis des coutumes, surtout du Midi, lui permirent de tester en faveur de ses descendants, parfois du serf
de la même seigneurie ([110]). Depuis le xie siècle, quelques-unes admettaient la succession en ligne directe, sans rachat ([111]). Ailleurs,
on y suppléait pour les enfants vivant en communauté avec le père,
« en celle et à même pain et pot », en tenant que le patrimoine
familial appartenait à la communauté, ce qui écartait tant qu'elle
durait l'ouverture de la succession et du droit de mainmorte ([112]).

Ces communautés taisibles, résultant du fait de la vie
commune, étaient extrêmement fréquentes, mais peu stables.
Le départ d'un seul parsonnier les dissolvait : « un parti, tout
est parti, et le chanteau part le vilain » ([113]); et le consentement

(107) *Tr. anc. C. de Bourgogne*, art. 41. G. Durand, *Spec. jur.*, IV, 5,
p. 311. Cependant dans le droit parisien : *Const. dem. et Chastelet*, 72,
p. 79 : « Il ne puet vendre, ne aliener sans son saignor. » *Sancti Stephani
lemovicensis cartul. (loc. cit.)* : un serf fait don de sa fille et d'un manse,
n° CLVI, et dispose de dîmes lui appartenant, n° CLV, p. 160.

(108) Beaumanoir, n° 1482 : « Et s'il muert il n'a nul oir fors que son
seigneur, ne li enfant du serf n'i ont riens s'il ne le rachatent au seigneur
aussi comme feroient estrange. » *Gr. Cout. de Fr.*, II, 26, p. 287 : *Servus
mortuus saisit dominum vivum. C. du Nivernais*, VIII, 7, p. 130. H. Sée,
Les cl. rur. et le rég. dom., p. 178 et s.

(109) Beaumanoir, n° 365. *G. Cout. de Fr.*, II, 14, p. 212 : « Item en la
conté de Champaigne ung serf ne peult faire testament de plus de cinq
sols. »

(110) Beaumanoir, n° 365 ; *Jostice et Plet*, XII, 23, 2, p. 257 ; Johannes
Faber, *Ad. Instit.*, I, 3, 2. 2.

(111) *Le liv. des serfs de Marm.*, CXVI, Append. XXIV, XL, pp. 109, 145,
164. *C. de Bourgogne*, IX, 18, *loc. cit.* Cpr. Beaumanoir, n° 1484. *Olim*, t. 1,
13, p. 181. *Gr. Cout. de Fr.*, II, 14, p. 212 : « Mortemain, c'est-à-dire que
quand ils meurent sans hoirs procrés et descendus de leurs corps, le seigneur
prent tous leurs biens et succède à eulx. »

(112) Beaumanoir, n°s 625, 626.

(113) Masuer, *Practica forensis*, tit. 33, de *success.*, 20. *La pratique de*

du seigneur était nécessaire pour les reconstituer avec ceux qui restaient ([114]). On finit cependant par les maintenir lorsque le départ était motivé par un événement normal de la vie familiale. La coutume, des ordonnances baronniales, réservèrent dans plusieurs provinces le droit des enfants séparés; car le seigneur n'avait plus aucun intérêt à les écarter au profit de leurs frères ([115]) et l'on dit : « Un seul enfant estant en celle, requeust la mainmorte » ([116]). Puis, à l'égard des collatéraux, appelés à défaut des descendants, la mainmorte fut réduite à une taxe déterminée ([117]); parfois elle ne subsistait que pour les meubles ([118]).

La capacité du serf pour ester en justice était fort incertaine; il lui était interdit d'intenter une action contre son seigneur; on lui défendait, dans quelques provinces, d'assigner des personnes libres sans autorisation du Prince ([119]). Le seigneur pouvait le justicier comme il lui plaisait et, en principe, nul n'avait le droit de le faire que lui ([120]). Cependant, les serfs du roi et ceux de l'Eglise estaient en justice et combattaient en champ clos dès le xie siècle ([121]). En général, les hommes de corps n'étaient reçus à

Masuer, trad. Fontanon, 15, 28, p. 388. *C. du Nivernais*, VIII, 9, 15 (éd. G. Coquille, p. 129 et s.); Loysel, nos 93, 94.

(114) *Le droiz et li coustumes di Champaigne et di Brie*, ap. P. Pithou, *Const. du bailláge de Troyes*, 1629, p. 532 : le seigneur prend la part de l'enfant parti.

(115) *Sic Edit. de Thibaut IV dé Champagne*, 1227 : F. Sée, *Et. sur les classes serviles en Champagne*, p. 20.

(116) Loysel, n° 101, *C. de Bourgogne*, IX, 17 *(loc. cit.)*. Les communautés taisibles existaient sur d'autres points de la France, mais il ne semble pas que ce fût exclusivement entre serfs : Clément-Simon, *Hist. civ. et municipale de Tulle*, ch. VI.

(117) Guilhiermoz, *Enquêtes et procès*, p. 298.

(118) Boutaric, *Actes du Parlement*, n° 716, p. 424.

(119) *Jostice et Plet*, II, 4, 2 ; 15, 2, pp. 80, 99.

(120) *Et. de Saint-Louis*, II, 32, p. 444 : « Et se il est sers ne hom de cors, il ne puet faire juge que son seignor, car sers n'est pas personne en jugement : ne condampnacion ne puet estre faite en sa personne, se n'est de la volenté son seignor. » P. de Fontaines, XXI, 42, p. 264 : « Sers, ce dist la loi, ne puet estre en jugement, et s'aucuns condampnemenz est fais en sa personne, il ne vaut riens. » Beaumanoir, n° 452. *Le livre des serfs de Marm.*, CVI, p. 100. L'aveu de la condition servile implique renonciation à toute juridiction et remise de sa personne au seigneur (*Arch. hist. du Limousin*, 1re Sér., t. 9, p. 145, acte de 1369).

(121) *Cart. de N.-D. de Paris*, t. 1, p. 246. *Cart. de N.-D. de Chartres*, t. 1, p. 135. *Cart. de Marmoutiers pour le Dunois* (a. 1097), n° 155, p. 143. *Le liv. des serfs de Marm.*, XI, App. VI, pp. 12, 125. Boutaric, *Actes du Parlement*, n° 2669 A, p. 217. Luchaire, *Man. des inst. fr.*, p. 310-312.

être ni juges, ni arbitres, ni cautions ([122]). Ils ne devaient témoigner ni pour, ni contre le seigneur, ni dans aucun procès où les témoins pouvaient être levés ou faussés ([123]). N'ayant pas la libre disposition de leur personne, sans le congé de leur seigneur ils ne pouvaient ni être armés chevaliers ([124]), ni embrasser la vie religieuse, ni être ordonnés clercs. Il est vrai que, parvenus aux ordres majeurs, l'Eglise les y retenait; mais, restant serfs, ils n'étaient déchargés que des corvées personnelles, pour lesquelles ils étaient autorisés à se faire remplacer ([125]).

3° Les affranchissements.

Dans certaines provinces, le servage disparut ou se raréfia dès les premiers temps du régime seigneurial. Au xie siècle, il n'y a plus de serfs en Normandie; on n'en voit pas au pays Manceau. Au xiie, l'institution paraît étrangère aux populations du Poitou, du Roussillon; des pays de l'Ouest et du Midi sont en voie de l'éliminer. Elle disparaît en Touraine à la fin du xiiie siècle. Surtout, on ne la rencontre plus dans les régions jadis ravagées et dépeuplées par les invasions du ixe et du xe siècle, réoccupées par des « hôtes » de condition franche ([126]). En Bretagne, la légende en attribuait la suppression à Alain Barbetorte; à la vérité, il n'y eut jamais de serfs que dans quelques cantons ou à l'état sporadique, sous la forme atténuée de la quevaise ([127]). Un mouvement en faveur de la liberté eut son plus haut période dans la seconde moitié du xiiie et les débuts du xive siècle.

Les affranchissements étaient individuels ou collectifs ([128]). Parfois la liberté résultait automatiquement de certains accidents

(122) *Cout. d'Artois*, LIV, 12, 54, 55, pp. 129, 138. Beaumanoir, nos 1270, 1236 ; P. de Fontaines, XIX, 8, p. 184.

(123) *Cout. d'Artois*, L, 10, p. 116. Beaumanoir, nos 1176, 1209. *Const. dem. el Chastelet*, 72, p. 79.

(124) Beaumanoir, nos 1449-1450 : sauf par le roi, à partir du xiiie siècle, Loysel, n° 96. Au xe siècle, les moines de Beaulieu prenaient des précautions pour que les maires de leurs villages, c'est-à-dire leurs serfs, ne fussent faits chevaliers : *Cart. de Beaulieu*, 50 (an. 971), p. 82.

(125) Beaumanoir, nos 1436-1437, 1448 ; Loysel, nos 97-98.

(126) Voy. H. Sée, *op. cit.*, pp. 201-211.

(127) Cpr. A. de la Borderie, *Mém. de la Soc. arch. d'Ille-et-Vilaine*, 1861, t. 1, pp. 101 et s.; H. Sée, *Et. sur les classes rurales en Bretagne*, p. 37 et s.; Hévin, *Cout. gén. du pays et du duché de Bretagne*, p. 385 et s. — La *quevaise* était une tenure soumise à la mainmorte en cas de décès sans enfants du tenancier, et au droit du juveigneur, c'est-à-dire qu'elle revenait au plus jeune fils, puis au seigneur, si celui-ci mourait sans enfants.

(128) Beaumanoir, nos 1451, 1456. *Ord.*, mars 1025; *Ord.*, 1124. (Is. t. 1, pp. 109, 137).

juridiques : ainsi, l'enfant conçu devenait libre, si sa mère était affranchie, et le restait si elle retombait dans le servage avant sa naissance; le mariage de la serve avec son seigneur l'affranchissait; la chevalerie, conférée par le seigneur, supposait l'affranchissement tacite; de même, l'état de clerc prolongé pendant 10 années au su du seigneur sans protestation de sa part (¹²⁹); la résidence de l'an et jour en certains lieux : villes dont la charte municipale conférait le droit de bourgeoisie à l'issue de ce délai, bastides, villeneuves, terres de vilenages qu'on voulait peupler (¹³⁰). Parfois la liberté était acquise par la seule présence du serf sur le sol (¹³¹). Ailleurs on exigeait une prescription plus longue de la liberté : 10, 20, voire 40 ans (¹³²). On connaît aussi les effets du désaveu en cas de servitude réelle (¹³³).

Ces moyens étaient restreints en comparaison de l'initiative des seigneurs, que l'Église poussait aux affranchissements comme à une œuvre pie et que le besoin d'argent y entraînait plus encore; car la liberté se vendait. L'affranchi payait une somme d'argent en une ou plusieurs fois, abandonnait sa tenure ou son office; d'où refus parfois de la liberté. Les formes antiques de la *manumissio in ecclesia* ou *per denarium* étaient en voie de disparaître (¹³⁴); le testament était d'un usage plus fréquent. Mais la franchise résultait communément d'une déclaration du seigneur, constatée par écrit, *carta* ou quittance de servage, remise à l'intéressé comme preuve de sa liberté (¹³⁵), déclarant les portes ouvertes

---

(129) Beaumanoir, n°ˢ 1436, 1442, 1449-1450, 1455.

(130) Beaumanoir, n° 1457 : en Beauvoisis, les serfs peuvent aller habiter hors de la juridiction de leur seigneur, « exceptés les lieus où il pourroient aquerre franchise pour demourer si comme en aucunes viles esqueles tuit li habitant sont franc par priviliege ou par coustume. Car si tost comme aucuns set que ses sers va manoir en tel lieu, s'il le requiert comme sou serf dedens l'an et le jour, il le doit ravoir... et par ceste voie ont pluseur serf acquises franchises qui conceleement s'en aloient de dessous leur seigneurs-manoir en teus lieus. » *C. de Toulouse*, n° 156, p. 177. *C. de Vitry-le-François*, éd. Sal'igny, p. 341.

(131) *Cart. de Saint-Vaast d'Arras*, éd. van Drival, p. 362.

(132) *Le livre noir et les établissements de Dax*, éd. Abbadie, p. CLXXXXII. *C. de Chalons* (Vermandois), art. 48. *C. de Vitry-le-François*, art. 146, *loc. cit.*

(133) Ci-dessus, p. 366 et s.

(134) *Le livre des serfs de Marmoutiers*, Append. XVII, p. 139. *Le Livre la Roine*, XVI, 4, *loc. cit.*, p. 500 et s. *Ass. de Jérus.*, *C.-B.*, 206-207, t. 2, p. 139, 140.

(135) *Le liv. des serfs de Marm.*, L-LII, LVIII, LIX, LXXIII, LXXVI, pp. 46-50, 56, 73, 139. Viollet, *Et. de Saint-Louis*, t. 4, p. 300 et s. : exemples de *cartae*.

devant lui et établissant une amende contre ceux qui attente-
raient à la liberté de l'affranchi. Cependant, à moins qu'il n'eût sa
terre en alleu, le seigneur ne devait affranchir qu'avec l'assentiment du suzerain, sous peine, au profit de celui-ci, de LX livres
d'amende et de la commise du serf à qui le vassal restituait, en
outre, le prix payé pour la liberté non obtenue (136). Cela tenait
à l'abrègement du fief (137). De sorte que s'il y avait plusieurs suzerains superposés, il fallait le consentement de tous, car l'affranchissement consenti par l'un ne valait qu'à son encontre et plaçait
le serf sous le pouvoir du supérieur. D'où, quand le seigneur avait
garanti la liberté dans l'acte de franchise et ne pouvait obtenir
que les suzerains, étagés au-dessus de lui, l'accordassent, non seulement il perdait son serf, mais il lui devait des dommages-intérêts pour l'espérance trompée et, plus importants, s'il s'agissait
d'une femme, car en elle toute sa postérité était lésée (138). Il est
vrai que la plupart des coutumes ne remontaient pas au delà du
chef-seigneur, du premier seigneur souverain (139). Au XIIIᵉ siècle,
on admit, en négligeant les seigneurs intermédiaires, que l'affranchissement rendait l'homme serf du roi. L'affranchissement devenait un droit régalien (140); l'affranchi dut acheter sa liberté au
roi (141).

Des affranchissements en bloc, par villages, régions, seigneuries, sont signalés fréquemment aux XIIᵉ, XIIIᵉ et XIVᵉ siècles (142).

(136) Beaumanoir, nᵒˢ 1437, 1446. *Et. de Saint-Louis*, 11, 31. = *Usage d'Orlenois*, 31, t. 1, p. 516 ; t. 2, p. 446 : « Nuns vavasors, ne gentis hom ne
puet franchir son home de cors en nule menière, sanz l'assentement dou
baron ou dou chief seignor selonc l'usage de la cort laie.' » Jadis, avec le
système du bénéfice non héréditaire, le bénéficier ne pouvait affranchir,
n'ayant que la jouissance, mais seulement demander au *senior* qu'il le fît
(*Ann. ord. Sancti Benedicti*, t. 2, 1704, 1742).

(137) Beaumanoir, nᵒ 1446.

(138) Beaumanoir, nᵒ 1445 ; et les sommes ainsi reçues en compensation
de la liberté non procurée étaient exemptes de la mainmorte, nᵒ 1447.

(139) *Le liv. des serfs de Marm.*, App. I, XVIII, p. 139. Beaumanoir,
nᵒ 1347.

(140) *C. de Vitry*, art. 140. *C. de Meaux*, art. 58 : « Si aucun seigneur a
homme ou femme de servile condition, et les mainmet par la dite coutume,
ils sont acquis au roi, et sont serfs au roi, s'ils ne se rachettent du roi :
parce que le roi est souverain fieffeux et à son préjudice ne peut être fief
afoibli. » *Ord.*, déc. 1303 ; — déc. 1390 (Is., t. 6, pp. 584, 689).

(141) Loysel, nᵒ 91 : « Avant qu'un serf manumis par son seigneur soit
franc, il faut qu'il paie finance au roi. » Ord. 1318 (Is. t. 3, p. 205).

(142) *Cart. de N.-D. de Paris*, t. 2, p. 3, 4, 6, 31, 112. H. Sée, *Et. sur les
clas. serviles en Champagne*, p. 39 et s.

Les rois et les hauts seigneurs donnaient l'exemple. Louis VII et Philippe-Auguste, par étapes, avaient affranchi leurs serfs de l'Orléanais; en 1246, Louis IX donna la liberté à ceux de Villeneuve-le-Roi; Philippe le Bel fit de même pour les sénéchaussées de Toulouse, de l'Agenais et du Rouergue (¹⁴³). Louis X et Philippe V invitèrent ceux du domaine royal à la liberté; comme il fallait la payer, ils y mirent peu d'empressement (¹⁴⁴). Thibaut de Champagne, Charles de Valois affranchissaient successivement ceux de leurs seigneuries (¹⁴⁵).

Individuelle ou collective, la franchise était plus ou moins étendue. Rarement on passait du servage à la noblesse, mais longtemps cela avait été possible et parfois s'était vu (¹⁴⁶). Normalement elle eût dû faire du serf un vilain franc; mais il arrivait qu'elle ne le libérât que d'une ou de plusieurs des charges serviles et laissât subsister les autres; de sorte que beaucoup, surtout parmi les serfs ruraux, ne parvinrent que par degrés à la liberté complète (¹⁴⁷). D'ordinaire, le droit de formariage était supprimé, la taille arbitraire remplacée par une taille abonnée, le nombre des corvées atténué, la mainmorte disparaissait. En fait, la plus grande variété se rencontre dans les conditions d'affranchissement : parfois, il semble que les serfs n'y gagnaient qu'un vain mot, d'autres fois, ils étaient placés, d'un seul coup, dans une situation plus avantageuse que beaucoup de libres anciens.

§ 2. — La condition des terres.

I. — CARACTÈRES GÉNÉRAUX ET TYPES JURIDIQUES]DES POSSESSIONS FONCIÈRES.

Les transformations qui s'annonçaient dans le régime des terres à l'époque antérieure, furent réalisées dans celle-ci. Le *dominium* romain comportant la liberté absolue de disposer pour le pro-

----

(143) *Ord.*, 1147, 1280, 1298, 1303 (*Ord. des R. de Fr.*, t. 11, pp. 196, 214, 219, t. 12, p. 335). *Ord.*, 1180, 1246, 1270 (Is., t. 1, p. 165, 251 ; t. 2, p. 631).

(144) *Ord.*, 1315, 1318 (Is., t. 3, pp. 102, 205).

(145) *Ord.*, 1311 (*Ord. des r. de Fr.*, t. 12, p. 387 et s.).

(146) *Cart. de Saint-Père de Chartres*, pp. 277, 286 ; Leroux, Molinier, Thomas, *Doc. hist. concernant la Marche et le Limousin*, n° 74, p. 192. Beaumanoir, nᵒˢ 1449-1450.

(147) *Le liv. des serfs de Marm.*, XLIX, CXIV, App. LVII-LX, et *Cartae pro clericatu*, LXIII-LXVI, pp. 100, 182, 186, 188. Sur les nuances que l'affranchissement pouvait présenter : H. Sée, *Les clas. rur. et le rég. dom.*, pp. 265-273 ; Viollet, *H. des inst. pol. et adm. de la Fr.*, t. 3, pp. 1-9.

priétaire dans les limites du droit privé, mais réservant, au delà,
les prérogatives de la puissance publique, s'évanouit. Ou la terre
s'était affranchie de celle-ci dans une mesure qui atteignit, en de
nombreux cas, l'indépendance complète, c'était l'alleu; ou, incorporée à la seigneurie, elle n'était possédée que précairement au
profit du seigneur par des tenanciers mainmortables, c'était la
tenure servile; — ou bien elle était entrée, par le contrat, dans les
cadres du système féodal et se trouva régie par les principes du
domaine divisé : c'étaient le fief, la censive, ou leurs dérivés.
Mais ces divers types de possessions ne voisinaient pas seulement
dans l'espace; ils se superposaient fréquemment et appartenaient
sur le même sol à des titulaires différents (¹⁴⁸). Par exemple, un
alleutier dont les terres étaient en tout ou en partie exploitées
par des serfs, pouvait les inféoder, puis son vassal les donner en
arrière-fief ou à bail à cens; et le même sol présentait à la fois
tous ces caractères d'alleu, de fief, d'arrière-fief, de censive et de
tenure servile, selon qu'on considérait les droits qu'y avaient
l'alleutier, le vassal, le vavasseur, le censitaire ou le serf.

<h3 align="center">1° Les alleux.</h3>

L'alleu, *franchisia, francum alodium* (¹⁴⁹), était la terre absolument libre, pour laquelle il n'était dû ni impôts, ni droits
casuels, ni aveu (¹⁵⁰), ni services d'aucune sorte à personne (¹⁵¹).

---

(148) Au xᵉ siècle, c'est encore sur le droit romain que les actes fondent
la liberté du propriétaire de disposer de sa chose : *Sancti Stephani lemovicensis cartul.*, n° XVI (14), an. 968, p. 38 : « Lex romana declarat et auctoritas poposcit ut quisquis persona fuerit qui de rebus suis aliquid donare...
Voluerit liberam hac firmissimam habeat potestatem in omnibus faciendi
quidquid voluerit »; XIX (17), XX (18), XXVIII (26), XLII (40), CXXX (114) :
« Lex romana docet et pactus salicus non denegat ut quemque homo ingenuus... », etc.; LXXII (150) : « Lex romana declarat ut quidquid homo
romanus de proprias res suas in alterius potestate transferre voluerit... »
(*loc. cit.*, pp. 38, 44 et s., 169).

(149) Sur les diverses acceptions du mot *alodium* : Luchaire, *Man. des
instit. franç.*, p. 147 et s.; Du Cange. v° *alodis. Franchisia* : dipl. de Conrad,
roi de Bourgogne Transjurane (956) (HF., t. 9, p. 698).

(150) Baldus : « Alodium est si proprietas terrae a nullo recogniscitur », ad.
l. Licet, *De acq. et ret. poss.* (C. J., VII, 32, 4).

(151) Boutillier, I, 84, p. 490 : « Tenir en franc alleu, si est tenir de Dieu
tant seulement. Et ne doivent cens, rentes ne dettes, ne servage, relief,
n'autre nulle quelconque redevance à vie n'a mort, mais les tiennnent les
tenants franchement de Dieu. » G. *Cout. de Fr.*, II, 33, p. 325 : « Franc
alleu est un héritaige tellement franc, que il ne doit point de fons de
terre, ne d'icelluy n'est aulcun seigneur foncier et ne doit vest ne devest ne
saisine, ne aultre servitude à quelque seigneur. »

Par définition, elle échappait à la fois aux rapports de la seigneurie et de la féodalité. Son propriétaire en était souverain et y exerçait la justice (¹⁵²). Des chartes témoignent qu'il exista une justice allodiale (¹⁵³), bien qu'il ait pu se rencontrer que des terres aient échappé aux charges foncières, sans sortir de la juridiction d'un seigneur.

Comment des possessions évidemment soumises dans le passé à ces charges et à la juridiction royale y avaient-elles été soustraites ? Que les anciens rois en eussent dégrevé des domaines ecclésiastiques ou laïques (¹⁵⁴), que les immunistes eussent obtenu de tels avantages et des *potentes* les eussent usurpés, cela ne correspondrait qu'à la constitution de grandes seigneuries. Or il y eut quantité d'alleux de moyenne ou de très petite étendue, résultat d'avatars différents (¹⁵⁵). Tantôt un seigneur, un grand domanier concédait une terre avec les droits qu'on pouvait exercer à son occasion, sans en retenir aucun; tantôt c'était un fief que le vassal, dans sa piété, donnait, d'accord avec le suzerain, dans ces conditions, à une église ou à un monastère : dans les deux cas, le donataire acquérait ainsi en alleu (¹⁵⁶). Parfois, dans ces temps troublés, des bénéficiers réussissaient à transformer leurs bénéfices en alleux (¹⁵⁷), ou des censitaires, là où le sens était prescriptible, à affranchir leurs tenures. En bien des lieux, l'impôt se perdit et la coutume, source du droit, fut invoquée par ceux qui, longtemps, n'avaient rien payé. Après les invasions sarrazines ou normandes, des hommes, réfugiés dans des cantons écartés, y vécurent en complète indépendance et revendiquèrent par la suite de s'y maintenir : ainsi, en Roussillon, en Cerdagne, les terres repeuplées des vallées furent des censives; celles des hautes montagnes, abri des populations, des alleux (¹⁵⁸).

(152) En Allemagne, les alleutiers se disaient les égaux de l'empereur.

(153) Flach, *op. cit.*, t. 1, p. 187-211 ; notamment, *Cart. de Redon*, 126, p. 95 : Sine censu, sine tributo... et sine aliquo majore vel judice. *Cart. de Saint-Vaast*, p. 294. *Cart. de Saint-Etienne de Baigne*, nᵒˢ 230, 494, éd. Cholet, pp. 105, 199. *Cart. de Marmoutiers pour le Dunois*, nᵒ 94, p. 84 et s.

(154) Greg. Tur., *H. Fr.*, III, 25 ; X, 6, 7.

(155) Les petits alleutiers, pour se défendre, s'associaient souvent entre eux : *Cart. Roussillonnais*, nᵒ 42, éd. Alart, p. 63. G. Saige, *Une alliance défensive entre propriétaires allodiaux au xııᵉ siècle* (BECh., 1861, t. 2).

(156) J. Flach, *op. cit.*, t. 1, p. 209 : chartes citées, notes 1, 2, pp. 205, 206, 221.

(157) Ci-dessus, p. 165, n. 74. Sic en Lorraine et Barrois. *Cart. d'Aniane*, éd. Cassan, Meynial, *Cartae*, I, II (a. 1164), III, IV (a. 1169), VI (a. 1187), XVII (a. 1213), XXVI (a. 1157), XXXV, pp. 133-137, 151, 164, 172.

(158) *Cart. de Saint-Victor de Marseille*, nᵒ 77, I, p. 104. *Cart. Roussillonnais*, nᵒ 32, p. 49. *Hist. du Languedoc*, t. 5, p. 366 et s.

Dans le Midi, les souvenirs romains, le flottement des cadres féodaux permirent à nombre de seigneuries de rester des alleux et une masse de propriétés privées, l'impôt et le service d'ost écartés. en prirent la figure (¹⁵⁹). On disait : *lex romana, mater allodiorum*.

Les alleux étaient plus ou moins répandus partout. Mais seuls les puissants alleutiers maintenaient aisément leur indépendance. Dès le xᵉ ou le x1ᵉ siècle, les petits diminuaient, contraints par la force de rentrer sous la juridiction du seigneur voisin ou livrant eux-mêmes à un suzerain leurs terres libres pour les recevoir de lui en fief ou en augment de fief (¹⁶⁰). Un dénombrement féodal en Aquitaine (1272-1273) où alleutiers, comme feudataires, étaient appelés à fournir une déclaration de leurs biens, révèle les attitudes divergentes des premiers : les uns refusant de répondre, les autres déclarant leurs biens francs de tous devoirs coutumiers vis-à-vis du duc et de quiconque; d'autres déclarant convertir leurs alleux en fief pour les tenir du duc (¹⁶¹). Partout, on vit des alleux se muer en fiefs de reprise. Si vers la fin du xııᵉ siècle les principautés ducales et comtales étaient devenues fiefs du roi, à plus forte raison, les alleux modestes furent-ils absorbés dans la féodalité. En quelques régions leur existence fut purement niée : ainsi en Bretagne, qui en avait jadis connu (¹⁶²); en Beauvaisis où le comte confisquait toute tenure prétendue tenue en alleu (¹⁶³).

(159) Brussel, p. 126 ; Dognon, *op. cit.*, p. 18 et s. Cpr. les *Haistaldi* : *Ann. de Saint-Bertin*, a. 869 (éd. Dehaisnes p. 191 et s.).

(160) Même dans le Midi, il est souvent question de fiefs de reprise ; parfois, *feuda honorata* : *Cartulaires d'Aniane et de Gellone* (éd. Cassan, Meynal, Alaus) : voir les tables.

(161) Martial et J. Delpit, *Notice sur le ms. de Wolfenbüttel* (*Recognitio feudorum de 1272-1273 en Aquitaine. Notices et extraits des manuscrits*, t. 14).

(162) Cpr. les chartes citées par J. Flach, *op. cit.*, t. 1, p. 193, et Darger.tré, sur *C. de Bretagne*, art. 277, gl. 9, 3, p. 1331 : Falsum etiam illud quod a primario et naturali primaevo rerum statu, rem omnem liberam putant, ita ubi sunt alaudia potius alaudialem quam feudalem, id est, servilem. Nam et si alicubi talia alaudia sunt, in Britannia certe nulla sunt, imo vulgatum ubique axioma, omnia omnium possessorum dominia et possessiones in feudum teneri undecunque habeantur quod vetus consuetudo expresserat cap. 224 (*Nova*, art. 328): Homme ne peut tenir terre sans seigneur ; 4 : « Necessitas veritatis habet, quod omnia feudalia sunt in Britannia. »

(163) Beaumanoir, n° 688 : « Quant li sires voit aucun de ses sougiés tenir eritage de quoi il ne rent a nului cens, rentes ne redevances, li sires i puet jeter les mains et tenir loi comme sien propre, car nus, selon nostre coustume, ne puet pas tenir d'alues et l'en apele aluef ce que l'en tient sans fere nule redevance à nului. »

Même dans le Midi, beaucoup disparurent. Le xiiie, le xive siècle, époque où la royauté plus forte, où les grandes seigneuries mieux organisées cherchaient à rétablir l'ordre et l'unité sur le plan féodal, furent des moments critiques pour les alleux.

Les feudistes construisirent une théorie juridique en vue de les restreindre ou de les supprimer. On distingua deux sortes d'alleux : 1° les *alleux nobles* de qui mouvaient des fiefs et des censives, auxquels étaient attachés des droits de justice, tout au moins la justice féodale; 2° les *alleux roturiers*, propriétés franches sans dédoublement du domaine, dont ne relevaient ni fiefs, ni censives, et qui ne possédaient aucune justice ([164]). Parmi les premiers, il y avait de minuscules souverainetés, dont le tardif royaume d'Yvetot fut le type; elles étaient rares. En dehors d'elles, on nia l'existence de toute justice allodiale ([165]) : il en résultait que l'alleu roturier était sous la juridiction du seigneur sur le territoire de qui le bien était situé et que l'alleu noble restait dans le ressort du justicier supérieur ou de la justice royale ([166]).

Enfin, théoriquement, on supprimait l'alleu par la maxime que le roi était seigneur fieffeux de tout le royaume, et que toutes les terres étaient tenues de lui en fief et en arrière-fief. Cependant, la conclusion logique n'en fut point accueillie par les coutumes qui prirent, quant aux alleux, une attitude différente selon que ces terres étaient, dans la région, plus ou moins nombreuses. Il y eut des pays d'allodialité : Champagne, Provence, Languedoc, Dauphiné, quelques parties de la Guyenne, de l'Auvergne et de l'Al-

(164) Conséquences de cette distinction : les alleux nobles furent soumis aux règles de la succession des fiefs ; les alleux roturiers à celles de la succession ordinaire. Avant, tous les alleux étaient dans ce dernier cas. Cependant l'alleu, étant hors de l'organisation féodale, dépendait du seigneur souverain, à qui il appartenait en cas de déshérence ou de confiscation : Martial et Delpit, *op. cit.*, p. 334.

(165) Pocquet de Livonnière, II, 2, 6 : « Il n'y a point en France de justice allodiale, et le possesseur du franc-alleu est sujet à la juridiction du seigneur dans le territoire duquel sa terre est située. » Du Moulin, sur la *C. de Paris*, I, 68, gl. 1. — *Gr. Cout. de Fr.*, II, 33, p. 325 : « Mais quant est a justice, il (le franc-alleu) est bien subject à la justice ou jurisdiccion d'aulcun. »

(166) Au xive siècle, Boutillier (I, 84, p. 490) ne reconnaît à l'alleutier noble que la basse justice : « Et y ont toute justice basse si comme de treuf, de plainte, de cognoissance, de simple delict, à Juges par leurs pers tenans en alleux qui sont de la Chastellenie et conjurent l'un alleux l'autre sans Seigneur ne baillif, requerant au Seigneur Souverain qu'il vueille en aide de droict faire mettre leur jugement à exécution par ses sergents. » Le texte paraît dire que les alleutiers de la même chatellenie s'associaient pour rendre la justice et constituer une juridiction. V. ci-dessus note 155.

bigeois, etc. ([167]) où triomphait la règle : *Nul seigneur sans titre* ([168]), c'est-à-dire qu'à défaut d'un acte d'inféodation ou d'un bail à cens, la terre était présumée libre de toute charge seigneuriale ou féodale, à moins qu'elle ne fût enclavée au milieu d'autres sur lesquelles le seigneur possédait ces droits sans conteste ([169]). Il y eut des pays de non-allodialité où l'emportait la règle contraire : *Nulle terre sans seigneur* ([170]); là, pas d'alleux ou, du moins, celui qui revendiquait cette qualité pour sa terre devait la prouver par un titre ou par la possession immémoriale; autrement le seigneur justicier avait le droit d'exiger l'hommage, si les biens le comportaient, ou les prestations roturières en usage dans le pays.

<h3 style="text-align:center">2° Les tenures serviles.</h3>

Les tenures serviles, comme les alleux, étaient étrangères à la féodalité. Elles existaient seulement dans le plan seigneurial, bien qu'elles se rapprochassent des tenures roturières par la nature de leurs redevances, du reste plus lourdes et plus rigoureuses, dues presqu'exclusivement en nature, variant de domaine à domaine, souvent de tenure à tenure.

Ces possessions n'avaient pas leur origine dans le contrat, mais dans la conception ancienne du colonat, fortement altérée au cours des temps, et pas toujours en faveur du tenancier. Beaucoup d'hommes, il est vrai, avaient pu entrer dans le servage et y entraîner leurs terres par la convention et même, nous l'avons vu, par l'*hominium* ([171]); mais elles avaient été tout de suite assimilées aux genres de tenures serviles depuis longtemps connues et l'ensemble du système n'en avait été affecté en rien. Anciennement, il semble bien qu'il y en eut de plusieurs types. Un grand nombre avaient un personnel attaché à perpétuité, *servi adstricti glebae*, « serfs de corps et du pied et partie de la terre », transférés avec elle et ne pouvant l'être sans elle ([172]). Mais ces tenu-

---

(167) *Adde C. du Nivernais, d'Auxerre, de Troyes, de Langres.*

(168) Cette maxime était établie sur le principe que les servitudes ne se présument pas : *Omnia praedia censentur libera nisi probetur servitus* : D. Godefroy sur l. 8, C. J., III, 34. *De Servit.*

(169) *Sic C. du Poitou, d'Angoumois, de Blois, de Senlis, de Meaux*, une partie de la Guyenne, etc. Loysel, n° 228. Sur les deux catégories de pays, voy. Glasson, *Hist. des institut. de la Fr.*, t. 4, p. 172 et s.

(171) Ci-dessus, p. 240 et s.

(172) Ci-dessus, p. 366. *Cart. de Saint-Sernin* (éd. Douais, p. 97). Hostiensis, *Summa aurea*, 1556, f° 306, 2° col. Acte de vente de 1297 : Et glebe astrictis et hominibus talhabilibus mansorum (*Arch. hist. du Limousin*, 1re série, t. 9, p. 63). *C. de Vitry*, art. 145 (B. de Richebourg, t. 3, p. 327).

res disparurent ou du moins se raréfièrent. Une autre sorte qui l'emporta n'avait d'effet sur l'homme que pendant qu'il occupait la terre ; c'était elle qui était serve, d'où si la servitude personnelle ne l'étreignait pas ailleurs, il échappait à la réelle par le désaveu et le déguerpissement (173). Mais jamais les tenures serviles n'évoluèrent vers l'hérédité : ni transmission pour cause de mort, ni transfert entre vifs ne furent admis sans l'assentiment du seigneur, sauf parfois en faveur des descendants et de serfs de la même seigneurie (174). Le domaine ne se dédoubla pas et resta tout entier au seigneur. Seul, l'affranchissement du tenancier, quand la tenure lui était laissée, entraînait des changements dans la condition de celle-ci. Mais comme la liberté acquise par l'homme était souvent incomplète, il en était de même pour la terre et, par là, s'établit une série de tenures intermédiaires entre la tenure servile et la terre roturière. Ainsi les *bordelages* du Nivernais soumis à la mainmorte réelle, quel qu'en fût le possesseur, les *tenures à taille réelle* de l'Auvergne et du Bourbonnais (175).

3° Les tenures féodales.

Les tenures féodales, fiefs et censives, qui ont été déjà étudiées avaient évolué, nous savons dans quelles conditions, vers le type du domaine divisé. A partir du xiv° siècle, le travail doctrinal qui en avait élaboré la théorie allait se continuer : 1° en déclarant arbitrairement close la série des tenures féodales avec le fief, l'arrière-fief et le bail à cens ou ses analogues (176) ; 2° en prolongeant néanmoins la possibilité d'établir de nouveaux droits réels sur la chose à la suite des précédents, mais en leur déniant la qualification de féodaux et la nature de domaines, tel le bail à rente (177).

II. — LES CONDITIONS ÉCONOMIQUES DES TERRES.

1° Morcellement de la propriété foncière.

Nous retrouvons la *villa*, ou *curtis*, et, sous des noms un peu différents, ses trois parties traditionnelles : *mansus indominicatus* ou *dominica, casamenta, communia*. Son étendue variait beau-

---

(173) Ci-dessus, p. 366. *Acte de déguerpissement* (1347) (*Arch. hist. du Limousin, loc. cit.*, p. 120).

(174) Ci-dessus, p. 371. *Le livre des serfs de Marm.*, n° 120, p. 142 ; Append. XL, p. 164.

(175) H. Sée, *op. cit.*, p. 389 et s.

(176) Ci-dessus, pp. 242 et s., 263 et s.

(177) Ci-dessus, p. 271.

coup : très grande en Bourgogne, en Champagne, dans quelques régions du Midi, très restreinte en Bretagne, elle oscillait ailleurs, par exemple en Limousin, de trois ou cinq manses à soixante ou même cent [178]. Rarement elle avait conservé son unité domaniale et économique. Les actes juridiques ayant pour objet une *villa* ou une portion de *villa* sont peu nombreux dans les cartulaires. Le plus souvent, la *villa*, devenue circonscription territoriale n'est rappelée que pour préciser la situation des biens [179]. L'unité du domaine est ordinairement le *mansus;* mais il n'est pas la seule [180]. Jadis il correspondait à la tenure exploitée par une famille de colons; maintenant, il apparaît lui-même fréquemment divisé. Il y a des manses qui comprennent plusieurs tenures, soit que l'ancien manse ait été partagé pour une raison quelconque, soit que plusieurs tenures aient été réunies sous cette dénomination [181].

La féodalité a donc provoqué la désorganisation et le morcellement des grands domaines. Seule l'Eglise a parfois conservé les siens. D'abord les nécessités de la défense ont entraîné un regroupement des populations, non plus autour de la *sala indominicata*, mais des *castra*, des *turres*, des *repaires*, réduits fortifiés plus nombreux, centres militaires, judiciaires et fiscaux des vilains qu'ils protègent. Ensuite, pour avoir des vassaux, le grand domanier a inféodé à divers des portions de la *villa*, embrassant chacune, selon le rang du vassal, un nombre variable de tenures : les *casamenta* ont été ainsi distribués entre différents possesseurs. Pour augmenter ses ressources, il a souvent morcelé en tenures et con-

(178) H. Sée, *Les clas. rur. et le rég. dom.*, p. 139 ; René Fage, *La propriété rurale en Bas-Limousin au moyen âge*, pp. 47 et s.

(179) Dans les cartulaires d'Aniane et de Gellone, près de cent actes concernent des manses ou des demi-manses, sept se rapportent à trois villas (Aniane, n° 412, p. 341 ; Gellone, n°ᵉ 85-86, 213, 439, 476-477, pp. 76-77, 183, 355, 386); encore ont-ils pour effets de les morceler. Cpr. *Cart. de Aniane*, n° 23, p. 26.

(180) On trouve encore la *colonia* ou *colonica*: *Chartes de Cluny*, n° 3610, t. 4, p. 770 ; *Chron. Besuence, loc. cit.*, pp. 433, 466 ; — l'*apendaria* ou *appenaria* : *Cart. de Gellone*, n°ᵉ 37, 78, 248, 262, pp. 38, 70, 209, 218. *Cart. d'Aniane*, n°ᵉ 63, 83, 124, 173, 212, pp. 203, 221, 267, 310, 343; — le *casalis*, ou *casalicium, casalagium* : *Cart. de Gellone*, n° 498, p. 409 et s.; *C. de Toulouse*, n°ᵉ 147 et s. Le mot *honor*, fréquent dans le Midi, désigne plutôt les droits qu'on exerce sur une terre, mais peut s'appliquer aussi à celle-ci : *C. de Toulouse*, n°ᵉ 140, 143, 153. Voy. les *Cartulaires* de Gellone et d'Aniane (tables).

(181) *Cart. de Gellone*, n°ᵉ 32, 39, 60, 156, 228, 389, pp. 33, 35, 134, 195, 324 : ventes ou donations de demi-manses.

cédé à fiefs ou à censives le *mansus indominicatus* lui-même, difficile à exploiter à mesure que le nombre des serfs domestiques et celui des corvées exigées des tenanciers se réduisaient. Enfin, dans le même but, des terrains négligés, perdus aux confins du domaine, aux lisières des forêts, d'autres pris sur la forêt ont été cédés à des conditions qui ont varié, sous les noms de *borderies, condamines, courtils, apendariae, etc.* ([182]). Or, fiefs, censives et presque toutes les autres tenures, ayant acquis un caractère patrimonial, le sol de la *villa* s'est trouvé divisé en autant de propriétés, soumises à tous les hasards des transmissions pour cause de mort ou entre vifs, à tous les démembrements ou partages qu'admettait la nature de chaque tenure.

Cette propriété n'était pas complète; ces terres appartenaient au système du domaine divisé; elles relevaient de quelque autre; mais cette autre n'était pas toujours l'ancien *mansus indominicatus;* il s'était créé plusieurs chefs-lieux féodaux sur le territoire de la *villa.* La *domus principalis* ou *aula* du repaire, la *domus presbyteralis* du prieuré occupaient bien parfois l'emplacement de l'ancienne *sala indominicata*, mais pas nécessairement; dans les grandes *villae*, il pouvait y avoir plusieurs repaires ou plusieurs prieurés. Les tenures appelées *caputmansi, capmansi*, devaient être des chefs-lieux du même genre, car tantôt elles sont identifiées avec le *mansus indominicatus* ([183]), tantôt il y a plusieurs *capmansi* dans la *villa* ([184]). Rien d'aussi irrégulier que l'étendue et l'importance de ces groupements et de ces circonscriptions. La valeur des manses qui les constituaient, formés par une à quatre tenures, était tout à fait inégale, bien que dans certains domaines, tous les manses fussent soumis aux mêmes redevances ([185]). Les subdivisions du manse, quand il est lui-même démembré, désignées par des qualificatifs de quotité, *cartairata, sextairata*, ne permettent non plus aucune précision ([186]).

---

(182) *Chron. de Saint-Riquier*, III, 27 (éd. Lot, p. 162). Suger, *De rebus in administratione sua gestis*, I, p. 158 (éd. Lecoy ed la Marche); J. Flach, *op. cit.*, t. 2, pp. 81 et s., 98 et s.; H. Sée, *Et. sur les cl. rurales en Bretagne*, p. 31 et s.; René Fage, *op. cit.*, pp. 69 et s.

(183) *Sic Cart. de Beaulieu*, n° 154, p. 214, où un *caput masionile* est qualifié d'*indominicatum. Cart. de Gellone*, n° 53, p. 51 : unum caput mansum cum statu dominico suo. Cpr. *Ibid.*, n° 44, p. 46, et *Cart. d'Aniane*, n° 113, p. 99 : où des cens sont dus au *caputmansus.*

(184) René Fage, *op. cit.*, p. 61 et s.

(185) Henri Sée, *Les cl. rur. et le rég. dom.*, p. 143.

(186) *Cart. de Gellone*, n°ˢ 224, 253, 258, p. 107, 145, 216. *Cart. de Beaulieu*, n° 93, p. 148.

Les *communia (pascua et silvae)* furent ce qui, de la *villa*, résista le mieux aux morcellements féodaux. Toute concession sur son territoire comportait bien une part de jouissance dans les pâtures et les forêts; mais comme cette jouissance n'était pas continue et était exclusivement réglée par le propriétaire, les droits de celui-ci semblaient plus faciles à sauvegarder (¹⁸⁷). A part les lotissements consentis pour le défrichement à des tenanciers, les *communia* restèrent d'abord dans le domaine du seigneur qui en profita pour les soumettre à une réglementation protectrice (¹⁸⁸). Les besoins des populations rurales ne permettant pas de toucher à leurs droits d'usage, il se contenta d'en faire une source de profits : affouage, cueillette et coupe du bois, glandée, etc., donnèrent lieu à des taxes de *fouage*, d'*avenage* ou *minage*, de *pasquerium*, de *pannage*, et à des amendes pour les violations du ban seigneurial (¹⁸⁹). Le seigneur pouvait ainsi mettre en défens, temporairement ou d'une façon permanente, quelque bois ou portion de forêt. Mais, insensiblement, ce droit d'usage dont chaque tenure, devenue patrimoniale, était depuis toujours assortie, fut considéré comme une servitude réelle à son profit ou une propriété commune des usagers, qui tendirent à exclure le seigneur. Tantôt ils y réussirent, tantôt il y eut transaction et partage matériel des bois et pacages entre les deux parties (¹⁹⁰).

Non seulement le sol fut morcelé, parfois à l'extrême, mais les droits qu'on pouvait avoir sur lui le furent dans des proportions pareilles. Il ne faut pas se représenter cette société comme immuable et figée dans ses tenures une fois acquises. Seigneuries, fiefs, censives, alleux, *villae*, manses, droits seigneuriaux ou féodaux ou de toute nature, circulaient aisément et rapidement de mains en mains. Le temps des croisades surtout fut marqué par un déplacement des terres et des fortunes. Donations, ventes,

(187) Ci-dessus, p. 209.

(188) *Cart. de Gellone*, n° 464, p. 377. Cpr. n° 330, p. 271. *Olim* t. 1, n° 22, p. 49. Delisle, *Et. sur la cond. de la clas. agric. en Normandie*, p. 161 et s., p. 381 et s.; R. de Maulde, *Et. sur la cond. forestière de l'Orléanais au M. A.*, p. 181.

(189) *Olim*, t. 1, n° 7, 8, p. 365, Beautemps-Beaupré, *Cout. et inst. de l'Anjou et du Maine*, t. 4, p. 154, 166.

(190) *Olim*, t. 3, n° 16, p. 727 ; *Chartes de Cluny*, n° 2809, 2987, t. 4, pp. 12, 186. L. Delisle, *op. cit.*, p. 344-352; R. de Maulde, *op. cit.*, p. 166. Des chartes accordèrent aux habitants des villes privilégiées ou libres le libre usage des eaux et des bois. Ainsi la charte de Beaumont. Les droits de pêche et de chasse étaient étroitement liés à l'usage des eaux et des bois : Germain, *Hist. de la commune de Montpellier*, t. 1, p. 90 ; Abbadie, *Hist. de la comm. de Dax*, p. 10 et s.

échanges, engagements entre particuliers ou en faveur des établissements de mainmorte, furent alors innombrables. On s'en rend compte par les cartulaires qui n'en contiennent pourtant qu'une très faible partie. Beaucoup de fiefs, de droits seigneuriaux, passaient dans les patrimoines roturiers [191]. Le morcellement des terres, nobles ou non, paraît presque incroyable. Des tenants fiefs en ont « tant mis hors de leurs mains, qu'ils ne peuvent garantir » le service de ce qui leur reste [192]. Les hauts seigneurs en profitent pour racheter terres et justices [193], et ils payent au prix actuel ce que leurs prédécesseurs ont inféodé ou accensé jadis presque gratis [194]. L'incorporation des droits à la terre qui en est la garantie, permet d'en trafiquer librement sans même que la situation de celle-ci soit affectée, et de les mobiliser en quelque sorte; car, redevances, cens, rentes, champarts, profits de justice ou fiscaux, sont aliénés, transmis pour cause de mort, cédés en dot et, dans la suite de ces opérations, fragmentés en portions inégales dans les mains les plus diverses [195]. Des droits très minimes, un cens de quelques sous, un terrage de quelques setiers, se trouvent divisés entre plusieurs titulaires qui ne tardent pas à les passer à d'autres, comme on ferait aujourd'hui de n'importe quelle valeur mobilière. Des patrimoines sont constitués d'une grande variété de droits souvent de très faible valeur et établis sur des séries de terres étrangères les unes aux autres.

2° Dépréciation de la valeur des anciens cens et nouveaux contrats d'exploitation foncière.

La baisse de la valeur de l'argent entraîna vers la fin du xii⁰ et surtout au xiii⁰ siècle la dépréciation des anciens cens et, en géné-

(191) Voy. ci-dessus, p. 260 et s. Cpr. Acte de vente de 1297 (*Arch. hist. du Limousin*, 1ʳᵉ série, t. 9, p. 62 et s.). Par là des tenants fiefs de haute lignée, se trouvaient parfois tenus à l'hommage vis-à-vis du roturier, acquéreur d'un fief supérieur (*Ibid.*, p. 132, E. F.).

(192 Guilhiermoz, op. cit., pp. 207, note 44 ; 210, 211, notes 55-56 ; 223, note 90 ; de Loisne, *Catal. des actes de Robert Iᵉʳ, Comte d'Artois*, XXIX (1240), CXXV (1247), CXXVI (1247) (BPhH., 1919, p. 133 et s.).

(193) *Des fiefs à l'usage de France* [27]a, [30]a (NRH., 1920, pp. 327-329). De Loisne, op. cit., XIV, XV, XCI, XCV, CL, etc.

(194 *Chartes des Arch. dép. et hospit. de la Corrèze* (a. 1314) (*Bull. de la Soc. des Lett. de la Corrèze*, t. 6, p. 643 et s.). Actes de 1294, 1300 (*Arch. hist. du Limousin*, 1ʳᵉ série, t. 9, pp. 57, 76).

(195) *Cart. du Chap. d'Auch*, n⁰ 156, éd. Lacave-Laplagne, p. 191 ; *Cart. de Beaugency*, n⁰ 19, p. 31; *Cart. de l'évêché de Poitiers*, éd. Rédet, pp. 160, 280. *Palypt. de Saint-Paul de Lyon*, App. n⁰ 48, p. 203.

ral, de toutes les prestations établies depuis longtemps, qui, du reste, n'avaient jamais été fort élevées. La patrimonialité des tenures qu'elles grevaient, leur caractère de perpétuité empêchaient d'y rien changer. Certes, les nouveaux baux à cens ou à rente, étaient établis en tenant compte des changements survenus; mais, perpétuels aussi, ils réservaient, dans un avenir prévu, semblables dangers. Cependant la pratique les maintint, car beaucoup de terres offertes, jusqu'ici négligées à raison de leur qualité ou de leur situation, ne trouvaient de preneurs que s'ils pouvaient compter sur le temps pour se payer de leurs avances et de leur travail (¹⁹⁶). Les dévastations de la guerre de Cent ans en restituant périodiquement le sol à la friche, provoquèrent les mêmes effets; d'où, au xvᵉ siècle encore, des aliénations sous forme de bail à cens, mais avec un cens et des redevances plus adaptés (¹⁹⁷). Chaque fois que la tractation était possible, les propriétaires s'appliquèrent à donner leurs terres à exploiter sans rien perdre ni céder du *dominium* et en se réservant le droit d'augmenter, s'il y avait lieu, le prix du loyer.

Ces conditions parurent remplies dans certaines régions par la *métairie perpétuelle*, qui ne supposait ni dédoublement de la propriété ni rente fixe, puisque le loyer était une quote-part du revenu. Pourtant, tout colonage partiaire exigeant une surveillance directe du bailleur, quand celle-ci n'était plus possible, le caractère de perpétuité de la tenure ne permettait guère de la transformer en autre chose qu'en censive (¹⁹⁸). Aussi les baux à temps, à peu près oubliés, sinon complètement disparus (¹⁹⁹) pendant des siècles, réoccupèrent une place importante dans la pratique des xivᵉ et xvᵉ siècles. La durée des baux à ferme variait au gré des parties; on en trouve de viagers ou de n'importe quel nombre d'années (²⁰⁰). Le propriétaire reste libre d'expulser le fermier en lui remboursant ses dépenses (²⁰¹). Le métayage était aussi conclu pour un temps

(196) René Fage, *op. cit.*, pp. 66 et s., 83 et s.

(197) H. Sée, *op. cit.*, pp. 570, 574, *Arch. hist. du Limousin*, 1ʳᵉ série, t. 9, p. 137 K. Mais, à raison du malheur des temps, il fallut parfois aussi suspendre l'exigence des cens ou les diminuer (*Ibid.*, p. 139 L. 141 M, 159, 153. 156).

(198) A. Petit, *La métairie perpétuelle en Limousin au xvᵉ siècle* (NRH., 1919, pp. 365-418).

(199) *Chartres de Saint-Bertin*, n° 1028 (an. 1264), t. 2, p. 89. *Cart. Marmoutiers pour le Vendômois*, n° 17, p. 28.

(200) *Chartres de Saint-Bertin*, n° 1028. *Olim*, t. 1, n° 20, p. 48. L. Delisle, *Et. sur la cond. de la cl. agr. en Norm.*, p. 651.

(201) *Olim, loc. cit.*

très variable; le preneur devait au bailleur une portion de la récolte, oscillant, selon les contrats, de 1/5 à 1/2, assortie de quelques minuscules redevances fixes et de quelques corvées. Le domaine pouvait être repris pour inexécution des conditions, notamment pour absence de culture (202). Entre le propriétaire et le métayer aucune subordination : ils étaient entre eux « compagnons » (203). A la fin du Moyen âge, le métayage devint fréquent en Limousin et dans le Sud-Ouest et s'y substitua à la censive dans les nouvelles concessions (204).

(202) *Cart. de Marmoutier pour le Vendômois*, App. nª 50, p. 357. Delisle. *loc. cit.*, p. 652.

(203) *Tr. anc. cout. de Bretagne*, 185 (éd. Planiol, p. 192).

(204) René Fage, *op. cit.*, pp. 118, 119.

LIVRE IV

LE ROYAUME DE FRANCE

CHAPITRE PREMIER

LA CONSTITUTION DE LA MONARCHIE ET LES LOIS FONDAMENTALES

§ 1. — Si la France avait une constitution.

Reconstituer le royaume dans son unité territoriale et son unité politique, pour tendre plus tard vers l'unité législative et administrative; proclamer et maintenir son indépendance contre les entreprises intérieures et les menaces extérieures, telle fut la double tâche qui s'imposa à la dynastie capétienne. A travers succès et revers, elle n'y faillit pas un instant. Mais la royauté que Hugues Capet avait héritée des Carolingiens aurait pu être la même dans tous les Etats sortis du démembrement de l'Empire. Elle n'avait pas encore son particularisme national, ce qui devait en faire la royauté française et non une autre, c'est-à-dire que l'adaptation n'en était pas faite encore à la seule et spéciale destinée qu'elle devait servir. Pour cet ouvrage, il se trouva tant qu'il fut nécessaire un maître d'œuvre, le roi, une équipe de merveilleux artisans, légistes, administrateurs ou soldats, en possession d'une technique sans cesse perfectionnée, grâce à laquelle furent dégagées les règles apparues essentielles à l'existence de la nation et qu'on nomma par la suite ses lois fondamentales. La réussite fut une œuvre d'art et de raison, conçue selon une méthode positive, sous la seule inspiration de l'intérêt public.

L'idéologie n'y eut aucune part, bien qu'elle régnât dans d'autres domaines et que les luttes du Sacerdoce et de l'Empire eussent fait pulluler, depuis les xi° et xii° siècles, les idées qui, depuis, donnèrent lieu aux systèmes politiques modernes (1). La constitution monarchique fut le produit de la collaboration que la sagesse ou l'imagination des rois et des légistes surent imposer aux événements. Chacun de ses éléments fut créé ou défini à mesure que les exigences de l'histoire le réclamaient.

Des historiens ont nié l'existence de cette constitution, parce qu'elle n'était point écrite (ce qui n'était pas toujours vrai) et qu'elle n'aurait pas eu de sanctions. Or, les mêmes en découvrent une en Angleterre, qui était, pour le moins, dans des conditions semblables. Toute constitution est plus ou moins coutumière. Celle des Etats-Unis, la nôtre de 1875, bien qu'écrites à l'origine, le sont devenues pour de fortes parties. Toutes ont pour sanction la nullité des actes qui y portent atteinte ; et, de cela, dans notre ancien droit public, les exemples sont multiples.

Dès qu'il y eut une littérature politique, on distingua des autres lois et coutumes certaines règles qui obligeaient les rois mêmes et sur lesquelles leur pouvoir législatif n'avait point de prise. Au xiv° siècle, Balde et l'auteur du *Songe du Vergier* comptaient parmi

(1) Il est remarquable que l'effort spéculatif du Moyen âge pour créer une théorie abstraite de la souveraineté au profit, soit du Prince, soit du pape (lutte du Sacerdoce et de l'Empire), soit du peuple, et auquel participèrent théologiens, canonistes, glossateurs, bartolistes, enfin les premiers humanistes, ait si peu influencé la dialectique des légistes français, esprits essentiellement réalistes et politiques. Dans cette littérature copieuse et confuse, les Français ne sont représentés que par quelques théologiens et canonistes ; encore ne puisant-ils à ces doctrines que des arguments à l'appui de solutions concrètes. Un peu plus riche, leur production des xiv° et xv° siècles se rattache encore, en ces matières, à des problèmes d'actualité et de pratique : rapports de l'Eglise et de l'Etat, conflits entre juridictions séculières et ecclésiastiques, etc. [sic Johannes Parisiensis, *Tractatus de regia potestate et papali* (vers 1303) ; Guillelmus Durantis junior, *Tractatus de modo celebrandi concilii et corruptelis in ecclesia reformandis* (vers 1310); [Anonyme] *Quaestio in utramque partem disputata de potestate regia et pontificali* (sous Charles V); Pierre Dubois (?), *Disputatio inter militem et clericum* (v. 1303); Petrus Bertrandi, *De jurisdictione ecclesiastica et politica*, 1329; Philippe de Mézières (?) *Le Songe du Vergier*, 1377], ou à la doctrine conciliaire, tels les écrits de Pierre d'Ailly et de Gerson. L'idéologie n'eut aucune part à la construction juridique sur laquelle les légistes et les rois établirent la constitution de la monarchie. — Voir dans *Les théories politiques du Moyen âge*, par Otto von Gierke, avec *Introduction* de Fl.-W. Maitland (trad. Jean de Pange), un exposé souvent tendancieux de cette idéologie. Cpr. Solmi, *Stato e Chiesa* (800-112), *studio storico et giuridico*, Modena, 1901.

elles l'hérédité royale, l'exclusion des femmes, l'inaliénabilité
du domaine de la Couronne; au cours de ce siècle et au xve, dans
des ordonnances, dans les écrits des publicistes, tels que ceux de
Jehan de Terre-Rouge, furent spécialement mis en lumière les
principes de la légitimité et de l'indisponibilité de la Couronne;
au xvie, la doctrine se trouve parachevée dans les œuvres de
Claude de Seyssel, Charles de Grassaille, Jean Ferrault, du Tillet,
Bodin, Guy Coquille, etc. ([2]), et les lois fondamentales ou lois du
royaume sont nettement opposées aux lois ordinaires ou lois du
roi ([3]). Grégoire (de Toulouse) use même du mot *constitutio* ([4]). La
loi fondamentale, dit Guy Coquille, est celle qui est « telle que le
Roy et ses successeurs et le peuple y soient obligez et ne puisse être
révoquée par le Roy, auquel rang est la loy salique et la prohibition
d'alliener le domaine de la Couronne incommutablement » ([5]); et
Bodin : « quant aux loix du Royaume, d'autant qu'elles sont
annexées et unies avec la Couronne, le Prince ne peut y déroger
(comme est la loy salique); et, quoi qu'il fasse, toujours son
successeur peut casser ce qui aura esté faict au préjudice des
loix Royales » ([6]). Le président de Harlay disait au roi, dans
un lit de justice (15 juin 1586) : « Nous avons, sire, deux sortes
de loix; les unes sont les ordonnances des Rois qui se peuvent
changer selon la diversité des temps et des affaires; les aultres
sont les ordonnances du royaulme qui sont inviolables et par
lesquelles vous êtes monté au throsne Royal et ceste Couronne

---

(2) *Le Songe du Vergier*, Paris, J. Maillet, 1491, et *ap.* Brunet, *Libertez
de l'Eglise gallicane*, 1731. — N. Jorga, *Ph. de Mézières et la croisade au
XIVe siècle* (BHE, fasc. 110, p. 429).

(3) *Tractatus contra rebelles suorum regum. Aureum singulareque opus*
Johannis de Terra Rubea, 1586; Claude de Seyssel, *La grant monarchie de
France*, Paris, 1519; Degrassalius, *Regalium Franciae libri duo, jura et
dignitatis christianissimorum regum*, et Jehan Ferrault, *Tractatus, jura seu
privilegia aliqua*, Paris, 1545. Du Tillet, *Œuvres*, t. 1 : *Recueil des Roys de
France, leurs Couronne et Maison; Recueil des rangs des grands de France;*
t. 2 : *Recueil des traitez de paix, tresves et alliances d'entre les Roys de
France et d'Angleterre ; Chronique abrégée des Roys de France;* t. 3 :
Mémoire et advis sur les libertés de l'Eglise gallicane, Paris, Périer, 1607;
Bodin, *Traité des six livres de la République*, Lyon, 1583; Guy Coquille,
Œuvres, 2 vol., 1703.

(3) Au xvie siècle, cette opposition a été parfois prise dans un autre sens.
Voy. ci-après, p. 798 et s.

(4) Pierre Grégoire, *Tractatus de republica*, Pont-à-Mousson, 1556. — *Décl.*,
16 avril 1723 : « par la constitution de cette monarchie » (Is., t. 21, p. 253).

(5) Guy Coquille, *Hist. du Nivernois* (*Œuvres*, t. 1, p. 445).

(6) Bodin, *op. cit.*, I, 8, p. 137.

a esté conservée par vos prédécesseurs jusqu'à vous » (7). Ces lois bornent la puissance du Prince au même degré que les lois de Dieu et de la justice (8).

Tous reconnaissent pour fondements à ces lois la coutume, le temps, quelquefois la force bienfaisante et le temps. Cette constitution « engravée au cœur des François » (9) résultait d'une adaptation lointaine, de l'« usance », car ces lois, dit encore Bodin, se font comme la constitution d'un homme (10). Aucune construction juridique *a priori* ne les égalerait en puissance ni en bienfait (11). On ne peut dire que le peuple se les soit données; il les doit à l'esprit de suite de ses rois, à la finesse native de ses juristes, aux conditions de vie qu'il reçut de l'histoire. Avec le temps, elles ont apparu des nécessités de sa permanence et de ses succès. Il serait aussi faux de dire que la monarchie fut l'œuvre de la volonté nationale que de dire qu'elle fut imposée en dehors d'elle et contre elle (12). Pour les légistes, le roi et le peuple ne font qu'un corps et forment un tout organique soumis aux mêmes lois vitales; aussi ne peuvent-ils, séparément, s'y soustraire. La thèse de la *Franco-Gallia* et des monarchomaques (13), poussée à l'extrême par les anarchistes huguenots ou ligueurs (14), que ces

---

(7) *Ap.* du Vair, *Œuvres*, 1617, p. 170. — Le président Lallouette, *Des Affaires d'Estat*, p. 4 : « Il y a deux sortes de loyx... Les unes concernent les règles et ordonnances de l'Estat sur lesquelles a esté du commencement bâti et dressé l'édifice du règne, par les ordres de ses propres mesures et convenables proportions qui l'ont fait et font paroître en cette forme et figure parfaite... Les aultres sont les décrets et ordonnances du monarque ».

(8) Loyseau, *Tr. des seigneuries*, II, n° 9.

(9) Paroles de l'archevêque de Lyon aux Etats de 1593 (*Procès-verbaux des Etats*, éd. Aug. Bernard, p. 293 : DI, 1842).

(10) Bodin, *op. cit.*, IV, 3, p. 577.

(11) Du Vair, *Œuvres*, p. 81 : « Il y en a qui pensent quand ils parlent d'un Estat qu'ils parlent d'une idée qui se peut former et transformer en leur esprit selon qu'ils se voudroient imaginer... Tant s'en faut; nous estimons que les Estats sont les principaux et excellens ouvrages de Dieu sans la conduite et providence duquel jamais les esprits de tant d'hommes débordés et enclins à la licence ne se laisseront assembler et estreindre sous le lien d'une seule loy et d'un seul prince ».

(12) Bodin, I, 8, VI, 5, pp. 135, 145 et 160, 973-988. Le Bret, *De la Souveraineté du Roy*, I, 4, p. 27. Du Tillet, *Rec. des Roys*, pp. 260-264.

(13) François Hotman, *Franco-Gallia, sive tractatus isagogicus de regimine Regum Galliae et de jure successionis*, Genève, 1573, Cologne, 1576, Francfort, 1665.

(14) St. Junius Brutus, *Vindiciae contra tyrannos sive de principis in populum populique in principem legitima potestate* (1574-1576 ?) — [Anonyme] *De jure magistratuum in subditos et officio subditorum erga magistratus* (1574?)

lois avaient été à l'origine votées par le peuple et imposées aux rois par une sorte de contrat, repose sur une fantasmagorie historique.

Niées par des théoriciens du xviiie siècle, les lois fondamentales ne cessèrent jamais d'être affirmées par les rois et les corps du royaume [15]. Elles l'étaient encore à cette époque par une portion de l'opinion libérale, mais avec des altérations de doctrine dans le sens d'Hotman et un manque visible de sentiment national et historique; car, à l'autorité de la tradition et des légistes, on substituait, en leur faveur, celle d'étrangers et de théoriciens du droit naturel, Grotius, Locke, Vattel, et l'on ne voyait plus en elles que la pâle traduction d'une constitution idéologique [16].

Mais la marche des affaires humaines, que l'homme ne commande pas toujours, risquait d'imposer des suspensions, modifications ou compléments de ces lois. Si le roi, qui y était soumis, ne les pouvait changer, il fallait chercher quelque part un organe constituant. On admettait, depuis le xive siècle, que les Etats généraux devaient être réunis chaque fois que la fonction royale n'était pas normalement remplie. On conclut que toute atteinte aux lois fondamentales exigeait leur assentiment et que le pouvoir constituant résidait dans les volontés conjointes du roi et des Etats généraux, et cette règle fut incluse elle-même au nombre de ces lois. « Vray est, dit Guy Coquille, qu'en certains cas les Etats ont pouvoir et authorité de plus grande efficace que de conseiller le Roy : car si la Couronne estoit en débat les princes et pairs et les Etats en jugeroient comme il avint après le décez de Charles IV dit le Bel »; car alors « les Etats sont non seulement pour conseil, mais aussi pour déterminer en pouvoir » [17]. Les Etats se prévalaient de cette prérogative. Les rois la reconnaissaient expressément : ainsi Louis XV dans les Déclarations des 2 juillet 1717 et 26 avril 1723 [18]. Les étrangers en réclamaient l'entrée en jeu quand un traité engageait par quelque clause la constitution de la monarchie.

Jean Boucher, *De justa Henrici III abdicatione a Francorum regno libri IV*, Paris (1529), 1589, Lyon, 1591. Pour cette littérature : Hauser, *Les sources de l'histoire de France*, II-3, pp. 247-254, 264-266, 314-323.

(15) J. Declareuil, *Les idées politiques de Guez de Balzac*, pp. 14, 16.

(16) Voir surtout : [Mey, Maultrot, Aubry, Camus, avocats au Parlement], *Maximes du droit public français*, 2e édit., 1775, t. 1, p. 225-367.

(17) Guy Coquille, *Discours sur les Etats de France*, et loc. cit., pp. 277, 445.

(18) Is., t. 21, p. 146 : « Mais si la nation françoise éprouvoit jamais ce malheur (l'extinction de la dynastie), ce seroit à la nation même qu'il appartiendroit de le réparer par sa sagesse ou son choix et, puisque les lois

§ 2. — Les lois fondamentales.

Cette constitution peut être ramenée à un certain nombre de principes, successivement reconnus du XIIe au XVe siècle, mais dont plusieurs qui n'étaient que les corollaires des précédents se trouvaient implicitement admis avant d'avoir été nettement dégagés et séparément définis. Quelques-uns étaient impliqués dans le jeu des institutions ou de pratiques traditionnelles, ce qui rend difficile une chronologie rigoureuse de leur apparition. Nous les exposerons dans l'ordre logique et approximativement chronologique suivant : l'hérédité royale, le concept de la légitimité, l'indisponibilité de la Couronne, l'inaliénabilité du domaine, la catholicité du roi. De la puissance constituante des volontés conjointes du roi et des Etats généraux il a déjà été traité.

Les parlementaires y ajoutaient les droits d'enregistrement et de remontrances qui les eussent associés à la puissance législative; mais ni les rois, ni, en général, les légistes n'y voulurent entendre; aussi cette prérogative des Cours souveraines est rarement comptée parmi les lois du royaume.

On incorporait, au contraire, à ces lois des ensembles de règles qui avaient pour effet de proclamer et de protéger contre les agissements des puissances extérieures, temporelles et spirituelle, et de celles qui se manifestaient à l'intérieur, seigneuriales et féodales, l'indépendance et la souveraineté de la Couronne. Ces règles, qui avaient reçu souvent la forme de brocards, commandaient, dans des directions variées, l'action de l'Etat, la retenaient et la concentraient dans des limites et vers un but invariables.

I. — L'HÉRÉDITÉ ROYALE

Le maintien de la dynastie ne fut assuré, pendant les XIe et XIIe siècles, que par la pratique constante de la *designatio* préalable qui associait le fils du roi régnant à l'activité politique en lui donnant le pouvoir de commander (¹⁹) et de la *coronatio*, c'est-à-dire

fondamentales de notre royaume nous mettent dans l'heureuse impuissance d'aliéner le domaine de notre Couronne, nous faisons gloire de reconnoître qu'il nous est encore moins libre de disposer de notre Couronne elle-même... » Le roi avait préalablement reconnu ne pouvoir « rien prononcer sur la question de la succession à la Couronne avant que les Etats du royaume, juridiquement assemblés, aient délibéré... » et p. 252 et s.

(49) A noter une double erreur de Montesquieu (*De l'esprit des Lois*, XXXI, 32) : « L'Empire étoit sorti de la maison de Charlemagne dans les temps où

du sacre, qui, du vivant de son père, l'investissait de la dignité royale et marquait le début de son règne [20]. Ainsi s'établit une coutume et finalement fut acquise une prescription en faveur de la lignée de Hugues Capet. Ce résultat, que rendit possible le fait que, pendant cette période, tous les rois eurent des enfants mâles, n'alla pas toujours sans opposition à l'encontre soit de la pratique même, soit de son jeu au profit des aînés [21].

Dès sa première année de règne, Hugues fit élire par les *principes* et sacrer son fils Robert (30 déc. 987), malgré les objections de l'archevêque de Reims [22]. Robert, par la suite, fit de même pour son fils Hugues, bien que les grands lui conseillassent de ne pas accabler « un âge si tendre du poids d'un si grand royaume ». Mais, celui-ci étant mort, la *designatio* (1025), puis le sacre (mai 1027) du second, Henri, se heurtèrent à des résistances de la part des *principes* dont le droit de libre élection devenait par là illusoire et de la part de la reine Constance qui lui préférait son plus jeune fils. Le roi hésitait. Fulbert de Chartres fit triompher la cause d'Henri [23], mais ses frères se révoltèrent et, à la mort du père, il ne l'emporta que par l'appui du duc de Normandie et l'abandon du duché de Bourgogne à son frère Robert [24]. Philippe Ier fut désigné et couronné à l'âge de huit ans [25]. Henri Ier étant mort l'année suivante, le jeune roi eut pour tuteur le comte de Flandre, à qui les grands prêtèrent serment à titre de *bajulus* [26]. Les *principes* n'avaient pas profité de cette minorité pour

l'hérédité des fiefs ne s'établissoit que comme une condescendance. Elle fut même plus tard en usage chez les Allemands que chez les François : cela fit que l'Empire, considéré comme un fief, fut électif. Au contraire, quand la Couronne de France sortit de la Maison de Charlemagne, les fiefs étoient réellement héréditaires dans le royaume, la Couronne comme un grand fief le fut aussi ». Or, elle ne le fut pas; en plus, ni cette Couronne, ni l'Empire ne furent considérés comme des fiefs.

(20) Léopold Delisle, *Catalogue des actes de Philippe-Auguste*, p. LXIX.

(21) Luchaire, *Hist. des inst. mon. de la France*, t. 2, p. 309 et s.

(22) Richer, IV, 12 et s. (éd. Guadet, t. 2, p. 458) ; Raoul Glaber, I (éd. Prou (1), p. 26).

(23) *Ep. Hildegarii ad Fulbertum* (PL., t. 141, p. 253) ; Raoul Glaber, III, 9, pp. 81, 84. *Ep. Odolrici ad Fulbertum* (HF., t. 10, p. 504).

(24) R. Glaber, *l. c.*, p. 85; Orderic Vital, VII (éd. Leprévost, t. 5, p. 25) : « Rex Henricus, Roberti regis Francorum filius, dum post mortem patris *jure primogeniti* deberet redimiri regni fascibus.... » ; mais il écrit entre 1120 et 1141, à une phase plus avancée de l'établissement de la coutume.

(25) *Coronatio Philippi* (HF., t. 11, p. 32) : il y est dit que Philippe est élu par l'archevêque, les évêques, les grands, les chevaliers et le peuple. *Ex chron. strozziano* (HF., t. 11, p. 294).

(26) Orderic Vital, IV, 25 et s. Des chroniqueurs flamands un peu posté-

écarter le Capétien; mais le principe héréditaire était encore loin d'être accepté. Philippe Ier eut un fils de la reine Berthe, Louis le Gros, et plusieurs de Bertrade de Montfort. Or, des chroniqueurs prêtent à Guillaume le Conquérant l'intention de se faire élire roi de France, si Louis le Gros mourait, et Suger raconte les entreprises de Bertrade pour supprimer ce prince, bien que, lui mort, il fût resté un héritier du sang, le duc de Bourgogne (27). Louis le Gros fut seulement *designatus* du vivant de son père, qui lui laissa pourtant tout le gouvernement (28). Mais le sacre seul faisait les rois. D'où, à la mort de Philippe, une véritable alerte. Les adversaires de Louis VI étaient si redoutables qu'Yves de Chartres fit précipiter le sacre, conféré à Orléans (3 août 1108) par l'archevêque de Sens, ce qui provoqua des protestations rémoises (29). Dans une lettre explicative, Yves crut bon d'associer l'idée d'un droit héréditaire au consentement des évêques et des *principes* (30). Le concept de l'hérédité était en voie de gestation. Car lorsque Louis VI, après le décès de son fils aîné, désigné en 1125 et couronné en 1129, fit désigner encore, puis couronner Louis VII, au sacre de qui présida à Reims Innocent II (25 oct. 1131) (31), loin qu'ils s'y opposassent, une partie des grands, au dire de Suger, incitèrent le roi à ces précautions. L'opinion tendait à reconnaître les bienfaits de l'hérédité et les dangers du régime électif, qui sévissait en Allemagne et en Angleterre (32). Cependant, au

rieurs prétendent que les grands élurent Beaudouin tuteur et lui prêtèrent serment « *salva tamen fidelitate Philippi pueri si viveret, sin autem, utpote iusto heredi regni* » (HF, t. 11, p. 386, 389).

(27) Suger, *Vita Ludovici Grossi regis*, I, XVII (éd. Molinier, pp. 7, 57).

(28) Suger, *op. cit.*, III, VIII, IX, pp. 11, 18, 21, 25. On a cru Louis le Gros *designatus* depuis 1100-1101, car Suger le qualifie de *defensor regni* à cette date : Luchaire, *Hist. des inst. mon.*, t. 1, pp. 133, 137 ; *Louis le Gros, Annales de sa vie et de son règne*, App. III. Mais, seulement à partir de 1106, Suger le dit *dominus designatus* et les deux princes, père et fils, agissent et sont nommés ensemble. Après la mort de Philippe, Louis se dit *Dei gratia rex Francorum* : Suger, *op. cit.*, X-XII, XIV, pp. 33, 35, 41. *Ex chron. Gaufredi Vosiensis*, XXXVI, (a. 1110) (HF, t. 12, p. 430).

(29) Suger, *op. cit.*, XIII, p. 39; Yves de Chartres, *Ep.* 189 (PL, t. 162, pp. 183-196).

(30) Yves de Chartres, *l. c.* : « *Si enim rationem consulimus, jure in regem est consecratus cui jure haereditario regnum competebat et quem communis consensus episcoporum et procerum jam pridem elegerat* ».

(31) Suger, *op. cit.*, XXXI, p. 122; Orderic Vital, IV, 27-28. D'autres protestèrent, surtout des évêques.

(32) Suger, *op. cit.*, XXXI, p. 122, et *Vita Ludovici VII*, II, III, XVII, p. 147. 150, 165.

cours de ce règne, des mécontents tentèrent d'opposer son frère au roi. Philippe-Auguste fut associé tard à la Couronne (1179) [33]. Louis VII avait craint longtemps de n'avoir pas d'enfant. Cette inquiétude, partagée par le peuple, fit sentir plus profondément aux masses l'utilité du Capétien. L'annonce de la naissance plongea Paris dans le délire [34]. Après deux siècles, cela et Bouvines, il apparut que la nation et la dynastie étaient liées. Philippe-Auguste, qui unissait le sang de Robert le Fort à celui de Charlemagne, ne douta pas que son fils ne lui succédât sans *designatio* ni sacre [35]. Louis VIII ne fut sacré qu'à son avènement. A sa mort, des cabales opposèrent à Louis IX enfant son frère Philippe Hurepel, et les grands vassaux s'agitèrent. Ce fut la fin [36]. Cette suite de rois se succédant par ordre de primogéniture pendant deux siècles avait fondé la coutume. La Couronne de France se transmettait dans la descendance de Hugues Capet par ordre de primogéniture [37].

Rien n'était décidé à l'égard des femmes ni des collatéraux. Aucun argument juridique ne tendait à exclure les premières, ni le droit seigneurial qui les admettait à la tête des grandes seigneuries, ni le droit féodal, étranger à la Couronne et où le privilège de masculinité s'atténuait, ni les statuts des branches capétiennes régnant à l'étranger (Portugal, Naples, Hongrie). En 1316 Louis X mourut, laissant d'un premier lit une fille âgée de quatre ans et la reine enceinte. De toute façon s'annonçait une longue minorité et, s'il naissait une fille, le royaume risquait d'être divisé, car « entre femeles n'a point d'ennéence ». Le comte de Poitiers, frère de

(33) *Epist. Alexandri III* (HF, t. 15, p. 925).

(34) Suger, *op. cit.*, XVIII, p. 166 (21 août 1165). Sur cette naissance, voir le poème de Pierre Riga (Delaborde, *Notices et docum. pour la SHFr.*, pp. 123-127).

(35) L'acte, faussement appelé *Testament de Philippe-Auguste*, qui organise un Conseil de gouvernement pendant la croisade du roi, dans ses art. 11, 14, 19, montre que le roi tient son fils pour son héritier nécessaire (Is., t. 1, p. 181). Petit-Dutaillis, *Et. sur la vie et le règne de Louis VIII*, p. 202 et s.

(36) Le Nain de Tillemont, *Vie de St-Louis*, éd. de Gaulle, t. 1, p. 426 et s. — *Les Grandes Chroniques*, éd. Paulin Paris, t. 4, p. 231.

(37) Vers cette époque, des chroniqueurs, s'imaginant que l'hérédité royale avait toujours existé, créèrent des légendes pour expliquer l'avènement de Hugues Capet : Lot, *Les derniers Carolingiens*, p. 106 et s. ; *Et. sur le règne de Hugues Capet et la fin du xe siècle*, pp. 321 et s. Cet auteur admet l'usurpation, ce qui est une erreur certaine. Cpr. Pfister, *Et. sur le règne de Robert le Pieux*, p. 143. — Il ne resta de l'élection, à titre de souvenir, que les acclamations des assistants à la cérémonie du sacre, quand les évêques présentaient le roi au peuple.

Louis X, convint avec Eudes de Bourgogne et sa mère, cotuteurs de la princesse Jeanne, que, s'il naissait une fille, il serait régent jusqu'à la majorité de ses nièces, qui alors choisiraient entre la Navarre, la Champagne et la Brie ou le royaume. C'était leur reconnaître un droit égal et indivis (38). Mais, avec les prélats et barons, il fut décidé que le comte de Poitiers serait régent, s'il naissait un enfant mâle, et roi, s'il naissait une fille. Un garçon naquit (15 nov. 1316) et mourut sept jours après (39). Le 9 janvier 1317, Philippe se fit couronner en dépit des protestations du comte de Valois, son oncle, du comte de la Marche, son frère, d'Eudes de Bourgogne, d'autres encore (40). Une assemblée de prélats, de barons et de bourgeois, sur une consultation de l'Université, confirma ses droits (41). A un appel d'Eudes aux pairs, il opposa une politique d'avances et de concessions aux protestataires; il y eut des mariages. Le 27 mars 1318, le comte de Bourgogne accepta, au nom de sa pupille, le fait accompli. Ce premier événement instaura la coutume, qui fut renforcée par un second. En 1322, Charles le Bel écarta sans contestation les filles de Philippe V (42). Un nouvel élément du statut héréditaire de la Couronne se trouvait fixé : les femmes étaient exclues. « Le royaume de France est de si grande noblesse qu'il ne doit mie aller à femelle » (43).

Les faits allaient apporter la solution concernant les descendants mâles par les femmes. *Les vrayes chroniques* de Jehan le Bel font dire à Charles IV mourant que « s'il advenoit que ce fût une fille (la reine était enceinte et il n'avait point de fils), que les douze pers et les aultres barons de France eussent conseil entre eux et donnassent le royaume à cils qui le devoient avoir *par droict* » (44).

(38) *Ap.* Plancher, *Hist. de Bourgogne*, t. 2, preuves, p. CLXII et s.

(39) *Memoriale Johannis a Sancto Victore* (HF., t. 21, pp. 663-667).

(40) *Ibid.* (HF., t. 21, p. 665). — Voy. Servois, *Annuaire de la SHFr.*, 1864², pp. 59-72).

(41) *Cart. de l'Univ. de Paris*, éd. Denifle et Châtelain, t. 2, n° 737, p. 197 ; *Contin. de la chron. de Nangis*, éd. Géraud, t. 1, p. 431 et s.

(42) *Continuatio chronici Girardi de Fracheto* (HF., t. 21, p. 57).

(43) De l'Hommeau, *Maximes du droit françois*, p. 15. — Sur l'exclusion des femmes : Lehugeur, *Hist. de Philippe le Long*, t. 1, p. 30 ; P. Viollet, *Comment les femmes ont été exclues en France de la succession à la Couronne* (*Mém. de l'AIBL.*, t. 34², pp. 125-178).

(44) Jehan Le Bel, *Les vrayes chroniques*, éd. Polin, t. 1, p. 88 ; *Les Grandes Chroniques*, éd. Paulin Paris, t. 5, p. 300 et s. ; *Chron. de Richard Lescot*, éd. Lemoine, p. 3 ; *Cont. de la chron. de Nangis* (HF., t. 20, p. 645). — Philippe d'Evreux, parent aussi par les mâles, fut écarté étant plus jeune que Philippe de Valois (*Chronographia regum Francorum*, éd. Moranvillé, t. 1, p. 292) et aussi en vertu du principe de la représentation.

Edouard III, roi d'Angleterre, réclama le trône pour le cas où ce serait une fille, se fondant sur ce qu'il était petit-fils de Philippe le Bel par sa mère Isabelle. Evêques, barons et bourgeois réunis adoptèrent les conclusions de l'Université que « li royaume ne doit mie aler ne descendre à fumelle, ni à fil de fumelle, car li fil de fumelle ne peult avoir droict de succession de par sa mère, venant où sa mère n'a pas droict » (45). Une fille naquit. Philippe VI fut sacré le 29 mai 1328, et Edouard lui fit hommage-lige pour ses fiefs situés en France. Douze ans plus tard (1330), prétextant qu'il avait porté cet hommage étant mineur de vingt-cinq ans et invoquant une série de pseudo-arguments juridiques (46), il prit le titre de roi de France et somma Philippe de le quitter, par lettres de défi (47) : début de la guerre de Cent ans, qui n'arrêta pas le débat juridique. Un arbitrage de Benoît XII, qui conclut en faveur de Philippe VI, échoua (48). Les légistes français faisaient valoir surtout l'exclusion des descendants par les femmes pour la succession aux fiefs (49), une glose de Baldus notant que l'Anglais ne pouvait avoir plus de droits que n'en avait sa mère (50) et particulièrement un texte apocryphe de saint Augustin : *In regnis quae habent mulieres, non haereditant eorum filiae unicae et unigenitae. Ratio est quia regnum non est haereditas, sed dignitas pertinens ad totam rempublicam.* Cette explication et la coutume, que d'autres invoquaient tout uniment (51), étaient les parties solides de l'argumentation. Dans un petit traité de Richard Lescot contre les menées de Charles le Mauvais, il est fait pour la première fois mention de la *Loi salique.* Comme son texte cadrait mal avec l'effet qu'on prétendait en tirer, on l'y adapta. Au xve siècle, l'argument revient souvent (52). Les rois s'en servent. Le nom même de cette loi

---

(45) Voy. J. Viard, *Philippe VI de Valois : La succession à la Couronne* (*Le Moyen Age*, 1921, p. 218 et s.); P. Viollet, *l. c.*, p. 138 et s. Cpr. Sallier (*Coll. Leber*, t. 17, p. 233 et s.).

(46) Rymer, *Foedera*, t. 2, pp. 765, 813, 1022.

(47) *Chronogr. regum Francorum*, éd. Moranvillé, t. 2, p. 38 ; *Chronique latine*, apud Kervyn de Lettenhove, *Istore et chronique de Flandre*, t. 1, p. 547.

(48) *De jure hereditario regis Angliae in regnum Franciae;* Hearne, *Liber niger Scaccarii*, t. 2, p. 534 et s.; Rymer, *Foedera*, t. 2, p. 98.

(49) *Lib. feud.*, I, 8, 2. Ce n'était pas toujours vrai. Voy. ci-dessus, p. 252.

(50) *Glose sur l. 1, D., 9, de senat. :* « Quia in causato non potest esse plus virtutis quam procedit ab influente potentia causae. » P. Viollet, *l. c.*

(51) *Le Songe du Vergier*, 1, 141. (*Tr. des libertez de l'Eglise gallicane*, éd. Brunet, 1731, p. 147).

(52) Richard Lescot, *Généalogie des rois de France*, éd. J. Lemoine, p. 173

devint celui de l'exclusion des femmes et de leurs descendants.
Charles V écrit au roi d'Angleterre sur l'« ordonnance, coustume
et loy du royaume excluant les femmes du throsne, très ancienne,
approuvée et confirmée par Charlemagne »; Charles VII en usait
auprès d'Eugène IV. La victoire apporta la sanction.
Au fond, ce qui entraîna la décision, ce fut : 1° la crainte de la
division du royaume, car le droit des filles était égal; 2° la crainte
de l'influence d'un prince étranger mari de la reine; 3° celle que,
par voie successorale, la Couronne ne fût portée dans une maison
étrangère. La solution fut d'inspiration nationaliste ([53]).

La formule du principe héréditaire était complète : La Couronne
de France se transmettait de mâle en mâle dans la lignée de Hugues
Capet par ordre de primogéniture, avec exclusion des femmes et
des parents par les femmes, et par droit de représentation à
l'infini ([54]).

Avec l'hérédité, l'*electio Francorum* disparaissait : ni la *commendatio* des grands, ni le serment des sujets n'étaient plus essentiels. La foi naturelle remplaçait la foi personnelle comme fonde-

et 178. Jehan de Montreuil, la tenant pour romaine d'origine et transformée par Charlemagne en loi du royaume, la dit ainsi conçue : *Mulier
vero in regno nullam habet portionem* ou *Nulla portio in regno mulieri
veniat* (voy. Sallier, *l. c.*, p. 248-249 ; Thomas, *De Johannis de Monterdio
vita et operibus*, 1883, p. 25). Juvénal des Ursins suppose que les mots *in
regno* sont sous-entendus, comme allant de soi, dans la *lex Salica*, ou ont été
oubliés par un copiste, et croit *terra salica* synonyme de *regnum*.

(53) *Contin. de la chron. de Nangis*, éd. Géraud, t. 2, p. 83, Jehan Le Bel,
Les vrayes chroniques, t. 1, pp. 7, 88, 89; Claude de Seyssel, *La grant Monarchie de France*, Paris, 1519, f° 7; Du Tillet, *Rec. des Roys de Fr.*, p. 214.

(54) Les prétentions des femmes à la Couronne de France ne se manifestèrent plus qu'une fois aux Etats généraux de 1593, quand Philippe II
d'Espagne posa la candidature de sa fille Isabelle, issue d'Henri II par sa
mère, au trône de France. C'était en pleine crise royale, née de l'impossibilité de concilier le principe héréditaire et la loi fondamentale sur l'orthodoxie du roi. Le duc de Mayenne fit prier le roi d'Espagne de ne pas insister. Mais ses ambassadeurs produisirent les prétentions de l'Infante devant
les Etats considérés comme pouvoir constituant (29 mai-13 juin 1593) :
« attendu mesme que quand on voudroit continuer la succession de la
Maison de Bourbon, cela ne se pourroit, ni ne se devroit, considéré que le
roy de Navarre est hérétique, relaps, excommunié et tous ses parents fauteurs d'hérésie et par conséquent exclu de la royauté.... » L'évêque de Senlis répondit au nom des Etats en opposant la *Loi Salique*. Au reste, l'infante
acceptait d'être élue (*Proc.-verb. des Etats de 1593*, éd. Aug. Bernard, pp.
213, 256). Il y avait d'autres candidats en expectative. Cela aboutit à l'*Arrêt
de la Loi Salique*, rendu en audience solennelle, le 28 juin 1593 (Is., t. 15, p. 71
et s.). De nombreux libelles furent écrits pour ou contre cette loi L'abjuration d'Henri IV mit un terme au conflit.

ment principal de la sujétion. Le sacre continuait d'être le mystère qui seul faisait un roi de l'héritier du sang : mais celui-ci y était un candidat nécessaire [55].

II. — LE CONCEPT DE LA LÉGITIMITÉ

Le concept de la légitimité, étroitement lié à l'hérédité, la dépassait. Il visait à lui conférer des caractères spéciaux, à la soumettre à un statut. L'hérédité, qui avait changé les sources du pouvoir, n'en fournissait pas une explication rationnelle, car elle se retrouve avec des conceptions fort diverses : patrimonialité, absolutisme, monarchies constitutionnelles mêlées de droit populaire. La monarchie française n'était rien de tout cela. Les légistes dirent qu'elle était *légitime*, en gardant à ce mot son sens originel : qui vient de la loi. Par là, ils entendaient marquer la nature du fait héréditaire et la forme du fonctionnement gouvernemental. Ils tenaient l'organisme politique pour sorti des nécessités de l'histoire. De ces nécessités étaient nées des lois qui, étant donné leurs origines, se révélaient essentielles à la vie nationale et s'imposaient au corps social. Mais de ce corps social la royauté faisait partie; elle était donc soumise à ces lois. La monarchie était *légitime* parce qu'elle était soumise à des lois, que les dynastes ne pouvaient ni abroger, ni modifier une fois reconnues et établies [56].

Ce qui faisait le roi c'était la loi ou coutume générale du royaume. Cette notion, ou plutôt ce triomphe de la loi dans l'établissement et le jeu du pouvoir royal, se précisait par la nature juridique attribuée à la succession à la Couronne. Etablie dans l'intérêt, non du roi, mais de l'Etat, elle n'était pas héréditaire, mais statutaire, c'est-à-dire que le roi succédait à son prédécesseur non en tant que fils ou plus proche agnat, mais en tant qu'il était la personne désignée impérativement et d'avance par la loi pour en continuer l'office. « Pour le royaume de France, il n'est succession ni héréditaire, ni patrimoniale, mais simple ordre successif ou subrogation du premier-né ou plus proche agnat à

(55) *Memoriale Johannis a Sancto Victore* (HF., t. 21, p. 661) : « Ille enim, quem tu regem Franciae reputas, non est unctus adhuc nec coronatus et ante hoc non debet rex nominari... »; *Chron. de Reims* (HF., t. 22, p. 304). Le règne date du sacre et les hommages féodaux sont alors portés.

(56) Guy Coquille, *l. c.* : « Le gouvernement de la France est une monarchie tempérée par des loix ». Bodin, *op. cit.*, II, 2 ; VI, 5, pp. 273, 973. — Ainsi se précise la nature nettement « institutionnelle » de la monarchie, nature qu'au xve siècle Gerson et Pierre d'Ailly reconnaissaient à l'Eglise : Gerson, *Opera*, t. 1, pp. 666, 690 ; t. 2, pp. 128, 209, 436.

qui le royaume est déféré uniquement par la loi ou coutume générale de laquelle il tient son droit, et non de son père ou de tout autre prédécesseur; ainsi le droit de primogéniture en ce qui touche ce royaume ne vient pas du père, mais de la loi du royaume » [57]. Les textes dans ce sens sont nombreux. Tous expriment qu'il n'y avait pas transmission du pouvoir de roi à roi, mais que chaque roi était investi à la mort de son prédécesseur, directement par la loi [58]. « Ceux qui succèdent à la Couronne, écrit Le Bret, y viennent *ex lege Regiâ*... et non pas comme héritiers » [59]. Ce principe remonte haut, car on citait un arrêt du Parlement de 1252 qui en avait conclu qu'aucun roi n'était tenu des dettes personnelles du précédent [60].

Nécessaire à la vie nationale, la fonction royale ne devait subir d'obstacle ni d'arrêt. Au xive siècle, il y avait encore interruption de la mort du roi au sacre de son successeur qui ne devenait roi qu'à ce moment [61]. En cas de minorité, l'incapacité

[57] Johannes de Terra Rubea, *op. cit.*, II, 9, 11 : « In regno Françiae non habetur successio hereditaria, sive patrimonialis, sed simplex successio, sive subrogatio primogeniti, vel proximioris agnati : cui regnum debetur ex sola lege et consuetudine regni, a qua sola jus accipit : et non a patre, vel alio praedecessore et sic jus primogeniturae, quantum ad tale regnum, non habetur a patre, sed a lege regni ». Cpr. Hotman, *De jure regni Galliae*, 1600, p. 101 et s.

[58] Bodin, *op. cit.*, I, 8, p. 160 : « Le royaume n'est point déféré par succession paternelle, mais bien en vertu de la loy du Royaume » ; Du Tillet, *op. cit.*, p. 64 : « Ladite Couronne escheut au plus proche d'icelle par la loy, non par disposition d'iceluy qui est administrateur seulement, non propriétaire ». De l'Hommeau, *op. cit.*, p. 13 : « Les Rois de France ne sont héritiers de la Couronne et la succession du royaume de France n'est pas héréditaire ny paternelle, mais légale et statutaire, de sorte que les Rois de France sont simplement successeurs à la Couronne par la vertu de la loy et Coustume générale de France »; Du Moulin, Glos. 1, 26, sur *C. Parisiensis*, I, 13 : « Regnum Franciae non haereditarium, patrimoniale vel feudale : est tamen successivum nec jure haereditario, sed jure sanguinis et agnationis masculinae defertur. » *Adde* Loyseau, *Tr. des Offices*, II, 2, nos 21, 22, 34.

[59] Le Bret, *De la Souveraineté du Roy*, IV, 9, p. 621.

[60] De l'Hommeau, *op. cit.*, pp. 13-14 : « Aussi les Rois de France ne sont pas comme héritiers tenus d'acquiter les debtes faictes et promesses des Rois prédécesseurs, en ce qu'elles concernent leur particulier : dont il y a des exemples dans l'Histoire de France..., ce qui fut jugé par un ancien arrest de l'an mil deux cens cinquante deux par lequel il fut dict que le Roy n'estoit tenu aux debtes de ses prédécesseurs ». Loyseau, *op. cit.*, I, 10, no 58; Bodin, *op. cit.*, I, 8, p. 159-161; Le Bret, *op. cit.*, IV, 9, pp. 621-626.

[61] Du Tillet, *op. cit.*, p. 154 : « Anciennement, on comptoit les règnes du jour du sacre et couronnement, non du jour où la Couronne estoit eschue, comme on l'a depuis faict et changé en mieux ». Ce qui explique que le fils de Louis X ne compte pas dans la liste des rois de France : *Ibid.*, p. 192.

légale faisait différer celui-ci; mais le roi, fût-il sacré, n'exerçait effectivement le pouvoir que majeur. Les minorités royales suivaient les règles du droit commun : le soin du royaume s'y juxtaposait aux mains du tuteur ou d'un autre (⁶²). Il y avait lieu à régence. Or les régents publiaient des ordonnances, rendaient la justice, frappaient monnaie en leur nom, avaient un sceau à eux, substituaient leur nom à celui du roi en tête des *Lettres royaux;* les vassaux leur portaient la foi et l'hommage, et non au roi (⁶³). Il fallait donc que le régent leur agréât (⁶⁴). Le principe de la légitimité avait même exagéré tout d'abord l'isolement de chaque règne, puisqu'il n'y avait plus de liaison entre le gouvernement d'un roi et celui du suivant : d'où rupture dans l'exercice des fónctions publiques; les officiers et les corps qui les tenaient d'une délégation royale avaient besoin d'être réinvestis (⁶⁵). Il seyait d'éviter ces interrègnes et le danger des régences. L'âge de la majorité des rois fut abaissé. Philippe III le fixa pour son fils à 14 ans (⁶⁶). Un édit de Charles V (août 1374-21 mai 1375) consacra cette règle pour les aînés des rois et décidait, au cas où Charles laisserait un fils mineur, que la régence irait au duc d'Anjou et les tutelle et garde du jeune roi à la reine-mère et aux ducs de Bourgogne et de Bourbon (⁶⁷). Mais l'enfant fut émancipé, et un arrêt du Parlement ordonna qu'il fût aussitôt sacré et couronné : après quoi le Conseil des princes n'administra plus qu'au nom du roi (⁶⁸). Les mieux pensants éprouvaient la nécessité de précipiter l'heure du règne personnel des dynastes. Aussi, bien que Charles VI s'en fût tenu d'abord aux errements de son père dans l'ordonnance du 1392 (⁶⁹), deux actes de ce prince

---

(62) P. Dupuy, *Traité de la majorité de nos Rois et des régences du royaume,* Paris, 1665, p. 6; Loysel, nº 51. Il semble qu'il n'y eût pas de règle très fixe sur la majorité des rois.

(63) P. Dupuy, *op. cit.,* p. 28 et s. ; Du Tillet, *op. cit.,* pp. 275, 280-282.

(64) P. Dupuy, *op. cit.,* p. 146 ; Luchaire, *Hist. des inst. monarch. de la France,* t. 1, p. 77.

(65) *Ord.,* 17 avril 1364; *L. P.,* 28 avril 1364; *Ord.,* août 1372 (Is., t. 5, pp. 185, 187, 421). Cpr. Loyseau, *op. cit.,* I, 10, nᵒˢ 53-54.

(66) *L.P.,* 2 oct. 1270 (à Carthage) ; *Ord.,* déc. 1271 (Is., t. 2, pp. 644, 647). Cpr. Dupuy *op. cit.,* p. 7.

(67) *Ord.,* août 1374, publiée en lit de justice le 21 mai 1375 : il s'agit de 14 ans commencés; *Ord.,* oct. 1374 (Is., t. 5, pp. 421, 425, 431). *Les Grandes Chroniques de France,* t. 2, p. 177.

(68) Juvénal des Ursins, *Hist. de Charles VI,* Paris, 1663, pp. 2-5, p. 68 et s.; Du Tillet, *op. cit.,* p. 283. *Arrêt,* 2 oct. 1380 (Is., t. 6, p. 539). Dupuy, *op. cit.,* p. 178 et s.

(69) *Ord.,* janv. 1392 (Is., t. 6, pp. 717, 720).

firent faire à cette tendance un pas décisif. Une ordonnance d'avril 1403 déclarait que l'aîné du roi « sitost que son père est alé de vie à trespassement... en quelque minorité qu'il soit, est et doit estre réputé pour Roy et doit estre le dit royaume gouverné par luy et en son nom par les plus prouchains de son sang et par les sages hommes de son Conseil », de telle sorte que « en quelque petit aage qu'il soit ou puisse estre », il soit « incontinent et sans aucune dilacion appellé Roy de France... et soit couronné le plus tost que faire ce pourra ». Une seconde du 26 décembre 1407 fut conçue dans les mêmes termes (⁷⁰). Un arrêt du Parlement de 1498 condamna comme une atteinte aux fondements de l'Etat tout acte contraire à ces ordonnances et notamment le fait de n'appeler le prince vivant roi qu'après les funérailles de son père (⁷¹). La doctrine fut résumée dans la maxime : *Le roi ne meurt pas en France* et, dans le cérémonial, par l'acclamation : *Le roi est mort, vive le roi !* (⁷²). Ce qui veut dire que le roi, qui personnifie l'Etat, est un être abstrait, représenté et incarné dans la suite des personnes désignées d'avance par la loi; « car sitost que le Roy meurt, dès l'instant le plus proche masle du sang Roial est saisi du Roiaume. C'est pourquoi l'on dit que le Roy ne meurt point, non plus que les Communautez, Collèges, Villes... qui ne meurent jamais » (⁷³). — « L'eschoite de la Couronne est au plus prouchain habile, au mesme instant que le Roy rend le dernier soupir » (⁷⁴).

Dès lors, il n'y avait plus de solution de continuité d'un règne

(70) *Ord.*, avril 1403; *Ord.*, 26 déc. 1407 (Is., t. 7, pp. 53, 153). — Dupuy, *op. cit.*, p. 28 et s.; Du Tillet, *op. cit.*, p. 275 et s.; Le Bret, *op. cit.*, I, 5, p. 45.

(71) Lucius, *Placitorum libri III*, tit. 1, art. 3.

(72) Loysel, n° 21 : « Le roi ne meurt jamais, ou le roi est mort, vive le roi. » — Bodin, *op. cit.*, I, 8, VI, 4, pp. 125 et s., 960 et s.; Du Tillet, *op. cit.*, p. 344. Bien que cette doctrine ait été parachevée sous Charles VI, le malheur des temps fit qu'elle servit peu à Charles VII, que Jeanne d'Arc, jusqu'à son sacre, appela : Gentil Dauphin. Mais Juvénal des Ursins, *op. cit.*, p. 398, dit qu'aussitôt qu'il sut la mort de son père, « comme il lui appartenoit bien, il se nomma et porta Roy de France. Aussi l'estoit-il sans nul doute ». Du Tillet, *op. cit.*, p. 233 : « Le Roy Charles septième fut Roy par le decez de son père... car par la mort du Roy prédécesseur, la Couronne par la loy du royaume eschoit incontinent au successeur duquel aussitôt les années du règne sont comptées, non du jour du sacre ou couronnement » (*Ibid.*, p. 192). Sur la façon dont cette doctrine est exprimée par le cérémonial (*Ibid.*, pp. 337 et s.).

(73) De l'Hommeau, *op. cit.*, p. 8.

(74) Du Tillet, *op. cit.*, p. 125 ; Secousse, *Ord. des rois de France*, t. 6, p. 29 : *Quodammodo (reges) immortalitatem participant.*

à l'autre, ni de place pour une régence. Les ordonnances de 1403 et 1407 prescrivaient, en effet, qu'aussitôt après la mort du roi, son successeur « use de tous droiz de Roy sanz ce qu'aucun autre... entrepreigne le bail, régence ou gouvernement de nostre dit Royaume et sans ce qu'il puist estre donné à nostre dit ainsné filz... aucun empeschement soubz umbre de régence ou gouvernement de nostredit royaume ne autrement pour quelque raison que ce soit ou puist estre » (75). En termes brefs : *Il n'y a pas de régence en France.* Suivant cette maxime, le Parlement, écrivant au roy Charles IX, l'an 1563, use de ces termes : « Quand, sire, vous ne seriez âgé que d'un jour, vous seriez majeur quant à la justice, comme si vous aviez trente ans, puisqu'elle est administrée par la puissance que Dieu vous a donnée et en vostre nom » (76).

Cela ne pouvait faire que le roi enfant ne fût incapable de gouverner, ou qu'à tout âge il ne le devînt, ou ne fût contraint de s'absenter. Mais, dans ces cas, il restait le maître de l'Etat; on gouvernait en son nom et par délégation. Charles VI avait prévu l'absence du roi et organisé un Conseil qui administrerait sous son autorité. Pendant sa maladie, la reine usa de la formule : « Isabelle, par la grâce de Dieu reine de France, ayant pour l'occupation de monseigneur le Roy... » (77). En 1574, le Parlement ordonna, en l'absence d'Henri III, que les actes publics fussent intitulés en son nom et scellés de son sceau. L'emploi des mots régence, régent, ne fut pas toujours écarté, mais « ors que la qualité de régent soit employée aux edicts et lettres de commandement, c'est toujours le Roy qui parle et qui commande » et les Lettres sont scellées à son sceau (78).

(75) Is., t. 7, pp. 54, 154.

(76) P. Dupuy, *op. cit.*, p. 1 ; De l'Hommeau, *op. cit.*, p. 9 : « L'on ne baille point aux Rois de France de tuteurs et curateurs, ores qu'ils soient sous bas aage ; car le Roy qui a puissance souveraine sur tous ses subjects ne peut estre en la puissance d'autruy. Autrefois, on a baillé aux Rois de France pour leur minorité, absence du Royaume ou indisposition de leurs personnes ou de leurs sens, des gouverneurs et régens qui avoient l'administration des affaires du Royaume; mais d'autant que les régens s'attribuoient une trop grande authorité et quelquefois aspiroient à la Couronne, le Roy Charles VI fist une ordonnance que, d'oresnavant, il n'y auroit aucuns régens en France... »

(77) *L. P.*, 26 avril 1403, 31 déc. 1409 (I., t. 7, pp. 49, 223).

(78) *Lit de Justice*, 2 sept. 1715 (Is., t. 21, p. 9 et s.). Bodin, *op. cit.*, 1, 8, pp. 125 et s. ; P. Dupuy, *op. cit.*, pp. 28-33. La doctrine sur la majorité des rois est exposée dans le discours de Michel de l'Hôpital, au lit de justice tenu au Parlement de Rouen pour la majorité de Charles IX (*Ibid., Preuves*, pp. 61-64). Du Tillet, *op. cit.*, p. 281.

Si les règles sur la permanence du pouvoir royal ne laissaient place à aucun doute, il n'en était pas de même des personnes à qui devaient être attribuées la garde et l'éducation du roi mineur et le droit de siéger au Conseil du gouvernement. Une pratique fut tirée du double bail du droit privé : « Quand le Roy demeure en bas âge, le plus prouchain à succéder doit estre régent durant la minorité... Mais, au regard de la personne, elle doit estre mise en les mains de ses plus prouchains non capables de luy succéder » [79]. Des orateurs des Etats de 1484 avaient réclamé son application; des rois tâchèrent de l'imposer dans des testaments qui furent cassés par le Parlement. Le droit restait assez flottant. Certains soutenaient qu'il seyait de réunir les Etats généraux comme chaque fois que la fonction royale n'était pas normalement remplie [80].

Le concept de la légitimité dépouillait le sacre de toute valeur juridique. Ce n'était plus lui qui faisait le roi, mais la loi et coutume générale du royaume. Il n'était plus nécessaire, car le roi ne mourait pas. Il devenait simplement cérémoniel et acte de piété. Il put être conféré à tout âge. On condamna l'opinion qu'on en avait eu « comme de croire que cette cérémonie estoit essentielle à la Royauté, qu'un Roy n'estoit pas Roy sans cela, et qu'elle estoit attachée à un certain lieu. Aussi nos bons Auteurs ont soustenu et monstré que le Sacre n'augmente en rien leur droit, ne les fait pas Rois, qu'ils se peuvent faire sacrer quand ils veulent et où bon leur semble; que nos Rois sont Rois par succession et non autrement; et certes, il est périlleux d'attacher la Royauté à une cérémonie qu'il est au pouvoir de ceux qui la doivent faire, de ne la vouloir pas faire, de l'attacher à quelque mystère et à quelque lieu précis. Le plus seur est de suivre l'ordre de succéder qui est le plus naturel... et de tenir pour loy fondamentale que le mort saisit le vif et que le Roy ne meurt point en France » [81].

(79) M. de Saint-Gelais, *Hist. de Louis XII* ; Du Tillet : « Par cette ordonnance (1403) toutes régences furent perpétuellement rejettées pour minorités de Rois auxquelles fut pourvu durant icelles du principal conseil des reines-mères et aultres déclarés... » On sait le rôle des reines mères dans les minorités des XVIᵉ et XVIIᵉ siècles.

(80) Opinion formulée aux Etats de 1560 et 1561 : Bréquigny, *Recherches sur les régences en France* (*Mém. de l'AIBL*, t. 50, p. 543).

(81) P. Dupuy, *op. cit.*, p. 13. Cpr. Loyseau, *op. cit.*, I, 10, n° 58 : « C'est la première maxime de notre droict François : *Le mort saisit le vif*, qui fait qu'au mesme instant que le Roi défunct à la bouche close, son successeur est Roy parfait par une continuation immédiate du droit et de la possession de l'un à l'autre sans qu'on puisse imaginer aucun intervalle d'interrègne... Je dy

III. — L'INDISPONIBILITÉ DE LA COURONNE

La légitimité communiquait à la succession au trône un caractère *sui generis* et faisait mieux voir dans la royauté un *ministerium*, un office public. Le principe de l'indisponibilité de la Couronne était là contenu. Il y est fait allusion dans le *Songe du Vergier*, au temps de Charles V [82]. Mais il ne fut nettement défini que plus tard. L'occasion fut le *Traité de Troyes*, du 21 mai 1420, enregistré au Parlement le 30 et préalablement approuvé par une assemblée de Notables, des Cours souveraines, de l'Université, de la municipalité ou bourgeoisie parisienne. Le royaume de France était transféré au roi d'Angleterre Henri V, gendre de Charles VI. Pour respecter en apparence le principe héréditaire, l'article 1er simulait une adoption et, dans l'acte, Henri V était toujours qualifié de fils de Charles VI [83]. A cette fiction l'article 13 et des Lettres du 21 mai avaient ajouté une sorte de *designatio*, avec *commendatio* des grands et serment des sujets. Dès lors, Henri s'intitula « héritier de France et régent » et le gouvernement du royaume lui appartint, sous l'autorité du roi, pendant la maladie de celui-ci [84]. Entre temps, le Dauphin était mis en quelque sorte hors la loi avec ses partisans [85]. A la mort de Charles VI. Henri VI se fit proclamer roi de France et sacrer à Notre-Dame (19 nov. 1422). « Mais, écrivait Juvénal des Ursins, tous gens d'entendement doivent réputer le tout nul et de nul effet ».

On raisonna à partir de l'idée de légitimité. La loi seule faisait le roi, et, dans l'intérêt public, l'investissait d'une magistrature immortelle, dont il n'était que le titulaire viager, qui ne lui appartenait pas. Dans un *Mémoire* au roi, Juvénal des Ursins exposait

Roy parfait, *sans attendre son Sacre*, comme Bodin a bien prouvé au Ier livre (de la République), ch. 8, et le Parlement le déclara par arrest notable de 1498... C'est pourquoy nous disons vulgairement que *le Roy ne meurt point*, c'est-à-dire que la Royauté est toujours remplie et non jamais vacante ».

(82) Voy. ci-après, p. 411, note 99.

(83) *Traité de Troyes*, 21 mai 1420, art. 6 : « Est accordé que tantost après nostre trespas et dès lors en avant, la Couronne et Royaume de France avecques tous leurs drois et appartenances demourront et seront perpétuellement de nostredit filz le roy Henri et de ses hoirs. » (Is., t. 8, pp. 634, 636 et s., 642).

(84) *Ibid.*, art. 19-24, p. 639. — Les Lettres de Chancellerie portaient : Par le roy, à la relation du roy d'Angleterre, héritier et régent de France...

(85) On fit courir le bruit de la conception illégitime du Dauphin. — C'était le secret de Jeanne d'Arc : « Gentil Dauphin, je suis chargée de vous dire que vous estes le vray Dauphin de France ».

que le Prince n'en pouvait disposer ni par acte entre vifs, ni pour cause de mort : ce qu'il ferait en changeant l'ordre successif dans lequel la loi appelait les dynastes à la Couronne ou en leur substituant un étranger, et qu'il lui était interdit de rien faire qui empêchât que son fils aîné fût roi après lui, même avec le consentement de celui-ci [86]. « Au dommage et totale éversion de sa Couronne, dit du Tillet, de laquelle il n'estoit qu'administrateur, non Seigneur ou Propriétaire, et, quand il eût eu le plus clair et sain entendement du monde, il n'en eût pu priver ledit Sieur Dauphin son fils, auquel elle devoit eschoir sans titre d'hoirerie; par quoi exhérédation, confiscation ou indignité n'y pouvoient avoir lieu pour crime ou cas que ce fût. Car, en France, le Roy ne peut oster à son fils ou plus prouchain la dite Couronne, s'il ne lui oste la vie; encore lui mort, elle viendra à ses descendants masles, s'il en a » [87]. Les aînés mâles de la famille royale ne disposaient pas d'eux-mêmes. Leurs personnes étaient confisquées au profit du royaume, avant leur naissance. Ils étaient par avance englobés dans la suite ininterrompue d'individus destinés à perpétuer l'office royal, un et immuable. Ce n'était pas un droit qu'avait le plus proche parent du roi de lui succéder, mais une obligation, comme si la nation avait sur lui une hypothèque, un droit de suite. De sa

---

[86] « (Le roi) ne possède qu'une manière d'administration et usage dont il jouit sa vie durant. Les héritiers masles sont au regard de la Couronne héritiers nécessaires. Il ne peut aliéner ni bailler le royaume en d'autres mains qu'en celles auxquelles il doit eschoir par succession. Le Roy, en d'autres termes, ne peut pas faire que son fils ne soit Roy après luy. Il ne le peut alors mesme que son fils y consentiroit. Et si celuy-ci y consentoit, il ne pourroit nuire qu'à luy-mesme. Il ne préjudicieroit pas aux autres héritiers du sang » (B.N., ms. fr., 17512, f° 12, v°, cité par P. Viollet, AIBL., 1895, p. 389) et Traité contre les prétentions des Roys d'Angleterre sur la France, 1445, ap. J. des Ursins, Hist. de Charles VI, éd. Godefroy, p. 695. — Examinant la possibilité de paix entre Charles VII et le duc de Bourgogne, un légiste bourguignon notait : « Non tamen potuit eum (le Dauphin) privare jure sibi successendi, omissa ordinaria poena, quia sicut ipsi regi in regno erat jus quaesitum ad rem quod quidem jus non pendet ex voluntate vel ordinatione patris sicut in privata persona. Filio erat jus quaesitum ad rem ; quo jure non potest eum pater privare quia non habet ab ipso patre, sed a consuetudine regni ; sicut beneficiatus quia habet jus quaesitum in re, non potest privare expectantem qui habet jus ad rem (dom Plancher, Hist. de Bourgogne, t. 4, Preuves, p. CLVII, col. 1).

[87] Du Tillet, Rec. des Traitez, pp. 294, 324-360. — Degrassalins, Regalium Fr. libri duo, I, Paris, 1545 : « Reges Franciae non possunt privare filios masculos et propinquiores de genere habendo respectum ad lineam masculam ». Le Bret, op. cit., I, 4, pp. 30 et s.

conception à sa mort, le dynaste était grevé d'une servitude au profit de l'Etat (88). D'où plusieurs conséquences :

1° Le roi ne pouvait abdiquer. S'il se trouvait dans l'impossibilité de gouverner, l'Etat devait continuer d'être administré en son nom et sous son autorité, à moins que n'entrât en jeu le pouvoir constituant. François Ier, désespérant de recouvrer la liberté, par un édit de novembre 1525, daté de Madrid, donna son assentiment à ce que le Dauphin fût sacré, et, par un autre, ordonnait de réunir les Etats généraux pour compléter sa volonté par la leur. Sa délivrance annihila ce dessein (89).

2° Le roi ne pouvait changer l'ordre de la succession à la Couronne, qu'une loi fondamentale avait fixé dans la descendance naturelle légitime, ni par adoption, ce qu'avait tenté le Traité de Troyes, ni par légitimation (90). Henri IV eut un moment la velléité d'habiliter à régner César-Monsieur, qu'il avait eu de Gabrielle d'Estrées; cela n'eut pas de suite (91). Il en fut autrement de la légitimation du duc du Maine et du comte de Toulouse, fils de Louis XIV et de Madame de Montespan, qu'une suite d'édits rapprocha successivement du trône, au point de les habiliter à succéder après les princes du sang, et finalement après les princes d'Orléans (édit du 13 mai 1715) (92). Les protestations élevées dès le premier moment (93) redoublèrent à la mort de Louis XIV et ses édits furent déclarés nuls et non avenus, comme contraires aux

(88) Ce que dit François Ier de ses fils : *Edit.*, nov. 1525, et le Prévôt des marchands, lors du lit de justice : Godefroy, *Cérémonial françois*, t. 2, pp. 496.

(89) *Edits*, Madrid, nov. 1525 (Is., t. 12, pp. 237-244). P. Dupuy, *op. cit.*, p. 469 et s.

(90) Du Tillet, *Rec. des R. de Fr.*, p. 286 : « La troisième lignée régnante a du tout rejetté les bastards non seulement de la Couronne, mais aussi de l'aveu et surnom de France ». *Décl.*, 26 août 1723 : « Ceux qu'une naissance légitime appelle au droit de succéder à la Couronne » opposés à « ceux (illégitimes) qui par la constitution de cette monarchie se trouvent exclus de cette succession ».

(91) Saint-Simon, *Mémoire sur l'intérest des princes du sang à empêcher tout agrandissement des enfants légitimés des rois....* (*Ecrits inédits*, éd. Faugère, t. 2, pp. 14 et s., 29 et s.).

(92) *L.P. donnant aux princes légitimés préséance sur les pairs*, 5 mai 1694; *Edit sur les duchés pairies*, mai 1711, leur donnant rang entre les princes du sang et les ducs et pairs, art. 2; *Edit*, juillet 1714 (les habilitant à succéder après les princes du sang); *Décl.*, 23 mai 1715 (les assimilant aux princes du sang) (Is., t. 20, pp. 225, 567, 619, 641).

(93) Saint-Simon, *op. cit.*, pp. 1-177; *Lettre anonyme au Roy* (*Ibid.*, t. 3, pp. 19 et s.) Cpr. *Testament politique de Messire J.-B. Colbert* (sorte de pamphlet par G. de Courtilz de Sandras), La Haye, 1694, p. 179.

lois fondamentales, par l'édit de septembre 1715 et la déclaration sur la succession à la Couronne du 2 juillet 1717 [94].

3° Le roi, pour ses descendants, ni aucun prince pour lui ou les siens, ne pouvaient renoncer à la Couronne pour le cas où la loi les y appellerait. Cependant une renonciation devait être imposée par les contingences historiques : celle de Philippe V, roi d'Espagne. Annihilant le travail diplomatique d'une partie du xviie siècle, le testament du roi Charles II (2 oct. 1700) appelait au trône espagnol le duc d'Anjou, à son défaut le duc de Berry, à leur défaut l'archiduc Ferdinand, second fils de l'Empereur. Si les Français refusaient, l'archiduc devenait roi à Madrid et il fallait faire la guerre pour le maintien des traités [95]. Tout pesé, on accepta, les droits du duc d'Anjou en France étant réservés. Les coalitions et les guerres qui suivirent obligèrent Philippe V, dans l'intérêt de la paix et de l'équilibre européen, à renoncer au trône de France pour lui et ses descendants. En vain, Torcy avait opposé aux exigences anglaises que le plus proche de la Couronne était héritier nécessaire et la Chambre des Lords objecté la nullité de la renonciation si elle n'était ratifiée par les Etats. On se contenta de l'enregistrement aux Parlements; mais, par la force des choses, la séparation des Couronnes de France et d'Espagne tendit à devenir une charte de l'Europe [96].

IV. — L'INALIÉNABILITÉ DU DOMAINE DE LA COURONNE

Si l'inaliénabilité du domaine est un corollaire de l'indisponibilité de la Couronne, puisque le roi, simple administrateur, ne pouvait pas plus disposer de ce qui en dépendait que d'elle-même, les circonstances firent que le principe en fut plus vite formulé dans le champ soit de la politique intérieure, soit des relations extérieures [97].

(94) *Décl.*, 2 juillet 1717 (Is., t. 21, p. 145).

(95) Voy. Mignet, *Introduction à l'histoire de la succession d'Espagne* (*Et. historiques*, p. 386-497) ; Hermile Reynald, *Louis XIV et Guillaume III*, 2 vol., 1883.

(96) *L. P.* admettant la renonciation du roi d'Espagne à la Couronne de France et celles des ducs de Berry et d'Orléans à la Couronne d'Espagne, 3 mars 1713, avec en note les renonciations (Is., t. 20, pp. 585-600) — Giraud, *Le traité d'Utrecht et les mariages espagnols*, 1847; Saint-Simon, *Mémoire succinct sur les formalités desquelles nécessairement la renonciation du roy d'Espagne, tant pour lui que pour sa postérité, doit estre revestue en France pour y estre justement et stablement validée* (*Ecrits inédits*, t. 2, pp. 181-408).

(97) *L'Abrégé chronologique* du Pt Hénault place, en 1275, à Montpellier,

1° L'inaliénabilité du domaine à l'intérieur du royaume.

1. *Fondement et portée de la règle de l'inaliénabilité du domaine.*
—L'inaliénabilité du domaine, qui en entraînait l'imprescriptibilité [98], fut fondée sur deux ordres d'idées : 1° le maintien de
l'unité de la souveraineté qui exigeait que les droits et les territoires une fois acquis à la Couronne n'en fussent plus détachés [99];
2° l'entretien de la fonction royale et de l'administration du
royaume, dont les portions exploitables du domaine étaient considérées comme la dotation perpétuelle et nécessaire : *tanquam
dos ipsius regni et Reipublicae, Regi data regnandi causa, ideoque
inalienabilis ut ea quae ab uxore marito nuptiarum causa data vel
promissa sunt* [100]. L'idéal financier resta longtemps que les reve-

une réunion imaginaire des princes de l'Europe où aurait été décidée l'inaliénabilité du domaine propre des Couronnes. Peut-être cette légende se rattache-
t-elle à l'annulation de toute donation d'un bien d'Empire prononcée par
Rodolphe de Habsbourg cette année-là. Cpr. *Fleta*, 3, 6, 9. Au reste, à
mesure que se reformait la notion de l'Etat, les publicistes de la fin du
Moyen âge proclamaient bien l'inaliénabilité des droits souverains qui étaient
de l'essence même de l'Etat ; mais la doctrine française allait plus loin,
elle atteignait les biens, quels qu'ils fussent, qui appartenaient à l'Etat.
Cpr. Gierke, *op. cit.*, p. 248.

(98) *Ord.*, Paris, 30 juin 1539, qui écarte même la longue prescription de
cent ans; *Edit*, Moulins, février 1566; art. 1, 4 (Is., t. 12, p. 567; t. 14, p. 185).

(99) *Le Songe du Vergier*, II, 251, Lyon, 1491 : « Au roy appartient la
souveraineté et le dernier ressort en tout son royaulme, et entant qu'il ne
pourroit mye celle souveraineté donner, transporter ou aultrement aliéner,
ne si n'y peut aulcunement renoncer, car celle souveraineté et dernier ressort
sont si fort et par telle manière conjoincts et annexés à la Couronne qu'ils ne
peuvent de luy estre séparés... »

(100) Chopin, *De Domanio*, III, 1; Claude de Seyssel (*La Grant Monarchie de
France*) donne trois freins au pouvoir souverain : la religion, la justice, la
police. « Le tiers frein est celuy de la police, c'est assavoir de plusieurs
ordonnances qui ont esté faictes par les Roys mesmes et après confirmées et
approuvées de temps en temps, lesquelles tendent à la conservation du
royaume en universel et particulier. Et si ont esté gardées par tel et si
longtemps que les princes n'entreprennent point d'y déroguer et quand
ils le voudroient faire, on n'obéit point à leurs commandemens, mesmement
quant au faict de leur domaine et patrimoine royal qu'ils ne peuvent aliéner
sans nécessité. Et il faut qu'elle soit cogneüe et approuvée par les cours
souveraines des Parlements et celles des Comptes, lesquelles y procèdent
si meurement et par si grandes difficultés et discussions que peu de gens se
trouvent qui pourchassent telles aliénations, sachant qu'elles ne seroient
valables ni assurées et si pourroient estre sujets à rendre ce que par vertu
d'icelles ils auroient prins. Et jaçoit que des fruits et du revenu du royaume
les Roys puissent disposer à leur volonté pour le temps qu'ils en sont administrateur, toutefois faut-il en tous cas et dépenses qu'ils font ordinaires

nus du domaine suffissent aux charges du royaume, l'impôt n'étant qu'une ressource subsidiaire et momentanée. Cette doctrine était fréquemment émise par les orateurs des Etats : en 1484, des députés prétendirent que cette dotation rendait illégitime toute perception d'aides ou de tailles [101]. Des légistes s'attardèrent à cette thèse; des ordonnances s'y réfèrent.

La règle de l'inaliénabilité, que Dargentré appelait *sacrosancta lex quae reges ipsos obstringit*, se dessine au xiv⁰ siècle dans une série d'ordonnances portant révocation des aliénations ou usurpations réalisées à son encontre. Philippe V rescinde, en 1316 et 1318, les aliénations consenties depuis saint Louis; des mandements de Charles IV ordonnent aux baillis et sénéchaux de faire remettre aux mains du roi les choses *male alienatae* depuis Philippe le Bel. Ces exemples furent suivis par les rois Jean et Charles V [102]. Le principe était défini dans une ordonnance du 3 mars 1356, rendue par le Lieutenant général du royaume, sur les remontrances des Etats [103]. L'*Ordonnance cabochienne*, réformant l'administration domaniale [104] et révoquant tous démembrements du domaine, même les dotations de la reine [105], le

et extraordinaires revenir à la Chambre des Comptes, laquelle les retranche et refrène bien souvent si elles sont mal fondées. Et cette loi et ordonnance est très utile à la chose publique pour la conservation du domaine royal ; au défaut duquel, quand quelqu'affaire survient, faut venir à exaction extraordinaire, à foulle et grevance du peuple. » (1ʳᵉ Part., ch. XI) : « Et particulièrement quant à ce poinct bien se doit garder de faire aliénations de son domaine sinon ès cas permis par loix et ordonnances. » (IIᵉ Part., ch. XVIII).

(101) *Journal de Masselin* (éd. R. Bernier), p. 414 : « Dicebant domanium esse regi traditum ut inde suae domus statum ducat et soluta portet onera, quod etiam aliquando tam amplum fuit ut potuerit quibusdam Reipublicae necessitatibus, sine aliis tributis, sufficere. »

(102) *Ord.*, 16 déc. 1316 ; 8 nov. 1318 ; *Mand.*, 5 avril 1321 ; *Ord.*, déc. 1360; 14 juillet 1364 (Is., t. 3, pp. 379, 382; t. 5, pp. 112, 217).

(103) *Ord.*, 3 mars 1356, art. 41; *Ord.* mars 1388; *Edit*, 28 février 1401 (Is., t. 4, p. 844 ; t. 6, p. 656 ; t. 7, p. 9).

(104) *Ord. cabochienne*, 25 mai 1413 (Is., t. 7, pp. 283 et s.) : administration centrale du domaine, art. 1 et s.; administration et exploitation sur les lieux par les baillis et sénéchaux, art. 173, 190, 197-16. Cpr. *Ord.*, 5 févr. 1389. Coville, *Les Cabochiens et l'ordonnance de 1413*, pp. 37 et s., 223 et s.

(105) *Ibid.*, art. 137 : Les villes, châteaux et terres de Melun et de Crécy en Brie donnés à la reine étaient repris et remis dans la main du roi ; car les reines « n'ont communauté des acquêts faicts par les roys leurs maris durant le règne de leur mariage, mais bien en ceulx faicts auparavant leur avènement à la Couronne ». — « L'administration du royaume ne peut recevoir les reines à communauté, car tout est pour la Couronne et bien du

reprenait et enlevait aux administrateurs le droit de transiger en ces matières ([106]). Aux Etats généraux de Tours de 1468, une application remarquable en fut l'annulation que le roi se fit demander du don de la Normandie qu'il avait été contraint d'inféoder à son frère; à ceux de 1506, Louis XII fit casser le traité que la reine lui avait arraché en vue d'un mariage entre sa fille Claude et un prince autrichien à raison des changements de relation que cette union eût provoqués entre la Couronne et certains territoires du royaume ([107]). A leur avènement les rois révoquaient les concessions illégales échappées à leurs prédécesseurs ([108]).

L'Edit de Moulins (février 1566) réunit les règles essentielles de la législation domaniale et inclut en langage juridique et dans un texte écrit la loi fondamentale de l'inaliénabilité et de l'imprescriptibilité du domaine ([109]). Ses prescriptions, complétées par l'ordonnance de Blois (mai 1579), furent invariablement suivies et reproduites dans la législation postérieure. De l'avènement de Charles V jusqu'à Charles VIII, l'inaliénabilité du domaine fit l'objet d'une clause du serment du sacre ([110]), ensuite supprimée, car, si large qu'elle fût, elle risquait de paraître limitative dans ses termes,

royaume qui ne doit estre approprié à la reine, par vertu de la coustume. La bourse du roy est celle du peuple, non particulière au roy ni à la reine. » (Du Tillet, *op. cit.*, p. 147). — Les art. 22, 25, 31 prononcent la reprise de droits démembrés antérieurement. Cpr. *Edit*, juillet 1521, 2 nov. 1531, 30 nov. 1539.

(106) *Ibid.*, art. 89 : Rien de ce qui appartient ou appartiendra, revient ou reviendra au domaine ne pourra être aliéné, ni donné à héritage, à vie ou à temps. Toute donation antérieure contraire à ces défenses est annulée; toutes terres, tous droits domaniaux possédés sans raison et sans titre sont recouvrés. — Cpr. *Ord.*, 10 avril 1402 (*Ibid.*, t. 7, p. 19).

(107) *Décl. royale sur les remontrances faites par les Etats du royaume au sujet du mariage de Claude France* (Is., t. 11, pp. 447 et s.). Lobineau et Morin, *Hist. de Bretagne*, t. 1, p. 830 ; t. 2, p. 238.

(108) La déclaration du 30 avril 1517 (Is., t. 12, p. 109) en dit les motifs : toujours sous une forme ou sous une autre, quelques violations du principe étaient survenues sous les administrations précédentes.

(109) *Edit*, février 1566, suivie de l'*Edit* de février sur les petits domaines; *Ord.*, mai 1579 (Is., t. 14, pp. 185, 189).

(110) « Et superioritatem, jura et nobilitates Coronae Françiae inviolabiliter custodiam et illa nec transportabo, nec alienabo. » Charles V fit jurer au duc d'Anjou régent éventuel : « Et aussi garderay et defendray le demaine, les nobleces, droictures et seigneuries d'iceluy royaume contre tout homme vivant, senz en riens aliéner, ne souffrir estre aliénée ». (Is., t. 5, pp. 240, 429. — Bodin, *op. cit.*, VI, 2, p. 858. Godefroy, *Cérémonial françois*, t. 1, p. 76; t. 2, p. 495.

et la volonté royale sembla plus contenue du fait de la loi fondamentale que par l'engagement individuel de chaque roi (111).

On distinguait entre le domaine fixe et le domaine casuel. Le premier, composé des choses et des droits déjà acquis à la Couronne à l'avènement du roi régnant, comprenait les droits (*regalia*) dont l'ensemble constituait la souveraineté, les seigneuries et tenures féodales appartenant à la Couronne ou en relevant directement, les droits de juridiction dont elles étaient assorties, les biens quelconques de l'Etat, les privilèges reconnus au roi comme tel (112). Le domaine casuel s'étendait à « tout ce qui appartenoit au roi par ses conquêtes ou par acquisition, comme par succession, droit d'aubaine, confiscation, bâtardise, déshérence » (113); en un mot, ce que le roi acquérait son règne commencé et qui ne provenait pas d'un revenu. Seul le domaine fixe était inaliénable et imprescriptible. Le roi, au contraire, disposait du domaine casuel pour récompenser des services rendus à l'Etat; ces biens auraient pu ne pas lui advenir et n'étaient pas encore annexés à la Couronne (114). Mais ils entraient dans le domaine fixe quand : 1° ils lui étaient expressément unis et incorporés par un édit ou une déclaration royale; 2° le roi en avait joui et ses officiers les avaient administrés pendant dix ans (115). La règle de l'inaliénabilité embrassait le capital, les produits et les revenus (116). Outre l'interdiction aux Cours souveraines d'entériner les Lettres patentes contenant des aliénations de biens domaniaux et les sanctions frappant les officiers royaux coupables ou négligents, les acquéreurs étaient tenus de restituer les fruits depuis

(111) J. Declareuil, *Le Traité de Madrid et le droit public français* (*Rec. de Législ. de Toulouse*, 1913, p. 108 et s.). Cpr. Husson, *Des donations faites par nos rois de terres de leurs domaines*, à la suite de Duplessis, *Traités sur la C. de Paris*, 1726, t. 2, p. 140. L'obligation née du serment fut encore invoquée longtemps après que la clause eut disparu : *Edit*, Moulins, fév. 1566, préamb. On la tenait pour impliquée dans la formule générale du serment du sacre.

(112) Sur la composition du domaine : *Edit*, Moulins, fév. 1566, art. 2; *Ord.*, avril 1667; *Edit*, août 1708 (Is., t. 14, p. 186; t. 18, p. 182; t. 20, p. 537). — Sur l'exploitation : *Edit*, Moulins, fév. 1566, art. 4, 11, 17, 20, 21.

(113) Ferrière, *Dict.*, v° *Domaine du Roy*.

(114) Chopin, *De Domanio*, II, 3, 40. — *Ord.*, 25 mai 1413, art. 17.

(115) *Edit*, Moulins, 1566, art. 1, 2, 5, 13. *Edit*, avril 1667 (Is., t. 18, p. 182).

(116) *Ord.*, 7 janv. 1401, art. 14; 7 janv. 1408, art. 13; 25 mai 1413, art. 5. — *Edit*, févr. 1566, art. 4, 5; *Ord.*, Blois, mai 1579, art. 9, 10, 331, 335-336 (Is., t. 6, p. 858; t. 7, p. 161, 287; t. 14, p. 186, 382, 454, 492).

le début de leur possession sans pouvoir exciper juste titre ni bonne foi (117).

II. *Exceptions à la règle de l'inaliénabilité du domaine*. — La loi de l'inaliénabilité comportait une double exception en faveur des apanages et des engagements (118).

La pratique des apanages remontait aux origines de la royauté capétienne (119). Elle avait pour but de pourvoir les puînés du roi et de maintenir dans un rang élevé des branches de la dynastie pour le cas où la branche régnante s'éteindrait. La théorie juridique de l'apanage fut établie en fonction de cette seconde utilité qui intéressait l'existence du royaume (120). Seuls les Enfants de France, c'est-à-dire les fils de rois, pouvaient en recevoir, sans y avoir de droit acquis : l'institution jouait dans l'intérêt public, non dans le leur. Dès 1284, un arrêt du Parlement constatait « les puisnez ne pouvoir quereler ou demander certaine légitime part ou quote leur estre due en la succession du Roy leur père, mais seulement provision pour leur vivre et entretien à la volonté et arbitrage dudit Roy père » (121). Au XIIIe siècle, la plupart des apanages furent soumis à la clause de réversibilité à la Couronne si l'apanagiste mourait sans héritiers directs (122). Cette clause fut incorporée à la coutume, ce que notent deux arrêts de 1283 et 1284 (123). Au début, l'apanage pouvait être donné aux Filles de

(117) *Edit*, Moulins, 1566, art. 5, 6; *Ord.*, Blois, 1579, art. 329, 331. — Un édit de mai 1543, avait créé une Chambre du domaine, mais une déclaration du 10 mai 1579 transféra la connaissance des affaires domaniales au Parlement (Is., t. 12, p. 812 ; t. 14, p. 379).

(118) Un édit de févr. 1566 en consacrait une troisième pour les petits domaines qu'il était plus avantageux à l'Etat de céder à bail ou à cens (Is., t. 14, p. 189).

(119) *L. P.*, 7 déc. 1766 *préamb.* (Is., t. 22, p. 463). Ainsi, successivement, Henri, puis Robert, fils de Robert II, reçurent la Bourgogne ; le frère de Philippe Ier eut le comté de Vermandois : Raoul Glaber, III, 9, p. 47; *Miracula sancti Benedicti* (HF, t. 11, p. 488).

(120) Chopin, *De Domanio*, II, 3, 9; Dupin, *Traité des apanages*, pp. 44-104.

(121) L. Delisle, *Essai de restitution d'un volume des Olim, Livre pelu noir*, n° 537 (Boutaric, *Actes du Parl. de Paris*, t. 1, p. 388) ; Du Tillet, *op. cit.*, p. 208; Ragueau, v° *Apanage*.

(122) Louis VIII l'inséra dans la constitution d'apanage du comte d'Artois; elle était évidemment sous-entendue dans celles des comtes d'Anjou et de Poitiers. On l'appliqua rétrospectivement à Philippe Hurepel pour les comtés de Clermont et de Boulogne. Saint Louis, qui ne donna à ses fils que de petits apanages, et Philippe III la reproduisirent toujours — Ch.-V. Langlois, *Le règne de Philippe III*, p. 186.

(123) L. Delisle, *op. cit.*, n° 527.

France et transmis aux filles de l'apanagiste. Vers la fin du
XIII° siècle, il y eut tendance à ne leur accorder qu'une pension
viagère; au cas de dotation immobilière, celle-ci restait à perpétuité rachetable en deniers (124). Philippe le Bel semble le premier
avoir écarté les femmes de la succession à l'apanage. Malgré des
décisions contraires de Louis X (125), leur exclusion de la Couronne
entraînait cette solution. Depuis Charles V, qui reprit la clause de
Philippe le Bel, l'usage en fut invariablement suivi (126). Enfin,
l'avènement au trône de l'apanagiste ramenait de plein droit au
domaine l'apanage qui avait par là accompli sa destinée (127).
A cette doctrine, restrictive quant aux bénéficiaires de l'apanage,
s'en joignit une autre quant à son contenu. Aux XI° et XII° siècles,
il prenait la forme d'une inféodation; l'apanagiste était vassal du
roi, soumis quand son fief était médiocre et étroitement rattaché
par sa position géographique au domaine royal, tout autre, si le
fief était grand et dans une situation excentrique, comme la Bourgogne. Mais, au XIV° siècle, on ne vit plus dans l'apanage qu'un
usufruit ou un revenu garanti par la possession d'une terre, que
l'apanagiste ne pouvait ni aliéner ni obliger (128). Les droits sei-

(124) *Règl.*, oct. 1374 (Is., t. 5, p. 439). *Edit*, Moulins, 1566, art. 1. —
Guy Coquille, *Instit. au dr. franç.*, p. 3 : L'apanage aux filles des rois
était rachetable en deniers à toujours sans aucune prescription : « car la dot ou
apanage d'une fille de France est originairement en deniers ». — Le douaire
des reines, s'il était constitué en terres, n'était qu'une simple jouissance.

(125) *Codicille de Philippe IV* (Is., t. 3, pp. 19, 47) ; *Arrêt du Parl. de
Paris*, 1316.

(126) Du Tillet, *op. cit.*, p. 209 : « Depuis M. Louis de France, duc
d'Orléans, frère du Roy Charles V, en tous les appennages des puisnez de
France, le retour à la Couronne a toujours été exprimé au défaut des hoirs
masles descendans de loyal mariage pour oster toutes controverses. » —
Cependant Louis XII avait, en 1498 et 1506, constitué des apanages transmissibles aux descendants des deux sexes. Mais la doctrine était formelle.
Lefebvre de la Planche, *Tr. du Domaine*, t. 1, p. 426 : « Le domaine des rois,
qui est incommunicable aux filles, ne peut perdre cette prérogative entre
les mains des apanageurs ». — *Ord.*, Blois, mai 1579, art. 332; *L. P. sur
l'apanage du duc d'Anjou*, 1566 (Dupin, *op. cit.*, pp. 15, 93).

(127) *Ord.*, 31 déc. 1316 (Is., t. 3, p. 149). A l'avènement de Philippe VI, on
se demanda si son apanage devait revenir à la Couronne ou passer à ses puînés. « Mais, dit du Tillet (*op. cit.*, p. 211), fut observée la réunion et retour à
la Couronne desdites terres parce que par l'adoption d'icelle lesdits Rois ne
les avoient perdues et estoient rentrées en elle et rejointes au lieu dont elles
estoient parties ».

(128) *Ord.*, oct. 1374; *Ord.*, mai 1579, art. 332 (Is., t. 5, p. 459; t. 14,
p. 452). — Du Tillet, *op. cit.*, p. 209 ; Dupin, *op. cit.*, p. 13 ; Chopin, *l. c.* :
fructuaria praedii concessio. Au contraire, Pothier lui accorde un droit de
propriété (*Tr. des fiefs*, I, 1).

gneuriaux, si elle était une seigneurie, étaient retenus par le roi, sauf les profits de justice. L'apanagiste affermait les greffes, tabellionages, droits de sceau, nommait les juges; mais, pour les bailliages, ceux-ci recevaient leurs provisions du roi [129]. Cependant la pratique des xviie et xviiie siècles ne fut pas très ferme, peut-être parce que, depuis Charles IX, l'usage était d'assortir l'apanage de la pairie, et l'apanagiste en acquit une sorte de droit de propriété analogue à celui qu'avait le grevé de substitution. Certains apanagistes nommèrent à tous les offices, jugèrent des cas royaux, nommèrent aux bénéfices, sauf aux évêchés, battirent monnaie, même d'or [130].

La théorie des engagements fut plus lente à se former. D'anciennes ordonnances, portant interdiction d'aliéner, réservaient le cas d'affaires urgentes ou de nécessités nationales. On tenait pour légitimes les aliénations consenties pour dépenses de guerre, si les autres ressources manquaient [131]. Le système est constitué dans l'Edit de Moulins (fév. 1566). L'engagement peut être consenti sous les conditions suivantes: 1° pour fait de guerre; 2° à deniers comptants; 3° par Lettres patentes à ce décernées et publiées par les Parlements qui ne les enregistrent qu'après enquête et s'être assurés que les conditions sont remplies; 4° sous faculté perpétuelle de rachat. Le produit des coupes des hautes futaies et les revenus de la location des terres vaines et vagues, toujours réservés au roi,

(129) Du Tillet, p. 213 : « Vray est que les droicts royaux qui sont adhérens à la Couronne et inséparables d'icelle sont réservez et ont toujours esté; et souloit au duché ou comté baillé estre retenue par le Roy quelque ville où il érigeoit un bailliage royal pour la connoissance desdits cas royaux. » Chopin, *op. cit.*, II, 5-7; Loyseau, IV, 9, n° 39. Cpr. *Décl.*, avril 1627.— *L. P.*, mars 1661 ; févr. 1692 ; 16 déc. 1766 (Is., t. 17, p. 401 ; t. 20, p. 151 ; t. 22, p. 463). Daguesseau, *Œuvres*, t. 7, p. 281; Loyseau, *l. c.*, n°⁸ 18-21, 26-48; Pothier, *Tr. des fiefs*, Ire part., ch. 1. — *Contrà* de Vauxelles, *Essai sur les apanages*.

(130) Loyseau, *op. cit.*, V, 9, n° 7. — Constitutions d'apanages : *Edit*, juillet 1626 (Gaston d'Orléans); mars 1661 (Monsieur, Philippe de France) et *Décl.* (1704) *sur l'apanage d'Orléans; Edits*, juin 1710 (Duc de Berry); avril 1771 (Comte de Provence); oct. 1773 (Comte d'Artois) (Is., t. 16, p. 192 ; t. 17, p. 401 ; t. 20, p. 552 ; t. 22, pp. 525, 560). Les lois du 13 août 1790 — 22 novembre 1790 et 6 août 1791 supprimèrent les apanages réels et leur substituèrent des rentes apanagères.

(131) *Décl.*, Amboise, 13 déc. 1517, portant révocations des aliénations du domaine, sauf des terres « aliénées pour le fait de guerre. » *Décl.*, 25 février 1519, réservant le cas d'aliénations pour affaires urgentes ; *Décl.*, 17 mai 1519, portant commission pour aliéner le domaine jusqu'à concurrence de 278.000 liv., pour la guerre; *Décl.*, 13 juin 1522 (Is., t. 12, pp. 109, 167, 172, 197).

DECLAREUIL. — HIST. DU DR.   27

devaient être affectés à ce rachat ([132]). Les droits seigneuriaux et
féodaux restaient au roi; seuls les profits qui y étaient attachés
appartenaient à l'engagiste. L'engagement se ramena à une rente
assise sur les biens engagés. Mais là encore il y eut des à-coups
à la théorie ([133]). On laissa parfois la justice à l'engagiste : un
édit d'avril 1702 créa pour certains d'entre eux des hautes justices.
Cependant l'ensemble de cette législation se maintint sans changement pendant les deux derniers siècles de la monarchie. Malgré
des décisions intermittentes ordonnant les rachats, il en était
opéré rarement. Aussi un arrêt du Conseil du 14 avril 1787 donna
aux engagistes, dont les terres avaient beaucoup augmenté de valeur depuis leur entrée en possession, le choix entre la restitution
de ces biens contre le remboursement de la finance d'engagement
ou la continuation de leur possession en se soumettant au paiement des rentes fixées, d'après l'évaluation nouvelle des terres,
par une commission ad hoc ([134]).

2° L'inaliénabilité du domaine dans les relations extérieures.

Du xie au xve siècle, trois doctrines apparurent sur les conditions
de transfert de territoires ou de droits d'une souveraineté à une
autre. Loin de s'exclure, elles se superposèrent, de sorte qu'il
fut un jour possible de les invoquer à la fois ([135]).

La première, d'origine féodale, était fondée sur l'engagement qui
liait suzerain et vassaux: en dehors des causes déterminées par le
contrat ou la coutume, il ne pouvait, étant dans l'intérêt des deux
parties, être rompu par le fait d'une seule. Le suzerain ne devait pas
céder ses vassaux à un autre sans leur assentiment. Lors de la cession que Louis IX fit de territoires du Sud-Ouest au roi d'Angleterre,
les vassaux protestèrent et refusèrent de quitter la vassalité du
roi de France ([136]). Il en fut de même en Bretagne quand Philippe

(132) *Edit*, Moulins, fév. 1566, art. 1, 8, 10, 12, 15-17. *Ord.*, Blois, mai 1579,
art. 333-334 (Is., t. 14, pp. 186 et s., 453 et s.).

(133) Loyseau, *l. c.*, n°s 28-51.

(134) Voy. le Conseil tenu à propos des questions domaniales à St-Germain-
en-Laye, nov. 1583 (Is., t. 14, p. 554). — *Edit*, portant règlement général sur
le domaine de la Couronne, avril 1667; *Edit*, juin 1719 (Is., t. 18, p. 183-185).
— Pothier (*Tr. du contr. de vente*, V, II, 3 ; *Tr. des fiefs*, I, II, 2) ramène
l'engagement à une antichrèse. — *A. C.*, 14 avril 1787.

(135) J. Declareuil, *Le Traité de Madrid et le droit public français* (Rec.
de *Législation de Toulouse*, 1913, pp. 102-122).

(136) L'abbé Guillaume de Mareuil, soutenant que Louis IX n'avait pas pu
rendre l'abbaye de St-Martial au roi d'Angleterre par les traités de Paris
1258) et de Londres (1259), gagna son procès devant le Parlement (2 juin
1275) : *Chron. de Pierre Coral*, (HF, t. 21, p. 780).

le Bel renonça aux droits qu'il y pouvait prétendre [137]. Après les traités de Londres (1359) et de Brétigny (24 oct. 1360), les vassaux du Languedoc, de l'Armagnac, du Rouergue, du Périgord, du Limousin, de la Saintonge se révoltèrent; des bourgeoisies urbaines suivirent ce mouvement; dans le Nord, le connétable de Fiennes en dirigea un pareil [138]. Quand les fiefs devinrent patrimoniaux et les droits du suzerain et du vassal également aliénables, il semble que cette doctrine aurait dû disparaître; mais, d'une jurisprudence un moment admise que les fiefs assortis de droits de justice ne pouvaient être aliénés qu'à un seigneur plus haut en dignité, Cujas et d'autres tirèrent que le roi, qui n'avait personne au-dessus de lui, ne pouvait céder ses mouvances. Et pour ceux qui ne se rangeaient pas à cette doctrine, le principe de l'inaliénabilité du domaine menait au même résultat [139]. En fait, l'argument tiré du lien féodal continua d'être invoqué [140].

La seconde doctrine, création vers la fin du xiie siècle des romanistes et des canonistes, paraît être sortie de la conception du Moyen âge qui rattachait toute sujétion à la foi personnelle, c'est-à-dire à l'engagement individuel du sujet. « Et pour ce disent les docteurs en droit canon, Hostiense et Jehan André... que se aulcun seigneur veult mettre sa terre et ses hommes en la subjection d'aulcun aultre seigneur, ses hommes se peuvent opposer et contredire, car c'est le prouffit des subjects de non changer de seigneur quand ils l'ont bon et agréable » [141]. Des collectivités avaient parfois stipulé en se rattachant à la Couronne que le roi ne les mettrait pas, sans leur adhésion, hors de ses mains [142]. Peut-être au xve et surtout au xvie siècle chercha-t-on à nuancer l'expression de la théorie afin de la transporter des rapports de

(137) Cujas, *De feudis*, tit. 22; du Moulin, Gl. 3, 27, sur la *C. de Paris*, n⁰ 1.

(138) Froissart, *Chron.*, I, 141 : « Combien que le roy les quitta de foy et d'hommage... disoient les aulcuns qu'il n'appartenoit mi à luy à quitter et que par droict il ne le pouvoit faire ». Juvénal des Ursins, *Hist. de Charles VI*, p. 366 et s. — Cpr. Petit-Dutaillis et Collier, *La diplomatie française et le traité de Brétigny* (*Le Moyen Age*, 1897, p. 1 et s.).

(139) Cujas, *l. c.*, Cpr., Faber, *Instit.*, de assign. libert., n⁰ 5; du Moulin, *l. c.* n⁰ 26; Dargentré, *C. de Bretagne*, art. 329, n⁰ 9; Lefebvre de la Planche, *op. cit.*, t. 3, p. 396.

(140) *Traité de Madrid* (1525), art. 4 (Is., t. 32, p. 320) — J. Declareuil, *l. c.*

(141) *Le Songe du Vergier*, II, 251 (*Tr. des lib. de l'Egl. gall.*, éd. Brunet, p. 107).

(142) *Charte d'Amiens*, art. 51 : Giry, *op. cit.*, p. 35; Promesse de Philippe-Auguste (1212-13) à la Cité de Limoges et réserves du même genre : (*Arch. hist. du Limousin*, Ire série, t. 7, pp. 8, 20, 21, 22); Luchaire, *Hist. des institutions monarchiques*, t. 2, p. 200 et s.

l'individu au souverain à ceux de la collectivité à celui-ci. « *Rex Franciae*, écrivait Charles de Grassaille, *non potest alienare unam ex civitatibus regni sui, invitis civibus, secundum Baldum, Hostiensem, Johannem Andraeae in Novella... quos sequitur Jaso* » (143). C'était la doctrine du plébiscite. On en citerait de nombreuses applications. En 1251, les habitants de Marseille consentirent ainsi à être soumis aux comtes de Toulouse; en 1285, ceux de Pamiers à l'être au comte de Foix. En 1419, le Dauphin opposait aux Anglais ne pouvoir céder la Guyenne « sans le consentement de ceux du pays » (144). Le Traité de Madrid (1525) soumettait la cession de la Bourgogne par François Ier à Charles-Quint au libre assentiment des Etats et des populations de la province (145).

Mais ces théories étaient communes aux nations chrétiennes de l'Occident. La troisième fut plus spécialement nationale. Le roi ne pouvait rien aliéner à l'intérieur du royaume, à plus forte raison se dépouiller de ses droits ou possessions au profit de puissances étrangères. La loi fondamentale s'étendait aux relations extérieures comme à l'administration intérieure. Mais il pouvait arriver qu'une nécessité inéluctable, une bataille perdue, contraignît à subir les volontés de l'adversaire. Même dans ce cas, le roi restait inhabile à rien céder sans que fût entré en jeu le pouvoir constituant, c'est-à-dire qu'à son consentement se fût joint celui des Etats généraux (146). Cette règle certaine était connue des Chancelleries étrangères : les Anglais avaient fait insérer au Traité de Londres (1359), que les Etats repoussèrent, une clause requérant leur assentiment (147); ils tentèrent de l'obtenir pour le Traité de Moore (11 août 1525). L'article 5 du Traité de Madrid (1525) soumettait cet acte à l'approbation des Etats; ils ne furent pas réunis, mais une assemblée de Notables tenue sous la forme d'un lit de justice prononça par arrêt la nullité du traité (148). Lors du Traité d'Utrecht (1714), le gouvernement de Londres demanda en vain à Torcy de les réunir. C'était une des habiletés

(143) Savaron, *De la souveraineté du Roy*, p. 168 (Paris, 1620), cite le texte de Balde.

(144) Du Tillet, *Rec. des Traictez*, p. 322; J. Declareuil, *l. c.*, p. 113 et s.

(145) Art. 4 et s. — J. Declareuil, *l. c.*, p. 113 et s.

(146) Aubéry, *Des justes prétentions du Roy sur l'Empire*, I, c. 3; Lefebvre de la Planche, *op. cit.*, t. 3, p. 369. — Voy. *Remontrances des Etats de Bourgogne*, ap. Hauser, *Le Tr. de Madrid et la cession de la Bourgogne*, p. 267.

(147) Art. 20 : Cosneau, *Les grands traités de la guerre de Cent ans*, p. 2.

(148) *Lit de Justice*, 16 déc., 18 déc., 19 déc. 1527 (Is., t. 42, pp. 283-301).

de la diplomatie française de ne les jamais consulter, quand les circonstances étaient si pressantes qu'ils n'eussent pu que consentir; car, tant qu'ils ne l'avaient point fait, les pourparlers pouvaient reprendre et les conjonctures devenir plus favorables (149).

V. — L'ORTHODOXIE DU ROI

Le roi devait être de religion catholique romaine. Le sacre, acte longtemps créateur de la royauté, comportait la remise aux évêques d'une profession de foi orthodoxe, qui en était la condition essentielle. Les effets qu'il produisait dans la personne du roi, constitué défenseur des églises et membre de l'ordre ecclésiastique, investi en matière religieuse de pouvoirs disciplinaires, la clause du serment, introduite au temps de saint Louis, par laquelle ils s'engageait à poursuivre l'hérésie (150), ne se fussent pas compris si le roi n'avait pas été un fidèle de l'Eglise. Le principe de la légitimité, qui avait rendu le sacre inutile pour la transmission du pouvoir royal, ne l'avait pas supprimé. Il continuait à imprimer au roi un caractère sacré qui avait en France plus qu'ailleurs un sens profond et mystérieux (151).

Mais les Etats généraux, dans la seconde moitié du xvie siècle, voulurent que la coutume fût renforcée par une définition positive pour une double cause : d'abord la doctrine du *cujus regio ejus religio*, qui, imposée par Luther en Allemagne, avait passé en Angleterre et ailleurs, suivant laquelle le sujet devait être de la religion du Prince, quelle que fût celle qu'il plût à celui-ci d'adop-

(149) Sur les trois théories mises en jeu contre le Traité de Madrid : J. Declareuil, *l. c.*, pp. 112-122).

(150) Is., t. 15, p. 76. .

(151) *Le Songe du Vergier*, I, 80, *loc. cit.* : « Quoyque nous dions des aultres roys, il semble que nul ne doye doubter que le Roy de France ne prengne especiale grâce du Saint Esperit par sa sainte unction... car il est oinct de la sainete ampolle... Par quoy il appert que les roys de France, ne sont pas ointz seulement par ordonnance humaine. » Juvénal des Ursins, *Mém. au Roy Charles VII* (Godefroy, *Cérém. franç.*, t. 1, p. 76) : Vous êtes « le premier en vostre royaulme qui soit après le Pape, le bras dextre de l'Eglise... Au regard de vous, mon souverain Seigneur, vous n'estes pas seulement personne laye, mais Prelat ecclesiastique. », Duchesne, *Antiquités*, p. 419 et s. — Du Tillet, *Rec. des Roys*, p. 265 et s., 293; *Tr. des libertez de l'Eglise gallicane*, pp. 283 et s., 293 et s.; Le Bret, *op. cit.*, I, 10, 11, 16, 18, pp. 76, 82, 122-129, 136-139. Le sacre conférait au roi un pouvoir miraculeux, celui de guérir les écrouelles : Godefroy, *Cérémonial françois*, t. 1, p. 189; Du Tillet, *op. cit.*, p. 273; Talon [Le Vayer de Boutigny], *Tr. de l'autorité des rois touchant l'administration de l'Eglise*, 1700, pp. 188 et s., 298 et s.

ter; ensuite, le protestantisme des princes de la maison de Bourbon, les plus proches du trône, après les Valois, dont on prévoyait l'extinction. Or, en France, le roi, premier officier de l'Etat, mais non pas son maître, ne pouvait prétendre à y changer la foi commune. Les Etats généraux de 1576 décrétèrent le rétablissement de l'unité du culte, ce qui impliquait que le roi, soumis aux lois fondamentales, serait de la même religion que le peuple. Henri III reconnut ce principe en faisant sien et en jurant l'*Edit d'Union*, qui défendait, en cas de mort du roi, « de recevoir à estre roy, prester obéissance à prince quelconque qui fût hérétique ou fauteur d'hérésie ». Trois mois plus tard, les Etats de Blois (16 oct. 1588) demandèrent au roi de jurer conjointement avec eux et de faire consacrer par leur vote le même édit, le transformant ainsi en loi fondamentale écrite et émanant du pouvoir constituant [152].

La mort d'Henri III ouvrit un conflit entre deux lois fondamentales : l'hérédité et la religion du roi. Ce n'est point le lieu de redire les troubles politiques qui suivirent [153]. La crise royale, la seule qu'il y ait eue en huit siècles, fut résolue par l'abjuration d'Henri IV (25 juillet 1593) [154].

VI. — INDÉPENDANCE ET SUPÉRIORITÉ DE LA COURONNE A L'ÉGARD DES POUVOIRS SEIGNEURIAUX ET FÉODAUX

1o Le roi est monarque et n'a point de compagnon en sa Majesté royale.

Ni le régime seigneurial, ni la féodalité n'avaient effacé le concept de la souveraineté, ni enlevé à la royauté son caractère de puissance supérieure, indépendante et, en quelque façon, incommunicable. La renaissance du droit romain avait fourni de nouveaux étais à la doctrine. En fait, *principes* et vassaux coparticipaient au pouvoir, puisque le roi ne pouvait, sur leurs seigneuries ou fiefs, publier d'établissements, ni lever d'hommes ou de subsides, sans qu'ils y consentissent. Son autorité rencontrait ainsi des associés dans la plus grande partie des terres du royaume.

(152) Is., t. 14, p. 616 et s., 629 et s. — Pour la séance des Etats où fut promulguée la loi fondamentale, p. 628.

(153) On sait qu'à la mort d'Henri III, un arrêt du Parlement de Paris, 21 nov. 1589, avait proclamé roi le cardinal de Bourbon sous le nom de Charles X. — Les causes du conflit sont nettement exposées au point de vue juridique par le duc de Mayenne dans sa *Déclaration* de déc. 1592, pour la convocation des Etats généraux (Is., t. 15, p. 44).

(154) Pour les conférences et les documents échangés en vue de préparer l'abjuration et la reconnaissance d'Henri IV : Is., t. 15, p. 4 et s.

Par le renforcement graduel de la royauté et les théories des légistes, puisées aux sources romaines, ces pratiques furent éliminées de bonne heure, et ce succès et sa légitimité consignés et résumés dans la maxime : *Le roi n'a point de compagnon en sa Majesté royale*, car il est « monarque » et sa souveraineté, qui est une, ne peut être ni partagée, ni communiquée (¹⁵⁵). Cela écartait : 1° les feudataires que les *principes* subsistants étaient devenus vers la fin du xııᵉ siècle; la pairie fut une institution avortée, simple dignité ou office (¹⁵⁶), assortie de quelques prérogatives judiciaires ou honorifiques; 2° les princes du sang, les Enfants de France, même le Dauphin qui, du vivant de son père, n'avait aucune part au gouvernement (¹⁵⁷); 3° les reines, épouse ou mère (¹⁵⁸), bien qu'aux premiers temps de la monarchie la reine régnante ait eu un rôle actif dans l'administration du royaume (¹⁵⁹). Mais l'opinion était, par la suite, devenue si jalouse de l'indivisibilité de l'autorité du roi qu'aux Etats d'Orléans (1556) le tiers état déniait à la reine-mère, pendant la minorité de son fils, le titre de Majesté (¹⁶⁰). Ce n'est point à dire que ces personnes n'aient jamais eu part aux affaires, mais elles n'y entrèrent que sous le bon vouloir et le commandement du roi, en qui reposaient exclu-

(155) Guy Coquille, *Instit. au dr. franç.* (*Œuvres*, Bordeaux, 1702, t. 1, p. 1); Loyseau, *Tr. des Seigneuries*, II, n° 85; Loysel, n° 22 : « Tous les hommes de son royaume lui sont sujets. » Le P. Le Moine, *L'Art de régner*, p. 310 : « L'autorité du Prince est une indépendance incommunicable à qui que ce soit. »

(156) Loyseau, *Tr. des Offices*, II, 2, n° 45.

(157) Le Bret, *op. cit.*, I, 7, p. 57 et s.

(158) Guy Coquille, *l. c.* : « Le Roy est Monarque et n'a point de compagnon en sa Majesté Royale. Les honneurs extérieurs peuvent être communiquez à leurs femmes ; mais ce qui est de Majesté représentant sa puissance et dignité réside inséparablement en sa seule personne ». Loysel, n° 22, noté de Laurière : « Ainsi toutes les personnes du royaume sont soumises à ses lois, sans en excepter la reine son épouse, ni la reine sa mère, « ni l'héritier du trône », parce que le roi, en ce qui est de majesté et d'autorité royale, *n'a point de compagnon*. »

(159) Voy. Luchaire, *Man. des instit. franç.*, pp. 476-482; Funck-Brentano, *Le Roi*, pp. 25-31. — Le Bret, *op. cit.*, I, 6, p. 43.

(160) Guy Coquille, *l. c.* ; Loyseau, *Tr. des Seigneuries*, III, n° 61 ; François Michel, ambassadeur vénitien, (*Relazioni*, Ser. Francia, t. 3, p. 273) : « Le roi seul gouverne et son pouvoir est absolu. Point de favori qui le détourne de son application à cette tâche, point de frère, point de prince du sang avec qui il partage cette autorité et l'accès du Conseil, point d'Etats, point de Parlements qui s'opposent à l'exécution des décisions royales. Tout respire la même suggestion. »

sivement la majesté et la puissance. Hors de lui, il n'y avait que des officiers ou des commissaires à qui il déléguait, sous des formes différentes, l'exercice de cette puissance (161).

2° Toute justice émane du roi.

Comme tous les droits contenus dans la seigneurie avaient été rattachés à la justice et que le seigneur souverain était celui qui avait la plénitude de la juridiction, c'était la même chose de dire que toute justice émanait du roi ou que les seigneurs tenaient de lui tous leurs pouvoirs et que, par conséquent, dans sa personne résidait la souveraineté totale. La justice allodiale était ainsi écartée (162). Aussi Beaumanoir disait que « toute laie juridiction du roiaume est tenue du roy en fief ou en arrière-fief » (163). Par une sorte de fiction, les légistes du xiii° siècle considérèrent toutes les justices particulières comme le résultat d'inféodations et, comme le roi n'en concédait point sans se réserver le ressort il put le revendiquer à l'égard de toutes et aucune ne put plus être établie, démembrée ou supprimée que par lui (164). Leur caractère patrimonial n'y fit point obstacle, car on distingua entre les profits qui étaient objet de propriété et l'office public qui dépendait du roi (165). Ressort et droit de souveraineté furent synonymes et, en les attribuant au roi, on le reconnut la source non seulement des droits de justice proprement dits, mais encore de tous ceux qui étaient compris dans la souveraineté (166). Les bases étaient ainsi posées de théories destinées à les lui ramener tous. La doctrine et la jurisprudence commencèrent d'exiger que toute seigneurie fût prouvée par concession royale ou possession immémoriale.

(161) Loyseau, *Tr. des offices*, IV, V ; Fleury, *Droit public de France, Notions préliminaires*, III, I, 2, 17.

(162) De l'Hommeau, *Maximes du droict françois*, II, 1, p. 48.

(163) Beaumanoir, n° 322; Fleury, *op. cit.*, 1re part., 2, p. 72.

(164) *Gr. Cout. de Fr.*, I, 3, IV, 8, 6, pp. 95, 619, 641; Loyseau, *Tr. des Seigneuries*, VI, n°s 36-37.

(165) Loyseau, *Suite du discours sur les justices de villages*, p. 26 : « Je dis (avec du Tillet) que toutes justices appartiennent au Roy, les unes en pleine propriété qui s'exercent en son nom et les autres en seigneurie directe seulement, qui s'exercent au nom des seigneurs qui en sont vrais propriétaires et seigneurs utiles à titre de fief, les relevant et rachetant du Roy qui partout en est l'autheur et le garant. »

(166) Beaumanoir, n° 1043.

3º La directe génerale : le roi grand fieffeux ou souverain fieffeux de son royaume ([167]).

Jusque vers la fin du xiie siècle, la royauté était demeurée étrangère à la féodalité. Mais un pouvoir fondé sur des notions abstraites risquait de perdre le contact avec les réalités et le bénéfice qu'il aurait à les utiliser; or, le roi ne trouvait pas de moyen de sujétion plus étroit pour les *principes* que de les contraindre à une attitude vassalique à l'égard de la Couronne ([168]). Seigneur des seigneurs, il regardait leurs seigneuries comme des fiefs. Par là, il doublait sa souveraineté d'une suzeraineté générale et rétablissait sur le plan de la féodalité foncière l'ordre que les Carolingiens avaient cru faire sortir de la vassalité personnelle. Tous les fiefs, en France, furent tenus du roi en plein fief ou arrière-fief ([169]). Philippe-Auguste, saint Louis furent les types du roi féodal. Vers le même temps, le système juridique des rapports féodaux était activement poussé et allait bientôt être parachevé. En s'introduisant dans la bâtisse, le roi y rencontrait les armes dont le suzerain disposait à l'encontre des membres du groupe vassalique, étendu pour lui jusqu'aux limites du royaume, et les instruments propres à la saper.

D'abord, il put user contre les feudataires les plus puissants de la commise, de la saisie féodale, du retrait féodal, du droit de réversion. Aucun de ces procédés ne fut négligé pour la reconstitution du royaume ([170]). En attendant, il s'attribuait les profits pécuniaires : aides féodales, reliefs, quints et requints, lods et ventes, etc. Une série d'autres furent déclarés exclusivement réga-

- (167) Cette formule paraît avoir pour origine une glose des art. 154, 158, de la *C. de Meaux*, à propos desquels Brodeau la commenta : *Comm. sur la C. de la Prévôté et Vicomté de Paris*, 1658, t. 1, p. 463. Galland, *Du franc-aleu*, 1637, p. 109, l'a mise aussi en valeur en l'attribuant à la *C. de Sens*.

(168) Ci-dessus, p. 187. J. Declareuil, *Seigneuries et fiefs* (*Bull. de l'Acad. de Législ.*, 1918, p. 225 et s.).

(169) De l'Hommeau, *op. cit.*, p. 46 : « Aussi disons-nous maintenant que tous les Seigneurs de France tiennent du Roy leurs fiefs médiatement ou immédiatement : *Omnia feuda a rege procedunt, et ad eum redeunt...* ». Galland, *op. cit.*, p. 198 et s.

(170) De l'Hommeau, *op. cit.*, p. 47 : « Comme tous fiefs et Seigneuries procèdent du Roy, aussi ils retournent à luy et à la Couronne dont ils sont sortis, tantost par droict de réversion, comme les Apannages, tantost par confiscation et réunion à la Couronne pour crime de leze Majesté au premier chef, tantost par paction et confusion. Et ainsi s'accroist le domaine de France... ». — Procès contre la mémoire de Charles le Téméraire et celle du connétable de Bourbon (Is., t. 10, p. 792; t. 12, pp. 229, 280).

liens : droits de franc-fief, d'amortissement, d'affranchissement, de franche-aumône, etc.

En second lieu, le roi devenait la source et le chef de toute la justice foncière dont il acquérait le ressort : ce qui lui permettrait de l'absorber un jour dans la justice royale. Enfin il se dégageait d'entraves que la féodalité lui avait, dans certains cas, imposées. Jusque-là, par succession, transfert ou autre mode d'acquisition, il avait pu devoir l'hommage aux suzerains des terres acquises par lui, bien qu'il ne l'eût jamais prêté en personne : ou il s'en faisait dispenser, comme pour le comté de Clermont qui relevait de l'abbaye de Saint-Denys, ou il déléguait un procureur. Dès lors, on dit qu'étant le suzerain universel, le plus grand fieffeux, il ne pouvait être l'« homme » de personne, car il n'eût plus été prince souverain qui ne reconnaît pas de supérieur. *Chacun tient du roi, le roi ne tient de personne.* Toutefois, comme il eût été injuste que les seigneurs dont les terres mouvaient perdissent leurs droits, il leur fournissait un homme, vidait ses mains ou leur payait une indemnité (171). Quand la théorie du domaine divisé fut reçue en France, ce droit du roi sur les terres devint son domaine éminent ou la directe universelle. La généralité des formules employées paraissait les étendre à tout le sol du royaume (172) et supprimer les alleux. De fait, il y eut une doctrine dans ce sens. *Nihil esse,* écrivait Petrus Jacobi, *in regno Franciae alodiale, sed omnia teneri a rege,* et le pouvoir royal s'appliqua à la faire triompher. Mais la maxime *Nulle terre sans seigneur* ne fut jamais, même en pays d'allodialité, qu'une présomption (173).

La directe universelle ne doit pas s'entendre d'une propriété du roi, diminuant ou supprimant celle des particuliers, légitimes possesseurs des terres. Tenter de l'étendre aux alleux avait un but évidemment fiscal : c'était les faire rentrer dans la norme. La directe ne supposait un droit de reprise que dans des hypothèses réglées par la coutume féodale et qui allèrent se raréfiant; elle n'aurait pu servir de fondement ni à la confiscation, sauf les cas de commise, toujours restreints (174), ni à l'expropriation, qui

(171) Galland, *op. cit.*, pp. 26-34; Loysel, n° 22 (note de Launay); Loyseau, *Tr. des Seigneuries* XII, n° 87. Mais si le fief avait une justice, le roi la gardait (*Ibid.*, n° 21, *L. P.*, 1302, Is., t. 2, p. 795).

(172) Galland, *op. cit.*, p. 109. *Édit*, août 1692 (Is., t. 20, p. 165).

(173) *Ord.*, janv. 1629, art. 383 (Is., t. 16, p. 317). G. Durand, *op. cit., de feudis,* n° 72; Jehan Faber, *Instit., praef.,* n°s 3, 4; Galland, *op. cit.*, p. 97 et s.

(174) On considérait même la commise comme contraire à la patrimo-

avait d'autres justifications ([175]). Elle n'était pas un droit primant, ni menaçant le domaine utile. Il n'y avait pas un propriétaire, le roi, et un possesseur dépendant du premier; mais deux titulaires de droits différents. Souverain fieffeux des terres du royaume, le roi n'en était pas le propriétaire utile et ne prétendait pas l'être ([176]).

VII. — L'INDÉPENDANCE DE LA COURONNE A L'ÉGARD DES PUISSANCES EXTÉRIEURES

De la conception carolingienne, qui avait remis le gouvernement du peuple chrétien et la plénitude de la puissance spirituelle et temporelle au pape et à l'Empereur, constitués en une sorte de collège souverain, subsistait une menace pour les monarchies issues du démembrement de l'Empire, dans la mesure où l'un ou l'autre refuserait de tenir compte de la rupture de l'unité et prétendrait maintenir sur elles la prééminence ancienne ([177]). Leurs chefs devaient se prémunir contre cette éventualité et disposer de doctrines propres à en paralyser les effets.

1° L'indépendance du royaume de France et l'Empire romain germanique.

A peine les Germains se furent-ils donné un roi de leur race, qu'ils proclamèrent leur absence de devoirs et leur supériorité vis-à-vis des autres nations ([178]). Le relèvement de la dignité impériale (962) au profit d'Othon fournit d'arguments juridiques leur prétention à la domination universelle. Ils revendiquèrent pour

nialité des fiefs : de Salvaing, *De l'Usage des fiefs*, t. 1, p. 67. Cpr. Brillon, *Dict. des arrêts*, V° *Commise*.

(175) *Ord., sur la cession de terrains nécessaires aux églises et à leurs dépendances*, 1303. *L. P.* de Charles VI (1407) *sur l'occupation de terrains nécessaires à la sécurité du royaume et Edit* d'Henri IV (1607) *sur le desséchement des marais*, qui donnent des indemnités (Is., t. 2, p. 816; t. 7, p. 144 et s. ; t. 15, p. 313). L'expropriation est justifiée par l'utilité publique ou les nécessités de la défense.

(176) Ferrière, *Dict.*, V° *Domaine utile* : « Il faut demeurer d'accord que deux personnes ne peuvent être propriétaires *in solidum* d'une même chose en même temps ; mais cela se doit entendre du même droit de propriété et non pas par rapport au domaine direct et au domaine utile, car ces domaines étant absolument distincts et séparés par leurs effets peuvent appartenir à différentes personnes en même temps ». Pothier, *Du domaine de propriété*, I, 1, n° 3.

(177) Ci-dessus, p. 112 et s.

(178) Widuking, *Rerum gestarum saxonicarum libri III*, I, 32, 639 (Pertz. SS., t. 3, éd. Waitz, pp. 416, 467).

leur chef, successeur des Césars et de Charlemagne, l'*imperium omnium regnorum* et se plurent à contempler en lui « la tête de l'Univers dont non seulement la Germanie, l'Italie, la Gaule, mais l'Europe même ne saurait borner la majesté et la puissance ». On imagina de dire que Dieu, après avoir transféré l'Empire des Grecs aux Francs, l'avait finalement décerné aux Germains ([179]). Ce principat théorique allait tantôt se réserver dans un silence discret, tantôt s'affirmer avec ostentation, selon les moments et les événements ([180]).

Cet Empire restauré était attaché au couronnement à Rome par le pape, qui, par les conditions qu'il y pouvait mettre, paraissait déléguer le pouvoir lui-même ou y rester associé comme jadis; d'autant que la catholicité fort discutée de l'Empire ne trouvait pas de meilleur étai que celle de l'Eglise. Les deux puissances devaient être étroitement unies ou rivales. C'est pourquoi les empereurs du XIe siècle résolurent d'asservir l'Eglise et de confondre entre leurs mains le pouvoir spirituel avec le temporel, pensant de la sorte réduire la papauté à un rôle subalterne, profiter du caractère d'universalité de l'Eglise, dont ils seraient les maîtres, pour manœuvrer les clergés étrangers et préparer par là la sujétion des peuples. Ainsi naquit la doctrine du droit divin, dirigée contre la papauté et tendant à l'absorption de ses prérogatives dans la souveraineté séculière. D'où la querelle du Sacerdoce et de l'Empire dont l'issue fut la victoire du Sacerdoce et de la Latinité. La renaissance du droit romain apporta d'autres armes aux chefs de la Germanie. Les glossateurs à leur solde leur révélèrent les formules de l'absolutisme, à l'occasion amplifiées ([181]), dressèrent pour eux la nomenclature des *regalia*, en définirent mieux le contenu ([182]). L'Empereur fut « la loi vivante », « le

(179) Jordan d'Osnabrück, *De praerogativa romani imperii*, II, 8.

(180) Conrad III disait que « Francia, Hispania, Anglia, Dania, ceteraque regna imperio nostro adjacentia, *cottidiana legislatione sua cum debita reverentia et obsequio nos frequentant, ad ea quae imperii nostri mandata sunt, se prompta esse tam obsidibus quam sacramentis affirmantes.* » Otto von Freisingen, *Gesta Frederici*, I, 23 (Pertz, SS., t. 20, p. 368 et s.).

(181) Si vraiment Martinus Gosia soutint que l'Empereur était maître du monde *etiam quoad proprietatem*, il n'avait pas trouvé cela dans le droit romain ; mais peut-être l'avait-il pris aux doctrines d'Arnaud de Brescia : Otto von Freysingen, *Gesta Frederici*, II, 28 (Pertz, SS., t. 20, p. 411).

(182) Fitting, *Quaestiones de juris subtilitatibus*, I, 11, 12, 15, 16, IV, 7-9. *Die summa codicis des Irnerius*, pp. 16-21.

maître du monde » dont il avait non seulement le gouvernement, mais la propriété ([183]). Dans le corps des lois romaines qui étaient nécessairement celles de l'Empire, les Germains inséraient leurs propres constitutions ([184]), et, comme les légistes tenaient ce droit pour la *lex generalis*, leur Empire avait les mêmes limites dans l'espace que son autorité.

La thèse de la souveraineté universelle pour beaucoup se ramenait alors à celle de l'unité de la chrétienté. Ceux qui restaient attachés à cet idéal évanoui furent, même en dehors de l'Allemagne, ses défenseurs. Des Italiens surtout, Dante, Pétrarque, Bartole, Alciat, d'autres, successivement l'adoptèrent, mais établirent la légitimité du pouvoir exercé par les rois de Germanie sur une délégation à eux consentie par les Romains, investis *de jure* et à perpétuité de l'empire sur les nations ([185]). Des papes mêmes soutinrent, selon les temps ou qu'ils étaient amis ou ennemis des autres princes, l'indépendance de ceux-ci ou la doctrine de l'universelle autorité des empereurs ([186]). Les royaumes occidentaux ne reconnurent jamais, sauf accidents, au chef

(183) L. 9, D, XIV, 2, casus; l. 3, C. J., VII, 37, gl. *omnia* : « Omnia principis etiam quoad proprietatem, ut dixit Martinus principi apud Roncagliam timore vel amore ». D. Gr., c. 22, dist. 43, gl. *per singulas;* c. 13, X, IV, 17, gl. *minime* : « de jure tamen subest (rex Francorum) romano imperio » Décrétistes et décrétalistes s'accordaient avec les romanistes. Petrus Jacobi, *Aurea practica libellorum*, Colonia, 1575, pp. 70, 162, 167, 272.

(184) *Const. Habita* (MGH., CC., t. 1, p. 249) : « Hanc autem legem inter imperiales constitutiones, sub titulo *ne filius pro patre...* inseri jubemus ». — *Nova const. Frederici* : C.J., IV, 13, *in fine.*

(185) E. Jordan, *Dante et la théorie romaine de l'Empire.* (NRH. 1921, pp. 333 et s.; 1922, p. 233 et s., 333 et s.). Chiappelli, *Le idee politiche di Bartolo* (*Arch. Giur.*, 1881, p. 27). Cpr. Petrus Jacobi (*op. cit.*, pp. 70 et s., 162-168, 272) qui fait de l'Empereur un « dominus mundi saltem aptitudine, non actu » et du roi de France son allié.

(186) On sait les invectives de Boniface VIII : « Ne insurgat haec superbia gallicana quae dicit quod non recognoscit superiorem. Mentiuntur quia de jure sunt et esse debent sub rege Romano et imperatore. » *(Allegatio D. papae Bonifacii pro confirmando rege Romanorum Alberto,* ap. Marca, *De Concordia Sacerdotii et Imperii*, 1704, p. 110). Mais Innocent III avait dit : « Rex (Franciae) superiorem in temporalibus minime recognoscit » : c. 13, *Per venerabilem*, X, IV, 17; et, sous Clément V, un mandataire du Saint-Siège remarquait que du temps du vieil empire romain, on pouvait dire *quod imperator dominus mundi est;* encore cet empire avait-il ses limites; à plus forte raison maintenant qu'il existait des nations indépendantes, France, Espagne, soumises à des chefs nationaux qui ne relevaient en rien de l'Empire. Gachon, *Et. sur le ms. G. 1036 des Arch. dép. de la Lozère*, Montpellier, 1894.

du Saint-Empire romain germanique qu'une préséance diplomâtique, qu'ils lui contestèrent même parfois (187). Pour l'y confiner, ils se montraient prêts à la lutte.

Dès la fin du ix⁰ siècle, toute dépendance avait cessé de la part des Francs occidentaux vis-à-vis de l'Empire. Les premiers Capétiens maintinrent une complète égalité entre eux et le Saxon ou le Franconien. Abbon assimilait les dignités impériale et royale. Hugues-Capet et ses successeurs se qualifiaient à l'occasion de *semper augustus* ou *gloriosus*, voire d'empereur. Du Tillet rapporte une série d'actes où Philippe I⁰ʳ, Louis VI, Louis VII auraient ainsi fait (188). Le nom seul de Philippe-Auguste rend le même son. La couronne du sacre et, depuis Philippe III, l'épée étaient regardées comme la couronne et l'épée Joyeuse de Charlemagne (189). C'est qu'à beaucoup les rois de France apparaissaient, plutôt que les princes transrhénans, les vrais continuateurs des empereurs romains et francs; ils en perpétuaient mieux l'esprit, la politique et le rôle civilisateur (190). A ce fait correspondit peutêtre l'usage diplomatique, depuis le milieu du xvi⁰ siècle, d'appeler

(187) Le qualificatif de *saint* ne remonte d'une façon sûre qu'à Barberousse.

(188) *Lettres de Gerbert*, éd. Havet, 160 : semper augustus; 163 : Adel. reg. semper augusta, pp. 179, 181. — Du Tillet, *Rec. des Roys*, p. 170, ajoute : « Il y en a une infinité d'aultres (actes) justifiant le second titre qui n'est pas plus éminent que celuy de Roy; lequel sonne mieux et plus doux. Avant Auguste-César (qui l'appropria à souveraine principauté), empereur estoit office ou charge de commandant dans une armée. Ores que toute puissance soit de Dieu, si est-ce que la dignité royale est grandement honorée en Escriture Saincte et en est le Sauveur voulu naître : qui semble avoir meu les Rois de France à ne le changer. » Cpr. Giry, *Man. de diplomatique*, p. 734.

(189) *Cérémonial du sacre des rois de France*, 1775, pp. 64, 110, 125, 146.

(190) Adso, *Libellus de Antechristo ad Gerbergam reginam* (PL., t. 101, p. 1295) : « Quia, licet videamus Romanorum regnum in maxima parte jam destructum, tamen quandiu reges Francorum duraverunt qui Romanum imperium tenere debent, dignitas Romani imperii ex toto non peribit, quia stabit in regibus suis. » Il est vrai qu'il s'agit ici d'un carolingien, au cours d'un interrègne (an. 954). — Pierre Dubois, *Summaria brevis et compendiosa doctrina felicis expeditionis et abreviationis guerrarum et litium regni Francorum*, en partie à la suite du *De recuperatione Terre Sancte*, (éd. Langlois, 1891); *Mémoire adressé à Philippe le Bel* (Boutaric, *Notices et extraits*, t. 20, 2, p. 186 et s.); Guillaume Postel, *Les raisons de la Monarchie. Les très admirables et de nul jusqu'aujourd'huy tout ensemble considérez privilèges et droictz de la gent gallique et des princes par icelle eslus et approuvez* (Paris 1556); Aubery (*Des jutes prétentions du Roy sur l'Empire* La Haye, 1667) souhaitait et prévoyait la proche domination universelle pour les rois de France; Cpr. Abbé du Camps, *Mercure de France*, août 1720. p. 150 et s.

empereurs ces princes dans leurs rapports avec les puissances musulmanes ou orientales.

Mais nos rois avaient moins de souci de ces titres que d'empiétements possibles sur leur souveraineté de la part de ceux qui s'en prévalaient.

Puisque l'Empereur, maître de la *lex generalis*, étendait sa propriété et sa juridiction là où elle s'appliquait, on déclara que le droit romain n'était pas reçu en France. La décrétale *Super specula* d'Honorius III (1219) interdit à quiconque, sous peine d'excommunication, d'enseigner les lois civiles à l'Université de Paris, dans les villes et lieux circonvoisins, parce que les Français n'usaient pas des lois des empereurs [191]. Une ordonnance de Philippe le Bel (juillet 1312) renouvela cette prohibition, expliquant qu'elle avait été portée à la demande des rois antérieurs, à raison de ce que le royaume était régi par des coutumes, nullement par le droit écrit [192]. Il était défendu aux avocats d'alléguer ce droit devant les tribunaux [193]. Ni pape ni roi ne méconnaissaient la valeur formatrice du droit romain; aussi pouvait-on l'enseigner ailleurs et Philippe le Bel y pourvoyait pour Orléans dans la même ordonnance [194]. Mais les chartes des Universités où il était admis spécifiaient que cela ne pouvait en entraîner la réception et que l'enseignement en était donné « non pour autorité, mais par raison » [195]. L'ordonnance de Blois (1759) reproduisait

(191) C. 28, X, V, 33 : « Sane licet sancta ecclesia legum secularium non respuat famulatum quae equitatis et justitiae vestigia imitantur : quia tamen in Francia nonnullis provinciis laici romanorum imperatorum legibus non utuntur.... firmiter interdicimus et districti inhibemus ne Parisius, vel in civitatibus seu aliis locis vicinis quisquam docere vel audire jus civile presumat. » Cpr. la gl. *non utuntur.*

(192) *Ord.*, juill. 1312 (Is., t. 3, p. 22) : « Progenitores nostri non permiserunt legum secularium seu juris civilis studium ibidem (Parisius, etc.) institui, quinimo id etiam interdici sub excommunicationis poena per Sedem Apostolicam procurarunt. Ceterum super negotiis et causis forensibus que spiritualitatem et fidei sacramenta non tangunt, regnum nostrum consuetudine moribusque praecipue, non jure scripto regitur, licet in partibus ipsius regni quibusdam subjecti, ex permissione nostrorum progenitorum et nostra, juribus scriptis utuntur in pluribus, non ut juribus scriptis ligentur, sed consuetudine ».

(193) *Ord.*, 7 janv. 1277, art. 9 (Is., t. 2, p. 662).

(194) *Ibid.*, art. 2 et s., p. 23 et 5. — Deux lettres de Grégoire IX à l'évêque d'Orléans précisent que l'interdiction ne vise que Paris : Denifle, *Die Universitäten des Mittelalters*, p. 253.

(195) Du Tillet, *Mém. et recherches*, p. 141. — *Ord.*, juillet 1312 : « Non putet igitur aliquis nos recipere, vel progenitores nostros recepisse... leges ex eo quod eas in diversis locis et studiis regni nostri per scolasticos legi sinantur. » — Cpr. de l'Hommeau, *op. cit.*, p. 35 et s.

encore cette règle (¹⁹⁶). Au xvii⁰, Louis XIV, jugeant la menace allemande écartée et l'Empire désormais impuissant, l'abrogea (¹⁹⁷). Jusque-là, les légistes n'avaient cessé de la commenter dans le sens de l'indépendance de la Couronne de France (¹⁹⁸). Dans les provinces du Midi où le droit romain persistait à l'état de législation suppléant au silence fréquent des coutumes et, comme il tendait à le devenir, bien qu'à un degré moindre, dans les pays du Centre et du Nord, la difficulté fut tournée à l'aide de formules assez heureuses. On l'appliqua *consensu populi et ex permissione regis*, c'est-à-dire à titre de coutume locale et sous l'agrément du roi (¹⁹⁹) dans les pays de droit écrit; ailleurs, on en présenta l'usage comme un perfectionnement doctrinal apporté à la coutume et on tint les compilations romaines pour un exposé scientifique du droit, sorte de raison écrite (²⁰⁰).

Mieux encore : les légistes du xiii⁰ siècle appliquèrent aux rois le contenu des textes de ces compilations sur la souveraineté et les droits du Prince, affirmant ainsi la plénitude de leur puissance législative, d'où il résultait qu'il ne se trouvait personne au-dessus d'eux : *Ce que plest au prince vaut loy; — ce qui li plest à fere doit estre tenu por loi* (²⁰¹). Ce qui suppose que *li roi*

(196) Art. 69 : « Défendons à ceux de l'Université de Paris de lire ou graduer en droit civil. »

(197) *Edit*, avril 1679 (Is., t. 19, p. 195).

(198) Degrassalius, *op. cit.*, pp. 102 et s., 315 et s.; Du Tillet, *op. cit.* p. 141. Fr. Hotman, *L'Antitribonien*, 1567; [Anonyme], *Observations curieuses sur l'Etat et le gouvernement de la France*, 1649, p. 4 et s. — Contra : Ferrière, *Hist. du dr. rom.* 1760, pp. 346, 375.

(199) L. P., juillet 1254, *sur l'adm. de la justice dans sénéchaussée de Beaucaire* (Is., t. 1, p. 264) : « Jura scripta quibus utuntur ad antiquo volumus observari; *non quod eorum obliget nos auctoritas, seu adstringat; sed quia mores eorum in hac parte ad praesens non duximus mutandos.* — *Ord.*, juillet 1312 (Is., t. 3, p. 22); ci-dessus, note 192.

(200) *Ibidem* : « Ut artium studia liberalium ad theologiae scientiam introducunt, sic legum et juris scripti dogmata perficiunt intellectum rationis, ad mores dirigunt, doctrinam praestant exequendae justitiae, nec non praeparant ad consuetudinum intellectum. » Il est ensuite expliqué que cette étude n'est qu'une culture pour préparer à la connaissance des coutumes. — De l'Hommeau, *l. c.* : « Les Rois ont déclaré qu'ils entendoient recevoir la profession du droict civil et canon, pour en user à leur discrétion sans y estre aucunement obligez. Au moyen de quoy la France ne se sert du droict romain que pour en tirer quelques raisons, et non pour servir de loy... Et c'est un crime de leze Majesté d'opposer le droict romain aux Ordonnances de son Prince souverain... Aussi le droit Romain est appellé en France *raison escrite....* »

(201) *Jostice et Plet*, I, 2, p. 9. Beaumanoir, nᵒˢ 1103, 1503, 1515.

ne tient de nului fors de Dieu et de lui, ou encore : *le roi ne tient que de Dieu et de l'espée ;* car, s'il n'a de supérieur que Dieu, il n'a pour faire rendre raison à lui et à son royaume que le recours à l'épée [202]. Au temps de Philippe le Bel, peut-être plus tôt, cette doctrine se cristallisa en une maxime d'un tour plus synthétique et marquant mieux l'effet cherché : *Le roi de France est empereur dans son royaume* [203]. A ce moment le prestige du roi de France faisait que les glossateurs proclamaient à l'envi son indépendance *de facto et de jure,* dussent-ils ne faire d'exception à leurs sentiments universalistes que pour lui [204]. Une glose de Balde fit à la dernière formule une fortune. Tous nos légistes s'y appliquèrent. « Sçachez que le Roy de France qui est empereur dans son royaume, écrit Boutillier, peut faire ordonnances qui tiennent et vallent loy, ordonner et constituer toute constitution... » Charles de Grassaille donnait pour raison du crime de lèse-majesté à l'égard du roi de France qu'il était empereur dans son royaume. On combattit ou discuta les prétentions allemandes jusqu'au milieu du xviie siècle [205]. Alors toute crainte fut dissipée [206].

(202) *Et. de Saint-Louis,* I, 83; II, 14 : « Car li rois n'a point de souverain es choses temporiex, ne il ne tient de nelui que de Dieu et de soi; ne de son jugement l'en ne puet apeler que à Dieu, car cil qui en apeleroit ne trouveroit pas qui li en peust droit faire »; II, 20, (t. 2, pp. 135, 370, 405). *C. Touraine-Anjou,* 71 (t. 3, p. 47). *Jostice et Plet,* I, 16, p. 67. Loysel, n° 20.

(203) *Mémoire de 1303 : Bull. de la Soc. d'agr., sc. et arts de la Lozère,* 1896 (thèse de l'avocat du roi, Guill. du Plasian).

(204) G. Durant, *Spec. jur., de appellationibus,* 4; *de feudis,* 15, et le commentaire de Johannes Andraeae. Balde, sur l. 7, C. J., IV, 8.

(205) J. Boutillier, II, 1, p. 646 ; Degrassalius, *op. cit.,* p. 316 ; Loyseau, *Tr. des seign.,* II, n° 74; Le Bret, *De la Souveraineté du Roy,* I, 3, p. 15 et s.

(206) Les Capétiens ne furent que très rarement attirés vers l'Empire qui, électif, fut ouvert longtemps à toutes les ambitions. En 1024, les Italiens l'offrirent au fils de Robert II, Hugues, qui le refusa ; en 1239, légats du pape et princes allemands le proposèrent à Robert d'Artois : une *curia solennis* déclara qu'il lui suffisait d'être *frater domini regis Franciae* (Mathieu Paris, *Chron. majora, Rolls series,* t. 3, p. 626); en 1250, la candidature de Charles d'Anjou fut soutenue par le pape, mais ce prince y renonça; en 1270, on y aurait pensé pour Philippe III, mais personne n'en sut rien (Lavisse-Langlois, *H. de Fr.,* t. 3², pp. 89, 109); Philippe le Bel passe pour y avoir poussé successivement ses frères Charles de Valois en 1308 et Philippe de Bourgogne en 1313 (Boutaric, *La Fr. sous Philippe le Bel,* p. 411). Lui-même préférait s'étendre vers le royaume d'Arles et mettre la main sur Lyon. La seule candidature posée fut celle de François Ier; on sait ce qu'il en arriva. On dit que Henri IV avait projeté de se faire élire empereur, en écartant Rodolphe II ; une lettre d'un agent allemand prétend que,

Les rois ne ménageaient pas de leur côté les précautions diplomatiques. Les premiers Capétiens, aux rares heures d'entente de la papauté et de l'Empire, avaient évité qu'aucune question intéressant eux ou leurs prélats fût soumise aux plaids ou aux conciles que pape et empereur tenaient ensemble. On prenait grand soin, en cas de présence d'un empereur sur le territoire du royaume, qu'il ne fît aucun acte de souveraineté ou qui pût être ainsi interprété; c'est ainsi qu'au cours du voyage en France de l'empereur Charles IV, en 1377, on ne lui permit ni l'usage du cheval blanc, ni l'entrée dans les églises au son des cloches [207], et qu'on fut très froissé que l'empereur Sigismond, assistant à une audience du Parlement, s'y soit avisé tout à coup d'armer un plaideur chevalier [208]. D'autres pays montrèrent le même souci [209].

sans sa mort, il eût réussi (RQH., 1912², p. 186); c'est bien vague. Les projets de Mazarin pour Louis XIV en ce qui touche, soit la couronne impériale, soit l'entrée du roi dans l'Empire comme landgrave d'Alsace ou à tout autre titre, ne furent que des projets. Le protectorat de la Ligue du Rhin valut mieux (Lavisse, *op. cit.*, t. 7², pp. 397, 351, 361. RQH., 1913¹, p. 322). Voy. Auerbach, *La France et le Saint-Empire depuis la paix de Westphalie jusqu'à la Révolution Française*, Champion, 1912. — La politique capétienne était, au contraire, le rétablissement de la *Gallia*, d'un royaume compris dans les limites de l'ancienne Gaule, ce que Philippe le Bel réclamait à Albert d'Autriche en 1298.

(207) *Les Grandes Chron. de France* (éd. Paulin Paris), t. 6, pp. 361-372.

(208) P. Dupuy, *Tr. des lib. de l'Égl. gall.*, t. 1, p. 15 : « Que le Roy de France soit empereur dans son royaume, c'est-à-dire indépendant de toute puissance humaine, c'est ce qui se vérifie par plusieurs preuves. Juvénal des Ursins marque dans son *Histoire de Charles VI* que l'empereur Sigismond ayant fait en 1415 un chevalier dans le Parlement de Paris, plusieurs, dit-il, de ce furent ébahis comme on lui avoit souffert, vu qu'autrefois les empereurs ont voulu maintenir souveraineté contre raison, car le Roy est empereur dans son royaume et ne tient que de Dieu et de l'espée seulement, et non d'autres. » Cpr. Monstrelet (éd. Douët d'Arcq), t. 3, p. 136 et s. — Il est tout à fait inexact de voir un signe de vassalité de la part de François Ier vis-à-vis de Charles-Quint dans la galanterie un peu excessive et les formules courtoises dont celui-là se piqua lors du voyage en France de celui-ci.

(209) Les rois d'Angleterre se qualifièrent aussi parfois empereurs : *Gloriosus Caesar Henricus* (Bracton and Azo, Seld. Soc., p. 57). — *Dominus rex hic censetur imperator* (Rishanger, *Chron. et Ann.* (Rolls Ser., p. 255). Richard II, « entier Empereur en son Rolalme (*Rot. Parl.*, III, 343). Voir la déclaration d'Henri VIII : Maitland, *Collected Papers*, t. 3, p. 246. Après l'incident du Parlement de Paris, les Anglais ne laissèrent débarquer Sigismond en Angleterre que lorsqu'il se fut engagé à « nihil se contra superioritatem regis praetextere ». Selden, *Titles of Honour*, I, 2. — Pour l'Espagne: *Siete partidas*, II, 1, 5, Madrid, 1807, t. 2, p. 5.

2⁰ L'indépendance du royaume de France et la papauté.

Ayant pris leur parti du démembrement politique, les papes s'efforçaient de maintenir l'unité religieuse. La crainte était qu'ils ne fussent tentés de faire de celle-ci un moyen pour rétablir l'autre à leur profit. Au cours de la querelle du Sacerdoce et de l'Empire, il y eut des heures où, à la prétention des chefs germains de s'emparer des deux glaives, les papes opposèrent, pour leur compte, des doctrines analogues, qui une fois construites refleurirent par intermittence. Tantôt elles étaient fondées sur des droits soi-disant historiques : abandon de la souveraineté sur l'Occident au pontife dans la pseudo-donation de Constantin, ou confusion des deux pouvoirs, au décès de l'Empereur, dans la personne du pape, pendant l'interrègne, ou représentation par le même du peuple romain, détenteur de l'Empire : affirmations qui tendaient toutes à établir qu'il appartenait au pape de déléguer le glaive temporel à qui lui plaisait ([210]). Tantôt elles arguaient d'une hiérarchie rationnelle entre l'esprit et la matière ([211]) :

([210]) Bryce, *Le Saint Empire romain germanique* (trad. Domergue), pp. 125-154, p. 197 et s. Solmi, *Stato e Chiesa*, 800-1122, Roma, 1901, pp. 144 et s., 162 et s., 166 et s.

([211]) *Epist. Innocentis III*, II, 209 (Baluze, t. 1, p. 472), *Epist. Nicolai II* (Jaffé, *Regesta*, n° 4424) = c. 1, dist. 22. *Epist. Gregorii VII* et *Dictatus papae* (Jaffé, *Mon. Greg.*, pp. 116, 117, 132-133, 146-147, 176). Bulle *Ausculta, fili* (1301) : « Constituit enim nos Deus, licet insufficientibus meritis, super reges et regna... ad evellendum, destruendum, disperdendum, dissipandum, aedificandum atque plantandum sub ejus nomine et doctrina... Quare, fili carissime, nemo tibi suadeat quod superiorem non habes... » Bulle *Unam Sanctam* (1302) : « Certe qui in potestate Petri temporalem gladium esse negat, male verbum intendit domini proferentis : converte gladium tuum in vaginam. Uterque ergo est in potestate ecclesiae spiritualis scilicet gladius, et materialis. Sed is quidem pro ecclesia, ille vero ab ecclesia exercendus, ille sacerdotis, is manu regum et militum, sed ad nutum et patientiam sacerdotis. Oportet autem gladium esse sub gladio et temporalem auctoritatem spirituali subjici potestati... » et *Bref d'excommunication*, avril 1303. (Is., t. 2, pp. 729, 752, 297). — Sixte-Quint, Bulle *Postquam verus :* « Apostolorum principi beato Petro caelestis simul ac terrenae tradidit (Christus) plenitudinem potestatis eique suas in terris vices commisit... Romanus pontifex divina præordinatione, ejusdem supremae dignitatis fastigium et locum in terris tenet. » (*Bullarum amplissima collectio*, t. 9, n° 76, p. 279). Jean de Salisbury, *Polycraticus*, IV, 3 (*Opera*, éd. Giles, t. 3, p. 273); Hugues de Saint-Victor, *De sacramentis.* II, 2, 4 (PL., t. 176, p. 417 et s.) Saint Thomas d'Aquin, *Summa theologica*, II, q. 60, art. 6, ad. 3ᵃᵐ, Parme, t. 3, p. 227; Augustinus Triumphus, *Summa de potestate ecclesiastica*, q. 1, art. 1, Romà, 1582, pp. 2-3; Santarelli, *Tractatus de haeresi, schismate, apostasia... et de potestate summi pontificis in his delictis puniendis*, 1625, p. 295 et s.

autant l'âme l'emporte sur le corps qu'elle informe et gouverne, le soleil sur la lune qui ne s'éclaire que par reflet, autant le pouvoir spirituel devait l'emporter sur le temporel, qui ne saurait tirer que de lui son existence et sa légitimité. Tantôt l'Eglise était présentée comme une société parfaite, tenant son autorité de Dieu, munie des organes nécessaires au gouvernement des hommes, rendant par conséquent inutiles Etats et rois, fruits du péché et de la corruption des peuples (²¹²). Des théoriciens postérieurs, plus modérés, déprécièrent pourtant les pouvoirs séculiers en les disant, il est vrai, institués par Dieu, mais par la voie indirecte d'une délégation populaire ou d'un contrat, de l'exécution desquels le pape, pour certains, restait le juge (²¹³). De ces conceptions théocratiques ou démocratiques, les sanctions se trouvaient dans la faculté qu'avait le pontife d'excommunier les princes, de délier les sujets du serment d'obéissance (²¹⁴).

Les papes usèrent rarement de ces théories à l'encontre des rois de France. Ceux-ci opposaient alors les maximes forgées contre les prétentions impériales. Que le roi ne tînt que de Dieu et de l'épée, qu'il ne connût point de supérieur dans sa temporalité, cela valait, quelque puissance qui y contredît; et le peuple se montrait dans ces occasions aussi jaloux que ses rois de l'indépendance de leur Couronne. A chaque nouvelle expression de ces tendances, la susceptibilité nationale précisait ses formules, les rendait plus directes. Contre Boniface VIII revendiquant les deux glaives et traitant les rois comme ses délégués, toutes les classes de la nation

---

(212) J. Declareuil, NRH., 1903, pp. 184-189.

(213) J. de la Servière. *Les idées politiques du cardinal Bellarmin* (RQH., 1907², p. 378 et s.; 1908¹, p. 64 et s.).

(214) La puissance politique de l'Eglise ne tint pourtant pas au Moyen âge à ces conceptions théoriques. Son domaine temporel était le produit de l'histoire italienne depuis le viiiᵉ siècle. La « protection apostolique », qui lui donna parfois l'illusion d'une souveraineté quasi universelle, était fondée, non sur la supériorité du glaive spirituel, mais sur la *commendatio* ou sur le contrat féodal. Pour les mettre sous sa protection et celle des censures ecclésiastiques, des seigneurs et des rois « commandaient » leurs terres ou leurs royaumes à Saint Pierre, en s'engageant à lui payer un cens. Au xiᵉ siècle, le cens recognitif de la seigneurie de l'Apôtre était payé par les rois d'Aragon, de Pologne, des deux Siciles, de Danemark, d'Angleterre et de moindres potentats. Grégoire VII tenta vainement d'y soumettre la France : J. Declareuil, NRH., 1903, p. 289 et s. Ce fut surtout aux xvᵉ et xviᵉ siècles, à la suite des grandes découvertes géographiques, que fleurit la thèse papale d'un droit sur l'ensemble de la planète : d'où l'attribution que les papes faisaient des terres nouvellement découvertes ou à découvrir.

s'unirent à leur chef et assurèrent la victoire de la royauté [215];
contre Jules II faisant mine de disposer des Etats, le concile de
Tours traduisit le sentiment public en proclamant le roi « hors
de l'obédience du pape pour la tuition et défense de ses choses
temporelles » [216]. Quand successivement Sixte-Quint, par la
bulle du 5 septembre 1585, et Grégoire XIV, par celles des 1er mars
et 22 juin 1591, excommunièrent et déclarèrent Henri de Bourbon
inhabile à succéder à la Couronne de France, ils se trouvaient agir
dans le sens d'une loi fondamentale, récemment affirmée par les
Etats généraux; cependant princes, Parlements et légistes protestèrent [217]; les cardinaux et évêques royalistes déclarèrent ces
bulles « nulles tant en la forme qu'en la matière, injustes et suggérées par la malice des estrangers ennemis de la France et qu'elles
ne nous peuvent ny obliger, ni aultres François catholiques estant
dans l'obéissance du roy » [218]. Lors de l'absolution donnée au roi
par le pape, toutes précautions furent prises pour conserver à
l'acte un caractère exclusivement religieux et pour que rien dans
le cérémonial ne parût influer sur l'accession au trône du péni-
tent [219].

Les troubles de la fin du xvie siècle avaient suscité des polémiques, des travaux nombreux sur les rapports du temporel et
du spirituel. Tandis que les uns, tels Bellarmin et Suarez, admettaient un pouvoir indirect du Saint-Siège sur les Etats, d'autres,
tels Jacques Ier, roi d'Angleterre, et Barclay, soutenaient la thèse
du droit divin dont plusieurs publicistes français se rapprochaient,
en haine de doctrines extrémistes excusant le tyrannicide [220].

(215) Protestation du roi contre la bulle *Clericis laicos; Lettres du clergé
au pape et des barons au Sacré Collège*, après la bulle *Unam Sanctam* (Is.,
t. 2, pp. 705, 754, 783). Annulation des actes de Boniface VIII : *Regesta
Clementis V papae*, Rome 1887, p. 416 et s. — P. Dupuy, *Hist. du différend
entre le pape Boniface VIII et Philippe le Bel*, 1655, p. 44 et s.

(216) P. Dupuy, *Preuves des libertez de l'Eglise gallicane*, t. 2, p. 770. —
Hefele-Leclerc, *Hist. des Conciles*, t. 8¹, p. 277 et s.

(217) Arrêts du Parlement de Paris séant à Châlons (10 juin 1591), et du
Parlement de Tours (5 août 1591) (Is., t. 15, pp. 21, 27). [Pierre du Belloi]
*Apologie catholique contre les libelles, déclarations, advis et consultations
faites... par les liguez perturbateurs*, 1585. — *Moyens d'abus.... du rescrit et
bulle du pape Sixte V par un C. A. et R. mais bon François*, 1586 ; Guy
Coquille, *Discours des droits ecclésiastiques et libertez de l'Eglise gallicane*,
(Œuvres, t. 1, p. 191).

(218) *Décl. de Chartres*, 21 sept. 1591 (Is., t. 15, p. 31 et s.).

(219) Lavisse-Mariéjol, *H. de Fr.*, t. 6¹, p. 394; Degert, *Le cardinal
d'Ossat*, pp. 158, 162.

(220) Jacques Ier, *De regno et regali potestate*, Paris, 1600; *De potestate papae*, Londres, 1607; *Jus liberae monarchiae*. Barclay, *De potestate*

Le Parlement rendit en ces matières plusieurs arrêts. Aussi, en 1614, le cahier général du tiers état et celui de la noblesse du bailliage de Dourdan demandèrent la promulgation, à titre de loi fondamentale positive, que le roi, « souverain en son Etat, ne tenant sa Couronne que de Dieu seul, il n'y a puissance en terre, quelle qu'elle soit, spirituelle ou temporelle, qui ait aucun droit sur son royaume pour en priver les personnes sacrées de nos rois, ni dispenser ou absoudre leurs sujets de la fidélité et obéissance qu'ils lui doivent pour quelque cause ou prétexte que ce soit »; les infracteurs étant criminels de lèse-majesté et rebelles aux lois fondamentales [221]. Pas plus que l'orthodoxie du roi en 1588, ce n'était chose nouvelle; mais, par cette procédure le tiers état pensait mettre la loi plus en lumière et la mieux inculquer aux esprits. Le clergé, qui avait si souvent défendu le principe, se montra alors offusqué comme d'un soupçon à son égard; en outre, plusieurs des siens avaient été séduits par le ton modéré qu'affectait la thèse du pouvoir indirect sous la plume de Suarez ou de Bellarmin [222]. Il entraîna la noblesse à demander au roi le retrait de l'article. La régente déclara que, le roi ayant évoqué l'affaire, il n'y avait plus lieu de maintenir un article qu' « il tenoit pour présenté et reçu » [223]. Les Parlements et l'Université ne faillaient du reste jamais à le faire respecter [224]. L'affaire de la régale offrit à Colbert une « vraie occasion de renouveler la doctrine de France sur l'usage de la puissance des papes » [225]. Le moyen fut

papae, Londres, 1609, tr. franç., Pont-à-Mousson, 1611. — J. de la Servière, loc. cit.

(221) L'article avait pour rubrique : Loi fondamentale (Relation de Florimond Rapine, ap. Des Etats généraux et autres assemblées nationales, t. 16, 1re part., p. 285; 2e part., p. 114 et s., 194-207). — Miron de l'Espinay, Robert Miron et l'adm. munic. de Paris de 1614 à 1616, p. 56 et s.

(222) Richelieu lui-même semble avoir partagé alors cette opinion : Les principaux points de la foy, 1629, p. 177.

(223) Is., t. 16, p. 54-57. Picot, Hist. des Etats généraux, 2e éd., t. 4, pp. 199-215. La susceptibilité du sentiment national se révèle dans l'incident suivant : l'évêque de Mâcon, parlant devant la Chambre du tiers état, usa de la comparaison connue des deux pouvoirs avec le soleil et la lune ; le président Miron répondit aussitôt qu' « à l'égard de cette comparaison, elle ne pouvoit avoir lieu, ni estre bien reçue dans ce royaume, auquel il n'y avoit aucune puissance qui donnât clarté et lumière à celle du Roy. »

(224) Voy. Censures et conclusions de la Faculté de théologie de Paris, 1717, pp. 142-178. Déclaration de la Faculté, mai 1663, I, 11. : « Que c'est la doctrine de la faculté que le Roy très chrétien ne reconnoist et n'a d'autre supérieur au temporel que Dieu seul ; que c'est son ancienne doctrine de laquelle elle ne se départira jamais... qu'au contraire, elle a toujours résisté même à ceux qui n'ont voulu attribuer (au pape) qu'une puissance indirecte. »

(225) Guettée, Journal de l'abbé Le Dieu, p. 8 et s.

la *Déclaration de l'Assemblée du clergé de 1682*, dont l'article 1er était : « que saint Pierre et ses successeurs, vicaires de Jésus-Christ, et que toute l'Eglise même n'ont reçu autorité de Dieu que sur les choses spirituelles et qui concernent le salut, et non point sur les choses temporelles et civiles...; en conséquence, que les rois ne sont soumis à aucune puissance ecclésiastique par l'ordre de Dieu dans les choses qui concernent le temporel ; qu'ils ne peuvent être déposés ni directement ni indirectement par l'autorité des chefs de l'Eglise, que leurs sujets ne peuvent être dispensés de la soumission et de l'obéissance qu'ils leur doivent, ou absous du serment de fidélité; que cette doctrine, nécessaire pour la tranquillité publique et également utile à l'Eglise et à l'Etat, doit être inviolablement suivie, étant conforme à la parole de Dieu, à la tradition des Pères et aux exemples des saints » [226]. Un édit de mars 1682 transforma en loi de l'Etat la déclaration et défendit de rien enseigner en France qui y fût contraire, tout licencié ou docteur en théologie et droit canon devant faire de cette doctrine l'objet d'une de ses thèses. Si Louis XIV promit au pape, en 1693, la suspension de cet édit, à cause d'autres dispositions, inacceptables pour le Saint-Siège, de la *Déclaration* [227], cela ne signifiait, comme il l'indiqua lui-même, aucun relâchement sur le principe de l'indépendance de la Couronne [228]. Parlements, Universités, assemblées du clergé considérèrent l'édit

(226) Is., t. 19, p. 384. *Censures et conclusions de la Faculté...*, p. 170. Mention, *Documents relatifs aux rapports du clergé et de la royauté de 1682 à 1705*, pp. 26 et s. Cette déclaration de 1682, signée de 34 évêques et 38 autres ecclésiastiques, contient quatre articles : le IIo affirme la validité des décrets des sections IV et V du concile de Constance (théorie de la supériorité du concile sur le pape) : le IIIo le maintien intégral des libertés de l'Eglise gallicane et des canons reçus en France ; le IVo émet que dans les questions de foi, le jugement du Pape n'est irréformable qu'après qu'il a été approuvé par l'Eglise universelle, ce qui était rejeter l'infaillibilité personnelle du souverain pontife.

(227) Is., t. 19, p. 379 : le roi ordonne cette publication à la demande de l'assemblée du clergé « bien que l'indépendance de notre Couronne de toute autre puissance que de Dieu soit une vérité certaine et incontestable... » La déclaration ne fait qu'énoncer une fois de plus une loi fondamentale incontestée. Bossuet dit de même : *Defensio declarationis* (Œuvres, éd. Vivès, t. 31, p. 18).

(228) *Lettres de Louis XIV à Innocent XII*, 14 sept. 1693 (Is., t. 19, p. 380). Daguesseau, *Mém. au sujet de l'engagement pris par le feu roi en l'année 1693* (Œuvres, t. 13, 1789, p. 424 et s.). Les difficultés tenaient à ce que la *Déclaration* (art. II et IV) contenait des dispositions d'ordre exclusivement spirituel et réprouvées par le Saint-Siège.

comme toujours en vigueur. Un arrêt du Conseil (24 mai 1766) porte qu'il sera « exécuté dans sa forme et teneur et les maximes y contenues publiquement enseignées » (229). Ce souci de ne laisser aux papes aucune occasion de marquer quelque supériorité sur les princes temporels commandait certaines démarches diplomatiques : c'est ainsi qu'en 1298 et en 1343 les rois de France et d'Angleterre, voulant soumettre leurs différends à un arbitre, prirent comme tel, non pas Boniface VIII et Clément VI, mais les personnes privées de ces pontifes, Benoît Gaétani et Pierre Roger (230).

Mais aussi nettement que soit énoncée l'autonomie des deux puissances, il n'empêche que l'autorité légitime de l'Eglise dans le spirituel ne s'exerce précisément sur les rois et les sujets des rois et que l'absence totale de communication entre le monde séculier et le monde religieux ne soit impossible, puisqu'ils ne sont qu'un. Leurs autorités sont donc destinées à s'affronter dans nombre de circonstances. Il a fallu, pour éviter les intrusions dans leurs domaines réciproques, soumettre ces contacts à certaines règles de discrétion et de prudence, et l'usage imposa à chacune des puissances de ne point pousser à l'extrême ses droits vis-à-vis de l'autre. Ces règles et ces usages constituèrent en France les *Libertés de l'Eglise gallicane*. Ces maximes, les unes plus, les autres moins anciennes, furent particulièrement commentées à la fin du xvi° et au début du xvii° siècle (231). Pierre Pithou les condensa en un recueil de 83 articles, dédié à Henri IV (232). Outre les énonciations essentielles touchant l'indépendance politique du roi de France à l'égard de toute autre puissance et la négation de tout droit de souveraineté et de juridiction temporelle du Saint-

---

(229) *Collection des procès-verbaux du Clergé*, t. 8², p. 1874. Flammermont, *Remontrances du Parlement de Paris au xviii° siècle*, t. 2, p. 599 et s. — Is., t. 22, p. 424. Les préambules de cet arrêt et d'un autre du 10 mars 1781 indiquent le départ à faire entre les compétences des deux pouvoirs ; mais comme dans les polémiques on ne le faisait guère, le roi se réserve de décider seul sur leurs limites réciproques. Ce que des historiens considèrent comme une faiblesse de la part de Louis XIV et de Louis XV est, au contraire, la marque d'une profonde sagesse.

(230) *Regesta Bonifacii VIII* (éd. Digard, t. 2, n° 3626); Pierre Dupuy, *op. cit.*, p. 41. Boniface semble ne s'être pas tenu aux conditions de l'arbitrage. Rymer, *Foedera*, t. 1, p. 200; t. 2, p. 1224.

(231) Guy Coquille, *Discours des droits ecclésiastiques et libertez de l'Eglise gallicane. Traitez des libertez de l'Eglise gallicane* (Œuvres, t. 1, Bordeaux, 1703).

(232) Pierre Pithou, *Libertez de l'Eglise gallicane*, 1594, in-8°, 27 pp.

Siège dans le royaume, il s'y trouve une série de pratiques et de cautèles visant à garantir le respect de ces principes dans le détail Ainsi, le roi et ses officiers sont soumis légitimement, comme les autres fidèles, à la juridiction spirituelle, *ratione peccati;* mais à cause des inconvénients et des troubles qui pourraient résulter, et qui ont parfois résulté de l'exercice de cette juridiction à propos d'actes jugés blâmables par l'autorité religieuse, et qui étaient des actes de leurs fonctions publiques [233], il a été admis en France, et des papes ont admis, que : 1° le roi de France ne pouvait être excommunié [234]; 2° les officiers du roi ne pouvaient l'être pour le fait de leurs charges; 3° les officiers clercs, pour les mêmes faits, ne jouissaient pas du privilège de clergie [235]. Nul ne pouvait contester au souverain pontife de légiférer dans les limites du spirituel, ni de faire des actes d'administration ecclésiastique, mais ses bulles et lettres apostoliques ne s'exécutaient en France qu'après avoir été examinées et avec le *pareatis* de l'autorité royale, assorti de réserves garantissant, en tout état de cause, les droits de celle-ci. De même des décrets des conciles [236]. Enfin si le pape était juge des causes spirituelles, ses légats ne venaient en France qu'avec la permission du roi et n'y pouvaient exercer de juridiction au détriment des évêques [237].

§ 3. — Les tendances absolutistes.

I. — SI LES CARACTÈRES DE LA MONARCHIE ONT VARIÉ

A la royauté établie sur ces principes et régie par ces lois, d'aucuns en opposent une autre qui lui aurait succédé, dans laquelle le pouvoir personnel du roi l'aurait emporté et que, pour ce motif, ils qualifient de monarchie absolue. De sorte que la

(233) C'est en se fondant sur la juridiction *ratione peccati* qu'Innocent III prétendait juger entre Philippe-Auguste et Jean Sans Terre, Boniface VIII entre la France et l'Angleterre, et qu'il tenta d'expliquer la bulle *Unam Sanctam.* Cette notion sert aussi de base à la théorie du pouvoir indirect de Bellarmin. Cpr. *Epist. Inn. III ad. Ph.-Aug.*, 31 oct. 1203, et Bulle *Novit* (1204) (HF., t. 19, pp. 440; 458) — C. 13, X, II, 1.

(234) Cette maxime est très ancienne. Boniface VIII dit passer outre dans son bref du 6 avril 1303 (Is. t. 2, p. 798).

(235) *Libertez de l'Eglise gallicane* (éd. Pithou), XVI, XXXVIII.

(236) *Ibid.*, XLIV, LXXVII — Is., t. 8, p. 680; t. 10, p. 743. — Durand de Maillane, *op. cit.*, t. 1, pp. 81-82.

(237) *Lib. de l'Egl. gal.*, XL, XLVI. — *A. P.*, 11 déc. 1501 : Marca. *De concordia Sacerdotii et Imperii*, 1663, t. 2, pp. 187. II, VII; 188, IV, V; 190, VIII; Durand de Maillane, *op. cit.*, t. 1, p. 124.

France aurait connu successivement deux formes différentes du pouvoir royal.

Constatons tout de suite : 1° qu'on ne rencontre rien dans l'histoire de ce pouvoir qui marque la fin d'un système et le commencement d'un autre, son développement continu ne se révèle, au contraire, que par une adaptation très souple de la même donnée aux nécessités de l'heure; 2° que les lois fondamentales n'ont jamais été ni abrogées ni contestées. On ne vit jamais personne en nier l'existence, ni les méconnaître (238). Si elles furent parfois violées, les actes qui y portaient atteinte furent annulés. Louis XIV et Louis XV en parlent avec le même respect que leurs prédécesseurs (239). Les Conseils, les Cours souveraines s'y référaient de façon constante (240). Nul ne se fût insurgé contre le dire de Guy Coquille que le gouvernement de la France était une monarchie tempérée par des lois; 3° que de tout temps les rois exercèrent un pouvoir personnel, que ceux des xvii° et xviii° siècles n'eurent pas des manières de gouverner sensiblement autres que Philippe le Bel, Charles V, Louis XI ou François I°. Quand les Etats généraux ou l'opinion s'en prirent à un roi, ce fut pour lui reprocher de ne pas gouverner assez fortement. Aussi l'embarras est grand pour dénoncer le moment où cette révolution dans la politique royale se serait réalisée. Tandis que les uns la placent sous Henri IV, que les autres l'attribuent à Richelieu ou

(238) Si les principes traditionnels de la Monarchie « royale », comme dit Loyseau, furent méconnus au xvii° siècle, ce fut par le petit groupe de ce qu'on pourrait appeler les libéraux, dont Claude Joly est le type. Ils parlent bien aussi d'une constitution, de lois fondamentales; mais, sous l'influence de l'histoire fantaisiste des monarchomaques, ils en altèrent le sens et la nature : Brissaud, *Un libéral au xvii° siècle : Claude Joly (1607-1700)*, Fontemoing, 1898.

(239) *Traité des droiz de la Reine...*, in-16, 1667 (rédigé sur l'ordre de Louis XIV). « La loi fondamentale de l'Estat forme une liaison réciproque et éternelle entre le Prince et ses descendans d'une part, et les sujets et leurs descendans de l'autre par une sorte de contrat qui destine le souverain à régner et les peuples à obéir; nulle des parties ne peut seule et quand il lui plaist se dégager d'un engagement solennel dans lequel ils se sont donnés les uns aux autres pour s'entr'aider mutuellement » *Déclarations*, 8 juillet 1717, 26 avril 1723, ci-dessus, note 14 *Edit*, févr. 1770 (Is., t. 22, p. 513). Loyseau, *Tr. des seigneuries*, II, n° 9; Balzac, *Aristippe ou de la Cour*, disc. VII. Bossuet parle des lois contre lesquelles tout ce qui se fait est nul de droit. — [M. M. A. C.], *Maximes du droit public*, t. 1, p. 245 et s.

(240) *Remontrances* du 26 juillet 1718; *Remontrances du Parlement de Paris*, 27 nov. 1755, pp. 89, 123 (Brochure, 1755). Le Parlement de Toulouse dit que l'Edit de déc. 1770 « est le signal du renversement de la constitution. »

à Louis XIV, il en est qui la font remonter à François Ier, même à Louis XI, tant elle est douteuse et son heure insaisissable.

Mais l'opposition qu'on n'aperçoit pas dans les faits se révèle dans le domaine de la spéculation et des doctrines. Si l'on n'imagine pas Louis XI gouvernant au xviie siècle autrement que Louis XIV ou qu'il ne faisait au xve (sauf le décor), l'idée que les esprits cultivés avaient de la souveraineté au temps de Louis XIV n'était plus celle qu'ils auraient eue au temps de Louis XI. C'est que les conceptions absolutistes, quand elles parurent, affectèrent la notion de la souveraineté, indépendamment de ses formes extérieures et de ses moyens d'action. La substance des doctrines nouvelles put se substituer à celle des anciennes sans que les apparences fussent changées, bien que des idées répandues dussent finir, sinon par influer sur le fond des événements, du moins par les mettre à leurs teintes, ne fût-ce que par reflet.

La royauté, telle qu'elle était résultée de la collaboration des rois, des légistes et des contingences historiques, était l'institution la plus éminente et essentielle de la France, mais entre d'autres : Eglise, provinces, municipalités, restes de la seigneurie et de la féodalité, compagnies judiciaires, universités, corporations de métier, etc., qu'elle ramenait à l'unité, en coordonnant leurs activités particulières sans les absorber. La souveraineté n'était pas le tout de la nation, mais un organe spécialisé en vue de certains services : *ordinatio ad unum*, paix publique, reconstitution et défense du territoire, armée, marine, diplomatie, tout ce qui assure l'existence de la collectivité nationale et sa perpétuité. Le roi n'était pas un représentant de l'universalité de la nation [241], mais plutôt un grand particulier grevé par la loi d'une mission publique et sociale dont l'économie était en relation avec l'ordre général. « La monarchie, écrivait un magistrat, prend sa forme et existence d'Estat en l'établissement d'un prince qui vit avec le peuple en un degré supérieur par une mutuelle correspondance de commander et d'obéir dont il se fait un corps qui, sous les adresses et mouvements de l'esprit divin, se maintient par soi-même... sous cette symmachique ~~intelligence et affection de vivre~~ en réciproque devoir d'être l'un envers l'autre bon prince et bon sujet » [242]. Née jadis du fait de l'élection et du sacre, la royauté s'était transformée en état de droit par la permanence (hérédité,

---

(241) Au sens surtout où l'entendait la constitution de 1791, tit. III. art. 2.
(242) Le Président de Lâllouette, *Des affaires d'Estat, des finances du prince et de sa noblesse*, 1597, p. 1.

légitimité) de son bienfait auquel les générations adhéraient, non
par contrat social ou compromis politique, mais en conformant leur
conduite à son existence et à son vœu. Cependant, vers le xvi⁰ siècle, sous diverses influences, on commença de ne plus rechercher
l'explication et les droits de la souveraineté uniquement dans
l'histoire, mais plutôt de les établir selon une certaine vue de
l'esprit. C'était passer d'une institution qui valait par les services
qu'elle rendait, et qui était un produit de l'histoire française, à
un concept métaphysique et dès lors universaliste, substituer la
logique pure aux suggestions des nécessités nationales, complexes
et sans arêtes vives comme la vie. On touchait ainsi à la notion
de l'Etat moderne, c'est-à-dire d'une puissance abstraite, existant
en soi au sein des sociétés, de laquelle dépendent toutes les autres
institutions, qui ne lui sont plus seulement subordonnées, mais lui
doivent de naître ou de disparaître à sa volonté. L'absolutisme
consiste à rapporter à l'Etat, considéré comme une entité, toute
l'existence nationale. Rien qui n'émane de lui, ou du moins qui
soit sans sa permission : lui seul crée ou fonde; rien qui subsiste
sans la persistance de sa faveur : ayant créé, il peut détruire.
Il absorbe ou confisque toute l'activité des autres corps, en étant
le propulseur et le bénéficiaire. D'où concentration et centralisation
s'accélèrent. En lui la vie nationale s'unifie et s'ordonne; il se
soumet le plus qu'il peut du contenu juridique. A cette première
poussée, sa mainmise ne s'étendit guère qu'au domaine politique
et administratif.

L'absolutisme étant la toute-puissance de l'Etat et l'exclusion
d'institutions indépendantes en dehors de lui, peu importe la
forme constitutionnelle de cet Etat. Aussi les idées nouvelles furent
bientôt communes à tous les peuples de l'Europe. Loin qu'elles
fussent particulières à la France, la monarchie française, dont la
constitution traditionnelle était la mieux établie et la plus forte,
y résista plus que d'autres. Elles y imprimèrent certaines incli-
naisons, y jetèrent certaines nuances, bien plus qu'elles ne s'y
substituèrent. Si Louis XIV a vraiment dit : « L'Etat, c'est moi », il
n'exagérait pas le concept de l'absolutisme, il l'atténuait et l'huma-
nisait, car il insérait entre l'abstraction aveugle et inhumaine et
la réalité vivante une personne vivante aussi, une raison et un
cœur d'homme.

Mais à elles seules, ces doctrines n'eussent réussi à s'implanter
même partiellement, si des événements historiques ne les avaient
corroborées et illustrées, et si l'opinion, qui fut la conséquence de
ces événements, ne les avait patronnées et adoptées.

II. — Origines et causes multiples des doctrines absolutistes

La diffusion de ces doctrines résulta de causes diverses qui se rencontrèrent et agirent en un même point du temps. Le sentiment traditionnel du nationalisme français et sa logique interne, l'influence du droit romain, celle de la Renaissance, celle en sens parfois divergents de la Réformation, la philosophie du xvii* siècle, le rôle presque exclusif de la bourgeoisie dans le gouvernement et l'administration, leur procurèrent l'audience des parties cultivées de la nation.

Le sentiment national avait toujours été porté à exalter le pouvoir royal, surtout le rôle personnel du roi, de qui il attendait, contre le régime seigneurial, la réfection de l'unité territoriale, contre le système féodal, celle de l'unité économique. Plus le roi était puissant, plus l'ensemble jadis disparate qui constituait la France paraissait solidement lié. Aussi toutes doléances des Etats, des corps ou des particuliers concluaient à ce que le roi gouvernât fortement. On avait remarqué que prospérité matérielle, paix publique, accroissement de territoire, retour au domaine avaient été les fruits des règnes personnels et forts et que tout ralentissement dans ces sortes de progrès correspondait à quelque entrave ou gêne dans l'exercice de la fonction royale. Les hommes de cette époque savaient que les rois avaient refait la France pièce à pièce; ils avaient eux-mêmes assisté à quelques-uns de ces rajustages; ils en appréciaient la difficulté et le mérite. Ils considéraient que dans ce travail séculaire les rois avaient tout fait plier devant l'intérêt national : il leur semblait qu'on ne pourrait jamais rendre trop puissant l'ouvrier d'une telle œuvre, et l'instinct populaire allait dans ce sens parce qu'il était convaincu que l'accroissement de l'autorité royale inquiétait ceux que de vagues désirs d'égalité lui faisaient tenir en haine ou suspicion. Ces sentiments, il est vrai, s'attachaient à la seule personne du roi; mais, pendant ce temps, les théoriciens achevaient leur construction juridique de l'Etat, et il leur suffisait de superposer ou d'amalgamer leur construction abstraite à l'institution concrète pour la faire bénéficier du respect dont les peuples environnaient celle-ci.

C'est qu'il n'arrivait pas seulement que les formules tirées ou inspirées du droit romain pour affirmer l'indépendance du royaume à l'égard des autres puissances devenaient pour le vulgaire (les dangers anciens ayant disparu) des exaltations de la royauté en soi, mais, par restitution et interprétation historiques, des juristes humanistes, à la suite de Budé et d'Alciat, retransféraient ces textes du rôle particulariste et national auquel les anciens légistes les avaient pliés, en leur état premier et authentique d'expressions de l'absolutisme impérial. Bien plus, la Renaissance, de l'ensemble des littératures grecque et latine, faisait resurgir la conception antique de la Cité, qui asservissait tout à l'Etat, et d'après laquelle celui-ci commande aux sentiments les plus intimes, à tous les moments de l'existence, aux croyances comme aux actes. Quelque forme que le gouvernement revêtît, le citoyen ne jouissait d'aucune liberté. La religion, l'intérêt public, le caprice populaire y avaient successivement et despotiquement régi les hommes : la loi, dépourvue de considérants, s'imposait comme l'ordre d'une puissance supérieure qui n'avait pas besoin de donner ses motifs. Cette évocation littéraire où l'on ne percevait plus le mouvement de la vie et qu'altéraient encore des influences platoniciennes, grâce au génie pratique et clair de l'Italie, donna naissance à la doctrine de la raison d'Etat. Ni arbitraire du Prince, ni impulsion d'une multitude, celle-ci n'était que le commandement de l'intérêt national. Elle avait pour but la réalisation d'un certain ordre que l'homme politique conçoit comme un bonheur pour sa patrie et qui commande ses actes. Par cette rentrée dans le réel, les théoriciens de la raison d'Etat rejoignaient vraiment le concept de l'Etat antique et mettaient au service de cette entité les procédés empiriques et réalistes sans lesquels elle fût restée une nuée. N'ayant que faire de métaphysique, la raison d'Etat offre une assise plus solide que les droits divin ou populaire à l'autorité qui s'y appuie, car elle trouve son explication en soi et se justifie par ses résultats [243]. Sur ce plan, la politique prenait figure d'une science, constituée, ainsi que le voulaient les plus traditionalistes de nos légistes, par « les règles les plus utiles que l'on s'est pu imaginer pour le bien et le repos de l'Estat » [244].

La réforme protestante, en divinisant la conscience individuelle, en l'affranchissant de toute autorité, paraissait mener, au contraire, à l'anarchie, du moins à la démocratie, et c'est bien à cela qu'un jour elle aboutit. Mais si, en France, les protestants pratiquèrent d'abord un opportunisme politique, flottant de la propagande démagogique à des régressions féodales, d'un étalage de loyalisme à la prédication du régicide, selon les heures et occasions, les ini-

---

(243) J. Declareuil, *Les idées politiques de Guez de Balzac*, p. 24 et s.
(244) *Ibid.*, p. 9 et s.

tiateurs de la Réformation poussaient à un absolutisme théocratique ([245]). Distinguant le règne de l'Evangile où la conscience de chacun est souveraine du règne de la loi où commandent les princes et les codes, Luther concluait que la religion n'a aucune action sur la vie sociale, abandonnée à la loi, c'est-à-dire au pouvoir séculier à qui Dieu a donné mission de réprimer le désordre introduit dans le monde par le péché. Pour cela la puissance étatique est armée de tous les droits contre les individus incapables par eux-mêmes d'aucun acte bon. Ne relevant que de Dieu, elle peut tout dans ce monde, même régler le culte extérieur, de sorte que le pouvoir spirituel lui appartient comme le temporel. Le sujet doit suivre la religion du Prince et en changer quand il plaît au Prince. *Cujus regio, ejus religio* ([246]). La doctrine calviniste n'était pas autre : même confusion du spirituel et du temporel, car « ou le pouvoir temporel reçoit sa mission spirituelle de Dieu et alors il est lui-même le spirituel, ou il la reçoit de l'Eglise et alors l'Eglise est le pouvoir temporel »; même absolutisme de la puissance séculière, quelque forme qu'elle revêtît, bien que, disait Calvin, d'un ton aigre, « celle qui est la moins plaisante aux hommes soit recommandée singulièrement par-dessus toutes les autres ». En outre, la Réformation, par les troubles dont elle ensanglantait l'Europe, et les luttes en France entre huguenots et ligueurs faisaient souhaiter aux sages un pouvoir fort qui rétablît la paix.

Or, la classe sociale, le plus affectée par ces troubles, qui n'avait rien à y gagner et y pouvait perdre, étant détentrice du pouvoir, de l'administration, de la fortune régulièrement acquise par le commerce, la finance, les offices, était la bourgeoisie, et c'était elle aussi qui subissait le plus l'influence de l'humanisme et des doctrines étatistes que ses érudits y avaient puisées. Par lassitude ou peur de l'anarchie, elle cédait à la suggestion de celles-ci. Les auteurs de la *Satire Ménippée* (1594) formulèrent, en son nom, le programme le plus absolutiste qui ait été écrit en français ([247]). La Renaissance, en rendant aux formules antiques leurs acceptions véritables, depuis le début du règne de François Ier ([248]) et pendant

(245) R. Dareste, *François Hotman*, pp. 39 et s., 49, 53.

(246) J. Declareuil, *Luther et sa conception allemande du droit (Bull. de l'Ac. de Législation)*, 1919, pp. 165 et s.; Bodin, *op. cit.*, IV, 7.

(247) J. Declareuil, *Les idées pol. de G. de Balzac*, p. 12 et s.

(248) Hanotaux, *Et. historiques*, pp. 9, 16, 18; Jean Ferrault, *op. cit.* : « Par l'antique loy royale qu'on appelle (salique), tout droict et tout pouvoir a été tranféré au Roy. » Degrassalius, *op. cit.*, : « Rex est tanquam quidam

tout le cours du siècle l'influence biblique, qui fut la suite de la
Réforme protestante [248], le désir de réagir contre les idées
démagogiques des partis ou les histoires fantastiques des monarchomaques, l'explosion de loyalisme après la paix retrouvée,
incitèrent à renforcer d'une façon continue les expressions du
dévoûment et de la piété envers l'institution royale. On répéta
dans les harangues qu'elle était un bienfait du Ciel, qu'elle ne
dépendait que de Dieu qui l'avait miraculeusement conservée ou
restituée. Ainsi fut créée cette phraséologie en partie biblique,
qui ne changea pas le fond des choses, mais finit par être
prise pour l'énonciation de la théorie du droit divin qui se
répandait en Europe. Tous les genres littéraires y contribuèrent. Les théoriciens du droit naturel y étaient eux-mêmes
conduits par un détour : du principe égalitaire que « la
domination de la volonté d'un homme sur un autre homme
est naturellement et essentiellement injuste », ils concluaient
que le second n'était tenu d'obéir que parce que Dieu avait
donné au premier le pouvoir de commander [250]. La philosophie de Descartes, celles qui en sont issues, hostiles à la tradition et donnant essor à la pure logique, favorisèrent encore l'incli-
nation des esprits pour les abstractions [251] et ne laissèrent
le champ libre, dans la pratique, qu'à la raison d'Etat [252]. Les
rois, les légistes insensiblement parlèrent, écrivirent comme le
vulgaire, même quand ils affirmaient le règne des lois fondamentales [253]. Et parce que les mots avaient quelque peu changé, on

corporalis deus. » Vincent de la Loupe, *Premier et second livre des dignitez.*
« Tout ce que dit le Roy doit estre tenu comme une loy et venant de
l'oracle d'un autre Apollon. »

(249) Claude Gousté, *Tr. de la puissance et authorité des roys,* 1561.

(250) Nicole, *Tr. de la grandeur,* II, 1, 2, 2; *Tr. de l'éducation du prince,*
I, n° 3; Domat, *Dr. public,* I, 1, 1, n°s 1, 6.

(251) Il s'agit des conséquences logiques de sa philosophie, car Descartes
était, dans le courant, traditionaliste et absolutiste à la fois : *Lettre à
Mme Elisabeth* (Œuvres, édit. Cousin, t. 9, p. 387).

(252) Voy. *Maximes d'Etat et fragments politiques du cardinal de Richelieu*
(DI., éd. Hanotaux).

(253) Le Bret, *op. cit.,* I, 1, 9, IV, 3, pp. 1, 9, 512 : « La Royauté est la
suprême puissance déférée à un seul qui luy donne le droict de commander
absolument... Il faut tenir pour maxime que, bien que le Prince Souverain
outrepasse la juste mesure de sa puissance, qu'il n'est pas permis pour cela
de luy résister... Le Roy est seul Souverain dans son royaume et.. la souveraineté n'est non plus divisible que le poinct en la géométrie. » Loyseau,
Tr. des Offices, II, n°s 27, 28 : « Il est bien vray que du commencement, ils (les rois) n'estoient que simples officiers, n'ayans

crut que les choses l'étaient beaucoup. La déviation la plus sensible résultait de la concentration opérée dans le système gouvernemental, sous l'égide de la notion nouvelle de l'Etat, et de l'identification qui s'ensuivait entre la Couronne et l'Etat. L'Etat, qui était une entité, devait être juridiquement représenté et ne pouvait l'être que par le roi qui n'avait ni supérieur ni compagnon; car l'on pouvait sans doute mettre une loi, chose concrète, au-dessus du roi, mais non la notion abstraite de l'Etat, qui n'est rien. Or, comme le roi était le seul administrateur de l'Etat, étant le seul organe réel de cette abstraction, il fallait bien qu'il gérât et manipulât tout ce qui était de l'Etat. D'où, en fait, ils se confondaient. Mais c'est une analyse inexacte de tirer de cette confusion que tout par elle devenait la propriété du Prince, puisque, au contraire, tout devenait la chose de l'Etat, même le Prince, et ses biens, s'il en avait ([254]) ([255]).

que l'exercice, non pas la propriété de la souveraineté...; mais il y a déjà longtemps que tous les Roys de la terre, qui par concession volontaire des peuples, qui par usurpation ancienne (laquelle fait loy en matière de souverainetez, qui n'en peut recevoir d'ailleurs), ont prescript la propriété de la puissance souveraine et l'ont jointe avec l'exercice d'icelle. » *Edits*, oct. 1588; 21 fév. 1641; déc. 1770 (Is., t. 14, p. 625; t. 16, p. 529; t. 22, p. 506).

(254) D'où la réunion des biens du roi au domaine à son avènement : théorie parachevée à l'avènement de Henri IV.

(255) On a dit : « Identification de la chose publique et du prince, voilà la doctrine de Louis XIV et de son siècle »; il fallait dire : « Identification de l'Etat et de l'organe politique le plus élevé, au moment où cette conception de l'Etat moderne est apparue, voilà, depuis, la doctrine de l'Europe sous quelque gouvernement qu'elle ait vécu ». Là où il se rencontra plusieurs organes concurrents, ce fut leur ensemble qui incarna l'Etat, chacun pris à part restant une institution distincte qui n'était pas tout l'Etat (ce qui eut lieu en Angleterre; ce qu'on trouve dans la constitution de 1791 (tit. III. art. 2). Mais la puissance de l'Etat y fut la même.

CHAPITRE II

LES INSTITUTIONS CENTRALES
DE LA MONARCHIE

———

Il faut entendre par institutions monarchiques celles que les rois avaient créées pour les assister et les aider dans l'exercice des fonctions royales. Elles dépendaient de la royauté et n'en étaient que les instruments. Elles constituèrent deux échelons : des organes centraux, entourant le Prince de façon continue, d'où partait le commandement, où tout revenait pour le contrôle, et des organes provinciaux, établis sur certains points du territoire pour y faire sentir l'autorité royale, mais étroitement rattachés aux premiers dont ils paraissaient un prolongement ou une émanation. Les diverses branches de l'administration centrale elles-mêmes résultaient presque toutes du sectionnement d'une institution, unique au début, la *Curia regis*.

§ 1. — La « Curia regis » : origine des institutions centrales.

I. — LA « CURIA REGIS » SOUS LES PREMIERS CAPÉTIENS

A la fin du xe siècle, il ne subsistait du *palatium* que les services domestiques (1). L'effondrement de l'administration centrale nous est révélé par la décadence de la Chancellerie royale (2). Il

___

(1) Le comte Eudes, dans une lettre à Robert II (PL., t. 141, p. 474), distinguait les *principes* des *domestici*.

(2) Imitation approximative du style de la Chancellerie carolingienne dans les actes solennels ; pour les actes courants aucune règle ni dans leur forme extrinsèque : parchemin, écriture, qui devient la minuscule romane, ni dans leur forme intrinsèque, noms très divers : *praeceptum, auctoritas, constitutio, decretum, pragmatica sanctio*, etc. ; formules protocolaires quelconques, même pour la titulature ; nulle différence entre les actes administratifs et judiciaires ; langue confuse ; style baroque ; sanctions bizarres et excessives ; aucune fixité

s'explique par la solution de continuité entre la clientèle carolingienne et celle des Capétiens dont la Chancellerie était loin d'être à la hauteur de la précédente, et surtout par la prédominance des éléments seigneuriaux et féodaux sur les *curiales* de carrière.

Le gouvernement des premiers Capétiens fut concentré dans la *Curia regis*, persistance atténuée des anciens *placita* ou *conventus generales*. L'usage de ces princes, comme des derniers Carolingiens, fut de délibérer de leurs affaires avec les grands, *principes regni*, évêques, abbés et vassaux, tous qualifiés de *fideles*. Abbon leur en faisait une obligation morale (³). En 995, Hugues Capet disait ne pouvoir prendre de décision parce qu'il n'avait pas ses grands autour de lui (⁴). La tenue de ces assemblées, leur fréquence (il y en avait en général trois par an) dépendaient exclusivement du roi qui y convoquait les *principes* et les évêques par *commonitoria* particuliers et la masse des fidèles par un *edictum publicum*, en se fondant sur « l'aide et le conseil »; qui lui étaient dus par ses fidèles en vertu de la foi personnelle et qui commençait de l'être par tous les sujets à raison de la foi naturelle (⁵). De sorte qu'il y appelait qui lui plaisait : les *principes regni*, les vassaux directs de la Couronne, les évêques et les abbés, ce qui restait des anciens *palatini* (*familiares*, *consiliarii*), parfois, à partir du xıı° siècle, des représentants des villes, surtout de Paris. L'assemblée était plus ou moins nombreuse selon le désir ou le dessein du roi. Elle prenait le nom de *Curia, Curia regis, Conventus, Concilium*. Tantôt le roi n'appelait que les grands et les fidèles à sa portée; tantôt tous les *primores regni*, tous les fidèles étaient cités : c'était alors une *Curia solemnis* ou *generalis*; un *Concilium magnum*. Même dans ce cas, il ne faudrait pas y voir une représentation nationale ou féodale. Ces personnages étaient là, non pour exercer

dans les signes de validité ou leur annonce; plus de mention des *curiales* jusqu'au temps d'Henri Iᵉʳ, où les signatures des chefs de services et de leurs subordonnés reparaissent sans ordre; absence fréquente de celle du *cancellarius* jusque vers la fin du xıᵉ siècle.

(3) Louis V dit aux grands que son père lui a recommandé de gouverner avec leur conseil et aide : « Mihi praecepit ut vestro consilio, vestra dispositione, regni procurationem haberem... Vos etiam loco affinium, loco amicorum, ducerem, nihilque praecipui practer vestram scientiam adorirer. Si vestra fide potirer, sine dubio divitias, exercitus, munimenta regni asserebat me habiturum ». Richer, IV, 2 (éd. Guadet, t. 2, p. 142).

(4) Ci-dessus, pp. 177 et s., 185 et s.

(5) Ces assemblées avaient même caractère que celles que tenaient les seigneurs : voy. pp. 205. Fliche, *Le règne de Philippe Iᵉʳ, roi de France* (1060-1108), Paris, 1912, pp. 99-112.

un droit, mais pour accomplir une obligation (⁶). L'initiative et la décision dans les délibérations appartenaient au roi seul. A ce principe, les contingences historiques apportaient des limitations. Les chefs des grandes seigneuries étaient trop puissants et les liens qui les rattachaient à lui trop fragiles pour qu'il n'usât pas de ménagements quand il voulait en obtenir une aide effective ou des ressources pécuniaires. En dehors du domaine royal, il ne pouvait ni faire d'établissements, ni lever d'hommes ou de subsides sans eux, chacun étant maître dans sa seigneurie. Dans les questions d'ordre général, il devait, par persuasion, les amener à son avis ou suivre le leur, par crainte de leur sécession, de rupture de l'*amicitia* qui les retenait parmi ses fidèles (⁷). Les *Curiae solemnes* comportaient des fêtes qui attiraient les foules. Comme le roi s'y montrait avec les ornements de la majesté royale, on les appelait aussi *Curiae coronatae* (⁸). Pour les personnages en vue, c'était témoigner leur loyalisme que d'y venir. La *Curia regis* avait des attributions variées. Sa compétence était celle même du roi. Elle constituait un grand conseil : les seigneurs et les principaux vassaux délibéraient seuls avec le roi; on faisait ensuite adhérer les autres aux décisions prises, par acclamations; de nombreux assistants les signaient comme témoins; souvent on leur demandait de s'engager à s'y conformer par serment. Elle était, en outre, le tribunal royal. Le roi, ou son représentant, y tenait des assises judiciaires et prenait pour assesseurs les seigneurs ou les hommes de fief présents. Ce tribunal jugeait toutes sortes de causes entre les sujets directs du roi, celles des églises et des monastères, quel que fût le lieu de leur situation, et celles des seigneurs de tout le royaume lorsqu'ils les apportaient à la justice royale ou que le roi les y avait assignés. Quand il ne pouvait les contraindre à s'y soumettre, il tâchait de sauver les apparences de sa prérogative par une médiation ou un arbitrage (⁹). Elle était aussi sa cour féodale : alors sa justice devait

---

(6) Yves de Chartres, *Ep.* 22 (PL., t. 162, p. 34).

(7) Yves de Chartres, *Ep.* 209 (PL., t. 162, p. 214) : « Jam insonuit murmur ducum et marchionum qui deliberant se a rege dividere.

(8) Du Cange, *Des cours et des fêtes solennelles des rois de France* (*Coll. Leber*, t. 8, pp. 40 et s.). — Helgaldus, *Epitome vitae Roberti regis* (PL., t. 141, p. 911, 915); Hugo de Cleeriis, *De majoratu et senescalcia Franciae* (Duchesne, t. 4, pp. 328-330); Yves de Chartres, *Ep.* 62, 199, 209 (PL., t. 162, pp. 77, 206, 214). *Charte de Laon*, 1138 (*Ord. des r. de Fr.*, t. 11, p. 185).

(9) Langlois, *Textes rel. à l'hist. du Parlement de Paris*, pp. 21, 27, 33.

être garnie d'hommes de fief; le jugement était rendu par les pairs; le roi n'en était que l'exécuteur, mais contrairement aux autres suzerains, il pouvait assigner la partie par sergent [10].

II. — TRANSFORMATION DE LA « CURIA REGIS »

Vers le début du xII[e] siècle, le mot *curia* change de sens : on assiste, sous ce nom, à la reconstitution de l'ancien *palatium*. Dès le règne de Philippe Ier, le gouvernement glisse de l'assemblée des fidèles et des vassaux au petit groupe de *curiales* qui se renforce et d'où émergent quelques officiers spécialisés en des charges qui vont devenir les premières du royaume. Sous Louis VI et Louis VII, l'administration est concentrée aux mains des *palatini* ou *curiales*, qualifiés aussi d'*amici, domestici, familiares,* qu'on oppose aux *optimates* ou *fideles*. Avec eux, Philippe-Auguste se constitue une sorte de conseil permanent : *homines nostri, regiae majestatis assessores, laterales regis consiliarii* ou *qui sunt de consilio nostro* [11]. Ce conseil est composé d'hommes de modeste origine, petits chevaliers sous Louis VI, clercs et bourgeois sous Louis VII, légistes surtout sous Philippe-Auguste et ses successeurs. Dès lors la *Curia* se distingue des assemblées ou *conventus* qui, en retenant parfois l'appellation de *Curiae solemnes,* deviennent exceptionnelles et ne sont plus convoquées que pour les affaires graves : guerres, croisades, régime des monnaies, législation générale. Souvent le roi se contente de consultations locales soit de la noblesse, soit des bourgeoisies d'une région.

Pour les affaires courantes, il emploie les *curiales* aux missions les plus variées : expédition des actes, service des plaids et réception des requêtes, sans distinction des justices royale ou féodale, tournées et chevauchées, missions diplomatiques et secrètes, inspections et répressions. Au xII[e] siècle, la *Curia,* au lieu de présenter une masse confuse où les attributions n'étaient pas nettement réparties, se hiérarchise et s'ordonne autour de quatre chefs de services, et tend à se scinder en corps différents, sous la nécessité, à mesure que les affaires se multiplient, de diviser le travail.

1° La réorganisation de la *Curia* comportait celle de la *Chancellerie,* à laquelle un personnel spécialisé fut affecté : clercs,

(10) *Et. de Saint-Louis,* I, 76 (t. 2, p. 124). Loysel, n° 30 : « Sergent à roy est pair à comte. » Boutaric, *Actes du parlement,* t. 1, p. ccciii.
(11) *Ord.,* 1254, art. 6 (*Ord. des r. de Fr.,* t. 1, 56). Luchaire, *op. cit.,* p. 534 et s.; Fliche, *op. cit.,* pp. 112 et s.

notaires, scribes, sous la direction du *cancellarius* ([12]). Avec Philippe-Auguste commença la série des *Registres* originaux de la Chancellerie et la détermination des règles à suivre dans la confection des actes ([13]). Il y eut alors trois sortes d'actes : les *Cartae* ou diplômes, les *Lettres patentes*, les *Lettres closes*. Au XIVe siècle, l'usage du diplôme fut abandonné au profit de la Lettre patente (*littere in cera viridi*), tant parce que le diplôme ne correspondait plus à la conception de plus en plus administrative du gouvernement que pour éviter la signature des grands officiers devenus féodaux. L'apparition d'actes datés d'un lieu où le roi n'était pas révèle le fonctionnement autonome de la *Curia* ou de quelque partie de la *Curia*.

2° La Cour de justice, essentiellement temporaire, n'avait pas de personnel distinct et se recrutait dans la *Curia;* dès la fin du XIe siècle, elle comprit, à côté des optimates, évêques, barons ou vassaux, des *judices* chargés de la partie technique des procès et qui finirent par en constituer l'élément à peu près permanent ([14]). Sous le nom, qui ne leur était pas encore exclusif, de *Parlementum*, les assises judiciaires étaient tenues, au XIIIe siècle, de deux à quatre fois l'an et l'on répartissait entre les sessions les affaires des diverses provinces. La renaissance du droit romain, les accroissements de compétence de la *Curia*, l'introduction des jugements par commissaires, prolongements, sous Philippe-Auguste, de celle-ci dans les provinces; le développement de la procédure par enquêtes à partir de Louis IX; accrurent de façon continue l'impor-

(12) En 1194, le *curialis* Gautier le jeune fut chargé d'organiser les archives de la Couronne : origine du *Trésor de Chartes*, qui comprit les *Layettes*, documents politiques et domaniaux, et les *Registres*, transcriptions des actes royaux. — Léopold Delisle, *Le premier registre de Philippe-Auguste, reproduction héliotypique du ms. du Vatican*, Paris, 1883, et *Catalogue des actes de Philippe-Auguste*, pp. v-xxv; Luchaire, *Et. sur les actes de Louis VII*, p. 41 et s.

(13) Fixité dans les formes extrinsèques : détermination du parchemin, de l'écriture, etc., et dans les formes intrinsèques : préambule, notification, disparition des sanctions baroques; annonce et constance des signes de validité : sceau et suscription royale; nécessité, depuis Louis VI, de la signature des quatre grands officiers, de la suscription du chancelier ou indication de la vacance de leur charge; disparition de la masse confuse des témoins. « Sous Louis IX, dit Giry, (*Man. de diplomatique*, p. 757), la rédaction des actes royaux a acquis une clarté élégante, une logique et une appropriation de termes qui n'ont jamais été dépassées. »

(14) F. Aubert, *Nouv. recherch. sur le Parlement de Paris* (NRH., 1916, p. 64 et s.). Ch.-V. Langlois, *Les origines du Parlement de Paris* (RH., 1890, pp. 3 et s.).

tance des juristes. Sous ce roi, la *Curia* tint des sessions *in Parlamento* de plus en plus régulières à Paris, tandis que pour le reste des affaires elle continuait à se déplacer à la suite du roi. Le Parlement était à la fois la cour de justice royale et la cour féodale du roi. Si vers la fin du xiie siècle, une Cour des pairs purement féodale parut s'ébaucher, ce ne fut qu'apparence. Les pairs ne firent pas admettre qu'ils siégeassent seuls. Elle fut toujours confondue avec le Parlement. Dès le xiiie siècle, il fut accepté que la présence d'un seul pair suffisait à rendre valable l'arrêt du Parlement, que la semonce aux pairs par le premier président n'était nécessaire que si le litige portait sur les droits afférents à la pairie, et que le Parlement décidait souverainement s'il en était ainsi. C'est-à-dire que, les pairs mis à part, la justice royale avait absorbé ou supprimé la justice féodale. Au commencement du xive siècle, le recrutement de cette cour judiciaire, à double fin, restait toujours le même : *consiliarii regis* ou *maistres de la cort le roy*, que l'on retrouve souvent les mêmes d'une session à l'autre, officiers de la Couronne, prélats, barons, fonctionnaires royaux.

3° L'administration financière exigeait qu'un petit nombre de *curiales* compétents y fussent délégués : *gentes quae ad compostos deputantur*. En 1256 sont mentionnés les *gens des comtes*; en 1259, des *maistres de la cort le roy* se réunissaient au Temple où le trésorier de l'Ordre gardait leurs archives; en 1278, les *magistri Curiae, maistres des contes le roy*, étaient des *consiliarii* chargés de ce service. Leurs fonctions duraient le temps d'une session: mais on retrouvait les mêmes en partie à la session suivante. Il semble bien que, vers 1309, la *Camera computorum* devint sédentaire, formant une institution séparée, établie à Paris au palais de la Cité, et gardant encore dans son personnel deux éléments : les maîtres des comptes permanents et des prélats, barons, etc., plus ou moins transitoires et destinés à être un jour éliminés.

4° Le reste de la *Curia regis* constitua en se perpétuant le *Conseil du roi*, composé d'un nombre variable de conseillers et qui subit au cours de l'histoire des modifications successives. Quand le roi jugeait bon de réunir à ce conseil habituel et restreint le personnel des autres corps, des barons, prélats, bourgeois des villes, officiers royaux, on y pouvait voir la suite des *Curiae solemnes*, un conseil élargi (¹⁵).

(15) Cependant, sous le nom de Cours plénières, les rois continuèrent à réunir pour des fêtes et des solennités où ils tenaient « état royal » des

Ainsi de la *Curia regis* sortirent presque toutes les institutions de la monarchie : de ce qui survivait ou avait été reconstitué de l'ancien *palatium*, les grands officiers de la Couronne, la Chancellerie et, par la suite, les secrétaires d'Etat, les autres charges ministérielles; de la *Curia* nouvelle, les Conseils du roi, les Cours souveraines judiciaires ou administratives, les diverses branches de l'administration royale : finances, armée, marine, etc.; les administrations provinciales d'ordre royal : baillis, gouverneurs, intendants ([16]).

§ 2. — Les ministres et les chefs des grands services.

I. — Les grands officiers de la couronne

1° Nature de l'office.

Sous les premiers Capétiens, la direction des services publics était confiée à des officiers domestiques. Ceux-ci, compris dans la *familia regis*, constituaient avec leurs subordonnés le *ministerium regale*. Le royaume était administré par une maison particulière. Sauf l'archichancelier, archevêque de Reims, et le comte palatin, dont la charge était héréditaire dans la famille des comtes de Blois ([17]), ces officiers ne se distinguaient guère des autres *curiales*. Mais vers la fin du xie siècle, quatre d'entre eux émergent peu à peu et se partagent l'administration du palais : le chambrier de France (*camerarius*), le sénéchal (*senescalcus* ou *dapifer*), le connétable (*comes stabuli*), le bouteiller (*buticularius*) dont les signatures seules, ou l'indication de la vacance de l'office,

---

assemblées nombreuses qui avaient leur origine évidente dans les *Curiae solemnes*. Du Cange, *loc. cit.*; Gautier de Sibert, *Sur le nom de cour plénière* (*Coll. Leber*, t. 8, pp. 59-105); Fliche, *op. cit.*, p. 100 et s.

(16) Cpr. en Angleterre vers 1166-1176, la scission de la *Curia regis* en *Banc du Roi, Plaids communs, Echiquier* (Stubbs, *Hist. constitutionnelle de l'Angleterre*, éd. franç., t. 1, p. 721 et s.).

(17) Depuis Charles le Simple, il y avait eu régulièrement un archichancelier : M. Prou, *Rec. des actes de Philippe Ier, Intr.*, p. lviii. Le comte de Blois et de Chartres était, au xiie siècle, *comes palatinus*, mais, constamment en guerre avec Louis VI, il n'exerçait aucune fonction effective. Sous Louis VII, le titre est porté par son fils, Thibault-Henri, comte de Troyes. Il était donc héréditaire : Suger, *Vita Ludovici Grossi*, XI, XV, XXV, XXVII (éd. Molinier, pp. 35, 49, 85, 103, 164); Luchaire, *Grands officiers de la Couronne de Louis VI et Louis VII* (*Ann. de la Fac. des L. de Bordeaux* (t. 3, p. 68-69); Fliche, *op. cit.*, p. 114-120. D'autres seigneurs se qualifiaient comtes palatins : Brussel, p. 375.

restent nécessaires à l'émission des diplômes. En 1071, le sénéchal
prend la tête du groupe. Au xiie siècle, l'élimination de l'archichancelier et du comte palatin, l'adjonction au contraire du chancelier (*cancellarius*) portent le groupe à cinq personnages qui vont
former, séparés à la fois de l'*Hôtel du roi* qui embrasse les services
publics et des *ministeria regis*, ensemble des services privés, une
des institutions de la monarchie, les grands officiers de la Couronne. « Ils prirent cette dénomination, dit Loyseau, du temps
que les autres Officiers du Roy estoient destituables à volonté et
ceux de la Maison du Roy estoient au moins muables à toute mutation de Roy, et la prirent afin qu'étant tenus non pour simples
Officiers du Roy, mais pour membres et intrumens de la Couronne, qui est immuable et immortelle, ils ne fussent sujets à
aucune destitution ny mutation » [18]. Cela ne fut vrai que bien
plus tard. Mais les pratiques féodales furent, à l'origine, très près
de leur apporter cette indépendance. Plusieurs de ces charges
(dapiférat, chambrerie, bouteillerie) avaient été, aux xie et xiie siècles, inféodées. Vite les rois comprirent le danger qui en résultait.
Ils supprimèrent les charges ou du moins l'inféodation. Au xiiie,
quelques-unes devinrent surtout décoratives. Louis VIII tenta de
leur restituer un lustre que seuls le connétable et le chancelier
gardèrent jusqu'à la fin [19]. Par la suite, de grandes charges militaires : amiralat, maréchalat de France, grande maîtrise de l'artillerie, fonctions de colonel général de l'infanterie ou de la cavalerie,
furent rangées parmi les grands offices de la Couronne.

A certaines époques, le souci perce chez plusieurs d'assurer à
ces dignitaires l'indépendance vis-à-vis de la royauté et un rôle
dans le gouvernement. Cette indépendance semblait leur être procurée par l'inamovibilité à peu près acquise au xve siècle [20]. Mais
elle n'était pas aussi étendue qu'on croirait, car : 1° les grands
offices de la Couronne ne furent jamais vénaux; ils rentraient, par
la mort de l'officier, en la possession du roi, s'il n'en avait accordé
la survivance ou un brevet de retenue; de son vivant, le possesseur
n'en pouvait faire la résignation à un tiers sans l'assentiment
royal, de sorte que le roi choisissait toujours le titulaire; 2° l'inamovibilité n'entraînait pas l'irresponsabilité; le grand officier était
déchu par suite d'une condamnation capitale, tels les connétables

---

(18) Loyseau, *Traité des Offices*, IV, 2, n° 4.
(19) Boutaric, *Actes du Parlement de Paris*, t. 1, p. cccIII, n° 13.
(20) G. Coquille, *Inst. au dr. fr.*, p. 4 : « Ces dignités sont à vie, non
héréditaires. » Loyseau, *l. c.*

de Saint-Pol et de Bourbon, le chancelier Poyet ; 3° l'inamovibilité n'était attachée qu'à la dignité, non aux fonctions ; les juristes tenaient les grands offices de la Couronne pour démembrés de celle-ci par délégation royale ; le roi pouvait toujours les y réintégrer en en exerçant lui-même les attributions ou en les conférant à des tiers par commission. Il laissait alors à l'officier, avec ses prérogatives honorifiques, la disposition des menus offices de son département, les profits qu'il en retirait depuis qu'ils étaient vénaux, les revenus des parcelles du domaine attachées à la charge, c'est-à-dire ses émoluments. Mais, le chancelier mis à part, les attributions des grands officiers se trouvèrent de plus en plus réduites au point de vue politique. A partir du xiiie siècle, aucun autre ne correspondait plus à ce que nous appelons aujourd'hui un ministre.

2° Histoire des grands officiers de la Couronne.

I. *Le sénéchal ou dapifer.* — Le sénéchal fut d'abord le chef des officiers attachés à la personne du roi, notamment des officiers de bouche, d'où les appellations de *major regiae domus* et surtout, au xiie siècle, de *dapifer*, sous laquelle il était ordinairement désigné : à ce titre, il avait la police des marchés. Quand il prit le pas sur ses collègues, il devint le chef de toute l'administration civile [21] : les prévôts lui payaient chaque année un droit proportionnel à la valeur de leur charge ; les évêques et abbés, une contribution de dix livres en entrant en fonctions. Ces taxes portaient le nom de *senescalcia* [22]. Puis il devint le chef de l'armée et le gonfanonier du roi, [23]. Ces attributions, tenues en fief et menaçant pour cette cause de devenir héréditaires, rendaient l'office dangereux pour la royauté : ce qui apparut lorsque le dapiférat eut été confié à la maison de Rochefort, puis à celle des Garlande, contre lesquelles il fallut entreprendre de véritables guerres [24]. Dès lors l'office resta souvent vacant ou ne fut plus confié qu'à des seigneurs apparentés à la famille royale et résidant

(21) *Summa de leg. Norm.*, IV bis, p. 12 et s. ; *Ass. de Jérus.*, J.-I., 256, t. 1, p. 407 et s. Luchaire, *Hist. des inst. mon. s. les Capétiens directs*, t. 1, pp. 169, 170, 173.

(22) Borrelli de Serres, *Rech. sur divers services publics du xiiie au xviie s.*, t. 1, p. 372. Cpr. Brussel, p. 144 et *preuves*, p. cxxxix et s. A la suppression du dapiférat, le roi en perçut les droits : Ord., 1309 (*Ord. des r. de Fr.*, t. 1, p. 472).

(23) Suger, *Vita Ludouici regis* (éd. Lecoy de la Marche, pp. 50-54) ; Orderic Vital (éd. Leprévost, t. 4. p. 351.)

(24) Luchaire, *loc. cit.*, p. 176 et s. et RH., t. 37, pp. 258, 266.

dans leurs domaines : Raoul de Vermandois, Thibaut de Blois, à la mort duquel Philippe-Auguste le laissa sans titulaire (1191) [25]. Jusqu'au xive siècle, les actes portèrent *nullo dapifero*: puis il n'en fut plus question. Pendant ce temps, les attributions militaires passèrent au connétable, celles d'intendance et de justice en grande partie au chancelier; les autres, décentralisées, furent remises aux baillis qui venaient d'être créés.

ii. *Le bouteiller.* — Chef des échansons, *magister pincernarum*, administrateur des vignobles du domaine, le bouteiller eut de nombreuses attributions, financières, administratives, judiciaires, même diplomatiques, qui tenaient moins à sa charge qu'aux loisirs qu'elle lui laissait [26]. L'office n'ayant jamais été occupé que par des familles seigneuriales peu puissantes et dévouées à la monarchie [27] ne comportait plus au xiiie siècle qu'un certain nombre de droits honorifiques et pécuniaires; parmi ceux-ci, les produits de la juridiction sur les brasseurs, marchands et crieurs de vin des villes du domaine, la *buticularia* payée par les évêques et abbés de la mouvance directe du roi [28], les coupes et futailles entamées aux fêtes solennelles données par le Prince. Charles VII supprima cet office, n'en laissant au dernier titulaire que les honneurs et profits (27 mai 1449). Le grand échanson, qui en tint lieu, ne fut jamais grand officier.

iii. *Le chambrier.* — De 1047 à 1070, le chambrier fut le premier en dignité des grands officiers, puis il passa au troisième rang. Il était le fourrier de la Cour, chargé de la Chambre royale, de la garde-robe et du garde-meuble et, dans les déplacements, du gîte de la famille du roi et de sa suite [29]. Sous ses ordres, les *cubicularii* faisaient le service effectif. Aussi se qualifiait-il parfois

(25) Au xiie siècle, un certain Hugues de Clers publia un traité : *De majoratu et senescalcia Franciae*, pour expliquer que le comte d'Anjou était sénéchal héréditaire de France et que le sénéchal effectif et aussi le bouteiller tenaient leurs offices de lui en arrière-fiefs : *Chron. des comtes d'Anjou* (éd. Marchegay, p. 387-394). Ce n'était qu'une tentative nouvelle pour étayer les intrigues anglo-angevines contre Louis VII. Luchaire, *Hugues de Clers et le de senescalcia Franciae* (*Bibl. de la Fac. des L. de Paris*, fasc. 3, pp. 1-38).

(26) Borrelli de Serres, *op. cit.*, t. 1, pp. 281-284 sur le prétendu cumul de la bouteillerie et de la présidence de la Chambre des Comptes.

(27) Luchaire, *op. cit.*, t. 2, p. 317. Les de la Tour, seigneurs de Senlis, occupèrent l'office pendant tout le xiie et le début du xiiie s.

(28) L. Delisle, *Catal. des actes de Philippe-Auguste*, n° 2174, *Olim*, t. 1, pp. 571, 573, 625, 654. — Borrelli de Serres, *op. cit.*, t. 1, p. 373.

(29) Luchaire, *op. cit.*, t. 1, p. 172 et s; *Et. sur les actes de Louis VII*, p. 48 et s.

de *magister regis domus*. Au xi⁰ siècle, on le vit à la tête de
l'armée [30]. Mais le grand rôle qu'on lui attribue en matière financière : garde et gestion du Trésor, du dépôt des archives, reste à
démontrer. Sous son contrôle, un chambellan tenait la bourse
du roi pour les dépenses courantes de l'Hôtel. La vérité est que,
ces charges devenant simplement décoratives, leurs titulaires
étaient employés aux besognes les plus diverses [31]. L'hérédité de
cet office ne paraît pas avoir été jamais bien établie, quoiqu'un
feodum camere comprit des domaines attachés à la Chambrerie,
des droits levés sur les corporations des fripiers, pelletiers, cein-
turiers, gantiers, cordonniers, bourreliers, la vente de certaines
maîtrises et les profits de la juridiction sur ces métiers [32]. La
charge, maintenue jusqu'au xvi⁰ siècle, plus ou moins doublée par
celles des chambellans, fut supprimée en 1545 [33].

ıv. *Le connétable et les grands officiers militaires.* — Chargé de
la direction des écuries et relais royaux, le connétable prit la tête
des grands officiers à la suppression du *dapifer* dont il hérita les
attributions militaires; mais, au xiii⁰ siècle et au début du xiv⁰, il
en exerçait encore de très variées, notamment de judiciaires, et
présidait aux procès par gages de bataille [34]. A défaut du roi, il
gouvernait le royaume [35].

De bonne heure il eut sa place parmi les lieutenants du roi [36].
Au xiv⁰ siècle, sa dignité était la première dans l'ordre militaire.
Il recevait en fief l'épée nue du roi et en faisait hommage-lige: ce
fief ne fut jamais héréditaire [37]. Dès lors on lui assigna deux caté-

---

(30) *Rec. des actes de Philippe I⁰ʳ* (éd. Prou), n⁰ LV, p. 147. Prou, *Les
diplômes de Philippe I⁰ʳ* (*Mél. Havet*, p. 185); Luchaire, *Hist. des inst. mon.*
t. 1, p. 173.

(31) Borrelli de Serres, *op. cit.*, t. 1, pp. 277-281. La même observation sera
vraie un peu plus tard pour les chambellans qui, eux, ne furent jamais
grands officiers, mais eurent des attributions aussi peu fixes.

(32) Luchaire, *Et. sur les actes de Louis VII*, p. 49; Fagniez, *Et. sur
l'industrie et la classe industrielle à Paris au xiii⁰ et au xiv⁰ s.*, p. 133 et s.

(33) *Edit*, oct. 1545, qui supprime la charge de grand chambrier (Is., t. 12,
p. 896).

(34) *Ord.*, juillet 1303 (*Ord. des r. de Fr.*, t. 1, p. 379). *Ord.*, 1302 (?) 7 (Is.,
t. 2, p. 791); *Arrêt de la Cour de France sous la présidence du connétable*,
juillet 1316 (Is., t. 3, p. 136). G. du Breuil, *Stilus Curie parlamenti* (éd.
Aubert, p. 111).

(35) J. Boutillier, *op. cit.*, *Art. adjoustes*, p. 896.

(36) Teulet, *Layettes du Trésor des Chartes* (a 1212), n⁰ 1014; Boutaric
Institutions militaires de la France, p. 272 et s.

(37) Pasquier, *Recherches sur la France*, II, 12, pp. 97-98; Du Tillet. *Rec.
des Roys*, 1ʳ⁰ part., p. 389 et s.; J. Le Fèvre, *Chron.* (éd. Morand, t. 1, p. 273);

gories d'attributions, militaires et judiciaires. Chef suprême des
armées royales, son commandement ne s'exerçait qu'en campagne,
et ne s'étendait pas aux places fortes; mais il commandait sur
tous autres, même sur les princes du sang ([38]). Il tenait sous ses
ordres les maréchaux, qui avaient pour office distinct de recevoir
les gens d'armes, mais « ne peuvent ne ne doivent chevaucher,
ne ordonner batailles, se ce n'est par le connestable, ne faire ban,
ne proclamation en l'ost sans l'assentiment du Roy ou dudit
connestable » ([39]). De lui seul dépendait toute la conduite des
armées : marches, opérations militaires, redditions des places ennemies, armistices, trêves, butin, etc. Cependant, conformément à
la règle pour les officiers de la Couronne, le roi pouvait toujours
se substituer à lui en commandant en personne ou lui substituer
quelque autre par des lettres de commission ([40]).

Les maréchaux de France (peut-être à l'origine un seul *mares-
calcus Franciae* et des *marescalci regis*), subordonnés du connétable avec attributions militaires et judiciaires, et dont les offices
tenus en fief comportaient jouissance de domaines fiscaux et droits
utiles sur des métiers (forgerons, maréchaux ferrants, serruriers,
couteliers), mais sans hérédité, ne furent grands officiers de la
Couronne qu'au xvie siècle, ayant souvent tenu le premier rang
dans les armées quand les rois laissaient vacant l'office de connétable et ayant été peu à peu associés à la dignité de celui-ci ([41]).
Henri III fit aussi le colonel général de l'infanterie grand officier
de la Couronne (1584); celui de la cavalerie reçut la même dignité,
qui se superposait comme un décor aux attributions techniques
de ces officiers militaires ([42]).

La juridiction du connétable était la *Connétablie*, tenue en temps

Le Féron et D. Godefroy, *Hist. des connétables, chanceliers, maréchaux,
préam.*, s. p.

(38) Loyseau, *Tr. des offices*, IV, 2, n°s 14-20, p. 316; Pasquier, *loc. cit.*

(39) Du Tillet; *op. cit.*, p. 273; Boutillier, *loc. cit.*

(40) Le Bret, *op. cit.*, II, 3, p. 162 : « Bien que nous ayons à présent en
France plusieurs charges militaires érigées à tiltre d'office perpétuel comme
de Connestable ou de Maréchaux de France, il est certain que le Roy,
selon les occurences qui se présentent, peut commettre à qui bon luy semble le commandement de ses armées. » Cpr. *Ass. de Jérus.*, J.-I., n° 57,
t. 1, p. 499 et s. Un légiste soutenait au xve siècle que le roi ne pouvait
agir en guerre « fors par l'ordonnance et le conseil du connestable ».
Cosneau, *Le connétable de Richemont*, p. 505 et s.

(41) Loyseau, *op. cit.*, III, 4, n°s 55-56, p. 320. Le Pr. de Lallouette, *Des
maréchaux de France et principale charge d'iceux*, Sedan, 1694.

(42) Susane, *Hist. de l'infanterie françoise*, t. 8, p. 3 et s.

de paix par son lieutenant à l'une des Tables de marbre du palais, mais, en campagne, elle se déplaçait avec lui. Elle connaissait de toutes les causes civiles ou criminelles intéressant les gens d'armes (43). A côté, les maréchaux de France avaient la leur, la *Maréchallerie* ou *maréchaussée*, pour laquelle ils instituaient un prévôt et à laquelle appartenait le jugement des crimes commis par les pillards, routiers et gens à la suite des armées, avec droit de règlement et de police sur les fournisseurs, vivandiers, ribaudes, etc. (44). Au XVI⁰ siècle, connétable et maréchaux furent considérés comme formant une seule institution; « attendu que ce sont membres joints et unis faisans un collège sous un même chef qui est le connestable » (45), et les deux juridictions furent réunies. Ce fut la *Justice du connétable et maréchaussée de France*, connaissant de tous les litiges intéressant les gens de guerre, le fait de guerre et de gendarmerie (46). Le siège en fut tenu par un lieutenant général et un lieutenant particulier; un procureur du roi y était attaché; on y suivait le style de la Chambre des Requêtes. Il était appelé de ses sentences au Parlement. Elle pouvait prononcer la peine capitale; au civil, elle jugeait jusqu'à 100 livres les affaires sommaires et, sauf appel, les autres jusqu'à 1.000 livres.

Les grands pouvoirs, plus théoriques que réels, du connétable (47), le rôle politique que certains avaient joué poussèrent le tiers état, en 1614, à en demander la suppression (48). Par désir d'économie et aussi pour éviter les ambitions qui auraient pu un jour se joindre à cette dignité, Richelieu la supprima à la mort de Lesdiguières en 1627 (49). La *Connétablie et maréchaussée de France* survécut : le plus ancien maréchal en devint le chef. Les maréchaux constituaient, en outre, une juridiction compétente sur les questions d'honneur entre gentilshommes ou autres gens d'épée (50).

(43) J. Boutillier, *op. cit.*, *Articles adjoustez : des droicts au connestable de France*, p. 396, 899.

(44) J. Boutillier, *l. c.*, p. 897 et s., : « Item a ledit prevost le jugement de tous cas advenus en l'ost ou chevauchée du Roy, et le roy des ribauds en a l'exécution ».

(45) *Ord.*, 26 juin 1547 (Is., t. 13, p. 22).

(46) Loyseau, *l. c.*; n° 96, p. 321.

(47) Guyot, *Répertoire*, V⁰ *Connétable*.

(48) *Des Etats généraux et autres assemblées nationales*, t. 17, p. 277.

(49) *Edit*, janv. 1627 (Is., t. 16, p. 198).

(50) Du Tillet, *Instructions touchant le point d'honneur*, 1610 : Pierquin, *La juridiction du point d'honneur et le tribunal des maréchaux de France*, Paris, 1904.

v. *L'amiral.* — Quand le domaine de la Couronne atteignit la mer, il y eut un *amiral de France;* plus tard, à la réunion de la Guyenne, de la Provence ou de la Bretagne, on y trouva des amiraux, qui furent maintenus. De sorte que le premier, bien que la Bretagne lui ait été fictivement donnée (1526), n'eut toujours « que son ancienne coste, avec le titre d'Admiral de France indéfiniment, et sans queuë, et par conséquent la qualité d'Officier de la Couronne » [51]. Mais souvent les ordonnances fixent ses attributions comme s'il avait en fait le commandement de toute la flotte, commandant en personne la principale armée navale, celle du Ponant, et, par le capitaine des Galères, celle du Levant, tandis que celui-ci prétendait en être indépendant. Son autorité s'exerçait en paix comme en guerre « pour maintenir le commerce, tenir les ports en seurté dans tout l'étenduë du royaume ». Il devait visiter ou faire visiter les ports, côtes et rades; il donnait les commissions, congés, passeports et sauf-conduits aux capitaines des vaisseaux équipés en guerre ou en marchandise; il nommait les interprètes et maîtres du guet dans les ports [52]; il délivrait les Lettres de course. Tout navire français devait porter sa bannière.

L'*Amirauté,* juridiction de l'amiral, qu'il exerçait par des officiers dont il avait la nomination, mais qui tenaient cependant leurs provisions du roi, avait son principal siège à la Table de marbre et d'autres tenus par des lieutenants généraux ou par des lieutenants particuliers dans les ports et hâvres du royaume. Ils connaissaient de tous différends concernant la construction et l'armement des navires, les engagements de matelots, le commerce et les assurances maritimes, les crimes et délits commis sur mer, les prises [53], la pêche; les premiers jugeaient en dernier ressort jusqu'à 6 livres et, sauf appel, jusqu'à 40. On appelait des sièges généraux aux Parlements. L'amiral avait droit au dixième des prises sur mer et grèves et des rançons, au tiers des épaves, à la

<hr>

(51) Loyseau, *op. cit.,* III, 4. n° 58, p. 321. *Ord.,* 7 déc. 1400 (Is., t. 6, p. 847).

(52) *Ord.,* 7 déc. 1400, art. 2, 3, 13, 20; *Ord.,* févr. 1543, art. 1, 13, 14-18, 48, 50, 51 (Is., t. 12, p. 855, 867); *Edit,* mars 1584, art. 1: « Qu'en toutes armées qui se feront et dresseront par la mer l'admiral de France sera et demeurera chef et nostre lieutenant général, et sera obéy par tous les lieux, places, villes maritimes à qui que ce soit, et puissent appartenir, sans aucune contradiction »; 23, 24-30, 43-47, 57-60 (Is., t. 14, pp. 557-590).

(53) *Ord.,* mars 1584, art. 2-5 (Is., t. 14, p. 557 et s). Dumas, *Et. sur le jugement des prises jusqu'à la suppression de l'office d'amiral* (1627). Paris, 1908.

moitié des amendes adjugées aux sièges généraux, à toutes celles adjugées aux sièges particuliers (³⁴).

Les amirautés de Bretagne et de Guyenne ayant fini, non sans protestations pour la première, par être réunies aux mains de l'amiral de France sous Henri IV, il semblait que cet office en fût consolidé. Mais, pour des motifs analogues à ceux invoqués pour supprimer le connétable, Richelieu, par édit d'octobre 1626, supprima l'amiral, dont il prit les attributions sous le titre de *Grand Maître, chef et surintendant général de la navigation et du commerce* (⁵⁵). La charge d'amiral de France ne fut rétablie qu'en 1669 au profit du comte de Vermandois, trop jeune pour la remplir effectivement (⁵⁶), puis elle passa au comte de Toulouse en 1683. Pour lui rendre une juridiction, on créa un Conseil des prises (⁵⁷) dont les arrêts étaient rendus en son nom et qui dépouilla d'une partie de leur compétence les juges de l'Amirauté (⁵⁸).

vi. *Le chancelier de France.* — Le clerc placé à la tête de la chapelle royale était aussi, sous les noms de *subcancellarius, protocancellarius, signator,* le chef des notaires des diverses administrations de l'Hôtel du roi (⁵⁹). Il authentiquait les Lettres et actes importants par sa souscription, mais ne signait pas parmi les grands officiers (⁶⁰). Cependant, comme il n'avait qu'un supérieur théorique, l'archichancelier, dont il ne fut plus question à partir de Louis VI, son rôle ne cessa de s'accroître au cours du xiiᵉ siècle : il partageait le souci des affaires, surtout des affaires civiles, avec le sénéchal, à la disparition duquel il hérita ses attributions

(34) Voy. mêmes ordonnances et J. Le Féron et D. Godefroy, *l. c.; Code Henri,* XX; Pasquier, *op. cit.,* II, 15, p. 110-112.

(55) *Edit,* oct. 1626 (Is., t. 16, p. 194). De la Roncière, *Richelieu et la centralisation de l'autorité maritime* (NRH., 1909, p. 55 et s.). En 1635, on supprima le capitaine général des galères.

(56) *Edit,* 12 nov. 1669; *Lettres de provision,* 23 nov. 1683 (Is., t. 18, p. 367; t. 19, p. 438). Pour les attributions de l'amiral : *Ord. sur la marine,* liv. I, tit. 2 (Is., t. 19, p. 283).

(57) Cpr. *Régl. pour l'assemblée du Conseil de Marine,* 23 sept. 1676 et *Ord. sur la marine,* liv. I, tit. 2, art. 3 (Is., t. 19, pp. 165 et s., 285 et s.).

(58) Dumas, *Le Conseil des prises sous l'ancien régime* (NRH., 1908, pp. 317 et suiv., 477 et s., 613 et s.).

(59) On a proposé deux étymologies : *cancelli,* grillage dont les bureaux sont entourés; *cancellare,* déchirer, effacer : Loyseau, *Tr. des Offices,* IV, 2, nº 23.

(60) Borrelli de Serres, *l. c.,* p. 378, note 2 : « Les Chanceliers ne sont pas appelez officiers de la Couronne, ains officiers de l'Hostel du Roy ». Parl. 356⁸¹; c'est seulement à la longue qu'ils se sont fait ranger parmi les grands officiers. »

judiciaires et quelques autres ([61]). La prééminence de l'office s'affirma surtout avec Etienne de Garlande, Hugues de Champfleury, frère Guérin. Aussi, bien que, tenu par un clerc, jamais inféodé, il ne risquât pas de s'imposer aux rois par l'hérédité, ceux-ci eurent soin de le laisser souvent vacant (quarante ans sous Philippe-Auguste, près de cent à dater de 1227), y suppléant par un simple garde du sceau, *custos sigilli*, ou chargeant le premier clerc du roi de sceller les Lettres royaux et les arrêts du Parlement sans examen.

Quand la charge fut rétablie, au xive siècle, elle se trouva grandie par la crainte qu'on en avait eue. Le chancelier suppléait le roi, portait la parole en son nom dans les cérémonies publiques, assumait la direction générale de l'Etat, à moins qu'il n'y fût concurrencé par un favori du moment ou un personnage que sa compétence désignait à raison des affaires en cours ([62]). La Chancellerie fut alors souvent conférée à des laïques. Sous Charles V, assimilée à un haut office de judicature, elle fut soumise à l'élection par le grand Conseil et le resta jusqu'à Charles VII ou Louis XI, pour revenir à la nomination du roi ([63]). Peu à peu elle prit rang entre les grands offices de la Couronne et en acquit l'inamovibilité ([64]). La dignité parut si haute qu'une opinion était, au xve siècle, que « nul ne doit avoir chanceiller, sinon le Roy » ([65]). Des ordonnances, en particulier l'ordonnance cabochienne, en déterminant le rôle du chancelier dans le scellement des actes royaux ou des arrêts des Cours, lui conférèrent un droit de contrôle sur toute l'administration du royaume ([66]).

(61) *Ibid.*, p. 385-389. — Des raisons d'économie ont pu susciter ces vacances, car alors « la chancellerie de France et tous les autres émolumens et droits que le chancelier auroit accoustumé prendre sur le scel » revenaient au roi : p. 379, note 1.

(62) *Remontrances des Etats généraux*, 25 oct. 1356; *Edit*, 3 mars 1357 (Is., t. 4, pp. 784, 838). Tessereau, *Hist. de la gr. Chancellerie de France*, 1678.

(63) Election d'H. de Marle, 8 août 1413; *Edit*, 7 févr. 1424 (Is., t. 7, p. 396; t. 8, p. 695) — *L. P.*, 26 juin 1472, 22 sept. 1483, 30 août 1495 (Is., t. 10, p. 648; t. 11, pp. 2, 274). Fr. Duchesne, *Hist. des chanceliers de France*, 1680, pp. 389 et s., 421 et s., 493 et s., 498, 550; R. van Marle, *Un Chancelier de France sous Charles VI, Henri de Marle*, Champion, 1908.

(64) Celle-ci reste un peu incertaine sous Louis XI, qui paraît avoir tout au moins suspendu pour un temps G. Juvénal des Ursins : Tessereau, *op. cit.*, p. 51; P. Viollet, *op. cit.*, t. 2, p. 137, note 1. Mais voy. Le Bret, *op. cit.*, IV, 1, p. 488 : « On ne peut le priver de sa charge qu'avec la teste et sans lui faire premièrement son procez. »

(65) P. Viollet, *op. cit.*, t. 2, p. 136, note 5.

(66) *Ord.*, mai 1413, art. 216 (Is., t. 7, p. 361). — Du Cange, vo *Cancellarius:*

Au xvᵉ siècle, le chancelier, à moins de disgrâce, manifestée par la reprise du sceau, fit figure de premier et unique ministre (⁶⁷). En plus, la législation était sous son contrôle, car il était le plus souvent l'auteur des ordonnances : Cujas l'assimilait au *quaestor sacri palatii*; Loyseau le qualifiait de *legum conditor* (⁶⁸). Il était le premier en dignité après le roi, entre les mains de qui il prêtait serment et qui avait seul juridiction sur lui. Il était tenu pour chef du tiers état; Saint-Simon le disait de cet ordre du fait de sa charge (⁶⁹). Aux xvııᵉ et xvıııᵉ siècles, l'existence intermittente d'un principal ministre, la création de départements ministériels spéciaux, finalement la prédominance d'un ministre chef du gouvernement limitèrent fortement son activité et son influence. Vers 1672, le bruit courut de la suppression de l'office (⁷⁰). Il fut maintenu et, jusqu'à la fin de la monarchie, seul des grands officiers, le chancelier exerça des attributions vraiment ministérielles, au reste complexes.

Chef de la Chancellerie, il avait l'expédition des ordonnances et mandements royaux, ou autres actes émanant des dépositaires de la puissance publique : Conseil du roi, juridictions souveraines, chancelier lui-même (⁷¹), à quoi il faisait procéder, sous forme de Lettres patentes, par ceux des clercs et notaires de l'Hôtel qui, au xıııᵉ siècle, avaient été spécialisés dans ce travail, sous son

« Est qui habet officium scripta, responsaque et mandata principis inspicere, et male scripta cancellare, et bene scripta signare. »

(67) Loyseau, *l. c.*, nº 32 : « Le Chancelier a cela de plus que le Connestable et Surintendant des finances, à sçavoir que le Connestable n'a pouvoir qu'en ce qui concerne la guerre, ny le Surintendant qu'en ce qui concerne les finances, au lieu que le Chancelier a à voir et sur les affaires de la guerre et sur celles de finances en ce qu'il faut qu'elles passent par le Conseil ou par le Sceau, ou par la Justice; de sorte qu'il est vray qu'il est comme le Controlleur et Correcteur de toutes les affaires de France. »

(68) *Ibid.*, nᵒˢ 21-23 : Aux xvᵉ et xvıᵉ siècles, toutes les grandes ordonnances sont inspirées par les chanceliers et rédigées sous leur contrôle; il n'en sera plus ainsi sous Louis XIV, ni toujours au xvıııᵉ siècle.

(69) Saint-Simon, *Papiers inédits*, t. 4, p. 448.

(70) Par règlement du 1ᵉʳ fév. 1672, à la mort du chancelier Séguier, le roi prit les sceaux et ne lui nomma pas de successeur pendant deux ans. Olivier d'Ormesson (*Journal*, IIᵉ part., lº 188) notait qu'on voulait « diminuer l'authorité et les fonctions de cette charge. Car, comme on a pris pour maxime de diminuer les grandes charges, celles de Connestable et d'Admiral, on veut aussi, sinon supprimer, du moins anéantir celle de Chancelier et donner toute l'authorité aux ministres, et sur cela l'on m'a dit que si le Prince avoit observé que l'on avoit supprimé ces deux grandes charges pour faire M. Colbert Admiral et M. de Louvois Connestable ».

(71) Loyseau, *op. cit.*, IV, 2, nº 30.

autorité ([72]). Les plus élevés d'entre eux se qualifiaient de notaires et secrétaires du Roi, Maison et Couronne de France ([73]). Le chancelier, responsable de la conformité de ces Lettres au commandement du roi ou du corps qui l'avait émis, devait les vérifier. Mais, pour valoir, les Lettres patentes devaient être scellées en sa présence à l'audience du sceau ([74]). Il avait la garde du sceau de France, considéré comme attaché à sa fonction. Cette nécessité du scellement, dépendant d'un grand officier inamovible, permettait à celui-ci d'annihiler, par le refus du sceau, les actes de toutes les autorités du royaume ([75]). Des ordonnances et le serment qu'il avait fait en entrant en charge lui commandaient de ne sceller aucunes Lettres « iniques ou tortionnaires ou obtenues par importunité ou inadvertance », quelque ordre qu'il en reçût, de ne se point contenter de mettre en marge *sigillata ex expresso mandato regis*, mais d'en remontrer au roi, à qui ces textes laissaient cependant le dernier mot ([76]). Les chanceliers en conclurent à la prérogative pour eux de juger du mérite en droit et du mérite en fait des actes législatifs, administratifs ou judiciaires et de les supprimer pour l'un ou l'autre motif ([77]). Contre ces prétentions les rois utilisèrent trois procédés : 1° jusqu'au XVIe siècle,

(72) *Ord.*, 16 nov. 1318, art. 4, 5, 7, 25-27 (Is., t. 3, pp. 184-185, 188-189).

(73) Loyseau, *op. cit.*, I, 9, 2, n° 53; IV, 2, n°ˢ 78-80.

(74) *Ord.*, 13 mai 1358, févr. 1599, 17 juin 1681 (Is., t. 5, p. 13; t. 15, p. 202; t. 19, p. 269). Depuis le XIIIe siècle, époque où la Lettre patente se substitua au diplôme, la signature royale avait disparu des actes de la Chancellerie ou n'y était qu'un fait anormal. Leur authenticité ne résultait que du sceau. Avec François Ier, la signature du roi redevint la règle; à la fin du XVIe, l'usage s'établit du contreseing d'un secrétaire d'Etat; mais le sceau, au type de Majesté, appliqué en cire verte sur double queue pour les grandes Lettres patentes, en cire jaune pour les actes moins solennels, resta nécessaire. Il suivait d'ordinaire le roi. François Ier le laissa en France avec le chancelier et en emporta un plus petit en Italie. Loyseau, *op. cit.*, II, n° 25; Douët d'Arcq, *Collection de sceaux pour le règne François Ier*, n° 94.

(75) Loyseau, *op. cit.*, II, 4, n° 25 : « Le grand Seau de France à l'image du Roy emprainte et est toujours gardé par M. le Chancelier ou le Garde des Seaux de France et en iceluy seul sont expédiées toutes lettres de commandement ou de finance ou encore celles de justice concernantes les affaires pendantes au Conseil d'Estat ou Grand Conseil et si peuvent y estre expédiées toutes lettres concernantes les Parlemens et ce Seau est exécutoire par tout le Royaume. »

(76) *Ord.*, 16 nov. 1318, art. 7, 25, 27; 3 mars 1356; mai 1413, art. 216 (Is., t. 3, pp. 185, 187; t. 4, 438; t. 7, p. 361). Dans la formule du serment professionnel du chancelier, la même chose est rappelée : Tessereau, *op. cit.*, p. 75.

(77) Le Bret, *op. cit.*, IV, 1, p. 487 et s.

pour briser la résistance d'un chancelier en fonction, ils reprirent le sceau : on disait alors que le roi « tenoit le seau en sa main »; il présidait lui-même à l'audience du sceau (78); 2° l'usage, depuis le procès du chancelier Poyet et durant sa prévention, s'introduisit de nommer un garde des sceaux, fonctionnaire amovible et plus docile, même du vivant du chancelier (79); 3° on multiplia vers la même époque les actes soustraits à la formalité du grand sceau : lettres closes, lettres missives, lettres de cachet, ordres du roi, brevets. Bien que le chancelier conservât ses honneurs et ses autres attributions, le retrait des sceaux impliquait une disgrâce.

En second lieu, le chancelier présidait le Conseil du roi en l'absence de celui-ci; c'est en cela qu'il apparut longtemps comme un premier ministre, ayant part à toutes les affaires, car le Conseil s'identifiait avec la personne du roi, dont le chancelier tenait la place (80). Même en présence du roi, il prononçait les arrêts du Conseil, les faisait dresser et revoir : « prérogative qui luy demeure toujours, encore que les seaux luy soient ostés, comme estant sa vraye charge et fonction » (81). Mais il s'agit du Conseil des parties et aussi du Conseil des dépêches, non du Conseil d'Etat, car n'étant pas ministre d'Etat né, il n'y entrait que si le roi l'y appelait (82).

Enfin, il avait la surintendance de la justice régulière sur laquelle il présentait un rapport quotidien au roi, car il restait étranger aux jugements par commissaires. A ce titre, il pouvait présider, quand il lui plaisait, toutes les juridictions du

(78) Tessereau, *op. cit.*, p. 165.

(79) *Ibid.*, p. 104. — L. P., 2 janv. 1550; 1er févr. 1573; 6 sept. 1583 (Is., t. 13, p. 178, 260, 423).

(80) Même les gardes des sceaux pouvaient opposer des objections avec succès au scellement des Lettres patentes : Le Bret, *op. cit.*, IV, 1, p. 488.

(81) Loyseau, *op. cit.*, IV, 2, n° 31; Degrassalius, *op. cit.*, p. 143.

(82) Richelieu, *Lettres*, t. 2, p. 11 : « Ils n'ont eu l'entrée au Conseil (d'Etat) que depuis un certain temps. Tous les chanceliers jusqu'à M. de Silléry n'ont jamais esté du Conseil des affaires secrètes, ny de la direction des finances... sinon que quand, pour quelques occasions extraordinaires, le Roy les y faisoit appeler. » Sous Louis XIV, ils n'en furent jamais. Saint-Simon, *op. cit.*, t. 5, p. 448. Sénac de Meilhan, *Du gouv., des mœurs et des cond. de la Fr. av. la révol.* (éd. 1863), p. 139 : « Le Chancelier était rarement de ce Conseil dont les objets étaient absolument étrangers à son ministère et comme le rang supérieur que lui donnait sa charge semblait lui accorder une prééminence qu'il aurait pu ne pas borner à la séance, sa dignité était un obstacle à son ambition. »

royaume (⁸³). Il était inscrit le premier des membres de la Grand'Chambre; il était président-né des Requêtes de l'Hôtel, justice particulière du roi, et du Grand Conseil où l'on n'avait pas créé tout d'abord d'office de premier président (⁸⁴). Dans les lits de justice, il portait la parole au nom du roi et prononçait les arrêts en sa présence. Les Cours souveraines lui rendaient les premiers honneurs après le roi. Il ne portait pas le deuil, car la justice ne cesse jamais, et « il devoit la représenter partout et estre entièrement détaché de soy-même ». A l'avènement des premiers Valois, en 1332, 1334, il nommait les conseillers au Parlement, puis leur élection eut lieu sous sa présidence (⁸⁵). Jusqu'à François Ier, il pourvoyait aux offices dont les gages n'excédaient pas vingt-cinq livres (⁸⁶). En tout cas, il délivrait les Lettres de provision à tous les officiers et de lui dépendait leur expédition ou leur refus : aussi il était juge des différends intervenant sur les offices, quant au titre (⁸⁷). Il fut le maître absolu de la Librairie, depuis que l'Université en avait perdu le contrôle, jusqu'à la fin du règne de Louis XV. Aucun livre ne pouvait être publié sans Lettres du grand sceau et sans l'approbation des censeurs désignés par lui; mais cette prérogative suivait les sceaux (⁸⁸).

(83) Loyseau, *op. cit.*, IV, 2, n°s 27, 31, 32; Pasquier, *op. cit.*, II, 12, p. 98; VI, 9, p. 483; Joly, *Tr. des off. de France*, II, 1, t. 1, p. 623.

(84) Loyseau, *l. c.*, n°s 30, 90; Pasquier, *op. cit.*, II, 6, p. 75. — *Ord.*, Blois, mai 1579, art. 90 (Is. t. 14, p. 404).

(85) Loyseau, *op. cit.*, I, 3, n° 25; Pasquier, *op. cit.*, IV, 17, p. 254.

(86) Loyseau, *op. cit.*, I, 3, n° 32.

(87) Loyseau, *op. cit.*, IV, 2, n° 90 : « Encore a-t-il sa justice particulière, à sçavoir celle des Maistres des Requestes de l'Hostel qui sont ses Assesseurs... dont la propre jurisdiction est de juger les différends concernans le titre des offices, matière qui dépend du grand Seau de France et, par conséquent, de l'autorité du Chancelier. » Pour tous les autres litiges touchant les offices, la juridiction ordinaire était compétente; même quant au titre, les Requêtes de l'Hôtel étaient souvent dépouillées par le Conseil privé ou les Cours souveraines jugeant sur l'opposition formée lors de la réception des officiers. *Edit*, 10 sept. 1563; *Ord.*, févr. 1566, art 78; *Edit*, 1571, art. 10; *Décl.*, 11 mai 1612 (Fontanon, t. 4, p. 375; Is., t. 14, p. 210, t. 16, p. 26). — Valois, *Inventaire des arrêts du Conseil d'Etat*, t. 2, n° 12700; — *Ord.*, 1629, art. 52 (Is., t. 16, p. 238).

(88) *Décl.*, 30 mars 1635 (Is., t. 16, p. 434); *Edit*, août 1686; *Règl. pour la librairie*. 2 oct. 1701 (Is., t. 20, pp. 6, 393).

II. — Les Secrétaires d'État et le principal ministre

1° Origine des secrétaires d'État.

L'institution des secrétaires d'État fut le résultat d'une sélection opérée dans le corps des notaires de la Chancellerie du début du xive siècle au milieu du xvie. Sous Philippe le Bel, trois d'entre eux, dont l'un servait de secrétaire du Conseil, étaient détachés sous le nom de « clercs du secret » pour suivre le roi et expédier ses actes [89]. Plus tard, leur nombre augmenta (sept en 1343, douze en 1384, cinq en 1418) et ils reçurent, avec le titre de secrétaires des finances, des commissions pour signer en finances à l'exclusion de tous autres [90]. En fait, ils étaient employés dans toutes les affaires de l'Etat. Leurs gages augmentaient à chaque nouveau règne [91]. La charge était fort briguée. Des règlements la réservèrent exclusivement aux notaires-secrétaires du roi, car c'était comme notaires qu'ils contresignaient et authentiquaient ses commandements. Au xve siècle, il fut établi que parmi ces notaires, les secrétaires en finances le pourraient seuls [92]. Leur influence grandissante s'accrut tout à coup de la situation hors pair acquise par l'un d'eux, Florimond Robertet, sous Charles VIII, Louis XII et François Ier. Nommé par le premier « notaire et secrétaire commis à signer en finances, ayant plain povoir de signer et expédier tous ses mandements, lettres patentes et missives, cédules, estats et toutes autres expéditions concernant le fait et distributions des finances » [93], il assuma, sans autre

<hr>

(89) *Ord.*, 1309, établissant 3 clercs du secret et 27 notaires du roi; *Ord.*, 16 nov. 1318, art. 4, 5 (Is., t. 3, pp. 11, 184).

(90) Fauvelet du Toc, *Hist. des Secrétaires d'Estat*, 1668, pp. 13-17 : « Le Roy Philippe de Valois, l'an 1343, avoit sept secrétaires... et soixante-quatorze notaires, ainsi que l'on voit par les Registres de la Chambre des Comptes. Le Roy Jean, par son ordonnance de l'an 1351, réduisit le nombre de ses secrétaires notaires à cinquante-sept, sans spécifier combien il y avoit de secrétaires. Mais le Roy Charles V, son fils, les réduisit à huit. Comme ces commissions produisaient presque toujours de grandes fortunes, tout le monde s'empressa pour en avoir et le nombre en devint si excessif que le Roy Charles VI... fut obligé de les réduire au nombre de douze par ses Let. pat. de l'an 1381. »

(91) *Ibid.*, pp. 31, 37 : douze sols parisis par jour (plus six comme notaires) sous Charles VII; douze cent livres par an sous Louis XI, seize cent vingt-trois sous Charles VIII; trois mille sous Henri II.

(92) *Ord. cabochienne*, mai 1413, art. 224 (Is., t. 7, p. 365); Fauvelet du Toc, *op. cit.*, pp. 16, 21.

(93) Fauvelet du Toc, p. 28 et s. (commission de M. de Neufville).

titre, après la mort du cardinal d'Amboise, la direction générale des affaires et en conserva, plus d'un quart de siècle, la charge totale (⁹⁴). Sa renommée lui survécut au point qu'au xviiᵉ siècle Fauvelet l'appelait « le père des secrétaires d'Etat ». Cette situation lui était personnelle, mais ses collègues en bénéficièrent par reflet; dans les dernières années de François Iᵉʳ, leur compétence tendait à devenir générale. Avec Henri II, ils reçoivent la qualification de *secrétaires des commandements et finances du roi*. Réduits à quatre, l'expédition de toutes les affaires de l'Etat leur est répartie par départements géographiques. Ils sont admis au Conseil, où ils ne servaient auparavant que comme greffiers (⁹⁵). Les affaires extérieures leur étaient distribuées selon un système assez étrange : chacun était chargé des rapports avec les Etats qui se trouvaient approximativement dans le prolongement des provinces qui lui étaient attribuées à l'intérieur (⁹⁶). Le roi se réservait de changer ou de continuer cette répartition tous les ans.

Une dizaine d'années plus tard, on les voit qualifiés de *secrétaires d'Etat et des finances du roi* dans le procès-verbal de l'assemblée des Notables de 1559. Quelques-uns avaient déjà usé de ce titre dans des actes diplomatiques antérieurs (⁹⁷), et c'est, dit-on, au traité de Cateau-Cambrésis que Claude de l'Aubespine, pour ne paraître inférieur aux plénipotentiaires adverses, se l'attribua. Après quoi ses collègues le prirent aussi, comme plus propre à la grandeur de leur charge (⁹⁸). Dès lors leurs Lettres de provision

(94) G. Robertet, *Les Robertet au* xviᵉ *siècle*, Paris, 1888. *Registre de Messire Florimond Robertet, chevalier, secrétaire des finances du Roy, des expéditions commandées par Madame régente pendant l'absence dudit seigneur hors de ce royaume*, publié par E. Coyecque, 1878.

(95) *L. P.*, 3 avril, 14 sept 1547 : Fauvelet du Toc, pp. 33 et s., 37 et s.; Cⁱᵉ de Luçay, *Les secrétaires d'Etat depuis leur institution jusqu'à la mort de Louis XV*, p. 14 et s.; Giry, *Man. de diplom.*, p. 772.

(96) Règl., 3 avril 1547 : « Le Roy eut et entend que maistres Rochetet, Cosme Causse, Cl. de l'Aubespine et Jean du Thiers, ses conseillers et secrétaires de ses commandements et finances, ayent la charge des expéditions en ses affaires d'Estat, et fassent les dépêches et responses ès-lieux et endroits cy-après déclarez, selon le département qui en suit : Bochetet : Normandie, Picardie, *Flandres, Ecosse* et *Angleterre;* Causse : *Provence*, Languedoc, Guyenne, Bretagne, *Espagne* et *Portugal;* de l'Aubespine : Champagne, Bourgogne, Bresse, *Savoye, Allemagne* et *Suisse;* du Thiers : *Piémont, Rome,* Lion, Dauphiné, *Venise, Levant.* » — Chaque secrétaire des commandements et finances était assorti d'un bureau composé d'un commis et de dix clercs.

(97) Fauvelet du Toc, *op. cit.*, p. 41 et s. : Nicolas Berthereau au traité de Boissy (31 juillet 1537), Gilbert Bayard à celui de Crespy (1544).

(98) Pasquier, *op. cit.*, VIII, 13, p. 681 : « Lors que nous traitasmes la

les dirent *Secrétaires d'Etat des commandements et finances de Sa Majesté.* En 1564, on les remplaça dans le secrétariat du Conseil des finances par des secrétaires spéciaux (99).

Le règlement de 1547 ne donnait à aucun des quatre de compétence spéciale : chacun s'occupait de tout dans son département territorial. Vers 1570 apparaît un premier dessein de spécialité : un règlement concentra aux mains d'un seul la Maison du roi et la gendarmerie, c'est-à-dire la plus grosse part des affaires militaires (100). Dans un autre du 1ᵉʳ janvier 1589, un des secrétaires d'Etat eut pour département unique toutes les relations extérieures; mais alors le secrétaire d'Etat à la guerre n'avait plus que les états; les mouvements de troupes, garnisons, etc., restaient au chef du département territorial où les troupes se trouvaient (101). En 1578, le roi avait donné aux trois plus anciens entrée et séance au Conseil et le costume, et leurs appointements avaient été augmentés. Enfin ce fut une nécessité que toutes les lettres patentes, émanant par commandement du roi, portassent avec la signature royale le contreseing de l'un des secrétaires d'Etat (102); et c'est par le jeu de cette signature que leur puissance se haussa au premier rang.

Les notaires de la Chancellerie indiquaient la provenance des actes expédiés pour être scellés en inscrivant sur le repli au-dessus de leur signature *per Regem, per Concilium, per Curiam...* Les secrétaires des commandements n'expédiant que les ordres du roi, cette mention changea pour eux de signification et leur contreseing eut pour effet de certifier la volonté royale et d'authentiquer la

paix avec Philippes, Roy d'Espagne, vers l'an 1559, parce que ceux qui la négocièrent, oyans que les secrétaires des commandemens de l'Espagnol s'appeloient secrétaires d'Estat... nous quitasmes le mot de commandement en ces secrétaires et commençasmes à les nommer *Secrétaires d'Estat.* » Fauvelet du Toc, p. 42.

(99) Fauvelet du Toc, p. 41 : « Cette qualité qui n'a point changé depuis... a enfin prévalu à celle de secrétaires des finances que les secrétaires d'Estat ont méprisée depuis quelque temps (1660) pour la laisser à un collège de secrétaires du Roy qui la porte. »

(100) *Règl.* de 1570 : de Fizes : Dauphiné, Provence, Languedoc, Auvergne, le gouvernement de M. de Nemours, *Levant, Italie* et la gendarmerie et la Maison du Roi (garde du roi); de Neufville : Picardie, Guyenne, Poitou, Anjou, Flandres, *Espagne, Portugal;* Pinart : Bretagne, Paris, Isle de France, Orléans, Touraine, Maine, Normandie, *Angleterre, Ecosse, Danemark* ; Brûlart : Champagne, Brie, Bourgogne, Metz, *Allemagne, Empire, Suisse* (De Luçay, *op. cit.,* p. 18).

(101) *Règl.,* 1ᵉʳ janv. 1589 (*Ibid.,* pp. 31-32).

(102) *Règl.,* 12 janv. 1582 (*Ibid.,* p. 18).

signature du Prince. Il fut donc nécessaire pour tous les actes
émanés du roi quels qu'ils fussent (103). Or, la plupart étaient
signés, non par le roi qui les ignorait, mais par le secrétaire de
la main; de sorte qu'ils recevaient toute leur force du contreseing
du secrétaire d'Etat. Rien de plus naturel que d'admettre que
celui qui les avait ordonnés les signât seul. Les uns attribuèrent
à Neufville de Villeroy, les autres à Cl. de l'Aubespine d'avoir le
premier signé *pro Rege*, révélant ainsi que le commandement était
parti de lui. Par là, il devenait évident que les secrétaires d'Etat
avaient l'initiative des affaires. Bien plus, ils faisaient souvent
suivre les Lettres du roi d'autres dans lesquelles ils les inter-
prétaient et commentaient, indiquant à leurs subordonnés comment, suivant eux, elles devaient être comprises et exécutées. Cela
posait le problème de la responsabilité ministérielle. D'instinct,
l'opinion avait toujours pris le parti, en France, d'imputer aux
ministres et aux conseillers des rois les abus et les insuccès, sen-
tant l'avantage qu'il y avait à garder intangible la personne du
Prince. Villeroy déjà, Richelieu, Balzac un peu plus tard, allaient
montrer les fondements rationnels de la responsabilité des ministres (104).

Mais à l'heure où le pouvoir des secrétaires d'Etat touchait à
son comble, il se heurta à une brusque réaction de l'autorité
royale. Henri III disgracia trois secrétaires d'Etat, crus de tendances ligueuses. Un règlement de mai 1588 leur enleva toute
initiative : ils devaient suivre le roi partout et ne le quitter sans
son congé; toute lettre ou dépêche devait être adressée au roi,
n'être ouverte qu'en sa présence et lue selon son ordre; en son
absence, on lui en rendrait compte aussitôt; toute réponse serait
rédigée désormais en son nom et signée de lui (105), et il leur
était enjoint de contresigner tous ordres et placets qu'il aurait

<hr>

(103) Giry, *op. cit.*, p. 772: « C'est ainsi que la mention *par le roy* suivie
d'une signature qui n'était à l'origine qu'une mesure d'ordre intérieur de
la Chancellerie, s'est transformée peu à peu en un contre-seing ministériel
indispensable à la validité des actes royaux. »

(104) De Neufville de Villeroy, *Mémoires d'Estat* (Coll. Petitot, 1re série,
t. 44. pp. 27 et s., 99, 202 et s.). J. Declareuil, *Les idées politiques de Guez
de Balzac*, p. 35 et s.

(105) *Ap.* Guillard, *Hist. du Conseil du Roy*, p. 127-134. Cpr. Villeroy,
op. cit., pp. 100 et 103. — C'est un nouveau statut des secrétaires d'Etat;
il exige qu'ils soient catholiques et âgés de 35 ans; leur nombre (4) et
leurs départements sont maintenus. Ils feront de mois en mois le service
des placets, que le roi recevra à l'audience du samedi.

signés ([106]). Le fait qu'ils ne siégeraient plus au Conseil qu'à part, à une petite table, et, s'y tiendraient debout quand le roi y serait, marquait l'étendue de leur abaissement. Cependant, qu'ils prêtassent serment aux mains, non plus du chancelier, mais du roi, et que ce serment dît qu'ils ne feraient « aucune expédition contraire aux règlements et ordonnances de Sa Majesté et sans son exprès commandement, » ouvrait la voie à un droit de vérification et de remontrances qui faciliterait bien des reprises; elles ne tardèrent pas.

Au reste, les bases juridiques de l'institution ne varièrent plus. Les secrétaires d'Etat étaient nommés par commission, car les rois en voulaient faire leurs agents, non leurs maîtres. C'est pourquoi ils ne furent jamais grands officiers de la Couronne, « encore que leur employ et leur pouvoir soient plus grands que de certains officiers de la Couronne » ([107]). Mais cette commission n'était donnée qu'à un notaire et secrétaire du Roi, Maison et Couronne de France, et elle fut attachée finalement à quatre offices déterminés; d'où le roi ne la pouvait donner tant que l'un d'eux n'était pas vacant, ni, dès lors, remplacer un secrétaire d'Etat disgracié. Colbert dut attendre sept ans la vacance d'une de ces charges. Le roi intervenait à l'occasion dans le trafic de ces offices afin d'en assurer la possession à ceux qu'il désirait appeler au secrétariat d'Etat ou même leur en faciliter l'acquisition par des avances. La valeur en était très élevée aux xviie et xviiie siècles. Mais à partir de 1727, Chauvelin ayant obtenu la dispense d'en être muni pendant un délai indéterminé, cette clause devint de style dans les commissions des nouveaux secrétaires d'Etat ([108]).

2° Les secrétaires d'État sous le ministériat.

Avec Henri IV, les secrétaires d'Etat reprirent leurs charges, mais jusqu'au règne personnel de Louis XIV ne cessèrent plus d'être au second plan, moins par l'effet du règlement de 1588,

([106]) Déjà en 1574, Henri III avait restreint le pouvoir de contrôle des secrétaires d'Etat en plaçant l'ouverture des acquits de deniers comptants aux mains du roi et des comptables, et en ce qui touche l'octroi des dons et grâces : critiques de Villeroy à ce sujet, *l. c.*, p. 27. Nouaillac, *Villeroy, secrétaire d'État et ministre de Charles IX, Henri III et Henri IV*, pp. 45 et s.

([107]) Loyseau, op. cit., IV, 2, n° 77 : « Mesme on tient que la commission de secrétaire d'Estat n'apporteroit de soy nul rang si par mesme moyen ils n'estoient conseillers d'Estat. Ce qui n'estoit pas anciennement. »

([108]) De Luçay, op. cit., pp. 156, 580-583; P. Viollet, *Le roi et ses ministres*, pp. 624, 271.

produit oublié d'une crise politique, que par l'existence presque
continue d'un principal ministre, officieux ou déclaré. Souvent,
à côté des administrations régulières, les rois avaient confié ou
laissé prendre tout ou partie de la direction des affaires à quelque
personnage en faveur. A la fin du règne de François Ier, l'amiral
d'Annebaut est ainsi représenté comme un premier ministre sans
titre ([109]). Sully eut sous Henri IV un rôle analogue. Cumulant
beaucoup de charges ([110]), remplaçant le roi dans le Conseil, il dit
lui-même qu'il faisait tout, réduisant les secrétaires d'Etat à
être ses commis. Le seul Villeroy, rappelé, gérait librement les
affaires extérieures ([111]). Cependant Forget, rédacteur de l'édit
de Nantes, avait conservé la direction « des affaires générales
de la religion prétendue réformée » et joua un rôle important dans
le Conseil, où ils étaient rentrés depuis 1595. Sous Louis XIII,
Concini, investi d'une autorité du genre de celle de Sully (1624),
scinda les affaires étrangères et en délégua la commission, enlevée à Brûlart, à Cl. Mangot, puis à Richelieu avec préséance
sur ses collègues parce qu'il était évêque, ce qui souleva des
protestations ([112]). Un règlement du 29 avril 1619, œuvre de
de Luynes, laissa, malgré l'esprit qui l'inspirait, les affaires militaires très disséminées ([113]).

Richelieu fut « principal ministre de nostre Estat », c'est-à-dire
principal ministre officiellement déclaré. Les secrétaires d'Etat
lui furent subordonnés. Jugeant qu'ils étaient à son service
comme à celui du roi, il ne leur laissa guère d'initiative. Mais
certaines dispositions prises par lui contribuèrent à leur grandeur future : 1° un règlement du 11 mars 1626, qui reconstituait
le département des affaires étrangères, donnait au secrétaire
d'Etat à la guerre la direction des troupes et armées à l'extérieur
du royaume, le taillon et l'artillerie, et amorçait un département

(109) « M. l'Admiral, écrit l'ambassadeur anglais à Henri VIII, est le facteur du Roy et celluy à qui il commande toutes choses. » (22 mai 1544). Mais
il y avait aussi le cardinal de Tournon pour les affaires intérieures et religieuses.

(110) Surintendant des finances, grand maître et capitaine général de
l'artillerie, grand voyer de France, surintendant des bâtiments et fortifications, grand maître des ports et havres, capitaine héréditaire des eaux
et rivières. Voy. : *Les actes de Sully passés au nom du roi de 1600 à 1610*,
publiés et annotés par de Mallevoue, Imp. Nat., in-4°.

(111) Nouaillac, *op. cit.*, pp. 269, 284 et s.

(112) Des Lettres patentes du 18 août 1617 décidèrent qu'ils prendraient
rang selon la date de leurs commissions : De Luçay, *op. cit.*, p. 38.

(113) De Luçay, *op. cit.*, pp. 39-40.

de la marine en confiant celle du Ponant au secrétaire d'État
ayant la Normandie et la Bretagne; 2° la suppression du connétable (1627) et de la surintendance de l'artillerie réunie au département de la guerre; 3° la suppression de l'amiral qui, pour
l'instant, ne profitait qu'à Richelieu (1627); 4° la diffusion des
intendants dans les généralités où ils seront les agents des secrétaires d'État redevenus tout-puissants. Sous le ministère de
Mazarin, qui voulait tout faire par lui-même, leur situation fut
à peine plus indépendante. Mais, en 1644, une répartition nouvelle des affaires marqua un pas de plus vers la concentration et
la spécialité [114].

3° Apogée des secrétaires d'État.

Le début du gouvernement personnel de Louis XIV fut marqué
par la disparition du ministériat, de la surintendance des finances
(sept. 1661), du colonel général de l'infanterie (juillet 1661), par
l'annihilation de la surintendance de la navigation et du commerce, l'exclusion du chancelier des Conseils d'en haut et des
finances. Les secrétaires d'État restaient seuls au premier rang
après le roi. L'action de celui-ci sur l'institution fut encore dans
le sens de la spécialisation et du renforcement des départements
ministériels. Cela se marqua : 1° pour la marine, unie aux affaires
étrangères, mais gérée par Colbert; 2° pour la guerre à quoi
furent rattachés la direction des places frontières et l'ordonnancement de toutes les dépenses militaires. De ces départements
dépendit la nomination des officiers de tous grades, tant de
combat que d'administration, héritée du colonel général de l'infanterie et du surintendant de la navigation, ou enlevée au
grand maître de l'artillerie et au capitaine général des galères.
Le commissaire général des fortifications, ceux des guerres et,
en fait, même le colonel général de la cavalerie glissèrent sous
la dépendance du secrétaire d'État. Louvois prétendra diriger
les opérations militaires, commander aux maîtres de camp;
Seignelay commander à la mer (1684-1689); 3° pour le commerce,
les manufactures, haras, rattachés d'abord à l'intendance de
Colbert, mais qu'il garda, avec la marine, en devenant secrétaire

(114) De Brienne avait les pays étrangers, les marines du Levant et du
Ponant, les pensions; de la Vrillière, les affaires de la R. P. R.; Guéné-
gaud, la Maison du roi; Le Tellier, la guerre tant du dedans que du dehors
du royaume (De Luçay, op. cit., p. 48, note 1). Bien entendu, les départements territoriaux subsistaient.

d'Etat. Des directions de services importants restaient en dehors de leurs charges, mais les secrétaires d'Etat s'efforçaient de les cumuler avec celles-ci. Dans les Conseils où ils avaient séance, leur autorité l'emportait dans toutes les affaires de leur compétence : Saint-Simon, qui exagère toujours, écrit qu'on n'y faisait qu'entériner leurs volontés. Par roulement trimestriel, ils expédiaient les dons et bienfaits, tenaient la liste des pensions et des bénéfices, ce qui leur attirait une cour de solliciteurs. Ils correspondaient directement avec toutes les autorités locales de leurs circonscriptions territoriales; mais, bien que cette répartition ait persisté jusqu'à la fin, les secrétaires d'Etat furent de plus en plus considérés par rapport à leurs départements spéciaux, affaires étrangères, marine, guerre..., tandis que l'administration intérieure se concentrait en grande partie aux mains du contrôleur général des finances, car celles-ci y étaient presque toujours en jeu. En eux et en lui tout le gouvernement résidait.

Ce mode de gouvernement avait pour la royauté l'avantage de centraliser le pouvoir et de le partager entre quelques hommes, choisis pour leur compétence, munis d'une simple commission, parfois d'origine moyenne (115), d'institution récente, sans prestige traditionnel, par conséquent dévoués à l'autorité du roi dont ils bénéficiaient, mais ne pouvant que difficilement empiéter sur elle. Le système fut, surtout vers la fin du règne, l'objet de vives critiques dans le groupe d'opposants au pouvoir personnel qui prit pour centre de ses menées la personnalité du duc de Bourgogne. On lui reprochait d'exagérer le pouvoir absolu qui ne trouvait plus guère de limitation que dans les jalousies et les rivalités entre les ministres, d'abaisser ou de supprimer les supériorités sociales ou autorités locales, au centre où la noblesse, en dehors des combats, était réduite au service de cour, dans les provinces où, délaissant énergie et initiative, on s'habituait à

(115) Il sied de ne pas exagérer. Aucun n'était d'origine humble. Pour la plupart, leurs familles étaient sorties, un jour ou l'autre, d'un de ces patriciats urbains fondés sur la richesse acquise et l'exercice des magistratures municipales et dont les membres ou bien acquéraient sur place quelque office de judicature ou de finance, ou bien émigraient vers la capitale pour s'y pousser, grâce à leur fortune et à leurs relations, dans les hautes charges. La famille de Colbert était de ce genre. Avant lui ou dans le même temps que lui, plusieurs de sa parenté occupaient des situations en vue. Parmi ses collègues, beaucoup avaient, ou leurs ascendants avaient eu, un siècle ou un demi-siècle auparavant, la même origine. Il faut se souvenir que, depuis le xve siècle, ces charges anoblissaient.

tout attendre du gouvernement central ([116]), les bureaux, dans
leur action lente et compliquée, ne permettant aux administrés
que l'attitude de suppliants ([117]). « Ces cinq rois de la France »
qui, disait Saint-Simon, « exerçoient à leur gré la tyrannie sous
le Roy véritable et presque en tout à son insu », apparaissaient
comme « le monstre qui avoit dévoré la noblesse, les tout puis-
sans ennemis des seigneurs qu'ils avoient mis en poudre sous
leurs pieds » ([118]). Ils comptaient maintenant parmi les gens
de qualité, montaient dans les carrosses du roi, étaient reçus
à sa table. Louvois avait fait accepter qu'ils écrivissent Monsieur
aux ducs et pairs et qu'on leur dît à eux-mêmes : Monseigneur.

Malgré le souci de Louis XIV de maintenir l'égalité entre ses
ministres, toujours l'un d'eux l'avait emporté en influence sur
les autres. Après la mort de Colbert, Louvois n'ayant plus trouvé
de contrepoids avait accaparé une série de charges, était intervenu dans la diplomatie par-dessus Pomponne ou Croissy et fait,
à l'occasion, sa chose des affaires religieuses. « Mais, dit encore
Saint-Simon, quelque ennemis qu'ils fussent les uns des autres,
l'intérest commun les railloit chaudement sur ce point, et cette
splendeur usurpée sur tout le reste de l'Estat dura autant que le

(116) Colbert reconnaissait la prépondérance que cette centralisation donnait à Paris et « qu'il estoit certain que cette ville donnoit le mouvement
à tout le reste du royaume et que lorsque les volontés du Roy y estoient
exécutées, elles l'estoient partout ». Montesquieu, en 1740, écrivait : « Il n'y
a en France que Paris et les provinces éloignées parce que Paris n'a pas
encore eu le temps de les dévorer. » En 1750, le marquis de Mirabeau se
plaignait qu'on traitât les provinciaux en régnicoles de second ordre. Sous
Louis XIV, par mesure d'hygiène, on tâcha de faire obstacle au développement de l'agglomération parisienne.

(117) Un arrêt du Conseil, 29 mars 1773, dit que « les formalités administratives entraînent des détails infinis dans les affaires et n'excitent que trop
les plaintes les plus justes : formalités cependant toutes nécessaires. »

(118) En prenant à la lettre les formules enflammées de Saint-Simon, on
pourrait croire à une opposition de classes qui n'existait pas. Saint-Simon,
qui invective si fort ministres et magistrats et demande qu'on rende « ces
oiseaux à leur naturel plumage », avait eu dans ses ascendants des secrétaires
d'État, en un temps où ils n'avaient pas encore cette toute-puissance; il était
l'ami de La Vrillière, il maria son petit-fils dans une famille de magistrats.
Les filles de Colbert étaient les duchesses de Chevreuse et de Beauvillier;
celles de Chamillart, les duchesses de la Feuillade et de Lorges; celle de Voysin,
la comtesse de Châtillon; le fils de Colbert épousa Mlle de Matignon, proche
parente des Bourbons; celui de Louvois, Mlle d'Uzès, la Vrillière, une de
Mailly; le fils de Chamillart, une Mortemart; les filles du chancelier Séguier
étaient les duchesses de Sully et de Coislin.

règne de Louis XIV ». Par des survivances, les fils continuaient parfois les charges de leurs pères ([119]).

A la mort de Louvois (16 juillet 1691), leur situation ne pouvait devenir plus considérable sans cesser d'être : s'il eût vécu il l'eût abaissée en l'entraînant dans une disgrâce, ou ravalée par la reconstitution à son profit du ministériat. Ses nombreuses attributions furent dépecées. Son fils, le marquis de Barbezieux, ne garda que la guerre et ses dépendances. Les nouveaux titulaires des autres charges travaillèrent directement avec le roi. Jusqu'à la mort de Louis XIV, les départements changèrent peu; on n'enregistra guère que des changements de personnes ([120]).

4° Les secrétaires d'État sous le système de la polysynodie, puis le nouveau ministériat.

L'annulation du testament de Louis XIV (arrêt du 2 sept. 1715) et la constitution du Conseil de Régence (lit de justice du 12) annonçaient la réaction contre les pratiques administratives et bureaucratiques du roi et de ses ministres ([121]). Le parti aristocratique avait un plan de gouvernement dont Saint-Simon nous a appris la genèse ([122]) et l'abbé de Saint-Pierre donné *a posteriori*

(119) Louvois fut pourvu de la survivance de son père à 16 ans, son fils, Barbezieux, de la sienne à 18 ans. C'était une habitude déjà ancienne que des familles se perpétuassent dans certaines charges : ainsi les Robertet, de Neufville, Brûlart, Arnauld, Phélypeaux (huit secrétaires d'Etat), Colbert, Le Tellier, familles administratives comme d'autres de robe. Cela n'eut pas de grands inconvénients. Une adaptation aux fonctions se faisait par l'hérédité et la pratique apprise dès le jeune âge. Ces familles, comme celles de robe, prenaient des titres et renouvelaient la noblesse.

(120) En 1715, la répartition était la suivante : Colbert de Torcy : Affaires étrangères, Bretagne, Provence, Berry, Champagne, Lyonnais, Limousin, Angoumois, Saintonge, Sedan, Navarre, Béarn, Bigorre, Nébouzan ; Pontchartrain : Maison du roi, clergé (sauf la collation de bénéfices), marine, galères, commerce de mer, colonies, pensions, haras, académies, Paris, Isle-de-France, Orléans, Soissons, Poitou, Haute et Basse Marche; La Vrillière : R. P. R., Guyenne, Périgord, Rouergue, comté de Foix, Haut et Bas Languedoc, Maine, Perche, comté de Laval, Normandie, Bourgogne, Bresse, Bugey, Touraine et Anjou, Bourbonnais, Nivernais, La Rochelle, Aunis, Brouage, Iles de Ré et d'Oloron, Auvergne, Picardie, Voysin : Guerre, taillon, artillerie et les généralités frontières, Dauphiné, Trois-Evêchés, Franche-Comté, Lorraine, Alsace et Strasbourg, Flandre, Artois, Roussillon, Conflans, Cerdagne.

(121) Is., t. 21, pp. 2 et s., 26 et s.

(122) Saint-Simon, *Projet de gouvernement attribué au duc de Bourgogne*, retrouvé à la Bibl. Nat. et publié par P. Mesnard, Paris, 1860. — H. Sée, *Les idées politiques du duc de Saint-Simon* (R. H., 1900, t. 73).

la théorie ([123]). Concernant le gouvernement central, il se résumait dans la suppression de la centralisation des pouvoirs aux mains des ministres et le remplacement des « cinq vizirs » par des Conseils dont la noblesse serait maîtresse, ce qui entraînait le renversement des secrétaires d'Etat et du contrôleur général des finances et la transformation des premiers en simples expéditionnaires de ces Conseils ([124]). La Déclaration du 15 septembre 1715 créa sept Conseils pour la direction des affaires en ayant soin de rattacher ce système aux idées supposées du duc de Bourgogne et de faire que nul n'eût dans leur sein une situation prépondérante : Conseils de conscience (affaires ecclésiastiques), des affaires étrangères, de la guerre, de la marine, des affaires du dedans, du commerce, Conseil privé et directions du contentieux des finances. Ils faisaient eux-mêmes leurs règlements, mais n'étaient chargés que de préparer les affaires, la décision étant réservée au Conseil de régence. Les secrétaires d'Etat, réduits à trois, n'y avaient pas entrée, « l'ombre de ce qu'ils ne faisoient que cesser d'être pouvant les rendre dangereux » ([125]). Ils tenaient le registre des délibérations au Conseil de régence, sans y prendre part, sauf La Vrillière, secrétaire général de ce Conseil. Le régent leur répartissait les affaires à signer en commandement ([126]).

Moins aristocratiques que l'on avait espéré, ces ministères collectifs furent anarchiques et impuissants : il fallut, pour les affaires étrangères et la guerre notamment, remettre la direction officieuse des services à un de leurs membres (Dubois, Le Blanc). L'opinion, le Parlement, tous les gens pratiques les critiquèrent. Un arrêt du Conseil de Régence en supprima quatre en 1718; les autres disparurent en 1722 ([127]). Peu à peu l'on revint au système antérieur.

Entre les secrétariats d'Etat, rétablis au nombre de cinq,

______

(123) Abbé de Saint-Pierre, *Discours sur la polysynodie*, 1718; *Nouveau plan de gouvernement des Etats souverains*, 1728.

(124) Lavisse, *Hist. de Fr.*, t. 8², p. 4-7. De Luçay, *loc. cit.*

(125) Is., t. 21, pp. 36-40; *Ord.*, 1er oct. 1715 (*Ibid.*, p. 45) : De Luçay, pp. 179-183.

(126) Voysin et Torcy durent démissionner. Voysin reçut les sceaux et Torcy la surintendance des postes et relais à titre d'office. La charge de Voysin fut supprimée; celle de Torcy donnée à d'Armenonville en office. Pontchartrain dut aussi démissionner en novembre et La Vrillière signa pour son département à la place du survivancier mineur (Saint-Simon, *Mémoires*, éd. Chéruel, t. 12, pp. 175 et s., 242 et s.).

(127) Arrêts des 24 sept. 1718 et mars 1722 : De Luçay, *op. cit.*, p. 229 et s.

furent répartis les ministères spéciaux, les généralités, le service des dons et brevets ([128]). Certaines charges restèrent, à titre individuel, à des membres des anciens Conseils : haras, ponts et chaussées, économats, directions de certaines armes ([129]).

Mais, en août 1722, le ministériat fut réinstitué. Par arrêt du Conseil de régence, Dubois était nommé « notre conseiller en tous nos conseils et principal ministre de notre Etat », ce que confirma le roi majeur le 22 février 1723. Dès lors, les secrétaires d'Etat et les titulaires des grandes directions durent travailler sous ses ordres et selon ses directives. Il se réservait les affaires étrangères et quelques autres services avec Marville pour second. Sous le duc d'Orléans qui lui succéda (août 1723), comme avec lui, les ministres ne furent que des commis destinés à préparer l'ouvrage et à le soumettre à la décision du prince; ils n'avaient plus ni assez de crédit, ni assez d'expérience pour prétendre à autre chose ([130]). Sous le ministère du duc de Bourbon, de nouveau réduits à quatre, sans reparaître au premier plan, ils reprirent leurs départements d'avant 1715, et lors de la disgrâce du duc, Louis XV déclara que tout était remis sur le même pied que sous le feu roi, son bisaïeul, dont il voulait suivre l'exemple en tout (15 juin 1726). Mais bientôt les ministres reçurent l'ordre par brevet d'obéir à l'évêque de Fréjus, Fleury, fait, quelques jours après, cardinal et qui ne reçut ni ne prit le titre de principal ministre. Au ministériat officiel succédait un ministériat officieux, qu'on croyait provisoire, le cardinal étant très vieux. Il dura dix-sept ans (1726-1743). De 1732 à 1737, Chauvelin, à la fois secrétaire d'Etat et garde des sceaux, lui fut associé. Malgré la dépendance des secrétariats d'Etat et des grandes directions, il y eut alors des changements dans le personnel et des disgrâces, qui n'étaient pas dans la tradition ([131]). L'ère des compétitions et des crises ministérielles s'annonçait. A la mort de Fleury, le roi déclara de nouveau qu'il prenait lui-même les affaires en main. Mais il se spécialisa dans les questions diplomatiques et les ministres parurent abandonnés à eux-mêmes,

---

(128) La Vrillière eut : affaires de la R. P. R., feuille des bénéfices, pays d'Etats; Maurepas : Maison du roi, clergé, généralités de Paris, Soissons, Orléans, Berry, Poitou, Limoges, La Rochelle; d'Armenonville : marine, galères, commerce de la mer, le reste des généralités; Dubois : affaires étrangères; Le Blanc : guerre, taillon, artillerie, pensions des gens de guerre, états-majors.

(129) De Luçay, pp. 237 et s., 248-253.

(130) *Ibid.*, pp. 254, 258, 260-266.

(131) *Ibid.*, pp. 282, 297. Barbier, *Journal*, t. 2, p. 309.

chacun dans son département. Système de Louis XIV sans Louis XIV ([132]). La brigue et les influences décidèrent des titulaires des charges, de leurs mutations fréquentes, de la répartition des services, cumulés ou dissociés au gré du moment ou des convenances personnelles. Les caractères traditionnels de la fonction s'altérèrent au cours de cette période : 1° la nécessité pour l'exercer d'être notaire du Roi, Maison et Couronne de France, en fait, disparut; 2° la règle qu'il fallait être de robe cessa : ces charges s'ouvrirent à la noblesse de cour; depuis 1758, le secrétariat de la guerre ne cessa plus de lui appartenir ([133]); 3° des secrétariats d'Etat furent fréquemment doublés par un adjoint, qui remplissait effectivement tout ou partie de la charge, à cause de la dignité du titulaire ou de cumuls qui le surchargeaient ([134]); 4° d'autres furent exclusivement spéciaux et dépourvus de généralités ([135]); 5° celui de la Maison du roi prit un tel développement en absorbant dans les derniers temps, avec les services du roi, toutes les affaires religieuses, les brevets et pensions civiles, les relations avec les Parlements, les municipalités et l'ensemble des généralités, sauf celles de la frontière de terre restées à la guerre, qu'on y a vu l'origine de notre ministère de l'intérieur ([136]).

III. — LES CHEFS DE L'ADMINISTRATION CENTRALE DES FINANCES

1° L'administration centrale des finances jusqu'à Charles VII.

Au début, il semble que les finances ne s'entendissent que des opérations de trésorerie. Qu'il s'agît de finances ordinaires ou

(132) Frédéric II, *Œuvres historiques*, t. 1, p. 221 : « Depuis la mort du cardinal de Fleury, le roi voulut travailler lui-même avec ses ministres; son ardeur s'éteignit au bout de huit jours et la France fut gouvernée par quatre rois subalternes, indépendans les uns des autres. Ce gouvernement mixte produisit des détails de département, mais les vues générales qui réunissent et embrassent en grand le bien de l'Etat ou son intérêt manquèrent dans les Conseils. »

(133) Le marquis de Paulmy fut le dernier homme de robe titulaire du secrétariat de la guerre. Le duc de Belle-Isle lui succéda, tout en faisant quelques dificultés pour accepter cette commission : il était petit-fils de Fouquet. Entre la noblesse d'épée et celle de robe, il n'y avait qu'une différence d'ancienneté ou de profession. En 1758, le marquis de Massiac eut six mois la marine.

(134) *Mémoires du duc de Luynes* (éd. Dussieux), t. 15, p. 399; de Luçay, pp. 350 et s., 356.

(135) P. Viollet, op. cit., p. 284 et s.

(136) Cans, *Les registres d'expéditions du secr. d'Etat de la Maison du roi* (*Rev. d'hist. mod. et contemp.*, t. 4. pp. 257-261); P. Viollet, op. cit., p. 291.

extraordinaires, le centre en était le Trésor où les administrateurs régionaux, percepteurs des premières, versaient l'excédent de leurs recettes sur les dépenses locales ou le montant de leurs fermes, où les commissaires à la levée des secondes en apportaient le produit ([137]). Il en fut ainsi jusqu'au milieu du xive siècle, car le recours à celles-ci était trop intermittent pour qu'il y eût deux administrations comptables. Sur mandat du roi ou de son *dispensator*, des *nummularii* payaient à ses agents ce qui leur était nécessaire, par exemple au chambellan pour les dépenses de l'Hôtel, ou aux tiers ce qui leur était dû.

Au xiie siècle, le Trésor fut remplacé par un dépôt au Temple et un compte courant ouvert au roi par le trésorier de l'Ordre qui lui servait de banquier, sous le contrôle d'un de ses clercs tenant registre des entrées et des sorties ([138]). Il n'existait pas d'organe administratif particulier : le roi, la *Curia regis* suffisaient ici comme en tout le reste. Pour les actes généraux et la surveillance des agents : baillis et sénéchaux, ordonnateurs et comptables chacun dans sa circonscription, et, au-dessous d'eux, les prévôts ([139]), des membres compétents de la *Curia*, gens des Comptes, maistres des Comptes, tenaient trois sessions annuelles et déléguaient dans l'intervalle quelques-uns d'entre eux pour expédier les affaires courantes, mandater les paiements, etc. Cette commission constitua vers la fin du xiiie siècle la *Chambre aux deniers*, qui disparut quand la Chambre des Comptes devint permanente et sédentaire (1309) ([140]).

A la chute des Templiers, le Trésor fut géré par des trésoriers, assistés d'un clerc contrôleur et d'un changeur ([141]). L'influence de Marigny parmi les gens des Comptes lui permit, sans titre spécial, d'imprimer une direction unique à toutes les finances. Le partage du Trésor entre le Temple et le Louvre, la concentration du pou-

---

([137]) Brussel, p. 508 et s. — La plupart des prévôtés étaient tenues à ferme. *Ord.*, 1296, 1393 (*Ord. des r. de Fr.*, t. 1, pp. 333, 369).

([138]) Luchaire, *Hist. des instit. mon.*, t. 1, p. 130 ; L. Delisle, *Mém. sur les opérations financières des Templiers* (AIBL., t. 33); Borrelli de Serres, *op. cit.*, t. 1, pp. 240-243.

([139]) Borrelli de Serres, t. 1, p. 194 et s. Les sénéchaux d'abord, puis quelques baillis eurent près d'eux des receveurs : *Ibid.*, p. 221.

([140]) Borrelli de Serres, t. 1, pp. 322, 325.

([141]) Après avoir passé du Temple aux Lombards Guidi (1294), puis avoir été géré au Louvre par deux trésoriers, il avait été rendu au Temple sous le contrôle de ceux-ci (1303) : *Ibid.*, t. 2, pp. 5-37. — Le nombre de ces trésoriers, qui étaient trois d'abord, varia par la suite : 4 en 1316, 1 en 1320, 3 en 1389, 2 en 1401 : Pasquier, *op. cit.*, II, 8, p. 83.

voir d'ordonnancement aux mains du roi et aux siennes, imposés par lui, disparurent avec lui (142). Mais les finances, avec les besoins du royaume, devenant plus complexes, cette unité parut si nécessaire, qu'on institua, après lui, un « souverain par-dessus les trésoriers » qui fut un président permanent des gens des Comptes (143). L'organisation resta flottante. Comme la Chambre des Comptes fut de plus en plus tournée vers le contrôle, on vit à la tête des finances tantôt une commission (1346-1350), tantôt un personnage sans titre adéquat (144).

C'est alors que furent établies deux administrations parallèles pour les finances ordinaires et les finances extraordinaires. Les *Trésoriers de France*, dont le changeur du Trésor était le caissier, avaient l'administration et le contentieux des premières. Ils formaient corps : l'entérinement des mandats, les ordonnancements étaient faits au nom de tous. Comme ils faisaient des chevauchées dans les provinces, celui qui restait à Paris annonçait dans l'acte le motif de l'absence des sceaux de ses collègues sur les mandements (145). La justice attachée à leurs charges était parfois remise à l'un ou à plusieurs d'entre eux : conseillers sur le fait de justice; ce qui acheminait vers une scission qui ne fut jamais complète (146). Par le recours fréquent aux ressources extraordinaires, les commissaires et le personnel de la levée des aides devenaient presque permanents. Au milieu du xive siècle, les commissaires nommés par les Etats généraux se qualifièrent de *Généraux et superintendants des finances, Généraux députés sur le fait des aides*, titre qu'ils gardèrent quand leur élection revint au roi (147). Ils formaient aussi un corps, *Chambre des généraux*, dont un receveur général était le comptable. L'administration des finances extraordinaires, gestion, personnel, contentieux, ferme des impôts indirects, ordonnancements qu'ils ne pouvaient faire qu'« en pleine Chambre » (148), relevaient d'eux. La justice qui

(142) *Ord.*, 19 janv. 1313 : Borrelli de Serres, t. 3, pp. 53-59.

(143) Borrelli de Serres, t. 3, p. 79 et s.; P. Viollet, *op. cit.*, t. 3, p. 423 et s.

(144) *Les Grandes Chroniques* (éd. Paulin Paris, t. 5, p. 465).

(145) *Ord.*, 1er mars 1389, art. 3 (*Ord. des r. de Fr.*, t. 7, p. 239).

(146) *Ord.*, 7 janv. 1401, art. 13 (*Ord. des r. de Fr.*, t. 8, p. 409); 3 nov. 1403 (*Ibid.*, p. 619); 4 juin 1404; 7 janv. 1408 (*Ibid.*, t. 8, p. 698; t. 9, p. 284); 12 août 1445 (*Ibid.*, t. 13, p. 451). — A la fin du xve siècle, cette justice constitua la *Chambre du Trésor*, que présidaient les Trésoriers de France.

(147) *Ord.*, 28 déc. 1355, art. 2; 12 mars 1356, art. 10; 1er mars 1357; *Ord.* 13 nov. 1372, art. 8 (Is., t. 4, pp. 740, 767, 817; t. 5, p. 383).

(148) *Ord.*, 13 nov. 1372, art. 8-10; 11 mars 1389; 7 janv. 1401 (*Ord. des r. de Fr.*, t. 7, p. 246 et s.; t. 8, p. 413).

leur appartenait pouvait être confiée à l'un ou plusieurs d'entre eux. En 1389, elle fut séparée de l'administration sans qu'ils perdissent le droit de juger. Ce fut l'origine de la *Cour des Aides* (149). Des circonscriptions s'ébauchaient : dans certaines, un seul agent réunissait les charges de Trésorier et de Général. L'ordonnance cabochienne remettait l'ensemble des finances à deux grands commis. Charles VII eut, à plusieurs reprises, « un général et souverain gouverneur par-dessus toutes les finances ». Mêmes fluctuations pour les comptables (150).

2º Les chefs des finances de Charles VII à Henri II.

On s'arrêta pour le personnel de direction à quatre *Trésoriers de France* et quatre *Généraux des finances* correspondant aux circonscriptions : Sur-et-outre-Seine, Normandie, Langued'oïl, Languedoc. Des ordonnances de 1443, 1444, 1445 réglèrent leurs attributions. Bien qu'ils se fussent en fait réparti les circonscriptions, leur gestion gardait un caractère de collégialité, chacun n'agissant dans son ressort qu'au nom de son groupe. C'était celui-ci qui entérinait les actes intéressant leurs charges et que rendaient exécutoires leurs Lettres d'attache, qui prévoyait les recettes et mandatait les dépenses. Les comptables étaient pour les premiers le changeur du Trésor et pour les seconds quatre receveurs généraux aux chefs-lieux des circonscriptions, chacun ayant son contrôleur général (151). Une ordonnance de 1450 tâcha de ramener le système à l'unité. De cette date à 1523, les Trésoriers de France et Généraux des finances, sous le nom de *Messieurs des Finances*, constituèrent un conseil

(149) *Ord.*, 11 mars 1389 (*Ord. des r. de Fr.*, t. 7, p. 228). *L. P.*, 11 mars 1390; 4 janv. 1392; 22 oct. 1425 (Is., t. 6, pp. 690, 716; t. 8, p. 728).

(150) De Beaucourt, *Hist. de Charles VII*, t. 2, pp. 167-169. — *Ord.* mai 1413, art. 1 (Is., t. 7, p. 285. Cpr. *Ord.*, 13 nov. 1372, art. 3, 12; 26 janv. 1385; 7 janv. 1401 [*Ord. des r. de Fr.*, t. 5, p. 538; t. 6, p. 706; t. 8, p. 412]; Borrelli de Serres, *op. cit.*, t. 3, pp. 113, 140-141.

(151) *Ord.*, 25 sept. 1443; 11 août 1445 (*Ord. des r. de Fr.*, t. 13, pp. 375, 444). *L. P.*, 10 févr. 1444 (Is., t. 9, p. 120). Borrelli de Serres, *l. c.*, p. 141-143. Jacqueton, *Doc. relatifs à l'adm. financière en France de Charles VII à François Ier*, pp. 150 et s. (Voy. *Le Vestige des Finances*, à la suite du *Grand Style ou protocole de la Chancellerie de France*, qui donne le tableau de l'organisation financière avant les années 1523-1524. Plus tard, à la suite du *Trésor ou nouveau Stille et Prothocole de la Chancellerie de France*, on trouve à la place une *Instruction générale des finances* qui décrit le régime financier des ordonnances de François Ier à Henri III. — *Adde* : *Abrégé des finances*.

ou ministère collectif, dressant, avec le roi, chaque année, l'état général des finances, tant ordinaires qu'extraordinaires, en recettes et dépenses, et les répartissant entre les provinces [152]. L'état général emportait ordre de payer pour les dépenses qui y étaient prévues; pour les autres, un ordre du roi, contresigné d'un secrétaire en finances, commandait aux Trésoriers ou aux Généraux d'assigner les sommes sur tel comptable [153].

Ce système entraînait l'éparpillement, des difficultés de vérifications, l'absence de règles précises pour les recettes exceptionnelles et surtout d'épargne ou trésor de guerre, grand souci de François Ier [154]. Alors, des Lettres du 18 mars 1523 créèrent, avec un *Trésorier de l'Epargne et receveur général des parties casuelles et inopinées des finances*, une nouvelle caisse, l'*Epargne*, dont le roi fut le seul ordonnateur. Peu après, une ordonnance du 28 décembre 1523 : 1° remit au Conseil privé, assisté d'intendants de finances, alors créés, la gestion générale des finances et le soin d'en dresser l'état général annuel; 2° centralisa toutes les recettes ordinaires ou extraordinaires aux mains du trésorier de l'Epargne, par l'intermédiaire du changeur du Trésor et des receveurs généraux, les parties casuelles et inopinées continuant à former une caisse à part sous le nom de *Recettes des finances extraordinaires et parties casuelles;* 3° réduisit les Trésoriers de France et les Généraux des finances au rôle de simples inspecteurs, chacun ne dressant plus que l'état des recettes de sa charge [155]. Pour compléter, l'ordonnance de

(152) Jacqueton, *op. cit.*, p. 243.

(153) *Vestige des Finances*, pp. 210-220, 240. — D'une façon ou d'une autre, on devait aussi assigner sur les caisses du changeur ou des receveurs généraux les sommes nécessaires aux payeurs ou receveurs, tels que les trésoriers ordinaires ou extraordinaires des guerres et de l'artillerie, l'argentier du roi, etc.

(154) *L. P.*, 18 mars 1523, disent que les finances « estoient confiées à tant de mains que nous n'en avons eu la certitude et connoissance telle qu'elle appartient ». — *Journal de Madame* (éd. Buchon, p. 299) : « L'an 1515, 1516, 1517, 1518.... sans y pouvoir donner provision, mon fils et moi fûmes continuellement dérobez par les gens de finance. » D'où une commission, mi de parlementaires, mi de maîtres des comptes : *Chambre de la Tour carrée*, pour rechercher les financiers. Jacqueton, *Doc. rel. à l'adm. fin. de Charles VII à François Ier*, p. 18 et s.

(155) *Ord.*, 28 déc. 1523 (Is., t. 12, p. 223-230). *Journal d'un bourgeois de Paris :* « Et ordonna le Roy que doresnavant ses finances ne passeroient par nul fors que par les mains du trésorier Babou et que rien ne se feroit plus que par le Conseil du Roy, et les Trésoriers et Généraulx des finances n'auroient plus les finances du Roy et que tous les receveurs et gens de finances

Rouen (7 fév. 1532) ([156]) décidait que : 1° les deux caisses seraient établies au Louvre sous la surveillance d'une commission, le trésorier de l'Epargne n'emportant plus en cas de déplacement du roi que l'argent de la dépense courante et ne payant « hors du Louvre » que certaines dépenses spéciales; 2° l'état général n'emporterait plus ordre de paiement des dépenses prévues, toutes exigeant un mandement patent adressé par le roi au trésorier de l'Epargne : ce qui faisait le roi seul ordonnateur; 3° une troisième caisse dite des *Réserves* serait établie ([157]). La guerre de 1536 renversa toute cette économie : les caisses redevinrent ambulatoires, l'Epargne absorba presque toutes les ressources attribuées aux Réserves, toutefois maintenues; le trésorier de l'Epargne, seul caissier, fut placé dans la dépendance du Conseil privé ([158]). Par un édit de 1543, divisant les quatre circonscriptions financières en seize recettes générales sous la surveillance des Trésoriers de France et des Généraux des finances, ceux-ci cessaient de constituer une partie centrale de l'administration et devenaient des fonctionnaires provinciaux ([159]).

comptables apporteroient tous les deniers aux mains dudit Babou. » *L. P.*, 9 Mai 1527 créant deux contrôleurs de la recette et de la dépense des deux caisses. — Jacqueton, *Le Trésor de l'Epargne sous François Ier* (RH., t. 55, p. 17 et s.).

(156) *Ord.*, Rouen, 7 fév. 1532 (Is., t. 12, p. 356).

(157) Cette caisse répondait toujours au désir du roi d'avoir un trésor de guerre ; c'était une tire-lire ; il y avait « un perthuis grillagé de fer audessus dudit coffre » : quatre clefs en des mains différentes ; elle était alimentée par les amendes, décimes du clergé, recettes imprévues. La guerre de 1536 la vida.

(158) *Ord.*, 26 déc. 1538.

(159) *Edit*, déc. 1542 (Is., t. 12, pp. 796. 805). — *Edit*, 17 janv. 1544 (*Catal. des actes de François Ier*, t. 4, n° 13547). Leur importance fut encore amoindrie par l'édit de janv. 1551 (Is., t. 13, p. 236). — Loyseau, *Tr. des Offices*, IV, 2, n°s 38-44 : « Et demeura ce nombre de quatre jusques au règne de Henri II qui en érigea seize tout d'un coup au lieu de quatre anciens..... Ce qui fut fait à l'imitation de ce que le Roy François son père avoit érigé seize Receveurs distribuez en seize Provinces que néantmoins il avoit appelez *Receveurs généraux des finances* pour ce qu'ils recevoient généralement et confusément tous les deniers du Roy en leurs Provinces tant ordinaires qu'extraordinaires..... Donc, à cet exemple, le Roy Henry II érigea en chacune de ces seize Provinces un Thrésorier général pour estre l'ordonnateur de chaque Receveur général, les appelant pareillement *Thrésoriers généraux*, tant pour ce qu'ils succédoient à ces quatre anciens, la charge desquels estoit générale et s'étendoit par toute la France, que pour ce que principalement en eux fût réunie la charge des généraux pour le faict des Aides... laquelle réunion de ces deux diverses charges fut aussi faicte à mesme dessein de confondre les deniers extraordinaires avec les ordinaires. » Cpr. *Ord.*, Blois, 1579, art. 242 (Is., t. 14, p. 435).

Les ordonnances des 27 janvier 1544 et 12 avril 1547 complétèrent ou rétablirent à quelques détails près le système de 1523-
1532 qui plaçait la direction des finances dans le Conseil. Deux
contrôleurs de l'Epargne, dont la Trésorerie avait été dédoublée
en 1554, furent institués (160). Mais certaines affaires, emprunts,
marchés, etc., ne se faisant bien que par un seul, Semblançay
avait, dès 1518, reçu commission à cet effet, en marge de
Messieurs des Finances, et, après lui, il y eut toujours dans le
Conseil un gérant plus ou moins officieux de l'ensemble des
finances (161). Enfin, le 10 février 1562, Artus de Cossé fut
nommé *surintendant des Finances* et, en octobre 1563, fut organisé pour l'assister un Conseil royal des finances, plusieurs fois
supprimé et aussitôt rétabli au cours du siècle (1594, 1596) (162).

3° Les surintendants et contrôleurs généraux des finances.

Avec quelques intermittences, la charge de surintendant des
finances, tantôt officieuse (1598-1601, 1622), plus souvent officielle, tantôt double (1624-1626, 1632-1640, 1643-1647, 1654-
1659), souvent unique, assortie de directeurs (1632, six; 1648-1659,
deux ou trois), ayant sous elle les intendants des finances préparant sa besogne et celle du Conseil, resta pendant la première
partie du xvii⁰ siècle le couronnement de l'administration financière. Chef du personnel et suprême ordonnateur, le surintendant
ne relevait que du roi (163). Deux contrôleurs généraux complétaient cette haute administration. La chute de Fouquet fit revenir
l'ensemble de la gestion au Conseil des finances et le pouvoir
d'ordonnancer aux mains du roi; les charges des contrôleurs rache-

(160) *Ord.*, 17 janv. 1544 (*Catal. des actes de François Ier*, t. 4, n° 13439);
Décl., 12 avril 1547, 27 mai 1554 (Is., t. 13, p. 4 et s., 390). — Loyseau, *l. c.*
(161) De Boislisle, *Semblançay et la surintendance des finances* (*An. Bul. de
la SHFr.*), pp. 228 et s., 236, 244. — Ces personnages furent, ce semble,
le chancelier Duprat (1526), le connétable Anne de Montmorency,
Claude d'Annebaut, le cardinal de Tournon, Jean de La Chesnaye (1547),
le cardinal de Lorraine (*Cat. des actes*, t. 1, n° 779). Cpr. Guillard, *Hist.
du Conseil du Roy*, p. 48 et s.
(162) Noël Valois, *Inventaire des arrêts du Conseil d'Etat*, t. 1, pp. LXX
et s. Les surintendants furent successivement Artus de Cossé, Pomponne de
Bellièvre (1575), François d'O (1778).
(163) De Boislisle, *Liste chronologique des surintendants, contrôleurs généraux, directeurs, ministres...., préposés à l'ordonnancement des finances*
(*Ann. Bul. de la SHFr.*, 1881, pp. 262 et s.); Le Bret, II, 4, p. 172 : « La
charge de surintendant est maintenant une des plus importantes du
Royaume; c'est elle qui a la conduite de l'oeconomie publique et de qui
dépendent ceux qui se meslent de finances ».

tées, la commission en fut donnée à Colbert (12 déc. 1665) [164].
Son contrôle s'exerça sur ce qui touchait aux finances à un degré
quelconque, et comme il y avait peu de choses où les finances
ne fussent intéressées, il contrôla tout. Les décisions des
autres ministres exigeant quelque dépense passaient par ses
mains pour être soumises à la signature du roi [165]; car le contrôleur général ne fut jamais ordonnateur, mais il rapportait sur
tout au roi et au Conseil, ce qui lui donnait un pouvoir de fait
sur l'ensemble des affaires, sans qu'il eût un mandat précis pour
aucune [166]. Quoiqu'il appartînt au Conseil royal des finances
de dresser l'Etat général annuel des recettes et dépenses, en
réalité, celui-ci sortait de ses bureaux [167]. Presque toutes les
branches nouvelles de l'activité gouvernementale lui étaient
ainsi rattachées.

A fortiori, parce que plus puissant qu'eux, le contrôleur général disparut avec les secrétaires d'Etat sous le régime de la
polysynodie et fut remplacé par un Conseil des finances dont un
membre surveilla les opérations de contrôle de deux gardes des
registres du contrôle [168]. Ce ministère collectif eut besoin d'un
organe, qui fut un directeur (24 janv. 1718). Le contrôleur
général reparut sous la forme de Law (5 janv. 1720), vite remplacé. Le pouvoir du contrôleur général ne fit que grandir au
xviiie siècle. La spécialité des affaires de sa charge l'assujettissait
moins que les secrétaires d'Etat au principal ministre, car il
rapportait directement au roi. L'institution ne changea guère
jusqu'à Necker qui, étranger, fut simplement directeur général
des finances (1781), mais, en 1789, prit le titre de « premier minis-

(164) *Règl.*, 15 sept. 1661; *Edit*, nov. 1661 (Is., t. 18, pp. 10, 13). Louis XIV,
Mémoires (éd. Dreyss, t. 2, p. 389); De Boislisle, *Mém. sur l'établissement
des registres du Roy pour ses finances* (Corresp. des contrôleurs généraux,
t. 1, p. 578 et s.).

(165) De Boislisle, *l. c.*, p. 579 et s.; de Luçay, *op. cit.*, p. 544 et s. Pendant la Régence, l'ordonnateur fut le Régent (*Ibid.*, p. 197 et s.).

(166) Saint-Simon, *Ecrits inédits*, t. 2, p. 349. — Puisqu'il n'était pas comme
les secrétaires d'Etat, notaire secrétaire du roi, il ne pouvait contresigner les
ordres du roi; d'où les secrétaires d'Etat qui n'eussent pas été de son avis
sur les actes que le roi ordonnançait auraient pu refuser le contreseing;
aussi on en vint à « établir comme principe que les secrétaires d'Etat signe-
raient sans examen et par simple présentation les expéditions préparées
par le contrôle général »: De Boislisle, *Les Conseils sous Louis XIV* (ap. Saint-
Simon, *Mémoires*, t. 5, p. 507).

(167) P. Clément, *Lettres, instructions, mémoires de Colbert*, t. 2, p. 771.

(168) Esslinger, *Le Conseil particulier des finances à l'époque de la polysynodie*, Paris, 1908.

tre des finances », conservant à côté de lui un contrôleur général (169).

Supprimés en 1715, rétablis en 1720, les intendants des finances disparurent sous Necker en 1777; quatre, par simple commission, furent réinstitués en 1787 (170).

IV. — Vers un gouvernement de cabinet et d'opinion

Après la mort de Fleury, l'absence de coordination dans le gouvernement qui résultait de l'indépendance des divers ministres eût entraîné le désordre dans l'Etat. En vain, le roi chercha à faire du Conseil d'Etat l'organe central de direction en y mettant le duc de Noailles comme animateur (9 avril 1743) (171). Dans ses dernières années, Fleury avait pratiqué ce qu'on appelait le *comité* : les ministres réunis dans son cabinet traitaient ensemble des affaires communes. A l'occasion, il les départageait; en tout cas, ils avaient là un moyen de coordonner leurs services (172). L'absence de principal ministre laissait place pour une direction officieuse. Madame de Pompadour l'exerça environ dix ans. D'Argenson l'appelait « un cardinal Fleury et demi ». « Les ministres, dit Barbier, vont lui rendre compte de tout; elle se mêle du militaire et de toutes les affaires de l'Etat ». Elle mena l'intrigue pour substituer d'Arnouville à Orry au Contrôle général (1745); elle disgracia Maurepas qui l'avait chansonnée et avait laissé la marine dans l'état d'impréparation qui contribua à la perte des colonies. Sa rentrée en faveur après l'attentat de Damiens fut marquée par le renvoi d'Arnouville et de d'Argenson. Elle eut l'idée heureuse, avec le roi, du renversement des

---

(169) De Boislisle, *op. cit.*, p. 274; *Liste chronologique des surintendants*, pp. 272-274. — Joly de Fleury s'intitula simplement conseiller au Conseil des Finances (1781-1783) ; Loménie de Brienne prit le titre de chef du Conseil des finances, puis celui de principal ministre, ayant un contrôleur général ou un ministre d'Etat et des Finances pour le seconder: *Ibid.*, pp. 273, 274.

(170) *Règl.*, 5 juin 1787 (Is., t. 28, p. 357).

(171) Barbier, *op. cit.*, t. 2, p. 360 : « Ce n'est pas un premier ministre, c'est un inspecteur importun, qui leur a été donné, lequel se mêle de tout, quoiqu'il ne soit le maître de rien ».

(172) C'était, dit d'Argenson, qui en médit fort, « l'Assemblée des ministres dans le cabinet du Cardinal. Les affaires communes de leur département s'y traitoient sous les yeux du vieux ministre qui ne disoit mot et laissoit faire; les affaires étrangères l'occupoient davantage et le Secrétaire d'Etat n'y faisoit guère que l'office de greffier. »

alliances, ayant compris que le danger désormais, en Allemagne, était la Prusse, et fit triompher ses vues par le traité du 1er mai 1757 avec l'Autriche. L'abbé de Bernis, qui avait signé celui-ci, fut alors chargé des affaires étrangères. Mais, jaloux de son autorité, il entama des négociations de paix en dehors de la marquise. Il proposa au roi une sorte de gouvernement de cabinet où les décisions seraient prises à la majorité des voix en Conseil des ministres, qui seraient solidairement responsables. Devant l'accueil qui lui fut fait, il dut se retirer, indiquant le comte de Choiseul comme successeur possible (9 oct. 1758).

Depuis longtemps, on considérait comme ministres du roi le chancelier, les secrétaires d'Etat, le contrôleur général et, s'il y en avait un, le garde des sceaux, groupe variable, car il arriva souvent au xviiie siècle que certaines de ces charges fussent cumulées. Le ministère Choiseul inaugura un régime dans lequel l'un de ces personnages, imposant à ses collègues certaines directives, était le vrai chef du gouvernement. L'usage s'introduisit peu à peu de donner son nom ([173]) au groupe subissant cette influence, bien qu'il n'y eût pas entre ses membres la solidarité constitutionnelle proposée par l'abbé de Bernis. Il est vrai que, d'abord, Choiseul chercha à accaparer toutes les charges (affaires étrangères, guerre, armée, postes et relais, etc.), qu'il céda et reprit tour à tour. Aux ministérielles, il en joignit d'autres ou voulut qu'on les exerçât sous son autorité. Barbier dit qu'on le regardait comme premier ministre. Préoccupé de flatter l'opinion, on le vit, chose absolument nouvelle, tâcher de se faire une popularité aux dépens du roi. Il tomba au bout de douze ans sous la coalition de quelques-uns de ses collègues; sa chute ouvrit l'ère encore non close des crises ministérielles. Il avait encouragé par politique la révolte des Parlements. Le nouveau ministère étant formé contre eux, ce fut Maupeou, le chancelier, qui en fut le chef. Sous Louis XVI, l'opinion influa de plus en plus sur le choix des ministres et ceux-ci eurent souci de la satisfaire plus que de l'intérêt de l'Etat. Comme c'étaient les questions financières et économiques qui l'agitaient, ce fut le contrôleur général ou, comme on dit parfois, le directeur général des finances qui prit la tête du ministère et, d'ordinaire, lui donna son nom.

(173) Ce premier ministère fut composé de Choiseul, affaires étrangères et (en 1760) postes et relais; duc de Belle-Isle, guerre ; Berryer, marine; Saint-Florentin, Maison du roi; de Lamoignon, chancelier; de Bollongue, contrôleur général.

§ 3. — Les Conseils.

I. — Le Conseil du roi

1° Origine et caractère du Conseil.

La tradition qui faisait un devoir au roi d'être entouré de conseillers sages et avertis lui laissait le soin d'y pourvoir. De bonne heure, on signale dans la *Curia regis* quelques *familiares*, clercs ou légistes, gagés pour conseiller le Prince. Leur présence ni ne l'obligeait à les retenir nécessairement tous à chaque séance, ni ne supprimait son droit d'y appeler d'autres. Au xiiie siècle, au début du xive, par *Concilium*, on entendait tantôt une partie de la *Curia*, tantôt le Parlement et les gens des Comptes, tantôt l'ensemble du personnel qui les composait. Cependant *Magnum concilium* désignait déjà plus spécialement le groupe administratif constitué pour assister le roi dans l'expédition des affaires. Plus tard, l'instinct national découvrit dans ces conseillers les agents à qui s'en prendre des vices ou des abus du gouvernement sans découvrir la personne du roi [174]. Le Conseil fut donc l'instrument de travail du Prince et en même temps un moyen d'autolimitation et d'autoprotection du pouvoir royal. Il fut si bien identifié au roi que, malgré l'importance de son rôle, il ne forma jamais un corps autonome. Les actes déterminant sa composition et ses modes d'action n'étaient que des règlements intérieurs, sans cesse modifiés, n'affectant ni les principes essentiels, ni le jeu normal de la monarchie. C'est par eux que séparé peu à peu de la Cour de justice et de la Chambre des Comptes avec lesquelles il avait eu longtemps un personnel commun et ayant éliminé les éléments féodaux qu'on n'y voyait plus qu'en des circonstances exceptionnelles [175], il reçut une sorte de statut dont les règles primitives, malgré quelques doctrines divergentes, subsistèrent jusqu'à la fin.

I. *Le roi retient à son Conseil qui il veut.* — Au début, le personnel pouvait varier à chaque séance : à l'heure du Conseil, le roi, congédiant son entourage, retenait pour délibérer avec lui

---

(174) Ci-dessus, p. 453. — J. Declareuil, *Les idées politiques de Guez de Balzac*, pp. 30-38.

(175) *Ord.*, 1318, art. 1, 2 (*Ord. des r.*, t. 1, p. 657). Noël Valois, *Invent. des arrêts du Conseil d'Etat*, t. 1, pp. vii et s.; x-xxiv; *Le Conseil du roi aux* xive, xve xvie *s.*, pp. 1 et s.

qui lui plaisait. D'où l'expression « retenir au Conseil ». Longtemps, la présence de conseillers en titre et appointés ne fit
aucun obstacle à cet usage. Du reste, ces charges ne furent jamais
érigées en offices, mais de simples commissions révocables ([176]).
Selon les circonstances, la composition du Conseil a changé. D'allure aristocratique sous. les derniers Capétiens directs et les premiers Valois, pendant les minorités de Charles VIII où de Louis XIII,
dominé par des princes ou des factions sous Charles VI et pendant
les guerres de religion, constitué ordinairement par des légistes,
bourgeois ou petits chevaliers, mêlés souvent à des prélats qui
y jouèrent aussi un grand rôle, le Conseil n'était jamais que ce
que l'avait fait la volonté libre ou influencée du roi ([177]). Pendant des minorités ou lorsque la fonction royale n'était pas
normalement remplie, les. Etats généraux ont prétendu nommer
le Conseil : c'est qu'alors on tenait pour principe qu'ils contrôlaient les affaires et qu'il y avait lieu aussi d'adapter ce Conseil
en organe de gouvernement : en fait, ils s'en abstinrent. La
grande commission élue en 1356, les Généraux réformateurs
de 1358, étaient autre chose que le Conseil, qu'ils forcèrent le
Dauphin à épurer, lui désignant seulement six ou sept membres
à y placer ([178]). En 1484, on pensa à faire élire le Conseil, pour
le temps de la régence, par les Etats : ils demandèrent seulement
qu'on y introduisît douze députés des trois ordres ([179]). Le
clergé et la noblesse renouvelèrent cette prétention en 1576 ([180]).
En 1597, ce fut le tour du Parlement de vouloir imposer au roi
de choisir ses conseillers, réduits à douze, sur une liste de quarante-huit candidats que lui présenteraient les compagnies judi-

---

(176) Du Tillet, *Rec. des roys*, pp. 256, 300 ; Claude de Seyssel, *op. cit.*,
f° 22, v° ; Loyseau, *op. cit.*, IV, 3, n°s 21-14. Cpr. Le Bret, *op. cit.*, II, 3,
p. 42 ; Noël Valois, *Le Conseil du roi...*, pp. VII et s. ; *Le gouvernement
représentatif en France au XIVe siècle*, pp. 50 et s.

(177) Noël Valois, *Le Conseil du roi...*, pp. XXIII-XXXV.

(178) *Ord.*, oct. 1356, art. 1 et s. (Is., t. 4, p. 776); *Ord.*, 3 mars 1357
(*Ord. des r. de Fr.*, t. 3, p. 128); Delachenal, *Hist. de Charles V*, t 1, pp. 298-
307; P. Viollet. *Les Etats généraux réunis à Paris en 1358*, pp. 18 et s.

(179) Noël Valois, *Le Conseil du roi et le grand conseil pendant les premières années du règne de Charles VIII*, (BECh., t. 50, p. 610). — Le chancelier
répondit : « Le Roy confirme et establit dès à present son conseil comme réel
et définitif. Il *veut* adjoindre selon vostre demande des hommes probes tirez
du corps des Estats et il entend leur donner le pouvoir de prescrire tout ce
qu'ils jugeront utile, sauf toutefois sa prérogative de commander en son
propre nom. » Cpr. les vœux de l'assemblée tenue à Nevers en 1442 en
faveur des princes du sang (Is., t. 9, p. 108).

(180) Lavisse-Mariéjol, *H. de Fr.*, t. 4², p. 183.

ciaires. Rien de tout cela n'aboutit ([181]). Le « Conseil légitime » dans lequel, selon les protestants, les princes du sang, les pairs, les grands officiers de la Couronne auraient eu entrée, à raison de leur naissance et de leurs charges et par la coutume générale du royaume, parut une nouveauté, qui ne réussit pas davantage, bien que Guy Coquille et Loyseau l'aient reprise à leur compte, plaçant à côté des conseillers du roi, des conseillers-nés, princes, pairs et grands officiers toujours, à titre de conseillers de la Couronne. L'éloquence de Saint-Simon en faveur des ducs et pairs, voire des ducs à brevet, n'eut pas meilleur succès. Quand certains de ces personnages firent partie du Conseil, ce fut en vertu d'un ordre du roi ([182]).

De là, plusieurs conséquences : 1° Le roi nommait seul ses conseillers et dans la forme qu'il voulait : ce qui a varié du simple ordre oral aux Lettres patentes; finalement la retenue se fit par brevet ou par lettre adressée directement au bénéficiaire ([183]). Il appointait celui-ci s'il voulait, et dans la mesure qu'il décidait ([184]). Il était libre d'attacher quelqu'un au Conseil par des liens plus ou moins étroits : il semble qu'il y ait eu, dès le xive siècle, des conseillers honoraires ([185]). Sous Louis XIV, il y en eut en expectative, sans brevet, ni séance, et de surnuméraires; il y en eut aussi à brevet et sans gage : titre simplement honorifique. Sous Louis XV, on vit des survivanciers : fait assez rare auparavant. 2° Le nombre des conseillers n'était pas limité, le roi ne se privant d'aucune compétence. Mais, par faiblesse ou faveur, il en arrivait à multiplier les retenues, d'où encombrement, absence de sérieux et de secret ([186]). Etats généraux et Parlements de protester et de demander la réduction du Conseil, et les rois, par des règlements fréquents et peu observés, tâchaient de

(181) Pour répondre à ces propositions, Henri IV nomma un *Conseil supérieur du bon ménage*, qui dura quelques mois : Noël Valois, *Invent. des actes du Conseil d'Etat*, t. 1, p. 97; Chamberland, *Le conflit de 1597 entre Henri IV et le Parlement*, pp. 13 et s., 61 et s.

(182) Cependant, quand les rois appelaient des princes au Conseil, ils les admettaient hors rang, sans les formalités ordinaires de la réception. *Ord.*, 28 avril 1407; mai 1413 (Is., t. 7, pp. 141, 337).

(183) Giry, *Manuel de diplomatique*, p. 785.

(184) Les appointements étaient au xvie siècle de 2.000 livres environ, au xviie de 5 à 6.000, pour le doyen, 10.000 livres.

(185) Noël Valois, *Le Conseil du roi...*, pp. 144-146.

(186) Pasquier, *op. cit.*, II, 6, pp. 74-76. L'ordonnance du 16 janv. 1586 (Is., t. 6, p. 617) les supprima.

réagir (187). Nombre d'actes de ce genre, longtemps vains, acheminèrent pourtant aux xvie et xviie siècles vers le système de
Louis XIV, qui n'admit plus que trente conseillers (188). 3° Les
conseillers étaient pris indifféremment dans les trois ordres. A
raison des événements, il y eut parfois des fluctuations dont profita tel ou tel ordre; d'ordinaire, le roi choisissait d'après les
qualités ou aptitudes individuelles. Des difficultés auraient pu
résulter pour les clercs, surtout pour les prélats, du privilège de
clergie et de l'obligation à la résidence; elles ne prévalurent pas
contre la tradition et le droit du roi d'employer ses sujets dans
l'intérêt de l'Etat (189). On admit que les officiers clercs n'étaient
soumis qu'aux juridictions royales; on passa outre à la résidence (190). Une autre tradition voulait que les membres du Parlement fussent des conseillers du roi délégués aux affaires de justice

(187) L'ordonnance du 28 juillet 1406 en fixait le nombre à 51 et écartait du
Conseil les fonctionnaires provinciaux; celle du 28 avril 1407 se bornait à
26 (Is., t. 7, p. 141); l'ordonnance cabochienne, art. 207, à 15 (Ibid., p. 357).
Des règlements de 1525, 1526, 1543, 1545, s'arrêtèrent successivement à 18,
7, 15, 21 conseillers. Une déclaration du 30 juin 1564 dit qu'il n'y aura
plus de retenues jusqu'à ce qu'on soit revenu à 20. Un règlement de 1566
en admet 26; d'autres de 1566 à 1571 chargeaient les huissiers de mettre
à la porte les intrus. Cependant, en 1572, il y avait plus de 100 conseillers:
on les fit servir par roulement (Règl. 24 oct. 1572). Sous Henri III, il y eut
un règlement nouveau presque tous les ans.

(188) Un règlement du 4 mai 1584 dit que le Conseil comprendra 33 conseillers ordinaires : 6 d'église, 6 de robe longue, 21 d'épée ou de robe courte,
plus quantité de dignitaires; vite on atteignit le nombre de 200. Malgré
les restrictions apportées par Michel de Marillac sur les protestations des
Etats de 1614 (Coll. des proc.-verb. des Assem. gén. du Clergé, t. 2, pp. 222-
224), on comptait, en 1647, 120 conseillers d'Etat. — Un règlement du
1er mai 1657 donnait : 12 conseillers ordinaires, 14 semestres, 3 d'Eglise, 3
d'épée.

(189) Ord., 3 déc. 1319, art. 1 (Is., t. 3, p. 233). Dans le Songe du Vergier,
c'est le clerc qui veut exclure les prélats du Conseil et les obliger à la
résidence dans l'intérêt des âmes; c'est le chevalier qui maintient le droit
du roi de les y appeler (ap. Traitez des libertez de l'Eglise gallicane, t. 2,
pp. 141-144). — Les Etats d'Orléans (1560) se plaignirent, au contraire, qu'en
temps d'hérésie les évêques ne fussent pas dans leurs diocèses; la noblesse,
à l'assemblée de Pontoise, trouvant excessif le nombre de prélats du Conseil, fit de même. A l'enregistrement des Lettres patentes (1er avril 1561),
rappelant l'obligation de résider, le Parlement joignit un article écartant
les prélats du Conseil et autorisant seulement leur venue momentanée sur
appel exprès du roi (Picot, Hist. des Etats généraux, t. 2, p. 73). Il fut
répondu que la Cour n'avait pas à contester à des membres du Conseil un
titre qui ne dépendait que du roi.

(190) Lib. de l'Eglise gallicane, XVI, XXXVIII (éd. Dupin, pp. 22, 39). Durand
de Maillane, t. 1, p. 295.

sans perdre pour cela leur qualité de conseillers, et, de fait, depuis leur séparation de la *Curia*, on avait vu les membres de la Cour rappelés par le roi pour délibérer dans le Conseil; encore en 1561, la reine fit pendant vingt jours siéger tout le Parlement dans le Conseil. Des protestations surgirent contre les menaces d'invasion par les parlementaires et, du jour où les charges judiciaires ne dépendirent plus de la seule nomination royale, la prétention des magistrats allait à l'encontre de la liberté du roi dans le choix de ses conseillers. S'il était logique que le roi appelât des magistrats dans ces Conseils, il était inadmissible qu'ils s'imposassent à lui comme tels [191].

II. *Le roi est censé toujours présent dans son Conseil.* — Le Conseil n'avait aucune délégation souveraine, en quoi il différait du Parlement ou de la Chambre des Comptes. Les conseillers du roi ne donnaient que des avis. Ils ne formaient pas corps; il y avait des conseillers pour servir le roi en ses Conseils, plutôt qu'il n'y avait un Conseil. Il n'y avait de puissance dans le Conseil que par la fiction de la présence continue du roi, symbolisée par la lecture qu'on faisait des rapports, quand il n'y était pas, devant son fauteuil vide. Les décisions ou arrêts du Conseil, émanant immédiatement de la majesté royale, débutaient par ces mots : Le roi, en son Conseil... et étaient signés en commandement par un secrétaire d'Etat [192]. Etant des arrêts du Roi, ils n'étaient susceptibles de recours que par voie de supplication ou de proposition d'erreur [193]. Le roi présent, l'avis des

(191) Charles IX appela au Conseil tous les présidents du Parlement de Paris, Henri III tous ceux des Cours souveraines (*Règl.* 17 sept. 1574 et 11 avril 1578). Mais il fut précisé que ce n'était qu'à titre individuel, pour les présidents actuellement en charge (*Règl.* 5 janv. 1585). Michel de l'Hôpital estimait que « les gens du Parlement estoient conseillers du Roy non seulement pour juger, mais aussi pour les grandes affaires de l'Estat, *quand il plaisait au Roy de les requérir* », — Le même raisonnement, fondé sur l'origine commune, permettait aux conseillers du roi de se croire autorisés à prendre séance au Parlement : un édit du 23 fév. 1557 l'admit pour tous les membres du Conseil et donna une nouvelle force à la doctrine. On finit par transiger : Pasquier, *op. cit.*, II, 6, p. 76. Sous Louis XIV, les deux corps sont complètement séparés.

(192) Bodin, *op. cit.*, p. 366 : « Les arrests du conseil privé ne dépendent aucunement d'iceluy, ains de la puissance Royale et par commission seulement... Aussy voit-on que tous les arrests du Conseil privé portent ces mots : Par le Roy en son Conseil..., lequel ne peut rien faire si le Roy n'est présent ou qu'il ait pour aggréable les actes de son Conseil ». — Ferrière, v° *Conseil du roi*.

(193) Le Parlement, par arrêt du 26 avril 1595, ayant attaqué un acte du Conseil rendu hors de la présence du roi, le chancelier rappela le prin-

conseillers était réclamé en commençant par les derniers reçus, mais on ne passait pas au vote, car lui seul décidait (¹⁹⁴). La décision n'était prise à la majorité qu'en son absence, ou si l'intérêt d'un particulier était en jeu. Dans ce dernier cas, le roi votait souvent contre lui-même (¹⁹⁵).

Cette confusion du Conseil avec la personne du roi faisait apparaître les conseillers comme étant à son service personnel. Le serment du Conseil, d'abord prêté directement à lui, plus tard entre les mains de son chancelier, était un engagement de fidélité et de dévoûment exclusif à son égard et se rattachait par filiation lointaine à celui des fidèles de la *Curia regis*. Modifié parfois dans le détail, les points essentiels n'en varièrent pas : garder le secret, n'accepter charge ni bienfait d'autre que le roi, ne donner d'avis qu'utiles à l'Etat, être fidèle au roi et à la patrie (¹⁹⁶). La réception du conseiller consistait dans l'acte dressé de ce serment. Pour le même motif, le Conseil était ambulatoire et se déplaçait avec le roi; ses membres siégeaient sur des chaises pliantes (¹⁹⁷).

III. *La compétence du Conseil était générale.* — La compétence du Conseil était la même que celle du roi. Ses arrêts pouvaient intervenir en toutes matières sur lesquelles il appartenait au roi de décider. Il était : 1° un conseil de gouvernement où se traitaient toutes les affaires politiques tant extérieures qu'intérieures; on légiférait parfois par arrêts du Conseil; 2° un conseil administratif

cipe, à savoir « que c'estoit un arrest du Roy et ne faisoient de différence de ceulx donnés en sa présence parce que le Conseil avoit la puissance et ne pouvoit la force de l'arrest estre moindre ». Arch. Nat. X¹ᵃ, 1736, f° 58 v°.

(194) Bodin, *op. cit.*, p. 361 : « On a sagement pourveu au Royaume de France qu'il fust permis à tous ceux qui ont entrée au conseil (ores qu'ils n'ayent ny voix délibérative ny séance) de rapporter les requêtes d'un chacun et advertir le conseil de ce qui est utile au public à fin d'y pourvoir. Et le plus souvent on demande leur advis, puis aux conseillers d'Estat qui ont séance et voix délibérative, en sorte que les plus grands seigneurs opinent les derniers à fin que la liberté ne soit retranchée par l'autorité des Princes. » A égalité de dignité, le dernier reçu opinait le premier. Sous Louis XIV, l'ordre d'ancienneté paraît l'avoir toujours emporté.

(195) Bodin, *op. cit.*, p. 366.

(196) Cpr. *Edit*, févr. 1540 (Is., t. 12, p. 726). La formule en était fixée dans des règlements du 11 août 1578, 25 avril 1579, 31 mai 1582. Voy. Girard et Joly, *Les trois livres des offices de France*, t. 1, p. 627.

(197) Pasquier, *op. cit.*, II, 6, p. 73. Au xiv° siècle, en l'absence du roi, une commission du Conseil restait à Paris; les décisions étaient alors rendues : *Par le Conseil estant à Paris...* Un règlement de 1380 décida même que, hormis le cas de force majeure, le Conseil se tiendrait à Paris.

où se réglait tout le détail des provinces; 3° une juridiction administrative, la plus haute, sommet de la hiérarchie de la plupart de celles qu'on rencontrait dans les branches multiples de l'administration du royaume; 4° une cour judiciaire, car toute justice émanait du roi; or, il était censé toujours présent dans son Conseil. Administrative ou judiciaire, cette juridiction était celle du roi, jugeant dans son Conseil, assisté des officiers de sa justice particulière, les *maîtres des Requêtes de l'Hôtel*.

L'origine des maîtres des Requêtes remontait aux clercs qui assistaient le roi rendant familièrement la justice à quiconque s'adressait à lui. Pour recevoir placets ou requêtes, quelques-uns le suivaient partout, d'où leur nom de « poursuivans ». Quand le Parlement fut sédentaire, il n'eut plus qu'eux avec lui dans ses déplacements et, lorsqu'il jugeait, ils furent ses conseillers [198]. Dans la seconde moitié du XIVe siècle, le roi ayant pris l'habitude de juger dans le Conseil, ils y vinrent comme ses assesseurs et rapporteurs. Dès lors, ils en furent un rouage indispensable dans les affaires contentieuses au sens large. D'abord ils rapportaient de toutes les affaires de justice, police et finances et de tous les vœux ou plaintes des provinces et des communautés. Peu à peu ils furent réduits aux requêtes de justice, les intendants des finances les ayant dépouillés à peu près du contentieux des finances; ce qui les confina le plus souvent au Conseil des parties [199]. Leur service au Conseil était celui qu'ils avaient auprès du roi censé présent [200].

[198] Du Tillet, *op. cit.*, p. 299; Loyseau, *op. cit.*, I, 14; Pasquier, *op. cit.*, II, 3, pp. 49 et s.

[199] En 1582, ils demandaient qu'il leur fût maintenu de rapporter toutes requêtes de justice, police et finances. En janvier 1585, contre un règlement du Conseil, ils énumèrent leurs anciennes et importantes fonctions : « car de visitation ils n'en font plus. La connoissance de vostre domaine, la réformation de vos forests, la correction des officiers, la connoissance de la contravention à vos édits, les plaintes de vostre peuple, des villes et des communautés ne viennent plus jusqu'à eux ». En 1594, ils durent se contenter des requêtes de justice. Noël Valois, *op. cit.*, pp. 117-119.

[200] Ils lisaient leurs rapports, tête nue, debout devant le fauteuil du roi, occupé ou vide. Ils n'avaient voix délibérative que dans les affaires sur lesquelles ils avaient fait le rapport. A la fin du XVIe siècle, le service des placets et requêtes fut confié par roulement à un secrétaire d'Etat; néanmoins, jusqu'à la fin de l'ancien régime, deux maîtres des Requêtes suivirent le roi dans ses déplacements pour recevoir ceux qu'on lui remettrait. Duc de Luynes, *Mémoires*, t. 6, p. 435. — Leurs attributions furent réglées par ordonnances d'oct. 1644 et 1674, et sous Louis XIV leur nombre fut fixé à quatre-vingts.

La juridiction administrative du Conseil et une partie de ses attributions judiciaires (cassation, règlements de juges, conflits) trouvaient leur justification dans le fait qu'il n'existait pas de corps qui en fût investi et que cette part de la justice restait entière aux mains du roi. Par contre, quelque théoriquement fondée que parût la pratique des évocations, elle avait les inconvénients d'apporter du trouble dans le fonctionnement des juridictions ordinaires qui pouvaient être ainsi dessaisies en tout état de cause, d'encombrer le Conseil d'affaires qui n'intéressaient point l'Etat, enfin de faire douter de la justice, l'évocation paraissant faite pour soumettre l'affaire à des juges mieux en main. Cette juridiction s'était développée au point qu'il avait fallu y spécialiser une section du Conseil : sous Charles VII, *Conseil de Justice*, commis « à l'audicion et décision des causes menues pendant en icelluy »; sous Louis XI, *Grand Conseil*, avec tous les accessoires d'une cour de justice; sous Charles VIII, il y eut un procureur général, et des procureurs pour y représenter les parties (²⁰¹). Depuis longtemps le Parlement avait protesté contre ce qu'il tenait pour un empiétement; les Etats généraux avaient émis des doléances (²⁰²); les rois eux-mêmes avaient essayé de réagir (²⁰³). Charles VII paraît avoir défendu au Conseil de connaître d'autres litiges que ceux concernant le domaine (²⁰⁴); Louis XI, au contraire, fut favorable à la juridiction du Conseil; d'où les plaintes amères des Etats de Tours en 1484 et les remontrances des Cours (²⁰⁵). Aussi, après l'essai d'une section distincte et spécialisée des affaires judiciaires, des ordonnances de Charles VIII et de Louis XII créèrent sous ce nom de *Grand Conseil* une cour souveraine nouvelle, présidée par le chancelier et dont les charges furent érigées en offices, ayant juridiction sur tout le royaume, pour connaître des causes qui étaient apportées devant le Conseil

---

(201) *Lett. d'évocation*, 4 juillet 1366 (Is., t. 5, p. 253). Pasquier, *op. cit.*, II, 6, p. 74; Noël Valois, *Invent. des arrêts du Conseil d'Etat*, pp. 27-30.

(202) G. Picot, *op. cit.*, t. 2, p. 43; t. 3, p. 215; t. 4, p. 31.

(203) *Ord. cabochienne*, mai 1413, art. 214; avril 1453, art. 66 (Is., t. 7, p. 360; t. 9, p. 227).

(204) *Frag. de Registre du Grand Conseil* (An.-Bull. de la SHFr., 1882, p. 280 ; 1883, p. 220) : « Le Roy a osté et deffendu au Grand Conseil la connoissance de toutes choses ». — Un arrêt du Conseil porte : « Le Conseil n'a pas accoustumé de connoistre de débat de partie à partie, car ce seroit contre l'Ordonnance nouvellement faicte par le Roy et si ainsi esté seroit ordonner juges sur la Cour de Parlement qui est Cour souveraine ».

(205) *Ord.*, 2 août 1497; 13 juillet 1498 (*Ord: des r.*, t. 21, pp. 4, 644; Is, t. 11, pp. 292, 296).

par évocations; plus tard, on y joignit les règlements de juges.
Mais cela ne fit qu'une juridiction de plus. Le Conseil du roi
continua de juger comme auparavant (206).

2° Organisation interne du Conseil du roi.

La variété des affaires auxquelles le Conseil participait poussa
à une division du travail, par un départ en plusieurs chambres ou Conseils spéciaux, sans que l'unité originelle cessât.

I. *Le Conseil du roi de la fin du xiii° à la fin du xvi° siècle.*
— Dès Philippe le Bel, en tout cas sous les premiers Valois (207),
quelques membres du Grand Conseil nous sont montrés, sous le
nom de *Conseil secret*, ou *étroit*, tantôt occupés de finances ou de
l'expédition des affaires courantes, tantôt chargés des questions
secrètes et les plus importantes de l'État (208). Ils sont parfois
qualifiés de *conseillers du Grand et secret Conseil* (209). Il est
difficile de suivre l'action du Conseil pendant la démagogie des
années 1356-1359 et les bouleversements qu'il en subit. Un
moment les États avaient demandé un *Grant et secret Conseil*
composé de quatre prélats, douze chevaliers, douze bourgeois (210).
Les ordonnances du régent laissent voir qu'alors ce Conseil pouvait être réduit à deux ou trois membres, pris dans le Grand
Conseil (211). Après les troubles et sous Charles V, il reparut tel
qu'il était avant, et le *Conseil ordonné* de la minorité de
Charles VI semble bien correspondre au Conseil étroit (212). Si

(206) Voy. ci-après ce qu'il en sera dit pp. 503, 509.

(207) Je laisse à part le *Conseil estroit* de vingt-quatre princes du sang,
grands officiers, barons et prélats, établi en juillet 1316 qui était plutôt un
organe de gouvernement pour assister et contrôler le régent pendant la
grossesse de la reine. Il n'a probablement pas fait disparaître le Conseil
ordinaire.

(208) *Ord.*, 18 juillet 1318, art. 1 : « Nous avons ordonné que chascun mois
il aura de nostre Grand Conseil, avec nous, là où nous serons... »; — 16 nov.
1318, art. 7 : « Nous ordonnons que nostre estroit Conseil tous les mois en
un lieu, où il nous semblera... ». Ce Conseil, parce que les conseillers y servaient un mois par roulement, fut appelé le *Conseil le mois*. *Ord.*, déc.
1320, art. 4 : créant le *Journal du Conseil* (de l'estroit Conseil) (Is., t. 3,
pp. 171, 185, 262).

(209) *Ord.*, 28 mai 1359 (Is., t. 3, p. 56).

(210) Sur le bouleversement du Conseil pendant la captivité du roi Jean :
Delachenal, *Hist. de Charles V*, t. 1, pp. 294-320; P. Viollet, *Les États de
Paris en février 1358*, pp. 16-25.

(211) *Ord.*, 14 mai 1358, art. 14; 27 janv. 1359, art. 26, 27, 29 (Is., t. 5,
pp. 14, 70)

(212) Martène, *Amplissima collectio*, t. 1, p. 1515,

le sectionnement disparut peut-être avec le Conseil restreint des Marmousets, il dut être rétabli avec le gouvernement des princes [213]. Dans les ordonnances des 28 juillet 1406 et 28 avril 1407, qui restreignaient aux princes du sang, aux chefs des grands offices du royaume et à vingt-six conseillers les membres de « nos grands Conseils secrets et privez », ce pluriel semble l'impliquer [214]. La maladie du roi ouvrit aux intrigues des princes le champ du Conseil dont la composition put être modifiée, mais non les modes d'action, ni de travail. Cependant l'ordonnance cabochienne ne parle que du Grand Conseil [215]. Mais le dessein apparaît toujours plus net, au xve siècle, de constituer, avec ses meilleurs éléments, un Conseil étroit où seraient discutés les principaux intérêts du royaume. Au temps de Charles VI, c'est le *principal Conseil, le plus spécial Conseil du roi, Concilium majus, secretum, superius* [216]; sous Charles VII, il est parlé de « conseillers du Grand Conseil appelés aux plus graves conseils et besoignes » et l'on trouve un *Conseil de justice* [217]; sous Louis XI, il y a un *Conseil des affaires communes* et un *Conseil des affaires spéciales*. Ce qui caractérise l'histoire du Conseil à cette époque, c'est la lutte, non pas de l'aristocratie, mais des princes, avec les bourgeois, clercs ou laïques, auxquels ils disputent l'influence : en 1440, Juvénal des Ursins demandait au roi l'exclusion des princes; en 1421, 1425, 1442, les princes rédigeaient des remontrances pour soutenir leurs prérogatives [218]. Mais les bourgeois l'emportaient toujours par le nombre et l'assiduité [219]. L'expérience démontre l'avantage de graduer l'initiation aux grandes affaires, qui exigent une compétence rare et une discrétion qu'on ne peut attendre que d'un petit nombre. Les légistes du xvie siècle abondent sur ces points

(213) On dit *Conseil des fleurs de lys* ou *Conseil des princes des fleurs de lys* pour désigner le gouvernement des princes; mais cela ne correspondait pas à une section du Conseil du roi.

(214) *Ord.*, 28 avril 1407 (Is., t. 7, p. 140). Cpr. *Projet de l'Université*, 25 fév. 1412 (Is., t. 7, p. 279).

(215) *Ord.*, mai 1413, art. 207, 209 (Is., t. 7, pp. 356-358).

(216) *Ord.*, 17 sept. 1398; — 13 déc. 1398 (*Ord. des r. de Fr.*, t. 8, pp. 294, 307); Froissart, *Chroniques* (éd. S. Luce), t. 1, p. 96; t. 6, p. 237.

(217) Ci-dessus, p. 499.

(218) *Doléances des Etats de Nevers*, 1442 (Is., t. 9, p. 108), démandant la retenue des princes du sang au Conseil. Le roi ne répond pas à cet article. Il accorde pour les pairs.

(219) *Fragm. d'un Registre du Gr. Conseil*, loc. cit. : voy. note 204. Présences aux séances pour les mois de mai et juin 1455 : princes, 26 présences; seigneurs, 62; prélats, 66; bourgeois ou simples clercs, 198.

en suggestions. Claude de Seyssel préconisait trois conseils : général, ordinaire, secret. Traditionaliste, il concevait le premier comme la *Curia regis* élargie du xiiie siècle, le second occupé de la masse des affaires; le troisième eût été le centre du gouvernement (220). Bodin, plus proche des faits, en conseillait deux : Conseil privé, Conseil des affaires (221). Le sectionnement alla s'accentuant (222).

Le *Conseil étroit*, sous François Ier *Conseil des Affaires* ou simplement *les Affaires*, sous Charles IX *Conseil des affaires du matin*, est donné par les ambassadeurs vénitiens comme le siège du gouvernement où le roi exerce son pouvoir absolu, où seuls quelques grands personnages, réduits à trois ou quatre sous François II, à six ou sept sous Charles IX, ont entrée, de sorte qu'il était impossible d'en percer les secrets. Elargi pendant la minorité de Charles IX sous l'influence des factions, qu'on crut contre-balancer en y appelant les chefs des grands services, il perdit un moment ce caractère, qu'il recouvra en partie grâce à des règlements du 23 octobre 1563 et de 1569 (223). Mal recruté avec Henri III qui songea à le supprimer, on le retrouve, restreint et sans personnel fixe, sous Henri IV (224). —

Le *Conseil privé*, où le roi exerçait son pouvoir ordinaire et dont la composition subit toutes les fluctuations de la politique (225), était le conseil administratif. Les affaires financières depuis 1523 lui avaient été remises; il les garda jusqu'en 1563. Des règlements montrent qu'à certaines périodes, ses membres se partageaient pour traiter séparément certaines affaires : religion, justice, police, gendarmerie (226). Il avait tout ce qui concernait l'intérieur que le roi n'avait pas réservé au *Conseil*

(220) Cl. de Seyssel, *op. cit.*, f° 22 v°.

(221) Bodin, *op. cit.*, p. 353 et s. : « En la monarchie on prend les avis ou délibérations au Sénat ou Conseil privé et la résolution au Conseil estroit... Là sont signés les rooles des dons, lettres et mandemens, là sont ouverts les pacquets des princes, des ambassadeurs, des gouverneurs et capitaines et les responses commandées aux secrétaires d'Estat ».

(222) Noël Valois, *Invent. des arrêts du Conseil...*, p. 39.

(223) Noël Valois, *op. cit.*, pp. 40-44.

(224) Du Haillan, *De l'Estat et succès des affaires de France*, 1595, pp. 66 et s. ; Fontenay-Mareuil, *Mémoires* (Coll. Petitot, t. 50, p. 45).

(225) Cl. Haton, *Mémoires*, t. 1, p. 405. — *Les procès-verbaux du Conseil privé du greffier Jean Camus* (23 oct. 1563-27 sept. 1567) montrent sur 54 conseillers une douzaine de présents aux séances.

(226) Cpr. *Règl.*, 5 oct. 1578; 10 déc. 1579; 31 mai 1582. Noël Valois, *op. cit.*, pp. 50 et s.

des Affaires. Mais il continuait de diviser son activité et ses séances entre l'administration et la justice, restant, comme *Conseil des parties*, un tribunal surchargé avec des conseillers exclusivement jugeurs, des greffiers, un nombre accru d'avocats [227], malgré les protestations renouvelées des Etats et des Parlements [228]. Bien qu'ordonnances et règlements eussent tâché de limiter sa compétence [229], Henri IV trouva les choses en état [230].

Un *Conseil des finances* fut organisé par règlement du 23 octobre 1563 avec un personnel pris dans le Conseil privé et y eurent entrée les secrétaires d'Etat, le trésorier de l'Epargne, deux intendants des finances. La suppression du surintendant accrut son initiative. Il était en même temps un tribunal ayant la plus grosse part du contentieux financier [231]. Fondu par Henri III dans le Conseil privé (10 sept. 1574), il reparut presque aussitôt sous le nom de *Conseil d'Etat et des finances*, mais sans retrouver toutes ses attributions. De 1578 à 1590, il subit encore deux éclipses (1580-1582, 1590).

Charles IX avait institué un *Conseil de la guerre*, remplacé en 1578 par l'introduction de spécialistes dans le Conseil privé. Henri IV le rétablit par un règlement du 23 mars 1590.

Une commission, chargée de réformer le Conseil et d'en déterminer les modes d'action les plus pratiques, s'était arrêtée en 1585 à la division en trois chambres : *Conseil d'Etat, Conseil des finances, Conseil privé* [232]; mais l'unité n'était pas rompue pour cela. Aux xviie et xviiie siècles, le Conseil privé resta le centre du Conseil, dont les autres paraissaient des commissions déta-

(227) Pasquier, *op. cit.*, II, 6, p. 76. Noël Valois, pp. 51-56; Bos, *H. des avocats au Conseil d'Etat*, p. 19. — Au Conseil, la procédure était écrite et introduite par Lettres du roi ou requête des plaideurs signées d'un avocat au Conseil; après quoi, sur rapport d'un maître des Requêtes, il y avait rejet ou assignations aux avocats des parties. En comparaissant, le demandeur devait réclamer un rapporteur. Après communication des pièces d'avocat à avocat, le Conseil jugeait en fait pendant la première partie du xvie siècle. Sous Henri III, il fit examiner le procès par une commission de maîtres des Requêtes dont il prit l'habitude de ratifier l'avis.

(228) *Cahier général des Etats d'Orléans* (1560), art. 185; *Cahier du clergé aux Etats de Blois* (1579), art. 263, 264, 269, 271, 285; *de la noblesse*, art. 94; *du tiers*, art. 183.

(229) *Ord.*, Orléans, 1560, art. 38; Moulins, 1566, art. 70; 1er août 1575; Blois, 1579, art. 91, 97 (Is., t. 14, pp. 74, 208, 276, 404, 405).

(230) *Régl.*, janv. 1597 (Is., t. 15, p. 123), sans plus de succès.

(231) Voy. ci-dessus pp. 498, 502. — Noël Valois, *op. cit.*, pp 63-65.

(232) Noël Valois, *op. cit.*, p. 61.

chées, bien que leur action fût indépendante, parce qu'il était celui où tous les conseillers avaient entrée et que c'était le rang qu'ils y avaient qu'ils conservaient dans les autres (233).

II. *Le Conseil du roi au* xvii* *et au* xviii* *siècle.* — Imposé par la division du travail, ce sectionnement révèle un esprit nouveau. Le Conseil allait perdre insensiblement son caractère politique et cesser d'être le gouvernement de fait pour devenir simplement administratif. Les idées du temps en matière de gouvernement se satisfaisaient mieux de l'action unique d'un ministre que des discussions d'un Conseil. Le régime inauguré par Sully mettait au second plan le Conseil. Jadis le peuple mécontent criait contre le Conseil; il criera maintenant contre le ministre. Au temps d'Henri IV, les Conseils, encore qu'hétérogènes, apparaissent de laborieuses commissions (234).

Sous Louis XIII, l'évolution est plus nette. Les Etats de 1614, les Notables de 1617, en souhaitant la réduction du Conseil, y voulaient encore les princes, des prélats, des gentilshommes, des officiers du roi. Mais celui-ci scindait le Conseil des finances (*C. d'Etat et des finances, C. établi pour la direction des finances,*

---

(233) Denizart, v° *Conseil du roi.* — *L'Estat de la France en 1698 :* « D'autant que les affaires qui surviennent sont différentes aussi y a-t-il différens Conseils pour en délibérer. Les Conseils que le Roi tient ou qui se tiennent chez Sa Majesté ont tous part au nom de Conseil d'Estat. Le plus ancien Conseil d'Estat et qui depuis plus de temps est en possession de cette qualité est le Conseil des parties, autrement le Conseil d'Estat et privé. A présent, néanmoins, il semble que l'usage est d'appeler tout court Conseil d'Estat celui que le roi tient avec les Ministres... Tous les arrests rendus au Conseil des finances ou au Conseil des dépêches sont aussi intitulés arrêts du Conseil d'Estat ».

(234) Girard et Joly, *Les trois livres des Offices de France,* II, p. 626. — *Mémoires de Sully* (éd. 1738), t. 3, p. 278 : « Il n'y avoit aucun des six jours ouvrables de la semaine où il ne se tînt un Conseil matin et soir. Le premier et plus important de tous estoit celui qu'on appeloit Conseil d'Estat et des finances, qui occupoit lui seul les mardi, jeudi et samedi par les deux séances du matin et de l'après-midi. Le Roy en estoit le chef et y assistoit assez assidûment. Les princes, les ducs et pairs, les officiers de la Couronne, les chevaliers des Ordres du Roy et ceux qui avoient un brevet de S. M. y avoient entrée et voix délibérative; l'on y recevoit et l'on y examinoit toutes sortes de requêtes sur quelques sujets que cela pût être... Les trois autres jours de la semaine estoient remplis de même matin et soir par différens Conseils qu'on appeloit Conseil des parties, composés d'un certain nombre de conseillers particuliers ; s'il y estoit porté quelque contestation, elle estoit renvoyé aux tribunaux auxquels il appartenoit d'en connoître, en veillant à ce qu'ils rendissent bonne et prompte justice. » Sur le Conseil des Affaires, qui pouvait être réuni à toute heure : Du Haillan, *l. c.*

4 mai 1615), projetait l'institution d'un *Conseil de la guerre* (1617), dédoublait un *Conseil des dépêches* en voie de formation (1622). Plus encore, Richelieu songea à remplacer les Conseils par quatre comités techniques [235]. Il créa du moins huit commissions pour préparer les affaires à soumettre au Conseil d'Etat [236]; bientôt apparurent deux *Directions des finances* (grande et petite); et, partout, l'on ne voyait plus guère que des hommes du tiers état [237].

Le règne de Louis XIV fixa définitivement le Conseil à l'état d'organe administratif vers quoi il tendait. Aucun rôle pendant la Fronde, aucun à propos de la minorité, car le gouvernement de fait est aux mains du principal ministre. D'abord, le morcellement s'aggrave : en 1658, il y a six conseils; en 1661, on rétablit un *Conseil des finances* pour remplacer Fouquet. Successivement et systématiquement on écarte les princes, les pairs (1667), les conseillers à brevet (1673). Finalement, on s'arrête en 1662, pour le nombre des Conseils, à quatre : *C. d'en-haut, C. des dépêches, C. royal des finances, C. privé ou des parties.* Une tentative pour y joindre un *Conseil du commerce*, en 1664, ne fut reprise avec succès qu'en 1700. On fixa, en 1673, le nombre des conseillers à trente : trois d'Eglise, trois d'épée, vingt-quatre de robe. Aucun quartier de noblesse n'est exigé pour les conseillers d'épée; ces charges, souvent vacantes, seront données à des officiers militaires ayant rempli des missions diplomatiques. Ce système, qui est le triomphe du tiers état, se maintiendra, sauf

---

(235) Projet écrit en 1620 : 1° Etat et police de l'état ecclésiastique (cardinaux, chancelier, garde des sceaux, prélats choisis par le roi); 2° Affaires de la guerre (chancelier, maréchaux, colonels généraux de l'infanterie et de la cavalerie, secrétaires d'Etat, maîtres de camp); 3° Affaires financières (chancelier, surintendant et intendants des finances); 4° Affaires contentieuses (maîtres des Requêtes, 4 ecclésiastiques, 4 gentilshommes, 4 hommes de robe). Ce projet se trouve reproduit en 1635 (Hanotaux, *Lettres et papiers d'Etat de Richelieu*, t. 2, p. 169). Il fit décider en 1625 que tout « ce qui se pouvoit juger par la loi, c'est-à-dire par le texte des ordonnances, ne devoit point estre jugé par le Conseil. »

(236) *Règl.*, 26 juin 1627 : c'étaient les commissions du clergé, de la R. P. R., de la police, de la justice, des finances et gabelles, des provinces, de la guerre, de la marine.

(237) Du Crot, *Les vrays stiles des Conseils d'Estat et privé*, p. 15. — Lorsque le roi quittait Paris et chargeait le Conseil du gouvernement de fait, il le corsait avec des éléments presque exclusivement empruntés au tiers état : *Mémoires de Richelieu*, t. 2, p. 143. Fontenay-Mareuil, *op. cit.*, p. 35.

l'adjonction temporaire de quelques conseils spéciaux, jusqu'à la fin de la monarchie (238).

Le *Conseil d'Etat*, ou *d'en haut*, plus tard *Conseil des affaires étrangères*, était constitué par les ministres d'Etat, trois à quatre sous Louis XIV, six à sept sous ses successeurs (239). Nul ne l'était de droit, ni le chancelier, ni le Dauphin: des secrétaires d'Etat ne le furent que tardivement ou jamais. Le titre, conféré par ordre oral ou écrit du roi de venir au Conseil, était indélébile (240). D'abord, ni grands seigneurs (241), ni ecclésiastiques; tous de« pleine et parfaite roture » (242); pas de préséance. Pas de procès-verbaux des séances; un secret, au dire des ambassadeurs étrangers, impénétrable. Toutes les grandes affaires, diplomatie, guerres, paix, traités, alliances, sécurité et ordre de l'Etat, tant à l'intérieur qu'à l'extérieur, relevaient de ce Conseil, « âme de l'Etat », dit Morosini (243). Le roi y tenait sa justice particulière. Par arrêt il y

(238) A. de Boislisle, *Les Conseils du roi sous Louis XIV* (App. au t. 4 des *Mémoires du duc de Saint-Simon*, p. 391 et s.).

(239) Au lendemain de la mort de Mazarin, le Conseil d'en haut se composait du roi, de Le Tellier, de de Lionne et de Colbert. En dehors de ce trio primitif, la liste est courte des ministres d'Etat de 1661 à 1715 : Pomponne, Louvois (1672), Croissy (1679), Le Pelletier (1683), Seignelay (1689), Pontchartrain (1690), le duc de Beauvillier (1691), de Torcy (1699), Chamillart (1700), Desmaretz (1708), Voysin (1709), maréchal de Villeroy (1714). Un fut disgracié (1679), puis rappelé (1714) : Pomponne; deux se retirèrent: Le Pelletier (1697), Pontchartrain (1714); trois furent nommés chanceliers : Le Tellier, Pontchartrain, Voysin.

(240) Jusqu'en 1659, par Lettres patentes; après, par ordre oral ou écrit. Ils avaient 20.000 livres de traitement; leurs femmes étaient présentées de droit.

(241) Le duc de Beauvillier, qui fit exception, était gendre de Colbert, beau-frère, par conséquent, de Seignelay, et ne fut mis là que pour aider ce dernier à contre-balancer Louvois.

(242) Saint-Simon, *Parallèle des trois premiers rois Bourbons*, pp. 232 et s.

(243) Le Bret, op. cit., p. 187 et s. Spanheim, *Relation de la cour de France en 1690* (éd. Schefer), p. 159. « C'est dans ce Conseil du Ministère que se traitent toutes les grandes affaires de l'Etat, tant de paix que de guerre, que les ministres qui y entrent y font rapport de celles de leur département particulier suivant qu'il en sera parlé, qu'on lit les dépêches des ministres du Roi dans les cours étrangères, les réponses qu'on y fait et les instructions qu'on leur donne, qu'on y délibère sur les traités, les alliances et les intérêts de la Couronne avec les puissances étrangères, enfin qu'on y propose et qu'on y résout tout ce qui regarde le gouvernement et qui peut être de quelque importance pour le Roi, pour la cour, pour l'Etat, en un mot pour le dedans et pour le dehors du royaume ». Adde, pp. 163 et s.

légiférait et rendait des sentences judiciaires (244). Avec des changements de détail, surtout moins de rigidité touchant l'exclusion de la noblesse et du clergé, ces caractères persistèrent au xviiie siècle (245).

Le *Conseil des dépêches*, composé du chancelier, président en l'absence du roi, des ministres d'Etat, des secrétaires d'Etat qui y rapportaient chacun pour son département et de leurs survanciers, correspondait aux affaires intérieures. Au xviiie siècle y vinrent le contrôleur général et des intendants des finances (1691); en 1757, des conseillers d'Etat y furent appelés (246). On y ouvrait et discutait les lettres, rapports, demandes ou plaintes de tous les agents du roi et des autorités locales des provinces; on décidait les réponses à faire. On y prenait toutes les décisions concernant la police du royaume (247). Comme la plupart de ces décisions avaient forme de dépêches adressées aux fonctionnaires et autorités des provinces, ce Conseil prit le nom de Conseil des dépêches. Mais il connaissait aussi du contentieux des affaires dont il s'occupait. Devant lui s'exerçait le recours

(244) *Arrêt du C. d'en haut faisant injonction aux Cours souveraines de déférer aux arrêts du Conseil*, 8 juillet 1661 (Is., t. 17, p. 403).

(245) De Luçay, *op. cit.*, pp. 267, 284, 419. Il sied de rapprocher deux jugements sur ce Conseil, d'un ambassadeur vénitien : Giustiniani, *Relazioni... Ser. Francia*, année 1668 : « C'est sur ces trois hommes que repose toute la masse du manège et la charge des évolutions non seulement de la France, mais je dirai volontiers de l'Europe entière. Grâce à la bonne intelligence et plus encore à l'affinité des intérêts qu'il y a entre eux, on peut croire qu'ils se perpétueront dans le Ministère. Cette triade parfaite est unie indivisiblement pour le service du Roi : c'est une image sur la terre de la céleste Trinité »; et d'un politique anglais, Fox, en 1787 : « De Pétersbourg à Lisbonne, si l'on en excepte la Cour de Vienne, la Cour de France prédomine dans tous les cabinets de l'Europe. Le cabinet de Versailles présente au monde le paradoxe le plus incompréhensible. C'est le plus stable, le plus constant, le plus inflexible qu'il y ait en Europe. Depuis plusieurs siècles, il poursuit invariablement le même système et cependant la nation française passe pour la plus légère d'Europe ». (Cité par de La Roncière, *H. de la Marine*, t. 1, p. 23).

(246) Spanheim, *op. cit.*, pp. 236 et s. — Guillard, *Histoire du Conseil du Roy*, pp. 89-92. Barbier, *Journal*, t. 4, p. 241; de Luçay, *op. cit.*, pp. 45 et s., 117 et s., 420 et s.

(247) Ses attributions embrassaient les matières suivantes : gestion du temporel ecclésiastique, discipline du clergé et des ordres religieux, établissements de charité, communautés et municipalités, relation avec les Etats provinciaux, affaires agricoles, administration et discipline de l'ordre judiciaire, matières nobiliaires et brevets des officiers royaux, contentieux de toutes ces matières, conflits, etc De Luçay, *op. cit.*, pp. 422-447; de Boislisle, *op. cit.*, t. 5, pp. 464-483.

par voie administrative contre les décisions des agents royaux, notamment des intendants des généralités. Il rendait aussi des arrêts judiciaires sur évocation ou pourvoi en cassation (248).

Le *Conseil des finances*, composé, sous la minorité de Louis XIV, des princes, des hauts officiers des finances devant lesquels rapportaient des maîtres des Requêtes et des intendants des finances, ouvert ensuite à tous les conseillers d'Etat, mais où ne venaient au temps de Fouquet que quatre ou cinq officiers, fut réorganisé par le règlement du 15 septembre 1661 (249). Ce fut le *Conseil royal des finances* où entrèrent le chancelier quand le roi l'y retenait, mais, au xviii° siècle, il y eut pied complètement, le chef de ce Conseil, place vaine, selon Saint-Simon, créée pour servir de paravent à Colbert, trois conseillers d'Etat, choisis par le roi, dont un officier de finances qui fut d'abord Colbert (250). Ces places étaient fort recherchées (251). De 1701 à 1708 s'y joignirent deux directeurs des finances qu'avait fait nommer Chamillart. Les intendants des finances y étaient rapporteurs pour le compte du contrôleur général. Ses attributions comprenaient toute l'administration des finances, que ce fût l'intérêt du roi ou celui des particuliers qui entrât en jeu : recettes générales, fermes, domaines, affaires extraordinaires et recettes de toute nature, changements à y faire, comptes et rôles de l'Epargne, tailles, impositions, etc. (252). Ce Conseil fixait le montant des impositions directes, le répartissait entre les généralités et intervenait dans les contrats entre le roi et les Etats provinciaux; il dressait ou approuvait l'Etat général des recettes et dépenses annuelles; ses arrêts à cet effet étaient les lois de finances. Le

(248) Denizart, *Coll. de déc. nouv.*, 1786, t. 5, p. 234.

(249) Guillard, *op. cit.*, pp. 85 et s.; de Luçay, *op. cit.*, pp. 44 et s.

(250) Is., t. 18, pp. 9 et s.; Spanheim, *op. cit.*, pp. 233-236. Plus de princes : le Dauphin y fut simple auditeur en 1683, avec voix délibérative en 1688, le duc de Bourgogne en 1702, le duc de Berry en 1714. — Après la disparition de la polysynodie, ce Conseil fut rétabli selon le règlement de 1661. De Luçay, *op. cit.*, pp. 45, 436.

(251) L'officier de finances fut toujours le contrôleur général; quant aux deux autres places : « M. de Breteuil... disoit que ceux qui remplissoient ces deux places estoient comme de petits dieux placés entre le Conseil ordinaire, qu'il comparoit à la nature humaine, et les Ministres, qu'il regardoit comme les dieux de la terre » (Daguesseau, *Vie de son père, Œuvres*, t. 13, p. 71). Bien que conseillers d'Etat, il leur fallait une commission spéciale : sous Louis XIV, il n'y eut que neuf titulaires.

(252) *Règl.*, 15 sept. 1661 (Is., t. 18, p. 10) : Guillard, *Hist. du Conseil du Roy*, 1718, pp. 87 et s., donne les attributions du Conseil des Finances. De Lucay, *op. cit.*, pp. 115, 436-442.

contentieux de ces matières lui appartenait; il était tribunal de cassation pour les Cours des aides. Mais une grande partie du travail se faisait à la *Grande* et à la *Petite direction* des finances, chez le chancelier et le contrôleur général, où, aux membres du Conseil, étaient joints les chefs des services financiers et des maîtres des Requêtes. Une partie du contentieux y était aussi retenue [253]. Les arrêts du Conseil des finances n'ayant pas un caractère contentieux étaient rédigés et publiés en forme d'ordonnances [254].

Le *Conseil privé* ou *des parties* était le Conseil tout court. Sous la présidence du roi ou du chancelier, tous les conseillers d'Etat prenaient séance par ordre d'ancienneté [255]. Y avaient entrée avec rang à part les secrétaires d'Etat, qui n'y venaient guère, le contrôleur général et, depuis 1657, les intendants des finances. Les conseillers de robe étaient douze ordinaires, douze semestres; en fait, tous servaient toute l'année [256]. Les maîtres des requêtes au nombre de quatre-vingts y étaient répartis par quartier, bien que tous y fissent leur service de rapporteurs de façon continue. Les attributions de ce Conseil étaient administratives et judiciaires; mais les autres Conseils avaient réduit les premières à une partie seulement du contentieux [257]. Il en résultait qu'il était surtout une juridiction, avec tous ses accessoires : secrétaires, greffiers et gardes-sacs, huissiers pour signifier ses arrêts et les faire exécuter, avocats-procureurs qui avaient leurs charges en offices; mais pas de parquet, car, dit Fleury, « tous ceux qui le composent sont domestiques du Roy ». Sa compétence judiciaire

(253) *Règl.*, 14 sept. 1661, *loc. cit.*, pp. 11-12 : De Luçay, *op. cit.*, p. 115; de Boislisle, *op. cit.*, t. 4, pp. 422 et s.

(254) *Règl.*, 14 sept. 1661, pp. 10-11.

(255) Duc de Luynes, *Mémoires*, t. 15, p. 208; de Luçay, *op. cit,*, p. 119, de Boislisle, *op. cit.*, pp. 379-422. Les ministres d'Etat n'y venaient pas, selon Saint-Simon, parce que les conseillers plus anciens, non ministres, les y précédaient.

(256) *Règl.*, 3 janv. 1678, art. 161. La différence était dans les appointements : 5.100 et 3.300 livres.

(257) Le Bret, *op. cit.*, p. 157 : « Le Conseil privé est establi pour recevoir les plaintes des oppressions et des tyrannies que l'on exerce sur le peuple dans les Provinces : à quoy ny les juges ordinaires, ny les Parlemens ne peuvent ou négligent de donner ordre; pour juger des différends qui arrivent entre les Cours souveraines; pour conserver les droits et l'authorité de la Couronne; pour connoistre des évoquations en d'autres Parlemens; pour ordonner sur les règlemens de juges, pour avoir l'œil sur les baux à ferme des revenus du Royaume. » Guillard, *op. cit.*, p. 88; Fleury, *Dr. public de France*, I, V, xiii, 1781, p. 87.

était illimitée; étant celle du roi, mais s'exerçait surtout en matière d'offices, d'exécution des ordonnances non vérifiées, de conflits de juridiction, d'évocations d'une Cour à une autre, et de règlements de juges, d'évocations de grâce à raison de la nature du litige ou de la qualité des plaideurs, certains ayant reçu le privilège de ne plaider que là (²⁵⁸). Les protestations contre l'activité judiciaire du Conseil, énergiques encore en 1644 et 1648, se-turent sous Louis XIV, mais reprirent après lui (²⁵⁹).

Le travail préparatoire pour les Conseils se faisait dans des *Bureaux* ou des *Commissions* entre lesquels étaient répartis tous les conseillers d'Etat, sauf ceux d'épée, les maîtres des Requêtes et les intendants des finances par les soins du chancelier pour les bureaux de communication des instances et par ceux du contrôleur général pour les bureaux des finances. Chacun pouvait faire partie de plusieurs. La nomination était confirmée par le roi et signée du chancelier sous forme d'arrêt. On jugeait aussi dans ces Bureaux (²⁶⁰).

Ces Conseils furent suspendus pendant que dura le système de la polysynodie.

3° Conseils spéciaux ou temporaires.

Il y eut d'autres conseils, mais qui n'étaient pas des sections ou des émanations du Conseil du roi et dont la plupart n'eurent qu'une existence intermittente ou momentanée.

Un *Conseil du commerce*, institué par édit de septembre 1664 et rattaché plus ou moins au vrai Conseil (²⁶¹), disparut vite, remplacé par un Comité consultatif de fermiers généraux et de négociants, qui mourut avec Colbert. En 1700, un *Conseil* ou *Bureau du commerce*, organisé par Daguesseau, le père, chargé de la direction des affaires commerciales, fut institué par arrêt du Conseil des finances (20 juin 1700). On l'assimila à un Bureau des finances. Y siégeaient le contrôleur général, le secrétaire d'Etat à la marine, deux maîtres des Requêtes, douze députés élus

---

(258) Guyot, *Traité des Offices de France*, t. 2, p. 196; Guillard, *op. cit.*, p. 88; de Luçay, *o. c.*, p. 449.

(259) *Mémoires de Louis XIV*, t. 2, p. 438 et s.; Fleury, *l. c.*, p. 88 : « Le Conseil Privé est odieux aux Parlemens, aux Cours des Aides et, surtout, au Grand Conseil. Cette Juridiction est devenue ordinaire et nécessaire depuis la multiplication des Parlemens pour leur distribuer la juridiction et leur faire observer les Ordonnances, mais ne doit connoître de rien au fond ».

(260) Guillard, *op. cit.*, pp. 97 et s.

(261) Il y avait déjà eu un projet sous Henri IV : *Edit*, avril 1597.

par les corps des villes et leurs marchands, et deux pour Paris. Plus tard, il y eut au-dessus un *Conseil royal du commerce* (23 mai 1730). En 1787, un *Règlement* du 30 juin réunit en un seul les Conseils royaux des finances et du commerce.

Sous Louis XIII et peut-être sous la minorité de Louis XIV, il exista quelque commission sous le nom de *Conseil de la guerre* et il en est question à plusieurs reprises sous Louis XIV dans l'*Estat de la France*, mais c'étaient des comités militaires créés en temps de guerre et qui cessaient de fonctionner à la paix (²⁶²).

Issu peut-être d'un projet de Richelieu « pour donner advis tant de tout ce que le Roy pourra craindre que sa conscience fût intéressée que du mérite de ceux qui prétendent estre nommés aux prélatures et bénéfices », un *Conseil de conscience* semble avoir nommé aux bénéfices pendant la minorité de Louis XIV et assisté le roi à cet effet pendant les premières années de son gouvernement personnel; puis il se réduisit à un seul membre, qui tint la liste des bénéfices (²⁶³). Parfois, pour des affaires graves, on le corsait.

Le *Conseil des affaires de la religion prétendue réformée*, signalé en 1684 (chancelier, secrétaires et quelques conseillers d'Etat), garni de tous les gens du Conseil des dépêches en 1700, cessa d'être vers 1704 (²⁶⁴).

II. — Les Etats généraux

1° Origine des États généraux. Caractères complexes des assemblées du XIVᵉ siècle.

Par une suite de modifications insensibles, on passa des *Curiae solemnes* anciennes à ce qu'on appela depuis les Etats généraux. A la fin du xiiiᵉ et au xivᵉ siècle, le roi, dans les circonstances graves, continuait d'adjoindre à la *Curia* ordinaire des prélats, barons et bourgeois des bonnes villes pour former un *Magnum consilium* ou *Parlamentum* (²⁶⁵). Ces convocations avaient pour

(262) *Journal de Dangeau*, déc. 1692, t. 4, p. 210; mai 1709, t. 12, p. 413.

(263) Mme de Motteville, *Mémoires*, t. 1, p. 167; Choisy, *Mémoires*, p. 381; Saint-Simon, *Mémoires* (éd. Chéruel), t. 5, p. 458; t. 6, pp. 236; t. 7, p. 123; t. 12, pp. 138-40.

(264) *La Gazette d'Amsterdam*, 1669, n° LVIII; Spanheim, *op. cit.*, p. 243.

(265) *Les Gr. Chroniques* (éd. Paulin Paris), t. 6, pp. 19, 52, 274; Froissart, *Chroniques* (éd. S. Luce, t. 4, p. 415). — Boutaric, *Saint-Louis et Alphonse de Poitiers*, pp. 538 et s.; *La France sous Philippe le Bel*, pp. 21 et s.; Langlois, *Le règne de Philippe le Hardi*, pp. 146, 150, 289 et s.

fondement le devoir d'aide et de conseil. Les vassaux du roi, qui comprenaient désormais tous les seigneurs individuels et les villes libres relevant directement du roi, le lui devaient à raison du lien féodal; tous les sujets y étaient astreints par la loi naturelle ([266]). De sorte qu'il pouvait convoquer qui lui plaisait sans avoir besoin de préciser à quel titre. Il les mandait *ut dominus et amicus, ex debito fidelitatis, pro adesse consiliis et auxiliis* ([267]). Clercs, nobles, bourgeois, en grand ou en petit nombre, ensemble ou séparément, en réunions plénières ou régionales ([268]), où et quand il voulait, y venaient non exercer un droit, mais accomplir une obligation, aux manquements de laquelle étaient attachées des sanctions allant jusqu'à la saisie et à la confiscation des biens ([269]). Depuis qu'avaient été constitués, avec le personnel permanent de la *Curia*, des organes administratifs et judiciaires, à fonctionnement séparé et continu, ces assemblées étaient devenues plus rares; mais les rois pensaient qu'il était politique de les utiliser soit pour provoquer des manifestations de loyalisme destinées à renforcer leur autorité, soit pour faire partager ou endosser par l'opinion tel dessein du gouvernement royal.

On représente celui-ci comme préoccupé surtout d'en tirer des subsides; et comme, dit-on, il ne pouvait, en dehors du domaine de la Couronne, ni faire d'établissement général, ni de prisées de sergents, ni lever de contributions dépassant les aides féodales, sans le consentement des seigneurs ecclésiastiques et laïques et des villes libres, ces assemblées ont apparu à la façon de congrès seigneuriaux, réunis par le roi pour obtenir ce consentement. Les documents, pour les premiers temps du xiv⁰ siècle, ne correspondent pas à ces données. Certes, depuis longtemps les ressources du domaine étaient insuffisantes et il était juste que le roi conviât les habitants des autres parties du royaume à contribuer aux char-

(266) Ci-dessus, p. 202 et s.

(267) *Lettre des évêques de France à Boniface VIII* (Is., t. 2, pp. 754 et s.), G. Picot, *Documents relatifs aux Etats généraux et assemblées réunis sous Philippe le Bel*, nᵒˢ I (a. 1302), DCLVIII (a. 1308), pp. 1, 480.

(268) *Ord.*, mars 1263 (Is., t. 1, p. 295); *Ord.*, août 1362; janv. 1312; nov. 1314 (*Ord. des r. de Fr.*, t. 1, pp. 347, 512, 548); G. Picot, *op. cit.*, t. 1, pp. 94 et s.; Hervieu, *Recherches sur les premiers Etats généraux*, pp. 76 et s., 91 et s.

(269) Philippe le Bel fit confisquer les biens des communautés du comté de Foix qui ne s'étaient pas fait représenter sur sa convocation. Les évêques de Limoges, de Lodève et de Cahors furent menacés de la même peine en 1318.

ges et à la défense communes. Mais les légistes de la Couronne avaient déjà établi qu'il était « souverain par-dessus tous » et expliqué, en utilisant les lois romaines, son droit de faire appel à tous pour la défense du royaume, c'est-à-dire d'exiger le service militaire des hommes des seigneurs comme des siens et les aides générales qui en étaient le complément ou le rachat. Sous des noms différents, celles-ci avaient été levées souvent au xiiie siècle, et sous Philippe le Bel, presque tous les ans, par décision du roi en son Conseil, sans qu'il ait mandé personne pour cela. S'il y avait eu des résistances de la part des seigneurs opposant leurs droits souverains ou des populations invoquant la coutume, elles s'étaient produites au moment de l'exécution de la levée par les agents royaux, et c'était par des tractations individuelles avec chaque seigneur ou dans des assemblées locales de représentants des populations qu'elles avaient été résolues d'une manière ou d'une autre, car, devant des résistances trop grandes, les agents du roi avaient ordre de ne pas insister et d'accepter ce qu'on leur donnerait. Le plus souvent, après avoir subi les ordres royaux, on envoyait à la Cour des députés pour présenter des doléances sur les charges nouvelles. C'était plutôt comme vassaux ou sujets devant l'aide et le conseil que comme seigneurs sollicités de consentir la levée de subsides que prélats et barons ou bourgeois des villes libres étaient appelés par le roi à son Parlement où il les amalgamait aux gens de son Hôtel, à ses officiers de justice et de finance, à ses propres bourgeois [270]. Si, en quelques circonstances, ils étaient censés représenter la population de leurs seigneuries [271], ils n'avaient d'ordinaire d'autre rôle que les bourgeois

---

(270) *Contin. de la chron. de Nangis* (HF., t. 20, p. 588) : « In publico parlamento Parisius praelatis, baronibus, capitulis, conventibus, collegiis, communitatibus et universitatibus villarum regni sui necnon magistris in theologia et professoribus juris utriusque aliisque sapientibus et gravibus personis diversarum partium ac regnorum praesentibus » : c'est le personnel des Etats de 1302. Pour 1308 (*Ibid.* p. 597). « Apud urbem Turonis... convocatis, copiosam tam nobilium quam ignobilium secum duxit illuc turnam »; — Jean de Saint-Victor (HF., t. 21, p. 650) : « Rex volebat hominum cujuslibet conditionis regni sui habere judicium et assensum, ne posset in aliquo reprehendi ». Aucun texte énumérant les personnes convoquées ne les considère sous leur qualité, ou non, de seigneurs. En 1356, énumération analogue : Delachenal, *Journ. des Etats gén. réunis à Paris au mois d'octobre 1356* (NRH., 1909, p. 430, *in fine*).

(271) Johan. Faber, *In institutiones*, IV, xvi, p. 621 : « Potest dici quod si habent corpus vel universitatem sufficiat consules seu administrationes universitatis. Si non habeant, sufficiat vocari praelatos in personis ecclesiasticis, vel barones sive habentes jurisdictionem terrarum et villarum : quia illi habent administrationem reipublicae. »

des villes privilégiées ou prévôtales, les délégués des agglomérations rurales ou des corps ecclésiastiques pareillement mandés (²⁷²). Aux prélats consultés sur les affaires religieuses, des théologiens, des universitaires étaient adjoints; les officiers royaux délibéraient avec les chefs des seigneuries sur les questions militaires ou administratives et avec les bourgeois de toutes conditions sur leurs intérêts professionnels ou locaux. Selon la nature des délibérations, il s'opérait des regroupements sur des plans différents et le *Parlamentum* changeait de physionomie et de but. De composition hétérogène, d'attributions imprécises et laissées au bon vouloir du roi, ces assemblées conservaient le caractère que, malgré leurs transformations postérieures, elles ne perdirent jamais, de grand conseil royal.

Leur complexité se manifestait dans leurs modes de recrutement (²⁷³). Le premier noyau en était le personnel de la *Curia* et des corps en voie de s'en détacher ou qui en étaient déjà détachés, mais qu'on y rappelait à cette occasion (²⁷⁴). Les archevêques, évêques, abbés, ducs, comtes, vicomtes, châtelains étaient semoncés directement par le roi ou ses baillis (²⁷⁵). Obligés à l'origine de venir en personne à moins d'excuse agréée, ils étaient autorisés, au xiv° siècle, à se faire représenter par un procureur, ce qui était même la règle quand le vassal était une femme ou un enfant (²⁷⁶). Ce procureur, dont le mandat était soumis aux règles du droit civil, pouvait être d'une condition autre que son mandant et commun à plusieurs : en 1308, Guillaume de Nogaret était muni des procurations de l'évêque de Viviers et de sept barons du

<hr>

(272) Cependant (eod. loc.) : « Scio quod Curia Franciae servat contrarium : vocat enim habitantes et dat eis licentiam faciendi procuratorem in causa illa. Sed quando vult facere collectas, servat bene quae dixi. Nam non vocat nisi praeletos, barones et villas notabiles. » Ce texte est du milieu du xiv° siècle.

(273) G. Picot, *op. cit.*, n° 1, p. 1 : « Super pluribus arduis negotiis nos, statum, libertatem nostros ac regni nostri, necnon ecclesiarum, ecclesiasticorum, nobilium, secularium personarum ac universorum et singulorum incolarum regni ejusdem non mediocriter tangentibus cum praelatis, baronibus et aliis nostris ejusdem regni fidelibus et subjectis tractare et deliberare volentes. » Cpr. *Ord.*, 1367, rendue sur la « délibération des gens des trois estats, ensemble les gens de nostre Grant Conseil » (*Rev. des Soc. sav.*, Sér. V°, t. 1, p. 174). Hervieu, *op. cit.*, pp. 59 et s.

(274) Aubert, *Le Parlement de Paris de Philippe le Bel à Charles VII*, pp. 194 et s. — *Ord.*, 1367 : note préc.

(275) Semonces, a. 1319 (*HF.*, t. 23, pp. 817-823); Picot, *op. cit.*, p. 205; Hervieu, *op. cit.*, pp. 82, 243.

(276) Picot, *op. cit.*, p. LI : Preuves n°⁵ XI, XXVI, DCCLIV, pp. 27, 86, 531.

Languedoc ([277]). Les corps ecclésiastiques, chapitres, communautés monastiques déléguaient des procureurs élus par leurs membres ou choisis par leurs chefs ([278]). Les villes étaient représentées par leurs magistrats, *majores et scabini, consules,* ou des députés institués par ceux-ci et le corps de bourgeoisie ([279]). Il n'est pas toujours facile de dire si le plat pays de l'obédience directe du roi était représenté, et, si oui, comment il l'était. Ni sur le fait même, ni sur ses modalités, il n'y avait, ce semble, de règles fixes. Cela dépendait du roi, inspiré par les circonstances. Il y eut des députations de ce genre en 1308, au moins pour les agglomérations importantes, celles où se tenaient foires et marchés ([280]). Il n'est pas sûr qu'il en fut toujours ainsi ([281]). Un mandat suppose des instructions données au mandataire, dès lors des limitations possibles dans les pouvoirs de celui-ci. Comme il n'y avait, au début, rien de précis dans les motifs de la convocation, ni sur ce que les procureurs auraient à faire à l'assemblée, nombre de procurations, par déférence et prudence, les chargeaient seulement d'y écouter les ordres et les avis du roi ([282]). Mais, afin d'obtenir, à l'occasion, une opinion ferme ou une aide, le roi demandait d'investir les députés de pleins pouvoirs ([283]). A partir du milieu du xive siècle, quand des demandes

<hr>

(277) Picot, *op. cit.*, p. xxiv, *Preuves*, n° DCLVIII (a. 1308), pp. 489. 655; Hervieu, *op. cit.*, pp. 26 et s.

(278) Picot, *op. cit.*, p. li, *Preuves*, nos XI, XXVI, pp. 26, 66; Hervieu, *op. cit.*, pp. 30 et s.

(279) Joh. Faber, *loc. cit.* : « Quod si habent corpus... sufficiat vocari *consules...* Quod si sint plures consules, sufficiat vocari unum vel duos. » Guill. de Nangis (éd. Géraud, t. 1, p. 314) : *Majores et scabini communiarum;* Picot, *op. cit.*, nos I, II (a. 1302), pp. 1-3; Delachenal, *Hist. de Charles V,* t. 2, *P. just.*, XV, p. 395 (convocation de la ville de Poitiers, 1357).

(280) Picot, *op. cit.*, pp. liv et s.

(281) P. Viollet (*Hist. des inst. pol. et adm. de la Fr.*, t. 3, p. 189) : « Les campagnes sont, je crois, plus représentées au commencement du xive siècle qu'au xve, notamment en 1468 et en 1484 ». Cette dernière date exceptée, il semble qu'il ait raison.

(282) Picot, *op. cit.*, *Preuves*, n° CLXVIII, p. 242 — *Musée des Archives nationales*, nos 314-315, p. 173.

(283) Procuration des députés de la Cité de Limoges (1308) : « Et audituros voluntatem regiam et mandatum et facturos universa et singula que nos faceremus et facere possemus et deberemus si presentes essemus : promictentes nos ratum et firmum habere et perpetuo habituros quidquid per dictos procuratores nostros vel eorum alterum et cum ipsis vel eorum altero actum fuerit sive gestum, seu eciam procuratum. » (*Arch. hist. du Limousin*, 1re Sér., t. 7, p. 60). — Giry, *Doc. sur les relations de la royauté avec les villes*, pp. 173 et s. — *Mém. de la S. d'Hist. de Paris*, t. 24, pp. 54 et s.

de subsides accompagnèrent à peu près régulièrement les sessions, la pratique fut toujours plus dans le sens de pouvoirs limités ou d'une simple mission d' « oïr et rapporter » (284). Ce qui conduisit au mandat impératif.

La notoriété de la réunion de 1302, qui ne différa pas au fond de celles qui l'avaient précédée ou qui la suivirent, tint à la nature du débat, à l'émotion qu'il avait soulevée, au soin que l'on prit d'en faire une grande manifestation de loyalisme. Prélats, barons, bourgeois de toutes villes et députés de tous ordres y parurent non en rivaux ou en contrôleurs du gouvernement, mais en sujets groupés autour de la Couronne qu'ils croyaient menacée. De même en 1308, quand on voulut étayer d'un fort courant d'opinion l'action du roi contre les Templiers (285). A ces moments-là où les besoins du Trésor étaient grands, où l'on recourait à l'impôt chaque année et quelquefois plus, il ne fut nullement question de subsides au cours des assemblées. Mais le succès qu'elles avaient eu sur d'autres questions induisit les conseillers du roi à en user, vers 1314, pour créer un courant favorable à l'acceptation des aides que les provinces trouvaient excessives et qui allaient déclancher le mouvement de résistances et de ligues dans cette année et les suivantes: et, d'abord, ils parurent avoir réussi. Sous les règnes suivants, on eut soin d'ordinaire de morceler les consultations. L'usage était déjà ancien d'appeler à Paris ou dans une autre ville du domaine les prélats, nobles et villes du Nord, à Toulouse ceux et celles du Midi. En 1317, on sépara les premiers, qui pour tout le royaume furent mandés à Paris, des secondes qui avaient été auparavant conviées à Paris pour le Nord, à Bourges pour le Centre et le Midi (286). En 1318, 1320, 1321, des procédures analogues eurent des succès très variables. Après, le système de la division fut encore accentué (287). Mais, ni dans les Ligues, ni dans les résistances postérieures sur les aides, on ne vit personne se prévaloir d'une quasi-indépendance seigneuriale. Tous, prélats, nobles, commun, se présentèrent et agirent comme contribuables;

(284) *Hist. du Languedoc*, t. 4, *Preuves*, n° CXV (a. 1356), p. 233; Picot, *Hist. des Etats généraux*, t. 1, pp. 246 et s.; Bardon, *Hist. de la Ville d'Alais, 1341-1461*, p. xv, n° VIII.

(285) *Excerpta e memoriali historiarum Johannis a Sancto Victore*, loc. cit.

(286) Lehugeur, *Hist. de Philippe le Long*, t. 1, pp. 368 et s.

(287) Dognon, *Les inst. pol. et admin. du pays de Languedoc*, pp. 207 et s. En février 1346, Etats de Languedoïl à Paris et de Languedoc à Toulouse : Picot, *Hist. des Etats gén.*, t. 1², pp. 30-47.

s'ils se séparaient parfois, c'était pour invoquer des droits ou
des privilèges locaux ou de classe. D'Etats seigneuriaux se heurtant à l'Etat royal, il n'y a plus de trace. En fait, c'est le pouvoir
royal qui le premier posa devant eux la question des subsides
et les poussa ainsi sur la voie qui du simple conseil les mena à la
représentation nationale : car qui est sollicité de payer en vient
vite à discuter le pourquoi et le montant de ce qui lui est
demandé; et, comme la discussion s'établit alors entre les représentants des contribuables et les conseillers ordinaires de la
Couronne, un départ se dessina plus net entre les deux groupes.
Cela allait se préciser encore en 1355 et 1357, quand les malheurs
du roi Jean remirent aux mains des Etats le sort de la France.
Les Etats de 1355 accordèrent les subsides, mais voulurent procéder à la levée, en contrôler l'emploi et faire reconnaître par
le roi que l'impôt ne serait plus exigé qu'en cas « de pure et évidente nécessité » et après délibération préalable de leur part [288].
En 1356, l'opposition entre les députés et les gens du Conseil
éclata, et ceux-là prétendirent, le roi captif, prendre la direction
des affaires, tant ceux de la Languedoc que ceux de la Languedoïl, plus redoutables étant au centre du gouvernement [289].
Mais, si l'on ne payait pas mieux les subsides votés par eux que
ceux levés sur l'ordre du roi, beaucoup de leurs commettants les blâmèrent de leurs réticences à aider le roi pour la
défense du pays. Les Etats de 1358, où la noblesse ne parut pas,
suivirent ces errements [290]. Ils prirent une allure trop révolutionnaire et semblèrent inspirés, à certaines heures, par des
influences trop peu nationales pour aboutir à rien de stable [291].
Il en resta cependant une doctrine imprécise sur la nécessité de
réunir les Etats généraux dans les cas où la fonction royale, du
fait d'un obstacle physique ou moral, n'était pas normalement
remplie.

(288) *Ord.*, 28 déc. 1355 (*Ord. des r. de Fr.*, t. 3, pp. 19 et s.; Is., t. 4,
pp. 746 et s.).

(289) *Ord.* 3 mars 1357 (*Ord. des r. de Fr.*, t. 3, pp. 124-146; Is., t. 4, pp. 817
et s.). — Noël Valois, *Le gouvernement représentatif en France*, p. 1, note 1;
Picot, *op. cit.* t. 1, pp. 69 et s.

(290) P. Viollet, *Les Etats de Paris en février* 1358. — Sur les Etats de
Compiègne de la même année, Picot, *op. cit.*, t. 1, p. 77.

(291) Dans ces événements, l'opposition violente vint non des seigneurs
ou des villes libres, mais d'un parti dont les attaches étaient assez obscures et qui trouva dans quelques membres du clergé et de la bourgeoisie
parisienne ses agents les plus actifs. Voy. Delachenal, *Hist. de Charles V*,
t. 1, pp. 123-460.

2° **Les États généraux, assemblée représentative des trois ordres.**

Il fallait, pour que ces assemblées joignissent au devoir de conseil que leurs membres s'engageaient à remplir par serment (292), un pouvoir régulier de contrôle, c'est-à-dire devinssent une représentation organisée des trois ordres, que la distinction des ordres se précisât, que chacun d'eux n'agît plus que par une députation réduite et que la nature du mandat fût définie.

Dès la première partie du XIV° siècle, on distinguait au moins par l'extérieur. Prélats, nobles, bourgeois, — clergé, noblesse et commun état, — bientôt, les *trois états* du royaume, cette façon de parler l'emportant à la fin, — étaient les termes pour désigner les éléments divers réunis par le roi (293). Il les convoquait tantôt séparément, tantôt à la fois, mais, alors, ils délibéraient d'habitude séparément, chaque groupe ayant ses orateurs et donnant des avis distincts, à moins de tractations préalables entre eux. Le pouvoir royal ne voyait en eux tous que des sujets voués à des activités sociales différentes; de tous également il requérait les mêmes aides. Or, ce fut précisément à propos du devoir d'aide que la différenciation entre les ordres apparut le plus nette. Tandis que restait disputé si le roi pouvait ou non lever des subsides sans leur assentiment, leurs situations respectives se trouvèrent modifiées en ce qui concernait l'obligation de les payer. Jusque-là, chacun avait délibéré à part sur la forme et le montant de sa contribution sans que cela pût influer sur la décision des autres. Désormais les contributions du clergé allaient de plus en plus dépendre d'arrangements entre la royauté et le Saint-Siège; et les États eux-mêmes, en s'efforçant de lier le consentement de l'impôt à l'état de guerre et de l'incorporer à l'aide d'ost, c'est-à-dire aux taxes de remplacement du service militaire, poussaient inconsciemment à une solution qui en dispenserait la noblesse. De sorte qu'à ce débat le tiers état resta seul intéressé, les autres ordres paraissant par rapport à lui privilé-

(292) *Journ. des Et. gén. réunis à Paris au mois d'oct. 1356* (NRH., 1900, pp. 431, 452).

(293) *Journal des Et. gén. réunis à Paris au mois d'octobre 1356* (l. c., pp. 429 et s., et à la suite : *Extraits des Gr. Chroniques*, pp. 459 et s.). En 1368 : (Rex) tenuit parlamentum suam, existentibus tribus statibus Linguae d'Oy ad habendum consilium super guerra et defensione regni. — Aubert, op. cit., p. 195.

giés. Les rivalités et jalousies de classes, déjà anciennes, s'accentuèrent et l'opposition entre les ordres se précisa.

Bien que les assemblées fussent relativement nombreuses, au xvᵉ siècle les députations tendaient à se réduire : nobles et clercs reculant devant la dépense usaient de plus en plus de procureurs communs ou même de procurations collectives. Le pouvoir central renonçait peu à peu aux semonces individuelles. Mais il n'y eut jamais de système électoral arrêté. Tantôt, à côté de convocations personnelles toujours plus rares, tous les habitants d'une ville et de son territoire étaient réunis en un seul collège pour nommer des députés des trois ordres [294]; tantôt ce collège ne comprenait que le clergé et le tiers état [295]. A chaque réunion des Etats les procédés changeaient; il n'est pas sûr que pour la même ils fussent partout semblables. Les ordres tenaient peu de compte des Lettres royaux organisant le vote et en faisaient à leur guise. En 1483, le roi ordonna qu'un seul collège par circonscription électorale nommât des députés communs aux trois ordres. Presque partout le clergé protesta et nomma ses députés séparément. La lutte fut vive surtout à Paris, où noblesse et tiers état tentèrent de nommer seuls les députés du clergé [296]. Il se forma une sorte de coutume en faveur du vote par ordre [297]. Il est impossible de suivre dans le détail les variations de la procédure suggérée par le gouvernement royal, encore moins les fantaisies des électeurs. De quelque façon qu'on votât, on savait bien que les ordres se reformeraient au sein de l'assemblée. Cependant, au xviᵉ siècle, quelques règles issues mi des convocations royales, mi de l'usage, furent généralement observées [298]. La circonscription électorale fut le bailliage ou la sénéchaussée, au moins dans le domaine de la Couronne. Le collège électoral était

(294) P. Viollet, *Rech. sur l'élection des députés aux Etats généraux en 1468 et 1484*, pp. 14 et s. : sic en 1483.

(295) P. Viollet, *loc. cit.*, p. 7 : à Tours, à Orléans, à Lyon, en 1468, 1506.

(296) *Journ. de Masselin* (éd. Bernier), pp. 392-406. Viollet, *loc. cit.*, p. 10, et *Quelques textes pour servir à l'hist. pol. des Parisiens au xvᵉ s.* (*Mém. de la S. de l'Hist. de Paris*, t. 4, pp. 157 et s.). Au contraire, en 1506, 1560, 1576, on voit fréquemment le clergé et les roturiers voter ensemble. En Languedoc, la tradition était le collège commun pour les trois ordres.

(297) Masselin, *op. cit.*, 406 : « Ecclesiastici, nobiles, tertius status suis in balliviis et senescaliis vocantur et veniunt omnes qui adesse volunt ».

(298) Toutefois, les lettres de convocation restèrent longtemps vagues. *Rec. de doc. inéd. du règne de François II*, t. 2, p. 669 : Sont convoqués les « pers de France, prélats, abbés, prieurs, chapitres et autres gens d'Eglise constituez en dignité ».

composé pour le clergé des clercs ayant bénéfice dans le bailliage
et des corps ecclésiastiques représentés au bailliage par des délégués; pour la noblesse, des tenants fiefs dans la circonscription.
Les uns et les autres pouvaient comparaître par procureurs [299].
Le tiers état, qui, en 1484, avait été appelé en masse à prendre
part à l'élection [300], y procéda plus tard par le vote à deux ou
même trois degrés. Villes et communautés d'habitants, considérées comme corps, furent les véritables électeurs au bailliage
ou à la sénéchaussée, où elles devaient se présenter par procureurs. Dans les villes, ceux-ci étaient élus selon des procédés en
usage pour les élections municipales ou par un collège : magistrats municipaux, fabriciens, chefs de métiers et notables, parfois
tous les habitants; dans les communautés d'habitants par tous les
taillables [301]. Mais il arrivait, soit en vertu de règles locales,
soit pour économiser les frais, que les délégués de celles-ci se
réunissent en un second collège avec les élus des petites villes
voisines pour désigner les électeurs définitifs. Les élections des
délégués ou procureurs, puis celles des députés aux Etats généraux se faisaient en public, à la majorité des voix ou par acclamation, sous la présidence du lieutenant général. Longtemps un
même personnage put être député de plusieurs bailliages; puis
on obligea ceux qui étaient ainsi élus à opter [302]. Mais ces
députés n'étaient pas seuls à siéger aux Etats généraux. Les
évêques avaient longtemps prétendu y être reçus en vertu d'un
droit personnel sans élection et, en 1484, ce droit ne leur avait
pas été dénié [303]. On ne voit pas qu'il ait été maintenu postérieurement. Des villes, et parmi elles Paris qui défendit son droit
jusqu'à la fin, persistaient à vouloir une représentation distincte
de celle du bailliage où elles se trouvaient situées et qu'elles

(299) Picot, *Les élections aux Etats généraux dans les provinces de 1302 à
1614*, pp. 24, 25; Florimond Rapine, *Journal des Etats généraux*, 1614, pp. 48
et s.

(300) Ci-dessus, note 297.

(301) Picot, *op. cit.*, pp. 18 et s. — Comme les femmes étaient taillables
et que tous les habitants étaient membres de l'assemblée générale dans
les communautés, elles votaient pour l'élection des procureurs.

(302) Aux Etats de 1593, un député, Girard Brizon, se présentant pour les
villes de Reims, Vitry-le-François et Saint-Dizier, fut mis en demeure de
« comparoir pour l'un ou l'autre desdits trois bailliages seulement ».

(303) Masselin, *op. cit.*, p. 403 : La réponse des Etats fut : « Si omnes episcopi, ut volunt, vocari et adesse debeant, cur non et archidiaconi et curati ?...
Non recusabimus tamen eos haberi praesentes, dummodo suis impensis
adsint. »

contribuaient à élire. Les Cours souveraines eurent parfois leurs députés aux Etats; de même l'Université (³⁰⁴). De grands pays d'Etats, rattachés à la Couronne sous la stipulation de leurs franchises, étaient représentés par des députés de leurs propres Etats : ils y voyaient un moyen de mieux marquer leur autonomie. En 1484, il en fut ainsi pour la Bourgogne, très probablement aussi pour la Provence et le Dauphiné, et cet usage semble s'être perpétué au xviᵉ siècle et, pour cette dernière province, jusqu'en 1789. Les Etats de Languedoc, à côté de la représentation normale, déléguaient un de leurs syndics (³⁰⁵).

Les députés devaient être aux Etats les procureurs de leurs commettants dont ils avaient un mandat précis et détaillé. Dans chaque bailliage ou sénéchaussée, les élus recevaient consignés dans un cahier les vœux et doléances de leur ordre et l'indication de leurs pouvoirs. Le clergé et la noblesse rédigeaient leurs cahiers respectifs au lieu de l'élection; celui du tiers état était le résultat de la combinaison d'autres cahiers déjà constitués dans les villes et communautés par les électeurs du premier ou du second degré. Ce mandat, qui continuait à être un mandat civil, était impératif. Il liait absolument les députés, les obligeant à faire entendre au roi les vœux et les plaintes des électeurs et à ne pas délibérer sur d'autres matières, ni à rien accorder qui n'y fût prévu, du moins sans leur en référer. L'inexécution des clauses entraînait des responsabilités pécuniaires, même la révocation ou le désaveu (³⁰⁶). Si le roi soumettait des questions différentes à la délibération des Etats, les députés devaient demander de nouveaux pouvoirs ou écarter toute décision sur ces objets, comme ils firent fréquemment pour les requêtes de subsides ou d'impôts, par exemple en 1456, 1560,

(304) Aubert, *Hist. du Parlement de l'origine à François* 1ᵉʳ, p. 330 : aa. 1468, 1484. — Voy. le rôle des députés de l'Université aux Etats de 1413 : Lavisse-Coville, *H. de Fr.*, t. 4¹, pp. 341 et s.; en 1349 (Denifle et Châtelain, *Cart. Univ.*, t. 4¹, pp. 610 et 19).

(305) Pélicier, *Elect. des députés de Bourgogne aux Etats de 1484* (BECh., t. 47, p. 359-366). Brette, *Rec. de doc. rel. à la conv. des Etats généraux de 1789*, t. 1, pp. 238 et s., pp. 290 et s.; Picot, *op. cit.*, pp. 35-39. La Bretagne n'envoya longtemps que des sortes d'ambassades, puis des députés furent élus par ses Etats : Picot, *op. cit.*, p. 38.

(306) *Journ. de Masselin* (éd. Bernier), p. 416 : « Conscientias vestras testamur, nos procuratores populi qui de parva culpa teneremur, res ejus sine poena pendi concedere. » *Journ. de J. Bodin aux Et. gén. de 1576*, p. 224. Bardon, *Hist. de la ville d'Alais, 1341-1461*, p. xv.

1576, 1588 ([307]). Ces cahiers fournissaient la base essentielle du travail des États, car ils étaient l'expression directe des besoins et de l'opinion des provinces : aussi y attachait-on la plus grande importance. Pour la première fois, en 1789, les députés, une fois réunis, n'en tinrent aucun compte; dans leur ensemble ils ne furent même pas dépouillés ([308]). Chaque ordre, dans le bailliage, devait pourvoir aux frais de sa députation et fixer les indemnités accordées à ses députés ([309]).

Le lieu et la date de la tenue des États dépendaient exclusivement du roi, qui les faisait connaître dans les lettres de convocation. Aucune périodicité, bien qu'elle ait été plusieurs fois demandée (1355-1358, 1484, 1576). Chaque ordre vérifiait les pouvoirs de ses membres touchant la régularité de l'élection et du mandat, le reste du contentieux relevant du Conseil du roi ([311]). Il nommait son président et ses orateurs. A la séance publique d'ouverture, le roi, dans un discours lu par le chancelier, ouvrait la bouche aux députés, ce qu'on appelait l'os apertum, en leur disant sur quoi il requérait l'aide et le conseil, car les États gardaient la fonction d'un conseil appelé et renvoyé à la volonté du prince. Les réponses des orateurs des trois ordres laissaient alors entrevoir l'esprit qui les animait et les courants d'opinion. Les séances ordinaires n'étaient pas publiques. Dans quelques circonstances, ainsi en 1467, 1484, tous les députés délibérèrent ensemble ne formant qu'une seule assemblée ([312]). D'ordinaire, clergé, noblesse et tiers état siégeaient séparément, mais en même temps, et discutaient concomitamment les mêmes questions, des députés de chaque chambre allant informer les deux autres de ce qui se faisait dans la leur ([313]). Lorsqu'un résultat était obtenu dans les trois, on tenait une séance commune où le vote avait lieu par ordre. S'il s'agissait d'octrois de subsides ou

(307) *Hist. du Languedoc*, éd. Privat, t. 4, pp. 238 et s.; *Preuves*, n° CXV; Picot, *op. cit.*, t. 1, p. 246.

(308) Sur la façon dont furent rédigés les cahiers de 1789, G. Gautherot, *Les Cahiers de 1789* (RQH, 1910², pp. 161 et s.).

(309) *Journ. de Masselin* (éd. Bernier), p. 404.

(311) Picot, *H. des Et. gén.*, t. 3², p. 377; *Journ. de Bodin*, loc. cit.

(312) Picot, t. 1², pp. 337-360. — *Des Et. gén. et autres assemblées nationales* (Jean Le Prévost, *L'ordre observé dans l'Assemblée des Et. gén. de Tours de l'an 1467*), t. 0, pp. 207 et s., 212 et s.

(313) *Journ. de Florimond Rapine : Récit de ce qui s'est passé en l'assemblée des États généraux de 1614*, Paris, 1651. — *Journ. de Robert Miron pour les États de 1614* (*Des États généraux et autres assemblées nationales*, t. 7, pp. 445 et s.).

d'impôts la décision n'était acquise qu'à l'unanimité ([314]) : système adopté en faveur du tiers état qui, étant seul le plus souvent à les supporter, ne devait pas en être grevé par le vote désintéressé des deux autres; et cela n'avait d'importance qu'en cette matière, car, autrement, les Etats n'avaient que voix consultative. Dans l'assemblée unique, quand les trois ordres délibéraient ensemble, dans les chambres séparées au cas contraire, on votait par bailliage ou sénéchaussée, non pas tant, comme on l'a dit, parce que les électeurs étaient, dans chaque circonscription, non les individus, mais les ordres, qu'à raison du mandat unique par lequel ces députés du même ordre étaient liés et qui ne leur laissait pas la faculté d'avoir des avis différents. Parfois, on avait voté par gouvernement ou par province (1413), mais c'étaient les vote de ses bailliages qui constituaient l'opinion du gouvernement ou de la province ([315]). Au cours de la session, on procédait dans chaque chambre, à l'aide des cahiers des bailliages, à la confection du cahier général de l'ordre qui était remis au roi par ses orateurs à la séance de clôture. Ces trois cahiers, qui contenaient souvent des opinions divergentes, restaient l'expression concrète et persistante de l'accomplissement de leur devoir de conseil.

3° Les attributions des États généraux.

Les attributions des Etats furent toujours imprécises. Cela tint à l'idée complexe et même assez confuse qu'ils se faisaient et qu'on se faisait de leur rôle. La notion féodale d'« aide et conseil » avait servi de fondement à leurs premières convocations et leur avait finalement conféré le double caractère de conseil royal et d'assemblée représentative des trois ordres. Les événements tragiques pendant lesquels ils avaient, au xiv° siècle, par des modes révolutionnaires, plié le pouvoir à leurs conditions, inclinèrent à penser qu'en des circonstances exceptionnelles, il leur revenait en tout ou partie : d'où leur prérogative touchant les lois fondamentales et la constitution de la monarchie, qui fut leur attribution le plus unanimement reconnue à partir du xv° siècle.

(314) *Ord.*, Orléans, janv. 1561, art. 135 (**Is.**, t. 14, p. 95) : « En toutes assemblées d'estats généraux ou particuliers des provinces où se fera octroy de deniers les trois estats s'accorderont de la cotte part et portion que chacun des dits estats portera. Et ne le pourront le clergé et la noblesse seuls comme faisans la plus grande partie. »

(315) Miron de l'Espinay, *Robert Miron et l'adm. munic. de Paris de 1614 à 1616*, p. 48.

Conseil royal, ils dépendaient exclusivement du roi, n'existaient que par sa volonté et tant qu'elle subsistait. La périodicité réclamée par les trois ordres en 1355, 1356, 1484, 1560, 1576, par la noblesse en 1561, par le tiers (réunion décennale) en 1614 s'était toujours heurtée à ce principe. Leur compétence comme tel était indéfinie, car elle était celle du roi qui pouvait les consulter sur tout ce qui intéressait le royaume; à chaque session elle s'exerçait dans la mesure de l'*os apertum*. Ils demeurèrent confinés dans ce rôle en matières administratives, de relations internationales, de législation. Ils émirent le vœu à plusieurs reprises de collaborer à la loi autrement que par suggestion et en en fournissant souvent la matière dans leurs cahiers. Les Etats de Blois, en 1576 et 1588, demandèrent à procéder par résolution et non par supplication, de sorte que les décisions adoptées par eux, publiées sous le nom de « Lois du royaume », ne pourraient être modifiées ni abrogées sans eux [316]. Mais ces propositions n'eurent pas de suite [317].

Pour le devoir d'aide, ils prirent forme d'assemblée représentative. L'aide était due par les vassaux au suzerain, mais elle était limitée à des circonstances et parfois à une quotité déterminées par l'engagement féodal ou par la coutume; hors de là, il y fallait l'assentiment des intéressés. Contre les restrictions féodales, les légistes du xiiie siècle avaient érigé une doctrine, tirée des textes romains et peut-être aussi de souvenirs de l'époque franque, qui faisait du droit d'imposer tous les habitants du royaume un des attributs essentiels du pouvoir royal. De sorte que la prétention de celui-ci à lever directement des contributions selon les besoins du moment et celle des Etats de consentir les subsides apparaissent comme un conflit entre la tradition romaine restaurée et les survivances féodales : ce ne fut que lentement que la première élimina les secondes. Tant que ce résultat ne fut pas atteint, les Etats soutinrent que toute nouvelle aide devait être

(316) *Des Etats généraux et autres assemblées nationales*, t. 13, pp. 212 et s. Picot, *op. cit.*, t. 3², pp. 96-100.

(317) Bodin, *op. cit.*, I, 3, p. 137 : « Les estats de tout le peuple sont assemblés présentans requeste et supplications à leur Prince en toute humilité, sans avoir aucune puissance de rien commander, ny décerner, ny voix délibérative; ainsi ce qui plaist au Roy consentir ou dissentir, commander ou défendre est tenu pour loy, pour édict, pour ordonnance ». Le Bret, *op. cit.*, IV, 11, p. 644 : « On ne tient les Etats que par la permission et le commandement de S. M.; l'on n'y délibère et l'on n'y résout rien que sous la forme de requête et de très humbles supplications. »

consentie par eux, mandatés spécialement à cet effet par leurs
commettants. Mais de cette liberté d'accorder ou de refuser
les subsides, ils concluaient au droit d'en contrôler l'emploi.
La logique, les habitudes du Moyen âge étaient dans ce sens :
vassaux et fidèles avaient un droit de regard dans les
affaires du chef de groupe auquel ils avaient lié leur destin. Ces
gestes féodaux, continués et introduits dans un cadre juridique
conçu par les juristes de la Couronne pour d'autres manœuvres,
y jetèrent le désarroi et s'y résolurent en violences qui marquèrent les années 1355-1359 ([318]). Les conseillers de Philippe le Bel
avaient imaginé d'appuyer de l'autorité de ces assemblées les
opérations des collecteurs dans les provinces; ceux de Jean le Bon
et du dauphin Charles se heurtèrent précisément à elles.
En période calme, quand on pouvait se passer d'elles, les
contributions étaient établies et, tant bien que mal, levées
conformément à la doctrine régalienne; mais si les malheurs des
temps exigeaient la convocation des Etats, il fallait en passer par
leur volonté. Charles VII luttant contre les Anglais y fit appel presque annuellement, et les Etats, le plus souvent régionaux, que l'invasion lui permit de réunir, répondirent dans la mesure possible à
ses demandes ([319]). Ils ne se montrèrent nullement disposés à
disputer son autorité au roi, même aux heures où l'impuissance
relative du Prince leur eût facilité un renversement des rôles.

On ne sait pas bien si la taille permanente fut l'œuvre
des Etats généraux de 1439-1440 ou simplement le résultat d'une décision du Conseil ([320]), contre quoi aurait protesté
une assemblée tenue à Nevers et où prévalait la noblesse. Seule
est certaine la réponse du roi à ces plaintes que, pour mettre des
tailles, il n'avait que faire d'eux ([321]). Vers ce temps, on avait,

(318) Picot, *op. cit.*, t. 1², pp. 292-302.

(319) A. Thomas, *Les Etats provinciaux de la France centrale sous Charles
VII*, t. 1, pp. 25 et s., 175 et s. ; Picot, *op. cit.*, t. 1², pp. 294-308.

(320) Le texte de l'ordonnance du 28 février 1435 ne comporte aucune perpétuité : elle établit des aides, pour fait de guerre, que le roi suspendit à
la fin de la guerre (Is., t. 8, p. 835). Lavisse-Petit-Dutaillis, *H. de Fr.*, t. 4²,
p. 244.

(321) Is., t. 9, p. 108 : (9) *Item.* « Ont remontré au roy comment telles tailles
et impositions se doivent mettre sus et imposer et appeler les seigneurs et
les estats du royaume. *Réponse :* Les aydes ont esté mises sur les seigneurs et
de leur consentement, et quant aux tailles, le roy, quand il a esté au lieu, les
a appelez ou fait savoir combien que de son autorité royale, veu les grans
affaires de son royaume, si urgent, comme chascun scet et mesmement ses
ennemis en occupant une grande partie, et détruisant le surplus, le peut

du reste, beaucoup de peine à décider les députés à quitter leurs
maisons. En 1468, l'unique fois que Louis XI les ait réunis, il
les mit en joie en leur annonçant qu'il ne leur demandait point
d'argent; c'était que, depuis trente ans, les impôts se levaient
très bien sans eux. Ils firent entendre qu'on aurait pu faire de
même pour le reste, « pour ce que aisement ils ne se peuvent
pas assembler ». La réaction des États de Tours (1484) où toutes
les provinces étaient représentées fut plus vive que durable; les
députés déclarèrent qu'ils n'entendaient pas « que doresnavant
on mette sus aucune somme de deniers sans les appeler et que
se soit de leurs vouloir et consentement ». Ils demandèrent à être
réunis tous les deux ans, période pour laquelle seulement ils
octroyaient les subsides ([322]). Ils ne le furent plus qu'en 1560,
à Orléans. Là et quelques mois plus tard à Poissy, ils refusèrent
les nouveaux subsides que le chancelier de l'Hôpital leur demandait, considérant comme acquis à la Couronne le droit aux impôts
de toute nature déjà existants. Les élections à cette dernière
assemblée marquèrent un fait nouveau; les protestants introduisirent dans ces opérations des agissements de partisans. Pour
la première fois l'intérêt national ne fut plus la préoccupation
dominante des électeurs et des élus, mais ceux de leurs partis;
car les catholiques, ainsi prévenus, se mirent sur leurs gardes à la
fois suivante. Ce fut en 1576. Clergé et noblesse y prirent une
attitude hautaine vis-à-vis du pouvoir, usant de formules qui
opposaient à la majesté du roi celle des États, confondus avec
la nation, refusant, sauf quelques hauts prélats ou grands seigneurs, tous subsides. Le tiers état, tout en défendant la supériorité de la Couronne, se dit sans mandat pour ceux-ci ([323]).

Comme on en leva cependant, les députés de 1588 réclamèrent
la réduction des tailles à ce qu'elles étaient avant 1576, le surplus

mettre sus, ce qu'autre que lui ne peut faire sans son congé. Et n'est jà nul
besoin d'assembler les trois estats pour mettre sus les dites tailles; car ce
n'est que charge et dépenses au pauvre peuple qui a à payer les frais
de ceux qui y viennent : et ont requis plusieurs notables seigneurs dudit
pays, qu'on cessât de telles convocations faire, et pour cette cause sont con-
tens qu'on envoye la commission aux esleus selon le bon plaisir du roy ».
Il semble bien que ce soit de son autorité seule que les tailles qu'il a établies
avec le consentement des Etats continueront d'être levées pour pourvoir à
l'entretien des forces militaires permanentes, si l'on se réfère à l'ordonnance
d'Orléans, 2 nov. 1439, art. 44-44 (Is., t. 9, pp. 69 et s.).

(322) *Journ. de Masselin*, pp. 416, 428, 447 et s.; Bodin, *op. cit.*, VI, 2, p.
880; Picot, t. 2², pp. 168 et s.

(323) Picot, t. 3, pp. 51, 93.

n'ayant pas été consenti, et, tout en poussant à la guerre, n'accordèrent qu'une somme insuffisante pour la faire (324). Ces attitudes capricieuses, dont ne s'accommodait pas la marche régulière des affaires, enlevèrent aux Etats l'influence et l'autorité qu'ils auraient pu conquérir à certains moments. Après ces essais, l'opinion ne douta plus, avec Loyseau, « qu'en France... nostre roy, n'ayant d'ailleurs presque plus d'autre fonds de finances, ne puisse faire des levées de deniers sans le consentement des Estats qui... n'ont aucune part à la souveraineté » (325). En 1614, le tiers état émit des vœux pour que « le pauvre peuple soit soulagé de la taille et de tant d'autres impôts nouvellement introduits par toutes les provinces »; il ne sembla pas contester le droit du roi de les établir, ni n'affirma la nécessité pour cela de l'assentiment des trois ordres. Son orateur exprimait seulement le désir que « tout soit réduit au point qu'il était en 1576, vostre royaume ayant, grâce à Dieu, beaucoup moins de charges qu'il n'y en avoit en ce temps-là » (326). On ne dépassa pas la supplication.

Par leurs vœux et leurs doléances, les Etats auraient pu dire qu'ils étendaient simplement leur devoir de conseil, mais ils précisaient surtout leurs fonctions représentatives. Dans la conception de l'ancienne monarchie, tous les sujets pouvaient exposer leurs griefs directement au roi : pour recevoir les requêtes ou placets, celui-ci était toujours accompagné de deux poursuivants, plus tard de maîtres des Requêtes de l'Hôtel. Cette tradition dura autant que l'ancien régime. Les individus, mus par leurs intérêts personnels, les corps par leurs intérêts corporatifs, à fortiori les trois ordres par leurs intérêts d'ordre ou par ceux de l'Etat, purent toujours faire le roi juge de leurs prétentions ou de leurs plaintes. En effet, en 1614, les deux premiers exprimèrent hautement l'opinion qu'ils représentaient la nation; le tiers, plus modéré dans le langage, pensait de même (327). Les griefs de leurs commettants étant nombreux et variés, il était bon d'en dresser une liste exacte : vers le milieu du xive siècle s'amorça la pratique des cahiers. Le système du mandat impératif l'exigeait.

<hr>

(324) Picot, t. 2², pp. 168 et s.

(325) Loyseau, *Tr. des seigneuries*, II, n° 92 : « Le royaume de France est... une souveraineté parfaite, à laquelle les Estats n'ont aucune part ». III, n°ˢ 45-47; Bodin, *op. cit.*, I, 9, p. 138 et s. Le Bret, *op. cit.*, IV, 11, p. 640 et s.

(326) Discours de Robert Miron : voy. Miron de l'Espinay, *Robert Miron et l'adm. munic. de Paris* (1614-1616), p. 124.

(327) A la séance d'ouverture, en 1614, les conseillers d'Etat ayant voulu s'asseoir au premier rang, le clergé et la noblesse protestèrent comme « représentant tout le royaume » (*Ibid.*, p. 50).

Au xv⁰, la consultation fut organisée de façon à ce que tous les
électeurs, dans les villes et les communautés d'habitants, con-
courussent à la rédaction des cahiers (328). En combinant leurs
deux fonctions représentatives : présentation de vœux et doléances et octroi des subsides, c'est-à-dire en soumettant l'octroi
des subsides à la réalisation de leurs propositions de réforme ou
d'innovation, ils eussent peut-être acquis une place plus grande
dans le gouvernement. Ils ne s'y appliquèrent jamais d'une façon
méthodique. Chaque ordre eut ses griefs particuliers, souvent
dirigés autant et plus contre les deux autres que contre l'administration du roi; leurs charges aussi n'étaient pas les mêmes.
Formuler des vœux et des doléances parut être le grand rôle des
Etats. En 1614, ils semblèrent n'en avoir point d'autres. La
rédaction de leurs cahiers fut elle-même l'occasion de conflits
entre eux. Les ministres du roi surent jouer de ces rivalités et
de ces oppositions d'intérêts.

Les attributions constitutionnelles des Etats étaient au fond
les plus claires. Les légistes avaient conçu le corps national
comme un composé de la royauté et du peuple. Les lois fondamentales, supérieures à l'une et à l'autre pris séparément, pouvaient céder au contraire devant leurs volontés conjointes. Mais
les Etats généraux, représentant tout le peuple, se substituaient
à lui dans la circonstance, ce que rendait naturel et logique le
mandat impératif, qui alors n'est plus seulement donné pour
conseiller, mais, comme dit Guy Coquille, « pour pouvoir » (329).
L'idée de représentation en était singulièrement renforcée et
l'on admit en partant de là que les Etats devaient être convoqués
et pour d'aucuns pouvaient s'assembler spontanément quand la
fonction souveraine du fait de minorité, de captivité ou de
démence n'était pas normalement remplie (330).

4⁰ Épilogue.

De 1614 à 1789, les Etats généraux ne furent plus réunis.
Pendant la Fronde parlementaire, la Régente eut des velléités de

<hr>

(328) A Paris, pour la rédaction des cahiers de la Ville, une ordonnance,
publiée à son de trompe, invitait tous les habitants à porter « en toute
liberté, plaintes et remontrances dans un coffre « en forme de troncq »
(*Ibid.*, pp. 34 et s.).

(329) Ci-dessus, pp. 393 et s.

(330) Bodin, *op. cit.*, I, 9, p. 138 : « N'y a raison, ny fondement quelconque
en cette opinion-là (qu'ils se puissent réunir d'eux-mêmes), si le Roy n'est
captif, ou furieux, ou en enfance ».

les assembler : des lettres de convocation furent envoyées. Remis à plusieurs reprises, du 15 mars au 15 avril 1649, puis au 1er octobre 1651, ils ne furent finalement pas appelés (³³¹). A part une fraction de la noblesse, personne n'y tenait. Lorsque, au traité d'Utrecht, les Anglais demandèrent à faire ratifier par eux la renonciation du duc d'Anjou, le secrétaire d'Etat aux affaires étrangères de Torcy répondit que « n'ayant point été convoqués depuis plus de cent ans, ils estoient en quelque manière abolis dans le Royaume », et Louis XVI, dans son discours d'ouverture à la séance du 5 mai 1789, déclara les rétablir. La question des Etats avait été fort agitée dans le petit groupe d'opposition aristocratique formé autour du duc de Bourgogne à la fin du règne de Louis XIV. Fénelon qui les superposait, dans ses plans de gouvernement, à des assemblées diocésaines et à des assemblées provinciales, les eût investis d'un pouvoir politique étendu, appuyé sur la périodicité et la disposition absolue de leurs sessions. Les députés eussent été, pour chaque diocèse, l'évêque, un seigneur de haute noblesse élu par les gentilshommes, un personnage considérable du tiers état élu par son ordre (³³²). Saint-Simon leur conservait leur rôle traditionnel de plaignants et de remontrants et ne leur accordait quelques pouvoirs qu'en matière d'impôts : en 1715 il proposa au Régent de les réunir pour leur faire déclarer la banqueroute. Il les réduisait à trois députés pour chacune des douze provinces entre lesquelles il divisait la France. Entre leurs sessions quinquennales, une commission permanente de trois députés, un de chaque ordre, eût réparti les contributions proposées par le roi (³³³). Les physiocrates ébauchèrent aussi des projets (³³⁴) Mais ni Montesquieu, ni Voltaire, ni aucun grand publiciste de la première partie du

(331) *Lettres de convocation*, 23-24 janv. 1649; 17 mars 1651; 4 avril 1651; Procès-verbal de l'élection pour la prévôté de Paris, 4 sept. 1651 (Is., t. 17, pp. 144, 235 et s., 241, 250). Picot, *op. cit.*, t. 5², pp. 275-280.

(332) *Essai philosophique sur le gouvernement civil où l'on traite de la nécessité, de l'origine, des bornes et des différentes formes de la souveraineté selon les principes de feu Mr de Salignac de la Motte-Fénelon, archevêque-duc de Cambrai*, par le Chevalier de Ramsai, Londres 1721; Henri Sée, *Les idées politiques de Fénelon* (Rev. d'hist. mod. et contemp., 1900).

(333) André Liard, *Saint-Simon et les Etats Généraux* (RH., 1901, t. 75). Henri Sée, *Les idées politiques du duc de Saint-Simon* (RH., 1900, t. 73). Dans les *Projets de Gouvernement résolus par Mgr le duc de Bourgogne*, publiés par Mesnard, 1860, on reconnaît le style et la manière de Saint-Simon.

(334) Esmein, *L'assemblée nationale proposée par les physiocrates* (ASMP., 1904, pp. 397-416).

xviii° siècle n'en furent partisans; J.-J. Rousseau y était violemment hostile [335]. Ce n'est guère que sous Louis XVI que la préoccupation en reparut pour les uns d'après la donnée ancienne, pour d'autres selon des conceptions tirées des publicistes et pamphlétaires anglais et propagées par les philosophes.

Un arrêt du Conseil du 4 août 1788 fixa leur réunion au 1er mai 1789; un autre convoqua une assemblée de Notables pour le 3 novembre 1788 afin de délibérer sur la manière de les convoquer [336]. Necker, rappelé au ministère, pouvait choisir entre deux systèmes électoraux : celui de l'ancienne tradition française, celui qu'on voyait chez les Anglais; il les amalgama. Guidés par lui, les Notables ne discutèrent sérieusement que sur la double représentation du tiers état, repoussée par les privilégiés et l'ensemble des Parlements. Aussi se réserva-t-il dans un nouvel arrêt, connu sous le nom de *Résultat du Conseil touchant les Etats généraux* (27 déc. 1788), d'en établir les lignes essentielles [337] : au moins mille députés, doublement du tiers, représentation calculée sur la population et le chiffre des contributions, ce qui souleva les protestations des grandes villes et des pays d'Etats et ne put être exclusivement appliqué [338]. Le bailliage restait la circonscription électorale; on s'appliqua à y faire représenter tous les éléments divers du clergé et de la noblesse; le tiers état vota à deux degrés pour le même résultat. Mais la rédaction des cahiers des électeurs, surtout dans la partie politique, s'inspira moins des vœux populaires que des suggestions venues des *Sociétés de pensée* ou d'autres analogues [339]. Du reste, ces cahiers ne furent pas dépouillés. Du même coup, on écarta le mandat impératif. C'était la fin du système. Inaugurés le 5 mai, les 17 et 19 les Etats généraux se transformaient en *Assemblée Nationale*.

(335) J. Declareuil, *Des critiques touchant les régimes représentatif et parlementaire dans les œuvres politiques de J.-J. Rousseau* (Rec. de législation de Toulouse, 1910, p. 1).

(336) A. C., 5 juill. 1788; 8 août 1788; 5 oct. 1788 (Is., t. 28, pp. 601, 611, 613).

(337) *Rapport de Necker et Résultat du Conseil*, 27 déc. 1788; Règl. 27 févr. 1789 (Is., t. 28, pp. 632, 638).

(338) Lyon, Marseille, Rouen, etc., voulurent des électeurs délégués plus nombreux et la moitié des sièges de leurs bailliages. Des Etats provinciaux obtinrent des députés élus par eux, d'autres non.

(339) Madelin, *La Révolution*, pp. 34-42; Aug. Cochin (R. de la Soc. d'hist. contemporaine, 1912²).

III. — LES ASSEMBLÉES DE NOTABLES

La royauté, en inaugurant le système des grandes assemblées du genre de 1302-1303 et 1308, n'avait pas renoncé à en convoquer de plus restreintes. Le principe que le roi était maître des conditions et des formes dans lesquelles il requérait l'aide et le conseil était assez souple pour lui permettre de proportionner ses convocations à l'importance et à la nature des questions à débattre et aussi à l'opportunité du moment. Les chroniqueurs du temps de Philippe le Bel et de ses fils signalent des réunions de « prélats, barons, communautés de villes et autres certaines personnes » que rien ne distingue des précédentes que le nombre plus limité des personnages convoqués et une moindre solennité des délibérations ([340]). La plupart se présentent comme la continuation des *Curiae* élargies du XIIe et du XIIIe siècle, notamment celles qui furent tenues à propos de la succession à la Couronne : en 1316-1317 où l'on vit pairs, barons, prélats, bourgeois parisiens, décider que le royaume de France ne devait « tomber en quenouille »; en 1328 où l'on nous montre les pairs et les barons, concluant, suivant l'avis de l'Université de Paris, à l'exclusion des mâles descendants par les femmes ([341]). La conférence de Vincennes sur les juridictions ecclésiastiques se déroula devant une assemblée de même sorte (1329); et, plus d'un siècle après, la Pragmatique Sanction de Bourges paraît avoir été arrêtée dans des conditions similaires (1438). Parfois ces assemblées prirent la forme de lits de justice ou des anciennes *Curiae in parlamento* : c'était quand le roi tenait à donner à leur délibération ou à leur requête la forme d'un arrêt de justice annulant comme illégal ou contraire aux lois fondamentales un acte antérieur : dans ce cas, il s'entourait des chefs et de délégués des cours souveraines ([342]). Ainsi Louis XII se fit demander et prononça l'annulation du traité de 1504 promettant en mariage Claude de France à l'archiduc Charles ([343]); ainsi François Ier, en décembre 1527,

(340) Hervieu, *op. cit.*, où, du reste, la classification de ces assemblées et le rs dates ont fournies de façon très approximative.

(341) Ci-dessus, pp. 398 et s.

(342) *Lit de justice tenu à Tours*, 14 mai 1506 (Is., t. 11, p. 447).

(343) C'était le futur Charles-Quint, alors âgé d'un an; Claude de France avait six mois de plus; elle lui eût apporté en dot la Bretagne, le Milanais et Naples. A cause de la Bretagne, en se fondant sur le principe de l'inaliénabilité du domaine, l'assemblée demanda l'annulation du traité et le mariage de Claude avec l'héritier du trône, François d'Angoulême.

consulta sous cette forme des dignitaires du clergé, de la noblesse, de la cour et des compagnies judiciaires réunies au Parlement de Paris ([344]) sur la validité du traité de Madrid (1526); sur quoi chaque ordre en ayant délibéré séparément, ce Parlement, renforcé des présidents et de conseillers de ceux de province, rendit un arrêt déclarant nuls et non avenus les engagements mis à la charge du roi par ce traité ([345]).

Au XVIe siècle, ces assemblées furent formées de plus en plus sur le modèle des Etats généraux et en même temps très réduites. Les personnages notables du clergé et de la noblesse y étaient mandés directement par le roi sans élection préalable. Il en était de même ordinairement pour les notables du tiers état ([346]) : membres des Cours souveraines, officiers municipaux des grandes villes, parfois du seul échevinage parisien. Mais il arrivait aussi que les députés des villes et des Cours fussent élus par ces corps (1506, 1596) ([347]), ou encore que les magistrats, en très grand nombre toujours, y représentassent seuls leur ordre (1527, 1617, 1627).

Les attributions des assemblées de Notables n'avaient rien de fixe; elles se mesuraient à l'*os apertum*, c'est-à-dire aux matières sur lesquelles il plaisait au roi de les consulter. Pas plus que les Etats généraux, elles n'avaient de pouvoirs propres; mais nous avons vu que, sous la forme d'un lit de justice, le roi donnait quelquefois à leur décision la force d'une sentence judiciaire. Il semblerait même qu'en matières fiscales leur autorité fût nulle; car ces personnages choisis par le gouvernement royal, sans élections ni mandats, ne représentaient pas vraiment leurs ordres et ne pouvaient accorder l'aide au nom de ceux-ci. Si on leur soumit des projets d'impôts ou des demandes de subsides, c'était pour avoir leur avis sur des opérations que le roi se reconnaissait le droit de faire de sa seule autorité; on ne recherchait dans leur assentiment qu'un appui moral. En 1558, des Notables furent consultés au sujet d'un emprunt à mettre à la

---

(344) Is., t. 12, pp. 285*: voir dans le procès-verbal du lit de justice la composition de cette assemblée. Le roi y dit qu'il n'avait à propos du traité voulu rien décider « sans premièrement en communiquer à ses subjectz, *non pas par forme d'estats*, ains les a voulu assembler en ce lieu qui est le lict de justice, espérant qu'il n'y aura celay d'eux qui ne luy donne secours, confort et ayde et qui ne le conseille bien et loyaulment ».

(345) Arrêt, 19 déc. 1527 (Is., t. 12, pp. 296 et s.).

(346) Du Tillet, *Rec. des Grands....*, p. 106, pour l'assemblée de 1558.

(347) Picot, *op. cit.*, t. 4², pp. 113 et s.

charge de trois milles personnes des plus riches; ils protestèrent contre les procédés inquisitoriaux que comportait le projet et conseillèrent d'emprunter de préférence aux villes; puis à la nouvelle de la prise de Calais, le tiers état, dans un mouvement patriotique, prit sur lui les deux tiers de la somme [348]. Le chancelier de l'Hôpital fit approuver en août 1560 par une de ses assemblées ses plans de politique religieuse et régler la façon dont les Etats généraux de 1560 seraient convoqués; en 1562, il pensa trouver dans une autre un courant favorable à l'édit de pacification du 19 mars 1562 [349]. Henri IV, en 1596, par une lettre [350] où il expliquait que, les troubles lui interdisant de prendre l'avis de ses sujets « en pleine assemblée des Etats généraux », il voulait néanmoins connaître leurs vœux, manda à Rouen neuf prélats, dix-neuf gentilshommes, cinquante-deux officiers de judicature, de finance ou des municipalités afin de leur faire approuver la levée de quelques subsides pour l'entretien de l'armée, leur promettant en échange de suivre leurs conseils en tout et de se mettre en tutelle entre leurs mains. C'était façon de parler. Ils lui proposèrent une sorte de spécialisation du budget divisé en deux grands chapitres afin de soustraire la part nécessaire aux rouages essentiels du gouvernement et à la défense de l'Etat à la libre disposition du Conseil; mais leur plan pour trouver des ressources parut insuffisant. Ils furent renvoyés et l'on chercha autre chose [351]. On revit des Notables en 1617 : onze prélats, treize gentilshommes, vingt-sept présidents et procureurs généraux des Cours souveraines, appelés pour opiner sur un projet de réforme tiré des cahiers des Etats généraux de 1614 et touchant à l'organisation du Conseil, de l'administration provinciale, de l'armée, de la réforme de la justice, des tailles. à la vénalité des charges : sur leur réponse, un édit fut élaboré, mais non publié [352]. A ceux de 1626-1627, Richelieu et le surintendant des finances exposèrent le mauvais état des finances, proposant le rachat de tout le domaine engagé ou aliéné et demandant leur assentiment à la levée de taxes nécessaires pour cela. Leurs réponses [353] furent vagues et, la guerre survenant, on remit à plus tard ces rachats.

(348) *Rec. des Etats généraux et autres assemblées*, t. 10, pp. 168 et s., 296.
(349) *Ibid.*, pp. 294 et s.
(350) Henri IV, *Lettres missives*, éd. Berger de Xivray, t. 4, p. 621.
(351) *Rec. des Etats généraux...*, t. 16, pp. 1-46. — Noël Valois, *Invent. des arrêts du Conseil d'Etat, Intr.*, t. 1, pp. 96 et s.
(352) G. Picot, *op. cit.*, t. 4^2, pp. 253 et s.
(353) *Ibid.*, t. 5^2, p. 41 et s.

Il était clair que, sans pouvoir aider le roi, ces assemblées lui devenaient gêne ou obstacle dès qu'elles n'entraient pas dans ses vues et il y avait chance qu'elles crussent mieux légitimer leur réunion en s'en écartant. Restreintes, au moins les dernières, aux privilégiés des trois ordres, leur assentiment risquait en outre de rendre impopulaires les décisions les plus heureuses. Aussi cessèrent-elles d'être pratiquées jusqu'à la veille de la Révolution.

En janvier 1787, cent quarante-sept notables : prélats, grands seigneurs, parlementaires, conseillers d'Etat, intendants, officiers de justice et de finance furent convoqués à Versailles pour émettre des avis sur les projets de réforme dressés par Calonne : réorganisation financière, assemblées provinciales, liberté du commerce des grains, suppression de la corvée en nature, etc., toutes choses qu'on désespérait de faire enregistrer par les Cours souveraines. On prévint tout de suite l'assemblée que, le principe des réformes étant arrêté, on ne la consultait que sur les moyens de les réaliser. Mais les Notables en désapprouvèrent le fond même et, dans la lutte qui s'engagea, le ministre dut céder sa place à l'un d'eux, qui les renvoya après qu'ils se furent déclarés sans mandat en matière de subsides [354]. Cette réunion eut des conséquences funestes : elle mit en pleine lumière et livra à la discussion des partis des difficultés qui ne sont jamais mieux résolues que dans le calme du cabinet. Tout ce qu'on avait voulu écarter par là s'en trouva subitement déclenché. Necker rappela pourtant ces mêmes Notables le 6 novembre 1788, afin qu'ils réglassent la procédure de convocation des Etats généraux et notamment la question de la double représentation du tiers état [355] : sauf dans un bureau, elle fut repoussée par eux et cela fut le point de départ d'une sorte de guerre de classes. Ils ne furent du reste pas suivis, puisque le roi admit le doublement [356].

(354) *Procès-verbal de l'assemblée des Notables tenue à Versailles en l'année 1788.* Impr. royale, 1788.

(355) Is., t. 28, p. 613.

(356) *Résultat du Conseil, touchant les Etats généraux* (Is., t. 28, pp. 633 et s.).

CHAPITRE III

L'ADMINISTRATION ROYALE
DANS LES PROVINCES

---

§ 1. — Variété et complexité des circonscriptions administratives.

La révolution seigneuriale avait enlevé à la royauté ses agents, mués en seigneurs plus ou moins indépendants, et supprimé ses anciennes circonscriptions administratives, transformées ou disloquées en territoires sur lesquels s'exerçait la quasi-souveraineté de ces seigneurs. Mais, à partir de Robert II, le pouvoir royal commença de rétablir dans les pays d'obédience et ceux mouvant directement de lui des délégués chargés d'administrer les uns ou d'exercer et de défendre les droits qu'il conservait dans les autres. Ce rudiment d'administration provinciale (¹) se développa sous les règnes suivants, parallèlement à la réorganisation, au sein de la *Curia regis*, d'une administration centrale, distincte des assemblées périodiques de *principes* et de *fidèles*. Ici et là, la royauté se reconstituait des organes à la place de ceux qu'elle avait perdus.

Mais cette reconstitution, à mesure qu'elle s'étendit dans les diverses régions, ne fut opérée qu'à l'aide d'éléments complexes et hétérogènes, et grâce à de perpétuelles retouches ; de sorte que la variété et la mutabilité furent les caractères, jamais effacés, de cette administration. D'indications sommaires l'on pourrait con-

---

(1) Le mot « province », qui s'appliquait vaguement à la division traditionnelle des « pays » de l'époque gauloise ou encore pour des temps plus récents aux territoires plus ou moins bien définis de grandes seigneuries, ne correspondait, en dehors de l'organisation ecclésiastique, à aucune division ou subdivision du territoire du royaume, ni à aucun organe administratif.

clure que les rois furent amenés par les temps à superposer des organismes toujours plus larges, c'est-à-dire à établir des circonscriptions embrassant chacune un certain nombre de celles précédemment créées et ayant à leur tête des agents de rang de plus en plus élevé, pour aboutir à une hiérarchie de lignes simples et harmonieuses : d'abord et au degré inférieur, prévôtés, vicomtés, vigueries, etc.; plus tard et au-dessus, bailliages ou sénéchaussées; puis gouvernements généraux ; enfin, au xviie siècle, généralités avec, pour subdivisions, élections ou diocèses. Or, pour diverses causes, le résultat fut autre. Dès le principe, on se trouva devant un magma de divisions territoriales et d'organismes dont il fut, par la suite, impossible de se dégager, quelque effort que l'autorité royale ait tenté dans le sens de l'uniformité.

Des circonscriptions analogues en apparence, car nulle part il n'y avait identité complète, ni ne portaient partout les mêmes noms, ni sous des noms semblables ne présentaient même organisation ou n'occupaient un même degré de la hiérarchie. Prévôtés, châtellenies répandues dans l'ensemble du royaume, vicomtés de Normandie ou du Perche, vigueries disséminées dans le Midi, sergenteries ou mandements ailleurs, autant de noms pouvant s'entendre tous de façons différentes et ne correspondant à aucune similitude d'étendue, d'économie interne, de recrutement, ni de rang social du personnel administratif. Rarement leurs limites concordaient avec celles d'un « pays » géographique ou d'une ancienne circonscription féodale. Des documents assimilent la châtellenie royale à la prévôté ou à l'une de ses subdivisions; mais, parfois, c'était l'inverse qui était vrai. En Provence, en certaines parties du Languedoc, baillies et jugeries se mêlaient aux vigueries tantôt comme organismes équivalents, tantôt comme subordonnées à celles-ci, à moins que ce ne fût le contraire. Bailliages et sénéchaussées qui groupaient d'ordinaire un certain nombre des circonscriptions précédentes dont ils pouvaient embrasser d'une à dix, quinze ou même vingt, tant leur étendue variait, constituaient d'autres fois des subdivisions les unes des autres ou même des circonscriptions inférieures.

Cette diversité, cette absence de règles, tenaient à plusieurs causes. Même dans les pays d'obéissance directe, leur enchevêtrement avec des seigneuries et des fiefs, leur morcellement, la différence de condition des terres et des habitants ne permettaient pas de se tenir à un type d'administration unique et invariable : une série de contingences commandaient le rôle et l'étendue de la juridiction des agents royaux. A plus forte raison, lors d'annexions au domaine de la Couronne, fallait-il que le roi superposât ou associât leur action à celles des organes déjà existants dont l'acte de réunion ou une politique prudente l'obligeait à maintenir l'économie. De là des pratiques administratives empiriques, pliées aux nécessités ou à l'utilité politique du moment, toujours prêtes à en suivre les avatars, et des remaniements fréquents : dédoublement de circonscriptions, sujétion partagée soit géographiquement, soit selon les matières administratives, entre deux ou plusieurs autorités immédiatement supérieures, interférences de juridictions, élargissement ou restriction de celles-ci, selon le vœu des habitants ou le bon ordre de l'Etat. De sorte que des appellations anciennes persistantes ne répondaient plus à ce qu'elles désignaient dans d'autres provinces, ni même dans un voisinage proche.

Bien que, de création plus tardive, ils parussent dépendre de l'arbitraire royal, les gouvernements généraux eux-mêmes prirent des formes diverses : les raisons politiques et militaires qui les avaient fait établir les faisaient aussi supprimer, déplacer, étendre ou restreindre. Ils ne se stabilisèrent à peu près qu'au temps de Louis XIV ; encore leurs limites géographiques restèrent souvent flottantes et en tout cas indifférentes à celles des autres circonscriptions dont ils englobaient le tout ou des morceaux. Les généralités, dont la fixité fut pourtant beaucoup plus grande et les contours mieux établis, avaient été délimitées sans qu'on eût tenu compte des circonscriptions antérieures, qui gardaient leur objet particulier à travers elles et au milieu d'elles. Les quelques seigneuries souveraines encore existantes aux xviie et xviiie siècles, surtout à la périphérie du royaume, tantôt restaient en dehors des divisions administratives, tantôt étaient comprises dans les unes, notamment dans les gouvernements généraux ou les généralités, sans l'être dans les autres. Jusqu'à la fin ces subdivisions continuèrent de s'enchevêtrer en se superposant. Une incertitude sur les limites exactes de chacune ne cessa de régner et se manifesta encore lorsqu'il s'agit de cataloguer les circonscriptions bailliagères pour les élections aux Etats généraux de 1789.

A leurs origines, les agents placés à la tête de ces circonscriptions réunissaient, entre leurs mains, dans une mesure plus ou moins large, toutes sortes d'attributions. Mais, par la suite, de nouveaux organes administratifs les dépouillèrent peu à peu de la plupart d'entre elles. Ils tendirent dès lors à se spécialiser dans quelqu'une qui leur resta et la circonscription correspondante subit une spécialisation de même sorte. Aussi le royaume

parut finalement « divisé en autant de divisions différentes qu'il
y a de diverses espèces de régimes et de pouvoirs : en diocèses sous
le rapport ecclésiastique; en gouvernements sous le rapport militaire ; en généralités sous le rapport administratif; en bailliages
sous le rapport judiciaire » (2). Et cette répartition schématique ne
donnerait encore qu'une idée très éloignée de la complexité réelle.

§ 2. — Les prévôts et autres agents inférieur : viguiers, vicomtes, bayles, etc.

I. — Origine des prévôts et des prévôtés

Les prévôts furent jusqu'à la fin du xiie siècle les seuls agents
royaux. L'institution, empruntée à l'administration des terres ecclésiastiques où les premiers Capétiens, abbés de monastères,
l'avaient rencontrée, se développa dans le domaine royal à partir
de Robert le Pieux, dont on connaît des prévôts à Sens et à Etampes, et sous les règnes suivants. Elle eut pour but de confier le
gouvernement des pays d'obéissance directe à des agents dans la
dépendance absolue du roi et de maintenir ou exercer dans les
autres les droits qu'il y conservait encore (3). La prévôté, *praepo-
situra*, étant la charge des intérêts royaux là où ils existaient, se
référait d'abord plus à un groupe d'attributions qu'à un territoire délimité (4); mais, comme il est arrivé souvent, l'appellation de la fonction servit vite à désigner la circonscription dans laquelle celle-ci était d'ordinaire exercée, au point que, dans la suite,
le nom de prévôté lui fut maintenu même si le prévôt avait dis-
paru. Au xie et au xiie siècle l'importance des prévôtés variait du
soin de percevoir quelques « coutumes » sur de petits domaines
ruraux à la délégation des droits souverains sur des villes ou

(2) *Rapport du comité de constitution sur l'établissement des bases de
la représentation proportionnelle* (par J.-G. Thouret, député du tiers état de
Normandie), Versailles, 1789.

(3) Luchaire, *Hist. des instit. monarch. sous les Capétiens directs*, t. 1,
pp. 209, 215; Pfister, *Ét. sur le règne de Robert le Pieux*, pp. 44, 130, 265;
H. Gravier, *Essai sur les prévôts royaux du xie au xive s.* (NRH., 1903, p. 542
et s.).

(4) H. Gravier, *l. c.*, p. 556; Dupont-Ferrier, *Les officiers royaux des bailliages et des sénéchaussées et les institutions monarchiques en France à la
fin du Moyen âge*, p. 38 : « Dans les domaines seigneuriaux normands, les
prévôtés correspondent bien à des subdivisions territoriales; chez le roi elles
semblent généralement correspondre à une certaine classe de revenus composés surtout de « travers », tonlieux, pêcheries, moulins, etc.

des territoires étendus. Le réseau des prévôtés s'accrut avec le domaine royal soit que le roi en établît sur les terres nouvellement acquises, soit qu'il incorporât à l'administration royale les prévôtés seigneuriales (⁵). Dans les seigneuries tenues en « pariage », le roi et son coseigneur tantôt nommaient chacun son prévôt, tantôt s'entendaient pour en choisir un qui leur fût commun (⁶). Mais il arriva aussi que, dans les acquisitions successives de territoires, les prévôtés royales furent mêlées ou se heurtèrent à des institutions locales de noms et de caractères un peu différents et qu'elles ne réussirent pas toujours à supplanter : en Normandie, par exemple, elles furent presque complètement absorbées par les vicomtés auxquelles, lors de la réunion, elles avaient été superposées ou juxtaposées. Même dans le domaine royal, leurs ressorts furent souvent modifiés ; de petites furent annexées aux grandes, celles-ci parfois morcelées, des translations de territoires opérées de l'une à l'autre à la requête d'intéressés (⁷). La révocation de ces dernières par le roi Jean en 1364 ne paraît pas en avoir arrêté la pratique (⁸). Lors de la constitution d'apanages, le roi établissait un « prévôt des exemptions » pour l'exercice des droits, surtout des droits de justice, qu'il s'y réservait sur des personnes ou des établissements (⁹).

II. — Nomination des prévôts

L'institution risqua de tourner court. Selon les usages du temps, les rois commencèrent à donner des prévôtés en fief alors que toutes les tenures tendaient à devenir patrimoniales. Leurs titulaires, les possédant à titre viager, s'évertuèrent à les rendre héréditaires (¹⁰). Plusieurs y réussirent; de sorte qu'on put voir des femmes en détenir (¹¹). Mais le pouvoir royal réagit, s'efforçant de supprimer celles qui l'étaient devenues, excluant par une clause for-

---

(5) Nous avons déjà dit (p. 205 et s.), que les *principes* et les seigneurs de quelque importance avaient, à l'imitation du roi, établi des prévôts dans leurs domaines. Cpr. Bry, *Les vigueries de Provence*, 1910.

(6) H. Gravier, *l. c.*, p. 558, note 1.

(7) Exemples : H. Gravier, *l. c.*, p. 557, note 1.

(8) Brussel, p. cxiv.

(9) Exemples : H. Gravier, *l. c.*, p. 558.

(10) *Ord.*, 1200 (*Ord. d. r. de Fr.*, t. II, p. 279). — Luchaire, *op. cit.*, t. 1, p. 210; t. 2, p. 307, note 10.

(11) HF., t. 24, p. 742, nᵒˢ 119, 120. *St. Stephani lemovicensis cartularium*, éd. de Fonts-Réaulx, nᵒˢ CXVIII, CLXXXVI (*l. c.*, pp. 138, 179). Voy. note 16 ci-après.

melle l'hérédité des nouvelles (12), plus simplement, au moins dès la seconde partie du xiie siècle, en ne donnant ces charges qu'à ferme (13).

Les prévôtés, d'après l'évaluation des années précédentes, étaient mises en adjudication au plus offrant, avec possibilité d'une ou de plusieurs surenchères, et obligation pour le preneur de fournir des plèges (14). La durée du bail était d'un, de deux ou plus ordinairement de trois ans. Des ordonnances du xiiie siècle en excluaient les clercs, les officiers royaux, les avocats, les usuriers et personnes suspectes de malversations. D'autres écartèrent les nobles (15) ; mais il y eut de nombreuses exceptions et la règle en ce sens fut lente à se fixer ; d'autres les personnes originaires de la prévôté, mais il y eut des dispenses. La charge était souvent prise à bail par plusieurs adjudicataires associés : l'ordonnance de 1303 n'en admettait que deux ; celle de 1321 imposait l'unité ; mais la pratique de la pluralité se maintint (16). On ne sait pas comment ils se partageaient l'administration : une ordonnance tardive de 1526 décida que l'un fît la charge pour tous (17). Du reste il était interdit de revendre cette charge à d'autres (18). Quelque souci qu'on eût de s'assurer de la probité et de la solvabilité des fermiers, le défaut de l'une provoquait les plaintes des populations, celui de l'autre exposait le trésor à de fâcheuses surprises. Les risques, qui étaient grands, écartaient aussi les adjudicataires sérieux. Soit dans ce dernier cas, soit que le prévôt fût poursuivi ou suspendu, la prévôté était donnée en garde à un officier gagé par le roi : ce système alterna de bonne heure avec la ferme, et, pour la prévôté de Paris, devint définitif pendant l'administration d'Etienne Boileau, vers 1265 (19). Au xive siècle, garde et ferme furent tour à tour substituées l'une à l'au-

(12) La Thaumassière, *C. du Berry*, p. 706; Luchaire, *op. cit.*, t. 1. p. 232.

(13) *Ord.*, 1200 (*Ord. d. r. de Fr.*, t. 11, p. 279). — Brussel, p. 422.

(14) *Olim*, t. 1, p. 21. — *Ord.*, mars 1302; 20 avril 1309 (Is., t. 2, p. 739; t. 3, p. 1), nov. 1323 (*Ord. des r. de Fr.*, t. 2, p. 778).

(15) *Ord.*, 1256, art. 20, mars 1320, art. 2; nov. 1371 (*Ord. des r. de Fr.*, t. 1, p. 73; t. 12, p. 449).

(16) Un mari et sa femme paraissent tenir en commun la prévôté de La Flèche en 1397. : P. Viollet, *Et. de Saint-Louis*, t. 3, p. 350.

(17) *Ord. des r. de Fr.*, t. 1, p. 80. Luchaire (*op. cit.*, t. 1, p. 214), pense qu'un des fermiers était le supérieur des autres; Borrelli de Serres (*Rech. sur quelques services publics*, t. 1, p. 558), qu'ils se partageaient la charge à leur guise.

(18) H. Gravier, *l. c.*, p. 552 et s.

(19) Borrelli de Serres, *La réforme de la prévôté de Paris et Etienne Boileau*, op. cit., pp. 532-572.

tre, ou pratiquées concurremment pour des prévôtés voisines (20).
En 1356, les Etats demandèrent que prévôtés, vicomtés, clergies
fussent « baillées en garde par le conseil des gens des pays et du
pays voisin »; mais en 1357 la ferme était rétablie. Ecartée en
1360, elle reparut en février 1363. En 1389, les prévôts durent
être nommés par le Grand Conseil, en 1408 par la Chambre des
Comptes assistée de membres du Conseil et du Parlement (21),
ce qui fut abrogé en 1415. Nonobstant, nombre de prévôtés continuèrent d'être données en garde. Malgré de nouvelles condamnations de la ferme, par exemple en 1493 et 1498, et la remise de
l'élection des prévôts « aux officiers des lieux, appelés les praticiens d'illec », que suivait l'institution par le roi, cette pratique
se retrouve toujours en quelque pays et paraît n'avoir disparu
complètement que par la mise des prévôtés au nombre des offices vénaux (22). Du reste, dans les prévôtés tenues en garde, chaque source particulière de revenus, tels que les amendes et les
exploits, était donnée en adjudication séparément par le prévôt (23).
Il advint aussi que des villes obtinrent du roi la prévôté à bail
temporaire ou même perpétuel, ce qui, en fait sinon en droit, la
fusionnait avec la magistrature municipale. Cette combinaison
se rencontra surtout au XIIIᵉ siècle, à l'apogée des libertés communales ; elle était avantageuse aux villes simplement privilégiées
qui supprimaient par là, en se les appropriant, l'administration
et le contrôle de l'agent seigneurial ou royal (24).

Les prévôts étaient dans les premiers temps assistés par des
ricarii, voyers (25), d'ordinaire agents judiciaires, par des *ministri*
ou *ministeriales*, agents financiers et domaniaux. Sous leurs ordres,
plus ou moins nombreux des sergents, *servientes*, étaient affectés
à l'administration domaniale (*majores*, maires) ou chargés de la

(20) Des ordonnances de 1345 et mai 1347 prescrivaient le système de la
garde; celle du 22 juin 1349 revenait à la ferme (*Ord. des r. de Fr.*, t. 2,
pp. 239, 262, 303). Pasquier, *Recherches de la France*, 1665, IV, 17, p. 352 :
« Il n'y eut jamais rien si certain que l'incertitude en ce fait icy. »

(21) Is., t. 4, p. 821; t. 6, p. 164; *Ord. des r. de Fr.*, t. 3, pp. 180, 600.

(22) *Ord.*, juill. 1493, art. 65; mars 1498, art. 60 (Is., t. 12, pp. 214-330).

(23) *Ord.*, juill. 1493, art. 45 (*HF.*, t. 22, p. 747).

(24) *Ord. des r. de Fr.*, t. 11, pp. 255, 264, 279, 316; t. 12, p. 312.— Luchaire,
op. cit., t. 2, p. 326. Giry, *Doc. sur les relations de la royauté avec les villes*,
pp. 48 et s.; Prou, *C. de Lorris*, p. 19; P. Viollet, *Hist. des instit. polit. et
admin. de la France*, t. 3, p. 36.

(25) Ce n'étaient pas des chefs de subdivisions de la prévôté, mais des
agents du prévôt pour l'ensemble de la circonscription : Halphen, *Prévôts et
voyers du* XIᵉ *siècle* (région angevine) (*Le Moyen âge*, 1902, p. 297 et s.).
Parfois le voyer est l'agent royal unique et tient lieu de prévôt.

police, de l'exécution des règlements, de la perception des taxes et des amendes. A l'origine le choix leur en appartenait; au XIIIe siècle, il fut remis au bailli [26]. Un *clerc*, comptable ou greffier, était gagé sur les recettes de la prévôté : cette charge fut tour à tour vénale ou tenue en garde. Comme à la prévôté était joint le droit de sceau, un *garde scel* y était d'ordinaire appointé par le roi ; il tendit à se rendre autonome ; puis ses fonctions durent se combiner avec celles des tabellions jurés, créés dans les prévôtés par Philippe III [27].

A partir au moins du XIIIe siècle, il y eut dans toutes les grandes prévôtés un lieutenant ou vice-prévôt, à la nomination du prévôt, qu'il assistait ou suppléait dans l'ensemble de ses fonctions, responsable comme lui de l'accomplissement de la charge et du paiement de la ferme, s'il y avait lieu.

III. — ATTRIBUTIONS DES PRÉVÔTS

Les attributions du prévôt étaient énumérées dans son contrat s'il tenait à ferme, dans sa commission s'il tenait en garde. En principe, il les avait toutes, administratives, financières, militaires, judiciaires.

Agent d'ordre administratif, il publiait les établissements et mandements royaux et surveillait leur application. Lui-même avait un pouvoir réglementaire, car il avait la police générale de sa circonscription ; il exerçait les moyens de contrainte pour la levée des impôts ou des subsides temporaires et le recouvrement des créances du roi ; il avait la gestion et la garde du domaine. Chargé de maintenir la mainbournie et la sauvegarde royales, il protégeait les établissements ecclésiastiques et les personnes qui en bénéficiaient, clercs et bourgeois de roi. Il gouvernait pour celui-ci les villes prévôtales et, plus ou moins, selon leurs chartes, les villes privilégiées : il y présidait et souvent participait aux élections. Officier de police judiciaire par rapport aux juridictions supérieures, il transmettait leurs ajournements, procédait pour leur compte à des arrestations, à des enquêtes, à l'exécution de leurs jugements; il contrôlait les voies d'exécution employées contre les débiteurs [28]. Agent financier, il était à la fois receveur, ordonnateur dans une certaine mesure et comptable. Il percevait

(26) Luchaire, *op. cit.*, t. 1, p. 245.

(27) Gravier, *l. c.*, p. 807 et s.

(28) *Ord. des r. de Fr.*, t. 2, pp. 207, 244, 603. *Et. de Saint-Louis*, II, 37, (t. 2, p. 463), HF., t. 24, pp. 153, 186, 249.

à l'origine tous les droits seigneuriaux et domaniaux de quelque nature qu'ils fussent. Mais la création des baillis enleva aux prévôts une partie de ces recettes qui passèrent à ceux-là sans qu'on pût énoncer à ce sujet aucune règle précise. Au xiii° siècle la tendance fut de faire affermer les rentes et les droits seigneuriaux en nature (*redditus*) par les baillis et de ne comprendre dans les fermes prévôtales que le domaine muable et les *expleta* (29). Les prévôts étaient aussi chargés de pourvoir sur place à certaines dépenses, groupées au xiii° siècle sous trois chefs : 1° *feoda, elemosine et alie expense*, pensions et rentes diverses, indemnités, allocations ou aumônes, matériel de guerre ; 2° *liberationes*, gages des agents royaux, soldes des gens de guerre ; 3° *opera*, réparations et travaux publics dont la plupart dépendirent ensuite des baillis (30). Ils pouvaient être chargés occasionnellement de recettes et de dépenses qui n'étaient pas comprises dans leurs fermes par commission spéciale (31).

Ils rendaient leurs comptes en trois termes : à la Toussaint, à la Chandeleur, à l'Ascension. Fermiers, ils pourvoyaient aux dépenses assignées sur leurs prévôtés avec le montant de leur ferme, s'ils tenaient en garde sur la masse des recettes ; le surplus, dans l'un et l'autre cas, était versé par eux au Trésor. Après l'institution des baillis, les prévôts de France continuèrent ainsi; les autres versèrent leur *debitum* aux baillis (32). Finalement tous durent passer par l'intermédiaire de ces supérieurs hiérarchiques, personnellement responsables devant les gens des Comptes de toutes les comptabilités prévôtales (33).

Investis de pouvoirs militaires, les prévôts convoquaient les roturiers à l'ost et aux chevauchées et les conduisaient à l'armée du roi. A défaut de châtelain ou, s'ils en avaient les fonctions, ils assuraient la garde du château royal et des places fortes et la défense de leur territoire (34).

(29) Brussel, pp. cxxxix et s., 422-427; Aug. Thierry, *Doc. pour servir à l'hist. du tiers état*, t. 1, p. 241. Ord., 1337 (*Ord. des r. de Fr.*, t. 12, p. 36).

(30) HF., t. 21, p. 260; t. 22, p. 566. Brussel, pp. cxl, cxliii, clxx-clxxv.

(31) H. Gravier, *l. c.*, p. 574.

(32) Les prévôts de France versaient en même temps le droit de *senescalcia*, voy. p. 458. Le premier terme avait d'abord été la Saint-Rémi, 1er octobre. Ces dates comportaient certaines exceptions.

(33) Sur les variations des ressources fournies au Trésor par les prévôtés : Borrelli de Serres, *Notes sur les origines du service financier*, op. cit., t. 1, p. 143 et s.; H. Gravier, *l. c.*, pp. 562 et s., 571 et s.

(34) HF., t. 24, p. 249; C. Touraine-Anjou, 54 = *Etablissements de Saint Louis*, I, 63 (t 2, p. 94, t. 3, p. 30.)

Jusqu'à la fin du xii⁰ siècle ils étaient les seuls juges royaux des provinces. Insensiblement, leurs autres attributions disparurent par désuétude ou parce qu'elles furent transférées à d'autres organes administratifs. Les coutumiers du xiii⁰ et du xiv⁰ siècle, qui sont surtout des livres de procédure, ne les considèrent que comme juges (³⁵). Vers le xvi⁰, il ne leur restait guère que leurs fonctions de judicature : les prévôtés n'étaient plus que des circonscriptions judiciaires (³⁶).

§ 3. — Les Baillis et les Sénéchaux.

I. — Origines des baillis et des sénéchaux

Les termes baillis et sénéchaux loin d'être cantonnés, comme on l'a dit, l'un au Nord, l'autre au Midi, se rencontraient, bien qu'inégalement répartis, dans les diverses régions de la France (³⁷). *Baillivus*, après avoir désigné un agent quelconque du roi ou d'un seigneur, servit, à partir de Louis VII ou de Philippe-Auguste, à nommer de hauts commissaires choisis dans la *Curia* réorganisée, pour aller par groupes de deux à quatre, ou cinq, tenir des assises en des centres déterminés, qu'on appela *baillies*, afin de contrôler les prévôts héréditaires ou fermiers, réprimer leurs abus, recevoir les plaintes des particuliers contre eux et leurs agents (³⁸), publier et faire exécuter les ordres du roi, veiller à la conservation de son domaine et de ses droits, juger, étant ses délégués, tous litiges portés devant eux, dès lors recueillir les amendes et les *forefacta*, procéder, s'il y avait lieu, à la levée des finances extraordinaires ou casuelles, non comprises dans la ferme des prévôts. Investis d'attributions militaires, on les voyait lever des troupes et se substituer aux châtelains (³⁹). Le testament de Philippe-Auguste est le premier acte qui nous les montre à la fois dans ces diverses fonctions, agents du pouvoir central

---

(35) *Jostice et Plet*, I, 17, p. 69 : « § 2. Li rois en son conseil esgarda qu'il convenoit as citez et as viles prévoz qui tenissent les pleiz et eussent grand poer. »

(36) Sur les tribunaux de prévôtés, ci-après, pp. 586-591.

(37) Ainsi, il y avait des sénéchaussées en Bretagne : Nantes, Rennes, Vannes, Quimper; dans le Nord : Artois, Boulonnais, Ponthieu; en Poitou, en Saintonge, et des bailliages dans le Midi : Labourd.

(38) Il ne s'agit pas là d'appel, mais de poursuites directes contre ces agents, responsables civilement ou délictuellement de leurs agissements.

(39) Borrelli de Serres, *op. cit.*, p. 204.

et supérieurs des prévôts, assurant la liaison de l'un aux autres [40]. Grands inspecteurs, ils n'avaient pas au début de circonscriptions précises : *baillivia* signifiait leur mission plutôt qu'un ressort territorial. Longtemps ils exercèrent leurs fonctions judiciaires collectivement, bien que, déjà au début du XIIIe siècle, chacun eût la direction personnelle des affaires administratives dans certains lieux d'assises, car il y présidait toujours à celles-ci, assisté de ses collègues, tandis qu'ailleurs il n'était plus que l'assistant de l'un des autres. « En 1202-3, les comptes des baillis formaient une section du rôle, collectifs encore pour les recettes judiciaires, pour le reste, particuliers à chacun d'eux » [41].

Le groupement des ressorts d'assises en circonscriptions plus vastes, chacune sous l'administration d'un bailli permanent, agent local de la *Curia regis*, fut généralisé dans le premier tiers du XIIIe siècle [42]. Instruments de centralisation tant qu'ils n'étaient que délégués temporaires de la *Curia*, les baillis devinrent alors des organes de déconcentration, établissant ainsi une partie de l'autorité dans les provinces.

Les sénéchaux, dans des pays rattachés au domaine royal, eurent un sort analogue à celui des baillis, sans avoir une origine tout à fait semblable. La plupart avaient été de grands officiers seigneuriaux que le roi, quitte à changer le titulaire de la charge ou à le doubler d'un agent royal [43], maintenait à la tête de l'administration des régions annexées. Ainsi, Louis VII, en possession de l'Aquitaine et du Poitou (1137), conserva le sénéchal de Poitou; Philippe-Auguste, plus tard, garda le sénéchal d'Anjou, Maine et Touraine et celui de Poitou, Saintonge et Guyenne [44]. Au XIIIe siècle, lors des extensions du domaine dans le Sud-Ouest et au Midi, les sénéchaux seigneuriaux gouvernèrent les anciens Etats seigneuriaux, comme sénéchaux royaux. Ces sortes d'offices, le plus souvent donnés en fief et devenus héréditaires sous les

---

(40) *Testament du roi à son départ pour la Terre Sainte* (1190), art. 1, 2, 4, 5, 7, 8, 16, 17 (Is., t. 1, p. 179 et s.),

(41) Borrelli de Serres, *op. cit.*, pp. 202, 205.

(42) Sous Philippe-Auguste, on signale un bailli de Caen et un bailli d'Artois : P. Viollet, *op. cit.*, t. 3, p. 256; L. Delisle, *La chronologie des baillis et des sénéchaux royaux depuis les origines jusqu'à l'avènement de Philippe de Valois* (HF., t. 24, pp. 15-270).

(43) P. Viollet, *op. cit.*, t. 3, p. 258.

(44) Luchaire, *op. cit.*, t. 1, p. 234; L. Delisle, *Catalogue des actes de Philippe-Auguste*, n°s 794, 848, 850-853, 959, 1016; Beautemps-Beauprc, *Notice sur Guillaume des Roches* (1192-1222), 1889; *Notice sur les baillis d'Anjou et du Maine*, 1888.

seigneurs, eurent tout d'abord les mêmes caractères sous les rois, de sorte que ces grands sénéchaux, entourés d'une *curia* qu'ils corsaient au besoin des évêques et des barons du pays, jouissaient de prérogatives et d'une liberté d'initiative que n'avaient pas les baillis. Mais cette situation changea surtout, dans le Midi, après les grandes enquêtes de 1247-1248 et les réformes qu'elles provoquèrent : dans la seconde moitié du siècle, les sénéchaux furent étroitement subordonnés au pouvoir central et contrôlés par lui (45). Au reste les seigneurs du Midi, les rois d'Angleterre notamment, appelaient encore et assez fréquemment sénéchaux des agents qu'à l'imitation du roi, ils donnaient pour chefs, dans une portion de leurs Etats, aux officiers subalternes (viguiers, bayles, prévôts) (46). Ceux-ci se retrouvent sous la domination du roi de France et les grands sénéchaux furent alors insensiblement rapprochés de ce dernier type. Tous finalement ne différèrent plus des baillis que par le nom.

Le nombre des bailliages et des sénéchaussées s'accrut de façon presque continue tant à cause de l'accroissement du domaine que de remaniements des bailliages primitifs. Il en résulta que l'on n'était pas toujours exactement fixé sur les limites respectives de ces circonscriptions, qui empruntaient leurs noms tantôt à un ancien « pays » de la France (47), tantôt à une ville, parfois à un accident géographique. On comptait 36 bailliages et sénéchaussées en 1328, 60 environ à la mort de Charles VII et 86 au début du XVIe siècle. En 1789, environ 446 circonscriptions, grandes ou petites, étaient qualifiées de l'une ou de l'autre façon. (48) Nous savons que leur étendue était extrêmement variable.

II. — Nomination des baillis et des sénéchaux

Les baillis furent d'abord nommés par le roi ou par son délégué, « pour tant qu'il nous plaira » (49). Les textes qui semblent fixer à trois années la durée de leurs fonctions ne correspondent pas à la réalité (50). Si, pour des raisons déjà dites, des sénéchaux

(45) R. Michel, *L'administration royale dans la sénéchaussée de Beaucaire au temps de Saint Louis*, Paris, 1910.
(46) P. Viollet, *op. cit.*, t. 3, p. 259.
(47) Sans correspondre, du reste exactement à ces « pays ».
(48) Dupont-Ferrier, *Les officiers royaux des bailliages et sénéchaussées*, pp. 8, 13, et s., 20 et s.
(49) P. Viollet, *op. cit.*, t. 3, pp. 262, note 2, 266, note 3; Dupont-Ferrier, *op. cit.*, pp. 78, note 1.
(50) P. Viollet, t. 3, p. 264, note 3. HF., t. 24, *préf.* : voy. ci-dessus note 42.

tinrent à l'origine leurs sénéchaussées en fiefs héréditaires, le roi les leur racheta au cours du xiv⁰ siècle et ils furent assimilés aux baillis. Mais, au début de ce siècle, le choix des uns et des autres fut remis au Grand Conseil; au xv⁰, il passa au chancelier et au Parlement auxquels l'ordonnance cabochienne voulut joindre des représentants du Conseil [31]. A partir de 1438, le roi réassuma le soin de pourvoir à ces offices [52]. Dès la fin du règne de Louis XI, il en donna exclusivement les commissions et commença à en accorder assez fréquemment des survivances, que François Ier révoqua toutes, mais dont l'usage survécut [53]. Vers le même temps, la résignation au profit d'un tiers en fut aussi tolérée et, sous le couvert de celle-ci, malgré la lettre des ordonnances, la vente en fut couramment pratiquée [54]. La vénalité abolit, comme dit Loyseau, la nomination ; mais l'office n'en fut pas moins conféré par le roi [55]. Dès avant saint Louis qui la renouvela, baillis et sénéchaux avaient l'obligation de jurer devant le roi de défendre ses droits, d'administrer et de juger selon les us et coutumes des lieux de leurs ressorts, de n'offrir aucun présent à ceux avec qui leurs fonctions les mettaient en rapport et de n'en accepter aucun, et ce serment devait être renouvelé en pleine assise au chef-lieu du baillage ou de la sénéchaussée [56]. Au xiv⁰ siècle ce fut en produisant leurs Lettres de provision qu'ils prêtèrent le premier de ces serments devant le Parlement, à peine de nullité de ces lettres, que la Cour, pour d'autres motifs, pouvait rejeter ou n'admettre qu'à correction. Même procédure devant la Chambre des Comptes, puis, plus tard, devant les Trésoriers de France [57].

Les ordonnances qui commandaient de choisir les prévôts parmi les non nobles, n'avaient rien dit touchant les baillis et les sénéchaux dont la plupart étaient gentilshommes ou étaient faits che-

(51) *Ord.*, 1303, art. 14; 1388, art. 1; 1400, art. 20; 1413, art. 165 (*Ord., des r. de Fr.*, t. 1, p. 360; Is., t. 6, pp. 645, 859; t. 7, 335). *Ord.*, 28 juillet 1406 (Douët d'Arcq, *Choix de pièces inédites relatives au règne de Charles VI*, t. 1, p. 297). Pasquier, *op. cit.*, pp. 355 et s.

(52) *L. P.*, 2 mars 1438 (Mably, *Observations sur l'hist. de Fr.*, t. 5, p. 343).

(53) Dupont-Ferrier, *op. cit.*, pp. 74 et s.

(54) *Ord.*, Blois, juill. 1493, art. 68; mars 1498, art. 40; janv. 1560, art. 48; mai 1579, art. 263 (Is., t. 11, pp. 238, 345; t. 14, pp. 77, 439). Dupont-Ferrier, *op. cit.*, pp. 82 et s.

(55) Loyseau, *Tr. des offices*, I, 3, n⁰ˢ 42-43.

(56) *Ord.*, 1254, art. 1-6, 11; 1256, art. 1-3 (*Ord. des r. de Fr.*, t. 1, pp. 68, 78); mars 1319, art. 1-2 (Is., t. 3, p. 239). *Gr. cout. de Fr.*, I, 7, pp. 160-169.

(57) *Ord.*, 1363; avril 1453 (Is., t. 4, p. 178; t. 9, p. 329). Dupont-Ferrier, *op. cit.*, pp. 85 et s.

valiers au cours de leurs fonctions. Aux Etats généraux de 1484,
la noblesse demanda que ces charges lui fussent réservées. Les
grandes ordonnances de la seconde moitié du xvie siècle en exclurent pour la première fois les roturiers, règle assez rigoureusement observée aux siècles suivants [58]. Cependant de bonne heure
des connaissances juridiques furent exigées des candidats et des
garanties organisées contre leurs abus de pouvoir, à l'imitation
des lois romaines : ils durent en principe n'être pas originaires
de leurs circonscriptions administratives ; dans celles-ci, ils ne
purent, sans autorisation expresse du roi, ni se marier, ni marier
leurs enfants, ni acquérir d'immeubles, ni exercer le droit de gîte
sur les maisons religieuses, pendant la durée de leurs fonctions,
au terme desquelles il leur fallait demeurer sur place pendant
50 jours pour permettre à ceux qui avaient des plaintes à formuler contre eux de les produire [59] : obligations difficilement
conciliables avec la vénalité des offices qui en entraîna la désuétude.

Les gages des baillis, variables de bailliage à bailliage, étaient
peu élevés; ceux des sénéchaux l'étaient d'ordinaire un peu plus.
Ils diminuèrent quand on préleva sur eux ceux des officiers inférieurs du bailliage ou de la sénéchaussée. Mais il s'y joignait des
gages extraordinaires presque toujours et, fréquemment, l'avantage du cumul de quelques autres charges [60], prétexte à la non-
résidence, que condamnait pourtant une série d'ordonnances [61].
Au début, les baillis, étant sortis de la *Curia,* continuaient à en
faire partie et étaient membres du Conseil dans lequel ils siégeaient quand ils étaient auprès du roi. L'ordonnance de 1302,
que d'autres confirmèrent, déclara leur charge incompatible avec
celle de conseiller du roi. Mais on conserva, du moins à la plupart, l'honorariat [62].

(58) *Procès-verbal des Etats* (Is., t. 11 pp. 39, 90). *Ord.,* Orléans, janv.
1560, art. 46; Moulins, févr. 1566, art. 21; Blois, mai 1579, art. 263
(Is., t. 14, pp. 77, 195, 439). Au xve siècle, on avait vu des baillis étrangers :
Dupont-Ferrier, *op. cit.,* p. 73.

(59) *Ord.,* déc. 1254, art. 13-15, 31; 1256, art. 14 (*Ord. des r. de Fr.,* t. 1,
pp. 68, 78). *Ord.,* 1303, art. 27; mars 1319, art. 14 : « Ils ne pourront
marier euls ne leurs enfanz as personnes de leurs baillies et sénéchaucies,
ne faire moines illec, ou nonains à leurs prières (Is., t. 2, p. 269, 272;
t. 3, p. 241). — *Ord.,* 1er mars 1388; 14 nov. 1507 (Is., t. 6, p. 661; t. 11,
p. 509).

(60) Dupont-Ferrier, o. c., pp. 87, 89, 93 et s.

(61) *Ord.,* 1363; 6 févr. 1369; 5 févr. 1388; 28 oct. 1394; avril 1453,
1er févr. 1560 (Is., t. 4, pp. 178, 338, 644, 754; t. 9, p. 238; t. 13, p. 195).

(62) *Ord.,* 23 mars 1303, art. 16; 8 avr. 1342; 5 fév. 1389; mars 1413,

Le prévôt de la Ville et Vicomté de Paris avait rang de bailli. Le roi pouvait établir des baillis ou des sénéchaux, même sur des territoires dont il n'avait pas la souveraineté directe, si des droits de justice importants lui étaient réservés ou lui appartenaient : c'étaient les « baillis des exemptions », qu'on trouvait surtout dans les pays d'apanage ([63]).

III. — LES OFFICIERS ET LE CONSEIL DE BAILLIAGE ET DE SÉNÉCHAUSSÉE

Autour des baillis et des sénéchaux se développa un fonctionnariat assez nombreux, composé de nobles et de non nobles, en partie établi et recruté par le bailli ou le sénéchal, mais postérieurement rattaché au roi de façon directe, en partie institué par celui-ci pour défendre les intérêts du royaume et les siens auprès de ses premiers officiers locaux, négligents ou partagés entre les soucis d'offices divers. Cumul et non-résidence de la part de ceux-ci poussèrent à ce résultat.

Les sénéchaux du Midi eurent, semble-t-il, les premiers des lieutenants, nés ou natifs, appelés communément *juges mages*, bien qu'ils suppléassent leurs chefs dans toutes leurs attributions. Unique d'ordinaire par sénéchaussée, choisi parmi les gradués d'Université, le juge mage fut très vite nommé par le roi et mis en possession de sa charge par le Parlement ; il était appointé directement sur les recettes de la circonscription. Ayant résisté à quelques tentatives de suppression sous Louis XI et Louis XII, l'institution fut consolidée au xvi⁰ siècle grâce aux pratiques de la résignation et des survivances. Le juge mage avait parfois un lieutenant, mais était suppléé dans la plupart des sénéchaussées par le *lieutenant clerc*, de robe longue, et le *lieutenant lai*, de robe courte, nommés par le sénéchal, mais aussi, fréquemment, par le roi ou le Parlement, le premier doublé lui-même, en certains lieux, d'un *commissaire ad universitatem causarum*, d'abord intérimaire, mais devenu permanent au xvi⁰ siècle. Dans les sénéchaussées de l'Ouest, on rencontrait des *assesseurs* ou *commis-lieutenants* du sénéchal ou de son lieutenant ([64]).

art. 176 (Is., t. 2, p. 760; *Ord. des r. de Fr.*, t. 2, p. 175; t. 12, p. 262; Is., t. 7, p. 338. Au xvi⁰ siècle on les obligea même à financer pour le titre de conseiller du roi.

(63) P. Viollet, *op. cit.*, t. 2, p. 218; t. 3, p. 280.

(64) Dognon, *op. cit.*, p. 416 et s.; Ménard, *Hist. de Nimes*, t. 3, p. 333; Dupont-Ferrier, *op. cit.*, pp. 111-117.

Dès le xiiie siècle des baillis s'étaient pourvus de *vice-baillis* ou de *lieutenants* (65). Malgré le désir du roi et des Etats généraux de les restreindre au cas d'absolue nécessité (66), l'usage s'en répandit si bien qu'au xve siècle le roi ne s'appliqua plus qu'à diminuer l'autorité des baillis sur ces subordonnés, les obligeant à ne pourvoir à la charge qu'avec le conseil des officiers et conseillers du bailliage, voire de quelques autres notables, ayant tous juré d'élire le plus idoine, de n'exiger de celui-ci aucune finance, et leur interdisant de suspendre ou révoquer le titulaire une fois élu, sans qu'il en eût lui-même décidé. L'ordonnance de 1498 exigeait des candidats qu'ils fussent docteurs ou licenciés *in altero jurium*. Enfin, depuis 1493, les lieutenants généraux s'étaient vu attribuer le quart des gages de leurs baillis ou sénéchaux et le percevaient directement des mains du receveur (67). Mais l'ordonnance de 1510 ne laissa plus au conseil de bailliage que le droit de présenter trois candidats au roi qui choisirait (68) ; puis, finalement, les officiers provinciaux furent tous choisis sur des listes triennales dressées par les assemblées de bailliage et de sénéchaussée et présentées au roi : procédure à laquelle résignations, survivances, vénalité ne laissaient plus qu'un champ restreint (69). Cependant la remise des Lettres de provision donna toujours lieu à la prestation du serment de l'officier devant le Parlement, qui l'instituait.

Les lieutenants généraux eurent eux-mêmes des lieutenants, qualifiés *lieutenants particuliers*, recrutés à peu près de même et que les ordonnances précédentes rattachèrent par les mêmes procédés au pouvoir central. Charles VIII, en 1493, admettait un lieutenant général et un lieutenant particulier « en chascun siège » du bailliage ou de la sénéchaussée, le second ne pouvant exercer ses fonctions qu'en l'absence du premier (70). Or, comme les lieutenants particuliers n'étaient pas appointés, leur charge eut pu être réduite à rien ; mais l'usage restreignit le nombre des lieutenants généraux, de sorte que, grâce aux profits des sièges par-

---

(65) P. Viollet, *op. cit.*, t. 3, p. 232.

(66) *Ord.*, mars 1357, art. 26; 5 février 1388, art. 5 (Is., t. 4, p. 831; t. 6, p. 647).

(67) *Ord.*, avril 1453, art. 87; juil. 1493, art. 73-75; mars 1498, art. 47-54 (Is., t. 7, p. 239; t. 11, p. 239 et s., 546-548). L'ordonnance de Blois, mai 1579, exigea en outre qu'il eût 30 ans.

(68) *Ord.*, juin 1510, art. 41 (Is., t. 11, p. 593).

(69) Voy. du moins : *Ord.*, Moulins, février 1566, art. 11; Blois, mai 1579, art. 104 (Is., t. 14, pp. 193, 407).

(70) *Ord.*, juil. 1493, art. 74 (Is., t. 11, p. 239).

ticuliers, les charges des lieutenants qui y étaient affectés purent se stabiliser dans la vénalité générale. Le cumul d'autres fonctions leur était, du reste, permis (71).

D'autres officiers bailliagers avaient été créés pour concurrencer et par là diminuer les pouvoirs des baillis et des sénéchaux. Dès la fin du XIIIᵉ siècle, le roi avait mis, à côté de la plupart, des procureurs plus spécialement chargés de défendre ses intérêts et ceux de son domaine (72) et notamment de se rendre partie dans tous les litiges où ses intérêts et ceux du public étaient en cause. Leur nombre variait d'après l'importance de la circonscription. Nommés de même par le roi et gagés aussi sur les recettes locales, un ou plusieurs avocats du roi furent joints à chaque procureur et n'en différaient guère que par la liberté qu'on leur laissait de postuler pour les particuliers. Les uns et les autres, gradués en droit, mis en possession de leurs charges par le bailli ou un lieutenant qui recevait leur serment, étaient revendiqués comme ses subordonnés par le procureur général du Parlement, mais prétendaient ne relever que du roi. Quand les affaires se furent multipliées leur nombre s'accrut ; il y eut un procureur à chaque siège particulier. Tous eurent des substituts nommés, sur délégation royale, par le procureur du bailliage qui ne pouvait du reste les révoquer que l'avocat du roi entendu et sauf appel au Parlement (73).

Enfin, sous l'administration d'Alphonse de Poitiers, des sénéchaux du Midi avaient déjà à leurs côtés des receveurs, parfois communs à plusieurs sénéchaussées (74). Vers la fin du XIIIᵉ siècle, cette institution apparaît dans le Nord, notamment en Champagne ; puis un édit de 1320 établit partout des receveurs, nommés dès lors par la Chambre des Comptes, et, à partir de 1349, par le Grand Conseil, mais toujours contrôlés par la première et soumis à un cautionnement égal aux recettes d'une année, ou, depuis 1510, au huitième de leurs appointements (75). Au XVᵉ siècle le roi les désigna seul, la Chambre des Comptes et les Trésoriers de France n'ayant plus qu'à entériner leurs Lettres de pro-

---

(71) Dupont-Ferrier, *op. cit.*, pp. 141 et s.

(72) *Ord.*, 1319, art. 4 (Is., t. 3, pp. 210, 218-229).

(73) *Ord.*, 1498, art. 62 (Is., t. 11, p. 350). Dupont-Ferrier, *op. cit.*, pp. 146-165.

(74) Tixier, *Essai sur les baillis et sénéchaux royaux*, pp. 151 et s.; Borrelli de Serres, *op. cit.*, pp. 32-37, 156 et s. — HF, t. 22, p. 763.

(75) Dupont-Ferrier, *op. cit.*, p. 169. — *Ord.*, 4 mars 1347 (Is., t. 4, p. 543). L. P. 23 oct. 1400 (Is., t 6, p. 846).

vision et recevoir leur serment, qu'ils renouvelaient au bailliage [76]. Tous ces offices se stabilisèrent et tombèrent dans la
vénalité selon le même processus que les précédents [77].

Comme auprès du roi, il existait auprès de ses représentants,
baillis et sénéchaux, un conseil. C'était un principe au Moyen âge
que tout détenteur du pouvoir fût assisté de conseillers. Les principaux officiers, lieutenants, procureurs, avocats du roi, formaient
autour de leur chef une *Curia* qui, en des circonstances importantes, pouvait se grossir de tous les officiers des sièges particuliers, des prévôts, vicomtes, châtelains, juges, viguiers et lieutenants de ceux-ci, que le bailli ou sénéchal consultait et qui, en
son absence, décidait pour lui et sous son nom. Mais, outre cet
élément officiel et fixe, étaient appelés et souvent devaient l'être
des notables, clercs, nobles, bourgeois, parmi lesquels, au xiv⁰ siècle, les gradués en droit et les praticiens commencèrent de l'emporter et, comme l'usage s'établit de mander toujours les mêmes,
ils se transformèrent un jour en conseillers en titre, obligés de
siéger sous peine de perdre leurs offices [78]. Leur nombre variait
d'après les lieux [79]. François Iᵉʳ se montra favorable à l'institution, mais n'eût pas à la créer. Elle s'étendit aux sièges subalternes de la sénéchaussée ou du bailliage [80]. Ce conseil était
convoqué et présidé par le bailli ou le sénéchal, à son défaut
par le juge mage, le procureur, l'avocat du roi où l'un des lieutenants. Ces assemblées appelées *Chambre du conseil* étaient périodiques (souvent hebdomadaires), ou extraordinaires. Toutes
sortes d'affaires y étaient portées, tant administratives que judiciaires, la compétence du conseil étant de même étendue que celle
de son chef. Il n'avait au reste que voix consultative ; même
quand les textes parlaient de la « greigneur et plus saine partie

(76) Dupont-Ferrier, *op. cit.*, pp. 170 et s. — *Ord.*, 11 fév. 1510 (*Ord. des
r. de Fr.*, t. 21, p. 413).

(77) Aux xiv⁰ et xv⁰ siècles, on trouve encore dans certains bailliages ou
sénéchaussées des « enquêteurs » : P. Viollet, *op. cit.*, t. 3, p. 284. Ils reparurent sous François Iᵉʳ ; mais leurs attributions furent alors seulement
judiciaires.

(78) *Ord.*, 10 avril 1344; 1363, art. 6 (Is., t. 4, p. 482; t. 5, p. 179), Ménard,
op. cit., t. 2, p. 600. *Ord.*, 1441; mai 1498, art. 94 (*Ord. des r. de Fr.*, t. 16,
p. 578; Is., t. 11, p. 361). Dognon, *op. cit.*, p. 200; Waquet, *Le bailli de Vermandois aux xiii⁰ et xiv⁰ siècles;* Billioud, *Les Etats de Bourgogne aux xiv⁰
et xv⁰ siècles*, p. 12.

(79) De 2 à 60 : Dupont-Ferrier, *op. cit.*, p. 253 et s.

(80) *Actes de François Iᵉʳ*, t. 5, nᵒˢ 1527, 1609, 1890, 17917; t. 6, nᵒ 1997;
Ménard, *op. cit.*, t. 4, p. 106; Bourdot de Richebourg, *Cout. gén.*, t. 1, p. 113;
Dupont-Ferrier, *op. cit.*, p. 234.

du conseil » le président restait maître de la décision; car il lui
appartenait de dire quelle était cette partie. Mais la consultation
était obligatoire, mentionnée dans l'acte, et procès-verbal en était
enregistré et certifié par les signatures du président et de quatre
à six conseillers. L'acte était publié sous le nom du bailli ou du
sénéchal même absent : par là était maintenue l'unité de cette
administration où les fonctions d'aucun officier n'avaient de déli-
mitation nette [81].

IV. — Attributions des baillis et des sénéchaux

Le bailli ou sénéchal était le représentant direct de l'autorité
royale. Sa compétence calquée sur celle de la Cour du roi embrassait toutes les matières politiques, administratives, financières, judiciaires et militaires. Il les exerçait sur toutes les classes
d'hommes, dans sa circonscription et parfois dans les seigneuries
voisines.

Agent politique du pouvoir central, il imposait à tous la paix du
roi et maintenait ses droits vis-à-vis de l'Eglise, des seigneurs, des
villes libres. Il présidait pour la région la cour féodale et, à l'occasion, recevait l'hommage des vassaux. Pour l'exécution des ordres
du roi, la levée des subsides et de l'arrière-ban, le respect des sentences du Parlement ou de la cour féodale, il intervenait sur le
territoire et dans l'administration des seigneuries et des fiefs [82].
Il conviait leurs populations aux assemblées de bailliage ou de
sénéchaussée, fréquentes au cours des XIVe et XVe siècles, encore
pratiquées au début du XVIe [83]. A lui fut remis le soin de présider aux élections pour les Etats généraux ou provinciaux [84].
Ainsi par l'action continue des baillis et des sénéchaux s'affer-
missait et s'étendait l'Etat royal et s'effritaient les pouvoirs rivaux. Leurs agissements et leurs succès provoquèrent les récriminations des seigneurs. Aussi les chartes provinciales obtenues

(81) *Ord.*, mai 1498, art. 85 (Is., t. 11, p. 358). Guyot, *Rép. de jurispr.*,
t. 2, p. 72.

(82) L. Delisle, *Mém. sur les baillis du Cotentin*, pp. 4, 8 et s.; Dupont-Ferrier, pp. 801 et s. Jacqueton, *Documents relatifs à l'adm. financière en
France*, p. 239.

(83) *Hist. du Languedoc* (éd. Privat), t. 8, *Preuves* nos 477, 529; Dognon,
H. des instit. du pays de Languedoc, pp. 198-204, 213, 230; Coville, *Hist. des
Etats de Normandie*. — Ph. de Commines, IV, 126-127.

(84) Dupont-Ferrier, *op. cit.*, pp. 803, 813 et s. Ils furent souvent commissaires du roi à ces assemblées, même dans d'autres régions que la leur :
Ibid., pp. 815 et s.

lors de la réaction aristocratique de 1314-1316 restreignirent en apparence leur absolutisme et limitèrent leur activité niveleuse et antiseigneuriale ; mais ces prescriptions furent vite oubliées [85]. Au xv⁰ siècle, seigneurs laïques et ecclésiastiques, municipalités confiaient fréquemment leurs plus importants offices, en dépit des ordonnances, à des officiers royaux, qui les cumulaient avec ceux qu'ils tenaient du roi [86].

Administrateurs, les baillis et sénéchaux publiaient et faisaient exécuter les établissements et mandements du roi, mais pouvaient, avant de les faire enregistrer et expédier aux officiers subalternes, l'informer des motifs pour lesquels ils jugeaient opportun d'en suspendre l'application en attendant de nouveaux ordres [87]. Eux-mêmes usaient du pouvoir réglementaire sous la seule condition de ne pas contredire ceux du roi dans leurs établissements [88]. Leur contrôle s'étendait à tous les agents inférieurs, prévôts, châtelains, viguiers, bayles, sergents [89]. Ils procédaient à l'adjudication des prévôtés à ferme et des droits : péages, sceaux, clergies, greffes, tabellionages ou terres qu'il était d'usage d'exploiter ainsi, restant responsables de la solvabilité des adjudicataires et de leurs plèges [90]. Nous savons comment la nomination des prévôts leur fut ensuite enlevée. Ils avaient la police générale, leur devoir étant de « faire vivre et tenir nostredit peuple en paix ». Vers la fin du xv⁰ siècle, on tenta de leur en fournir les moyens grâce à une petite troupe de chevaliers et de gens de pieds entretenue sur le produit des amendes, insuffisante et qui ne fût pas maintenue longtemps [91]. Baillis et sénéchaux devaient s'appliquer à empêcher le dépeuplement des campagnes et la surpopu-

(85) *Ord.*, avril 1315, art. 1, 2, 8, 11, 13, 14; 15 mai 1315, art. 1-4, 7-9; 17 mai 1315, art. 11, 13, 21; mai 1315, art. 2, 12-14 (Is., t. 3, pp. 61, 79, 87).

(86) Dupont-Ferrier, *op. cit.*, pp. 823 et s. — *Ord.*, févr. 1388, art. 3 (Is., t. 6, p. 646).

(87) *Ord.*, 5 févr. 1388; mai 1413, art. 188; mars 1498 (Is., t. 6, p. 644; t. 7, p. 344; t. 11, p. 378).

(88) Beautemps-Beaupré, *Cout. et instit. de l'Anjou et du Maine*, II, t. 2, p. 192. — Dupont-Ferrier, o. c., p. 274.

(89) *Ord.*, 1190, art. 1, 6; mars 1319, art. 6, 9 (Is., t. 1, p. 179; t. 3, p. 240).

(90) *Ord.*, mars 1302, art. 19, 53-56; avril 1309, art. 2-5; mars 1319, art. 5-8; 22 juin 1349; 13 janv. 1407 (Is., t. 2, pp. 770, 779; t. 3, pp. 2, 240; t. 4, p. 544; t. 7, p. 164).

(91) *Décl.*, 6 juillet 1493 (Is., t. 11, p. 251). — Floquet, *Hist. du Parlement de Normandie*, t. 1, pp. 259 et s. En 1438, on avait songé à confier au prévôt de Paris la police générale du royaume ; *Décl.*, 22 déc. 1438 (Is., t. 9, p. 51).

lation des villes (⁹²), avaient la tutelle et la surveillance des hospices et maladreries (⁹³). Depuis 1463, date de la création des postes et relais, ils en assurèrent le service dans la traversée de leurs circonscriptions (⁹⁴). Vers le même temps, ils furent chargés des travaux publics, fortifications, routes, chaussées, navigabilité des cours d'eau, etc., et en conservèrent une partie du contentieux même après que l'ensemble du service eût passé, en 1508, aux Trésoriers de France (⁹⁵). Ils veillaient à l'application des lois et faisaient des règlements pour le développement de l'agriculture : destruction d'animaux nuisibles, chasse, pêche, régime des eaux et des forêts, jusqu'en 1344 où furent créés les *maîtres des forêts*, qui comptèrent cependant quelque temps encore en partie par l'intermédiaire des baillis et sénéchaux (⁹⁶). De même pour l'industrie et le commerce : mines (⁹⁷), salines, contrôle des statuts et tutelle des métiers, réglementation du travail libre ; établissement et police des foires ; fixation du prix des denrées, soin de l'approvisionnement (⁹⁸). Ils étaient encore les conservateurs des privilèges universitaires et, pourtant, tentèrent, plus d'une fois, par voie réglementaire, de battre en brèche l'autonomie des Universités.

Pour le fait des finances, baillis et sénéchaux commencèrent aussi par être ordonnateurs et comptables. D'abord chargés des recettes qui ne rentraient pas dans les fermes des prévôts, ils centralisèrent, en outre, au xiiiᵉ siècle, les recettes prévôtales dans les pays nouvellement annexés et, plus tard, dans l'ancien domaine de la Couronne. Sur elles, ils ordonnançaient et payaient les dépenses locales, dont certaines devaient être imputées sur tel ou tel genre de recettes, et celles mandatées sur leurs caisses par les administrateurs centraux. Trois fois l'an (Toussaint, Chande-

(92) *Ord.*, mai 1413, art. 256 (Is., t. 7, p. 384).
(93) *Ord.*, 19 déc. 1543 (Is., t. 12, p. 841).
(94) *Ord.*, 19 juin 1464 (Is., t. 10, pp. 487 et s.).
(95) *Ord.*, fév. 1415, art. 679 et s.; 23 déc. 1499; *Edit*, 20 oct. 1508 (Is., t. 8, p. 563; t. 11, pp. 517 et s.; *Ord. des r. de Fr.*, t. 21, p. 249). — Dupont-Ferrier, o. c., pp. 278-314.
(96) *Ord.*, 7 juin 1533 (Is., t. 12, p. 380) et textes de la note précédente.
(97) Surveillant l'exploitation, gardiens des privilèges des exploitants et de leurs ouvriers, percepteurs du dixième du roi sur la production : *Ord.*, sept, 1413, 1ᵉʳ juin 1437; sept. 1471, art. 4; juillet 1514 (*Ord. des r. de Fr.*, t. 10 pp. 141-144; t. 13, p. 236; t. 17, p. 448; t. 21, p. 544).
(98) *Jostice et Plet*, I, 19, p. 69. — *Ord.*, mars 1462, art. 4; avril 1464; 11 mars 1498; *Edit*, 20 oct. 1508 (t. 10, pp. 454, 483, t. 11, pp. 379, 525 et s.) J. Havet, *Compte du Trésor du Louvre* (BECH., t. 45, pp. 257, 261 et s.).

leur, Ascension), ils étaient contraints d'apporter leurs comptes
et d'obtenir décharge ou délai de la Chambre des Comptes. Le
surplus de ces recettes sur leurs dépenses était véhiculé par eux,
en espèces perçues, au Trésor [99].

Mais, à mesure que se répandit l'institution des comptables spéciaux et lorsque l'édit de 1320 séparant la comptabilité des fonctions de bailli, l'eut remise exclusivement au receveur [100], ce fut
celui-ci qui compta, d'abord au nom, puis sous l'administration
du bailli, finalement en son propre nom [101]. Baillis et sénéchaux
ne durent plus de comptes que pour leurs ordres de paiement
ou mandats. Les receveurs présidèrent même aux enchères et
ventes des droits affermés dans le bailliage, et si les prévôtés à
ferme, de moins en moins nombreuses au xv⁰ siècle, continuèrent
d'être adjugées au nom du bailli, en fait celui-ci ou son lieutenant était seulement présent, et le receveur, assisté du procureur et de l'avocat du roi, procédait seul à la vente [102].

Dressant l'état annuel des recettes et dépenses, le receveur clas-
sait les recettes sous les deux chapitres : 1° du domaine non muable : cens, rentes en argent ou en nature, tailles périodiques, corvées dont la description était contenue dans les « terriers » et qu'il
percevait directement [103]; 2° du domaine muable : greffes, sceaux,
geôllage, castellanage, prévôtés et sergenteries affermées, banalités, droits sur les récoltes, animaux et marchandises, exploits,
amendes et défauts, que d'ordinaire il mettait aux enchères et
droits casuels (amendes, droit de mutation, rachats, confiscations,
aubaines, épaves, droits de franc-fief et d'amortissement) qu'on
n'y pouvait mettre à cause de leur incertitude [104]. Il rangeait les
dépenses sous diverses rubriques : fiefs et aumônes grevant les
biens domaniaux du bailliage; œuvres et réparations imputées

<hr>

(99) HF., t. 22, pp. 741 et s. (1296). Borrelli de Serres, *op. cit.*, pp. 35-38.
Les termes pour la Normandie : Pâques et la Saint-Michel; pour la Champagne : la Sainte Madeleine et l'Octave de Noël : *Ord.*, 30 nov. 1309; mars
1319 (Is., t. 3., pp. 1, 239).

(100) *Ord.*, 17 avril 1320, art. 14. Cpr. *Ord.*, nov. 1323, art. 27 (Is., t. 3,
pp. 236, 313. — Jules Viard, *Les journaux du Trésor*, pp. xii et s.

(101) *Ord.*, mars 1319, art. 10 (Is., t. 3, p. 241).

(102) *Ord.*, mars 1319, art. 5; 27 mai 1319, art. 1 et s. (Is., t. 3, pp. 239, 242).
Sur le détail des enchères et surenchères (tierçoyment, doublement) : Dupont-
Ferrier, o. c., pp. 551-556.

(103) Borrelli de Serres, *op. cit.*, pp. 16, 40 et s.

(104) *Vestige des Finances*, ap. Jacqueton, *op. cit.*, pp. 206 et s., 209. *Le
Guidon des finances*, 1644, p. 20 et s., 24, 26, 29, 33-39, 49, 51-73, 71-74,
88-92, 830.

d'ordinaire sur les ressources casuelles et ordonnancées par lettres d'acquit du roi, ou, si elles étaient minimes, par les officiers locaux; gages des officiers payés sur les revenus domaniaux; frais de justice; deniers payés au Trésor, c'est-à-dire affectés aux dépenses mandatées par les Trésoriers de France sur la caisse du bailliage; dons royaux mis à la charge de celle-ci; voyages et taxations; deniers rendus et non reçus; dépenses communes, nous dirions frais de bureaux (¹⁰⁵). A la fin de l'exercice, il établissait l' « état au vrai » de sa circonscription.

A des dates moins rapprochées que précédemment, les receveurs devaient remettre, autant que possible en personne, ces « états au vrai » à la Chambre des Comptes où ils étaient étudiés par un clerc d'en bas, plus tard auditeur, qui lui en faisait un rapport, sur quoi elle décidait de tenir quitte le receveur ou prononçait contre lui des sanctions dont il pouvait faire appel devant sa Chambre du conseil, quelques membres du Parlement appelés (¹⁰⁶). Le reliquat du compte était versé au Trésor.

Les finances extraordinaires, aux xive et xve siècles, échappaient aux officiers des bailliages et des sénéchaussées qui constituaient des subdivisions financières des Trésoreries, mais non des Généralités, bien que les unes et les autres eussent mêmes dénominations géographiques. Bailliages et sénéchaussées n'embrassaient en principe que les territoires dont le roi était seigneur direct ; les Généralités embrassaient également les seigneuries et les fiefs puisque le roi y percevait les subsides extraordinaires; leurs subdivisions, qui étaient les élections et les greniers à sel, ne concordaient pas non plus entre elles.

Les fonctions militaires des baillis et des sénéchaux changèrent de nature avec les temps. Au début ils étaient les seuls chefs militaires de leurs circonscriptions, chargés de lever et de mener à l'ost du roi le contingent féodal et l'arrière-ban, c'est-à-dire l'ensemble des roturiers devant le service de guerre. Ils assuraient la défense du territoire confié à leur administration, ayant sous leurs ordres les prévôts et les châtelains. Puis la création des gouverneurs et des capitaines des villes fortes d'une part, la col-

(105) *Vestige des finances*, l. c., pp. 210-218, 258. *Le Guidon des finances*, pp. 97-142, 831. Cpr. Stein, *Comptes des sénéchaussées d'Agenais et de Quercy sous Louis XI* (*Ann. du Midi*, n°s 129-130).

(106) *Ord.*, 3 avril 1388, art. 8; mai 1413, art. 145-151; *Décl.*, 26 nov 1447; *Règl.*, 23 déc. 1454 (Is., t. 6, p. 672; t. 7, pp. 323 et s., t. 9, pp. 166, 258). Jacqueton, *op. cit.*, p. 80 et s., 84. — *Ord.*, 26 févr. 1464; 20 mars 1500 (Is., t. 10, p. 503; t. 11, p. 414, 421).

laboration que lui fournirent en ces matières les officiers ou le
conseil de bailliage ou de sénéchaussée, d'une autre, restreignirent cette autorité. Dès le xiv° siècle le principe fut posé que le
roi, par « especialle prérogative royalle » pouvait disposer des
places fortes même des seigneurs, y mettre garnison et, s'il voulait, les réunir au domaine [107]. A cet effet les baillis et sénéchaux étaient chargés des enquêtes sur la valeur et l'utilité de
ces places et leurs conseils les y aidaient [108]. Le roi en nommait
les capitaines ou gouverneurs, mais en avisait le bailli ou le sénéchal pour qu'il reçût leur serment et les instituât, formalité à
dater de laquelle couraient leurs gages. Celui-ci en avait la
surveillance et exerçait à leur égard un pouvoir disciplinaire ;
parfois les officiers bailliagers obtinrent de présenter leurs candidats à ces postes [109]. Assez fréquemment aussi le bailli ou le
sénéchal cumulait une ou plusieurs capitaineries ou gouvernements. Le guet constituait l'essentiel du service des places ; les
capitaines en avaient la direction et le commandement ; mais
sa réglementation et tout le contentieux auquel donnaient lieu des
coutumes peu claires, des demandes de rachat ou d'exemption,
des prétentions rivales, etc., appartenaient au bailli, au sénéchal
ou à son conseil. Celui-ci contrôlait tous les actes des capitaines
et suppléait à leur absence ou à leur inaction [110]. Au xv° siècle,
on entendit par ban et arrière-ban le service militaire des vassaux et celui des arrière-vassaux sans distinction de clercs, nobles
ou roturiers. De ces contingents le bailli ou le sénéchal était le
chef; il en avait la direction, la discipline et le contentieux,
autorisait les remplaçants et jugeait de leur idonéité, accordait
les exemptions en jugeant de leurs motifs, faisait payer les rachats
à son receveur [111], arrêtait et condamnait les défaillants et les

(107) *Ord.*, juin 1338, art. 33; 1358, art. 26; avril 1407; mars 1498,
art. 12 (Is., t. 4, p. 442; t. 5, p. 24; t. 7, p. 144; t. 11, pp. 336 et s.). —
Boutaric, *Inst. milit.*, p. 292 et s.

(108) *Ord.*, 10 nov. 1472 (Is., t. 10, p. 656).

(109) *Ord.* 22 oct. 1399; mai 1413, art. 203; 20 avril 1479, art. 6 (Is., t. 6,
p. 843; t. 7, p. 354; t. 10, p. 811). *Actes de François I*ᵉʳ, t. 1, n° 490. —
Dupont-Ferrier, pp. 461-465.

(110) *L. P.*, 3 juil. 1383; *Ord.*, 28 mars 1395, art. 6; mai 1413, art. 203;
1ᵉʳ déc. 1451; 20 avril 1479, art. 9; 31 déc. 1504; 3 janv. 1539 (Is.,
t. 6, pp. 580, 762; t. 7, p. 354; t. 10, p. 813; t. 11, p. 441; t. 12, p. 660).
L'ordonnance de 1479 prescrivait aux baillis et sénéchaux une enquête générale sur le service du guet. — Ménard, *op. cit.*, t. 4, p. 37.

(111) *Edit*, Fontainebleau, 3 janv. 1543, art. 2-4; 9 févr. 1547, art. 23-28
(Is., t. 12, p. 847; t. 13, pp. 47 et s.).

déserteurs ([112]), prononçait la confiscation de leurs fiefs ou de
tous leurs biens. Annuellement, depuis 1544, il dut dresser avec
son conseil l'état des fiefs et arrière-fiefs et de leurs revenus,
puis procéder à la montre du contingent qui en résultait, examiner avec le procureur et l'avocat du roi l'état de chaque homme
et de ses armes ([113]). Les mêmes, en cas de mobilisation, en réglaient l'exécution ([114]). Le bailli ou le sénéchal prenait le commandement des troupes après les avoir réparties sous des lieutenants. Cependant on trouve déjà au xv⁰ siècle des capitaines de
ban et d'arrière-ban ([115]). Au xv⁰, des baillis et des sénéchaux
font procéder au racolage des bandes, en commandent, et pour-
voient, avec les autres officiers locaux, à leur approvisionnement
et à leur licenciement ([116]). Quant aux compagnies d'ordonnance,
les officiers bailliagers n'eurent qu'à leur assurer le logement
chez l'habitant et l'approvisionnement, et à protéger les populations contre leurs excès pendant les étapes ou les cantonnements
sur leur territoire ([117]). Bailliages et sénéchaussées, groupés en
capitaineries, servirent au contraire de cadres au recrutement des
francs-archers. Leurs officiers collaborèrent pour établir la base
de la levée et notamment le nombre de feux nécessaires selon la
richesse du pays pour fournir un franc-archer ; puis le bailli présida au choix des hommes, à leur équipement, participa aux revues en temps de paix, arrêta les déserteurs ([118]).

§ 4. — Les Gouverneurs.

I. — LES GOUVERNEURS JUSQU'A LA FIN DU XVI⁰ SIÈCLE

Depuis la fin du xiii⁰ siècle, et au xiv⁰ surtout, à cause des guerres anglaises, les rois commencèrent d'établir dans des régions

(112) *Ord.*, 14 oct. 1411; févr. 1413; 5 oct. 1505 (Is., t. 7, p. 259; *Ord.
des r. de Fr.* t. 10, p. 194; t. 21, p. 328).

(113) *Ord.*, 28 déc. 1355, art. 21 (Is., t. 4, p. 158).

(114) *Ord.*, 12 fév. 1534, art. 10 (Is., t. 12, p. 388) *Proc.-verb. des Etats de*
1484 (Is., t. 11, pp. 37 et s.) *Edit*, 3 janv. 1543; 9 févr. 1547 (Is., t. 12,
p. 848; t. 13, p. 41).

(115) Bonhomme, *Hist. de l'infanterie française*, pp. 128-142; Boutaric,
op. cit., pp. 263 et s.

(116) *Ord.*, avr. 1467, art. 1-3; mai 1470, art. 4-8; oct. 1485, art. 1;
20 janv. 1514. (Is., t. 10, p. 545, 612; t. 11, p. 153; t. 12, p. 6 et s.).
Boutaric, *op. cit.*, p. 312-317.

(117) *Ord.*, avr. 1448, art. 1-4 (Is., t. 9, p. 171). Spont, *Francs-Archers*
(RQH., 1897, p. 445, 478).

(118) *Ord.*, 30 mars 1475 (Is., t. 10, p. 709).

frontières ou troublées, et dans les villes fortes, des gouverneurs, investis par commissions extraordinaires du soin de veiller à leur défense et d'y ramener la paix [119]. Nos vieux auteurs disaient ces fonctions démembrées de celles des baillis et sénéchaux, réduits par là, dans les affaires militaires, à la convocation du ban et de l'arrière-ban [120]. Ce n'était à peu près exact que pour les gouverneurs des villes et capitaines des places, substitués, là où ils se trouvaient, à ces officiers dans la garde de celles-ci. La situation des gouverneurs, lieutenants généraux pour le roi-dans les provinces, qui seuls ici nous intéressent, était à la fois plus élevée et moins définie.

Ces gouverneurs ne constituèrent pas d'abord un degré nouveau et régulier de la hiérarchie administrative, car il n'y en avait ni toujours ni partout. Les limites géographiques de leurs commandements restaient imprécises et se modifiaient selon les nécessités militaires. Pour l'accomplissement de leur mission, ils usaient de leurs pouvoirs n'importe où [121]. Leur mandat était d'ordinaire de courte durée : à la cessation des troubles ou de la guerre, leurs charges étaient supprimées ou restaient longtemps vacantes [122]. Le roi choisissait pour ces gouvernements quelques grands personnages, princes, prélats, grands officiers ou seigneurs dont les connaissances et les talents paraissaient adaptés aux circonstances [123]. Il les nommait, en recevait le serment et les mettait en possession lui-même, ou il déléguait, à cet effet, le chancelier, ou le Parlement, qui devait en tout état de cause, ainsi que la Chambre des Comptes et les juridictions bailliagères comprises dans leurs gouvernements, enregistrer leurs commissions [124]. Ils ne touchaient point de gages, mais seulement une solde, payée par les Trésoriers des guerres, ou des pensions [125].

Bien qu'institués pour les guerres ou événements similaires,

<hr>

(119) Dessalles, *Rapp. sur les archives de l'anc. comté de Périgord*, p. 54; Langlois, *Le règne de Philippe le Hardi*, p. 398 et s.; Leroux, *Géographie et histoire du Limousin*, p. 62. Charles V donna à Louis d'Anjou, son frère, le gouvernement du Languedoc sans limitation de temps : Loyseau, *Tr. des offices*, IV, 1, 4, n° 36, 54-56; Du Tillet, *Rec. des Roys* (1618), pp. 426-429.

(120) Loyseau, *op. cit.*, IV, 4, n°s 48-50.

(121) Loyseau, *op. cit.*, I, 6, n° 79.

(122) Loyseau, *op. cit.*, IV, 4, n°s 54 et s.

(123) *L. P.*, 10 oct. 1536 (Is., t. 12, p. 530).— Dupont-Ferrier, *op. cit.*, pp. 55-58.

(124) Dognon, *op. cit.*, p. 359; Dupont-Ferrier, *op. cit.*, p. 59 et s.

(125) Loyseau, *op. cit.*, IV, 4, n° 44. — Cela n'avait sans doute rien d'absolu; car voyez *Ord.*, 1er mars 1388 (Is., t. 6, p. 661).

comme ils étaient de rang élevé, que les buts de leurs missions comportaient le concours de tous les organismes nationaux et l'unité de direction dans les provinces où ils agissaient, on tenait qu'ils représentaient la personne du roi, censé présent dans toutes les parties du royaume, et qui leur avait prescrit de faire « comme nous ferions » ou « comme si nous mesme y estions en personne » ([126]). Aussi, du xiiie au xve siècle, leurs attributions s'accrurent de façon continue et débordèrent sur celles des autorités locales qu'ils cherchaient à se subordonner et avec lesquelles ils entraient en incessants conflits. Ils s'arrogeaient des droits presque royaux, percevaient les revenus du domaine, levaient des impôts et des troupes, rendaient la justice sans forme, par eux-mêmes ou par leurs lieutenants, et se prétendaient supérieurs aux Parlements ([127]). L'institution tendait à se généraliser et aussi à se stabiliser. Vers la fin du xve siècle, il y avait des gouverneurs en Languedoc, Provence, Dauphiné, Bourgogne, Normandie, Bretagne, Picardie, Guyenne, Lyonnais, Champagne; en 1483, avait été créé, au profit du duc d'Orléans, le gouvernement de Paris et de l'Ile de France ([128]). Certains d'entre eux conservaient leurs fonctions de longues années et tâchaient, bien qu'elles ne fussent que des commissions, de les fixer dans leurs familles par des survivances ou des résignations. Le danger qui résultait de ces manœuvres pour la royauté et qu'aggravait souvent le cumul de plusieurs gouvernements aux mêmes mains ([129]), les manières despotiques de ces grands chefs firent que les officiers royaux et les populations en demandèrent la suppression en temps de paix ([130]).

Aussi les rois, dès avant le milieu du xve siècle, s'appliquèrent à enfermer leurs pouvoirs en de justes bornes, les déplacèrent, souvent laissèrent les charges vacantes. Dans l'ordre administratif, les ordonnances leur concédaient de recevoir les serments dus au roi, de convoquer les Etats, leur commettaient la police générale et la sécurité de leurs provinces, certaines initiatives en matière d'approvisionnement, mais leur interdisaient, sous peine de révocation, de percevoir ni de lever aucuns deniers, d'exiger

(126) *Ord.*, oct. 1475; 9 oct. 1483 (Is., t. 10, p. 712; t. 11, pp. 6-10).

(127) Dognon, *op. cit.*, p. 346.

(128) *L. P.*, 9 et 23 oct. 1483 (Is., t. 11, p. 6 et s.). Dupont-Ferrier, *op. cit.*, pp. 55 et s.

(129) *L. P.*, oct. 1483; 23 mai 1542; 11 janv. 1542 (Is., t. 11, p. 6; t. 12, pp. 780, 806).

(130) Dupont-Ferrier, *op. cit.*, pp. 63 et s.; Dognon, *op. cit.*, pp. 360 et s.

aucunes corvées ([131]). Dans l'ordre judiciaire, elles leur défendaient de se mêler de rien, sinon pour prêter main forte à l'exécution des jugements et arrêts des juridictions ordinaires ([132]). Même pour le militaire leurs pouvoirs subirent au xv⁰ siècle des restrictions : leurs lieutenants passèrent à la nomination du roi; vers la fin du règne de François I°ʳ, il leur fut interdit de rien changer à ce qui était établi pour la défense des villes ; les garnisons et les mortes-payes leur échappèrent ([133]). L'établissement et l'entretien des fortifications, le droit de réquisition en temps de guerre, une certaine justice sommaire et sans forme, en pareil cas, leur furent maintenus ([134]).

Mais, comme il apparut au procès de Philippe Chabot (1540), les abus persistaient. Aussi, François I°ʳ, en 1542, révoqua toutes les commissions de gouverneurs ou de lieutenants généraux, sauf à en rétablir seulement quatorze dans les provinces frontières par déclaration du 6 mai 1545 ([135]). Seuls ces personnages pouvaient se qualifier de lieutenants généraux du roi. Comme les guerres de religion avaient provoqué l'établissement d'un plus grand nombre, même dans l'intérieur du pays, puisque la guerre était partout, l'ordonnance de Blois (1579) les réduisit de nouveau aux douze plus anciens, prohibant du même coup la résignation de ces charges et imposant une résidence annuelle de six mois au moins à leurs titulaires ([136]). Les troubles renaissant, il ne semble pas que ces règles aient été longtemps observées. Le nombre des

---

(131) *Ord.*, 1436, 1440; Dognon, *op. cit.*, pp. 348 *bis*, 351, 358, 361 et s.; — *Ord.*, déc. 1474; oct. 1483 (*Ord.*, t. 18, pp. 63-65; t. 19, p. 153); *Ord.*, mars 1498, art. 70; *L. P.*, 15 fév. 1540; *Edit*, 21 mai 1542; *Ord.*, févr. 1566, art. 23; mai 1579, art. 277 (Is., t. 11, p. 354; t. 12, pp. 756, 779; t. 14, pp. 195, 442). Du Tillet, *op. cit.*, p. 428.

(132) *Ord.*, mars 1498, art. 70 : « Leur faisant inhibition et défense que d'oresnavant ils ne donnent grâces, remissions et pardons, foires, marchez, annoblissemens et légitimations et qu'ils évoquent les causes pendantes pardevant les juges ordinaires, ne d'icelles connoissent en quelque manière que ce soit... »; 14 nov. 1507, art. 253; févr. 1566, art. 22; mai 1579, art. 274 (Is., t. 11, pp. 353 et s.; t. 14, pp. 195, 441). Cpr. *Lett.*, 15 févr. 1540 (Is., t. 12, p. 739)

(133) *L. P.*, 15 févr. 1540 (Is., t. 12, p. 730). Loyseau, *op. cit.*, IV, 4, n°ˢ 75-76.

(134) Loyseau, *l. c.*, n°ˢ 79, 82-83.

(135) *Edits*, 21 mai 1542; 6 mai 1545 : ces quatorze gouvernements étaient ceux de Normandie, Bretagne, Guyenne, Languedoc, Provence, Dauphiné, Bresse, Savoie, Piémont, Bourgogne, Champagne, Brie, Picardie, Isle-de-France. Cpr. *Décl.*, 23 mai 1542 (Is., t. 12, pp. 779, 780, 892).

(136) *Ord.*, Blois, mai 1579, art. 271, 272, 273 (Is., t. 14, p. 441).

gouvernements s'accrut de nouveau. Des baillis et des sénéchaux tentaient de faire joindre ce titre à leurs offices dans leurs lettres de provision, comme il apparaît par le refus du Parlement d'entériner de telles lettres.

Cependant rien n'empêcha que l'institution ne finît par devenir générale et n'embrassât tout le royaume aux deux siècles suivants.

II. — LES GOUVERNEURS AUX XVIIe ET XVIIIe SIÈCLES

Les gouverneurs multipliés pendant les guerres de religion, grands seigneurs huguenots ou ligueurs, avaient tenu les ordonnances pour lettres mortes et fait précisément tout ce qu'elles leur interdisaient : levées de deniers et de troupes, substitution de leur justice à celle des juridictions légales, nominations aux offices, alliances entre eux ou avec des princes étrangers, usurpation de droits régaliens, si bien que le duc de Montpensier osait demander à Henri IV que leurs gouvernements leur fussent concédés en propriété et souveraineté, sous la seule condition de fournir des troupes au roi [137], tandis que les légistes, dénonçant le danger d'une renaissance seigneuriale, réclamaient l'application stricte des ordonnances du xvie siècle, dont les principales dispositions étaient reprises par des arrêts du Conseil [138]. Henri IV enleva aux gouverneurs des provinces la nomination de ceux des villes et flanqua les uns et les autres de lieutenants généraux ou de lieutenants de roi à sa dévotion pour les surveiller [139]. Pendant la minorité de Louis XIII, l'arrogance de certains, perpétués dans leurs charges de père en fils par les survivances [140], tels d'Epernon en Guyenne, appuyé sur l'Espagne, Montmorency en Languedoc, allié aux protestants, poussa Richelieu à limiter en principe à trois ans la durée de leurs commissions, à faire révoquer par arrêts du Conseil les prérogatives usurpées, à enlever leurs

(137) Sully, *Œconomies royales*, LXI, LXXXVI, éd. Michaud-Poujoulat, t. 2 pp. 201, 298.

(138) *Edit*, 22 nov. 1589 (Is., t. 15, p. 10); *A. C.*, 26 janv. [illegible] t 1593; *Rép. aux remontrances du Parlement*, 1er fév. 1593 (Noël Valois, *Invent. des arrêts du C. d'Etat*, t. 1, n°s 119, 317, 154). — Leschassier, *La maladie de la France, discours en II parties présenté l'an 1602 au roy Henri le Grand* (1652); Loyseau, *l. c.*, n°s 70-79.

(139) Loyseau, *l. c.*, n°s 75-76.

(140) *Mémoires de Richelieu* (éd. Petitot), p. 219 : « Le caractère de la maison des Montmorency, qui, depuis un long temps, estoient gouverneurs du Languedoc, estoit si avant imprimé dans ces peuples qu'ils ne croyaient le nom de roi qu'imaginaire. »

charges à la plupart, prenant pour lui la Bretagne, et se contentant ailleurs de lieutenants généraux sûrs.

Les intrigues et les exigences, pendant la Fronde, de ceux qu'il avait maintenus, furent cause du tour que l'institution prit sous les règnes suivants. Louis XIV augmenta le nombre des gouvernements ; d'où chaque gouverneur eut moins de troupes sous ses ordres. Au xvii\u1d49 et au xviii\u1d49 siècle, ce nombre oscilla entre 35 et 40 ; en 1789, il existait 32 grands gouvernements et 8 petits (141). Il maintint la règle limitant les commissions à trois années; mais, en fait, grâce à leur renouvellement quasi certain, les gouvernements étaient le plus souvent viagers et des survivances en étaient si communément accordées qu'on pouvait sans grands risques en trafiquer, bien qu'ils n'aient jamais été des offices vénaux (142). Il fit résigner leurs charges à plusieurs gouverneurs pour les remettre à des princes du sang ou légitimés, fournissant plus de garanties : le duc du Maine fut gouverneur du Languedoc à 12 ans. Le roi supprima ce qui leur restait d'attributions autres que militaires ou purement honorifiques, encore leur enleva-t-il la disposition des fonds de contributions, la liberté de composer les troupes sous leurs ordres; le service des levées et celui des étapes passèrent aux intendants. On leur laissait, dans leurs provinces, des fonctions de police en cas de tumulte et de violence armée, la visite des places fortes et des magasins, le commandement des troupes en temps de guerre (143). Ils jouissaient de la préséance et avaient droit d'entrée solennelle dans la capitale de leur gouvernement. Ils convoquaient, au nom du roi et sur son ordre, les Etats généraux, les Etats provinciaux, les Parlements et, en certains lieux, les corps et collèges des villes. Mais, l'usage s'établit qu'ils résidassent une partie de l'année à la cour et finalement qu'ils n'allassent plus dans leur gouverne-

(141) Il y en avait un 41\u1d49 extérieur au royaume, Monaco, dont le prince était gouverneur.

(142) En 1719, le régent achète dans ces conditions pour son fils le gouvernement du Dauphiné au duc de La Feuillade, 500.000 livres, plus 300.000 pour le brevet de retenue qu'avait obtenu le duc (Brunet, *Nouvelles lettres de Madame la duchesse d'Orléans*, p. 218). Cpr. Saint-Simon. *Lett. anonyme au roi* (*Ecrits inédits*, t. 4, p. 29). — Au contraire, tardivement, des gouvernements de villes furent érigés en offices vénaux : *Ord.*, 18 mars 1776, art. 5; *A. C.*, nov. 1733; 1\u1d49\u02b3 juin 1776. Brette, *Les limites et divisions territoriales de la France en 1789*, pp. 95-97.

(143) Cpr. *Ord.*, janv. 1629, art. 307 (Is., t. 16, p. 298). Les revues devaient être passées par les commissaires des guerres en leur présence... ou celle des magistrats de la ville. Sur la vie et le train d'un gouverneur au xvii\u1d49 siècle : Marcel Fossoyeux, *Julie d'Angennes en ménage*, 1909.

ments sans une autorisation expresse du roi. Une ordonnance du 25 juin 1750 consacra législativement cette pratique. L'autorisation était assimilée à une commission spéciale : autant dire que les gouvernements étaient des charges sans fonctions [144]. Depuis longtemps on les tenait pour simples faveurs et équivalents de pensions fastueuses, d'autant que la résidence n'étant plus exigée, ni même permise, il y avait place pour de fructueux cumuls [145]. Les profits variaient d'une charge à une autre. L'ordonnance du 18 mars 1776 les réduisit à 60.000 livres pour 18 gouvernements qui devaient être donnés à des princes du sang ou à des maréchaux de France et à 30.000, pour les autres [146]. Elle supprimait en .même temps les survivances [147].

Les gouverneurs disparurent à partir du 17 janvier 1791 [148].

III. — LES LIEUTENANTS ET LE CONSEIL DES GOUVERNEURS
LES LIEUTENANTS GÉNÉRAUX

Les gouverneurs, qui résidaient peu, s'étaient très vite constitué des lieutenants qui se qualifiaient *lieutenants en l'absence du gouverneur* et étaient choisis parmi .les personnages les plus importants de la province, prélats, baillis, capitaines des villes, viguiers, ôte. Ceux-ci devinrent en plusieurs lieux permanents et se donnèrent à léur tour des *lieutenants subrogés* et à partir de

(144) *Ord.*, 25 juin 1750, art. 1 : « Les gouverneurs et lieutenants généraux, lorsque Sa Majesté leur permettra d'exercer leur charge, auront la même autorité, chacun dans leur département, que si elle leur avoit fait expédier un ordre ou une commission expresse pour y commander. » (Bibl. Sainte Geneviève, L. f° 81, supp. n° 936). Brette, *Les limites et les div. terr. de la France en* 1789, pp. 101-104. — Dareste, *Journ. des Sav.*, 1901, p. 405.

(145) Ce qui faisait qu'il n'y avait jamais utilité d'en déterminer exactement les limites géographiques. Boislisle, *Mém. des intendants*, t. I, p. XVIII. *Ord.*, 18 mars 1776, préam. (Is., t. 23, p. 436).

(146) La première classe comprenait : Ile-de-France, Picardie, Flandre et Hainaut, Champagne et Brie, Metz et Verdun, Lorraine, Alsace, duché de Bourgogne, comté de Bourgogne, Lyonnais, Dauphiné, Provence, Languedoc, Roussillon, Navarre et Béarn, Guyenne, Bretagne, Normandie; la seconde : Artois, Boulonnais, Havre, Sedan, Toul, Nivernais, Bourbonnais, Berry, Auvergne, Limousin, Marche, Poitou, Touraine, Maine et Perche, Anjou, Saumur, Orléanais, Aunis, Angoumois et Saintonge, Donnezan et Audorre, Corse : *Ord.*, 14 mars 1776; 1er octobre 1779 (Is.. t. 23, p. 436; t. 26, p. 184). En 1789, on comptait parmi les gouverneurs, 4 princes du sang, 22 ducs, 3 marquis, 3 princes, 4 comtes. Le Nivernais ayant conservé son administration seigneuriale, le duc de Nevers était en même temps gouverneur.

(147) Art. 11-14.

(148) Loi des 20-23 févr. 1791, art. 2, 3 (Galisset, t. 1, p. 294).

Louis XI commencèrent, à l'instar de ceux des baillis, à se muer
en agents directs du roi, qui les nommait par Lettres de provision,
qu'ils devaient faire entériner au Parlement. Dès lors, ces charges
se stabilisèrent et furent maintenues même pendant la vacance
du gouvernement. Enfin ces lieutenants et certains de leurs subordonnés formèrent autour du gouverneur un conseil qui l'assista
et au besoin le remplaça, sorte de lieutenant collectif ([149]).

Mais, à mesure que le pouvoir royal s'efforça d'annihiler la
puissance des gouverneurs, il plaça à côté d'eux, et qualifiés
comme eux lieutenants généraux, des personnages investis de
commissions de même nature, mais en qui l'on avait pour le moment une confiance plus grande ([150]), qui résidaient davantage
et prenaient, en temps de paix, le commandement effectif des
troupes sous le contrôle purement théorique du gouverneur, car
ils lui étaient à peine subordonnés et correspondaient directement
avec les ministres. Ils jouissaient d'ordinaire, dans la province,
d'un grand prestige moral ([151]). Au xviiie siècle ils subirent insensiblement les mêmes avatars que les gouverneurs. On finit par
les craindre à leur tour; on leur interdit aussi la résidence. Ils
disparurent avec les gouverneurs.

§ 5. — Les intendants de justice, police et finances.

I. — ORIGINE DES INTENDANTS

Le pouvoir royal trouva dans les intendants le type le mieux
adapté d'administrateurs des provinces. Il est inutile de rechercher l'origine de l'institution beaucoup au-delà du milieu du
xvie siècle, ailleurs que dans les chevauchées des maîtres des Requêtes ([152]), déjà mentionnées en 1526 et auxquelles vingt de ces

(149) *Actes de François Ier*, t. 1, nos 561, 1182, 1657, 1915, 2344, 2466, 3180;
Dupont-Ferrier, *op. cit.*, p. 65-68; Dognon, *op. cit.*, pp. 351 et s.

(150) Aussi Loyseau dit ces lieutenants « plutôt contretenants ».

(151) La correspondance de Mme de Sévigné permet de suivre une carrière
de lieutenant général. M. de Grignan l'était.

(152) *Ord.*, janv. 1560, art. 33 : «... ains voulons nos dits conseillers, maistres des requestes ordinaires, faire leur estat et charge, ausquels enjoignons
faire les chevauchées qu'ils seront tenus faire... Et faisant lesquelles chevauchées par les provinces de leurs départemens, pourront recevoir les plaintes
de toutes personnes et les insérer en leurs dits procès-verbaux. » — fév.
1566, art. 7 : « Les maistres ordinaires des requestes de nostre hostel feront
leurs chevauchées par toutes les provinces de nostre royaume, selon le département qui à ces fins sera fait par chacun an par nostre dit chancelier

magistrats sur vingt-six étaient employés en 1555 ([153]), et aussi dans les missions temporaires, confiées le plus souvent aux mêmes, pour organiser les provinces annexées, comme celle de P. de Panisse, intendant de justice en Corse (1553), ou rétablir l'ordre dans les régions troublées, notamment à la suite des édits de pacification. Dans le premier cas, ils prenaient figure de réformateurs, du moins d'enquêteurs, pour tout ce qui touchait justice et finances ; dans le second, ils avaient l'état tantôt d'intendants de justice, police, vivres et finances dans les armées ou d'administrateurs civils des pays occupés, tantôt de commissaires investis de pouvoirs illimités pour l'application des lois ([154]).

Sous les appellations d'intendants de justice, intendants de finance, maîtres des requêtes délégués ou commissaires du roi départis dans les généralités pour l'exécution des ordres du roi, ils étaient les hommes de confiance de celui-ci et munis de commissions dont les termes variables étaient toujours assez larges pour confirmer par avance ce qu'ils entreprendraient pour son service ; au besoin ils en provoquaient l'extension. Cette puissance naissante éveillait des inquiétudes parmi les gens de finance ou de judicature; et les Etats généraux de 1576 s'en firent l'écho. Mais, après les désordres de la Ligue, le nombre des intendants s'accrut sensiblement ; il y en eut en Bourgogne, en Languedoc, en Limousin, à Troyes, etc. Un édit de 1600 portant règlement des tailles laisse entendre qu'il y en avait alors à peu près partout ([155]). L'institution tendait à se généraliser, sans, du reste,

---

auquel ils rapporteront leurs procès-verbaux des contraventions qu'ils trouveront avoir esté faites à nos ordonnances et autres cas qui méritent punition et correction; » mai 1579, art. 209 (Is., t. 14, pp. 73, 191, 424). Par contre, l'édit de mai 1635, auquel on a longtemps attribué la création des intendants, leur est étranger (Is., t. 16, p. 442).

(153) Guyot et Merlin, *Tr. des droits, fonctions, franchises, annexes en France à chaque dignité*, t. 3, p. 120. A. C., 23 mai 1555, sur le département des chevauchées.

(154) *Edit, mars 1583, art.* 17 (Is., t. 14, p. 544); Guyot et Merlin, *l. c.*, p. 122; Hanotaux, *Origines de l'institution des intendants des provinces*, pp. 27, 43-44, 224.

(155) P. Viollet, *Le roi et ses ministres*, p. 352-353. — *Edit, mars* 1600, *préam.* (Is., t. 15, p. 227) : « Nous avons... député des commissaires, personnes de qualité et intégrité cogneue, pour en informer, chastier les coupables, procéder au régallement d'icelles, et nous donner advis des moyens qu'ils jugeroient les plus propres et convenables pour faire cesser les désordres à l'advenir et par leur rapports estre informés que nos subjects ont souffert beaucoup de foulle et d'oppresion »; art. 39 (pouvoir pour régler la levée des aides); art. 40 (pouvoirs judiciaires, sauf évocation).

être soumise à des règles fixes. Tout dépendait des circonstances et de la commission de chaque intendant, donnée d'ordinaire « avec plein et entier pouvoir » tant sur les officiers royaux que sur ceux des provinces ou des villes. Contre eux il recevait toutes les plaintes et était juge de leurs personnes et de leurs actes. Les juges des bailliages et sénéchaussées, les Parlements mêmes, en marge ou à l'encontre desquels il érigeait sa justice, lui devaient assistance. Finances, domaine, partie de l'administration militaire, contrôle des autorités civiles et religieuses lui étaient absolument livrés. Lui ne relevait que du roi et du Conseil. Déjà l'on trouve par intermittence le titre, qui finalement leur sera donné, complexe et révélateur de l'universalité de leurs attributions, d'intendants de justice, police et finances [156].

Ces empiètements sur les pouvoirs réglés des corps judiciaires et des autres officiers royaux suscitèrent les doléances d'abord des Etats généraux de 1614 dont le cahier général contenait le vœu des trois ordres « que tous vos officiers, tant de judicature que de finances soient conservés en l'exercice et autorité de leurs charges, sans y être troublés et empêchés par commissions, commissaires ou autres » [157], puis des assemblées de Notables où les parlementaires étaient nombreux et influents. En 1617, le roi fut supplié que les maîtres des Requêtes délégués ne jugeassent plus en dernier ressort, ni ne prissent consignation pour le rapport, visitation, jugement des instances au Conseil, ou ailleurs ; et la Cour ayant paru céder, les Notables s'enhardirent à demander le retour aux ordonnances de Moulins (1566) et de Blois (1579), dont le texte n'autorisait les commissaires départis qu'à faire des inspections, dresser des constats et en rapporter au Conseil, et que « s'il plaisoit néanmoins au roi de leur permettre d'informer contre les officiers que ce fût seulement pour en saisir le Parlement du ressort. » En 1626-1627, ces vœux, étant restés sans suite, furent repris et les pouvoirs de justice des intendants surtout attaqués [158]. Aussi le gouvernement royal s'efforça-t-il

(156) Hanotaux, *op. cit.*, pp. 232-240; d'Arbois de Jubainville, *L'administration des intendants*, pp. 194-199.

(157) *Les Etats généraux et autres assemblées nationales*, t. 17, p. 341.

(158) *Ibid.*, t. 18, pp. 67 et s., 107 et s. Les Parlements y joignirent leurs remontrances : « Reçoivent vos Parlemens grand préjudice d'un nouvel usage d'intendans de la justice qui sont envoyez es-ressort et étendues des dits Parlemens près de MM. les gouverneurs et lieutenans généraux de V. M. en ces provinces, ou qui, sur autres sujets résident en icelles plusieurs années, fonctions qu'ils veulent tenir à vie, ce qui est, sans édit, établir un chef officier surnuméraire de justice créé sans payer finances, exaucto-

à une transaction en tâchant de définir ces pouvoirs dans l'article 58 de l'ordonnance de janvier 1629 ([159]) : enquêtes sur les abus, crimes, malversations, commis dans l'administration de la justice et des finances, dont le chancelier sur leurs rapports saisira les Parlements ou une autre juridiction, selon qu'il verra être à faire ; contentieux des tailles pour lequel leurs sentences seront exécutoires nonobstant appel aux Parlements ([160]) ; contrôle de l'accomplissement de leurs obligations par les bénéficiers ecclésiastiques. Mais l'ordonnance et cet article en particulier, rejetés par la plupart des Parlements, ne furent sérieusement appliqués nulle part.

Les commissions des maîtres des Requêtes délégués, sous le ministériat de Richelieu, furent encore plus nombreuses et plus compréhensives : aucune séparation des pouvoirs ; elles les embrassent tous ([161]). Une seule règle paraît s'ébaucher : leur triennalité; mais elles étaient renouvelables, d'ordinaire dans une autre province; et cela ne dura pas. Richelieu, qui avait établi des intendants dans toutes les provinces, en recommanda l'institution dans son testament ([162]). Cependant l'étendue de leurs circonscriptions, parfois très vaste, restait indécise ([163]) ; il arrivait aussi que deux intendants opérassent ensemble, collégialement comme en Languedoc ([164]). La crainte du principal mi-

rant les chefs des compagnies subalternes, formant une espèce de justice... Ils prennent encore connoissance de divers faits dont ils attirent à vostre Conseil les appellations, au préjudice de la juridiction ordinaire de vosdits Parlemens... C'est pourquoi V. M. est très humblement suppliée que telles fonctions ne soient désormais jamais faites sous prétexte d'intendance ou autrement. » Ms. Bibl. de l'Université, II, f° 295).

(159) *Ord.*, janv. 1629, art. 58 (Is., t. 16, p. 241 et s.).

(160) La connaissance de ces appels fut ensuite passée à la Cour des aides A. C., 8 avril 1643 (Is., t. 17, p. 34).

(161) Hanotaux, *op. cit.*, pp. 317-320, 327-329, 333-334, 340-342.

(162) *Testam. polit. de Richelieu*, 1re partie, 4, 2 (éd. 1689), pp. 161 et s. La commission de M. de la Villemontée (1637) dit qu'il y a dans toutes provinces des commissaires « avec pleins et entiers pouvoirs d'intendans de justice, police et finances. »

(163) Ainsi, Limousin, H. et B. Marche, Auvergne et provinces adjacentes (1632); — La Rochelle, pays d'Aunis, Poitou et Saintonge, 1628; — par contre, la ville de Saint-Mihiel (1632).

(164) Gariel, *Les gouverneurs du Languedoc*, Montpellier, 1873, pp. 56; Gachon, *Les Etats du Languedoc et l'édit de Béziers*, pp. 95 et s.; A. Miron de l'Espinay, *Robert Miron et l'admin. mun. de Paris de 1614 à 1656*, ch. VII. *Intendance du Languedoc*, pp. 295-357.

nistré n'empêchait pas toujours les corps judiciaires d'engager une lutte ouverte contre ses meilleurs agents ([165]).

A sa mort la campagne contre les intendants se fit plus âpre : on les accusa de rapacité, de cruauté, de collusion avec les trai· tants, de levée des impôts à main armée. Le chancelier (2 mai 1643), les Parlements (2 déc. 1644), d'autres juridictions firent des remontrances motivées par ces évidentes exagérations, puis les Trésoriers généraux, dont Mazarin suspendit les appointe-ments ([166]). La Fronde parlementaire visait par-dessus tout les intendants. Le 10e des Articles rédigés dans la Chambre de Saint-Louis en comportait la suppression : les jugements prononcés par eux étaient déclarés nuls et défense était faite à tous de les reconnaître pour juges. Devant l'émeute, la Cour publia une déclaration portant « révocation de toutes commissions extraordinaires, mesmes des intendans de justice ès-provinces du royaume ·» (13 juillet 1648) ; mais une autre, sous couleur de la confirmer, révoqua tous les intendants... « excepté dans les provinces du Languedoc, Bourgogne, Provence, Picardie, Lyonnais, Champa-gne ; èsquelles provinces les intendans par nous commis ne pourront se mesler de l'imposition et de la levée de nos deniers, ny faire aucune fonction de juridiction contentieuse... » ([167]). On les présentait comme intendants aux armées. Ils gardaient la porte ouverte aux autres. Sous prétexte de troubles ou de troupes, Mazarin au cours des années suivantes les rétablit successive-ment ([168]). Les restrictions à leurs attributions furent vite ou-bliées ; dès 1653, les nouvelles commissions ne différaient en rien des anciennes. En 1661, à sa mort, on comptait 17 intendants en

(165) Ex. le conflit de Servien, intendant de Guyenne, avec le Parlement de Bordeaux (1628), les difficultés de R. Miron et de ses collègues avec les Etats du Languedoc (1631-1639); les conflits de Morant, de Jean de Gassion, de Coëtlogon avec les Parlements de Normandie, du Béarn, de Bretagne.

(166) *Journal d'Olivier d'Ormesson* (éd. Chéruel), t. 1, pp. 37, 231; *Mémoires d'Omer Talon* (éd. Michaud), p. 233.

(167) Articles rédigés dans la Chambre de Saint-Louis, art. 10 (4 juill. 1648); *Décl.*, 13 juill. 1648; 17 juill. 1648 (Is., t. 17, pp. 78, 84; Guyot et Merlin, *l. c.*, p. 127). — *Hist. du temps ou véritable récit de ce qui s'est passé dans le Parlement de Paris, depuis le mois d'aoust 1647 jusques au mois de novembre 1648* (éd. 1649), pp. 179 et s.

(168) En 1650, à Paris, Rouen, Dijon, Grenoble; en 1651, à Montauban, Nancy, et Metz; en 1652, à Orléans; en 1653, à Alençon, Caen; en 1654, à Tours, Limoges; en 1655, au Quesnoy; en 1656, à Soissons, Bordeaux,; en 1654, à Bourges, La Rochelle, en Roussillon. En 1649, il avait dû supprimer l'inten-dant de Provence, conservé en 1648, et qui ne fut rétabli qu'en 1661.

pays d'élections, 5 en pays d'Etats (¹⁶⁹). Cette distribution ne prit
sa forme dernière que sous Louis XIV, par l'identification, en
principe, de la circonscription de l'intendant avec la généralité ;
mais encore il y eut des exceptions. Si Limoges et Poitiers furent
séparés en 1667, Moulins et Bourges en 1668, Montauban et Bordeaux en 1669, puis Flandre et Picardie, au contraire, un seul
intendant administra les deux généralités de Toulouse et de Montpellier ; Auch et Pau furent plus tard réunis (¹⁷⁰). Des ressorts
d'intendants prirent par la suite le nom de généralités, alors qu'ils
étaient étrangers aux généralités primitives (¹⁷¹).

II. — Caractère de l'institution et nomination des intendants

Définitivement assise, l'institution des intendants correspondit
sous Louis XIV à la conception administrative d'un gouvernement
centralisé. Relevant sans intermédiaire du roi et des ministres,
correspondant directement avec chacun d'eux, l'intendant rattachait sa circonscription au centre du pouvoir (¹⁷²), mais cependant gardait une initiative et une liberté d'allure que notre conception actuelle du fonctionnariat permet difficilement d'imaginer (¹⁷³). Il était, sur place, souvent plus à même que les ministres pour juger de ce qu'il convenait de faire, de l'opportunité

(169) Dans les premiers : Alençon, Amiens, Aunis, Auvergne, Guyenne-
Montauban, Bourges-Moulins, Caen, Champagne, Flandre maritime, Limoges-
Poitiers, Lyon, Orléans, Paris, Rouen, Sedan, Soissons, Tours; — dans les
seconds : Aix, Bourgogne, Dauphiné, Hainaut-Artois, Languedoc. En outre,
il y en avait en Alsace, Metz, Roussillon.

(170) Brette, *Rec. de documents relatifs à la convocation des Etats généraux
de 1789*, t. 1, p. 457,

(171) Brette, *Les limites et divisions territoriales de la France* en 1789,
p. 109, note 1. Sur les dissidences quant au nombre des généralités : *Ibid.*,
p. 111, note 3. — Ferrière, *Dict.*, v° *Généralité* (éd. 1771), donne 21 généralités
en pays d'élections (mais il y compte les Dombes rattachés à la province de
Bresse en 1781); 6 généralités en pays d'Etats, avec 5 intendants, le Languedoc
n'en ayant qu'un, et 7 généralités (ressorts d'intendance qualifiés ainsi) dans
les pays conquis : ce qui faisait, en fait, 32 intendances.

(172) « Jamais je n'aurois cru ce que j'ai vu pendant que j'ai administré
les finances, écrivait Law à d'Argenson. Sachez que ce royaume de France est
gouverné par trente intendans. Vous n'avez ni parlemens, ni comtés, ni
Etats, ni gouverneurs, j'ajouterois ni roi, ni ministres. Ce sont trente
maîtres des Requêtes, commis aux provinces de qui dépend le bonheur ou le
malheur de ces provinces, leur abondance ou leur stérilité ». (*Mémoires de
d'Argenson* (éd. Jannet), t. 1, p. 165. Cpr. Saint-Simon, *Parallèle des trois
premiers rois Bourbons* (éd. Faugère), pp. 285-288.

(173) Ardascheff, *Les intendants de province sous Louis XVI*, pp. 408 et s.

ou non d'exécuter leurs ordres [174]. « Les Intendans des provinces, écrivait Choisy, sont les vrais rois des provinces ; on ne sauroit leur faire trop d'honneur. » On leur en faisait le plus possible, et les plus hauts personnages. « N'allez pas, disait Madame de Sévigné à sa fille, vous brouiller avec les archevêques et les intendans » ; son fils faisait sa cour à l'intendant de Rennes. Des gouverneurs se plaignaient que les troupes prissent les armes pour les recevoir. On les appelait « Monseigneur » et « Votre Grandeur ». Touchant à toutes les affaires et ayant, en fait, à dire le dernier mot dans toutes, un intendant, dans quelque sens qu'il exerçât son activité, à moins de heurts assez rares avec un ministre, avait vite fait d'annihiler les pouvoirs rivaux qui l'entouraient [175]. « De mesme espèce », dit Saint-Simon, que les ministres, il collaborait avec eux plus qu'il ne leur obéissait. Il usait des mêmes méthodes, avec le même succès, sous le feu des mêmes critiques qui, à travers leurs personnes, visaient le système [176]. Leur grande autorité tenait à leur commission royale, mais presque autant à leur valeur personnelle et à leur mode de recrutement. Le roi les nommait sur la présentation du secrétaire d'Etat à la guerre pour les généralités frontières, du secrétaire d'Etat à la marine pour celles de La Rochelle et de Provence, du contrôleur général des finances pour les autres. La tradition était de les prendre parmi les maîtres des Requêtes de l'Hôtel au point qu'on ne pouvait s'en écarter sans soulever les protestations de ce corps [177]. Les exceptions assez rares n'avaient pour but que d'éviter des conflits en réunissant les fonctions d'intendant à la plus haute magistrature du ressort [178]. La charge resta jusqu'à

(174) Foucault, *Mémoires* (éd. Baudry, pp. 35, 49, 94, 125).

(175) Daguesseau, *Œuvres*, 1789, t. 13, p. 28 : ce qu'il dit de la conduite de son père en Languedoc.

(176) Les diatribes de certains historiens contre les intendants tirent leurs éléments des écrits de Boulainvilliers et de Saint-Simon ou de *L'espion dévalisé*, pamphlet paru en 1782, attribué à Mirabeau ou à Beaudoin de Guéméneuc; ce qui ne révèle pas chez leurs auteurs grand sens critique. Boulainvilliers (*Etat de la France*, *préf.*) les accuse « d'incapacité, inapplication et prévention », et cela à propos des *Mémoires* rédigés en 1697 pour le duc de Bourgogne ; « Maîtres des enfans jusqu'à les enrôler par force, maîtres des biens jusqu'à oster la substance, maîtres de la vie jusqu'à la prison, au gibet et à la roue », ils sont accusés « d'insulter à la noblesse par la somptuosité de leurs repas ». Saint-Simon parle d'eux comme de Louis XIV. Voyez le portrait de Voysin : *Mémoires*, t. 6, p. 445.

(177) *Mémoires* de Saint-Simon (éd. de Boislisle, t. 4, p. 408) : protestation contre l'envoi à Moulins de Chateaurenard, conseiller au Parlement de Paris.

(178) Ainsi en Provence, l'intendance fut plusieurs fois confiée au premier

la fin une commission révocable *ad nutum*, ce qui n'empêcha pas l'octroi de quelques survivances. Depuis 1661, elle était conférée sans limitation de temps ; la moyenne de sa durée au même lieu était de trois à six ans, mais des intendants administrèrent parfois la même généralité pendant quinze, vingt ou trente ans [179]. Beaucoup furent plusieurs fois déplacés, mais ordinairement à leur demande, car tous aspiraient aux grandes généralités ou aux plus rapprochées de Paris qui leur facilitaient les moyens de se pousser vers ce qui paraissait le couronnement de leur carrière, le Conseil du roi ou un secrétariat d'Etat [180]. La fonction était peu rétribuée [181] ; à leurs gages s'ajoutaient diverses gratifications du roi, des pensions variables de la part des Etats, là où il y en avait, des subventions et des dons des villes, soit en argent, soit en nature; mais l'office de maître des Requêtes coûtait cher, l'installation et le train de maison de premier personnage de la province après le gouverneur généralement absent, le zèle avec lequel certains intendants s'appliquaient, souvent avec leurs propres deniers, à embellir les villes de leur généralité, à y développer le goût des études, des arts, de la charité, ce qui faisait de leur demeure le centre mondain et intellectuel de la région, entraînaient à des dépenses et supposaient une fortune personnelle très grosse. Celle-ci et leur situation de magistrat de la justice personnelle du roi, ayant touché dans son Conseil à toutes les parties de l'administration, garantissaient à la fois leur compétence et leur indépendance. Ils appartenaient presque tous à la noblesse de robe; une révocation n'eût pu que les ramener à leur service des Requêtes de l'Hôtel et du Conseil. Aussi ces « hommes du roi » en face des ministres avec qui leur correspondance montre qu'ils traitaient d'homme à homme, étant du même monde, osaient prendre contre ceux-ci la défense de leurs

président du Parlement : au baron d'Oppède (1661-1671), à Cardin-Labret (1707-1734), à des Gallois de la Tour (1735-1771); en Alsace, à Colbert de Croissy, premier président au Conseil souverain (1655-1666); en Béarn, à Deschiens de la Neuville, président au Parlement (1710-1711) ; en Auvergne, à de Chazerat, président du Conseil supérieur de Clermont (1771-1789).

(179) Basville resta en Languedoc de 1685 à 1718, Lagrange, en Alsace, de 1673 à 1698, et de la Houssaye de 1700 à 1715, de Bezons, à Bordeaux, de 1686 à 1700, Bégon, en Aunis, de 1688 à 1710.

(180) Boucherat, Colbert de Croissy, Chamillart, Lepelletier, Voysin, Turgot, etc., avaient été intendants.

(181) 12.000 livres, plus de 2.000 comme maître des Requêtes. Un office de maître des Requêtes, qui ne pouvait être acquis qu'après un stage de six ans dans une Cour souveraine, coûtait plus de 150.000 livres.

administrés et se conduire souvent en « hommes de leurs provinces » ([182]).

III. — LES COLLABORATEURS DE L'INTENDANT. LES SUBDÉLÉGUÉS

L'intendant ne disposait que d'un personnel restreint : un secrétaire, un nombre variable de commis d'après l'étendue de la généralité, quelques inspecteurs secrets tant pour la police générale que pour la surveillance de la levée des deniers du roi, des gardes de la prévôté de l'Hôtel qui l'accompagnaient comme délégué du roi ([183]). Quelque assidu qu'il fût au travail, l'intendant ne pouvait seul administrer un territoire équivalant parfois à quatre ou cinq de nos départements. Sa commission comportait le droit de se choisir des collaborateurs, appelés *subdélégués* ([184]). Nommés et révoqués par lui, ils étaient ses agents personnels dont il était responsable ([185]). Au début la subdélégation ne devait être que temporaire et pour une affaire déterminée ; mais vite, on en vint à des subdélégations générales pour l'ensemble des attributions de l'intendant, soit sur toute l'étendue de la généralité, soit dans un district de celle-ci. Au reste, le subdélégué n'était jamais chargé que d'exécuter les ordres généraux ou spéciaux de l'intendant et de servir d'intermédiaire entre les administrés et son chef. Il ne décidait rien par lui-même, mais devait en référer ([186]). Il était d'ordinaire choisi parmi les personnes les plus en vue de la région, officiers de judicature ou de finances surtout, qui voyaient dans cette charge un honneur et un accroissement d'influence. Elle était gratuite, ce qui ralentissait parfois le zèle des candidats ; mais l'intendant accordait fréquemment des sortes de vacations à l'occasion des actes dont il chargeait ses subdélégués. En 1668, on décida de leur rembourser leurs dépenses ([187]). Le plus souvent c'était de la multiplicité des subdélégués dont

(182) Ardascheff, *Les intendants de province sous Louis XVI*, trad. du russe par L. Jousserandot, 1909, pp. 117-128, 128-133, 140 et s. ; J. Declareuil, NRH., 1909, pp. 804 et s.

(183) Tourny, à Bordeaux, avait en tout neuf commis qui assumaient l'énorme besogne.

(184) L'expression avait déjà servi à désigner des membres du bureau des finances chargés par celui-ci de missions temporaires. — Voy. un modèle de subdélégation générale : Gauret, *Style du Conseil du roi*, p. 463.

(185) *Lett. de Colbert*, 15 juin 1642 (P. Clément, *Lett., instructions... de Colbert*, t. 4, p. 155).

(186) De Boislisle, *Corresp. des contrôleurs généraux*, t. 1, p. 57; t. 3, p. 24 ; Guyot et Merlin, *op. cit.*, t. 3, pp. 441 et s.

(187) Ardascheff, *loc. cit.*, p. 77 et s., *Mémoires de Foucault*, pp. 220 et s.

ministres et administrés se plaignaient. L'abus fit qu'un arrêt du Conseil de 1680 ordonna que tous fussent révoqués et que les subdélégations générales fussent signées du roi [188]. Mais il était difficile de s'en passer. Le double désir de faire des subdélégués les agents directs du roi et de se procurer de l'argent suggéra d'ériger les subdélégations en offices vénaux. Ce système qui dura de 1704 à 1715 fut peu goûté et répandit quelques petits tyranneaux dans les provinces [189]. On revint à l'ancien usage. Mais, au xviiie siècle, on rencontre quelques subdélégués généraux commissionnés par le roi sur la présentation de l'intendant [190], peut-être parce que celui-ci avait des difficultés à trouver des agents désintéressés et actifs [191].

A défaut de subdélégués ou même avec eux, des intendants établissaient dans les principaux centres des *correspondants*, agents de renseignements, qu'on pouvait charger d'enquêtes dans quelques cas [192]. Parfois les circonscriptions des subdélégués étaient réparties en arrondissements de correspondance [193].

IV. — ATTRIBUTIONS DES INTENDANTS

Les attributions des intendants, qui étaient presque illimitées, dépendaient exclusivement de leur commission, mais pouvaient être groupées sous les trois rubriques : justice, police, finances.

1° Attributions judiciaires.

Commissaire du roi, maître des Requêtes de son Hôtel, l'intendant était investi du droit de juger sans limitation au civil et au criminel sous la seule condition de constituer son tribunal et d'y

(188) *Lett. de Colbert*, 18 mai 1674 (P. Clément, t. 4, p. 108).
(189) *Ed.*, avril 1704; août 1715 (Is., t. 20, p. 444; t. 21, p. 314).
(190) Guyot et Merlin, *op. cit.*, t. 3, pp. 445 et s.; Ardascheff, *loc. cit.*, pp. 77 et s.
(191) Ardascheff, *loc. cit.*, pp. 98 et s. : plaintes de l'intendant de Bretagne qui demandait pour eux des appointements.
(192) *Lett. d'Harlay-Bonneuil à Colbert*, 5 août 1683 : « Touchant les subdélégués de feu M. Bouchu, je dois vous dire que je n'en ai trouvé aucun dans la province (généralité de Dijon) à qui on deubt donner ce nom à proprement parler; ceux qu'on appeloit ainsi n'estant à la vérité que de simples correspondans qu'il entretenoit dans les bailliages et principaux lieux de son département pour estre par eux informé de tout et qu'il commettoit sur quelques affaires particulières pour instruire seulement et donner advis tout au plus ».
(193) Ainsi en Auvergne, Amiens, Bourgogne, etc.

procéder conformément aux ordonnances ([194]). Sa juridiction constituait une forme de la justice retenue et soulevait de la part des Parlements et autres organes de la justice réglée les mêmes protestations ou conflits que celle du Conseil du roi. Il pouvait la subdéléguer sauf appel devant lui, mais la jurisprudence s'établit que le subdélégué jugeait *vice mandantis* et que l'appel devait être porté au Conseil des dépêches ([195]).

Surveillant de toutes les juridictions judiciaires ou administratives, dans sa généralité, il y avait entrée et séance avec voix délibérative, même au Parlement ([196]). A cet effet, une lettre de créance était jointe à sa commission, mais ni l'une ni l'autre n'y était enregistrée pour montrer l'indépendance de l'intendant vis-à-vis de la Compagnie. Ses instructions l'invitaient à écarter les conflits de préséance et lui donnaient mission d'y réformer les abus sans faire sentir le supérieur. Il devait plier les tribunaux et les Cours à l'observation des lois, empêcher leurs empiètements soit sur les juridictions voisines, soit dans le domaine politique ou administratif, en quoi il avait fort à faire ([197]). Son action s'étendait jusqu'au choix des magistrats par ses rapports confidentiels sur les candidats et les avantages ou inconvénients à les agréer dans l'office qu'ils sollicitaient ([198]).

Attributions de police.

Police avait alors le sens général d'administration. Il n'en était point de partie qui échappât à l'emprise ou au contrôle des intendants. La royauté avait toujours visé, avec les ménagements possibles pour les sentiments traditionnels des populations, à éta-

---

(194) « Vous donnant pouvoir de faire et de parfaire les procès... jusqu'à jugement définitif et exécution d'iceluy, inclusivement en dernier ressort, appelés avec vous le nombre de juges ou gradués des lieux porté par les ordonnances. » A partir de 1697, il eut près de sa juridiction un procureur du roi pour les conclusions et réquisitions dans les affaires des communautés et des mineurs. Cpr. *Lett. de Colbert* (P. Clément, *op. cit.*, t. 6, p. 30); Instr. du 15 juin 1682 (*Mém. de Foucault*, p. 481).

(195) *Lett. du chancelier à de Bouville*, 6 fév. 1681.

(196) Sa qualité de maître des Requêtes lui en eût donné le droit. Colbert lui conseillait de ne pas présider et de n'y aller pas en l'absence du premier président. Il y portait la robe de soie noire et, en audience solennelle, la robe rouge. Il rendait visite aux présidents à mortier, puis recevait la visite en corps de la Cour.

(197) Depping, *Corresp. admin.*, t. 2, pp. 22, 27; Chéruel, *Hist. de l'adm. monarch. en France*, t. 2, pp. 128 et s., 445 et s.

(198) *Lett. de Colbert*, sept. 1663 (P. Clément, *op. cit.*, t. 4, pp. 27-43).

blir l'unité politique et administrative. De celle-ci, ils étaient les artisans les plus actifs, car ils apportaient dans les provinces l'esprit qui dominait au centre. Cependant leur pouvoir d'initiative, le domaine de leur action différaient dans les pays d'élections où tout relevait d'eux et les pays d'États qui s'administraient euxmêmes, pour une grande part. Même dans les premiers, la diversité régnait dans les organisations municipales des villes ou dans les coutumes des communautés rurales. Mais, à défaut d'uniformité, toutes avaient été depuis longtemps insensiblement soumises à la tutelle du pouvoir central qui se manifestait soit par une intervention directe de l'intendant dans la gestion de leurs affaires, soit par la nécessité, quand les autorités locales faisaient par elles-mêmes, d'obtenir l'autorisation du Conseil du roi ou de l'intendant ([199]). Ce mouvement centralisateur subit dès la seconde partie du règne de Louis XV un ralentissement, puis un flottement, et l'on put par la suite constater un changement de direction vers une déconcentration souhaitée par les populations et consentie par le roi, suivi par nombre d'administrateurs et que la révolution arrêta ([200]).

Les travaux publics (voirie, régime des eaux, ponts et chaussées, fortifications, mines) avaient longtemps été rattachés au domaine dont les revenus y pourvoyaient sous la direction des Trésoriers de France. Des arrêts du Conseil de 1667 et 1669 associèrent si intimement l'intendant à ceux-ci, qu'ils parurent lui être subordonnés. En fait il ne leur était laissé que le contentieux, auquel il participait lui-même en présidant leur bureau, et des arrêts postérieurs lui en transférèrent la plus forte part. L'un d'eux lui était adjoint pour la visite et la réception des travaux ([201]). Les ingénieurs prenaient les ordres de l'intendant de qui vite tout dépendit exclusivement, même dans les villes, dont beaucoup durent à ce système leurs embellissements. Ce déplacement de compétence, voulu par Colbert en vue de ses grands travaux, était en partie motivé par la négligence des Trésoriers de France, propriétaires de leurs charges, tandis que les intendants étaient agents directs du contrôleur général ([202]). Un édit de

(199) Voy. ci-après. pp. 579, 581, 582 et s.

(200) Ardascheff, *op. cit.*, 83 et s. 400 et s.; Adalbert Walh, *Vorgeschichte der Französischen Revolution*, 1907; J. Declareuil, NRH, 1909, pp. 805 et s.

(201) A. C., 21, 26 oct. 1669 (Arch. Nat. K. 888. (1789); A. C., 27 mars 1683 (Arch. Nat. G⁷, 390).

(202) *Instruction aux commissaires départis par le contrôleur général des finances* (1663) : Vignon, *Et. hist. sur l'adm. des voies publiques en France.*

mars 1703 créa un office de trésorier des ponts et chaussées dans chaque généralité. Des règlements du 26 mai 1705 et 22 juin 1706 remirent la grande voirie aux intendants, sauf dans la généralité de Paris.

L'intendant était le véritable animateur de la vie agricole dont Colbert demandait qu'on lui tînt à jour le tableau complet : états juridique des terres et social des propriétaires, modes de culture et productivité du sol, charges de toutes natures, démographie [203]. Il était le protecteur des ruraux contre la mauvaise répartition des tailles, les abus des droits de chasse, de garenne et de colombier; il réglementait certaines cultures, celle du tabac par exemple, poussait à la plantation d'oliviers, de mûriers, etc., à l'élevage et à la sélection des races, établissait et surveillait les haras, prenait les mesures nécessaires en cas d'épizooties. Responsable de l'approvisionnement de sa généralité, le commerce des blés surtout attirait son attention : bien que la liberté en eût été proclamée par déclaration du 24 janvier 1657, du reste suspendue dans le Midi en 1669 et 1670, tantôt les intendants défendirent la sortie du blé de la province, tantôt s'efforcèrent d'en importer. Ayant la police des foires et des marchés, ils établissaient en temps de crise un maximum.

Même rôle en ce qui touche le commerce ou l'industrie. Agents de renseignements et de liaison du contrôleur général, ils lui adressaient des rapports sur l'état économique et commercial de la généralité, sur le cours des monnaies, les réformes législatives désirables. Aux intendants fut remis le soin d'organiser les Chambres de commerce prévues dès 1664 et qui, constituées au nombre de 24, disparurent, puis celles qui furent créées dans plusieurs villes à partir de 1700 [204]. Ils y avaient droit d'entrée et voix déli-

t. 1, p. 81. — Sur les mines : *Edit*, juill. 1705; A. C., 19 mars 1733; 29 sept. 1786 (Is., t. 20, p. 468; t. 27, 262; t. 28, 260); A. C., 15 janv. 1741. Lami-Fleury, *De la législ. minérale dans l'ancienne monarchie*, p. 109.

(203) *Lett. de Colbert* (Clément, op. cit., t. 2, p. 552) : « Examinez si les paysans se rétablissent un peu, comment ils sont habillés, meublés, et s'ils se réjouissent davantage les jours de feste et dans l'occasion des mariages.... Ces quatre points renferment toute la connoissance que l'on peut prendre d'un quelque restablissement dans un meilleur estat que celuy auquel ils ont esté pendant la guerre et les premières années de la paix. » R. Lafarge, *L'agriculture en Limousin au XVIII° s. et l'intendance de Turgot*, 1902.

(204) En 1601, on en avait établi une à Paris. En 1599, une commission constituée sur l'initiative de la municipalité amorça ce qui devint plus tard le « Bureau », puis la Chambre de commerce de Marseille : Fagniez, *L'état économique de la France sous Henri IV*, p. 317.

hérative, et aussi, à l'instar des autres juridictions, dans les tribunaux de commerce. Dans les généralités maritimes, l'intendant
stimulait la construction et l'armement des navires, réquisition-
nant au besoin les matières premières, racolant des souscripteurs
aux grandes compagnies de commerce. Certains se montrèrent
même opposés au protectionnisme colbertiste. A l'intérieur ils
avaient la direction des manufactures nationales et des commis
des manufactures, dont ils étaient juges depuis 1670 [205]. Ayant
la tutelle des corps de métiers, ils en étaient les protecteurs auprès
du roi et des ministres et contre la grande industrie en voie de
naître au xviii⁰ siècle [206]. Ils jugeaient les conflits entre patrons
et ouvriers [207].

L'assistance publique se rattachait aux questions ouvrières et
du travail. Longtemps la charité privée et l'Eglise y avaient seules
pourvu, puis le pouvoir royal ou les autorités locales étaient inter-
venus dans des cas spéciaux et surtout pour la réglementer. A
partir de Louis XIV, l'intendant y présida. L'édit de 1662, ordonnant la création d'un hôpital général dans chaque ville ou gros
bourg, où tout mendiant ou vagabond devrait être enfermé et
obligé au travail, n'ouvrait pour cela aucun crédit [208]. Les intendants durent se débrouiller. La charité spontanée des villes et des
particuliers les aida : plus de vingt grands hôpitaux furent ouverts. La déclaration de 1676 préconisa pour trouver des ressources l'entente de l'intendant et de l'évêque, l'union des hospices existants, des taxes consenties par les municipalités. En cas
d'épidémie ou de crises, les intendants réglementaient les aumônes à domicile, la distribution de médicaments, la création
d'ateliers ou de chantiers royaux où les sans-travail étaient employés, nourris et payés [209]. Des arrêts du Conseil obligèrent
chaque localité à nourrir ses pauvres. Colbert en avait posé le

(205) *A. C.*, 27 juil. 1670; 18 nov. 1673; Cpr. *Règl.*, 30 août 1669 (Is., t. 18,
p. 319).

(206) *A. C.*, 20 nov. 1688 : de Boislisle, *op. cit.*, t. 1, 16, 14; t. 2, 31; Des
Cilleuls, *Hist. et régime de la grande industrie en France aux xvii⁰ et xviii⁰
siècles*, 1898. Dans la seconde moitié du xviii⁰ siècle, une broderie de tulle et
mousseline, à Aixe-sur-Vienne, comptait jusqu'à 800 ouvrières (*Lemouzi*,
1921, p. 82). H. Sée, *Les origines de l'industrie capitaliste à la fin de l'ancien
régime* (RH., nov.-déc. 1923).

(207) Cep. *Edit*, août 1669 (Is., t. 18, p. 363).

(208) *Edit*, juin 1662 (Is., t. 18, p. 18). Mais avant hôpital général à
Paris : édit, avril 1656 (Is., t. 17. p. 326). Necker estimait à 700 le nombre
des hôpitaux à la fin du xviii⁰ siècle.

(209) Ex. : *Edits*, 11 mai 1786; déc. 1788 (Is., t. 28, pp. 172, 632).

principe ([210]). La sécurité publique imposa des mesures analogues en cas de famine (1692, 1699, 1709). Des intendants mirent à la charge des riches la nourriture et le logement des pauvres ; des Parlements prirent des arrêts pour appuyer ces ordonnances. Enfin la tutelle administrative sur les établissements charitables comportait pour l'intendant l'assistance aux séances de leurs bureaux, le contrôle de leurs finances, l'obtention de son consentement pour les actes de gestion.

En matière d'instruction publique, ses attributions variaient d'après le caractère des établissements ; mais tous étaient sous sa surveillance et son pouvoir de police. De l'enseignement primaire, il n'avait à s'occuper que dans les cas très rares d'absence ou d'insuffisance d'écoles pour imposer d'office des taxes destinées à en établir, mais l'Eglise, des ordres religieux, des établissements hospitaliers très riches, les administrations municipales ou les assemblées des paroisses laissaient si peu à faire dans ce sens que, l'enseignement laïque libre s'y ajoutant, au début du xviiie siècle les intendants, les corps municipaux, les universités se plaignaient qu'il y eût trop d'écoles. On en comptait de 30 à 32.000, où étaient enseignés l'écriture, la lecture, le calcul, parfois les rudiments du latin. Cet enseignement, gratuit dans les écoles religieuses, était devenu obligatoire en 1724, sous des pénalités pour les parents et les tuteurs ([211]). Mais aucune école ne devait être ouverte sans l'autorisation de l'intendant ou de l'évêque, qui en pouvaient aussi ordonner la fermeture ([212]). Les collèges de l'enseignement secondaire, proportionnellement aussi nombreux, devaient être autorisés par Lettres patentes ; or beaucoup ne l'étaient pas : ce qui en 1668 et vers la fin du règne de Louis XIV motiva des enquêtes. Les intendants durent dresser la statistique des collèges, du personnel enseignant, de leurs ressources et dépenses, s'informer des programmes, intervenir pour une réorganisation des chaires. Bien qu'il s'agît uniquement d'établissements religieux ou privés, l'intendant en cas d'insuffisance de ressources pouvait en leur faveur proposer des taxes dans sa généralité ou des octrois dans les villes, ou la fermeture. Le Conseil du roi décidait. Ils avaient sur tous un droit

---

(210) Ce n'était, du reste, pas nouveau ; cpr. *Edits*, fév. 1566; mai 1586; *Ord.* janv. 1629 (Is., t. 14, pp. 200, 460; t. 16, p. 239).

(211) *Décl.*, 24 mai 1724, art. 4 (Is., t. 21, p. 263).

(212) *Edits*, déc. 1606; avril 1695 (Is., t. 15, p. 307; t. 20, p. 231). Cpr. *Ord.*, Orléans, 1560 (Is., t. 14, p. 67).

de tutelle analogue à celui exercé sur les établissements charitables.

Les vingt-quatre universités étaient placées sous l'autorité du chancelier [213], ce qui n'empêcha pas l'intervention active de Colbert et des intendants dans la grande enquête dont elles furent l'objet sous le règne de Louis XIV et qui aboutit à la réorganisation des facultés de droit et de médecine, où l'enseignement et la collation des grades n'offraient plus de garanties sérieuses [214]. Des intendants reçurent du chancelier des commissions spéciales pour la réforme des abus ; le Conseil du roi les investit d'un droit d'inspection et d'un pouvoir disciplinaire. Ils durent s'opposer aux brigues pour la nomination des professeurs, désigner eux-mêmes les nouveaux agrégés dont les successeurs seraient ensuite élus par les facultés, présenter des candidats au roi pour les nouvelles chaires de droit français et installer celles-ci ; ils reçurent le droit de siéger dans les examens et d'y interroger, comme représentants du roi et du chancelier, qui délivrait le diplôme ; sur leur avis celui-ci pouvait être refusé. Ils surveillaient les attributions des nombreuses bourses dont les universités et leurs collèges disposaient, et étaient arbitres dans les conflits des professeurs et des agrégés [215].

Si des commissaires départis étaient intendants aux armées en campagne, ceux des provinces avaient en temps de paix de nombreuses attributions concernant l'administration militaire, la plupart enlevées aux gouverneurs. Trésoriers généraux et commissaires des guerres, contrôleurs d'armées, commissaires aux revues nommés sur leur présentation depuis 1704, étaient placés sous leur contrôle. Ils étaient chargés en partie de l'organisation du racolage et de la « presse »; ils en avaient en tous cas la surveillance et la police pour empêcher les engagements forcés et étaient juges de la validité des contrats [216]. Lors de l'établissement de la milice, eux et leurs subdélégués durent en répartir la levée

(213) Ces universités, créées du XIIe au XVIe siècles : Paris, Montpellier, Toulouse, Avignon, Orléans, Cahors, Grenoble, Perpignan, Angers, Orange, Aix, Dôle, Poitiers, Caen, Valence, Nantes, Bourges, Bordeaux, Reims, Strasbourg, Tournon, Besançon, Douai, Pont-à-Mousson, furent toutes supprimées par le décret-loi du 15 sept. 1793. Des intendants préconisaient la suppression des petites universités.

(214) *Edit*, avr. 1679 (Is., t. 19, p. 196); A.-C., 10 sept. 1679. Chénon, *Les anciennes facultés de droit de Rennes*, 1890; *Les professeurs de droit français à l'Université de Bourges* (NRH., 1921).

(215) *A. C.*, 23 mars 1680 (Is., t. 14, pp. 234 et s.).

(216) Voy. pp. 761-764.

entre les paroisses, choisir les miliciens, ordonnancer les frais d'équipement, former les compagnies, les envoyer, s'il y avait lieu, au lieutenant général de la région, juger les déserteurs et les réceleurs de ceux-ci [217]. Ils en avaient tout le contentieux, comme celui du ban et de l'arrière-ban dont ils passaient les revues, annihilant, en cette dernière matière, les pouvoirs des baillis [218]. Cantonnement, service des étapes, vivres, indemnités à payer aux communautés d'habitants et aux particuliers leur étaient confiés ; des circulaires en déterminaient le détail [219]. La répartition des quartiers d'hiver entre les paroisses, au prorata de la taille annuelle, celle de l'ustensile entre les communautés qui ne logeaient pas le soldat, celle des fournitures de fourrage, déduites sur la taille, et des charrois nécessaires, dépendaient d'eux [220]. Ils présidaient encore à la construction des casernements, des fortifications, enlevée aux Parlements, passaient les marchés, dressaient l'extraordinaire des guerres, dont Chamillart exigea un état mensuel. Enfin, les crimes et les délits commis, en temps de paix, par les officiers et les soldats, bien que de la compétence des tribunaux ordinaires, étaient le plus souvent, à raison de l'impuissance de ceux-ci, jugés par l'intendant, à qui appartenait en propre le châtiment des déserteurs [221].

Leur intrusion dans les affaires du clergé n'était pas moindre. « Ils bridèrent, dit Saint-Simon, les évêques à l'égard de leur temporel. » Il exagère. Mais, par leurs rapports secrets sur les principaux membres du clergé, sur les candidats aux bénéfices dont ils tenaient à jour l'état des revenus, sur ceux aux assemblées quinquennales, par l'exercice en fait de la régale spirituelle, ils avaient une influence sur le recrutement des bénéficiers. L'ordonnance de 1629 les obligeait à contraindre ceux-ci à l'accomplissement de leurs fonctions ; des édits de 1661 et 1674 leur ordonnaient d'assurer le paiement des portions congrues [222]. Par la tutelle administrative, ils vérifiaient les comptes des fabriques, veillaient à l'entretien des édifices religieux, mettaient en

(217) *Ord.*, 23 déc. 1691 ; 26 janv. 1701 ; 10 déc. 1701 (Is., t. 20, pp. 142, 378, 398).

(218) *Règl.*, 30 oct. 1704 (Is., t. 20, p. 456).

(219) *Règl.*, 4 déc. 1631 ; 2 août 1677 ; août 1692 (Is., t. 17, pp. 273 et s.; t. 19, pp. 174 et s.; t. 20, p. 168).

(220) Les communautés ne payant pas 3.000 livres de tailles en étaient exemptes.

(221) *Ord.*, 4 nov. 1631 (Is., t. 17, p. 273).

(222) *Ord.*, janv. 1629, art. 4 (Is., t. 16, p. 226) ; *Circ.*, 25 juin 1687 ; *Règl.*, 18 fév. 1661 ; juin 1674 (Is., t. 17, p. 398).

adjudication les travaux de réparation et contraignaient les gros décimateurs à entretenir les nefs, conformément à l'édit de 1695 [223]. Peu favorables en principe aux congrégations religieuses, ils devaient surveiller leur personnel et en faire des rapports au roi; ils se mêlaient des élections conventuelles [224]. Auxiliaires du roi et des évêques pour la réforme monastique, ils étaient les protecteurs de la liberté individuelle contre les vocations forcées, les peines conventuelles arbitraires, donnaient des avis sur les acquisitions des gens de mainmorte, faisaient rentrer les amortissements, pouvaient demander la fermeture des établissements.

Chargé de l'application de l'édit de Nantes et de l'édit de grâce de 1629 (paix d'Alais), l'intendant qui était presque toujours dans sa généralité l'un des deux commissaires de l'Edit, s'appliquait à interdire les nouveaux temples, à poursuivre les relaps et les livres douteux, à substituer sa juridiction à celle des Chambres mi-parties [225]. Il vérifiait les comptes des églises réformées [226]. Ayant à exécuter l'édit du 17 octobre 1685 révoquant celui de Nantes, les intendants se révélèrent d'habiles convertisseurs [227].

<h3 align="center">3° Attributions financières.</h3>

Nous savons qu'à leur origine les commissaires départis avaient, dans leurs chevauchées, à réformer surtout les abus en matière de répartition et de levée des impôts, d'où l'aversion qu'ils inspiraient aux officiers de finances, dont les récriminations les avaient fait réduire au rôle d'enquêteurs. L'ordonnance de janvier 1629 leur avait interdit de se mêler des finances; mais, sous Richelieu, l'intendant fut introduit dans le bureau des finances de sa généralité, associé à ses travaux et en devint l'élément dirigeant. Il y reprit sa place après la Fronde, sous Mazarin et surtout sous Colbert qui en fit le contrôleur local des gens de finances et de leurs pratiques. Tous lui furent subordonnés.

<hr>

(223) *Edit*, avril 1695, art. 22: Cpr. *Décl.*, 18 fév. 1661 (Is., t. 20, p. 243; t. 17, p. 399); *Ord. de Le Voyer, int. de Moulins*, 12 oct. 1683; *A. C.*, 16 déc. 1684.

(224) *Mémoires de Foucault*, t. 2, p. 38.

(225) *Décl.*, 18 juil. 1656 (Is., t. 17, p. 335); *Edit*, juil. 1679 (Is., t. 19, p. 205).

(226) *A. C.*, 18 nov. 1680 (Is., t. 19, pp. 256, 258).

(227) De Marle, intendant d'Alençon, conseillait logement des gens de guerre, distributions d'argent, bonnes places et pensions : « Cela feroit, disait-il, autant de conversions que les exhortations et les sermons des plus habiles gens ».

Sur les renseignements fournis par les intendants, le Conseil du roi établissait la répartition entre les généralités, et sur leurs avis et d'après leurs projets, délivrait les Lettres patentes portant la part de chaque élection consignée au brevet et suivie des taxes supplémentaires; d'après leurs avis et ceux des Trésoriers de France, il accordait des dégrèvements. Sur le double rapport des élus et des subdélégués, l'intendant procédait, dans une commission d'élus et d'autres officiers de finances, à la répartition entre les paroisses. Bureau des Trésoriers de France, bureaux des élus n'avaient plus que voix consultative. L'intendant intervenait jusque dans les paroisses, nommant, avec les élus, les collecteurs non choisis à temps par les assemblées d'habitants, établissant des roulements pour l'accomplissement de cette fonction. Il leur substituait même ses propres agents pour éviter la partialité et les collusions des répartiteurs locaux, ou des collecteurs adjoints pour surveiller la confection des rôles paroissiaux (²²⁸). De toutes ces matières, il était juge tantôt sans appel, tantôt avec appel possible au Conseil ou à la Cour des Aides. Il réglementait les procédés de contrainte à l'égard des contribuables en retard, ou en réprimait tant bien que mal les abus (²²⁹).

Les intendants avaient la haute main sur l'administration et la gestion des comptables, receveurs généraux et particuliers, receveurs des tailles, etc., qui leur devaient le double de leurs comptes et dont ils vérifiaient périodiquement les caisses. Sur leurs rapports, ils étaient commissionnés pour en juger les malversations (²³⁰). Ils en demandaient, au besoin, la révocation.

On est souvent étonné de la liberté d'initiative des intendants pour tempérer et même modifier les lois : nulle part cela n'apparut mieux que dans leur conduite à l'égard des impôts de capitation et du dixième que pourtant certains d'entre eux avaient suggérés. A vrai dire chacun eut des procédés différents de comprendre ou de tourner ces innovations fiscales (²³¹).

(228) Cpr. Boisguillebert, *Le détail de la France*, ch. VI; de Boulainvilliers, *Etat de la France*, ch. XIV. En 1683, Colbert chargeait les intendants de punir « ceux qui auront tiré des gratifications pour diminuer les cotes des particuliers. »

(229) *Règl.*, fév. 1663; *Règl.*, 20 mars 1673, art. 19 (Is., t. 18, p. 22; t. 19, p. 91). *Circ.*, 1er juin 1680.

(230) *Lett. de Colbert* (P. Clément, op. cit., t. 1, p. 138). En 1689, création d'inspecteurs de bureaux des recettes des tailles et des fermes, sous les ordres des intendants.

(231) Voy. pp. 723 et s., 726 et s. Ardascheff, op. cit., pp. 402 et s.

Colbert leur assigna un rôle encore plus prépondérant dans le domaine des impôts. indirects. Invités à lui envoyer des rapports confidentiels sur les fermiers et les commissions d'inspection des fermiers, ils prirent insensiblement possession de l'ensemble du contentieux, jugeant entre fermiers et contribuables, et ils avaient acquis des droits équivalents pour les monopoles.

Ces attributions financières ne jouaient pleinement qu'en pays d'élections et d'imposition. Dans les pays d'Etats, les traditions provinciales limitaient cette liberté d'allure des intendants. Ils ne pouvaient que requérir ou suggérer, au nom du roi ; la décision, surtout quant aux modes de répartition et de levée des contributions dépendait des Etats de la province (232).

(232) Voy. pp. 689 et s.

CHAPITRE IV

LA JUSTICE

———

Le roi, qui était la source de la justice, ne pouvait l'exercer toujours par lui-même. C'était la règle qu'il en remît la charge à des tribunaux dont le recrutement et le fonctionnement variaient avec la compétence qu'il leur attribuait. Mais il ne dépouillait pas pour cela sa mission de justicier ; il la manifestait au contraire dans des cas réservés où il restait seul juge. On distingua entre la justice réglée, que les diverses juridictions du royaume rendaient par délégation royale et dans les formes déterminées par la coutume ou les ordonnances et la justice retenue, que le roi distribuait directement ou par des commissaires, selon des formes variables.

La justice déléguée était elle-même soumise à des modalités : tantôt les juridictions étaient investies proportionnellement à la place qu'elles occupaient dans la hiérarchie d'une compétence générale, c'étaient les juridictions ordinaires ou de droit commun ; tantôt cette compétence était restreinte à des affaires délimitées par leur nature ou la qualité des justiciables, c'étaient les juridictions d'attribution ou d'exception.

Mais, pour qu'on pût dire que toute justice émanait du roi, il fallut lui rattacher et lui soumettre tout ce qui s'en était égaré en d'autres mains pendant le Moyen âge. Nous dirons comment le Prince et ses légistes y réussirent.

§ 1. — La Justice déléguée : les juridictions royales.

I. — LES JURIDICTIONS SUBALTERNES

1° Les Tribunaux de prévôté ou similaires.

Sur les terres du domaine royal, en dehors et au-dessous de la *Curia regis*, il n'y eut d'abord d'autres juges que les prévôts. La plénitude de la justice justicière, tant au civil qu'au criminel, leur était conférée. Le siège de leur juridiction était d'ordinaire le château ou la tour du roi dans leur circonscription : châtelets de Paris, de Melun, d'Orléans... ou quelque autre lieu public. L'audience du prévôt, sous le nom de *plaid*, était tenue à périodes assez rapprochées (en quelques lieux, à chaque quinzaine). Il pouvait s'y faire remplacer par son lieutenant ou par tout autre délégué dont il restait responsable, bien que des ordonnances aient réduit plus tard ce droit aux cas de nécessité (¹). Il le devait même lorsqu'il se trouvait personnellement récusé ou intéressé dans le litige (²).

Le juge prévôtal jugeait seul, assisté selon la tradition d'*auditores*, notables choisis par lui, à qui il s'en remettait fréquemment du soin de rendre le jugement (³). Mais, en 1190, Philippe-Auguste ordonna aux baillis d'assigner à chaque prévôt quatre prud'hommes sans le conseil desquels, ou du moins de deux d'entre eux, certaines affaires ne pourraient être traitées ; lui-même en désignait six pour Paris (⁴). Il est possible que ces notables eussent part aux fonctions judiciaires. Beaucoup de chartes municipales associèrent au prévôt local dans l'exercice de la justice soit l'échevinage, survivance des anciens *scabini*, soit des assesseurs, pris parmi les officiers royaux ou les notables des villes, « hommes du roy, hommes féaulx » (⁵). Il semble cependant qu'en bien des régions le principe du juge unique se soit maintenu (⁶). La procédure suivie devant les juridictions prévôtales était celle précédemment décrite à propos des juridictions seigneuriales (⁷). Le prévôt jugeait vraisemblablement en premier et dernier ressort : ni au xiᵉ siècle, ni au xiiᵉ il n'y a trace d'une voie de recours

---

(1) Beaumanoir, nᵒˢ 37-39; HF., t. 24, p. 278; *Ord.*, 23 mars 1302, art. 22 (Is., t. 2, p. 771); Massé et du Biest, *Les plaids généraux et les attributions du prévôt aux xiiᵉ et xiiiᵉ siècles, à Amiens* (*Rev. du Nord*, mai 1923).

(2) Beaumanoir, nᵒˢ 35, 40.

(3) *Et. de Saint-Louis*, I, 1, 2; II, 14 (t. 2, p. 6, 7, 8, 375).

(4) *Ord.*, 1190, art. 1 (Is., t. 1, p. 179). Cpr. Brussel, p. 425.

(5) H. Gravier, *l. c.*, p. 650 ; Dupont-Ferrier, *op. cit.*, p. 344, pour les baillis ou petits baillis, assimilables aux prévôts de l'Artois, du Bolonnais, du Ponthieu.

(6) On a pensé que l'introduction en Normandie, au xiiiᵉ siècle, de la justice rendue par des jurés, « groupe d'individus dont le recrutement est régional et qui ne tirent leur pouvoir d'aucune délégation officielle », était la suite de l'influence et de la conquête françaises : de Fréville, *Et. sur l'organisation judiciaire en Normandie aux xiiᵉ et xiiiᵉ s.* (NRH., 1912, pp. 681-736). Mais il n'apparaît pas qu'il en ait été autrement en France qu'en Normandie avant ces événements.

(7) Ci-dessus, pp. 226 et s.

au roi contre la sentence d'un prévôt; au xiiie siècle, on put en appeler au bailli (8).

Cependant la juridiction des prévôts était limitée quant aux personnes par le privilège de clergie dont la violation de leur part motiva plus d'une fois les censures de l'Eglise (9). Elle le fut aussi par une pratique longtemps indécise, qui aboutit à lui enlever les causes civiles des nobles et les causes criminelles où ils étaient défendeurs. La vérité est que, la justice foncière lui ayant toujours été étrangère, les causes féodales ne relevaient, avant les baillis, que de la Cour du roi (10). Plus tard soit à raison de l'arbitraire des prévôts, soit par faveur, des privilèges de juridiction furent accordés à des collectivités, églises, abbayes fondées par le roi ou dans sa garde, et à des individus, dignitaires, officiers, finalement à tous les nobles, qui ne furent plus justiciables que des baillis et sénéchaux, sauf pour les actions au pétitoire concernant les terres roturières. Mais cela mit du temps à s'établir (11). De bonne heure aussi des juridictions rivales s'interférèrent : dans le Nord, quelques échevinages, dont on se rappelait l'origine royale; parfois justices échevinale et prévôtale se combinèrent, par exemple à Laon (12). Dans les villes privilégiées, le prévôt tantôt gardait toute la justice en jurant de respecter la charte, tantôt présidait le tribunal municipal ; ailleurs les deux justices restaient distinctes. Dans les communes, auxquelles appartenait la haute justice, le prévôt n'avait plus (encore pas toujours) que la police judiciaire et le contrôle des exécutions capitales. Mais la décadence des libertés et de l'autonomie municipales fournirent aux juges royaux l'occasion de reprendre peu à peu ce qu'elles leur avaient fait perdre.

L'institution des baillis démembra la compétence à peu près

(8) Luchaire, *op. cit.*, t. 1, p. 291. — *Usage d'Orlenois*, 14; *Abrégé champenois*, 15 (Viollet, *Et. de Saint-Louis*, t. 1, p. 504; t. 3, p. 142); *Jostice et Plet*, I, 14, p. 69.

(9) Voy. NRH., 1903, pp. 812, 815.

(10) *Jostice et Plet*, I, 17, p. 68: « Duc, contes, barons, ne devent pas estre tret en plet devant prévost, *dou fet de lor cors, ne de lor demaine;* quar chascune tote personne ne doit estre jugiez que par le roy, qui li doit foi, ou par ses pers. » *Anc. C. d'Anjou et du Maine* (éd. Beautemps-Beaupré, t. 3, p. 6).

(11) *Edit de Crémieu,* art. 5, 8 (Is., t. 12, p. 506). Ce fut une idée assez tardive : aux xiiie et xive siècles, des nobles plaident devant des prévôts : *Chr. de Mantes,* éd. Grave et Durand, p. 171. — NRH., 1903, p. 842 (an. 1322).

(12) *Livre rouge de Saint-Quentin* (éd. Bouchot-Lemaire), p. 36; Marnier, *Anc. usages d'Amiens;* Giry, *Etablissements de Rouen,* pp. 313-316.

générale des prévôts et leur donna un supérieur hiérarchique, interposé entre la *Curia regis* et eux (¹³). Bien que ceux-ci continuassent de prononcer des peines capitales, des ordonnances transférèrent aux baillis la taxation des amendes arbitraires. En fait, l'assise du bailli attira à elle les causes les plus importantes, ainsi, dans l'Orléanais, celles touchant au domaine et au fisc du roi, ou qui comportaient une amende de plus de xl sols (¹⁴). Au xiv° siècle, tout en plaçant les juges subalternes sous le contrôle des baillis et des sénéchaux chargés de les choisir parmi les praticiens instruits et de remplacer d'office, dans leurs tribunaux, les incapables par d' « autres souffisans », les rois durent s'opposer au dépouillement graduel des juridictions inférieures (¹⁵). L'édit de Crémieu, en 1536, établit un départ de compétence entre baillis ou sénéchaux et prévôts, châtelains ou autres juges de même rang, réservant à ceux-ci toutes affaires civiles, personnelles, réelles, mixtes, tous crimes et délits non attribués à d'autres juridictions, c'est-à-dire toutes les affaires intéressant les roturiers, les établissements ecclésiastiques non placés dans la garde du roi, la juridiction gracieuse pour ces mêmes personnes, la police judiciaire, le droit de bailler *debitis* et sauvegardes (¹⁶). Mais les prévôts étaient tenus d'assister aux assises générales de la juridiction supérieure et les procès pendants devant eux et en état y pouvaient être évoqués et jugés (¹⁷). L'édit, ayant été interprété dans les bailliages et sénéchaussées de façon à perpétuer les accaparements antérieurs, dut être précisé et confirmé par des déclarations des 17 juin 1554, 20 août 1555 et juin 1559. Cette dernière ordonnait

(13) *Compilatio de usibus*, 97 (Viollet, *Et. de Saint Louis*, t. 3, p. 136).

(14) *Et. de Saint-Louis*, II, 17 = *Comp. de usibus*, 79 (t. 2, p. 388, t. 3, p. 132); *Olim*, t. 3, p. 491. — *Ord.*, 23 mars 1302, art. 19 (Is., t. 2, p. 770); *Ord.*, juin 1319, art. 2 (Is., t. 3, p. 212). — *Justice et Plet*, I, 17, 3, p. 68 : « Prévolz ne puet tenir plet qui atoche à la borse le roi. Prévolz puet tenir jostices de terres, de vignes, de mesons, de prez, de cens, de mobles, et puet fere justice de fet. Que nus prévolz ne doit tenir plet de chose où il y a plus de XL sols d'amende; » ailleurs LX : Dupont-Ferrier, *op. cit.*, p. 338. *Edit de Crémieu*, juin 1536, art. 22 (Is., t. 12, p. 508).

(15) *Ord.*, 3 mars 1356, art. 19; juill. 1367, art. 11; juin 1536, art. 21 (Is., t. 4, p. 828; t. 5, p. 280; t. 11, p. 224; t. 12, p. 508).

(16) *Edit de Crémieu*, 19 juin 1536, art. 6, 7, 8, 9, 15, 19 (Is., t. 12, pp. 505 et s.).

(17) *Ibid*, art. 29 : « Et pour le soulagement de nos sujets, et à ce qu'ils puissent avoir plus prompte et briefve expédition, voulons et ordonnons que durant lesdites assises, nosdits présidiaux puissent visiter et juger en première instance les procez pendant pardevant les dits prévosts, et autres juges subalternes, qui seront en droict et estats de juger. »

aux juges supérieurs de renvoyer d'office toute affaire portée devant eux au juge subalterne à qui il appartenait normalement d'en connaître ; elle semblait étendre sur quelques points la compétence antérieure des prévôts, notamment en ce qui concernait les fermes consenties par le roi (art. 8) [18]. L'édit de Moulins (1546) interdit aux particuliers de se soumettre par leurs contrats à la juridiction des baillis et sénéchaux au préjudice de celle des prévôts et châtelains ; l'ordonnance de décembre 1581 leur défendit, sous peine de perdre leurs droits, de porter en première instance devant les premiers des causes que les lois attribuaient aux seconds. Les prévôts et châtelains furent établis juges d'appel sur les juges seigneuriaux existant dans leur ressort. Celles de leurs sentences n'excédant pas mille livres en matières sommaires étaient exécutoires, moyennant caution et nonobstant appel [19].

Ni l'organisation, ni la compétence des juridictions prévôtales ne furent sensiblement modifiées au cours du xvii* et du xviii* siècle. Quelques suppressions ou réunions de sièges en marquèrent seules l'histoire. Dès 1560 avait apparu la préoccupation de supprimer les prévôtés et tous sièges subalternes établis dans les villes où il existait un bailliage ou une sénéchaussée ; l'ordonnance avait eu peu d'effet. En 1734 et 1749, les prévôtés, châtellenies, vicomtés, vigueries et autres juridictions royales furent, en pareil cas, réunies au bailliage ou à la sénéchaussée [20].

Dans quelques régions, des *prévôts forains* tantôt étaient des agents d'exécution du prévôt ordinaire, ainsi à Laon, tantôt exerçaient la haute justice au-dessus de celui-ci ou lui prenaient quelque portion de sa juridiction [21].

En Normandie, la compétence des *vicomtes* était plus réduite que celle des prévôts royaux, bien que leurs audiences portassent le nom d'assises. Supprimés en partie depuis 1741, ils disparurent en 1749, sauf quelques-uns qui survécurent jusqu'en 1788. Dans le Midi la juridiction des *viguiers* était extrêmement variable ; souvent ils en avaient été dépouillés en tout ou partie par leurs juges, ou ils l'exerçaient en commun [22]. Les *juges* des jugeries

(18) *Décl.*, 17 juin 1554; 28 avril 1555; juin 1559; *Edits*, 17 mai 1574, déc. 1581 (Is., t. 13, pp. 394-442, 538; t. 14, pp. 262, 509).

(19) *Edits*, Moulins, août 1546, art. 9; déc. 1581, art. 5, 7. — *Ord. civ.*, 1667, tit. 17, art. 14, 15 (Is., t. 12, p. 912; t. 14, p. 509; t. 18, p. 132).

(20) *Ord.*, janv. 1560, art. 50; *Edit*, avril 1749 (Is., t. 14, p. 78; t. 22, p. 222).

(21) Dupont-Ferrier, op. cit., p. 341.

(22) *Ord.*, 24 mai 1341 (*Ord. des r. de Fr.*, t. 3, p. 605). Dognon, op. cit., p. 338. Compayré, *Et. sur les institutions de l'Albigeois*, pp. 13 et s.

n'étaient pas non plus soumis à des règles identiques ; mais leur activité judiciaire était du même genre que celle des précédents [23].

2° Les tribunaux de bailliages et de sénéchaussées.

I. *Origine et constitution des tribunaux de bailliages et de sénéchaussées.* — Les justices de bailliages et de sénéchaussées prirent leurs origines dans les assises judiciaires que les premiers baillis tenaient au cours de leurs inspections. Délégués par la Cour du roi, ils avaient toute juridiction [24]. Lorsqu'ils furent devenus officiers provinciaux résidant, ils continuèrent, et de même les sénéchaux qui leur étaient assimilés, à tenir l'assise dans les principales localités de leurs ressorts, après en avoir fait publier le lieu et la date par le pays. Au xv° siècle, les lieux d'assises, d'ordinaire sièges de prévôtés, furent nettement déterminés [26].

Le droit de juger y appartenait tantôt au bailli ou sénéchal seul, tantôt, sous sa présidence, à des « hommes de la justice, hommes liges du roi, pairs et jugeans » qu'il devait lui-même contraindre à juger et dont il exécutait les sentences [27]. Dans les deux cas, dans le premier surtout qui fut le plus habituel, le juge était assisté de son conseil, c'est-à-dire des officiers subalternes, prévôts, viguiers, vicomtes, juges, sergents ; puis à mesure qu'ils furent institués, juges mages, lieutenants, substituts, assesseurs, tous contraints d'être présents à moins d'excuse légitime, sous peine d'amende ou de suspension de leurs charges ; de bonne heure, il y fallut joindre les notables et praticiens locaux choisis par le bailli ou le sénéchal, personnel complexe qui tendit, comme nous l'ayons vu, à se fixer [28]. Les procureurs et les avocats du roi y avaient tantôt le rôle de simples conseillers, tantôt celui de représenter le roi et de conclure ou de plaider pour lui.

Ainsi établie, l'assise connaissait de tous les litiges civils ou criminels portés devant elle par les particuliers et des plaintes contre les prévôts et les autres officiers inférieurs; en outre, les juri-

---

(23) Dognon, *op. cit.*, p. 136.

(24) Voy. p. 543. — *Ord.*, 1190, art. 3 (Is., t. 1, p. 179).

(25) *Summa de leg. et de consuet. Normannie* (éd. Tardif, p. 33 et s.). *Ord.*, 1363; février 1388 (Is., t. 5, p. 178; t. 6, p. 644).

(26) *Ord.*, 1453, art. 93 (*Ord., des r. de Fr.*, t. 14, p. 305) — Beautemps-Beaupré, *op. cit.*, t. 2, p. 468.

(27) Beaumanoir, n° 23; Boutillier, II, 83, p. 485. *Cout. d'Artois*, LIII, 12, p. 125. — *Ord.*, 7 janv. 1278, art. 30 (Is., t. 2, p. 664). — Guilhiermoz, *Enquêtes et procès*, p. 610.

(28) Boutillier, I, 3, p. 9.

dictions royales subalternes étant suspendues pendant sa durée, les procès pendants devant elles et en état d'être jugés y étaient évoqués (²⁹). Le nombre annuel des sessions, de deux à cinq d'après les ordonnances et selon les pays, diminua de façon continue à mesure que celui des affaires augmenta (³⁰).

C'est que, dans l'intervalle, s'était établi, au chef-lieu de la circonscription ou aux sièges particuliers d'assises, l'usage des plaids tenus quand besoin était, soit par le bailli ou le sénéchal, soit par un lieutenant à qui, en cas d'empêchement de leur part, ils déléguaient leur juridiction (³¹). Jadis on ne jugeait « hors l'assise » que les crimes (³²). Dès lors les plaids, moins solennels, hebdomadaires ou même quotidiens, attirèrent les affaires courantes ou urgentes, puis d'autres, rendant plus rares les assises qui disparurent presque avec le xvıᵉ siècle (³³).

Mais, au xvᵉ siècle déjà, lieutenants ou juges mages à mesure qu'ils cessaient d'être ses officiers et devenaient ceux du roi, arrivaient à se substituer peu à peu à leur ancien chef (³⁴). Au début du xvıᵉ siècle, au bailli, au sénéchal seul, s'il était présent, plaideurs et gens du roi s'adressaient dans leurs conclusions ou plaidoiries. Mais le plus souvent, tant pour l'assise que pour les plaids, le siège principal du bailliage ou de la sénéchaussée fut alors occupé par le lieutenant général ou le juge mage, lui-même remplacé pour les plaids des chefs-lieux d'assises par des lieutenants particuliers, chacun d'eux se constituant un conseil des officiers du siège et de notables (³⁵). Avec le xvıᵉ siècle, d'importantes transformations s'opérèrent : 1° une quasi-séparation des justices civile et criminelle par la création, en 1522, auprès de toutes les juridictions ressortissant nûment et sans moyen au Par-

---

(29) Voy. J. Boutillier, *l. c.*, p. 10 : de sorte que l'assise était « comme purge de tous faits advenus au pays ». Beautemps-Beaupré, *op. cit.*, t. 2, p. 125. Jousse, *De l'admin. de la justice*, t. 2, p. 241, 245, 247.

(30) Boutillier, *l. c.* — *Ord.*, 1302, art. 26; *Mand.*, 10 sept. 1331; *Ord.*, 1363; mai 1413 (Is., t. 2, p. 772; t. 4, p. 395; t. 5, p. 179; t. 7, p. 338); Batiffol, *Le Châtelet de Paris vers 1400* (RH., t. 61, 62).

(31) *Jostice et Plet*, I, 19, 8, p. 70. — *Ord.*, 1254, art. 9, 10; 1388, art. 2 (Is., t. 1, p. 268; t. 6, p. 645):

(32) Beaumanoir, n° 46.

(33) Cep. *Ord.*, 15 nov. 1567 : Ferrière, *Dict.*, t. 1, p. 167; Guyot, *Rép. gén.*, v° Assise.

(34) Ch. de Grassaille, *Regalium Franciae lib. II*, p. 110; Chassaneus, *Catalogus gloriae mundi*, VII, 24.

(35) Aubert, *Le ministère public* (NRH, 1894, p. 520); Dupont-Ferrier, *op. cit.*, p. 141 et s., 330 et s.

lement, d'un *lieutenant criminel* qu'on ne trouvait jusque-là qu'à Paris et en Anjou ([36]). Un édit de 1552 consolida la réforme en interdisant le cumul de cet office et de celui de lieutenant civil dont il était détaché. Supprimé par voie d'extinction, sauf pour les villes de Parlement et quelques autres, dans l'ordonnance de Blois de 1579, il subsista si bien qu'il fut doublé, en 1586, dans chaque siège présidial par celui de *lieutenant particulier, assesseur criminel* ([37]). Lieutenants criminels, général et particuliers, formaient leur tribunal en empruntant des conseillers ou des lieutenants particuliers du siège ([38]) ; 2° jusqu'à François I⁰ʳ les conseillers de bailliage n'avaient que voix consultative quand ils siégeaient à l'assise ou aux plaids ; il fut alors créé des offices de conseillers judiciaires. Le système du juge unique fut remplacé dans ces juridictions par un tribunal multiple dont le lieutenant général fut le président ([39]); 3° les baillis et sénéchaux furent dépouillés personnellement de leurs pouvoirs judiciaires : ceux de robe longue, assistant et présidant leur tribunal, ne purent qu' « opiner seulement »; ceux de robe courte furent écartés. L'ordonnance de Blois (1579) ne permit plus aux uns et aux autres que d'assister aux procès « sans y avoir voix, ni opinion délibérative », ne leur laissant que l'obligation de prêter main-forte à l'exécution des sentences que leurs tribunaux continuèrent jusqu'à la fin de rendre en leur nom ([40]). Au xɪvᵉ siècle quand l'appel fut reçu devant les juridictions séculières, des sénéchaux eurent un *juge d'appeaux*, jugeant tant au civil qu'au criminel, ou, par exception (Beaucaire, Carcassonne), au criminel seulement ([41]).

ɪɪ. *Compétence des tribunaux de bailliages et de sénéchaussées.* — La constitution des bailliages et des sénéchaussées en juridictions ordinaires et intermédiaires entre le Parlement et cel-

(36) *Ord. sur le duel*, 3 (Viollet, *Et. de Saint-Louis*, t. 1, p. 490); Beautemps-Beaupré, *op. cit.*, t. 2, p. 253 et s.

(37) *Décl.*, 14 janv. 1522; 2 mai 1552, art. 1-8; 4 fév. 1557; mai 1579, art. 237. *Edit*, juin 1586, art. 1-4. Cpr. *Edit*, oct. 1703 (Is., t. 12, p. 197; t. 13, pp. 271, 506; t. 14, pp. pp. 435, 604; t. 20, p. 437).

(38) *Edit*, mai 1552, art. 3, 4.

(39) Chassaneus, *op. cit.*, VII, 26, 27. — *Edit*, mai 1552, art. 6; *Ord.*, mai 1579, art. 107, 238.

(40) *Edit*, mai 1552, art. 6; *Ord.*, mai 1579, art. 266. — Guy Coquille, *Hist. du Nivernois*, *Œuvres* (1664), t. 1, p. 396.

(41) A Toulouse, le juge d'appeaux, au xvɪᵉ siècle, ne jugeait que par prévention par rapport au siège du sénéchal : Fons, *Rec. de l'Acad. de législ.*, 1860, pp. 102-104.

les antérieurement établies, exigeait, sous peine d'annihiler celles-ci, des restrictions à la compétence quasi universelle des anciennes assises. Un départ avait été établi par les ordonnances (42). Outre les appels des juridictions inférieures, ces sièges connaissaient en première instance certaines catégories de litiges, qui leur étaient expressément réservées : 1° au civil, *ratione personae*, toutes les causes personnelles et possessoires dans lesquelles des nobles étaient parties, et qui, du xive au xve siècle, leur avaient été attribuées plus ou moins vite d'après les régions (43), celles des églises de fondation ou de garde royale (44), celles intéressant les fonctionnaires royaux de leurs ressorts (45); *ratione materiae*, les causes domaniales où le procureur du roi était partie principale et qui ne relevaient pas de la Chambre du Trésor ou des Trésoriers de France (46), celles concernant les fiefs nobles quel qu'en fût le possesseur, les causes bénéficiales, les actions possessoires de nouvelleté ou nouvelle dessaisine, la vérification des hommages, les litiges soulevés à propos du ban et de l'arrière-ban (47), en plusieurs lieux les actes passés sous le scel royal (48); 2° au criminel, les cas royaux dont la liste s'allongea depuis le xiiie siècle de façon continue (49), les cas privilégiés qui avaient pour conséquence de suspendre le privilège de clergie et qui pour la plupart se confondaient avec les précédents; les cas prévôtaux pour lesquels le prévôt des maréchaux avait juridiction concurrente (50). Les sièges des bailliages et des sénéchaussées étaient, du reste, seuls compétents pour déterminer les faits qui entraient dans ces divers cas (51). Ils jugeaient encore en première instance un nombre indéterminé de litiges du fait de la

(42) Voy. p. 589.

(43) Voy. p. 588, *Ord.*, mai 1315, art. 10 (Is., t. 3, p. 89); *C. de Meaux*, art. 142 (B. de Richebourg, t. 3, p. 393). — *Hist. du Languedoc* (éd. Privat), t. 3, pp. 516 et s.

(44) *Ord.*, Blois, mars 1498, art. 83; *Ed. Crémieu*, 1536, art. 9 (Is., t. 11, p. 358; t. 12, p. 506).

(45) *Ord.*, oct. 1507 (*Ord.*, t. 21, p. 355).

(46) *Et. de Saint Louis*, II, 20, t. 2, p. 405; *Jostice et Plet*, II, 14, p. 98. — *Edit de Crémieu*, 1536, art. 1, 2.

(47) *Edit de Crémieu*, 1536, art. 3, 4, 5, 7. Cpr. *Ord.*, Blois, 1498 (Is., t. 11, p. 358). — Guy Pape. *Quest.*, 552 (1630), p. 547.

(48) Dupont-Ferrier, *op. cit.*, p. 357 et s.

(49) Boutillier, II, 1, p. 648. — *Ord.*, mars 1362 (Is., t. 5, p. 136); 4 juillet 1499; 15 déc. 1512 (*ap.* Dupont-Ferrier, *op. cit.*, p. 381, 1).

(50) Boutillier, II, 7, p. 651; *Gr. Cout. de Fr.*, IV, 6, pp. 623, 625, 628

(51) *Ord.*, Blois, 1498, art. 90-91 (Is., t. 11, p. 359).

prévention, comme il sera expliqué postérieurement. Il semblerait que le gros des affaires jugées par eux tînt à leur compétence d'appel; il n'en était rien. En principe, ils recevaient les appels interjetés des juges royaux inférieurs, prévôts, vicomtes, viguiers, etc., que ceux-ci eussent eux-mêmes prononcé en premier ressort ou sur appel, ou des juges municipaux, qui étaient au même échelon de la hiérarchie que les prévôts [52], parfois des juges seigneuriaux desquels ils attiraient les appels civils au détriment des prévôts et desquels les appels au criminel leur étaient attribués *omisso medio*. Mais les pairs ressortissaient sans moyen au Parlement; de grands seigneurs, des municipalités avaient obtenu aussi ce privilège. Les Parlements faisaient aux tribunaux des baillis et sénéchaux la même concurrence que ceux-ci aux prévôts, en dépit des ordonnances ; et cela, au criminel, où la procédure ne comportait pas d'épices, sans résistance des lieutenants. François Ier maintint le principe de l'appel par échelons au civil, mais décida que pour tous les « jugemens de tortures ou autres afflictions de corps, comme de mort civile ou naturelle, fustigation, mutilation de membres, bannissement perpétuel ou à temps, condamnations à œuvres ou services publics, amende honorable à justice » ressortiraient nûment aux Cours de Parlement, « les autres appellations interlocutoires et deffinitives en matière criminelle restant aux juges ordinaires ou à leurs lieutenans. » [53]

Ces juges avaient une juridiction non contentieuse très étendue : ils nommaient les tuteurs, curateurs, exécuteurs testamentaires et présidaient aux partages des successions des nobles [54]. Scellés, inventaires, liquidations, envois en possession, acceptation bénéficiaire, ventes par décret, insinuation des donations, etc., étaient de leur compétence [55]. Ils vérifiaient et étaient chargés d'entériner les Lettres royaux (Lettres d'affranchissement, d'anoblissement, de légitimation, de naturalité, etc.). L'édit de Crémieu leur confia à titre exclusif l'entérinement des Lettres de grâce. Mais si le roi consultait le bailliage ou la sénéchaussée sur le bien-fondé des Lettres de *debitis*, de répit, de bourgeoisie ou de sauvegarde, il entendait se réserver, contre leur prétention, le droit de les

(52) *Edit de Crémieu*, 1536 art. 23. — De Rozière, *L'Assise du bailliage de Senlis, l. c.* (NRH., 1891, p. 734).

(53) *Edit de Crémieu*, 1536, art. 22; *Ord.*, Villers-Cotterets, 1539, art. 163; *Décl.*, 20 nov. 1541 (Is., t. 12, pp. 508, 638, 759).

(54) *Edit de Crémieu*, 1536, art. 6. Cpr. *Ord.*, mars 1366; juin 1370 (Is., t. 5, pp. 265, 344).

(55) Sur cette partie de la vie judiciaire : Fagniez, *Répertoire de jurisprudence parisienne au xve siècle*. Dupont-Ferrier, *op. cit.*, pp. 426-438.

accorder (⁵⁶). Toute cette part de l'activité judiciaire se concentrait dans le conseil.

 III. *La procédure civile et criminelle devant ces tribunaux.* —

La procédure civile conserva longtemps, surtout devant l'assise, ses caractères oraux et primitifs de l'époque seigneuriale. Pourtant dès le xIvᵉ siècle, on admit l'ajournement par sergent du bailliage et deux témoins à la simple requête du demandeur, et la comparution non plus seulement en personne, mais aussi par procureur, sans qu'il fût besoin de Lettres de dispense (⁵⁷). Sur la confession du défendeur ou, après plaidoiries, sur les preuves orales ou écrites, dans les affaires sans grande importance le jugement était rendu sur pied (⁵⁸). En cas d'incident, le juge appointait à ouïr droit. Cependant la procédure écrite gagnait toujours du terrain et finit par l'emporter seule dans les plaids. Appointée au conseil, l'affaire déroulait alors tout le système des barres, intendits, enquêtes de formes diverses (⁵⁹). Des sièges avaient des enquêteurs (et tous en furent pourvus en titre d'offices en 1514) chargés d'entendre les témoins, de recevoir et de collationner les pièces, d'en former les sacs (dossiers) (⁶⁰) à remettre à un juge du siège qui devait en rapporter devant le conseil et du moins devant un autre juge (⁶¹). Le *dictum* ou jugement devait être signé de ceux qui l'avaient prononcé (⁶²).

La procédure criminelle comportait toujours un jugement sommaire et sans débat en cas de « present meffait » c'est-à-dire de flagrant délit (⁶³). Autrement, la poursuite avait lieu par partie formée ou d'office. La première, qui était la procédure accusatoire, subit quelques atténuations au xvᵉ siècle en faveur du demandeur qui, moyennant caution, ne fut plus obligé à tenir prison et, quand

---

(56) *Edit de Crémieu*, 1536, art. 6, 12. Ord., juin 1499, art. 10 (Dupont-Ferrier, p. 434, 10-11); Ord., 1510, art. 60 (Is., t. 11, p. 599).

(57) Ord., mars 1498, art. 56 (Is., t. 11, p. 349). — De Rozière, *L'assise du bailliage de Senlis* (NRH., 1884, pp. 725 et s.); Tanon, *L'ordre du procès civil au xIvᵉ siècle* (NRH., 1885, p. 705); Guilhiermoz, *De la persistance du caractère oral dans la procédure*, pp. 18 et s.

(58) Guilhiermoz, *Enquêtes et procès*, p. 4; Tanon, *l. c.*, pp. 58-64.

(59) Ord., Blois, mars 1498, art. 82 et s., 131 (Is., t. 11, p. 204). — Boutillier, I, 17, p. 79; *Gr. Cout. de Fr.*, III, 15, p. 468. — Tanon, *l. c.*, pp. 24 et s.

(60) Ord., févr. 1514 (Is., t. 12, pp. 19, 21). — Dupont-Ferrier, *op. cit.*, pp. 366-367, notes 6, 1, 2.

(61) Ord., 1485, art. 3 (Is., t. 11, p. 132).

(62) Ord., fév. 1529; 2 fév. 1541 (Dupont-Ferrier, *op. cit.*, p. 376, notes 5-7). Tanon, *l. c.*, pp. 54 et s.

(63) Boutillier, I, 34, p. 221.

il succombait, pût être condamné à une simple amende (⁶⁴). De plus en plus rare aux xiv⁰ et xv⁰ siècles, elle finit par disparaître (⁶⁵). La poursuite d'office était le fait du procureur ou de l'avocat du roi, à la suite d'une dénonciation ou sur la rumeur publique. Si le conseil trouvait les indices réunis suffisants, sur son *dictum*, le juge décrétait le prévenu d'ajournement ou d'arrestation (⁶⁶). L'instruction était secrète et suivie étroitement par le procureur et l'avocat du roi. Sauf le cas d'aveu qui entraînait la condamnation immédiate, le juge pouvait opter pour la voie ordinaire quand le prévenu se soumettait à l'enquête ou lorsque la coutume obligeait le bailli à faire prononcer la sentence par des hommes de fief ou liges du roi (⁶⁷). Si l'interrogatoire du prévenu concordait avec l'information, le jugement était rendu, les gens du roi et la partie adverse mandés et entendus; sinon l'enquête se poursuivait dans le secret, hors de la présence des gens du roi, qui, comme l'accusé, n'en avaient connaissance qu'une fois qu'elle était close, pour leurs plaidoieries (⁶⁸). Mais, au xiv⁰ siècle, on suivit de plus en plus la voie extraordinaire qui comportait la torture, déjà plus ou moins pratiquée depuis le xiii⁰ (⁶⁹). Malgré les ordonnances on y soumettait nobles et clercs (⁷⁰). L'ordonnance de Blois (1498) en légalisa et réglementa l'usage antérieur : il fallait que le crime fût passible de peine capitale, qu'il y eût présomptions très graves, « semi pleine preuve du crime », qu'elle fût décidée par délibération du conseil (⁷¹). L'accusé pouvait en

(64) Boutillier, I, 38, p. 222.

(65) Esmein, *Hist. de la procédure criminelle*, pp. 109. 114, 133. Avec elle disparut la procédure par gages de bataille, qui lui était liée

(66) *Ord.*, juin 1338, art. 7; mars 1498, art. 96, 98, 106-108, 120 (Is., t. 4, p. 347; t. 11, 364-367). Cpr. *Ord.*, avril 1453 (Is., t. 9, p. 216.). — Esmein, *op. cit.*, pp. 101-109.

(67) *Ord.*, mars 1498, art. 106 et s. Cpr. Esmein, *op. cit.*, pp. 123 et s.

(68) Boutillier, I, 34, p. 229. — *Ord.*, Blois, mars 1498, art. 119-121 (Is., t, 11, pp. 367 et s.).

(69) *Ord.*, déc. 1254, art. 21; mai 1315, art. 14 (Is., t. 1, p. 270; t. 3, p. 90). Boutillier, I, 34, pp. 228 et s.

(70) *Ord.*, mai 1315, art. 14, 19. — *Gr. Cout. de Fr.*, IV, 6, p. 626.

(71) *Ord.*, mai 1315, art. 14; juill. 1319, art. 22; Blois, 1498, art. 112 (Is., t. 3, pp. 90, 227; t. 11, p. 365). — Boutillier, I, 34, p. 228; J. Imbert, *Practique*, III, 14, p. 651; P. Ayrault, *De l'ordre et instruction judiciaire*, III, 3, 71. — La façon d'appliquer la torture était réglée par des usages locaux : l'ordonnance de Blois, 1498, art. 113, s'était rangée à la torture par l'eau. — Sur la procédure à suivre ou suivie : art. 112-114 de l'ordonnance de Blois; *Procès criminel de G. Mariette* (1448) (éd. Beaucourt), t. 3, pp. 290 et s.; *Registre criminel du Châtelet de Paris* (1389-1392); Imbert, *Practique*, III, 14.

appeler au Parlement. Depuis 1498 elle ne put plus être renouvelée après désaveu par le patient de ce qu'elle lui avait arraché; alors on reprenait la voie ordinaire. Jusqu'en 1539 les témoignages réunis contre l'accusé lui étaient communiqués et il était assisté d'un avocat, qui lui fut alors refusé [72]. Mais devant l'insuccès de la torture, il était le plus souvent élargi, et élargissement, même sous caution, valait absolution [73].

L'appel, *beneficium appellationis*, introduit au XIII° siècle devant les juridictions séculières du Nord de la France s'y était généralisé. Au civil tout plaideur pouvait appeler tant qu'il existait un juge supérieur [74]. Cet appel n'était valable qu'interjeté de vive voix ou par écrit immédiatement après la sentence ou le jour même, à moins d'absence ou autre excuse légale ou de Lettres de relief *d'illico* [75]. Dans le Midi, on avait un délai de dix jours [76]. L'instrument appellatoire devait contenir l'exposé du procès en première instance; mais, au XV° siècle, il ne fut plus nécessaire à peine de nullité de « fausser le jugement » ; il suffit d'indiquer le grief de l'appelant [77]. Sur sa production on obtenait commission pour ajourner le juge dont on appelait et intimer la partie adverse dans un délai qui variait d'après les coutumes [78]. L'appel était suspensif et finit par être dévolutif. Devant le bailli, à moins de désertion d'appel, ou de défaut de l'intimé, qui perdait alors sa cause et subissait l'amende du double, avait lieu la présentation des pièces et le procès était recommencé selon la même procédure que devant le premier juge. Après quoi le bailli prononçait sur le bien ou mal jugé [79]. Le perdant et, dans le dernier cas, le juge s'il n'était pas juge royal, ou plutôt son seigneur, payaient XL li-

(72) Cep. Boutillier, I, 34, p. 229. — *Ord*., Blois, mars 1498, art. 111, 115; Ord., juin 1510, art. 47 : veut que les témoignages lui soient traduits en français (Is., t. 11, p. 596). — Esmein, *op. cit.*, pp. 131-138.

(73) Papon, *Arrêts*, XXIV, 5, n° 4 (1549).

(74) Ord., déc. 1254, art. 30 (*Ord. des r. de Fr.*, t. 1, 75). — P. de Fontaines, XXII, 23, p. 303; Beaumanoir, n°s 24, 1774-5, *Justice et Plet*, I, 4, 4, p. 16; *Olim*, t. 1, p. 200 (1264); *Const. dém. et Chastelet*, 24, 34, 55.

(75) Boutillier, I, 20, p. 91; II, 14, p. 774. — Ord., avril 1453 (Is., t. 9, p. 212). — Marcel Fournier, *Essai sur l'histoire du droit d'appel*, pp. 274-282.

(76) *Olim*, t. 2, p. 39.

(77) *Ord.*, juill. 1496, art. 62 (Néron et Girard, t. 1, p. 43); Ord., août 1539 (Is., t. 12, p. 423). — Marcel Fournier, *op. cit.*, p. 249.

(78) De 10 à 90 jours, d'ordinaire de 40 jours : M. Fournier, *op. cit.*, p. 285. — Quand le juge *a quo* était seigneurial, on ajournait aussi le seigneur et c'était lui qui était, en cas de mal jugé, condamné à l'amende.

(79) Les Cours souveraines mettaient seules l'appel au néant.

vres d'amende (⁸⁰). D'abord, l'affaire était renvoyée devant le juge *a quo;* mais l'édit de Crémieu permit au bailli de l'évoquer et de la juger (⁸¹). Au criminel, ni l'*illico*, ni le délai d'ajournement ne s'imposaient à l'appelant prisonnier : la comparution de celui-ci devant le bailli ou le sénéchal était d'abord à la charge et aux frais du juge, puis aux xvᵉ et xviᵉ siècles aux siens propres, à défaut à ceux du roi. Les pièces étaient produites par les gens du roi ou la partie civile. Le juge et le conseil du bailliage reprenaient complètement l'affaire : sur appel d'un jugement interlocutoire ou appel de la partie civile, la procédure se déroulait comme au civil sans pouvoir réagir contre l'élargissement prononcé du prisonnier en première instance; sur appel du condamné, elle revenait à la voie extraordinaire (⁸²).

3° Les présidiaux.

Au xivᵉ siècle dans des sénéchaussées du Midi et de l'Ouest, au xvᵉ dans quelques bailliages, on qualifiait de cour présidiale les plaids du siège principal, de juges présidiaux les officiers qui les tenaient (⁸³). Henri II utilisa cette dénomination pour désigner des bailliages et des sénéchaussées qu'il investit par édit de janvier 1551 de certaines prérogatives et d'une sorte de ressort à l'égard des autres, en vue de supprimer les appels aux Parlements soit d'affaires civiles peu importantes, soit d'affaires criminelles exigeant une répression sévère et rapide. Corsés de sept offices nouveaux de magistrats conseillers, de façon qu'ils eussent un minimum de neuf juges, une soixantaine de bailliages ou sénéchaussées furent érigés en présidiaux, gardant sous leurs anciens titres leur compétence antérieure, et devant exercer, sous le nou-

(80) En plus, le juge non royal pouvait être suspendu : *Ord.*, Willers-Cotterets, 1539, art. 114 (Is., t. 12, p. 423). — M. Fournier, *o. c.*, p. 291. Dans le cas d'hommes liges et jugeants, ils amendaient aussi : Dupont-Ferrier, *op. cit.*, p. 345.

(81) *Edit de Crémieu*, 19 juin 1536, art. 23 (Is., t. 12, p. 509) : « Si en jugeant les causes d'appel par nosdits baillifs et seneschaux (soit en civil, soit en criminel) est dit qu'il auroit esté mal jugé, appointé et ordonné par nosdits prévosts et autres juges inférieurs, nosdits juges présidiaux en retiendront la cognoissance, sans en faire renvoy pardevant le prévost qui auroit donné la sentence, ny autre ».

(82) *Ord.*, avril 1453, art. 28; juil. 1493, art. 105; Blois, 1498, art. 93; déc. 1507, art. 152 (Is., t. 9, p. 212; t. 11, pp. 246, 360, 603). — Imbert, *Practique*, IV, 1, nᵒˢ 1-8.

(83) *Edit de Crémieu*, 1536, art. 1 et s., 28 et s. Dupont-Ferrier, *op. cit.*, pp. 334-336. Voy. note 81, ci-dessus.

vertu, celle plus spéciale que l'édit leur donnait (84). Le personnel commun fut, par la suite, tantôt augmenté, tantôt diminué ; des édits y joignirent pour un temps, puis en retranchèrent, des présidents de présidiaux qui, aux audiences criminelles, se substituaient, là où ils existaient, aux lieutenants (85). Les deux juridictions quoique distinctes de ressorts et d'attributions, restaient soudées l'une à l'autre ; pour les mieux confondre sans doute des ordonnances prescrivirent que leurs audiences ne fussent pas séparées, mais les affaires bailliagères et présidiales jugées ensemble (86). Cependant il fallait, pour juger présidialement, au moins sept juges et la sentence devait énoncer, pour le premier chef de l'édit, qu'elle était rendue « par jugement dernier », pour le second, « par jugement présidial » (87). Un édit et une déclaration de 1553 firent défense aux Parlements de connaître des affaires désormais attribuées aux présidiaux et une déclaration de 1574 autorisa les juges présidiaux à se pourvoir au Grand Conseil contre les arrêts rendus par les Parlements en violation de l'édit de 1551 (88).

Au civil, celui-ci comprenait deux chefs : 1° les présidiaux jugeaient en dernier ressort les litiges, portés devant eux, soit directement, soit sur appel des tribunaux subalternes, quand la valeur n'en dépassait pas 250 livres tournois de capital ou 10 livres de rente, quels que fussent les dépens. Si cette valeur n'apparaissait pas liquide, les parties d'accord ou le demandeur spontanément pouvaient résoudre la demande à ce montant ; 2° les présidiaux jugeaient par provision, sauf appel, les affaires dont

(84) *Edit*, janvier 1551, *préam.*; mars 1551 : déterminant les sièges présidiaux; *Décl.*, août 1552 (Is., t. 13, pp. 248, 268, 277; Fontanon, t. 1, pp. 335).

(85) *Edit*, avril 1557 : création de 2 offices de conseillers et d'un second avocat du roi dans chaque présidial; *Edit*, juin 1557 : office de président dans chaque siège; *Ord.*, Moulins, 1566, art. 13, 14; *Ord.*, mai 1579, art. 237 : suppression des présidants; juillet 1580 : en institue de nouveau; fév. 1705 : quelques autres; oct. 1708, leur concède le port de la robe rouge. Ils disparurent en 1764 (Is., t. 13, pp. 484, 492; t. 14, pp. 193, 485; t. 20, pp. 461, 537). — Fleury, *Dr. publ. de la Fr.* (1784), p. 77.

(86) *Ord.*, Moulins, 1566, art. 16; 9 août 1777, art. 26, 27 (Is., t. 14, p. 199; t. 25, p. 92); *Ord.*, 8 mai 1788, art. 8 (Is., t. 28, p. 839).

(87) *Edit*, janv. 1551, art. 2; *Ord.*, Moulins, fév. 1566, art. 13-15; janv. 1629, art. 114; août 1777, art. 23 (Is., t. 13, p. 248; t. 14, p. 194; t. 16, p. 200; t. 25, p. 91). Pour assurer le respect de la règle des sept juges, le greffier devait les inscrire par leurs noms dans le jugement. A défaut de conseillers, on y devait suppléer par des avocats du siège ; *Edit*, janv. 1551, art. 3 et s. Cpr. *Ord.*, 8 mai 1788.

(88) *Edit*, 3 fév. 1553; *Décl.*, 6 mars 1553; *Ord.*, Moulins, 1556, art. 17; *Décl.*, 27 déc. 1574 (Is., t. 13, pp. 353, 359; t. 14, pp. 194, 270).

l'importance n'excédait pas 500 livres de capital et 20 livres de
rente : sous la condition que la partie gagnante baillât caution,
l'appel au Parlement, simplement dévolutif, n'arrêtait pas l'exécution (⁸⁹). L'essai ayant semblé heureux, l'édit de juin 1557
éleva la compétence des présidiaux en dernier ressort à 1000 livres
de capital et 50 de rente. Les remontrances des Parlements, les
intrigues, aux Etats généraux de 1560, des députés des bailliages
et sénéchaussées, non érigés en présidiaux, qui demandaient le
retrait de l'édit de 1551, firent que l'ordonnance de Moulins de
1566, en même temps qu'elle décidait la réduction du nombre des
présidiaux et du personnel de ceux qui subsisteraient, revint aux
chiffres primitifs de 250 et 10 livres auxquels, bien que trop faibles, et malgré l'abaissement continu du pouvoir de l'argent, on
se tint pendant deux siècles (⁹⁰). Un édit d'avril 1705 avait pourtant accordé le dernier ressort jusqu'à 500 livres au présidial de
Lyon et un autre de 1773 jusqu'à 1.200 livres à quatre présidiaux
lorrains, lorsque celui de novembre 1774 éleva la compétence de
tous les présidiaux du royaume à 2.000 livres de capital et 80
livres de rente au premier chef de l'édit de 1551 et à 4.000 et
160 au second (⁹¹). Devant les remontrances des Cours souveraines et les plaintes des tribunaux inférieurs, un nouvel édit
d'août 1777 abrogea complètement ce second chef. Quant au premier, en cas de valeur litigieuse non liquide, il dépendait exclusivement du demandeur d'adopter la juridiction présidiale en restreignant sa demande aux tarifs de la compétence de celle-ci, faculté du reste refusée aux administrateurs de la fortune d'autrui,
aux bénéficiers, aux mineurs émancipés, mais que la déclaration
d'août 1778 rendit aux premiers dûment autorisés. Enfin, il ne
put plus être jugé présidialement qu'à la requête des parties, le
présidial n'ayant plus le droit de reconnaître d'office sa compétence ; et les sentences qu'il rendait sur elle, à la demande d'un
plaideur, étaient susceptibles d'appel de la part de l'autre (⁹²).
Même dans les limites des édits de 1551 et 1777, certaines matières furent toujours soustraites à la juridiction présidiale, les
litiges concernant le domaine, les eaux et forêts, les saisies et

(89) *Edit*, janv. 1551, art. 1-2 (Is., t. 13, p. 250 et s.).
(90) *Edit*, juin 1557 (Fontanon, t. 1, p. 355); *Ord.*, Moulins, fév. 1566,
art. 15 : le nombre des juges était réduit à 6. Cpr. *Edit*, juillet 1580 (?) (Is.,
t. 14, p. 485).
(91) *Edit*, nov. 1774 (Is., t. 23, p. 57).
(92) *Edit*, 9 août 1777, art. 1-7, 12-17; *Décl.*, 29 août 1778, art. 1 à 16
(Is., t. 25, pp. 84 et s., 391 et s.).

amendes, la mouvance féodale, le retrait lignager ou tous autres
où des droits de famille étaient contestés, les interprétations de
coutumes, parce qu'il s'y mêlait des intérêts d'ordre public ou
moral, non appréciables en argent [93].

L'édit de 1551 restait imprécis sur la compétence criminelle
des présidiaux dont il signalait pourtant l'existence. C'est qu'elle
était exclusivement une compétence concurrente et par prévention et s'exerçait à ce titre par rapport aux bailliages, sénéchaussées, tribunaux inférieurs, royaux ou non, de leurs ressorts [94].
Pour ce qui était des cas royaux la prévention ne jouait qu'à l'encontre des bailliages et sénéchaussées non présidiaux, qui seuls
en pouvaient connaître. Les présidiaux jugeaient les cas prévôtaux,
par préférence aux prévôts des maréchaux de France quand ils
s'en étaient saisis avant eux ou le même jour; à l'exclusion de ces
officiers, pour ceux des crimes dont ceux-ci ne pouvaient connaître,
soit parce qu'ils avaient été commis dans les villes de leur résidence, soit parce que certains accusés étaient exempts de la
juridiction prévôtale. Mais tandis que le propre de la juridiction
prévôtale était de toujours prononcer en dernier ressort, les présidiaux ne condamnaient à mort ou aux galères perpétuelles pour
les mêmes crimes que sauf appel au Parlement; il en était de
même, quelle que fût la peine, si le condamné était exempt de la
juridiction prévôtale. Le jugement sur la compétence prévôtale
appartenait à la chambre du conseil du présidial qui en décidait en
dernier ressort [95]. Par déclaration du 5 février 1731 cette juridiction criminelle des présidiaux fut limitée à l'étendue du bailliage ou de la sénéchaussée auxquels ils étaient joints, à l'exclusion des bailliages et sénéchaussées qui y ressortissaient pour
l'application de l'édit de 1551.

Détestés des parlementaires, réduits au civil à des causes infimes ne procurant que des épices minimes et toujours en décroissance, au criminel à des affaires qui ne rapportaient rien; — on
disait le fretin présidial, — les présidiaux virent, pour la plupart,
leurs charges délaissées. Leur nombre même, il y en avait sous

(93) *Edit*, janv. 1551, art. 3 (Is., t. 13, p. 353). — Ferrière, *Dict.*, vᵒ *Présidiaux*, t. 1, p. 394.

(94) *Edit*, janv. 1551, art. 1; *Décl.*, août 1552, art. 4 (Is., t. 33, pp. 250,
278).

(95) *Ord.*, Moulins, 1566, art. 46, 47; Blois, mai 1579, art. 201; *Ord.
crim.*, 1670, t. 1, art. 11-17; *Décl.*, 3 janv. 1682; *Edit*, août 1777,
art. 19 (Is., t. 14, pp. 201, 428; t. 18, pp. 373 et s.; t. 19, p. 373; t. 25.
p. 90).

Louis XV plus de cent, en diminuait le prestige [96]. L'expérience
ayant vite révélé l'insuffisance de l'ampliation de 1774 que la
baisse du prix de l'argent laissait au-dessous de l'attribution primitive et les inconvénients des formalités compliquées pour décider
de la compétence présidiale, la réforme, entreprise en 1788 sous
l'inspiration du garde des sceaux Lamoignon, comporta l'élévation
de tous les bailliages et sénéchaussées au rang de présidiaux avec
compétence en dernier ressort au civil jusqu'à 4.000 livres; par
contre ils ne jugeaient plus au criminel qu'à charge d'appel [97].
Mais l'essentiel de la réforme était la création des grands bailliages,
insérés dans la hiérarchie des juridictions entre les Parlements et
les présidiaux.

4° Les grands bailliages.

Tant pour diminuer les attributions des Parlements que pour
rapprocher la justice des contribuables, l'ordonnance de mai 1788
répartissait les ressorts d'un certain nombre de Cours souveraines
entre plusieurs tribunaux qualifiés *grands bailliages*, munis d'un
personnel identique à celui des présidiaux, sauf quant au nombre
des conseillers qui devaient être vingt [98]. Ils constituaient, en
principe, par rapport aux présidiaux et aux tribunaux inférieurs,
des tribunaux d'appels, et les degrés de juridictions étaient dorénavant réduits à deux, chaque fois qu'une des parties voudrait s'y
restreindre. Les grands bailliages, dans ces conditions, jugeaient
en dernier ressort toutes les affaires civiles dont la valeur ne dépassait pas 20.000 livres et toutes les affaires criminelles sauf

---

(96) Fleury, *op. cit.*, p. 77, comptait dans le ressort du Parlement de
Paris, 32 présidiaux; dans l'ensemble du royaume, 63 présidiaux, 15 bailliages et 10 sénéchaussées sans présidial et 633 sièges inférieurs. Il y en
avait bien davantage en 1789. Toutefois, les bailliages ou juridictions assimilées, objets du règlement du 24 janvier 1789 et au nombre de près de
450, ne correspondaient pas aux bailliages judiciaires, mais constituaient
des circonscriptions électorales : Brette, *Les limites et les divisions de la
France en 1789*, p. 118; Laurain, *Et. sur les présidiaux* (NRH., 1895-1896);
Babinet, *Le présidial de Poitiers* (Mém. de la Soc. des Antiq. de l'Ouest).

(97) *Ord.* 8 mai 1788, *préam.*, art. 3, 4. — Les présidiaux devaient être
composés d'un lieutenant général, d'un lieutenant criminel, de deux lieutenants particuliers, civil et criminel, de huit conseillers, y compris le procureur
et l'avocat du roi (*Ibid.*, art. 6. Is., t. 25, pp. 538 et s.).

(98) *Ibid.*, art. 6, 7, 10. — Le ressort de Paris était divisé entre 16 grands
bailliages; celui de Toulouse entre 5, celui de Bordeaux entre 4; ceux de
Dijon, Rouen et Rennes en comprenaient chacun 3; ceux de Grenoble,
Besançon, Nancy, chacun 2; ceux de Metz et de chaque Conseil souverain en
avaient 1.

celles des privilégiés, ecclésiastiques, nobles, officiers du roi, qui restaient, comme les appels civils au delà de 20.000 livres, de la compétence des Parlements. La compétence en dernier ressort du grand bailliage résultait de ce que le demandeur réduisait sa demande à ce chiffre, ou de la preuve par le défendeur que l'objet litigieux ne dépassait pas cette valeur; les gens du roi la pouvaient requérir d'office (⁹⁹). Comme il ne devait pas y avoir de présidial au siège d'un grand bailliage, celui-ci avait deux chambres constituées par roulement et la seconde dont on appelait des sentences à la première en tenait lieu (¹⁰⁰). Les matières touchant l'ordre public, les intérêts domaniaux ou l'état des personnes, exclues du dernier ressort des présidiaux, l'étaient encore de celui des grands bailliages (¹⁰¹).

Tous les officiers de judicature se joignirent aux parlementaires pour faire échouer la réforme. Les juges des présidiaux érigés en grands bailliages se prêtèrent eux-mêmes très mal à l'organisation et au fonctionnement de ces juridictions. En plusieurs lieux les intendants ne parvinrent pas à les installer. L'ordonnance de mai 1788 fut en partie rapportée par Necker qui, dans le ressort de Paris, n'en conserva que trois ou quatre. Puis tout fut suspendu jusqu'à la réunion des États généraux (¹⁰²).

II. — LES PARLEMENTS

1° Le Parlement de Paris.

1. *Origine et constitution du Parlement de Paris.* — Nous savons que la Cour royale de justice était primitivement constituée par tout ou partie de la *Curia regis*, jugeant au nom du roi quand il l'ordonnait. Elle siégeait en tout temps, sans avoir un caractère permanent, étant composée diversement pour chaque affaire (¹⁰³). La procédure n'exigeant alors ni préparation des causes, ni enquêtes, il existait seulement de façon continue depuis le xii° siècle une sorte de greffe pour la garde des dossiers et des

(99) *Ibid.*, art. 5, 28 à 34.
(100) *Ibid.*, art. 8, 11, 12.
(101) *Ibid.*, art. 35, 36.
(102) Marion, *Le garde des sceaux Lamoignon et la réforme judiciaire en 1788*, Paris (1905); Ch. Seeger, *Essai sur les grands Bailliages établis en 1788 en Normandie*, Caen, 1911; Metzger, *Le Conseil supérieur et le grand Bailliage de Lyon (1771-1774, 1788)* [*Ann. de l'Univ. de Lyon*, 1913].
(103) Voy. ci-dessus, p. 452.

jugements (¹⁰⁴). La compétence de la Cour était celle du roi. Elle jugeait principalement en première instance, en un temps où l'on ne pouvait guère recourir des tribunaux inférieurs devant elle que pour défaute de droit ou faux jugement du fait des vassaux directs de la Couronne (¹⁰⁵). Sans que ces errements aient été changés, il s'y ajouta, au xiiiᵉ siècle, la pratique d'assises judiciaires périodiques, auxquelles fut réservé peu à peu le nom de *parlamenta* : souci de sérier les travaux de la *Curia*, plus encore nécessité, étant données les formes d'appels interjetés des sentences des baillis, de mander ceux-ci successivement et pour le moment déterminé d'avance où seraient examinés les procès de leurs bailliages. Les procès-verbaux des sessions se réfèrent presque exclusivement à ce genre d'affaires (¹⁰⁶). De quatre sous Louis IX, ces sessions furent réduites à trois sous Philippe III, puis à deux à mesure que le nombre des causes augmentait et que chacune de ces sessions s'allongeait (¹⁰⁷). Au xivᵉ siècle il n'y en eut plus qu'une qui finalement alla de la Saint-Martin d'hiver à la fin mai, puis jusqu'à la mi-août; et pendant les semaines d'interruption, on institua une chambre des vacations (¹⁰⁸). Ni permanent, ni sédentaire, le Parlement, dès le règne de Louis IX, reçut une organisation particulière qui fut précisée et perfectionnée de session à session, d'ordonnance à ordonnance (¹⁰⁹).

Le personnel judiciaire, désigné, pour chaque session, par le roi dans son Conseil, était composé de prélats, de barons, et sur-

---

(104) Voy. ci-dessus, p. 454. — Ch.-V. Langlois, *Textes relatifs à l'histoire du Parlement, Intr.*, p. 6.

(105) Voy. ci-dessus, pp. 233, 277. — Aubert, *Nouv. rech. sur le Parlement de Paris*, NRH., 1916, p. 63; Esmein, NRH., 1884, p. 679.

(106) *Ord.*, 4 janv. 1278, art. 2 : « Venu le terme de chascune baillie, li pledeurs se présenteront au tems du termine pour lor délivrance, celon ce que il a esté autrefoiz ordené »; art. 20-22; *Ord.*, 1310, art. 1-7 (Ch.-V. Langlois, *op. cit.*, pp. 96, 183 et s.).

(107) Il y avait en fait une certaine irrégularité sur le nombre des sessions que l'ordonnance de 1296, art. 2, fixa à deux : « Il tenra deux parlemens en l'an en tens de pes, desquiex li uns sera aus vuictieves de Touz Sainz et li autres aus trois semainnes de Paques »; *Ord.*, 1303, art. 62; *Ord.*, (1308-1310 ?) (Ch.-V. Langlois, *o. c.*, pp. 161, 174, 178, 229 et s.).

(108) Malgré l'ordonnance (1308-1310 ?) : « proponimus ordinare quod due parlementa Parisius... tenebuntur in anno. » (*Ibid.*, p. 174), on ne trouve plus après elle qu'un Parlement annuel. En fait, il en était ainsi depuis 1292, sauf exception en 1306 (*Ibid.*, pp. 233 et s.).

(109) Depuis Louis IX, la plupart des sessions se tenaient à Paris : l'ordonnance citée à la note précédente semble les y fixer définitivement; mais des Parlements ont pu être tenus ailleurs postérieurement.

tout de conseillers du roi, les *mestres la cort le roy*, auxquels le prestige croissant du pouvoir royal et le développement de la procédure savante assignaient une place de plus en plus prépondérante. La coutume était qu'une partie des *mestres* fussent clercs, les autres laïques ; un moment on tendit à l'égalité du nombre [110]. Dans les listes que nous avons de ces jugeurs déjà au xiiie siècle les mêmes noms reviennent fréquemment ; au xive ils sont en majorité toujours les mêmes : preuve qu'à côté d'éléments flottants, s'était constitué un groupe de professionnels de qui finissait par dépendre le fonctionnement de la Cour [111] et qui reçurent des gages à cet effet [112]. Sous les Valois, les Parlements furent toujours plus garnis : les *mestres* arrivèrent à être plus de cent. A côté des membres effectifs nommés pour siéger « continuement », c'est-à-dire pendant la durée de la session, d'autres avaient la faculté d'y venir délibérer avec des droits équivalents : prélats et barons du Conseil, ceux qui avaient fonction « d'aler avec le roy » [113], ceux que les présidents avaient délégués à l'Auditoire de droit écrit ou aux requêtes, quelques dignitaires conventuels et des prévôts ; mais cette énumération n'avait rien de limitatif. A mesure qu'étaient appelées les causes de leurs bailliages, les baillis ou officiers de même ordre devaient être présents, soit pour siéger comme jugeurs, soit pour répondre comme défendeurs selon que le recours contre leurs sentences avait lieu par la *via supplicationis* ou par la *via appellationis* [114]. Mais déjà l'ordonnance de 1291 prescrivit que nul bailli ou sénéchal ne prît séance à moins qu'il ne fût membre du Conseil ou requis par les présidents et que, même dans ce cas, il se gardât dans les affaires l'intéressant d'assister à la délibération sur

(110) *Ord.*, 1296, art. 8, 9 : 17 clercs, 19 laïques; *Ord.*, 1308-1310 : 11 clercs, 11 laïques (Langlois, *o. c.*, pp. 163, 178). Liste de 1322 : 12 clercs, 12 laïques (Boutaric, *Actes du Parlement*, n° 6930). D'ordinaire, les laïques étaient un peu plus nombreux : Aubert, NRH., 1916, pp. 287 et s.

(111) Sur ces textes : Langlois, *op. cit.*, pp. 39, 43, 48, 62; 86, 113, 118, 121, 123, 143, 148, 225, 226; Aubert, *op. cit.*, pp. 72 et s., et *Le Parlement de Paris des origines à François Ier*, t. 2, pp. 297 et s. — *Olim*, t. 2, p. 626; t. 3, pp. 1051, 1053, 1055; Boutaric, *o. c.*, n°s 4474, 4482 a, 4490 b, 6930 a.

(112) Langlois, *op. cit.*, pp. 122, 218, 219.

(113) *Ord.*, 1296, art. 11 : « ou se ne sont cil dou conseil qui sont establi d'aler avec le roy », ce sont les « suivans le roy », qui seront plus tard les maîtres des Requêtes de l'Hôtel.

(114) *Ibid*, Aubert, NRH., *l. c.*, p. 89. A la fin de chaque session, l'ordre dans lequel les affaires de chaque bailliage viendraient à la suivante était publié. Il ne fut guère modifié qu'à la suite de la création de Parlements provinciaux.

l'arrêt, qu'en outre chacun de ces officiers rejoignît sa circonscription dès que le rôle de celle-ci serait épuisé [115].

Au xiiie siècle et dans la première moitié du xive les prélats et barons désignés pour chaque Parlement en nombre variable, mais souvent restreint, y détenaient, sous l'appellation collective de présidents ou souverains, la prééminence [116]. Le plus qualifié d'entre eux présidait. Ils n'étaient pas tenus d'assister à toutes les séances, mais seulement d'assurer, par roulement, la présence continue d'au moins un prélat et un baron [117] pour veiller à l'ordre des séances et organiser le travail du Parlement d'après ses divers éléments [118]. Par opposition les maîtres obligés de siéger durant toute la session étaient qualifiés résidents. Plus tard, « présidents », « résidents » devinrent synonymes et le premier de ces termes fut appliqué globalement à tous les membres de la Cour [119], à mesure que la direction de celle-ci passa des prélats et des barons à des conseillers spéciaux, destinés à devenir les présidents en titre du Parlement. Dès le règne de saint Louis, il existait, pour assurer la liaison d'une session à l'autre deux conseillers laïques permanents, gagés à l'année, baillis ou sénéchaux ou l'ayant été, ayant mission de recevoir les plaintes, les appels, de mettre les causes en état, d'organiser la session suivante, puis, celle-ci ouverte, de rapporter les affaires, diriger les débats, faire et prononcer les arrêts [120]. La besogne augmentant, on leur adjoignit, en 1334, un troisième. Comme ils recevaient le serment des nouveaux conseillers et contribuaient à en dresser

(115) *Ord.*, 1291, art. 6-7 (Langlois, *o. c.*, p. 158); *Ord.*, déc. 1320, art. 1 (Is., t. 3. p. 255).

(116) *Ord.*, déc. 1316 : « obieront li clers, li lais de ladite chambre aus prélaz et aus barons ou à celui qui presens sera ou au chancelier. » (Boutaric, *op. cit.*, n° 4490). Une ordonnance du 3 déc. 1319 avait supprimé les prélats; seuls des barons allaient désormais remplir le rôle de « souvé-rains ». (*Ord. des r.*, t. 1, p. 702).

(117) *Ord.*, 1296, art. 7; 23 mars 1303, art. 56 (Langlois, *o. c.*, pp. 162, 173).

(118) *Ord.*, 1296, art. 10 : « li président ordeneroient qui feroit l'office... »; art. 11 : « cil qui seront establi par les présidenz à oïr la langue qui se gouverne par droit escrit ou... qui orront les requestes par l'ordonnance des présidenz ». — *Ord.*, déc. 1320, art. 9 (Is., t. 3, p. 254).

(119) *Ord.*, déc., 1320, art. 1 : « en notre parlement aura huit clercs et douze lais présidenz. » (*Ord. d. r. de Fr.*, t. 1, p. 718) — *Olim*, t. 3, p. 1046, 1052; Boutaric, *op. cit.*, n°s 3757, 7694, 7715. — Borelli de Serres, *o. c.*, t. 3, pp. 261 et s.

(120) Boutaric, *o. ç.*, n° 5059. *Ord.*, 1296, art. 10 : « Item, il est ordené que lidiz Renaut Barbou se il est presens, ou en s'absence li diz Jehans de Montigni parleront et rendront les arrez. » — Borrelli de Serres, *op. cit.*, t. 1, pp. 214-218; t. 3, pp. 247-271; Langlois, BECh., 1887, p. 39.

la liste, de la dernière place qu'ils avaient d'abord occupée, ils se poussèrent à la première, se distinguèrent des autres membres résidents en se disant *tenentes curiam* ou *sedem* ; finalement le titre de présidents leur fut exclusivement réservé par les ordonnances [121]. Cette élévation progressive s'achevait au moment où le Parlement était lui-même constitué en corps permanent par la constitution des charges de conseillers en titre d'offices. Celles des présidents le furent du même coup. Les pairs, prélats, barons, grands officiers continuèrent d'être admis ou députés à la Cour, mais ils n'y eurent plus que le rôle d'opinants [122] et l'on en vit de moins en moins.

Depuis longtemps, le Parlement ne siégeait plus qu'à Paris ; il était devenu annuel ; mais il n'avait encore ni continuité d'existence, ni fixité dans le personnel. On renommait chaque année en grande partie les mêmes magistrats ; rien n'y obligeait. Vers 1314, sous diverses influences, on en exagéra considérablement le nombre : 164 en 1340, 120 en 1341 [123]. En 1342, le roi institua une commission chargée à la fois de lui proposer les meilleurs candidats et de fixer, d'après les besoins du service, la composition de la Grand'Chambre, de celles des Enquêtes et des Requêtes [124]. On atteignit l'année suivante le chiffre de 176. Alors, ayant par une ordonnance réformé la procédure, Philippe VI résolut de fixer dans une autre, et sans limitation de temps, le fonctionnement et le personnel de « sa justice capitale ». Peut-être existait-il déjà quelques commissions de conseillers à vie. En dehors de ceux-ci et des trois présidents, les conseillers à gages ordinaires furent réduits à quinze clercs et quinze laïques pour la Grand'Chambre, vingt-quatre clercs et onze laïques pour les Enquêtes, cinq clercs, trois laïques pour les Requêtes. La liste

(121) *Ord.*, 8 avril 1342, art. 7 : « Les trois maistres présidens de nostre dit parlement. ») — 11 mars 1344, art. 1 : « seront en sondit parlement prenans gaiges accoustumez, quinze clercs et quinze lais outre les trois présidens qui ont gaiges séparez. » (Is., t. 4, pp. 468, 499). Borrelli de Serres, *op. cit.*, pp. 267 et s.

(122) *Ord.*, 27 janv. 1359, art. 3 (Is., t. 5, p. 66); Aubert, *NRH*, 1917, p. 58.

(123) Aubert, *l. c.*, pp. 55 et s., Langlois, *o. c.*, pp. 218 et s.

(124) *Ord.*, 8 avril 1342, art. 7 : « Que quand nostredit parlement sera finy, nous manderons nostredit chancelier, les trois maistres présidens de nostredit parlement et dix personnes tant clercs comme lais de nostre conseil... lesquels ordenneront selon nostre volenté... tant de la grand'chambre... et de la chambre des enquestes comme des requestes, pour le parlement advenir; et jurront par leurs sermens qu'ils nous nommeront des plus suffisans... et nous diront quel nombre de personnes il devra suffire pour ladite grand'chambre, pour les enquestes et requestes. » (Is., t. 4, p. 468).

des magistrats élus « a demourer, pour exercer et continuer les
dits estats aux charges accoutumez » accompagnait l'ordonnance.
Quant aux autres ayant précédemment rempli la charge de conseiller, il leur était loisible de prendre part aux séances, sans
gages, au moins jusqu'à ce que la vacance d'un des offices créés
permît d'y postuler ([125]). Mais le roi n'y nommait que sur l'avis
du chancelier et du Parlement. Un nombre déterminé de sièges
étaient affectés à des conseillers clercs, un autre à des laïques.
La réforme ne comportait pas du reste l'inamovibilité. Les magistrats avaient plutôt une commission pour tant qu'il plairait au
roi ([126]). Aussi était-elle renouvelée à chaque règne ([127]). Il resta
comme souvenir du temps où le Parlement était annuel, l'usage
des séances solennelles de rentrée, qui étaient alors des séances
d'installation, et celui pour les officiers de judicature de renouveler à cette audience le serment professionnel ([128]).

Dans la même période, du règne de Louis IX à celui de Philippe VI, le Parlement avait acquis une organisation interne qui
était allée se précisant et se compliquant. Au début, il n'était
qu'une Chambre unique de justice, *Curia in parlamento* ; peu à
peu, à cause de la masse et de la diversité des affaires, celle-ci
s'était entourée d'organes accessoires, en partie tirés d'elle-
même pour l'aider dans sa besogne judiciaire en divisant le travail, mais qui tendirent à une vie propre et quasi autonome. Le
nom de Parlement continuant de s'appliquer à l'ensemble, la
Cour primitive fut distinguée par celui de *Chambre des Plaids*,
plus tard de *Grand'Chambre*. Elle restait le centre de l'institution autour duquel le reste s'ordonnait. On ne recevait à juger, on
ne plaidait, on ne rendait d'arrêts que là. Cependant l'afflux nouveau des procédures par enquêtes, demandées par la Cour ou les
juridictions dont appel lui était porté, suggéra l'installation à côté
d'elle, d'un groupe de clercs, *regardeurs entendeurs des enquêtes*,
choisis par elle et affectés sous la direction de quelques conseillers-

(125) *Ord.*, 11 mars 1344, art. 1 : « pour gouverner sa justice capital...
seront en son dit parlement, prenanz gaiges accoustumez, quinze clercs, et
quinze lais outre les trois présidens qui ont gaiges séparez et autres que les
dessus dits, et sans ceux à qui li Roy a donné leurs gaiges à vie »;
art. 2, 3, 4 : « les personnes cy-dessous nommées sont esleuz à demourer,
pour exercer et continuera lesdiz estaz aux charges accoustumez... »;
art. 5. 6.

(126) Boyer, *Decisiones*, 49, n° 11.

(127) Maugis, *Hist. du Parlement de Paris de l'avènement des rois Valois à
la mort d'Henri IV*, t. 1, pp. 35 et s.

(128) Boyer, *Le stile de la Cour de Parlement*, 1610, p. 94. Les magistrats
ne touchaient pas de gages pendant les vacances.

maîtres à l'examen des dossiers pour lui en rapporter : ce fut l'origine de la *Chambre des Enquêtes*, définitivement constituée par Philippe le Bel et ses fils ([129]). Pour recevoir les requêtes et juger de leur bien ou mal fondé, les diriger vers les autorités à qui il appartenait d'en décider au fond, pour la délivrance des Lettres de justice et connaître des oppositions qui pouvaient y être faites, la Cour donna commission à quelques maîtres les uns pour la langue d'oïl, les autres pour la langue d'oc, d'aller siéger à part : ainsi naquit la *Chambre des Requêtes* ([130]). Du milieu du xiii° siècle au premier quart du xiv°, parallèlement à la Chambre des Plaids, il y eut, en outre, assez ordinairement un *Auditoire du droit écrit* jugeant les procès des pays de droit écrit, par délégation de la Cour ([131]). En plus le Parlement commissionnait des maîtres pour tenir des sessions en province ; mais on appelait de leurs sentences, comme de celles des Requêtes, à la Chambre des Plaids. Des ordonnances successives avaient fixé dans ses lignes essentielles le fonctionnement de la Cour de justice ([132]), organisé ses greffes ([133]), son personnel subalterne, ses agents d'exécution ([134]). Autour d'elle, évoluaient nombreux avocats et procureurs dont les rois s'évertuaient depuis Philippe III à définir les rôles et à discipliner les professions ([135]). Enfin le début du xiv° siècle vit se former, sous un procureur général, le ministère public, le groupe des *gens du roi* ([136]).

(129) *Ord.*, 1278, art. 18; 1291, art. 3, 4; 1296, art. 30, 31 (Langlois, o. c., pp. 97, 157, 167); *Ord.*, déc. 1320, sur la Ch. des Enquêtes (Is., t. 3, p. 258).

(130) *Ord.*, 1278, art. 16; 1291, art. 1, 2; 1296, art. 28; 1310, art. 8 (Langlois, o. c., pp. 97, 157, 167, 185). *Ord.*, déc. 1320 (Is., t. 3, p. 259).

(131) *Ord.*, 1278, art. 17; 23 : « Nulles des terres qui sont gouvernées de droit escrit ne soient an la Chambre au plaiz, ains aillent à leur auditeurs qui leur seront bailliez »; *Ord.* 1291, art. 2; 1296, art. 27 : « A oïr la lengue qui se gouverne par droit escrit, trois seront esleu par les présidens, c'est assavoir : deux clers très bien lettrés et un lay lettrez, especiaument pour les causés de sanc. » *Mandement*, 14 déc. 1291 (Langlois, o. c., pp. 97 et s., 156-159, 166). *Olim*, t. 3, pp. 391 et s., 1270, 1455; Boutaric, o. c., n° 5435.

(132) *Ord.*, janv. 1278, art. 2-8, 13-16, 19-22, 24-25; 1296, art. 14-16, 18, 20, 26, 31-32; 1310, art. 1-7, 9-11 (Langlois, o. c., pp. 96 et s., 164 et s., 183-185). *Ord.*, déc. 1320; déc. 1344 (Is., t. 3, p. 254, 258, 259; t. 4, pp. 486, 505).

(133) Langlois, o. c., *Intr.*, pp. vi et s.

(134) *Ord.*, déc. 1344 (Is., t. 4, p. 505).

(135) *Ord.*, 23 oct. 1274; janv. 1278, art. 9-11; nov. 1291, art. 11 (Langlois, o. c., pp. 93, 94 et s.). *Ord.*, 17 nov. 1318, art. 4, 18, 19. *Règl.*, 17 nov. 1318; *L. P.*, avril 1342 (Is., t. 3, pp. 191, 194 et s.; t. 4, p. 470).

(136) *Ord.*, 23 nov. 1318, art. 11, 12 (Is., t. 4, p. 196); Aubert, *Le Parl. de*

Pour compléter l'autonomie du Parlement, il ne lui manquait plus que d'acquérir une autorité propre. Jusque-là, ses arrêts étaient ceux du roi et leur force tenait à ce qu'ils étaient rendus par lui, présent ou censé présent dans sa Cour. L'interdiction pour le chancelier d'y rien « changer ni muer », le fait que, rendus sans appel, ils ne pouvaient être attaqués que devant le roi et son Conseil pour ambiguïté ou proposition d'erreur ne semblaient pas, au contraire, les détacher de la personne royale [137]. La Cour elle-même dans de graves affaires en référait pour la décision au roi et le roi s'en réservait certaines qu'il venait juger en personne à la fin de la session [138]. Cette fiction de la présence continue du roi, qui dura jusqu'à la fin pour le Conseil, disparut, au contraire, vers ce temps-là, pour le Parlement [139]. La commission sans limite fixe de juger tant que le roi ne l'aurait pas retirée, ce qu'il pouvait toujours faire, parut emporter avec elle une délégation de la justice dans les mêmes conditions [140]. En fait le roi, qui était le plus souvent présent au Conseil, ne venait plus guère au Parlement. Dès lors la Cour jugea en son propre nom. Mais la justice emportait avec elle le pouvoir réglementaire. Le Parlement se considéra comme investi du droit de faire des règlements, non seulement dans les matières dépendant de la justice, mais dans toutes [141]. Tant que le roi n'avait pas par sa présence dans la Cour ou autrement suspendu sa délégation, le Parlement exerçait dans son ressort tous les droits d'un haut justicier : ce fut par là que les Cours souveraines justifièrent leurs intrusions dans l'ensemble de l'administration.

II. *Organisation interne. Les Chambres.* — Non seulement

Paris des origines à François Ier, t. 1, pp. 201 et s., 226 et s., et NRH., 1917, pp. 201 et s. Cpr. Luchaire, *Manuel*, p. 575.

(137) *Ord.*, 1296, art. 15-17, 27; 24 mars 1303, art. 12 (Langlois, *o. c.*, p. 164, 173). Cette procédure exposait à de fortes amendes et exigeait des Lettres de grâce délivrées par les Requêtes de l'Hôtel : *Edit*, 1331; *Ord.*, déc. 1344, art. 9 (Is., t. 4, pp. 401, 495).

(138) Langlois, *o. c.*, pp. 63, 70. — *Ord.*, 1344, art. 8 (Is., t. 4, p. 512).

(139) Voy. ci-dessus, p. 496. — Ch. de Grassaille, *Regalium Franciae lib. II*, p. 117 : In prononciatione arrestorum praesidentes nomine Curiae loquuntur, dicendo : Curia condemnat, vel absolvit. »

(140) Loyseau, *Tr. des offices*, I, 11, n° 22. L'idée que l'indépendance de la Cour aurait été établie sur le fait que le roi y plaidait comme partie et pouvait y être condamné ne doit pas être admise, car le roi ne plaidait que devant lui-même et il plaidait devant le Conseil aussi bien que devant la Cour.

(141) *Ord. du Parlement sur les huissiers, avocats, procureurs, etc.*, 1344 : « La Cour commande et enjoint estroitement ». (Is., t. 4, p. 505).

le Parlement de Paris était le plus ancien, mais encore le roi qui en restait le vrai chef, en avait fait le siège principal de sa justice et de certaines prérogatives, qui lui conféraient la prééminence sur les autres Cours où s'exerçait la justice déléguée telles que la Chambre des Comptes ou la Cour des Aides « fondées seulement en matière de comptes et de finances » et dont les jugements étaient parfois réformables (142). Aussi disait-on que là était le lit de justice du roi, le trône royal, la Cour des pairs, le lieu où les causes du Prince et de sa Couronne étaient nécessairement portées (143). Une Chambre unique composait à l'origine ce grand corps ; mais nous savons que très vite il en compta plusieurs autres.

Quand celles-ci furent créées, la première prit le nom de *Chambre des Plaids*, parce que d'abord on ne plaidait que devant elle, puis de *Grand'Chambre* « tant à raison des grandes affaires qui y estoient traictées que des grands personnages qui y assistoient, comme princes, pairs, prélats, ducs, comtes, barons, les grands officiers de la Couronne, le chancelier et autres » (144). Elle resta le centre du Parlement et longtemps le Parlement véritable, les autres Chambres n'étant que des accessoires ou des audiences préparatoires. Lorsqu'elles eurent une existence propre, la Grand'-Chambre eut le pas sur elles et ce fut en elle qui gisait la préexcellence du Parlement parisien. Dans la Grand'Chambre était le lit de justice du roi : aussi, là étaient jugées les causes privilégiées dont plusieurs étaient primitivement réservées au roi quand, aux xiii° et xiv° siècles, il assistait fréquemment aux séances (145) ; là étaient institués et prêtaient le serment de leurs charges les grands

(142) Ed. Maugis, *Hist. du Parlement de Paris*, t. 1, p. 369. — La Roche-Flavin, *Treize livres des Parlemens de France*, 1617, XIII, 34-39, pp. 745-749.

(143) Laroche-Flavin, o. c., I, 15-16, p. 23; Joly, *Des offices de France*, t. 1, liv. 1. Fontanon, o. c., t. 1, p. 9.

(144) La Roche-Flavin, o. c., p. 48.

(145) *Ord.*, 1296, art. 34; *Ord.*, 1310, art. 10 : Item qe le jour que li rois viendra à Paris pour oier les causes q'il i aura reservés pour oier devant lui, le pallement de tutes autres querelles rompra, e serront publiés lesqueles causes il aura réservés en pleine court, pur ceo qe nule n'y demore s'il n'y a ad faire. »; — 17 nov. 1318, art. 5 : « ou en cas de droit domaine, de Pairies ou de Baronies, les quelles li Roys mettroit devant luy à sa venue. Et que la cause, pour quoy il voudroit que sa venüe fust attendue, fust inscrite en la lettre par laquelle il manderoit que la cause fust attendue à sa venue. »; art. 16 : « Quant li Roys vendra en Parlement, que le parc soit tretous unis, et ainsi soit toute vuide la place qui est devant son siège, si que il puisse parler secretement à ceux que il appellera pour parler à luy » (Langlois, o. c., pp. 167, 186; Is., t. 3, pp. 191, 193).

officiers de la Couronne et les principaux officiers du roi (¹⁴⁶). Les procès concernant les princes du sang, les rois et princes justiciables des rois de France, les grands officiers de la Couronne, ceux touchant aux droits de la Couronne elle-même et des apanages, la régale dans l'ensemble du royaume, les crimes de lèse-majesté, relevaient de la Grand'Chambre du Parlement de Paris qui en connaissait en première instance (¹⁴⁷). Enfin, elle était la *Cour des pairs*, qui en étaient conseillers-nés sous l'obligation du serment professionnel (¹⁴⁸), lorsque, sur la semonce personnelle que leur adressait le premier président, ils y venaient juger les causes où l'un d'eux était partie, celles intéressant la pairie et les appels des sentences de leurs justices : mais sa compétence tendit à se restreindre aux causes criminelles ou concernant la pairie (¹⁴⁹). Dans le ressort, la Grand'Chambre était encore celle où se tenaient les audiences toutes Chambres réunies. convoquées par son premier président et où ses membres opinaient seuls ; les autres votaient seulement, les affaires y étant tranchées à la simple pluralité des voix. Ces assemblées avaient lieu surtout pour la publication et l'enregistrement des lois, les remontrances, la réception des rois, princes et autres hauts personnages, les cas graves, notamment ceux intéressant la compagnie, telle que la prévention contre un de ses membres, qui à Paris ne pouvait être demandée que par le corps (¹⁵⁰). Cette Chambre recevait les appellations verbales des sentences des bailliages, des présidiaux et des autres juridictions dont l'appel ressortissait à la Cour; les appels comme d'abus relevaient d'elle (¹⁵¹). Elle jugeait en première instance les causes domaniales, celles des communautés (villes, hospices, universités, etc.) et de quelques privilégiés, les procès criminels contre les

(146) La Roche-Flavin, *o. c.*, XIII, 27, p. 732.

(147) La Roche-Flavin, *o. c.*, XIII, 18, 19, 50, pp. 712 et s., 716, 794. Cela ne fut pas toujours absolu : des causes de ces diverses sortes furent jugées par d'autres Parlements, ainsi celui de Toulouse.

(148) *Edit*, mai 1711 (Is., t. 20, p. 565). La Roche-Flavin, *o. c.*, VI, 47, p. 380.

(149) *Edit*, avril 1453, art. 6; 31 oct. 1463; 14 déc. 1464; *Edit*, mai 1711; *Décl.*, 9 mars 1721 (Is., t. 9, p. 205; t. 10, pp. 474, 500; t. 20, p. 565; t. 21, p. 191). La Roche-Flavin, *o. c.*, XIII, 18, 29. pp. 712, 737. Tentatives des Parlements de Bordeaux et de Toulouse pour s'attirer les causes des pairs : *Ord.*, 13 oct. 1463 (*l. c.*). Ferrière, *Dict.*, t. 2, p. 323.

(150) La Roche-Flavin, *o. c.*, I, 28, pp. 40 et s.; Brillon, vº *Parlement de Paris*, nº 53.

(151) *Ord.*, avril 1453, art. 8, 10, 13 (Is., t. 9, pp. 205-208). — La Roche Flavin, *o. c.*, XIII, 45, 50, pp. 768 etc., 793.

officiers du ressort (152). La composition de la Grand'Chambre a varié avec le temps : un premier président, quatre présidents à mortier portés à huit quand Henri II fit le Parlement semestre (153), puis à neuf; dans les derniers temps, elle comptait, outre les princes du sang et les ducs et pairs, vingt-cinq conseillers laïques et douze clercs. Quatre maîtres des Requêtes, l'archevêque de Paris, l'abbé de Cluny, huit présidents et quarante conseillers honoraires y avaient entrée et droit d'opiner.

La *Chambre des Enquêtes* naquit du développement de la procédure par écrit. Pour contrôler les enquêtes des premiers juges ou en faire d'autres, le Parlement nommait des commissaires qu'on trouva commode de prendre dans les pays où elles avaient lieu sur des listes dressées par les baillis. Puis pour les dépouiller et classer et en tirer les éléments, il s'adjoignit un personnel de clercs, *regardeurs-entendeurs, inspectores, visores, reportatores inquestarum,* chargés après examen d'en rapporter devant des conseillers-maîtres ou de renvoyer les plus importantes à la Grand'Chambre. L'ordonnance de 1291 établissait deux commissions de quatre membres pour les entendre et décider du jugement ; celle de 1296 voulut qu'un maître assistât à l'examen des affaires graves et qu'une partie des maîtres arrêtât le jugement, qui devait toujours du reste, comme avant, être confirmé et rendu en plein Parlement (154). Au xive siècle, les auditeurs des enquêtes furent un commissaire délégué par la Cour et un autre pris sur place (155) ; mais l'organisation même de la Cour se consolida sur cette partie. A partir de 1308, le personnel des Enquêtes forma une chambre séparée, composée de jugeurs et de rapporteurs désignés pour chaque session par le roi (156). Sous Phi-

(152) *Ord.*, avril 1453, art. 7 (l. c.); *Ord., civ.*, 1667, tit. 2, art. 12 (Is., t. 18, p. 108). — La Roche-Flavin, o. c., XIII, 50, pp. 793 et s., 799 (personnes misérables).

(153) *Edit*, 28 avril 1547. Cela eut surtout pour but d'augmenter le nombre des offices à vendre aux parties casuelles, mais ne put durer, car « ce que les courtisans ne pouvoient obtenir en une séance (section de la Cour siégeant un semestre), ils le pratiquoient en l'autre, rendans par ce moyen l'authorité de la Cour illusoire. Au moyen de quoi fut cette invention annulée... » Pasquier, *Rech. de la France,* II, 4, p. 39.

(154) *Ord.*, 1278, art. 7, 18; 1291, art. 3, 4; 1296, art. 29-32 (Langlois, o. c., pp. 98, 157, 167). — Guilhiermoz, *Enquêtes et procès,* pp. 6 et s., 158-162.

(155) *Ord.*, 1310, art. 9 (Langlois, o. c., p. 185, Is., t. 2, p. 794); *Ord.,* 1337; *Déc.* 1364 (*Ord. des R.,* t. 3, pp. 131, 654). — Guilhiermoz, o. c., p. 3, nos 5-6; 46, no 8.

(156) La première liste officielle que nous ayons pour le xive siècle y

lippe VI, cette chambre ne comprit plus que des maîtres, juges et rapporteurs tour à tour ([157]). Mais elle restait subordonnée à la Grand'Chambre. Elle ne connaissait que des enquêtes que lui envoyait celle-ci après avoir admis les parties à ouïr droit ; et les jugements préparés par elle, en dehors des parties, car on ne plaidait pas devant les Enquêtes, étaient prononcés par la Grand'-Chambre, qui pouvait modifier l'arrêt ou le rejeter. Cependant le soin était souvent remis à la Chambre des Enquêtes de juger de la valeur de la procédure, d'en ordonner le renouvellement ou de l'annuler ([158]). L'ordonnance de Montils-les-Tours (1454) divisa la Chambre en deux sections, qui devinrent deux Chambres séparées : la grande ou première Chambre des Enquêtes et la petite. Dans le but fiscal de créer de nouveaux offices vénaux, une troisième fut établie en 1522, non sans résistance du Parlement, une quatrième en 1543 que François Ier justifia en lui confiant, sous le nom de *Chambre du domaine* les procès intéressant celui-ci et les eaux et forêts, et qui reçut pouvoir de juger elle-même ; une cinquième fut constituée par Charles IX avec les conseillers en surnombre dans les autres (1568). Elles furent ramenées à trois par édit de 1756 ([159]). Mais vers le milieu du xvie siècle l'usage s'introduisit d'écouter les plaidoiries devant les Enquêtes ([160]). La Grand'Chambre protesta en vain, car elle était surchargée, et l'ordonnance de Blois (1579) admit qu'elle renvoyât aux Chambres des Enquêtes les procès instruits par elle et qu'elle ne pouvait expédier ([161]). Bientôt elles jugèrent tous les appels des jugements rendus par les tribunaux inférieurs sur une procédure écrite. Par la suite leur compétence fut étendue aux appellations verbales incidentes aux procès par écrit dont elles

place 9 maîtres; la seconde, qui est de 1316, donne 17 jugeurs et 19 rapporteurs : Aubert, NRH., 1916, pp. 99, 241 et s. L'ordonnance de déc. 1320 donne 20 clercs, 20 laïques dont 16 jugeurs et 24 rapporteurs (Is., t. 3, p. 258).

(157) Guilhiermoz, o. c., p. 160.

(158) Guilhiermoz, o. c., pp. 8 et s., 107, 116, 125, 157-163.

(159) *Edits*, janv. 1521 (1522); mai 1543; juil. 1568; mai 1581 (Is., t. 12, pp. 209, 812; t. 14, 493). — Girard et Joly, *Des offices*, t. 1, p. 2; Pasquier, *Rech. de la France*, II, 4, p. 40. — *Edit*, 10 déc. 1742 (Is., 22, p. 269); Aubert, *Rech. sur le Parl. de Paris au xvie siècle* (NRH., 1912, pp. 91-99). — En 1453, une chambre analogue à celle de Paris avait été créée à Toulouse, Bordeaux et Rouen.

(160) Guilhiermoz, o. c., p. 158, note 1; Aubert, *l. c.*, pp. 100 et s.

(161) *Ord.*, Blois, juil. 1579, art. 133, 134 (Is., t. 14, p. 414).

avaient à connaître, aux appels, en matière pénale, des sentences ne contenant pas de peine afflictive (¹⁶²).

Dans leur dernier état, ces Chambres étaient composées chacune de deux présidents, qui longtemps n'avaient été que des conseillers du Parlement munis de commissions pour présider les Enquêtes et de vingt-cinq conseillers.

La *Chambre des Requêtes du Palais*, qu'il faut distinguer des *Requêtes de l'Hôtel du roi*, eut son origine dans une ou plusieurs commissions de maîtres de la Grand'Chambre délégués pour recevoir et expédier les requêtes de la langue d'oïl et de la langue d'oc. D'abord ces maîtres désignés par les présidents de la Cour ou directement par le roi, adressaient à celui-ci celles qui comportaient des Lettres de grâce, c'est-à-dire l'entrée en jeu de la justice retenue et accordaient, s'il y avait lieu, les autres, en commandant aux baillis de pourvoir à leurs décisions (¹⁶³). Dans les cas les plus graves, ils en référaient à la Grand'Chambre (¹⁶⁴). C'est que leur rôle était borné à juger si la requête était acceptable en soi et des oppositions qui y pouvaient être faites (¹⁶⁵). Une ordonnance de 1318 décidait que, pendant les sessions du Parlement, les poursuivants qui recueillaient les requêtes adressées au roi, au lieu d'y répondre, les enverraient au Parlement (¹⁶⁶). Dès lors le personnel des Requêtes augmenta ; et insensiblement, le roi le désignant séparément à la constitution de chaque nouveau Parlement, la Chambre acquit en fait une autonomie que théorique-

---

(162) Aubert, *l. c.*, pp. 100 et s.; Ferrière, *op. cit.*, t. 2, p. 323.

(163) *Ord.*, 1278, art. 16 : « Les requestes soient ouiez en la sale par aucun des mestres, et seront portées au roi celles qui contandront grâce; et des autres l'an comandera au bailli ce que l'an devra [com]mander. » *Ord.*, 1291, art. 1 et 2 : les maîtres, pour chaque langue, sont nommés par le roi; — *Ord.*, 1296, art. 28 : « A oïr les requestes seront deux clercs et deux lais et deux notaires qui neant ne recevront pas leur serment, et auront un saing... » Langlois, *o. c.*, pp. 91, 156, 166; *Ord.*, 17 nov. 1318, art. 7; déc. 1320, art. 1, 2, (Is., t. 3, pp. 191, 259).

(164) *Ord.*, 1296, *l. c.* : « et déliverront ce qu'ils pourront par aux; et ce qu'il déliverront, li chanceliers sera tenuz à seeller... et ce qu'il ne pourront délivrer, il raporteront à ceus de la Chambre. » *Ord.*, déc. 1320, art. 3 (Is., t. 3, p. 189).

(165) *Ord.*, 1310, art. 8 : « e ne purront connestre, ne prendre conissance de causes ne de quereles, espécialment du principal des causes, qi doivent estre demenetz en pallement ou devant les baillis ou les seneschaus; mes se partie opposoit contre requeste à la fin qe la lettre de justice ne soit doné, il purront bien conoestre e oier les parties à la fin se il donront lettre de justice ou noun. » *Ord.*, 17 nov. 1318, art. 7 (Is., t. 3, p. 191). Cpr. *Règl. addit.*, art. 6 (*Ibid.*, p. 195).

(166) *Ord.*, 29 juil. 1318, art. 4, 27 (Is., t. 3, pp. 184, 189).

ment on lui refusa en considérant toujours ses membres comme des conseillers de la Cour, commis aux Requêtes ([167]). L'usage s'établit d'y envoyer les plus anciens. Les présidents des Requêtes ne l'étaient pas au Parlement où ils prenaient rang d'après la date de leur réception comme conseillers. Mais François Ier et Charles IX y créèrent de nouveaux conseillers, à la condition qu'ils seraient pris toujours dans le Parlement ([168]), et Henri III institua une seconde Chambre des Requêtes en 1580 ([169]). Ces Chambres, parties intégrantes du Parlement et obligées d'en suivre les usages et le style ([170]), subirent une transformation qui leur donna une situation à part. Leur compétence changea. Elles devinrent, au xvie siècle, une juridiction de première instance des sentences de laquelle on put toujours appeler à la Grand'-Chambre ou aux Enquêtes. A ce titre elles jugeaient les causes en matières personnelles, possessoires ou mixtes des privilégiés ayant obtenu des *Lettres de committimus* et celles des Eglises de fondation royale ou ayant été gratifiées de *Lettres de gardes-gardiennes* leur accordant cette juridiction ([171]). Le droit de *committimus* au grand sceau, d'abord réservé aux officiers commensaux du roi, puis étendu à nombre de grands personnages leur donnait la faculté de ne plaider pour les affaires susdites et pour une valeur de 1000 livres que devant les Requêtes de l'Hôtel du roi ou les Requêtes du Palais ([172]) ; celui au petit sceau ouvrait la même faculté aux hauts fonctionnaires provinciaux pour les litiges de 200 livres devant les Requêtes du Parlement du ressort. Les *Lettres de committimus* et de *gardes-gardiennes* furent limitées par l'ordonnance civile de 1667 à l'année suivant leur expédi-

(167) *Ord.*, 8 avril 1342, art. 7; nov. 1364 (Is., t. 4, p. 464; t. 5, p. 225). La Roche-Flavin, *o. c.*, I, 24, pp. 33 et s., 36.

(168) « Mais aujourd'hui, dit Ferrière (*op. cit.*, t. 2,, p. 579), elles se donnent sans distinction aux conseillers de la Cour qui en achètent à ceux qui en sont revêtus ». On peut se démettre de sa commission aux Requêtes sans cesser d'être conseiller au Parlement.

(169) *Edits*, août 1544, nov. 1567, juin 1580.

(170) *Ord.*, nov. 1364, art, 1-4, 14 (Is., t. 5, pp. 225 et s., 228).

(171) Les Lettres de gardes-gardiennes ne donnaient droit qu'à la juridiction du juge royal dénommé par elles; ce pouvait n'être pas les Requêtes du Palais. Voy. Bacquet, *Du droit de justice*, VIII, n°s 51 et s.

(172) Ce privilège fut étendu des *Requêtes de l'Hôtel*, juridiction primitivement seule compétente pour les causes des officiers de l'Hôtel ou commensaux royaux, aux *Requêtes du Palais;* de sorte que par deux fois les *Requêtes du Palais* obtinrent la juridiction concurrente avec celle de l'Hôtel et dans les deux domaines successifs de leur compétence.

tion (¹⁷³). Ainsi réglée la compétence des Requêtes du Palais se maintint jusqu'à la fin de l'ancien régime. Finalement chaque Chambre comprit trois présidents et quinze conseillers, dont deux clercs (¹⁷⁴). En 1775 une seule fut rétablie avec deux présidents et quatorze conseillers (¹⁷⁵).

Jusqu'au xvᵉ siècle, la Grand'Chambre avait exercé seule la haute juridiction criminelle. Lorsque Charles VII, en 1436, réunit le Parlement qu'il avait établi à Poitiers à celui de Paris, il voulut qu'une commission de conseillers fût envoyée périodiquement à la petite tour de Saint-Louis pour y juger les causes criminelles, sauf celles comportant la peine capitale qui restèrent à la Grand'-Chambre (¹⁷⁶). En 1515, François Iᵉʳ transforma cette commission en Chambre permanente où serviraient par semestre et roulement les cinq derniers présidents, dix conseillers de la Grand'Chambre et par trimestre deux conseillers de chacune des Chambres des Enquêtes (¹⁷⁷). Il lui remit le grand criminel, c'est-à-dire les crimes capitaux. Les conseillers clercs en étaient exclus à raison de l'interdiction canonique de participer à des condamnations entraînant des peines de sang. Ce fut la *Chambre de la Tournelle criminelle*, nom tiré du lieu où elle siégeait. Elle connaissait de tous les appels criminels, sauf de ceux sur les procès par écrit quand la condamnation n'était que pécuniaire, qui étaient portés aux Enquêtes (¹⁷⁸). Mais les ecclésiastiques, les nobles et nombre d'officiers royaux pouvaient requérir d'être jugés par la Grand'Chambre ; dans ce cas les membres de celle-ci délégués à la Tournelle se réunissaient à elle. Un édit du 7 juin 1540 limita ce privilège aux princes du sang, pairs, et grands officiers de la Couronne (¹⁷⁹) ;

(173) *Ord.*, 1629, art. 78; *Ord.*, civ., 1667, tit. 2, art. 11; *Ord.*, août 1669, tit. 4, (Is., t. 18, p. 352 et s.).

(174) Fleury, *Droit public*, p. 76.

(175) *Edit*, juill. 1775 (Is., t. 23, p. 213) — Add. *Edit*, 11 nov. 1775 (*Ibid.*, p. 253). Les *Requêtes du Palais* étaient assorties d'un *parquet* : audiences tenues par un président et un conseiller pour les affaires de minime importance, la poursuite des criées et les adjudications sur décret.

(176) Pasquier, o. c., p. 60 c.; La Roche-Flavin, o. c., p. 23. — *Ord.*, avril 1453, art. 25 (Is., t. 9, p. 215).

(177) La Roche-Flavin, o. c., pp. 23-25. — *Edit*, avril 1514 (*Ord., des r. de Fr., Règne de François Iᵉʳ*, t. 1, nº 49).

(178) La Roche-Flavin, l. c.; Girard et Joly, o. c., I, 5, t. 1, p. 39, pp. xvii-cix; *Catal. des actes de François Iᵉʳ*, nᵒˢ 350, 20886, 27824, 28602. — Aux quatre grandes fêtes de l'année, les présidents et conseillers de la Tournelle allèrent, comme avant ceux de la Grand'Chambre, visiter les prisonniers.

(179) Aubert, *Rech. sur l'organisation du Parlement de Paris au xviᵉ siècle*. NRH., 1912, p. 86.

mais cette limitation ne persista pas (¹⁸⁰). Si l'accusé se prévalait
du privilège de clergie deux conseillers clercs étaient adjoints à la
Chambre pour juger sur l'incident. L'ordonnance de Moulins (1366)
réserva à la Grand'Chambre les appels des procès criminels des
privilégiés qui auraient été introduits en première instance devant
le Parlement (¹⁸¹). Pendant quelque temps, sous François Iᵉʳ il y
eut une seconde Tournelle, sous le nom de *Chambre ardente*. Au
contraire sous la Ligue, de 1590 à 1592 il n'y eut pas d'audience de
la Tournelle criminelle. Dans cette Chambre l'égalité des voix
profitait à l'accusé.

Une *Chambre de la Tournelle civile* fut établie chaque année,
de 1667 à 1691, pour décharger la Grand'Chambre et juger les
appellations verbales des litiges ne dépassant pas 2.000 livres de
capital et 100 livres de rente ; elle reparut pour quelque temps
en 1735 avec une compétence étendue à 3.000 et 150 livres. Elle
était formée de présidents et de conseillers de la Grand'Chambre
et des Enquêtes (¹⁸²).

Il y eut aussi dès le xivᵉ siècle une *Chambre de la marée* où un
président et deux conseillers de la Grand'Chambre connaissaient
de tous les litiges qui dans les limites du royaume intéressaient
l'approvisionnement en poissons de Paris et de sa banlieue. Son
règlement fort ancien fut remanié en 1601 (¹⁸³).

Afin d'assurer pendant les vacances judiciaires le jugement
des affaires urgentes, Charles VI organisa définitivement l'institution ébauchée avant lui d'une *Chambre des vacations*, au moyen
d'une commission royale donnée chaque année à un président
et à douze conseillers de la Grand'Chambre et des Enquêtes (¹⁸⁴).

---

(180) *Ord. crim.*, 1670, tit. 1, art. 21. *Décl.*, 26 mars 1676 : Rousseau
de la Combe, *Tr. des matières criminelles*, p. 90 et s.

(181) *Ord.*, Moulins, avril 1366, art. 38 (Is., t. 14, p. 199). Cpr. *Ord.*, Blois,
mai 1579, art. 139, 140 (Is., t. 14, p. 415).

(182) *Décl.*, 16 avril 1667; août 1669; 15 mars 1673; 17 nov. 1670; 12 janv.
1735 (Is., t. 18, pp. 190, 218; t. 21, p. 304).

(183) *Règl.*, avril 1361 : Delamare, *Tr. de la police*, t. 3, p. 219. *Décl.*,
27 févr. 1556 (Is., t. 13, p. 480). — Aubert, *Le Parlement de Paris de Philippe
le Bel à Charles VII*, pp. 78-81.

(184) La Roche-Flavin, o. c., p. 27 : « qui est composée du Premier ou par
son excuse d'un des autres Présidens par ordre d'antiquité et de treize conseillers de la Grand'Chambre ou Tournelle, des plus anciens, y comprins
deux conseillers clercs; et est séante puis la fin du Parlement au jour Sainte-
Croix, 14 de septembre jusques au renouvellement et commencement de
l'autre, le lendemain de la Saint-Martin 12 novembre. » Vers la fin du
xvıᵉ siècle, il y avait 12 conseillers dont 5 clercs; les présidents à mortier y
roulaient par quinzaine. Les magistrats qui y siégeaient touchaient des

Elle jugeait les causes criminelles et les appels civils ne dépassant pas une certaine valeur, et les causes bénéficiales jusqu'à cent livres de revenu. Louis XIII la confirma. François I⁰ʳ lui avait permis de juger les causes domaniales et royales jusqu'à cinq cents livres de rente [185]. Mais elle n'enregistrait les ordonnances et édits que à titre provisoire, ne pouvait connaître ni du rapt, ni d'appels comme d'abus, ni des requêtes civiles, n'entérinait pas les Lettres de grâce, ni ne rendait d'arrêts de provision que là où elle jugeait définitivement. D'abord elle avait siégé du 14 septembre au 12 novembre ; plus tard, elle fonctionna du 9 septembre au 27 octobre. En dernier lieu elle comptait un président et vingt-quatre conseillers [186]. Parfois le Parlement ne prenait pas de vacances, en temps de crise politique ou à cause de la multiplicité des affaires [187] [188].

III. *Les gens du roi.* — Tant que le Parlement fut incomplètement séparé de la *Curia regis*, le roi qui ne plaidait que devant sa propre Cour n'y avait nul besoin de représentant judiciaire [189]. Ses intérêts, qui s'y confondaient avec ceux de la Couronne, du domaine et de l'ordre public, étaient sauvegardés par lui-même ou par ses juges. Chacun de ceux-ci pouvait et devait intervenir pour les signaler et les défendre quand il était utile [190]. Vers la fin du xiiiᵉ siècle, le roi pour suivre et mener

gages supplémentaires; aussi certains tenaient à en être : Aubert, o. c., pp. 181-186, et *Hist. du Parlement de Paris de l'origine à François I⁰ʳ*, t. 1, pp. 202 et s

(185) *Catal. des actes de François I⁰ʳ*, n⁰ 28847. *Edit*, 8 août 1531; *Ord.*, mars 1550 (1549), art. 11 (Is., t. 12, p. 355; t. 13, p. 156).

(186) *Edit*, août 1669 (Is., t. 18, p. 366). Cpr. *L. P.*, 27 sept. 1720; 18 sept. 1753 (Is., t. 21, p. 189; t. 22, p. 255).

(187) La Roche-Flavin, o. c., p. 29.

(188) Un édit de mai 1576 avait créé une Chambre composée de 2 présidents et 16 conseillers mi-catholiques, mi-protestants pour juger les appels civils et criminels entre protestants ou entre catholiques et protestants, ceux-ci pouvant se réclamer de cette juridiction ou y renoncer; elle n'était ouverte ni aux étrangers, ni aux relaps: *Edits*, mai 1776 (Is., t. 14, pp. 280, 285 et s.). Supprimée, puis rétablie par l'édit de Nantes (un président, six conseillers catholiques membres du Parlement et deux ou même un protestant), elle disparut en 1669 : *Edit*, févr. 1669 (Is., t. 18, p. 199).

(189) Les « *gentes domini regis* », dont il est parlé dans des actes de 1261 et 1286 (Langlois, o. c., pp. 62 et 133, n⁰ˢ XXXVIII et XCIX), ne sont que des agents de l'administration royale au sens large : dans le premier de ses textes : des agents du domaine; dans le second : les officiers réciproques des administrations française et anglaise en Aquitaine. Il en est de même dans un texte de 1277 cité par Langlois, *Nouv. fragm. du Liber Inquestarum de Nicolas de Chartres*, BECh., 1885, p. 445.

(190) Voy. *Olim*, t. 1, pp. 75, 76, 128 où l'on voit des membres de la Cour

à bien les affaires concernant ses droits devant les juridictions inférieures ou les justices ecclésiastiques, nommait auprès de chacune d'elles un procureur spécial, ne différant en rien de ceux des autres parties quand elles étaient autorisées à plaider par procureur (191). Il est vraisemblable qu'au début du xive siècle, il agit de même devant le Parlement, bien que l'ordonnance de mars 1303 qui soumettait ses procureurs comme tous les autres à l'obligation du serment *de calumnia* et leur interdisait de s'occuper des affaires des particuliers, sauf de celles de leurs parents, ne s'adressât visiblement qu'à ceux des tribunaux de bailliages ou de sénéchaussées (192). Dans les années qui suivirent, il eut, ce semble, auprès de la Cour un procureur général c'est-à-dire chargé de toutes ses affaires et deux avocats pour conseiller celui-ci et les plaider, pensionnés par lui, comme en avaient aussi de simples particuliers (193). En 1318, tous les procureurs du roi furent supprimés en pays de coutumes. Les baillis furent chargés de veiller eux-mêmes à défendre les droits du roi, quitte à y pourvoir devant leurs propres tribunaux avec l'aide d'un praticien et, devant le Parlement, à se faire assister des conseils de la Cour (194). La même ordonnance décidait qu'il y aurait à la Grand'Chambre quelqu'un qui s'emploierait à « faire avancier et délivrer les propres causes le roy et que il puisse estre de son conseil avec ses avocats », et de même aux Enquêtes (195). On a vu là l'origine du mi-

exposer les intérêts du roi et en montrer le fondement : peut-être certains jugeurs se faisaient-ils une spécialité de ces interventions.

(191) Il est parlé d'un procureur du roi dans les *Olim*, t. 2, n° VIII, p. 112; mais rien ne prouve qu'il s'agisse de la juridiction du Parlement. A noter qu'aucune ordonnance ou lettre patente constituant le Parlement ne fait allusion aux gens du roi au xiiie siècle.

(192) *Ord.*, 23 mars 1303 (1302), art. 13, 20 (Is., t. 2, p. 768, 770). Ces articles font partie d'un groupe exclusivement consacré à ces juridictions.

(193) J. Viard, *Journaux du Trésor de Philippe VI de Valois*, n° 217.

(194) *Ord.*, 17 nov. 1318, *règlement additionnel sur le Parlement*, art. 8 (Is., t. 3, p. 195) : « Il commande que tous les procureurs qui sont establis as baillies et ès terres qui se gouvernent par coustumes, soient ostez et que l'en encharge aux baillis, que il soient bien diligent et curieux de garder le droit le Roy. Et devant euls, et en parlement, et là où li cas le requerra, à défendre le droit le Roy, que par devant euls il establissent une souffisante personne à ce faire. Et en parlement se pour le droit le Roy deffendre, il ont mestier de conseil, la cour leur en baudra souffisament, et leur encharge l'en bien, quar le Roy commande et ordonne, que si deffaute y a par euls, le Roy s'en prendra à euls pour li dedommager. » Il n'est point sûr que cette ordonnance ait été exécutée dans tous les bailliages; elle fut en tout cas éphémère.

(195) *Ibid.*, art. 10 : « [Le Roy ordonne] qu'il ayt en son parlement une

nistère public. C'étaient en effet des membres de la Cour spécialement commissionnés pour suivre et mener ces sortes d'affaires ; et c'est postérieurement à cette date que nous trouvons avec certitude un procureur du roi [196] qui, tout en continuant à faire partie de la Cour et à être soumis à tous ses règlements, forme avec les avocats du roi un groupe à part, les *gens du roi*, dont la situation fut mieux définie et les attributions s'élargirent par la suite [197]. Écartés finalement de la délibération [198], ils eurent une Chambre séparée, le *Parquet des gens du roi* [199].

De cette incorporation à la Cour, il résulta que le procureur du roi au Parlement se réserva la qualification de *procureur général* en attachant à ce qualificatif un sens de supériorité à l'égard des procureurs du roi des autres juridictions [200], voire des autres Cours souveraines et des Parlements provinciaux quand ils furent créés, les considérant tous comme ses substituts, alors que primitivement ils étaient tous égaux et indépendants [201]. Il jouissait des mêmes prérogatives que les présidents au Parlement. En cas

personne, qui ayt curé de faire avancier et délivrer les propres causes le Roy et que il puisse estre de son conseil, avec ses avocats; 11 : « Item, que en la chambre des enquestes ayt une autre personne qui ayt cure de faire cerchier et délivrer les enquestes, qui touchent le Roy. » Il n'est pas parlé des avocats aux Enquêtes parce qu'on n'y plaide pas.

(196) Le premier procureur du roi au Parlement certain est Pierre de Villebresme qui se nomme un substitut le 1er mars 1329 : Arch.-Nat. X1a, 8844, fo 154. — Lefèvre, *Les avocats du roi depuis les origines jusqu'à la Révolution*, p. 5. Le plus ancien avocat du roi connu est Jean l'Orfèvre, mort en 1333 : *Ibid.*, p. 4, note 1; Delachenal, *Hist. des avocats au Parlement de Paris*, p. 388, note 4.

(197) La Roche-Flavin, o. c., II, 7, pp. 97, 99, 101, 102.

(198) L'ordonnance de 1318, art. 10, semblait bien leur donner voix délibérative; et il fallut sans doute du temps pour établir la règle contraire, puisqu'au xve siècle, la Cour devait l'affirmer encore dans des arrêts (juin 1455) : La Roche-Flavin, o. c., pp. 99, 102.

(199) La Roche-Flavin, o. c., p. 37 : « outre les Chambres susdites, il y en a une autre en tous les Parlemens, qui est des gens du Roy, composée d'un Procureur Général et deux Avocats Généraux; en laquelle ils consultent et délibèrent entre eux des affaires publiques ou matières criminelles, du domaine du Roy ou autres esquels le Roy a interest. »

(200) Il en est ainsi dès 1325 : G. du Breuil, *Stilus Curiae parlamenti*, IV, no 6, éd. F. Aubert, p. 28, où il oppose le *major procurator per Regem in parlamento constitutus* au *procurator regius patrie in qua res est sita.* »

(201) La Roche-Flavin, o. c., p. 97 ; « Le Procureur Général de Paris appelloit les Procureurs Généraux des autres Parlemens ses substitués, bien qu'establis en office formé dès l'institution des Parlemens. Et encore il se dict et prétend estre Procureur Général du Roy en France. » Les procureurs généraux des autres Cours souveraines ne recevaient pas ce titre quand ils étaient dans la Cour de Parlement. » Cpr. p. 99, xl.

de vacance, il avait la garde de la prévôté de Paris [202]. Il fut, d'abord, nommé par le roi ; quand l'élection fut admise pour les autres membres du Parlement, vers la fin du xive siècle, il fut élu ; au xvie, le roi reprit son droit de nomination.

Si le rôle des procureurs primitifs était restreint aux affaires pécuniaires et domaniales, les attributions du procureur général devinrent vite considérables. Il eut à défendre tous les droits appartenant au roi en tant que tel, à surveiller toutes les juridictions de son ressort et les officiers qui en dépendaient, à assurer l'ordre public [203] par la poursuite des criminels, dont les interrogatoires devaient lui être communiqués ; il faisait, s'il y avait lieu, appel *a minima* et devait être consulté sur la détention et la libération des prisonniers [204]. Toutes lettres de justice ou de grâce, toute requête civile donnaient occasion à un avis motivé de sa part. Il représentait le roi en justice tant en demandant qu'en défendant comme partie principale et intervenait comme partie jointe dans les procès où le roi et l'ordre public étaient intéressés ; il veillait à défendre les personnes et les institutions sous la sauvegarde du roi. La procédure inquisitoire l'ayant emporté au criminel sur l'accusatoire, il eut seul le droit de poursuivre la vengeance publique et de conclure à des peines afflictives [205]. Il assurait l'exécution des ordonnances et des édits et celle des arrêts de justice. Il donnait son avis sur tous les actes importants, notamment sur les lois et les traités dont il requérait ou combattait l'enregistrement après en avoir délibéré à son Parquet [206].

Dès le début, il eut des substituts choisis par lui parmi les meilleurs avocats et rétribués à sa guise, car tout mandataire pouvait, sous sa responsabilité, déléguer tout ou partie de son mandat [207]. Ceux-ci, assez nombreux, le suppléaient en ses fonc-

---

(202) Aubert, *Rech. sur l'orig. du Parl. de Paris au* xvie *s.* (NRH., 1912, p. 180).

(203) Cavet, *Stiles de la Cour de Parlement de Paris*, 1615, *Annotations*. pp. 56 et s.; La Roche-Flavin, o. c., pp. 94, 102.

(204) *Olim*, t. 3, p. 298; Boutaric, *Actes du Parlement*, n°s 4036, 4393, 7474. 7732. — *Ord.*, août 1539, art. 147; Orléans, janv. 1561, art. 64; Moulins. févr. 1566, (Is., t. 12, p. 600; t. 14, pp. 81, 205).

(205) *L. P.*, sept. 1358; 9 avril 1375 (Is., t. 5, pp. 43, 451); *Ord. crim.*. 1670; tit. 25, art. 19; tit. 26, art. 10 (Is., t. 18. pp. 418, 440). Rousseau de la Combe, *Tr. des matières criminelles*, 1768, p. 2.

(206) Aubert, *op. cit.*, NRH., 1912, p. 184 et s.

(207) *Ord.*, 1303, art. 20 (Is., t. 2, p. 770) où l'on voit qu'il en était ainsi pour tous les procureurs du roi : « si contingat ipsos facere substitutos. ipsis substitutis satisfaciant et non partes adverse. »

tions, tout en conservant le droit de plaider pour les parties. Des ordonnances s'appliquèrent à en restreindre le nombre et leur interdirent de rien accepter des plaideurs (208). Pour parer aux inconvénients du système et se créer des ressources, Henri III établit en titre d'office formé des conseillers substituts des procureurs généraux dans toutes les Cours souveraines. Malgré les remontrances du Parlement, Paris, en eut seize; mais Henri IV les réduisit de moitié (209). Désormais membres de la Cour, il leur fut interdit de consulter ou de plaider pour d'autres que le roi.

En même temps qu'un procureur le roi avait eu des avocats pour conseiller celui-ci et plaider les causes où il postulait. D'abord ils étaient avocats pensionnaires ayant le roi dans leur clientèle. A partir de Philippe VI, ils furent deux, l'un clerc pour les causes civiles, l'autre laïque pour les causes criminelles ; le premier avait la préséance (210). Depuis 1570, ils purent être laïques tous les deux. Leur principal rôle était de porter la parole aux audiences ; le procureur général devait en toutes causes prendre leur avis, sans être obligé d'y conformer ses conclusions qu'il signait seul. Dès le xive siècle, ils furent tenus pour membres de la Cour et prirent à la fin du xve le nom d'*avocats généraux* (211). Il leur fut alors interdit de consulter pour les particuliers contre le roi, puis, au xvie, de consulter pour personne d'autre (212). D'abord subordonnés absolument au procureur général, leur situation devint peu à peu plus indépendante : ils constituèrent avec lui un groupe solidaire, se substituèrent parfois à lui pour la signature des conclusions, furent consultés pour la nomination des substituts. Un

(208) *Ord.*, janv. 1561, art. 79; Blois, mai 1579, art. 157 (Is., t. 14, pp. 34, 419).

(209) *Edit.*, mai 1586, art. 1, 3 (Is., t. 14, p. 601). L'édit ne fut enregistré qu'après que les substituts nommés se furent engagés à ne pas s'en prévaloir en tant qu'il les substituait aux notaires du Parlement pour la rédaction des enquêtes (art. 2): Girard et Joly, o. c., t. 1, pp. 65 et s. Cl. Joly, *Vie de Loisel* (*Opusc. d'Ant. Loisel*), 1652, pp. xvi-xxviii. — *Edit*, juill. 1596 : Girard et Joly, *l. c.*, p. 68.

(210) La Roche-Flavin, o. c., II, 7, pp. 92 et s. : « Ce que ne pouvant faire le Procureur Général, sans prendre advis et conseil, sur la diversité et grand nombre d'affaires très importans... nos Roys furent occasionnés d'establir et créer aux premiers Parlemens deux Advocats Généraux; par l'advis et consultation desquels le Procureur Général exerceoit sa charge, es affaires plus grands et importans... l'un Clerc, l'autre Lay. » Delachenal, *Hist. des avocats*, xi.

(211) La Roche-Flavin, *l. c.*, p. 95. *Ord.*, 11 avril 1416 (Is., t. 8, p. 573).

(212) *Ord.*, 1498, art. 37; 1507, art. 97; oct. 1535, ch. 2, art. 3; 1566, art. 20; mai 1579, art. 115.

édit de 1554 mit tous les gens du roi sur le même pied quant aux gages ; néanmoins, ils continuèrent jusqu'à la fin à parler en son nom et purent être désavoués par lui. En fait les conclusions du procureur général, qu'il leur était permis de combattre par la parole, étaient d'ordinaire accordées entre eux dans la Chambre du Parquet [213]. La règle resta : à lui la plume, à eux la parole. Il ne prenait celle-ci qu'à leur défaut [214]. Ils avaient d'abord été nommés par le roi ; puis ils furent élus dans les mêmes conditions que les autres membres de la Cour. Charles VII les nomma de nouveau lui-même et la pratique des résignations fit verser les charges dans la vénalité [215].

IV. *Les greffiers et les notaires.* — Philippe le Bel établit dans les juridictions royales des greffes, affermés jusqu'à François Ier qui, en 1521, les érigea en titre d'office; mais ceux des Cours souveraines, trop importants pour que l'office et la fonction fussent séparés, l'avaient été tout d'abord [216]. Aussi les titulaires des greffes du Parlement prétendaient jouir exclusivement de l'appellation de greffiers et restèrent à la nomination du roi, qui les élisait sur une liste de trois candidats présentés par la Cour. Ce fut la pratique de la résignation qui entraîna pour leurs charges comme pour les autres la vénalité. Ils devaient être notaires et secrétaires du roi ; ils étaient reçus et installés par les Chambres assemblées, faisaient partie de la Cour, en partageaient les prérogatives et les honneurs [217]. Ils étaient assistés de clercs qu'ils nommaient et appointaient sous le contrôle du Parlement et dont les charges furent aussi transformées en offices en 1544 [218].

Le Parlement avait un greffier civil ou greffier en chef. Mise au rôle, rédaction et transcription des actes, expédition des commissions, enregistrement des lois, des traités et des arrêts de la

(213) Voy. Lefèvre, *Les avocats du roi depuis les origines jusqu'à la Révolution*, pp. 94-181.

(214) Voy. A. C. touchant les rapports entre eux des gens du roi, 20 avril 1684 : Ferrière, *Diction.* t. 1, pp. 701 et s.

(215) *Ord.*, janv. 1400, art. 18 (Is., t. 6, p. 858). — Girard et Joly, o. c., t. 1, p. xxi; Douët d'Arcq, *Choix de pièces inéd. relat. au règne de Charles VI*, t. 1, pp. 366 et s.; Lefèvre, o. c., pp. 23 et s., 28 et s.

(216) *Ord.*, 1303 : La Roche-Flavin, o. c., II, 8, p. 412; — *Ord.*, 10 nov. 1321; 19 févr. 1499 (Is., t. 3, p. 306; t. 11, p. 408). — Girard et Joly, o. c., t. 2, pp. 1374-76, 1904 et s.

(217) La Roche-Flavin, l. c., pp. 113, 115 et s.; Aubert; l. c., NRH., 1912, p. 522.

(218) La Roche-Flavin, l. c., pp. 117, 123 et 126. — *Ord.*, 4 fév. 1458 (*Ord. des r. de Fr.*, t. 14, p. 447).

Cour, procès-verbaux des délibérations, mise au net des plaidoiries et des jugements, transcription de ceux-ci sur les registres avec indication des jugeurs, garde des missives et des archives, étaient ses principales fonctions [219]. Puis venait le greffier criminel qui fut toujours laïque et jouait un rôle analogue pour les affaires de sa compétence ; il enregistrait l'élargissement des prisonniers [220]. Le greffier des présentations, enfin, était celui qui recevait les actes de présentation des procureurs pour leurs parties [221]. La Chambre des Requêtes avait son greffe particulier, tenu par un notaire secrétaire du roi et eut aussi, au xviiᵉ siècle, un greffier des présentations [222].

Il existait, en outre, quatre charges de notaires du Parlement, tenues par des notaires secrétaires du roi qui pouvaient suppléer le greffier civil absent et avaient des fonctions voisines [223]. A partir du xvᵉ siècle, il se constitua avec des éléments divers une chancellerie du Parlement [224].

2° Les Parlements provinciaux et les Grands Jours.

Le Parlement de Paris fut d'abord unique. Son ressort s'étendait au domaine de la Couronne. Quand celui-ci se fut accru par la réunion de grandes seigneuries, il devint très vaste [225]; de sorte que, tant pour rapprocher des justiciables la haute juridiction royale que pour continuer la justice souveraine des anciens seigneurs dans ces provinces, des maîtres de la Cour y furent périodiquement délégués avec le personnel nécessaire pour y tenir des sessions judiciaires. C'est à quoi correspondaient, dès le xiiiᵉ siècle, l'Echiquier de Normandie, le Parlement de Toulouse, les Jours de Champagne qui apparurent successivement à la réunion de chacune de ces provinces et conservèrent le nom de la cour seigneuriale qu'ils

(219) Girard et Joly, o. c., t. 2, p. 1359 : Ord., 13 mars 1336. — Ord., Moulins, 1566, (Is., t. 14, p. 189). Aubert, l. c., pp. 526-529.

(220) Ord., mars 1350 (Is., t. 13, p. 160). — Aubert, Le Parlement de Paris et les prisonniers (Bull. SHFr., juill.-oct. 1893).

(221) Sur son rôle : Ord., 13 janv. 1529 (Is., t. 12, p. 306).

(222) La Roche-Flavin, l. c., II, 11, p. 123.

(223) La Roche-Flavin, l. c., p. 130; Aubert, Hist. du Parlement des origines à François Iᵉʳ, t. 1, pp. 244-248.

(224) La Roche-Flavin, o. c., XIII, 89, p. 910; Grün, Notices sur les archives du Parlement de Paris, XVIII.

(225) Il s'agit ici de la justice royale (justicière), car pour la justice féodale, le ressort du Parlement qui servait aussi de Cour féodale du roi s'étendait à tout le royaume.

remplaçaient (²²⁶). Ces assises judiciaires ne se tenaient pas toujours dans le même lieu (²²⁷); leur personnel était variable. Des prélats et des barons du pays y avaient entrée et, au début, des officiers royaux ou des avocats étaient appelés à opiner à côté des membres de la Cour (²²⁸) ; en outre, ceux-ci étant considérés comme des commissaires du Parlement de Paris, on pouvait appeler de leurs décisions devant lui. La fin du xiiiᵉ siècle apporta une réglementation plus précise. Les ordonnances de 1296 et 1303 décidèrent que, à l'instar des deux Parlements annuels de Paris, il y aurait deux Echiquiers de Normandie, dont les membres seraient désignés par les présidents à chaque session de la Saint-Michel et de Pâques et que deux fois l'an auraient lieu les Jours de Troyes, les présidents devant désigner ceux qui s'y rendraient, à l'issue de chacun des Parlements parisiens (²²⁹). Au xivᵉ siècle, ces désignations se firent dans le même acte que celles pour la Cour de Paris (²³⁰). La Charte aux Normands de 1315 interdit les appels de l'Echiquier à celle-ci (²³¹). Dans les temps qui suivirent, ces grandes assises devinrent plus importantes et furent garnies de plus nombreux parlementaires. Aussi, sous Charles VII, les Jours de Troyes furent qualifiés de Grands Jours de Champagne (²³²).

Dès 1278, le roi déléguait des maîtres de sa Cour à Toulouse pour juger sur les appels des sénéchaussées circonvoisines et les causes où l'honneur et l'intérêt du Prince étaient engagés (²³³). Ce Parlement qui prenait la place de celui du comte de Toulouse n'avait qu'une session annuelle; si elle ne suffisait pas, on la prolongeait ou l'on évoquait à Paris les affaires restées en souf-

(226) La Normandie fut réunie à la Couronne du fait de la commise prononcée contre Jean-Sans-Terre à raison de sa condamnation pour le meurtre d'Artur (1203), le comté de Toulouse, à la mort d'Alphonse de Poitiers (1271-1284) en vertu du traité de 1229, la Champagne et Brie par suite de l'accession au trône de Philippe le Bel (1285).

(227) Arrêt de l'Echiquier de la session de Pâques, 1278, à Falaise (*Notices et extraits des manuscrits*, t. 20, IIᵉ part., p. 300; Langlois, *Textes rel. à l'hist. du Parlement*, p. 43). On a des exemples de sessions du Parlement de Languedoc tenues ailleurs qu'à Toulouse : ainsi, à Béziers.

(228) *Ord.*, 1296, art. 3, 5, 6, 30 (Langlois, *o. c.*, pp. 161 et s., 167); *Ord.*, 1303, art. 62 (*Ibid.*, p. 174). — Pasquier, *op. cit.*, II, 3, p. 45.

(229) La Roche-Flavin, *o. c.*, I, 21, p. 28; de Fréville, *Fonctions des avocats normands au xivᵉ siècle* (*Congrès du millénaire normand*, Rouen, 1911).

(230) Listes postérieures à 1307 (Langlois, p. 180).

(231) *Charte aux Normands*, 1315, art. 17 (Is., t. 3, p. 110).

(232) La Roche-Flavin, *o. c.*, I, 21, pp. 28 et s.

(233) Langlois, *o. c.*, LXXVII, p. 108. La Roche-Flavin, *o. c.*, I, 7, p. 13.

rance (234). En 1291, il fut supprimé (235). L'ordonnance de 1303 prévoyait son rétablissement, si les gens du pays consentaient à ne pas appeler de ses sentences (236). D'aucuns admettent que cela n'eut pas de suite. Cependant, en 1314, il est fait mention des maîtres de Toulouse (237). Mais la guerre de Cent ans en entraîna la disparition. Le dauphin Charles le releva en 1414 et 1420, l'autorisant en 1421 à se compléter sur place (238). On le voit siéger à Béziers en 1425. A la demande des Etats de Chinon, en 1428, il fut réuni à celui de Poitiers (239).

Mais, à mesure que le royaume se reconstituait, ce système de délégations temporaires parut insuffisant, et très lourd pour le Parlement de Paris. Au xve siècle, en commença d'établir, dans les provinces, des Parlements sédentaires et permanents. Il arriva aussi que, lors de leur rattachement à la Couronne, des populations réclamèrent pour leurs territoires l'établissement d'une juridiction souveraine ou le maintien de celle qu'elles possédaient déjà.

Le *Parlement de Toulouse* fut ainsi constitué, le premier en date. Des Lettres de 1437 l'avaient, sur le vœu des Etats de Languedoc, rappelé à l'existence dans les conditions antérieures. Une ordonnance du 11 octobre 1443 fixa définitivement son ressort: Occitanie et Aquitaine et les autres pays de là jusqu'à la Dordogne, et sa composition : deux présidents et douze conseillers, tant clercs que laïques, deux greffiers et huit notaires (240). Il n'y était pas parlé des gens du roi, qui, à Toulouse, furent longtemps avant d'être partie du corps de la Cour (241). La même ordonnance révoquait la Commission de justice antérieure (242).

---

(234) Langlois, CVI, p. 153; CX, p. 155. La Roche-Flavin, o. c., I, 7, p. 10.

(235) Langlois, o. c., CXII, p. 159.

(236) *Ord.*, 23 mars 1302, art. 62 : « Et quod parlamentum apud Tholosam tenebitur [sicut teneri solebat temporibus retroactis], si gentes terre predicte consentiant quod non appelletur a presidentibus in parlamento predicto. » (*Ibid.*, p. 174).

(237) La Roche-Flavin, *l. c.*, p. 11; Langlois, o. c., p. 211.

(238) *L. P.*, 20 mars 1419; 20 mars 1420; nov. 1421 (Is., t. 8, pp. 629, 654, 655).

(239) *L. P.*, 7 oct. 1428 (Is., t. 8, p. 749).

(240) *L. P.*, 18 avril 1437; *Ord.*, 11 oct. 1443 (Is., t. 8, p. 850; t. 9, p. 115). — La Roche-Flavin, o. c., I, 7, p. 11 et s.

(241) *Ibid.*, II, 8, p. 97. Mais ils existaient : I, 7, p. 13.

(242) *Ibid.*, I, 7, p. 13. Les membres de la Cour de Paris transférés à Toulouse protestèrent qu'ils n'entendaient point, du fait de leurs nouvelles charges, renoncer à celles qu'ils avaient au Parlement de Paris. On les autorisa, paraît-il, à les garder, sauf à les faire exercer par des personnes capables et dont ils répondraient (*Hist. du Languedoc*, éd. Privat, t. 5, p. 6).

Toutes les causes intéressant les territoires du ressort durent être envoyées d'office au nouveau Parlement [243]. Des Lettres de 1454 proclamèrent l'égalité entre les deux Cours de Paris et de Toulouse et le droit réciproque de séance des membres de chacune dans l'autre [244]. Son organisation se compléta et son personnel, accru par la suite, finit par comprendre une Grand'Chambre deux Chambres des Enquêtes, une des Requêtes et une Tournelle [245].

Le *Parlement du Dauphiné* ou *de Grenoble* remplaça, quelques années après, la juridiction souveraine, créée en 1340 par Humbert II, sous le nom de « Conseil des juges ». En 1453, le dauphin Louis érigea ce Conseil en Parlement sur le modèle réduit des précédents : ce que confirmèrent des Lettres patentes du roi (4 août 1455). Jusqu'en 1580, les arrêts y furent rendus au nom du gouverneur, représentant le Dauphin. Henri III fit cesser cette anomalie; mais le gouverneur continua d'y avoir entrée et préséance. Il y eut, plus tard, trois chambres. Pour son ressort, Dauphiné et pays d'Orange, ce Parlement fut en même temps Cour des Aides [246].

Le *Parlement de Bordeaux*, dont l'établissement, stipulé lors de la reprise de la Guyenne en 1451, fut retardé par une dernière rébellion en faveur des Anglais, siégea pour la première fois en 1460 et fut définitivement installé par Louis XI, sur l'insistance des Etats de Guyenne, en 1462. Trois membres de celui de Paris et quelques notables locaux en reçurent les premières charges [247]. La Guyenne ayant été donnée en apanage par le roi à son frère Charles avec réserve du ressort de Paris, le Parlement fut transféré à Poitiers et remplacé par des Grands Jours nommés par ce prince (1468). Il fut rétabli et son personnel accru à la mort de l'apanagiste [248]. Son ressort, d'abord démembré de celui de Toulouse, fut alors diminué du Rochellois et du pays

(243) *L. P.*, 17 mars 1444 (Is., t. 9, p. 129).

(244) *L. P.*, 14 nov. 1454 (Is., t. 9, p. 257).

(245) En 1322, il y eut une tentative pour établir à Nimes un Parlement dont le ressort eût été constitué aux dépens de celui de Toulouse.

(246) Il eut d'abord un président, sept conseillers, un procureur fiscal et et un avocat fiscal. Pour l'accroissement successif de cette Cour : *La jurisprudence de Guy Pape*, avec les notes de Nicolas Chorier, 1692, pp. 67 et s., notes.

(247) *Ord.*, 10 juin 1462; *L. P.*, 5 mars 1463 (Is., t. 10, pp. 448, 481). — La Roche-Flavin, *op. cit.*, 1, 8, pp. 15 et s.

(248) *L. P.*, juill. 1469; 17 juin 1472 (Is., t. 10, pp. 577, 648). — La Roche-Flavin, *l. c.*

d'Aunis au profit de Paris (²⁴⁹). Il eut, par la suite, les cinq chambres réglementaires.

Le *Parlement de Dijon* fut aussi une création de Louis XI. Les ducs de Bourgogne avaient eu, à Beaune et à Saint-Laurent, des Grands Jours périodiques, qualifiés parfois de Parlement, mais dont on appelait au Parlement de Paris. Lors de la réunion de la Bourgogne à la Couronne, les Etats de la province réclamèrent une juridiction souveraine pour les duché de Bourgogne, comté de Charolais, terre de Noyers et autres terres enclavées. Le roi la constitua avec un président, deux chevaliers, douze conseillers clercs et laïques, un greffier, deux avocats et un procureur fiscal. En 1476, il la rendit sédentaire à Dijon (²⁵⁰). Dans la suite, son personnel accru se répartit entre diverses chambres, imitées des autres Cours. En 1477, elle en avait déjà quatre (²⁵¹).

Le *Parlement d'Aix* ou de *Provence* fut, moins la continuation du « Conseil souverain » établi au xvᵉ siècle par Louis II, comte de Provence, que l'érection en Cour souveraine de la juridiction royale installée au moment de l'acquisition de la province par Louis XI en 1481. Projet de Charles VIII, cette transformation de la « Grand'sénéchaussée et Conseil des comtés de Provence, Forcalquier et terres adjacentes » fut réalisée par Louis XII en 1501. Un président, onze conseillers, dont quatre clercs, les gens du roi et greffiers ordinaires, constituèrent le nouveau Parlement, qui eut, plus tard, trois chambres (²⁵²). Mais le grand sénéchal en resta le chef et les arrêts y étaient rendus en son nom. Il y présidait ou, en son absence, son lieutenant (²⁵³). Au cours du xvıᵉ siècle, ces particularités disparurent (²⁵⁴).

Le *Parlement de Rouen* ne fut que l'Echiquier, dont il a été parlé précédemment, qui, accru en personnel : quatre présidents,

---

(249) Son ressort comprit les sénéchaussées de Gascogne, Guyenne, les Lannes, Agenais, Périgord, Saintonge, Angoumois, Limousin.

(250) *Ord.*, 18 mars 1476; 29 août 1494 (Is., t. 10, p. 767; 11, p. 266). — La Roche-Flavin, *l. c.*, p. 19.

(251) Son ressort laissait en dehors l'Auxerrois qui avait des Etats particuliers, les pays de Bresse, du Bugey et de Dombes. La principauté de Dombes eut un Parlement spécial à Tréyoux jusqu'en 1771, n'ayant été réunie à la Couronne qu'en 1762 : *Décl.*, mars 1682; mars 1762; *Edit*, sept. 1781, (Is., t. 19, p. 387; t. 22, p. 322; t. 27, p. 103).

(252) *Edit*, juill. 1501; L. P., 26 juin 1502 (Is., t. 11, pp. 422 et s., 437); *Ord.*, oct. 1525; *Edit*, 1535 (Fontanon, *Ord.*, t. 1, pp. 255-324).

(253) *Edit*, juill. 1501, art. 1, 3, 6 (*Ibid.*, pp. 425 et s.).

(254) Fontanon (t. 1, p. 107) indique, en publiant l'édit de 1501, les articles qui ont été réformés. — La Roche-Flavin, o. c., I, 10, p. 18.

vingt-huit conseillers, dont treize clercs, un procureur et deux avocats généraux, par Louis XII et rendu par ce roi permanent et sédentaire en 1499, obtint de François Ier le titre de Parlement [255]. Il compta dès lors parmi les plus grandes Cours souveraines, tant par l'importance de ses cinq chambres, qui, en 1789, comprenaient plus de cent membres, que par son attitude politique au dernier siècle de l'ancien régime [256].

Le *Parlement de Bretagne* datait seulement du mois de mars 1553 [257]. Les « Grands Jours de Bretagne », qui, sous les ducs, ne siégeaient que trente-cinq jours par an et dont on pouvait appeler au Parlement de Paris, avaient été continués, après l'annexion (1542), au moyen de commissaires de cette Cour. Le Parlement qu'Henri II leur substitua eut pour particularité d'être semestre, de n'avoir d'abord que deux chambres, d'être composé de quatre présidents et de trente-deux conseillers dont seize, avec les présidents, devaient être étrangers à la Bretagne et les seize autres originaires. Même départ pour les avocats généraux. Les semestres étaient répartis de trois en trois mois entre les villes de Rennes et de Nantes et les chambres organisées de façon qu'elles fussent garnies mi-partie d'originaires et de non originaires. Un arrêt du Conseil (1684) déclara les descendants des conséillers non originaires incapables de perdre cette qualité [258]. Mais Rennes, en 1560, devint le siège unique de la Cour qui, à l'instar de celle de Paris, eut bientôt les cinq chambres traditionnelles [259]. Les évêques de Rennes et de Nantes y prenaient séance.

Ces sept Parlements de provinces, de tout temps plus ou moins dépendantes de la monarchie, s'étaient finalement constitués sur le modèle parisien. Aux xviie et xviiie siècles, dans d'autres pays acquis par traités ou conquêtes, les rois eurent des Parlements qui d'ordinaire continuaient une juridiction souveraine antérieure à l'annexion et dont ils gardèrent quelques caractères.

Ce furent : le *Parlement de Pau*, érigé en 1623, après l'union réelle du Béarn et de la Navarre à la Couronne (1620) et remplaçant le « Conseil souverain du Béarn » qui avait lui-même succédé à la

(255) *Edit*, avril 1499 (Is., t. 11, pp. 389 et s.).
(256) Voy. Floquet, *Hist. du Parlem. de Normandie*, 7 vol., 1840-1849.
(257) *Edit*, mars 1553 (Is., t. 13, pp. 361-373).
(258) *Ibid.*, *préam.*, art. 1, 2, 15 (pp. 362-364, 370). — La Roche-Flavin, *o. c.*, I, 13, pp. 19 et s.
(259) La Roche-Flavin, *l. c.*, p. 20; Fontanon, *op. cit.*, pp. 68-74. — Voy. Carré, *Le Parlement de Bretagne après la Ligue*, 1886; Le Moy, *La Bretagne et le pouvoir royal*, 1909.

fin du xv° siècle, à la « Cour majour » (²⁶⁰); — le *Parlement de Metz*, créé en 1663, pour donner une juridiction souveraine aux territoires des Trois-Évêchés, sur lesquels la souveraineté de la France fut définitivement confirmée par le traité de Munster (²⁶¹); — le *Parlement de Besançon*, ancien Parlement de la comté de Bourgogne, jadis fixé à Dôle par Philippe le Bon (1422), maintenu par Louis XI quand il fut maître de la Franche-Comté, puis par Louis XIV quand il en reprit possession, et transféré à Besançon par édit du 22 août 1676 (²⁶²); — le *Parlement de Douai*, établi dans cette ville en 1713 : après le traité d'Aix-la-Chapelle, Louis XIV avait placé à Tournai un Conseil souverain pour les conquêtes des Flandres (1668), et étendu son ressort, en 1679, aux acquisitions du traité de Nimègue. Érigée en Parlement en 1686, cette Cour fut transférée successivement à Cambrai en 1709, à Douai en 1713 (²⁶³); — le *Parlement de Nancy* ne remontait qu'à l'année 1775. Sous Louis XIII et Louis XIV, la Lorraine et le Barrois avaient été soumis au Parlement de Metz qui, à la mort du roi Stanislas, les réclama; de sorte qu'en 1771 il fut lui-même porté à Nancy. Mais les deux ressorts furent de nouveau séparés et il y eut deux Parlements, l'un à Metz, l'autre à Nancy. Les charges de celui-ci n'étaient pas vénales (²⁶⁴).

Quelques provinces rattachées à la France depuis le xvii° siècle n'eurent que des *Conseils souverains*. Dans l'ordre chronologique, on vit apparaître : le *Conseil souverain du Roussillon*, remplaçant la juridiction établie à Perpignan sous la domination espagnole et confirmé ou réorganisé par un édit de 1660 (²⁶⁵); — le *Conseil provincial d'Artois*, création de Charles-Quint, qui ne jugeait en dernier ressort qu'au criminel et les affaires civiles jusqu'à 2000 livres; au-dessus, l'appel était porté à la Cour de Paris (²⁶⁶); — le *Conseil d'Alsace*, successivement à Ensisheim (1657), à Bri-

<hr>

(260) *Édits*, oct. 1620; juin 1624 (Is., t. 16, p. 140).

(261) *Édits*, janv. 1633; nov. 1661 (Is., t. 16, p. 370; t. 18, p. 12).

(262) *Édits*, 17 juin 1674; 22 août 1676 (Is., t. 19, pp. 137, 163). — En 1668, Charles II avait déjà remplacé le Parlement de Dôle par une *Chambre de Justice* siégeant à Besançon.

(263) *Édits*, avril 1668; mars 1679; fév. 1686; 20 août 1709; déc. 1713 (Is., t. 18, p. 190; t. 20, pp. 402, 542, 615).

(264) *Édit*, sept. 1775 (Is., t. 23, p. 242).

(265) *Édit*, 16 juin 1660. Ce Conseil remplaçait la *Gobernacio* : Poeydavant, *Mémoire*, 1778 (éd. Desplanque, pp. 43 et s.).

(266) *Édit*, nov. 1774; *Décl.*, 8 mars 1777; *Ord.*, mai 1783 (Is., t. 23, p. 73; t. 24, p. 335; t. 28, p. 549). — Guyot, *Répert.*, v° *Conseil provincial d'Artois*.

'sach, à Colmar (1698) : bien qu'il fût souverain, on appelait par exception de sa Table de marbre au Parlement de Metz ([267]); — le *Conseil souverain de Corse*, créé à Bastia en 1768 ([268]). La vénalité des charges avait été écartée de ces Conseils, mais elle s'introduisit à celui d'Arras en 1692 et en Alsace en 1694. — Un *Conseil souverain* à la Martinique et deux autres à Saint-Domingue étaient composés de façon toute spéciale ([269]).

Les conditions dans lesquelles les Parlements avaient été établis entraînaient de très grandes disproportions dans l'étendue de leurs ressorts. Le tiers au moins du royaume et plus de dix millions de justiciables constituaient celui de Paris. Celui de Toulouse, qui venait après, comptait moins de trois millions d'habitants; ceux de Bordeaux, Rouen et Rennes, en avaient chacun deux millions environ; le plus petit ressort, celui de Pau, en avait à peu près deux cent cinquante mille.

Pour rapprocher la justice souveraine des justiciables et redresser les abus qui avaient pu se glisser dans les juridictions ou administrations royales, les rois, bien que tous les Parlements fussent devenus sédentaires, imaginèrent de faire tenir, dans certaines régions du ressort, des sessions solennelles par des commissions du Parlement. C'étaient les *Grands Jours*. On y recueillait les plaintes des populations contre les officiers royaux de tous ordres, on y jugeait des causes civiles ou criminelles, on y réformait les usages ou les procédures. Par là, les provinces prenaient un sentiment direct et concret du jeu bienfaisant de la justice du roi ([270]). Des assises de ce genre furent assez fréquentes au xve, mais surtout au xvie siècle : on tenait les Grands Jours non seulement dans les provinces de l'obédience royale, mais encore dans les pays d'apanages ou les seigneuries relevant de la Couronne. Là surtout, l'effet moral cherché était particulièrement utile ([271]). Cependant, la juridiction des Grands Jours était limitée au civil ([272]). Le Parlement de Paris n'était pas le seul à tenir

---

(267) *Ord.*, 17 sept. 1634; 17 sept. 1657; déc. 1701 (Is., t. 16, p. 414; t. 17, p. 356; t. 20, p. 403).

(268) *Edit*, juin 1768 (Is., t. 22, p. 484).

(269) *Décl.*, 11 oct. 1664; *Edit*, août 1685; *A. C.*, 16 fév. 1705 (Is., t. 18, p. 41; t. 19, p. 525; t. 20, p. 461).

(270) En 1666, à la suite des *Grands Jours d'Auvergne*, fut frappée une médaille avec cette légende : *Salus provinciarum, repressa potentiorum audacia*. La Roche-Flavin. *o. c.*, XIII, 65, pp. 830-835; Joly, *Des offices de France*, t. 1, I, 18; Fléchier, *Mémoires sur les Grands Jours d'Auvergne*, 1665-1666.

(271) *Ord.*, 22 nov. 1371; *L. P.*, 6 mai 1403 (Is., t. 5, p. 366; t. 7, p. 59).

(272) La Roche-Flavin, *l. c.*, p. 831: « Et les jugemens qui seront donnés par

des Grands Jours, dans son immense ressort. Ceux de Toulouse de Bordeaux notamment, les pratiquaient aussi (273). Les circonscriptions judiciaires des Grands Jours variaient selon les circonstances. L'ordonnance de Blois (1579) voulut en faire une institution régulière (274). Moins fréquents au xvii° siècle, il y en eut encore à Clermont (1665), au Puy (1666), à Poitiers (1688). En outre, les Parlements, jusqu'à la fin du xviii° siècle, envoyèrent, sur l'ordre du roi, des commissions de réforme et de répression, lorsqu'il en était besoin, à travers les provinces (275).

3° Rapports des Parlements entre eux.

Entre les Parlements, la préséance était réglée sur l'ancienneté (276). A ce titre, le Parlement de Paris en jouissait par rapport aux autres. Mais il prétendait à bien d'autres prérogatives. Comme plusieurs Parlements provinciaux avaient succédé à des Grands Jours ou à des Assises judiciaires tenues jadis par ses commissaires ou avaient tiré de lui les premiers titulaires de leurs charges, il réclamait pour ses membres l'entrée, la séance et voix délibérative dans les autres Cours, sans leur accorder la réciprocité. Cependant, le Parlement de Toulouse tint bon sur les Lettres de Charles VII qui lui accordaient celle-ci et une égalité complète

eux à cent livres tournois de rente et mil livres pour une fois payer, et des bénéfices jusques à douze cens livres tournois, sont authorisés par le Roy, tout ainsi que s'ils estoient donnés par ledict Parlement séant. » *Ord.*, 22 nov. 1371 (Is., t. 5, p. 366).

(273) *Ord.*, mars 1498, art. 73 (Is., t. 11, p. 355) : « ...Nos cours de parlement de Toulouse et Bourdeaux tiendront lesdits grands jours, de deux ans en deux ans, chacun en leur ressort, respectivement ès lieux qui verront estre à faire pour le mieux. » La commission devait comprendre 1 président, 5 conseillers laïques, 3 clercs. Mais ce nombre a beaucoup varié par la suite. Sur les Grands Jours du ressort parisien : La Roche-Flavin, *l. c.*, p. 830; Aubert, *Rech. sur l'organ. du Parlem. de Paris* (NRH, 1912, pp. 359-366) : Angers, Tours, Moulins, Poitiers (Voy. Pasquier, *Les Grands Jours de Poitiers*, 1875), Riom ou Montferrand, Lyon. — *Ord.*, 6 nov. 1581, 4 mai 1596; 31 août 1665 (Is., t. 14, p. 486; t. 15, p. 117; t. 18, p. 60).

(274) *Ord.*, janv. 1579, art. 206; janv. 1629, art. 59 (Is., t. 14, p. 429; t. 16, p. 242).

(275) En 1783 et 1785, des commissions royales composées de quatre parlementaires toulousains furent chargées de s'enquérir des abus relatifs à la justice, dans les Cévennes, le Vivarais, le Gévaudan : Aug. Puis, *Une famille de parlementaires toulousains à la fin de l'ancien régime*, 1910.

(276) La Roche-Flavin, *o. c.*, I, 8, p. 15 : « Au temps du Roy Henry second, ayant esté remarqué que le Parlement de Dijon estoit en quelques lettres mis devant celuy de Bourdeaus, il y eust des lettres patentes du Roy, portant déclaration que celuy de Bourdeaus estoit le plus ancien ».

avec la Cour de Paris (²⁷⁷). Comme il était le lit de justice du roi, le Parlement parisien en concluait qu'à lui seul appartenait le droit de vérifier et homologuer les ordonnances et édits généraux de France. Il fit des remontrances notamment, quand un lit de justice fut tenu à Rouen pour la majorité de Charles IX (²⁷⁸). Il restait la Cour des pairs qui, suite de la justice féodale du roi, étendait son ressort à tout le royaume; et ce n'est que tardivement que des Parlements provinciaux s'efforcèrent de connaître des causes criminelles concernant des pairs (²⁷⁹). Cette prérogative revendiquée par les magistrats de Toulouse et de Bordeaux se fondait sur la théorie de « l'union » et des « classes », d'après laquelle les Parlements provinciaux ne formaient, avec celui de Paris, qu'un même corps, divisé en plusieurs classes réparties, pour la commodité de la justice, dans les provinces.

III. — Les juridictions d'attribution.

Les juridictions d'attribution, ou comme l'on dit aussi parfois d'exception, étaient celles dont la compétence était limitée à certaines affaires, pour lesquelles elles avaient été spécialement instituées. Les unes étaient concentrées dans une Cour souveraine, les autres s'ordonnaient selon une hiérarchie de tribunaux couronnée par une Cour de ce genre ou rattachée à un certain degré d'appel à la juridiction de droit commun.

Les juridictions d'attribution les plus nombreuses et les plus variées étaient d'ordre administratif, surtout financier; mais il en était quelques-unes dont la compétence embrassait certaines attributions judiciaires; d'autres plus récentes étaient des juridictions commerciales; enfin, il en existait de criminelles. Parmi les premières, quelques-unes joignaient au contentieux administratif le pouvoir de réprimer les infractions aux lois, au jeu desquelles elles veillaient.

1° Juridictions administratives ou judiciaires d'attribution.

Le plus souvent, les juridictions administratives suivaient la hiérarchie des administrateurs, à qui le contentieux était confié

(277) *L. P.*, 14 nov. 1454 (Is., t. 9, p. 257). — La Roche-Flavin, *op. cit.*, VII, 27, p. 407.

(278) Pasquier, *o. c.*, II, 4, p. 61 : « Demeurant tousjours ce nonobstant au Parlement de Paris le nom de la Cour des Pairs, et semblablement la puissance et authorité d'emologuer les Edicts généraux de la France ». Dupuy, *Traité de la majorité de nos Roys*, 1655, pp. 405 et s.

(279) Guyot, *Traité des droits, fonctions et offices de France*, 1764, t. 2, p. 176.

dans la même mesure que l'administration proprement dite.

La *Chambre des Comptes* qui était, ce semble, la plus ancienne et que nous savons avoir été séparée de la *Curia regis* et être devenue sédentaire depuis 1309, avait des attributions qui n'appartenaient qu'à elle et ne comportaient pas de degrés : manutention des finances, vérification des comptes des agents royaux, et, d'abord, conservation du domaine, gouvernement des monnaies [280]. Par la suite, les Trésoriers généraux reçurent en grande partie les affaires domaniales et il y eut une Chambre spéciale des monnaies.

Son personnel se composait, à l'origine, de deux présidents, l'un clerc, l'autre laïque, de maîtres, trois clercs et deux laïques; mais leur nombre alla toujours croissant [281]. Ils avaient à leur service des clercs qui faisaient fonctions de rapporteurs et qu'on appelait « petits clercs » ou « clercs d'en bas » pour les distinguer des conseillers maîtres ecclésiastiques : leurs charges ayant fini par être érigées en titre d'office, ils furent qualifiés de « clercs auditeurs », puis, sous Henri II, de « conseillers auditeurs ». Ils furent de bonne heure répartis en six chambres : du Trésor, de Languedoc, de Champagne, d'Anjou, des Monnaies, de Normandie, entre lesquelles les comptes des généralités du ressort étaient répartis. Depuis 1552, les auditeurs eurent voix délibérative pour les affaires sur lesquelles ils rapportaient. Entre temps, des maîtres clercs et des petits clercs avaient reçu commission de corriger les comptes jugés par la Cour, commission qui fut muée pour ceux-ci en office formé en 1410 : ce furent les « conseillers-correcteurs », qui eurent séance au grand bureau, quand les présidents les y appelaient [282]. Jusqu'en 1454, les mêmes gens du roi firent leurs charges au Parlement et à la Chambre des Comptes où le procureur général avait des substituts; dès lors, un office de procureur général y fut créé et, un peu plus tard, un autre d'avocat général [283]. En 1551, Henri II, au moyen de nouveaux offices, rendit la Chambre semestre [284]. Ses greffiers devaient être, sauf dispense, no-

---

(280) Voy. p. 455. — Pasquier, *op. cit.*, II, 5, p. 64.

(281) *Ord.*, 1319, art. 1, 6 (Is., t. 3, p. 255) : déjà quatre clercs et quatre laïques.

(282) *Ord.*, 1319, art. 1; 4 déc. 1389; 27 janv. 1359, art. 6; 13 juill. 1384; 1er mars 1388; 14 juill. 1410, art. 26-28; 25 mai 1413, art. 148 et s.; L. P., 22 juill. 1418 (Is., t. 3, p. 235; t. 5, pp. 63, 66; t. 6, pp. 558, 657, 670; t. 7, pp. 245, 322, 325 et s.; t. 8, p. 603). — Pasquier, *l. c.*, p. 670.

(283) Pasquier, *l. c.*

(284) *Edit*, févr. 1551 (Is., t. 14, p. 257).

taires et secrétaires du roi. Au xvm° siècle, elle se composait d'un premier et de douze présidents, soixante-dix-huit maîtres, trente-huit correcteurs, quatre-vingt-deux auditeurs ([285]).

La procédure de vérification des comptes avait été minutieusement réglée par les ordonnances; elle n'avait lieu qu'après vérification de l'état au vrai par le bureau des finances de la généralité ([286]). Les poursuites criminelles contre les comptables ne pouvaient être poussées que jusqu'à la question exclusivement; pour passer outre, la Chambre devait s'adjoindre un président et six conseillers du Parlement ([287]). La Chambre des Comptes était souveraine: elle avait le pouvoir de faire des règlements généraux ou particuliers dans les matières de sa compétence; mais il ne fut pas établi sans difficultés que ses arrêts ne pouvaient être frappés d'appel devant le Parlement et ne pouvaient être cassés que par le roi et son Conseil ([288]). La procédure en recours contre ces arrêts paraît avoir été longtemps flottante ([289]). En outre, la Chambre des Comptes vérifiait et entérinait les édits, déclarations et lettres patentes qui lui étaient adressées par le roi, notamment celles concernant le domaine et les finances, les apanages, engagements, dons et pensions ([290]), baux des fermes adjugés au Conseil, les lettres d'anoblissement, naturalité, légitimation, amortissements ([291]), les

(285) Sur l'histoire de la Chambre : Boislisle, *Pièces pour servir à l'histoire des premiers présidents à la Chambre des Comptes*, 1873. — Cpr. Borrelli de Serres, o. c., t. 1, pp. 188 et s.; t. 2, pp. 317-332; t. 3, pp. 582 et s. Le premier président avait d'abord été un clerc; la charge resta toujours office de clerc. La famille Nicolaï qui la détint de 1506 à 1789 fut à chaque génération obligée d'obtenir une dispense.

(286) *Ord.*, 15 avr. 1322; 31 juill. 1338; 3 avril 1388; 25 mai 1413; *Règl.*, 23 déc. 1454; 24 nov. 1511; janv. 1629 (Is., t. 3, p. 306; t. 4, p. 443; t. 6, p. 670; t. 7, p. 2°8; t. 9, p. 558; t. 11, p. 617; t. 16, p. 313). Sur le détail de cette procédure en dernier lieu : Ferrière, *Dict.*, t. 2, pp. 263 et s.

(287) *Ord.*, 4 fév. 1450; *Mand.*, 13 oct. 1461; *Edit*, mai 1567 (Is., t. 9, pp. 176, 392; t. 14, p. 221).

(288) *L. P.*, mars 1408; 12 avril 1459; *Décl.*, 1460; 3 nov. 1461; 5 fév. 1461; *Edit*, déc. 1520 (Is., t. 7, p. 194; t. 9, pp. 365, 370; t. 10, pp. 393, 425; t. 12, p. 183).

(289) *L. P.*, mars 1408; 26 févr. 1464; 20 mars 1500; 2 août 1520; 14 oct. 1571 (Is., t. 7, p. 194; t. 10, p. 503; t. 11, p. 419; t. 12, p. 178; t. 14, p. 240.).

(290) *L. P.*, 18 oct. 1364; *Edit*, nov. 1483; *L. P.*, 17 juill. 1779 (Is., t. 5, p. 222; t. 11, p. 13; t. 26, p. 107).

(291) *L. P.*, 13 août 1366; 21 juill. 1368; 4 oct. 1385; 2 mai 1394; *Ord.*, 15 mai 1413; 24 juin 1492 (Is., t. 5, pp. 289, 317, 600, 747; t. 7, p. 289; t. 11, p. 211).

serments des évêques, des contrôleurs généraux et principaux comptables (292); elle recevait la foi et l'hommage, les aveux et dénombrements pour les fiefs relevant sans moyen du roi (293).

Unique à l'origine, elle déléguait dans quelques lieux, en même temps que le Parlement, des maîtres, par exemple à l'Echiquier de Normandie, ce qui y donna naissance, au xvi° siècle, à une Chambre des Comptes (294). De grands fiefs ayant été réunis à la Couronne gardèrent aussi la leur. Successivement, il y en eut à Aix, Grenoble, Dijon, Blois, dès le xiv° ou le xv° siècle (295), à Rouen, Montpellier, quelque temps à Moulins et à Alençon, au xvi° (296), à Pau, à Dôle au xvii°, à Bar et Nancy au xviii°. Celle de Blois fut supprimée en 1775 (297). Ces Chambres des Comptes n'avaient guère que la vérification des comptes de leurs ressorts que leurs procureurs généraux devaient envoyer ensuite chaque année à celle de Paris pour l'établissement et la correction de l'ensemble des comptes du Trésor, et l'enregistrement dans les mêmes limites des lettres de naturalité et de légitimation. Pour le reste, la compétence de la Chambre de Paris s'étendait à tout le royaume (298).

La *Cour des Aides* tira son origine de la distinction établie au temps de Charles VI entre les Généraux conseillers sur le fait des aides et ceux sur le fait de la justice des aides. D'abord associés, ils furent peu à peu séparés. La juridiction des seconds s'organisa dans les dix premières années du xv° siècle avec un président et de trois à sept conseillers. En 1413, elle fut composée d'un président, de deux généraux et de trois conseillers rapporteurs, plus un greffier; au besoin, elle pouvait faire appel aux conseils de quelques membres du Parlement (299). En 1425, Charles VII l'établit à Poitiers avec six généraux (300). Bien que jugeant en

(292) *Ord.*, 3 juill. 1338 (Is., t. 4, p. 443).
(293) *L. P.*, 4 févr. 1775 (Is., t. 23, p. 138).
(294) Pasquier, *l. c.*, p. 60. Transférée à Bourges sous Charles VII, la Chambre fut rappelée à Paris en 1439.
(295) *L. P.*, 11 janv. 1383; 4 juill. 1384 (Grenoble); 31 août 1477 (Dijon), (Is., t. 5, p. 580; t. 6, p. 597; t. 10, p. 782).
(296) *Edit*, mars 1522 (Montpellier); 8 juin 1529 (Moulins); janv. 1549 (Alençon) (Is., t. 12, pp. 204, 315; t. 13, p. 142).
(297) *Edit.*, juill. 1775 (Is., t. 23, p. 211).
(298) *L. P.*, févr. 1388; *Ord.*, 1er mars 1388, art. 2, 19; 11 mars 1390 (Is., t. 6, pp. 633, 657, 690). — Pasquier, *o. c.*, II, 7, p. 82.
(299) *L. P.*, 26 février 1413; mai 1413, art. 99, 100 (Is., t. 7, pp. 301, 412).
(300) *L. P.*, 22 oct. 1425 (Is., t. 8, p. 728).

dernier ressort, elle paraît n'avoir acquis que, vers 1460, le titre et le rang de Cour souveraine ([301]), époque après laquelle elle disparut quelque temps ([302]). Au xvie siècle, elle eut deux chambres, et, depuis 1636, elle en eut trois ([303]). Finalement, elle comptait un premier et trois présidents, quarante-huit conseillers, un procureur et trois avocats généraux, deux greffiers en chef.

Sa compétence s'étendait à tous les litiges concernant les aides, traites, gabelles et tailles, et, en général, toutes les impositions, dont elle avait avec les tribunaux inférieurs : élections, bureaux ou juges des traites, greniers à sel, etc., la connaissance exclusive ([304]). Mais les impôts directs (capitation, dixièmes, vingtièmes), ou indirects créés depuis Louis XIV, lui échappèrent, étant de la juridiction des intendants dont on appelait que devant le Conseil du roi ([305]). En 1775, elle fit à ce sujet des remontrances célèbres. Elle connaissait en premier et dernier ressort de tous les litiges concernant les créances ou dettes de l'Etat résultant de jugements de la Chambre des Comptes, des Trésoriers généraux ou des Parlements, de tous les contrats des fermiers munitionnaires passés avec qui que ce fût pour le fait des impôts, des exemptions des privilégiés et par là de la validité ou non des titres de noblesse, de tous les crimes commis en violation des lois sur les impôts qui rentraient dans sa compétence ([306]). Elle constituait un tribunal d'appel pour toutes les juridictions inférieures de cet ordre : bureaux des Trésoriers de France, élections, bureaux des traites, greniers à sel, etc., avec cette particularité qu'il n'y avait ici que deux degrés de juridiction, parce qu'on appelait toujours à la Cour des Aides de la juridiction de première instance. En outre, la Cour vérifiait les

(301) *L. P.*, 18 sept. 1468 (Is., t. 9, p. 367); Pasquier, *l. c.*, p. 83. Au xvie siècle, elle essaya de se qualifier de « Chambre des finances » : *L. P.*, 12 sept. 1552; juill. 1553 (Is., t. 13, pp. 282, 339).

(302) De 1462 à 1464 : *L. P.*, 4 mai 1462 (Is., t. 10, p. 446). Elle fut supprimée de nouveau de 1771 à 1774 : *Ed.*, avril 1771; nov. 1774 (Is., t. 22, p. 522; t. 23, p. 70).

(303) A la suppression de la Cour des Aides de Lyon : *Edit*, juill. 1636 (Is., t. 16, p. 466).

(304) *L. P.*, 19 juin 1445; 29 juill. 1474; 24 juin 1500; *Edit*, mars 1551 (Is., t. 9, p. 131; t. 10, p. 679; t. 11, p. 410).

(305) Cependant, elle obtint au moins pour un temps que les appels des jugements des intendants en matière de traites, tailles, gabelles, fussent portés devant elle : *L. P.*, 2 sept. 1643 (Is., t. 17, p. 32).

(306) *Edit*, mars 1551, art. 1-6 (Is., t. 13, pp. 264 et s.); janv. 1597; 11 mars 1776; 9 mars 1777 (Is., t. 15, p. 127; t. 23, p. 393; t. 24, p. 364). Fleury, *Droit public*, I, v, 6, p. 54.

ordonnances, édits et déclarations concernant les matières fiscales et les lettres d'anoblissement. La Cour des Aides de Paris vérifiait seule les états de la Maison du roi.

Le nombre, le siège et l'organisation des Cours des Aides en province varièrent beaucoup [307]. A Montpellier [308], Aix, Rouen, Cours des Aides et Chambre des Comptes ne faisaient qu'une. Celle de Dijon fut unie successivement à la Chambre des Comptes, puis au Parlement. A Grenoble, Rennes, Pau, Metz, Besançon, elle l'était à ce dernier corps. Celle de Bordeaux, finalement autonome, avait été dans ce cas, après avoir eu pour siège Périgueux, puis Agen [309]; celle de Montauban y était venue de Cahors; celle de Clermont accepta, en 1771, de devenir le Conseil supérieur régional [310].

La *Cour des Monnaies* ne fut érigée en Cour souveraine qu'en 1551. Dès le xiii° siècle, des Généraux maîtres des monnaies étaient chargés de l'administration et du contrôle de la fabrication des monnaies [311]. Cette juridiction se consolida et s'organisa comme avait fait celle des Généraux des aides. Devenue la *Chambre des Généraux des monnaies*, elle jugeait en dernier ressort les causes civiles, mais ses sentences au criminel pouvaient être frappées d'appel devant le Parlement de Paris [312]. Son personnel : un président, dix conseillers, ayant été augmenté en 1522, elle fut élevée au rang de Cour souveraine en 1551, non sans de vives résistances des Parlements [313]. Dès lors, malgré des tentatives

(307) Fleury, *o. c.*, I, v, 5, p. 54.

(308) Etablie en 1437, ambulatoire, puis fixée à Montpellier le 12 sept. 1667 : *Ed.*, 19 juill. 1512; 15 oct. 1513 (Is., t. 9, pp. 633, 648); puis réunie à la *Chambre des Comptes*, créée à Montpellier en 1523, par édit de juillet 1629 : P. Serres, *Hist. de la Cour des Comptes, aides et finances de Montpellier*, publiée par Gaudin, Montpellier, 1878; Martin Chabot, *Les archives de la Cour des Comptes, aides et finances de Montpellier, avec un essai de restitution des premiers registres de sénéchaussée*, Paris, 1907; P. Vialles, *Etudes historiques sur la Cour des Comptes, aides et finances de Montpellier d'après ses archives privées*, Montpellier, 1923.

(309) *Edit*, juill. 1659 (Is., t. 17, p. 373). — Fleury, *l. c.*

(310) *Ord.*, 19 févr. 1782; 3 août 1782 (Is., t. 27, pp. 145, 208).

(311) *L. P.*, 28 juill. 1354 (Is., t. 4, pp. 695 et s.). La juridiction criminelle en matière de monnaies n'appartenait qu'au roi (Is., t. 4, p. 424).

(312) *L. P.*, 13 janv. 1494 (Is., t. 11 p. 273).

(313) *Edit*, janv. 1551 (Is., t. 13, p. 248), enregistré seulement sur des Lettres de jussion par les autres Cours souveraines : *L. P.*, 9 mars 1551, 20 avril 1552; 3 mai 1552 (Is., t. 13, pp. 269-271). Des édits confirmatifs de 1570 et juin 1638 supprimèrent les réserves introduites par ces Cours lors de l'enregistrement : Ferrière, *Diction.*, t. 2, p. 119.

pour réduire le nombre de ses membres ([314]), il ne fit qu'augmenter et comprit au xviiie siècle un premier et six autres présidents, trente-six conseillers, deux présidents et dix conseillers commissaires pour l'inspection des *Hôtels* et *Sièges des Monnaies*, et des gens du roi. La Cour était semestre ([315]). En 1635, fut créé un prévôt général des monnaies pour faire exécuter ses arrêts. Avec un lieutenant, trois exempts, quarante archers, il constituait à la fois une force de police et une juridiction auprès de laquelle un substitut du procureur général faisait fonction de procureur du roi et d'assesseur; quatre lieutenants, avec un personnel moindre, assistaient les commissaires dans leurs tournées ([316]). La Cour des Monnaies connaissait privativement de tous litiges concernant la fabrication, la ferme des monnaies, les contrats et marchés de matières nécessaires à cette fabrication, des statuts et règlements des métiers ayant pour objet les matières d'or et d'argent, des marques et contre-marques de celles-ci, des infractions des officiers et autres agents des monnaies ou des trafiquants d'or et d'argent dans leurs fonctions ou professions. Elle avait compétence par concurrence et prévention avec d'autres juges royaux, pour juger les crimes de contrefaçon ou d'altération des monnaies et de l'outillage qui y servait. Elle enregistrait les ordonnances, édits et déclarations concernant ces diverses matières ([317]). Elle était le tribunal d'appel des *Sièges des monnaies* ([318]), dont il y avait, en dernier lieu, quatre sortes : 1° les *Généraux provinciaux* (vingt-huit depuis 1691) jugeant en dernier ressort certaines causes de la juridiction concurrente de la Cour, et les autres ou celles de sa juridiction privative sous charge d'appel; 2° les *Juges gardes*, établis dans les villes où l'on battait monnaie et dont un édit du mois de juin 1581 fixait la compétence; 3° les *Prévôts généraux des monnaies*, de Paris et de Lyon, créés, l'un en 1635, l'autre en 1704; 4° les *Juges des mines et minières*, créés par Charles VI en 1413, mais qui avaient disparu au xviiie siècle.

En province, il y eut une Cour des Monnaies à Lyon, de 1704 à 1777; les Parlements de Metz, de Pau, la Chambre des Comptes de Dôle en tenaient lieu dans leurs ressorts.

(314) *Ord.*, Orléans, janv. 1560, art. 41; Blois, 1579, art. 232 (Is., t. 14, p. 75, 433).

(315) Fleury, *o. c.*, p. 85; Ferrière, *l. c.* Elle cessa d'être semestre en 1771, ce qui entraîna des suppressions d'offices; mais ils furent rétablis en 1778 : *Edits*, juill. 1778; 29 août 1778 (Is., t. 25, pp. 374, 391).

(316) Ferrière, *op. cit.*, t. 1, p. 419; t. 2, p. 693.

(317) *Décl.*, 5 sept. 1555; *Edit*, mars 1645 (Is., t. 13, p. 438; t. 17, p. 49).

(318) Ferrière, *Diction.*, v° *Sièges des Monnaies*, t. 2, pp. 696-700.

Le *Grand Conseil*, Cour souveraine à la suite du roi, mais devenue sédentaire sous Henri III, instituée sur les suggestions des Etats généraux de 1484 par Lettres patentes du 2 août 1497 et du 3 juillet 1498, pour décharger le Conseil du roi des affaires judiciaires qui l'encombraient ([319]), fut d'abord une compagnie de vingt conseillers dont le chancelier était le chef, remplacé à la présidence en cas d'absence par un maître des Requêtes de l'Hôtel. Il eut sous François Ier un premier président, supprimé par Henri II, qui y mit des présidents de chambre dont les charges étaient unies à quatre offices de maîtres des Requêtes de l'Hôtel; l'un d'eux prit en fait le titre de premier président et était, avec le procureur général, le seul officier perpétuel, car les autres étaient semestres ([320]). En 1738, il fut remplacé par un conseiller d'Etat ([321]). Par ses origines et son but le Grand Conseil étendait son ressort à tout le royaume et eût dû avoir une compétence générale comme celle du Conseil du roi, qu'il paraissait remplacer ([322]). Cependant, celui-ci continua de juger ainsi que devant et le Grand Conseil, qui se disait supérieur aux autres Cours souveraines, en proie à l'hostilité des Parlements, tourna vite à une juridiction d'attribution à compétence flottante, accrue ou diminuée selon l'occurrence ([323]). Outre les affaires civiles ou criminelles qui lui étaient renvoyées sur évocations par le roi ou le Conseil privé ([324]), on lui remit celles que les Parlements et d'autres juridictions refusaient de juger conformément aux ordonnances ou aux traités, ou que le roi leur retirait à raison de leur parti pris et de leur partialité : causes concernant l'exécution du Concordat de 1516, les bénéfices à la collation du roi, les indults des cardinaux ([325]), procès soulevés par la bulle *Unigenitus*, conflits de juridictions entre Parlements et présidiaux; entre présidiaux et

(319) *Edit*, 2 août 1497 (perdu); *L. P.*, 13 juill. 1498; *Edit*, janv. 1768 (Is., t. 11, pp. 292, 296; t. 22, p. 471). — Pasquier, *o. c.*, II, 6, pp. 74 et s. Fleury donne cette Cour comme sédentaire (*o. c.*, I, v. 8, p. 85).

(320) *Edit*, 25 sept. 1586; Blois, 1579, art. 221 (Is., t. 14, pp. 43, 604). Pasquier, *l. c.*, Fleury, *l. c.*, p. 86. — Son personnel fut accru surtout par l'édit de février 1690 qui créa un office de premier président, huit autres de présidents, seize de conseillers et un troisième d'avocat général (Is., t. 18, p. 102). Ferrière, *Diction.*, t. 1, p. 708.

(321) *Ord.*, 11 janv. 1768, art. 1 (Is., t. 22, p. 472).

(322) *Edit*, sept. 1555; 10 oct. 1755 (Is., t. 13, p. 459; t. 22, p. 264).

(323) *Ord.*, 1560, art. 37 (Is., t. 14, p. 74).

(324) *Lit de justice*, 24 juillet 1527 (Is., t. 12, p. 279).

(325) *Décl.*, 24 juill. 1527; *L. P.*, 10 mai 1531; 9 juillet 1549; *Edit*, juil 1668 (Is., t. 12, p. 275-354; t. 13, p. 101; t. 18, p. 197). — Fleury, *l. c.*

prévôts des maréchaux (³²⁶), règlements de juges entre ces derniers et les lieutenants criminels ou entre juges ordinaires ressortissants à des Cours souveraines différentes (³²⁷), contrariétés d'arrêts entre Cours souveraines (³²⁸); appels du Grand Prévôt de l'Hôtel; causes d'ordres religieux (Cluny, Cîteaux, Saint-Maur, Jésuites, Prémontrés), mais, depuis 1768, seulement entre eux (³²⁹). On lui faisait suppléer le Parlement exilé ou en grève. La justice y était gratuite (³³⁰).

Les conflits furent incessants entre le Grand Conseil et les autres Cours souveraines. Le xviiiᵉ siècle fut jalonné de remontrances et d'arrêts de celles-ci contre celui-là. La déclaration du 10 octobre 1755 confirmant l'identité de son ressort avec l'étendue du royaume et un appel interjeté du Châtelet devant lui furent l'occasion d'une recrudescence d'hostilités et de remontrances (³³¹). Comme il avait été supprimé en 1771, ses membres, qui avaient garni les nouveaux Parlements, reprirent leurs offices en 1774 (³³²).

D'autres parmi ces juridictions n'étaient ni Cours souveraines, ni dépendantes d'une Cour souveraine spécialisée, mais jugeaient ordinairement, et parfois toujours, à charge d'appel au Parlement. Ainsi les *Requêtes de l'Hôtel*, juridiction des maîtres des Requêtes, qui avait ses origines dans les Plaids de la porte, justice personnelle du roi, ce qui eût dû lui donner une compétence universelle, furent cependant réduites à des attributions assez rétrécies. On y jugeait les causes personnelles et mixtes des officiers de la Maison du roi (³³³), les causes personnelles, possessoires et mixtes des secrétaires du roi, des officiers du Grand Conseil, des officiers des Requêtes du Palais et de leurs veuves (de ces derniers à titre de réciprocité), et des privilégiés ayant obtenu des *Lettres de com-*

---

(326) *Ord.*, 23 sept. 1678; 11 janv. 1768; 15 mai 1777 (Is., t. 19, p. 177; t. 22, p. 775; t. 25, p. 4.).

(327) Ferrière, *Diction.*, t. 1, p. 768.

(328) *Ord.*, janv. 1629, art. 68-71 (Is., t. 16, p. 146).

(329) *Ord.*, 11 janv. 1768, art. 12 (Is., t. 22, p. 473).

(330) *Ibid.*, art. 14, p. 474.

(331) *Arrests, arrestés et remontrances du Parlement au Roi au sujet des entreprises du Grand Conseil*, 27 nov. 1755, suivies de celles des Parlements de Rouen, de Metz, de Provence, 1755. Cpr. *Ord.*, 1ᵉʳ janv. 1597 (Is., t. 15, p. 123); *Décl.*, 10 oct. 1755 (Is., t. 22, p. 264).

(332) *Edits*, avril 1771; nov. 1774 (Is., t. 22, p. 523; t. 23, p. 38).

(333) *Ord.*, 25 fév. 1318; déc. 1344; 13 janv. 1345; 28 déc. 1355; 13 mars 1356 (Is., t. 3, p. 196; t. 4, pp. 495, 517, 734, 859). Cpr. *Ord.*, 25 mai 1413, art. 192-194, 218 (Is., t. 7, pp. 347, 362).

mittimus, qui avaient le choix entre les Requêtes de l'Hôtel et celles du Palais : juridiction ordinaire avec appel possible au Parlement ([334]). Au contraire, les Maîtres des Requêtes jugeaient à l'extraordinaire, c'est-à-dire en dernier ressort, les litiges naissant de l'exécution des arrêts du Conseil privé, des renvois du Conseil privé, des appellations des appointements donnés par l'un d'eux dans l'instruction d'un procès au Conseil, des taxes et dépens, des salaires des avocats au Conseil ([335]). Les Maîtres des Requêtes, au nombre de quatre-vingt-huit sous Louis XIV, servaient par quartier et par tour, six mois aux Requêtes de l'Hôtel et autant au Conseil du roi ([336]).

Les *Juridictions des Eaux et Forêts* connaissaient au civil et au criminel des procès concernant la pêche, la chasse, les bois, et des infractions aux lois et règlements s'y rattachant. Il en existait plusieurs degrés : 1° les *gruyers*, qui jugeaient en première instance les délits quand l'amende ne dépassait pas douze livres ([337]); 2° les *maîtres particuliers*, qui connaissaient en première instance des causes civiles de la matière et des causes criminelles comportant pénalités supérieures à douze livres d'amende, plus des appellations des sentences des gruyers royaux; ils avaient un lieutenant ([338]); 3° les *grands maîtres des eaux et forêts* qui pouvaient juger en première instance les causes portées devant eux et les délits découverts dans leurs inspections ou les envoyer à la Table de marbre pour y être jugés par eux et les officiers du siège. A cette Table, on connaissait aussi des appels des sentences des *maîtres particuliers* et des gruyers seigneuriaux ([339]). On appelait de ses propres sentences au Parlement ([340]). Mais la Table de

(334) *Edit*, août 1539 (Is., t. 12, p. 592). Cpr. *Ord.*, janv. 1629; 27 oct. 1674; 17 oct. 1674 (Is., t. 16, pp. 241, 255; t. 19, p. 150).

(335) Leurs jugements souverains commençaient alors ainsi : « Les maîtres des Requêtes, juges souverains en cette partie... »

(336) Sur leur nombre : *Ord.*, 8 avril, 1342; 7 janv. 1400; 25 mai 1413; *Edit*, févr. 1689 (Is., t. 4, p. 466; t. 6, p. 859; t. 7, p. 358; t. 20, p. 71).

(337) *Ord. des eaux et forêts*, 13 août 1669, tit. 9, art. 3, 7 (Is., t. 18, p. 240).

(338) *Ibid.*, tit. 4, art. 1-3 (p. 231); tit. 5, art. 2 (p. 234); tit. 14, art. 1. Les bois des établissements et bénéfices ecclésiastiques étaient assimilés aux bois du roi (*A. C.*, 20 avril 1728).

(339) *Ibid.*, tit. 3, art. 1, 5, 8, 26 (pp. 227-230); tit. 14, art. 1, 3; cep. tit. 13, art. 4.

(340) *Ibid.*, tit. 13, art. 1 : « Les tables de marbre de nos palais de Paris, Rouen et autres, jugeront tous les procès civils et criminels concernant le fonds et propriété de nos eaux et forêts, îles et rivières, bois tenus en grurie, grairie, ségrairie, tiers et danger, apanage, usufruit, engagement et

marbre de Paris, qui avait la prévention à l'égard des autres, jugeait souverainement au criminel quand un président à mortier et des conseillers de la Grand'Chambre, en nombre double des siens, y venaient siéger [341].

Le *Grand Prévôt de l'Hôtel*, qui ne fut pas à ses origines le *roi des ribauds*, comme on l'a dit, et dont l'office assez ancien fut réuni au xviie siècle à celui de *Grand Prévôt de France* [342], était le chef d'une juridiction composée de quatre lieutenants généraux de robe courte et deux de robe longue [343], qui connaissait des causes civiles et criminelles ou simplement de police des officiers de la Maison du roi, des marchands autorisés à suivre la Cour et de tous ceux qui, en fait, la suivaient. Les pouvoirs de police du Grand Prévôt de l'Hôtel s'étendaient à dix lieues à la ronde de la résidence royale. Les appels de sa juridiction étaient relevés au Grand Conseil; mais elle jugeait souverainement les crimes et délits dans ces limites, quand six Maîtres des Requêtes au moins venaient s'y adjoindre [344].

Il suffira de rappeler deux autres juridictions, la *Connétablie* et l'*Amirauté*, qui se tenaient à la Table de marbre et dont on appelait au Parlement [345], et enfin la *Chambre du domaine*, autrefois *Chambre du Trésor*, ayant eu jadis, dans son ressort, tout le royaume, réduite depuis 1543 à la généralité de Paris et à quelques bailliages circonvoisins [346], finalement unie au corps des Trésoriers de France de cette généralité, et qui connaissait de toutes les causes intéressant le domaine du roi, sauf appel au Parlement [347]. Dans les autres généralités, le contentieux doma-

par indivis et tous ceux qui leur seront portés ou envoyés par les grands-maîtres des eaux et forêts de leur département, à la charge, néanmoins, de l'appel aux Parlemens où ils ressortissent. »

(341) *Ibid.*, t. 13, art. 5, 6 (p. 248).

(342) Pasquier, *o. c.*, VIII, 44, p. 420 et s.; G. de Longuemarre, *Eclaircissement sur un officier de la Maison de nos rois appelé roi des ribauds* (Coll. Leber, t. 8, pp. 208 et s.).

(343) *Edit*, sept. 1682 (Is., t. 19, p. 409). Cpr. *Edit*, 20 mai 1649 (Is., t. 17, p. 165).

(344) *Edit*, févr. 1570; oct. 1576; *Ord.*, Blois, 1579, art. 328; *Edit*, 15 janvier 1677 (Is., t. 14, p. 310. 451; t. 19, p. 173). *A. C.*, 1er avril 1762 (Is., t. 22, p. 323).

(345) Ci-dessus, pp. 461-464.

(346) *Décl.*, 13 août 1496; *Ord.*, 25 nov. 1549; 9 mai 1583 (Is., t. 11, p. 282; t. 13, pp. 138, 321).

(347) *Ord.*, févr. 1543; *Edit*, mars 1693 (Is., t. 20, p. 175). — Pasquier, *op. cit.*, II, 8, p. 84.

nial appartenait aux *Trésoriers de France* (³⁴⁸). Un édit de 1788, qui les supprima, le remettait aux grands bailliages et aux présidiaux.

2° Les juridictions commerciales.

Les juges consuls, qu'on commença d'établir au milieu du xvi° siècle, n'étaient pas la première juridiction spéciale au commerce. Dès le xiii° siècle, il avait existé des *maîtres* ou *juges gardes des foires*, plus tard *juges conservateurs des privilèges des foires*, qui connaissaient des actes de commerce réalisés et des délits commis dans les foires ou à raison des foires, ainsi que des infractions aux règlements qu'on y observait (³⁴⁹). La plupart de ces juridictions dont les plus célèbres furent celle de Champagne, puis celle de Lyon, qui servit d'exemple pour la création des juridictions consulaires (³⁵⁰), furent successivement réunies à d'autres : à Paris au Châtelet, à Saint-Denys au bailliage, à Bordeaux et ailleurs au tribunal des juges consuls; à Lyon, la *Conservation* fut incorporée à la juridiction consulaire composée du prévôt des marchands, des échevins et de six assesseurs annuels, en 1655 (³⁵¹). Nous connaissons déjà le rôle des juges des amirautés concernant le commerce des mers. Dans nombre de villes, la juridiction municipale recrutée dans un ou plusieurs corps de métiers avait, dans sa compétence, les affaires commerciales, mais, au xvi° siècle, ces justices déclinaient, elles allaient perdre toutes les causes non criminelles, et l'utilité apparaissait, en ce domaine, d'une procédure rapide et étrangère aux subtilités du droit (³⁵²).

Un édit de 1549 portait que les marchands de Toulouse éliraient entre eux, chaque année, un prieur et deux consuls pour juger en première instance des différends entre marchands ayant trait à leurs négoces. Un second édit de 1556 créa une institution ana-

---

(348) *Edit*, mai 1788 (Is., t. 28, p. 550).

(349) *Ord.*, 23 mars 1302, art. 14; mai 1327, art. 2, 12, 14; 6 août 1349, art. 24-28; juin 1485 (Is., t. 2, p. 726; t. 3, p. 324; t. 4, p. 554; t. 11, p. 164). — Huvelin, *Essai historique sur le droit des marchés et des foires*, pp. 408 et s.

(350) *Edit*, juill. 1669, *préam.* (Is., t. 18, p. 211).

(351) *Edit*, fév. 1535; juill. 1669 (Is., t. 12, p. 496; t. 18, p. 211). On y suivit la procédure décrite au tit. 16 de l'ordonnance civile de 1667.

(352) *Edit*, nov. 1563, *préam.* : « et pour le bien public et abréviation de tous procès et différens entre marchands qui doivent négocier ensemble de bonne foy, sans estre adstraints aux subtilités des loix et ordonnances. » Glasson, *Les juges et consuls des marchands* (NRH, 1897). Lefas, *De l'origine des juridictions consulaires des marchands en France* (NRH, 1923, pp. 82 et s.); *La juridiction consulaire de Lille et le protocole d'Adrien Baillon*, 1922.

logue à Rouen; elle fut établie définitivement en 1563. Un autre, de 1563, établissait à Paris un juge et quatre consuls à élire chaque année par trente notables choisis par un nombre double de marchands convoqués par le tribunal sortant, pour juger en dernier ressort jusqu'à cinq cents livres tournois et à charge d'appel au Parlement au-dessus (³⁵³). Par là, le tribunal du prévôt des marchands et des échevins, le *Parloir aux bourgeois*, fut réduit aux causes touchant les ports de Paris et aux délits des marchands. Une déclaration étendit à vingt-cinq autres villes environ cette institution. Mais, sous Charles IX, on en peut compter plus de quarante (³⁵⁴). Il faut noter dans ces premiers temps une forte hostilité des juridictions ordinaires, surtout des justices municipales là où elles subsistaient. Une autre déclaration, un siècle et demi plus tard, en créa vingt autres qui furent établies en 1710 et 1711 (³⁵⁵). Leur compétence avait été complètement uniformisée par l'ordonnance du commerce de 1673 et la procédure qui y était suivie par celle de 1667 (³⁵⁶); mais il résultait de l'ordonnance criminelle de 1670 que toute compétence en matière de crime leur était retirée (³⁵⁷).

3° Quelques juridictions criminelles.

La plupart des juridictions d'attribution jouissaient, comme nous l'avons constaté, à des degrés divers et sous des conditions déterminées, d'une compétence criminelle; mais il en existait d'autres qui n'avaient que celle-ci.

(353) *Edits*, janv. 1549; nov. 1563, art. 1-2, 8-10; 28 avril 1565; 7 févr. 1566; 2 oct. 1610 (Is., t. 14, pp. 153, 179, 184; t. 16, p. 14). A Paris, les six grands corps, les marchands de vin et les imprimeurs participaient à l'élection.

(354) Lefas, RHD, 1923, p. 85. Boiteau, *Etat de la France en 1789*, en donne la liste avec les dates de création depuis 1544 à 1711, parfois approximatives. L'ordonnance de Blois, 1579, art. 239-240, en ordonna la suppression dans les villes peu importantes; mais fut-elle appliquée ?

(355) *Edit*, mars 1710 (Is., t. 20, 547). Dans l'intervalle, celles de Limoges (1602), Montpellier (1691), Dunkerque (1700), etc. Il y en eut finalement au moins soixante-dix-sept. M. Lefas dit quatre-vingt-six.

(356) *Ord.*, mars 1673, tit. 12; avril 1667, tit. 16 (Is., t. 19, pp. 105 et s.; t. 18, pp. 128 et s.).

(357) *Ord.*, août 1670, tit. 1, art. 20 : « Tous juges, à la réserve des juges et consuls,.... pourront connoistre des inscriptions de faux incidentes aux affaires pendantes par-devant eux et des rebellions commises à l'exécution de leurs jugemens. » Rousseau de la Combe, *Tr. des matières criminelles*, 1768, p. 35, 71; Ferrière, *Diction.*, t. 2, p. 90.

Les plus importantes de ce genre étaient celles des *Prévôts des maréchaux de France* ou *Justices prévôtales*. Au xive siècle déjà, les maréchaux avaient à leur disposition des compagnies d'archers pour maintenir l'ordre dans les lieux où les troupes étaient cantonnées et réprimer les excès des vagabonds et maraudeurs qui les suivaient. Les capitaines, lieutenants et prévôts de ces archers étendirent la juridiction, qu'on leur avait accordée sur ce monde interlope et nomade aux habitants du pays où ils se trouvaient et empiétèrent sur celle des juges ordinaires, ce qui amena à délimiter plus nettement leur compétence [358]. D'abord, elle n'était attachée à aucun territoire et se déplaçait avec les troupes. Dans la seconde partie du xve siècle, elle devint régionale [359]. Obligés à la résidence et à exercer leurs charges en personne, ce qu'ils ne faisaient guère, les prévôts des maréchaux furent investis du droit de juger, soit exclusivement, soit d'ordinaire en concurrence avec les présidiaux ou les bailliages, deux séries de crimes, appelés « cas prévôtaux », particulièrement menaçants pour la sécurité publique, les uns à raison de la qualité des personnes qui les commettaient, les autres à raison de la nature de l'infraction [360]. Le premier groupe comprenait les crimes commis par les vagabonds, gens sans aveu, mendiants valides, repris de justice, bien que la justice prévôtale ne pût connaître de la rupture de ban en elle-même que si le bannissement avait été prononcé par elle, et les crimes des gens de guerre, la désertion et la complicité de désertion, ces dernières infractions étant de la compétence exclusive des prévôts des maréchaux; le second groupe s'étendait aux vols de grands chemins, aux vols avec effraction et port d'armes ou pratiquée dans les murs de clôture, toits ou fenêtres extérieures, sacrilèges accompagnés des mêmes circonstances, séditions, attroupements armés, levées de gens de guerre sans commission, faux monnayage, mais avec cette singularité qu'ils ne pouvaient connaître de cette seconde catégorie de crimes commis dans les villes où eux ou leurs lieutenants résidaient [361].

(358) *L. P.*, 18 août 1351; *Ord.*, 3 mars 1356; *L. P.*, 5 mai 1357; 21 juin 1373 (*Ord. des r. de Fr.*, t. 4, p. 95; t. 5, pp. 112, 164; t. 5, p. 610; Is., t. 4, pp. 817, 860; t. 5, p. 389). Papon, *Arrests notables*, IV, 11, nº 2.

(359) *Ord.*, janv. 1514, art. 15, 34; *Edits*, 20 janv. 1546; déc. 1548; juin 1549 (Is., t. 12, pp. 16, 920; t. 13, pp. 69, 88). Henri II en avait supprimé une partie : *Ord.*, nov. 1544 (*Ibid.*, p. 411).

(360) *Ord.*, 3 févr. 1549 (Is., t. 13, p. 150). Papon, *l. c.*

(361) *Edit*, janv. 1536; *L. P.*, févr. 1540; *Ord.*, 3 fév. 1549; *Edits*, août 1564; août 1647; *Ord. crim.*, 1670; *Décl.*, 5 févr. 1731; *Edit*, sept. 1776 (Is.,

Les prévôts des maréchaux devaient poursuivre et arrêter tous les délinquants quels qu'ils fussent, sauf à les remettre aux juges compétents, s'ils ne l'étaient eux-mêmes (³⁶²). Ils n'étaient, du reste, pas juges de leur propre compétence, qu'ils devaient faire établir par le bailliage, plus tard par le présidial du ressort (³⁶³). Ils devaient se faire assister pour juger de conseillers du bailliage, à défaut, de gradués. Mais leurs sentences étaient sans appel, sauf pour les ecclésiastiques, les gentilshommes, les secrétaires du roi et les officiers de judicature (³⁶⁴). Une déclaration de 1649 attribua aux prévôts des maréchaux, concurremment avec les juges ordinaires, mais à charge d'appel, la connaissance des infractions contre les édits sur les duels (³⁶⁵).

IV. — LE RECRUTEMENT DES OFFICIERS DE JUDICATURE.

1° Le choix du roi et l'élection.

Nous savons que les juges subalternes, nommés à l'origine par le roi, avaient été, depuis le milieu du xivᵉ siècle et sous Charles VI, le plus ordinairement désignés par un système d'élections où le Conseil du roi, la Chambre des Comptes, le Parlement, voire les officiers et les notables locaux avaient eu, tour à tour, le rôle prépondérant, sans que fût supprimée pour cela l'institution royale qui restait la source du pouvoir (³⁶⁶). Les Cours souveraines suivirent des voies analogues.

Dès que le Parlement fut constitué en corps autonome et souverain, si le roi continua d'en nommer les membres, un mandement ordonna « que nul ne soient mis..., quand il vacquera, se il n'est tesmoigné au Roy par le chancelier et par le Parlement estre suffisant à exercer ledit office et estre mis audit nombre et lieu », ce qui était associer la compagnie au choix des magistrats (³⁶⁷).

t. 12, pp. 531, 739; t. 13, p. 144; t. 14, p. 175; t. 17, p. 63; t. 18, p. 376; t. 21, p. 343; t. 24, p. 120). Ferrière, *Diction.*, t. 2, pp. 404-408.

(362) *Ord.*, 1560; févr. 1566; mai 1570; *Edit*, déc. 1660 (Is., t. 14, pp. 82, 200, 425; t. 17, p. 391).

(363) *Edit*, janv. 1572; *Ord.*, janv. 1629; 23 sept. 1678 (Is., t. 14, p. 231; t. 16, p. 276; t. 19, p. 177).

(364) *Décl.*, juill. 1566 (Is., t. 13, p. 215).

(365) *Edit*, sept. 1651, art. 18 (Is., t. 17, p. 271). Voy. ci-après les rapports entre cas prévôtaux et cas royaux.

(366) *Ord.*, 23 mars 1302, art. 14; mai 1327, art. 2, 14 (Is., t. 2, pp. 739). Ci-dessus, pp. 540 et s., 546 et s., 587 et s., 592 et s.

(367) *Mand.*, 11 mars 1344, art. 5 (Is., t. 4, p. 499).

Charles V introduisit l'élection pour les présidents; sous Charles VI, elle fut admise pour tous les membres des Cours souveraines [368]. Au Parlement, elle était faite, sous la présidence du chancelier, par les Chambres réunies, et pouvaient prendre part au vote tous ceux, princes, pairs, prélats et membres du Conseil qui avaient séance au Parlement [369]. En principe, on devait élire clerc pour clerc, laïque pour laïque, selon que la charge était réservée aux uns ou aux autres et prendre autant que possible les candidats dans les diverses parties du royaume à raison de la différence des coutumes. Dans la pratique, les candidats impétraient des Lettres du roi avant de solliciter les voix de la Cour qui ne choisissait qu'entre ceux qui en avaient obtenu ou élisait en tourbe [370]. Parfois, comme en 1400, le roi présentait tout uniment une liste de candidats sur laquelle le Parlement choisissait. Parfois aussi, un des candidats bénéficiait de la recommandation du roi et des princes ou la nomination directe reparaissait à titre exceptionnel [371]. L'ordonnance cabochienne maintenait l'élection par la Cour après enquête sur le candidat par le chancelier et une commission du Conseil [372]. Sous quelque forme que fût faite la désignation, la charge était toujours tenue du roi et les Lettres de provision délivrées par le chancelier [373].

Les malheurs de la France sous Charles VII bouleversèrent ces usages. Au Parlement de Poitiers, le roi nomma les présidents et les gens du roi et s'entendit avec la Cour pour les autres vacances; mais au retour de celle-ci à Paris, il abolit les élections

---

(368) Pasquier, o. c., IV, 17, p. 354 : « Le semblable fut-il ordonné pour ceux des comptes. » Cep. *Ibid.*, p. 356 *A* et *Ord.*, janv. 1407, art. 21 (Is., t. 7, p. 163).

(369) *Ord.*, 5 févr. 1388, art. 5; janv. 1400, art. 18; janv. 1407, art. 20 (Is., t. 6, pp. 647, 858; t. 7, p. 162). Pasquier, *l. c.*, p. 355 *D*.

(370) Ces lettres étaient signées, mais n'étaient scellées qu'après l'admission.

(371) Pasquier, *l. c.*, p. 355. — *L. P.*, 8 mai 1408 (Is., t. 7, p. 181), en faveur de Jean Tarenne, nommé conseiller clerc sans élection par des Lettres du 10 mars 1407. Pour sauvegarder le principe de l'élection, il arrivait que l'officier, nommé par le roi, sollicitait spontanément l'assentiment de ses collègues : ainsi fit Henri de Marle, nommé premier président par le roi en 1403 : Pasquier, *l. c.*

(372) *Ord.*, mai 1413, art. 154-155 (Is., t. 7, p. 328). Elle souhaitait qu'à mérite égal, on choisît de préférence des nobles.

(373) *Mand.*, 3 janv. 1409 (Is., t. 7, p. 227). Loyseau, *Tr. des offices*, I, 3. n° 1; La Roche-Flavin, *op. cit.*, II, 7, n°s 23-25.

et revint à la nomination directe dans un but de pacification et pour éviter les heurts entre les éléments parisiens et poitevins, au risque de froisser ceux-ci [374]. L'ordonnance d'octobre 1446 admit un procédé transactionnel : la présentation au choix du roi d'un certain nombre de candidats par ordre de mérite, que des Lettres du 22 octobre 1449 semblent déjà ne plus connaître. La Cour, sur la réquisition des gens du roi, persista à présenter à chaque vacance; mais le roi ne se crut plus tenu de prendre le premier en rang, ni même un des candidats de la liste et souvent il prenait les devants [375]. Louis XII parut un moment revenir au principe de la présentation, aggravée du vote public et, après la délivrance des Lettres de provision, d'un examen à subir par l'élu devant la Cour : en fait, rien ne fut changé et les remontrances à raison de la nomination directe d'un premier président furent vaines [376]. Les ordonnances du xvi⁰ siècle qui rappelèrent, à la requête des États, la tradition abolie, eurent d'autant moins d'effet que la vénalité rendait aussi illusoire le droit d'élection du roi que celui des compagnies judiciaires [377]. Les conditions d'âge purent, du reste, se combiner avec la vénalité.

2° La « resignatio in favorem ».

Longtemps, leurs Lettres de provision étaient délivrées aux officiers du roi « pour tant qu'il nous plaira » [378]. Comme tout mandat, elles étaient révocables et prenaient fin par la mort de l'une ou de l'autre partie, de sorte qu'à chaque avènement les officiers devaient être confirmés dans leurs charges par le nouveau roi [379]. Mais, en fait, leur situation était assez stable; le principe

---

(374) *Ord.*, 2 mars 1437 (Is., t. 8, p. 860). Les choses n'allèrent pas toutes seules à ce contact : Maugis, *Hist. du Parlement de Paris*, t. 1, pp. 63 et s. La Cour demanda que les magistrats fussent néanmoins dits élus, pour le principe.

(375) *Ord.*, oct. 1446, art. 1; *Décl.*, 12 nov. 1465; *L. P.*, 22 oct. 1469; 5 juin 1498 (Is., t. 9, p. 151; t. 10, pp. 524, 602; t. 11, p. 296). Aubert, *Rech. sur l'organ. du Parlement de Paris au xvi⁰ siècle* (NRH, 1912, pp. 201-206).

(376) *Ord.*, mars 1498, art. 30-32; *Règl.*, 22 juill. 1497 (Is., t. 11, p. 292, 343). La charge de premier président resta jusqu'à la fin à la nomination du roi et ne fut jamais vénale.

(377) *Ord.*, janv. 1560, art. 39; févr. 1566, art. 9-10; Blois, mai 1579, art. 102-103 (Is., t. 11, pp. 74, 192).

(378) Pasquier, *l. c.*, p. 357.

(379) *L. P.*, 28 avril 1364; mars 1406; 8 sept. 1461; sept. 1483; 3 avril 1497 (Is., t. 5, p. 187; t. 7, p. 135; t. 9, p. 384; t. 11, pp. 1, 205). Cet

de l'élection était une garantie; le roi ne révoquait pas sans motifs graves ceux qu'il n'avait pas été seul à choisir. Contraint de les éloigner par l'émeute, il ne manquait de les rappeler après, en notant l'injustice qu'ils avaient subie (380). Certains obtenaient des gages à vie, bien que les ordonnances n'admissent cela comme régulier qu'après vingt ans de services (381). La tradition était si bien en faveur de la stabilité que, Louis XI ayant voulu user de son droit de mutation ou de révocation, la vivacité des protestations l'entraîna à déclarer qu'un officier ne pouvait perdre sa charge que par la mort, une condamnation régulière pour forfaiture ou la résignation volontaire (382). Cette stabilité relative des offices avait, en effet, permis l'usage, d'abord rare, puis de plus en plus fréquent, de la *resignatio in favorem*, empruntée au droit canonique, qui avait admis, assez tard du reste, qu'un bénéficier ecclésiastique pût renoncer à son bénéfice de son vivant en faveur d'un tiers, pourvu que la résignation fût gratuite et acceptée par le pape, seul juge des titres et des mérites de celui en faveur de qui elle avait lieu. En fait, le plus ordinairement, le résignataire achetait la démission consentie à son profit, mais sans qu'il fût fait aucune mention de la finance payée. Cette pratique, qui s'étendit à tous les genres d'offices, se glissa dans les mœurs depuis le xive siècle, car l'on voit la Chambre des Comptes en 1372 et 1403 casser des officiers qui avaient acquis leurs charges à prix d'argent (383); et l'habitude fut prise de faire jurer à l'officier entrant dans sa charge qu'il n'avait rien donné, ni payé, pour l'obtenir (384).

Les grandes ordonnances, publiées postérieurement sur les vœux des Etats, interdisaient ces marchés : celle de Montils-les-Tours punissait chacune des parties d'une amende du quadruple de la finance payée; celles de 1493 et de 1498 décidaient que les charges de finance ne seraient plus conférées qu'en commissions,

usage de la confirmation à chaque avènement persista : *Décl.*, 2 janv. 1514; 3 août 1589; 4 sept. 1715 (Is., t. 12, p. 1; t. 15, p. 8; t. 21, p. 25); mais, depuis 1483, les Cours souveraines n'interrompirent plus leurs sessions à la mort des rois : elles tenaient leur délégation « du roi qui ne meurt pas ».

(380) *L. P.*, 28 mai 1359 (Is., t. 5, pp. 55 et s.).

(381) *Ord.*, 5 févr. 1405; 7 janv. 1407, art. 20; mai 1413, art. 156 (Is., t. 7, pp. 107, 163, 329).

(382) *L. P.*, 21 oct. 1467 (Is., t. 10, p. 541). Bien qu'il n'eût pas toujours assuré cette stabilité, il en recommanda le respect à son fils : *Instr. à son fils*, sept. 1482, art. 3.

(383) Pasquier, *l. c.*, 356 B.

(384) *Ord.*, juill. 1493, art. 68; 8 avril 1545 (Is., t. 11, p. 127; t. 12, p. 909).

qu'aucun trafic ne serait toléré des offices de judicature et revenaient à l'élection ([385]); celles du xvie siècle restèrent presque dans
la même ligne ([386]). Mais leurs textes mêmes révèlent un usage contraire. Des arrêts du Conseil toléraient les résignations; Louis XI,
dans ses Lettres patentes de 1467, les tenait pour acquises. Leur
approbation était mise au nombre des pouvoirs de la régente en
1515 et 1523; le chancelier en expédiait les taxes ([387]) L'ordonnance de Moulins en régla l'hypothèse ([388]). La nature d'offices
formés de ces charges, l'inamovibilité de fait et presque de droit,
le caractère vénal que venaient de recevoir celles de finance, précipitaient dans cette voie. Le moyen d'interdire à quelqu'un de
vendre ce qu'il a pu acheter ([389])?

Cependant, les résignations furent soumises à quelques
restrictions. Faites au cours d'une maladie mortelle ou
dans les quarante jours précédant le décès du résignant,
elles étaient nulles. Cette clause, imitée de l'ancien droit
canonique, était de style dans les Lettres de provision des résignataires ([390]). La mort du résignataire ou sa non-acceptation dans

(385) *Ord.*, avr. 1453, art. 84-85; juill. 1493, art. 68, 70-73; mars
1498, art. 31-32, 40, 47, 60; — nov. 1507, art. 47 (Is., t. 9, p. 237; t. 11, pp. 238,
343, 350, 477).

(386) *Ord.*, Orléans, janv. 1560, art. 34, 39; Moulins, fév. 1566, art. 9-11;
Blois, mai 1579, art. 100-102 (Is., t. 14, pp. 74, 192, 406).

(387) *L. P.*, 21 nov. 1467 (*l. c.*); *A. C.*, 16 mai 1455, *ap.* N. Valois, *Le Conseil d'Etat...* p. 288. *Edit*, 12 août 1523 (Is., t. 12, p. 211). — P. Dupuy,
Tr. de la majorité de nos Roys, 1655, pp. 279, 287.

(388) *Ord.*, Moulins, févr. 1566, art. 12 (*l. c.*).

(389) Loyseau, *Tr. des offices*, III, 3, n°s 11, 12 : « si est-ce qu'on ne pourroit
justement frustrer l'acheteur, d'en gratifier, ou ses enfants, ou ses parens,
ou ses amis, lorsqu'il ne les voudroit plus exercer puisqu'ils sont siens, par
le moyen de son argent... Aussi, cette faculté de résigner a esté tousjours
permise depuis que la vénalité des offices a esté introduite, mesme estoit
autrefois pratiquée de telle sorte que la résignation estoit admise gratuitement et sans payer aucune finance, bien qu'il n'y eût aucune ordonnance
qui y obligeast le Roy, mais cette seule raison du droict des gens et de la
loy naturelle du commerce que tout acheteur peut revendre ce qui est
acheté. »

(390) « Pourvu que le résignant vive quarante jours après la date des
présentes... » Le droit canonique avait d'abord exigé que la résignation
fût faite plus de vingt jours avant le décès du résignant; Boniface VIII
avait restreint l'exception au cas de maladie. L'usage, non un édit, l'avait
introduite ici. Elle était presque aussi ancienne que la vénalité des offices
de finances : « sans icelle, dit Loyseau (*op. cit.*, I, 12, n° 2), les offices deviendroient presque héréditaires estant bien aisé de signer une procuration
pour résigner, quand on est prest et asseuré de mourir. »

un délai semblable après la résignation la rendait caduque. Assimilée à un transfert de bien patrimonial, elle fut frappée d'une taxe qu'on compara aux droits de relief ou de lods et ventes, mais qui était fixée pour chaque cas par le Conseil des finances. On l'appela le « quart denier » ou le « tiers denier », parce que des édits adoptèrent ces taux pour quelques catégories d'offices; elle ne dépassait guère le dixième ou douzième du prix ou la valeur des gages d'une à deux années [391]. Mais les ordonnances du xvi⁰ siècle semblaient rattacher ces clauses et taxes et la résignation elle-même au caractère vénal de l'office [392]. Aussi les Cours souveraines, qui refusaient de reconnaître explicitement la vénalité des offices de judicature et supposaient les résignations de ceux-ci toujours gratuites, ne consentaient à leur appliquer ni la clause des quarante jours, ni la taxe. L'intérêt des familles parlementaires les menait en cela autant que les fictions juridiques [393]. Cependant, une Déclaration de 1568 prit un détour pour leur imposer cette taxe [394]. Un édit de Rouen de 1597 leur imposa également la clause des quarante jours [395]. Mais, à ce moment, on renonçait à la fiction séculaire de la non-vénalité des offices de judicature et les Cours n'exigeaient plus le serment de l'officier qu'il n'avait rien donné ni payé pour être mis en son office.

(391) L'édit érigeant les sceaux du roi en offices formés (*Edit*, juin 1566, Is., t. 14, p. 227) les déclarait résignables moyennant une taxe du quart denier. Pour le tiers denier : *Edit*, 22 janv. 1568; juill. 1586 (Is., t. 14, pp. 226 et s., 609). Loyseau, *op. cit.*, III, 3, n° 20 : « Or, bien que les fiscaux appellent la taxe des résignations *quart denier*, si ne pense-je point qu'il y a aucune ordonnance générale qui l'ait arrestée à cette quote. Comme aussi il seroit malaisé de prendre ce pied ès vente des offices qui entre particuliers se font par compromis secrets, et sous seins privez ordinairement, au moins s'ils sont reconnus au bas par devant notaire, il ne s'en fait jamais de minute. »

(392) *Ord.*, 12 nov. 1567; *Décl.*, 22 janv. 1566; *Ord.*, Blois, mai 1579, art. 110, 272 (Is., t. 14, pp. 225, 226, 408, 441; *Ord.*, t. 2, p. 583).

(393) Loyseau, o. c., I, 12, n° 4, « à l'égard de ceux (offices) de Judicature, c'est la vérité que autrefois le Parlement n'y observoit pas à la rigueur les quarante jours, notamment ès résignations favorables comme de père à fils ou gendre, de frère à frère, d'oncle à neveu. »

(394) Elle portait que les officiers du Parlement, qui n'auraient pension sur le trésor royal, pourraient céder leurs offices à personnes capables en payant le tiers denier : *Décl.*, 22 janv. 1568 (Is., t. 14, p. 226).

(395) *Edit*, Rouen, janv. 1597, art. 10 (Is., t. 15, p. 523). Loyseau, o. c., I, 12, n° 5.

3° La vénalité et l'hérédité.

Que la pratique des résignations eût fait des offices l'objet d'un trafic devait entraîner l'Etat à en trafiquer à son tour. Le principe admis, pourquoi, dans les périodes difficiles, n'en eût-il pas bénéficié? On rapporte que Louis XII, pour éviter de nouveaux impôts, le premier les mit en vente; puis, les difficultés passées, il condamna le vénalité autant que ses devanciers (³⁹⁶). Elle reparut avec les guerres, et ce fut François Iᵉʳ qui consacra définitivement la vénalité des charges comme un principe de droit public et une source de revenus du Trésor. En 1522, il établit, à cet effet, le Bureau des parties casuelles, destiné à recueillir les éléments d'un trésor de guerre (³⁹⁷). Tout d'abord, la vénalité ne fut ouvertement pratiquée que pour les offices de finance. Quant à ceux de judicature, on ne les vendit pas, on se contenta d'exiger des officiers qu'en remerciement de leurs Lettres de provision ils fissent un prêt à l'Etat, sorte d'emprunt forcé qui n'était pas quelque chose d'inouï dans les habitudes des Etats à cette époque. De telle sorte que « la vénalité, dit Loyseau, s'est glissée même à l'égard des Offices de Judicature qui ont esté mis en taxe aux Parties Casuelles, non pas du commencement par forme de vente, comme ceux de finance, mais par forme de prest seulement, mais c'estoit un prest à jamais rendre, ou plustost une vente déguisée de ce nom » (³⁹⁸). Il exagérait. Une série de mandements royaux montrent qu'assez longtemps ces prêts furent remboursés (³⁹⁹). Ce qui est vrai, c'est que le prix des résignations ayant considérablement augmenté au cours du xvıᵉ siècle, la fiscalité royale se trouva de nouveau poussée vers la vénalité et qu' « à la fin... on a confondu ès Parties Casuelles, la vente des Offices de finance avec ceux de Judicature. » Après l'assemblée de Rouen en 1597, les Cours qui pendant tout le siècle avaient exigé des nouveaux officiers le serment touchant la gratuité de leurs charges et refusé de laisser mentionner même le prêt, soit dans les Lettres de provision, soit dans la formule de serment, cessèrent toutes protestations. Celles-ci, du reste, étaient surtout

(396) Pasquier, o. c., IV, 17, p. 357 D. Louis XII emprunta l'idée de faire argent de la vente des offices aux habitudes de la République de Venise. Ord., nov. 1507, art. 47 (l. c.).

(397) Voy. ci-dessus, pp. 486 et s.

(398) Loyseau, o. c., III, 1, n° 93. Pasquier, l. c., p. 358. La Roche-Flavin. o. c. II, 7, nᵒˢ 11, 22.

(399) Aubert, o. c., (NRH, 1912, pp. 199 et s.).

de façade, car résignation, vénalité, et hérédité — qui allait
suivre — constituaient les principaux fondements de la puissance des compagnies judiciaires. Les offices vénaux ou réputés
vénaux jusqu'alors n'étaient pas héréditaires. A la mort de l'officier, l'office revenait dans la main du roi et, taxé au Conseil des
finances, était sur cette mise à prix revendu aux enchères, au
Bureau des Parties Casuelles, à condition que l'adjudicataire fît
preuve des capacités requises et fournît caution, ou payât comptant. Le roi ne pouvait reprendre l'office que pour cause de mort,
de forfaiture ou d'incompatibilité d'offices (400).

Les résignations entre vifs raréfiaient les cas de retour de
l'office aux mains du roi. Elles n'étaient pas seules. Les survivances, qui étaient des résignations *post mortem* et nous sont connues
surtout par les édits qui les interdisent ou les révoquent (401),
frustraient aussi le roi du prix de la revente de l'office : d'où la
nécessité de Lettres de Chancellerie qui les approuvassent, et qui
n'avaient de valeur qu'après qu'une taxe compensatoire avait été
versée (402).

Pratiquées en faveur des descendants et des proches, résignations et survivances tendaient à une hérédité de fait. Or, des édits
de 1568 et 1574 invitèrent les possesseurs d'offices vénaux à en
acquérir la survivance à leurs femmes et à leurs enfants par une
contribution du tiers denier (403). Henri III, par mesure fiscale,
songea à rendre tous les offices héréditaires; il dut se restreindre
au renouvellement des survivances légalement étendues aux offices
de judicature (404). Sous Henri IV, un secrétaire de la Chambre,
Charles Paulet, suggéra d'accorder aux officiers de finance et de
justice, contre une taxe annuelle égale au soixantième de la valeur
de leurs charges, la survivance de celles-ci et une réduction de
moitié sur la taxe de résignation pendant l'année. Un arrêt du
Conseil du 7 décembre 1604 et une Déclaration du 12 consacrèrent ce système; et la contribution ou plutôt la quittance qu'en
donnait son inventeur, devenu son premier fermier, fut appelée

---

(400) La Roche-Flavin, *o. c.*, II, 7, n° 22.

(401) Ex. : *Édits*, 8 juill. 1521; 26 déc. 1541; 4 sept. 1559; *Ord.*, Blois, mai
1579, art. 111 (Is., t. 12, p. 189, 762; pp. 8, 422).

(402) Loyseau, *o. c.*, I, 12, n° 40.

(403) *Edit.*, juin 1568 (Is., t. 14, p. 227). Loyseau, *o. c.*, II, 10, nᵒˢ 9 et s.,
p. 210. Au prédécès de l'enfant résignataire, l'office revenait au père; le
mineur pouvait tenir l'office par commis.

(404) Loyseau, *l. c.*, n° 19.

« paulette » ([405]). C'était un expédient financier; mais les officiers, très zélés à s'en acquitter, à cause des avantages qu'ils en tiraient, ne voulurent plus entendre à sa suppression. Par elle, l'hérédité prit un caractère de légalité. Lorsqu'aux Etats généraux de 1614 la noblesse en demanda le retrait, le tiers état vit là un acte d'hostilité et un moyen de vexation à son égard. Comment supprimer un impôt si lucratif et que les contribuables avaient si grand plaisir à payer ([406])? L'édit de Paulet contenait deux restrictions : 1° les offices des gens du roi restaient en dehors; 2° le roi conservait un droit de retrait de l'office entre la mort du titulaire et l'installation du successeur. Elles disparurent. Seule la charge de premier président du Parlement resta jusqu'à la fin à la nomination du roi. L'édit fut entendu toujours d'une façon plus large ([407]). Quelques timides essais de suppression tombèrent dans le vide ([408]). Etabli pour neuf ans, le « droit annuel » fut prolongé régulièrement à l'expiration de chaque période; mais parfois on en profitait pour augmenter l'évaluation antérieure des offices, ce qui l'aggravait proportionnellement ([409]). Dans des moments critiques, on en offrit ou imposa le rachat, ainsi en 1709 (au dernier seize); mais il fut rétabli en 1722, sauf pour les Cours souveraines qui en furent dès lors exemptées ([410]). En 1780, la dispense en fut offerte pour huit années, moyennant l'avance immédiate de six ([411]). Entre temps, un édit de février 1771 l'avait ramené au centième de la valeur de l'office, estimée par l'officier lui-même ([412]).

Cette valeur des offices, rangés dans le patrimoine parmi les im-

(405) Loyseau, *l. c.*, nᵒˢ 15 et s. 20 et s. Depuis Henri III, tous les offices étaient soumis à la taxe du « marc d'or » : cent écus d'or à la délivrance des Lettres de provision : *Décl.*, déc. 1656 (Is., t. 17, p. 337).

(406) Miron de l'Espinay, *Robert Miron*, pp. 82 et s. *Assemblée des notables* 1618 (*Rec. des Etats généraux*, t. 18, p. 17). La « paulette » rapportait alors 1.600.000 livres. Sur la hâte des officiers à la payer : Loyseau, *l. c.*, nᵒˢ 1-2, p. 209. Sous Louis XVI, Terray porta la recette des Parties casuelles à 3.613.000 livres.

(407) On s'arrangeait même pour maintenir l'hérédité à défaut de paiement de la taxe : Loyseau, *l. c.*, nᵒˢ 30 et s.; *Ord.*, janv. 1629, art. 167 : « Advenant qu'aucuns des officiers... soient tuez en exerçant et faisant leurs charges, leurs estats et offices seront conservez à leurs veuves et héritiers qui en pourront disposer à personnes capables. » L'hérédité semblait si bien assise qu'on oubliait sous Louis XIV de payer le « droit annuel »; il fallait menacer les retardataires de le suspendre : *Edit*, mai 1661 (Is., t. 17, p. 401).

(408) *Edit*, nov. 1646; déc. 1663 (Is., t. 17, p. 59; t. 18, p. 27).

(409) *Décl.*, 6 oct. 1638 (Is., t. 22, p. 516).

(410) *Edits*, déc. 1709; 9 août 1722 (Is., t. 20, p. 545; t. 21, p. 209).

(411) *Edit*, 27 févr. 1780 (Is., t. 21, p. 209).

(412) *Edit*, févr. 1771 (Is., t. 22, p. 515 et s.).

meubles, s'accrut, pour la plupart d'entre eux (413), d'une façon continue et hors de toute proportion avec les émoluments. Loyseau constatait qu'on y arrivait par la richesse, mais qu'on ne s'y enrichissait pas (414). Aux gages médiocres et payés, à certaines époques, irrégulièrement, parfois suspendus, il s'ajoutait des dons et pensions du roi, mais c'étaient faveurs personnelles et variables (415), et aussi les épices qui, facultatives au début, étaient de bonne heure entrées en taxe (416). Des privilèges nombreux n'étaient pas sans importance : exemption des décimes pour les clercs, de la taille pour les laïques, de la gabelle, du ban et de l'arrière-ban, des impôts indirects pour la vente des produits de leurs biens, du logement des gens de guerre, insaisissabilité des gages et des épices, bénéfices ecclésiastiques en vertu d'indults, qui permettaient de les céder ou de les faire occuper par des clercs aptes à les remplir (417). Mais on tenait surtout à l'honneur

(413) Voir cependant ce qu'il advint de ceux des présidiaux : p. 602.

(414) Loyseau, *l. c.*, III, 1, n° 2 : « Si Philippe de Commines vivoit à présent, il corrigeroit l'endroit de son histoire, où il cotte pour grand'merveille, que de son temps... tel office sans gages s'estoit vendu jusqu'à huict cens escus et, tel, où y avoit gages, quinze fois plus que les gagés... Que diroient-ils maintenant de voir les offices de Conseillers montez jusqu'à soixante mil livres et ceux de Présidens quatre fois plus ? » n° 9 : « le mot d'*ambition* est désormais trop doux, bien qu'inventé exprès par les Romains, pour signifier le désir immodéré des offices; il en faut forger un autre pour nous, et l'appeler *Archomanie*, fureur d'offices... Le coust nous en augmente le goust : plus on taxe haut les résignations, plus nous sommes aspres à y prodiguer notre argent... Bref, plus il y a d'offices, plus il y a de presse à en chercher. » Les Edits justifient survivance et hérédité par le désir de ne pas ruiner les familles des serviteurs de l'Etat; le roi veut « empêcher la ruine de plusieurs bonnes familles de nos subjets, lesquels, pour la volonté et affection qu'ils ont d'estre nos officiers, vendent la plus grande et claire partie de leurs biens qui leur ont esté acquis et délaissez par leurs prédécesseurs ou constituent rentes sur iceux pour acheter nos offices vénales, et advient que tost après ils décèdent sans avoir résigné lesdits offices, lesquels par ce moyen sont perdus pour leurs femmes et héritiers. » *Edit*, juin 1568 (Fontanon, t. 2, p. 564).

(415) *Ord.*, 7 avril 1361; juin 1537 (Is., t. 5, p. 124; t. 12, p. 540). Girard et Joly, *o. c.*, t. 1, p. cviii et s.; Aubert, *op. cit.*, (NRH., 1912, pp. 473-485).

(416) Les épices, d'abord dragées et confiseries épicées offertes par les plaideurs à leurs juges et devenues habituelles, furent remplacées par une taxe en argent payée au greffe : *Ord.*, 27 mai 1402 (Pasquier, *o. c.*, II, 4, p. 57). *Edits*, mars 1549; janv. 1563; mai 1579, art. 127; janv. 1597; mars 1673 (Is., t. 13, p. 183; t. 14, pp. 168, 412; t. 15, p. 125; t. 19, p. 86). Loyseau, *o. c.*, I, 8, n°ˢ 35, 36; La Roche-Flavin, *o. c.*, p. 197.

(417) *Ord.*, 3 avril 1472; 19 mai 1547; 8 déc. 1558; 31 août 1560 (Is., t. 7, p. 365; t. 13, pp. 18, 514; t. 14, p. 53). La Roche-Flavin, *op. cit.*, X, 7-10, 21; Girard et Joly, *op. cit.*, t. 1, p. xcix, pp. 207-210.

qu'on tirait de ces offices. Par la vénalité, les fonctions administratives et judiciaires devinrent le bien exclusif de la bourgeoisie.

4° Conséquences de la vénalité.

i. *Le droit royal maintenu.* — La vénalité n'altérait pas la nature de fonction publique de l'office. On distinguait entre la finance ou valeur marchande de celui-ci, qui seule était la propriété de l'officier, le droit à l'office, disait Loyseau, et la fonction qui, étant l'exercice d'une portion de l'autorité publique, le droit en l'office, dépendait exclusivement du roi et était conféré au moyen de Lettres de provision, délivrées par le chancelier. Sur la présentation de ces Lettres, le nouvel officier était reçu et installé dans sa charge. Or, elles n'étaient accordées qu'aux impétrants qui remplissaient les conditions requises par les ordonnances et qui avaient dû être plus nettement précisées depuis que les officiers n'étaient plus élus par leurs pairs ou choisis directement par le roi. Ils devaient être français ou naturalisés français, être âgés de trente ans, vite réduits à vingt-cinq : l'ordonnance de Blois exigea quarante ans pour les présidents des Cours souveraines, plus un stage dans de hautes fonctions judiciaires (conseillers, lieutenants généraux), ou au barreau ([418]). Une enquête sur la vie et les mœurs du candidat, menée par les gens du roi aux lieux où il avait résidé les cinq années précédentes, devait avoir tourné à son avantage ([419]). Obligatoirement docteur ou licencié en droit, il était, en outre, soumis depuis 1498, à un examen professionnel, portant sur la doctrine et la pratique, devant le Parlement. L'édit de 1546 décidait que les officiers de cette Cour n'y seraient déclarés suffisants que par les quatre cinquièmes des voix des Chambres réunies, ceux des juridictions subalternes de la même façon devant une seule Chambre; un autre de 1548 exigeait pour ces derniers la présence des gens du roi ([420]). On se départit par la suite de ces rigueurs; l'ordonnance de Moulins (1566)

(418) *Edits*, août 1546; avril 1553; *Ord.*, Moulins, 1566, art. 9; Blois, 1579, art. 105, 106 (Is., t. 12, p 912; t. 13, p. 313; t. 14, pp. 189, 406 et s.). La Roche-Flavin, o. c., VI, 1, p. 337 et s.; Loyseau, o. c., I, 4, n° 24.

(419) La Roche-Flavin, o. c., VI, 3, p. 341. — Aubert, *op. cit.* (NRH., 1912, p. 233-235).

(420) *Ord.*, mars 1498, art. 30; *Edits*, août 1546; août 1547; févr. 1548; *Ord.*, Moulins, févr. 1566, art. 10, 11; Blois, mai 1579, art. 106; *Edit*, avril 1679 (Is., t. 11, p. 343; t. 13, pp. 29, 69; t. 14, pp. 192, 378; t. 19, p. 197). — Loyseau, o. c., I, 4, n°⁸ 31-51, p. 36; La Roche-Flavin, o. c., VI, 28, 36, pp. 357 et s., 372 et s.

ne parla plus que des deux tiers des voix, l'édit d'avril 1679 que
d'une commission d'examen composée de deux délégués de chaque Chambre (421).

Les Lettres de provision donnaient à l'officier droit à l'office;
sa réception lui conférait droit en l'office. D'elle, dataient ses pouvoirs. Elle était suivie de l'entérinement des Lettres de provision
et du serment professionnel qui le faisait « personne publique »
(422). Au XVIe siècle, il fallut joindre au serment une profession
de foi orthodoxe (423). Des ordonnances avaient interdit de recevoir dans la même compagnie judiciaire des parents trop proches,
tels que père et fils, frères, oncle et neveu; d'autres, de recevoir
dans les offices de conseillers clercs des laïques et réciproquement (424). Mais, comme on obtenait des dispenses touchant l'âge
et les degrés universitaires, il y en eut aussi parfois touchant la
parenté et fréquemment, au moins à titre provisoire, les charges
de conseillers clercs furent occupées par des laïques même mariés.

II. *Avantages et inconvénients de la vénalité.* — La vénalité avait eu quelques conséquences heureuses. Elle avait apporté
avec elle l'inamovibilité, non plus concédée, comme par Louis XI,
dans une ordonnance toujours révisable, mais établie sur ce principe de droit privé que tout vendeur est tenu à la garantie de la
chose vendue ; ce qui la mettait hors d'atteinte des fluctuations
politiques. Le roi, qui avait vendu l'office, ne pouvait le retirer,
sinon par mesure générale et en restituant la finance (425). En tout
autre cas, l'office ne se perdait que par forfaiture, c'est-à-dire par
suite d'une condamnation criminelle qui en entraînait la confiscation.

L'hérédité qui s'ajouta à l'inamovibilité perpétua dans les hautes charges de la magistrature des familles dans lesquelles
s'établirent des traditions de dignité morale, de probité professionnelle, de science juridique, même de culture générale, qui

(421) Loyseau, o. c., I, 4, nᵒˢ 1, 2, 67, 68, 71 et s., 91 et s., pp. 38-41.
(422) La Roche-Flavin, o. c., VI, 2, pp. 340 et s. — Aubert, l. c., pp. 233
et s., 340 et s.
(423) Pasquier, o. c., II, 3; La Roche-Flavin, o. c., II, 6, nᵒˢ 24-28.
(424) Maugis, *Hist. du Parlement de Paris de l'avènement des rois Valois
à la mort d'Henri IV*, t. 1, pp. 52, 87.
(425) La Roche-Flavin, o. c., II, 7, 22, p. 87. Comme on estimait la valeur
des offices existants, sous Louis XIV, à 420.000.000 livres en chiffre rond, la
sécurité des officiers était complète; on voyait bien que l'Etat ne les rembour-
serait pas. En 1790, on estima les offices de judicature à environ 450.000.000
livres et ceux de finance à 120.000.000.

en firent le centre, en même temps que d'une vie élégante, d'une activité intellectuelle très marquée et dont les effets se sont, dans quelques villes, prolongés jusqu'à nos jours. Que les résultats aient été moins appréciables et surtout moins brillants aux degrés inférieurs de l'échelle des offices, soit de judicature, soit surtout de finance, ce n'est guère contestable. La multiplicité des offices, la facilité qu'on avait d'en augmenter le nombre à chaque crise financière [426], le peu de valeur de beaucoup, ce qui permettait à nombre de petites gens d'y précipiter leur avoir et de se détourner ainsi de l'artisanat ou de la terre [427], la possibilité ouverte à tous d'une vie médiocre et sans effort, ont fourni, dès le xvi⁰ siècle, des thèmes aux moralistes et aux orateurs des Etats [428]. Mais il était difficile de réagir contre ces pratiques. Richelieu qui, orateur du clergé en 1614, avait dû s'élever contre, estima, quand il fut ministre, qu' « il y a des abus que l'on doit souffrir. Si la vénalité estoit ostée aujourd'hui, le désordre qui proviendroit des brigues et des menées par lesquelles on pourvoiroit aux places, seroit plus grand que celui qui naît de la liberté de les acheter et de les vendre. » Ce fut plus tard l'avis de Montesquieu [429]. Sully y voyait un obstacle aux entreprises d'un ministre ambitieux qui, pour se rendre maître de l'Etat, voudrait introduire ses créatures dans les charges de l'Etat. Colbert, après ses critiques du début, s'en accommoda [430]. Vénalité et hérédité furent de plus en plus attaquées

(426) En 1661, Colbert en comptait 45.780. Le nombre s'en accrut très sensiblement depuis. « En fasse le Roy tant qu'il voudra, il trouvera toujours à les débiter... Chascun à l'envi portera sa bourse au Roy; qui n'aura argent vendra sa terre, qui n'aura assez de terre se vendra soy-mesme, sy on lui permet, et consentira d'être esclave pour devenir officier. » Cependant, vers le début du xviii⁰ siècle, la course aux offices nouveaux créés se ralentit sensiblement. On se plaignait alors du nombre des officiers, comme aujourd'hui de celui des fonctionnaires.

(427) Loyseau, l. c.; Le Bret, o. c., II, 1, pp. 142 et s. C'est le même personnel, sorti des mêmes milieux qui, aujourd'hui, demande des places au gouvernement. L' « archomanie » se perpétue.

(428) Montaigne, Essais, I, 28 (éd. Lemerre, t. 1, p. 136). Savaron, Traité de l'annuel et vénalité des offices, 1615.

(429) Voy. Picot, Hist. des Etats généraux, t. 3, p. 420. Montesquieu, De l'esprit des lois, V, 9.

(430) En somme, en ce qui concerne le rôle judiciaire des Cours souveraines et des autres officiers de judicature, il ne semble pas que la vénalité eût en pratique de grands inconvénients. On a dit qu'à raison des épices, qui étaient du reste distinctes de la vénalité, les tribunaux multipliaient les procès. Les épices supprimées, le nombre des procès n'a pas diminué; il

aux approches de 1789; cela tint pour une grande part à l'attitude résolument antiréformiste que, par esprit de caste, adoptèrent les Cours souveraines.

Le résultat le moins heureux, en effet, de leur indépendance, fut leur intrusion continuelle dans les domaines extrajudiciaires. Espérant asseoir leur popularité et leur puissance par une opposition continue au gouvernement royal, toute occasion leur paraissait bonne : édits bursaux, bulle *Unigenitus*, jansénisme, suppression des jésuites, réformes fiscales, bureaucratiques ou judiciaires, juridiction du Grand Conseil, etc. Le conflit devint particulièrement aigu au cours des affaires de Bretagne, entre les années 1764 et 1770, quand le Parlement de Rennes se mit en grève et fut remplacé, à Saint-Malo, par le bailliage d'Aiguillon, ce qui entraîna les protestations des Parlements de Paris et de Rouen, fondées sur le principe de l' « unité » et des « classes » [431]. Ce fut alors que, le ministère Maupeou ayant remplacé celui du duc de Choiseul, le chancelier entreprit une réforme qui apparut une révolution.

Dans un lit de justice (7 déc. 1770), le roi ayant fait défense aux Cours souveraines d'user des termes d' « unité », d' « indivisibilité » ou de « classes », d'avoir entre elles aucune correspondance et de former aucune coalition en vue de démissions combinées, sous peine de forfaiture et de confiscation des offices, le Parlement suspendit ses audiences [432]. Ayant refusé de reprendre leur service, les parlementaires furent exilés à leurs maisons des champs. Un arrêt du Conseil confisqua leurs offices et le Conseil privé fut chargé par intérim de tenir la Cour de Parlement, ordre étant donné aux gens du roi d'y faire leur office [433]. Malgré les protestations des princes du sang et des autres Cours, l'édit du 23 février réduisait le Parlement de Paris au rôle de Cour des pairs et de Chambre d'enregistrement des ordonnances et édits, divisait son ressort entre cinq *Conseils supérieurs* (Blois, Poitiers, Châlons, Lyon, Clermont-Ferrand), héritant de toutes ses

tient au caractère processif de certaines personnes. Les offices vénaux n'étaient pas plus mal remplis que les autres. De nos jours, les notaires, greffiers et autres officiers ministériels à charges vénales les remplissent aussi bien et probablement mieux, dans l'ensemble, que s'il en était autrement; et le bénéfice est pour eux et pour leurs clients.

(431) Voy. ci-dessus, p. 634.

(432) *Edit*, déc. 1770 (Is., t. 22, p. 501-509). *Proc.-verb. du lit de justice*, en note.

(433) *A. C.*, 20 janv. 1771; *L. P.*, 23 janv. 1771 (Is., t. 22, pp. 510 et s.).

attributions civiles et criminelles, supprimait la vénalité des charges et les épices, accordait aux nouveaux magistrats l'inamovibilité et un traitement fixe. Un second édit donnait six mois aux officiers supprimés pour demander le remboursement de leurs offices et en déterminait les moyens d'évaluation [434]. La *Cour des Aides*, qui continuait ses remontrances, fut supprimée à son tour le 13 avril, en même temps que le *Grand Conseil* dont les membres furent utilisés pour remplacer les parlementaires déchus [435]. Les Parlements de Rouen et de Douai furent transformés en *Conseils supérieurs* et les autres maintenus, mais soumis aux règles nouvelles. Ceux de leurs membres qui ne voulurent pas les accepter, furent remplacés. La réforme souleva des tempêtes. La plupart des princes, des pairs, des représentants de la haute noblesse, les gallicans, les jansénistes, soutinrent les parlementaires; Voltaire, les philosophes, les amis des jésuites furent pour la réforme. Celle-ci ne touchait pas aux offices des juridictions inférieures. Cependant, par l'édit de février 1771 sur l'évaluation des offices, elle en préparait le rachat. Chaque officier était laissé libre d'évaluer son office, dans l'espoir que le désir de ne payer qu'un droit annuel modéré le lui ferait estimer assez bas, d'autant que la valeur de beaucoup de ces offices était en décroissance. Or, le roi pourrait, à l'occasion, reprendre l'office pour ce prix, et son chancelier méditait certains impôts pour opérer cette reprise. En attendant, tous ces officiers, qu'ils s'en fussent rachetés ou non auparavant, étaient uniformément assujettis à un « annuel » d'un centième [436].

A l'avènement de Louis XVI, l'œuvre de Maupeou fut anéantie. Un édit de novembre 1774 rétablit le Parlement de Paris dans son état antérieur à 1771. Le Grand Conseil, la Cour des Aides, le Conseil provincial d'Artois reprirent leur condition de vie passée. Les Conseils supérieurs et les offices créés lors de la réforme furent supprimés. Ce rétablissement se poursuivit en province dans les mois qui suivirent. Un lit de justice célébra en quelque sorte ce retour triomphal des parlementaires [437]. A peine en avaient-ils remercié le nouveau roi, que les remontrances et les menées recommencèrent et celui-ci put constater qu'il s'était ainsi préparé

(434) *Edits*, févr. 1771; mars 1771; avril 1771 (Is., t. 22, pp. 512, 513, 522). Flammermont, *Le chancelier Maupeou et les Parlements*. — Le *Conseil provincial d'Artois* était aussi changé en Conseil supérieur.

(435) *Edit*, avril 1771 (Is., t. 22, pp. 522 et s.).

(436) *Edit*, février 1771 (Is., t. 22, p. 515). Flammermont, *o. c.*, p. 610.

(437) *Edits*, nov. 1774 (Is., t. 23, pp. 43, 50, 58, 62, 70, 73).

d'amers déboires. Suspendues le 3 novembre 1789, les Cours souveraines furent supprimées par décret du 4 octobre 1790.

§ 2. — La justice retenue.

On tenait la justice pour le premier attribut des rois et c'était une maxime certaine en France, que toute justice émanait du roi. Les juridictions qu'on y voyait étaient toutes expliquées par une délégation royale. Mais en établissant des officiers pour l'exercer en son nom, le roi n'avait pas renoncé à rendre la justice en personne. L'aspect le plus ancien et le plus populaire sous lequel les peuples s'étaient plu à considérer les rois était celui de justiciers. Juger n'était pas pour eux seulement un droit, c'était un devoir. Le roi de France devait juger partout et chaque fois qu'on l'en requérait. En établissant une hiérarchie judiciaire, il n'avait ni abdiqué son pouvoir, ni déserté sa fonction. Jusqu'à la fin, il a pu juger où, quand et dans les formes qu'il lui plaisait. On appelait « justice retenue » ses interventions personnelles, ou censées telles, dans le domaine judiciaire, au-dessus ou en marge de la justice réglée. Les errements, qui étaient alors suivis, étaient rarement arbitraires : le temps y avait établi des habitudes et créé une jurisprudence. Quelques parties de la justice retenue étaient soumises à des règles aussi précises que celles de la justice ordinaire, dont elles s'écartaient dans la mesure où elles se rapprochaient des procédés administratifs; quelques autres, par leur nature même, n'auraient pu sortir de la main du roi, car elles ne pouvaient appartenir qu'à une autorité qui n'en eût point au-dessus d'elle. Le plus souvent, la justice retenue correspondait à l'usage que le préteur romain avait fait de l'*imperium* dans l'exercice de sa magistrature. Elle se manifestait sous des formes diverses qui se ramenaient aux hypothèses que voici : 1° le roi jugeait lui-même ou par d'autres que les délégués ordinaires; 2° il suspendait ou changeait la délégation; 3° il arrêtait le cours normal de la justice ou dispensait de la loi; 4° il disait le droit quand ses juges n'avaient pu ou su le dire.

I. — Le roi jugeait lui-même ou par commissaires.

Sans toucher à l'organisation de la justice réglée, le roi jugeait lui-même, soit en rendant un jugement, seul, dans son cabinet (438),

(438) Funck-Brentano, *l'Affaire du collier*, pp. 161 et s.

ce qui n'arrivait pour ainsi dire jamais, soit en évoquant une cause de la compétence des juges ordinaires à son Conseil, puisque celui-ci tenait tous ses pouvoirs de la présence réelle ou fictive du roi et que ses arrêts étaient toujours censés rendus par le Prince. Comme le roi était la source de toute justice, on pouvait recourir à lui ou il pouvait évoquer un procès en tout état de cause, que les juges compétents fussent ou non déjà saisis. L'évocation était faite tantôt à la requête des plaideurs, tantôt de propre mouvement ([439]). Dans ce dernier cas, elle concernait soit un litige déterminé, soit une certaine catégorie d'affaires ([440]). Si ancienne et si justifiée en doctrine que fût la pratique des évocations ([441]), elle soulevait des protestations des Etats généraux ([442]) et des compagnies judiciaires, ainsi dépouillées du droit exclusif de juger et des émoluments que leur eussent procurés les affaires qui leur étaient soustraites ([443]). En outre, elle surchargeait et encombrait le Conseil et nous savons que les rois s'efforcèrent d'en limiter les excès ([444]), soit en soumettant à un examen sévère les motifs des évocations sollicitées par les parties ([445]), soit en les détournant, par exemple celles fondées sur

(439) *Règl.*, 18 mai 1529; *Edit*, sept. 1535, t. 8, art. 31 (Is., t. 12, pp. 312, 473).

(440) *L. P.*, 5 sept. 1386 (Is., t. 6, p. 611).

(441) Elle apparaît presque aussitôt après la constitution du Parlement en corps autonome : *L. P.*, 4 juillet 1366 (Is., t. 5, p. 253; t. 17, p. 344 [note]). Cpr. Pasquier, *o. c.*, II, 6, pp. 73-75, qui la fait dater seulement du temps de Charles VI.

(442) *Cahier général des Etats généraux de Tours* (1484), art. 10 (Is., t. 11, p. 54).

(443) *Pr.-verb. du lit de justice 24 juill.* 1527 : « Vous ne voulez permettre qu'en première instance ne en cas d'appel, vos sujets voisent plaider à Rome; ains soient contraints obtenir rescripts du pape pour avoir juges en ce royaume, pour obvier à la despense et soulager les subjets du travail; et néanmoins vous faites en évoquant des causes de justice ordinaire au grand Conseil le contraire et est inique prescrire loy à autrui dont ne voulez user. » *Décl.*, 11 janv. 1657 (Is., t. 12, p. 275; t. 17, pp. 339-345). — Noël Valois, *Invent. des arrêts du Conseil sous Henri IV*, t. 1, p. LVII. L'art. 17 des *Déclarations de la Chambre de Saint-Louis* condamnait les évocations du propre mouvement et celles des plaideurs sous peine de la perte du procès (Is., t. 17, p. 80).

(444) *Mand.*, 22 juill. 1370; *Ord.*, juin 1456, art. 22-23; 8 mars 1483 (Is., t. 5, p. 346; t. 9, pp. 295 et s.; t. 11, p. 98).

(445) *Ord.*, fév. 1566, art. 70; Blois, mai 1579, art. 91, 97, 99, 117; janv. 1597, art. 15-17; janv. 1629, art. 62-65; août 1667, tit. 1; *Edit.* sept. 1683 (Is., t. 14, pp. 70, 404 et s., t. 15, pp. 123 et s.; t. 16, pp. 243 et s.; t. 18, pp. 343 et s.; t. 19, p. 434).

une suspiscion légitime, vers quelque autre Cour ou tribunal de la justice réglée ([446]). Les ordonnances inclurent dans une même les conditions et tout le jeu de ces procédures ([447]).

Celles de propre mouvement n'exigeaient pas la même réglementation. Le refus des compagnies judiciaires d'observer les ordonnances ou les traités, leur parti pris de substituer, en bien des cas, ce qu'elles appelaient l'équité à la loi ne les justifiaient parfois que trop. Depuis le xvie siècle, les causes qu'il était périlleux pour la politique royale d'abandonner aux caprices des Parlements furent souvent évoquées de préférence au Grand Conseil, parce que, plus souple, il appartenait néanmoins à la justice réglée qui paraissait ainsi n'être pas dessaisie. Mais les remontrances et les luttes n'en furent que plus vives ([448]).

Au lieu de juger lui-même en son Conseil, le roi pouvait choisir des commissaires spéciaux pour connaître soit d'un litige particulier ([449]), soit d'une sorte d'affaires déterminées ([450]), soit des crimes dans quelques régions troublées ([451]). Les pouvoirs de ces juges occasionnels dépendaient exclusivement de leurs commissions et cessaient de plein droit, celles-ci remplies ([452]). Les

(446) *Ord.*, janv. 1664; août 1667, tit. 1; *Décl.*, 23 juill. 1701; 18 mars 1728; 28 juin 1738 (Is., t. 18, pp. 32, 343; t. 20, p. 392; t. 22, p. 42). L'édit d'août 1687 (Is., t. 20, p. 52) évoquait pour cause de suspicion les affaires du Parlement au Grand Conseil et réciproquement.

(447) Voy. *Nouveau stile de la Chancellerie de France*, 1622, Ire Part. pp. 76 et s.

(448) *Sic* procès concernant les offices royaux : L. P., 25 oct. 1529; les bénéfices ecclésiastiques : *Edits*, mai 1531, 9 juill. 1549; l'application de l'indult du pape (16 avril 1667) : *Edit*, juill. 1668, etc. (Is., t. 12, pp. 332, 351; t. 13, p. 101; t. 18, p. 187). Remontrances du Parlement contre le Grand Conseil : *Lit de justice*, 24 juil. 1527 (Is., t. 12, pp. 275 et s.); en outre, voy. ci-dessus note 332.

(449) Ex. : Jugements de Jean des Mares, janv. 1382; de Montaigu, 17 oct. 1409; de Pierre des Essarts, juill. 1413; de Jacques Cœur, avril 1453; de l'amiral Chabot, 8 févr. 1540; du maréchal Dubiez, 26 juin 1551; du maréchal de Marillac, 8 mai 1632; du duc de la Valette, 24 mai 1639; de Cinq-Mars et de Thou, 12 sept. 1542; de Fouquet, 20 déc. 1664.

(450) L. P., févr. 1388; 3 mars 1402 (Is., t. 6, p. 656; t. 7, p. 46).

(451) L. P., 23 avril 1380 (commission envoyée en Languedoc); 9 juill. 1391 (en Dauphiné); août 1626 (à Nantes), etc. (Is., t. 5, p. 528; t. 6, p. 700; t. 16, p. 194). Il faut citer, au xviiie siècle, les commissions établies à Valence (1733), à Saumur (1742), à Reims (1765), Caen (1768), pour la répression de la contrebande du sel et du tabac. Celle de Valence, composée d'un président, Gaspard Levet, qui nommait lui-même ses assesseurs, et dont les frais étaient payés par les traitants, fut surtout terrible aux contrebandiers (Voy. Funck-Brentano, *Mandrin et les contrebandiers*, V, p. 81).

(452) Le Bret. o. c., II, 1, p. 149 et s.; Fleury, o. c., I, vi, 5, p. 90.

jugements par commissaires soulevèrent encore plus de protestations que les évocations, tant de la part des Etats généraux que des
corps judiciaires, bien que le plus souvent les commissaires fussent empruntés à ceux-ci ([453]). A plusieurs reprises, les ordonnan-
nances en proscrivirent l'usage, et finalement celle de Blois en
1579 ([454]); mais, malgré la généralité de son texte, on l'interpréta
comme ne visant que les commissaires en matière civile, dont il
n'y eut plus d'exemple postérieurement. Les grands procès criminels furent, au contraire, presque tous jugés ainsi aux xviie et
xviie siècles, à raison de la faiblesse ou du parti pris des juges ordinaires en faveur des criminels politiques ou haut placés ([455]). Jugé
par eux, Fouquet eût été acquitté, comme plus tard le cardinal
de Rohan. Louis XIV institua la *Chambre ardente* dans l'affaire
des poisons quand il sut les ménagements dont Mme de Brinvilliers
avait été l'objet ([456]). Sans les Commissions du xviiie siècle, toute
répression en matière fiscale ou de contrebande eût été impossible. Enfin, les *Chambres de justice* créées périodiquement pour
rechercher les malversations des financiers et manieurs de deniers
publics, les châtier proportionnellement à leurs méfaits et leur
imposer des restitutions, par la nature même de leurs recherches
et de leur mission, ne se prêtaient guère aux règles de la procédure
normale.

On rattachait fréquemment les pouvoirs de justice des intendants à la justice retenue et aux jugements par commissaires ([457]).

II. — Le roi suspendait ou changeait la délégation.

La suspension momentanée de la délégation résultait normalement de la présence du roi dans une Cour souveraine. *Adveniente
principe, cessat magistratus.* C'était le *lit de justice.* Tant que le
roi était présent, il constituait à lui seul la Cour. Qu'ils opinassent

----

([453]) Voy. notamment la composition de la Chambre de justice de 1716 :
Edit, mars 1716 (Is., t. 21, p. 80).

([454]) *Ord.*, mars 1356, art. 27; janv. 1563, art. 30; Blois, mai 1579,
art. 98 (Is., t. 4, p. 831; t. 14, pp. 167, 405). Mais le roi à son tour interdisait aux Cours de juger par commissaires : *Ord.*, avril 1453, art. 79-80;
janv. 1563, art. 30 (Is., t. 9, p. 234; t. 14, p. 167).

([455]) Funck-Brentano, *Le drame des poisons*, 1900.

([456]) C'était une institution chronique : des *Chambres de justice* furent
établies en 1597, 1601, 1607, 1624, 1648, 1661, 1716. On les supprimait quand
elles avaient fonctionné un certain temps.

([457]) Fleury, *l. c.*, 1, p. 88. — L'art. 1 des *Déclarations de la Chambre de
Saint-Louis* faisait aussi cette assimilation (Is., t. 17, p. 72).

ou non, selon qu'en décidait le roi, les membres de la Cour, assis sur les bas sièges, n'avaient que voix consultative. Ils ne recouvraient leur autorité et leurs pouvoirs que lorsque le Prince était parti. Le lit de justice, bien que le cérémonial admît qu'on y appelât parfois quelque cause, avait presque toujours le caractère d'acte politique, proclamation de la majorité des rois, annulation de leurs testaments, et surtout enregistrement d'autorité des ordonnances, édits et déclarations, en présence de la résistance des Cours souveraines. Aucune réforme essayée sous Louis XV et Louis XVI ne put être publiée que de cette façon.

La suspension tenait aussi, surtout dans les derniers temps, à l'exil des magistrats soit que le roi leur eût interdit de siéger, soit, plus fréquemment, que leur éloignement fût le châtiment d'une grève ou d'une suspension, spontanée de leur part, du cours de la justice. Elle cessait alors par leur rappel.

Mais il arrivait aussi que le roi pût modifier ou changer la délégation, ce qui se faisait par un transfert de compétence *ratione personae* ou *ratione materiae*. Les *Lettres de committimus* constituaient le type le plus courant de ce privilège qui consistait à envoyer les litiges, du moins certains litiges intéressant certaines personnes, devant une juridiction considérée comme plus honorable ou plus favorable, en l'espèce les Requêtes du Palais ou celles de l'Hôtel. Nous avons vu que les *Lettres de garde-gardienne* en faveur de quelques corps ou communautés étaient de même genre, si la juridiction de faveur différait [458]. Il faut en rapprocher les *Lettres d'évocation générale*, lettres du grand sceau, par lesquelles le roi, par grâce spéciale pour quelqu'un, évoquait devant une même juridiction tous les procès que celui-ci avait ou risquait d'avoir [459]. Le roi ne faisait encore que changer la compétence lorsqu'il renvoyait pour suspicion légitime d'une juridiction à une autre du même ordre : ainsi des ordonnances fixaient, pour chaque Parlement, à quel autre seraient renvoyées les affaires qui ne pourraient y être plaidées pour ce motif, fondé sur la parenté; mais des règles aussi fixes paraissaient finalement incorporées à la justice réglée. Les affaires, presque toutes politiques, enlevées aux Parlements, ou aux autres Cours souveraines pour

---

(458) Voy. ci-dessus, pp. 617, 643.

(459) Sic, évocation au Parlement de Paris de tous les procès que Monsieur, frère du roi, pourrait avoir devant les juridictions du royaume : *L. P.*, 18 mars 1779 (*Is.*, t. 26, p. 30); de même pour le comte d'Artois : *L. P.*, 18 mars 1779 (*Ibid.*, p. 57).

être confiées au Grand Conseil, dont la compétence à ce titre variait souvent, étaient un autre exemple de transfert de compétence entre deux juridictions exerçant également la justice déléguée (460).

III. — COMMENT LE ROI DISPENSAIT DES ARRÊTS DE JUSTICE ET DE LA LOI.

Il n'appartenait qu'au roi, source de la justice et de la loi, d'amoindrir ou d'effacer, dans leurs effets, les arrêts de la première et de dispenser de la seconde. Le privilège, acte particulier substitué dans une circonstance spéciale à la loi ou aux jugements qui en étaient résultés, exigeait une puissance égale à celle du plus haut justicier et du législateur (461). Dès le xiiie siècle, les légistes, ayant trouvé, dans les textes romains, cette prérogative, en firent un droit purement régalien et commencèrent de la refuser aux seigneurs, qui en furent plus tard complètement dépouillés (462). On la tenait pour si attachée à la souveraineté qu'elle était incommunicable (463). Cette manifestation de la puissance souveraine apparaissait surtout dans l'octroi des *Lettres de grâce* parce qu'elles contenaient une pure libéralité du Prince qu'il eût pu refuser et qu'elles ne dépendaient que de sa « bonté et clémence ». Cette expression de Lettres de grâce en matière criminelle avait un sens générique (464). Il y en avait de plusieurs sortes : 1° les *Lettres*

(460) Voy. ci-dessus, pp. 642, 666.

(461) Le Bret, *o. c.*, IV, 21, p. 491 et s. Loyseau, *Tr. des seigneuries*, III, n° 16, p. 21. « Sous ce droict de faire loix, je comprends à plus forte raison les privilèges, qui sont loix privées et particulières, plus difficiles à faire que les générales; qui aussi à Rome ne pouvoient estre faites qu'en l'assemblée générale du peuple... J'y comprends pareillement les dispenses de toutes sortes soit en civil ou en criminel, pourcequ'il faut du moins autant de puissance pour délier que pour lier »; n° 34, p. 23 : « Sous ce droict (de justice souveraine), je comprends l'octroy des Requestes civiles, des évocations, interdictions de juges, des grâces et rémissions des condamnez... »

(462) Loyseau, *o. c.*, V, n° 42, p. 41. Les seigneurs n'avaient pas le droit de faire opposition aux Lettres de grâce sous prétexte qu'ils y perdaient la confiscation : Rousseau de la Combe, *Tr. des matières criminelles*. 1768, p. 279.

(463) Loyseau, *o. c.*, II, n° 34, p. 23 : « Et bien qu'anciennement aucuns gouverneurs des Provinces éloignées entreprissent de donner grâces, si est-ce que ce pouvoir leur a esté osté par Edict du Roy Louis XII en l'an 1499; mesme le Roy François l'ayant concédé à Madame sa mère, elle ayant sceu que le Parlement faisoit difficulté de le vérifier, s'en désista volontairement. »

(464) Rousseau de la Combe, *Tr. des matières criminelles*, 1768, p. 274.

d'abolition par lesquelles le roi effaçait et abolissait le crime dont l'impétrant se reconnaissait coupable et dont le roi se déclarait bien informé, de telle sorte que toutes peines, amendes, déchéances, fussent non avenues [465]. C'était une amnistie individuelle. Cependant, tandis que l'infamie elle-même ne pouvait atteindre le coupable si les Lettres étaient obtenues avant le jugement souverain, elle continuait de le marquer si celles-ci n'intervenaient qu'après [466]. Des Lettres de ce genre étaient aussi accordées parfois à des communautés, à certaines catégories de délinquants, à une ville ou à une province rebelle [467]. 2° les *Lettres de pardon*, accordées pour les délits moindres, où n'échéait pas peine de mort et qui, néanmoins, ne pouvaient être excusés, remettaient au suppliant son crime avec toutes peines et autres conséquences qui en fussent résultées, d'après les faits exposés dans sa supplique; 3° les *Lettres de rémission*, que le roi octroyait aux auteurs d'homicides involontaires ou commis en cas de légitime défense [468] : dernière survivance des conceptions du droit primitif d'après lesquelles le fait était punissable indépendamment de l'intention [469]; 4° les *Lettres de commutation de peine*, qui substituaient à une peine prononcée par un tribunal criminel une peine moins grave en laissant subsister les autres effets du jugement, et les *Lettres de rappel de ban* ou de *galères* qui déchargeaient le condamné au bannissement de la partie de la peine restant à courir et lui restituaient ses biens non confisqués par ail-

---

(465) Ces Lettres pardonnaient « en quelque manière que le cas fût arrivé. » Mais, dit Ferrière, « il n'arrive presque jamais que le roi en veuille accorder ».

(466) Julius Clarus, *Libri Sententiarum*, V, *De injuria*, p. 47; *Pract. crim.*, p. 191 et s. Du Moulin, *Reg. de infirmis*, n° 397. Il en résultait que si les biens confisqués du criminel lui étaient rendus, il n'en était pas de même dans le dernier cas de ses bénéfices.

(467) *Sic. L. P.*, 9 déc. 1357 en faveur de tous les détenus au Châtelet de Paris; 1370, en faveur des habitants du Poitou, Saintonge et Angoumois ayant suivi le parti anglais; févr. 1435, en faveur des habitants de Paris; 6 juil. 1770, en faveur des habitants de Saint-Domingue (Is., t. 4, p. 862; t. 5, pp. 351, 387; t. 8, p. 832; t. 24, p. 50). On les appelait alors aussi *Lettres d'amnistie*.

(468) *Ord. crim.*, 1670, tit. 16, art. 2. — Boutillier, *o. c.*, II, 40, p. 870 : « Coustumiers dient que crime n'a point d'adventure qu'il ne chée en peine de mort ou remission du prince. »

(469) Voy. J. Declareuil, *Rome et l'organisation du droit*, pp. 97-100. L'usage était que le chancelier scellât les Lettres de rémission le jour du vendredi saint. Contrairement aux autres, les Lettres de rémission étaient de style.

leurs ou le condamné aux galères du surplus de la peine, correspondaient à nos Lettres de grâce actuelles (470) ; 5° les *Lettres de réhabilitation* ou *pour ester en droit* qui avaient pour effet de relever des incapacités civiles résultant d'une condamnation principale et de rétablir le condamné « en sa bonne fame ou renommée et dans ses biens » (471), pourvu qu'il eût satisfait complètement à la partie civile et, en cas de faillite ou de cession de biens, à ses créanciers, ou se fût accommodé avec eux (472). Elles étaient d'ordinaire accordées à ceux qui, ayant satisfait à la peine et aux intérêts civils, en faisaient la demande au roi. Toutes ces lettres étaient Lettres du grand sceau et s'expédiaient à la grande Chancellerie, sauf qu'on obtenait parfois les Lettres de pardon au petit sceau ou aux chancelleries des Parlements (473). Elles étaient adressées, si l'impétrant était gentilhomme, aux Parlements, au cas contraire aux tribunaux de bailliage ou de sénéchaussée, chargés de les vérifier et rejeter s'il n'y avait pas identité entre les qualités qu'elles attribuaient au condamné et celles de l'impétrant ou entre le fait visé par elles et le crime accompli, ou si elles étaient antérieures de plus de trois mois à la date de leur production devant la juridiction à laquelle elles étaient adressées, à moins de *Lettres de surannation*, ou encore, si, en cas de Lettres de rémission, le crime n'était pas rémissible; car les faits n'étant plus ceux sur lesquels la volonté du roi s'était formée, celle-ci restait sans effet. Des tiers pouvaient fonder des oppositions à l'entérinement des Lettres de grâce sur les mêmes cas d'obreption, de subreption ou de nullité (474).

Les *Lettres de cachet*, qui différaient par leur forme des précédentes, car elles étaient du genre des lettres closes et qui émanaient du cabinet du roi et étaient scellées de son propre sceau, s'en rapprochaient en cela que, lorsqu'elles se référaient à des affaires graves, elles constituaient des actes de souveraineté.

(470) *Ord. crim.*, 1679, tit, 16, art. 2, 11, 15 (Is., t. 18, pp. 403 et s., Rousseau de la Combe, o. c., p. 282. Le jour du sacre, le roi accordait un pardon général, sauf pour les crimes qui étaient indiqués *exceptés* (*Ibid.*, p 280).

(471) *Ord., crim.*, 1670, tit. 14, art. 5-7. Rousseau de la Combe, o. c., pp. 282 et s.

(472) Rousseau de la Combe, o. c., pp. 274-276.

(473) D'une façon plus générale aux juges qui auraient pu prononcer la sentence, dont les lettres effaçaient les effets, en dernier ressort : *Ibid.*, p. 278. — *Ord.*, Moulins 1566, art. 35; Blois, 1579, art. 185; *Ord. crim.*, 1670, tit. 16, art. 13. *Décl.*, 27 fév. 1703.

(474) Ferrière, *Diction.*, t. 2, p. 142.

Elles contenaient un commandement du roi et, à ce titre, étaient contresignées par un secrétaire d'Etat. Elles servaient, entre cent autres choses, à des mesures individuelles d'ordre administratif : éloignement, exil, détention, par commandement adressé à l'intéressé. Cette manière de procéder avait parfois des motifs politiques et la sécurité de l'Etat pouvait y être en jeu. Mais elles donnèrent lieu à des plaintes surtout dans le domaine des relations privées, où, pourtant, leur usage paraissait théoriquement justifié pour enfermer, sans scandale, à la demande de leurs familles ou par mesure d'hygiène, ou de sécurité publique, les personnes dont la conduite était déshonorante ou coupable, celles dont l'état pathologique et mental exigeait que dans leur propre intérêt et celui des autres on restreignît ou supprimât momentanément leur liberté [475]. En principe, la Lettre de cachet ne devait être délivrée qu'à bon escient, après enquête sérieuse et, à Paris, le lieutenant de police, qui avait la direction de ce service, l'avait établi sur une jurisprudence administrative fort raisonnable et même libérale. L'abus vint de ce que le roi ne pouvant de façon courante s'occuper des affaires privées, des Lettres de cachet étaient remises à des fonctionnaires pour en user au mieux. Ces lettres, souvent en blanc, furent détournées de leur but bienfaisant par eux ou par leurs commis [476]. Cependant, ces pratiques allèrent se raréfiant, pendant que les remontrances des Cours en exagéraient l'importance en vue de les mieux flétrir [477]. Malesherbe, qui s'était si fort élevé contre, devenu garde des Sceaux, ne trouva en France que deux détenus de ce genre susceptibles de mériter son indulgence. Lui-même en expédia plusieurs [478].

(475) Funck-Brentano, *Les Lettres de cachet à Paris*, Imp. Nat. 1903; Aug. Puis, *Les Lettres de cachet à Toulouse au xviiiᵉ siècle*, 1914.

(476) *Ord.*, janv. 1560, art. 111 : « Et, parce que d'aucuns abusant de la faveur de nos prédécesseurs ont obtenu des Lettres de cachet et closes... en vertu desquelles ils ont fait séquestrer des filles et icelles épousé ou fait épouser contre le gré et vouloir des pères, mères et parents, enjoignons à tous juges de procéder extraordinairement et comme en crime de rapt contre les impétrans... »; *Ord.*, Blois, mai 1579, art. 281 (Is., t. 14, pp. 91, 442).

(477) D'Argenson soutenait la même thèse : *Consid. sur le gouvern. de la France*, 1784, p. 225.

(478) *Rapport sur les lettres de cachet*, sept. 1775 (Is., t. 23, p. 263). Sénac de Meilhan, *Du gouvernement, des mœurs et des conditions de la France* : « La prévention favorable qu'on avoit pour ce vertueux ministre a fait répandre qu'il en avoit délivré un nombre considérable (de détenus). Il m'a dit lui-même, avec la franchise qui le caractérise, qu'il n'en avoit fait sortir que deux. Cette circonstance prouve que les motifs de la détention des autres lui avoient paru fondés. »

Une autre sorte de lettres, les *Lettres de justice*, dont il existait aussi plusieurs espèces, étaient des interventions du roi dans le domaine de la justice civile, pour y faire, à l'exemple du préteur romain, triompher l'équité et y tempérer la rigueur du droit, quand elle avait un résultat inélégant et injuste. Les hypothèses, à travers les temps, étaient restées presque les mêmes, car le fond de la vie juridique n'a guère varié. On retrouvait là les termes de restitution, de bénéfice, et des cas où le préteur accordait des exceptions ou prononçait des décrets et des interdits ([479]). Les emprunts étaient le plus ordinairement directs et avoués, ce qui motivait d'autant plus l'intervention souveraine du roi, sous forme de Lettres de Chancellerie, puisque le droit romain ne s'appliquait pas en France ([480]). Bien que ces lettres dussent être sollicitées, elles avaient cessé depuis longtemps d'être des grâces pures ([481]). Le pouvoir royal en avait soumis la demande et l'usage à des règles précises et il s'était passé quelque chose d'analogue à la transformation des faveurs du préteur de *decretales* en *edictales*. Elles n'étaient plus jamais refusées, de là leur nom de *Lettres de justice*; mais les juges à qui elles étaient présentées devaient examiner d'office si l'impétrant était dans les conditions pour s'en prévaloir. Aussi elles cessèrent d'être délivrées par la grande Chancellerie et on les obtint des chancelleries des Parlements. D'abord elles n'étaient adressées qu'aux juges royaux, moyen de dépouiller les autres justices des causes où il en était besoin; mais le raisonnement ne tint plus quand les justices seigneuriales furent rattachées à la justice royale. Elles ne subsistèrent finalement que pour raison fiscale. Les plus ordinaires étaient : 1° les *Lettres de requête civile*, qui autorisaient une procédure en vue d'obtenir du juge, qui avait prononcé en dernier ressort un

(479) Johan. Faber, *Institutiones*, I, 12, p. 35; Le Bret, o. c., IV, 1, p. 483 : « Les actes de justice... et principalement les restitutions et toutes les affaires que le préteur romain expédioit *jure sui officii* ». Cpr. *Le trésor du style de la Chancellerie*, 1614, p. 1.

(480) Imbert, *Enchiridion ou Brief recueil de droict escrit*, 1605, pp. 52 et s., 77 : « Aujourd'huy en France, il faut se pourvoir par lettres du Prince en tout ce qui estoit anciennement faict par le seul bénéfice du droict, au moyen de ce que les *François ont seulement receu les loix, comme bonnes ordonnances et bonnes raisons.* »

(481) Elles l'avaient été au début et pouvaient alors être refusées sans motif : Beaumanoir, n° 1103; *Cout. d'Artois*, II, 8, p. 16 : « s'aucuns te fait adjourner et tes adversaires te fait demande par procureur, tu n'i repondras mie; car par l'usaige de court laie, nus ne puet demander à ce qu'on soit tenu à répondre, *se li rois ne l'en fait grâce.* »

arrêt auquel on ne pouvait plus faire opposition, qu'il le rétractât à raison du dol de la partie adverse ou de faits successivement admis par la jurisprudence et limitativement consignés au titre 35 de l'ordonnance civile de 1667 (482); 2° les *Lettres de répit*, c'est-à-dire de *surséance* et de *délai* pour payer, tantôt considérées comme mesures d'humanité envers les débiteurs, tantôt comme des actes de faiblesse ou un privilège condamnable. Entérinées dans les six mois, elles devaient contenir les motifs qui les avaient fait accorder et que les juges vérifiaient. On ne pouvait, dans aucun acte, renoncer au bénéfice de ces Lettres; mais une série de dettes, indiquées par les coutumes et les ordonnances, y restaient étrangères. L'ordonnance du commerce (1673) en réglementait l'usage en cette matière (483). Par exception, elles n'étaient délivrées qu'au grand sceau; 3° les *Lettres de récision*, qui visaient à la restitution en entier, non plus contre une sentence judiciaire, mais contre un acte juridique qui serait nul d'après le droit romain; ces voies de nullité, à l'encontre de celles résultant des ordonnances et des coutumes, n'étaient pas admises en France sans Lettres royaux qui devaient être demandées dans les dix ans (484); 4° Les *Lettres de bénéfice d'inventaire*, qui n'étaient nécessaires qu'aux pays de coutume et étaient accordées pendant trente ans, tant que l'impétrant n'avait pas fait acte d'héritier, sous la condition de procéder à l'inventaire et de donner caution.

IV. — Le roi intervenait comme juge suprême.

Il y avait encore quelques cas où le roi devait prononcer comme juge suprême, car la justice doit avoir un centre où elle retrouve sa source et son unité.

(482) *Ord. civ.*, 1667, tit. 35, art. 34. Admises, elles produisaient une sorte de restitution en entier; le procès recommençait comme s'il n'avait pas été jugé. Rebuffe, *Tractatus de litteris civilibus*, n° 51 (*Commentarii in constitutiones et ordinaciones regias*, 1599, p. 293) — La requête civile fut organisée dans la seconde partie du xvi° siècle, en parallèle à la proposition d'erreur, qui remontait au xive siècle. Un édit (de Chanteloup) de 1545 ne semble pas encore l'admettre (Fontanon, t. 1, pp. 401-403). Mais, voyez : Charondas sur le *Gr. Cout. de Fr.*, éd. Houzé, 1598, p. 484 et *Ord.*, Blois, mai 1579, art. 92; Rouen, 1597, art. 18 (Is., t. 14, p. 404; t. 16, p. 124).

(483) *Ord.*, Orléans, 1560, art. 61; mars 1673, tit. 9; *Règl.*, 13 déc. 1699 (Is., t. 14, p. 80; t. 19, p. 102; t. 20, p. 348).

(484) Imbert, o. c., pp. 52 et s. : « car en France voye de nullité n'a lieu... D'autant que les Rois de France ne sont aucunement sujets aux loix (impériales) susdites, non plus qu'à l'Empire, mais seulement les reçoivent en tant qu'elles sont fondées en bonne raison et équité naturelle. » Ferrière, *Diction.*, t. 2, pp. 282 et s.

D'abord, les *règlements de juges*, lorsqu'il y avait conflit de juridiction entre deux Cours souveraines ou entre tribunaux subalternes ne relevant pas de la même Cour souveraine, qui se trouvaient saisis au civil du même différend, entre mêmes ou diverses parties, ou bien en lesquels il avait été informé au criminel et décrété de prise de corps à raison du même fait contre les mêmes parties ([485]). Le règlement de juges devait être demandé au Conseil privé; mais assignation n'y pouvait être donnée avant que la partie n'y fût autorisée par Lettres du grand sceau signées d'un secrétaire d'Etat et délivrées sur le rapport d'un maître des Requêtes de l'Hôtel. Elles fixaient un délai pour assigner au Conseil, avec, au civil, ordre de surseoir à toutes procédures jusqu'à l'arrêt de celui-ci, et, au criminel, commission à l'une des juridictions en conflit de continuer l'information jusqu'à la sentence exclusivement, de peur que les preuves ne dépérissent ([486]). Les mêmes règles étaient appliquées lorsque le conflit existait entre une juridiction judiciaire et une juridiction administrative ([487]).

C'était ensuite lorsqu'il s'agissait de réformer un jugement ayant acquis force de chose jugée en dernier ressort. A cet effet, on utilisa longtemps une procédure connue sous le nom de « proposition d'erreur » et que l'ordonnance civile de 1667 abrogea ([488]). Elle tendait à faire rejuger une cause en se fondant sur une erreur de fait commise par la Cour dans le premier jugement; mais il fallait en obtenir l'autorisation du roi ([489]). En outre, afin d'écarter les requêtes peu fondées, on exi-

---

(485) Entre juges ressortissants à une même Cour, le règlement était obtenu par la voie de l'appel au tribunal supérieur. — Entre Parlement et Cour des Aides de chaque ressort, le conflit était tranché par les gens du roi des deux Cours qui signifiaient aux parties ce qu'ils avaient convenu et, en cas de diversité, par décision sommaire du Conseil privé sur leurs avis motivés (*Edit*, août 1669, tit. 2, art. 12 : Is., t. 18, p. 351). Les conflits, touchant la compétence réciproque des Parlements et des présidiaux de même ressort, et ceux entre les lieutenants criminels et les prévôts des maréchaux étaient envoyés au Grand Conseil : *Edits*, août 1669, tit. 3, art. 6, 7; août 1737, tit. 3, art. 6 (Is., t. 18. p. 352; t. 22, p. 40). Cpr. *Règl. sur la procédure du Conseil*, juin 1738; tit. 5, 6 (Is., t. 22, p. 52-55).

(486) *Ord.*, juill. 1493, art. 72; *Ord.*, août 1669, tit. 2 (en matière civile); tit. 3 (en matière criminelle); août 1737, tit. 2 et 3; *Règl.*, juin 1738, tit. 5 (Is., t. 11, p. 239; t. 18, pp. 349, 351; t. 22, pp. 33, 39, 52 et s.). — Noël Valois, *Inventaire des arrêts du Conseil sous Henri IV*, p. xlviii.

(487) *Ord.*, juill. 1681, tit. com., art. 37 (*Rec. ord. des fermes*, Paris, 1750).

(488) *Ord. civ.*, 1667, tit. 35, art. 42 (Is., t. 18, p. 180).

(489) *Ord.*, mars 1302, art. 12, 13; — *Ord. pour les requestes*, déc. 1320, art. 3 (Is., t. 2, p. 768; t. 3, p. 259). La Chancellerie délivrait des *Lettres de dire contre arrêt*.

geait du requérant qu'il s'engageât sous caution à payer tous les frais de l'adversaire et une amende du double du litige en cas d'échec dans le nouveau procès. Le délai pour impétrer ces Lettres fut limité à deux années, puis à une ([490]). On en excepta aussi un certain nombre de matières ([491]). Sur requête au Conseil privé, avec énonciation des moyens, le chancelier soumettait ceux-ci à l'examen des maîtres des Requêtes de l'Hôtel et, si leur avis était favorable, l'un d'eux en rapportait devant le Conseil. Par arrêt, celui-ci octroyait les *Lettres de proposition d'erreur*, contenant l'ordre au Parlement de réviser ([492]). A cette procédure fut substituée peu à peu la requête civile. En matière criminelle, l'erreur de fait continua, au contraire, à pouvoir faire l'objet d'une requête au roi pour obtenir des *Lettres de révision*. La procédure était à peu près celle qui vient d'être décrite, sauf que la révision des jugements en dernier ressort des présidiaux et des prévôts des maréchaux était envoyée au Parlement ou au Grand Conseil et que le nouvel arrêt pouvait à la fois révoquer la condamnation et accorder des dommages-intérêts au condamné ([493]).

La proposition d'erreur devait être établie en principe sur une erreur de fait ([494]), car on admettait difficilement qu'une Cour souveraine pût pécher par ignorance du droit. Cependant, un arrêt souverain pouvait contrevenir de façon évidente à la disposition d'une ordonnance ou d'une coutume : ce qui se rencontra surtout après la rédaction des coutumes et l'exagération de la prétention des Cours de juger en équité. Le rôle du roi était de les contraindre à observer les lois, tout en faisant que leurs arrêts ne fussent pas discutés sans grave raison ([495]). Le *pourvoi en cassation* fut donc motivé sur la violation de la loi ou des règles de procédure ou de compétence ([496]). Le Conseil privé pût seul en

(490) *Ord.*, 1331; déc. 1344, art. 9; *Edit*, nov. 1479; *Ord.*, août 1539, art. 135, 136 (Is., t. 4, p. 401; t. 10, p. 848; t. 12, p. 628).

(491) *Ord.*, oct. 1498, art. 88 (matières possessoires); oct. 1535, art. 96 (les mêmes); févr. 1566 (causes présidiales); Blois, 1579 (jug. sur requête civile) (Is., t. 11, p. 359; t. 12, p. 447; t. 14, pp. 194, 416).

(492) *Ord.*, août 1539, art. 137, 138; — janv. 1560, art. 45 (Is., t. 12, p. 628; t. 14, p. 76). *Le nouveau stile de la Chancellerie de France*, 1622, pp. 29 et s., 79 et s.

(493) *Ord.*, crim., 1670, tit. 16.

(494) Rebuffe, o. c., nos 7, 41, pp. 288, 292. Charondas, o. c., p. 284.

(495) *Ord.*, Blois, 1579, art. 208; Rouen, janv. 1597, art. 32; janv. 1629, art. 54; *Ord.*, civ., 1667, tit. 5, art. 8 (Is., t. 14, p. 430; t. 15, p. 127; t. 16, p. 240; t. 18, p. 106).

(496) A. C., 14 oct. 1684; fév. 1714; 21 mars 1678 (Is., t. 19, p. 463; t. 20, p. 615).

être saisi, par requête signée de trois avocats au Conseil et accompagnée d'une consignation d'amende. Il rendait d'abord un arrêt d'assigné ou de soit communiqué sur le rapport d'un maître des Requêtes et après examen d'une commission de conseillers du roi. Ce n'était qu'après qu'il était plaidé au fond. Le pourvoi n'était pas suspensif [497].

§ 3. — La justice royale et les autres justices.

I. — SUBORDINATION DES JUSTICES A LA JUSTICE ROYALE.

1° Subordination des justices justicières.

Il ne suffisait pas que la royauté eût établi un ensemble imposant de juridictions; il fallait encore qu'elle leur rattachât et subordonnât les autres justices, en attendant de les supprimer. Le principe « toute justice émane du roi » proclamait la dépendance des juridictions seigneuriales et municipales et, sans leur porter un coup aussi direct, atteignait dans une large mesure la compétence des juridictions d'Eglise. Ajouter que le roi était aussi le souverain fieffeux du royaume aboutissait à placer toute la justice féodale ou foncière dans son ressort. Nous avons dit précédemment de quelle façon, vers le xiv⁰ siècle, la justice royale et les autres justices laïques s'affrontèrent [498].

i. *Les justices seigneuriales.* — Dès le xiii⁰ siècle, on commença de dire que « toute laie juridiction du roiaume est tenue du roi en fief ou en arrière-fief » [499]. Ces justices purent subsister plus ou moins longtemps, et quelques-unes importantes et un grand nom-

(497) *Règl.*, sept. 1673, art. 61-65; — *Décl.*, 23 sept. 1678; *Règl.*, janv. 1738, tit. 4, art. 21 (Is., t. 19, p. 177; t. 22, p. 48). En somme, le pourvoi en cassation fut organisé par des arrêts du Conseil privé et quelques déclarations ou règlements de la fin du xvii⁰ siècle, complétés ou modifiés au xviii⁰. Les critiques de Fénelon à son sujet valaient tout juste celles que son groupe adressait couramment au reste de l'administration royale, aux secrétaires d'Etat, aux maîtres des Requêtes, qui fournissaient les intendants honnis, etc.

(498) G. Coquille, *Hist. du Nivernois* (Œuvres, t. 1, p. 436) : « Depuis 300 ans en ça les Cours de Parlement et les gens du Roy ont eu pour cabale et loi non escrite d'observer et exécuter tous moyens pour abbaisser l'authorité et la Juridiction des Seigneurs et accroistre celle du Roy, ce qui a esté pratiqué encores de plus grande ardeur quand toutes sortes d'Etats Royaux ont esté faits vénaux, afin qu'on tirât plus d'argent quand la pratique seroit plus grande. »

(499) Beaumanoir, n° 322

bre d'infimes se prolonger jusqu'à la fin de la monarchie, elles n'en avaient pas moins perdu l'indépendance originelle qui les avait faites souveraines ([500]). Il fallut convenir que leurs possesseurs ou les tenaient d'une délégation royale ou les avaient usurpées. Le première explication, comme la plus favorable, fut supposée vraie toujours, bien qu'elle ne le fût que pour certaines et les plus récentes ([501]). A la fin du xive siècle, la juridiction royale avait le ressort féodal sur toutes les justices seigneuriales ([502]). Leur survivance ne se justifia plus que par cette soi-disant nature de fief, c'est-à-dire de propriété utile, anciennement concédée. C'est en tout cas ce qui en constituait la garantie et ce qui les sauva lorsque Pussort et les conseillers d'Etat, au moment des réformes législatives de Louis XIV, en demandèrent la suppression, et, en dernier lieu, en 1788, car les magistrats les défendirent au nom du droit de propriété ([503]). Mais, cela même ouvrait la voie à des suppressions, soit par rachat, ce qui se fit à plusieurs reprises (1539, 1666, 1674) pour les justices seigneuriales de la ville de Paris ([504]), soit par confiscation à raison de forfaitures, dénis de justice, refus d'appliquer les ordonnances ([505]). Au xvie siècle, il fut plusieurs fois prescrit qu'il n'y eût dans une même ville ou autre agglomération qu'une seule justice en première instance et ordonné aux seigneurs d'opter pour l'une d'elles

(500) Voy. ci-dessus, pp. 222 et s. Voy. André Giffard, *Les justices signeuriales en Bretagne aux* xviie *et* xviiie *siècles* (1661-1791) Paris, 1903.

(501) Bacquet, *Tr. des droicts de justice*, IV, 1, 2 : « On tient en France pour maxime certaine que le roy seul est fondé de droict commun en toute justice haute, moyenne et basse par tout son royaume... Partant, plusieurs sont d'advis que aucun seigneur ne peut prétendre droict de justice, soit haute, moyenne ou basse en aucun fief, terre ou seigneurie située en France, sans titre particulier, concession ou permission du roy ou de ses prédécesseurs. »

(502) Beautemps-Beaupré, *Cout. et instit. de l'Anjou et du Maine*, t. 1, p. 249; P.-E. Fournier, NRH., 1919, p. 652.

(503) L'édit de Crémieu ne s'appliquait pas à ces justices : *Décl.*, 16 janv. 1555 (Is., t. 13, pp. 462 et s.).

(504) *Edit*, févr. 1539 (Is., t. 12, pp. 665 et s.). Fleury, *op. cit.*, Ire part., ii, 1, p. 72.

(505) *Ord.*, févr. 1559 enjoignant aux hauts justiciers de punir les fauteurs d'assemblées illicites sous peine de perdre leurs justices (Fontanon, t. 4, p. 261); *Ord.*, févr. 1566, art. 30; mai 1579, art. 192, 196 (Is., t. 14, pp. 197, 427). *La jurisprudence de Guy Pape* (éd. Chorier), p. 102 : « Le Parlement l'a ainsi jugé. Il n'attend pas que les sujetz injuriez et maltraitez lui portent leurs plaintes; il les prévient... ». Du Moulin, *Commentarii in Consuet. paris.*, tit. 1, art. 3, gl. 1, no 10.

et de supprimer les autres (³⁰⁶). Ces justices se trouvaient ramenées
à quelques portions de la justice royale, déléguées aux seigneurs.
Les profits qui étaient abandonnés à ceux-ci en propriété formaient
un des éléments de leurs patrimoines; mais la fonction de juger,
comme tout office public, dépendait du roi. Logiquement, sa
Chancellerie eût dû en délivrer les provisions (³⁰⁷). S'il laissait l'institution de leurs officiers aux seigneurs, la réception de
ceux des hauts justiciers avait lieu au bailliage royal et, depuis
le xvᵉ et surtout le xviᵉ siècle, il s'appliqua à déterminer les
modes et conditions de recrutement ou l'organisation des tribunaux relevant nûment d'un bailliage ou d'une sénéchaussée (³⁰⁸).

La diffusion de la procédure savante avait provoqué de bonne
heure dans ces juridictions des modifications, plus ou moins rapides selon les provinces (³⁰⁹). Que la justice y fût rendue par
bailli ou par hommes de fief, ceux-ci ayant été ou s'étant eux-
mêmes éliminés au cours des xivᵉ et xvᵉ siècles, elles furent garnies de légistes et de praticiens, par conséquent modelées sur les
tribunaux royaux. Les seigneurs n'y siégeaient plus guère. Le
roi leur interdit d'y juger ou même d'assister à l'expédition des
causes (³¹⁰). Ils durent nommer des juges pour tenir leurs justices
et furent obligés de leur assurer des « gages honnêtes ». Avant
leur réception, ces juges furent soumis à un examen professionnel par un des lieutenants ou le doyen des conseillers du bailliage.
De plus une amende de 60 livres parisis frappait le haut justicier
pour le « mal jugé » de ses juges (³¹¹). La vénalité leur était
interdite par les ordonnances; elle n'y fit que des apparitions tardives et sporadiques; la conséquence fut que l'inamovibilité n'y
exista que dans la même mesure (³¹²). Ici, ni paulette, ni hérédité.

<hr>

(306) *Ord.*, janv., 1560, art. 50; janv. 1563, art. 24 (Is., t. 14, p. 78, 166).

(307) Loyseau, *Tr. des Offices*, V, 1, nᵒˢ 30 et s.

(308) Loyseau, *o. c.*, V, 2, nᵒˢ 81 et s. La réception consistait à prendre
le serment du nouvel officier sur la présentation de ses Lettres de provision.
Par là il était mis dans sa charge. — *Edit.*, mars 1693 (Is., t. 20, p. 175).

(309) Guilhiermoz, NRH, 1889, pp. 23 et s.

(310) Loyseau, *op. cit.*, V, 1, nᵒˢ 43, qui explique cela par un démembrement de la justice et de la souveraineté, de sorte que le représentant de
celle-ci pût plaider devant l'autre sans être juge et partie. Guy Coquille,
Hist. du Nivernois (Œuvres, t. 1, p. 435).

(311) *Ord.*, Orléans, 1560, art. 55; *Ord.*, Roussillon, janv. 1563, art. 27.
Ord., Blois, mai 1579, art. 101 (Is., t. 14, pp. 49, 166, 406). Une déclaration
du 26 janvier 1680 exigea que les juges des hauts justiciers fussent gradués
de l'Université (Is., t. 19, p. 229).

(312) *Ord.*, Roussillon, 1563, art. 27 : « Lesquels (juges) ils pourront à leur

La valeur de ces charges ne valait pas tant. Elles étaient aussi nombreuses que peu lucratives, bien que les ordonnances eussent interdit d'en augmenter le nombre et tâché de réduire les justices des seigneurs à un seul degré [513]. En tout cas, c'était un principe que nul seigneur ne pouvait créer de justices en sa terre, car il n'appartenait qu'au roi d'établir en France de nouvelles juridictions [514]. Mais, à part peut-être cette dernière, ces règles étaient mal observées. On reprochait aux justices seigneuriales de multiplier sans raison les possibilités d'appel, de n'attirer par leurs charges infimes que des ignorants ou des praticiens peu estimables qui les cumulaient avec toutes sortes de métiers, et la correspondance des intendants notait et justifiait ces plaintes. Elles fonctionnaient mal, les seigneurs ne s'y intéressant que dans la mesure des profits, qui étaient médiocres. Le criminel, qui rapportait peu et pouvait coûter, était négligé au point que l'outillage et le personnel essentiel manquaient pour la répression des crimes [515]. En 1771, on en vint, pour stimuler ces justices, à mettre aux frais du roi les instructions faites par le juge seigneurial et aux frais du seigneur celles faites par le juge royal. La plupart des seigneurs n'avaient près de leurs justices qu'un procureur fiscal; très peu y joignaient un avocat fiscal. Au criminel et en matière de police, ces officiers représentaient l'intérêt public [516]; au civil, ils défendaient l'intérêt particulier du seigneur en tant que tel, car l'on avait très vite admis et l'ordonnance civile de 1667 consacra que le seigneur ne plaidait devant son propre juge que pour ses droits seigneuriaux ou féodaux, encore

plaisir et volonté révoquer et destituer de leurs charges et offices, sinon au cas que leursdits offices eussent esté pourvus pour récompenses de services ou autres titres onéreux. »

[513] *Ord.*, janv. 1629, art. 122, 123 (Is., t. 16, p. 262). — Loyseau, *Tr. des justices de villages*. Fleury, *l. c.*, p. 73 : on pouvait rencontrer jusqu'à six degrés de juridiction.

[514] J. Faber, *Institutiones, de vulg. substit.* : « Barones non possunt plures gradus judicum sub se constituere. » Du Moulin, *l. c.*, § 1, gl. 5, n. 50 : « Inferior habens jurisdictionem non potest constituere aliam sub se. »

[515] Dans son projet de réforme de 1788, Malesherbes subordonnait l'existence de la justice criminelle à la possession de cet outillage et du personnel indispensable : auditoire, prisons convenables et sûres, procureurs-greffiers, geôliers : *Édit*, mai 1788, art. 18, 19 (Is., t. 28, p. 541). Cpr. *Ord.*, Orléans, janv. 1560, art. 55 (Is., t. 14, p. 79).

[516] Loyseau, *Tr. des seigneuries*, X, nᵒˢ 72, 73 : « car quand un procureur fiscal poursuit une cause criminelle ou de police, c'est la vérité qu'alors il fait Office de substitut de Monsieur le Procureur général du Roy auquel tout interest public appartient. »

fallait-il que le domaine sur la terre ne lui fût pas contesté ([517]).

On continuait à distinguer les justices seigneuriales en hautes, moyennes et basses. Les premières étaient rares. La basse justice consistait à connaître des causes civiles jusqu'à trois livres, et celles de police jusqu'à sept sous d'amende; la moyenne à juger toutes les causes civiles et les criminelles jusqu'à soixante sous d'amende ([518]).

II. *Les justices municipales.* — Les justices municipales, au moins celles des anciennes villes libres étaient aussi des justices seigneuriales qui, depuis le xive siècle, subissaient la dépréciation continue de tout ce qui était de la seigneurie ([519]). Elles différaient des autres surtout en ce qu'elles se défendaient moins bien. Comme elles appartenaient à des personnes de droit public, le caractère patrimonial qui fut longtemps la sauvegarde des justices particulières, s'y trouvait à peine marqué. On considéra que si les collectivités bourgeoises les tenaient du roi, la concession n'avait pas ici nature de fief, mais de privilège ou faveur gratuite, qui ne comporte dans le domaine du droit public aucune garantie de perpétuité ([520]). On ne faisait exception que pour celles dont les villes prouvaient l'acquisition à titre onéreux ou l'établissement par traité ou capitulation ([521]). Un autre désavantage était de ne pouvoir s'adapter aux transformations de la procédure par le choix d'un personnel approprié, puisque les offices en étaient incorporés aux magistratures municipales essentiellement temporaires et remplies par des hommes étrangers à l'étude et à la pratique du droit. Les prescriptions des ordonnances concernant les juges seigneuriaux ne pouvaient d'aucune façon leur

---

(517) *Et. de Saint-Louis,* II, 28, t. 2, p. 421. Cpr. P.-F. Fournier, NRH., 1919, p. 651. — *Ord. civ.,* 1667, tit. 24, art. 11 (Is., t. 16, p. 150). Boissieu, *De l'usage des fiefs,* p. 449; Loyseau, *Tr. des offices,* V, 1, n° 44 : « Mesme on ne trouve pas bon qu'un seigneur soit nommé en son siège, comme partie en ses causes; mais il faut que son procureur fiscal soit en qualité, comme si c'estoit la seigneurie qui plaidât et non le seigneur... » Guy Coquille, *op. cit.,* p. 341.

(518) Loyseau, *Tr. des seigneuries,* X, n°s 3, 9-15; Fleury, *o. c.,* Ire part. II, 1, p. 72; Bacquet, *Des droits de justices,* II; Boissieu, *De l'usage des fiefs,* p. 452.

(519) Loyseau (*Tr. des seigneuries,* XVI, n° 1-3), ne veut les qualifier ni seigneuriales, ni royales; mais c'est faire abstraction de l'histoire de la plupart d'entré elles que de leur refuser une origine seigneuriale et même parfois féodale : voy. ci-dessus, pp. 300, 303. Loyseau exprime la jurisprudence de son temps.

(520) *Ibidem,* n^{os}, 58, 91-93.

(521) *Ibidem,* n°s 82-85, 87-90.

être appliquées, bien que, dans certaines coutumes, les échevins fussent appelés *gens* ou *hommes de loi*, ce qui signifiait simplement juges ([522]).

Depuis longtemps, les juridictions municipales reculaient peu à peu devant les entreprises des juges royaux ([523]), lorsque Michel de l'Hôpital leur enleva par l'ordonnance de Moulins, en 1566, toute juridiction civile, mais leur laissa la justice criminelle et la police, ce dont s'émerveille Loyseau, car la justice criminelle est le *jus gladii* qui ne convient qu'au souverain ([524]). Cependant, des villes parvinrent à sauver tout ou partie de leur justice civile, en excipant d'un contrat à titre onéreux ou d'une capitulation. La juridiction criminelle qu'on leur avait laissée fut entamée à son tour; peu de villes la gardèrent à peu près intacte jusqu'à la fin. La plupart n'avaient ni personnel suffisant, ni outillage nécessaire pour y pourvoir. Le plus ordinairement, lois et ouvrages de doctrine la passaient sous silence.

III. *Les justices d'Eglise.* — Autrement importantes et de plus haute allure, les justices d'Eglise ne se laissaient pas aussi facilement ramener à une ancienne délégation royale. Pour une part de leur compétence elles étaient antérieures à la royauté même; pour l'autre, la plus étendue, elles l'avaient établie au Moyen âge, dans la carence de l'Etat, sur le concept de l'Eglise, société parfaite, se suffisant à elle-même, par conséquent munie de toutes les institutions que requiert le jeu de la vie sociale. Dans les deux cas, l'Eglise disait ses pouvoirs compris dans sa mission sur la terre. La réussite même de cette entreprise et l'attrait des plaideurs pour ses tribunaux en justifiaient l'existence. Mais, dès la fin du XIIᵉ siècle, juridictions ecclésiastiques et seigneuriales entrèrent en conflit et, si les rois avaient d'abord affecté quelque indifférence pour ces luttes, au XIVᵉ siècle ils les poursuivirent pour leur compte ([325]). Alors le pouvoir royal avait repris tous ses attributs, réorganisé ses rouages judiciaires et l'exercice de sa fonction essentielle qui était l'ordre et la paix, le mettait en concurrence avec l'Eglise qui s'était jusque-là évertuée à les assu-

---

(522) *Ibidem*, nᵒˢ 47-50. On disait même pour les désigner « la loi » tout court.

(523) Voy., par exemple, les conflits de juridiction entre les officiers royaux et la ville de Saint-Quentin : Emm. Lemaire, *Arch. anc. de la ville de Saint-Quentin*, t. 2, pp. XX et s.

(524) *Ord.*, Moulins, févr. 1566, art. 70 (Is., t. 14, p. 208). — Loyseau, *l. c.*, nᵒˢ 80 et s.

(525) Voy. ci-dessus, p. 333.

rer par des procédés analogues aux siens. Dès le premier heurt, il apparut que l'Eglise exerçait deux sortes de juridictions : l'une purement spirituelle qui avait sa source dans son pouvoir de direction et de discipline sur les fidèles et qui ne pouvait appartenir qu'à elle; l'autre qui, sans être étrangère à son rôle essentiel, visait plus spécialement cette paix et cet ordre qui étaient la raison d'être de l'Etat. Il y eut donc un domaine commun d'où l'un des deux pouvoirs devait chasser l'autre, à moins qu'ils ne s'arrangeassent de quelque transaction ou fiction. A la vérité, l'on parut d'abord s'en tenir à la transaction, mais on aboutit vite à la fiction. Dans les matières criminelles, qui surtout touchaient à l'ordre social, la concurrence fut, en bien des cas, acceptée, de même en quelques autres du statut des personnes que la législation et la jurisprudence ecclésiastiques avaient pourtant solidement groupées autour et comme des dépendances du mariage (⁵²⁶). Mais, cela admis, les progrès des juridictions royales ne cessèrent plus, celles d'Eglise furent en continuel recul. Dès les premiers débats, des défenseurs de celles-ci avaient cru étayer leurs thèses en rappelant les constitutions du Bas-Empire sur la juridiction des évêques et des souvenirs de l'époque franque; ils fournirent ainsi à leurs adversaires l'argument tiré d'une concession du pouvoir séculier à l'Eglise pour tout ce qui, dans sa compétence judiciaire, n'était d'ordre purement spirituel (⁵²⁷). En outre, l'éminente dignité religieuse que la tradition et le sacre conféraient au roi de France rendait moins choquante cette subordination, d'où qu'elle vînt, des cours d'Eglise à la sienne : en tant que protecteur de l'Eglise, il était armé pour décider de ce qui était utile au fonctionnement de ses institutions (⁵²⁸). Mais on y joignait à bon droit que la haute police de l'Etat sur le territoire du royaume exigeait que rien de ce qui intéressait la chose publique n'échappât à son contrôle. Aussi les cours ecclésiastiques ne purent procéder à aucune instruction ou décision sans en référer aux gens du roi :

(526) Voy. ci-dessus, pp. 340 et s.

(527) Fleury, *Institution au droit ecclésiastique* (éd. Boucher d'Argis), t. 2, p. 3, n° 1. « Tout ce que l'Eglise possède de juridiction pour les affaires temporelles, n'est point de droit divin. Elle le tient de la piété des souverains qui l'ont rendue à cet égard dépositaire d'une partie de leur autorité. Ce sont eux qui lui ont attribué un tribunal contentieux. » Il ajoute (p. 15) : « L'Eglise a autant de raison de conserver ces droits que ces autres biens temporels. »

(528) Talon [Le Vayer de Boutigny], *Tr. de l'autorité des Rois touchant l'administration de l'Eglise*, 1700, pp. 89 et s., 150, 254 et s.

finalement, il y eut auprès de chacune d'elles un procureur et des avocats du roi, qui y eurent même rôle et mêmes attributions que près des tribunaux royaux; tous leurs actes ou jugements furent expédiés par un garde-scel royal [529]. Les rois ne doutaient pas de leur droit de faire des règlements pour l'exercice de la justice ecclésiastique, de déterminer les conditions requises pour en remplir les offices (conditions de grades universitaires, par exemple) [530]. Les ordonnances étaient adressées aux officialités et les obligeaient comme les autres juridictions [531]. Leurs sentences et jugements étaient exécutés par l'autorité du roi [532]. La souplesse de l'appel comme d'abus permettait de soumettre au Parlement, qu'on disait parfois participer de la justice ecclésiastique à cause de ses conseillers clercs, même les causes purement spirituelles [533]. Insensiblement les justices d'Eglise, à mesure que leur domaine se réduisait, avaient glissé dans l'orbe, ou presque, de la justice royale.

2° Elimination de la justice féodale.

Les origines contractuelles de la justice féodale ou foncière la rendaient peu compatible avec le principe que toute justice émanait du roi. Mais elle en fut en quelque manière rapprochée quand, au xiii° siècle, celui-ci fut tenu pour souverain fieffeux du royaume et qu'on dit que tout fief relevait de lui nûment ou par moyen [534]. La fiction devenait possible qu'au contrat primitif dont elle était sortie, il avait été partie.

Dès ce temps-là, elle était déjà fort entamée; elle était réduite exclusivement à ce qui concernait la tenure, car, pour tout autre litige, le vassal dépendait du seigneur naturel à qui il devait l'hommage lige, c'est-à-dire dont il était le sujet [535]. Or, la suzeraineté générale du roi entraînait dans tout hommage la réserve de la « ligence » vis-à-vis du roi, ce qui, logiquement, plaçait l'homme dans le ressort de la justice royale pour tout ce qui n'était pas du fief ou de la censive. La justice ordinaire ramenait

(329) *Ord.*, déc. 1540, art. 11; *Edit*, mai 1539, art. 1, 3 (Is., t. 12, p. 714; t. 16, p. 511).

(330) *Ord.*, 22 mai 1680. *Edit portant règlement pour la justice ecclésiastique*, avril 1695 (Is., t. 19, p. 239; t. 20, p. 255).

(531) *Ord. civ.*, avril 1667, tit. 1. art. 1 (Is., t. 18, p. 105).

(532) *Edit*, avril 1695, art. 44 (Is., t. 20, p. 255).

(533) *Ibid.*, art. 34 (p. 253).

(534) Voy. ci-dessus, pp. 426 et s.

(535) Voy. ci-dessus, pp. 202 et s. — Guillaume Durant, *Speculum juris*, IV, iv, *de feudis*, n° 17.

à elle toutes les causes personnelles du vassal en qui la condition
de sujet l'emportait alors sur celle de membre d'un groupe féodal.
Mais dans la personne du roi la suzeraineté générale tendit à s'incorporer à la royauté et l'on admit que le vassal pouvait assigner
son suzerain devant le roi et ce droit fut sanctionné par une
incrimination de la part du roi contre le suzerain qui ferait un
procès au vassal pour ce fait ou le frapperait d'amende (536).

La nature même de la justice féodale requérait qu'elle fût rendue par les hommes de fief. Mais ces sortes de cours
devinrent, au xive et au xve siècle, de plus en plus difficiles à composer ou à réunir. En outre, à mesure que les
feudistes construisirent le droit féodal à la façon d'un droit
savant, il fallut pour en juger des praticiens l'ayant étudié. Les
hommes de fief s'en désintéressèrent; plus ou moins vite, selon les
régions, on ne vit plus de cours féodales. Au xve siècle, on déclara
que le roi était seul à avoir des pairs; et le statut de la pairie
s'écarta notablement des règles féodales (537).

N'ayant pour ainsi dire plus de tribunaux, la justice foncière
fut réduite à la perception des cens et rentes : il suffit d'un
sergent pour y pourvoir (538). Au xvie siècle, on ne lui reconnaît
rien de plus. Aussi, du Moulin conseillait-il à ses possesseurs,
comme plus sûr, plus rapide et plus sage, de s'adresser, pour
l'exécution de ces paiements, aux juges ordinaires (539). Limitée
à connaître les droits utiles du suzerain, et ne pouvant juger aucune cause de partie à partie, passée désormais à ces juges (540),
la justice foncière survécut obscurément en quelques rares cou-

---

(536) *Etabl. de Saint-Louis* I, 59, II,, 28 (éd. Viollet, t. 2, pp. 85, 421).
Cout. et instit. de l'Anjou et du Maine (éd. Beautemps-Beaupré, t. 1, p. 249)
— H. Lévy-Bruhl, NRH., 1919, p. 645.

(537) Les justices des pairs étaient des hautes justices seigneuriales.

(538) *Gr. Cout. de Fr.*, IV, ch. 11, p. 645 : « Justice foncière est avoir cens
sur ses subjects...; car du cens non paié, l'en paie amende cinq ou six
sols selon la coustume du lieu, et du cens réel, et du champart levé soixante
sols ung denier. Et peult avoir sergent pour exécuter sur son fons, et siège
d'une forme ou d'une table pour recepvoir ses cens. »

(539) Du Moulin, *In Consuet. paris.*, § 42, gl. 1, nos 77-78. Déjà, au xive siècle,
Gr. Cout. de Fr., l. c., p. 648 : « Assavoir que ung seigneur foncier prétent
fons de terre sur aucun héritage séant en la haulte justice d'un hault justicier, et là icelluy seigneur foncier n'a aucun exploit de fait et se l'en ne
le veult paier, il doit venir au remède par-dessus le hault justicier. »

(540) Boerius, *Decisiones*, p. 227, 12 : « debet solum ad cognoscendum
inter praebentes census et reditus, ratione illorum, et non contractuum
aut excessuum. »

tumes, principalement en pays de nantissement où le transfert des droits de propriété et d'hypothèque exigeait la dessaisine saisine par l'intermédiaire des officiers du seigneur foncier (541). Le contentieux féodal se trouvait ainsi réuni à la justice justicière et les auteurs firent remarquer qu'alors il était bien vrai que : « Fief et justice n'ont rien de commun » (542).

3° L'appel, ou le ressort.

Le signe le plus décisif de la subordination des justices, c'est le ressort, le droit de connaître de leurs jugements en appel. Au xiiie siècle, c'était un principe que le roi n'accordait ni ne reconnaissait de justice particulière que *rentento nobis ressorto,* et les légistes enseignèrent qu'il en avait toujours été ainsi.

L'appel requiert une hiérarchie judiciaire organisée et suppose une culture juridique assez avancée, car les hommes simples se refusent, de prime abord, à croire à la supériorité nécessaire de science et de moralité des seconds juges sur les premiers. La procédure du Moyen âge n'avait connu que l'appel « pour défaute de droit » et celui « de faux jugement », très différents du système d'appel que nous pratiquons aujourd'hui (543). Ce système, les justices d'Eglise l'avaient de bonne heure emprunté au droit romain (544), et c'est d'elles autant que de celui-ci que les juridictions séculières le prirent pour l'adapter tardivement, au moins en pays de coutumes, à leur propre fonctionnement.

L'usage s'en était répandu d'assez bonne heure dans les pays du Midi, où le droit romain était mieux connu et l'étendue des seigneuries comportait des degrés de juridiction plus nombreux. Dans la seconde moitié du xie siècle, les *Petri exceptiones* y font allusion et des actes montrent des appels interjetés des juges inférieurs aux tribunaux supérieurs (545). Dans le Nord, au xiiie siècle seulement, les restrictions de saint Louis à la procédure par gages de bataille, la diffusion de la procédure écrite, l'organisation du Parlement, l'établissement des baillis sédentaires, lui ouvrirent le champ et l'on put appeler du prévôt au bailli, du bailli au Par-

(541) Bacquet, *Tr. des droits de justice,* III, nomb. 23.
(542) Voy. ci-dessus, p. 276.
(543) Voy. ci-dessus, p. 233.
(544) Voy. ci-dessus, p. 145. J. Declareuil, *Rome et l'organisation du droit,* pp. 101, 365.
(545) *Petri exceptiones,* VI, ap. Savigny, *Geschichte des römischen Rechts,* t. 4, pp. 402 et s.; Marcel Fournier, *Essai sur l'histoire du droit d'appel,* pp. 180 et s.

lement, et l'affaire était renvoyée au juge moyen s'il avait été omis (⁵⁴⁶), à moins qu'il ne s'agît d'appel incident, auquel cas le juge saisi de l'appel principal prononçait sur les deux (⁵⁴⁷).

Mais cet appel n'eut, de longtemps encore, ni les formes, ni l'étendue de l'appel romain (⁵⁴⁸). On procédait par voie de *supplicatio*, en demandant au juge et, sur son refus, à la Cour du roi d'amender le jugement (⁵⁴⁹), ou par voie d'*appellatio*, qui consistait à assigner le juge ou les jugeurs devant la Cour supérieure pour faire confirmer ou annuler leur sentence, ce qui aboutissait, plus exactement, à une sorte de cassation (⁵⁵⁰). L'appel n'était pas dévolutif (⁵⁵¹). Cependant, il semble que, par le premier moyen, on pût obtenir la réforme du jugement devant le roi, pour violation de la loi ou de la coutume (⁵⁵²). Dans ces cas, on se rapprochait de

(546) Beaumanoir, n° 1774. — *Instruct. des procès*, 7 jànv. 1277, art. 29 (Is., t. 2, p. 664). Cpr. du Breuil, *Stilus Curie Parlamenti*, XXII, éd. Aubert. p. 184.

(547) Imbert, *Enchiridion ou brief recueil du droict escript*, pp. 13 et s.

(548) Du Breuil, *op. cit.*, IV, 1, 2, éd. Aubert, p. 20 : « Ubi appellatur ab aliquo judice terre consuetudinarie, adjornatur judex qui tulit sententiam principaliter et non pars... Item, e contrario fit in patria que regitur jure scripto : quia adjornatur ille pro quo lata fuit sententia principaliter et fit intimacio judici. » J. Boutillier, I, 3, p. 14. — Lizet, *Practique judiciaire*, II. 7.

(549) *Et. de Saint-Louis*, I, 85 : « Et se li bailliz ne voloit bien droit faire l'amendemant de jugemant, cil en puet bien apeler devant le roi... Et se li jugemanz ne fu bien faiz, li rois li doit faire rendre ses couz et ses domaches au bailli qui fist le jugemant », II, 15 (t. 2, pp. 140, 383).

(550) P. de Fontaines, XXII, 23 : Li home le roi à Saint-Quentin firent jugement entre deus dames dont l'une apela à la cort le roi et fist ajorner les jugeors et la partie en la cort le roi... Après molt de paroles l'en demanda as homes et à la dame qui les avoit ajorné, s'il voloient oïr droit ? Ils distrent que oïl. L'en jugea qu'il avoient fet à la dame II faus jugemenz, por quoi la dame recovra quanqu'ele i avoit perdu, et l'amendèrent au roi. Et ce fu li premiers dont j'oïsse onques parler qui fust rapelez en Vermendois sanz bataille. » XXII, 24, pp. 304 et s. Beaumanoir, n° 24 : « car se l'en apele des jugemens des baillis en la court ou il jugent, il ne font pas leur jugement bon par gages de bataille. Ainçois sont porté li errement du plet seur quoi li jugemens fu fes en la court du seigneur souverain au baillif qui fist le jugement; iluecques est tenus pour bons ou pour mauvès.

(551) *Et. de Saint-Louis*, II, 16 (t. 2, p. 384); Imbert, *La practique judiciaire*, II, 7, 4, p. 542.

(552) Pierre de Fontaines, XXII, 33, p. 314 : « Quant aucuns dit que l'en li a fait jugement contre la costume del païs commune, bien afiert au roi. qui les costumes a à garder, qu'il oie le recort del jugement; et là où il conoistra les communes costumes del païs brisiées par mauveis jugement. bien afiert à lui qu'il les face rencérinier (rétablir) et amender ce qui est faiz encontre. » — *Et. de Saint-Louis*, II, 16 (t. 2, p. 384) : « que l'en doit souploier au roi que li lou jugement voie ou face veoir et se il est contre

l'appel romain ou canonique, mais les textes sont peu clairs [553].

Le recours « sur errements du plaid » étant reçu entre les diverses juridictions royales, il s'agit de l'imposer des juridictions seigneuriales à celles-ci. Les justices des seigneurs étant réputées tenues du roi en fief ou en arrière-fief se trouvaient rattachées à lui selon les règles féodales qui établissaient un recours de bas en haut, de vassal à suzerain, puis à suzerain supérieur, mais sous les seules formes d'appel pour « défaute de droit » ou de « faux jugement » [554]. De sorte que les hauts seigneurs protestèrent qu'on ne pouvait appeler devant le roi que de leur propre cour, et non de celles de leurs vassaux et seulement pour ces deux causes : ce qui appert nettement de l'affaire des appels d'Aquitaine. Le duc de Bretagne et d'autres soutinrent les mêmes prétentions. Le Parlement dût admettre cette pratique, tout en y joignant qu'on pourrait appeler devant lui pour les deux cas d'appels féodaux et aussi « de tel grief excès qui soit hors de tote justice », formule vague qui ménageait les droits du roi [555]. C'était écarter pour le moment le principe déjà introduit au XIIIe siècle, que tout sujet pouvait se plaindre au roi de son seigneur [556]. On tâcha de suppléer à ces pertes par la théorie des cas royaux [557].

Mais le caractère subalterne des justices seigneuriales apparut dès ce moment, par le rang assigné aux hauts justiciers à côté des prévôts royaux. Sauf quelques princes souverains et les pairs, qui continuèrent à relever nûment du Parlement, ils furent placés dans les ressorts des baillis et des sénéchaux, devant qui les appels de leurs justices furent portés [558]. De plus, dès le XIIIe siècle, les rois interdirent aux seigneurs de créer des juges d'appel [559],

droit qu'il le depiece. » — *Usage d'Orlenois*, 14 = *C. Touraine-Anjou*, 63 (t. 1, p. 502, t. 3, p. 42). Cpr. *Jostice et Plet*, XX, 16, 2, p. 16. — Leroux de Lancy, *Hist. de l'Hôtel de Ville de Paris*, 2e part., p. 138.

(553) *Ord. contre les duels* (1258-1260?) : Et donroit li prevoz jugement selonc tous erremanz, se la chose estoit clere. Ne ne porra l'en apeler de son jugement; mes l'en porra souploier au roi que il le jugement voie et se il est contre droit qu'il le depiece ». *Et. de Saint-Louis*, t. 1, p. 487.

(554) Beaumanoir, n° 93 ; « en la court laie sont li apel de degré en degré, dou sougiet as seigneurs, et de seigneur en seigneur dusques au roi, es cas qui ne sont demené par gage de bataille. » Du Breuil, o. c., XXIII, 1, p. 156.

(555) Langlois, *Textes rel. à l'hist. du Parlement*, p. 148, 188, 190. — *Arrêt*, 1286; *Ord.*, 17 mai 1317; juill. 1319, art. 4; 3 mars 1356; mai 1369 (Is., t. 2, p. 672; t. 3, pp. 82, 223; t. 4, p. 844; t. 5, p. 323).

(556) *Et. de Saint-Louis*, I, 59, t. 2, pp. 85 et s. Voy. ci-dessus, note 536.

(557) Voy. ci-après, p. 693 et s.

(558) *Jostice et Plet*, I, 19, 3, p. 9. J. Faber, *Instit.*, p. 42.

(559) *Mand.*, 1277; 1er juil. 1328; *Ord.* Roussillon, art. 24 (Is., t. 2, p. 664;

tant parce que le droit d'établir des ressorts était régalien que
pour ne pas compliquer encore les degrés de juridiction déjà
si nombreux qu'on pouvait appeler dans certaines affaires trois ou quatre fois et, en des cas plus rares, même six
fois (560). L'ordre des appels civils allait du seigneur
inférieur au seigneur supérieur, du plus élevé de ceux-ci
au bailliage ou à la sénéchaussée, puis au Parlement.
Mais au criminel, l'appel, quel que fût le juge seigneurial qui eût
prononcé la sentence, fut porté très vite, *omisso medio*, au Parlement, quand il s'agissait de crime entraînant une peine afflictive
et infamante, et cela dans tous les procès, car le procureur fiscal
avait ordre de toujours faire appel *a minima;* quand la peine
était moindre, il l'était devant le Parlement ou les baillis et sénéchaux, au choix des accusés (561).

Cependant, depuis le xvie siècle, l'appel évolua de plus en plus
en se rapprochant du type romain. D'une part, il devint un
second procès contre la partie gagnante : elle fut directement
assignée et le juge fut, comme elle jadis, simplement intimé; puis celui-ci ne fut plus mis en cause et cessa d'être responsable de sa sentence, sauf dans les cas où il y avait lieu à « prise
à partie » (562). D'autre part, l'appel prit un caractère dévolutif,
c'est-à-dire que le juge d'appel ne se contenta plus de prononcer
le « bien » ou le « mal jugé », mais retint la connaissance de
l'affaire et substitua une sentence nouvelle à celle des premiers
juges. Il fut aussi d'ordinaire suspensif (563).

Sauf exception aussi, l'appel pouvait être interjeté pendant dix
ans, à partir du jour du jugement, par acte de procureur à procureur, suivi, dans les trois mois, d'une prise de lettres au greffe,
appelées *relief d'appel* et signifiées à la partie assignée, sous peine
de désertion d'appel. Mais, dans les dix ans, il était possible de
le renouveler. Aucune poursuite sur un appel n'était admise

t. 4, p. 357; t. 14, p. 166). *Edit de Charles IX* (Joly, t. 2, p. 1136). Loyseau,
Tr. des seigneuries, IV, n°s 55-57; VIII, n°s 75 et s.

(560) *Edit*, juill. 1601; *Ord.*, mai 1788, *préam.* (Is., t. 11, p. 422, t. 28,
p. 535). Imbert, *La practique judiciaire*, II, 3, p. 465.

(561) Système adopté par l'ordonnance criminelle de 1670, tit. 6, art. 1.
— Rousseau de la Combe, o. c., p. 348, n°s 12, 13, 14; Esmein, *Hist. de la
procédure criminelle*, p. 153.

(562) *Ord. crim.*, 1670, tit. 6, art. 1, 2; tit. 21, art. 1; *Edit*, 1693, art. 20;
Arrêts de régl. de 1693, 1699. — Pothier, *Tr. de procédure civile*, IIIe part.
1re sect., *De l'appel*, art. IV, § 3.

(563) Sur les sentences qui s'exécutent nonobstant appel : Pothier, l. c.,
art III, § 2; Jousse, *Comm. sur l'ord. civile de 1667*, tit. 17, art. 17.

avant la consignation de l'amende, due en cas de rejet ([564]). Au criminel, l'appel put être interjeté tant par le ministère public, appel à *minima*, ou par la partie civile, que par l'accusé. Tout jugement contenant condamnation à une peine corporelle ou à la question était l'objet d'un appel obligatoire, car il ne pouvait être exécuté que confirmé par la Cour. Dans les autres cas, l'appel ne pouvait être fait que par un condamné prisonnier. Le président du tribunal d'appel désignait un rapporteur et communiquait la procédure au procureur général, et l'affaire était jugée sur le rapport, les requêtes des parties, s'il y en avait, et les conclusions d'un avocat général ([565]). Jusqu'au nouvel arrêt, on disait que l'appel éteignait la condamnation ([566]).

Nous savons comment on avait entrepris depuis le xvi° siècle, par la création des présidiaux, de limiter le nombre des appels et les retouches successives qui furent faites à leur compétence dans ce but. Lors des réformes de Lamoignon, en 1788, on tenta de ramener tous les procès à deux degrés de juridiction, en permettant à chacune des parties de s'y tenir ([567]). Dans ce but aussi, la juridiction seigneuriale fut déclarée facultative pour les parties qui pourraient toujours, à la demande de l'une d'elles, s'adresser directement à la justice royale ([568]).

II. — Restrictions de la compétence et dépouillement des justices seigneuriales ou d'église.

Il ne suffit pas à la justice royale de s'être subordonné toutes les autres ; leur suppression n'ayant pas été jugée possible, elle essaya du moins, en l'attendant, de leur enlever leurs justiciables et des litiges. Des pratiques anciennes ou nouvelles, des théories

---

([564]) *Ord. civ.*, 1667, tit. 6, art. 8. — Pothier, *loc. cit.*, art. IV.

([565]) *Ord. crim.*, 1670, tit. 26, art. 6-10, 12. — Pothier, *Tr. de procédure criminelle*, sect. V, art. III, *des appellations*.

([566]) « *In criminalibus appellatio extinguit judicatum* » : Voy. Daguesseau, *Œuvres*, t. 8, *Lett.* 149.

([567]) *Ord.*, mai 1788, *préam* : « Nous avons reconnu... que s'il était de notre justice d'accorder à nos sujets la faculté d'avoir dans la discussion de leurs droits deux degrés de juridiction, il était aussi de notre bonté de ne pas les forcer d'en reconnaître un plus grand nombre » (Is., t. 28, pp. 335 et s.).

([568]) *Ibid.* : « Ainsi, loin de rien retrancher aux justices des seigneurs, nous les maintenons dans l'exercice d'une justice immédiate et locale... Nous n'interdisons d'ailleurs à aucun de leurs justiciables le recours à leurs juridictions, quand les deux parties jugeront à propos de s'y soumettre. »

souples et facilement extensibles y furent cumulativement utilisées. Si quelques unes n'avaient pas été imaginées pour cela, elles y servirent.

1° La justice royale leur enlève des justiciables.

Des causes nombreuses furent remises au juge royal à raison des conditions dans lesquelles des crimes avaient été commis ou certains actes avaient été conclus.

Une tradition ancienne investissait le juge du lieu du droit de juger sans désemparer le délinquant surpris en flagrant délit et d'ordonner, en présence de la foule, l'exécution de la peine, sans avoir à rechercher de qui le coupable était le justiciable [569]. On y assimila ensuite le crime notoire [570]. Il semblait que cette pratique pût, à l'occasion, bénéficier aux juges seigneuriaux ou ecclésiastiques, mais comme les juges du roi étaient plus nombreux, plus actifs, mieux secondés, cette réciproque possible ne rétablissait pas l'égalité; les ordonnances excitaient en vain les seigneurs à remplir leurs devoirs de justiciers dans la poursuite des criminels. Et puis, dès le xiii° siècle, si le délinquant niait que le délit fût flagrant, il n'appartenait qu'à la justice royale d'en décider sur les preuves que le juge seigneurial devait fournir. Si elle estimait celles-ci insuffisantes, elle restait saisie [571]. Cette procédure, par la suite, fut

(569) P. de Fontaines, *o. c.*, XXXI, I, II, p. 361 et suiv. Voy. ci-dessus. p. 131.

(570) Julius Clarus, *Sententiarum libri V, quaest. VIII* : si delinquens sit in flagranti crimine repertus : tunc... non modo judex potest contrà eum inquirere, sed etiam procedere usque ad sententiam, juris ordine non servato... Quaero an, quando reus est deprehensus in flagranti crimine, requiratur sententia ? Resp... videtur sentire quod non, sed quod potest ei infligi poena absque sententia. » p. 78, 1, 2; 79, 4. Il note que de son temps, les juges prudents procèdent avec plus de forme. — Sur le délit notoire : *Ibid., quaest. IX*, p. 79.

(571) *Etabl. de Saint-Louis*, II, 2 (t. 2, pp. 331 et suiv.) : « Se aucune joutise prant I home le roi, ou un sien joutisable qui au roi s'avoe, à quelque meffait que ce soit en presant fait, en sa joutise ou en sa seignoirie, et il nie le presant, la joutise qui le sigra si provra le present par devant la gent le roi. Et si en seront en saisine la gens le roi avant totes evre... Et si li presanz n'est provez soufisamment, il demorra en la cort qu'il aura avoée par joutisier. » Cpr. *Abrégé Champenois*, 94 (t. 3, p. 164); L. Delisle, *Rec. des jugem. de l'Echiquier de Normandie*, p. 11, A cette règle, les seigneurs tâchaient de se soustraire : *Vie de Saint Louis par le confesseur de la reine Marguerite*, (HF., t. 20, p. 118); Tanon, *Registres criminels de la justice de Saint-Martin des Champs*, pp. XL, XLI.

adoucie. Dans les derniers temps, le flagrant délit n'avait plus pour effet que de permettre la prise de corps et l'interrogatoire sans information préalable, et d'autoriser les juges, incompétents pour connaître du crime, à procéder à l'arrestation et à un rudiment d'instruction ([572]) : ce que négligeaient de faire les derniers juges seigneuriaux parce que cela ne rapportait rien.

La coseigneurie ou *pariage* fournit au roi de multiples occasions d'absorber, dans sa justice, la justice seigneuriale. Aux xive et xve siècles, il pratiquait surtout le pariage avec des villes et des seigneurs ecclésiastiques, églises, chapitres, monastères, et finissait presque toujours par évincer ceux-ci. En principe, la justice devait être exercée alternativement par les officiers des coseigneurs ([573]). Mais « qui a compagnon a maître, et principalement quand c'est le roi » ([574]). Fréquemment, par économie ou persuasion, le coseigneur supprimait ses juges, ne partageant plus, avec le roi, que quelques profits faciles à racheter. Des hommages ou dénombrements portent que « la justice est exercée par le juge royal, tant pour S. M., qu'au nom du cosseigneur » ([575]). Avec le temps, celui-ci ne figurait plus que pour mémoire.

Les bourgeoisies royales amenèrent aux juges royaux une clientèle plus nombreuse encore. Nous savons qu'elles consistaient, de la part des sujets des seigneurs, à obtenir du roi, moyennant un faible « droit de jurée », des *Lettres de bourgeoisie* qui les rendaient exclusivement justiciables, comme défendeurs, des tribunaux du roi. Sur les protestations des seigneurs contre l'accueil favorable des baillis et sénéchaux à ces requêtes ([576]), une ordonnance de 1287 exigea que tout nouveau bourgeois royal acquît, dans une ville de bourgeoisie du domaine royal, une maison et que lui ou sa femme l'occupât huit mois de l'année, que les célibataires y laissassent, pendant le même temps, des domestiques, à moins d'excuses légitimes, et qu'ils y vinssent autant que possible aux bonnes fêtes ([577]). Depuis 1360, les Let-

(572) *Ord. crim.*, 1670, tit. 10, art. 8, 9; tit. 1, art. 16; tit. 2, art. 4; *Ord.*, mai 1788 (Is., t. 18, pp. 389, 374; t. 28, p. 541). Rousseau de la Combe, o. c., p. 232.

(573) *Ord.*, janv. 1563, art. 25, 26 (Is., t. 14, p. 166).

(574) Loysel, n° 379; Chopin, *De Dominio*, II, 8, 7; Du Cange, v° *Pariage*.

(575) *Rec. de jurispr. féodale à l'usage de la Provence et du Languedoc*, 1765, t. 2, p. 30.

(576) Voy. ci-dessus, p. 362.

(577) *Ord.*, 1287, art. 1, 2, 3, 4, 7 (Is., t. 2, pp. 675 et s.). Au bas de l'or-

tres durent être vérifiées par la Chambre des Comptes. Sur de nouvelles plaintes ([578]), Charles V reprit l'ordonnance, mais diminua les conditions de résidence : il avoue qu'on n'en tient nul compte et qu'on devient bourgeois du roi sans changer de domicile.

2° La justice royale se réserve certaines causes civiles et criminelles : cas royaux et cas privilégiés.

Diverses catégories de causes, civiles ou criminelles, furent exclusivement réservées à la justice royale, sans qu'il y eût à distinguer entre ses justiciables ordinaires et ceux des seigneurs. Les mêmes furent, du reste, soustraites aux juges royaux inférieurs, tels que les prévôts. Ce furent les *cas royaux.*

Il ne fut jamais possible d'en donner une définition générale, ni une énumération. Ils se rattachaient à des notions différentes et les juridictions royales avaient intérêt à n'en jamais clore la liste, laissant au temps et aux circonstances le soin de l'allonger. Si quelques juristes, dans l'intérêt des juges seigneuriaux, protestaient contre ces empiétements ([579]), la plupart et les rois eux-mêmes, quand ils étaient conduits à énoncer les cas royaux, terminaient en y joignant en bloc « tous cas dont la connaissance appartient au roy, nostre sire, soit à cause de souveraineté, ressort ou par droict royal »; et ce droit royal était celui qui doit « appartenir à souverain prince et à nul autre » ([580]). Les Etats généraux avaient parfois demandé une limitation et, en 1670, elle

donnance, on lit : « Verum cum pro modo placuisset D. Regi, quod aliquibus de causis, hujus modi ordinatio de burgesiis, in villis suis sitis in marchiis, sive in finibus regni sui, a parte imperii Allemanni minime servaretur. » *Ord.*, 23 mars 1302, art. 24; juill. 1367, art. 13 (Is., t. 2, p. 772; t. 5, pp. 317, 280).

(578) *Ord.*, 21 juill., 1368; août 1376, concernant les bourgeoisies du Languedoc (Is., t. 5, pp. 472 et s.).

(579) Pierre de Fontaines, XXXII, 1, p. 364 : « Contre droit vuelent tolir et tolent baillif et prevost as nobles homes de nostre païs le plet de desseisines et de dete et de force faite en possessions de lor frans homes qui autre enplèdent, encore soient-il lor couchant et lor levant. » Petrus Jacobi, *Practica aurea*, rub. 35, n. 4-6; Guy Coquille, *Hist. du Nivernois* (Œuvres, t. 1, p. 509); Loyseau, *Tr. des seigneuries*, XIV, nos 2 et s.

(580) *Ord., sur la jurid. du bailli de Touraine*, 8 oct. 1371; L. P., 1er sept. 1315 (Is., t. 5, p. 358; t. 3, p. 119). — J. Boutillier, o. c., I, 51, II, 2, pp. 350, 647 et s. Gr. Cout. de Fr., I, 3, p. 92. — Sur la façon dont s'est formée la théorie des cas royaux : Ernest Perrot, *Les cas royaux. Origine et développement de la théorie aux* xiiie *et* xive *siècles*, Paris, 1910.

fut réclamée par Pussort et Talon, mais combattue par Lamoignon, parce que cette restriction ne pouvait se faire « sans donner à l'autorité royale des bornes qu'elle ne peut recevoir ». En fait, l'ordonnance de 1670 indiqua un certain nombre de cas royaux et y joignit les « autres cas expliqués par nos ordonnances et règlemens », formule qui semblait laisser aux ordonnances à venir la possibilité d'y ajouter (581).

On pouvait cependant grouper l'ensemble des cas royaux autour de deux idées centrales. D'abord, et ce furent les plus anciens, ceux dans lesquels le roi, en tant que souverain, et son domaine étaient atteints ou intéressés, et ils se justifiaient asséz bien, car il ne convenait pas qu'en de telles affaires le droit du Prince souverain fût discuté et déduit devant les juges de ses sujets (582) : ainsi, pour les crimes de lèse-majesté à tous les chefs, les attentats commis sur les routes royales, les infractions aux ordonnances à caractère général, comme celles sur l'usure et le blasphème, les infractions à la sauvegarde royale, c'est-à-dire commises contre des personnes (*personae miserabiles*, veuves, orphelins), ou contre les établissements (églises cathédrales, d'autres églises ou des monastères) placés sous la protection ou dans la garde du roi, crimes des officiers royaux dans l'exercice de leurs fonctions et ceux dont ils étaient victimes à raison de celles-ci, fabrication de la monnaie et crimes s'y rattachant, falsification du sceau royal, rupture du ban royal, connaissance des biens, droits et deniers du roi (583). La plupart des causes civiles qui touchaient ainsi à l'intérêt du roi en tant que souverain donnèrent lieu, par la suite, à des juridictions administratives d'attribution; de sorte que, dans les derniers temps, les cas royaux étaient devenus un chapitre du droit criminel (584).

Un second groupe se rapportait à la notion de la *fractio pacis*, de l'ancienne paix du roi, qui, comme « grand paissier » avait la garde générale du royaume et devait assurer partout la sécurité des biens et des personnes : tels que les délits sur les grands chemins, les bris d'asseurement, la violence armée, les infractions à la police du port d'armes, les crimes d'assemblées illicites et de

---

(581) *Ord. crim.*, 1670, tit. 1, art. 11 (Is., t. 18, p. 374).

(582) Loyseau, *o. c.*, XIV, n° 3; Rousseau de la Combe, *o. c.*, p. 84.

(583) *Ord.*, 8 oct. 1371, art. 8, 9. Beaumanoir, n°s 297, 299-301, 307. *Gr. Cout. de Fr.*, I, 3, pp. 92, 95, 96, 100, 102; J. Boutillier, *l. c.*; Guy Coquille, *op. cit.*, p. 437. — Perrot, *op. cit.*, pp. 28-217.

(584) Loyseau, *l. c.*, n°s 68-70; Rousseau de la Combe, *o. c.*, p. 90.

sédition, le rapt ou l'enlèvement par violence (585). L'ordonnance
criminelle de 1670 y rangea le sacrilège avec effraction, le trouble
public fait au service du culte et l'hérésie (586) : conséquence de
la jurisprudence des Parlements qui, depuis le xvie siècle, assimilait les crimes de lèse-majesté divine et humaine. On discutait sur
d'autres cas : péculat, exportation d'or et d'argent, d'armes
et de munitions en temps de guerre, recel des coupables de crimes constituant des cas royaux, etc. (587). La justice royale était
seule compétente pour déterminer le cas royal ou le cas non
royal (588).

A part les crimes de lèse-majesté au premier chef, que jugeait
exclusivement le Parlement, la connaissance des autres, en premier ressort, appartenait aux tribunaux de bailliage et de sénéchaussée et aux présidiaux (589). Ces crimes comportant toujours
des peines afflictives, l'appel relevait de la Tournelle.

Une règle, assez longtemps admise et qui soumettait à la compétence du juge tous litiges à l'occasion d'actes passés sous son
sceau, avait fait compter parmi les cas royaux civils, ou tout
au moins rapprocher d'eux, les procès se référant à des actes
scellés au sceau du roi (590). L'usage de conférer l'authenticité aux
actes en les soumettant au sceau d'une personne revêtue d'une
autorité publique s'était répandue au Moyen âge, grâce aux
chancelleries ecclésiastiques où cette partie de la juridiction
gracieuse avait été soigneusement organisée. Les rois, voyant
les avantages que les églises en tiraient, s'efforcèrent, sans

<hr>

(585) *Ord.*, 8 oct. 1371, art. 9. *Gr. Cout. de Fr.*, I, 3, pp. 98, 102. J. Boutillier, *l. c.* — *Ord. crim.*, 1670, tit. 1, art. 11. Cpr. *Ord.*, Blois, mai 1579,
art. 42. Muyart de Vouglans, *Institutes au droit criminel*, I, IV; Rousseau de
la Combe, *loc. cit.*, pp. 87-90.

(586) Sur l'hérésie, déjà : *Gr. Cout. de Fr.*, *l. c.*, p. 100. — Ferrière, *o. c.*,
t. 1. p. 231 : « Lorsqu'il ne s'agit que de juger s'il y a hérésie ou non, le
juge d'Eglise est compétent d'en connoître; mais quand, pour raison du
crime de lèze Majesté divine, il y a lieu de punir le coupable dé peine
afflictive... la connoissance d'un tel crime appartient aux Juges Royaux, à
l'exclusion des Juges des Seigneurs Hauts Justiciers. »

(587) Rousseau de la Combe, *l. c.*, pp. 89-90.

(588) *Ibid.*, p. 87.

(589) *Ord., crim.*, 1670, art. 11 : « Nos baillis, sénéchaux et juges présidiaux connaîtront privativement à nos autres juges et à ceux des seigneurs,
des cas royaux... »

(590) J. Boutillier, *o. c.*, II, I, p. 652 : « Item le Roy a la cognoissance des
lettres scellées du scel royal, circonstances et dépendances, sans en faire
renvoi aucun. » Cpr. Beaumanoir, n° 298.

toucher aux droits acquis des seigneurs [591], d'incorporer à
leur domaine, pour les terres de la Couronne, les droits de sceau
et de tabellionage [592]. Louis IX et ses successeurs s'y appliquèrent : lettres de baillies [593], réorganisation des tabellionages
royaux dans le Nord, établissement de notaires publics dans le
Midi, création, auprès de chaque juridiction royale, d'une petite
chancellerie composée d'un garde-scel et de notaires [594]. Comme
les justices d'Eglise maintenaient la concurrence, on voulut
rattacher à la juridiction royale tous les actes scellés par qui que
ce fût, sur le territoire du royaume [595]. Mais cela ne tint pas.
Peu à peu, l'on se départit même de la règle première : au xve siècle, il semble qu'il fallût qu'au sceau se joignît, pour entraîner
la compétence exclusive du juge royal, une déclaration du débiteur [596] : peut-être pensa-t-on, par là, attirer les causes des actes
scellés par les seigneurs ou l'Eglise devant les juridictions du roi,
puisque les sceaux de ceux-ci n'y feraient plus obstacle. La prépondérance des justices royales écarta l'intérêt qu'il y avait eu,
d'abord, à attacher au sceau attribution de juridiction [597].

Par contre, le roi ramena à sa justice tous les actes judiciaires
pour lesquels il était besoin de *Lettres de grâce* ou de *justice*, car
celles-ci n'étaient presque jamais adressées à d'autres juges qu'aux
siens, qui, seuls, les vérifiaient et enregistraient [598]. Loyseau
distinguait entre les *Lettres de grâce*, qui toutes faisaient de l'affaire pour laquelle elles étaient délivrées, un cas royal [599], et
les *Lettres de justice* que les juges royaux, à moins qu'ils ne fussent autrement compétents, devraient se contenter d'entériner,
encore tenait-il, avec du Moulin, que les *Lettres excitatives* pouvaient être adressées à n'importe quels juges, d'autant que les

(591) L. Delisle, *Reconstitution d'un volume des Olim*, n°s 675, 705.

(592) A. Giry, *Man. de diplomatique*, pp. 827 et s., 841 et s.

(593) Beaumanoir, XXXV, *Des obligacions par lettres*, n°s 1073-1104.

(594) *Mand.*, 9 nov., 1291; *Ord.*, juill. 1304; *Mand.*, 5 juin 1317; *Ord.*,
févr. 1320; déc. 1437 (*Ord. des r. de Fr.*, t. 1, pp. 416, 647, 738; t. 2, p. 371;
t. 13, p. 249.

(595) *Li droit et les coustumes de Champaigne et Brie*, LXV, p. 465.

(596) *Gr. Cout. de Fr.*, I, 3, p. 93 : « Li aussi des contracts fais sous seel
royal quand l'obligé se obligeroit ou submettroit seullement à la correction
du scel royal; car au cas que l'obligé se submettroit à toutes jurisdictions,
aultres juges en pourroient congnoistre par prévention. »

(597) Loyseau, *Tr. des seigneuries*, XIV, n°s 13-15; Bacquet, o. c., III, 5.

(598) Loyseau traite de ces Lettres au chapitre des cas royaux : l. c., XIV,
n°s 50 et s. — Cpr. Perrot, *op. cit.*, pp. 83 et s.

(599) *Gr. Cout. de Fr.*, l. c., p. 100, 101; Loyseau, l. c., n°s 50-53.

juges seigneuriaux tenaient du roi leurs justices. Seules, les *Lettres attributives de juridiction*, scellées au grand sceau, qui étaient des actes de justice souveraine, mettaient la cause aux mains du juge royal. Mais, dans la pratique, celui-ci, après vérification des Lettres, qu'elles fussent de grande ou petite chancellerie, retenait presque toujours la cause et la vidait au fond. Pour les justices seigneuriales, c'était l'appauvrissement et la ruine [600].

La théorie des *cas privilégiés* était dirigée contre les justices ecclésiastiques. Elle constituait une restriction grave au privilège de clergie. C'était une façon de contre-privilège royal. Elle était fondée sur l'atrocité de certains crimes pour lesquels le bon ordre de l'Etat exigeait des sanctions rigoureuses dont ne disposaient pas les juges d'Eglise [601]. On distinguait les infractions commises par les clercs en « délits communs », de telle nature qu'ils fussent suffisamment punis par les peines canoniques, ainsi le vol, l'injure verbale, l'homicide non prémédité, et en « délits privilégiés », qui comportaient des peines corporelles et infamantes [602]. Pour les premiers, le juge d'Eglise était seul compétent; pour les seconds, tantôt le juge royal les instruisait et jugeait seul [603], tantôt, et c'était le cas ordinaire, le procès était instruit conjointement par le juge d'Eglise et le juge royal, assistés chacun de son greffier et faisant rédiger séparément la procédure, puisqu'ils devaient rendre des sentences séparées [604]. Si l'instruction était commencée devant

(600) Guy Coquille, o. c., p. 508 : « Il est accoustumé de prendre lettres en Chancellerie qui sont adressées à juges royaux...; avec leurs longues mains, ils prennent la connoissance de tout ce qui s'en suit. » — Loyseau, *l. c.*, n⁰ˢ 74 et s. p. 130 : « car on leur (aux juges seigneuriaux) ostoit la connoissance des exécutions, saisies et décrets, par le moyen des lettres des *Debitis*; on leur ostoit les matières féodales par les lettres de conforte-main; on leur ostoit les matières possessoires par le moyen des lettres de complainte; on leur ostoit les matières d'attermoyement par les répits et les lettres de cinq ans; on leur ostoit les causes des veuves, pupilles, estrangers par le moyen des lettres de sauvegarde et ainsi d'infinies autres », n⁰ˢ 80 et s.

(601) Muyart de Vouglans, *l. c.*, Rousseau de la Combe, o. c., p. 116.

(602) Rousseau de la Combe : « Il faut tenir pour maxime générale, que tout crime sujet à l'animadversion du ministère public pour la vengeance publique, et qui mérite une peine afflictive ou infamante commis par un ecclésiastique, ne sçauroit jamais passer pour délit commun, puisque les juges d'Eglise ne peuvent point condamner à des peines corporelles et afflictives. »

(603) Rousseau de la Combe, o. c., pp. 118, n° 7; 119, n° 9; 132, n° 12.

(604) *Ord.*, févr. 1580, art. 22; *Edit*, févr. 1678; *Décl.*, juill. 1684; *Edit*, avril 1695, art. 38-42 (Is., t. 14, p. 471; t. 19, pp. 177, 449; t. 20, pp. 254 et s.). — *Mémoires du Clergé*, t. 7, p. 434.

la juridiction royale, celle-ci ne renvoyait devant le juge ecclésiastique que sur réquisition de l'accusé ou du promoteur; sans quoi, elle instruisait et jugeait seule; si, au contraire, la juridiction d'Église était la première saisie, elle devait informer le juge royal, qui se transportait au siège de l'officialité [605]. Chaque juridiction prononçait selon ses moyens. La liste des cas privilégiés ne fut jamais nettement dressée. On savait qu'elle comprenait tous les cas royaux, tous les cas prévôtaux, à raison de la nature du crime. A la fin du xviiie siècle, Muyart de Vouglans en comptait quarante-huit.

La connaissance en premier ressort en appartenait aux tribunaux de bailliage et de sénéchaussée. L'appel était porté au Parlement; mais, par privilège, les ecclésiastiques pouvaient requérir d'être jugés par la Grand-Chambre assemblée. Toute violation de la procédure, touchant les cas privilégiés, par le juge ecclésiastique était réprimée par l'appel comme d'abus [606].

3° La prévention.

Lorsqu'on eut admis, au début du xive siècle, que les justices seigneuriales provenaient d'inféodations royales et n'étaient que des dépendances de la justice du roi, il parut logique que, soit à cause de négligence de leur part, soit parce qu'il jugeait bon, dans certains cas, d'intervenir directement, il pût se substituer à ses délégués [607]. Cette intervention des juges royaux dans des litiges où les juges seigneuriaux étaient compétents, a donné lieu à la théorie de la prévention [608]. La supériorité d'organisation et l'activité des justices royales par rapport à celles des seigneurs leur permirent encore d'enlever un nombre important de

[605] Rousseau de la Combe, o. c., pp. 149 et s. — S'il le voulait, l'official pouvait aller, au contraire, au bailliage. Dans tous les cas, c'était lui qui dirigeait l'instruction : *Décl.*, 4 févr. 1711.

[606] Rousseau de la Combe, o. c., p. 157; Fevret, *Tr. de l'abus*, ch. III.

[607] Ces deux raisons ont été invoquées à la fois dès le xiiie ou xive siècle. Il semble même qu'on se soit d'abord surtout rattaché à la seconde. Le comte de Clermont, d'après Beaumanoir, agit à l'encontre des justices de ses barons parce qu'il est souverain : n°s 294-310. *Cout. d'Artois*, xi, 2 : « Li rois, ou si prevost, pueent appeler pardevant aus, par adjornement, quiconque il voelent, tout soit il couchans et levans en la terre au baron. » Cpr. *Usage d'Orlenois*, 12 (éd. Viollet, t. 1, p. 500); *Cout. d'Artois*, xi, 3, p. 73; Beaumanoir, n°s 308, 309.

[608] Ferrière (o. c., t. 2, p. 396) donne la règle srivante : « Qui premier prend, ou est saisi le premier, devient seul compétent, à l'exclusion de l'autre juge qui a aussi droit d'en connoître ».

litiges à celles-ci. Cependant, sur les résistances des seigneurs, il
y eut des pratiques locales divergentes touchant le jeu de la prévention. En outre, si ,au criminel et dans la procédure inquisitoire
le zèle et la rapidité du juge royal pouvaient expliquer qu'il eût
prévenu le juge seigneurial, il n'en était plus de même lorsque,
dans la procédure accusatoire et au civil, il était saisi par le demandeur; car l'on disait qu'en matière civile l'ajournement fait la prévention. En matière criminelle, au contraire, c'était l'exécution du
décret en la personne ou au domicile (⁶⁰⁹). La règle que d'aucuns
formulaient ainsi : « Le juge royal saisi avant le juge particulier
est et reste compétent », ne fut pas toujours exacte. On distingua,
selon les coutumes, la prévention à charge de renvoi et la prévention absolue.

Dans le premier cas, le justiciable ou le seigneur justicier pouvaient toujours demander au début de l'instance que le juge royal
prononçât le renvoi à la juridiction seigneuriale, et il était tenu
de l'accorder (⁶¹⁰). Quelques auteurs ne reconnaissaient ce droit
de revendication qu'au seigneur, et non au justiciable, qui n'y
avait pas d'intérêt, la juridiction royale présentant plus de garanties (⁶¹¹). Dans le second, au contraire, dès que le juge royal était
saisi d'une façon ou d'une autre, il le restait. On a parfois rap-
proché la prévention absolue des cas royaux, mais il y avait cette
différence que, seule, là justice royale pouvait connaître des cas
royaux et que, dans l'hypothèse de la prévention absolue, le seigneur justicier était compétent pour connaître du litige et le restait, s'il était saisi le premier (⁶¹²). Mais, à l'origine, il a pu y
avoir entre les deux théories quelques flottements (⁶¹³); peu à peu,
un classement fut opéré.

<hr>

(609) Un arrêt du conseil, 7 sept. 1662, donnait la prévention au juge royal
qui avait fait emprisonner le délinquant, même s'il y avait décret antérieur
du juge seigneurial.

(610) *Cout. d'Artois*, xi, 3 (éd. Tardif, p. 43). Rousseau de la Combe, o. c.,
pp. 84 et s. : « La maxime est néanmoins certaine qu'un justiciable peut
demander son renvoi sans le seigneur et le seigneur sans son justiciable;
de manière cependant que la demande du justiciable cesseroit, si le seigneur
agissoit et requeroit le renvoi, soit en personne, soit par son procureur
fiscal. »

(611) Jousse, *Tr. de l'administration de la justice*, t. 1, p. 374.

(612) La différence est indiquée dans le *Coutumier d'Artois*, XI, 1 (éd. Tardif, p. 42) : « Li rois a la connoissance de douaires, d'aumones, et de vivres,
toutes les fois que on s'en traita lui, et en plaid'on en ses prevostés. »

(613) Et même entre celles-ci et d'autres, comme il apparaît dans Beaumanoir, chap. X, *qui parole des cas des queus li cuens de Clermont n'est*

Dans le dernier état du droit, la prévention jouait surtout en matière criminelle. Pussort voulait, en 1670, consacrer législativement le droit de prévention absolue du juge royal, quel qu'il fût, car le droit de poursuivre les criminels était régalien et toujours réservé dans les concessions faites aux seigneurs justiciers. Lamoignon le combattit en disant que c'était réduire à néant les justices seigneuriales. On admit cette transaction : la prévention ne fut reconnue qu'aux baillis et sénéchaux et seulement quand le juge non royal n'aurait pas informé dans les vingt-quatre heures (614). Ce n'était peut-être pas changer grand'chose dans les villes où, en fait, la prévention jouait toujours. C'est ainsi que le prévôt de Paris, c'est-à-dire le Châtelet, à la pratique duquel il n'était pas touché et qui exerçait la prévention sans délai, avait dépouillé les juridictions de l'archevêque et des seigneurs à peu près complètement (615). L'ordonnance supprimait toute prévention des juges royaux entre eux, à moins que le juge compétent, trois jours après le crime commis, n'eût ni informé ni décrété, auquel cas les juges supérieurs pouvaient informer et se saisir. Même suppression entre les juges des seigneurs, celui qui aurait prévenu fût-il le supérieur, dans le ressort, de l'autre (616).

pas tenus à rendre la court à ses hommes, ainçois li en demeure la connoissance par reson de souveraineté » où sont mêlés les cas de défaute de droit, de faux jugement, de flagrant délit, de prévention, d'affaires réservées au comte de Clermont. Il en est de même dans le *Coutumier d'Artois*, XI, et aussi dans Boutillier, I, 51. — Cpr. Perrot, *Les cas royaux*, III⁰ part. : *Les cas ducaux en Normandie*, p. 301 et s.

(614) *Ord. crim.*, 1670, tit. 1, art. 9 (Is., t. 18, p. 373).

(615) Aussi l'abbé de Saint-Germain avait obtenu d'être exempté de cette prévention par arrêt du 30 déc. 1617 : Chénu, *Tr. des offices*, tit. 42, ch. 20.

(616) *Ord. crim.*, 1670, tit. 1, art. 7, 8.

CHAPITRE V

LES INSTITUTIONS GÉNÉRALES
DE LA MONARCHIE

La vie et la sécurité de l'Etat comportent une catégorie d'institutions destinées à mettre à la disposition des organes centraux les ressources économiques et les moyens physiques nécessaires pour assurer la continuité de son existence, protéger son territoire et la libre activité de ses membres. Elles consistent dans les procédés utilisés pour découvrir et recueillir ces ressources, dans l'organisation des forces, essentielles à sa défense. Ce sont les impôts, l'armée, la marine.

§ 1. — Les impôts.

I. — LES PREMIERS CAPETIENS ET LE PROBLEME FISCAL.

1° Les ressources du domaine royal.

Le régime seigneurial et la pratique des inféodations rendaient fort difficile la situation des rois en matière fiscale. Le droit de percevoir l'impôt dans la mesure où il subsistait, avait passé avec les autres droits régaliens dans le patrimoine des seigneurs. Il avait été incorporé à la haute justice. Le haut justicier le percevait à l'exclusion de tout autre, à moins qu'il ne l'eût inféodé, dans les limites de sa seigneurie. De sorte qu'en dehors de son domaine propre, le roi ne percevait plus rien. Il devait vivre et administrer avec les moyens que celui-ci lui fournissait et qui se trouvaient eux- mêmes diversement limités. D'abord, certaines parties du domaine étaient inféodées; or, le fief comprenait d'ordinaire tout ou portion de la justice (1). Le vas-

(1) *Ire Charte normande*, 19 mars 1314, art. 5 : « *Item*. Quod de cetero per nos, aut successores nostros in dicto ducatu, in personis aut bonis ibidem

sal haut justicier supprimait tous les droits seigneuriaux du roi;
les autres en absorbaient plus ou moins. Ensuite, soit par des
chartes, soit par des privilèges individuels, soit par le fait
de la coutume, le droit de lever des contributions avait été,
en bien des lieux, ou abandonné, ou supprimé, du moins
considérablement restreint ([2]). Même dans ce domaine, le
roi, pas plus que les seigneurs dans les leurs, ne conservait la
plénitude du pouvoir souverain ni quant aux personnes, ni quant
aux biens imposables, ni quant aux modes ou à la quotité de l'imposition ([3]). Mais, sur ses territoires d'obéissance directe, il bénéficiait des prérogatives du haut justicier et du suzerain.

Ses ressources étaient d'ordre seigneurial, d'ordre féodal, ou
de simple exploitation foncière : 1° *Droits seigneuriaux* : survivances d'impôts directs et indirects, avec le traditionnel accessoire
de corvées des premiers (chevage et taille servile, taxes sur les
étrangers et les juifs, taille roturière, gîte, procuration, tonlieux,
traites, droits de portage et de passage, tiers et danger); profits
dérivés du *bannus* (banalités, monopoles, monnayage, etc.); profits de justice (amendes, confiscations, droits de sceau, de greffe,
de tabellionage); droits régaliens de diverse nature (trésor, épaves, naufrage, deshérence, aubaine, bâtardise, dépouille, régale ([4]); 2° *Droits féodaux* : aides féodales dues d'abord par les
vassaux du domaine et, à partir de la fin du xiiᵉ siècle, par tous
les *principes regni* ([5]); cens, agriers, champarts, etc.; droits casuels (reliefs, quint et requint, acaptes, lods et ventes, droits de
retraits féodal et censuel, reversion) ([6]); profits de la justice féodale (commises, amendes, saisies féodales ou censuelles) ([7]); droits
plus tardifs, compensatoires de l'abrègement du fief et devenus
vite presque exclusivement régaliens (franc-fief, amortissement,
droit d'affranchissement) ([8]); 3° *Revenus et produits* des terres

commorantium, ultra redditus communes, et servita nobis debita, tallias,
exactiones, subventiones, impositiones facere non possimus, nisi evidens
utilitas, vel emergens necessitas id exposcat. — *IIᵉ Charte normande*, juill.
1315, art. 7 (Is., t. 3, pp. 50, 108).

(2) Il y avait dans le domaine royal comme dans celui des seigneurs des
tailles abonnées ou coutumières.

(3) *Ord. sur les plaintes des nobles de Champagne*, mai 1315, art. 11-16
(Is., t. 3, p. 96).

(4) Ci-dessus, pp. 207 et s. *Lettre de Suger à Louis VII* (HF., t. 15, p. 509).

(5) Ci-dessus, pp. 188 et s., 262.

(6) Ci-dessus, pp. 250, 254 et s., 243-245, 263 et s.

(7) Ci-dessus, pp. 257 et s. 265.

(8) Rigord, *Gesta Philippi-Augusti*, 30 (éd. Delaborde, p. 104). — *Ord.*,
Paris, 1190, art. 19-20 (Is., t. 1, p. 182).

appartenant au roi données à ferme ou exploitées en régie, coupes
des forêts, mines, salines, etc. Le caractère patrimonial dont les
conceptions seigneuriales avaient affecté tous ces droits faisait
que leurs profits, une fois entrés dans le trésor du roi, paraissaient être sa chose propre, dont il disposait à son gré, mais avec
laquelle il devait pourvoir à l'entretien de sa maison, à l'administration de ses territoires et soutenir le titre royal. Le même
mot *domaine* fut appliqué à l'ensemble de ces droits comme aux
terres sur lesquelles le roi les exerçait, parce qu'ils avaient pour
assiette ces territoires, et non à raison de leur nature extrinsèque qui variait beaucoup; mais il s'y joignit aussi l'idée de ressources fixes qu'au cours de l'histoire avaient ménagées la coutume et une série de contrats ou de tractations. On jugea que, ce
faisant, l'histoire s'était montrée sage et que le roi le serait aussi,
en s'en tenant, pour l'accomplissement de sa tâche, aux moyens
dont elle l'avait muni. Ces ressources s'étendirent avec les limites
du domaine royal, sans que la situation changeât, car si le roi
joignait à son domaine les profits fiscaux et les revenus domaniaux des seigneuries ou des fiefs qu'il acquérait, il en assumait
aussi les charges et les besoins d'une monarchie agrandie et plus
forte croissaient en proportion. Pendant assez longtemps, les rois
parvinrent à ajuster l'état de leur Hôtel et le jeu de leur gouvernement à ces revenus et profits; mais il était clair que ceux-
ci ne suffiraient à parer à aucun événement, voulu ou non, qui
s'écarterait trop du cours normal des affaires. Cet événement fut
la croisade. Quelques efforts qu'on fît pour en couvrir les frais
avec les ressources ordinaires, comme transformation des prestations en nature et des corvées en taxes pécuniaires plus favorables aux mouvements de trésorerie et à la pratique des fermes
prévôtales, exploitation plus rationnelle des forêts royales, il fallut finalement recourir à des procédés nouveaux.

Le droit souverain du roi d'imposer tous ses sujets n'était pas
complètement oublié. Mais, pratiquement, il se heurtait : hors
du domaine royal, au droit patrimonial des seigneurs qui
s'étaient approprié toute la fiscalité existante et à bien des objections de leur part pour lui en superposer une autre; dans le
domaine, à la coutume, à la charte, au privilège, au contrat qui
avaient stabilisé dans des limites précises, et qui semblaient définitives, la participation aux charges publiques des collectivités
et des individus. L'Eglise dont les terres, même en dehors du domaine, restaient théoriquement et très souvent en fait sous la souveraineté directe du roi, avait, par dessus les privilèges locaux,

dont elles étaient fréquemment assorties, établi sa doctrine de
l'immunité réelle qui, n'admettant pour elles que l'assujettissement aux charges ordinaires, périodiques et perpétuelles,
rejetait toutes contributions extraordinaires, à moins que la *pietas*
ou l'utilité publique démontrée n'en fussent le motif. Restaient
seuls possibles l'accroissement des tailles dans des lieux fort rares où elles étaient encore à volonté, quelques aggravations de taxes sur les étrangers, les juifs et leurs opérations, quelques relè-
vements ou créations de traites et de tonlieux, qui ne donnaient
que des résultats partiels et momentanés (⁹). Partout ailleurs, il y
avait situation acquise, par conséquent nécessité de tractations
avec les bénéficiaires.

2° Comment fut rétabli le droit d'imposition royale.

Ce fut, ce semble, par la voie féodale, que le roi tenta de récu-
pérer son droit d'imposition générale. L'aide féodale n'était probablement qu'une restriction contractuelle de la taille à volonté
à des cas limités, mais de détermination un peu flottante selon les
régions (aide aux trois, aux quatre, aux cinq, aux six cas). Elle
était due par les vassaux et souvent par les censitaires au
suzerain en vertu de la foi personnelle; d'aucuns en grevaient
tous les sujets vis-à-vis de leur seigneur naturel; en tout cas, les
vassaux qu'elle frappait directement et lourdement se retournaient
vers leurs ressortissants nobles et roturiers pour rentrer dans leurs
débours et elle était, de cette façon, supportée par tous (¹⁰). Il
paraît bien que ce fut une taxe de ce genre que Louis VI leva en
1137, lors de la chevauchée de Louis VII en Aquitaine à l'occasion
de son mariage et que, sur le même fondement, celui-ci établit
en 1146 l'aide pour la croisade réclamée aux laïques, tandis que,
pour les établissements ecclésiastiques, il visa en même temps
la *pietas* et l'utilité générale que l'Eglise reconnaissait pouvoir
justifier des contributions à sa charge. Mais les protestations de
celle-ci n'en furent pas moins vives. Comme rien ne limitait la
quotité de l'aide, le gouvernement royal avait eu la main lourde
pour les églises (¹¹). Malgré ce précédent qui introduisait la croi-

---

(9) Rigord, 12 (éd. Delaborde, p. 99) : « Thesauros etiam multos in diversis
locis congessit, expensa modica contentus (Philippus Augustus), dicens quod
predecessores sui Francorum reges pauperes existentes, tempore necessitatis,
stipendiis militibus nihil ministrantes, ingruentibus bellis, regni diminu-
tionem passi fuerant non modicam ».

(10) Ci-dessus, p. 244.

(11) Luchaire, *Hist. des inst. monarchiques*, 2ᵉ éd., t. 1, p. 126.

sade parmi les cas d'aides féodales, non sans résistances (¹²), il est vrai, la *constitutio* établissant la dîme saladine (1/10 du capital mobilier et des revenus fonciers) en 1188, se présenta non comme la semonce du suzerain suprême, mais à la façon d'un règlement fait en commun par le roi et les seigneurs afin d'appliquer les mêmes dispositions dans leurs domaines respectifs (¹³). Les droits de tous étant soigneusement réservés, chaque haut justicier leva les décimes dans sa seigneurie, moins à son profit qu'à celui de l'expédition (¹⁴). Lui-même y était soumis. Intéressant la chrétienté, l'aide était naturellement générale (¹⁵). L'effet sur les populations fut tel que, l'année suivante, roi et seigneurs déclarèrent qu'elle ne serait jamais renouvelée, ni invoquée comme un précédent (¹⁶). En 1215 et 1218, la contribution levée fut un peu différente, et alors l'Eglise, principale contribuable, consentit à des décimes temporaires. C'est à partir de saint Louis que l'aide féodale réclamée successivement deux fois pour la croisade (1248, 1269), pour le mariage de sa fille aînée (1255), pour accroissement de fief (1259), pour la chevalerie du prince royal (1259), habitua les peuples à des contributions chroniques perçues directement par le roi et fondées sur la coutume, c'est-à-dire sur un droit exclusif du consentement des contribuables; et cela fut continué longtemps sous ses successeurs (¹⁷). L'aide pour la rançon du roi Jean fut deman-

---

(12) Borrelli de Serres, *Rech. sur divers services publics du* xiiiᵉ *au* xviiᵉ *siècle*, t. 1, p. 514.

(13) Il appert nettement que chaque seigneur lèvera la décime dans ses domaines; *art.* 2 : « In nullas communias mittet aliquis manum, nisi ille dominus cujus ipsa communia fuerit : quale tamen jus in aliqua communiarum habebat prius aliquis, tale habebit »; *art.* 3 : « Qui alicujus terrae magnam justitiam habet, idem terrae deciman habebit »; *art.* 6 (Is., t. 1, pp. 173 et s.).

(14) Les évêques, chapitres, etc., devaient la lever eux-mêmes sur leurs terres et en remettre le montant à ceux « quibus dare debuerint », c'est-à-dire aux chefs de la croisade : *art.* 8.

(15) *Art.* 4 : Universi laici tam milites quam alii, praestito juramento sub anathemate, clerici excommunicatione astricti, suas dabunt decimas. »

(16) *Edit*, 1189 (Is., t. 1, p. 176) : « Ut ergo nec nobis, nec aliis, tale quid liceat attentare, regia et publica omnium ecclesiarum et principum regni authoritate, statuimus, ut praesenti lege a facti hujus ausu damnabili repellamur. »

(17) Callery, *Hist. du pouvoir royal d'imposer*, pp. 41 et s.; Ch.-V. Langlois, *Le règne de Philippe III*, p. 342. — Mariage de la fille aînée de Philippe IV *Let. pat.*, 6 sept. 1208 (Is., t. 2, p. 862); chevalerie de son fils aîné, *L. P.*, 11 déc. 1313 (Is., t. 3, p. 39). — Callery, *op. cit.*, pp. 52 et s.

dée dans les mêmes conditions ([18]), parce qu'elle était, comme disait le Parlement, *quoddam jus regi debitum de regni consuetudine generali* ([19]). La royauté avait ainsi habilement incorporé un devoir vassalique parmi les obligations dues au Prince souverain.

L'évolution que subit à partir du xii° siècle le service militaire fournit un autre mode d'imposition royale. Au moins, depuis Philippe-Auguste, les roturiers, les communes, les églises, même certains vavasseurs du domaine royal se rachetaient fréquemment du service militaire par une contribution en argent. Le pouvoir royal y voyait des avantages assez appréciables pour avoir fait admettre qu'en cas de guerre, le roi pouvait à son gré exiger de ses sujets, quels qu'ils fussent, ou de servir en personne, ou de fournir proportionnellement aux feux des villes et paroisses un contingent déterminé d'hommes d'armes, ou de payer une taxe compensatoire, *tallia exercitus* ou *serventium* ([20]). Celle-ci était fixée à la somme que les contingents dont elle dispensait auraient coutée : dans les prisées de sergents, il y a équivalence invariable entre le nombre des sergents que le roi aurait pu lever et le montant de la taille ou du taillon à percevoir en remplacement. Cette contribution dispensait de l'appel pendant l'année courante. Pour les campagnes suivantes, le roi conservait le choix entre le service effectif et la *tallia exercitus*, qu'il levait avec la même autorité souveraine qu'il eût appelé les hommes à son ost ([21]). Au xiii° siècle, lorsqu'il fut admis que toutes les seigneuries étaient tenues de lui en fief ou en arrière-fief, que les églises et les villes libres étaient sous sa souveraineté immédiate, les hommes qui en relevaient furent considérés comme ses sujets, lui devant, à raison de la foi naturelle, l'aide dans toute la mesure de leurs forces, par conséquent le service militaire. En cas de guerre nationale, il put faire appel à tous en tant que roi ([22]). Son droit

(18) *Ord.*, 25 déc. 1360 (*Ord. des r. de Fr.*, t. 3, p. 433).

(19) *Olim*, t. 1, p. 848. — L'aide féodale, sortie des clauses lointaines des contrats de fiefs et devenue coutumière, avait pris à la longue ce caractère objectif et quand on admit que toutes les seigneuries étaient tenues du roi, en fief ou en arrière-fief, que toutes les villes libres et les églises étaient sous sa souveraineté immédiate, elle eut à son profit ce caractère aussi de généralité.

(20) *Ord.*, 1214 (*Ord. des r. de Fr.*, t. 1, p. 33).

(21) *Ord.*, 13 janv., 1295 (*Ord. des r. de Fr.*, t. 12, p. 333). — *Olim*, t. 1, p. 435.

(22) Beaumanoir, n° 1510; Pierre Dubois, *De recuperatione Terre sancte* (éd. Langlois, p. 115). — En 1392, au comte de Foix se disant seul tenu au service militaire à l'exclusion de ses sujets, il était répondu que personne

d'opter entre le service personnel ou la taille fut étendu à tout le royaume et celle-ci devint un impôt général étant la représentation d'une òbligation que tous devaient à titre de sujets (²³). Sous Philippe le Bel, les impôts du centième, du cinquantième, du vingt-cinquième sur le capital mobilier et immobilier, d'autres variant du cinquième au vingtième du revenu, furent aussi établis en équivalence du service militaire, car, limités à la durée de la guerre, ils dispensaient du service pendant ce temps-là et n'étaient dus que par ceux ayant l'aisance suffisante pour s'équiper en guerre, mais non par les tenants fiefs qui servaient effectivement (²⁴). Mais, à côté de ce rachat du service, la guerre justifiait d'autres impositions, destinées à en couvrir les frais : en 1295, la maltôte ou denier la livre, les gabelles sur les draps du Languedoc vers le même temps, furent de ce genre.

Ainsi fondé sur la nécessité publique, le droit du roi ne semblait pas devoir être contesté. Beaumanoir affirmait le pouvoir qu'il avait de faire tout ce qu'il jugeait convenable « ou tans de guerre et ou tans que l'en se doute de guerre » et que, par voie d'établissement, il se pouvait « aidier de tout en tans d'autres nécessités », sous-la condition de répartir la charge entre tous (²⁵). L'auteur du *Songe du Vergier* chercha à ce droit des fondements multiples et en plaça l'origine dans la tradition romaine. Les publicistes du XIVᵉ et du XVᵉ siècle, les romanistes surtout, abondèrent en ce sens (²⁶). Jean Lecoq tenait pour sacrilège et crime de lèse-majesté de contester au roi le pouvoir d'imposer ses sujets de sa seule volonté (²⁷). Les rois d'abord n'en doutèrent pas.

« pro deffensione regni sui (regis), in quo publica versatur utilitas, possit vel debeat excusari, quin et Dominus Comes, Vassalli et Communitates terrae suae teneantur accurere et exire, pro suae fidelitatis debito, ad deffensionem regni principis sui », *ap.* Borrelli de Serres, *op. cit.*, t. 1, p. 519.

(23) *L. P., pour la levée des gens de guerre contre le comte de Flandre et Instr. au sujet de ces lettres* (Is., t. 3, pp. 41-43).

(24) Lavisse, RH., 1884, p. 246 : « Le rachat du service militaire a servi pour ainsi dire à l'acclimatation de l'impôt »; mais pas seul, il y eut autre chose.

(25) Beaumanoir, nᵒˢ 1510, 1511, 1514. Cpr. *Ord.*, mars 1392 (*Ord. des r. de Fr.*, t. 7, p. 457).

(26) *Le Songe du Vergier*, I, 135. — Degrassalius, *op. cit.*, p. 106 : « Sicut imperator imponit nova vectagalia et subsidia..., ita et rex christianissimus, et non alius quacunque dignitate regali ducale et comitali, vel alia, fungatur. Ita in specie de rege Franciae dicit Salicetus in l. 1, C. *Nova vestigalia imponi non posse* (IV, 62) et Petrus Jacobi in sua *Practica*. »

(27) Joh. Gallus, *Quaest.* LX : Item nota quod rex Franciae quomodocumque sibi licet imponere super subditis suis, immediate vel mediate, in toto

Leurs premiers essais d'impôts généraux furent justifiés par la seule nécessité; et quelques concessions que les plaintes des imposés, notamment de la noblesse, les aient amenés à consentir, ils réservèrent toujours ce qu'ils appelaient leur droit royal ou la « royale Majesté » [28].

Cependant, alors que ce droit semblait acquis, les procédés tout empiriques, et qui ne pouvaient être autres, employés pour la levée, provoquèrent entre les agents royaux et les intéressés de tous ordres des tractations qui prirent l'apparence d'un débat, et qui, bientôt, en furent un, sur l'établissement, la forme et la quotité de l'impôt. D'où l'idée d'un consentement des contribuables, qui se répandit, sembla triompher au xiv° et au xv° siècle et resta toujours latente aux époques postérieures [29]. Qu'il s'agît en effet d'une aide de caractère plus ou moins féodal ou de la *tallia exercitus*, l'explication en était le devoir, résultant de la foi personnelle pour le vassal, de la foi naturelle pour le sujet, de venir en aide au seigneur roi dans la mesure de ses nécessités et avec tous les moyens dont on disposait, formule rigoureuse, mais vague, laissant la discussion ouverte sur les nécessités de l'un et les disponibilités des autres. Il y avait peu de chance pour qu'on les reconnût toujours adéquates. Le principe général de l'imposition une fois posé, les agents du roi chargés de l'appliquer dans les provinces devaient l'adapter aux formes et aux habitudes des administrations locales. Leurs instructions les autorisaient à transiger, à traiter au mieux, et, devant des résistances trop vives, à accepter ce qui serait offert ou même à renoncer à la

regno suo, subsidia absque consensu, permissione vel tolerantia suorum subditorum quorumcunque (ap. du Moulin, *Opera*, t. 3, 1681); De l'Hommeau, *op. cit.*, I, 11, p. 27 : « Mettre impôts sur les subjects est une marque de souveraineté, laquelle ne se prescrit par quelque temps que ce soit, non plus que la souveraineté mesme. »

(28) *1re Charte aux Normands*, art. 5 : voy. ci-dessus, note 1. *Ord. pour les Bourguignons*, 17 mai 1315, art. 2 (Is., t. 3, p. 78 et s.). Cpr. *Ord. sur les plaintes des nobles de Champagne*, art. 10 (Is., t. 3, p. 95). Questionné par ces derniers sur ce qu'était ce droit royal si souvent retenu, Louis X le définit ainsi : « c'est assavoir : que la royale Majesté est entendüe, ès cas qui *de droit*, ou *d'ancienne coustume* puent et doient appartenir à souverain prince, et a nul autre » : *L. P.*, 1er sept. 1315 (Is., t. 3, p. 119). Cpr. *Ord.*, mars 1392 (*Ord. des r. de Fr.*, t. 7, p. 457) : « Nous, à cause de nostre souveraineté, avons mis sur lesdits aides et ledit fait de la gabelle, pour la guerre, le fait de la guerre... et de tout le bien de la chose publique. »

(29) Voy. *Epitre de Jean Juvénal des Ursins, archev. de Reims* et *Epitre du même à son frère le chancelier* (B. Nat., ms. fr., ms. 2701, ffos 97 r°, 98 v° et 53 r°), citées par P. Viollet, *op. cit.*, t. 3, pp. 465, 467. Denifle, *La désolation des églises... pendant la guerre de Cent ans*, t. 1, p. 501 et s.

levée (³⁰). Ici, un seigneur haut justicier objectait que l'aide ne devait être demandée qu'à lui, non à ses sujets, et n'apportait du zèle à la faire payer que si une part lui était laissée; là, une ville voulait traiter pour une somme fixe qu'elle se procurerait par ses propres moyens; ailleurs, dans une assemblée régionale, nobles et bourgeois, plaidant misère, dureté des temps, contributions récemment payées, s'efforçaient d'obtenir un rabais (³¹). Ici et là, il arrivait qu'on réclamât la gestion des deniers et le contrôle direct de leur emploi (³²). Les ordres du roi servaient plutôt de base de discussion qu'ils ne s'imposaient d'autorité (³³). Le moyen de faire autrement sans la force, qu'on n'avait pas toujours et qu'en toute occurrence on ne voulait pas employer! Travaillant à rétablir l'unité du royaume, les rois avaient garde d'éviter les heurts et froissements qui l'eussent empêchée ou retardée. Nous savons comment les conseillers de Philippe le Bel, cherchant un appui moral pour ces tractations dans l'assentiment de l'assemblée de 1314, déclenchèrent les interventions des Etats généraux qui se produisirent par la suite, surajoutant un nouveau et dangereux débat à la pratique antérieure, qui n'en fut pas modifiée; car on ne voit pas que les représentants des intérêts régionaux aient eu une attitude différente, selon que les subsides étaient, ou non, consentis par les Etats. En 1356 et 1357, les commissaires des Etats rencontrèrent plus de résistances et eurent encore moins de succès qu'auparavant les agents du roi. Aussi, pendant les dernières années du xiv⁰ et la plus grande partie du xv⁰ siècle, le pouvoir central, pour éviter deux obstacles successifs, continua à s'adresser sur place à des assemblées régionales dont quelques-unes subsistèrent plus ou moins longtemps sous la forme d'Etats provinciaux. Mais, à partir du règne de Charles VII et à l'organisation des premières troupes permanentes, les Etats consentirent la le-

(30) Vuitry, *op. cit.*, t. 1, p. 153; t. 2, p. 9.

(31) *Olim*, t. 1, pp. 458, 848. *Livre Roisin* (éd. Brun-Lavaïnne, p. 333). Cpr. Callery, *op. cit.*, p. 89; Vuitry, *op. cit.*, t. 1, p. 146, 148; t. 2, pp. 75 et s., 130 et s., 189; Dognon, *Les inst. pol. et adm. du pays de Languedoc*, p. 363; Delisle, *Mandements et actes divers de Charles V*, nᵒˢ 625, 679, 1722, pp. 311 et s.; 342 et s., 611; Viard, *Les ressources extraordinaires de la royauté sous Philippe de Valois* (RQH., t. 44, p. 170). Des communautés payaient, mais demandaient des lettres de non-préjudice : Beaudouin, *Lettres inédites de Philippe le Bel*, nᵒ 70, p. 68.

(32) Convention entre le roi et les gens de Paris au sujet de l'aide, juillet 1315 (Is., t. 3, p. 118).

(33) Viard, *Les ressources extraordinaires de la royauté sous Philippe de Valois* (RQH., t. 44, pp. 168 et s.).

vée des subsides de façon réglée et permanente, comme les dépenses auxquelles ils pourvoyaient. De sorte qu'au xvi° siècle, la doctrine exigeant l'octroi des subsides par les Etats-généraux se restreignit aux impôts nouveaux, parce qu'elle y voyait une atteinte au droit de propriété (³⁴), et, dans cette limite, le pouvoir royal n'y contredisait pas (³⁵). La dernière fois que les Etats furent réunis (1614), on ne leur demanda rien, mais ils sollicitèrent une remise du quart des tailles, dont on leur démontra l'impossibilité. En fait, le droit absolu du roi n'était plus guère contesté. Quand le Parlement de Paris, en 1787, refusa d'enregistrer les projets de subvention territoriale et d'impôt du timbre admis par les Notables, en disant qu'il y fallait l'approbation des contribuables ou des Etats, il usa de beaucoup de subtilité pour donner à cette opinion l'apparence d'une tradition ininterrompue (³⁶).

3° Les finances ordinaires et extraordinaires.

Les explications précédentes montrent comment l'administration royale fut amenée à distinguer pendant longtemps entre les *finances ordinaires* et les *finances extraordinaires* (³⁷). Les premières ne nécessitaient aucune loi et correspondaient aux revenus et autres produits du domaine; elles avaient dans leur ensemble un caractère permanent. Non qu'elles fussent toujours pareilles, car elles augmentaient avec le domaine lui-même; et les domanis-

(34) Bodin, *op. cit.*, VI, 2, p. 880 : « Il n'est en la puissance de prince du monde de lever impost à son plaisir sur le peuple, non plus que de prendre le bien d'autrui. »

(35) *Ord.*, Orléans, janv. 1560, art. 135 (Is., t. 13, p. 95). *Ord.*, nov. 1549, *préam.* : « Lequel expédient... nous avons bien voulu faire entendre et déclarer à nos dits subjects de chacune des provinces et pays de nostre royaume. Lesquels après avoir très bien jugé et cogneu... s'en sont du tout remis à nostre bon plaisir et vouloir, pour en ordonner ce que verrons estre à faire... »

(36) *Edit*, août 1787; *Décl. concernant le timbre*, 4 août 1787 (Is., t. 28, pp. 39 et s.). Il prétendit que ce consentement pouvait être exprès ou tacite. Depuis plus de deux siècles, il avait été tacite et avait résulté du fait du paiement sans protestation. Au moment de la publication des édits bursaux, les Cours souveraines, chacune dans son ressort, enregistraient ou non, suivant que, interprètes de l'opinion, elles estimaient que cet assentiment tacite existait ou non : Flammermont, *Remontrances du Parlement de Paris au xviii° siècle*, t. 3, pp. 417, 664, 671 et s., 678. Cela se rattachait à la doctrine qu'elles étaient des Etats permanents ou « au-petit pied. »

(37) *Le vestige des finances* (Jacqueton, *Docum. relatifs à l'adm. fin. de la France de Charles VII à François Ier*, p. 205) : « Il y a deux manières des finances, à sçavoir : finances ordinaires et finances extraordinaires. — Quelles sont finances ordinaires ? — C'est le domaine du roi. »

les divisaient, en outre, celui-ci une fois acquis, en *domaine immuable*, qui ne s'augmentait ni ne diminuait que par accident et dont les revenus : cens, rentes, champarts, etc., ne variaient pas, et en *domaine muable* dont les revenus variaient d'une année à l'autre ou selon que les biens qui le composaient étaient affermés plus ou moins cher, comme les péages, les amendes, les étangs, les prés, les greffes, les sceaux, les tabellionages. Afin d'assurer la conservation du domaine fixe avec lequel les rois devaient pourvoir au gouvernement et à l'administration du royaume, la loi de l'inaliénabilité et de l'imprescriptibilité [38] était venue s'ajouter dans les conditions qui ont été déjà indiquées. Les secondes avaient leurs sources dans une imposition royale justifiée soit par les habitudes féodales : aide aux trois, aux quatre... cas, soit par la guerre : taille d'ost, ou d'autres nécessités. Correspondant à des charges momentanées, elles en avaient la durée [39]. Jusqu'au xiii° siècle, ces impositions avaient été rares et d'application limitée; aussi, bien qu'on distinguât entre les deux catégories de ressources, il n'y avait pas, au moins au centre du gouvernement, deux administrations différentes. Celles-ci apparurent, juste au moment où, par leur fréquence, les finances extraordinaires allaient tendre à devenir ordinaires [40]. A partir de Louis IX, on y avait eu recours de façon chronique, sa première croisade ayant donné lieu à cinq aides successives, les autres guerres et la seconde ayant nécessité de nouvelles levées. Sous Philippe le Bel, avec des formes variées; elles ne cessèrent pour ainsi dire pas. D'autres s'échelonnèrent jusqu'à Jean le Bon, dont la rançon et les divers engagements exigèrent la levée d'une aide pendant vingt ans, sans compter les subsides accordés pour la guerre [41]. La guerre de Cent ans, surtout après la

(38) *Ibid.*, pp. 206-210.

(39) Ci-dessus, p. 411 et s. « In hoc tailliarum vectigali, quod primum, guerrae causa institutum etiam, causa cessante, supprimendum videbatur.. » (*Journal de Masselin*, loc. cit., p. 414).

(40) Ci-dessus, 484, 486 et s.

(41) Froissart (*Chron.*, II, 70) prête ces paroles à Charles V, mourant : « De ces aides du Royaume de France dont les pauvres gens sont tant travaillez et grevez, usez en en vostre conscience et les ostez au plus tost que vous pourrez; car ce sont choses quoique je les aye soutenues qui moult me greevent et poisent en couraige. » Les tuteurs de Charles VI obtinrent des notables de Paris 12 deniers par livre; mais le peuple s'agita. Une ordonnance, 19 nov. 1380 (Is., t. 6, p. 542) abolit tous les impôts établis depuis Philippe le Bel inclusivement : on y suppléa par des taxes sur les marchandises. D'où révolte des Maillotins. On dut revenir plus tard au système des aides régulières (Juvénal des Ursins, *Vie de Charles VI*, t. 2, p. 348).

bataille de Crécy, rendit quasi perpétuelles ces impositions sous une forme ou sous une autre. On s'imaginait toujours, comme Charles V mourant, que l'heure approchait de les supprimer [42]. Elle fuyait dès qu'on croyait y toucher. Rien n'était dangereux comme de laisser espérer cette suppression, ainsi que le firent les princes, sous Charles VI, dans un but de popularité; alors qu'il était clair qu'il faudrait recourir aux impôts de plus en plus, Charles VII prit un parti sage en donnant un caractère de perpétuité à ceux qui correspondaient à des dépenses permanentes. Les doléances de 1484, la bonne volonté de Louis XII qui, à son avènement, réduisit les tailles, ne firent que les dépenses du royaume ne fussent de plus en plus disproportionnées avec les ressources du domaine. La distinction entre finances ordinaires et extraordinaires perdit son intérêt ancien. Le dualisme administratif, établi au xive siècle, s'atténua sous François Ier et disparut avec Henri II [43].

4° Le roi contre la fiscalité seigneuriale.

Bien que l'imposition royale se présentât comme une compensation du service militaire et qu'à ce titre elle parût en dehors du système seigneurial, Charles VII profita de l'établissement de la taille royale perpétuelle pour préciser les rapports des droits fiscaux des seigneurs vis-à-vis du droit royal. Toute seigneurie étant tenue du roi, les droits régaliens exercés par les seigneurs étaient une délégation royale, et délégant et délégués ne pouvaient, chacun pour son compte, grever les mêmes contribuables du même droit.

Charles VII supprima la taille seigneuriale par l'ordonnance de novembre 1439 [44]. Si le même caractère connexe au service d'ost lui était attribué, elle n'avait plus de raison d'être, puisque les seigneurs ne faisaient plus la guerre que sous les ordres du roi. Elle ne se maintint que dans les cas exceptionnels où quelque

[42] Clamageran, *Hist. de l'impôt en France*, t. 2., pp. 79 et s.

[43] Ci-dessus, pp. 486 et s.

[44] *Ord.*, 2 nov. 1439, art. 44 (Is., t. 9, p. 70). « Item. Et pour ce que plusieurs mettent tailles sus en leurs terres, sans l'auctorité et congé du roy, pour leur volonté ou autrement, dont le peuple est moult opprimé, le roy prohibe et défend à tous, sur les dietes peines de confiscation des biens, que nul de quelque estat, qualité ou condition qu'il soit, ne mette ou impose taille ou autre aide ou tribut sur les sujets ou autres pour quelque cause ou couleur que ce soit, sinon que ce soit de l'auctorité et congé du roy, et par ses lettres patentes... »

autre motif pouvait être invoqué : 1° lorqu'elle portait sur les serfs, parce que la taille servile était caractéristique du servage et pouvait être considérée comme se rattachant plutôt au domaine sur le serf ou sur sa tenure; 2° en quelques lieux, sous la forme d'aides aux quatre cas, ce qui lui faisait attribuer une origine féodale ou foncière; elle était alors une conséquence de la directe, non de la seigneurie politique [45]; 3° lorsque le seigneur exhibait un titre, ce qui donnait à la taille un caractère contractuel et la rapprochait de l'hypothèse précédente.

Quant aux impôts indirects levés par les seigneurs, ils furent, par la doctrine, fixés en l'état où des titres ou bien une coutume immémoriale les avaient établis. Aucun droit nouveau de ce genre ne devait plus être créé, ni par l'initiative des seigneurs, ni par délégation du roi, et celui-ci pouvait, quand il le jugeait utile, supprimer les anciens. Mais pour protéger l'existence de certains de ces droits, on s'était appliqué à leur attribuer, ainsi pour les banalités, une origine contractuelle [46].

II. — LES DIVERSES SORTES D'IMPOTS A PARTIR DU XIVe SIÈCLE.

Depuis la fin du xiiie siècle, les impositions royales avaient été tantôt des impôts directs, tantôt des impôts indirects Dans les transactions consenties au xive et au xve siècle par les agents royaux aux autorités ou aux assemblées locales, les solutions les plus variées avaient été tour à tour adoptées. Au xve siècle, le mot *taille* s'appliquait surtout aux premiers; sous le nom d'*aides* on comprenait, au contraire, diverses taxes sur les marchandises circulant dans le royaume. Sur la préférence à donner aux uns et aux autres, il semble qu'il y ait eu autant d'hésitations parmi les populations que dans l'entourage des rois. Charles VII, Louis XI, les Etats généraux de 1484 estimaient les impôts indirects plus égalitaires et comme devant être plus aisément supportés car, disait Charles VII, « qui plus despent plus en paye » [47]. Mais l'opinion populaire se manifesta souvent moins hostile à la taille qu'aux aides ou aux monopoles.

(45) J. Rochette, *Quest. de droict et de practique*, t. I, 9, 47 : « Seigneur direct et foncier a le droit de tailler ès quatre cas, non le seigneur justicier. »

(46) Loyseau, *Tr. des seigneuries*, IX, n°s 99 et s.; Boutaric, *Tr. des droits seigneuriaux*, XI, 9, 1775, pp. 356 et s.

(47) Spont, *L'équivalent des aides en Languedoc* (*Ann. du Midi*, 1891, pp. 235 et s., 245 et s...). Thomas, *Les Etats provinciaux de la France centrale sous Charles VII*, t. 2, pp. 128-130.

Depuis le xve siècle, les impôts directs les plus importants furent : la taille, longtemps unique, puis à partir des dernières années du xviie siècle et successivement, la capitation, les impôts du dixième et des vingtièmes; les impôts indirects, de formes très variables, purent être groupés sous les noms d'aides, de traites, et de monopoles ou gabelles.

1° Les impôts directs.

1. *La taille.* — La taille fut, selon les pays, personnelle ou réelle. La différence tenait précisément à ce que, dans la période précédente, les populations, le montant des subsides étant arrêté avec les officiers du roi, avaient pris l'habitude d'asseoir la contribution de façons différentes. La coutume, une fois établie, fut respectée.

La *taille personnelle* était la règle. Elle était un impôt de répartition sur le revenu global, quelle qu'en fût l'origine, chaque taillable étant imposé à la paroisse de son domicile (48).

Seuls étaient soumis à la taille personnelle les roturiers et, là où il en existait, les serfs. De l'équivalence primitive entre le service militaire et la taille de l'ost dont la taille perpétuelle était en partie dérivée il était résulté l'exemption pour les gentilshommes, qui devaient le service militaire (49). Jusqu'au xviie siècle cette exemption est présentée comme l'équivalence du service de ban et d'arrière-ban (50). Pour le même motif

(48) Fleury, *Droit public de France*, IIIe Part., V, 1, 3 (1781), p. 169, 172 : « Taille personnelle est plutôt mixte, n'est simple capitation, puisqu'on ne taxe que les chefs de famille et qu'on a égard aux facultés de quelque genre que ce soit, comme héritages, argent, industrie ». Ferrière, *Diction.*, vo *Tailles*, t. 2, p. 749.

(49) On suit cette équivalence à travers les textes : *Ord. saladine*, 1188, IIe part., art. 1 (Is., t. 1, p. 173); *Instruction pour la levée du 50e*, 1295, art. 5 (D. I., *Notices et extraits*, t. 20, 2e part., p. 104). — Delisle, *Mandements de Charles V*, no 625, p. 113 : Sont exemptés du fouage, les nobles qui « en leurs personnes servent ou fait de la guerre ou sont tailliez de servir, ou qui sont si anciens que plus ne se pevent armer et ont servi ou temps passé, ouquel cas il seront tenuz de envoier esdictes guerres pour eulx ou contribuer auediz fouages selon leur facultés. » *Ord.*, 1428 (*Not. et docum. publiés par la SHFr.*, p. 247 et s.). *Ord.*, 19 juin 1445 : « excepté tant seulement vrais escholiers estudians et continuellement fréquentans (les universités)... nobles vivans noblemant et suyvans les armes, ou qui par vieillesse ne les peuvent plus suyvre... » (Is., t. 9, p. 138). *Ord.*, 17 août 1484 (*Ord. des r. de Fr.* t. 19, p. 399).

(50) *Décl.*, qui soumet à l'imposition des tailles et subsides ceux qui se disent gentilshommes sans justifier de leur qualité, 9 oct. 1546 (Is., t. 12,

furent exemptés les francs-archers et les gens des compagnies d'ordonnance et gardes [51]. Ce fut lentement que le privilège fut directement et exclusivement attaché à la qualité de noble. Quand il en fut ainsi, il s'étendit aux anoblis, dont beaucoup n'avaient aucun rapport avec l'état militaire [52], puis à l'entourage des gentilshommes. Les domestiques des nobles étaient exempts; et les fermiers des mêmes ne payaient, sous le nom de taille d'exploitation, que la moitié de la taille ordinaire sur les bénéfices du domaine [53]. Les gens d'Eglise étaient aussi exempts, sans que leur privilège eût la même explication historique. A moins qu'ils ne fissent valoir leur patrimoine de leurs mains, ce qui les eût détournés du service de l'Eglise, leurs biens personnels échappaient à la taille [54]. On disait que les nobles servaient le le roi de leur épée et les ecclésiastiques par leurs prières. Mais, avec le temps, le cercle s'élargit. Déjà au xv⁰ siècle, on y comptait les étudiants des universités, les officiers ordinaires et commensaux du roi; au xvii⁰, presque tous les officiers de judicature et de finance, les officiers de troupes, ceux attachés au roi, à la reine ou aux princes, les professeurs, docteurs et suppôts des Universités, les veuves de beaucoup de personnages exempts [55]. Enfin, des villes étaient complètement

p. 915). — Les Notables, en 1626, demandent que « tout gentilhomme au-dessus de quinze cents livres de rente, sera obligé d'avoir un cheval de service, des armes complettes et de se rendre en état près des gouverneurs et sénéchaux pour être par eux conduit où les commandements de S. M. l'ordonneront. » (*Pr. verb. de l'assemblée des Notables en l'an* 1626, p. 84).

(51) *Ord.*, mars 1583, art. 4 (Néron, *Ord.*, t. 1, p. 607).

(52) Il est vrai que la plupart étaient exemptés à titre d'officiers royaux : Ferrière, *loc. cit.*

(53) S'il n'avait pas de fermiers sur ses domaines qui payassent la taille d'exploitation, le noble en était frappé lui-même « faute de donner colon » : Marion, *Les impôts directs sous l'ancienne monarchie*, pp. 9, 37. Il en était ainsi pour toute terre appartenant à un privilégié.

(54) Fleury, *loc. cit.*, 11, p. 571. Il ne s'agit pas ici de leurs bénéfices qui étaient soumis aux décimes et pour lesquels le mode d'imposition dépendait des contrats entre le roi et le clergé. — Au xiv⁰ siècle cette exemption n'apparaît pas encore : *Ord.*, 12 mars 1355, art. 5, 6; 3 mars 1356, art. 1 (Is., t. 4, pp. 766, 848); 19 juin 1445, *préam.* (Is., t. 1, p. 145) : « et soient tenus de contribuer tous iceux subjects de quelque estat qu'ils soient... estre à ce contraints... ceux qui seront clercs et d'église par prise, arrest et exploitation de leur temporel... » Cpr. *Ord.*, 17 août 1484 (*Ord. des r. de Fr.*, t. 19, p. 399) — Borrelli de Serres, *Les feux dans le Languedoc, op. cit.*, t. 3, p. 400-402.

(55) Fleury, *loc. cit.*, 11, p. 171; Ferrière, *loc. cit.* Colbert exempta les maîtres de postes, les éleveurs de chevaux, les usiniers.

franches, soit qu'elles eussent obtenu ce privilège, soit qu'elles l'eussent acheté; d'autres étaient abonnées, c'est-à-dire remplaçaient la taille de leurs habitants par une subvention périodique, ou tarifées, c'est-à-dire lui avaient substitué tout ou partie de leurs octrois [56].

La taille réelle se rencontrait surtout dans les pays d'Etats, comme le Languedoc, la Provence, le Dauphiné, l'Alsace. Dans les pays d'élections on ne la trouvait que dans les généralités de Grenoble, de Montauban, d'Auch et dans les deux élections d'Agen et de Condom de la généralité de Bordaux [57]. Impôt de répartition aussi, elle était exclusivement assise sur les biens-fonds roturiers et sur les tenures serviles [58], à raison de leur valeur, établie d'après leur revenu dans des cadastres ou compois : ce qui donnait lieu à des arpentages et à des enquêtes [59]. Elle était due par le fonds lui-même indépendamment du domicile et de la qualité de son possesseur. De sorte qu'il fallait se référer, non à l'état du contribuable, mais à la nature juridique du fonds [60]. Dans certaines régions de taille réelle, des taxes étaient établies sur les autres revenus au moyen de compois cabalistes qui en contenaient l'estimation : taxes pour l'industrie sur les marchands et artisans, pour les rentes, etc., et qui pouvaient varier du huitième au dixième en Dauphiné, du dixième au quinzième à Montauban [61]. Les origines de la taille réelle sont assez difficiles à préciser. Elle succéda, comme la taille personnelle, à l'ancien fouage; or, dans le Midi, notamment en Languedoc, jusqu'au milieu du xve siècle, pour la classification des feux à imposer ou à décharger, on tenait encore compte de tous les éléments du patrimoine et de tous les genres de revenus [62]. Il faut voir sans doute

(56) Fleury, *loc. cit.*, 10, p. 170; Ferrière, *loc. cit.* — Marion, *op. cit.*, p. 22.

(57) Marion, *op. cit.*, p. 18 et *L'impôt sur le revenu au* xviiie *siècle, principalement en Guyenne*, Toulouse, 1901.

(58) Il n'y en avait plus guère dans les pays d'Etats, surtout dans le Midi.

(59) Fleury, *loc. cit.*, 14, p. 172 : « Terres taxées à proportion de leur valeur suivant certain compois... Chaque sommée de terre, c'est-à-dire ce que peut ensemencer une somme ou charge, doit porter tant de deniers, par rapport au sou ou à la livre de ce qui est imposé sur la province; ailleurs, on compte par septérées et livres livrantes. »

(60) Fleury, *loc. cit.*, 14, p. 172. Ferrière, *loc. cit.* Les ecclésiastiques, les nobles et autres privilégiés en pays de taille personnelle, étaient ici taillés pour leurs censives et autres biens roturiers; les roturiers ne l'étaient pas pour les fiefs qu'ils possédaient. Les biens d'Eglise étaient soumis aux mêmes règles et mêmes contributions que partout.

(61) Marion, *op. cit.*, p. 19.

(62) Borrelli de Serres, *Les feux dans le Languedoc* : *op. cit.*, t. 3, pp. 417;

dans la transformation postérieure un désir des contribuables de donner à l'impôt une assiette fixe établie au moins pour un certain temps et d'éviter ainsi l'arbitraire et les tracasseries qu'entraîne la recherche du revenu annuel des particuliers ([63]).

La taille réelle parut, en effet, toujours moins lourde, moins sujette à varier selon le caprice des répartiteurs et aussi soulignant moins l'inégalité des conditions, puisqu'elle tenait aux biens, non aux personnes ([64]). Mais l'une et l'autre comportaient les mêmes dangers et critiques que tout impôt sur le revenu : inquisition sur les fortunes privées, inégalité consciente ou non dans les procédés d'estimation, possibilité d'extension indéfinie. Il suffisait d'augmenter progressivement la somme à retirer des tailles pour que la part de chaque contribuable fût progressivement augmentée, sans que cela lui fût à chaque fois très sensible ([65]).

On adjoignit aussi à la taille des contributions qui se répartissaient au marc le franc entre les taillables : ainsi, en 1524 la *grande crue* pour l'entretien des légions; en 1549, le taillon, égal à un tiers de la taille, pour celui des gendarmes. Ils disparurent ensuite ou se confondirent avec elle ([66]).

La *corvée royale* ou des grands chemins, créée par Sully, grand voyer de France, fut conçue comme un accessoire de la taille, pour tous ceux qui étaient soumis à celle-ci, de seize à soixante ans : impôt en journées de travail. D'abord intermittente et régionale, elle fut généralisée en 1738 par le contrôleur général Orry; en fait, elle était réglementée, dans chaque généralité, par l'intendant ([67]).

425-429, 430 et s. — En Bourgogne, l'imposition royale s'était maintenue sous la forme du fouage avec le nom de *praestantiae* : B. de Chasseneus, *In consuet. Burgundiae.* R. IX, art. 18, n° 10.

([63]) Spont, *La taille en Languedoc de 1450 à 1515* (*Ann. du Midi,* 1890, p. 365 et s.; 1891, p. 482 et s.). Dognon, *op. cit.*, pp. 624-640.

([64]) *Journal de Masselin, op. cit.*, pp. 416, 464.

([65]) Cpr. avec la *jugatio* romaine : ci-dessus, p. 51. De 1.200.000 livres sous Charles VII, la taille fut portée à 3.400.000 sous Louis XI; malgré les réclamations des Etats de 1484 qu'on en revint au chiffre primitif, les Beaujeu, de l'avis du Conseil, l'augmentèrent « sans qu'il soit tiré à conséquence pour le temps à venir »; de 42.000.000 en 1661, elle était redescendue à 34.300.000 en 1683. Elle s'élevait à 90.000.000 à la veille de la Révolution. Il faut tenir compte que les dépenses avaient augmenté dans une mesure peut-être plus grande, que l'argent avait diminué de valeur et que des progressions analogues se retrouvaient dans les autres Etats de l'Europe.

([66]) Ferrière, *Diction.*, t. 2, v° *Taillon.* Pour d'autres crues de ce genre : Fleury, *op. cit.* 4, p. 168 et s.

([67]) Ducrocq, *La corvée et sa suppression* (RGDL, 1882). André Lesort,

Remplacée, mais sans succès, en 1776, par Turgot au moyen d'une taxe additionnelle au vingtième, elle le fut définitivement, dans un édit du 27 juin 1787, par un augment de taille [68].

Il arrivait aussi qu'au cours de l'année des dépenses imprévues fussent l'occasion d'une crue de taille qui risquait fort d'être incorporée l'année suivante au principal. On s'efforça au xviiie siècle de mettre un frein à cette progression continue : une déclaration du 7 février 1768 arrêta pour l'avenir le principal de la taille à un chiffre invariable; une autre du 13 février 1780 fixa la taille et les accessoires, qui se répartissaient d'après elle au marc le franc, au chiffre indiqué dans le brevet général pour 1780, sans qu'il pût être élevé ou modifié désormais par une loi [69].

Un autre vice du système était de grandes inégalités dans la répartition. Le gouvernement royal n'avait, à se préoccuper de celle-ci que dans les pays d'élections; dans les autres, elle regardait les Etats de la province. Les règles n'en avaient été établies qu'après que la taille fût devenue régulière et perpétuelle; auparavant, elle donnait lieu, nous l'avons vu, à des transactions fort différentes d'après les régions [70]. Elle s'opérait à quatre échelons.

Le *Brevet général des tailles*, annexé à l'*Etat général des finances* ou budget annuel, dressé de 1450 à 1523 par MM. des Finances, depuis par le roi en son Conseil, fixait le chiffre global de la taille à répartir entre les généralités. Pour chacune de celles-ci était émis un brevet particulier indiquant la part mise à sa charge et adressé au *Bureau des finances* ou des Trésoriers de France de son chef-lieu. Cette première opération, établie sur une connaissance trop peu précise des facultés imposables de ces circonscriptions, entraînait des inégalités qui se répercutaient

La question de la corvée des grands chemins sous Louis XVI après la chute de Turgot 1776-1786 (*Bul. de la Comm. des Trav. hist.*, fasc, vii, 1922).

[68] *Edit*, févr. 1776 (Is., t. 23, p. 358). Elle avait été rétablie le 11 août 1776. Un arrêt du Conseil, 13 avril 1781, la supprima pour les grands travaux faits alors en Berry; un autre du 6 nov. 1786 la remplace à titre d'essai par une taxe pécuniaire (Is., t. 27, p. 10; t. 28, p. 269) — *Décl.*, 27 juin 1787 (Is., t. 28, p. 374) — Necker, *Compte rendu au roi*, p. 70 : «... la répartition et la perception d'un impôt en argent sont soumises à des règles certaines, au lieu que la distribution de la corvée et la surveillance de son exécution, multiplient les décisions et les punitions arbitraires et obligent à remettre un grand pouvoir entre des mains subalternes. » La question était très discutée. J.-J. Rousseau préférait la corvée à la taxe.

[69] *Décl.*, 7 févr. 1768; *Décl.*, 13 févr. 1780 (Is., t. 22, p. 475; t. 26, p. 270). — Necker, op. cit., p. 65.

[70] Ci-dessus, p. 702 et s. — Borrelli de Serres, *loc. cit.*

nécessairement à tous les autres échelons du système et jusque dans les cotes individuelles (71). Le Bureau des finances, auquel s'adjoignit, quand il exista, l'intendant, procédait au département entre les élections, où, sur les commissions des Trésoriers de France, les élus devaient procéder à celui entre les paroisses ou communautés d'habitants. L'institution des élus remontait aux ordonnances de 1355 et 1356, rendues à la demande des Etats généraux dont trois députés par diocèses avaient été chargés de la levée des subsides et du contentieux financier de leur ressort (72). Depuis, sous la même dénomination, des agents de finances nommés par les directeurs de l'administration centrale et dont les charges se muèrent en offices, avaient été maintenus au centre des subdivisions territoriales de la généralité où ils constituaient le *Bureau des élus,* investis à la fois de l'administration et du contentieux (73). Ils arrêtaient le montant du mandement de chaque paroisse et expédiaient les commissions pour la nomination d'asséeurs et la répartition entre les contribuables. Les asséeurs et collecteurs, nommés sous le régime des ordonnances de 1355-1356 par les élus, l'étaient, au moins depuis 1379, par l'assemblée générale des contribuables (74), en nombre proportionnel à la population (75). Ils avaient un double rôle. Asséeurs, ils devaient estimer d'après des déclarations et les autres éléments qu'ils pouvaient réunir, le revenu de chaque taillable et le cotiser selon ses facultés. Pour cela, ils jouissaient d'un pouvoir arbitraire. Comme il arrive en pareille circonstance, ils forçaient les cotes des autres pour diminuer les leurs, celles de leurs parents ou de leurs amis; ils n'osaient taxer les personnages influents ni leurs gens comme il aurait fallu (76). Le rôle ainsi

(71) C'est ainsi que la généralité de Bourges était taillée en proportion de 3 livres par habitant, celle de Rouen de 8, celle de Riom de 9.

(72) *Ord.,* 28 déc. 1355, art. 2, 3; 3 mars 1356, art. 2, 3; 14 mai 1358, art. 17, 27, (Is., t. 4, p. 740; *Ord. des r. de Fr.,* t. 3, p, 124; Is., t. 5, pp. 20, 24). Les élus, nommés par les Etats, étaient cependant commissionnés par le roi.

(73) *Ord.,* 6 août 1462, 15 juill. 1563 (Is., t. 10, p. 450; t. 12, p. 209).

(74) *Ord.,* 21 nov. 1379, art. 5 (Is., t. 5, p. 515): « Que les eleuz et autres des diz officiers, ne s'entremettent de mettre volluntairement ez villes et parroisses du plat pays... asséeurs desdiz foüages ou collecteurs; mais seront eleuz par les habitans mesmes des villes et paroisses, ou par la plus saine et greigneure partie, tels et tant comme bon leur semblera, en leur perilz. »

(75) Fleury, *loc. cit.,* 5, p. 169.

(76) *Ibid.,* 6. — Vauban, *La dixme royale* : « Elles sont devenues arbitraires, n'y ayant point de proportion du bien particulier à la taille dont il est chargé. »

dressé par eux était arrêté par les élus qui leur donnaient commission de l'exécuter. Collecteurs, ils procédaient alors à la levée et ne laissaient pas de subir, de la part des imposés, l'accueil et les traitements que leurs fautes ou leurs injustices dans la répartition leur valaient. Ils étaient, en outre, responsables, vis-à-vis de l'État, de leurs erreurs et des cotes non recouvrées, si peu qu'il y eût à cela de leur négligence, sur leurs biens personnels. A défaut, les manquants étaient répartis à nouveau entre les contribuables solvables et, en fait, entre les plus riches : solidarité supprimée ou du moins singulièrement atténuée par une déclaration du 3 février 1775 [77]. Aussi, procédaient-ils au recouvrement avec une extrême rigueur. Petites gens de village, ils étaient portés à se venger de leurs ennemis et de leurs rivaux en les surchargeant d'abord, en déclanchant ensuite contre eux toutes les contraintes que leurs pouvoirs passagers leur rendaient possibles : saisies, garnisaires, contrainte par corps [78]. Ils étaient tenus de porter le montant de leur perception aux receveurs des tailles de leur élection, qui les transmettaient aux receveurs généraux de la généralité. Ceux-ci en versaient tout ou partie, selon des règlements, au Trésor royal [79]. Les collecteurs recevaient quatre deniers par livre sur leurs recettes. Le contentieux des tailles appartenait aux élus pour ce qui concernait la répartition et la levée, au-dessus d'eux, au Bureau des finances ou à l'intendant, en appel aux Cours des Aides [80].

Le système de la taille suscitait des critiques. On cherchait à l'améliorer. La plupart des initiatives heureuses dans ce but furent dues à des intendants. D'abord, l'intervention personnelle de l'intendant, se produisant avec efficacité à tous les degrés de la hiérarchie où on le vit se substituer ou se mêler aux

(77) Fleury, loc. cit., 8, p. 170 : « Si le collecteur est insolvable, le receveur nomme avec les élus, 4 ou 5 des plus solvables de la paroisse contre qui est décernée contrainte et qui paient pour tous. » — Décl., 3 janv. 1775 (Ib., t. 23, p. 127).

(78) Vauban, op. cit. : « Elles sont de plus exigées avec une extrême rigueur et de si grands frais qu'il est certain qu'ils vont au moins à un quart du montant de la taille. Il est même assez ordinaire de pousser les exécutions jusqu'à dépendre les portes des maisons après en avoir vendu ce qui était dedans. » Fleury, loc. cit., 9, p. 170 : « plusieurs fois défendu de contraindre par corps les laboureurs, ni de saisir les chevaux et autres instruments du travail, ne s'observe. »

(79) Fleury, loc. cit., Ferrière, vᵒ Tailles.

(80) Fleury, loc. cit., p. 169. Mais des sentences de l'intendant on appelait régulièrement au Conseil.

officiers qui les occupaient, souvent apathiques et négligents, du fait que leur charge était un office, fut elle-même un bienfait (81). Tenant compte des plaintes à lui adressées, il déchargeait et taxait souvent d'office : son arbitraire même donnait confiance. « Bon intendant, gros secours à une province! » dit Fleury (82). Sur les rapports des intendants, une première restriction fut apportée aux privilèges : un édit d'avril 1667 restreignit le droit de cultiver euxmêmes leurs terres pour les nobles et les ecclésiastiques à un domaine de quatre charrues et pour les autres privilégiés de deux charrues : pour toutes les autres terres, où qu'elles fussent situées, ils durent ou les affermer ou payer la taille d'exploitation, « faute de donner colon » (83).

Etant donnée la supériorité reconnue au mode d'estimation de la taille réelle, on voulut en rapprocher la taille personnelle. La tendance qui se manifesta dans des essais locaux et des déclarations royales au xviiie siècle fut d'assigner une base fixe à l'estimation du revenu afin d'éviter l'arbitraire des répartiteurs et pour cela de décomposer le revenu global du contribuable en ses divers éléments, afin de trouver un mode d'estimation permanent pour chacun d'eux. On peut suivre ce dessein dans une déclaration de 1768, dans une autre, où le procédé est plus avancé, pour la généralité de Paris, du 11 août 1776. Cette tarification n'était pas du reste la même partout. Dépendant des intendants, elle était plus ou moins poussée, ou réalisée différemment (84). Elle fut favorisée dans certaines généralités par l'institution des commissaires aux tailles, qui fut finalement consacrée par la déclaration de 1768. Nommés par l'intendant, ils se rendaient dans chaque paroisse pour en dresser le rôle. Assistés des collecteurs, ils recevaient publiquement les déclarations des habitants, fixant l'état des biens des privilégiés dans la paroisse et la composition, d'après leur nature, des revenus des taillables, que chaque intéressé pouvait discuter et qui, à défaut de déclaration individuelle, était établie par la commune renommée. Toute enquête ou vérification leur était permise. Après lecture publi-

---

(81) Esmonin, *La taille en Normandie au temps de Colbert*, p. 137.

(82) Fleury, *op. cit.*, iiie part. v, 7, p. 170.

(83) *Edit*, mars 1667 (Is., t. 18, p. 103). Une déclaration du 16 janv. 1650 exemptait encore les nobles pour tous les biens qu'ils faisaient valoir de leurs mains : Ferrière, vo *Tailles*.

(84) *Décl.*, 7 févr. 1768; *Décl.*, 11 août 1776, prorogée par celle du 4 juill. 1781 (Is., t. 22, p. 475; t. 24, p. 60; t. 27, p. 46). Cpr. *Inst. pour la perception des tailles*, 1er janv. 1775 (Is., t. 23, p. 127). Necker, *C. R. au Roi*, p. 66. D'Arbois de Jubainville, *L'administration des intendants*, pp. 30 et s.

que du procès-verbal de leurs opérations, ils répartissaient eux-
mêmes, et les collecteurs, simples agents de l'intendant, cessaient d'encourir aucune responsabilité. Dans quelques généralités on remplaça même ceux-ci par des préposés assujettis à un
cautionnement; ailleurs les fonctions en furent maintenues aux
habitants de la paroisse par roulement ([85]).

II. *La capitation.* — La raison de la guerre qui avait été aux
origines de la taille royale, se retrouve à celles de la capitation.
Établie par la déclaration du 18 janvier 1695 pour la durée des
hostilités, supprimée par arrêt du Conseil le 17 décembre 1697,
peu avant le traité de Ryswick, elle reparut, avec la guerre de
la succession d'Espagne, dans la déclaration du 12 mars 1701,
et subsista depuis. Elle était générale et s'appliquait sans distinction d'ordre ni de rang ([86]). Les étrangers y étaient soumis au bout
de six mois de résidence ([87]). Le terme « capitation » tenait, ce
semble, à ce qu'elle fut d'abord conçue à la façon d'une taxe sur
les chefs de famille ([88]). En fait, elle s'étendait à des personnes qui
n'avaient pas d'établissement indépendant, par exemple à certains
fils de famille, aux gens de maison ([89]).

Les contribuables étaient distribués en vingt-deux classes, avec
une contribution uniforme pour chaque classe. La première était
taxée à 2000 livres : on y avait inscrit le Dauphin, les princes du
sang, le chancelier, les ministres, les fermiers généraux. La dernière l'était à 1 livre; on y avait classé les soldats, les manœuvres,
les apprentis, les garçons de divers artisans, les servantes des petites villes ou des villages, etc. ([90]). Les gens oubliés devaient être

(85) Stourm, *Les finances de l'ancien régime et de la révolution*, t. 1,
pp. 92 et s.

(86) Étaient exempts seulement les ordres mendiants, les pauvres, les invalides, les taillables cotisés à la taille pour moins de 40 sols, les Suisses et
les Genevois ayant servi au moins trois ans dans les armées du roi, Ferrière,
op. cit., v° *Capitation*.

(87) Sauf les membres des missions diplomatiques et leur suite : Ferrière, *loc. cit.*,

(88) *Décl.*, 18 janv. 1695 (DI., de Boislisle, *Correspondance des contrôleurs
généraux des finances avec les intendants des provinces*, t. 1, App. p. 556) :
« Nous avons résolu d'établir une capitation générale, payable pendant
le temps de la guerre seulement, par tous nos sujets sans aucune distinction,
par feux ou par familles. »

(89) *Ibid.*, pp. 573, 574 : ils étaient placés dans les deux dernières classes.
Pour les fils de famille : p. 567 col. 2.

(90) *Ibid.*, pp. 568-574, où l'on trouvera le détail des personnes comprises
dans chaque classe. Quelques critiques que puissent soulever en tout temps
des classements de cette sorte, celui-ci n'en est pas moins précieux pour
l'étude des conditions sociales, qu'on tenait alors pour voisines et pécuniai-

rangés, pour la confection des rôles, auprès de ceux dont la profession avait le plus d'analogie avec la leur. Conception singulière ! Car l'assortiment fait dans chaque classe de titres ou de professions reposait sur cette fiction que ceux-ci et celles-ci procuraient à ceux qui les avaient ou les exerçaient des facultés pécuniaires équivalentes; mais il s'en fallait du tout que deux marquis de la septième classe eussent des fortunes nécessairement pareilles et que ces fortunes égalassent celle d'un recèveur des tailles. A Paris, le prévôt des marchands et les échevins, dans les provinces les intendants, seuls en pays d'élections ou d'imposition, assistés des syndics et de gentilshommes nommés par le roi en pays d'Etats, procédaient au classement. Le contentieux leur en était aussi confié (⁹¹).

Les résultats n'ayant pas répondu en 1695 aux espérances, et beaucoup de non-valeurs ayant été relevées, le roi, en 1701, augmenta la capitation et détermina les sommes qu'elle devait produire à Paris et dans chaque généralité (⁹²). Il fallut, dès lors, procéder à une répartition, qui aboutit à des inégalités entre personnes de la même classe et de généralités différentes. Grâce à la liberté dont ils jouissaient dans leur administration, les intendants prirent le parti, dans les pays de taille personnelle, de l'imposer au marc le franc de la taille à laquelle elle fut jointe; ce fut la *capitation taillable* (⁹³). Le système fut très vite généralisé.

rement équivalentes. — Les contribuables « à plusieurs fortunes », c'est-à-dire ayant plusieurs dignités, états ou professions pouvant les faire classer différemment pour chacune, ne payaient que dans celle de ces classes la plus taxée : p. 567.

(91) *Ibid*, p. 567, col. 2 *in fine*.

(92) *Décl.*, 12 mars 1701 (Is., t. 20, p. 384) : « Nous avons résolu en rétablissant la capitation, de l'augmenter et de fixer celle de notre bonne ville de Paris, et de chacune des généralités ou provinces de notre royaume, aux sommes que nous estimons qu'elles peuvent porter, dont la répartition sera faite pour notre bonne ville de Paris, à l'égard des officiers de justice par les chefs des compagnies et à l'égard des bourgeois et habitants par le prévôt des marchands et les échevins de ladite ville, et pour nos provinces par les intendants et commissaires départis pour l'exécution de nos ordres et les rôles arrêtés en notre Conseil... » — La contribution était doublée quand le contribuable déguisait sa véritable qualité : A. C., 19 avril 1701. — Les sommes dues par les domestiques étaient payées par les maîtres : A. C., 7 févr. 1702 (Is., t. 20, pp. 384, 405).

(93) De Boislisle, *op. cit.*, t. 2, pp. 108, 161. Necker, *op. cit.*, pp. 65, 68 : « La capitation taillable qui forme les trois quarts de la taille est imposée au marc le franc de la taille et ne fait qu'une seule et même chose avec la taille. » Voy. Lardé, *La capitation dans les pays de taille personnelle*, 1906.

Cette capitation put être progressivement augmentée comme la taille (94). A partir de 1761, elles n'eurent plus qu'un seul rôle. Quant aux privilégiés, nobles, ecclésiastiques, officiers du roi, ils furent taxés, d'après ce qu'on leur supposait de revenus, par l'intendant assisté, dans les premiers temps, d'un gentilhomme par bailliage, puis seul. L'assiette en était arbitraire (95). On a dit que les intendants épargnaient les capitables nobles, et c'est possible; mais il faut tenir compte aussi que la plupart des gentilshommes étaient de très petite aisance, ou même pauvres. Dans les pays de taille réelle, comme on n'avait pu asseoir la capitation sur les seuls propriétaires fonciers, la répartition en était faite par approximation au moyen de renseignements d'apparences parfois trompeuses (96). Dans les villes franches, l'assiette de la capitation comportait des éléments assez complexes : les compagnies judiciaires et les corporations de métiers étaient chacune taxées en bloc par le Conseil du roi et elles procédaient elles-mêmes à la répartition entre leurs membres, d'après des classifications et des tarifs qui varièrent au cours du xviii siècle. Un arrêt du Conseil du 14 mars 1779 en fournit un exemple. Il distribuait les marchands et artisans de Paris en 24 classes, chacune frappée d'une taxe uniforme. Annuellement le lieutenant de police fixait : 1° le nombre des classes dans lesquelles devaient être répartis les membres d'un métier; 2° le nombre de ceux-ci qui devait être attribué à chacune de celles-là. Les gardes et syndics de chaque métier, assistés depuis 1781 de députés du métier, procédaient ensuite à la répartition (97). Mais, pour la capitation bourgeoise, c'est-à-dire des personnes ne faisant partie d'aucune compagnie ou communauté, on retombait dans l'arbitraire. A Paris, on s'en tint au dixième du prix du loyer, au moins depuis un règlement de 1773.

Mais les difficultés furent souvent tournées par le système des abonnements ou du rachat. Le clergé s'abonna dès 1695,

(94) Elle le fut de 2 sols par livre en 1705 et deux autres en 1747 : Marion, *op. cit.*, *Textes*, nos 77, 79, p. 249 et s.

(95) Necker, *op. cit.*, p. 69 : « Cette espèce de capitation dépend encore, en grande partie, d'une répartition arbitraire; car on ne peut y procéder que d'après la connaissance qu'on acquiert, ou par le préjugé qu'on se forme, de la fortune des particuliers...; l'on a pris pour mesure le nombre de domestiques, les équipages, le loyer des maisons, etc. »

(96) Voy. Lardé, *La capitation dans les pays de taille réelle.*

(97) A. C., 14 mars 1779 (Is., t. 26, p. 49). *Instructions sur les opérations du bureau de direction établi pour les impositions de Paris* (Is., t. 28, p. 128).

comme, du reste, la déclaration royale le prévoyait et l'y invitait, moyennant un don annuel de 4.000.000 de livres et, par un traité du 11 avril 1710, il se racheta définitivement moyennant 24.000.000 de livres une fois versées. Les pays d'Etats : Bretagne, Languedoc, Bourgogne, Provence, Artois, Béarn, Roussillon, s'abonnèrent, se réservant d'établir une taxe compensatoire selon leurs goûts. Des villes franches firent de même. Des édits de 1708 et 1709 en affranchirent les simples particuliers, acquéreurs des rentes que ces actes créaient ([98]).

III. *Les impôts du dixième, du cinquantième, des vingtièmes.* — Ces impôts de quotité, qui s'échelonnèrent au cours du xviiiᵉ siècle, et qui eurent un caractère général, ne furent pas établis sur le revenu global : ils frappèrent distinctement les diverses sortes de revenus. C'étaient des impôts cédulaires. Que, théoriquement, ils aient paru à certains plus rationnels que les précédents, parce que leur principe satisfaisait les idées égalitaires, ils n'en donnaient pas moins, comme ceux du même genre, en tout temps, ouverture à de vives critiques et à de grandes difficultés d'application dans certaines de leurs parties ([99]).

L'*impôt du dixième*, établi par une déclaration du 14 octobre 1710, eut encore la guerre pour motif. Prolongé en 1715 pour pourvoir aux frais qu'elle avait entraînés, il fut supprimé en 1717 ([100]). Il frappait d'une contribution égale au dixième du revenu net tous les biens du contribuable, répartis en quatre catégories : 1° les biens-fonds (art. 1 et 2 : terres, usines et moulins, rentes foncières, droits seigneuriaux et féodaux); 2° les revenus mobiliers (art. 4 et 5 : rentes sur l'Etat, les pays d'Etats, le clergé, les villes ou les particuliers, et tous autres droits de même nature); 3° les bénéfices de l'industrie ou du commerce (art. 8); 4° les revenus des charges et offices (art. 5 et 7). Pour les revenus de la première catégorie la déclaration devait en être faite par le contribuable lui-même, sous peine d'une taxe double en cas de non-déclaration et quadruple en cas de déclaration fausse; ce qui montre qu'elle ne liait pas l'administration qui restait libre d'y contredire par tous les moyens à sa disposition. Dans chaque généralité, un directeur du dixième, assisté de contrôleurs ambulants, était chargé

(98) *Edit*, sept. 1708 (Marion, *op. cit.*, n° 78, p. 249).

(99) Les critiques préventives et exagérées de Saint-Simon eussent été en grande partie confirmées par les faits, si l'on eût appliqué à la lettre le principe : mais des tempéraments le déformèrent.

(100) *Décl.*, 14 oct. 1710 (Is., 20, p. 558). *Décl.*, 9 juill. 1715 (Marion, *op. cit.*, n° 89, p. 274). *Edit*, août 1717 (Is., t. 21, p. 150).

de ces vérifications ([101]). Les rôles ainsi établis et approuvés par l'intendant, la perception était faite par des collecteurs désignés par lui et, pour les privilégiés, par les receveurs des tailles ([102]). Les difficultés qu'ils rencontrèrent par suite des déclarations non faites ou fausses, sans qu'ils osassent appliquer les sanctions, faute de renseignements pour les justifier, incitèrent encore une fois des intendants à transformer cet impôt en un augment de taille ([103]), et le procédé se fût sans doute généralisé si le dixième n'avait momentanément disparu. Pour la deuxième catégorie, il n'était pas dressé de rôle. Les débiteurs de rentes, pensions et autres droits mobiliers devaient déclarer les revenus des biens qui en étaient grevés sans aucune défalcation et retenir le dixième des arrérages au moment du paiement : opérations dont le contrôle était fort problématique. Le même système de la retenue était appliqué aux revenus des charges et offices quand ceux-ci étaient payés par le Trésor ; la chose était si simple qu'on la maintint après l'édit de 1717. Lorsque les revenus de l'office étaient perçus sur le public, le rôle en était établi grâce aux dires du contribuable et à ceux de l'administration dont il dépendait. Mais les difficultés surgissaient pour l'établissement des rôles du dixième d'industrie. Les commerçants, dans la crainte de révéler l'état de leurs affaires, ne déclarèrent rien et s'opposèrent à toute enquête. On prit ce qu'ils donnèrent, et la plupart des villes commerçantes s'abonnèrent. Le système de l'abonnement fleurit ici comme pour la capitation : le clergé de France moyennant un don gratuit de 8.000.000 de livres; le clergé étranger pour 143.000, le Languedoc pour 1.280.000, la Bourgogne pour 884.000, la Bretagne pour 1.200.000; des villes : Lyon pour 650.000, Strasbourg pour 41.000, etc., furent dispensés du dixième et levèrent le montant de l'abonnement ou du rachat, comme il leur plut.

L'impôt du cinquantième eut de particulier que, sous l'influence des idées de Vauban, il était établi en nature sur les choses frugifères. Imaginé en 1725 par les frères Paris, pour une durée de douze ans en vue d'amortir la dette publique, il laissait complètement en dehors les revenus de l'industrie et du commerce. Il était perçu en nature sur les biens-fonds avant l'enlèvement de la récolte et après le prélèvement de la dîme, en argent sur les

(101) Marion, *op. cit.*, p. 65.

(102) Marion, *op. cit., Textes*, n⁰ˢ 117-120, 141-143, 157; pp. 325 et s., 352, 365, 372.

(103) De Boislisle, *Corresp. du contrôleur général avec les intendants,* t. 3, p. 392.

maisons d'après les déclarations vérifiées des propriétaires, sur les revenus mobiliers et le produit des charges et offices, comme pour le dixième. La perception en nature avait entraîné le système de l'adjudication. Devant les protestations violentes et générales qui se produisirent, il fut révoqué le 7 juillet 1727 [104].

En 1733, la guerre fit rétablir le *dixième* pour sa durée. Avec elle, il reparut de nouveau en 1741, pour disparaître définitivement en 1749 [105]. De peur qu'il gênât les emprunts, les rentes sur l'Hôtel de Ville en avaient été exonérées. Mais ce qui caractérise cette seconde période de l'histoire du dixième, c'est le nombre des rachats : provinces, villes, clergé, corps ou communautés, les pratiquèrent à l'envi [106]. Hors cela, cette histoire fut ce qu'elle avait été de 1710 à 1717 [107]. En 1746, un édit l'avait pourtant aggravé d'un droit de deux sols pour livre.

L'impôt du vingtième fut substitué au précédent par l'édit de mai 1749 à partir du 1er janvier 1750 [108]. Etabli en dehors des nécessités de guerre, en vue de constituer une caisse d'amortissement de la dette publique, sans limitation de durée, et de quotité moindre de moitié, il en reproduisait l'économie générale sous la double réserve que : 1° en ce qui concernait les revenus fonciers, les usufruitiers étaient assimilés aux propriétaires, ce qui avait pour but d'atteindre les bénéficiers ecclésiastiques; 2° les rachats et abonnements étaient interdits. Grâce à une très grande fermeté de l'administration du contrôleur général Machault, on obtint des résultats meilleurs en pays d'élections et, dans les pays d'Etats, on dépassa d'un peu plus de la moitié les anciens abonnements de 1733. Mais les protestations du clergé contre ce qui lui paraissait une taxe imposée et non plus un don gratuit, furent si vives que la transaction consentie par Machault d'une subvention globale annuelle de 1.500.000 livres, consacrée à l'amortissement des dettes du clergé, ne fut pas acceptée et que sa

(104) *Décl.*, 5 juin 1725 (Is., t. 21, p. 289). *Décl.*, 7 juill. 1727 (Is., t. 23, p. 306). Entre temps, la contribution en nature avait été transformée en argent : *Décl.*, 21 juin 1726 (Marion, *op. cit.*, *Textes*, n° 93, p. 281).

(105) *Décl.*, 17 nov. 1733; 29 août 1741; *Edit*, mai 1749 (Is., t. 21, p. 380; t. 22, pp. 145, 223).

(106) Voir dans Marion, *op. cit.*, pp. 82-83, une longue liste de ces rachats : en 1749, sur 36.000.000 que produisait le dixième, 13.000.000 provenaient d'abonnements.

(107) Marion, *op. cit.*, *Textes*, n°ˢ 136 à 143, pp. 345-354.

(108) *Edit*, mai 1749 (Is., t. 22, p. 223). — Marion, *op. cit.*, *Textes*, n° 98. p. 287.

manière forte fut abandonnée par ses successeurs. Du reste la guerre allait exiger de nouvelles ressources.

La déclaration du 7 juillet 1756 créa un deuxième vingtième à lever jusqu'au troisième mois après la paix et limitait le premier à dix ans à dater de celle-ci en maintenant son affectation à l'amortissement [109]. Mais, pour l'un et l'autre, le système des abonnements fut repris dans les mêmes conditions et au profit des mêmes collectivités. L'opposition forcenée des Cours souveraines excita l'opinion contre le gouvernement à l'heure où les dangers extérieurs exigeaient tout le contraire. Mémoires et libelles offraient, enguirlandés de leurs critiques, les projets financiers de leurs auteurs, types d'impôts merveilleux à la douzaine, alors qu'on avait besoin non de paperasses, mais d'argent [110]. Un projet de « subvention générale », c'est-à-dire embrassant des taxes sur un grand nombre d'objets ayant échoué devant l'opinion excitée par les magistrats et les folliculaires [111], un édit de février 1760, sans toucher aux impôts existants : 1° joignit un troisième vingtième pour deux ans, à ajouter sur les rôles des précédents, sauf les rôles d'industrie et des maisons de Paris, qui étaient exemptées; 2° doubla la capitation des non-taillables dans les pays de taille personnelle et des cotisés à 24 livres au moins pour celle-là dans les autres; 3° tripla celles des officiers de finance, des financiers et de ceux l'ayant été. L'édit d'avril 1763 remplaça ces impositions par un nouveau sol pour livre sur les droits des fermes, les droits concédés et engagés, et prolongeait pendant six ans les deux premiers vingtièmes [112]. Cet édit et l'annonce d'un cadastre destiné à supprimer les estimations arbitraires de la taille réelle et du vingtième foncier exaspérèrent les parlementaires, qui décrétèrent d'ajournement certains contrôleurs. Ils n'enregistrèrent qu'en prétendant fixer à perpétuité le montant des rôles tels qu'ils se trouvaient alors (déc.

(109) *Décl.*, 7 juill. 1756 (Is., t. 22, p. 268). — Marion, *op. cit...*, n° 100, p. 293.

(110) Sur les théories fiscales et leur littérature : Maurice Vignes, *Hist. des doctrines sur l'impôt en France : Les origines et les destinées de la dixme royale de Vauban*, Paris, 1909, pp. 14 et s. — J. Declareuil, NRH. 1910, pp. 718 et s.

(111) *Edit*, sept. 1759 (Is., t. 22, p. 293) En 1761, il fut prorogé pour 1762, 1763 (Marion, *Textes*, n° 102, p. 295).

(112) *Edit*, avril 1763 (Marion, *Textes*, n° 103, p. 297; Is., t. 22, p. 292). Etait en même temps prolongé, pour un délai indéterminé, un don gratuit imposé aux villes et bourgs du royaume par l'édit d'août 1758 et la déclaration de janvier 1759 (Is., t. 22, p. 279).

1763) ([113]) et, comme il fallait bien les maintenir au moins ainsi, les prolongations successives des vingtièmes ne furent jusqu'à la fin de la monarchie enregistrées qu'après une débauche de remontrances, en lit de justice ou avec des restrictions qui en enlevait toute valeur à l'économie fiscale. Terray, par l'édit de novembre, après le coup d'Etat de Maupeou, prolongea le premier vingtième indéfiniment et le second jusqu'en 1781 ([114]). Tenant le vingtième pour l'impôt de l'avenir, il tâcha de l'asseoir selon les principes et de le répartir également ([115]). Il porta l'administration à un tel degré de connaissances techniques et de conscience, que l'assemblée du Berry, créée en 1779, ayant réclamé l'abonnement pour sa province, ne tarda pas à avouer ses regrets. Necker, pour tranquilliser les contribuables, fit décider par arrêt du Conseil que les vérifications des déclarations seraient faites par paroisse, contradictoirement, et ne pourraient plus l'être pendant vingt ans. Les vingtièmes d'industrie disparaissaient dans les bourgs et les campagnes ([116]). Mais les efforts de l'administration royale furent vains. On ne lui en savait aucun gré. A la demande d'un troisième vingtième, en 1782, pour la durée de la guerre et trois années après la paix ([117]), des Parlements soutinrent que les Etats généraux pouvaient seuls consentir des augmentations d'impôts.

Les objections que soulèvera toujours l'impôt cédulaire, poussèrent Calonne à offrir aux Notables à la place des vingtièmes une « subvention territoriale en nature » variant de 1/20 à 1/40 des fruits selon la qualité des terres. Ils le renversèrent ([118]). La « sub-

(113) « Maintenir, dit à ce sujet M. Marion, les vingtièmes stationnaires alors que l'augmentation de prix de tous les produits entraînait inévitablement pour l'Etat des surcroîts de dépenses, c'était porter aux finances, déjà si compromises, un nouveau coup sensible; c'était acculer l'Etat aux moyens ruineux des emprunts et des ressources extraordinaires. » (*Op. cit.* p. 99).

(114) *Edit*, nov. 1771 (Is., t. 22, p. 540). Il fit des 2 sols pour livre du dixième disparu un accessoire du premier vingtième, destiné à progresser avec le principal.

(115) Terray écrivait, le 13 juin 1772 : « Je cherche plus l'égalité dans la répartition d'une imposition quelconque que le parfait paiement du vingtième. »

(116) *A. C.*, 2 nov. 1777 (Is., t. 25, p. 146). Marion, *op. cit.*, *Textes*, n° 109, p. 309. Sur les résistances et les agissements des Parlements à ce moment : Necker, *Compte rendu au Roi*, pp. 61-64; Lardé, *Une enquête sur les vingtièmes au temps de Necker. Hist. des remontrances du Parlement de Paris* (1777-1778) 1920.

(117) *Edit.*, juill. 1782 (Is., t. 27, p. 206).

(118) Ci-dessus, p. 534. — *Edit*, août 1787 (Is., t. 28, pp. 394).

vention en argent » proposée par de Loménie de Brienne ne fit que déclencher plus vite la révolution. L'édit de septembre 1787 prolongeant les deux vingtièmes fut le dernier acte fiscal de ce genre de la monarchie [119].

2° Les impôts indirects.

ɪ. *Les aides.* — Après avoir désigné tout subside réclamé à raison de la fidélité due au roi [120], le mot *aides* au xɪvᵉ siècle fut appliqué aux seuls impôts indirects, puis de façon toujours plus restreinte aux taxes sur les marchandises transportées ou débitées à l'intérieur du royaume, par opposition aux traites ou douanes [121].

La contribution de ce genre la plus ancienne, *exactio inaudita* alors, paraît avoir été le denier pour livre établi en 1292 sur la vente du vin, du blé et autres denrées, vite impopulaire sous le nom de maltôte et remplacé par l'impôt direct du centième (1295) [122]. Paris s'en était racheté pour 100.000 livres. L'impôt indirect réparut dans les premières années du xɪvᵉ siècle [123] et il ne fut pas sans exemple que des provinces aient obtenu de remplacer le fouage par un abonnement dont le montant fut levé par elles au moyen de taxes sur les transactions commerciales [124]. La gabelle fut d'abord une simple taxe. Avec les difficultés qui marquèrent le règne du roi Jean tous les genres d'impôts furent pratiqués concurremment : ainsi, en 1355, un droit de huit deniers pour livre sur les objets de consommation, qu'on dut remplacer par un impôt sur le revenu [125]; en 1356, un autre de six deniers pour livre en Languedoc [126]; en 1358, il fut

(119) *Edit*, sept. 1787 (Is., t. 28, p. 432).

(120) Voy. ci-dessus, p. 704 et s.

(121) Fleury, *op. cit.*, III, ɪɪɪ, 1, p. 160.

(122) Contesté par Callery : *Hist. du pouvoir royal d'imposer*, p. 84. Mais, voyez Boutaric, *Notices et extraits de doc. inéd. relatifs à l'hist. de Fr. sous Philippe le Bel*, p. 103 et s. et *Ord.*, 13 janv. 1295 : Viollet, *op. cit.*, t. 3, p. 444, note 7.

(123) *Ord.*, 1314; 5 avril 1350 (Is., t. 3, p. 46; t. 4, p. 637).

(124) Callery, *loc. cit.*; Varin, *Arch. admin. de la ville de Reims*, t. 3, p. 360. Pour la Normandie : *Lett. pat.*, 5 avril 1350 (Is., t. 4, p. 633).

(125) *Ord.*, 28 oct. 1355, art. 1 (Is., t. 4, p. 738) : « soit levée une imposition de vɪɪɪ deniers pour livre sur toutes choses qui seront vendues oudit pays, excepté vente de heritages seulement, laquelle sera payée par le vendeur »; remplacée par un impôt direct : *Ord.*, 12 mars 1356 (Is., t. 4, pp. 764-769).

(126) Vuitry, *Et. sur le régime financier de la France*, t. 2, p. 75).

levé des droits analogues. En 1360, une ordonnance pour les
pays de langue d'oïl imposa deux deniers pour livre sur les
marchandises et denrées, un cinquième sur le sel, un treizième
sur les boissons. Mais des provinces obtinrent d'y substituer un
abonnement annuel qui s'ajouta, au moins en partie, à la
taille [127]; en 1367, cette imposition fut fixée à douze deniers [128].
Il y eut des dispositions analogues pour le Languedoc [129]. A la
mort de Charles V, le bruit se répandit qu'il avait supprimé toutes
les aides par une ordonnance du 15 septembre 1380, et le
Conseil du roi mineur dut compléter son œuvre en abolissant tous
les impôts créés depuis Philippe Le Bel [130]. Cependant, comme on
n'a jamais vu d'Etat vivre sans argent, il fallut en réserver
quelques-uns et finalement rétablir les aides [131]. Malgré la
révolte des Maillotins, les aides furent, sous Charles VI, presque
constamment levées. Vers la fin du règne, par démagogie, la
reine les fit supprimer, et le Dauphin dut faire de même [132].
On sait quelles fluctuations subit le système fiscal dans les premières années de Charles VII; mais une ordonnance du 28 février
1435 rétablit définitivement les aides du consentement des
Etats [133]. Sous Louis XI, l'aide était un droit d'un sou pour
livre appelé « gros », sur toutes les marchandises vendues ou
échangées. Il ne se maintint guère que pour le vin et les boissons
alcooliques; car : 1° des provinces, Anjou, Touraine, Poitou,
Maine, Orléanais, Berry, Normandie, Bourbonnais, s'en rachetèrent moyennant un augment de taille qualifié d' « équivalent »; des
élections, des villes s'en rédimèrent sous une forme ou sous une
autre; 2° en 1668, le droit de « gros » fut supprimé partout où il se

(127) *Ord.*, 5 déc. 1360 (Is., t. 5, pp. 105-112).

(128) *Ord.*, 20 juill. 1367 (Is., t. 5, p. 277).

(129) *Lett. pat.*, 2 oct. 1360 (Is., t. 5, p. 96); en 1363 : Dognon, *op. cit.*, p.
365.

(130) *Ord.*, 15 sept. 1380; 16 nov. 1380; janv. 1380 (Is., t. 5, p. 521; t. 6,
pp. 542, 554). — Froissart, *Chron.*, II, 70 : paroles qu'il prête à Charles V :
voy. ci-dessus, note 41.

(131) *L. P.*, mars 1380; *Ord.*, févr. 1381 (Is., t. 6, pp. 557, 560). *Instruct.*
févr. 1383; *Ord.*, 29 mars 1395 (Is., t. 6, pp. 761). Juvénal des Ursins, *Histoire de Charles VI*, t. 2, p. 348.

(132) *Lett. pat.*, 30 janv. 1418; 9 juill. 1418 (Is., t. 8, p. 590; *Ord. des
r. de Fr.*, t. 10, 429, 455).

(133) *Instruction et ordonnance sur la manière de lever les aides du
consentement des trois états*, 28 févr. 1435 (Is., t. 8, p. 834) : 12 deniers
tournois pour livre sur les marchandises et denrées, et les vins et boissons vendues en gros; le huitième du prix pour les vins et boissons au
détail.

levait, sauf pour le vin, le bétail à pied fourché, le poisson de mer et le bois de bûche (134). Le commerce du vin et des autres boissons au détail donnait lieu à la perception d'un « quatrième » en Normandie et dans une grande partie de la Picardie, d'un « huitième » dans tous les autres pays d'aides, plus d'un droit annuel de quatre à six livres, d'après les localités, sur les hôteliers, taverniers, marchands de vins. Ces droits furent remplacés, depuis 1658, par une série de sous pour livre successifs qui se totalisèrent à douze sous six deniers, et quelques autres charges particulières à certains lieux (135).

A l'origine, les aides étaient générales; nul n'en était exempté (136). Mais, au moins à partir de 1435, les nobles le furent du droit de *gros* pour les produits de leurs domaines et même du *huitième de détail* pour la vente de leurs vins faite à raison du droit de ban (137). Ce privilège fut ensuite étendu aux ecclésiastiques pour les produits de leurs bénéfices et aux officiers royaux pour ceux de leurs domaines particuliers (138).

(134) *Règl. pour la perception du droit de sou pour livre*, 5 févr. 1684 (Is., t. 16, 146). Fleury, *loc. cit.*, 3, p. 161. Depuis Louis XI (1465) il en était déjà ainsi à Paris. Le « gros » sur la draperie avait été supprimé en 1465. — *A. C., rétablissant les droits sur les bières, papiers, poissons de mer,* 20 sept. 1683 (Is., t. 17, p. 312).

(135) *Edit.*, janv. 1654 (Is., t. 17, p. 312). Fleury, *loc. cit.*, 4, p. 162 : « Deux sous pour livre; puis encore deux sous pour livre, puis un cinquième sou pour le Parisis; puis un sou sous le nom des Contrôleurs-Conservateurs, puis six deniers sous le nom des Trésoriers des Fermes. Le tout parisis, douze sous et six deniers qui subsistent généralement. Plus vingt sous par muid de subvention ou maubouge levé sur le détail ou entrées, hors de Paris. En Picardie, sou pour pot sur le détail. Soixante sous pour muid sortant des Généralités de Picardie, Soissonnois, Champagne... » Il y avait une certaine tolérance pour les manquants. *Décl.*, sept 1684 : Ferrière, v° *Gros*; Fleury, *loc. cit.*

(136) *Décl.*, 24 oct. 1383 (Is., t. 6, p. 583).

(137) *Ord.*, 28 févr. 1435, art. 34 (Is., t. 8, p. 841) : « Le roy nostredit seigneur ordonne et déclaire que tous les nobles de son royaume, extraictz de noble lignée et vivans noblement sans marchander, et qui continuellement s'arment et poursuyvent les armes, ou qui, par ancienneté, ne les pevent poursuir, soient frans, quietes et exempts de paier imposicion de vins, grains, et autres biens creuz en leursdiz héritaiges; et aussi que se lesdiz nobles vendent ou font vendre quelque part que ce soit, soit à taverne et détail, lesdiz vins ou brevaiges, ilz en paieront le viii° pour ce que ce n'est pas office de noble que d'estre tavernier... » — art. 35 : il n'en serait de même pour la vente au détail de leur propre vin, à raison du droit de ban.

(138) B. de Granmaison, *Dict. des Aides*, v° *Exempts*; Fleury, *loc. cit.*, 5, p. 162.

Les aides ne se levaient pas dans tout le royaume, mais seulement dans les généralités de Paris [139], Champagne, Picardie, Soissons, Touraine, Poitou, Berry, Moulins, Orléans, Rouen· L'*équivalent* en Languedoc, l'*impôt et billot* en Bretagne, le *masphening* en Alsace, des dons gratuits dans les pays d'Etats en tenaient la place.

II. *Les traites.* — Les traites étaient les droits de douanes. Il n'en existait pas seulement à l'entrée ou à la sortie du royaume, mais aussi entre les provinces. Pour les unes, le système douanier avait été respecté avec leurs autres usages, quand elles avaient été rattachées à la Couronne; pour d'autres, ces douanes leur étaient imposées en compensation d'aides qu'elles ne payaient pas.

Ces droits furent à l'origine le résultat autant de conceptions économiques ou de mesures de police que des besoins fiscaux, qui cependant étaient grands [140]. Les plus anciens furent des droits à l'exportation, parce qu'on jugeait imprudent de laisser sortir librement du royaume les matières précieuses ou les objets de première nécessité; tout au moins devait-on prendre des mesures pour raréfier cette évasion ou la soumettre à une compensation vis-à-vis du Trésor. En 1302, 1303, le roi prohiba la sortie de l'or, de l'argent, de la monnaie et de quelques autres objets, sans son autorisation et, s'il l'accordait, c'était moyennant un prélèvement *ad valorem* qui prit le nom de *rêve* ou de *haut-passage* [141]. L'exportation ne put se faire que par « ports et passages » déterminés, où étaient établis des bureaux de douane. Sous le roi Jean, certaines provinces ayant refusé de payer les aides levées pour la guerre, furent « réputées étrangères »; les denrées et marchandises qui y étaient importées des autres parties du pays,

(139) Etaient rattachés à la généralité de Paris, pour les aides, les élections de Mâcon, Auxerre, Bar-sur-Seine.

(140) Fleury, *loc. cit.*, II, 2, p. 157 : « Police est fondement ou prétexte de ces droits. »

(141) *Ord.*, 1302, L. P. 28 juill. 1303 (*Ord. des r. de Fr.*, t. pp. 352, 373: Is., t. 2, p. 801) : « Ne quis de fidelibus, vel subditis nostris, vel incolis regni nostri cujuscumque conditionis seu status existeret, exiret limites regni ejusdem, vel in via se poneret exeundi, et de auro, argento, pecunia et aliis certis rebus non extrahendis de regno ipso, absque nostra licencia speciali, sub diversarum penarum objectione duximus promulgandas (constitutiones) ». L. P., 1321, (*Ord. des r. de Fr.*, t. 1, p. 750) : « nisi super hoc primitus pro nobis fruitur. » On avait dressé un tarif. Cpr. *Ord.*, 5 mai 1322 (Is., t. 3, p. 297).

soumises aux aides, furent frappées d'une imposition foraine ou droit d'exportation à titre compensatoire (142).

Ce droit ne varia pas jusqu'à François Ier, qui décida que « imposition foraine, resve, ou domaine forain, haut-passages » seraient bloqués en un seul droit et levés tous ensemble « par un mesme moyen et mesmes officiers, aux limites et extrémités de nostredit royaume et aux limites des lieux où nos aides ont cours. » (143). Sous Henri III, un autre droit de sortie se superposa au précédent sur les blés, les vins, les toiles, le pastel ou les étoffes de laine. Le motif : se fournir avant l'étranger. C'était un droit fixe (144).

Les droits à l'importation, plus tardifs, eurent un but de protection. Ils frappèrent : 1° les épices et les drogues, matières dangereuses ou de luxe (145); 2° les draps d'or, d'argent, de soie, les rubans et franges, etc. C'était la *douane de Lyon*, parce que toutes ces marchandises étaient d'abord canalisées, à leur entrée, sur Lyon où elles étaient contrôlées et gabellées (146) : restriction somptuaire et aussi protection de l'industrie lyonnaise; 3° toutes les marchandises qui n'étaient pas comprises dans les catégories précédentes, d'après des tarifs successifs (147). L'ordonnance de

(142) *Ord. et intr. sur l'imposition foraine*, juill. 1376 (Is., t. 5, 451-456). Cet acte ne crée pas l'imposition foraine dont le point de départ nous échappe; il semble en résulter qu'elle existait en 1369. Ici imposition foraine embrasse tous les droits d'exportation.

(143) *Décl.*, 18 déc. 1488 (Is., t. 11, p. 183); *Ord.*, 25 nov. 1540 (Is., t. 13, p. 698). Il était de 12 deniers pour livre. — *Edit*, sept. 1549 (Is., t. 13, p. 104), où Henri II dit que son père avait « en l'an 1541, 1542, et 1543, aussi ordonné que lesdits droicts seroient levez tous ensemble aux extrémités de nostre royaume... et aux limites des lieux où nos aides ont cours, sur toutes les marchandises. »

(144) Fleury, *loc. cit.*, II, 1, p. 157; p. 158.

(145) *Ed.*, 22 oct. 1539 (Is., t. 12, p. 643) : « Comme tant par feu de bonne mémoire, le roy Charles VIIIe et Loys XIIe, derniers décédez qu'autres nos prédécesseurs roys... ayent esté faicts plusieurs édits, statuts, ordonnances et prohibitions à toutes personnes, de ne faire venir, amener, ny entrer en nostredit royaume, aucunes épiceries, si ce n'estoit par les ports et havres maritimes d'iceluy... » *Ord.*, 15 nov. 1540; *Ed.*, 23 févr. 1541; *Décl.*, 10 sept. 1549; *Ord.*, janv. 1629, art. 208 (Is., t. 12, pp. 695, 770; t. 13, p. 118; t. 16, p. 281).

(146) *Ord.*, 18 juill. 1540 (Is., t. 13, p. 687), qui réglemente la perception de ce droit, mais ne le crée pas : il était, comme le précédent, bien plus ancien.

(147) *Ed.*, 20 mai 1581 (Is., t. 14, p. 492). Sur les points de fil étrangers. *L. P.*, 12 oct. 1666; sur les sucres étrangers : *A. C.* 25 avril 1690; 5 avril 1775; 17 mars 1782 (Is., t. 18, p. 88; t. 20, p. 104; t. 23, p. 150; t. 27, p. 168).

1629 instituait à ce sujet le système de la réciprocité avec chaque pays étranger (148). Ces droits s'appliquaient dans les mêmes conditions par rapport aux « provinces réputées étrangères ».

Ce système douanier présentait encore bien des lacunes, qu'on chercha à combler au xvii° siècle. Des provinces y échappaient. On leur donna le choix entre l'établissement d'une ligne de douanes soit du côté des pays étrangers, soit du côté de l'intérieur du royaume. La Bourgogne accepta la première solution, la Provence subit les deux. Pour les autres qui n'obéirent pas, un édit de Cognac (1621) ordonna l'établissement des bureaux du côté intérieur (149).

Le royaume se trouvait ainsi divisé en deux sortes de provinces . celles où les traites étaient perçues et, comme celles-ci étaient affermées et au nombre de cinq, on les appela les *Cinq grosses fermes*, et celles où ni aides, ni traites n'étaient levées, les « provinces réputées étrangères ». Mais, dans l'intérieur de chacune de ces provinces et entre elles, il existait un grand nombre de péages ou de douanes intérieures, de droits de circulation, survivances encombrantes du morcellement seigneurial ou communal, tels que la *traite* d'Anjou, le *trépas* de Loire, la *traite* de la Charente, le *tablier* de la Rochelle, etc. (150).

Colbert voulut supprimer ces entraves au commerce intérieur et reporter à la périphérie du royaume un cordon unique de douanes. Dans ce dessein, il fit rédiger un tarif général et uniforme en 1664 (151); mais il laissa le choix aux provinces entre l'état de choses antérieur et son système. Seules les provinces comprises dans l'enceinte des *Cinq grosses fermes* s'y rangèrent; les autres optèrent pour le *statu quo*. D'où il y eut dès lors trois groupes de provinces en ce qui concernait les traites :

L'enceinte des Cinq grosses fermes (152), où, les péages et douanes intérieurs étant supprimés, le commerce était libre abso-

(148) *Ord.*, janv. 1629, art. 428 (Is., t. 16, p. 329) : « ordonnons que les mêmes impositions qui se lèvent ès entrées et ports de nos voisins sur les marchandises que nos sujets y vendent et achètent, seront levées et reçues en nos ports sur les marchandises que les marchands étrangers et sujets de nosdits voisins y vendront et achèteront dorénavant. »

(149) Fleury, *loc. cit.*, II, 6, p. 159.

(150) Fleury, *loc. cit.*, II, 3, 4, pp. 157, 158.

(151) *Règl.*, sept. 1664 (Is., t. 18, p. 41).

(152) Normandie, Picardie, Boulonnais, Champagne, Bourgogne, Bourbonnais, Berry, Orléanais, Isle-de-France, Touraine, Maine, Anjou, Poitou, Aunis, Mâconnais : Voir la *carte des traites*, jointe au *Compte rendu au Roi* de Necker, 1781.

lument; il n'y existait de droit d'entrée et de sortie qu'avec l'étranger ou les « provinces réputées étrangères ». Une ordonnance de 1687 en avait fixé le statut ([153]).

Les *provinces réputées étrangères* où subsistaient les complications et barrières anciennes. Dans le Midi seulement elles constituaient sept ou huit groupes séparés par des lignes douanières, sans compter les multiples péages, droits de circulation, octrois spéciaux à chacune d'elles ([154]). Pour elles les traites royales étaient dues tant dans leurs rapports avec l'étranger qu'avec les *Cinq grosses fermes*.

Les *provinces à l'instar de l'étranger effectif* : Alsace, Lorraine, Trois-Évêchés, principauté de Sedan, entre lesquelles et l'étranger il n'y avait pas de douanes françaises, mais où il y en avait entre elles et le reste du royaume.

Bayonne et le Labourd, Marseille et Dunkerque, ports libres, étaient dans la même situation.

III. *La gabelle du sel et autres monopoles.* — La gabelle du sel remonte à la première moitié du XIVe siècle et eut peut-être pour point de départ des accaparements de marchands, signalés dans une ordonnance de 1315. L'existence en est indiquée comme une charge « moult déplaisante au peuple » dans une ordonnance mise sous la date du 25 février 1318 et sous le nom de Philippe V, et dans une autre attribuée à l'année 1331. Ce qui est certain, c'est qu'en 1342, Philippe VI créait une juridiction civile et criminelle des greniers à sel, déjà établis par lui à raison de la guerre, et qu'en 1343 il prolongea cette contribution, tout en lui maintenant son caractère de finance extraordinaire ([155]). Il semble qu'elle

---

(153) *Ord. sur les faits des Cinq grosses fermes*, févr. 1687 (Is., t. 20, pp. 24-47).

(154) *Au Midi* : Lyonnais et Forez; — Dauphiné; — Provence; — Roussillon; — Languedoc et Comté de Foix, Quercy, Rouergue, Gévaudan, Velay, Vivarais; — Limousin, Angoumois, Saintonge, Périgord, Basse Guyenne, Gascogne, Comminges, Bigorre; — Sénéchaussée de Bordeaux; — Béarn. Les provinces comprises entre deux traits forment un groupe entouré de la même ligne douanière. Voir la carte jointe au *Compte rendu*. Au Nord : Artois, Cambrésis, Hainaut, Flandre Wallonne. À l'Est et à l'Ouest : Franche-Comté, Bretagne.

(155) *Ord.*, 25 sept. 1305 (*Ord. des r. de Fr.*, t. 1, p. 606). — *Ord.*, 25 fév. 1318 (*Ibid.*, p. 679). M. Meynial (*Et. sur la gabelle du sel avant le XVIIe siècle en France. Tijdschrift vor Rechtsgeschiedenis*, t. 3 p. 123, n. 1), se fondant sur l'identité de certains passages de cette ordonnance et d'une autre du 15 février 1343 et sur le fait qu'il est difficile qu'inconnue en 1315, elle fût déjà à charge aux populations en 1318, prouve que cette ordonnance est mal datée. — *Ord.*, 1331 : Du Cange, v° *Gabelle*. — *Ord.*, 20 mars 1342; 15 févr. 1343 (*Ord. des r. de Fr.*, t. 2, pp. 179, 238; Is., t. 4, pp. 473-547).

ne fut levée que dans certaines régions (156). Mais, sans qu'on puisse affirmer qu'elle ait disparu ou non dans l'intervalle, les Etats de la Langue d'oïl l'étendirent en 1355 à tous les pays de coutumes (157). L'ordonnance du 7 décembre 1366 réglementa dans ses parties essentielles l'administration des greniers et fut complétée par d'autres de 1372, 1379, 1382 (158), car, de prolongation en prolongation par les Etats ou le roi, la gabelle finissait par devenir permanente.

Elle consistait en un monopole de la vente du sel : l'Etat s'interposait entre le producteur et le consommateur. Là où étaient créés des greniers à sel, les marchands devaient y acheminer leur production, qui y était reçue et emmagasinée, pour chacun d'eux dans une chambre spéciale, par le grènetier, assisté d'un clerc ou contrôleur qui en prenait note. Les particuliers ne pouvaient se fournir de sel qu'au grenier où il leur était vendu au profit du marchand, moyennant un prix fixé par le général des finances et auquel s'ajoutait le droit du roi : quatre deniers pour livre sous Philippe VI, six sous le roi Jean; en 1366, il fut fixé à vingt-quatre francs par muid (159). L'ordonnance de 1366 n'autorisait la délivrance au grenier qu'en gros (demi-mine au moins). Le détail était fait par les regrattiers, au prix fixé par le grènetier : il ne leur était délivré que six setiers à la fois qu'ils devaient revendre, sur les marchés publics, dans le ressort du grenier. Un contrôle fut progressivement organisé à l'égard : 1° des marchands, afin qu'aucune portion de leurs chargements ne s'égarât entre le salin ou le point de pénétration du sel en pays de gabelle et le grenier : d'où obligation de laisser vérifier la quantité de la marchandise au départ et à l'arrivée et de fournir caution; plus tard les grènetiers eurent leurs fournisseurs commissionnés; — 2° des

(156) L'ordonnance de 1342 dit : « aions ordené certains greniers ou gabelles de sel estre fait par nostre royaume », et charge les commissaires d'organiser la gabelle « ès lieus où bon vous semblera par tout nostre royaume. »

(157) *Ord.*, 28 déc. 1355, art. 1 (Is., t. 4, p. 738) : « Et pour faire ladite armée et payer les frais et despenses d'icelle, ont regardé et avisé que par tout ledit pays coustumier une gabelle soit mise et imposée sur le sel. »

(158) *Ord.*, 7 déc. 1366; 24 janv. 1372; 29 nov. 1379; 21 janv. 1382; 1er déc. 1383 (Is., t. 5, p. 253; *Ord. des r. de Fr.*, t. 4, p. 694; t. 5, pp. 565, 1309; t. 6, p. 442; t. 7, pp. 746, 753).

(159) 1 muid = 12 setiers = 48 minots. — Le sel emmagasiné devait sécher pendant un certain temps. Pour l'invendu, au bout de 2 ans, le marchand pouvait l'offrir au rabais.

regrattiers qui, en 1379, furent contraints de jurer l'observation
des ordonnances et de prendre commission du grènetier qui eut
chez eux droit de perquisition; — 3° des contribuables, surtout
dans les zones voisines des frontières : ce qui conduisit au « sel
d'impôt ». Pour rendre inutile en partie la contrebande, on exigea
que les habitants retirassent par trimestre du grenier une certaine
quantité de sel, jugée raisonnable par le grènetier, mais qui semble
avoir été inférieure à la consommation normale (160). Au début du
xvie siècle, ce sel d'impôt ou de devoir fut imposé collectivement,
par paroisse, par les officiers des gabelles, puis réparti entre les
contribuables par des asséeurs élus que documentaient les collecteurs des tailles. La contrebande fut réprimée par la confiscation
de l'outillage et du sel, et par des amendes arbitraires à partager entre le dénonciateur, le grènetier et le roi (161). Comme au
xve siècle elle s'était fort développée et s'exerçait à main armée,
les sanctions furent renforcées : les faux sauniers encoururent les
galères ou la mort. Toutes les juridictions criminelles avaient
compétence concurrente avec les grènetiers pour les châtier (162).

Là où elle existait la gabelle du sel s'appliquait sans distinction
de personnes; elle ne comportait pas de privilèges (163). Mais tant
s'en faut qu'elle fût établie uniformément sur l'ensemble du territoire. Au début du xve siècle, le nombre des greniers avait été
très augmenté (164), leurs ressorts en s'étendant avaient fini par
se rejoindre. Dans leurs limites des chambres à sel, sans juridiction
et dépendant du grenier avaient été créées, simples dépôts de
vente. Cependant de vastes territoires restaient étrangers à cette
organisation. La Bretagne y avait toujours échappé. Maints pays,

(160) *Ord.*, 1508; 1517 : Jacqueton, *Documents relatifs à l'administration
financière en France de Charles VII à François Ier*, pp. 186 et s. Le contrôle
individuel restait aléatoire, car on n'exigeait pas de billet de gabellement,
ni que le contribuable prît son sel à un regrattier déterminé.

(161) *Ord.*, 1372, art. 11-13. Cpr. *Ord.*, 1366, art. 6; *Ord.*, 6 juillet 1388,
art. 6 (*Ord., des r. de Fr.*, t. 7, p. 6).

(162) Meynial, *loc. cit.* p. 142 et s.

(163) Cependant, un certain nombre de hauts officiers, magistrats des
Cours souveraines, secrétaires du roi, etc., et d'établissements de bienfaisance jouissaient du *franc salé*, c'est-à-dire avaient droit de se pourvoir de sel au grenier au prix du marchand. Fleury dit que les fermiers
généraux en firent réduire le nombre.

(164) *Ord.*, 25 mai 1413, art. 35, 127 (Is., t. 7, p. 314) : elle en supprime
plus de trente-cinq et réunit leurs ressorts à ceux des anciens; mais on
sait que l'ordonnance cabochienne ne fut pas appliquée. Pour la nomenclature des greniers au xvie siècle : Jacqueton, *op. cit.*, p. 279 et s. Meynial,
loc. cit. pp. 146 et s.

Artois, Flandre, Hainaut, Boulonnais, Béarn, Basse-Navarre, Labourd, Nébouzan, pays de Gex, comtat d'Avignon, en restaient affranchis, soit qu'ils l'eussent stipulé quand ils avaient été réunis à la couronne, soit pour des raisons géographiques [165]. En 1549 et 1553, d'autres : Poitou, Aunis et Saintonge [166], Angoumois, Limousin, Marche, Auvergne [167], Périgord, Quercy, Haute-Guyenne, sénéchaussée de Bordeaux, Bigorre, Comminges et pays de Foix, s'en étaient rachetés. Ils constituaient les *pays rédimés*, où le commerce du sel était libre en principe; mais dans une zone de cinq lieues du côté où ils touchaient aux pays de gabelle, leurs habitants ne pouvaient avoir de provision de sel que pour leur consommation de six mois et la vente n'avait lieu qu'en des dépôts autorisés par le roi. En outre, le sel y était frappé à l'entrée d'un droit de traite assez lourd [168].

Les pays de gabelle eux-mêmes n'étaient pas tous soumis à un régime identique. Les *pays de grande gabelle* [169] étaient astreints au « devoir de gabelle » : chaque chef de famille devait prendre directement au grenier, pour l'usage du « pot et salière », une quantité de sel proportionnelle à 2 minots par 14 personnes ou 7 livres par personne et par an, qu'on ne pouvait employer à d'autres usages, et notamment aux salaisons pour lesquelles il fallait acheter d'autre sel, dont le billet de gabellement différait. Les pauvres pouvaient acheter aux regrattiers [170]. Dans les élections confinant aux pays de franchise, on avait maintenu le système de la répartition du « sel de devoir » par paroisse, puis par contribuable, sauf pour les privilégiés qui y restaient soumis

(165) Pour les développements différents, d'après les provinces, du régime de la gabelle : Meynial, *loc. cit.*, pp. 147 et s.

(166) Quelques parties de ces trois provinces avoisinant les marais salins étaient exemptées : Voir la *carte des gabelles* annexée au *C. R. au Roi* de Necker, 1781.

(167) La partie méridionale de l'Auvergne, entre Velay, Gévaudan et Rouergue, était au régime de la *petite gabelle :* Voir la carte.

(168) Fleury, *op. cit.*, III, iv, 8, p. 166 : Ord., 1665. Voir la carte.

(169) Isle-de-France, Touraine, Maine, Anjou, Orléanais, Berry, Bourbonnais, Bourgogne, Champagne (sauf le Rethélois qui avait une gabelle particulière : Gabelle du Rethélois, Rocroy, Charleville et dépendances), Picardie (sauf Boulonnais et Calaisis exempts), Normandie (sauf la Basse-Normandie, pays de *Quart de bouillon*), Perche. — Les greniers en Bourgogne n'avaient pas de circonscriptions territoriales : chacun s'y fournissait au grenier qu'il voulait : voy. Meynial, *loc. cit.*, p. 157 et s.

(170) *Ord.*, juin 1680, tit. 6, art. 7 (Is., t. 19, p. 244).

au devoir de gabelle (171). Les *pays de petite gabelle* étaient aussi assujettis au monopole; à la condition de prendre son sel au grenier, la consommation en était absolument libre (172); mais il était bon d'y être muni de billets de gabellement pour écarter les soupçons de fraude (173). Les *pays de saline* (174) où l'Etat était le producteur du sel, tiré de puits et manufacturé en des sauneries qui appartenaient au roi, comportaient une administration moins compliquée parce que le droit y était levé au départ du lieu de production. Les *pays de quart bouillon*, Basse-Normandie et district de Touques, où le sel était récolté en faisant bouillir le sable qui en était imprégné, étaient soumis non au monopole, mais à un droit d'aide du quart du prix du sel.

Entre ces diverses catégories de pays et même à l'intérieur de chacun d'eux, le prix du sel variait forcément, car le produit imposable n'y était ni de même provenance, ni de même qualité, avait exigé des manutentions différentes et y était apporté de plus ou moins loin (175). Malgré les grands défauts de ce système d'impôt, qui de beaucoup rapportait le plus à l'Etat (55 millions), Necker estimait qu'il était difficile de le remplacer (176). Une loi du 23 septembre 1789 maintint en l'adoucissant le régime des gabelles; une autre des 14-21 mars 1790 voulut remplacer celles-ci par une « addition proportionnelle aux contributions réelles et personnelles et aux octrois des villes », mais elle fut rapportée par un décret du 5 juin 1794 (177).

(171) Fleury, *loc. cit.*, 8, 9, p. 166. — *Mémoire sur la gabelle présenté aux Notables en 1787*, pp. 170-172. L'impôt du sel plus répandu depuis 1508 avait été limité à ces élections en 1668.

(172) Mâconnais, Bresse et Bugey, Lyonnais, Forez, Beaujolais et Dombes, Dauphiné, Briançonnais, Barcelonnette, Provence, Velay, Vivarais, partie méridionale de l'Auvergne, Rouergue, Gévaudan, Languedoc, Roussillon.

(173) *Mémoire* précité (note 171), pp. 172 et s.

(174) Lorraine, Clermontois, Trois-Evêchés, Franche-Comté, Alsace.

(175) A certains moments, on avait tenté d'uniformiser. L'Edit de 1668 avait fixé le prix du sel à 40 livres le minot. Mais cela avait changé très vite. Voyez la légende de la *carte des gabelles* du *C. R.* de Necker, donnant la variation des prix par région en 1781. — La consommation par tête variait aussi, mais seulement de 12 l. 2/15 à 15 l. 3/4, sauf en *pays de quart bouillon* où elle était de 25 l. 1/2 et en *pays rédimés* de 23 l. 2/3, parce que le sel y était sensiblement moins cher.

(176) Il proposait de l'étendre à tout le royaume en tâchant d'abaisser et d'uniformiser partout le prix du sel : *C.-R. au Roi*, p. 84 et s.

(177) Otto Karmin. *La question du sel pendant la Révolution*, Champion, 1912.

Les autres monopoles étaient de dates plus récentes. Les principaux étaient ceux du papier timbré et du tabac.

Le monopole des papiers et parchemins timbrés ou *impôt du Timbre*, créé par une déclaration de mars 1655, résultait de l'obligation d'écrire tous les actes judiciaires ou extrajudiciaires sur du papier ou du parchemin frappé au coin du roi et vendu par l'administration du domaine au profit de l'Etat [178]. Les ordonnances de juin 1680, du 19 juin 1691, de février 1748, déterminèrent tour à tour, le genre, la grandeur et le prix des papiers ou parchemins timbrés à employer d'après la nature des actes qu'elles énuméraient [179]. Les contrefacteurs encouraient les galères et d'autres peines accessoires [180]. Des Lettres du 24 juillet 1691 exigèrent pour tous les actes une première expédition sur parchemin. Ces papiers ou parchemins ne furent pas toujours les mêmes pour l'ensemble des généralités et l'on permit aussi aux nouveaux fermiers de refuser de contre-timbrer les papiers inutilisés avant l'expiration du bail de leurs prédécesseurs [181]. Une ordonnance du 4 août 1787, augmentant ces droits, dut être rapportée le 19 septembre suivant [182].

Le *tabac* avait déjà été l'occasion d'un droit de douane et de dispositions restrictives en ce qui concernait la vente [183], lorsqu'une ordonnance du 27 septembre 1674 en établit le monopole commercial au profit de l'Etat. Les producteurs et les importateurs durent vendre leur marchandise aux préposés. Mais

(178) *Edit*, mars 1655; *A. C.*, 26 août 1673 (Is., t. 17, p. 316; t. 19, p. 118). — En vue d'imposer la procédure établie par les ordonnances civile (1667) et criminelle (1670), dont les styles particuliers à certaines juridictions entravaient l'application, des déclarations des 19 mars et 2 juillet 1673 ordonnaient l'impression sur papier timbré de formules toutes prêtes à remplir : ce qui fut révoqué par édit d'avril 1674 (Is., t. 19, pp. 89, 114, 135).

(179) *Ord.*, juin 1680 : *Des droits sur le papier et parchemin timbrés; Ord.*, 19 juin 1691; 14 juillet 1691; 28 août 1691; *Edit*, févr. 1748. (Is., t. 19, p. 246 et s.; t. 20, pp. 128, 136, 139).

(180) *Ord.*, juin 1680, *loc. cit.*, art. 21-22 : 1.000 liv. d'amende, amende honorable à la porte de la principale église de la juridiction, galères à temps; en cas de récidive, à perpétuité. — Les juges ne pouvaient modérer les amendes : *Décl.*, 20 fév. 1677 (Is., t. 19, p. 174).

(181) *A. C.*, 24 nov. 1780; 17 janv. 1781 (Is., t. 26, pp. 330, 417).

(182) *Ord.*, 4 août 1787; *Edit*, 19 sept. 1787 (Is., t. 28, pp. 400, 432).

(183) *L. P.*, 27 nov. 1629 (Is., t. 19, p. 145); 30 nov. 1674 (Is., t. 16, pp. 347, 426) : la vente n'en était permise que sur ordonnance du médecin.

ce nouveau droit fut presque aussitôt donné à ferme [184]. La culture du tabac était réglementée et étroitement surveillée; la manutention n'en était permise qu'aux producteurs et avec la licence du fermier. L'exportation en restait libre, mais le tabac à exporter devait être entreposé dans les magasins du fermier et sortir du royaume par des ports déterminés. La culture non autorisée était punie de 1.000 livres d'amende [185]. Un arrêt du Conseil du 29 décembre 1719 rétablit un moment la liberté du commerce du tabac. Mais, dix-huit mois plus tard, le monopole fut repris plus sévèrement et les fraudes punies de même [186].

IV. *Autres impôts indirects.* — Le *contrôle*, enregistrement sur double registre, pour en assurer la conservation et leur donner date certaine, fut établi en ce qui concerne les exploits et ajournements en 1654 [187]. Un édit d'août 1669 et un arrêt du Conseil du 30 mars 1670 déterminèrent les exploits et ajournements assujettis au contrôle et y joignirent les actes notariés signifiés aux parties [188]. Un édit de 1693 le rendit obligatoire pour tous les actes notariés dans les quinze jours à partir de leur date [189]. Une déclaration du 14 juillet 1699 y soumit les actes sous seing privé reconnus en justice et un édit d'octobre 1705, tous les actes de ce genre, sauf les lettres de change, billets à ordre ou au porteur [190]. Les exploits et ajournements donnaient lieu à un droit fixe d'après un tarif qui fut plusieurs fois augmenté : ce droit était dû autant de fois qu'il y avait de parties visées par l'exploit ou l'ajournement, sauf des exceptions déterminées. Les actes notariés étaient frappés d'un droit de contrôle « suivant la qualité des actes et à proportion des sommes y contenues. » En cas de contravention, pour les premiers, la sanction était cent

(184) *Décl.*, 27 sept. 1674 (Is., t. 19, p. 145); *L. P.*, 30 nov. 1674 (Is., t. 19, p. 150). Ce monopole était déjà établi dans plusieurs pays étrangers.

(185) *Ord.*, juillet 1681 : *Du commerce du tabac dans le royaume* (Is., t. 19, p. 275 et s.). *L. P.*, 25 janv. 1676 (Is., t. 19, p. 158); *A. C.*, 28 juin 1689, 4 et 13 déc. 1704 (Is., t. 20, pp. 78, 435, 458).

(186) *A. C.*, 29 déc. 1719, *Décl.*, 1er août 1721; 20 oct. 1733 (Is., t. 21, pp. 175, 194, 380). Des commissions furent constituées contre les préposés fraudeurs : Is., t. 23, p. 235.

(187) *Edit*, janv. 1654; 18 août 1655 (Is., t. 17, pp. 312, 318). — *Règl.*, 30 déc. 1676; 23 février 1677 (Is., t. 19, pp. 173-174).

(188) Ferrière, v° *Controlle* : *Dict.*, t. 1, pp. 403-404.

(189) *Edit*, mars 1693; 16 mars 1696; *Tarif*, 20 avril 1694 (Is., t. 20, pp. 174, 223, 261). — Ferrière, *loc. cit.*, p. 404-405.

(190) *Décl.*, 14 juill. 1699; *Edit*, oct. 1705; *Décl.*, 6 déc. 1707; *A. C.*, 22 janv. 1788 (Is., t. 20, pp. 338, 453, 526; t. 28, p 495). Pour les testaments : *A. C.*, déc. 1725 (Is., t. 21, p. 292).

livres d'amende à la charge de la partie et de ceux qui avaient instrumenté pour son compte; pour les seconds l'amende du double droit [191].

Le *centième denier*, droit royal de mutation se superposa au droit de mutation d'origine féodale en voie de disparaître. Centième partie du prix ou de l'estimation des immeubles féodaux transmis à titre onéreux ou gratuit en dehors de la ligne directe, il fut établi, en décembre 1703, par l'édit des insinuations laïques, ainsi appelé parce qu'il ordonnait que tous les actes translatifs de biens tenus en fief ou en censive seraient insinués ou enregistrés au greffe de la juridiction royale du lieu. En 1704, tous les transferts d'immeubles de quelque nature qu'ils fussent : francs-alleux, francs bourgages, etc., quoique non féodaux, furent soumis aux mêmes formalités et au même droit, sous peine, au bout de six mois, d'une amende du triple et de la nullité de l'acte [192].

v. *Les fermes du Roi.* — Le recouvrement des impôts indirects fut presque toujours remis à des traitants auxquels le gouvernement royal cédait, pour un prix forfaitaire, son droit de les percevoir et son pouvoir de contrainte à cet effet. La pratique de la ferme était très ancienne : les prévôtés royales et seigneuriales, dont l'une des charges essentielles était la perception de droits fiscaux, avaient été longtemps tenues à ferme. La plupart des villes affermaient leurs octrois [193]. Le pouvoir royal, dès que les finances extraordinaires comprirent des impôts indirects, se rangea à ce système.

Il en usa sous deux formes successives. D'abord, des fermes locales, restreintes à une seule espèce d'impôt et de courte durée, un an d'ordinaire. C'était dans ces conditions qu'au XIVe siècle les élus procédaient, dans chaque élection, à l'adjudication des baux au plus offrant et dernier enchérisseur, à la chandelle. Ecclésiastiques et officiers seigneuriaux étaient en principe exclus des enchères; les nobles et les officiers royaux n'y étaient admis qu'à défaut d'autres enchérisseurs [194]. Les fer-

(191) *A. C.*, 3 févr. 1677; *Édit*, mars 1708 (Is., t. 20, pp. 174, 529). Ferrière, *loc. cit.*, p. 404-405.

(192) *Édit*, déc. 1703; *Décl.*, 19 juillet 1704, art. 38 (Is., t. 20, pp. 438, 450). Pour ces derniers immeubles les successeurs en ligne directe payaient moitié droit.

(193) On sait qu'il en avait été ainsi au temps de la République et de l'Empire romain : ci-dessus, p. 34.

(194) *Édit*, févr. 1384; *Ord.*, 11 mars 1389, art. 14 (*Ord. des r. de Fr.*, t. 7, pp. 53, 248); *L. P.*, 11 oct. 1383 (*Ibid.*, p. 583; Is., t. 6, p. 741).

miers devaient donner caution. S'il ne s'en trouvait aucun, les
élus pouvaient mettre l'imposition en garde ou en régie ([195]). Autrement, ils transmettaient les noms des fermiers, des cautions,
et l'indication du prix de l'adjudication aux généraux des finances.
Les avantages de la ferme étaient d'écarter les fraudes, l'insolvabilité des comptables, l'aléa : le fermier payait d'avance une
somme nette au Trésor. Mais les fermiers opéraient durement contre les contribuables, ce qui exigeait une surveillance très active
de leurs agents. Aussi, fût-on tenté parfois de revenir à la régie.
François Ier chargea, par Lettres patentes du 20 avril 1542, les
receveurs des aides de percevoir le rêve, l'imposition foraine et
le haut passage. Le résultat fut peu satisfaisant; en 1574, on était
revenu à la ferme ([196]).

Comme il semblait que plus la ferme serait considérable, plus faciles seraient les rapports de l'administration royale avec le fermier, mieux organisés, moins tracassiers les
services de celui-ci, on eut tendance à bloquer les divers impôts :
en 1584, les principales traites, impositions foraines et douane
de Lyon, traite domaniale, entrées des grosses denrées, sol pour
livre des draps, cinq sols du vin, furent, sous le nom des *Cinq
grosses fermes*, l'objet d'un bail unique pour toutes les provinces
où elles étaient levées. Après un nouvel essai de régie, Sully rétablit cette ferme. Les autres impôts indirects, traites, aides, gabelles, furent cédés, séparément ou plusieurs groupés ensemble,
pareillement pour tout le royaume ([197]). Au début du xviiᵉ siècle,
toutes les adjudications se faisaient au Conseil des finances par des
commissaires généraux désignés pour cela. A partir de 1661, on
centralisa de plus en plus aux mains de quelques fermiers ([198]). La
ferme des impôts créés postérieurement (contrôle, tabac, centième
denier) fut établie dans les mêmes conditions.

En 1681, on atteignit, avec la *Ferme générale*, le point culminant du système. Colbert fit comprendre dans un seul bail toutes
les fermes alors existantes et les concéda à un seul fermier pour
six années. Mais ce fermier n'était que le prête-nom de quarante
personnages qui lui servaient de cautions, dont il devait faire con-

(195) *Édit*, févr. 1384; *L. P.*, 28 févr. 1436 (*Ord. des r. de Fr.*, t. 7, p. 53;
t. 13, p. 248). *Ord.*, 11 nov. 1508, art. 23 (Jacqueton, *op. cit.*, p. 131).
(196) Frémy, *Premières tentatives de centralisation des impôts indirects,
1584-1614* (BECh., 1911).
(197) *Ibidem;* Fleury, *op. cit.*, IIIᵉ part., ix, 5-6, p. 188.
(198) *Ord.*, janv. 1629, art. 346 (Is., t. 16, p. 306). Fleury, *loc. cit.* Ferrière,
vᵗᵉ *Fermes du roi, Adjudication des Fermes du roi, Baux des fermes du roi.
Tiercement.*

naître les noms et les parts dans l'entreprise, car chacun d'eux devait recevoir l'agrément du roi sous forme de brevet. Ils constituaient la compagnie ou société des *fermiers généraux*. L'Etat n'avait à faire directement qu'à l'adjudicataire au nom duquel tout le contentieux était poursuivi et toute contrainte contre les contribuables exercée; mais celui-ci n'avait aucune part dans l'administration de l'immense organisme qui s'étendait à travers les provinces pour la perception de contributions si variées, ni dans la gestion de sa caisse, qui relevaient des seuls fermiers généraux à la solde desquels il était [199]. Dès lors, on put dire : « Tous les revenus du roi sont en ferme, hors les tailles et les bois. » L'ordonnance du 22 juillet 1681 avait posé le principe de la liberté des enchères et des surenchères, bien que celles-ci dussent être du triple; mais, au xviiie siècle, la puissance des fermiers généraux, des « quarante rois plébéiens », fit que le montant de la ferme fut débattu de gré à gré entre eux et le contrôleur général des finances et que le « résultat » fut transformé en bail par arrêt du Conseil [200]. La Ferme générale ne versait plus le prix du bail au Trésor, mais avait un compte courant avec lui, et à l'expiration du contrat partageait le reliquat s'il y en avait un [201].

Les fermiers généraux sous-affermaient très souvent la levée des impôts ou de certains impôts dans une région déterminée à des particuliers ou à des sociétés moins importantes, dont ils étaient responsables comme de leurs propres commis. Il était défendu aux officiers du roi de participer à ses sous-fermes et aux arrière-fermes que les sous-fermiers pouvaient concéder. Ces cessions furent, du reste, interdites à la Ferme générale en 1756 [202].

Comme on se plaignait de ces impôts et de l'enrichissement des fermiers généraux, Necker limita la ferme aux traites, entrées à Paris, gabelles et tabacs, et un arrêt du Conseil du 9 janvier 1780 mit les aides et les droits domaniaux en régie. Un autre (24 oct. 1783) exigea que les fermiers partageassent avec l'Etat ce dont la perception effective des impôts affermés dépasserait les prévisions budgétaires; ce qui était se rapprocher d'une régie intéressée [203]. Sous une forme ou sous une autre, le rendement des

---

(199) *Encyclopédie méthodique*, vis *Bail, Ferme*. Guyot, *Répert.*, vo *Ferme générale du roi*.

(200) *Règl.*, 27 mars 1780. En 1774, le montant de la Ferme générale fut porté de 56.500.000 à 162.000.000.

(201) *Décl.*, 18 févr. 1782 (Is., t. 27, p. 145).

(202) *Ord.*, juillet 1681 (Is., t. 19, p. 279). A. C., 4 mai 1668.

(203) *A. C.*, 9 janv. 1780; 24 oct. 1783 (Is., t. 26, p. 242; t. 27, p. 344).

impôts allait croissant; on eût dû les augmenter afin de pourvoir aux frais de la guerre d'Amérique. Pour ménager sa popularité, Necker préféra se jeter dans le système inconsidéré des emprunts que la prospérité de la France rendait aisés et surchargea la dette publique dans une mesure que ses successeurs ne surent plus restreindre : grave danger pour la monarchie. La Ferme générale prit fin avec les lois du 6 mars 1790 et des 19-25 février 1791.

III. — Les dépenses publiques.

Il n'est pas possible de donner ici le détail des dépenses publiques. Seules, les principales rubriques peuvent en être indiquées. Tant que dura la distinction effective entre les finances ordinaires et extraordinaires, des dépenses étaient imputées sur les premières, d'autres sur les secondes. Après, il n'en fut plus ainsi, et, même avant que la distinction eût cessé, il arriva plus d'une fois que le produit des impôts servit à d'autres choses que l'entretien des armées et les frais des guerres. Depuis le xvi⁰ siècle, toutes dépenses étaient généralement mandatées sur les deniers de l'Etat quelle qu'en fût la provenance, bien qu'on relève au xvii⁰ et au xviii⁰ siècle quelques applications de la spécialisation des impôts.

Cependant, jusque dans ces derniers siècles, on parlait encore de dépenses ordinaires, qui correspondaient à des services permanents, et extraordinaires, qui étaient provoquées par des faits accidentels.

1⁰ Dépenses ordinaires.

On rangeait dans la première catégorie :

1° Les *charges locales*, auxquelles il était jadis pourvu sur les revenus du domaine aux lieux mêmes de la perception et qui continuaient à y être payées par les recettes particulières, mais sur tous deniers; ce qui était plus commode aux parties prenantes et évitait d'inutiles transferts d'argent. C'étaient surtout les fiefs et aumônes ([204]) payés aux établissements religieux ou charitables, les gages des officiers particuliers du roi, les réparations des édifices publics ou domaniaux, les frais de l'exercice de la justice tant civile que criminelle.

(204) Ferrière, v⁰ *Fiefs et aumônes*, t. 1, p. 655 : « sont des dons et legs testamentaires faits par les Rois de France ou par autres seigneurs qui ont possédé auparavant les héritages réunis au domaine qui en sont chargés, lesquels dons et legs ont été faits à gens d'Eglise, collèges et communautés à la charge de dire et de célébrer quelque service divin. »

2° La *Maison du roi* dont les dépenses étaient classées sous un certain nombre de chefs : aumônes, chambre aux deniers (table et services intérieurs), argenterie, menus plaisirs, écurie, garde ou gendarmerie royale, auxquels il fallait joindre les maisons de la reine, du dauphin et des enfants de France.

3° Les *gages des officiers*, tournés, depuis la vénalité des offices, en rentes du capital de l'office et très faibles : « le reste se paye en privilèges, honneurs, autorité, salaires et droits sur les particuliers » [205].

4° Les *pensions*, qui étaient des suppléments de gages pour beaucoup d'officiers, des traitements pour les agents du roi dont les charges étaient des commissions, des libéralités pour services rendus à l'Etat, des mensualités alimentaires pour les princes, ou des dons et faveurs. On les comptait comme de simples gratifications annuelles renouvelables.

5° Les *travaux publics* dont les catégories étaient nombreuses et variés : voirie, ponts et chaussées, ports et arsenaux, fortifications, palais et bâtiments publics, églises, embellissement des villes, etc...

6° La *marine* : non seulement celle de guerre, mais dans une large mesure la marine marchande, sollicitaient l'attention et l'intervention pécuniaire de l'Etat pour les ports, appontements, bassins de radoub, approvisionnements de bois, d'agrès, de personnel, etc...

7° Les *rentes* résultant de la dette publique. Longtemps les rois de France, comme les autres princes et les républiques du Moyen âge, avaient emprunté, en cas de besoins urgents, à des particuliers ou des banquiers, de la main à la main et à échéance fixe [206]. Ils avaient parfois encore constitué des rentes sur les revenus de l'Etat [207]. Ils s'adressaient aussi aux villes et aux pays d'Etats. Par Lettres patentes du 2 septembre 1522, François Ier créa la rente perpétuelle, à capital remboursable au gré du débiteur, au taux de 8 p. 100, gagée sur les contributions indirectes de la Ville de Paris, perçues jusqu'alors au profit de l'Etat [208]. Ce furent les premières rentes sur l'Hôtel de Ville, car si la ville fournissait au roi 200.000 livres, c'était elle qui les empruntait

(205) Fleury, *op. cit.*, III, VIII, 4, p. 180.
(206) L. Delisle, *Mém. sur les opérations des Templiers*, 1887.
(207) *L. P.*, 19 nov. 1350; 11 avril 1494 (Is., t. 4, p. 573; t. 11, p. 261).
(208) Cauwès, *Les commencements du crédit public en France. Les rentes sur l'Hôtel de Ville au* XVIe *siècle* (*Rev. d'économie politique*, 1895).

aux particuliers et le service de la dette, son remboursement possible, le contentieux de l'opération, relevaient exclusivement de l'autorité municipale (²⁰⁹). L'opération avait l'avantage de substituer à un emprunt direct une constitution de rente et de tourner, par le procédé ordinaire, la prohibition du prêt à intérêt. Une fois imaginée, elle fut renouvelée, soit avec la Ville de Paris (²¹⁰) ou d'autres municipalités, soit avec le clergé ou quelque pays d'Etats. Dans les temps normaux, les arrérages, par quartier, étaient fidèlement payés aux crédirentiers; mais, dans les moments de crise et de guerre, ils étaient souvent retardés de quartier en quartier et même supprimés (²¹¹). Au xvⁿᵉ siècle, on donna parfois à l'emprunt la forme d'une tontine : rente viagère constituée sur la tête de plusieurs souscripteurs, les survivants bénéficiaient de la part d'arrérages des prédécédés, tandis qu'à la mort du dernier le capital restait à l'Etat (²¹²). On pratiqua aussi la simple rente viagère (²¹³). En 1781, les arrérages à payer annuellement s'élevaient à 20.820.000 livres. Des mesures en vue de l'amortissement avaient été prises dès le xvⁿᵉ siècle. La subvention du clergé d'après le contrat de Poissy y devait servir; on la détourna vers d'autres usages. Des caisses d'amortissement n'eurent pas de durée. Dans les derniers temps, les emprunts se multiplièrent. Necker empruntait de parti pris.

2° Dépenses extraordinaires.

On comptait parmi les principaux chapitres des dépenses extraordinaires :

1° Les *dépenses de guerre* en tant qu'elles dépassaient le budget normal de l'armée en temps de paix. Aussi, des fonds

<hr>

(209) Fleury, *loc. cit.*, 9, p. 182 . « Le roi vendoit au prévôt des marchands et échevins 100 milles livres de rente, par exemple, à prendre sur les gabelles, au denier 12, pour être distribuées en plusieurs parties aux bourgeois qui les voudroient acheter du prévôt des marchands et des échevins, et être payées à l'Hôtel de Ville. » *L. P.*, 1ᵉʳ mars 1650 (Is., t. 17, p. 202). Les étrangers pouvaient en acquérir; elles étaient alors affranchies du droit de représailles et du droit d'aubaine : *L. P.*, 31 juillet 1569; *Edit*, déc. 1673; *L. P.*, 7 juin, 1676 (Is., t. 14, p. 229; t. 19, pp. 126, 160).

(210) Ainsi en 1537, 1544, 1545, 1546, 1674, 1688, 1781.

(211) Ainsi en 1604, 1660, 1664, 1713, etc. La prescription des arrérages était de trois ans.

(212) Essai infructueux en 1653. Cela réussit en 1689 et depuis : *Edit*, nov. 1689; *Décl.*, 19 avril 1690 (Is., t. 20, pp. 87, 103).

(213) *Edits*, août 1693 (Is., t. 20, p. 198); oct. 1741; mai 1751 (Is., t. 22, pp. 146, 148).

y étaient spécialement affectés sous le nom d'*extraordinaire des guerres*. Ces augmentations portaient sur l'entretien et la solde des troupes, l'artillerie, les munitions, les fortifications, les travaux des sièges, les gages plus nombreux et plus élevés des officiers.

2° Les *dons et récompenses*, que le roi attribuait par acquit au comptant, ce qui correspondait assez à nos fonds secrets, ou par acquit patent, et alors, au-dessus de 3.000 liv., enregistrés à la Chambre des Comptes, à titre de récompenses pour services rendus à l'Etat. Ces dons devaient être pris sur le domaine casuel, non sur le domaine fixe qui était inaliénable.

3° Les *acquits des dettes du roi*, qui étaient le remboursement des rentes, le rachat des domaines engagés ou autres droits aliénés, le remboursement de la finance des offices supprimés.

4° Les *bâtiments* comprenaient toutes constructions ou acquisitions nouvelles dont s'augmentaient les palais, musées, bibliothèques royales, etc.

<h2 style="text-align:center">§ 2. — L'Armée.</h2>

<h3 style="text-align:center">I. — L'ARMÉE DU XIe AU MILIEU DU XIV° SIÈCLE.</h3>

1° Les ressources militaires du domaine royal.

La monarchie capétienne, jusqu'au milieu du xive siècle, n'eut pas d'armée permanente. D'abord, en cas de guerre, le roi, comme tout autre seigneur, put faire appel, dans les limites de son domaine propre, à deux sortes de contingents : 1° les vassaux qui devaient venir à l'ost et y conduire les arrière-vassaux dans les conditions fixées par leurs contrats de fief ou une coutume confirmée dans des dénombrements successifs. Aux expéditions locales, ce corps d'élite, joint à la mesnie, c'est-à-dire aux chevaliers domestiques et soldés du roi, d'ordinaire suffisait; — 2° l'armée seigneuriale, résultant du service obligatoire, indéfini et gratuit, imposé à tous les sujets en état de porter les armes, à raison de la fidélité et de l'aide dues au seigneur naturel lige. Le droit à ce service qui avait appartenu aux rois francs et que le morcellement de la souveraineté avait fait passer à chaque seigneur pour sa *potestas*, restait au roi dans les limites du domaine royal. De sorte que si ses hommes de fief lui devaient de combattre du fait de l'engagement vassalique, tous, nobles et non nobles, le lui devaient de par la foi naturelle comme sujets.

Mais ces ressources militaires tendirent à diminuer. Le service d'ost et de chevauchée des vassaux fut graduellement restreint quant à sa durée, limitée d'ordinaire à 40 jours par an ou moins encore et quant au rayon géographique dans lequel il était exigible. L'appauvrissement des tenants fief, résultat des transformations économiques et du partage des tenures, fit que le suzerain n'exigea plus de beaucoup, au lieu du service personnel très coûteux, que de minimes prestations, tel qu'un roncin de service ou quelque partie de l'équipement [214]. L'obligation générale des sujets subit des restrictions pareilles. Les chartes des villes bornaient le service d'ost des bourgeoisies, qu'elles fussent ou non des seigneuries, à quelques semaines ou à quelques jours de présence à l'ost, pour des opérations exclusivement régionales, d'effectifs très réduits [215]. Chartes de peuplement, contrats d'hostise, immunités étendaient ces privilèges, s'ils n'en conféraient pas de plus complets, aux populations rurales, ou les dispensaient moyennant une faible redevance [216]. Aucun de ces avatars ne fut étranger au domaine royal, et, quand il s'accroissait, il fallait respecter dans les pays acquis, les usages tolérés sous les précédents seigneurs [217]. Des concessions en appelaient d'autres. Si, au XI° siècle les milices roturières du domaine avaient été un appoint sérieux dans la lutte des rois contre les barons, vers la fin de celui-ci, des transactions fréquentes substituaient au service effectif, une aide pécuniaire, *pro auxilio regis, pro exercitu*, pour telle année ou telle campagne. De petits chevaliers, ne desservant plus personnellement leurs fiefs et risquant d'être récupérés

(214) Ci-dessus, pp. 243 et s. C. *Touraine-Anjou*, 124 (*Et. de Saint-Louis*, t. 3, p. 83). Beaumanoir, n°s 793-809.

(215) Ci-dessus, pp. 212, 300, 303.

(216) Cela remontait parfois très haut. Dans la *Polyptyque d'Irminon*, des tenanciers payent une taxe, *hostilicium* ou *hostitium*, évidemment compensatoire du service militaire seigneurial : Voy. (éd. Longnon), Table des matières, v°s *hostilicium, hostitium*.

(217) M. Borrelli de Serres pense que toutes ces réductions de service militaire ne concernaient que le service du fief, mais laissaient intact le droit du seigneur ou du roi; mais elles sont consenties, soit à des collectivités, soit à des individus qui, très souvent, sont dans la sujétion d'un seigneur sans être reliés à lui par aucun rapport féodal : ainsi des villes prévôtales, des tenanciers ruraux. Le but qu'elles poursuivent ne serait pas du tout atteint si les bénéficiaires savaient que le privilège accordé était de pure forme et que, dispensés du service ou d'une partie du service par le suzerain, celui-ci était en droit de le leur imposer bien plus rigoureusement comme seigneur. Voy. Borrelli de Serres, *Les prisées du service roturier au XIII° siècle* (*Rech. sur div. services publics du XIII° au XVII° siècle*, t. 1, p. 508 et s.).

par l'armée seigneuriale, s'évertuaient dans le même sens. Le pouvoir royal, sans rien abdiquer, en profitait pour faire prévaloir la règle que désormais le service d'ost serait fourni, soit en hommes, soit en argent, au gré du roi ([218]).

En fait, il était rare qu'on en vînt à une levée générale. Il y était alors procédé au moyen de prisées de sergents, *prisiae serventium*, par prévôté, terre d'Eglise ou communauté urbaine. C'étaient des tableaux portant en regard du nom des localités le nombre d'hommes et de chariots que chacune devait fournir et, au cas contraire, la somme à payer à titre d'équivalence ([219]). Les exigences variaient d'une prisée à l'autre. Le plus souvent, le principe de la levée étant décidé par le roi, ses agents le tempéraient et en proportionnaient l'exécution aux nécessités du moment et aux facultés des assujettis, exigeant ou un nombre de sergents d'armes fixe d'après celui des feux, ou à la place, soit une troupe de mercenaires, soit un subside ([220]). Dans la première hypothèse, les hommes étaient commandés par leurs chefs locaux, prévôts pour les terres du roi, prélats pour les terres d'Eglise, maires ou autres magistrats municipaux pour les communautés urbaines. Les ressources du domaine royal en hommes ou en argent étaient donc limitées; elles ne permettaient ni la constitution de fortes armées, ni de grandes entreprises.

2° Les ressources militaires du royaume.

Chef suprême du royaume, le roi avait toujours pu semoncer tous les seigneurs de venir le défendre, avec toutes leurs forces, en cas de péril général, notamment d'invasion ([221]). Ils étaient ses sujets et ses fidèles, tant par la *commendatio* que par la foi naturelle. En 1059, Henri Ier avait marché contre les Allemands à la tête de tous les barons de France; Philippe Ier les avait eu autour de lui dans les Flandres en 1071; contre Henri V, la

(218) Ci-dessus, pp. 706 et s.

(219) Dans la prisée de 1194 (Borrelli de Serres, *loc. cit.*, p. 528), on comptait une charrette par 50 ou fraction de 50 hommes; l'équivalence en argent était fixée à 3 livres par sergent et de 4 livres 10 sous à 6 livres 12 sous par charrette pour 3 mois.

(220) *Ord.*, mars 1214, art. 3 (*Ord. des r. de Fr.*, t. 1, p. 33) : « Si Rex viderit expedire quod villa mittat in exercitum et servientes, potius quam illi qui sunt de villa, vadant, poterit rex accipere pro exercitu... competenter; sed habebunt de cetero electionem... eundi in exercitum si voluerint, vel ponendi portionem suam in prisia, pro redemptione exercitus facta.

(221) Ci-dessus, pp. 184, 186. *Sic* semonce de Philippe-Auguste au chapitre de Reims d'envoyer tous ses hommes, *nomine belli per fidem quam nobis et regno debitis* (Varin, *Arch. adm. de la ville de Reims*, t. 1, p. 429).

chevalerie française était accourue en 1124. Par là se traduisait chroniquement le sentiment qui survivait de l'unité du royaume. L'obligation d'obéir au ban royal dut paraître plus étroite lorsqu'avec Philippe-Auguste les plus puissants *principes*, assimilés à des hommes de fief, lui eurent fait hommage pour leurs seigneuries ([222]). Mais elle ne comportait pas toujours de sanctions pratiques. Aussi les plus forts ou les plus éloignés croyaient avoir satisfait au devoir vassalique en amenant ou envoyant à l'ost une dizaine de lances, d'autres tentaient d'esquiver la *citatio* par des délais. C'était des terres d'Eglise que le roi obtenait le plus, soit qu'on y admît effectivement le principe qu'elles étaient sous sa souveraineté directe, soit que, par des pariages, il fût arrivé à disposer en fait de leurs hommes ([223]). Dans les *prisées* du xiiie siècle, les terres d'abbayes étaient assimilées aux prévôtés et parfois réunies à celles-ci pour les levées de sergents.

Mais, au xiiie siècle, le droit du roi d'exiger le service militaire de tous les habitants du royaume, en qualité de souverain et indépendamment des obligations d'ordre féodal ou seigneurial, fut nettement affirmé ([224]). Ce fut l'arrière-ban (*retrobannus*) qui, par-dessus les vassaux, atteignit directement arrière-vassaux et simples sujets des seigneurs, de dix-huit à soixante ans, et les contraignit de se présenter en armes à l'armée du roi pour y servir le temps qu'il serait besoin ([225]). Il en résulta que les limitations consenties par les seigneurs ou le roi lui-même, dans les contrats de fief, dans les chartes des villes ou d'autre façon, furent considérées comme se référant au service féodal ou à celui dû au seigneur par ses hommes de poosté, mais sans pouvoir préjudicier au droit du roi d'appeler sans distinction nobles et non

(222) Ci-dessus, pp. 188 et s.

(223) Ci-dessus, pp. 201. Orderic Vital, VIII, 24; XI, 34 (éd. Leprévost, t. 3, p. 415; t. 4, p. 285).

(224) *Et. de Saint-Louis*, I, 65, t. 2, p. 96 : « Et se li rois les voloit plus tenir de xl jorz et de xl nuiz au lor, il ne remaindroient pas se il ne voloient; *et se i rois les voloit tenir au sien por le roiaume deffandant, il devroiont bien remaindre par droit.* » Beaumanoir, n° 1510 : « si comme il seut commander, quand il pense a avoir a fere pour sa terre defendre ou pour autrui assaillir qui li a fet tort, que escuier gentil homme soient chevalier, et que riche homme et povre soient garni d'armeures, chascuns selonc son estat, et que les bonnes villes rapareillent leur services et leur fortereces et que chascuns soit appareilliés de mouvoir quant li rois le commandera. »

(225) *Mandement*, 10 août 1302 (*Notices et extraits*, t. 20², p. 143). *Mandement*, 1303 (Is., t. 2, p. 799). Pierre Dubois, *De recuperatione Terre Sancte*, éd. Langlois, n° 123, p. 115.

nobles à la défense du royaume en cas de guerre nationale, *bellum nominatum*, ou seulement de péril de guerre [226]. Si d'abord des feudataires dont le roi exigea, outre leur service personnel et celui de leurs vassaux, la levée de leurs sujets, si des juristes hésitèrent sur la légalité de la *citatio* directe de ceux-ci [227], le principe semble avoir définitivement triomphé sous Philippe le Bel, et des arrêts du Parlement, distinguant les guerres seigneuriales ou privées pour lesquelles les restrictions pouvaient être invoquées, des guerres du roi pour le compte du royaume, fixèrent la jurisprudence [228]. Le roi n'accorda plus aucun privilège de ce genre sans cette réserve, même dans les chartes provinciales provoquées par la réaction aristocratique des années 1314 et suivantes [229]. Au reste, les seigneurs n'obéissant pas toujours à la semonce royale, une ordonnance de 1274 avait tarifé et frappé d'amendes leur carence [230]. Beaucoup prétendaient, en cas d'arrière-ban, rester les intermédiaires de droit entre le roi et leurs sujets, qui devaient marcher sous leurs bannières : ce fut un des griefs de la réaction de 1314 et qui reparaît encore au xv⁵ siècle [231]. Les prélats, sur qui les rois avaient longtemps le plus compté, s'efforçaient maintenant de racheter eux et leurs hommes à prix d'argent. Des seigneurs laïques intriguaient dans ce sens au point que des Lettres de 1304 durent leur imposer de servir de leur personne [232]. Enfin, les milices roturières, même celles des communes auxquelles on a attribué une importance qu'elles n'eurent pas [233], étaient souvent si peu aptes à la guerre

(226) Beaumanoir, *loc. cit.*,

(227) Pierre Dubois, *op. cit.*, n° 127, p. 118 : « (Rex) debet pugnatores querere saltem tot quot quererent et haberent illi in quorum jus et loca successit » — Borelli de Serres, *loc. cit.*, p. 519, note 2.

(228) *Olim*, t. 1, pp. 886, 887, 889, 939; t. 2, p. 84. Borrelli de Serres, *loc. cit.*,

(229) Iʳᵉ *Charte normande*, 19 mars 1314, art. 4 : « Cum homines nostri dicti ducatus servitia ab ipsis debita, ratione nostri exercitus.... nobis persolverint, a suis sub tenentibus nihil poterimus vendicare, *salvo jure nostro in casu retrohanni.* » — *Charte aux Bourguignons*, 17 mai 1315, art. 2 : «... nisi in casu retrobanni, in quo casu quilibet de regno nostro tenetur, dum tamen hoc de mandato nostro per totum regnum nostrum generaliter fiat, si necessitas fuerit generalis. » (Is., t. 3, pp. 50, 79). Borelli de Serres, *loc. cit.*, p. 509, notes 1-3.

(230) *Ord.* 1274 (*Ord. des r. de Fr.*, t. 11, p. 298, Is., t. 2, p. 651).

(231) *Charte aux Bourguignons*, avril 1315, art. 7 (Is., t. 3, p. 63). *Ord*, juin 1338, art. 19 (Is., t. 4, p. 438).

(232) *Ord.*, juill. 1304 (*Ord. des r. de Fr.*, t. 1, p. 412).

(233) En 1194, la commune et la prévôté de Laon réunies ne fournissaient que 300 *servientes*, la commune et l'église de Noyon ensemble 150. Amiens.

que le roi suggérait lui-même aux communautés de les remplacer par un subside ([234]). A défaut il tâchait de les faire passer du commandement des officiers municipaux sous celui d'hommes de guerre choisis par lui ([235]).

3° Éléments et organisation de l'armée royale.

L'ost du roi comprit d'abord la mesnie, troupe domestique de chevaliers soldés ou gratifiés de bénéfices fonciers non héréditaires ([236]), un contingent féodal plus ou moins nombreux qui constituait exclusivement une cavalerie et se dénombrait par lance, chaque lance comportant, outre un chevalier, cinq ou six hommes, écuyers, pages, varlets, tous montés, les milices parcissiales, infanterie ou piétaille, archers, frondeurs, puis arbalétriers ([237]), personnel affecté aux machines de guerre (*artilliatores*), goujats chargés des bagages. Mais, dans la seconde moitié du XII° siècle, les milices des communes comprenaient des combattants de toutes sortes, notamment des sergents et des arbalétriers à cheval. A Bouvines, le combat fut engagé par trois cents sergents montés de l'abbé de Saint-Médard, ce qui montre que cette façon de combattre avait cessé d'anoblir ou d'être le privilège des nobles. Au siècle suivant, des roturiers acquéreurs de fief figurèrent souvent parmi les vassaux.

d'Arras (prévôtés et communes) comptaient, les premières pour 1.000, les secondes pour 500 *servientes*. C'étaient de beaucoup les plus forts contingents.

(234) *L. P.*, 6 août 1314 (*Instr. secrètes*) : « L'entencion de la cour est... que bon seroit que en chascune ville bateis hors citez, chastiaux et hours, là où grosses marchandises courent communément, pour espargner la peine, le perill, et le travail des bonnes gens, et eschiver leurs dommages que il porroient avoir en leurs marchandises perdre, leur besoigne à faire, et ce que il ne sont pas si accoutumé de guerre que cil que ly Rois puest avoir à présent, et pour moins d'argent puent finer que il ne despendroient se il aloient en la guerre, et se ne porroient pas si briement estre en chevaus ne en harnois, comme il devroient et que mestier soit dont il porroient estre en danger du prince. » Suivent les règles à suivre pour établir le subside, et le proportionner aux facultés de chacun (Is., t. 3, p. 43).

(235) *Ord.*, 1317 (*Ord. des r. de Fr.*, t. 1, p. 693). *Ord.*, 30 avril 1351 (*Ibid.*, t. 4, p. 67 et s.; Is., t. 4, p. 646).

(236) *Summa de leg. Norm.*, XXIV, 4, p. 99. G. Durant, *Speculum juris*, de feud., § 2, n° 11.

(237) Les milites portaient le haubert, le heaume, l'écu, armes défensives, l'épée et la lance, armes d'attaque; les sergents d'armes, le chapeau de fer ou de cuir, la pique ou la masse à clous. — Sur les arbalétriers : ci-dessus, p. 223.

Les rois ne renoncèrent jamais ni à semoncer les vassaux qui formaient l'élite et comme le pivot de l'armée, ni même complètement à l'emploi des milices roturières; mais, à mesure que les guerres devenaient plus importantes et que ces modes de recrutement se révélaient plus imparfaits, les soudoyers tant à pied qu'à cheval, nobles ou non nobles, tendirent à constituer la masse de l'armée royale. On y utilisait les subsides, qui, dans des cas toujours plus nombreux, étaient substitués aux levées d'hommes. Parfois, le montant en était abandonné au seigneur local à la condition qu'il recrutât et conduisît au roi une troupe de soldats de métier ([238]). Les *milites stipendiarii* comptaient parmi eux des nobles de tous rangs, en proportion desquels la solde variait. Ils formaient des compagnies ayant à leur tête un capitaine, nommé par le roi, ou qui les avait lui-même levés et organisés et avait traité au nom du groupe avec le roi ([239]). Les troupes de roturiers à pied ou montés résultaient aussi d'engagements soit individuels, soit par groupe. Depuis le xiie siècle, des bandes d'aventuriers sous les noms de routiers, cottereaux, ou à raison de l'origine de certaines, brabançons, ou encore de tard-venus ([240]), tenaient la campagne pour leur compte en vue du pillage, mais, à l'occasion, louaient leurs services aux princes. En des temps où il n'existait pas d'armées régulières, elles étaient la ressource des déclassés et des non nobles qui aimaient le métier des armes et les aventures. Les rois y trouvaient des éléments entraînés et plus vite enrôlés que les milices locales. Des chefs routiers devinrent ainsi des personnages utiles et redoutables à qui il fallut finalement faire un sort, tels Cadoc sous Philippe-Auguste, Cervole qui, au temps du roi Jean et de Charles V, fut lieutenant général et chambellan ([241]). Le danger était que, la guerre finie, on ne savait que faire de ces bandes, prêtes alors à passer à l'adversaire ou à fouler le pays pour vivre. On avait aussi recours à des contingents étrangers, espagnols, italiens, surtout allemands : de bonne heure les seigneurs allemands dressèrent des hommes à la

(238) Borrelli de Serres, *loc. cit.*, p. 522, note 2.

(239) Joinville, *Hist. de saint Louis*, 80, 84, 98 (éd. de Vailly, 1874, pp. 223, 236, 276).

(240) Sur le sens attribué à ces mots : Du Cange, vo *Ruptarii*, de Marca, *Hist. du Béarn*, VI, 14, p. 510 et s. Baluze, *Hist. pap. Avign.*, t. 1, p. 941.

(241) Géraud, *Les routiers au xiie siècle;* Mercadier, *Les routiers au* xiiie *siècle* (BECh, t. 3); de Zurlauben, *D'Arnaut de Cervole* (Coll. Leber, t. 8, pp. 455 et s.). Boutaric, *Inst. mil. de la France*, p. 246 et s.

guerre pour en tirer profit en les louant ici ou là (²⁴²). Quand l'armée fut en très grande partie composée de soudoyers, la gratuité primitive du service vassalique et de l'arrière-ban elle-même disparut; tous les combattants reçurent une solde (²⁴³). Ce fut la règle au xive siècle (²⁴⁴). Avec leur solde, les compagnies s'entretenaient à leurs frais; mais l'administration royale pourvoyait à ce que des approvisionnements fussent à leur portée en campagne (²⁴⁵). Des compagnies de mineurs (*minatores*) accompagnaient l'armée. Le maître des arbalétriers dirigeait les services auxiliaires (²⁴⁶).

L'armée était naturellement sous le commandement du roi. Des documents peu explicites donnent d'abord le sénéchal, puis, à sa disparition, le connétable comme chef de l'armée royale. Au xiie siècle, celui-ci combattait à l'avant-garde, ayant sous ses ordres les maréchaux. Le commandement qu'il exerçait était encore mal réglé (²⁴⁷). En fait, il n'y avait ni stratégie, ni tactique requérant un plan savant ou médité. Les divers éléments de l'armée combattaient isolément. Les capitaines des compagnies

(242) Latran, 1179, c. 24 (Mansi, t. 22, p. 225). *Ord.*, 1228 (*Ord. des r. de Fr.*, t. 1, p. 51). Mathieu Paris, *Hist. angl.*, t. 2, p. 705; Dom Calmet, *Hist. de Lorraine*, t. 2, p. 609; t. 4, p. 633. Siméon Luce, *Hist. de la Jacquerie*, p. 35 et s.

(243) *Submonitiones ad denarios*, en 1231, 1236, 1242, 1253 (HF., t. 21, p. 231, t. 23, p. 731). En 1272, la solde était de 100 sous par jour pour un baron, 20 pour un banneret, 10 pour un chevalier, 5 pour un sergent d'armes, 12 deniers pour les sergents à pied. Elle n'avait guère changé en 1332-1335 : *Ord.*, 7 août 1335 (Brussel, p. 168); *Ord.*, juin 1338, art. 1 (Is., t. 4, p. 434). Elle a doublé à peu près pour tous en 1351 : *Ord.*, 30 avril 1351 (Is., t. 4, p. 647). Les chevaux étaient payés à ceux qui les perdaient.

(244) *Sic Edit*, févr. 1356 (Is., t. 4, p. 799).

(245) *Ord.*, 1279 : Langlois, *Le règne de Philippe III*, p. 371.

(246) Sur le *magister balistariorum* : Boutaric, *Inst. milit. de la France*, p. 272.

(247) Les chefs militaires avaient surtout pour mission de procéder aux montres ou revues des troupes qui étaient engagées, pour constater leur performance et leur nombre. Après quoi ils faisaient jurer aux gens d'armes de ne point abandonner leurs capitaines de toute la campagne et aux capitaines de maintenir leurs « bandes » au même effectif et d'obéir à leurs chefs de bataille. Les engagés isolés ou peu nombreux étaient groupés sous les ordres d'un chevalier : *Ord.*, 30 avril 1351 (Is., t. 4, pp. 647-651). Les montres ou revues avaient une grande importance afin que les capitaines ne trompassent point sur le nombre de leurs hommes et ne touchassent pas des soldes correspondant à un plus grand que le véritable. *Ord.*, 25 déc. 1355; 13 janv. 1373; 25 mai 1413 (Is., t. 4, p. 734; t. 5, p. 398; t. 7, p. 383).

ou des « bandes », qu'ils avaient le plus souvent eux-mêmes
recrutées et dont ils étaient les maîtres, agissaient à leur guise,
d'autant qu'ils étaient parfois de très grands personnages. En 1355,
le comte de Vendôme était simple capitaine d'une compagnie de
8 chevaliers et 79 écuyers. Toute l'histoire militaire de Jeanne
d'Arc témoigne qu'au xv° siècle les choses n'avaient pas changé.
L'armée qu'elle inspire, anime et entraîne, n'a pas de chef unique;
tous les capitaines délibèrent avec elle. Elle doit les convaincre.
Elle-même ne commande directement qu'à sa maison et à quatre
ou cinq lances.

II. — L'ARMÉE ROYALE DEPUIS LES RÉFORMES DE CHARLES VII.
LES FORCES MILITAIRES PERMANENTES.

La guerre de Cent ans, les troubles qui en marquèrent la fin,
montraient la nécessité d'une force militaire permanente pour
la sécurité tant extérieure qu'intérieure du royaume. Charles VII,
sur le vœu des Etats réunis à Orléans [248], posa les bases de
réformes qui y aboutirent, dans l'ordonnance de novembre 1439.

Il défendit qu'il y eût dans le royaume d'autres chefs de guerre
que ceux qu'il nommerait, ni d'autres troupes que celles
qu'il instituerait selon des formes déterminées, et cela sous peine
de lèse-majesté. Il posa le principe des garnisons fixes, désignées
par l'administration royale, et celui d'une solde suffisante pour
que les troupes pussent vivre et s'entretenir sur elle. Pour réprimer les mœurs de la soldatesque, il rendit les capitaines responsables de leurs hommes et les obligea, en cas d'infraction, à les
livrer à la justice. Il étendit cette responsabilité aux seigneurs
à l'égard de leurs hommes d'armes, dont ils ne devaient retenir
que ce qu'il fallait pour garder leurs places; le reste devait être
licencié. Toutes tailles ou réquisitions, tous subsides pour cause
militaire n'étaient permis qu'au roi ou sur son ordre [249].

Dans cet esprit, Charles VII, retardé quelque peu par les guerres, établit en 1445 quinze compagnies d'ordonnance de cent
lances, qui, à un homme d'armes, un page, deux archers, un
coutillier, un varlet par lance, constituaient une force d'environ
9.000 hommes. Cette gendarmerie française fut appuyée de compagnies écossaises, organisées sur le même modèle. Chaque compagnie avait à sa tête un capitaine et plusieurs lieutenants, sou-

(248) Renouvelé à ceux de 1441 à Nevers (Is., t. 9, pp. 106-107).
(249) *Ord.*, nov. 1439; janv. 1514 (Is., t. 9, pp. 57-71; t. 12, p. 2).

vent de haute noblesse, nommés et révocables par le roi, et se
subdivisait en brigades (250). Par la suite, elles ne furent pas toujours fournies; on en vit de cinquante lances, parfois de moins (251).
Tous nobles, les gendarmes portaient l'armure complète. Les
archers, mêlés à eux dans le combat, étaient armés plus légèrement, ce qui les rendait propres à servir à pied aussi bien qu'à
cheval. D'où ils furent dans beaucoup de compagnies séparés des
gendarmes pour former un corps distinct de cavalerie légère.

A cette élite à cheval, le roi voulut joindre une infanterie toujours disponible et entraînée. Dans les paroisses, chaque groupe
de cinquante feux dut entretenir un archer, armé et équipé à
ses frais, s'il avait quelque aisance, sinon à ceux de la paroisse,
choisi ou du moins agréé par les élus, qui étaient chargés de
veiller à son entraînement et lui faisaient jurer fidélité au roi.
Libérés de tout impôt, sauf des aides de guerre et de la gabelle,
ce qui les faisait qualifier de francs-archers, ces hommes vivaient
chez eux jusqu'à la mobilisation pendant la durée de laquelle ils
touchaient quatre francs par mois. Un capitaine choisi par le roi ou
le châtelain, dans les seigneuries, en avait le commandement régional, et l'inspection en temps de paix (252). Louis XI les groupa en
quatre corps sous quatre capitaines généraux, et songea même à les
remplacer par des compagnies permanentes ayant leur centre d'instruction à Pont-de-l'Arche. En 1480, il compléta cette infanterie de
francs-archers par les Suisses (253). On engageait aussi des Allemands et des Italiens. Ces francs-archers ne répondirent pas toujours à ce qu'on en avait espéré. Ces étrangers coûtaient cher.

Louis XII eut l'idée d'une infanterie nationale. Il décréta une
levée de gens de pied (254). Des capitaines eurent commission d'y
procéder selon le système pratiqué pour les compagnies d'ordonnance, dans les provinces qui fournissaient le plus pour cel-

(250) Spont, *Marignan et l'organisation militaire* (RQH.) 1899² pp. 59 et s.
(251) Voy. 4 C., 12 févr. 1534 (Is., t. 12, p. 384).
(252) *Ord.*, 28 avril 1448 (Is., t. 9, p. 170). Elle ne prévoyait qu'un franc-
archer par paroisse : « ordonnons... que, en chascune parroisse de nostredit
royaume, aura ung archer qui sera et se tiendra continuellement en habillement suffisant et armé de sallade, dague, espée, arc, trousse, et jaques
ou huques ou brigandines, et seront appelez les francs-archers, lesquelz seront
esleuz et choisis... esdictes prévosté et élection, les plus duys et aisez pour
le fait et exercice déclairé qu'ils se pourront trouver. » C'est en 1451 qu'on
exigea un franc-archer par 50 feux — *Adde* : Ord., avril 1450, art. 12 à 18;
12 janv. 1474; 30 mars 1475 (Is., t. 9, p. 359 et s.; t. 10, pp. 700, 705).
(253) Boutaric, *op. cit.*, p. 321; P. Viollet, *op. cit.*, t. 3, p. 440, note 1.
(254) *Ord.*, 12 janv. 1508 : Le Loyal Serviteur, *Vie de Bayart* (éd. Roman,
p. 430).

les-ci (²⁵⁵). Chacun eut sous ses ordre 1000 ou 500 hommes bien choisis, bien équipés. Quelque souci que le roi ait eu d'honorer cette arme par le choix de ses chefs, l'institution ne dura pas. En 1522 et 1525, on eut recours seulement aux francs-archers. Mais, en 1534, François I*** ordonna le recrutement régional de sept légions, de 6.000 hommes chacune, ayant à leur tête des colonels et divisées en compagnies de 1.000 hommes commandées par des capitaines (²⁵⁶). Les engagés, dispensés du service de leurs fiefs, s'ils étaient nobles, et d'une partie de la taille, s'ils étaient roturiers, touchaient une solde de 7 livres 10 sous par mois en temps de guerre. En temps de paix, les cadres seuls étaient payés; mais les hommes étaient soumis à des revues régulières et pouvaient servir comme force de police. Les officiers, jusqu'au grade de capitaine, pouvaient sortir des rangs. Un anneau d'or était la récompense des actions d'éclat. L'arme comprit 12.000 arquebusiers et 30.000 piquiers. Sa création entraîna la disparition des francs-archers (²⁵⁷). Les légionnaires furent réorganisés par Henri II (1558) (²⁵⁸) en régiments qui commencèrent à prendre le nom de la province où ils étaient recrutés. L'infanterie gagnait à chaque guerre en importance; beaucoup de gentilshommes combattaient dans ces rangs; son commandement tentait des chefs renommés. Mais on ne pouvait se passer de mercenaires étrangers, de reîtres surtout (²⁵⁹).

La multiplication des armes à feu entraînait une révolution dans l'organisation des corps et la tactique. L'artillerie, depuis la bataille de Crécy, avait fait des progrès. Grâce à Bessonneau, qui en fut le premier « maître général », aux frères Bureau, à L. Giribault, celle de Charles VII était supérieure à celle des Anglais. Ses officiers étaient aussi les meilleurs. Au début du xvie siècle, elle était avec la gendarmerie la principale force de l'armée (²⁶⁰).

(255) Normandie, Picardie, Maine, Anjou, Champagne, Limousin, Guyenne.
(256) *Ord.*, 24 juillet 1534 (Is., t. 12, pp. 390-400). Elles furent levées en Normandie, — Bretagne, — Picardie, — Bourgogne, Champagne et Nivernais, — Dauphiné, Provence, Lyonnais et Auvergne, — Languedoc, — Guyenne.
(257) Supprimés en décembre 1535.
(258) *Ord.*, 22 mars 1558 : le P. Daniel. *Hist. de la milice française*, 1731, t. 2, p. 325 et s. 331 et s. Le fameux baron des Adrets fut alors nommé colonel de la légion Dauphiné, Provence, Lyonnais et Auvergne (24 mars 1558). *Ord.*, 1573 : Fleury, *op. cit.* IV, v, p. 214.
(259) Sur leur indiscipline et leurs exigences : Spont, *loc. cit.*
(260) Le Père Daniel, *op. cit.*, t. 2, p. 337. — *Ord., janc.* 1560 (Is., t. 14. p. 92).

Ces organisations nouvelles n'entraînaient nullement l'abandon du ban et de l'arrière-ban. Des ordonnances continuèrent à prescrire des revues annuelles des contingents féodaux et roturiers (²⁶¹). Compagnies d'ordonnance, francs-archers, légionnaires y étaient en somme puisés, mais n'en étaient qu'une sélection. Leur convocation embrassait, au contraire, toute la nation. Les gentilshommes devaient servir en personne dans la compagnie du bailliage ou de la sénéchaussée de leur domicile, en proportion de l'ensemble de leurs fiefs et, en cas d'inaptitude, se faire remplacer par un homme d'armes à leurs frais; en 1536, on admit à la place un homme de pied et deux arquebusiers. Déjà, une ordonnance de 1454 admettait les nobles, trop pauvres pour s'équiper en gendarme, à combattre parmi les archers ou les coutilliers, même à pied, mais à moindre solde (²⁶²). Les titulaires de rentes inféodées participaient pour leur quote-part au service du fief. Les roturiers devaient répondre à l'arrière-ban dans tous les bailliages où ils étaient taillables; mais bien qu'ils servissent parfois en personne, on inclina à les laisser s'acquitter en argent (²⁶³). L'arrière-ban finit par s'entendre des seuls arrière-vassaux. Commandée par les baillis et les sénéchaux et, à défaut par des chevaliers choisis par le roi ou élus par les tenants fief du ressort, organisée sur le modèle des « bandes » ou des compagnies, c'était une sorte d'armée de réserve sous les ordres d'un capitaine général, qui fut supprimé en 1579 (²⁶⁴).

A mesure que les divers éléments de l'armée augmentèrent et se diversifièrent, le commandement exigea un personnel plus nombreux et plus hiérarchisé. D'une part, les lieutenants généraux et les gouverneurs virent leurs attributions se préciser et croître (²⁶⁵). D'autre part, les corps de troupes ou les armées eurent des chefs spéciaux placés sous les ordres des grands chefs militaires, connétable et maréchaux, capitaines généraux, colonel général de

(261) *Ord.*, 30 janv. 1454 (Is., t. 9, p. 270 et s.). *Ord.*, 3 janv., 1548. *L. P.* annonçant la levée, 20 janv. 1543 (Is., t. 12, p. 846 et s., 855); *Ord.* févr. 1547 (Is., t. 13, p. 40).

(262) De même, *Ord.*, 1545 (Fontanon, *Ord.*, t. 3, p. 61 et s.).

(263) *Ord.*, 3 janv. 1543, art. 1 : « tant de ceux qui serviront en personne comme des roturiers et autres inhabiles au service personnel, qui bailleront argent pour service en leurs places... tant pour les estats des capitaines et officiers des bandes généraux et particuliers que pour la solde des soldats qui se leveront pour lesdits roturiers et inhabiles. » (Is., t. 12, p. 846).

(264) *Ord.*, 3 janv. 1543, art. 7; *Ord.*, févr. 1547, art. 3; *Ord.*, mai 1579, art. 319. (Is., t. 12, p. 842, t. 13, p. 40, t. 14, p. 450).

(265) *Ord.*, 26 juin 1547, mai 1579, art. 317 (Is., t. 13, p. 19; t. 14, p. 450).

l'infanterie, créé par François Ier, colonel général de la cavalerie, grand maître et capitaine général de l'artillerie, etc. Une administration aussi dont les trésoriers et les contrôleurs des guerres, étaient les rouages les plus importants [266].

II. — L'ARMÉE ROYALE AUX XVIIe ET XVIIIe SIÈCLES.

1° Le recrutement et la hiérarchie militaire.

1. *Le recrutement de l'armée régulière.* — L'armée régulière continua de se recruter par engagements individuels en France et à l'étranger ou par capitulations, qui étaient des contrats réglant les engagements des Suisses et des autres corps de troupes étrangères au service du roi [267].

Pour les troupes françaises, la formation et le maintien des régiments ou des compagnies étaient donnés à l'entreprise aux « mestres de camp », plus tard colonels [268], et aux capitaines, qui recevaient commission de lever un certain effectif dans une région déterminée. Pour une somme qui représentait les primes d'engagement aux recrues, les frais de racolage, d'habillement, d'équipement, ces chefs de corps devaient fournir au roi le contingent indiqué. Le roi fournissait ensuite la solde et renouvelait plus ou moins l'habillement [269]. Le racolage, par affiches et boniments, au son du tambour, de sous-officiers, agents du recruteur, donnait lieu à des incidents pittoresques et souvent critiquables, bien qu'il fût soumis à une réglementation minutieuse : nécessité pour la commission de l'attache du gouverneur ou du lieutenant général, contrôle des autorités locales, à qui était remis l'état détaillé des engagements obtenus sur leur territoire, présentation des recrues aux contrôleurs des guerres devant qui les engagements étaient signés et qui pouvaient s'y opposer dans l'intérêt tant des particuliers que du roi [270]. Mais, pour les obtenir, on ne répudiait guère que la violence physique : on y voyait le moyen, en même temps que de recruter l'armée, de purger le

---

[266] *Ord.*, 12 févr. 1566; 13 janv. 1667; 1er juillet 1575 (Is., t. 14, pp. 185, 220, 275).

[267] L. Mention, *L'armée de l'ancien régime*, p. 9.

[268] *Ord.*, 28 juillet 1661 (Is., t. 17, p. 406) donna la qualification de colonels aux mestres de camp, placés dès lors sous les ordres directs du roi, du fait de la suppression du colonel général de l'infanterie : *Ord.*, avril 1643 (Is., t. 16, p. 550).

[269] On opérait à ce sujet des retenues sur la solde : *Ord.*, 5 déc. 1666; 6 févr. 1670 (Is., t. 18, pp. 93, 329).

[270] *Ord.* janv. 1629, art. 307, 309-312, 323 (Is., t. 16, pp. 428 et s.).

pays de ses mauvaises têtes. Les régiments et compagnies ainsi formés étaient soumis à la montre, c'est-à-dire aux revues trimestrielles des commissaires et des contrôleurs des guerres et d'autres agents du roi, qui s'assuraient du bon état et du nombre des effectifs. Mais, grâce à la pratique des « passe-volants », des capitaines percevaient les soldes d'hommes inexistants et en gardaient le montant, malgré les sanctions : peine capitale pour le faux soldat, perte du grade, de la noblesse, parfois peines corporelles pour les officiers fraudeurs [271]. Au besoin, on racolait à l'étranger. A l'intérieur, on faisait la « presse », on ne regardait pas de trop près à la liberté du consentement des engagés. On avait par ces procédés de bons soldats et de mauvais, que la discipline redressait en partie. Mais, en temps de guerre, les désertions étaient nombreuses [272]. Les effectifs de paix étaient rarement « fournis ». Entre deux campagnes, pendant l'hivernage, plus de la moitié des officiers et des soldats allaient en congé [273].

Au xviii° siècle, des règlements fixèrent l'âge, la taille et d'autres conditions requises pour les recrues et interdirent d'engager quiconque pourrait être tenu différemment à servir le roi, miliciens, matelots, etc... Enfin, une ordonnance du 10 décembre 1762 enleva aux capitaines des régiments d'infanterie le recrutement de leurs effectifs que le roi prit à sa charge [274]. On créa trente-trois régiments de recrues portant les noms de leurs villes de garnison et où étaient instruits les hommes engagés dans leurs régions par les recruteurs royaux. L'âge exigé fut de 17 à 40 ans, en temps de paix, de 18 à 50 en cas de guerre. La recrue dut présenter quelque garantie de moralité, s'engager librement devant témoins et prêter serment de fidélité au roi. Mais, en 1768, ces régiments furent supprimés; chaque corps dut procéder à son

(271) Ord., 7 févr. 1661; 27 sept. 1668; 8 févr. 1692; 14 févr. 1692; 27 mars 1760; 25 nov. 1760 (Is., t. 17, p. 392; t. 18, p. 198; t. 20, p. 150; t. 22, pp. 298, 306).

(272) Spanheim, *Relation de la Cour de France en 1690* (éd. Schefer) p. 311, 368. — Ord., 31 mars 1666; 28 oct. 1666; 2 juill. 1716 (Is., t. 18, p. 73, 88; t. 21, p. 120).

(273) Compagnies d'infanterie réduites : Ord., 20 mars 1668; 7 févr. 1670; sept. 1678; Compagnies de cavalerie réduites : Ord., 21 déc. 1678; 24 févr. 1682; 1er mai 1682 (Is., t. 19, pp. 183, 378, 388, 435).

(274) *Ord.* 10 déc. 1762 : « Les capitaines de tous les régiments de l'infanterie française sont à l'avenir déchargés du soin de faire des recrues, l'intention du roi étant de leur faire fournir toutes celles dont ils auront besoin. » Pour compenser les bénéfices qu'ils faisaient à ce trafic leur solde fut portée de 1.700 livres à 2.000.

propre recrutement au moyen d'une « masse de recrues » remise par l'extraordinaire des guerres à sa caisse. L'âge minimum fut arrêté à 16 ans. Les régiments n'arrivant pas à se pourvoir eux-mêmes pouvaient puiser à quatre dépôts établis à Saint-Denis, Tours, Lyon, Toulouse [275].

Depuis 1776, chaque régiment eut sa compagnie de recruteurs, chargés d'aller dans le pays ou aux frontières racoler pour son compte. La recrue devenant rare, on ajouta au système les rengagements des vieux soldats avec hautes payes, que Saint-Germain remplaça par des primes de rengagement ou tout uniment par le maintien dans les rangs de bas officiers ou soldats au-delà du terme de leur engagement, et l'adoption des enfants de ceux-ci par le corps moyennant une solde à partir de l'âge de dix ans.

Le recrutement des corps de troupes étrangères se faisait par traités. Les Cantons suisses louaient des régiments au roi sous la condition d'annuités garanties de diverses façons et de privilèges aux individus au service de la France [276]. Ils traitaient tantôt directement, tantôt par l'intermédiaire d'entrepreneurs substitués, en présentant des capitaines qui juraient fidélité au roi et s'engageaient à tenir à sa disposition une compagnie au complet et en bon état. Ils n'enrôlaient pas que des Suisses, pratique d'abord interdite, finalement tolérée [277]. Des princes allemands faisaient le même métier. Outre la solde des hommes, il fallait leur verser des subsides et des pensions. Ces marchés étaient soumis aux fluctuations de l'offre et de la demande, car la France n'était pas leur seule cliente, et aussi des pressions diplomatiques qu'on pouvait exercer sur les fournisseurs. On imposait à certains alliés de fournir des troupes gratis [278]. Longtemps aussi, des corps de diverses nationalités avaient été recrutés sur place par des recruteurs français; mais, au xviiie siècle, nombre de régiments n'avaient

(275) Ces dépôts étaient affermés : leurs chefs étaient donc substitués aux capitaines et fournissaient, sur demande, des recrues à prix fixe.

(276) Ainsi, en 1650, le traité avec les Suisses prévoit une solde totale de 3.105.986 livres payables en 6 ans et gagées sur la douane de Lyon et de Valence et la ferme des entrées à Paris : *Décl.*, 10 juin 1650. Un édit de déc. 1652 ordonne la coupe de 1.200.000 livres de bois pour la solde des Suisses (Is., t. 17, pp. 220, 306). Des déclarations de 1581, 1634, 1659, exemptaient les Suisses à la solde du roi de tout impôt (Is., t. 17, p. 373).

(277) Une ordonance de 1646 l'interdit. Des lettres du 1er déc. 1696 et de 1763 le tolèrent (Is., t. 20, p. 281; t. 22, p. 393).

(278) Lavisse, *H. de Fr.*, t. 7², p. 239.

plus de ces nationalités que les noms. Français et gens de toutes provenances s'y amalgamaient [279].

II. *Les milices.* — Sous Louis XIII, villes et paroisses avaient dû, pour un temps, fournir des soldats à leurs frais; mais ce n'avait été que des volontaires équipés et soldés par elles. Le règlement du 29 novembre 1688 ordonna la constitution de milices régionales, à raison d'un homme par paroisse ou village important, élu par les habitants entre les hommes non mariés de 20 à 40 ans. En compagnies de 50 hommes sous des officiers choisis par le roi parmi les gentilshommes de la région, les miliciens, soldés par les paroisses en temps de paix, par le roi en campagne, tenus à des exercices hebdomadaires et, sous la peine du fouet, à la résidence, devaient un service de deux ans qui ne pouvait leur être réimposé malgré eux. Libérés, ils étaient exempts de taille les deux premières années de leur mariage [280]. Il fut interdit aux paroisses de leur substituer un volontaire étranger [281]. Une ordonnance du 23 décembre 1691 remplaça l'élection par le tirage au sort entre les jeunes gens, mariés ou non [282]. En 1701, les intendants furent invités à proportionner dans les grands centres le nombre des miliciens à celui des habitants et à veiller à la formation de bataillons de 13 compagnies destinés à être incorporés aux régiments d'infanterie [283]. Puis, les miliciens n'ayant pas rendu les services qu'on en attendait, on permit aux paroisses de se racheter à raison de 75 livres par homme [284]. En fait, aucune uniformité ne fut observée ni quant aux provinces où les levées furent pratiquées, ni quant aux contingents qu'on en exigea. Il en fut ainsi jusqu'à la fin.

Sur une ordonnance du 25 février 1726, les milices furent réorganisées par Paris-Duvernay : d'abord 93 bataillons de 12 compagnies, portés à 123 en 1733 et répartis en 40 régiments; par la suite, augmentation ou diminution, selon les besoins. En 1743,

(279) Les régiments irlandais depuis 1704 étaient composés d'émigrés, fidèles aux Stuarts. Avec le temps, il n'y eut plus d'Irlandais que les officiers : *Ord. créant un régiment irlandais,* 14 mai 1774 (Is., t. 23, p. 561); *Ord. créant un régiment de cavalerie sous le nom de Nassau-Saarbruck,* 26 juill. 1778 (Is., t. 25, p. 370). Cpr. *Ord.,* 15 avril 1780 (Is., t. 26, p. 310).

(280) *Règl.,* 29 nov. 1688; *Ord.,* 6 mars 1689; 28 mars 1690; 1er févr. 1705 (Is., t. 20, pp. 66-70, 73, 103, 461).

(281) Ce qu'elles avaient aussitôt entrepris: *Ord.,* 17 janv. 1689; 26 févr. 1690 (Is., t. 20, pp. 70, 102).

(282) *Ord.,* 23 déc. 1691 (Is., t. 20, p. 142).

(283) *Ord.,* 26 janv. 1701 (Is., t. 20, p. 379).

(284) *Ord.,* 10 sept. 1709 (Is., t. 20, p. 544).

on tira des milices le corps des grenadiers royaux. Des ordonnances de 1771, 1773, 1774, changèrent les noms de milices et de miliciens en ceux de régiments et de soldats provinciaux, et refondirent tout le système. Le nombre à fournir de soldats provinciaux fut réparti inégalement entre les généralités, où les intendants continuaient la répartition entre les villes, bourgs et villages. Dans ces localités, on procédait au tirage au sort entre les hommes, non mariés ou veufs sans enfants, de 18 à 40 ans et aptes au service [285]. Mendiants et vagabonds étaient écartés. Il y avait en outre de nombreuses exemptions : non-seulement les ecclésiastiques, les nobles, les officiers royaux et leurs enfants, tous ceux qui, à quelque titre, servaient ou avaient servi l'Etat, mais encore tous ceux ayant embrassé une profession libérale, tous ceux dont l'activité pouvait être d'une utilité quelconque à l'industrie, au commerce, à l'agriculture, les soutiens de famille, les frères de soldats, étaient dispensés. En plus, le remplacement pour des motifs dont l'intendant était juge, était toléré, mais le substitué devait être agréé de l'administration et n'avoir pas reçu plus de 100 livres [286]. Le roi seul décidait de la levée. En soixante-trois ans, vingt fois elle n'eut pas lieu. On levait par année le sixième du contingent. Or, le temps du service ayant été porté, au cours du xviiie siècle, à six ans et les ordonnances fixant à 60.000 hommes l'armée provinciale, c'était au maximum un effectif de 10.000 hommes. Malgré tout, la milice était très mal supportée par ceux qui y étaient soumis. On l'employait surtout à la garde des villes, à celle des convois, à des travaux auxiliaires, rarement dans les combats. Les chefs militaires comptaient peu sur elle. Quelques-uns et certains civils, tel Turgot, rêvaient de la conscription Saint-Germain eût voulu réduire cette milice à des groupes de cinq cents hommes, en nombre égal à celui des régiments où, en cas de guerre, on eût puisé au fur et à mesure des pertes.

On convoquait encore le ban et l'arrière-ban (1635, 1674, 1693); mais on n'én tirait plus aucun service appréciable [287].

III. *Recrutement des cadres régimentaires. La vénalité des cadres.* — La vénalité n'avait pas envahi toute la hiérarchie militaire. Dans l'armée combattante, on la trouvait à la base des formations : régiments et compagnies. Ayant donné commission de lui fournir à forfait les services d'un régiment ou d'une compagnie,

(285) *Ord.*, 1er déc. 1774; 25 mars 1776 (Is., t. 23, pp. 87-99).
(286) *Ord.*, 1er déc. 1774 : tit. V et VI (*Ibid.*, pp. 93, 97).
(287) *L. P.*, 11 août 1674; *Edit*, janv. 1693 (Is., t. 19, p. 138; t. 20, p. 173)
— D'Avenel, *La noblesse française sous Richelieu*, pp. 55-58.

le roi reconnaissait au colonel ou au capitaine une sorte de propriété, car ceux-ci, ayant affecté un capital à la constitution de leur unité, en tirant profit ou s'y ruinant, désiraient en la cédant rentrer dans tout ou partie de leurs débours. Ils trafiquaient aussi des grades subalternes et toléraient que leurs titulaires les vendissent, sauf l'acceptation des nouveaux officiers par le roi ou le grand maître de l'arme. Ces cessions, ou concordats, étaient souvent sollicitées par des nobles riches ou des fils de la haute bourgeoisie d'officiers pauvres, dans l'espoir de plaire au roi par leurs services et de s'acheminer vers de plus hauts emplois. Aussi ces charges étaient d'autant plus chères que le corps était plus recherché et plus en vue, comme celles de la Maison du roi, des gardes-françaises, etc. On s'associait aussi pour les acheter sous la clause que les copropriétaires s'y succéderaient dans un certain ordre à mesure qu'elles deviendraient vacantes, ou l'on prêtait sur elles en se réservant d'être remboursé sur le prix de la vente. Mais elles n'étaient pas héréditaires (288), ce qui, en principe, les replaçait dans la main du roi à la mort du titulaire. Cependant, l'usage, la condescendance du Prince, les charges qui les grevaient au profit de tiers poussaient à faire que leur valeur vénale ne disparût pas. En fait, elles étaient traitées comme un bien patrimonial et pouvaient, à ce titre, appartenir à des personnes incapables de les remplir : d'où les colonels à la bavette.

Louvois essaya de réagir pour les grades subalternes des compagnies (enseignes, sous-lieutenants, lieutenants) et du cadre régimentaire (majors et lieutenants-colonels) qui furent déclarés gratuits et à la nomination du roi. En outre, on admit qu'un lieutenant devint major sans avoir été capitaine et un lieutenant-colonel brigadier sans avoir été colonel, de sorte que les officiers sans fortune pussent parvenir aux plus hautes charges. Mais toute vénalité ne disparut pas de ces grades; elle s'y rencontre parfois au xviiie siècle.

En 1689, on essaya aussi, avec encore moins de succès, de tarifer les charges de colonels et de capitaines. Ce ne fut qu'en 1759 qu'une ordonnance du 22 mai décida qu'on ne pourrait être colonel qu'après sept ans de service dont cinq comme capitaine et qu'à l'âge de 23 ans au moins (289), et, en 1762, que Choiseul fit

(288) Sauf pour quelques régiments étrangers, Salm, Dillon, Lamarck, dont les femmes mêmes héritaient.

(289) Cette ordonnance du 22 mai 1759 avait été précédée d'une autre dans le même sens du 29 avril 1758. Choiseul et Saint-Germain firent fixer cet âge à 25, puis 29 ans.

décider que les régiments ne porteraient plus les noms de leurs colonels, mais seulement des noms de provinces, et que les officiers nommés par le roi majors et capitaines trésoriers auraient une part directe à l'administration des régiments. C'est cette ordonnance du 10 décembre 1762 qui enleva aux capitaines le recrutement des compagnies. Enfin, un règlement du 25 mars 1776, entreprit la suppression graduelle de la finance des offices militaires qui subirent, à partir de sa publication, pour chaque mutation par mort, démission et autrement, une diminution du quart du prix de leur finance à cette date, de manière qu'à la quatrième mutation, tous ces emplois fussent libérés [290]. En attendant, les héritiers de l'officier décédé devaient recevoir du roi le quart du montant de sa charge [291]. Toute vente de celle-ci ne pouvait plus être consentie qu'avec cette réduction. Aucune nouvelle charge vénale ne pouvait plus être créée. Mais, vu le haut prix de leurs charges, la Maison du roi et les compagnies d'ordonnance étaient exceptées [292]. Malgré les protestations des intéressés, l'opération fut menée à bien. En 1791, tous les régiments d'infanterie française et presque tous ceux de cavalerie étaient revenus aux mains du roi. La Constituante décida de rembourser la finance pour tous les autres.

Mais, qu'ils dussent remplir des charges vénales ou non, on avait toujours jugé nécessaire pour les officiers, une certaine préparation, qui, normalement, résultait d'un stage comme soldat et bas officier dans la Maison du roi ou dans les régiments. Henri IV avait rêvé un moment de faire du collège de La Flèche une école militaire pour les gentilshommes. En 1682, Louvois imagina un certain nombre de *compagnies de cadets* réparties dans les places du Nord et de l'Est : les intendants y acceptèrent des gens de tout âge et de toute condition, et le résultat les fit abandonner [293]. Un édit de 1751 créa une école militaire à Vincennes pour les gentilshommes pauvres et orphelins, à l'entrée de laquelle étaient exigés quatre quartiers de noblesse

---

(290) *Ord.*, 25 mars 1776 (Is., t. 23, pp. 447 et s.).

(291) *Ibid.*, art. 3 « Et pour cet effet, S. M. fera expédier à l'officier sur lequel devra porter la première réduction un brevet de retenue des trois quarts du prix auquel son emploi aura été fixé; à celui qui le remplacera un brevet de retenue de moitié, et ainsi en diminuant jusqu'à l'entière exécution. »

(292) Et aussi les régiments étrangers.

(293) Des tentatives analogues dans la première partie du xviii⁰ siècle échouèrent : Mention, *Le comte de Saint-Germain*, p. 53 et s.

et l'âge de quatorze ans (294). Ce fut un collège luxueux sous la direction de Paris-Duvernay où l'on ne poussait pas très loin les études militaires et dont les élèves pour les hauts grades étaient handicapés par les stagiaires de la Maison du roi. Pour ouvrir des voies plus larges aux gentilshommes sans fortune, un règlement du 28 mars 1776 décida que deux collèges tenus en province par des religieux devraient recevoir parmi leurs élèves des boursiers du roi âgés d'au moins huit à neuf ans et ayant fait preuve des quatre quartiers (295). Ils sortaient de là à quinze ans pour aller dans les régiments où, tout en étant traités avec faveur, ils passaient par tous les grades inférieurs (296). L'école de Paris devint alors une sorte d'école militaire supérieure avec élèves payants et boursiers, qui entraient directement dans l'armée comme sous-lieutenants (297). Elle fut supprimée en 1787.

La préoccupation qu'on avait, dans la seconde moitié du xviiie siècle, d'assurer des débouchés à la noblesse pauvre et de lui réserver l'armée, fit décider en 1788 que les officiers non nobles ne dépasseraient plus le grade de capitaine (298).

2° L'organisation de l'armée.

I. *Le haut commandement.* — Le chef réel de l'armée était le roi. Il n'existait pas d'État-major général, mais seulement quelques services pour les étapes et le logement des troupes sous les ordres du maréchal général des logis de l'armée. Le connétable, dont les prérogatives, attachées à son office, disparaissaient depuis longtemps sous la commission de lieutenant général du roi

(294) *Edit*, janv. 1751 (Is., t. 22, p. 242); *Décl.*, 24 août 1760; *Ord.*, 7 sept. 1770 (Is., t. 22, pp. 303, 304).

(295) *Règl.*, 28 mars 1776 (Is., t. 23, p. 505). — Mention, *op. cit.*, p. 64 et s. On sait que Napoléon fut élevé, conformément à ce règlement, au collège de Brienne : Chuquet, *La jeunesse de Napoléon. Brienne*, p. 83 et s., 87 et s.

(296) *Règl.*, 28 mars 1776, tit. I, art. 5; tit. II, art. 7; tit. IV (Is., t. 23, pp. 506, 511, 514 et s.). *Décl.*, 1er févr., 1776 (Is., t. 23, p. 307). Ils y étaient à peu près comme nos E. O. R. : *Règl.*, 25 mars 1776 (*Ibid.*, p. 504). On en forma vite des compagnies spéciales : *Règl.*, 18 oct. 1777; fév. 1778 (*Ibid.*, pp. 143, 223).

(297) Comme il leur fallait quatre quartiers de noblesse pour être élèves de l'École, et qu'eux seuls étaient officiers sans passer par les rangs, on en conclut que les quartiers étaient exigés pour être fait directement sous-lieutenant : Tuetey, *Les officiers sous l'anc. régime*, pp. 187 et s., 198 et s. (*Décision* du 22 mai 1751, qui est plutôt une constatation).

(298) *Ord.*, 17 mars 1788 (Is., t. 28, p. 511). Hartmann, *Les officiers de l'armée royale à la veille de la Révolution* (RH., t. 100, p. 249-282).

dont on avait eu soin de le munir, avait disparu en 1629 (²⁹⁹).
Le maréchalat était devenu une dignité dont les titulaires, en
nombre variable, étaient membres joints. Ils apparaissaient comme
de grands inspecteurs à attributions à peu près nulles (³⁰⁰); en temps
de guerre, leurs pouvoirs de commandement dépendaient d'une
commission. Alors, pour ramener l'unité de direction, l'un d'eux
recevait parfois le titre de maréchal général des camps et armées
du roi, ainsi Turenne (1672), Villars (1733) Maurice de Saxe (1747),
non sans risque de soulever les protestations de ses collègues (³⁰¹).

Les colonels généraux étaient à la fois commandants et directeurs des services de leurs armes. Police, discipline, levée des
troupes, nominations des officiers, mouvements des corps, justice
militaire, relevaient d'eux. Sous Louis XII avait apparu le colonel
général de la cavalerie légère, auquel Louis XIV enleva une partie
de ses attributions à partir de 1675 et à côté duquel furent créés
tardivement les colonels généraux des dragons en 1669 et des
hussards en 1778. Leurs attributions administratives étaient finalement réduites au droit de proposition pour certains grades et
à la nécessité pour les officiers de l'arme de demander leur attache,
ce qui donnait lieu à un profit (³⁰²). L'histoire du colonel général
de l'infanterie française fut plus mouvementée. Succédant en 1542
aux capitaines généraux des « bandes », créé pour diminuer et suppléer le connétable, il vit sa charge un moment dédoublée sous
Henri II, mais, pendant le xviᵉ et une partie du xviiᵉ siècle, garda
la haute main sur toute l'infanterie française (³⁰³). Erigée en
office de la Couronne, cette charge devint dangereuse aux mains du
duc d'Epernon, dont le fils en avait obtenu la survivance (³⁰⁴). Aussi
Henri III voulut que les gens de pied lui prêtassent personnellement le serment de fidélité et Henri IV reprit la nomination aux
principaux grades (³⁰⁵). Supprimé par Louis XIII mourant, mais
aussitôt rétabli, le colonel général de l'infanterie le fut définiti-

(299) Voy. ci-dessus, p. 462.
(300) Voy. le serment des maréchaux : le P. Daniel, *Hist. de la milice
françoise*, t. 2, p. 19.
(301) Pinard, *Chronologie historique militaire*, t. 2, pp. 7, 71-83. Sur leur
juridiction : ci-dessus p. 462.
(302) Le P. Daniel, *op. cit.*, t. 2, pp. 445 et s., 505.
(303) Pinard, *op. cit.*, t. 3, 507 et s., 582; le P. Daniel, *op. cit.*, t. 2,
p. 264. P. Viollet, *Le colonel général de l'infanterie de France (Journ. des
Sav.*, 1909, p. 485).
(304) Viollet, *Le roi et ses ministres*, p. 343.
(305) Le P. Daniel, *op. cit.*, t. 2, p. 264. André, *Michel Le Tellier et l'organisation de l'armée monarchique*, 1906.

vement le 25 juillet 1661, « parce que, disait Louis XIV, sa fonction me sembloit trop étendue et que je ne pensai pas qu'un souverain pût donner à un particulier le droit de porter ses ordres et de se faire des créatures dans tous les corps qui font la principale force de son Etat » [306]. Avec des pouvoirs très amoindris et réduite presque à un titre honorifique, la charge reparut de 1721 à 1730 et de 1780 à 1791 [307].

Les troupes suisses servant en France étaient placées sous les ordres du colonel général des Suisses et Grisons [307].

Le grand maître et capitaine général de l'artillerie, devenu officier de la Couronne sous Henri IV, était le directeur de l'armè, en avait l'administration et les nominations, et relevait directement du roi à qui il prêtait serment [309]. A partir de 1703, le roi garda la nomination à tous les nouveaux emplois et établit des lieutenants généraux de l'artillerie dans les provinces [310]. Par Lettres patentes du 8 décembre 1755, il prit lui-même la direction de l'artillerie et du génie réunis, et le grand maître de l'artillerie fut supprimé. Sous Louis XVI, tous les services de l'artillerie furent réorganisés et portés au dernier point de perfection pour l'époque par Gribeauval, premier inspecteur général du Corps royal de l'artillerie, commandant en chef du corps des mineurs, ayant sous sa direction neuf inspecteurs généraux et sept écoles d'artillerie [311]. Le génie était représenté par le *Corps des ingénieurs du roi*, remontant au xvie siècle et longtemps sous la direction d'intendants. L'ayant placé, en 1677, sous celle de Clerville, en 1678 sous celle de Vauban, Louis XIV mit à sa tête un directeur général des fortifications des places de terre et de mer (1692), travaillant directement avec le roi [312]. En 1743, le service des fortifications fut divisé entre la guerre et la marine. Une ordonnance de 1744 refondit le système et, reprise en 1759 par le duc de Belle-Isle, elle contribua à créer un *Corps royal du génie*, qui fut le premier de l'Europe. Il y eut une école du génie à Mézières [313].

---

(306) *Mémoires de Louis XIV*, éd. Dreyss, t. 2, p. 401.

(307) Le P. Daniel, *op. cit.*, t. 1, p. 285 et s. André, *op. cit.*, pp. 155, 162.

(308) On connut aussi des *colonels généraux* des Anglais, des Corses, des Ecossais, des Polonais, des Allemands : Pinard, *op. cit.*, t. 3, pp. 559-596.

(309) Le P. Daniel, *op. cit.*, t. 2, p. 526 et s.

(310) Le P. Daniel, *op. cit.*, t. 2, p. 529 et s.

(311) Mention, *L'armée de l'ancien régime*, p. 174-188.

(312) Augoyat, *Aperçu historique sur les fortifications*, t. 1, p. 173 et s.

(313) *Ibid.*, t. 2, p. 16-20, 261-264, 284.

Des gouverneurs de province commandaient les troupes cantonnées dans les circonscriptions territoriales appelées gouvernements, que l'ordonnance de Blois (1579) avait ramenées à douze, mais dont le nombre augmenta aux xvn^e et xviiie siècles, soit par acquisitions de territoires, soit par dédoublement des gouvernements anciens [314]. Le danger de si grands personnages, investis de pouvoirs presque illimités, porta l'autorité royale à les réduire à leurs seules attributions militaires, à la défense de leur gouvernement et au commandement de leurs troupes en cas de guerre. Encore plusieurs gouvernements furent-ils confiés à des membres de la famille royale pour plus de garantie et en vertu de commissions triennales, mais renouvelables. Les attributions d'ordre administratif, financier, même judiciaire, concernant l'armée passèrent aux intendants de justice, police et finance [315]. Dans chaque gouvernement, un ou plusieurs lieutenants généraux et des lieutenants du roi étaient subordonnés au gouverneur, nominalement au moins, car les lieutenants généraux commandaient les troupes sans prendre ses ordres et correspondaient directement avec les secrétaires d'Etat [316]. Au xviiie siècle, leur sort fut lié à celui des gouverneurs : une ordonnance du 25 juin 1750, interdit aux uns et aux autres d'aller exercer leurs charges, devenues ainsi des titres nus, dans leurs départements sans une commission expresse du roi [317].

A eux se substituaient peu à peu les commandants en chef. De tout temps, le roi avait donné, quand il le jugeait bon, des commissions de commandants d'armée. Ces commandants en chef avaient pu avoir sous leurs ordres, depuis 1626, des lieutenants généraux, servant dans les mêmes conditions, et avaient toujours des maréchaux de camp [318]. Louvois juxtaposa, dans quelques provinces, des commandants en chef aux gouverneurs. L'usage s'en étendit. L'ordonnance de 1750 leur donna toutes les attributions des gouverneurs et des lieutenants généraux en l'absence de ceux-ci, qui, lorsqu'ils étaient de tout repos, recevaient parfois la commission de commandant en chef, d'ordinaire restreinte

<hr>

(314) Voy. ci-dessus p. 559 et s., 563 et s. — *Ord.*, Blois, 1579, art. 271 (Is., t. 14, p. 441). En 1776, il y en avait 39.

(315) Voy. ci-dessus p. 581 et s.

(316) Ces lieutenants apparaissent dans la première partie du xviie siècle : le P. Daniel, *op. cit.*, t. 2, p. 19 et s.; Pinard, *op. cit.*, t. 4, p. 6 et s. Avant le titre avait désigné les généraux commandant à la place du roi.

(317) *Ord.*, 25 juin 1750 (B. *Ste-Geneviève*, L. f° 81, supp., n° 936).

(318) Le P. Daniel, *op. cit.*, t. 2, p. 27 et s.

aux seuls gens de guerre (319). Les commandants en chef, obligés à une résidence d'au moins trois mois, avaient des commandants en second. Une ordonnance du 17 mars 1788 fixa à dix-sept les commandements en chef.

Au-dessus des mestres de camp, devenus les colonels des régiments, Le Tellier avait fait créer en 1657 des brigadiers de cavalerie et, en 1668, des brigadiers d'infanterie, qui groupaient sous leur commandement deux ou plusieurs corps de troupes de la même arme, selon les dispositions du général en chef, et servaient de liaison entre les lieutenants généraux et les corps (320).

Il existait aussi un nombre important de gouverneurs ou capitaines gouverneurs de places fortes, ou qualifiées telles : dans ce dernier cas, la charge constituait une sorte de retraite.

Louvois, pour éviter les rivalités entre officiers de même grade, imagina l' « ordre du tableau ». Auparavant, les généraux de même grade dans une armée roulaient entre eux, c'est-à-dire commandaient à tour de rôle; dès lors le commandement appartint au plus ancien. Ce principe fut étendu à toute la hiérarchie. (321)

II. *L'administration*. — L'administration des armées, d'abord répartie entre les chefs des diverses armes, colonels-généraux, grand maître de l'artillerie, etc..., fut peu à peu concentrée, par la suppression ou la diminution de ces charges, aux mains du secrétaire d'Etat de la guerre. Mais, depuis le xve et le xvie siècle, le roi avait des *commissaires et contrôleurs ordinaires des guerres* chargés de procéder aux montres et revues, de tenir à jour un état des corps, sur le vu desquels seulement les trésoriers des guerres faisaient remettre par les payeurs le montant des soldes et autres sommes dues aux mestres de camp et aux capitaines; chargés aussi de s'assurer du paiement de la solde par ceux-ci aux soldats, de « rebuter » les recrues ou les hommes inaptes ou devenus tels, de recevoir les plaintes des civils contre les officiers et soldats et d'une partie du contentieux (322). D'abord

---

(319) *Ord.*, 25 juin 1750, art. 2. *Ord.*, 1er mai 1785 et 1er nov. 1766 (B. Ste Geneviève L. fo 81, supp., no 1395, 1441). Dareste, *Nouvelles études d'histoire du droit*, 3e sér., pp. 327 et s.

(320) Pinard, *op. cit.*, t. 8, p. 4 et s. André, *Michel Le Tellier et l'org. de l'armée monarchique*, p. 142 et s.

(321) *Ord.*, 10 oct. 1661; 1er août 1675 (Is., t. 18, p. 12; t. 19, p. 157).

(322) *Règl.*, 20 janv. 1515, art. 20; 20 juin 1532; *Ord.*, 18 oct. 1533; 12 nov. 1549, art. 33, 39; janv. 1560; févr. 1574, art. 25, 44; mai 1579 (Is., t. 12, pp. 7, 373, 384; t. 13, pp. 129, 130; t. 14, pp. 92, 436); Ord. 9 févr. 1584, art. 16, 41, 48 (Fontanon, t. 3, pp. 132, 136).

emprunté à l'armée, ce personnel fut, au xviiᵉ siècle, exclusivement de robe : les charges en devinrent vénales et même héréditaires jusqu'en 1767, où elles ne furent plus que viagères, mais purent néanmoins être valablement cédées, sauf dans les quarante jours précédant la mort du titulaire. [323]. Les pouvoirs des commissaires des guerres allèrent toujours croissant : contrôle des engagements individuels, sanctions contre les officiers et les passe-volants, déplacements des troupes, étapes, exécution des marchés, inspection des casernes et hôpitaux, leur étaient confiés [324]. En 1746, ils furent incorporés à l'armée régulière, assimilés aux capitaines. Tant que dura la vénalité des offices militaires, c'est par eux que « le roi s'est immiscé dans tous les détails du recrutement, de l'administration, de la police intérieure des corps ». Ils ont contraint les officiers au respect des ordonnances, assujetti les troupes à des règles uniformes, noué patiemment les fils qui ont rattaché l'armée au roi [325]. Pourtant, depuis Henri IV, se développa une institution concurrente avec un *surintendant* et des *contrôleurs généraux des vivres et des munitions*, puis des intendants de justice, police, vivres et finances aux armées qui n'étaient parfois que les intendants des généralités voisines du théâtre de la guerre [326]. Peut-être, par cette voie, furent constituées les attributions des intendants des généralités en ce qui touche le militaire : surveillance du recrutement, levée des milices et leur administration, ustensile et casernement des troupes, revues de la maréchaussée, juridiction criminelle et administrative, etc. [327].

A des époques intermittentes, il y eut aussi des *inspecteurs généraux*, mais bien que leurs pouvoirs aient été très larges, il semble que leur mission fût de provoquer des réformes et de faire réaliser des progrès dans le domaine de la technique militaire. On en vit au temps de Louvois, qui avaient

(323) *Edit*, déc. 1691 (Is., t. 20, p. 143).

(324) *Ord.*, 1ᵉʳ fév. 1679; *Edit*, août 1692; *A. C.*, 5 déc. 1693 (Is., t. 19, p. 184, t. 20, pp. 168, 203). Fleury, *loc. cit.;* Mention, *op. cit.*, pp. 242 et s.

(325) Mention, *op. cit.*, p. 247. Un édit d'avril 1782 supprima les contrôleurs ordinaires des guerres (Is., t. 27, p. 178).

(326) Hanotaux, *Origines de l'institution des intendants*, pp. 19, 43, 179 et s. Caron, *Michel Le Tellier, son administration comme intendant d'armée en Piémont*, pp. xii et s.

(327) Voy. ci-dessus p. 581 et s. — De Boislisle, *Mém. du duc de Saint-Simon*, t. 2; *App.*, p. 163; t. 12, p. 463, note 4; d'Arbois de Jubainville, *L'adm. des intendants*, p. 73 et s.

un rôle analogue à celui des intendants aux armées, (328).
Sous Louis XV et Louis XVI on les trouve préoccupés de
l'organisation des troupes (329).

Plusieurs caisses pourvoyaient aux dépenses militaires : l'*ordinaire des guerres* à la Maison du roi, aux Suisses, au cadre des
officiers généraux; l'*extraordinaire des guerres*, à l'infanterie et
à la cavalerie, aux places, aux garnisons, à la manutention, survivance du temps où ces dernières dépenses n'avaient lieu qu'en
temps de guerre. L'artillerie avait sa caisse particulière. Le reste
des dépenses était prélevé sur le budget général. Les offices des
trésoriers des guerres étaient vénaux (330).

Longtemps, les vivres, les fourrages, le train des équipages,
furent donnés à l'entreprise : des marchés étaient passés à des
financiers ou gens de cour, qui les passaient à des sous-traitants.
Ce système déplorable, qu'on a revu souvent depuis, conduisit
Choiseul, puis le comte de Saint-Germain, à adopter le système
de la régie, mais sans qu'ils aient pu échapper totalement aux
gabegies des fournisseurs et des financiers. Des ordonnances réglaient minutieusement le service des bagages et des étapes; mais
leur minutie même les rendait vaines en partie dans la pratique.

III. *Les corps de troupes.* — L'armée royale était formée d'un
assemblage de corps, créés successivement, et entre lesquels s'observait une certaine hiérarchie.

En tête, la *Maison du roi*. A partir de Charles VII, chaque roi
avait choisi une compagnie d'ordonnance pour lui servir de garde
à la guerre et dont il était le capitaine : c'était la « compagnie
cornette blanche ». D'abord une compagnie écossaise y fut jointe,
puis par ce roi et ses successeurs quatre compagnies d'archers,
origine des gardes du corps (331). Sous Henri II, gentilshommes
domestiques et officiers commensaux constituèrent une troupe suffisante pour l'escorte et la garde du roi et furent la « cornette
blanche royale ». Henri IV remit dans la garde une compagnie de
gendarmes français, une de chevau-légers, et Louis XIII y intro-

(328) Inspecteurs généraux des vivres et munitions : *Édit*, mai 1703;
Directeurs généraux des vivres, étapes, fourrages : *Édit*, nov. 1703 (Is., t. 19,
pp. 431, 437).

(329) Mention, *Le comte de Saint-Germain et ses réformes*, p. 170 et s.

(330) *A. C.*, 11 nov. 1528; *Edit*, mai 1635; *A. C.*, 28 sept. 1715 (Is., t. 12,
p. 305; t. 16, p. 444; t. 21 p. 43).

(331) La seconde par Louis XI (1479), la troisième par Louis XII (1514),
la quatrième par François Ier (1548).

duisit une compagnie de carabins, par la suite mousquetaires [332].
La Maison du roi fut finalement établie sous Louis XIV, par l'union
de tous les corps de l'armée que ses prédécesseurs s'étaient donnés pour gardes [333] : gardes du corps dont la compagnie écossaise
occupait le premier rang; gendarmes de Sa Majesté, qui eurent la
préséance sur les précédents jusqu'en 1665; chevau-légers, que
le roi et leurs officiers traitaient de « compagnons » en souvenir de
leur fidélité à Henri IV; mousquetaires noirs et gris, distingués
par la couleur de leurs chevaux; grenadiers à cheval tirés du corps
des grenadiers à pied en 1674; Cent-Suisses, créés par Charles VIII
(1496); gardes de la manche, sortis avec leur chef, le « premier
homme d'armes de France », de la première compagnie des gardes
du corps; gardes de la porte; cent gentilshommes à bec de corbin.
Presque tous les gens qui servaient dans la Maison du roi étaient
nobles ou ce service les anoblissait plus ou moins vite; ils étaient
commensaux du roi et jouissaient du privilège de *committimus* [334].
Les capitaines avaient rang d'officiers généraux, les officiers de
colonels, les bas officiers et soldats d'officiers, dans la plupart
des compagnies. Les chefs de celles-ci prêtaient serment et obéissaient directement au roi, sous le contrôle de qui ils recrutaient et
administraient leurs effectifs, nommaient aux grades, distribuaient
les faveurs sans passer par le secrétaire d'Etat de la guerre. Les
charges de la Maison atteignaient des prix extrêmement élevés,
variables suivant les compagnies [335]. Les places de simples
gardes n'étaient pas vénales; en fait, on en trafiquait, malgré les
ordonnances. La Maison du roi était une cavalerie d'élite et une
pépinière d'officiers. Ses exploits ne se comptaient plus. « On ne
peut battre la Maison du roi, disait Marlborough; il faut la détruire. » Les idées égalitaires et de prétendues économies la détrui-
sirent en partie. Appelée, dès 1771, la *Maison militaire*, elle ne
survécut, très réduite, aux réformes de Saint-Germain, que par les
difficultés de rembourser les charges des gardes du corps et des
gendarmes; ceux-ci et les chevau-légers furent réduits de plus
de moitié; mousquetaires et grenadiers disparurent.

(332) Beneton de Peyrins, *Dissertation sur la Maison militaire des rois de
France* (Coll. Leber, t. 7, pp. 135-147).

(333) *Ord.*, 6 mai 1667. Piganiol de la Force, *Sur la garde des rois de
France* (*Ibid.*, p. 151 et s.)

(334) Mention, *L'armée de l'ancien régime*, p. 142.

(335) Mention, *op. cit.*, p. 114-119. Les charges de capitaines coûtaient
de 150.000 à 180.000 livres, celles de sous-lieutenants, 100.000 livres, celles
de cornettes de 50.000 à 65.000 livres environ. Elles avaient plus que doublé
à la fin du xviiie siècle.

La cavalerie conservait le prestige de succéder à l'armée féodale et d'être restée longtemps le corps essentiel de bataille. Les soldats y étaient appelés « maîtres » et touchaient une solde supérieure à celle des fantassins. Les charges en étaient plus recherchées et plus chères. La gendarmerie y avait le pas comme remontant aux compagnies d'ordonnance : ses 10 compagnies avaient pour capitaines le roi, la reine, le dauphin, ou les princes du sang et étaient incluses dans leurs gardes. Les dragons, qui dataient de Henri III, avaient été d'abord des fantassins montés, que leurs chevaux transportaient plus rapidement là où besoin était. Ils combattaient à pied et étaient munis de l'outillage pour le service des tranchées. Sous Louis XIV, ils finirent par être comptés dans la cavalerie légère. Le nombre des régiments, dès lors, augmenta (336). Vers le même temps, les carabiniers étaient deux cavaliers par compagnie, armés de carabines; puis on les en retira pour former des compagnies distinctes, déjà au nombre de 107 et constituant une brigade à la fin du règne de Louis XIV (337). Les hussards, empruntés à l'armée hongroise, au xviiie siècle eurent finalement 4 régiments portant le nom de leurs colonels. En 1789, il restait 62 régiments de cavalerie.

Dans l'infanterie, la préséance appartenait au régiment des *gardes françaises*, créé par Charles IX (1563) et qui jouissait de presque tous les privilèges et avantages de la Maison du roi. Son colonel ne relevait que du roi; tout ce qui intéressait le corps ne passait que par ses mains (338). Le prix des charges y restait élevé; les bas officiers y étaient élus par leurs pairs. Le corps ne se recrutait que parmi les Français de France, et surtout à Paris. Les soldats pouvaient être mariés et exercer un métier. L'effectif comprit jusqu'à 33 compagnies de 130 hommes sans compter les officiers, parmi lesquels les capitaines avaient rang de généraux ou de colonels. Après venaient les *gardes suisses*, créés en 1616, avec 12 compagnies, recrutées dans 12 cantons différents. Ils relevaient directement du roi par l'intermédiaire de leur chef, le colonel général des Suisses et Grisons (339). L'ensemble de l'infanterie française s'était organisée de Henri IV à Louis XIV qui en avait, en 1670, 51 régiments entre lesquels il régla la préséance. Après les gardes françaises et suisses venaient : 1° Les « Vieux », régiments les

(336) Il y avait 2 régiments de dragons en 1669, 14 en 1678, 24 en 1776.
(337) Mention, *op. cit.*, p. 146.
(338) *Ibid.*, p. 154.
(339) Leurs capitulations stipulaient qu'on ne les employerait ni contre l'Allemagne, ni contre l'Italie, ni contre l'Espagne.

plus anciens, sórtis des « bandes » du début du xvi° siècle, et portant
des noms de provinces (Picardie, Piémont, Champagne, Navarre,
Normandie, La Marine); 2° les « Petits Vieux », plus récents, mais
toujours classés par ancienneté (Rambure, Castelnau, Auvergne,
Sault, Bandeville, Saint-Vallier); 3° les régiments de création
récente portant le nom du colonel en exercice. Avec Choiseul, ces
appellations disparurent et on y substitua celles des régions où les
régiments étaient recrutés; puis on inclina vers le système du nu-
mérotage. Au début les régiments étaient très diversement composés; on s'efforça d'unifier tant le nombre des compagnies que la composition de celles-ci. Les grenadiers, introduits
dans les compagnies en 1661, furent réunis en compagnies distinctes, de sorte qu'après qu'elles eurent formé un régiment séparé
de 1749 à 1771, il y eût par bataillon 8 compagnies de fusiliers
et une de grenadiers (1775). Longtemps ces troupes se dispersèrent
en temps de paix; officiers et soldats allaient en congé. Choiseul
s'appliqua à maintenir des cadres sérieux, prêts à ressaisir les
rappelés à la moindre alerte ([340]). Enfin l'infanterie se complétait
des régiments étrangers; mais, vers la fin du xviiie siècle, plusieurs
d'entre eux n'avaient plus d'étrangers que le nom, étant recrutés
en grande partie de Français sous des officiers français.

Jusqu'à la fin du xviie siècle, l'artillerie ne fut guère qu'une
entreprise civile représentée, sous la direction du grand maître,
par des commissaires provinciaux et ordinaires, à laquelle la
cavalerie prêtait des escortes et l'infanterie des manœuvres. A
partir de 1671, apparurent successivement plusieurs compagnies de
canonniers; à partir de 1676, une autre série de bombardiers, auprès desquelles on détachait dans les combats des fusiliers pour
la garde des canons ([341]). En 1684, elles formaient déjà un régiment
qui devint, en 1720, le *Royal-Artillerie*, corps complexe de compagnies de canonniers, de mineurs, de sapeurs, désormais assimilés
à l'infanterie, bien que les charges d'officiers n'y fussent soumises
ni à la vénalité, ni à l'ancienneté ([342]). Gribeauval distingua entre
l'artillerie de siège et celle de campagne; son système de pièces

(340) Ci-dessus, p. 762.
(341) Au xvi° siècle, on utilisait 6 calibres de canon; il y en avait 17 en
1663. L'ordonnance du 7 oct. 1732 en adopta seulement 5 : de 24, 16, 12, 8, 4.
(342) Une ordonnance de 1729 décidait que « aucun subalterne, quelque
ancienneté qu'il ait, ne pourra espérer de monter à un nouveau grade qu'il
n'ait l'intelligence et la capacité convenables aux différents exercices et
pratiques pour le service de l'artillerie ». On exigeait quatre quartiers de
noblesse, sauf des fils d'officiers, et un stage d'école.

légères et rapides fut, il est vrai, un moment « culbuté », mais l'ordonnance du 3 novembre 1776 reprit son œuvre et la compléta. Le *Corps royal d'artillerie* comprit dès lors 7 régiments à 2 bataillons, 9 compagnies d'ouvriers assimilés, mais travaillant en temps de paix dans les arsenaux et 6 compagnies de mineurs (343). En dehors des écoles destinées au recrutement des officiers, des cours professionnels étaient faits dans les régiments aux sergents et aux soldats.

Si Vauban avait fait intégrer dans l'armée le corps des ingénieurs et si l'ordonnance de 1744 les avait assimilés, quant aux grades, aux officiers combattants, ils n'avaient pas de troupes. Leur personnel leur était fourni par l'artillerie. Vallière avait encore contribué à la réunion des deux services (1755). De nouveau séparé en 1759, un corps nombreux d'ingénieurs, réparti en 20 directions, restait sans troupes. Ni vénalité, ni ancienneté; l'avancement y dépendait des capacités révélées à l'école de Mézières et au cours de stages dans les diverses armes. C'était comme l'artillerie un « corps à talents ». Un régiment de pionniers, créé en 1776, eut ses cadres spéciaux et ne fut pas mis sous ses ordres.

§ 3. — La Marine.

I. — LA MARINE FRANÇAISE JUSQU'A RICHELIEU.

Jusqu'à la fin du xiii° siècle, les rois de France ne disposaient pas de forces maritimes permanentes. En cas de guerre sur mer ou d'expédition comme la croisade, ils constituaient de bateaux achetés, loués ou réquisitionnés, une flotte momentanée, sous un chef (*admiraldus navium* ou *navigii regis*), qui l'était aussi. Pour les transports, ils étaient, comme les autres souverains, tributaires des Génois ou des Vénitiens. Philippe le Bel eut le premier une cinquantaine de nefs réparties entre Calais, Rouen et La Rochelle, qui servaient à la police des côtes et dont le centre de radoub et de ravitaillement était au Clos des Galées, en face de Rouen. Au xiv° siècle, cette flotte s'augmentait considérablement à l'occasion, toujours par des réquisitions et des embargos dans les ports du domaine royal où une population de marins fournissait des équipages, ou d'escadres amenées par des chefs étrangers, comme Doria, Grimaldi, Barbavera sous Philippe VI. Les frais

____

(343) En tout 12.000 hommes et 900 officiers.

étaient couverts par l' « obole de la mer », levée dans les régions maritimes (344).

Sous Charles V, on y joignit un commencement d'organisation des cadres : il y eut un amiral de la mer, un peu plus tard amiral de France (345), des vice-amiraux, qui étaient ses lieutenants généraux, des capitaines de la mer et parallèlement une sorte de hiérarchie d'officiers mariniers (346). En 1377, on comptait 35 vaisseaux de guerre, et un traité de 1372 assura pour près d'un siècle (1372-1461) à la France l'appui de la marine des rois de Castille. Mais les seigneuries, qui tenaient encore la plus grande partie du littoral, avaient leurs amirautés particulières qui n'étaient souvent qu'un état-major; plusieurs de ces provinces les gardèrent même après leur rattachement à la Couronne (347). Au début du xvie siècle, à côté de l'amiral de France (Picardie, Normandie), il y avait l'amiral de Bretagne, créé vers 1350, l'amiral de Guyenne et Saintonge, l'amiral des mers du Levant, grand sénéchal, puis gouverneur de la Provence (les charges étant liées) qui allait être en conflit presque continuel avec le capitaine des galères.

Le pouvoir royal, détourné trop souvent de la marine par des préoccupations plus pressantes au cours du xvie siècle, dirigea cependant ses efforts vers : 1° l'unification de l'amirauté dans des édits de 1526, février 1544 et avril 1554, mais sans résultat définitif, qui ne fut atteint que par Richelieu; pour le moment, au contraire, à la faveur des troubles, on vit surgir des amirautés locales, telles que celles du Havre, de Brest, de Brouage, de Belle-Isle (348); 2° la réglementation plus rigoureuse de la course, en y mettant pour conditions l'obtention de Lettres de l'amiral et un armement ou outillage suffisant pour la faire utilement (349); 3° une extension et une précision plus grandes de la juridiction de l'amirauté plaçant sous le contrôle de l'amiral tous les na-

(344) De La Roncière, *Hist. de la marine française*, t. 1, 1899, p. 185 et *L'invasion anglaise sous Charles VI* (RQH., 1900, pp. 56-87). Dufourmantelle, *La marine en France au commencement de la guerre de Cent ans*, 1878.

(345) Voy. ci-dessus, p. 463 et s. — *L. P.*, 1322 (Is., t. 3, p. 309).

(346) *Ord.*, 7 déc. 1400; 2 oct. 1480 (Is., t. 6, p. 842; t. 10, p. 825).

(347) De La Roncière, *op. cit.*, p. 191.

(348) De La Roncière, *op. cit.*, t. 2, pp. 444-453; t. 4, pp. 563-570, Bourde de la Rogerie, *Origine et organisation des sièges d'Amirauté établis en Bretagne*, pp. 2-6. En 1526, l'Amirauté de Bretagne avait été théoriquement réunie à celle de France; en fait un vice-amiral en exerça les fonctions en toute indépendance, ou, du moins, plus gêné par le gouverneur ou le Parlement de Rennes, que par l'amiral de France.

(349) *Edit.*, juillet 1517; février 1543 (Is., t. 12, pp. 137, 854).

vires armés en guerre ou en marchandises, qui devaient en arborer le pavois (350); 4° une réorganisation du service des galères et de la juridiction du capitaine des galères (351).

Il n'est pas d'institution qui exige plus que la marine une continuité de plan et d'efforts. Les époques troublées lui sont peu favorables. La seconde partie du XVIe siècle fut de ce genre. Les Coligny, qui se succédèrent dans la charge d'amiral, étaient des amiraux sans flotte, et il ne paraît pas qu'ils en aient été autrement préoccupés. La réunion des Amirautés de France, de Bretagne, de Guyenne et de la vice-royauté de la Nouvelle-France, aux mains d'Henri de Montmorency (352), incita celui-ci à entreprendre le relèvement de nos forces navales avec le concours d'un Conseil de six anciens capitaines de marine, d'un secrétaire d'amirauté et d'un intendant à qui fut confié la partie administrative (353). Les vice-amiraux lui furent étroitement subordonnés. Le 6 janvier 1624, un Conseil de la marine fut créé (354). Mais la marine, avec son budget spécial et par la disposition exclusive que l'amiral avait des offices et charges et de ce budget échappait au contrôle soit du surintendant des finances, soit des secrétaires d'État (355). C'est alors que Richelieu racheta et supprima la charge d'amiral par édit d'octobre 1626, et, sous le titre de *grand maître, chef et surintendant général de la navigation et commerce de France* (356), prit pour lui la direction, sauf le commandement des escadres, de toutes les choses de la mer (357). Il opéra de même pour la vice-royauté de la Nouvelle-France, pour les petites amirautés surgies au cours des

(350) Les édits précédents et celui très important de mars 1584 (Is., t. 14, pp. 557-590).

(351) *Règl.*, 15 mars 1548; 6 avril 1563 (Is., t. 13, p. 70; t. 14, p. 140).

(352) *L. P.*, 2 juillet 1612; 17 nov. 1613; 25 févr. 1620. Voy. le P. Fournier, *Hydrographie*, 2e éd., pp. 256-257.

(353) Un second intendant déjà existant depuis 1607, pour la Guyenne, était maintenu.

(354) De La Roncière, *Richelieu et la centralisation de l'autorité maritime* (NRH., 1909, pp. 54-57).

(355) Sur les inconvénients qui en résultaient: *Mémoires de Richelieu*, XVII (Coll. Michaud-Poujoulat, t. 7, p. 424).

(356) *Edit.*, oct. 1626 (Is., t. 16, p. 194). Les Parlements n'enregistrèrent pas sans difficulté : celui de Bordeaux ne se décida qu'en mai 1627; celui de Rouen le fit par « provision et faveur personnalissime » : De La Roncière, NRH., 1909, pp. 58-60. La charge fut remboursée à Montmorency 1.200.000 liv. dont il donna 150.000 au marquis de Portes pour le rachat de celle de vice-amiral.

(357) Aug. Dumas, *Le Conseil des prises sous l'ancien régime* (NRH., 1905, p. 360).

troubles. Pour vaincre les résistances des Bretons, il se fit nommer gouverneur de la Bretagne (1631). Il évinça le gouverneur de la Provence (1631) et obtint la cession du généralat des galères, qu'il exerça par délégation (1635) [358].

Richelieu avait un plan. « La puissance en armes requiert, porte son Testament politique, non seulement que le roi soit fort sur la terre, mais aussi qu'il soit puissant sur la mer. » Il fit procéder à des enquêtes minutieuses sur l'état, soit de la marine de guerre, soit de la marine marchande, sur les droit des seigneurs et des villes, l'état des ports, des navires et des arsenaux, les ressources d'hommes et d'argent à tirer des populations, par Le Roux d'Infreville, commissaire général de la marine, pour les côtes du Ponant, et par le président de Séguiran pour celles de la Méditerranée. Il voulut refondre la législation de la mer et fit faire des enquêtes dans ce but à l'étranger. Trente-deux articles de l'ordonnance de janvier 1629 étaient consacrés à la marine. Un règlement du 26 juin consolida le Conseil de la marine, dont les attributions passèrent, quand il disparut (1669), au secrétaire d'Etat à la marine. Le secrétaire général de la marine devint l'agent d'exécution de ses projets et acquit dès lors la place qu'il garda jusqu'à la fin de la monarchie. Un règlement du 29 mars 1631 fixa le rôle des *commissaires généraux des ports*. En 1642, un règlement général préparé par Th. de Mantin était soumis au Conseil quand Richelieu mourut. Il eut pour successeurs à la grande maîtrise, Brézé, Anne d'Autriche, le duc de Vendôme, le duc de Beaufort, après qui la charge disparut [359]. La marine passa aux mains d'un secrétaire d'Etat, malgré le rétablissement de l'amiral. Le généralat des galères subsista jusqu'en 1748 [360].

II. La Marine royale depuis Richelieu.

1° Le recrutement et la hiérarchie.

1. *Le recrutement des équipages*. — Pour les vaisseaux qu'on ne louait pas tout équipés, sous la responsabilité de leurs capitaines, l'engagement volontaire avait été longtemps le seul mode de recrutement dans la marine à voiles. En cas de nécessité, on recourait à la « presse ».

(358) De La Roncière, NRH., 1909, pp. 64, 65, 69; *Hist. de la marine franç.* t. 4, pp. 567 et s.
(359) *Ord.*, 12 nov. 1669 (Is., t. 18, p. 367).
(360) P. Viollet, *Le roi et ses ministres*, pp. 409-410.

Dans les premières années du xviie siècle, la construction des flottes ayant été conduite de façon assez heureuse, le besoin de personnel inspira quelques dispositions en vue de faciliter les engagements dans la marine de guerre et, en même temps, pourvoir de main-d'œuvre la marine privée. Il fut ordonné à tous les régnicoles exerçant à l'étranger une profession se rattachant à la marine de rentrer en France « pour servir, disaient les ordonnances, à nos vaisseaux, et autres qui appartiennent à nos sujets, selon la capacité et condition d'un chacun, sous peine de confiscation de corps et de biens... (361) ». Ordre fut donné aux juridictions maritimes de dresser annuellement l'état des gens qui pourraient être appelés à l'occasion pour servir à la guerre maritime et des professions qu'ils y pourraient exercer (362). Enfin, Richelieu établit une paye très élevée : un matelot toucha 21 livres par mois (363); ce qui n'évita pas d'en venir à la fermeture des ports et à la « presse » en cas d'urgence (364).

Colbert créa le système de l'*inscription maritime* et de l'enrôlement des matelots par classes. Dans toutes les villes et paroisses du littoral, les commissaires de la marine durent dresser le rôle des gens de mer, qui furent divisés en trois classes. L'ordonnance du 22 septembre 1668 décidait que ces trois classes auraient à rouler et servir alternativement un an sur les vaisseaux du roi, deux ans sur les vaisseaux marchands. L'année de service royal les matelots passaient six mois à la mer avec une solde mensuelle de 15 livres et six mois à terre avec demi-solde; ils étaient exemptés du logement des troupes et de la taille. Des protestations en Bretagne firent adopter pour cette province cinq classes : les matelots ne servaient que tous les cinq ans sur les vaisseaux du roi (365). Il y eut évidemment déchet sur ce que Colbert attendait

---

(361) *Ord.*, janv. 1629, art. 439, 440 (Is., t. 16, p. 332). L'ordonnance fut en partie rejetée par les Cours souveraines; mais dans la partie concernant la marine, le gouvernement royal pouvait l'appliquer malgré l'opposition des Cours, puisque cette application ne dépendait que de lui. En outre, ces articles reproduisent des dispositions déjà en vigueur. L'art. 439 dit que des procédures en ce sens avaient été entreprises dès 1622.

(362) *Ibid.*, art. 441. Même observation qu'à la note précédente.

(363) Lavisse-Mariéjol, *H. de Fr.*, t. 6², p. 335. Cpr. Captier, *Et. hist. et économ. sur l'inscription maritime*, p. 14 et s.

(364) *Ord. pour l'enrôlement général des matelots et la fermeture des ports de Poitou et de Saintonge*, 17 déc. 1665 (Is., t. 18, p. 66).

(365) *Ord.* 22 sept. 1668; 4 sept. 1669; 6 mars 1671; *Edit*, août 1673 (Is., t. 18, pp. 198, 367, 426; t. 19, p. 115). Captier, op. cit., pp. 30-35. Cpr. de La Roncière, *Henri II, précurseur de Colbert* (BECh., 1905, p. 633).

du système. Faute de mieux, on le garda, quitte à le compléter par la « presse » [366]. Sous Louis XVI, l'inscription maritime fut étendue aux villes et paroisses sises sur les rivières navigables, ce qui permit de l'introduire très avant dans l'intérieur, jusqu'à Nevers ou Toulouse par exemple. D'après la population, il y fut établi de trois à cinq classes qui servirent par roulement, ce qui provoqua des protestations et des désertions de la part des gens peu familiarisés avec la mer [367]. En 1784, le système des classes fut réorganisé et son application confiée à des officiers d'épée. Les six départements de 1776, comprenant le territoire où les classes étaient levées, étaient groupés autour des ports de Brest, Rochefort et Toulon et subdivisés en quartiers, eux-mêmes partagés en syndicats : l'ensemble était réparti en quatre inspections découpées en arrondissements. Un inspecteur général, quatre inspecteurs des chefs de classe, un commissaire des classes par quartier, constituaient une sorte de cadre permanent sous le contrôle duquel étaient placées les classes non en service et qui en tenait les états à jour. En temps de paix, il fut admis que, moyennant une déclaration, faite un an avant l'appel de sa classe, d'abandon de la profession qui le rattachait à la marine, l'inscrit pouvait se déclasser; mais à la condition que cet abandon fût réel. Gens mariés et pères de famille obtinrent des réductions de service. Les appels furent espacés, quand les circonstances le permirent sans danger [368]. Les galères qui composaient en partie la flotte du Levant [369], et où la manœuvre de la rame était rude et épuisante sur les bancs de vogue, ne purent jamais recruter des équipages suffisants au moyen de volontaires, ni même de la « presse » exercée dans ce but sur les mendiants, vagabonds, et gens sans aveu. Il avait fallu recourir aux esclaves infidèles, turcs ou barbaresques pris en mer ou achetés sur les marchés méditerranéens, puis, comme ceux-ci étaient chers et peu nombreux, nègres ou peaux-rouges, mais alors sans grand

---

(366) *Règl.*, 15 juin 1675 (Is., t. 18, p. 157); *Ord.*, 4 mars 1667 (Is., t. 18, p. 100). Les capitaines, maîtres et propriétaires de navires étaient tenus d'embarquer, à chaque voyage, un jeune garçon de 15 ans au plus par 10 hommes d'équipage, pour le préparer au service de la mer : *Edit*, août 1673, (Is., t. 19, p. 117).

(367) *Sic Ord.*, 3 janv. 1779 (Is., t. 26, pp. 1 et s.).

(368) *Ord.*, 31 oct. 1784 (Is., t. 27, pp. 483-528).

(369) On crut longtemps que les galères n'étaient adaptées qu'à l'état de la Méditerranée; ce fut Vauban (*Oisivetés*, t. 2, p. 187 et s.) qui montra les services qu'elles pouvaient rendre dans l'Océan.

succès. De très bonne heure, le principal contingent fut demandé aux condamnés ([370]) : la condamnation aux galères à perpétuité ou à temps devint une des peines légales; on conseilla aux Parlements et aux autres juridictions criminelles de la substituer à la peine de mort pour les hommes jeunes et valides ([371]). Cette façon de pourvoir aux galères, maintenue par Richelieu et par Colbert, dura jusqu'à la fin de la monarchie, bien qu'un édit du 27 septembre 1748 eût réuni le corps des galères à celui de la marine et ordonné de débarquer les chiourmes et de les enfermer dans des bagnes ([372]). Un règlement du 1er janvier 1784, sur la fourniture des vivres aux équipages, montre encore des forçats attachés aux galères ([373]).

Les flottes de guerre exigeaient, à côté des équipages mariniers, des troupes combattantes. Sous la direction de Montmorency et de Richelieu, on s'était appliqué à organiser le recrutement des canonniers. Une réserve de cent canonniers, à la solde de 50 livres par an, devait être prête à combler les vides possibles sur les vaisseaux de guerre; 150 matelots, élèves canonniers, étaient destinés à recruter cette réserve. En outre, des exercices de tir devaient être établis par les municipalités des villes maritimes avec des prix pour qui s'y distinguerait ([374]). La marine marchande dont nombre d'unités étaient très fortement armées, soit pour la défense, soit pour la course, contribuait à fournir ce personnel, cependant moins qu'on ne croirait, car elle avait aussi besoin d'en être munie en temps de guerre. Avec les canonniers, on embarquait à l'occasion de l'infanterie, qui ajoutait au feu des canons celui de la mousqueterie et participait aux abordages ([375]). Un édit de décembre 1679 créa deux régiments d'infanterie de marine, « Royal-Marine » et « Vermandois »; mais, l'essai n'ayant pas été favorable, on les versa en 1681 dans l'armée de terre. On s'en tint à des compagnies franches de débarquement, soumises à des règlements appropriés à leur rôle ([376]). Puis, Choiseul les ayant

(370) *Règl.*, 15 mars 1548; *Ord.*, 14 déc. 1716 (Is., t. 13, p. 71; t. 21, p. 127).

(371) Depping, *Corresp. admin.*, t. 2, pp. 532, 887 et s., 891. — Lacuisine, *Choix de lettres inédites écrites par Nicolas Brûlart*, t. 1, p. 217 et s. — Le minimum de la condamnation aux galères était de dix ans : *Ord.*, 26 nov. 1564 (Is., t. 14, p. 175).

(372) *Ord.*, 27 sept. 1748 (*Arch. Nat., Marine*, A¹ LXXXIII).

(373) Jurien de la Gravière, *Les derniers jours de la marine à rames*, 1885.

(374) *Ord.*, janv. 1629, art. 445-447 (Is., t. 16, p. 331). — Cpr. *Ord.*, 15 oct. 1676 (Is., t. 19, p. 166).

(375) *Règl.*, 15 mars 1548 (Is., t. 13, p. 72).

(376) *Ord.* concernant la police et discipline des compagnies franches, 9 févr. 1695 (Is., t. 20, p. 283).

supprimées, des régiments durent fournir des détachements pour
le service de mer : chacun d'eux avait trois colonnes qui servaient
à la mer à tour de rôle quand le corps en était requis ([377]). En 1774,
un *Corps royal d'infanterie de marine*, composé de 100 compagnies de fusiliers, fut créé ([378]). Des troupes étrangères, comme les
volontaires de Nassau, furent aussi attachées à la marine ([379]). Une
ordonnance du 17 février 1782 décidait que chacun des 105
bataillons provinciaux lui fournirait 32 volontaires et une
autre du 5 septembre imaginait une milice maritime tirée au sort
parmi les hommes écartés, pour défaut de taille, de la milice provinciale ([380]). Elles paraissent être restées sans effets. Lors de la
réforme de Castries, l'artillerie de marine, desservie par le *Corps
royal des canoniers matelots*, fut réorganisée et les règlements furent refondus concernant le service de l'infanterie à bord des vaisseaux et frégates ([381]).

II. *Le recrutement des officiers.* — Primitivement, tous les
offices ressortissant à la marine, par conséquent les provisions ou
nominations des officiers de bord, dépendaient de l'amiral, sauf
les difficultés qui résultaient en Bretagne de la rivalité de celui-ci
et du gouverneur, en Provence, de celle existant entre lui, le
gouverneur et le capitaine général des galères. L'amiral percevait
des droits sur ces charges. Sa suppression remit aux mains du
roi ces nominations; mais, vers 1650, le grand maître et surintendant de la navigation et commerce, qui était alors le duc de
Vendôme, se fit restituer presque tous les pouvoirs et les prérogatives ayant appartenu à l'amiral. Aussi, au rétablissement
de cette charge, en 1669, le roi stipula que les nominations
n'appartiendraient qu'à lui ([382]).

(377) *Ord.*, 1er mars 1768, tit. 8; *Règl.*, 4 avril 1881 (Is., t. 22, p. 476;
t. 27, p. 7).

(378) *Ord.*, 26 déc. 1774 (Is., t. 23, p. 87).

(379) *Ord. remettant au service de terre une partie du corps des volontaires de Nassau attaché à la marine*, 16 août 1779 (Is., t. 26, p. 149).

(380) Lacour-Gayet, *La marine militaire de la France sous le règne de
Louis XVI*, p. 570-572.

(381) *Ord.*, 1er janv. 1786; *Règl.*, 24 déc. 1787 (Is., t. 28, pp. 124-125, 489).
Lacour-Gayet, *op. cit.*, pp. 568 et s. Lambert de Sainte-Croix, *Essai sur
l'hist. de l'adm. de la marine en France*, pp. 344 et s.

(382) *Edit*, 12 nov. 1669 (Is., t. 18, p. 368) : « c'est ce qui nous auroit fait
prendre la résolution..., pour éviter les inconvénients qui obligèrent, en
l'année 1626, le feu roi nostre très honoré seigneur et père... de supprimer
les deux charges de connétable et d'amiral, nous réserver le choix et
provision de tous les officiers de marine. » *Ord. de la marine*, août 1681,
liv. I, tit. 1, art. 14 : « Déclarons au surplus que nous nous sommes réservé

Pendant longtemps, les capitaines de navire ou de galère recevaient de leur chef l'armement à l'entreprise et en étaient propriétaires. Le personnel sous leurs ordres dépendait d'eux exclusivement, à la condition qu'il répondît aux clauses de leur contrat. Au xvie siècle, il en était généralement ainsi; quelques situations de ce genre subsistant au xviie furent supprimées par Louis XIV. Les pépinières du corps de la marine royale furent dès lors l'Ordre de Malte où la noblesse du Midi allait s'instruire des choses de la mer avant de passer, sans quitter l'Ordre, au service du roi, et les capitaines de la marine marchande, dont beaucoup avaient pratiqué la guerre de course et de qui le roi changeait les Lettres de marque en brevet de capitaine de sa marine de guerre. Quand ce recrutement était insuffisant, ce qui arrivait dans les périodes où, comme sous Mazarin, la marine était négligée, on y suppléait par des officiers de terre à la suite, ordinairement incompétents. Aussi Colbert multiplia les moyens d'instruction des futurs officiers de marine : collège de la marine à Saint-Malo, bateaux-écoles à Brest et à Rochefort, écoles d'hydrographie à Dieppe et à Rochefort, et autant que possible des cours sur cette matière dans tous les ports [383]. Il créa les *compagnies de gardes de la marine* où les gentilshommes, destinés à servir à la mer, faisaient un stage qu'ils ne pouvaient rompre, une fois engagés, sans congé du roi [384]. Elles fournirent presque tous les officiers de marine au xviiie siècle, le « grand corps », par opposition aux officiers de l'artillerie, des ports et de l'administration. Une tentative de Choiseul pour assimiler ces diverses catégories et prendre les officiers de bord parmi les artilleurs échoua. Tout au plus les compagnies de gardes furent-elles un moment remplacées par l'*Ecole royale de la marine* du Havre, ouverte aux nobles et aux non-nobles; mais Sartine supprima l'Ecole et rétablit les compagnies pour lesquelles il exigea la noblesse (2 mars 1775), tout en réservant le droit de donner des brevets de capitaines de vaisseau aux capitaines marchands ou corsaires. Puis, dans sa série d'ordonnances du 1er janvier 1786, de Castries reprit le tout par la base. Deux voies, pour entrer dans la marine, furent ouvertes : 1° les *compagnies d'élèves de la marine* remplaçant celles des

le choix et la provision des vice-amiraux, lieutenans généraux et chefs d'escadre, des capitaines, lieutenans, enseignes et pilotes de nos vaisseaux, frégates et brûlots, des capitaines et officiers des ports et gardes côtes. »

[383] *Ord.*, 24 mars 1680; 15 juin 1680 (Is., t. 19, pp. 238, 242).

[384] *Ord.*, 10 mars 1682; *Règl.*, 13 avril 1682; 8 oct. 1683 (Is., t. 19, pp. 379, 388, 435).

gardes et où étaient admis les gentilhommes ou fils d'officiers ayant passé avec succès l'examen de sortie des collèges préparatoires de Vannes et d'Alais pour y être instruits, au cours d'un stage de six ans à bord des vaisseaux de guerre, des diverses branches de la navigation : ils en sortaient lieutenants de vaisseau; — 2° l'engagement volontaire, permis à bord des vaisseaux de guerre aux nobles et aux non-nobles qui, après un stage plus ou moins long, étaient intégrés dans le corps des officiers avec le grade nouveau de sous-lieutenant. Cette double origine eut l'inconvénient de créer, pendant les dernières années de l'ancien régime, un antagonisme entre les rouges du « grand corps », et les bleus du « petit » ([385]).

Longtemps, le cadre des officiers de bord fut assez restreint : un capitaine, un lieutenant, un enseigne, commandant un nombre assez grand de subalternes : mariniers, pilotes, maîtres, quartiers-maîtres, en plus les maîtres-canonniers, le prévôt et les caporaux d'armes. Sous Louis XIV, on distingua, à raison des types de bateaux, des capitaines de vaisseau, de frégate, de brûlot, de flûte, des lieutenants de vaisseau et de frégate ([386]); il n'y eut que des enseignes de vaisseau. La même hiérarchie se rencontrait dans les ports dont les officiers furent assimilés à ceux d'escadre ([387]). Cette hiérarchie resta pareille jusqu'à la fin, sauf le grade de sous-lieutenant créé en 1786. Une ordonnance du 10 mai 1777 donna aux cinquante plus anciens lieutenants de vaisseau rang de lieutenants-colonels ([388]).

Les officiers de bord étaient soumis à une discipline rigide : ils ne pouvaient quitter leur bateau, avant qu'il n'ait été désarmé, sans autorisation, ni coucher à terre sans permission, embarquer volontaire ou toute autre personne sans congé du roi, transporter aucune marchandise, même des provisions pour leur consommation personnelle, au delà de ce qui était prescrit ([389]).

---

(385) Lavisse-Carré, *Hist. de Fr.*, t. 9¹, pp. 68 et s.

(386) *Règl.*, 27 déc. 1671; 24 mars 1672; *Ord.*, 14 déc. 1674 (Is., t. 18, p. 442; t. 19, pp. 9, 151).

(387) Une ordonnance du 1ᵉʳ déc. 1775 (Is., t. 23, p. 163) les sépara de nouveau.

(388) Is., t. 24, p. 397.

(389) *Ord.*, 6 mars 1671; 27 sept. 1670; 13 juin 1671; 18 mars 1672; 18 mars 1673; 13 févr. 1676; 28 août 1676; 16 avril 1685; 17 déc. 1689; 22 janv. 1691 (Is., t. 18, pp. 423, 426, 434; t. 19, pp. 5, 73, 158, 163, 524; t. 20, pp. 100, 137).

2° L'organisation de la marine.

I. *Le haut commandement.* — Tant qu'il y eut plusieurs amiraux, chacun prétendait commander exclusivement sur certaine partie de la mer océane, et gouverneur-amiral de Provence et capitaine général des galères se disputaient ce droit pour le Levant. Les amiraux, en particulier l'amiral de France, se constituaient des vice-amiraux qui étaient leurs lieutenants généraux. Nous avons vu comment Richelieu ramena aux mains du roi tous ces pouvoirs. L'amiral n'était plus que le commandant de la principale escadre sous les ordres du roi [390]. Dès lors, tout commandement à la mer dépendit d'une commission du roi. Aucune hiérarchie n'existant entre les capitaines de vaisseau, le roi en donnait une de chef d'escadre à l'un d'eux quand ils manœuvraient en groupe et pouvait réunir plusieurs escadres sous la direction d'un vice-amiral ou lieutenant général qui était rarement un homme de mer.

Après un retour offensif du système ancien au profit des grands maîtres et surintendants de la navigation et commerce, ducs de Vendôme et de Beaufort, les choses furent rétablies dans l'intérêt du roi en 1669 [391]. Si l'amiral est qualifié de chef de toutes les forces de mer, celles-ci sont, en fait, sous la direction du roi et du secrétaire d'Etat à la marine. Seignelay, un jour, mettra son pavillon sur le vaisseau amiral et prétendra commander les escadres. En tout cas l'amiral ne commande qu'à des officiers que le roi lui donne. Entre ceux-ci, la hiérarchie se précise : vice-amiraux du Ponant et du Levant, puis un troisième, depuis 1777, ès mers d'Asie et d'Amérique, un quatrième de 1784-1788 (ces charges restaient parfois longtemps vacantes), lieutenants généraux, chefs d'escadre [392], capitaines, qui ont autorité les uns sur les autres, selon qu'ils commandent un vaisseau, une frégate, un brûlot, une flûte [393], sous-lieutenants à partir de 1786, enseignes. En cas de carence du supérieur, le commandement

(390) *Ord. de la marine*, août 1681, tit. I, art. 6: « (L'amiral) commandera la principale de nos armées navales, *suivant les ordres que Nous lui en donnerons* ». — art. 8 : « Lorsqu'il sera près de notre personne, *les ordres que Nous enverrons à nos armées navales lui seront communiqués.* »

(391) *Ord.*, 15 janv. 1676 (Is., t. 19, p. 158).

(392) Clément, *Lettres, instructions et mémoires de Colbert*, t. 3¹, pp. 421 et s.; t. 3², pp. 682 et s. Spanheim, *op. cit.*, p. 305 et s.

(393) *Règl.* 24 mars 1672; 14 déc. 1674 (Is., t. 19, pp. 9, 151). Cpr. *Règl.* 17 févr. 1675 (Is., t. 19, p. 155); 12 avril 1698 (Is., t. 20, pp. 198).

est pris par le plus ancien officier du grade immédiatement inférieur (394). La subordination ne restait conforme à cette hiérarchie
qu'en mer. Les capitaines de vaisseau dans les ports étaient placés
sous les ordres de l'intendant jusqu'au temps de Choiseul, qui
les mit sous ceux du commandant du port.

Au xviii° siècle, les cadres supérieurs ou subalternes de la marine
ne furent point modifiés. C'est d'après eux que les neuf escadres
permanentes de 1786 furent établies.

II. *L'administration.* — De l'amiral l'administration de la
marine était passée en 1626 au grand maître et surintendant de
la navigation, qui l'exerçait assisté d'un Conseil de marine (cinq
conseillers d'Etat, un maître des Requêtes, le secrétaire général
de la marine, successeur du secrétaire de l'Amirauté).
Les secrétaires d'Etat ayant le Ponant et le Levant dans leurs
départements géographiques et contresignant les ordres du roi
pour les affaires maritimes, le secrétaire général et l'intendant
général de la marine, constituaient auprès du grand maître le
sommet de la hiérarchie administrative des choses de la mer. Puis
on ne vit plus de Conseil de la marine, celui du gouvernement de
la polysynodie excepté, qu'à la veille de la Révolution : une
ordonnance du 17 mars 1788 en rétablit un (395).

Mais déjà, en 1661, Colbert commença d'intervenir en tout.
Des Lettres du 31 mai 1665 lui remirent ce département. Secrétaire d'Etat en 1669, il en devint le maître exclusif avec survivance pour son fils, Seignelay, qui, depuis 1672, l'y assista (396).
Tout de suite il sépara les services administratifs du cadre des
officiers combattants, subordonnant, disait-on, l'Epée à la Plume.
Il divisa les côtes en circonscriptions ayant chacune à leur tête,
pour administrateur, un *intendant de la marine*, assisté d'un *commissaire général* ayant sous ses ordres six commis particuliers (vivres, radoubs, constructions, artillerie, magasins, hôpitaux), d'un
contrôleur et d'un médecin. Les *trésoriers de la marine* en étaient
les agents comptables. L'entreprise de l'approvisionnement des
équipages, enlevée aux capitaines, fut remise à un munitionnaire
unique, crû plus facile à surveiller et à qui il fut défendu de
fournir des vivres autrement qu'en nature (397). L'ordonnance de
la marine délimita de façon précise les pouvoirs de l'amiral :

(394) *Ord.*, 26 mai 1716 (Is., t. 21, p. 113).
(395) *Règl.*, 19 mars 1788 (Is., t. 29, p. 594).
(396) Pierre Clément, *Hist. de la vie et de l'administration de Colbert*,
t. 1, pp. 310 et s.
(397) *Ord.*, 26 oct. 1672 (Is., t. 19, p. 24).

nomination des juges des sièges de l'Amirauté, sous réserve des Lettres de provision du roi, et de quelques agents subalternes des ports, exécution à la mer comme chef de la principale armée navale des ordres du roi ([398]). Toute l'administration restait aux mains du roi ([399]). Dans une autre ordonnance de 1689 ([400]), Seignelay, condensant les règlements en vigueur, répartissait cette administration en trois branches : magasins et approvisionnements; convertissement, c'est-à-dire manutention des marchandises; armements, police et hygiène.

Il n'y eut plus d'intendant général permanent, mais la charge en reparut de temps à autre ([401]). Les *intendants provinciaux*, de quatre à six suivant les époques, correspondaient directement avec le secrétaire d'Etat ([402]). Marchés, constructions, entretien et réfection des ports et des unités, levées des classes, recrutement des galères, fourniment, etc., tout dépendait d'eux. Juges au contentieux administratif et des délits non militaires dans les ports, ils siégeaient dans les conseils de guerre pour les délits militaires et prenaient part avec voix délibérative à tous les conseils, étant dans le corps de la marine, comme l'intendant de justice, police et finances dans sa généralité, les hommes du roi ([403]).

(398) *Ord. de la marine*, août 1681, liv. I, tit. 1, art. 2 : « La nomination aux offices de lieutenans, conseillers, de nos avocats et procureurs, et des gréffiers, huissiers et sergens des sièges généraux et particuliers de l'Amirauté appartiendra à l'amiral, sans *toutefois qu'ils puissent exercer qu'après qu'ils auront obtenu nos lettres de provision.* » — Sur les prérogatives de l'amiral : ci-dessus, p. 463; sur l'Amirauté, p. 464.

(399) *Ibid.*, art. 14 : « Déclarons au surplus que nous nous sommes réservé le choix et la provision... des intendans, commissaires, contrôleurs généraux et particuliers, gardes-magasins et généralement de tous autres officiers de guerre et de finance ayant emploi ou fonction dans la marine; ensemble tout ce qui peut concerner les constructions et radoubs de nos vaisseaux, l'achat de toute sorte de marchandises et munitions pour les magasins et armemens de mer et l'arrêté des états de toutes les dépenses faites par les trésoriers de la marine. » *Adde Règl.*, 24 oct. 1681 : Pardessus, *Collection de lois maritimes*, t. 4, pp. 415 et s. — Seul, le secrétaire général était commissionné par l'amiral.

(400) *Code des armées navales*, 1758, t. 3, pp. 207 et s.

(401) P. Viollet, *Le roi et ses ministres*, p. 430.

(402) Ils résidaient à Dunkerque, Le Havre, Brest, Rochefort, Toulon; à partir de 1776, il y en eut un à Bordeaux.

(403) Pendant les dernières guerres de Louis XIV, les intendants furent remplacés par des inspecteurs généraux à offices vénaux; des conseillers commissaires, à charges également vénales, remplacèrent les commissaires de la marine (1702-1704-1716). Le comte de Toulouse revendiqua pour l'Amirauté le droit d'entériner leurs Lettres de provision et de recevoir leur serment. *Edits*, 25 juill. 1702; avril 1704 (Is., t. 20, pp. 416, 444).

Les armées navales avaient aussi leurs intendants, avec attributions adaptées, mais pouvoirs aussi étendus, faisant rapport au roi même sur la conduite des escadres et la capacité de leurs chefs. De 1683 à 1788, il y eut un *premier intendant aux armées navales*, qui fut aussi, depuis 1758, intendant des « classes ». L'*intendant des galères* était de ce genre. Plus anciens, les *commissaires généraux de la marine* étaient des substituts de l'intendant. Les *commissaires particuliers* contrôlaient l'état des bateaux et des équipages, le paiement des soldes, la nourriture, les vêtements, l'hygiène des matelots, le respect des règlements par les officiers. Les *écrivains du roi* tenaient inventaire des réserves et état des travaux dans les ports et les arsenaux.

Quelques protestations du comte de Toulouse ne changèrent rien à cette prédominance de la Plume sur l'Epée ([404]). Ce fut Choiseul qui renversa les situations. Par ordonnance du 25 mars 1765, l'officier général commandant le port, et non plus l'intendant, fut l'intermédiaire entre le roi et les capitaines. Les mouvements du port, l'armement et le désarmement des navires, l'embarquement des troupes, les constructions, dépendirent de lui. L'intendant fut enfermé dans sa juridiction particulière et la gestion des approvisionnements, de leurs marchés et de la comptabilité. Exclu de tous conseils concernant les opérations navales, il était dépouillé de son pouvoir de contrôle sur les officiers; mais, qualifié d'officier d'administration de la marine, il recevait le droit à l'uniforme. C'était sa déchéance ([405]).

Même en négligeant les ordonnances qui, en 1772, bouleversèrent la marine et remirent le service des constructions aux officiers d'épée, on voit que la prédominance de ceux-ci ne cessa plus de s'affirmer. Les sept ordonnances du 27 septembre 1776 la consacrèrent. Plus d'intendants aux armées navales, dont les fonctions furent confiées aux majors de ces armées ou à un capitaine désigné par le roi; sur chaque bâtiment, l'officier chargé du détail remplaçait l'écrivain du roi ([406]). L'administration des ports et

(404) Ainsi, les capitaines de vaisseau étaient tenus d'embarquer les troupes désignées par le commissaire de l'armement : *Ord.*, 12 avril 1683 (Is., t. 19, p. 420).

(405) Lacour-Gayet, *La marine militaire de la France sous le règne de Louis XV*, pp. 422, 428 et s. — Signalée seulement pour mémoire, l'ordonnance du 18 février 1772, par laquelle le secrétaire d'Etat de Boynes, divisant les équipages en 8 régiments, mettait l'administration presque tout entière aux mains des colonels de ces nouvelles formations. Tout cela disparut en dix-huit mois, avec Sartine.

(406) *Ord.*, 27 sept. 1776 (Is., t. 24, pp. 239-250). Lacour-Gayet, *La marine militaire de la France sous le règne de Louis XVI*, pp. 36-40.

des arsenaux fut divisée en deux parties : 1° disposition, direction, exécution des travaux sous l'autorité du commandant du port assisté d'un conseil de marine, et à qui étaient subordonnés les directeurs généraux du port, de l'arsenal, des constructions et de l'artillerie, tout le personnel et les officiers de ces services étant fournis par l'Epée (407); — 2° recettes, dépenses, comptabilité, sous l'autorité de l'intendant départi dans le port et l'arsenal et sous les ordres de qui étaient les commissaires de la marine (408). Cet intendant exerçait la justice dans le port et l'arsenal, avait voix délibérative aux conseils de guerre judiciaires et de la marine (409). Les commissaires et syndics des classes, les contrôleurs de la marine lui étaient subordonnés. Les officiers d'administration étaient supprimés (410). Sous le ministère de Castries, qui créa un *directeur général des ports* et un *intendant général de la marine*, on assista à un chassé-croisé entre la Plume et l'Epée, celle-ci enlevant à l'autre la direction des classes; celle-là lui reprenant les approvisionnements et la comptabilité du bord : intendants et commissaires d'armée reparurent (411).

III. *Les forces navales militaires.* — La marine française eut des périodes de prospérité et de marasme, comme celles des autres grands Etats maritimes, parce qu'il n'est pas d'institution qui exige une plus grande continuité dans l'effort, plus de ressources financières, et qu'il est moins facile, surtout dans les temps modernes, d'improviser. Jusqu'au xve siècle, les navires de guerre de moins grand tonnage, de structure peu différente de celle des navires marchands, se construisaient vite ou résultaient de l'adaptation de ceux-ci. Aussi est-ce avec des flottes rapidement organisées et presque neuves que Philippe le Bel, Philippe VI, Charles V, affrontèrent l'ennemi (412).

Il n'en était déjà plus ainsi au xvie siècle, mais les troubles

<hr>

(407) Les conscrits étaient établis à Brest, Rochefort, Toulon : *Ord.*, 27 sept. 1776 : tit. 18 (Is., t. 24, p. 215).

(408) Sous les ordres du commissaire général, il y avait cinq commissaires du magasin général, des chantiers et ateliers, des bureaux des fonds et revues, des armements et des vivres, des hôpitaux et des chiourmes. *Ord.*, 14 sept. 1776 : tit. 9, 13, 14, 15 (Is., t. 24, pp. 185, 204-207, 231 et s.).

(409) *Ibid.*, tit. 7, p. 178.

(410) *Ord.*, 27 sept. 1776 (Is., t. 24, pp. 235-237) — Sur les officiers de port : *Ord.*, m. d., p. 250.

(411) *Ord.*, 31 oct. et 1er nov. 1784 (Is., t. 27, pp. 483, 529 et s.).

(412) De La Roncière, *Hist. de la marine française*, t. 2, pp. 48 et s. Sous Charles V, Jean de Vienne, amiral, mit en trois ans à la mer 35 vaisseaux de ligne et presque autant d'unités moins importantes.

et le malheur des temps firent que la marine fut finalement sacrifiée. Henri IV n'y put consacrer que des sommes médiocres.
Richelieu la rétablit. On construisit dans tous les ports normands
et bretons des bateaux dont certains atteignaient 200 pieds de
long, 46 de large et dont le tonnage était de 1.200 à 1.700 tonnes.
La flotte du Ponant, répartie en trois escadres, comprenait 39
vaisseaux de ligne jaugeant 11.800 tonnes, 5 à 6.000 marins et
de nombreux transports; celle du Levant fut composée de 30 galères toutes neuves. La Fronde et les autres soucis de Mazarin le
détournèrent des choses de la mer; le budget en fut chétif, les
bateaux usés ou démodés ne furent pas remplacés, les magasins
étaient vides, les ports négligés. Pour aller plus vite, Louis XIV
acheta des vaisseaux neufs en Hollande et en Suède, s'en fit donner
au lieu d'intérêts pour un prêt au Danemark, se procura de même
une artillerie suffisante, introduisit ou créa en France toutes les
industries nécessaires à pourvoir des flottes. Colbert compléta
Brest, créa Rochefort et presque Dunkerque et put annoncer au
roi que la puissance maritime de la France était supérieure à
celles de l'Angleterre et de la Hollande : 12 vaisseaux de ligne de
premier rang de 74 à 120 canons, 26 de second rang de 60 à 72 canons, 30 de troisième à 60 canons, 22 de quatrième de 24 à 36 canons, 28 frégates, 17 brûlots, 24 flûtes et d'autres transports:
plus 40 galères dans le Levant. Les guerres de la fin du règne
avaient ralenti cette expansion et ne permirent pas toujours de
réparer pleinement les pertes de la Hougue. Mais la marine française n'en restait pas moins forte; notre empire colonial en fait
foi.

Renforcée sous Louis XV, elle sortit très affaiblie de la guerre
de Sept ans où elle laissa 94 vaisseaux et 3.900 canons [413]. Mais,
à partir de Choiseul, elle ne fit plus que s'accroître jusqu'à la fin
du règne de Louis XVI, pendant lequel elle fut, malgré des réformes
continuelles, la première du monde. De 44 vaisseaux de ligne et
de 10 frégates où elle était tombée au temps du traité de Paris,
elle était remontée en 1770 à 64 des premiers et 50 des seconds et
les arsenaux travaillaient à plein rendement. En 1778, on comptait
78 vaisseaux de ligne dont beaucoup étaient blindés et les batteries protégées par le système d'Arçon, et 196 autres vaisseaux de
tous genres, défendus par la meilleure artillerie de l'époque.
Sartine, qui avait accompli en partie cette œuvre, dut se retirer

(413) Lacour-Gayet, *La marine militaire de la France sous le règne de
Louis XV*, p. 220 et s.

devant les critiques, et le refus de Necker. Mais le marquis de Castries reprit ce travail après le départ de Necker : les progrès et les effectifs de l'artillerie en hommes et en canons furent poussés plus avant : on dépassait 9.000 canons, 81 vaisseaux de ligne, 200 frégates ou bateaux légers armés d'obusiers, avec des services auxiliaires pour les approvisionnements, la médecine et la pharmacie navales. La monarchie léguait à la Révolution l'armée et la marine les plus fortes, les mieux outillées et organisées du monde (414).

(414) On peut étendre à la marine ce qu'Albert Duruy (*L'Armée royale en 1789*) a écrit de l'armée du même temps : « Une bonne formation, des cadres incomparables, une excellente espèce de soldats, une discipline généralement exacte, un code fort humanisé, un génie sans égal, une artillerie redevenue la première du monde par le nombre et la perfection de son matériel, autant que par la valeur de son personnel, une nouvelle tactique, œuvre de génie « la plus propre à former des grands hommes pour les » luttes à venir », a dit Napoléon, voilà l'aspect de l'armée royale en 1789, et voilà le bilan de l'ancien régime en matière militaire. »

CHAPITRE VI

LE POUVOIR LÉGISLATIF ET LES SOURCES
DE DROIT

§ 1. — Le pouvoir législatif.

I. — Le roi seul législateur.

L'exercice du pouvoir législatif s'étant trouvé suspendu en fait au xi⁰ siècle, nous n'avons des premiers Capétiens que des actes de la catégorie des *privilegia* (¹), quelques noms qu'une Chancellerie inexperte leur ait attribués (²).

Les actes à caractère général reparaissent avec Louis VII : en 1144, il punit de mort les juifs relaps qui ne quitteraient pas le royaume; en 1155, il établit la paix de Dieu pour dix ans (³). Sous

---

(1) Ci-dessus, p. 213. Cep. Richer, IV, 12 : « More regio decreta fecit (Hugo) legesque condidit, felici successu omnia ordinans... » Mais les mots n'avaient plus de sens précis. Voy. *Rec. des actes de Philippe I⁰ʳ, roi de France*, publiés par M. Prou, Imp. nat., 1908 : on y trouve des donations du roi et de quelques seigneurs aux églises et aux monastères, des confirmations d'actes antérieurs ou d'actes de barons, des jugements royaux; — et les actes des quatre premiers Capétiens : HF., t. 10 et 11; PL., t. 141.

(2) Sous Robert II : *constitutio, regale edictum, decretum, edictum regalis imperii;* — sous Henri I⁰ʳ et Philippe I⁰ʳ : *pragmatica sanctio, adstipulatio, petitio;* — Sous Louis VI : *pagina, carta, scriptum.* Ces actes sont ordinairement rédigés dans un conseil de fidèles dont la présence est indiquée sous la forme d'une approbation : *cum consensu nostrorum optimatum, cum consensu ac voluntate episcoporum atque abbatum seu omnium comitum meorum,* et sanctionnés d'amendes de 10 à 100 sous d'or, de peines capitales, d'anathèmes. Le dernier connu avec sanction pénale est de 1154. Leur forme est très négligée, étant la décadence de la Chancellerie : Giry, *Man. de diplomatique,* pp. 734 et s.

(3) *Recueil de fac-similés à l'usage de l'Ecole des Chartes,* n⁰ 44. Luchaire, *Et. sur les actes de Louis VII,* n⁰ 136. — *Constitutio pacis,* 1155; « postulationibus cleri et assensu baroniae toti regno pacem constituimus. » (Is., t. 1, p. 133).

ses successeurs, ils deviennent plus fréquents : établissements sur les juifs et l'usure (1182, 1206, 1218), contre les blasphémateurs (1182), sur la dîme saladine (1188, 1189), sur les justices ecclésiastiques et séculières (1204) (⁴), etc. Mais le roi, n'ayant le droit d'établissement que dans son domaine propre, dut user d'abord de procédés, qui varièrent à mesure que son autorité s'accrut, pour faire accepter ses décisions au delà.

Il commença par suggérer aux barons réunis en *curia solemnis* d'adopter dans leurs domaines les règlements qu'il faisait pour le sien. Ceux qui se rangeaient à ses propositions s'engageaient par serment à légiférer dans ce sens pour leurs seigneuries. Ainsi pour la *constitutio pacis* de 1155. Lorsque, vers la fin du xii° siècle, les *principes* furent ses vassaux, il chercha à imposer à tous, qu'ils eussent juré ou non de s'y soumettre, ce que, dans l'assemblée des barons, la majorité avait décidé (⁵). Ces moyens réussissaient plus ou moins. Au xiii° siècle, des établissements royaux restaient encore inappliqués en dehors des pays d'obédience directe du roi, par exemple celui de saint Louis sur les duels (⁶).

Que cette pratique se fût perpétuée et le droit des barons organisé, on aurait pu voir la puissance législative, en somme la souveraineté, partagée entre le roi et une assemblée, comme en Angleterre (⁷). Mais la tradition romaine et franque, les textes que les auteurs utilisaient tant pour marquer l'indépendance du royaume vis-à-vis des puissances extérieures, que pour confirmer la supériorité de la Couronne sur les seigneuries dépendantes, ne comportaient rien de pareil, et le travail doctrinal se condensa dans des formules romaines ou imaginées qui, déniant à tout autre le droit de légiférer en France, l'attribuaient au seul roi : « ce

---

(4) Is., t. 1, pp. 170, 177, 175, 194, 199, 214.

(5) *Etabl. touchant les Juifs*, 1223 (Is., t. 1, p. 222) : « fecimus stabilimentum super judaeos quod juraverunt tenendum, illi quorum nomina subscribuntur »; mais, art. 3 : « Et sciendum quod nos et barones nostri statuimus ... quod nullus nostrum alterius judaeos recipere potest, vel retinere et hoc intelligendum est, tam de iis qui stabilimentum juraverunt quam de illis qui non juraverunt. » — *Etabl.*, déc. 1230 (Is., t. 1, p. 236), art. 5 : « Et si aliqui barones noluerint hoc servare, ipsos ad hoc compellemus, ad quod alii barones nostri, cum posse suo, bona fide nos juvare tenebuntur, et si aliqui in terris baronum inveniantur rebelles, nos et alii barones nostri juvabimus ad compellendos rebelles predicta statuta servare. »

(6) Is., t. 1, p. 283 et s. — Beaumanoir, n° 1722. Cet établissement fut publié en sept. 1258 (non en 1260) : Tardif. NRH, 1885, op. 163.

(7) W. Stubbs, *Hist. constitutionnelle de l'Angleterre*, trad. Lefebvre, t. 2, pp. 295 et s.

qui plet au roy, vaut loy »; « que veut le roy, ce veut la loy »;
« ce qu'il li plest a fere doit estre tenu pour loi »; « le roy de
France, qui est empereur dans son royaume, peut faire ordonnances qui tiennent et vaillent loy, ordonner et constituer toutes
constitutions » (8).

Des textes, un peu disséminés, des *Coutumes de Beauvaisis* contiennent la théorie du pouvoir législatif, telle qu'elle se maintiendra jusqu'à la fin. Le roi, qui « est souverains par-dessus tous et
a de son droit la general garde de tout son roiaume... peut fere
tous establissemens comme il li plest,... et ce qu'il establist doit
estre tenu »; et il lui appartient de prononcer des peines contre
ceux qui les enfreindraient. Mais l'exercice de ce pouvoir est
soumis à des règles, caractéristiques de la loi : 1° l'établissement
doit être fait « pour le commun pourfit », ce qui veut dire à la
fois qu'il doit s'appliquer à tout le royaume et sans distinction
de personnes, selon les classes qu'il a en vue, et qu'il ne doit être
dicté, ni par un sentiment égoïste, ni par un intérêt particulier.
Les rois relateront cela dans le préambule des ordonnances. Le
caractère de généralité de l'acte en résultait (9); — 2° il doit
être fait « par grand Conseil »; car c'était un devoir du roi d'avoir
sérieusement médité la décision à prendre et de s'y être aidé de
tous les avis que des gens sages et compétents pouvaient lui fournir en la matière, pour en dégager ce qui était vraiment juste et
utile. Beaumanoir, tout en prescrivant une règle, constate un fait.
Très longtemps les ordonnances indiquèrent qu'elles étaient faites
« à grand Conseil et grande délibération », « en pleine délibération
avecque nos prélats et barons et nostre grand Conseil ». Avec le
temps, cette délibération se restreignit aux conseillers de profession. Du reste, prélats, barons et tous autres n'étaient là qu'à
titre consultatif : le roi, tenu de s'éclairer afin d'ordonner « de
sa pleine et certaine science », restait maître de la décision (10); —
3° l'établissement ne peut avoir d'effet rétroactif (11); — 4° il doit
avoir une cause raisonnable, et notamment n'aller ni contre
Dieu, ni contre les bonnes mœurs, sinon « ne le devroient pas si

(8) *Jostice et Plet*, I, 2, p. 9; Beaumanoir, n° 1103; Boutillier, II, 1,
p. 646; Loysel, n° 19.
(9) Beaumanoir, n°ˢ 1043, 1499, 1513. Cpr. D. Gr., c. 2, dist. 4 : « Erit autem
lex justa pro communi civium utilitate conscripta » et le « pro utilitate
reipublicae » des capitulaires.
(10) Beaumanoir, n°ˢ 1199, 1515. Le Bret, *Tr. de la souv. du Roy*, 1, 9, p. 71.
J. Declareuil, *Les idées politiques de Guez de Balzac*, p. 30
(11) Beaumanoir, n° 1513

sougiet soufrir »; ce que tous les publicistes répéteront (12). Les règles auxquelles Beaumanoir soumet l'exercice du pouvoir législatif ne sont que des formalités conditionnant l'activité légiférante du roi, dont celle-ci peut se passer en cas de péril national (13). Enfin le droit de règlement ou d'établissement des barons est pratiquement supprimé; car si chaque baron reste souverain dans sa baronnie, c'est sans préjudice de la souveraineté du roi (14), de qui il leur faut observer et faire observer sur leurs terres les établissements généraux, faute de quoi il y pourvoirait lui-même (15). Beaumanoir ne leur permet plus d'en faire qu'en temps de guerre ou de nécessités urgentes et sous l'autorité du roi (16). Cela était évidemment l'idéal à atteindre, car c'est aussi vers ce temps-là que les chefs des grandes seigneuries, imitant l'autorité royale, se mirent à doter leurs sujets d'ordonnances dont la réunion constitua parfois une législation importante par sa valeur et son étendue.

Le pouvoir exclusif du roi ne reçut plus aucune atteinte. Les Cours souveraines, au plus fort de leurs prétentions touchant les droits d'enregistrement et de remontrances, affirmaient n'y point contredire. Bien que leurs cahiers aient souvent fourni la matière des grandes ordonnances, publiées d'ordinaire après quelqu'une de leurs sessions, les Etats généraux ne fonctionnèrent jamais qu'à la façon d'un conseil, sans autorité propre. Ceux de Blois, en 1576 et 1588, demandèrent à procéder par résolution, et non plus par supplication, de sorte que les décisions adoptées par les trois ordres, publiées sous le nom de « lois du royaume », sans vérification des Cours souveraines, ne pussent être modifiées, ni abrogées sans eux, les édits ou « lois du roi » ne pouvant, au contraire, être enregistrés par autorité du roi, sans que les Cours ne les aient communiqués aux syndics des pays d'Etats ou à ceux nommés à cet effet dans les autres. Le roi rejeta ces propositions attentatoires à ses droits souverains et pratiquement pleines de dangers (17). Légistes et princes ne manquaient pas les

(12) Beaumanoir, nº 1515; de l'Hommeau, *op. cit.* p. 3.

(13) Beaumanoir, nº 1510-1512.

(14) Beaumanoir, nº 1042, 1499 : « mes quant li establissemens est generaus, il doit courre par tout le roiaume »; nº 1510 « et chascuns barons aussi en sa terre, mes que ce ne soit pour emprendre contre le roi. »

(15) Beaumanoir, nº 1513 : « c'est à entendre quant il font tenir en leur terre l'establissement le roi, car s'il en sont rebelle ou negligent et li rois, par leur défaute, i met la main, il en puet lever les amendes. »

(16) *Ibid.*, nº 1512.

(17) *Instructions des gens des Trois-Estats du royaume de France*, ap.

occasions de rappeler l'imprescriptibilité de ces droits. « Toute la puissance législative de ce royaume, disait Colbert, réside dans la personne du souverain » [18]. Dans l'Edit de décembre 1770, Louis XV constatait que « le droit de faire des lois par lesquelles nos sujets doivent être conduits et gouvernés nous appartient à nous seul, sans dépendance, ni partage » [19]. Louis XVI le répétait au Parlement le 19 novembre 1787. C'était l'opinion de Turgot et de Lebrun, qui écrivait en 1789 que « l'exercice de la puissance royale, éclairée par le suffrage des Etats [20], ne doit connaître, ni de pouvoir qui le modifie, ni d'obstacle qui l'arrête [21] ».

Le roi était, du reste, soumis à ses propres lois, bien que l'opinion contraire, fondée sur des textes romains [22] et cet argument qu'une volonté ne peut se lier elle-même, eût ses partisans [23]. Mais cela ne pouvait s'entendre que de l'abrogation ou du changement de la loi, non de son application à des cas particuliers dans lesquels le roi était tenu de l'observer. Cette conduite était conforme à l'idée qu'on se faisait, en France, du droit. Lui attribuant une existence objective, le roi ne créait pas le droit, mais s'efforçait de le découvrir et le disait. La volonté du roi ne faisait pas la

Mémoires de Nevers, t. 1, p. 445. — *Des Etats généraux et autres assemblées nationales*, t. 13, pp. 212 et s. — *Cahier général du Tiers-Etat de 1588*, ap. *Rec. des Etats généraux des trois ordres*, t. 3, p. 186. — Picot, *Hist. des Et. génér.*, t. 3, pp. 96-100. — Ici « lois du royaume » ne signifient donc pas « lois fondamentales ». — Cpr. *Journal de Masselin* (Etats de Tours de 1484 : DI., pp. 384, 418).

(18) *Adde* du Tillet, *Rec. des Roys*, p. 142; Bodin, *op. cit.*, I, 8, p. 138. Le Bret, *De la souver. du Roy*, I, 9, p. 71.

(19) *Edits*, oct. 1588; 21 févr. 1641; déc. 1770 (Is., t. 14, p. 533; t. 16, p. 533; t. 22, p. 533. — Louis XIV, *Mémoires* (éd. Dreyss), t. 1, p. 126, t. 2, p. 438.

(20) *Lit de justice*, 19 nov. 1787 : « Au roi seul appartient la puissance royale dans le royaume... il ne sauroit trouver dans les représentans des trois ordres qu'un conseil plus étendu composé des membres d'une famille dont il est le chef, et il seroit toujours l'arbitre suprême de leurs représentations et de leurs doléances. »

(21) Turgot, *Œuvres*, t. 2, p. 506; t. 7, pp. 389, 682. — Lebrun, *La voix du citoyen*, 1789.

(22) L. 31, D. I, 3 : « Princeps legibus solutus est »; l. 108, 1, D, XLV, 1; « Nulla promissio potest consistere quae ex voluntate promittentis statum capit »; Nov. 105, c. 2 : « (Imperatori) et ipsas Leges Deus subjecit, Legem animatam eum mittens hominibus. » Cpr. Suger, *Vita Ludovici Grossi*, 15 : « Dedecet regem transgredi legem cum et rex et lex eandem imperandi excipiant majestatem ». Bodin, *op. cit.*, III, 5, p. 444.

(23) De l'Hommeau, *op. cit.*, p. 3.

loi; elle était la loi parce que le roi voulait ce qui était le droit. Il se déclarait lui-même lié par cette loi [24]. Les étrangers constataient qu'en France le Prince était soumis aux lois [25].

Au pouvoir législatif était rattaché celui d'interpréter les lois, d'en délimiter le champ d'application comme les extensions possibles [26].

L'activité législative du roi semblait ne rencontrer, en principe, aucune limitation et pouvoir s'étendre à toute la vie juridique. Cependant, quand elle avait reparu aux xiie et xiiie siècles, des portions importantes de cette vie juridique, les rapports de droit privé et quelques autres, étaient déjà régis par les coutumes, le droit romain ou le droit canonique. Il lui fallut créer des moyens appropriés pour prendre possession effective du champ ainsi occupé et définir, en attendant, son attitude vis-à-vis de ces autres sources de droit.

II. — COMMENT LA LOI ÉTAIT FAITE.

1° Préparation et délibération de la loi.

Le roi n'en suivait pas moins une certaine procédure dans la préparation et la délibération des lois. La religion et la tradition lui faisaient un devoir de s'éclairer, de s'entourer de conseillers compétents. Les ordonnances portèrent longtemps dans leurs préambules qu'elles avaient été délibérées « a grand Conseil et a grant délibéracion », « par grande et meure délibération », les « cognoissans de telles choses pour ce appelés avec nous à nostre Conseil ». Plus tard, à mesure que le Conseil se restreignit aux

(24) Loysel, n° 19 et le commentaire de Laurière. Le mot d'Henri IV que : « la première loi du souverain est de les observer toutes » (*Mém. de Sully*, t. 1, p. 460), aurait pu n'être qu'une façon de parler, mais Louis XIV, dans un édit de 1667 : « Qu'on ne dise point que le souverain ne soit pas sujet aux lois de son Etat, puisque la proposition contraire est une vérité du droit des gens...; la parfaite félicité d'un royaume est qu'un prince soit obéi de ses sujets et que le prince obéisse à la loi. » C'était un des caractères de la monarchie absolue qui la distinguaient de la monarchie arbitraire. Voy. *Maximes du droit public français*, t. 2, pp. 113 et s.

(25) Machiavel, *Disc. sur la Ire décade*, n° 16 : « Le royaume de France est heureux et tranquille parce que le roi y est soumis à une infinité de lois qui font la sûreté des peuples; il dispose des armes et des trésors; pour le reste il est soumis à l'empire des lois. »

(26) Le Bret, *op. cit.*, I, 9, pp. 69 et s. — *Ord. civ.*, 1667, tit. 1, art. 7 (Is., t. 18, p. 106).

conseillers de carrière, l'indication fut bornée à « l'advis et délibération des gens de nostre grand Conseil ».

Mais un corps délibère sur un projet préalablement établi, car toute œuvre législative a un auteur et prend sa source dans une initiative individuelle. Le roi, l'un de ses ministres désigné par ses fonctions ou ses connaissances personnelles, le chancelier lorsqu'il s'agissait des grandes ordonnances pour la réformation de la justice et relatives au droit privé ou pénal, établissait le projet. Au xviie et au xviiie siècle, chancelier, secrétaires d'Etat, contrôleur ou directeur général des finances, ou tout autre, chacun dans les limites de son département, proposait au roi ou préparait sous sa suggestion et son contrôle les lois nouvelles. Le roi pouvait en charger aussi quelque grande commission, comme, sous Louis XIV, les Conseils de justice ou de réforme. Le contenu de ces actes était fourni aux gouvernants par les besoins de l'Etat, par les remontrances des corps et communautés, les cahiers des Etats généraux et des sujets, ou par des enquêtes provoquées par le roi ou quelque ministre.

En général, le projet soumis au Conseil ou à l'une de ses sections était examiné, corrigé, complété, sous la présidence du roi ou du chancelier. Cette délibération du Conseil est indiquée même dans le préambule des ordonnances rédigées par une commission spéciale. Du reste, Conseil et commission n'avaient que voix consultative; le roi restait seul maître de la décision. Le texte définitivement arrêté était envoyé par commandement du roi à la Chancellerie pour y être mis en forme et scellé du grand sceau de France, ce qui était de la charge du chancelier [27].

2° Formes des actes législatifs et formalité du sceau.

D'abord, les actes législatifs se confondirent avec les diplômes de la Chancellerie; ils n'avaient pas de forme particulière, étant délibérés et rédigés dans les mêmes conditions. Le mot *ordonnance*, connu au xive siècle, tendit, au xve, à désigner exclusivement les lois principales.

Peu à peu, sans que cette terminologie fût très rigoureuse, on distingua entre : 1° les *ordonnances*, actes d'intérêt général, déclarant être faits pour la réformation de la justice, relatifs à des matières variées, par conséquent étendus et publiés d'ordinaire à la suite d'une réunion des Etats généraux; 2° les *édits*, bornés

---

(27) Loyseau, *Tr. des Offices*, IV, 2, nos 28-32; Bodin, *op. cit.*, I, 8, p. 132.

à un seul objet ou ne contenant que des dispositions temporaires ou particulières à certaines catégories de personnes ou à certaines provinces; 3° les *déclarations*, destinées surtout à interpréter des ordonnances ou des édits antérieurs ou à poser des principes généraux ne comportant pas de sanctions immédiates [28].

Ces actes étaient rédigés, à la Chancellerie, par les notaires et secrétaires du roi [29]. Les ordonnances et les édits étaient expédiés dans la forme des grandes *Lettres patentes*, commençant par la suscription ou énonciation de la personnalité du roi, suivie jusqu'au milieu du XVI° siècle de la formule de notification et de l'adresse : *N..., Dei gratia Francorum rex, omnibus presentibus et futuris salutem... — N..., par la grâce de Dieu, roi de France, à tous présens et à venir salut...*, et finissant par la formule de corroboration et la clause de perpétuité : *Quod ut firmum et stabile perpetuo perseveret nostrum presentibus fecimus apponi sigillum; — Et affin que ce soit chose ferme et estable à toujours, nous avons signé ces dictes présentes de nostre main et à icelles faict mettre nostre scel* [30] ». Pour les déclarations en forme de petites *Lettres patentes*, les formules différaient un peu : « *Universis presentes litteras inspecturis salutem... — A tous ceux qui les présentes verront, salut »*, ou quelque chose d'analogue, et « *In cujus testimonium presentibus litteris nostrum fecimus apponi sigillum... — En tesmoing de laquelle chose nous avons faict mettre nostre scel à ces présentes.* » Le sceau était, pour les grandes Lettres patentes, en cire verte, pour les petites en cire jaune. Le préambule des unes et des autres se terminait par l'expression de la volonté royale : « *Sic fieri volumus; — Car c'est ainsi que nous ordonnons et voulons de nostre certaine science et de nostre pleine puissance et authorité royale; — car ainsi nous plait; — car c'est nostre plaisir* », par quoi l'acte recevait force et vigueur de loi [31]. La date comportait le lieu, le quantième d'ordinaire,

(28) Giry, *Man. de diplomatique*, p. 776. Le Bret, *op. cit.*, I. 9, p. 70.

(29) L. P. sur les *franchises des secrétaires du roi* (Is., t. 10, p. 856).

(30) A partir du XVI° siècle, les actes de quelque étendue, au lieu d'être écrits sur des parchemins ajoutés bout à bout et retenus par des lacs de soie sur lesquels était placé le contre-sceau royal, furent écrits recto et verso sur parchemins en forme de cahier. Le grand sceau en cire verte était appendu, soit à des lacs traversant tous les feuillets, soit à la fin, au-dessous des signatures : Giry, *op. cit.*, p. 767.

(31) Sur le sens de cette formule qui est la traduction de la formule carolingienne : *placuit, placitum est*, et qui n'a pas le sens d'une volonté arbitraire : J. Papon, *Les secrets du troisième notaire*, Lyon 1578, pp. 334-335. L. de Mas-Latrie (BECh., 1881, p. 560). Demante (BECh., 1893, p. 86). Cpr. *Maximes du droit public français*, 1775, t. 2, pp. 107 et s.

mais jamais pour les édits, le mois, l'année de grâce et celle du règne. A partir de François Ier le roi signa tous les actes de son nom, immédiatement après la teneur; puis venait le contreseing du notaire et secrétaire du roi, qui expédiait l'acte; plus tard, nous avons vu que ce fut celui d'un secrétaire d'Etat. Mais, en général, le notaire royal, avant la date, ajoutait les noms des principaux personnages qui avaient pris part à la délibération [32]. Les *arrêts du Conseil* revêtaient aussi parfois un caractère législatif. Comme ils étaient censés faits par le roi, pour plus de rapidité on légiférait, en cas d'urgence, sous cette forme. Dans ce cas, l'arrêt était expédié et enregistré dans les mêmes conditions que les ordonnances.

Ayant fait rédiger l'acte législatif dans le style et selon les règles voulus, le chancelier scellait les Lettres patentes à l'audience du sceau. Nous avons vu comment il fut amené à vérifier et, s'il y avait lieu, à corriger en la forme les actes soumis au sceau, et aussi comment, chargé d'apprécier le mérite en fait de certains actes particuliers, il en vint à étendre cette prérogative aux lois elles-mêmes et à refuser de les sceller s'il les désapprouvait, ce qui était un danger pour l'indépendance de la Couronne, puisque la puissance législative s'en trouvait paralysée. Le chancelier imposait au roi une collaboration, un « compagnonnage » dans sa souveraineté. Danger auquel celui-ci sut parer, soit en reprenant les sceaux, soit en les transférant du chancelier inamovible à un garde des sceaux, amovible et partant plus docile, bien que des gardes des sceaux aient parfois opposé eux aussi avec succès des objections au scellement des Lettres patentes [33]. Mais, lors de la publication des lois, le pouvoir royal se heurtait à un nouvel obstacle, autrement résistant.

3° Publication des lois. Rôle des cours judiciaires.

I. *Comment les lois étaient publiées.* — Les ordonnances, édits, déclarations, étaient adressés en forme de Lettres patentes aux juridictions chargées de les appliquer pour y être publiés, enregistrés, et gardés dans leur teneur authentique. La publication résultait de la lecture qui en était faite à l'audience publique afin de les notifier aux populations, l'enregistrement de leur transcription sur un registre du greffe, ordonnée, sur la réquisition des gens du roi, par arrêt de la Cour ou jugement

(32) Giry, *op. cit.*, pp. 770-773.
(33) Tessereau, *Hist. chronol. de la grande Chancellerie*, 1710, t. 1, p. 165. Le Bret, *op. cit.*, IV, 1, pp. 486 et s.

du siège. Cette pratique remontait au moins à Philippe VI, sous
lequel des registres furent ouverts à cet effet au Parlement de
Paris et à la Chambre des Comptes (34). Le greffier certifiait l'accomplissement de ces formalités en écrivant sur le repli des lettres :
*Lecta, publicata et registrata, requirente procuratore generali
regis.* Cette procédure fut étendue, à mesure qu'ils furent créés,
aux Parlements provinciaux et aux juridictions spéciales; mais, si
l'acte devait être enregistré en plusieurs lieux, le Parlement de
Paris prétendait à la priorité (35). De sorte que les lois ou ordonnances n'étaient appliquées et tenues pour telles qu'après que
les Parlements, ou d'autres Cours souveraines, selon leur objet,
les avaient ainsi publiées, enregistrées et reçues (36). L'Hôpital,
en avril 1561, ayant fait publier par les villes et bailliages des
édits sans les avoir adressés à la Cour, Nicolas Brûlart rapporte
que « cette démarche parut au Parlement un attentat punissable,
de telle sorte que furent propos... de lui faire donner ajournement pour répondre à la publication desdites patentes et
édits (37) ». On se contenta de remontrances, suppliant le roi d'ordonner « suivant ce qui jusqu'ici a esté gardé et comme de tout
temps y a esté fait, que toutes Lettres pareilles... soient adressées
au préalable à ladite Cour, que aux baillis et sénéchaux, lesquels
font serment de garder lesdites ordonnances lues et enregistrées
en ladite Cour » (38).

(34) *Ord.*, 10 juillet 1338 (*Ord. des r. de Fr.*, t. 2, p. 118) : Cpr. *Ord.*
1er avril 1315, art. 13 (*Ibid.*, t. 1, p. 555). Les registres du Parlement de
Paris vont de 1337 à 1785; ceux de la Chambre des Comptes ont été brûlés
en 1737.

(35) Dupuy, *Tr. de la majorité de nos Rois*, 1655, p. 121.

(36) La formule de l'enregistrement était : *Vues par la Cour, toutes Chambres assemblées, les Lettres patentes du roi, données à... le... m... signées N.
et contresignées N' (Ici le contenu des Lettres : ordonnance, édit, déclaration)... La dite Cour ordonne que lesdites Lettres seront enregistrées pour
être gardées et observées en leur forme et teneur.* »

(37) *Mémoires de Condé*, éd. Secousse, t. 1, p. 39.

(38) Il s'agissait surtout de la déclaration d'avril 1561, tolérant l'exercice
du culte réformé. L'auteur de la *Vie du Chancelier de l'Hospital* confirme
les faits : « Sa conduite aigrit et révolta tout le Parlement qui voulut rendre
contre luy un décret d'ajournement personnel pour qu'il eust à se présenter
devant la Compagnie et à l'instruire des motifs qui avoient pu le forcer à
n'observer aucune des formalitez essentielles de la promulgation des lois.
Mais des magistrats plus modérez amenèrent les esprits à prendre un parti
moins violent et l'on rendit un arrest dans lequel on défendit de publier la
déclaration comme étant contraire aux lois fondamentales du royaume. »
— Voy. *Mém. de Condé*, t. 2, pp. 334, 343, 351-52 : les remontrances du
Parlement des 28 avril, 3, 9 mai 1561, à cette occasion.

Les traités avec les puissances étrangères, les actes du Saint-Siège ayant le *pareatis* de l'autorité royale étaient soumis aux mêmes conditions pour avoir force légale et cours en France.

'II. *Droits de vérification et de remontrances.* — Pour assurer le respect des lois, le roi avait prescrit à ses officiers de justice de ne mettre à exécution les Lettres et mandements royaux, émis dans l'exercice de la justice retenue ou constituant des actes administratifs qui leur paraîtraient contraires à la justice ou à l'intérêt public, qu'après lui en avoir référé et l'avoir instruit des motifs de leur abstention. A fortiori, en était-il ainsi pour les Cours souveraines (³⁹). Mais il était arrivé aussi que le Prince ait requis des Cours un avis préalable à la publication de certains édits sur leur opportunité ou leur bien-fondé, car longtemps la séparation resta incomplète entre les Cours souveraines et le Conseil, avec lequel elles s'étaient jadis confondues dans la *Curia regis*; et tous les sujets n'étaient-ils pas soumis au devoir de conseil ? (⁴⁰)

Or, les compagnies judiciaires étendirent aux ordonnances, édits, déclarations, cette vérification des actes particuliers de l'administration royale qui leur étaient adressés et transformèrent en droit les avis que le roi leur demandait parfois touchant des actes de caractère général. A la prérogative de présenter aux rois observations et remontrances, elles ajoutèrent la prétention de refuser l'enregistrement s'il n'était pas satisfait à leurs griefs. Chacune dans son ressort se reconnut un droit pareil. On ne niait pas que le roi fût seul législateur, mais on disait que les lois devaient recevoir dans la Cour leur dernière forme ou que « nuls édits, nulles ordonnances n'avoient d'effect... ou plutôt on ne les tenoit pour ordonnances, s'ils n'estoient vérifiés aux Cours souveraines et par la libre déclaration d'icelles » (⁴¹), ce qui annihi-

<hr>

(39) *Ord.*, 23 mars 1302, art. 21; 1ᵉʳ avril 1315, art. 13 (*Ord. des r. de Fr.*, t. 1, p. 361, 555); *Ord.*, nov. 1318, art. 25-26 (*Ibid.*, p. 669; Is., t. 3, p. 188) : « Nous ne voullons que dores en avant nostre chanceler scelle nulles letres contre nos Ordonnances dessus dites. Et deffendons à touz ceuls par qui nos letres se doyent passer qu'il ne en passent nulles contre nos Ordonnances et qu'il ne nous conseille nulles, à passer contre elles. Et se par erreur aucunes eu passoient par devers nostre chanceler, Nous voullons que se elles venoient à la cognoissance de nos gens des comptes, qui les retiengnent, et l'en avise, avant qu'il les passent ne qu'il les rendent. » — *Ord.*, déc. 1344, art. 10 (*Ibid.*, t. 2, p. 217). Cpr. *Ord.*, Blois, mai 1579, art. 93 (Is., t. 14, p. 404).

(40) Ci-dessus, p. 455. Maugis, *Hist. du Parlement de Paris*, t. 1, pp. 522 et s.

(41) La Roche Flavin, *Les treize livres des Parlements de France*, XIII, 17, n° 3, 1617, p. 704.

lait le principe. Les Cours ne prétendaient pas qu'elles eussent un pouvoir dérivant d'une autre source que le roi : une opinion assez suivie était que ce droit de vérification et de remontrances, fondé sur le devoir de conseil, leur venait d'une ancienne délégation, consacrée par la coutume, qu'il était sage de maintenir (42), et que d'autres soutenaient avoir été transformée par le temps en loi fondamentale de la monarchie (43). Mais les souvenirs de l'antiquité et la fausse érudition des monarchomaques allaient fournir à des parlementaires humanistes des arguments inattendus. Comme on qualifiait en latin le Parlement de *senatus*, on imagina qu'il avait des pouvoirs analogues à ceux du Sénat de Rome et l'on compara le droit d'enregistrement et la faculté de

(42) Bodin, *op. cit.*, III, 4; VI, 4, pp. 410, 418, 965. Le Bret, *op. cit.*, I, 9, p. 71 : « L'on demande si le Roy peut faire tous ces changemens de Lois et d'Ordonnances, de sa seule authorité sans en communiquer à son Conseil, ny à ses Cours souveraines. A quoy l'on respond que cela ne reçoit point de doute, pource que le Roy est le seul souverain dans son royaume et que la souveraineté est non plus divisible que le poinct en la géométrie. Toutesfois, il sera toujours bienséant à un grand Roy de faire approuver ses Lois et ses Edicts par ses Parlemens et ses autres principaux Officiers de sa Couronne qui sont obligez par serment de le servir et de le conseiller avec toute sorte de fidélité... Il n'y a point de doute que les Loix qui sont receuës avec la commune approbation de tant d'excellens personnages, font une plus vive impression sur l'esprit des peuples que celles qui sont publiées sans toutes ces formalitez... Aussi voyons-nous dans les annales que l'on observoit cette coutume anciennement parmi nous. » — Grimaudet, *Œuvres*, p. 480 : « Lorsque les édicts sont envoyez à la Cour à laquelle il est commandé de vérifier et de publier, tel commandement n'est de pur fait pour la publication, mais aussi pour l'autorisation des édicts, à ce qu'ils apparaissent être faicts et vérifiez avec le Conseil légal du Roy et du Royaume : ce qui donne grande authorité aux Ordonnances et rend les sujets plus faciles à obéir; car l'ordonnance du Roi vérifiée en la Cour est tenue pour faite par le Conseil de la Cour, de laquelle vérification dépend l'authorité des Edicts... La grandeur des Rois a été de recevoir gracieusement les remontrances de la Cour et déférer à icelles comme à un Conseil très-saint. » Ch. de Figon, *Tr. des offices et dignitez de France*, p. 31 : « Les édicts, ordonnances et constitutions, tant générales que particulières, sont vérifiées, publiées et enregistrées ès dites cours représentant le Prince bien conseillé et par elles modifiées et amplifiées par manière d'interprétation ainsi qu'elles connoissent estre à faire; ou bien sont faites au contraire des remontrances au Roy pour y pourvoir et jusqu'alors n'ont effect en leur ressort. »

(43) La Roche-Flavin, *loc. cit.*, n° 23, p. 707 : « Il est vray que par une des loix fondamentales de ce Royaume, les prédécesseurs Roys ont donné le pouvoir à leurs Parlemens de les vérifier, homologuer, refuser, limiter et restraindre... Car, encores que le souverain soit par dessus les loix et qu'il puisse déroger au droict ordinaire, en quoy gist proprement la souveraineté, il est nécessaire que la puissance absolue soit retenuë par la civile. »

paralyser le pouvoir législatif à *l'auctoritas patrum* (44), du moins l'on fit état de rescrits impériaux qui semblaient reconnaître le droit de remontrances au Sénat et aux juges (45). En plus, comme le Parlement et la Chambre des Comptes étaient sortis de la *Curia regis* et que celle-ci, dans les livres d'Hotman et de quelques autres, était présentée comme la continuation des *placita* carolingiens dont ces auteurs faisaient des assemblées nationales et législatives, l'on en concluait que les Cours souveraines avaient hérité de leurs attributions. Mais, supposé que les *placita* du ixe siècle et, plus tard, la *Curia regis* aient été ce qu'on disait (et ce n'était pas), le Conseil du roi les continuait d'une façon encore plus évidente et les Etats généraux pouvaient passer pour des *Curiae solemnes* évoluées. Plus que les compagnies judiciaires, ils auraient pu prétendre au rôle qu'elles s'arrogaient. Alors, reconnaissant ce pouvoir aux Etats, on se mit à soutenir que les Parlements les représentaient dans l'intervalle de leurs sessions et constituaient des Etats permanents ou au petit pied (46). Bodin

(44) G. Budé, *Annotationes in Pandectas*, 1535, p. 127, et dans ses *Forensia*, p. 258 : « Curia interpres et juris et aequitatis, Edictorum et Placitorum Principum, bona eorum venia, moderatrix et arbitra, duntaxat quae a Curia promulgari cum cognitione debent. Cum enim in sanctiones regias jurata sit, si quid Placita a Principe eblandita aut obreptione oblata, a sanctionibus aut acquitate discrepent, judicium suum interponere, more majorum, solet. » — Pierre de Granet, *Stilus regius Salutianorum*, pp. 621-622 : « Solius regis est in Galliis ordinationes, leges, edicta, constitutiones facere... sed ita tamen ut illac vim, effectum et autoritatem supremam non habeant, vel saltem perpetuam, nisi primo fuerint a Curiis supremis verificatae et publicatae, et, ut veteres inquiebant Romani, nisi prius patres illarum auctores facti fuissent. »

(45) Robert, ap. La Roche-Flavin, *loc. cit.*, n° 4, p. 705, n° 8, p. 706. Ant. Le Conte, *Comm. sur l'édit de* 1556 (Néron, *Ord.*, t. 1, 1720, p. 351). Miramont, *Des juridictions de l'enclos du Palais*, p. 61. Vincentius Lupanus, *Comm. de magistratibus et praefectis Francorum*, II, p. 3 : « Curiae supremae tanta est apud Francos auctoritas, ut prope Senatus Romani speciem habeat; regesque bellum suscepturi autorem fieri curiam velint et in ejus acta referri omnia ad Rempublicam pertinentia : apud quam edicta recitantur : quorum nulla ratio prius habetur quam in supremo illo concessu promulgatae sint. Novissime vero Caesar Quintus imperator, conditionum pacis cum rege initae, auctorem fieri curiam voluit; ne essent postea antiquabiles foederis leges. Sic Romae leges... Senatus consulto confirmari oportebat. »

(46) Pasquier, *Les recherches de la France*, II, 2, 4, 1663, pp. 40, 57, 58, 806. Papon, *Le secret du troisième notaire*, V, 1583, p. 318 : « Mais cela se fait toujours de même authorité et par le conseil et gens dudit Prince qui ne veut, comme ne doit, s'assurer au Conseil qu'il a près de lui, qui est de peu de personnes; ains renvoie le tout esdites Cours qui sont de grandes compagnies expertes au faict de justice, constituées et dressées pour le

pensait même qu'ils les remplaçaient avec avantage, ayant une sagesse supérieure, sans les énormes inconvénients qu'il trouvait aux grandes assemblées [47]. Les parlementaires mettaient une telle ardeur à soutenir et à amplifier leurs prérogatives, que les étrangers les considéraient comme le premier corps de l'Etat [48]. A vrai dire, ce qu'ils pouvaient invoquer le plus raisonnablement c'étaient les précédents; aussi ils s'évertuaient à les multiplier [49].

Les Cours savaient, du reste, graduer leur résistance, selon qu'elles désapprouvaient plus ou moins complètement les Lettres royaux, usant de l'un ou de l'autre des trois procédés suivants : 1° les *remontrances* : la Cour, après vérification des Lettres et en avoir délibéré, chargeait un de ses membres de rédiger ses observations et, par arrêt, ordonnait qu'elles fussent adressées au roi par écrit ou qu'elles lui fussent présentées par une députation de la compagnie; — 2° les *réserves* : elle faisait procéder à la publication et à l'enregistrement, *per modum provisionis, duntaxat donec aliter fuerit ordinatum*, se réservant d'obtenir du roi des modifications et de suspendre l'application de l'ordonnance ou de l'édit en tout ou en partie en cas d'insuccès; — 3° les *corrections* ou *modifications*, avant de faire publier et enregistrer. Bien que les Cours affirmassent n'employer ce système que pour des détails secondaires ne valant pas que les Lettres fussent retournées au roi, c'était l'acte le plus grave, car les magistrats se substituaient à celui-ci, faisaient la loi à sa place et autrement qu'il ne voulait. Aussi, tandis que parmi les publicistes, les uns permettaient aux compagnies souveraines de modifier, limiter et amplifier [50], d'autres n'admettaient que les remontrances [51]. Le Conseil privé avait plusieurs fois notifié que « plutôt que modifier, on devoit avertir le Roi ». La pratique des modifi-

bien public et qui représentent les Estats de France depuis quelque temps, que l'on a fait perdre l'usage d'assembler et d'ouïr lesdits Estats. »

[47] Bodin, *op. cit.*, III, 4, p. 418 et s.

[48] Marco-Antonio Barbaro, en 1563, écrivait (*Rel. des ambass. vénitiens*, publiées par Tommaseo, t. 2, p. 26) : « Il parlamento di Parigi ha amplissima autorita ed e com un senato ove son cento trenta consiglieri del re... Ha autorita ancora nella giustitia e nelle legi; e modera, interpreta o reproba del tuto qualche volta le deliberazioni di consiglio privato di Sua Majesta. »

[49] La Roche-Flavin (*loc. cit.*, n° 14, p. 705) dit que de 1562 à 1589 le Parlement a refusé d'enregistrer plus de cent édits.

[50] Grimaudet, *op. cit.*, p. 480; Ch de Figon, *op. cit.*, p. 31; Cayron, *Le parfait practicien*, p. 1.

[51] Papon, *loc. cit.*

cations remontait au moins au règne de Jean le Bon, qui avait décidé que le Parlement n'en devait délibérer qu'avec des commissaires députés par lui (52). Du xive au xviie siècle, les enregistrements furent fréquents *sub conditionibus et modificationibus in eadem expeditione declaratis*, ou *per modum provisionis et donec alias per Curiam fuerit ordinatum* (53). L'ordonnance de Blois constate que « nos Cours souveraines ont ajouté certaines modifications contenues en leurs registres, inconnues à nos sujets (54) ». En 1576 les Etats de Blois, en 1614 le tiers état, protestèrent contre, car les Cours remontraient, réservaient, modifiaient même au sujet d'ordonnances transformant en lois des vœux exprimés par les Etats généraux (55).

Ces errements associaient par un détour les compagnies judiciaires à la législation. Les rois les toléraient d'ordinaire, mais ne pouvaient les admettre comme l'exercice d'un droit établi sur une loi fondamentale, ainsi que le disaient les intéressés, d'autant que l'opinion des Etats, variable à leur égard, leur était souvent hostile. Les rois opposaient toujours leur droit absolu et exclusif de faire la loi (56); et pour écarter ce compagnonnage dans leur souveraineté, ils eurent recours à des procédés énergiques ou subtils : Lettres de jussion, réglementation des remontrances, lit de justice, suspension, exil.

(52) *Ord.* févr. 1350 : « Nous voullons et ordonnons que si en nos présentes Ordonnances, ou en aucunes d'icelles, avoit aucune correction ou aucunes choses à ajouter ou à oster, muer, interpreter ou de nouvel faire tant pour le temps présent, comme pour celuy à venir, que les commissaires qui sur ce par nous députez, le puissent faire ou la greigneure partie d'iceux et sur ces choses délibèrent et conseillent avec les gens de nostre Parlement » (*Ord. des r. de Fr.*, t. 2, p. 280).

(53) *Mémoires de Condé*, t. 1, p. 275. Néron, *Ordonnances* ; arrêts des Parlements de Toulouse et de Grenoble à la suite de l'ordonnance de 1660. — *Ord. des r. de Fr.*, t. 3, pp. 561, 563; t. 5, p. 41.

(54) *Ord.*, Blois (Paris), mai 1579, art. 207, 208 (Is., t. 14, p. 430).

(55) Rapine, *Rec. de ce qui s'est fait et passé... en l'Assemblée générale des Estats tenue à Paris en l'année* 1614 : *Cahier gén. du tiers état*, pp. 66, 112. — *Rec. de pièces sur l'hist. de Louis XIII*, t. 3, p. 627.

(56) Le chancelier de l'Hôpital, au lit de justice de Rouen, 17 août 1563 : « MM., vous jurez à vos réceptions de garder les ordonnances et entrez en vos charges par serment, jurez et promettez les garder : les gardez-vous bien? La plupart d'icelles est mal gardée; il y a pis, car vous dites estre par dessus les ordonnances et n'estre obligez par icelles, si ce n'est en tant qu'il vous plaist. MM., faites que l'Ordonnance soit par dessus vous. Vous dites estre souverains; l'Ordonnance est le commandement du roy, et vous n'estes pas par dessus le Roy. » (Is., t. 14, p. 148). Cpr. *Ord.*, Blois, mai 1579, art. 207, 208 (Is., t. 14, p. 430).

Les *Lettres de jussion* étaient un ordre écrit que le roi, après avoir pris connaissance des remontrances, et qu'il les eût, ou non, acceptées, adressait à la Cour d'enregistrer immédiatement et sans modifications [57]. Celle-ci ou bien obéissait, ou bien témoignait sa désapprobation en ordonnant d'inscrire que l'enregistrement était fait *ex iterativo et expresso mandato regis*, marquant ainsi le peu d'espoir qu'il y avait qu'elle appliquât l'ordonnance [58]; ou bien elle joignait à un nouveau refus d'autres remontrances. Si des deux côtés l'on s'entêtait, le pouvoir législatif était de fait suspendu [59].

Le droit de remontrances ne pouvait être supprimé. Collectivités et individus avaient toujours eu accès auprès du trône pour y porter leurs doléances, les corps judiciaires plus que tous les autres quand il s'agissait de la justice et des lois [60]. Mais il seyait qu'ils ne fissent obstacle ni aux réformes, ni au gouvernement de la monarchie. L'ordonnance de Moulins (1566) prescrivit que toutes les ordonnances non abrogées fussent observées, nonobstant qu'elles n'aient jamais été publiées par les Cours souveraines et qu'à l'avenir toutes itératives remontrances seraient interdites [61]. Sur les protestations du Parlement de Paris, une déclaration du 10 juillet 1566 s'en tint à cette dernière prescription. Mais il en fallut une autre du 1er août pour que le Parlement enregistrât, sous réserve et par provision, et seulement en partie, l'ordonnance de Moulins. Cependant dans une troisième (11 déc.

---

(57) Il y a des lettres de jussion du xive siècle, notamment du 16 juin 1392, concernant une ordonnance accordant des privilèges de juridiction au chapitre de N.-D. de Paris. Elles furent suivies d'une transaction entre le Parlement et le chapitre (Is., t. 6, pp. 703-708).

(58) Bodin, *loc. cit.*, : « Lés expressions *de expresso mandato* ont telle conséquence que tels Edicts ne sont pas gardés, ou bientost après oubliés. » Cpr. G. Coquille, *Inst. au dr. des François*, t. 2, p. 2.

(59) La Roche-Flavin, *op. cit.*, XIII, n° 2, p. 686 : « J'ay veu (à Toulouse) souvent refuser plusieurs Edits, en nombre de plus de quatre-vingts, receus au Parlement de Paris, bien qu'il y eust jusqu'à six, voire sept jussions. » L'Edit du 23 août 1561 donna lieu à trois lettres de jussion : 22 avril, 23 juin, 23 août 1561, Cpr. *Lettres de jussion*, 20 févr. 1560; 12 mars 1576, à la Cour des monnaies (Is., t. 14, pp. 102, 108, 114; 98, 277).

(60) *Décl.*, 10 juill. 1566, art. 2 (remontrances des greffiers), art. 5 (remontrances des baillis et sénéchaux), art. 7 (remontrances du clergé), art. 8 (remontrances de l'Université). La Roche-Flavin, *op. cit.*, XIII, 17, 25 : « S'il y a opposition à la publication des Edits (de la part de particuliers), on ne baille jamais communication d'iceux aux opposans : ains est ordonné qu'ils en auront copie, ou les verront au greffe, ou entre les mains des gens du Roy. »

(61) *Ord.*, Moulins, févr. 1566, art. 1, 2 (Is., t. 14, p. 190).

1566) enregistrée le 23, « par commandement très exprès dudit seigneur roy et par lui plusieurs fois réitéré », Charles IX commandait que les ordonnances fussent toutes « gardées sans aucune exception, ni réservation » et qu' « après avoir esté publiées, elles le soient sans y contrevenir encore que la publication soit faite de nostre très exprès mandement ou que l'on eût retenu d'en faire plus amples et itératives remontrances » ([62]). Les magistrats ne se soumirent pas ([63]). L'ordonnance de Blois fut l'occasion de remontrances réitérées (1579) et un arrêt de 1580 proclama que « les magistrats jugent les édits et en doivent juger en leur conscience... et peuvent respondre au roy : *Non possumus neque debemus* ». Ni les prescriptions de cette ordonnance, ni celles de l'ordonnance de 1629 sur l'application des lois ne furent mieux respectées ([64]). Louis XIV résolut de mater les Cours souveraines. D'après l'*Ordonnance civile de 1667* : 1° Les Cours devaient publier et enregistrer les ordonnances, édits et déclarations, incontinent après les avoir reçus, sans remontrances préalables; 2° les remontrances étaient permises pour provoquer la réforme des lois en vigueur ou en réclamer une interprétation ou une extension; 3° elles étaient admises pour les nouvelles dans la huitaine après la délibération suivant l'enregistrement pour les Cours sises à la résidence du roi, dans les six semaines pour les autres, sauf les cas où la loi avait été publiée en présence du roi ou sur son exprès commandement. Comme l'une ou l'autre procédure suivait toujours les premières remontrances, les itératives se trouvaient interdites ([65]). Des Lettres patentes du 27 février 1673 complétèrent cette réglementation ([66]); 4° l'opposition à l'enregistrement des actes légis-

(62) *Décl.*, 10 juill. 1566, art. 3; 1er août 1566; 11 déc. 1566 (Is., t. 14, pp. 214-219).

(63) L'ordonnance de Moulins était l'œuvre de l'Hôpital. L'art. 1 est la réponse à l'incident de 1561 (ci-dessus, p. 804, note 38). Or, les parlementaires imaginèrent que le chancelier s'était repenti avant sa mort de l'avoir inspirée. Au lit de justice de janvier 1580, le premier président raconta au roi que le chancelier lui avait confessé que c'était là « le plus pernicieux édict et de mauvaise conséquence qui oncques fût présenté au Parlement et que l'une des choses dont il sentoit sa conscience le plus chargée estoit d'avoir obstinément soutenu ledit édict... et persuadé que c'estoit une des choses en laquelle il avoit le plus offensé le public et qu'il pensoit avoir esté la cause de sa défaveur. » Dargentré, *Coll. jud.*, t. 2, p. 452.

(64) *Ord.*, Blois, mai 1579, art. 207, 208; janv. 1629, art. 1 (Is., t. 14, p. 430; t. 16, p. 225).

(65) *Ord. civile*, avril 1667, tit. 1, *de l'observation des ordonnances*, art. 2, 5, 7 (Is., t. 18, pp. 105 et s.). L. P., 27 févr. 1673 (Is., t. 19, p. 72).

(66) L. P., 27 févr. 1673 (Is., t. 19, pp. 70 et s.). Ces Lettres complétaient

latifs était interdite à tous autres corps, communautés ou individus, ce qui réservait le droit de remontrances aux seules Cours souveraines qualifiées seulement sous Louis XIV de Cours supérieures ([67]). Des sanctions privées et publiques assuraient le respect de ces dispositions : à raison de leur inobservance, des magistrats furent suspendus; en 1679, des réprimandes furent adressées au Parlement de Toulouse; en 1688, une commission fut chargée « de prendre connoissance de la conduite des officiers de judicature ([68]) ». Sous Louis XIV, les remontrances furent « comme abolies ([69]) ». Mais, en 1715, le droit de remontrances préalables à la publication fut rendu aux Cours souveraines ([70]); et dès lors, le conflit fut toujours latent entre elles et la royauté.

Le *lit de justice*, depuis le xv⁰ siècle, restait, devant la résistance des Cours, la dernière ressource des rois ([71]). On appelait ainsi le tribunal ou le trône sur lequel le roi prenait place au Parlement quand il y tenait séance pour les affaires importantes ou qu'il y venait pour faire enregistrer les lois au refus des magistrats ([72]). Les pouvoirs de ceux-ci ayant leur source dans une délégation que le roi leur avait conférée pour juger à sa place, sa présence les suspendait *Adveniente principe, cessat ma-*

les art. 2 et 5 de l'Ordonnance civile en fixant le point de départ des délais de huitaine et de six semaines. Dès que le procureur général avait reçu l'acte, il en donnait décharge au courrier et informait le premier président, en requérant qu'il convoquât les Chambres dans les trois jours pour la présentation de l'ordonnance et de l'édit, qui était alors remis dans les vingt-quatre heures au rapporteur. La délibération avait lieu dans les trois jours; après quoi l'on procédait à la publication et à l'enregistrement dans tous les cas et, s'il y avait lieu à remontrances, à la délibération et à l'enregistrement séparé de celles-ci : c'était dans la huitaine ou les six semaines suivantes qu'elles étaient remises au procureur général et communiquées au roi.

(67) *Ibid.*, p. 71; mais cette défense ne s'appliquait pas aux actes particuliers entre parties, p. 73.

(68) *Ord. civ.*, tit. 2, art. 8; *L. P.*, 27 févr. 1673, p. 72.

(69) Louis XIV, *Mémoires*, éd. Dreyss, t. 1, p. 46. Daguesseau, *Œuvres*, t. 14, pp. 145, 155. Voltaire, *Siècle de Louis XIV*, ch. xxx : « Aussi, dans tout le cours de son administration, il n'essuya aucune remontrance d'aucune cour de judicature, excepté dans la fatale année de 1709 où le Parlement de Paris représenta inutilement le tort que le ministre des finances faisoit à l'Etat par la variation du prix de l'or et de l'argent. »

(70) *Déclaration*, Vincennes, 15 sept. 1715 (Is., t. 21, p. 40).

(71) Pasquier, *op. cit.*, II, 4, p. 58.

(72) Loyseau, *Tr. des Offices*, I, 2, n⁰ 22. Du Tillet, *Rec. des Roys*, t. 1, p. 253 et s., 416; t. 2, p. 67. Ferrière, *op. cit.*, v⁰ *Lit de Justice*.

gistratus. Le roi étant sur son lit de justice, toutes les fonctions déléguées au Parlement se résorbaient dans sa personne. Il composait à lui seul la Cour et par son arrêt faisait procéder par le greffier à la lecture et à l'enregistrement des Lettres patentes (73). Tant qu'il était présent les membres de la Cour quittaient les sièges aux fleurs de lys et descendaient sur les bas sièges. Quelque logique que cela parût, étant donné que toute justice émanait du roi et les origines de la Cour, les parlementaires en vinrent à soutenir que, leur prérogative étant devenue une loi fondamentale, le roi ne pouvait plus la leur ravir. Ils citaient des cas où l'on était allé aux voix le roi présent (74). Mais il ne s'agissait pas alors d'enregistrement. Le lit de justice ne réussit qu'aux rois forts, comme Louis XIV, qui en usa au début de son règne. Autrement, le roi parti, les magistrats ne tenaient nul compte « de ces Lettres passées par force » (75).

Les protestations des Cours souveraines ne cessèrent qu'avec elles. Au xviiie siècle, les derniers degrés de la résistance étaient, de la part des magistrats, la menace de démission en

---

(73) La Roche-Flavin, *op. cit.*, XIII, 9, 1, p. 687 : « Il est certain qu'en la présence du souverain, toute la puissance des Magistrats et Commissaires cesse, et n'ont aucun pouvoir de commander, ny aux subjects, ny les uns aux autres... En quoy plusieurs s'abusent qui pensent que la vérification des Edits, Lettres ou Privilèges, est faicte par la Cour, quand le Roy y est présent : veu que la Cour a les mains liées et qu'il n'y a que le Roy qui commande. C'est pourquoy celuy qui porte parole pour le Roy dit en cette sorte : Le Roy vous dit, que sur le reply des lettres, sera mis, qu'elles ont esté levées, publiées et enregistrées, ouy sur ce son procureur, sans y mettre ce requérant ny consentant : car l'advis ou présence du procureur du Roy n'y sert de rien, le maistre présent. » Cpr. *Ibid.*, 9, 3. De l'Hommeau, *op. cit.*, I, 3, p. 7 : « C'est pourquoi quand le Roy entre dans ses palais de justice, les juges se lèvent et cessent de rendre la justice. »

(74) Papon, *op. cit.*, V. p. 336 : « Sera frustratoire l'adresse faite par le Prince esdits Parlemens pour vérifier, lire, publier et enregistrer les Edicts, s'il n'y a autre mystère ny chose à eux délaissée, sinon de la lecture et publication qui se pourroit faire par un huissier ou sergent et le surplus par un trompette sans que lesdits Parlemens aient authorité et droict de fonder et examiner la justice d'iceux, et, s'il y a quelque chose à dire, ne les laisse légièrement couler et dissimuler sur ce a peine de contravention et infraction de leurs serments. » Pasquier, *Lettres*, XII, 2.

(75) Pasquier, *Rech. de la Fr.*, III, 26, p. 236; Godefroy, *Cérémonial françois*, t. 2, p. 597. Loyseau, *Tr. des offices*, II, 8, n° 4. — *Diction. des arrests*, v° *Parlemens*, n° 58 : la Cour, le 9 juin 1581, suppliait le roi de « ne venir au Parlement pour publier les édicts, parce que c'est chose insolite et non accoustumée et contre les Lois et les Ordonnances qui ont donné liberté au Parlement d'en délibérer, même quand il est question des édicts. »

masse ou la grève, de la part du roi les lettres de cachet exilant le Parlement en bloc, ou ses membres individuellement à leurs maisons des champs, parfois l'emprisonnement. La réforme du chancelier Maupeou conservait pourtant au Parlement le soin de promulguer les lois et le droit de remontrances [76]. L'édit de novembre 1774, qui rétablissait les Cours souveraines, leur restitua l'usage des remontrances préalables dans le délai d'un ou deux mois, à dater de la réception des Lettres patentes et les autorisait, même après les Lettres de jussion ou le lit de justice, pourvu que l'exécution de la loi ne fût pas suspendue. Le Parlement en usa contre cet édit lui-même [77].

L'opposition des compagnies judiciaires aux réformes fut telle sous Louis XVI, que le roi essaya, dans un lit de justice du 8 mai 1788, de transférer la publication et l'enregistrement à une Cour plénière composée des princes, des pairs, de la Grand'Chambre, de hauts dignitaires et des délégués des Cours souveraines désignés à vie. Elle devait avoir le droit de remontrances préalables, que douze de ses membres iraient soutenir et discuter devant le Conseil du roi [78]. Comme, malgré leur système de l'unité et des classes, les Parlements émettaient sur les mêmes dispositions législatives les avis et prenaient les partis les plus dissemblables, ce qui rompait l'unité de législation là où elle existait [79], l'enregistrement par la Cour plénière devait valoir par tout le royaume, pays et terres d'obéissance du roi, chaque Parlement ne gardant droit de vérification et de remontrances que pour les Lettres spéciales à son ressort [80]. Mais sur la protestation énergique des compagnies judiciaires [81], un arrêt du Conseil suspendit l'établissement de

(76) *Edit*, 23 février 1771 (Is., t. 22, p. 514) : « Dépositaire (le Parlement) des lois, chargé de les promulguer, de les faire exécuter, de nous en faire connoître les inconvénients et de faire parvenir jusqu'à nous les besoins de nos peuples... »

(77) *Edit*, nov. 1774, art. 22-27 (Is., t. 23, pp. 54-55). — *Arrêt contenant les remontrances sur les édits de nov. 1774* (Ibid., p. 119, 124 et s.). Les magistrats protestaient contre la non-suspension d'exécution des lois enregistrées d'autorité en cas de remontrances postérieures.

(78) *Edit portant rétablissement de la Cour plénière*, mai 1788 (Is., t. 28, pp. 560 et s.).

(79) La Roche-Flavin, *op. cit.*, XIII, 8, p. 686.

(80) Art. 16, 17, 18 (Is., t. 28, p. 566).

(81) *Remontrances contre le lit de justice du 8 mai 1788* : 3 mai 1788 (anticipées), 8 mai 1788; Besançon, 26 mai 1788; Rennes, 31 mai 1788; Grenoble, 9 juin 1788 (Is., t. 28, pp. 533, 567, 573, 579, 583). *Arrêt du Conseil*, qui les casse, 20 juin 1788 (Ibid., p. 584).

cette institution jusqu'à la convocation des Etats généraux [82].

III. *Le pouvoir réglementaire et les jugements en équité.* — De la délégation souveraine qu'elles avaient reçues, les grandes compagnies judiciaires avaient tiré deux moyens différents de participer partiellement à la législation, en y suppléant ou en l'écartant. Le premier était conforme à la tradition ancienne qui rattachait le droit d'établissement ou de règlement à la justice. De la délégation de l'une, on concluait à la délégation de l'autre dans la même mesure, de sorte qu'on avait admis d'abord que toutes les juridictions royales avaient pour l'exercice de leurs attributions et dans l'étendue de leurs ressorts un pouvoir réglementaire. Jusqu'au xvie siècle, ce droit fut reconnu aux tribunaux de bailliages et de sénéchaussées. Mais alors les Parlements leur interdirent de l'exercer, ne l'admettant que pour eux seuls. Chaque Cour souveraine faisait des règlements pour son ressort, sous l'autorité du roi et à la condition qu'il n'existât ni loi ni coutume sur la matière; au reste, ces règlements n'étaient que provisionnels et tombaient si une ordonnance ou un édit intervenait. Mais invoquant que le pouvoir du haut justicier s'étendait sous cette forme en dehors de la justice proprement dite et que le Parlement, sorti de la *Curia*, n'avait jamais totalement dépouillé son caractère de Conseil, les Cours judiciaires réglementaient sur tout ce qui concernait la police générale, le domaine, les affaires ecclésiastiques, militaires, universitaires, etc., constituant une sorte de législation secondaire dans les limites de leur circonscription [83].

Le second était beaucoup plus critiquable. Se qualifiant de souveraines elles se reconnaissaient le droit de juger en équité, c'est-à-dire de changer la solution qui résultait dans les litiges particuliers de la loi existante, ce qui revenait à modifier celle-ci, tout au moins à la modérer ou à l'étendre et à s'arroger une prérogative qu'à l'occasion elles eussent refusée au roi lui-même [84]. Elles persistèrent dans ces errements malgré la défense réitérée des ordonnances et les plaintes du public traduites dans le dicton célèbre : « Dieu nous garde de l'équité des Parle-

---

(82) *A. C.*, 8 août 1788 (Is., t. 28, p. 611; Duvergier, t. 1, p. 3);

(83) Loyseau, *Tr. des seigneuries*, III, 12; Le Bret, *op. cit.*, I, 9, p. 73. La Roche-Flavin, *op. cit.*, XIII, 23, n° 7.

(84) *Decisiones capellae tolosanae, Quaestio* cccclxxx, p. 422 : Secundum stylum curiae parlamenti, rigore juris non sunt subjecti, quinimo ex bono et aequo judicare possunt; propterea juris error admitti non debet.

ments » (85). L'Ordonnance civile de 1667 leur défendit, cette fois péremptoirement, de juger en équité.

III. — LA LÉGISLATION ROYALE.

1° Les ordonnances, édits, déclarations (86).

Les actes de la législation royale sont innombrables; nous ne les possédons pas tous. Bien que limités par l'existence des coutumes et le fait que certaines matières étaient réglées par le droit canonique, l'activité législative des rois s'étendait, à l'occasion, à tous les domaines du droit.

Un grand nombre d'édits ou d'ordonnances avaient uniquement pour objet le droit public ou administratif : rapports des autorités temporelle et spirituelle, discipline de l'Eglise, ordre public, hiérarchie administrative, domanialité et comptabilité publiques, justice, finances, monnaies, armée, etc., et cela se développant avec l'extension du pouvoir royal et les complexités sociales. Mais, par-dessus cette législation, en quelque sorte continue, de grandes ordonnances jalonnèrent depuis le XIVe siècle la voie par laquelle on avançait vers l'unification législative et la centrali-

(85) *Ord. de Blois*, mai 1579, art. 207-208; *Ord.*, janv. 1629, art. 1 (Is., t. 14, p. 430; t. 16, p. 225).

(86) Il n'y en a pas de recueils complets, ni d'éditions critiques. Voy : *Les Ordonnances des rois de France de la troisième race*, 1723-1902. Ce recueil, auquel travaillèrent successivement de Laurière, Secousse, Vilevault, Bréquigny, Camus, sous la direction des chanceliers, interrompu par la Révolution au t. XIV, fut repris, au XIXe siècle, par l'*Académie des Inscriptions et Belles-Lettres*, qui en confia le soin à de Pastoret (t. XV à XX [1842]), puis à Pardessus (t. XXI [1849]). La Section d'histoire générale et philosophique de l'*Académie des Sciences morales et politiques*, ayant été chargée ensuite de continuer ce travail, a publié (1902) un autre tome, le premier consacré aux *Ordonnances de François Ier* (1515-1516) et un *Catalogue des actes de François Ier*, 10 vol., 1887-1908. Pardessus, *Table chronologique des Ordonnances des rois de France de la IIIe race jusqu'au règne de Louis XII inclusivement*, suivie d'une table alphabétique, in-f°, Paris, 1847. — Isambert, Jordan, Decrusy, *Recueil général des anciennes lois françaises de 420 à 1789*, 29 vol. (1823-1838), incomplet, fautif et peu critique, utile faute de mieux. — Recueils partiels : Fontanon, *Edits et Ordonnances des rois de France*, 1580; Néron et Girard, *Recueil d'Edits et Ordonnances royaux*, 1720. — Prou, *Rec. des actes de Philippe Ier, roi de France*, 1059-1108, Imp. nat., 1908. Luchaire, *Etudes sur les actes de Louis VII* (1885). Delaborde, *Recueil des actes de Philippe-Auguste, roi de France*, t. 1 (1179-1194), Imp. nat., 1914.

sation gouvernementale, sans trop de hâte, ni d'arrêts. On les
intitulait : *Ordonnances pour la réformation de la justice*, parce
que la justice était la grande affaire du roi, et que, si certaines
parties de la législation pouvaient avoir une autre source, toute
justice trouvait la sienne en lui. Leur publication suivait d'ordinaire la réunion des Etats généraux ou des Notables et correspondait à quelque mouvement, plus ou moins vif, de
l'opinion. Les ordonnances des 25 mars 1332, juin 1338, 28 décembre 1355, 3 mars 1355 portent qu'elles ont été faites à la suite
d'une de ces assemblées et à leur demande (⁸⁷). Au xvᵉ siècle,
l'*Ordonnance cabochienne* (15 mai 1413) enregistrée en un lit
de justice, et cancellée le 5 septembre suivant dans un autre,
constituait une sorte de code administratif, en plusieurs parties
remarquable. Domaine, aides, Chambre des Comptes, Parlement,
juridictions inférieures, Chancellerie, eaux et forêts, droits seigneuriaux, armée, y étaient l'objet de réformes assez heureuses
pour que beaucoup aient été consacrées, malgré la radiation de
l'ordonnance, par la pratique administrative (⁸⁸). On en peut
rapprocher une autre de février 1415, d'intérêt presque local, car
il s'agissait de la juridiction du prévôt des marchands et des échevins de Paris, mais dont l'ampleur (700 articles) et l'intérêt font un
des monuments législatifs les plus importants de cette époque (⁸⁹).
Beaucoup d'ordonnances de police postérieures n'en furent que
des reproductions fragmentaires et légèrement retouchées.
L'*Ordonnance de Montils-les-Tours* (avril 1453), à part qu'elle
ordonnait la rédaction des coutumes, était tout entière consacrée
à la réorganisation des juridictions royales et de la procédure,
surtout dans les pays d'où les Anglais venaient d'être définitivement expulsés : quelques articles étaient consacrés aux actions
possessoires et aux matières bénéficiales; d'autres interdisaient les
jugements par commissaires et la vénalité des offices (⁹⁰). Bien
que réduite au Languedoc, l'ordonnance du 8 juin 1456, rendue
sur les doléances de ses Etats, et à la suite de subsides votés par
eux, reste un document législatif très curieux surtout en ce qui

---

(87) Is. t. 4, pp. 402, 431, 734, 814.

(88) Coville, *L'Ordonnance cabochienne* (mai 1413), avec une introduction et des notes (*Coll. de textes pour servir à l'étude de l'histoire*), Picard,
1882. — Is., t. 7, pp. 283-386.

(89) Is., t. 8, pp. 427-573. Elle fut rédigée par le conseiller au Parlement
Jean Mauloue, qui en avait été chargé par Lettres royaux du 27 mai 1415
(Is., t. 8, p. 421).

(90) Is., t. 9, pp. 202-254.

concerne les impôts ([91]). C'est qu'à mesure que l'usage s'établit de la part des Etats généraux ou provinciaux de composer des cahiers destinés à être remis au roi, les ordonnances trouvèrent en ceux-ci une matière préparée et commodément transmuable en lois. Cela se vit, après les Etats de Tours (1484) quand, par deux fois, en 1493 et 1498, on s'efforça de faire passer dans une ordonnance ce qui faisait l'essentiel et la partie raisonnable de leurs vœux; mais encore seules l'organisation judiciaire, la procédure civile et criminelle, l'exécution des sentences et des obligations, l'organisation et la discipline de l'Eglise et de l'Université en sont le fond ([92]).

La législation du xvie et d'une partie du xviie siècle, dont les œuvres saillantes peuvent être marquées aux noms de quelques chanceliers, présente des caractères nouveaux. Ces ordonnances offrent parfois des groupes d'articles se référant à la même matière et ébauchant un système : on y sent mieux l'inspiration personnelle du rédacteur. En outre, l'attention attirée par la rédaction des coutumes sur le droit privé fait qu'à défaut de coutume générale unique, on s'essaye à unifier sur des questions spéciales ou de détail. Il n'y a plus guère d'ordonnances qui n'aient quelques dispositions en ce sens. L'*Ordonnance de Villers-Cotterets* (août 1530), du chancelier Poyet, précise une fois de plus les limites de la juridiction ecclésiastique et la procédure au possessoire dans les causes bénéficiales, mais établit un système rigoureux et cohérent de procédure criminelle comportant absence de publicité des débats et suppression de la défense, décide sur la forme et les effets des actes notariés, prescrit l'insinuation des donations, esquisse une théorie des dommages-intérêts ([93]). Sous le grand nom de l'Hôpital se placent les lois

<hr>

([91]) Is., t. 9, pp. 278-314 : Divisée en deux parties dont la première contient les griefs des Etats du Languedoc, la seconde les articles qui y font droit.

([92]) *Ord.*, juillet 1493 (Is., t. 11, pp. 214-249). *Ord.*, Blois, mars 1498 (Is., t. 11, pp. 323-388). Cette dernière avait été précédée de très peu par une assemblée de Notables. — Trois autres ordonnances d'un grand intérêt, spéciales, une à la Normandie, une autre à la Bretagne, qui furent publiées en 1507 et 1510 (Is., t. 11, pp. 464 et s., 565 et s.), la troisième, sept. 1535, à la Provence (Is., t. 12, pp. 416-491). Beaucoup de dispositions de ces ordonnances se répètent. — On peut y joindre les édits, moins étendus, sur le fait de justice dans le duché de Bretagne, après sa réunion à la Couronne (août 1532) : *Edits*, 30 août 1536; 20 juillet 1539; août 1539 (Is., t. 12, pp. 373, 513-527, 570, 594-600).

([93]) *Ord. de Villers-Cotterets*, août 1539 (Is., t. 12, pp. 600-640).

du milieu du siècle, bien que les cahiers des Etats y aient beaucoup servi : l'*Ordonnance d'Orléans* (janvier 1560), qui, traitant des affaires ecclésiastiques, de la justice criminelle, de la police, de l'armée, revient sur les actes notariés, crée une procédure des affaires sommaires, fait courir les intérêts moratoires du jour de la demande, restreint les substitutions fidéicommissaires à deux degrés, l'institution non comprise; l'*Ordonnance* dite *de Roussillon* (janvier 1563), complément de la précédente; l'*Ordonnance de Moulins* (janvier 1566), qui limite le droit de remontrances, établit les chevauchées des maîtres des Requêtes et renverse la règle : « Témoins passent lettres »; l'*Edit de Moulins* (février 1566), sur le domaine [94]. L'opposition des Parlements, paralysant sans cesse cette œuvre législative, obligeait à de perpétuels recommencements : le garde des sceaux Cheverny résuma ou reproduisit les dispositions de ces ordonnances dans celle de Blois (mai 1579) [95], très étendue (363 articles), qu'ils n'épargnèrent pas davantage.

Mais l'œuvre la plus considérable du genre fut l'ordonnance qu'à la suite des Etats généraux de 1614 et des assemblées de Notables de 1617 et 1627, fit rédiger, d'après leurs cahiers, le chancelier Michel de Marillac. Elle touche aux matières les plus diverses, ecclésiastiques, philantropiques, universitaires, judiciaires, fiscales, maritimes. On y voit l'autorité royale de plus en plus attachée à organiser le droit privé et le droit criminel : quarante-sept articles sont consacrés aux mariages, substitutions, donations, successions, cessions de biens, faillites, prêts à intérêt. Jamais une loi royale n'avait touché à tant de matières du droit privé. Ce fut en vain. L'hostilité des Parlements, qui la ridiculisèrent sous le nom de *code Michaud*, fit qu'enregistrée avec des modifications différentes d'après les ressorts ou sur Lettres de jussion, en fait elle ne fut pas appliquée [96], sauf peut-être par le Parlement de Dijon. Chaque compagnie judiciaire en retint ce qui lui plut.

Les Etats généraux en 1560 et 1576 avaient demandé qu'on réunît et codifiât les ordonnances et les édits; l'ordonnance de

(94) *Ord.*, Orléans, janv. 1560; *Ord.*, Roussillon, janv. 1563; *Ord.*, Moulins, févr. 1566; *Edit*, févr. 1566, *Décl. sur les ordonnances d'Orléans et de Moulins*, d'après les remontrances du Parlement de Paris (Is., t. 14, pp. 63-98, 160-171, 189-212, 185-188, 213).

(95) *Ord.*, *Blois*, mai 1579 (Is., t. 14, pp. 380-463).

(96) *Ord.*, janvier 1629 (Is., t. 16, pp. 223-342); à la suite les remontrances du Parlement de Paris. Bretonnier, *sur Henrys*, V, 1, q. 3

Blois l'avait promis (97). Autant que des coutumes, c'était de la législation royale que Michel de l'Hôpital avait souhaité la codification réclamée et démontrée possible par Fr. Hotman dans l'*Antitribonien* (98). Dans ces vues, l'avocat général Barnabé Brisson entreprit en 1587 une compilation de la législation royale en vigueur, sous le nom de *Basiliques* ou *Code Henri III*, qui fut adressée à tous les Parlements pour être soumise à leurs observations et modifiée, s'il y avait lieu (99). La mort d'Henri III (1589) et celle de B. Brisson (1591) empêchèrent le projet d'aboutir. En 1614, l'art. 359 du cahier général du tiers état reprit le vœu des Etats antérieurs.

Au temps seulement de Louis XIV, le moment parut favorable pour codifier et unifier de grandes parties du droit français. L'unité nationale était à peu près réalisée dans les mœurs et les idées; les particularismes régionaux ne s'opposaient plus très fortement à l'entreprise et chacun voyait l'anarchie juridique qui se répandait des jurisprudences opposées et des attitudes divergentes, vis-à-vis des ordonnances ou édits, des Cours souveraines. Elle se manifestait même en pays de droit écrit au point que le chancelier Séguier pensait à unifier d'abord le droit écrit. Colbert, dit-on, suggéra au roi de « composer le droit français », voulant réduire le royaume aux mêmes lois, poids et mesures. Dans ce but, il constitua un *Conseil de réforme*, composé de conseillers d'Etat, des maîtres des Requêtes, de praticiens, dont son oncle Pussort était l'âme (100). Mais, en même temps, le premier président de Lamoignon préparait une sorte de Code civil en collaboration avec une douzaine d'avocats au

(97) *Ord.*, Blois, mai 1579, art. 207 : « Nous avons avisé de commettre certains personnages pour recueillir et arrester lesdites ordonnances, réduire par ordre en un volume celles qui se trouveront utiles et nécessaires, et pareillement rédiger, réformer et éclaircir au mieux qu'il sera possible les constitutions particulières de chaque province. »

(98) *L'Antitribonien ou Discours de ce grand et renommé jurisconsulte François Hotman sur l'étude des Lois. Fait par l'advis de feu Monsieur de L'Hospital, chancelier de France, dès l'an MDLXVII* (Opuscules françois des Hotman, Paris, 1617). — *Vie de L'Hospital*, par l'Evêque, p. 29 et s.

(99) Il y en eut plusieurs éditions : 1585, 1599, 1611, 1615. Cette dernière, donnée par Charondas le Caron, est la plus estimée. — Il y eut quelques autres compilations de ce genre, d'initiative privée : *Code Henri IV*, de Cormier, 1615; *Code Louis XIII*, de Corbin, 1628; *Le corps du droit français et des ordonnances royaux*, dédié à Messire de Vic, premier président au Parlement de Toulouse, 1600.

(100) De Colyar, *J.-B. Colbert and the codifying ordinances of Louis XIV* (*Journal of the Society of comparative Legislation*, 1913, pp. 56-86).

Parlement ([101]). En ayant été informé, le roi demanda à ce que le travail en préparation fût élaboré par une commission mi-parlementaire, mi-extra-parlementaire, *Conseil de justice*, qui tint sa première séance le 26 janvier 1667. Elle réalisa une double tâche : 1° l'*Ordonnance civile touchant la réformation de la justice*, avril 1667, qui est un Code de procédure civile en trente-cinq titres, établi du 26 janvier au 17 mars, en quinze séances, dont on a gardé les procès-verbaux. De grandes améliorations furent apportées : formes plus simples et plus rapides, frais diminués, restrictions de l'arbitraire des juges et défense de juger en équité. Nombre de ses dispositions ont passé dans notre Code de procédure actuel. Quelques lacunes furent comblées avec l'ordonnance d'août 1669, sur les évocations, les lettres de *committimus* et les règlements de juges, elle-même réformée par celle d'août 1737, et avec l'édit de mars 1673 sur les frais de justice ([102]); 2° l'*Ordonnance criminelle* ([103]), août 1670, qui est un code d'instruction criminelle, développant et réformant celle de Villers-Cotterets. C'est à propos de ses dispositions plus encore que pour l'*Ordonnance civile* que l'esprit absolutiste et dur de Pussort et l'esprit parlementaire se heurtèrent. Malgré Lamoignon et Talon, Pussort fit maintenir la procédure écrite, le secret de l'instruction et du jugement, le serment des accusés, l'absence de défenseur (après discussion, un conseil ne fut accordé qu'en cas de crime sur l'état des personnes), l'interdiction pour les témoins de se rétracter sous les peines du parjure, les preuves légales, les monitoires (ordres donnés par l'intermédiaire du clergé aux fidèles de dénoncer les crimes qu'ils connaissaient sous menaces d'excommunication), les procès aux cadavres. La question fut maintenue d'après les jurisprudences locales. Les magistrats ne participèrent pas aux autres grandes ordonnances, œuvres du *Conseil de réforme*, constitué par Col-

(101) Le résultat de cette collaboration, sous le titre d'*Arrêtés du P. P. de L.* (du premier président de Lamoignon) a été publié en 1702 : *Projet de Code civil portant sur les personnes, la qualité des biens, les actions, les dettes, les hypothèques, les prescriptions et autres droits semblables, les droits qui dépendent des mariages, successions et testaments.* Les auteurs en étaient Auzanet, Fourcroy, de Brillac, Le Pelletier.

(102) *Ord. civile touchant la réformation de la justice*, avril 1667 (Is., t. 18, pp. 103-180). *Ord. sur la réformation de la justice faisant la continuation de celle du mois d'avril 1667 (Ibid.,* p. 341 et s.). *Édit sur les épices et vacations et autres frais de justice* (Is., t. 19, p. 86 et s.). *Édit,* août 1737 (Is., t. 22, p. 33).

(103) *Ord. criminelle*, août 1670 (Is., t. 18, pp. 371-423). — Esmein, *Hist. de la procédure criminelle*, pp. 212-260.

bert, et qui furent : 1° l'*Ordonnance portant règlement sur les eaux et forêts* (1669), dont les commissaires départis à cet effet fournirent les éléments : remarquable code forestier et source en grande partie du Code forestier actuel; 2° l'*Ordonnance du commerce* (mars 1673), code du commerce terrestre, œuvre surtout de Jacques Savary, ancien négociant, que Colbert avait chargé dès 1670 de la préparer. Son projet, presque tout entier admis par le Conseil, fit qualifier cette ordonnance par Pussort lui-même de *Code Savary*. On dit aussi : *Code marchand* ([104]); 3° l'*Ordonnance de la marine* (août 1681), code du commerce maritime dont les enquêtes menées par Legras en Hollande et d'Herbigny dans nos ports procurèrent les éléments, et l'*Ordonnance pour les armées navales et arsenaux de la marine* qui, par son système des classes, prototype de l'inscription maritime, associait étroitement la vie et la prospérité des deux marines ([105]). En 1684 il fut donné de la première de ces ordonnances une édition spéciale pour la Bretagne; 4° le *Code Noir*, touchant la police des îles de l'Amérique, qui améliora le sort des esclaves dans les colonies des Antilles en leur donnant un statut familial et certaines garanties contre les maîtres. On peut signaler encore, parmi les ordonnances de moindre étendue, celle qui tenta, sans succès, une réforme hypothécaire en 1673, une autre sur le domaine, de 1667, et celles sur l'administration des villes ([106]). Les résistances à l'application des ordonnances de 1667 et 1670 furent assez vives pour que Colbert ait exigé l'exil de certains magistrats et n'ait consenti que de mauvaise grâce à leur rappel.

Pour la première fois, sous Louis XIV, avait été réalisée, à l'aide d'une technique précise et d'un plan méthodique, en une langue limpide et soignée, la codification d'une part importante du droit français. Sous son successeur, le chancelier Daguesseau songea un moment à parachever l'ouvrage commencé et constitua une commission chargée de réunir les matériaux nécessaires. Il s'agissait d'unifier tout le droit privé et de le ramener à un corps de lois unique. Il n'aboutit que partiellement ([107]). On commença

(104) Is., t. 18, pp. 219-311; t. 19, pp. 93 et s.

(105) Is., t. 19, pp. 282-366; t. 20, p. 73. Cpr. *Ord.*, 14 sept. 1684, p. 462.

(106) Is., t. 19, pp. 73, 133; t. 18, p. 185; t. 19, pp. 420; t. 20, pp. 158, 203, 408.

(107) Il avait été de bonne heure incité à cette entreprise par l'abbé de Saint-Pierre, auteur d'un *Mémoire pour diminuer le nombre des procès* et peut-être aussi par Auzanet; mais l'un et l'autre se rendirent compte de l'impossibilité d'entreprendre en bloc un tel travail et Daguesseau convint qu'il était sage de procéder par étapes : Monnier, *Mémoires sur les ordonnances de d'Aguesseau*, pp. 20-45.

par les matières où les divergences tenaient moins aux habitudes séculaires des peuples qu'aux jurisprudences contraires des Parlements (108). Ceux-ci furent consultés sur chacune d'elles et leurs mémoires furent rapprochés et étudiés par la commission centrale que présidait Machault d'Arnouville (109). Il en résulta : 1° l'*Ordonnance sur les donations* (1731). Elle s'appliqua dans tout le royaume. Les éléments coutumiers à éliminer étaient presque insignifiants; depuis longtemps le droit romain et, lorsqu'il s'agissait de donations aux établissements de mainmorte, les ordonnances occupaient déjà tout le champ. L'œuvre nouvelle fut dominée par les mêmes préoccupations. Elle supprima les donations pour cause de mort (110). 2° l'*Ordonnance sur les testaments* (1735), codification en partie double, qui laissa subsister les différences anciennes entre les pays de coutumes et ceux de droit écrit, se bornant à unifier dans leurs limites respectives (111). 3° l'*Ordonnance sur les substitutions fidéicommissaires* (1747), faite, au contraire, pour tout le royaume. Daguesseau, très opposé aux substitutions, les maintint pourtant avec les restrictions que leur avaient déjà apportées les ordonnances d'Orléans (1560) et de Moulins (1566) (112). Beaucoup de dispositions de ces trois ordonnances passeront dans le Code civil. On peut y joindre : l'*Edit sur les établissements et les acquisitions des gens de mainmorte* (1749), qui limita et le nombre de ces établissements par la nécessité de l'autorisation, et leur capacité d'acquérir (113);

(108) *Ord.*, févr. 1731, *préam.* (Is., t. 21, p. 344) : « Nous aurions pu la (diversité de jurisprudence) faire cesser avec plus d'éclat et de satisfaction pour nous, si nous avions différé de faire publier le corps des lois qui seront faites dans cette vue jusqu'à ce que toutes les parties d'un projet si important eussent été également achevées; mais l'utilité qu'on doit attendre de la perfection de cet ouvrage ne pouvant être aussi prompte que nous le désirerions... nous leur en donnons comme les prémices par la décision des questions qui regardent la nature, la forme, et les charges ou conditions essentielles des donations, matière qui, soit par sa simplicité, soit par le peu d'opposition qui s'y trouve entre les principes du droit romain et ceux du droit français, nous a paru la plus propre à fournir le premier exemple de l'exécution du plan. »

(109) Les autres commissaires étaient les deux fils de Daguesseau, le procureur général Joly de Fleury, Le Voyer d'Argenson.

(110) *Ord. sur les donations*, février 1731 (Is., t. 21, pp. 344-354).

(111) *Ord. sur les testaments*, août 1735 (Is., t. 21, pp. 386-402).

(112) *Ord. sur les substitutions fidéicommissaires*, août 1747 (Is., t. 22, pp. 193-216).

(113) Is., t. 22, p. 222 : Atténué par *Décl.* 27 mai 1774 (Is., t. 23, p. 9).

l'*Edit sur les conservateurs des hypothèques et l'abrogation des décrets volontaires*, de juin 1771, qui simplifia la purge; et en matière de procédure : l'*Ordonnance sur les évocations et les règlements de juges*, août 1737; le *Règlement concernant la procédure du Conseil*, 28 juin 1738 [114]. Daguesseau avait voulu aussi reprendre l'œuvre des législateurs de 1670, dont la rudesse lui semblait un anachronisme. Ici encore il dut se borner à l'*Ordonnance concernant le faux principal et le faux incident et la reconnaissance d'écriture et signature en matière criminelle* de 1737, œuvre tout à fait remarquable qui, incorporée à nos Codes, est presque entière en vigueur aujourd'hui, et à l'*Edit sur les cas prévôtaux et présidiaux* de 1731 [115].

La législation de Louis XVI se distingua surtout par des réformes sociales ou de droit pénal, qui n'aboutirent presque jamais à cause de l'opposition des Cours souveraines. Aux premières se rattachent l'*Arrêt du Conseil sur la liberté du commerce des grains dans le royaume* du 23 septembre 1774; l'*Edit portant suppression de la corvée* de février 1776, sur lequel les avis étaient très partagés; l'*Edit portant suppression des jurandes et communautés de commerce, arts et métiers*, février 1776, et celui qui le modifia d'août 1776; l'*Edit supprimant les droits de mainmorte dans les domaines du roi et la servitude personnelle*, août 1779; l'*Edit concernant les protestants et réorganisant leur état civil*, novembre 1787 [116]. Aux secondes correspondent la *Déclaration* du 24 août 1780, qui abolit la question préparatoire; la *Déclaration* du 1er mai 1788, qui abolit la question préalable, introduisit la publicité partielle de l'instruction, supprima la sellette et défendit de juger « pour les cas résultant du procès », et de procéder aux exécutions capitales avant un mois écoulé depuis la condamnation [117]. En 1788, l'abbé Maury et le président Dupaty furent chargés de préparer la réforme du droit criminel, demandée par l'assemblée des Notables. La révolution interrompit ce travail. Il sied de signaler

(114) Is., t. 22, p. 530, p. 33-40, p. 42-106 : Ce dernier règlement est la source directe de la procédure actuelle du Conseil d'Etat et en partie de la Cour de cassation.

(115) Is., t. 22, pp. 1-30. *Adde* sous Louis XV : *Déclaration sur le rapt de séduction*, 22 nov., 1730 (Is., t. 21, p. 338).

(116) Is., t. 23, p. 30, 358, 370; t. 24, pp. 71, 74; t. 26, p. 139; t. 28, p. 472.

(117) Is., t. 26, p. 373; t. 28, p. 526. — *Rev. de l'hist. de l'Egl. de Fr.*, nov.-déc. 1912.

aussi, pendant toute la durée du règne, de nombreux actes législatifs touchant l'armée et la marine, dont quelques-uns de grande valeur [118].

2° Le droit royal et la jurisprudence.

Les Cours souveraines et les juridictions inférieures étaient chargées d'appliquer la législation royale et, dans son silence, de la suppléer tant pour le droit civil que pour le droit pénal. Comme elles l'appliquaient mal, leur jurisprudence n'en avait que plus d'importance. Si, en présence de lois écrites, elles paraissaient disposer d'une liberté et d'initiatives plus restreintes qu'en matière de coutume, par la voie de l'interprétation judiciaire et surtout par la pratique des réserves, des modifications, de la non-réception des ordonnances et des édits, selon qu'il chantait à chaque Cour souveraine, on était ramené à une très grande diversité. D'après les ressorts des Parlements, telle ordonnance ou tel édit s'appliquait ou ne s'appliquait pas, en tout ou dans quelques parties, ou avait été modifié, ici d'une façon, là d'une autre. Il seyait de connaître moins l'ordonnance que ce qu'en pensait ou en faisait la Cour et, sous son contrôle, les juges de son ressort. Ajoutez que même en face de textes précis les Cours souveraines se reconnaissaient le droit de juger en équité, et qu'en leur absence le pouvoir réglementaire les laissait maîtresses de légiférer à peu près sur tout dans leurs ressorts. Il était donc utile d'avoir des recueils de jurisprudence continuellement à jour pour chacun de ceux-ci, et il n'en manqua point. Même sur l'interprétation des ordonnances de Louis XIV, la jurisprudence varia assez pour qu'on écrivît sur celle de tel ou tel Parlement [119].

La jurisprudence dut suppléer à la loi particulièrement dans le domaine du droit pénal. Notre ancien droit, pareil en cela au droit romain, n'eut jamais qu'un droit pénal fragmentaire. On s'était contenté longtemps de règles coutumières très insuffisantes, accouplant traditionnellement telle peine à tel délit, mais, à mesure que l'autorité royale s'était reconstituée, il avait paru qu'il lui

(118) Sic *Ord. concernant la régie et administration générale et particulière des ports et arsenaux de la marine*, 27 sept. 1776 (446 art.); *Ord. concernant le corps royal du génie*, 31 déc. 1776; *Règl. général sur l'adm. des corps de troupes*, 1776; *Décl. concernant la course*, 24 juin 1778; *Ord. sur les consulats de commerce et la navigation dans le Levant*, mars 1781; *Ord. concernant les classes*, oct. 1784 (Is., t. 24, pp. 141, 295; t. 23, pp. 451-503; t. 25, p. 314; t. 26, pp. 436-488; t. 27, pp. 483-528).

(119) Sic *L'ordonnance de 1667 mise en pratique conformément à la jurisprudence du Parlement de Toulouse*, Dôle, 1789.

appartenait, comme gardienne de la paix et de l'ordre public, de poursuivre la répression des crimes et de poser des règles à ce sujet. Sauf en Bretagne, les rédacteurs des coutumes écartèrent presque complètement le droit pénal du domaine de celles-ci. Mais si la législation royale, s'inspirant du droit canonique, avait systématisé et finalement codifié la procédure criminelle, il n'en fut pas ainsi du droit pénal proprement dit, car le domaine des infractions réprimées par l'Eglise et par l'Etat n'était pas nécessairement le même et le système de pénalités adopté par la première était tenu pour insuffisamment répressif. Des ordonnances, particulières à chacune d'elles, définirent seulement quelques infractions, crime de lèse-majesté, fausse monnaie, péculat, contrebande, duel, piraterie, séduction, braconnage, etc., et prononcèrent contre elles des peines précises [120]. Pour le reste, les juridictions criminelles tirèrent des compilations de Justinien des pratiques qu'elles furent libres de modifier et d'adapter à leurs goûts ou à leurs préjugés, mais dont le fond était l'arbitraire dans l'incrimination et l'arbitraire dans le choix et la gravité de la peine [121]. La seule garantie se trouvait dans l'autolimitation résultant pour les juges de leur propre jurisprudence ou de quelques règles que la doctrine parvenait à imposer en les étayant sur des précédents. L'ensemble du droit pénal reposait sur ces précédents, glanés à travers les souvenirs des praticiens et les collections d'arrêts.

3° La doctrine sur le droit royal.

Après que Louis XIV eut pour son règne supprimé en fait le droit de remontrances et exigé le respect des ordonnances, celles-ci purent s'imposer à l'opinion des Cours et, assurées de quelque avenir, elles eurent leurs commentateurs. Pour en montrer l'unité d'esprit et la concordance technique, Philippe Bornier publia des *Conférences des nouvelles ordonnances de Louis XIV* (1667, 1664, 1670, 1673); et il sembla d'abord que, joint au *Procès-verbal des conférences tenues pour l'examen des ordonnances de 1667 et 1670*, qui avait été aussi publié [122], ce travail suffît à éclairer les

---

(120) E. Garçon, *Le Droit pénal*, Payot, 1922, pp. 62 et s. Esmein, *Hist. de la proc. criminelle*, pp. 32, 243 et s., 347 et s.

(121) Muyart de Vouglans, *Institution au dr. crim.*, p. 391 : « La maxime est que les peines sont arbitraires en ce royaume ».

(122) *Procès-verbal des conférences tenues par les commissaires du roi et les députés du Parlement pour l'examen des articles proposés pour la composition de l'ord. civile de 1667 et de l'ord. criminelle de 1670*, publié par Brossette, 1697, et par Jousse, 1776.

praticiens. Mais, un peu plus tard, on comprit la nécessité d'un commentaire. Fr. de Boutaric, professeur en droit français à l'Université de Toulouse, qui fut aussi l'auteur d'une *Explication de l'ordonnance de Blois*, les commenta longuement (123). Jousse devait reprendre ce travail, puis Serpillon (124). Rodier en fit des études partielles (125). Les *Traités de procédure civile et de procédure criminelle* de Pothier n'ont évidemment pas d'autre objet. L'*ordonnance du Commerce* qui trouvait son commentaire naturel et son développement dans *Le parfait négociant* de J. Savary, fut expliquée savamment aussi par Jousse et par Boutaric (126). Celle sur la marine de 1681 fut l'objet de traités spéciaux de Pothier : *Contrats maritimes*, et d'Emerigon : *Traité des assurances*. Valin, lieutenant de l'amirauté, publia le *Nouveau commentaire sur l'ordonnance de la marine*. Nous retrouverons Jousse sur l'*ordonnance pour les eaux et forêts* (127). Les ordonnances de Louis XV succédaient à des travaux importants sur les matières qu'elles codifiaient. Les *Traités des donations* et des *testaments* de Ricard, bien que déjà assez anciens, servirent aux rédacteurs des ordonnances de 1731 et 1735. Pour les parties du droit privé qui y étaient visées, les *Arrêtés du premier président de Lamoignon*, publiés et préfacés par Auzanet, et les *Questions de droit* de Bretonnier restaient des sources abondantes de renseignements et de suggestions (128). De ces ordonnances Pothier fut

(123) Fr. de Boutaric, *Explication des ordonnances de Louis XIV sur les matières civiles et les matières criminelles*, Toulouse, 1743, 3 vol. — Son *Explication de l'ord. de Blois*, ne porte que sur les articles concernant les affaires ecclésiastiques et est suivie d'une *Explication du Concordat* (Toulouse, 1745).

(124) Jousse, *Nouveau commentaire sur l'ordonnance civile du mois d'avril 1667*, 2 vol.; — Serpillon, *Code civil ou commentaire sur l'ordonnance de 1667*, Paris, 1776. — Pigeau, qui écrivit aussi sur cette ordonnance, fut un des rédacteurs du Code de 1808.

(125) Rodier, *Questions sur l'ordonnance de Louis XIV du mois d'avril 1667*, Toulouse, 1777.

(126) Boutaric, *L'explication de l'ordonnance de 1673, concernant le commerce*, 1745. — J. Savary fils, *Dictionnaire du commerce*, 1748.

(127) Jousse, *Nouveau commentaire sur les ord. d'août 1669 et mars 1673*, Paris, 1761. — (?) *Commentaire sur l'ord. des eaux et forêts du mois d'août 1669*, Paris, 1772.

(128) *Arrêtés de M. le P. P. de L. ou lois projetées dans les conférences du Premier Président de Lamoignon pour le pays coutumier de France et pour les provinces qui s'y régissent par le droit écrit*, 1702. — Bretonnier, *Recueil des principales questions de droit, qui se jugent diversement dans les différents tribunaux du royaume, avec des réflexions pour concilier la diversité de jurisprudence*, Paris, 1718.

le commentateur indiqué ([129]). Des mémoires de Daguesseau lui-même et l'*Esprit des ordonnances de Louis XV* par Salé en fournirent la paraphrase philosophique.

Jusqu'à l'ordonnance de 1670 notre littérature fut pauvre dans le domaine du droit criminel et pénal. Quelques développements périmés de Beaumanoir, de Boutillier ([130]) ou de d'Ableiges, des gloses disséminées sur des textes romains, au xvi° siècle, un petit nombre de pages de P. Airault et de Tiraqueau, étaient tout ce qu'on pouvait opposer aux livres classiques, même en France, des Italiens Angelus Aretinus, Hippolyte de Marsigly, et surtout Julius Clarus et Farinacius dont la notoriété était universelle ([131]). L'ordonnance criminelle provoqua des travaux importants. En 1682, un magistrat de Dijon écrivit un mémoire contre la torture ([132]). Puis l'œuvre de Louis XIV fut commentée par Jousse, qui publia un *Traité de justice criminelle*, par Serpillon, par Pothier ([133]). Dans les traités généraux du droit, on fit une place au droit criminel ([134]). Muyart de Vouglans publia son *Institution au droit criminel* et ses *Lois criminelles de la France dans leur ordre naturel*, Guy Rousseau de Lacombe un *Traité des matières criminelles*. En dehors du cercle des juristes, la curiosité des érudits et des philosophes s'attacha à ces questions. Montesquieu y consacra le livre VI de l'*Esprit des Lois*. On se passionna pour le *Traité des*

(129) Pothier, *Traité des testaments; Traité des donations entre vifs; Traité des substitutions.*

(130) Beaumanoir, nᵒˢ 207, 242, 823, 836, 837, 860, 879, 903, 906, 935, 1.046, 1.573.

J. Boutillier, I, 24, 29, 34, 35; II, 1, 13, 26, 33, pp. 170, 180, 221, 224, 647-651, 703, 813, 830. — *Gr. Cout. de Fr.*, II, 44; 12, 13, pp. 384, 649, 652, pp. 384, 649, 652.

(131) Ang. Aretinus, *De maleficiis;* Hipp. de Marsigly, *Practica rerum criminalium, De quaestionibus et tormentis;* Julius Clarus, *Septem libri sententiarum receptarum, seu practica civilis et criminalis, Liber Quintus;* Farinacius, *Concilia, practica et theoria criminalis.* — On connaissait aussi l'allemand Benedictus Carpozv, auteur d'une *Practica nova imperialis saxonica rerum criminalium;* on avait traduit en français la *Practica rerum criminalium* du Hollandais Damhouder.,

(132) Aug. Nicolas, *Si la torture est un sûr moyen à vérifier les crimes secrets*, Amsterdam, 1682, — Antérieurement, Frédéric Sprée, jésuite, *Cautio criminalis contra sagas*, 1621.

(133) Jousse, *Nouveau commentaire sur l'ordonnance de 1670; Traité de la justice criminelle*, 4 vol., 1771; Serpillon, *Code criminel ou Commentaires sur l'ordonnance du mois d'août de 1670*, 2 vol., Lyon 1767; Rousseau de la Combe, *Tr. des matières criminelles;* Pothier, *Traité de la procédure criminelle*.

(134) Argou, *Institution au droit français*, 2 vol. (éd. Boucher d'Argis, 1753).

délits et des peines de Beccaria. Voltaire l'annota et, à propos
de procès retentissants, entra dans la lice. J.-J. Rousseau n'avait
consacré qu'un chapitre au droit de vie et de mort (135). Voltaire réclama des garanties contre la prison préventive, et voulait
la publicité de l'instruction et des témoignages, la liberté de la
défense, la suppression de la question, la raréfaction des peines
capitales, la suppression de la confiscation.

§ 2. — Les autres sources du droit.

1. — COUTUMES ET DROIT ÉCRIT.

Vers la fin du x⁰ siècle, le système de la territorialité du droit
était en train de se substituer à celui de la personnalité des lois.
Les *Leges* étaient peu à peu oubliées. Leurs dispositions, similaires
ou disparates, s'étaient confondues, dans la mémoire des praticiens
et des juges, en un magma juridique désigné vaguement sous l'appellation de droit salique ou salien (136), ou ce qui en survivait,
déformé par l'usage, ne s'appliquait plus que dans les régions
où étaient massées les populations qu'elles régissaient (137). Frustes et incomplètes, elles n'avaient pu empêcher la formation de
coutumes locales, révélées de bonne heure dans les chartes
et les formules (138).

Les nationalités qui s'ébauchèrent dans la dislocation de l'Empire n'étaient plus celles qui avaient correspondu à ces *Leges;* ellesmêmes se trouvèrent vite brisées par la diffusion du régime seigneurial. Les hommes prirent alors conscience de leurs droits, non
plus dans l'orbe mouvant d'une nationalité théorique, mais dans
les limites étroites d'une seigneurie. La personnalité des lois avait
marqué le temps de l'errance et de la mêlée des peuples, la territorialité du droit était la conséquence de l'incrustation des hommes
sur le sol. Le *regnum Francorum* avait été le résultat d'une opposition de nationalités; la seigneurie n'en connaissait aucune, presque
aussi close sur le dehors que la cité antique, avec cette différence

(135) *Du contrat social*, II, 5.
(136) Ci-dessus, p. 86.
(137) *Edict. Pist.*, 864, art. 16 (Kr., p. 323) : In illa terra in qua judicia
secundum legem romanam terminantur... et in illa terra in qua judicia
secundum legem romanam non judicantur; art. 20.
(138) *F. Marculfi., praef.* (éd. Zeumer, p. 37) : « Ego vero hanc quod apud
majores meos juxta consuetudinem loci quo degimus, didici, vel ex sensu
proprio cogitavi, ut potui, coarcervare in unum curavi...»

que celle-ci ne reconnaissait aucun droit à l'étranger et que celle-là
lui appliqua le sien. L'homme n'emporta plus sa loi avec lui: il
subit celle de la terre où il avait les pieds : *Intrasti urbem,
ambula juxta ritum ejus*, « car les coutumes sont réelles » [139].

Ce droit territorial était presque tout d'origine coutumière. Les
privilegia déterminaient des situations spéciales, et les règlements
des seigneurs pour l'organisation et le fonctionnement de leurs
justices ne suffisaient pas aux besoins juridiques de leurs sujets.
Dans le cercle de la seigneurie, l'adaptation de ceux-ci aux nouvelles conditions de vie se traduisit en habitudes locales; quantité
de rapports personnels ou fonciers, passés en clauses de style,
furent d'autres éléments de la coutume; la procédure, la rédaction
des actes, une partie du statut foncier prirent des formes particulières du fait d'une pratique et d'une jurisprudence livrées à leurs
seules ressources [140]; et la diversité augmenta par la multiplicité des justices. Toute châtellenie ou presque avait sa coutume: mais des villes ou des seigneuries plus petites avaient souvent les leurs [141]. On pouvait en se déplaçant vivre en quelques
heures sous des législations très diverses. Il existait fréquemment dans le détroit d'une coutume des différences sur certaines
matières, d'après les lieux; on les opposa plus tard sous le nom
de coutumes particulières à la coutume plus générale, à laquelle
elles faisaient exception.

Les coutumes, bien que retenant quelques éléments anciens,
peuvent être tenues dans leur ensemble comme un produit du
temps où elles parurent. Le plus souvent, l'on n'y découvre aucun
rapport ni avec le droit romain, ni avec les anciennes *Leges*
ou les Capitulaires, ni encore moins avec un vieux droit germanique dont certains voudraient y voir la persistance [142]. Elles

(139) Du Moulin, *Comm. in C. paris.*, art. 76 : Unaquaeque consuetudo suo
loco clauditur ». — Loysel, n° 303. Beaumanoir, n° 7 : Mes pour ce qui nous
\cons *user selonc les coustumes des terres* et lessier les anciennes lois pour
les coustumes... » — Acte de 1249 (Martène, *Veterum scriptorum collectio*,
t. 1, pp. 1303 et s.) — Boullenois, *Tr de la personnallité et de la réalité des
lois*, t. 1, p. 230.

(140) Beaumanoir, chap. XXIV, *De coustume et d'usage*, et notamment
n° 683, sur les sources et preuves de la coutume.

(141) Beaumanoir, n° 7 : « Et bien i pert a ce que les coustumes sont
si diverses que l'en ne pourroit pas trouver ou roiaume de France deus
chasteleries qui de tous cas usassent d'une meisme coustume.. »

(142) L'origine du contenu des coutumes donne lieu à un problème parallèle
à ceux de la féodalité ou de la noblesse : romaine? germanique? Nous dirons :
française, pour les raisons indiquées au texte et ci-dessus, pp. 86 et s. En ce

répondent à des situations, à un milieu tout autres : pour une forte
part, les matières coutumières étaient inconnues avant la féodalité;
pour d'autres, il y a moins de différences entre le Code civil et
les coutumes qu'entre celles-ci et les lois de l'époque antérieure.
Nos anciens auteurs ont déjà signalé ce caractère d'originalité.
Elles ont été imitées; elles ne furent ni une survie, ni une imitation;
leurs oppositions mêmes en témoignent.

Le règne de la coutume s'étendit un temps à toute l'ancienne
Gaule. Le Midi eut, comme le Nord, ses coutumes. Mais il avait
subi des transformations moins profondes, les mœurs y étaient
à un moindre degré ou différemment féodales. Aussi, quand des
hommes du Nord s'y installèrent, ils y apportèrent les leurs. En
plus, il avait conservé un corps de lois romaines, le Bréviaire
d'Alaric, auquel juges et praticiens pouvaient toujours se référer,
bien qu'en fait on n'en connût plus guère que l'*Interpretatio* ou
des abrégés; ce qui fit que les coutumes méridionales les plus développées subirent plus ou moins l'influence du droit théodosien et
que les pays du Nord, faute de manuscrits, l'oublièrent ([143]). Enfin,
c'est dans cette partie de la France que la renaissance bolonaise
eut ses premiers effets. D'où la distinction qu'on croit indiquée,
au xie siècle, dans les *Petri exceptiones*, entre « pays de coutumes »
et « pays de droit écrit », qui, en tout cas, un siècle plus tard, était
admise par tous ([144]). La ligne de démarcation, assez capricieuse,
partait de l'embouchure de la Charente et aboutissait à Saint-
Claude, laissant au droit écrit la Saintonge presque entière, le
Périgord, le Limousin, le sud de l'Auvergne, de Mauriac à Saint-
Flour, le Velay, le Forez, le Lyonnais, le Mâconnais, la Bresse
et le Bugey et tous les pays plus méridionaux. Il y fallait ajouter

sens : de Laurière, *Bibliothèque des coutumes : Conjectures sur les origines
du droit français* (par Loger ?); Bretonnier, *Dissertation-préface aux Œuvres
d'Henrys;* Bouhier, *Observations sur la coutume de Bourgogne,* t. 1, ch. IX.
Ce dernier leur assigne neuf sources : gauloises, germaniques, romaines,
canoniques, féodales, et, lors de la réduction, les préjugés personnels des
rédacteurs. Cpr. Grosley, *Recherches pour servir à l'histoire du droit français.*

(143) Adrevaldus, *De miraculis Sti Benedicti* (MGH., SS. t. 15, p. 189).

(144) *Petri exceptiones legum Romanorum* (ap. Savigny, *Gesch. des röm.
Rechts,* t. 2, pp. 297 et s.), II, 31; IV. 3. — L. P., 1312 (Is., t. 3, p. 20).
— G. Jeanton, *Contribution à l'étude de la limite des pays de droit écrit et
de droit coutumier dans le ressort du Parlement de Bourgogne (Mél.
Fitting,* t. 2, pp. 23-46). — M. Brutails, *Et. sur la condition des populations rurales en Roussillon au M.-A.,* pp. xxvi et s., voit dans cette
division « une grave erreur historique », parce qu'il croit que la coutume
avait, même dans le Midi, submergé le droit romain.

quelques enclaves en Auvergne [145]. Mais, même après la diffusion
au xiie siècle des lois de Justinien dans ces régions, le droit romain
ne s'y appliqua pas seul. Les coutumes locales y gardaient la
priorité. Il y faisait figure de droit supplétif, en l'absence de
coutume ou dans le silence de celle-ci. L'ancienne coutume de
Bordeaux voulait même que, dans ce dernier cas, l'on consultât
d'abord les coutumes voisines, puis, à défaut, la raison naturelle,
enfin le droit romain [146]. En outre dans la mesure où il régissait
ces pays, il n'était utilisé qu'à titre de coutume régionale, concédée
par le roi de France [147], car le droit romain n'était pas reçu en
France [148]. D'où il put y varier de province à province, surtout
après que les Parlements méridionaux eurent adopté sur certaines
matières des jurisprudences différentes.

S'il n'était pas de province, même du Midi, qui ne fût en quelque sens coutumière, puisque le droit romain n'y était admis lui-
même que sous cette forme [149], par contre, la renaissance des
études juridiques des xie et xiie siècles fut générale et se fit sentir
jusque dans les provinces du Nord. Sauf à Paris, le droit romain,
sous le nom de *Droit civil* ou de *Lois civiles*, était enseigné à
l'exclusion des coutumes, à côté du droit canon, notamment à
Orléans [150]. Les praticiens, échappés des écoles, prétendaient
en tirer une procédure savante, et pour eux lucrative, contre
laquelle protestaient en vain les plaideurs et les poètes satiri-
ques [151]. C'était ce droit qui fournissait les textes sur lesquels
on construisait des théories sur la formation, la légitimité, les
modes d'utilisation de la coutume [152], sans du reste qu'on aboutît
à une interprétation unanime. Mais le principal souci fut de fixer

(145) L'Alsace, alors pays d'Empire, était aussi pays de droit écrit.
(146) *Ord.*, déc. 1254, ar. 2. (Is., t. s., p. 247). *Le livre des coutumes*,
art. 226. (éd. Barkhausen, p. 176).
(147) *Ord.*, avril 1250, art. 4; juill. 1312 (Is., t. 1, p. 258; t. 3, p. 22).
Degrassalius, *op. cit.*, I. p. 121 : « In patria juris scripti, ut est lingua occi-
tana, quae ex contractu seu conventione inita cum rege christianissimo...
debet regi jure scripto ». Ferrière, *Hist. du dr. rom.*, 1760, p. 332 : « Les
peuples... obtinrent de nos rois par une grâce particulière la liberté de
suivre le droit romain dans les choses qui ne seraient point décidées par
les ordonnances... »,
(148) Ci-dessus, pp. 431 et s.
(149) Bouhier, *op. cit.*, t. 1, p. 380; Doujat, *Hist. juris civilis Romanorum*, 1678, pp. 69 et s.
(150) Savigny, *Hist. du dr. rom.* (trad. Guénoux), t. 3, pp. 286 et s. —
L P., 1312 (Is., t. 3, p. 20).
(151) Meynial, *loc. cit.* : ci-dessus p. 227, note 200.
(152) P. de Tourtoulon, *Les Œuvres de Jacques de Révigny*, pp. 53 et s.

le rapport réciproque, dans les pays de coutumes, du droit romain
et de celles-ci.

Malgré la règle : « coutume passe droit », les coutumes étaient
trop incomplètes pour que, même dans les domaines qu'elles
régissaient, il ne fût parfois nécessaire d'y suppléer. Au xiiiᵉ
siècle, dans le silence de la coutume locale, on consultait les coutumes voisines et, à leur défaut, le droit romain (¹⁵³). Beaumanoir, en cas d'insuffisance de la coutume, s'en référait à celles
ou à la jurisprudence des châtellenies les plus proches, puis au
« droit qui est communs à tous ou roiaume de France », par quoi
l'on suppose qu'il entendait le droit romain (¹⁵⁴).

Au xivᵉ siècle, une conception singulière apparaît: la jurisprudence et la doctrine ont si fortement incliné les coutumes vers le
droit romain qu'on en classe les dispositions en deux catégories : celles qui sont conformes au droit écrit et qui sont considérées, pour
ce motif, comme le droit commun, et les autres, « haineux de
droict » ou de « droict haineux » qu'on tient pour être de droit
étroit, c'est-à-dire ne devant être étendues ni par analogie, ni d'une
coutume à une autre (¹⁵⁵). Après la rédaction des coutumes, au
cours de laquelle certaines furent encore plus romanisées, l'application du droit romain donna lieu à trois systèmes. Le premier
consista en ce que les rédacteurs de la coutume suppléèrent à
son insuffisance par des renvois directs et exprès au droit romain

(153) P. de Fontaines, *App.* XIII, 3, p. 496 : « Es causes en quoi nos n'avons
pas lois escrites, il convient garder ce qui par meurs et par costume est
amené avant; et se costume défaut, adonc devons-nous user del prouchain
et de l'ensuivant droit que l'en use près del leu où costume défaut, por tant
que il s'accorde aus lois; et se l'en ne voit que il ne s'accorde aux lois, lors
convient-il garder le droit de quoi la Cité de Ronme use en tel cas (= 1. 1, D.
IV, 32) ». Ici le mot « lois » semble désigner, dans la pensée de P. de Fontaines, les établissements du seigneur ou du roi.

(154) Beaumanoir, nº 6. Le prologue de certains manuscrits des *Et. dɩ
Saint-Louis* dit qu'on s'en est servi. *Joslice et Plet*, I, 2, 4, p. 3.

(155) *Gr. Cout. de Fr.*, II, 2, p. 190 · « Droict non escript est ce que long
usaige a confermé, ou les longues coustumes qui sont confermées par l'assentement de ceulx qui en usent, et sont tenues comme droict. Et ès pays coustumiers, les coustumes qui sont contraires au droict escript passent et
détruissent le droict, et sont appelées *haineux de droict* et quant la
coustume s'accorde au droit escript, l'en le dit *droict commun* ». Boutillier.
I, 1, p. 3. « Droict haineux est le droict qui par le moyen de la coustume
du païs est contraire au droict escrit... Droit commun... un droict qui
s'accorde au droict escrit et à coustume du pays » Cpr. du Moulin, *Comm. in
C. parisiensem*, gl. 1, § 13, nº 21 : « Consuetudo est stricti juris, ergo debet
manere in terminis suis ».

au moyen de la formule : « ainsi que de droit » (¹⁵⁶). Le second
admettait le droit écrit comme droit commun supplétif dans les
pays de coutumes (¹⁵⁷). Le troisième tenait les coutumes pour le
vrai droit civil de la France : elles devaient être interprétées et étendues par voie de doctrine et de jurisprudence *ex aequo et bono;*
dans l'impossibilité d'en faire sortir une solution, il fallait recourir
aux coutumes des provinces voisines et n'en venir au droit romain
qu'en dernier lieu, « par bienséance et par raison et non par
nécessité » (¹⁵⁸). Quelques-uns voulaient qu'on se référât en premier lieu, dans le silence de la coutume locale, à la coutume de
Paris, comme au droit de la capitale du royaume; et pour cela
encore on tirait argument des lois romaines (¹⁵⁹).

Du reste, les coutumes étaient loin d'embrasser tous les rapports
même de droit privé : ce qui, sous une forme ou sous une autre,
rendait le recours au droit romain nécessaire. Ces deux sources
du droit se complétaient; rarement elles entraient en lutte comme
il arriva quand il s'agit de substituer la procédure savante à celle,
formaliste, orale et fruste, des cours seigneuriales. Les matières
qui faisaient l'objet de la coutume, droits seigneuriaux, droit

(156) Lizet fit prévaloir ce système dans les coutumes à la rédaction
desquelles il présida.

(157) Loyseau, *Du déguerpissement,* II, 6, nᵒˢ 5, 6 : qui tient le droit
romain pour le droit commun en France « encore que les François ne
soient nullement subjets aux lois romaines par droit de supériorité ».
Doujat, *op. cit.,* pp. 84-86. Domat (*Lois civiles,* IV, *préf.* nᵒ 11; *Tr. des
lois,* ch. XI, XIII) qualifie presque toutes les lois romaines de *lois naturelles* et les coutumes de *règles arbitraires,* différentes en divers lieux.
Or, « comme le droit romain est le droit commun en tout ce qui n'est
pas aboli ou contraire à notre usage, il doit à plus forte raison nous servir
de loi quand ce qu'il ordonne est du droit naturel et de l'équité... Les coutumes ont leur autorité particulière et chacune est bornée dans l'étendue
de la province ou du lieu où elle s'observe. » — La Thaumassière, *Notes
sur les C. de Beauvoisis,* p. 361. Ricard, *Comm. sur la C. de Senlis,* art. 161.
Lemaître, *Plaidoyers,* XIIᵉ, 1667, p. 224. — Ferrière distingue selon que la
matière est d'origine coutumière ou romaine : *op. cit.,* p. 373.

(158) Du Moulin, *op. cit.,* nᵒ 107 : In hoc regno non recognoscimus
jus commune : on doit se reporter d'abord à la coutume, à défaut aux
coutumes voisines; ultimo jus romanum... quatenus rationi congruit nec
moribus repugnat, debet attendi. — Guy Coquille, *Questions sur les Coutumes,* 1, 302. *C. de Nivernois,* préf., (Œuvres, t. 2, pp. 2, 324).

(159) L. 32, pr., D., I, 3. — Brodeau, *C. de Paris,* préf., p. 2 : la coutume de
Paris doit s'imposer aux provinces, comme le faisait la loi de Rome; de
Laurière, *Préface aux Et. de St-Louis. Le Droit commun de la France,* par
Bourjon, est établi sur cette idée. — Sur le départ des jurisconsultes entre ces
systèmes : Bretonnier, *op. cit.* Challine, *Méthode générale pour l'intelli-
gence des coutumes de France,* ch. XII.

des fiefs, communauté des biens entre époux, dévolution successorale, garde noble ou bourgeoise, retraits de diverses sortes,
etc., étaient étrangères au droit romain. Au contraire, celui-ci
avait une législation complète concernant les obligations, les contrats, les testaments, les tutelles, la rescision des actes juridiques,
choses que ne connaissaient guère les coutumes ou pour lesquelles
elles ne fournissaient que des pratiques singulières ou désuètes (¹⁶⁰).
L'oubli, la fantaisie, l'intérêt des juges et des praticiens ébranlaient
sans cesse l'autorité de coutumes qui, confiées à leur mémoire,
étaient toujours incertaines et devenaient ce qu'ils voulaient (¹⁶¹).
Aux lacunes de leur contenu, elles ajoutaient incertitude ou flottement sur les hypothèses mêmes qu'elles régissaient (¹⁶²). Aussi le
rôle des premiers auteurs de « Coutumiers » fut-il d'amalgamer le
droit romain aux coutumes et de garnir les vides et les interstices
de celles-ci avec des éléments empruntés à celui-là (¹⁶³).

Non plus peut-être parce qu'elle n'avait pas su s'y étendre, mais
parce qu'elle les avait trouvés occupés, quelques domaines échappaient encore à la coutume. C'étaient ceux où régnait alors le
droit canonique : personnes des clercs, biens ecclésiastiques.
législation du mariage qui avait attiré à elle la plus grosse part
du droit des personnes, presque tout le statut familial (¹⁶⁴).

(160) Ferrière, *Hist. du dr. rom.*, 1760, p. 538 et s.

(161) P. de Fontaines. I, 3, p. 4 et s. : « Me truis-je molt esbahi : por ce
que les ancienes costumes que li preudome ça en arière soloient tenir
et user, sont molt anéanties et presque totes faillies, partie par bailliz et
par prévoz, qui plus entendent à lor volenté fère que à user des costumes :
partie par la volenté de sens, qui plus s'aert à son avis que as fez des anciens
partie mès presque toz les riches, qui ont soufert à despoillier les povres,
et or sont par les povres li riche despouitié, et si que li païs est à bien près
sanz costume. Si que presque toz va par avis comun de IIII ou de III, sans
exemplaire de costume qu'il tiengnent. Et de ces avis avient-il molt souvent
que tex pert qui gaaigner devroit. Car li *avis est molt perilleus* qui ne siut
ou loi escrite ou costume aprovée ».

(162) Ferrière, *loc. cit.*, p. 339 et s.

(163) Ainsi le prologue de certains manuscrits des *Etablissements de
Saint-Louis* dit qu'ils furent composés « par grand conseill de sages homes
et de bons clers par les concordances des loys et des qanons et des
decretales, por confermer les bons usages et les anciennes coutumes qui sont
tenues u reaume de France » (éd. Viollet, t. 2, p. 473.) — Van Wetter,
Le droit romain et Beaumanoir (Mél. Fitting, t. 2, pp. 533-582).

(164) Le droit féodal pouvait aussi soustraire certaines choses situées
dans son détroit à l'empire de la coutume locale : les *res feudales* étaient
régis par la coutume du fief dominant. Cependant, à partir du xviᵉ siècle,
la jurisprudence changea sur ce point : Guy Coquille, *Quest. et rép. sur les
articles des coutumes*, CCLXVII (*Œuvres*, t. 2, p. 302).

L'influence du droit romain s'exerça sous une autre forme. La territorialité exclusive des coutumes ne put être maintenue entièrement quand des rapports nombreux eurent repris entre leurs ressortissants. La préoccupation du conflit, né de leurs dispositions divergentes, étrangère aux auteurs du xiiie siècle, apparaît, au contraire, chez ceux du xive. Ce furent les romanistes qui, grâce à leurs commentaires d'une ancienne glose sur la loi 1, C. J., 1, 1, et à leurs méprises sur la portée de quelques autres textes, en fournirent des solutions au moins partielles [165]. Avant Bartole, les français Guillaume Durant, Pierre de Belleperche, Jean Fabre dégagèrent de proche en proche une série de règles inspirées par l'utilité pratique et l'équité, et qui, réunies dans les œuvres du dernier, laissent encore une large place au principe de la territorialité, car, si la capacité des personnes y est déterminée par la loi du domicile, la procédure et les pénalités sont régies par celle du lieu de l'instance et du théâtre du délit, la forme des actes et les modes d'exécution par celle du lieu où ils sont conclus ou opérés; les biens restent soumis à la *lex rei sitae* [166]. Reprise par certains juristes du xve siècle, après les grands développements que lui avait donnés Bartole, cette doctrine très souple fut élargie et achevée par du Moulin, qui reste encore fortement attaché à la tradition réaliste [167]. Dargentré, qui pensa réagir contre sa doctrine, se servit encore des textes romains pour défendre l'indépendance et la souveraineté territoriale des coutumes et justifier sa théorie des statuts réel et personnel [168]. Néanmoins la lutte en faveur de la réalité tendait à se cantonner au droit des biens et au droit successoral, et c'est en ce qui les concerne que Loysel dit que les « coutumes sont réelles » [169].

---

(165) La glose sur la l. *Cunctos populos quos clementiae nostrae regit imperium* était ainsi conçue : « Si Bononiensis conveniatur Mutinae, non debeat judicari secundum statuta Mutinae, quibus non subest ».

(166) Johannes Faber, *Brevarium in Codicem*, ad l. *Cunctos populos*, n°19. — G. Durant, *Spec. jur.*, II, 2, de *instr. edit.*, 12, nos 15-16.

(167) Lainé, *Introduction au droit international privé*, t. 1, pp. 204-248.

(168) *Ibid.*, pp. 311-338.

(169) Cujas, *Consultatio III, de insinuendis donationibus*. — Loysel, n° 302 : « Il faut tester selon les formes du lieu où l'on teste, mais les dispositions prennent leur force par les coutumes des lieux où les choses sont [assises]; — n° 303 : « Car les coutumes sont réelles ». — Bouhier, *Observ. sur la C. du duché de Bourgogne*, ch. 18, n° 38.

II. — LE DROIT ROMAIN EN FRANCE : LA DOCTRINE ET LA PRATIQUE.

1° Les survivances romaines jusqu'au XIᵉ siècle.
Les prébolonais.

Les lois romaines avaient conservé dans le royaume franc le prestige, *romana auctoritas*, qui s'y attachait au souvenir de l'Empire. Au ixᵉ siècle, on écrivait dans les capitulaires *lex romana omnium humanarum legum mater;* pour un peu on l'eût assimilée à la révélation (¹⁷⁰). Les clercs qui l'invoquaient en faveur des droits et des privilèges de l'Eglise, qui l'utilisaient dans leur lente élaboration du droit canonique, en conservaient et en étudiaient toujours quelques parties (¹⁷¹). A défaut d'écoles spéciales, celles d'arts libéraux avaient fait une place dans leur enseignement à l'*ars dictaminis*, l'art de rédiger les actes. Une traduction latine d'un abrégé des Novelles de Justinien sous le nom d'*Epitome Juliani* était répandue en Occident; des capitulaires s'y référaient (¹⁷²). Mais, dans la pratique, la décadence était profonde (¹⁷³). Du Bréviaire d'Alaric, on ne connaissait plus guère que l'*interpretatio* ou des *excerpta* (¹⁷⁴); de l'Epitome de Julien, on se contentait d'extraits ou d'abrégés; dans les formules, les *dictatores*, s'ils faisaient appel à la loi romaine et l'évoquaient sous la forme de l'*inscriptio*, lui infligeaient toutes sortes de déformations et, par des applications gauches, erronées, la ramenaient à

---

(170) *Form. bituricenses*, 15 a (MGH., éd. Zeumer, p. 174). *Capitularium regum Francorum, Add. quarta*, CLX (Walter; t. 2, p. 858).

(171) Le type de ces recueils, mi-romains, mi-canoniques, composés par des clercs, fut la *Lex romana canonice compta*, découverte par Maassen dans un manuscrit du xᵉ siècle : Max Conrat, *Die lex romana canonice compta, römisches Recht in frühmittelalterlichen Italien*, Amsterdam, 1904. La *Lex romana Curiensis* était un mélange de droit romain et barbare. (MGH. LL., t. 5, éd. Zeumer).

(172) *Edictum pistense*, 20 (864) (Krause, p. 314).

(173) Conrat, *Geschichte der Quellen des römischen Rechts*, p. 39 et s.; Flach, *Le dr. rom. dans les chartes du ixᵉ au xiᵉ siècle en France* (Mél. Fitting, t. 1, pp. 383-422); Stouff, *L'Interpretatio de la loi romaine des Wisigoths dans les formules et les chartes du viᵉ au xiᵉ siècle* (Mél. Fitting, t. 2, pp. 165-188).

(174) Sur des *Explanationes titulorum* et des gloses du Bréviaire d'Alaric, notamment la *Glose de Lyon* de la fin du ixᵉ siècle : Conrat, *op. cit.*, t. 1, pp. 218, 240. Flach, *Et. critique sur l'hist. du dr. rom. au M.-A.*, pp. 81 et s. Les *Notae juris a Magnone collectae*, dictionnaire d'abréviations du ixᵉ siècle, prouvent un certain maniement des textes : Conrat, *op. cit.*, t. 1., p. 319.

des non-sens. Comme ils étaient incapables d'en faire un emploi rationnel, son rappel n'apparaissait plus qu'à la façon d'un rite ou d'un talisman. Certaines expressions altérées, dont le sens était perdu, telle la formule de la stipulation, faisaient même figure. Quant aux actes concrets insérés aux cartulaires, la plupart, même dans le Midi, ne font plus mention de la loi romaine où se placent sous la garantie de toutes les lois, romaine, salique, gothique, connues de leurs rédacteurs ou ayant des ressortissants dans la région (¹⁷⁵). En somme le droit romain, dans la mesure où il se maintenait, tendait à s'incorporer à ce magma où se confondaient les règles juridiques de toutes origines ayant cours dans les Gaules (¹⁷⁶), lorsqu'au xiᵉ siècle se manifesta une renaissance des études dont seul il pouvait fournir les éléments.

La discussion sur la continuité, ou non, d'un enseignement du droit romain de la fin de l'Empire au xiᵉ siècle ne paraît pas comporter de solution absolue (¹⁷⁷). En Italie une série de « sommes », de gloses, d'épitomé, de scolies des Institutes, du Code, des Novelles de Julien, jalonnent pour ainsi dire la durée. On y trouvait encore au xiᵉ siècle des écoles assez prospères où l'on enseignait le droit entre autres choses, mais sur lesquelles on ne sait à peu près rien avant cette date. L'une, celle de Rome, n'avait vraisemblablement jamais cessé d'exister depuis le temps de Justinien dont elle avait reçu les compilations, base de son enseignement. Une autre, à Ravenne, montrait vers 1045, avec des tendances régalistes, le souci de faire triompher le droit romain, même à l'encontre du droit canonique (¹⁷⁸). Quarante ans plus tard, l'école de Rome paraît avoir émigré et être venue se fondre avec elle.

---

(175) *Cart. de St-Sernin*, pp. 33, 166. *Cart. d'Angoulême*, p. 5. *Hist. du Languedoc*, éd. Privat, t. 5, pp. 363, 428.

(176) Ce résultat fut aidé par des recueils composites tels que la *Lex legum* (viiiᵉ ou ixᵉ siècle), l'*Epitome d'Ægidius*, les *Leges romanae Utinensis et Curiensis* (ixᵉ siècle), les *Capitula secundum Lodoici* (ixᵉ ou xᵉ siècle), la *Collection Gaudenzi* (?) où sont mêlés droits romain, goth, franc, canonique et où les praticiens puisaient évidemment sans aucune critique : Conrat, *op. cit.*, t. 1, pp. 219, 268, 277, 285, 290. Zeumer, *Prefatio* à la *L. rom. Curiensis* (MGH., LL., t. 5, p. 290).

(177) Dans le sens de la persistance : Fitting, *Les commencements de l'école de Bologne* (trad. Leseur), 1888; *Quaestiones de subtilitatibus des Irnerius*, p. 38 et s. En sens contraire : Flach, *Et. critiques sur l'hist. du dr. rom. au M.-A.*, 1890, et le mémoire cité, note 173. — Conrat, *op. cit.*, t. 1.

(178) *Libellus Petri Crassi* (MGH., *Libelli de lite imp. et pont.*, t. 1, p. 434 et s.); *P. Damiani, De parentelae gradibus* (PL., t. 145, p. 191). Conrat, *op. cit.*, pp. 601-606. Savigny, *op. cit.*, t. 3, p. 306.

Une troisième, à Pavie, où était enseigné le droit lombard que glosa son chef Walcausus, auteur aussi peut-être d'une glose des Institutes, s'évertuait quelque temps après à imposer la loi romaine comme droit supplétif ou à la substituer à certaines dispositions du droit lombard ([179]). Le compendium de sa doctrine, *Expositio ad librum Papiensem*, paru vers 1070, témoigne qu'on y était en possession des Pandectes. En France, au contraire, aucun enseignement ne semble avoir persisté en dehors des écoles monastiques ou épiscopales et des pratiques déjà indiquées. Yves de Chartres, le premier, utilisa les Institutes, le Code, une partie des Pandectes, ayant étudié à l'abbaye du Bec, sous Lanfranc, ancien élève et maître de l'école de Pavie ([180]).

Cependant on rattache au Sud-est de la France deux œuvres où triomphe, mêlé à des éléments canoniques ou féodaux, le droit de Justinien : 1° les *Petri exceptiones legum Romanorum* ([181]), manuel pour praticiens ou étudiants, composé à l'aide de deux compilations italiennes (*Livre de Tubingue, Burgundus* ou *Livre d'Ashburnham* ([182]), de la fin du xie ou du début du xiie siècle. Dédié à un viguier inconnu de Valence en Dauphiné, il paraît de date très voisine. On y relève quelques mots provençaux ([183]); — 2° le *Corpus legum* ou *Brachylogus juris civilis* ([184]), abrégé systématique en quatre livres du droit de Justinien, où les Institutes, le Code, les Pandectés, l'Epitome de Julien, parfois le Bréviaire d'Alaric, ont été utilisés. De la même époque que le précédent, s'il n'a pas été composé en France, il y a été connu de bonne heure. Un de ses manuscrits contient des gloses écrites à Orléans ([185]). On a également assigné à ces deux compilations

---

(179) Conrat, *op. cit.*, t. 1, pp. 353 et s.; Fitting, *Die Institutionen glosse des Gualcausus*, 1890; Tamassia, *Lanfranco, arcivesco di Canterbury e la scuola pavese* (*Mél. Fitting*, t. pp. 189-201).

(180) Pour le droit romain dans les collections canoniques : ci-dessus, p. 837.

(181) Se trouve dans Savigny, *Geschichte des römischen Rechts*, t. 2, et trad. Guénoux, t. 4, p. 197. *Exceptiones*, synonymes d'*excerptiones*. — Flach, *op. cit.*, p. 187; Tardif, *Hist. des sources du dr. fr.*, Sources rom., p. 214.

(182) Conrat, *op. cit.*, t. 1, pp. 130, 140; *Das Ashburnahmer Rechtsbuch Quelle den Exceptiones Petri*, 1886.

(183) Conrat, *op. cit.*, t. 1, p. 530. Fitting, *Glosse zu den Exceptiones legum Romanorum des Petrus*, 1874.

(184) Böcking, *Corpus legum sive Brachylogus juris civilis*. 1829. — Conrat, *op. cit.*, t. 1, p. 550 et s.

(185) Fitting, *Uber die Heimath und das Alter des Brachylogus*, 1880, qui le croit postérieur à Irnerius. Flach, *op. cit.*, p. 112 et s.; Tardif, *op. cit.*, p. 207.

une origine italienne. Elle n'est pas impossible; mais qu'il s'agisse
ici de droit de Justinien, au lieu de droit théodosien, n'est pas
un argument. Cela prouverait seulement, comme les écrits d'Yves
de Chartres, la pénétration du premier en France; les emprunts
ou références au Capitulaire lombard n'en seraient pas un davantage, car alors on empruntait partout, on mêlait tout ([186]).

2° L'Ecole de Bologne. Les glossateurs.

Les travaux de l'école de Bologne provoquèrent une renaissance
générale et firent oublier ceux qui les avaient précédés. Des
légendes sur les origines, soit de cette école, soit de la reprise des
études juridiques à l'aide des compilations de Justinien, ce n'est
point le lieu de disserter ([187]).

La prospérité économique des cités lombardes à laquelle ne suffisaient plus les schèmes de l'organisation seigneuriale, et que pouvait satisfaire la législation romaine, le hasard qui réunit à l'ancienne école des arts de Bologne les matériaux nécessaires à cette
adaptation et l'homme capable de les y employer, l'intérêt qui
poussa successivement amis de la papauté et partisans de l'empire à
favoriser les tenants de la nouvelle discipline et à se prévaloir de
leurs travaux, donnèrent à l'Université de Bologne et à son entreprise un éclat qui se répandit au loin ([188]). Les premiers maîtres
y furent l'obscur Pepo et, après lui, Irnerius ou mieux Guarne-
rius, Warnerius, qui innovèrent peut-être moins qu'on n'a dit.
Aux livres qu'ils tenaient de Rome et de Ravenne, ils appliquèrent
une méthode d'études et de recherches pratiquée auparavant à

(186) On attribue une origine française à quelques autres ouvrages :
Libellus de verbis legalibus, xıᵉ s. : Fitting, *Juristiche Schriften des früheren Mittelalters*, pp. 21, 181. — *Tractatus de actionum varietate et earum
longitudine*, xıᵉ s. : Tardif, *op. cit.*, p. 204. — *Ulpianus, de edendo*, xıᵉ s.,
(Normandie) : Caillemer, *Le droit civil anglo-normand*, p. 18. Cpr. Tardif,
op. cit., p. 244, etc.

(187) On racontait, dès le xıııᵉ siècle, que lors de la prise d'Amalfi par
les Pisans, alliés de Lothaire II (1135), celui-ci avait généreusement abandonné à ses auxiliaires le manuscrit des Pandectes, découvert dans cette
ville, et aurait créé par une constitution l'enseignement du droit romain.
Il n'y a de vrai que la possession par les Pisans au xııᵉ siècle d'un
exemplaire des Pandectes qu'on avait jamais ni oubliées, ni perdues, en
Italie, comme nous l'avons dit plus haut. Savigny, *op. cit.*, t. 3, p. 118
et s.; Chiappelli, *Arch. giur.*, 1890, p. 415.

(188) Fitting, *Les commencements de l'Ecole de Bologne*, pp. 104 et s.
Schupfer, *Les origines de l'Université de Bologne* (Ac. dei Lincei), 1889. Chiappelli, *Lo studio bolognese*, 1888.

Pavie ([189]). Ils disposèrent, sinon dès le début, au moins par acquisitions successives, de toute l'œuvre législative de Justinien, sauf des Novelles grecques ([190]). Poursuivant un but pratique, ils écartèrent les sources, même romaines, qui n'étaient pas reçues en Italie et retinrent celles, même étrangères au droit romain, qui y étaient appliquées : *Lombarda* ([191]), *Libri feudorum, Statuta municipalia*, droit canonique qui prit, grâce aux méthodes bolonaises, un essor nouveau ([192]). Les maîtres de Bologne voulurent retrouver la leçon exacte des textes et en dégager le sens juridique, afin d'en appliquer les solutions aux espèces semblables qu'ils rencontraient dans la vie courante. Le premier résultat fut poursuivi en colligeant les divers manuscrits des Pandectes avec celui des Pisans, *littera pisana*, ce qui aboutit à la Vulgate, *lectio vulgata;* et en comparant entre eux les manuscrits qui existaient pour chacune des autres sources ([193]). Le second le fut par la méthode exégétique qui leur était propre et qui, après avoir fourni le cadre de leur enseignement, explique les genres d'ouvrages qu'ils ont laissés ([194]).

Le processus suivi par ces maîtres dans leurs leçons était presque invariable : 1° *summa*, exposé sommaire du contenu du titre à expliquer; 2° *casus*, recherche et énonciation de l'espèce faisant l'objet de chaque loi; 3° *lectura*, explication grammaticale du texte (*littera*), avec discussion nécessaire pour établir la meilleure leçon à l'aide des manuscrits, et démonstration que

(189) Odofredus, *in Dig. vetus*, I, 6, I, 1, *ap.* Savigny, *op. cit.*, trad. Guénoux, t. 3, p. 305.

(190) C'est du moins ce qui semble résulter de la division étrange que les glossateurs firent du Digeste : *Digestum vetus*, du livre 1 au liv. 24, tit. 2; *Infortiatum*, du liv. 24, tit. 3 au liv. 38, lui-même subdivisé en deux parties dont la séparation a lieu au milieu d'un paragraphe de la l. 82, XXXV, 2, *ad leg. Falc.; Digestum novum*, liv. 34 au liv. 50 : Savigny, *op. cit.*, t. 3, p. 304 et s. Cpr. Scheurl, *Zeitschrifte der Rechtsgeschichte*, t. 12, p. 143 et s

(191) Savigny, *op. cit.*, t. 3, p. 350 et s.; t. 4, p. 122.

(192) *Institutes, Digeste, Code, Authenticum* (titre général donné par les glossateurs aux Novelles latines qu'ils répartirent en neuf *collationes*), à quoi l'on joignit au xiiie siècle les *Libri seu Consuetudines feudorum* et des constitutions d'empereurs allemands, puis, plus tard, les *Canones apostolorum* et la *Paix de Constance* formèrent graduellement le *Corpus juris civilis*. Mais, on n'arriva pas à cet ordre du premier coup. Sur la distribution des diverses parties du *Corpus* : Savigny, *op. cit.*, t. 3, p. 363 et s.

(193) Savigny, *op. cit.*, t. 3, pp. 379-395.

(194) Pescatore, *Die Glossen des Irnerius*, Greifswald, 1888; Besta, *L'opera d'Irnerio, contributo alla storia del diritto italiano*, Torino, 1896.

l'espèce s'en dégage; 4° *brocardum*, *brocarda*, essai pour formuler
en règle de droit plus générale la solution donnée par le texte;
5° *quaestiones*, problèmes ou difficultés pratiques qui pourraient
se poser dans l'espèce [195]. *Casus*, *lecturae*, *brocarda* ou *quaes-*
tiones donnaient lieu à des notes interlinéaires ou marginales,
glossae, dont l'usage très développé a fait attribuer aux Bolonais
et à leurs disciples le nom de glossateurs [196]. Les manuscrits
passant de mains en mains, les gloses s'y entassaient tantôt anonymes, tantôt marquées du sigle de leur auteur. Chacune des opérations que comportait cet enseignement pouvait faire l'objet d'un
recueil spécial; d'où ces titres *Summa*, *Casus*, *Quaestiones*, *Glossae*
des ouvrages des glossateurs. Plus que les gloses qui furent pratiquées avant et même après les Bolonais, les « sommes », qui
aboutissaient à un exposé plus ou moins étendu du droit à l'usage
des praticiens, ont constitué l'innovation de cette école.

Irnerius, qui n'inventa pas cette méthode, en tira, semble-t-il,
des résultats qui frappèrent ses contemporains. Son activité juridique, qui remplit les dernières années du xi⁰ siècle et un peu
plus du premier quart du xii⁰ (1088[?]-(1135 [?]), se résume pour
nous dans des *Glossae* et peut-être une *Summa Codicis* dont l'attribution lui est contestée. Ses successeurs Bulgarus, Martinus Gosia,
Hugo, Jacobus, connus sous l'appellation collective des Quatre
Docteurs, ont surtout laissé le souvenir de leurs attitudes courti-
sanes vis-à-vis des empereurs allemands et de dissentions entre
les deux premiers. Bulgarus, de caractère un peu plus fier, écrivit
quelques traités dont un *de regulis juris* [197]. Ensuite, fleurirent
Vacarius qui alla enseigner en Angleterre, Rogerius, Bassianus,
Placentin qui, professeur à Mantoue, puis à Bologne, s'exila pour
des motifs mal connus, probablement politiques, à Montpellier où
il inaugura l'enseignement du droit romain, écrivit des *Summae*
du Code et des Institutes et mourut en 1192, après un nouveau

---

(195) Fitting lui attribue : 1° Une *Summa Codicis des Irnerius*, (Berlin, 1894);
2° des *Quaestiones de juris subtilitatibus des Irnerius* (Berlin, 1897); 3° une
Summa legis Longobardorum, publiée par Anschütz, 1880. Ces attributions restent douteuses, car il y a trop d'opposition entre les deux
premiers ouvrages et les *Gloses* d'Irnerius; le troisième lui est certainement
postérieur : Besta, *op. cit.*, t. 1, p. 20 et s.; Esmein, *Le Moyen Age*, fév. 1895,
Meynial, *Encore Irnerius*, NRH., 1897, p. 339.

(196) Voyez ci-dessus leur rôle à la diète de Roncaglia (1158), p. 428 et s.

(197) *De regulis juris* (éd. Beckhaus), 1856; *De regula catoniana*, ap. J. Bassianus, *Summa Pandectarum*; *De judiciis* ap. Placentin, *De varietate actio-*
num.

séjour en Italie ([198]); Azo, célèbre par sa *Summa Codicis*, traduite
en provençal sous le titre de *Somme Acé* ([199]); Accurse, élève du
précédent, auteur de la *Glossa ordinaria* ou *Grande glose* qui,
sous forme d'un commentaire continu du *Corpus juris civilis*,
réunit aux siennes quantité de gloses recueillies dans les manuscrits : sorte de résumé du travail des glossateurs qui l'avaient précédé et qu'il a ainsi contribué à faire oublier ([200]). Ce travail,
accompli dans le second quart du xiiie siècle, sans grande critique,
nuisit à la connaissance des textes. Ce fut la glose ou même les
gloses de la glose que désormais les maîtres expliquèrent, que les
juges tinrent pour loi, en dépit des erreurs et des contradic-
tions ([201]).

Bien que la France n'ait produit que des glossateurs tardifs et
de second plan, presque tous originaires du Midi, tels l'auteur
inconnu d'une somme du Code, en langue provençale, *Lo Codi*,
écrite entre 1144 et 1150, à Arles ou à Saint-Gilles ([202]), traduite
très vite dans les autres langues romanes et même en latin (1158),
grâce à quoi elle fut connue dans le Nord de la France ([203]), Bernard Dorna ([204]), J. Blanc, provençaux, Nepos, Guillaume Durant,
languedociens, l'enseignement des Lois civiles fut donné dans
diverses villes, Montpellier, Orléans, Toulouse, à Paris officielle-

(198) *Summa, cum essem Mantuae* ou *de varietate actionum* (éd. Pescatore)
1897; *Summa Codicis*, Mayence, 1535; *Summa Institutionum*, Mayence, 1535. —
Glossae, ap. Savigny, *Gesch. des röm. Rechts*, t. 4, App. 12. — P. de Tourtoulon, *Placentin, sa vie, ses œuvres*, 1896.

(199) Savigny, *op. cit.*, t. 3, p. 381. Langlois, *La somme Acé* (M. Ar. H.,
1885, p. 110 et s.). Azo a écrit encore : *Generalia juris* (*brocarda*), 1567 et
Quaestiones (éd. Landsberg), 1888.

(200) Landsberg, *Die Glossen des Accursius und ihre Lehre von Eigenthum*,
Leipzig, 1883. Il existe beaucoup d'éditions de la *Grande Glose*. Il n'en
est pas de critique; les éditeurs à partir du xvie siècle y ont introduit
souvent leurs propres notes et ne se sont pas toujours conformés aux anciens
manuscrits.

(201) Des gloses sont anonymes; d'autres sont suivies de sigles qui indiquent les auteurs I, Yr, G ou Gua : Irnerius, Az : Azo, etc. Ils ne sont pas
toujours clairs.

(202) Meynial, NRH., 1906, pp. 84-88; 382-391 : *Lo Codi* offre les plus grands
rapports avec la *Summa* de Rogerius et la *Summa Trecensis*, attribuée
par Fitting à Irnérius. C'est un ouvrage pour les praticiens.

(203) *Lo Codi, eine summa Codicis in provinzalischer Sprache aus der
Mitte des XII Jahrhunderts von Hermann Fitting und H. Suchier. I, Lo Codi
in der lateinischer Übersetzung des Ricardus Pisanus*, Halle, 1906.

(204) *Sic* Bernard Dorna, élève de Bologne avant 1197, professeur à Bologne (1203-1221), professeur ès lois à Montpellier (1224-1233), juge à la Cour
du bayle de Montpellier (1234).

ment avant 1219 et depuis assez souvent officieusement et moyennant licence, peut-être à Lyon et à Vienne (²⁰⁵). Les connaissances en droit romain dont font preuve les auteurs de « Coutumiers », témoignent de l'étude sérieuse qu'ils en avaient faite (²⁰⁶).

2° Les postglossateurs et les bartolistes.

Les romanistes du xiiᵉ siècle avaient cru doter leurs contemporains d'une législation savante qui, expression de la raison juridique universelle, devait s'adapter à tous les temps. Pour des fins pratiques, ils s'étaient évertués à en rétablir les textes et à dégager pour chacun la solution qu'il contenait. L'erreur était de croire à la permanence et à l'universalité d'une règle juridique une fois posée. La masse des gloses sous lesquelles sombraient maintenant ces textes démontrait leur insuffisance et leur inadaptation au jeu qu'on en proposait. Aussi une autre équipe, dont on a trop médit, n'acceptant plus de s'hypnotiser sur la lettre de ces lois, résolut d'en tirer une culture, des suggestions et un secours pour des desseins nouveaux. Pratiquée en France bien avant Bartole qui lui a donné son nom et avec plus d'adresse que par lui, cette tactique fournit aux gentilshommes de lois qui furent nos premiers légistes une série de maximes et les éléments d'une dialectique jugés nécessaires soit pour fortifier et parfaire la constitution de la monarchie et l'édifice de notre droit public, soit pour élargir, compléter ou restaurer certaines parties de notre droit privé, soit encore pour imposer aux habitudes féodales des formes qui leur donnassent une valeur juridique (²⁰⁷). De la méthode nouvelle l'initiative fut due aux Français : d'abord à Jacques de Révigny, professeur à Orléans et grand adversaire de la glose et d'Accurse : non qu'il ait rompu avec tous les procédés de

(205) Savigny, *op. cit.*, t. 3, pp. 244-292. — Simon de Paris, présenté comme un des fondateurs de l'école d'Orléans, avait pris ses grades à Bologne; il eut pour disciples le cardinal Pierre de la Chapelle, lui-même professeur à Orléans (1270-1280) et probablement le futur pape Clément V : Testaut, *Recherches sur l'école de droit d'Orléans* (*Mél. Fitting*, t. 2, p. 203 et s.).

(206) Au xiiiᵉ siècle on trouve dans le Nord de la France une traduction en prose du Code et des Institutes, puis, en 1280 une traduction en vers des Institutes par le Normand Richard d'Annebaut. (V.-G. de la Rue, *Essais sur les bardes, jongleurs et trouvères*, t. 3, p. 180).

(207) Meynial, *Notes sur la formation de la théorie du domaine divisé.* (*Mél. Fitting*, t. 2, p. 449 et s.). P. de Tourtoulon, *Les œuvres de Jacques de Révigny*, p. 43 et s.

la critique ancienne, mais, esprit subtil, prompt à systématiser, il détacha des textes les idées générales susceptibles d'être utilisées en dehors d'eux; ce qui explique l'emploi qu'il en fit en droit féodal [208]. Guillaume Durant un des premiers aussi entra dans ces voies, comme en témoignent certaines parties du *Speculum juris*. Après eux, Pierre de Belleperche, qui professa à Toulouse, à Orléans, fut évêque d'Auxerre et chancelier de France, s'y distingua; puis Eudes de Sens, Guillaume de Cugno, qui enseigna à Orléans, Pierre Jacobi, auteur d'une *Practica aurea* [209], surtout Jean Fabre, professeur à Montpellier, à qui son *Brevarium in Codicem* et son *Commentarium ad Instituta* valurent le surnom de *pater practicae* [210]. Entre temps cet usage hardi dés lois romaines se répandait, et plus encore qu'aux livres des maîtres, on en voyait les résultats aux actes des disciples, agents et soutiens de la royauté. De grands baillis, tels que Pierre de Fontaines, Philippe de Beaumanoir, les auteurs des *Etablissements de Saint-Louis*, Jehan Boutillier, juristes et hommes d'action mettaient en œuvre la méthode sous les deux formes, dans leurs livres et dans leurs sentences [211].

Des Italiens se rangèrent à ce parti et les défauts qu'il pouvait présenter en furent aggravés. Cinus de Pistoie [212], qui s'avouait disciple des *Ultramontani* (les Français), fut le maître de Bartole et de quelques autres, Oldradus, Butrigarius, etc. Bartole, dans sa courte existence (1314-1357), s'illustra dans les chaires de Pise et de Pérouse, ayant déjà rempli des fonctions judiciaires à Todi et à Pise, et fut comblé d'honneur par l'Empereur Charles IV et par ses concitoyens. Avec lui se développa dans la science juridique le genre constructif. Son œuvre eut une vaste influence doctrinale. Esprit étendu et universaliste, il exerça sur son siècle et dans divers pays de l'Europe une sorte de royauté. On a donné le nom de Bartolistes à ceux qui suivaient ses princi-

---

(208) P. de Tourtoulon, *op. cit.*; J. Flach, *op. cit.*, p. 216; d'Ablaing NRH., 1888, p. 360.

(209) R. Grand, BECh, 1918.

(210) Savigny, *op. cit.*, t. 4, pp. 27-46; Tardif, *op. cit.*, pp. 360 et s.

(211) Dans *Jostice et Plet*, sur 342 titres, 197 sont en tout ou en grande partie empruntées au Digeste. Dans *Le Conseil à un ami*, Pierre de Fontaines, très souvent, ne fait que traduire des textes romains; Beaumanoir incorpore et fond ensemble coutumes et droit écrit, mais laisse un champ considérable à celui-ci : voy. P. van Wetter, *Le droit romain et Beaumanoir* (*Mél. Fitting*, t. 2, pp. 533-582).

(212) Savigny, *op. cit.*, t. 4, p. 137. Chiappelli, *Cino da Pistoia*, 1881.

pes (²¹³). Balde, son élève, devint après sa mort chef de l'école et l'égala en savoir et en puissance intellectuelle, sinon en gloire; ses ouvrages eurent même en France un vif succès. Au xvᵉ siècle, Paul de Castro, Ph. Decius, Jason de Mayno continuèrent des traditions qui, insensiblement, s'enlisèrent dans les redites et un verbalisme toujours plus vide jusqu'aux xvɪɪᵉ et xvɪɪɪᵉ siècles. En France, cette décadence fut brusquement arrêtée ou, si l'on veut, précipitée par la renaissance humaniste.

Les livres des Bartolistes furent d'autres sortes que ceux de leurs devanciers. Les titres, *Lecturae*, *Repetitiones*, *Commentarii* indiquent déjà des exposés continus et plus amples, plus synthétiques, où il y a place pour des thèses et des systèmes. Des unes et des autres, l'école abusa. Chacun eut, sur toute question, son système. On alla ainsi à la confusion. Des inventaires d'opinions contradictoires furent dressés à l'usage des juges dont l'esprit n'en fut que plus trouble et les sentences plus suspectes (²¹⁴). Mais, à côté d'autres recueils de *Consilia*, de *Quaestiones*, il sied de noter l'abondance de traités dogmatiques, rares jusque-là, sur des branches spéciales du droit et souvent provoqués par des faits d'actualité. Bartole a laissé des livres de *regimine civitatis*, de *tyrannia*, de *quaestionibus*, de *carceribus*, de *fluminibus*, de *testibus* et un *Ordo judicii*. Les œuvres de leurs successeurs du xvᵉ siècle révèlent une lamentable décadence et ne sont souvent qu'exercices d'école sur une veine épuisée.

4° L'école historique et l'humanisme.

Cependant ce siècle, infécond dans le domaine des études juridiques, mais qui est celui de la Renaissance italienne, nous offre quelques signes précurseurs de leurs reprises par des moyens nouveaux. Déjà Laurent Valla, entre 1431 et 1437, attaquait violemment le culte qu'on avait pour Bartole et les abus que l'on faisait de sa méthode. La préoccupation de recourir aux textes originaux, *littera pisana* ou manuscrits nouvellement découverts (paraphrase de Théophile, *Notitia dignitatum*, fragments de *Gromatici*, abréviations de Valérius Probus, etc...) apparaissait chez les humanistes italiens. Le français Jean Chapuis éditait, en 1509,

---

(213) Cecil N. Sidney Woolf M. R., *Bartolus of Sassoferrato, his position in the history of medieval thougt*, Cambridge, 1913. J. Flach. *Cujas, Bartole et les Bartolistes* (NRH., 1883, p. 218). Esmein. (*Ibid.*, 1887, p. 328). — *Bartoli opera*, Bâle, 1588.

(214) Voy. Muratori, *Dei difetti della giurisprudenza*, 1742.

un *Commentarius ad tres libros Codicis* de Luca di Penna (215).
Avec quelques ouvrages de Budé et l'enseignement d'Alciat à
Bourges (1527-1532) commence en France la seconde renaissance du
droit romain. L'Université de cette ville en fut le foyer (216). Beaudouin (217), Doneau (218), le Douaren (219), Cujas, Le Conte (220),
Hotman (221), ensemble ou tour à tour, y enseignèrent sous les
auspices de la duchesse Marguerite de France. Avec les humanistes, les préoccupations utilitaires furent écartées et, comme autant
de scories, les gloses, commentaires, interprétations tendancieuses
dont la nécessité de vivre avait fait encombrer les lois romaines.
Le passé, non plus le présent, les intéressait. Plus que personne, ils tenaient à la pureté des textes; ils y travaillaient avec
une richesse d'informations autrement vaste que celle des Bolonais. Mais ce n'était plus pour eux une fin; car ils visaient à
replacer dans le temps et dans l'espace tous ces documents,
afin d'en évoquer les institutions qui y étaient décrites pour les considérer dans les cadres où elles avaient joué. C'étaient des archéo-

(215) P. F. Girard, *Les préliminaires de la renaissance du droit romain*,
(RHD., 1922, pp. 1-46).

(216) En 1508, Budé publia les *Annotationes priores in Pandectas;* en
1513, son traité *de Asse* fonda sa réputation et Alciat donna ses *Annota-
tiunculae in libros ultimos Codicis;* en 1517, Aymar du Rivail, la première
histoire du droit romain à Valence (Voir Mœller, *Aymar du Rivail, der erste
Rechtshistoricer*, Berlin 1907).

(217) Beaudouin, né à Arras (1520) enseigna tour à tour à Paris, Bourges,
Strasbourg, Heidelberg, Paris, Angers.

(218) Donellus, *Commentarii juris civilis*, Lucques, 1762-1768, en vingt-
huit livres dont les douze derniers ne furent publiés qu'après sa mort
par Scipion Gentilis. Né à Chalon-sur-Saône (1527), Doneau, élève des
Universités de Toulouse et de Bourges, professa dans celle-ci, où il fut,
avec Beaudouin, un des grands ennemis de Cujas, qu'ils obligèrent à partir.
En 1572, il passa en Hollande, puis enseigna à Heidelberg, Leyde, Altdorf, où
il mourut (1590). — Th. Eyssell, *Doneau, sa vie et ses ouvrages, l'école de
Bourges, synthèse du droit romain au* XVIᵉ *siècle*, trad. du latin par J.
Simonnet, Paris, 1860.

(219) Né en 1509, il était breton; il enseigna à Bourges où il mourut
(1559) : *Duareni omnia quae quidem hactenus edita fuerunt omnia*, Lugduni,
1584. — Jobbé-Duval, *François Le Douaren* (Duarenus), 1509-1559 (*Mél.
P.-F. Girard*, t. 1, pp. 573-622). — Un autre breton, Eguinard Baron, profes-
sait à Bourges à la même époque.

(220) Né à Noyon, il fut professeur à Orléans et à Bourges où il lutta
souvent contre Le Douaren et Hotman.

(221) Né à Paris (1524), de famille silésienne, il écrivit la *Franco-Gallia*,
défi au bon sens et à la vérité historique et l'*Antibribonien* qui contient des
idées plus justes, 1567; — *Opera omnia* (1573), Genève, 1599. — R. Dareste,
Essai sur Fr. Hotman (Rev. de Leg., 1850, p. 257 et s.).

logues et des historiens. Cujas s'est imposé à la renommée comme
le chef de l'école historique. Né à Toulouse en 1522, il y débuta
dans l'enseignement par un cours sur les Institutes, puis émigra
à Cahors (1554) pour des causes obscures, voilées par une légende
qui le fait échouer à un concours d'agrégation contre Forcadel, fut
appelé à l'Université de Bourges, qu'il abandonna deux ans
après (1557) pour un court séjour à Paris et s'installa à Valence.
Mais Bourges le revit de 1559 à 1566, date de son départ
pour Turin d'où il revint occuper de nouveau une chaire à
Valence (1566-1575). Bourges abrita ses dernières années (1577-
1590). Exégète et historien, il chercha à reconstituer les ouvrages
d'Africain et de Papinien, mais il n'a attaché son nom ni à un
système, ni à une doctrine ([222]). Il limita son enseignement, que
ses livres reproduisirent, au texte expliqué, estimant sans doute
que la restitution et l'interprétation littérale des textes
n'étaient pas encore assez poussées pour une tentative de systématisation. De fait Doneau pour l'avoir essayé, quelque succès
qu'il y ait obtenu, en a paru moins grand. Pour cette exégèse,
n'abandonnant rien dans l'ombre et liquidant tous les problèmes
philologiques, historiques, juridiques à mesure qu'ils se présentaient, ligne à ligne, il ne négligeait aucun moyen que l'antiquité
ou l'érudition de son temps lui fournissaient. Ses livres ne sont
qu'analyses, éclaircissements : *observationes* et *emendationes;*
commentaires et restitutions de textes; exposés sur quelques passages d'auteurs : *recitationes solemnes.* Cujas domine ses contemporains par l'allure puissante de son œuvre, mais les caractères
de celle-ci se retrouvent dans les leurs ([223]). La rupture paraissait complète entre ces romanistes et la pratique juridique; quelques-uns même le regrettaient. Or il se trouvait que Cujas et ses
émules travaillaient pour leur temps. Les lois romaines étaient
alors le droit d'une grande partie de l'Europe. Impuissants à se
constituer une législation nationale, l'Allemagne et d'autres pays
du Nord, au xve siècle, avaient dû adopter le droit romain, d'abord
sous la garantie des interprétations bartolistes. Mais, vers 1550,

(222) Girard, *La jeunesse de Cujas* (NRH., 1916, pp. 429-504, 590-627) et
V° *Cujas* (*Gr. encyclopédie*) — Berriat-Saint-Prix, *Hist. du dr. rom. suivie
de l'Hist. de Cujas*, Paris, 1821. *Lettre de Savigny* à propos du livre de
Berriat-Saint-Prix (*Thémis*, 1822, pp. 193-207).

(223) Les œuvres de Cujas ont eu de nombreuses éditions. On peut citer
celle donnée par Fabrot en dix tomes (1658), celles de Naples (1722-1727) et
de Venise (1758-1783) auxquelles correspond le *Promptuarium operum
J. Cujacii, autore D. Albunensi* (1763).

l'école française fixa tous les regards. Cujas, et avec lui, Doneau et Beaudouin, qui enseignèrent en Allemagne, furent surtout ceux à qui l'on s'attacha; et il ne fut point indifférent que les concepts du droit aient apparu, pendant un siècle ou deux, à ces peuples sous la figure que des Latins leur avaient donnée.

Cujas eut pour élèves presque tous les grands jurisconsultes de la génération suivante : du Faur de Saint-Jory, Pierre Ayrault, les Pithou, Loysel, Loyseau, d'autres encore... Sous son influence, les juristes restèrent adonnés aux recherches historiques : cohorte importante dans la troupe des grands érudits français du xviie siècle. Citons seulement parmi ceux-ci, Denys Godefroy qui donna une édition du *Corpus juris civilis*, augmentée de constitutions byzantines, dotée d'un « apparatus » de notes historiques, parfois publiées séparément et connues sous le nom d'*imos de Godefroy*, Barnabé Brisson qui publia *De formulis et solemnibus populi romani libri octo*, Pierre Pithou à qui l'on doit la première publication de fragments du *Code Théodosien*, de quarante-deux *Novelles* de Théodose II, Valentinien III, Majorien et Anthémius et de la *Mosaicarum et romanarum legum collectio*, Jacques Godefroy, dont l'édition du *Code Théodosien* avec commentaires, bien qu'un peu vieillie, demeure un monument de l'érudition française, Annibal Fabrot qui publia la *Paraphrase des Institutes de Théophile* (1637), les *Basiliques*, avec traduction latine, et les *Œuvres de Cujas* (1658), Jean Doujat qui écrivit une *Historia juris civilis Romanorum* et édita une traduction latine de Théophile ([224]).

5° La tradition réaliste et la réorganisation de l'enseignement du droit romain au XVIIe siècle.

Pendant que ces productions de l'école historique semblaient se désintéresser de plus en plus de la pratique et de l'influence que pouvait exercer sur elle le droit romain mieux connu, le contact avait été maintenu au xvie siècle par une tradition issue des Bartolistes et dont Ch. du Moulin avait été un représentant illustre ([225]), et naturellement aussi par les ouvrages que, dans le Midi, nécessitait le triomphe du droit écrit ([226]). Mais, lorsque au xvii^e

---

(224) Voy. sur ces jurisconsultes : Tardif., *op. cit.*, pp. 430 et s.

(225) Ci-après, p. 883.

(226) *Sic* Jean Imbert, *Enchiridion ou Brief recueil du droit escript, gardé et observé ou abrogé en France*, Paris, 1608; — *Institutiones forenses*, Paris, 1604.

siècle un rapprochement s'opéra entre le droit et la jurisprudence courante, ce fut grâce à la conformité des lois romaines, restituées dans leurs pureté et harmonie premières, avec la conception que la culture classique et la philosophie le plus répandue suggéraient de toute législation. Elles inclinaient à y chercher une expression de plus en plus parfaite de la raison, et l'on croyait, dans ces lois, cet idéal en partie réalisé. L'édit d'avril 1679 abrogea l'interdiction d'enseigner officiellement le droit romain à Paris, réorganisa cet enseignement dans toutes les universités et préluda à l'institution d'un enseignement concomitant du droit français [227]. La fusion des deux législations fut, dans la doctrine, tentée par deux voies : 1° une synthèse, sous la forme de règles abstraites et tirées de la raison seule, bien que les lois romaines en fournissent la substance. Ce fut l'objet des *Lois civiles dans leur ordre naturel* de Domat, qui voulut donner à ses contemporains le tableau facile à embrasser d'une législation rationnelle et naturelle, c'est-à-dire conforme aux « principes premiers », et à la nature de l'homme. Son *Traité des lois* contient la philosophie du système [228]; — 2° un exposé méthodique, dans la mesure possible, du contenu des lois romaines, grâce à quoi l'on put intégrer dans le corps du droit français ce qui restait utilisable encore de ces lois, méthode plus concrète, peut-être plus heureuse. Claude de Ferrière, professeur de droit civil, puis de droit français à Bourges, s'évertua dans ce sens en rapprochant et comparant, dans une série d'ouvrages, les deux droits [229]. Les temps successifs de cette méthode semblent être marqués, dans les œuvres de Pothier, d'abord par les *Pandectae Justiniani in novum ordinem digestae*, 1748, où dans chaque titre les fragments sont distribués de façon à obtenir un exposé logique de la matière, quitte à y aider par des notes, puis par l'intégration,

---

, (227) *Edit*, avril 1679, art. 1, 2, 14 (Is., 9, t. 19, p. 196-199).

(228) Jean Domat, né à Clermont (1625), avocat du roi au présidial, publia la première partie de ses *Lois civiles* en 1689. La fin ne parut qu'après sa mort.

(229) *Sic Institutiones Justiniani singulari methodo illustratae et cum jure gallico collatae*, Paris, 1676; — *La Jurisprudence du Digeste, conférée avec les Ordonnances royaux, les coutumes de France et les décisions des Cours souveraines où toutes sortes de matières du droit romain et du droit coutumier sont traitées selon l'usage des provinces de droit écrit et de la France coutumière*, 1677 et 1688; — *La Jurisprudence du Code de Justinien, conférée avec les Ordonnances royaux, les coutumes de France et les décisions des Cours souveraines*, 1684. Ouvrage analogue sur les *Novelles*, 1688.

aussi poussée qu'il était possible du droit romain dans telles
parties du droit français : obligations, propriété, servitudes, successions, qui paraissent, dans les traités qu'il en a écrits, en
être presque exclusivement tirées. Ce fut par les ouvrages de ces
derniers jurisconsultes, presque tous écrits en français, et dans
des ordonnances du même temps que le droit romain fut le plus
fortement, depuis les auteurs de coutumiers, et définitivement
incorporé au droit français.

II. — LE DROIT COUTUMIER.

1° Le pouvoir législatif du roi à l'égard des coutumes.

Aux coutumes, nées en dehors de l'initiative royale, on attribuait d'ordinaire pour fondement juridique un assentiment au
moins tacite des populations qui, lors de leur réunion à la Couronne, en stipulaient communément le maintien. De là, on aurait
pu croire que le roi, obligé de les respecter et de les faire appliquer, n'y pouvait lui-même rien changer. En fait, quelques textes
paraissaient opposer les coutumes aux ordonnances et restreindre,
en ce qui les touche, les droits du Prince [230]. Mais cette doctrine, si elle a existé, devait rester toute verbale. L'absolutisme
législatif du roi était trop nettement affirmé, même à l'encontre
du droit romain considéré comme une coutume, pour qu'elle
passât dans les faits, et les coutumes avaient trop d'inconvénients
au point de vue de la fixité du droit, elles étaient trop incomplètes et archaïques pour qu'on écartât le seul moyen de les réformer. Rien dans la tradition romaine ni franque ne tendait à placer les coutumes hors du contrôle du législateur. On admit que
si elles n'avaient pas leur source dans sa volonté, elles ne
s'appliquaient comme le droit romain qu'avec le consentement et
sous la garantie du roi [231]. Il les autorisait quand elles étaient
raisonnables et justes : dans ce cas, il en était le gardien et
devait contraindre, non seulement les juges, mais les seigneurs

(230) Du Tillet, *Mém. et Rech.*, p. 142 : « Les rois abolissent les coustumes, s'ils veulent quant à leurs contraux, non quant à ceux de leurs
soujets pour tollir leurs droicts; car les coustumes sont accordées par les
soujets, non ordonnées par les rois...».

(231) *Summa de leg. Norm.*, X, 1, p. 34 : « Consuetudines vero sunt mores
ab antiquitate probati, *a principibus approbati* et a populo conservati quid
cujus sit vel ad quem pertineat limitantes ».

à les respecter ([232]), sinon il les supprimait ou les modifiait ([233]). Le domaine du droit coutumier ne lui était point interdit. Il apportait ses sanctions aux coutumes reconnues; il collaborait à leur formation ou à leur reconnaissance par octrois de chartes à des villes, de privilèges à des communautés; ailleurs il en révoquait ([234]). Pour préciser ou modifier le droit féodal, il procédait par enquêtes et s'entendait avec ses vassaux; ainsi pour le Vexin en 1296, le Maine et l'Anjou en 1243 ([235]). Le principe fut fixé dans ce sens que les coutumes ne s'imposaient pas à l'autorité royale ([236]). Mais, tant qu'elles suffisaient et que les peuples s'y montraient attachés, il était d'une sage politique de n'y point toucher, ce qui fit que les rois légiférèrent peu ou tardivement dans les parties du droit qui en faisaient l'objet ([237]).

2° Conditions d'existence et preuves de la coutume.

La coutume, née de l'usage, se prouve par l'usage : *mos est vetustate probata consuetudo* ([238]). Variable et parfois arbitraire comme lui, livrée à la tradition orale, elle reste inorganique et incertaine; sa garantie comme règle juridique est aléatoire. Cepen-

(232) P. de Fontaines, *op. cit.*, XXII, 32, p. 313 : « et voist au roi, à qui les costumes del païs sont à garder et à fère tenir, qui la costume li fera tenir »; 33, p. 314. Beaumanoir, n° 1758 : « et doit li cuens fere oster par la reson de ce qu'il doit les coustumes garder et fere tenir entre les songiès »; n° 1780; — n° 683 : « Et se li cuens meismes les vouloit corrompre ou soufrir qu'eles fussent corrompues, ne le devroit pas li rois soufrir, car il est tenus à garder et a fere garder les coustumes de son roiaume ». — L. Delisle, *Reconst. d'un livre des Olim* (*Nct. et extr. des mss. de la B. N.*, t. 29², p. 116) : « Cum ad ipsum spectaret scire consuetudines regni sui ».

(233) *L. P. portant réformation des mauvaises coutumes de Bourges*, 1145 (Is., t. 1, p. 148) et *d'Orléans* 1168 (*Ibid.*, p. 162). — *Olim*, t. 1, p. 230 et *Table*, v° *Consuetudines amotae*.

(234) *Chartes de Laon* (1128) et *de Lorris* (1155) (Is., t. 1, pp. 138, 153); *L. P. accordant aux bourgeois de Paris le droit d'arrêt sur les biens de leurs débiteurs* (1134); *L. P. remettant le droit de mainmorte aux habitants d'Orléans* (1147) (Is., t. 1, pp. 143, 148). — *Rec. des actes de Philippe-Auguste*, publiés par Fr. Delaborde, t. 1 (1179-1194) ; contient une quinzaine d'octrois de coutumes et des révocations; *Olim, loc. cit.*

(235) *Trésor des Chartes*, t. 2, n° 2382; t. 5, n°ˢ 391, 3521.

(236) Le 25 mars 1492, le procureur général dit que « consuetudines populorum non possunt astringere principem »: Arch. Nat. X° 4833, F. 328. — Le Bret, *Tr. de la souv. du Roy*, I, 9, p. 69.

(237) Molinier, *La Coutume de Toulouse et Philippe III* (BECh., 1888).

(238) Isidore de Séville, *Liber originum*, V, 3, 2. P. de Fontaines, *op. cit.*, XIV, 3, p. 496 et s.

dant si elle est un droit, *jus consuetudinarium*, que les parties puissent invoquer, le juge est obligé de la connaître. Aussi, jusqu'au xiiie siècle, ni le droit romain, ni le droit canonique, qui avaient chacun sa théorie de la coutume, ne la différenciaient en cela de la loi; ils se contentaient d'en définir avec plus ou moins de succès les éléments (²³⁹). Les canonistes l'exigeaient raisonnable, *rationabilis*, consacrée par le temps, *competenti tempore firmata*, quelquefois aussi par l'assentiment populaire. La *rationabilitas* pouvait s'induire de ce qu'elle était *approbata*, c'est-à-dire acceptée, ou du moins non condamnée par l'Eglise, l'assentiment populaire du fait de sa durée et de sa fréquence, *cursus temporis, frequentia actuum* (²⁴⁰). Les uns, assimilant la coutume à la prescription, la voulaient fondée sur un nombre d'années préfixe, par exemple dix ou quarante ans (²⁴¹); les autres, lui assignant pour cause le consentement supposé des intéressés, se contentaient d'un usage non interrompu et d'une durée moralement suffisante; d'autres soutenaient que la coutume commehçait à la seconde fois ou à un premier jugement contradictoire (²⁴²) : d'où l'importance qu'on attachait à créer ou à éviter de créer des précédents (²⁴³).

Mais, au xiiie siècle, la multiplicité des coutumes fit que les juges ne pouvaient les connaître toutes. Dès lors, on distingua le droit écrit pour lequel ils n'avaient qu'à se rapporter aux textes et le droit non écrit dont la constatation exigeait d'autres moyens, puisqu'il avait son fondement dans un fait sujet à contesta-

(239) Isidore de Séville, *op. cit.*, V, 3, 3. Dig. I, 3, 3 et 36; C. J.; VIII, 53 (54) 1. Jacq. de Révigny, *ap.*, Tourtoulon, *op. cit.*, p. 88.

(240) C. 4, dist. 1, gl. *Mos est*. Hostiensis, *Summa aurea*, Lugduni, 1556, fo 19, vo : « Consuetudo est usus rationabilis, competenti tempore præscriptus vel firmatus, nullo actu contrario interruptus, binario actu seu contradictario judicio, cujus non extet memoria, inductus communi utentium comprobatione ». Jacq. de Révigny, *loc. cit.*, p. 95 et s.

(241) C. 11, X, I, 4. P. de Fontaines, *op. cit.*, *App.* XIII, 5, p. 493. *Cout. dem el Chastelet*, no 41, p. 55. *Gr. Cout. de Fr.*, I, 3, p. 192. Cpr. Hostiensis, *op. cit.*, fo 20, ro.

(242) Beaumanoir, no 683 : « Coustume si est aprouvee par l'une des II voies, dout l'une des voies si est quant ele est generaus par toute la conteé et maintenue de si lonc tans comme il puet souvenir a homme sans debat... Et l'autre voie que l'en doit connoistre et tenir pour coustume si est quant debas en a esté et l'une des partics se vout aidier de coustume et fut approuvee par jugement. ».

(243) Azo, *ad l.* 2, C. J., I, 14. P. de Fontaines, *App.*, XIII, 4, p. 492 « Quant chose est fète II fois che amainne coustume, autresi conme fère la chose II fois ou trois ameine possession. » Loysel, no 780 : « Une fois n'est pas coutume ».

tions (²⁴⁴). Romanistes et canonistes exigèrent de ceux qui se prévalaient d'une coutume : 1° l'allégation de celle-ci dans le libellé de la demande, à peine parfois de nullité (²⁴⁵); 2° sa preuve, à moins qu'elle ne fût notoire, ce qu'il appartenait au juge de dire, ou un usage de la Cour saisie (²⁴⁶). Cette preuve pouvait résulter de témoignages, même sur des faits isolés, avec lesquels le juge formait sa conviction (²⁴⁷), ou d'un jugement antérieur contradictoire ou du moins définitif (²⁴⁸), ou plus tard, ce qui fut plus contesté, de l'opinion des jurisconsultes (²⁴⁹).

Cependant nos coutumiers du xiii° siècle restent étrangers à l'idée d'imposer aux plaideurs la preuve de la coutume, laissant aux juges le soin de l'établir par enquêtes, consultations, ou tout autre mode (²⁵⁰), sauf les *judicia Dei* très vite écartés (²⁵¹). Un jugement mal fondé en coutume ne donnait lieu qu'à l'appel devant le juge supérieur (²⁵²). Du reste, les juges siégeaient entourés de notables ou de praticiens qui les renseignaient. Ils consultaient aussi d'autres juridictions. A Paris on avait pris l'habitude de s'adresser au *Parloir aux bourgeois* (²⁵³). Mais il devenait chaque jour plus évident que la coutume trouvait sa preuve et presque sa source dans la jurisprudence. D'où le soin qu'avaient les hommes de loi de collationner arrêts et jugements, et toutes ces collections de « Coutumes notoires », de « Notables », de « Ques-

---

(244) L. 1, C. J., I, 14, gl. *Probatis his* : « At hic non scriptum pendet ex facto; quod factum est necesse probari. » — Jacq. de Révigny, *loc. cit.*, p. 90 : « Sed jus quod consistit in facti varietate, ut consuetudo, verum potest probari per testes ».

(245) Jacq. de Révigny, *loc. cit.*, III, 2, P. 88 et s. Hostiensis, *loc. cit.*, f° 20, v°.

(246) Jacq. de Révigny, *loc. cit.*, IV, 11, p. 94; J. Faber, *Instit.*, I, 2, 3. n° 13, p. 15.

(247) Balde, *ad. l.* 32, D., I, 3, n° 119. Contra Jacq. de Révigny, *loc. cit.*, IV, 7, p. 3; Hostiensis, *loc. cit.*, f° 20.

(248) Cette preuve de la coutume apparaît de bonne heure tirée d'Ulpien, l. 34, D, I, 3. — Beaumanoir, n° 683. J. Boutillier, I, 2, pp. 5-6.

(249) Jason de Maino, *ad l.* 1, 32, D., I, 3, n° 89.

(250) *Olim*, t. 1, p. 714; t. 2, p. 564; t. 3, p. 548.

(251) P. de Fontaines, *op. cit.*, XXII, 30-34, pp. 311-315. — *Jostice et Plet*, 1, 2 6, p. 7. Beaumanoir, n° 1758. Cpr. *Ass. de Jérus., Ph. de Nov.*, 48, p. 523 et s.; J..I., 111.

(252) P. de Fontaines, XXII, 32, p. 312. *Olim*, t. 1, p. 310 (1240). — Guilhiermoz, *op. cit.*, p. 363.

(253) *Sentences du Parloir aux bourgeois*, ap. Leroux de Lincy, *Hist. de l'Hôtel-de-Ville de Paris*, pp. 121-124. — Varin, *Arch. adm. de Reims*, t. 2, p. 43; II° part., p. 857. Cpr. ci-dessus, les « coutumes chefs de sens », p. 299.

tions », de « Décisions » qui en sont les recueils. Coutume et jurisprudence tendaient à se confondre, car l'inconsistance de la coutume répugne à la notion du droit. Comme rien ne se fait tout seul, la coutume, tant qu'elle n'est pas écrite, est la création continue et changeante de ceux qui la disent; elle a un caractère subjectif (²⁵⁴). En revêtant dans les arrêts de justice une forme définie qui lui communique une valeur de principe, elle acquiert une force en soi. Aussi l'expression *consuetudo approbata* prit alors le sens de coutume confirmée par un jugement. Ce fut surtout par cette voie que les coutumes devinrent notoires, si elles pouvaient l'être autrement. Dans une large mesure, les tribunaux fixaient la coutume (²⁵⁵).

Néanmoins des cas douteux nécessitaient une enquête que les juges ordonnaient d'office ou à la demande de plaideurs, qui s'offraient parfois à prouver la coutume et à produire des témoins (²⁵⁶). Une ordonnance de 1270 régla la forme de ces enquêtes (²⁵⁷). Les enquêteurs de la Cour mandaient des prud'hommes que les parties ne pouvaient récuser et à qui la coutume contestée était énoncée oralement par l'un d'eux et soumise par écrit. Ayant juré de dire et fidèlement rapporter ce qu'ils en savaient, croyaient ou avaient vu appliquer, ils en délibéraient à part et indiquaient, à la suite de leur opinion, entre qui, où, quand, comment il en avait été usé ainsi et s'il y avait eu jugement. Le tout écrit et scellé était adressé à la Cour, chacun restant prêt à justifier ses dires. C'était l'*enquête par turbe* qui, pratiquée d'abord devant le Parlement de Paris, s'étendit à d'autres juri-

(²⁵⁴) *Summa de leg. Norm.*, XXIII, 3, p. 73.

(²⁵⁵) *Ass. de Jérus.*, J.-I., 44; *Ph. de Nov.*, 47; Varin, *Arch. adm. de Reims*, t. 1, Iᵉ part.; pp. 606 et s. *Anc. cout. de Picardie* (éd. Marnier, t. 1, p. 1 et s.).

(²⁵⁶) L. Delisle, *Reconst. d'un livre des Olim* (*Not. et extr. des mns. de la B. Nat.*, t. 23, IIᵉ part. pp. 118, 124, 138). Cep. *Olim*, t. 1, p. 350, où il est dit qu'il appartient à la Cour seule de faire l'enquête.

(²⁵⁷) Langlois, *Textes relatifs à l'hist. du Parlement*, LVIII, p. 79 : « Inquiretur de consuetudinibus in hunc modum. Vocabuntur plures sapientes carentes suspicione. Ipsis vocatis, proponetur eis consuetudo per os unius ex ipsis et dabitur eis in scripto. Qua proposita jurabunt quod ipsi dicent et fideliter referent illud quod sciunt et credunt, et viderunt usitari super illa consuetudine. Quo juramento prestito, trahent se ad partem, et deliberabunt et referent deliberationem illam, et dicent inter quos viderunt illam consuetudinem, et in quo casu, et quo loco, et si fuerit judicatum, et de circumstanciis; et omnia redigentur in scriptis et mittantur ad Curiam clausa sub sigillis inquisitorum; et reddent omnes causam dicti sui, eciam in turba ».

dictions dans les pays de coutumes (258), tandis que, dans le Midi, persistait le recours à la preuve testimoniale ordinaire (259). Mais aux siècles suivants l'enquête par turbe se répandit presque partout et ce fut une sorte de jury rendant un verdict collectif par la bouche de l'un des turbiers jouant le rôle de rapporteur (260). L'unanimité était exigée; « et s'il y avait un a descort toute la tourbe serait de nulle valeur » (261). Entre temps, apparut au XIVe siècle l'obligation pour les plaideurs de prouver la coutume qu'ils alléguaient, à moins qu'elle ne fût notoire ou qu'ils ne s'en remissent à la Cour des us et coutumes à appliquer (262). Alors, on distingua entre les coutumes générales, tenues d'ordinaire pour notoires, et les privées dont la preuve devait être faite (263). Les parties amenèrent leurs témoins et souvent chacune eut sa turbe (264). Après des flottements, le nombre des turbiers avait été fixé à un minimum de dix, souvent dépassé (265). D'abord une seule turbe, si elle donnait un résultat, suffisait, parce qu'on y voyait le peuple fictif de qui émanait la coutume (266). Mais

(258) *Olim*, t. 2, p. 268; t. 3, p. 1148. Pour les autres juridictions : t. 3, p. 848, 1161.

(259) *Olim*, t. 2, p. 268; J. Fabre, *Instit.*, I, 2, 3, gl. *Ex non scripto*, p. 15 et s.

(260) *Olim*, t. 2, p. 678 et s. — Imbert, *Practique*, XLIII, 8, p. 300.

(261) *Olim*, t. 2, p. 460. Imbert, *loc. cit.*, — Challine, *Méth. gén. pour l'intell. des coust. de Fr.*, p. 179.

(262) *C. de Ponthieu*, 13 (éd. Marnier, p. 28). *Livre des droiz et commandemens*, art. 891 (éd. Beautemps-Beaupré) : « Si aucun allègue aucune coustume en jugement et partie adverse la lui nye, il est tenu la prouver. ».

(263) *Olim*, t. 3, p. 547-548 (1310). Pseudo-J. des Marès, nº 37. J. Boutillier, *op. cit.*, I, 2, pp. 5-6 : « Car il y a coustume privée et coustume notoire. Et est périlleuse chose à arguer la première pour doute de la preuve... Et la notoire est plus légère, car elle se preuve d'elle-mèsme ». *Gr. Cout. de Fr.*, II, 3, p. 192 : « La notoire chet en discrétion du juge et la privée se veult prouver en turbe par dix hommes dignes de foy qui l'aient aultres fois en cas pareil et entre personnes pareilles veu juger, et qui ne la prouve, il n'en emporte aucun proffit ». *Coust. et stilles gardez ou duchié de Bourgoigne* (ap. Giraud, *Essai sur l'hist. du dr. fr.*, p. 147) : « Item se aucun allègue coustume nottoire et generaul, il n'est tenu de la prouver; mes sen doit li juges informer. »

(264) *Olim*, t. 2, pp 674 et s., *Anc. Cout. de Picardie*, 7 (éd. Marnier, t. 1, p. 6). Guilhiermoz, *op. cit.*, p. 66.

(265) Dans les *Coutumes notoires* : nombre variable; J. Boutillier, *op. cit.*, I, 2, p. 6 : 12 témoins; *Gr. Cout. de Fr.*, *loc. cit.* : 10. Ps. J. des Marès, nº 275 : 10 est la règle. Cep. Fagniez, *loc. cit.* : 40, 71; — *Anc. Cout. de Picardie*, 7, (éd. Marnier) : 50.

(266) C. 1, Ca. 10, q. 1, gl. *Ubi congregatio*; C. 1, X, I, 6, gl. *Dico : decem homines faciunt populum*. Cpr. l. 4, D., 47, 8, gl. *Duorum*; gl. *Turbam autem*.

quand les parties choisirent les turbiers quitte à l'adversaire à récuser les suspects, on exigea deux turbes au moins pour satisfaire à la règle des deux témoignages, chaque turbe ne comptant que pour un témoin [267]. Au reste, les juges n'étaient point liés par la réponse des turbes, qu'ils soumettaient à un examen où l'on tenait grand compte des *causae dicti* des turbiers [268].

Au xv⁰ siècle, des textes usent de l'expression « enquête par turbes » dans des hypothèses où les conditions antérieures ne semblent plus observées. Visiblement la procédure perd de sa rigidité et se rapproche de celle des enquêtes ordinaires [269]. Les turbiers peuvent être interrogés en des lieux différents, par des enquêteurs différents, ce qui rend impossible la décision collective. Par contre, les turbes se multiplient dans la même affaire. A mesure que les coutumes seront rédigées, les auteurs parleront des enquêtes par turbes surtout pour les décrier [270].

3° La doctrine et la pratique.

Dès le xii⁰ siècle, l'utilité fut comprise de colliger par écrit les dispositions coutumières, de les éclairer par des commentaires, de les compléter par interprétation ou emprunts. On aperçut aussi tout l'intérêt qu'il y avait à recueillir les arrêts de la *Curia* et les jugements des diverses juridictions; car c'était par eux que les coutumes se trouvaient énoncées et certifiées. C'est par ces ouvrages et ces recueils que nous connaissons le droit coutumier.

i. *Coutumiers et styles* — On appelle *coutumiers* les ouvrages d'initiative privée, entrepris pour conserver et exposer les coutumes d'une région plus ou moins étendue de la France. Mais leurs auteurs n'eurent pas pour unique source la mémoire chancelante de quelques anciens. Les décisions ou les records de justice qu'ils avaient recueillis directement ou par ouï-dire, les établisse-

---

(267) *Ord.*, Blois, 1498, art. 13 (Is., t. 15, p. 337) : « et sera comptée une turbe que pour un témoin ès cas que on a accoutumé examiner témoins en turbe ». Cpr., art. 15, où il n'y plus trace de l'unité de turbe. Masuer, xvi, 4.

(268) *Olim.*, t. 3, pp. 568, 673, 1148. Challine, *op. cit.*, p. 180.

(269) Fagniez, *loc. cit.*

(270) Galland, *Du franc-aleu*, p. 134 : « Les brigues et corruptions qui se commettent souvent, es enquestes par turbes, sont cogneuës : aucuns ployans sous la faveur, ou la haine, et le défaut d'intelligence aux turbiers, a esté cause que plus rarement en ces derniers temps on s'est porté aux turbes. » Du Moulin avait dit à ce propos : « Error imperitorum non facit jus.».

ments des rois et des seigneurs dont l'activité législative renaissait, les opinions des docteurs, le droit romain et le droit canonique ont fourni une part considérable de ces ouvrages. Le plus souvent, il s'agissait d'agencer ensemble tout cela et de le fondre, si possible, en un droit nouveau et mieux adapté. On appelait *styles* des ouvrages plus spécialement consacrés à la procédure : c'étaient les recueils des usages d'une ou de plusieurs juridictions ([271]). Mais, comme la plupart des coutumiers sont en même temps des livres de pratique, il est très difficile d'en faire deux catégories nettement déterminées. Le domaine primitif du droit coutumier était limité. Droits seigneuriaux, institutions féodales, conditions des personnes et des biens dans la mesure où elles en étaient affectées, procédures devant les juridictions seigneuriales et féodales, conventions pécuniaires entre époux, sont les matières principales de ces écrits.

Les plus anciens coutumiers qui correspondent à ce type ne furent pas composés en France. L'un, les *Libri feudorum*, nous intéresse par l'influence qu'il eut dans le Sud-est de la France et parce que, inséré au *Corpus juris civilis* il en suivit les destinées, les autres parce qu'ils nous révèlent les institutions qui, transportées par la féodalité française dans ses royaumes et principautés d'Orient, y jouèrent en terrain neuf sans mélange des survivances qu'elles subissaient nécessairement en Occident.

Les *Consuetudines* ou *Libri feudorum* ([272]), compilation de droit féodal lombard, n'ont pu avoir en France qu'une autorité doctrinale, accordée encore plus aux gloses qu'au texte ([273]), qui contient des constitutions impériales allemandes ([274]), ce qui l'eût fait rejeter au même titre que le droit romain auquel Guy Pape l'assimile pour les régions de l'Est et du Sud-est, anciennement rattachées à l'Empire ([275]). Cette œuvre composite, tableau d'une société

([271]) *Gr. Cout. de Fr.*, II, 3, p. 193 : « Stil est usaige in curia vel curiis regulariter observatus, circa modum et ordinem procedendi in litibus et dependentiis earumdem. » J. Boutillier, I, 2, p. 7 : « Stille est une chose en Cour tellement reiglée et stilée et de si long temps que nul des fréquentans d'icelle Cour ne la rameine en doute. ».

([272]) *Compilationes feudorum, jus feudale Longobardorum, compilatio antiqua*, (éd. Lehmann), Göttingue, 1892. — Lehmann, *Entstehung der Libri feudorum*, 1891.

([273]) Glosés par Bulgarus et Jacobus Cölumbi au xiiie siècle, les *Libri feudorum* furent l'objet de *Summae* de la part d'Hugolinus, d'Odofredus, de *Commentarii* de Balde, de Jason, etc.

([274]) *Lib. feud.*, II, 27, 52, 55-57.

([275]) Guy Pape, *Quaest.* 397 : « sicut jus scriptum, servatur. » Cpr. Cujas, *De feudis*, tit. I.

féodale organisée sous l'égide d'un pouvoir central encore fort, fut divisée vers le milieu du xiii⁰ siècle en deux livres : le premier, constitué par un livret de droit féodal (tit. 1 à 8) et d'autres éléments qui y furent joints de 1095 à 1135, comprit 28 titres; le second commençait par deux lettres d'un consul de Milan, Obertus de Orto, à son fils (1154-1158) réparties en 24 titres. Un traité anonyme fournit les titres 28 à 49 et des constitutions impériales les titres 50 à 58. Cujas, ayant ajouté à ce fond des textes nouveaux, répartit le tout en 5 livres dans son édition de 1567 (²⁷⁶).

Les *Assises de Jérusalem* (²⁷⁷), collections de records de justice, furent composées à partir des dernières années du xii⁰ siècle. Il existait dans les établissements des croisés deux sortes de juridictions, l'une pour les chevaliers : *Haute Cour ou Cour des barons*, les autres, dans les villes importantes, pour les roturiers : *Cours des bourgeois*. Nos recueils se rattachent à celles-ci et à celle-là. Les *Assises de la Haute-Cour*, postérieures à la perte de Jérusalem (1187), ont été rédigées à Acre, siège du gouvernement, par des gentilshommes (²⁷⁸). Une compilation, en 94 chapitres : *Livre de Philippe de Novare*, appelé par son auteur : *Le livre de forme de plait que sir Felippe de Novaire fist pour un sien ami aprendre et enseigner comment on doit plaidoier en la haute cour*, du milieu du xiii⁰ siècle, contient des renseignements sur le système féodal primitif. Une autre : *Livre de Jean d'Ibelin*, comte de Jaffa, sous ce titre : *Le livre des assises et des bons usages du roïaume de Jérusalem* suivit de peu la première, qu'elle mit à contribution. En 273 chapitres, elle exposait l'essentiel du droit public et politique, de l'administration, de l'organisation ecclésiastique, féodale, urbaine, de l'Etat latin de Syrie. En 1369, le livre de Jean d'Ibelin devint le Code officiel du royaume de Chypre (²⁷⁹). On en publia un résumé sous le nom de : *Clef des assises de la Haute*

(276) Cujas, *De feudis libri quinque, aucti, emendati atque etiam explicati* (*Opera*, t. 2, 1639).

(277) *Les Assises de Jérusalem* (éd. Beugnot) 1841-1843, 2 vol. (*Rec. des historiens des Croisades*). Editions partielles : La Thaumassière, *Assises de Jérusalem*, Bourges, 1690; V. Foucher, *Les assises du royaume de Jérusalem*, Rennes, 1840.

(278) Une tradition voulait que Godefroy de Bouillon ait fait composer un code de droit féodal français à l'usage des croisés, qui portait le nom d'*Assises de Jérusalem* et aussi de *Lettres du Saint-Sépulcre*, parce qu'il y était gardé. Il aurait disparu lors de la prise de la ville par Saladin.

(279) Les Latins, ayant perdu Saint-Jean-d'Acre en 1291, s'étaient transportés à Nicosie.

Cour (²⁸⁰). Les *Assises de la Cour des bourgeois*, d'auteur inconnu, est un ouvrage en 304 chapitres, qui, antérieur à la perte de Jérusalem (1187), a dû y être composé. Il se distingue des précédents par une utilisation visible des compilations justiniennes, mêlée à quelques survivances du droit franc et à des emprunts au droit canonique. La procédure et le droit privé en constituent le fond. On peut y joindre un traité plus récent, de même esprit : les *Ordonnances de la cour du viscomte de Nicosie* (²⁸¹). Ces documents nous présentent un droit primitif de la période seigneuriale et féodale, à peine évolué, en tout cas beaucoup moins que dans les ouvrages occidentaux de la même époque (²⁸²).

Les *Coutumiers normands* (²⁸³) offrent des particularités très marquées. Le plus ancien, qu'on appelle le *Très ancien Coutumier de Normandie* (*vetustior consuetudinarius*), rédigé en latin, sous le nom de *Statuta et consuetudines Normannie*, est formé par la juxtaposition de deux ouvrages dus à l'initiative privée, qui ordinairement se répètent et parfois se contredisent. La suture s'opère aux mots *Hic est jurea* (*cap. LXVI*). La première partie observe à peu près le plan du livre de Glanville : droit privé, procédure, droit pénal, compétence des juridictions seigneuriales (²⁸⁴). Son auteur, probablement un clerc, a écrit vers 1199. La seconde, postérieure d'une vingtaine d'années, suit la marche d'un procès, après avoir débuté par quelques statuts ducaux. L'auteur a des connaissances en droit romain (²⁸⁵). Une version française fut faite après la réunion des deux coutumiers primitifs. Etrangère à

---

(280) Beugnot, *Assises de Jérusalem*, t. 1, p. 579. Citons aussi deux petits traités de Geoffroi le Tort et de Jacques d'Ibelin (*Ibid.*, p. 427 et s.).

(281) Le vicomte était le président de la Cour des bourgeois.

(282) Il faut y joindre les *Assises d'Antioche*, 1201-1235 : *Assises de la Haute-Cour* et *Assises des bourgeois*. On en possède une traduction arménienne, transcrite elle-même en français (*Rec. des hist. des Croisades. Doc. arméniens*, t. 1, p. 541 et s.); — et les *Assises de Romanie*, composées pour la Morée (1210) par emprunts aux *Assises de Jérusalem* et aux *Coutumes de Champagne*. Il en existe une traduction italienne du xvᵉ siècle. Cpr. Viollet, *Les remenbrances de la Haute-Cour de Nicosie, Les usages de Naxos* (*Archives de l'Orient latin*, t. 1, p. 610 et s.).

(283) E.-J. Tardif, *Coutumiers de Normandie*, t. 1. Le *Très ancien coutumier de Normandie* : 1ʳᵉ part. : *Statuta et consuetudines Normannie*; 2ᵉ part. : Le *Très ancien coutumier de Normandie* (texte français); t. 2. *La Summa de legibus Normannie in curia laicali*, Rouen-Paris, 1881, 1903, 1896.

(284) Le *Tractatus de legibus et consuetudinibus regni Angliae* de Glanville, composé dix ans avant.

(285) Tardif, *Coutumiers normands*, t. 1, pp. XLI-LXXXVI.

la Normandie par la langue, œuvre d'un clerc du roi entre 1248 et 1270, elle apporte au texte latin quelques modifications ([286]). La *Summa de legibus Normannie in curia laicale* ou *Grand Coutumier normand*, d'abord rédigée en latin et dont on a de nombreux manuscrits qui montrent le texte originel à plusieurs reprises augmenté ou retouché, est écrite en prose rythmée. C'est une des œuvres juridiques les plus remarquables du Moyen âge ([287]). Elle révèle chez son auteur une forte culture scolastique. Elle a deux parties. Dans la première : l'organisation judiciaire et les règles de la compétence, le droit des choses et leurs modes d'acquisition, la procédure; dans la seconde : les actions qui dérivent d'un dommage *(injuria)* porté aux personnes ou aux biens, les modes de preuves. Sa date est incertaine : antérieure à 1275, postérieure pour les uns à 1234, pour d'autres à 1254 ([288]). Parce que, au xive siècle, la *Summa* fut désignée à Jersey sous le nom de *Summa Maucael*, on a pensé qu'un Maucael, de Valognes, fut l'auteur soit de l'ensemble, soit de ses premiers remaniements. Une reproduction française en prose fut donnée quelque temps après; une autre en vers eut pour auteur, en 1280, Richard Dourbault ou G. Caulphepie ([289]). Le texte latin s'imposa à titre quasi officiel jusqu'à la rédaction de la Coutume de Normandie (1583) ([290]).

Trois autres coutumiers du xiiie siècle ont pour caractéristiques qu'ils ont été rédigés dans le domaine royal, qu'ils l'ont été directement en français, que leurs auteurs ont puisé abondamment dans les textes canoniques et surtout romains, quand ils ne se sont pas contentés simplement de les traduire. Ce sont :

Le Conseil à un ami de Pierre de Fontaines ([291]), grand bailli

(286) *Ibid.*, t. 2, p. xvi-lxvi, p. lxxxvii. — Il y eut une seconde version fragmentée, insérée au Grand Coutumier et peut-être une autre en dialecte normand aujourd'hui perdue. (*Ibid.*, t. 1, pp. lxx et s.).

(287) *Ibid.*, t. 2, pp. ci-clxx. Viollet, *Les coutumiers de Normandie (Hist. littéraire*, t. 33, pp. 41-140).

(288) Tardif, *Coutumiers normands*, t. 2, p. clxxvi et s. Génestal (*Bul. des Soc. sav. de Caen*, 1910, p. 910).

(289) De Cruchy, *L'ancienne coutume de Normandie*, textes latin et français en regard, Jersey, 1881, encore en vigueur dans les Iles Normandes, sur bien des points. — Bourdot de Richebourg, *Coutumier général*, t. 4, p. 1 et s. Houard, *Dict. de la coutume de Normandie*.

(290) Perrot, *Arresta communia scacarii*, n° 151 (an. 1296), n° 153 (1299). On l'attribuait à Philippe-Auguste : Tardif, *Introd*, p. xxii et s.

(291) *Le Conseil de Pierre de Fontaines* (éd. Marnier), Paris, 1846. Le titre vient de ce qu'après une invocation-préface où l'auteur expose qu'un ami l'a prié pour l'instruction du fils de celui-ci de composer un livre « selonc les us et costumes de Vermendois et d'autres cors laïes », on lit :

de Vermandois à deux reprises (1253, 1289), plusieurs fois inscrit parmi les jugeurs du Parlement (1258, 1260, 1270). Ce livre fut composé entre 1253, début des fonctions de l'auteur en Vermandois, et 1258, date de l'ordonnance sur les duels qu'il ignore, bien qu'il condamne la pratique des gages de bataille (292). Quoique présenté comme un coutumier de Vermandois, c'est un traité de procédure qui suit la marche d'un procès en étudiant des questions de droit à mesure que l'occasion s'en présente. Comme Pierre de Fontaines a commencé par dire que les coutumes de ce pays étaient « molt aneanties et presque totes faillies » et que « li avis est molt périlleus qui ne siut ou loi escrite ou costume aprovée » dès qu'il doute qu'il y ait coutume approuvée, il a recours à la loi écrite, c'est-à-dire, dans les premiers chapitres de son livre, au Digeste et, à partir du IX, au Code dont il suit l'ordre des livres I et II jusqu'au titre 33. Peut-être eût-il pu éviter de tels emprunts si ce n'avait été son goût (293) : car un autre ouvrage : *Coustumes des pays de Vermandois et ceulx de envyron*, rédigé en 1448, en contient fort peu (294).

Li livres de Jostice et de Plet (295) est une compilation peu méthodique de textes du Digeste, auquel près de deux cents chapitres sont puisés ou dont ils sont traduits en entier, de textes des décrétales qui ont fourni trente et un chapitres, d'établissements ou de bans royaux, de dispositions de droit public ou administratif et enfin de droit coutumier. L'auteur met en scène le roi, des baillis, des personnages qu'il a connus dans l'entourage royal où ils remplissaient des fonctions judiciaires, leur attribuant

Ci commence li conseulz que Pierres de Fonteines done a son ami. L'ami devait être Louis IX. — Sur l'attribution erronée de cet ouvrage à un certain Guido ou encore à Guy Folcuei (le pape Clément IV) : P. Viollet, BECh., t. 41, p. 153 et s. — Sur une traduction néerlandaise : Collinet, *Bul. de la Comm. roy. d'hist. de Belgique*, 1901.

(292) P. de Fontaines, XV, 27, 28, p. 127 : « Et se li uns et li autres est si enreués, qu'il n'en demandent nul amesurement entrer pueent par folie en perill de gages... Car bataille n'a mise leu où justise a mesure. ».

(293) P. de Fontaines, XI, 1, p. 58 : « Fermement doit garder la justise se ce que la lois escrite enseigne »; — XV, 24, p. 121 : « Molt doit-en amer l'usage et fermement tenir qui s'acorde à lois escrites : car plus seurement ne pust nus juger. ».

(294) Publiées par Beautemps-Beaupré, Paris, 1858.

(295) *Li Livres de Jostice et du Plet*, éd. Rapetti, Paris, 1850 (Coll. des DI. sur l'Hist. de France), d'après le manuscrit unique de la B. Nat. en tête duquel sont rapportées l'ordonnance de 1254, une ordonnance sur la procédure au Châtelet, celle de 1258 sur les duels.

tantôt quelque règle juridique d'origine romaine ([296]), tantôt la
solution d'un problème de droit ou d'un litige ([297]), comme s'il
avait collationné des sentences rendues ou des avis émis par eux :
ce qui invite à penser qu'il était lui-même un praticien. Qu'il
place dans la bouche de ses « autorités » autant et plus de droit
romain que de droit coutumier prouve seulement la place que
ce droit occupait dans la jurisprudence des juridictions royales.
Du même coup, nous apprenons comment ces hommes, imbus de
droit savant, s'y prenaient pour plier et adapter celui-ci aux
espèces qui leur étaient soumises. Cela et ce qu'il contient de
droit public et de droit féodal constituent l'intérêt du livre. Les
agents royaux et les plaideurs qui y sont nommés appartenant
tous à la région du Gâtinais où Philippe de Remi, père de Beaumanoir, fut bailli de Robert d'Artois de 1237 à 1250, ou du
Beauvaisis où il se retira ensuite, on lui a récemment attribué
ce recueil ([298]). Il est probable que la rédaction en fut lente,
car certains chapitres admettent la procédure par gages de bataille, tandis que le dernier fait allusion à l'ordonnance sur
les duels (1258) et qu'il est question ailleurs d'un procès de
1259 ([299]). Il est possible aussi que l'auteur insérât des faits et
des opinions à mesure qu'il les connaissait dans des chapitres
déjà écrits. En tout cas, il avait terminé son œuvre en 1272 ([300]) !

Les *Etablissements de Saint-Louis* ([301]) qu'on a longtemps pris
pour un corps de lois du règne de Louis IX, sont également dus
à des initiatives privées. L'erreur tenait à un prologue apocryphe
de quelques manuscrits qui présentait l'ouvrage comme un recueil

(296) *Sic* « Loys rois dit que costume doit valoir loi » : I, II, 5, p. 7; « Li
rois Phelippe et la reine Blanche dit : Tuit flueve, tuit port à bau prou
sont communes. Blanche dit : li huages des rivages est communes par le droit
de gent, si cum li fluves » : I, XI, 3, p. 64.

(297) *Sic* « Gefroi de la Chapele dit que cil bans n'a pas leu, se cil
est hors dou poer à celui juge qui le fera semondre » : II, IX, 3, p. 85. —
« Jehan de Beaumont dit que li plèges est tenuz de tant com la chose vaut »
II, 6, p. 87.

(298) Stein, *Conjectures sur l'auteur du Livre de Jostice et de Plet* (NRH.,
1917, pp. 345 et s.). L'opinion de Rapetti qu'on est en présence d'un
cahier d'étudiant de l'Université d'Orléans n'est pas soutenable.

(299) Cpr. XIX, I, 2, II, 1, III, 1, IV, V, 1 et XX, XVI, 3, pp. 287-294, 332
XIX, XXIII. 13, p. 304.

(300) P. Viollet. *Les Etabl. de Saint-Louis*, t. 1, p. 60.

(301) Publiés par Du Cange à la suite de *Joinville* en 1665. — Is., t. 2,
pp. 1-643. Ed. critique : P. Viollet, *Les Etablissements de Saint-Louis accompagnés des textes primitifs et de textes dérivés*, 4 vol., Paris, 1881-
1883-1886.

de lois officielles et contenait une promulgation de forme fantaisiste. Montesquieu l'avait déjà écartée. Les travaux de P. Viollet
ne laissent plus de doute. La compilation qui se décore de cette
fausse enseigne n'est même pas très originale, ce qui ne nuisit
ni à son succès, ni à sa diffusion géographique. Divisée en 2 livres,
elle comprend : 1° deux ordonnances de Louis IX, l'une sur la procédure du Chatelet, l'autre sur les duels judiciaires : liv. I, chap.
1-2 et chap. 3-9 ([302]); 2° un coutumier de la région Touraine-
Anjou : liv. I, chap. 10-175, remontant à l'année 1246, qui est
l'œuvre d'un officier royal et dont le contenu primitif était purement coutumier ([303]); 3° un coutumier orléanais : *Usage d'Orlenois*, rédigé dans les mêmes conditions vers le milieu du règne
de Louis IX et qui constitue le livre II ([304]). L'auteur qui a réuni
ces documents vers 1272-1273 et qui devait être lui-même un bailli,
les a farcis de références ou de citations de droit romain, parfois
de droit canonique ou d'emprunts aux ordonnances royales. L'influence de la *Coutume Touraine-Anjou* qui, en dépit de son incorporation dans les *Etablissements de Saint-Louis*, continua sa destinée indépendante, fut très grande. Grâce à des remaniements,
elle prolongea la littérature coutumière de ces pays; ses manuscrits du xiv⁰ siècle ont pour titre *Coutume d'Anjou et Maine* ([305]).
En Bretagne elle a donné naissance à des sortes de résumés sous
le nom de *Règles coutumières* ([306]). P. Viollet s'est essayé à une
restitution de la *Coutume Touraine-Anjou* dans son état premier et
à une reconstitution conjecturale de l'*Usage d'Orlenois*. L'emploi
fait du droit romain dans les *Etablissements de Saint-Louis* relève
d'une méthode un peu différente de celle des précédents coutumiers. Au lieu de longs emprunts, de simples traductions, on y
trouve une tentative gauche d'adaption à une matière coutumière plus abondante et plus précise. La composition antérieure
au 19 juin 1273, date de l'un des manuscrits, ne remonte peut-
être pas au delà de l'année précédente, car il semble qu'il soit

---

(302) Ces ordonnances se retrouvent en tête des mns. du *Livre de Jostice
et Plet;* mais ici et là le texte est un peu différent de celui du *Rec. des Ord.
des r. de Fr.*, t. 1, p. 108 et s., p. 111 et s. Viollet, t. 1, p. 5.

(303) Viollet, t. 1, p. 8 et s. — *Coutume de Touraine-Anjou* (texte restitué),
t. 3, pp. 3-104.

(304) *Ibid.*, t. 1, pp. 36-80; — *Usage d'Orlenois*, essai de reconstitution) pp. 495-520.

(305) Beautemps-Beaupré, *Inst. et cout. de l'Anjou et du Maine*, t. 1.

(306) *Textes bretons dérivés du droit tourangeau-angevin* : Viollet, t. 3,
pp. 189-227.

fait allusion à un acte de Philippe III aux chapitres 29, 31, 38 du livre II ([307]).

Une *Compilatio de usibus et consuetudinibus Andegaviae* que d'aucuns tiennent pour une source des *Etablissements*, et que P. Viollet place un peu après 1315 ([308]), rédigée en français, malgré son titre latin, contient du pur droit angevin, mais exerça quelque influence dans les pays voisins, notamment en Poitou, où fut composé au xive siècle (1372 environ) un coutumier qui, sous le titre de *Livre des droiz et commandemens d'office de justice*, est presque tout entier issu des sources angevines ([309]).

Li livres des coustumes et des usages de Beauvoisins ([310]), par Philippe de Remi, sire de Beaumanoir, voyageur, romancier, poète ([311]), successivement bailli de Clermont (1279-1282), sénéchal de Poitou (1284-1287), de Saintonge (1287-1288), bailli de Vermandois (1289-1291), de Touràine (1291), de Senlis (1292) et qui mourut en 1296, marquent le sommet de la production juridique du xiiie siècle par le talent littéraire, la hauteur et l'originalité de la pensée. Ecrit de 1280 à 1283, remanié, complété dans les années suivantes, cet ouvrage n'atteignit peut-être jamais son complet achèvement : mais le nombre des manuscrits connus et qui en supposent d'autres, révèle l'estime qu'on en faisait aux xive et xve siècles. A la fin de celui-ci, l'on en rédigea des abrégés, pour servir à l'enseignement, qui préparèrent, ce semble, la rédaction officielle de la Coutume de Clermont ([312]). Le dessein de Beaumanoir était la composition d'un traité de droit coutumier, non d'un simple guide pour les praticiens: aussi les développements sur le fond du droit ne sont-ils plus occasionnels, mais par leur

(307) Viollet, t. 1, p. 2. — Sur l'auteur ou les auteurs possibles : Stein, *loc. cit.*, p. 382.

(308) P. Viollet, t. 1, p. 24. — Texte : t. 3, pp. 117-139.

(309) *Le Livre des droiz et commandemens* (éd. Beautemps-Beaupré, 1865, 2 vol.). — P. Viollet, *op. cit.*, t. 1, pp 308 et s.

(310) Philippe de Beaumanoir, *Coutumes de Beauvaisis*, (éd. Am. Salmon, 2 vol., Paris, 1899-1900). — *Les coutumes de Beauvoisis par Philippe de Beaumanoir, jurisconsulte français du XIIIe siècle*, éd. Beugnot, 2 vol., Paris, 1842 (*Coll. de la Soc. de l'Hist. de Fr.*). — La Thaumassière en avait donné une première édition en 1690, à la suite des *Assises de Jérusalem*.

(311) *Œuvres poétiques de Ph. de Beaumanoir*, éd. Suchier, 2 vol., Paris, 1884-1885 (*Soc. des anc. textes franç.*) — H.-L. Bordier, *Philippe de Remi, sire de Beaumanoir, jurisconsulte et poète national du Beauvaisis, 1246-1296*, Paris, 1869-1873.

(312) Am. Salmon, *Deux rédactions abrégées des coutumes de Beauvaisis de Philippe de Beaumanoir*. (NRH., 1899, pp. 685-696). Sur une troisième : Giffard (NRH., 1906, p. 626).

ampleur constituent le principal de l'œuvre (³¹³). Pour cela il a
puisé à quatre sources : aux records de justice, c'est-à-dire aux
sentences rendues par les juridictions du comté; aux coutumes
notoires et incontestées; à défaut, à la jurisprudence des châtellenies voisines; enfin au droit commun qui est le droit romain. Il se
distingue des auteurs qui l'ont précédé en ce qu'il adopte la coutume pour fondement du droit. Les textes romains ne servent plus
qu'à lui fournir ou à lui suggérer des procédés pour compléter ou
améliorer la coutume; il n'y renvoie jamais. Ce n'est plus un pla-
cage de quelques prescriptions coutumières ou lambeaux de jurisprudence sur un bloc mal équarri de droit romain. La méthode,
qui s'ébauchait aux *Etablissements de Saint-Louis*, atteint ici à sa
perfection. Si le plan du livre est difficile à saisir, ses sources le
sont autant, parce que Beaumanoir a tout repensé et qu'il n'offre
au lecteur que le fruit de son labeur personnel.

Li livres des coustumes et des usages d'Artois (³¹⁴), œuvre
probablement d'un avocat d'Arras, fut écrit vers 1300. S'il
est plutôt inspiré par le *Conseil à un ami* et les *Etablissements*,
il se révèle dans la ligne de Beaumanoir par l'usage discret et
habile des droits romain et canonique. La pratique, des souvenirs d'audience ont fourni un fond coutumier assez riche, surtout
pour les matières féodales. De façon générale, le droit artésien
s'écartait moins du droit écrit que les coutumes avoisinantes (³¹⁵).

La Très ancienne Coutume de Bretagne remonte aux années 1312
à 1325 (³¹⁶). Œuvre privée bien qu'on l'ait crue très vite un
code officiel et qu'on ait pu dire dès 1341 qu'il n'y avait en Bretagne de coutume qu'écrite, elle se donne pour le résultat de la
collaboration de trois praticiens (³¹⁷). De forme assez littéraire,
« dans le cadre d'un style de procédure civile et criminelle » elle
mêle « des renseignements de fond sur les douaires, les tutelles et

(313) Beaumanoir, n° 6. — P. Viollet, *op. cit.*, pp. 332-333. R. Dareste,
Journ. des Sav., 1889, p. 647 et s.

(314) Ad. Tardif, *Coutumier d'Artois*, Paris, 1883. — Maillart, *Coutumes
d'Artois*, 1756.

(315) Ad. Tardif, *op. cit.*, *Intr.*, pp. x et s. — P. Viollet, *op. cit.*, t. 1,
pp. 343-348.

(316) *La Très ancienne Coutume de Bretagne avec les Assises, Constitutions
du Parlement et Ordonnances ducales*, édit. critique par Marcel Planiol,
Rennes, 1896 (*Bibl. bretonne-armoricaine*, fasc. II).

(317) Copu le Sage, Tréal le Fier, Mahé le Loyal. Les surnoms de ces personnages leur donnent une physionomie légendaire. Pourtant M. Planiol a
découvert un Pierre Copu, sénéchal de Cornouaille, et un Eon de Tréal,
sénéchal de Rennes (1337), qui s'adapteraient assez bien ici.

curatelles, les retraits, les successions, les fiefs, les contrats » ([318]).
Le droit romain, le droit canonique, les *Etablissements de Saint-Louis*, mis à contribution sans indications, ni références, ont fortement influé sur beaucoup de ses parties, comme la *Coutume de Touraine-Anjou* l'avait déjà fait sur l'*Assise du Comte Jean II* ([319]). Répandue par de nombreux manuscrits et fortement altérée, objet d'une glose anonyme, d'abrégés au xvᵉ siècle, elle fut citée à la façon d'un texte officiel jusqu'à la rédaction de la coutume de Bretagne (1539). Elle fut plusieurs fois réimprimée à partir de 1480 ([320]).

Quelques coutumiers résultèrent d'adjonctions successives de notes ou de jugements autour d'un noyau primitif assez faible d'usages notés par des praticiens. De ce genre : 1° *Li droict et lis coustumes de Champaigne et Brie que li roys Thiébaulx établi* ([321]), œuvre privée encore, malgré l'attribution apparente, tenant à ce que le manuscrit commence par l'ordonnance de Thibaut IV sur la succession aux fiefs (1224) et se clôt par un règlement de police. Primitivement, ce recueil ne comprenait que 59 articles concernant pour les deux tiers le droit privé et pour le reste la procédure ou le droit pénal, qu'avait réunis, entre 1253 et 1270, un officier royal. Mais, vers 1300, Guillaume du Châtelet, bailli de Chaumont, puis de Troyes, avait illustré chacune de ces parties et leur avait ajouté cinq chapitres au moyen des jugements rendus de 1270 à 1295 par les diverses juridictions fonctionnant en Champagne et collationnés pour son usage personnel ([322]); — 2° *Lis coutumes di la ville et septène di Bourges, di Dun-le-Roy et du pays di Berry* ([323]), compilation hétérogène et désordonnée, constituée par l'adjonction à un coutumier d'un peu plus de cent articles, au moyen d'interpolations successives, au cours du xivᵉ siècle et jusqu'à environ 1440, de fragments d'ordonnances de

(318) Planiol, *op. cit., Introd.* pp. 13-16.
(319) P. Viollet, *op. cit.*, t. 1, pp. 287-306.
(320) Planiol, *op. cit.*, pp. 18-26.
(321) Pierre Pithou, *Les coustumes du bailliage de Troyes en Champaigne* (éd. François Pithou) Troyes, 1609, in-4°. — Bourdot de Richebourg, *Cout. gén.*, t .3, p. 209-220.
(322) Emile Chénon, *L'ancien coutumier de Champagne* (NRH., 1907, pp. 284-344), avec, en appendice, la compilation des jugements de Guillaume du Châtelet. Collinet, *Deux nouveaux mss. du coutumier de Champagne* (NRH., 1910, p. 670).
(323) Thaumas de la Thaumassière, *Les anciennes et nouvelles coutumes locales du Berry et celles de Lorris commentées*, Bourges, 1679, in-f°. — Bourdet de Richebourg, *Cout. gén.*, t. 3, pp. 375-404.

Charles V, de styles laïques ou ecclésiastiques, de mémoires de jurisprudence, en usage dans le Berry, enfin, de 1440 à 1443, de jugements et d'enquêtes par turbes, recueillis par le lieutenant général du bailliage, Jehan de la Loë (³²⁴); — 3° La Bourgogne eut aussi dès le xiiiᵉ siècle ses coutumiers; elle en eut surtout au xivᵉ, qui sont restés mêlés dans les manuscrits à des ordonnances ducales ou royales et publiés seulement en partie de nos jours. Les coutumes s'y présentent sous forme d'arrêts et de jugements, d'opinions de praticiens, de petits traités, ainsi aux *Coustumes et stilles gardées ou duchié de Bourgogne* publiées par Giraud ou au *Coutumier*, tiré d'un manuscrit de Montpellier (³²⁵).

Vers la fin du xivᵉ siècle, *Le Somme rural ou le grand coustumier général de practique civil et canon* de Jehan Boutillier (³²⁶), marque une tentative de synthèse d'une partie du droit coutumier et du droit romain. Né à Pernes, près d'Arras, vers 1340, mort en 1396, lieutenant des baillis de Vermandois et de Tournai (1384), jaloux des droits du roi comme tout légiste, en garde contre les juridictions ecclésiastiques, féru de droit romain, Boutillier paraît avoir voulu fondre en un bloc les éléments coutumiers du Nord de la France qu'il trouvait aux œuvres de ses devanciers (³²⁷) : *Etablissements de St-Louis*, textes orléanais, coutumiers de Normandie et d'Artois, coutumes de Vermandois, de Paris, de Flandre, de Picardie, de Hainaut, styles du Parlement. Il puisa aussi à la jurisprudence : ses citations d'arrêts remontent jusqu'à 1322.

(324) Emile Chénon, *L'ancien coutumier du pays de Berry* (NRH., 1905, p. 581), avec, en appendice, les annotations de Jehan de la Loë.

(325) *Li usages de Borgogne*, publié par Marnier, paraît contenir des coutumes remontant au xiiiᵉ siècle, peut-être certaines au xiiᵉ siècle (NRH., 1857, pp. 525 et s.). Giraud avait déjà publié les *Coustumes et stilles gardées ou duchié de Bourgogne*. (*Essai sur l'hist. du dr. fr.*, pp. 268-326). Depuis, Stouff, *Un recueil de jurisprudence et de coutumes bourguignonnes au xivᵉ siècle*. (*R. bourguignonne*, t. 14, 1904, pp. 1-26); Champeaux, *Le coutumier bourguignon de Montpellier* (NRH., 1906, pp. 781-807; 1907, pp. 72-100) avec une étude : *La compilation de Bouhier et les coutumiers bourguignons du xivᵉ siècle*. (NRH., 1906, pp. 499-538).

(326) *Le Somme rural ou le grand coustumier général de practique civil et canon*, composé par Jean Bouteiller (éd. L. Charondas le Caron), Paris, Macé, 1611. — Le qualificatif de rural indique évidemment que l'auteur est un magistrat campagnard qui écrit pour les praticiens de même espèce.

(327) De Meulenaere. *Doc. inédits pour servir à la biographie de Jehan Boutillier* (*Bull. de la Comm. roy. d'hist. de Belgique*, t. 17, n° 3, IVᵉ Sér. et NRH., 1891, pp. 19 et s.). Aubert. *Les sources de la procédure au Parlement de Philippe le Bel à Charles VII* (BECh., 1890, p. 509 et s.). P. Viollet, *op. cit.*, t. 1, pp. 347-357.

Après 1370, il rapporta ses propres jugements. Le Digeste, les Institutes, le Code surtout lui étaient familiers; ses emprunts aux Décrétales allèrent jusqu'à prendre tout un titre, *de regulis juris*, au Sexte [328]. Son travail peu méthodique en reçut un aspect hétéroclite, et, comme il mêle et corrige sans toujours le dire, ses renseignements sont parfois peu sûrs. Selon un plan voisin de celui de Beaumanoir, il aborde toutes les branches du droit : public, administratif, royal, seigneurial, municipal, féodal, privé. Quelque peu économiste, il a écrit un titre sur les valeurs au porteur. Son œuvre est, comme il dit, une « somme » de connaissances juridiques qu'il offrit aux praticiens de son temps. Aussi les éditions furent nombreuses; des gloses s'y ajoutèrent. Au xviie siècle encore, Charondas le Caron, en la rééditant, par ses commentaires et annotations, en doublait l'étendue.

Le Grant Coustumier de France [329], appelé aussi sans raison *Coutumier de Charles VI*, qui fut en vogue de la fin du xive siècle aux premières années du xvie, est une compilation encore plus hybride et moins originale que la plupart de celles que nous venons de rencontrer et qui tient du style ou de la pratique judiciaire autant que du coutumier proprement dit; mais c'est la dernière œuvre étendue où soit consigné l'état du droit de la région parisienne avant la rédaction des coutumes. Dans l'intervalle, on ne trouve plus guère que de brefs recueils de « notables » ou de « coutumes approuvées », tels ceux qui couraient déjà de son temps et auxquels son auteur a puisé : *Coutumes notoires, Pseudo-décisions de Jean des Marès, Coutumes de France de Charles VII*, etc..., séries de textes mises bout à bout et par l'un ou par l'autre augmentées [330]. Le *Grant Coustumier* ne nous est donné que comme un style : *Stile de Chatellet que fist et composa d'Ableges* [331]. Jacques d'Ableiges, dont le souvenir fut longtemps

(328) Esmein, NRH., 1895, p. 48.

(329) *Le Grant Coustumier de France et instruction de practique et manière de procéder et practiquer es souveraines cours de Parlement, Prévosté et Vicomté de Paris et aultres jurisdictions du royaulme de France* (éd. Laboulaye et Dareste), Paris, 1868. — En 1598, Charondas le Caron en avait donné une édition annotée. La précédente remontait à 1539.

(330) Des « *Coutumes notoires* » et les « *Décisions de Jehan des Marès* », publiés par Brodeau, dans son *Commentaire sur la C. de Paris*, et dont certains numéros sont communs, paraissent les premières d'origine parisienne, les secondes, dont deux seulement portent le nom de J. des Mares ou des Marès ou des Marez, d'origine orléanaise : Giffard, *Et. sur les sources du dr. cout. aux* xive *et* xve *siècles* (NRH., 1906, pp. 609-626).

(331) D'Espinay, *Un document inédit sur la coutume de Paris* (NRH., 1891,

perdu, examinateur au Châtelet, bailli de Chartres, puis d'Evreux, avoue s'être tenu « à conqueillir et assembler plusieurs mémoires et oppinions de saiges », ayant « quis et serchié en plusieurs petiz livres et petiz traictiez, puis çà, puis là, ensuite les avoir mises en ordonnance et par chapitres ». Ce travail achevé vers 1388 (³³²) est divisé en quatre livres. Le premier est un recueil d'ordonnances concernant le Parlement ou le Châtelet, auxquelles d'autres furent postérieurement ajoutées, et de fragments de styles. Le second contient du droit privé, tiré du droit romain ou de la coutume par l'intermédiaire du *Style* des Maucreux, du *Stylus Curie Parlamenti*, des *Coutumes de France*, de recueils de « notables » et de « coutumes notoires », et du droit féodal provenant de l'insertion dans la compilation du titre *de feudis* du *Stylus Curie Parlamenti* et d'un petit traité : *Des fiefs à l'usage de France*, sous forme dialoguée (³³³). Le troisième, consacré surtout à la procédure, met à profit des *Styles* du Châtelet, ceux de du Breuil et des Maucreux, des arrêts notables et des formules de libelles (³³⁴). Le quatrième revient sur la procédure civile et criminelle, s'appropriant un court traité sur les pénalités, des arrêts et des opinions de praticiens. Presque aucun des manuscrits du *Grant Coustumier* ne concorde absolument avec un autre, ce qui incline à penser que ceux qui les composèrent ne se firent point de scrupules d'y modifier, retrancher ou ajouter à leur goût. Plusieurs sont des remaniements abrégés de l'œuvre de d'Ableiges (³³⁵). L'œuvre primitive contenait des documents de haut

pp. 145 et s.). M. d'Espinay croyait ce recueil du xvᵉ siècle; M. Giffard l'a trouvé depuis dans un manuscrit antérieur à 1383 et a montré que d'Ableiges l'a connu : Giffard. *op. cit.*, p. 624.

(332) Le titre en a été relevé par M. Collinet sur B. N., ms. Dupuy, 247, fº 149 rº (NRH., 1906, p. 210). Mais déjà M. Léopold Delisle avait restitué à Jacques d'Ableiges le *Grant Coustumier de France* et rattaché le liv. I à l'ensemble de l'ouvrage auquel on le croyait ajouté postérieurement : Léop. Delisle, *L'auteur du Grant Coutumier de France* (*Mém. de la Soc. de l'Hist. de Paris*, 1881, p. 140 et s.).

(333) *Des fiez à l'usage de France*, texte critique publié avec introduction et des notes par G. Boulen et Olivier Martin (NRH., 1919, pp. 544-582, 1920, pp. 135-158, 305-346).

(334) Sur les sources des liv. II et III : Giffard, *Et. sur les sources du dr. cout. aux xivᵉ et xvᵉ siècles* (NRH., 1906, pp. 424-452; 1913, pp. 654-695). Collinet (*Ibid.*, p. 212).

(335) Olivier Martin, *Le ms. Vatican 4790 et le Gr. Cout. de J. d'Ableiges* (NRH., 1906, pp. 630-668; 1910, pp. 113 et s.); *Deux nouveaux mss. du Gr. Cout. de Fr.* (*Ibid.*, 1913, pp. 75-83). Cpr. Giffard, *op. cit.*, (NRH., 1909, pp. 704-721).

intérêt provenant de l'administration de l'auteur comme bailli, qu'on retrouve dans quelques manuscrits [336].

La *Practica forensis* de Jean Masuer, avocat à Riom dans la première partie du xv⁵ siècle, aussi appelée *Practica scnescalliae alverniae* ou *Viator juris*, est un ouvrage moins copieux du même genre, qui justifie ses divers noms. Pour la région de l'Auvergne et du Bourbonnais, aux confins des pays de coutumes et de droit écrit, elle fut à la fois un coutumier où apparaît la fusion des deux droits sous l'action de la jurisprudence et une pratique judiciaire dont l'auteur a puisé les éléments à cette même jurisprudence et aux *Styles de la Chambre des Enquêtes et des commissaires du Parlement*. Ecrite en latin, elle fut traduite assez librement en français; ses éditions dans les deux langues furent nombreuses. Elle joua le rôle de coutume de la province jusqu'à la rédaction officielle [337]. Un peu de même sorte, mais de beaucoup antérieur, pour la région rémoise, était le *Liber practicus de consuetudine remensi*, qui, sous sa première forme, remontait aux dernières années du xiiie siècle [338].

A la suite de ces œuvres composites, il suffira d'en énumérer quelques autres qui ne sont ou tendent à n'être que des traités de procédure, des *styles*. Il a existé divers styles du Parlement. Le plus connu, le *Stylus Curie Parlamenti* de du Breuil [339], composé entre 1329 et 1332, correspond au temps où la procédure savante commençait à l'emporter dans les pratiques de la Cour [340]. Aussi contient-il de nombreuses références aux droits romain et canonique dont cette procédure dérivait; mais les sources principales restent les ordonnances royales et les arrêts dont il cite plus de cent trente [341]. Son succès fut tel que les actes officiels

---

(336) Giffard, *Le ms. « Vaticanus 4790 » dérive-t-il de d'Ableiges ou de sa source?* (NRH., 1913, pp. 704-721).

(337) Tardif, *La « Practica forensis » de Jean Masuer* (NRH., 1883, p. 283 et s.). Guilhiermoz, *Enquêtes et procès*, p. xxv.

(338) Varin, *Arch. législ. de la ville de Reims*, t. 1, 1re part., p. 506-608.

(339) Guillaume du Breuil, *Stylus Curie Parlamenti*. Nouv. édit. critique publiée avec une introd. et des notes par Félix Aubert, Paris, Picard, 1909. — G. du Breuil, *Style du Parlement de Paris*, éd. H. Lot, Paris, 1877, in-fo. — Du Moulin, *Opera omnia*, Paris, 1681, t. 2, p. 403 et s. — Sur les diverses éditions voir l'*Introduction* de F. Aubert.

(340) G. du Breuil, né à Figeac, avocat au Parlement, conseiller du roi d'Angleterre à Paris, compromis dans l'affaire de Robert d'Artois dont il était l'avocat, mourut inculpé de crime de lèse-majesté. Aubert, NRH., 1884, p. 357; 1910, p. 397. BECh., 1887, p. 641; Tardif, NRH., 1888, p. 278

(341) Aubert, *Les sources de la procédure au Parlement* (BECh., 1890,

s'y référaient. Plus d'un siècle après, il fut glosé par un membre du Parlement de Toulouse, Etienne Aufrère (1495). On joignit à ces éditions des suites d'ordonnances et d'arrêts [342]. Du Moulin le réédita en 1551 et par la suite. Il y eut aussi un *Style de la Chambre des enquêtes*, rédigé vers 1336-1337, et un *Style des commissaires du Parlement* [343]. Le Châtelet eut des styles qui en exposaient les usages et la procédure et dont l'un fut utilisé par d'Ableiges : *Le Stille de Chastelet, pour monstrer à ung chacun quelle ordre est en court laye de procéder en la ville et vicomté de Paris* [344]. Dans les premières années du XIV⁰ siècle, une juridiction voisine de Paris fut dotée d'une pratique judiciaire fort remarquable : *Ordonnances de plaidoïer de bouche et par escript abbregiez par Pierre et Guillaume de Maucrueulx (1306-1340)*, qui tendait à confirmer et répandre la procédure nouvelle, livre bourré de droit romain, mais y mêlant du droit coutumier venu en partie des *Etablissements de St-Louis*, du *Style de du Breuil* et de quelques autres sources [345]. Un *Stille de procéder en pays de Normandie* fut joint aux éditions gothiques du *Grand Coutumier de Normandie* [346]. Au XV⁰ siècle, le *Style de court laye autorisé par le Roy nostre sire*, de David Chambellan (1450), eut un caractère officiel pour la province de Berry. Dans le Midi, Pierre Jacobi, d'Aurillac, avait écrit une *Practica*, traité de procédure enrichi de formules d'actions, qui parut si bien qu'on la qualifia d'*aurea* (1320) et, un siècle après, l'*Ordo judiciarius* de J. Bely fut consacré à la procédure suivie au Parlement de Toulouse et à celle de la juridiction du Sénéchal (1433) [347].

pp. 505-510). Schwalbach, *Civilprozess des pariser Parlaments und dem Stilus des Brueils*, Friburg, 188. Olivier Martin, NRH., 1909, p. 774 et s.

(342) Guilhiermoz, *Enquêtes et procès*, p. 174 et s. Schwalbach, *op. cit.*, p. 4.

(343) Guilhiermoz, *Enquêtes et procès. Etude sur la procédure et le fonctionnement du Parlement au XIV⁰ siècle, suivie du Style de la Chambre des Enquêtes et du Style des commissaires du Parlement, et de plusieurs autres textes et documents*, Paris, 1892.

(344) Voy. Giffard, *Un style du Châtelet utilisé par d'Ableiges* (NRH., 1906, pp. 424-451), qui note aussi l'existence d'*Usages du Châtelet*. (*Ibid.*, p. 611). Encore : Olivier Martin, *Un coutumier du Châtelet de la fin du XV⁰ siècle* (*Trav. jur. et éconon. de la Fac. de dr. de Rennes*, 1907).

(345) *Le Style de Maucreux* reste inédit. M. F. Aubert en a publié la table : BECh., t. 51, p. 486 et s. — Sur ce style voyez Giffard (NRH., 1913, pp. 202 et s.) qui en prépare une édition critique.

(346) M. de Valroger a publié aussi des *Coutumes, Stille et usages au temps des Echiquiers de Normandie* (*Mém. de la Soc. des antiq. de Normandie*, t. 18, 1851).

(347) Citons au XVI⁰ siècle la *Practique judiciaire* d'Imbert, celle de Lizet et, au XVII⁰, le *Praticien* de Lange, réédité jusqu'en 1755.

II. *La Jurisprudence : les recueils officiels et les arrêtistes.* —
D'abord, le caractère oral de la procédure imposait que les jugements des tribunaux séculiers fussent prouvés par le témoignage
sous serment soit des seuls jugeurs, soit, concurremment ou à leur
défaut, des autres assistants qui eussent été aptes à juger [348].
C'était le *record de cour*, qui n'était possible que de celle du haut
justicier; pour les jugements des cours inférieures, on s'en remettait à la simple preuve testimoniale [349]. Le record avait lieu même
s'il existait un écrit, à raison de la tradition qui voulait que celui-ci
ne valût que confirmé par son auteur et ses témoins. Le souvenir
des jugements comme des opinions émises par les jugeurs ne se
conservait que dans les notes d'audience recueillies par les praticiens et dont nous avons vu l'usage si fréquent dans les coutumiers et les styles. Longtemps après qu'on se fût mis à rédiger
des rôles et à tenir registre des sentences, les parties conservèrent
le choix entre la preuve qui en résultait et le record [350].

Dès le XIIe siècle, les grandes juridictions avaient des clercs
chargés des procès-verbaux de leurs audiences et de noter, pour
les mettre en forme, leurs décisions, qu'on gardait aux archives
de la *Curia*. L'*Echiquier de Normandie* faisait transcrire ses
arrêts sur parchemins, cousus bout à bout et roulés, qui constituaient le rôle (*rotulus*) de la session, puis il en fut, en outre,
tenu registre [351]. L'exemple fut suivi au Parlement de Paris
où, à chaque session, correspondit un rôle d'arrêts et un sac
pour les autres écrits, que la réception toujours plus large de
la procédure romano-canonique et les appels des pays de droit
écrit multipliaient. A partir de 1263, son greffier, Jean de Mont-
luçon, tint un registre des arrêts et entreprit d'en constituer
rétrospectivement pour les années 1254 et suivantes, tâche que
continuèrent ses successeurs, Nicolas de Chartres (1273) et Pierre
de Bourges (1298). Leurs registres formaient le recueil officiel
des actes du Parlement [352]. Du premier mot du second d'entre
eux, on les appela les *Olim*. A partir de 1292, la Chancellerie

---

(348) Cpr. *Et. de St-Louis*, I, 96, t. 2, p. 163; Beaumanoir, n°s 1150-1152,
1169 et *Jostice et Plet*, XIX, 45, 16, p. 318; Pierre de Fontaines, XXI, 36,
p. 261.

(349) *Et. de St-Louis*, II, 33, p. 446; *Jostice et Plet*, II, 9, 30, p. 90.

(350) Pierre de Fontaines, *op. cit.*, XV, 38, p. 133. — P. Viollet, BECh..
t. 34, p. 324 (an. 1372).

(351) Léopold Delisle, *Mém. sur le recueil des jugements rendus par l'Echiquier de Normandie*, pp. 257-268.

(352) Lot, *Essai sur l'authenticité et le caractère officiel des* OLIM, Paris.
1863

en délivra des extraits aux intéressés. En 1319, les rôles furent supprimés et les registres du greffe établis. Puis chaque Chambre eut son greffe et ses registres (353). De proche en proche toutes les juridictions en furent pourvues.

Les principaux recueils d'arrêts de ce genre qui nous soient parvenus sont pour Paris : 1° Les *Olim*, quatre registres d'arrêts ou de jugés, rapportés ou résumés, allant de 1254 à 1388. Il y en avait trois autres de la série de Nicolas de Chartres qui sont perdus; mais l'un d'eux, le *Liber Inquestarum* (354), de 1269 à 1298, ou *Livre pelu noir*, a pu être en partie reconstitué; 2° *Le registre criminel du Châtelet de Paris*, 6 septembre 1389-18 mai 1392, d'un grand intérêt malgré le petit nombre d'années qu'il embrasse (355). Les registres de la jurisprudence civile du Châtelet qu'on a en manuscrit depuis 1395 n'ont été l'objet que de publications partielles et fragmentées (356); 3° *Les sentences du Parloir aux Bourgeois*, 1268-1325, ouvrent un jour sur la compétence complexe de cette juridiction (357); — pour les provinces : 1° *Les jugements de l'Echiquier de Normandie*, disparus jusqu'à la date de 1331, mais en partie reconstitués, de 1207 à 1270, à l'aide de documents en provenant (358); 2° *Les assises du Bailliage de Senlis*, 1340-1341 (359); 3° *Les Plaids de l'Echevinage de Reims*

(353) Langlois, *Textes relatifs à l'histoire du Parlement depuis les origines jusqu'en 1314*, p. XIII.

(354) *Les Olim ou registres des arrêts rendus par la Cour du roi sous les règnes de St-Louis, de Philippe le Hardi, de Philippe le Bel, de Louis le Hutin, de Philippe le Long*, publiés par le Cte Beugnot, Paris, 1839. — Léopold Delisle, *Essai de restitution d'un volume perdu des* OLIM (*Actes du Parlement de Paris*, t. 1, pp. 315-364); *Fragments inédits du registre de Nicolas de Chartres* (*Notices et extraits des mss. de la B. Nat.*, t. 23, 2e part., p. 113 et s.). — Langlois, *Nouv. fragm. inédits du Liber inquestarum, de Nicolas de Chartres* (BECh., 1885, pp. 440-477).

(355) *Le registre criminel du Châtelet de Paris*, éd. Duplès-Agier, 1861-1865.

(356) Fagniez, *Frag. d'un répertoire de jurisprudence parisienne* (*Mém. de la Soc. d'hist. de Fr.*, t. 17). — Olivier Martin, *Sentences civiles du Châtelet de Paris*, 1395-1505, publiées d'après les registres originaux (NRH., 1913, pp. 758-805; 1914-15, pp. 61-104, 461-523, 611-641) : choix de sentences classées par ordre de matières.

(357) Publiées par Le Roux de Lincy, *Hist. de l'Hôtel de ville de Paris*, 1846, p. 99 et s.

(358) Léopold Delisle, *Rec. des jugements de l'Echiquier de Normandie*, 1207-1270 (*Notices et extraits des mss de la B. Nat.*, t. 20, 2e part., p. 138 et s.). — E. Perrot, *Arresta communia scacarii*, 1910 (*B. d'hist. du dr. normand*, fasc. 1).

(359) de Rozière, NRH., 1891, p. 175 et s.

(1248...) ([360]). On peut y joindre les registres de quelques juridictions seigneuriales ([361]).

Les recueils dus à l'initiative privée qu'on puisse citer ici sont : les *Assises de Normandie*, collection de jugements rendus par les juges royaux dans les villes où ils tenaient leurs assises de 1234 à 1237, qui existe en latin et en français ([362]), les *Quaestiones Johannis Galli* ou *Questions de Jean Le Coq*, avocat au Parlement de Paris, qui a réuni sous ce titre 391 arrêts entre les années 1353 à 1398, et les a annotés en s'inspirant du droit romain, ce qui l'a fait appeler le « père des arrêtistes » ([363]): les *Decisiones Gratianopolitanae Guidonis Papae* ou *Décisions de Guy Pape*, conseiller au Parlement de Grenoble, dont il recueillit les arrêts à partir de 1440 ([364]).

3° La rédaction des coutumes.

1. *Rédactions officielles avant l'ordonnance de Montils-les-Tours.* — La coutume était par nature une tradition orale. Si parfois des règles coutumières avaient été mises par écrit ou insérées dans un acte plus général, leur nature n'en était pas changée : toute référence à la coutume, par l'autorité publique ou des particuliers, continuait de viser la tradition orale et il était permis d'invoquer celle-ci contre l'écrit, en démontrant leur non-concordance. Cependant dès le xiie siècle il y eut des rédactions officielles, sporadiques et fragmentaires, de coutumes locales. D'abord, les chartes municipales du Nord et les statuts municipaux

(360) Publiés par Varin, *Archives administratives de Reims*, t. 2, p. 707 et s.

(361) Tanon, *Registre criminel de la justice de St-Martin-des-Champs au xive siècle*, 1877. — NRH., 1886, p. 52 et s. — P. Viollet, BECh., t. 34, p. 324 et s.

(362) Texte latin publié par Lechaudé d'Anisy, (*Mém. des antiq. de Normandie*, t. 15, p. 150 et s.); texte français par Marnier, *Etablissements et coutumes, assises et arrêts de l'Echiquier de Normandie*, 1839.

(363) Publiées à la suite des anciennes éditions du *Stylus Curie Parlamenti* de du Breuil et par du Moulin, *Opera omnia*, 1681, t. 2. — Voir Aubert, *Questions de Jean le Coq*, BECh., t. 51, pp. 493-501. M. F. Joüon des Longrais en a signalé un. ms. intéressant de la Bibliothèque du British Museum, à la Soc. d'hist. du dr., 12 mai 1921 (NRH., 1921, p. 348). Il contient 389 arrêts échelonnés de 1323 à 1397.

(364 *Decisiones Guidonis Papae*, Lugduni, 1602. *Les notes d'audience prises au Parlement de Paris de 1384 à 1386, par un praticien anonyme*, qu'à publiées M. Olivier Martin (RHD., 1922, pp. 533-603) donnent une idée de la façon dont les praticiens se constituaient des collections de « notables » et de « coutumes notoires ».

du Midi contenaient presque toujours des articles plus ou moins
nombreux concernant le droit privé ([365]); en second lieu, des
villes ou des régions avaient obtenu des « chartes de coutumes »,
qui se distinguaient des précédentes en ce qu'elles étaient consacrées non tant à l'énumération des libertés politiques ou à l'organisation communale qu'à des dispositions coutumières d'ordre privé:
la *Coutume de Toulouse* en était le type ([366]). Arles avait fait
rédiger ses coutumes de bonne heure par le bolonais Alvernatius;
Montpellier avait confié le soin de colliger les siennes à une
commission (1204); la municipalité marseillaise avait opéré elle-
même ce travail (1228). Bien que corrigées et augmentées à chaque
nouvelle confirmation, ces chartes étaient loin d'embrasser tout
le droit coutumier de la ville ou de la province. Pour le reste,
incertitude et difficultés subsistaient. Pour parer à leur insuffisance, des corps municipaux étaient investis du pouvoir de déclarer ou d'interpréter la coutume, ainsi à Toulouse, Albi, Alais,
ce que, du reste, Philippe III refusa d'approuver pour Toulouse
en 1283 ([367]). Dans le Nord, on s'en référait d'ordinaire à la municipalité dont la charte était chef de sens ([368]). Dans quelques pays
on avait fini par attribuer à un coutumier renommé une valeur
officielle : ainsi, à la *Summa de legibus Normannie*, peut-être en
l'identifiant avec le *Très ancien Coutumier*, attribué à Philippe-
Auguste ([369]). Au xvie siècle, on pensait qu'elle avait abrogé la
coutume orale, mais au xiiie on n'y voyait encore qu'un élément
de preuve ([370]). La *Très ancienne Coutume de Brétagne*, qu'on
imaginait avoir « esté de tout temps », eut la même fortune. Des
gens soutenaient qu'en Normandie et en Bretagne il n'y avait de
coutumes applicables qu'écrites ([371]). Nous avons vu que pour les

(365) Ci-dessus, pp. 299, 303.

(366) Celle de Bordeaux qu'on en rapproche souvent est un coutumier.
Barckhausen. *Le livre des coutumes (Arch. munic. de Bordeaux.* t. 5, 1890).

(367) *C. de Toulouse,* tit. I, p. 7 : « Noverint universi presentes... quod
cum super aliqua consuetudine in aliqua curia Tolose dubitatur, recur-
rendum est ad consules Tholose, et quod haberi debet pro consuetudine
et teneri, quod ipsi consules, habita deliberatione, consuetudinem esse
Tolose affirmant, nulla, alia necessaria probatione super eo ». *Layettes du
Trésor des Chartes* (éd. El. Berger), t. 4, nos 4752 (pour Alais), 4820
(pour Albi). — Aug. Molinier, *La C. de Toulouse et Philippe III* (BECh., 1882,
p. 5 et s.).

(368) Ci-dessus, p. 298.

(369) Bourdot de Richebourg, t. 4, p. 105 et s. (Rouen, 26 août 1558).
Cpr. *Summa de leg. Norm.,* X, 1, p. 34.

(370) Perrot, *Arresta communia scacarii,* nos 151 (a. 1246), 153 (a. 1299).

(371) Planiol, *La Tr. anc. C. de Bretagne, Intr.,* pp. 5, notes 1 et 6.

matières dont ils traitaient on accordait une valeur presque identique au *Stylus Curie Parlamenti* de du Breuil et au *Style de court laye* de David Chambellan. Dans la première partie du xvᵉ siècle, les autorités de quelques provinces résolurent de procéder à des rédactions officielles de leurs coutumes : une *Coutume d'Anjou et du Maine* fut rédigée aux Grands Jours d'Anjou en 1411; la *Coutume de Poitou* le fut par commissaires en 1417; un *Stille, tenu, gardé et observé par devant le bailli de Berry et le prévost de Bourges*, avec les *Coustumes dudit lieu*, dû à l'initiative du lieutenant général du bailliage, reçut l'approbation du roi (1450) (³⁷²). Partout se révélait le souhait des populations d'avoir une législation écrite. Charles VII, ayant mis un terme aux désordres de la guerre de Cent ans, jugea le moment favorable à sa réalisation.

ii. *La rédaction officielle des coutumes depuis l'ordonnance de Montils-les-Tours.* — Par le dernier article de l'ordonnance de Montils-les-Tours (avril 1454, n. s.) Charles VII ordonnait la rédaction des coutumes, usages et styles du royaume, « voulans abréger les procez et litiges d'entre nos subjectz et les relever de mises et despens, et mettre certaineté ès jugemens, tant que faire se pourra, et oster toutes matières de variations et contrariétez » (³⁷³). Il fixait la procédure à suivre : les coutumes de chaque pays, établies et mises par écrit par une commission de « coustumiers, practiciens et gens de chascun desdits pays » devaient être adressées au roi, qui, après les avoir soumises à l'examen du Conseil ou du Parlement, les confirmerait et promulguerait : dès lors aucun jugement ne pourrait plus être rendu que conformément au texte ainsi arrêté. Quelques coutumes furent ainsi rédigées tant dans le domaine de la Couronne (C. de Touraine (1460), que dans de grandes seigneuries (C. des duché et comté de Bourgogne (1459), C. d'Anjou (1463) (³⁷⁴), C. de Ponthieu (1494). C. de Nivernais (1490), avec l'approbation et la confirmation royales (³⁷⁵). Le règne de Louis XI marqua un temps d'arrêt, parce que, au dire de Ph. de Commines, le roi méditait l'unification de

---

(372) Beautemps-Beaupré, *Cout. et inst. de l'Anjou et du Maine*, Iʳᵉ part., t. 1, pp. 378 et s. — Minier, *Anc. cout du Poitou*, p. 27. — Viollet, *H. du dr. civ. fr.*, p. [143].

(373) *Ord.*, avril 1453, art. 125 (Is., t. 9. p. 252).

(374) D'Espinay, *La C. de Touraine au xvᵉ s.*, Tours, 1888; Beautemps-Beaupré, *Cout. et inst. de l'Anjou et du Maine*, Iʳᵉ part., t. 2, p. 165.

(375) Is., t. 9, p. 364 : confirmation et approbation par le roi des coutumes de Bourgogne.

toutes les coutumes et leur fusion en un Code unique (376). Cependant des Lettres du 26 août 1481 paraissent bien réitérer l'ordre de rédiger les coutumes. Conformément au vœu des Etats Généraux de Tours (1484), le travail fut repris sur un ordre de Charles VIII (377). Recueillies par les baillis, sénéchaux et autres juges royaux, les coutumes, mises par écrit et accompagnées des observations touchant les réformes possibles fournies par une grande commission de notables des trois ordres et de praticiens, étaient envoyées à une commission centrale de huit membres qui, après examen, en référait au premier président La Vacquerie. Mais des Lettres patentes de Charles VIII (15 mars 1497) et de Louis XII (4 mars 1505 et 18 septembre 1509) établirent une procédure plus rapide et qui, à quelques variantes près, fut maintenue aux xvi° et xvii° siècles soit pour la rédaction, soit pour la réformation des coutumes.

D'abord, on visait à la rédaction de coutumes générales ou provinciales. A défaut de codification unique, on réagissait contre l'émiettement des coutumes locales : toute coutume locale dont le maintien ne serait pas réclamé au moment de la publication de la coutume générale serait abrogée. Un certain nombre disparurent ainsi (378).

Le projet de rédaction restait confié au principal officier de

(376) Ph. de Commines, VI, 5, éd. Chantelauze, p. 449 : « Aussi désiroit fort que en ce royaulme l'on usa d'une costume, et d'un pois et d'une mesure, et que toutes ces coustumes fussent mises en françoys en ung beau livre pour éviter la cautelle et pillerie des advocatz, qui est si grande en ce royaulme. » On a cru trouver confirmation de ce projet dans une quittance d'un clerc reconnaissant avoir reçu une somme d'argent pour porter des lettres du chancelier ordonnant que baillis et sénéchaux envoyassent au roi les « coustumes et stilles de leurs dits baillages pour en faire une coustume nouvelle » : NRH., 1894, p. 555. Mais cette quittance, qui paraît être du 26 août 1481 serait de la même date que des Lettres aux baillis de Senlis et de Reims ne visant que les coutumes particulières.

(377) Ord. du r. de Fr., t. 21, p. 18. — Cahier des Etats de Tours, art. 21 : « Item, que en ensuivant et accomplissant ce que par le roy Charles VII avoit esté advisé et ordonné; c'est à sçavoir, de faire rédiger par escrit les coustumes afin que à icelles il ne faille point appointer les parties contraires, et faire enquestes, dont les parties sont fort interessées et travaillées, et souvent advient que l'on trouve que les parties ont prouvé coustumes au contraire, semble aus dits Etats que les coustumes et styles du royaume doivent estre rédigées par escrit et enregistrées afin que par les registres d'icelles coustumes puissent estre vérifiées et approuvées sans autres dépenses faites » (Is., t. 11, p. 61).

(378) Cpr. Chénon, Le pays de Berry et sa coutume (NRH., 1916, pp. 192-227).

judicature du ressort, aidé d'une commission qu'il composait des autres juges, de « gens d'Eglise, nobles, practiciens et autres gens de bien à ce cognoissans » (³⁷⁹). Ce travail achevé, le roi nommait deux commissaires ou un plus grand nombre qui se rendaient dans le pays. Ils y convoquaient les représentants des trois ordres à qui les articles du projet étaient lus et les difficultés qu'ils comportaient indiquées, afin qu'ils les reconnussent conformes à la coutume orale ou fournissent les éclaircissements nécessaires pour les y conformer. Les articles accordés par l'assemblée ou du moins par « la plus grande et saine partie » de ses membres, étaient aussitôt confirmés par les commissaires au nom du roi et publiés (³⁸⁰), les autres réservés à l'examen du Parlement pour qu'il en décidât souverainement au moment de l'enregistrement. Les coutumes locales maintenues étaient annexées à la coutume générale, avec le procès-verbal des séances de l'assemblée et publiées de même. Le Parlement enregistrait sans vérification, sauf les articles réservés à sa décision (³⁸¹). Dans les pays d'Etats, ceux-ci intervenaient de diverses façons soit en faisant rédiger le projet par leurs délégués, soit en joignant leurs propres commissaires à ceux du roi pour soumettre les articles à l'assemblée locale (³⁸²).

Les conséquences de la rédaction et de la publication officielle de la coutume étaient qu'elle était assimilée aux autres lois écrites, étant « conservée par l'authorité souveraine du roy qui donne le sceau et la vigueur »; que le sens ne pouvait plus être déduit du texte que par interprétation judiciaire; qu'elle devenait une loi perpétuelle dont l'abrogation, selon le droit de l'époque, pouvait résulter d'un acte législatif, de la désuétude ou d'un usage contraire et immémorial, prouvé par turbes et peu vraisemblable, vu la date récente de la rédaction (³⁸³).

L'ordonnance de 1454 avait prohibé les enquêtes par turbes dès

<hr>

(379) *L. P.*, 1495, *loc. cit.*, Cpr. Olivier Martin, *Un document inédit sur les travaux préparatoires de l'ancienne C. de Paris* (NRH., 1912, pp. 142-227).

(380) *L. P.*, 15 mars 1497; 4 mars 1505. (*Ord. des r. de Fr.*, t. 21, pp. 19, 333). Celles du 18 sept. 1509 (*op. cit.*, p. 403) semblent exiger la majorité dans chacun des ordres. Cpr. Hirschauer, *La rédaction des coutumes d'Artois au XVIᵉ siècle* (NRH., 1918, pp. 43-74).

(381) Louet et Brodeau, *Recueil d'anciens notables arrêts*, l. c. nº 20.

(382) De Chasseneus, *Commentarii in consuetudinem Burgundiae*, p. 667 et s.

(383) Challine, *op. cit.*, p. 178. Fontanon, *Ed. et ord. des r. de Fr.*, IV, I, t. 1 : « Ex quo les coustumes sont rédigées par authorité du roy censentur eodem jure que les ordonnances. ». — Challine, *op. cit.*, p. 178.

qu'il y aurait coutume rédigée et publiée; cette interdiction fut
plusieurs fois renouvelée ([384]). La preuve devait être cherchée
exclusivement dans le procès-verbal de la coutume, enregistrée
au Parlement, et aux greffes des juridictions locales qui étaient
autorisées à en délivrer copie ([385]), ou dans l'édition officielle approuvée par le roi ([386]). Mais aucune codification n'immobilise
le droit. Bientôt, on admit la possibilité, moyennant des Lettres
royaux, de prouver par turbes soit des usages nouveaux, soit
des usages antérieurs à la rédaction et qu'on avait oubliés d'y
insérer, silence qui eût dû faire conclure à leur abrogation; on
se servit de cette procédure pour interpréter les textes obscurs ([387]). Mais, pour y recourir, il fallait avoir épuisé tout
autre moyen judiciaire; d'où seuls les Parlements eurent droit
de l'ordonner, car elle aboutissait à un règlement général qui
n'appartenait qu'à la Cour ([388]). En outre, les turbiers furent
de nouveau choisis par des commissaires: on revenait presque
au jury, mais en gardant la pratique des deux turbes et le droit
de récusation des parties ([389]).

L'*Ordonnance civile* de 1667 supprima définitivement ces enquêtes ([390]). La pensée des rédacteurs était de s'en remettre au
droit commun. Mais la pratique utilisa le plus souvent les *certificats d'usage* dont on s'était servi jusqu'alors pour la preuve
du style d'un tribunal ou pour faire état d'une coutume devant
une autre juridiction que celle à qui l'on demandait de l'attes-
ter. Ces certificats, émanés d'un corps judiciaire, d'officiers du
roi, d'avocats ou de praticiens, ne liaient pas le tribunal devant

(384) *L. P.*, févr. 1461, art. 19 (Is., t. 10, p. 441). *L. P.*, 4 mars 1505,
L. P. ordonnant revision des coustumes du royaume, 21 janv. 1510
(Is., t. 11, p. 611). *L. P. sur la publication de la C. de Paris*, 1er janv. 1510
(Is., t. 11, p. 560).

(385) Is., t. 11, p. 565, note. — Chopin, *Comm. sur la C. d'Anjou*,
1562, p. 43.

(386) *Les grandes Coutumes de France*, chez Jehan de Lagarde, Paris, 1516.
Le privilège n'était que pour trois ans (Is., t. 12, p. 103).

(387) Imbert, *Practique*, I, 43, 9 — En cas de simple interprétation ou de
preuve d'une coutume ancienne, mais abolie, les Lettres royaux n'étaient pas
nécessaires. — Challine, *op. cit.*, p. 178.

(388) Challine, *loc. cit.*, p. 177; Brodeau-Louet, *op. cit.*, R. 37. G. Coquille,
Œuvres, t. 2, p. 3; — Esmein, NRH., 1895, p. 56.

(389) Ducrot, *Style*, 1639, p. 110 et s.

(390) *Ord. civile*, avril 1667, tit. XIII, art. uniq. : « Abrogeons toute
enquête d'examen à futur et celles par turbes touchant l'interprétation
d'une coutume et usage et défendons à tous juges de les ordonner, ni
d'y avoir égard à peine de nullité ».

lequel ils étaient produits ([391]). On imagina, dans le même but, les *actes de notoriété*. Un Parlement, par arrêt, envoyait d'office les parties demander un certificat de la coutume au tribunal du ressort de celle-ci, qui le délivrait, parties citées et gens du roi entendus, signé de dix ou douze praticiens ([392]).

Beaucoup de coutumes furent rédigées au cours du xvie siècle : ainsi celles de Melun (1506), d'Amiens (1507), du Maine (1508), d'Artois, de Troyes, d'Orléans (1509), d'Auvergne, de Paris (1510), d'Angoumois, de Poitou (1514), de Loudunois (1518), de Saintonge (1529), de Lorris (1531), de Bretagne, de Berry (1534), de Sens (1555), de Calais, de Normandie (1583), etc., dans les pays de coutumes; de Bayonne, d'Ax, de Labourd (1514), de Bordeaux (1520), dans les pays de droit écrit. Entre temps les plus anciennement rédigées subissaient des révisions : celles d'Artois (1544), de Melun (1560), de Poitou, de Touraine (1559), et, après un vœu dans ce sens des Etats Généraux de 1576, celles de Paris, de Bretagne (1580), d'Orléans (1583), etc. Quelques coutumes furent complétées et rectifiées par des arrêts de règlement des Parlements, ainsi celle de Normandie par les *Placités* de 1666. Soit dans la rédaction primitive, soit lors de ces réformations, malgré qu'on affirmât qu'on ne mettait par écrit que la coutume préexistante ([393]), de notables modifications furent introduites : les membres des assemblées réunis pour accorder les articles avaient été sollicités d'émettre des avis pour ce faire ([394]) et l'on notait que les opinions personnelles des commissaires royaux avaient singulièrement influé sur les dispositions de la coutume écrite, ainsi les tendances romanistes du président Lizet et celles opposées de Christophe de Thou, qui se succédèrent dans la direc-

---

(391) Bouhier, *Observ. sur les C. du duché de Bourgogne*, XIII, n°s 76-81.

(392) *Ibid.*, n°s 71-75. On faisait des recueils des actes de notoriété. Il y en eut successivement trois pour ceux du Châtelet de Paris : en 1709, anonyme (Le Camus); 1759, Denisart; 1769. — En droit commercial on appelait *parères* les avis des négociants, tenant lieu d'actes de notoriété, s'ils étaient délivrés « de l'autorité du conservateur » et, au cas contraire, de consultations : Savary, *Le parfait négociant*, 1752, t. 2, *préf.*

(393) De Chasseneus, *Comm. in C. ducatus Burgundiae*, proem., n° 31, 1582 : « Consuetudinum in scriptis redactorum approbatio seu confirmatio per principem facta non inducit novum jus, sed potius inventa est causa memoriæ ».

(394) *L. P.*, 15 mars 1497 : ils devaient dire « ce qui se trouveroit dur, rude, rigoureux, déraisonnable et, comme tel, sujet à estre tempéré, modéré et du tout corrigé, tollu et abrogé ». Cpr., *L. P.*, 1495 : « ensemble leur advis de ce qui leur sembleroit devoir estre corrigé, adjousté, diminué et interprété ».

tion du travail de rédaction ([395]). Les corrections, sans doute heureuses, apportées au contenu des coutumes n'en étendaient pas les limites, de sorte que les plus importantes mêmes ne constituaient pas dans leurs détroits une somme complète du droit privé : presque tout le statut familial et toute la matière des contrats restaient en dehors.

Les coutumes rédigées ou réformées, du règne de Charles VII à la fin de celui de Louis XIV, furent réunies par Bourdot de Richebourg, en 1724, dans son *Coutumier général* ([396]).

III. *La doctrine en droit coutumier.* — La rédaction des coutumes aboutissait à l'unification provinciale au moins partielle du droit coutumier : on comptait une soixantaine de coutumes générales et environ trois cents coutumes locales, mais celles-ci ne différaient que sur quelques matières des coutumes générales auxquelles elles étaient annexées. En outre, elle provoqua un travail doctrinal souvent de grande originalité et hardiesse qui fût resté impossible sans elle. À défaut d'enseignement de cette branche du droit, magistrats, avocats commentèrent les coutumes, en dégagèrent les principes, d'après les méthodes de l'Ecole, mais sans s'écarter des données de la pratique. Leur critique avisée de la coutume écrite en provoqua parfois et en facilita la réforme. L'étude comparée que certains faisaient de plusieurs ou de l'ensemble leur permit de dresser un tableau des divergences et aussi des concordances, et de rechercher les bases d'un droit commun coutumier. Leurs ouvrages peuvent être classés selon qu'ils avaient l'un ou l'autre objet. De la première catégorie, il suffira de citer : les *Decisiones supremi senatus Burdigalensis* (1508) du président au Parlement de Bordeaux Boyer; les *Commentarii in consuetudines ducatus Burgundiae* (1523) de Barthelémy de Chasseneus, président au Parlement de Provence; les *Commentarii in consuetudines ducatus Britanniae* de Bertrand Dargentré, dont la publication s'échelonna de 1568 à 1580 et influa fortement sur la coutume réformée de 1580, et les *Coustumes générales du pays et duché de Bretagne réformées en l'an MCLXXX*, du même : ouvrages inspirés par un traditionalisme féodal très marqué; le *Commentarius in consuetudinum Pictaviae titulum decimum quintum : de legibus connubialibus et jure maritali et*

(395) Guy Coquille, *La C. de Nivernois* (Œuvres, 1705, t. 2, p. 3).
(396) Bourdot de Richebourg, *Coutumier général*, Paris, 1724, 4 vol. in-f°. Voy. aussi de Berroyer et Laurière, *Bibliothèque des Coutumes*, Paris, 1899, in-4°.

les *De utroque retractu municipali et conventionali commentarii duo* (1571) de Tiraqueau, lieutenant général à Fontenay-le-Comte, puis conseiller aux Parlements de Bordeaux et de Paris; le traité *De civilibus Parisiorum moribus et institutis* (1596) et les *De legibus Andium municipalibus libri III* (1581) de Chopin; les *Coutumes des pays et Comté de Nivernois, enclaves et exemptions d'icelui* (1605) de Guy Coquille, trois fois député aux Etats généraux, échevin de Nevers, et les *Questions, réponses, méditations sur les articles des coutumes* qui en sont le complément; enfin et à part les travaux sur le droit coutumier de Charles du Moulin : *Commentarii in priores tres titulos consuetudinis parisiensis* : le premier, *De feudis*, œuvre capitale tant en ce qui touche la connaissance que le parachèvement des théories féodales : le second consacré aux censives, quoique moins étendu, aussi de grande valeur. Publiée en 1539, cette première partie d'un vaste commentaire de la Coutume de Paris ne fut pas continuée sur le même plan : les *Commentarii analytici in consuetudines parisienses* sont beaucoup plus succincts. Quelques-uns ne parurent qu'après la mort de l'auteur. Il y faut joindre des *Notae in commentarios B. Chassanœi super consuetudines Burgundiae*, les *Commentaria in consuetudinem Borboniensem* et des notes, d'une rédaction parfois déconcertante, sur diverses autres coutumes, présentées dans un ordre différent selon les éditions. Les critiques de du Moulin sur la Coutume de Paris de 1510 furent presque toutes admises lors de la rédaction de 1580 (³⁹⁷). Les coutumes continuèrent d'être abondamment commentées au xvıı⁰ et même au xvııı⁰ siècle. La littérature juridique gagne alors en clarté et en précision: les auteurs subissent l'influence des conceptions cartésienne et classique; ils bénéficient, en outre, des travaux de leurs devanciers et d'une jurisprudence plus copieuse et mieux fixée. La Coutume de Paris fut de nouveau étudiée par Brodeau (1658), Ferrière (1679), Duplessis (1699), Laurière (1699), celles de Troyes par Pithou (1600), de Normandie par Basnage (1678), du duché de Bourgogne par le Pᵣ Bouhier (1742) et de la comté par Dunod (1725), celles de Bretagne par Hévin (1682), par Poullain du Parc (1745), d'Orléans par Pothier (1760), du Maine par Brodeau (1645), d'Auvergne par Chabrol (1748), de Bordeaux par Automne (1621), de Toulouse par Soulatges (1770), etc.

La seconde catégorie d'ouvrages, d'ordinaire plus brefs, cons-

---

(397) *Opera omnia*, Paris, 1612, 3 vol., in-f⁰. et Paris, 1681, 5 vol. in-f⁰.

tituait un ensemble de tentatives vers l'unification, par des voies qui souvent différaient. Du Moulin qui annotait les coutumes avec le parti pris de les ramener toutes à la Coutume de Paris, *caput omnium hujus regni et totius etiam Galliae Belgicae consuetudinum*, avait écrit une *Oratio de concordia et unione consuetudinum Franciae*, où il s'offrait pour travailler à la composition du code coutumier unique, indiquant la procédure qu'il comptait suivre : rien ne lui paraissait plus nécessaire pour tarir les procès et fortifier l'autorité du roi ! Chopin, avec moins d'intransigeance, essayait aussi de trouver aux droits des provinces une base commune dans son *Tractatus de summis Galliarum regulis*. Fort réservé à l'égard du droit parisien, le régionaliste Guy Coquille écrivit son *Institution au droit des François* (398). Le sens historique qui apparaît dans ces deux derniers petits livres a inspiré à Loysel, élève de Cujas, son célèbre recueil : *Institutes coutumières ou Manuel de plusieurs et diverses règles, sentences et proverbes, tant anciens que modernes, du droit coutumier et plus ordinaire de la France*, publié en 1608 après sa mort (399). Il a apporté à l'étude du droit coutumier la méthode qu'il avait vu appliquer par Cujas au droit romain : pendant près de quarante ans il a assemblé et ordonné ces règles afin qu'elles servissent aux praticiens, qu'il vînt à d'autres la pensée de les compléter, et surtout dans l'espoir que « tout ainsi que les provinces, duchés, comtés et seigneuries de ce royaume, régies et gouvernées sous diverses coutumes, se sont avec le temps rangées sous l'obéissance d'un seul Roy et quasi de sa seule et unique monnoie : ainsi enfin se pourroient-elles réduire à la conformité, raison et équité d'une seule loi, coutume, poids et mesure, sous l'autorité de Sa Majesté » (400). Il fonde le droit commun coutumier, non sur la Coutume de Paris, mais sur « ce qui est universel et général, ores qu'il y ait des exceptions »; et pour le découvrir il glane à travers les coutumes de France. La même pensée a inspiré, aux siècles suivants, les *Maximes générales du droict françois* (1614) de P. de l'Hommeau, que Challine termina, les *Axiomes du droict françois* de Catherinot (401) et beaucoup plus tard, dans le sens

(398) *Œuvres*, Bordeaux, 1703, 2 vol., in-fol.

(399) Publiées par G. Joly, avec l'*Institution* de G. Coquille en 1607; puis en 1637, chez H. Le Gros, Paris; en 1710, 2 vol., avec les commentaires et notes de Laurière. En 1846, Dupin et Ed. Laboulaye en ont donné une nouvelle édition, 2 vol., in-12, Videcoq, Paris, avec des notes nouvelles.

(400) Loysel, éd. Dupin et Laboulaye, t. 1, *Introd.*, p. xxxvi.

(401) Publiés dans NRH., 1883, p. 44 et s.

de du Moulin, *Le Droit commun de la France et la Coutume de Paris réduits en principe* (1747) de Bourjon.

Des monographies sur des matières spéciales concouraient au même effet, car les auteurs s'évertuaient le plus souvent à établir pour le sujet qu'ils traitaient les règles les plus générales et à concilier entre elles les coutumes : ainsi Loyseau, dans ses *Traités de la garantie des rentes* et *du déguerpissement et délaissement par hypothèque* (1613), Basnage, dans son *Traité des Hypothèques*, Lebrun, dans les siens de la *Communauté entre époux* (1707) et des *Successions*, Renusson, quand il écrit sur cette même communauté ou sur les propres, Pothier, dans les parties du droit coutumier qu'il est amené à traiter : fiefs, communauté, douaire, propres, garde, nantissement, etc... [402].

IV. *L'enseignement du droit français.* — Les travaux de doctrine sur le droit français coutumier et royal, à la suite de la rédaction des coutumes, et la publication des grandes ordonnances faisaient paraître vain pour beaucoup l'enseignement universitaire alors très déchu et portant exclusivement sur le droit romain, que ces travaux avaient harmonieusement fondu dans celui des ordonnances et des coutumes, au point qu'il était rarement utile d'y recourir directement, et sur le droit canonique que les ordonnances et la jurisprudence avaient en partie assimilé ou écarté. Un édit de Saint-Germain-en-Laye, avril 1679, réorganisa les études de droit [403] : 1° en rétablissant les cours de droit civil ou canonique partout où ils avaient été interrompus, notamment en abrogeant l'art. 69 de l'ordonnance de Blois qui maintenait l'interdiction d'enseigner le premier à Paris; 2° en sanctionnant fortement le monopole universitaire, en tâchant, par contre, d'assurer l'assiduité des professeurs et des élèves; 3° en fixant à trois années les études de licence et à une de plus celles de doctorat; 4° en exigeant les lettres de licencié pour l'inscription aux matricules des avocats, l'examen professionnel de la magistrature, les charges de chef d'une juridiction seigneuriale, relevant directement du Parlement, ou d'official, sans

____

(402) Voy. Meynial, *Remarques sur le rôle joué par la doctrine et la jurisprudence dans l'œuvre d'unification du droit en France, depuis la rédaction des coutumes jusqu'à la Révolution, en particulier dans la succession aux propres* (RGD., 1903, p. 326 et s.).

(403) Is., t. 19, p. 195. *Adde : Décl.*, 16 janvier 1680; *A. C. portant établissement de docteurs-agrégés dans les facultés de droit* (*Ibid.*, pp. 227, 236).

équivalence possible de degrés obtenus dans les universités étrangères (404).

Mais l'initiative de Louis XIV la plus marquante fut l'établissement, dans chaque faculté, d'un professeur royal de droit français, nommé par le roi sur une liste de trois candidats choisis par le parquet du Parlement entre les avocats et les officiers de judicature ayant trente ans d'âge et dix ans d'exercice. Cet enseignement, donné en français, était obligatoire pour la licence (405). Le nouveau maître, dont les droits de préséance, de retraite, les privilèges furent fixés par arrêt du Conseil du 16 novembre 1680 et déclaration du 6 août 1682, d'abord mal vu de ses collègues qui ne l'avaient pas élu, avait une tâche très lourde. Tout le droit français : droit civil, procédures civile et criminelle, droits pénal, commercial, public, féodal, constituaient son programme, qu'il ne pouvait qu'exposer succinctement ou par fraction. Seules, les facultés de Strasbourg et de Besançon eurent des cours de droit public, Montpellier un moment un cours de navigation (406). Les professeurs royaux étaient placés sur une voie où, disait l'un d'eux, ils ne trouvaient « ny guide, ny compagnon (407) ». Leur méthode consista surtout à comparer les coutumes entre elles et dans leurs rapports avec celle de Paris ou le droit romain, à poser quelques principes généraux auxquels ils rattachaient les exposés plus détaillés des coutumes de leurs régions. Le plus souvent le cours se ramenait à la dictée d'un manuel.

Les travaux publiés par les professeurs et qui doivent être le résultat de leur enseignement sont aussi des manuels : tels les

(404) *Décl.*, 26 janv. 1680, *portant règlement sur les degrés de licence en droit civil ou en droit canon* (Is., t. 19, p. 229).

(405) *Edit*, avril 1679 (Is., t. 19, p. 197), art. 14 : « Et afin de ne rien omettre de ce qui peut servir à la parfaite instruction de ceux qui entreront dans les charges de judicature, nous voulons que le droit françois, contenu dans les ordonances et dans les coutumes soit publiquement enseigné, et, à cet effet, nous nommerons des professeurs qui expliqueront les principes de la jurisprudence françoise, et qui en feront des leçons publiques, après que nous aurons donné les ordres nécessaires pour le rétablissement des facultés de droit canonique et civil ». *Adde : Arrêts du Conseil*, 23 mars 1680; — 16 juillet 1681 : Benech, *De l'enseignement du dr. fr. dans la fac. de dr. civ. et can. de l'anc. Univ. de Toulouse*, 1847.

(406) Voy. de Curzon, *L'enseignement du droit français dans les Universités de France* (NRH., 1919, pp. 207-269, 305-364); Chénon, *Les Facultés des droits de Rennes* (1735-1792), Rennes, 1890.

(407) F. de Launay, *Disc. inaug. de la chaire de dr. fr.* (le 28 déc. 1680 à Paris), Paris, 1682, p. 66.

Règles du droit françois (1730) de Pocquet de Livonnière, professeur à Angers, la *Nouvelle institution coutumière* (1730) de Cl. de Ferrière, professeur à Reims, les *Coutumes et jurisprudence coutumière de Bretagne dans leur ordre naturel* de Poullain du Parc, les *Institutes provinciales* de la Thaumassière, professeur à Bourges, les *Principes de jurisprudence françoise* (1770) de Prévôt de la Jannès ([408]).

(408) Sur cet enseignement : Chénon, *Les professeurs de droit français de l'Université de Bourges et les manuscrits de leurs cours* (NRH., 1921, pp. 584-633).

CHAPITRE VII

LES INSTITUTIONS PROVINCIALES ET LOCALES

§ 1. — Les cadres régionaux. Le mouvement de 1314.

Nous connaissons l'acception vague du mot « province ». Il ne correspondait précisément à aucune circonscription de l'administration royale, pas davantage à l'un des cadres où évoluaient les institutions régionales. Simple expression géographique, il sembla parfois pouvoir désigner les territoires de seigneuries ou d'anciennes seigneuries importantes (1).

Lors de la réaction seigneuriale qui marqua la fin du règne et les temps qui suivirent la mort de Philippe le Bel, les ligues ou alliances des seigneurs et, avec eux, de bonnes villes pour résister à la fiscalité royale et à la reprise des droits régaliens par le Prince, se constituèrent dans des limites de ce genre : ligues des nobles et du commun de Normandie, de Champagne, de Bourgogne, d'Artois, de Picardie, de Vermandois, de Beauvaisis, de Ponthieu, de Languedoc, du Forez, etc. Dans le Nord et dans l'Est, ces ligues se fédérèrent et l'on eut les groupes Bourgogne-Auxerre-Tonnerre-Champagne et Vermandois-Beauvaisis-Artois-Ponthieu-Terre de Corbie, qui eux-mêmes se promirent aide et secours. Mais il ne faudrait attribuer à ce mouvement ni tendances particularistes, ni essais de fédéralisme. Seuls les Bourguignons, entrevoyant des pratiques administratives nouvelles, décidèrent de se réunir chaque année à date fixe pour « ordonner ce qui sera du commun profit », et ils ne poursuivirent pas leur dessein. Les

---

(1) Dognon, *op. cit.*, p. 214 et s. : « On appelait ainsi (*patria*, pays) au xⅢe siècle une circonscription fondée sur la nature et sur l'histoire, nettement délimitée, vivant, plus ou moins, d'une même vie, comme l'Agenais, l'Albigeois, le Toulousain ». Quant au mot province, il désigne dans le Midi n'importe quelle circonscription administrative, surtout la sénéchaussée.

autres eurent seulement des commissaires interalliés pour travailler au succès de leurs requêtes. Chaque ligue initiale avait formulé les siennes et il y fut répondu par autant de chartes particulières : chartes aux Normands, aux Languedociens, aux Bourguignons, aux Picards, aux Champenois, etc. (²). Mais, aux remontrances des alliés, aux concessions royales, il apparaît, malgré des différences de détails, qu'il s'agissait là, non d'intérêts régionaux, mais d'intérêts et de visées de classe. L'agitation était l'œuvre surtout de seigneurs de puissance et de fortune moyennes et menaçait autant le souverain régional, ainsi en Artois, Bourgogne, Champagne, pays d'apanages, que le roi. Cette noblesse de second ordre luttait pour ses droits fiscaux, ses droits de justice, pareillement lucratifs, ses mœurs judiciaires et batailleuses, repoussant ou retardant l'extension de l'ordre royal. Comme elle vivait de l'anarchie seigneuriale, elle s'opposait à la reconstitution de l'unité administrative et judiciaire (³). Par sa masse, elle restait menaçante, ayant su attirer à sa cause une partie des populations urbaines. Aussi le roi satisfit à ses plaintes dans des chartes particulières ou dans des ordonnances générales (⁴), mais sous la réserve de ses droits souverains et de la « Majesté royale », ce qui était ne céder que peu de chose, les avantages auxquels prétendaient les remontrants étant toujours quelques fractions de souveraineté (⁵). Ces chartes furent vite oubliées, sauf la charte normande que la popularité de deux ou trois de ses articles sauva (⁶). Le mouvement avorté, les ligueurs s'excusèrent presque de l'avoir tenté.

(2) *Iʳᵉ et IIᵉ chartes aux Normands*, 19 mars 1315; juill. 1315; 23 mars 1339 (Is., t. 3, p. 49, 105; Ord., t. 6, p. 549); *Ord. adressée aux baillis et sénéchaux du Languedoc*, 1ᵉʳ avril 1315; *Ord. qui fait droit aux griefs allégués par le clergé, les nobles et les non nobles de Bourgogne*, avril 1315 et *Ord. sur les remontrances des religieux et des nobles du Forez, Langres, Autun, Châlons, etc.*, 17 mai 1315; *Ord. sur les plaintes des nobles des bailliages d'Amiens et de Vermandois*, 15 mai 1315; *Ord. sur les plaintes des nobles et autres du comté de Champagne* (Is., t. 3, pp. 51, 75, 60, 65, 85, 129).

(3) Ch. Dufayard, *La réaction féodale sous les fils de Philippe le Bel* (RH. 1894). *Hist. gén. du Languedoc*, éd. Privat, t. 9, p. 359 et s.

(4) *Ord. révoquant les tabellions royaux dans les pays coutumiers*, 12 avr. 1315; *Ord. qui enjoint aux justiciers d'appliquer l'ordonnance de Philippe le Bel de 1303* (Is., t. 3, pp. 59, 65) etc.

(5) Les gens de Champagne ayant fait demander au roi ce qu'il entendait par cette réserve, des Lettres du 1ᵉʳ sept. 1315 répondirent : « C'est assavoir : que la royale Majesté est entendüe, ès cas qui de droit ou de ancienne coustume püent et doient appartenir à souverain prince et a nul autre » (Is., t. 3, p. 119).

(6) Quelques dispositions de droit local : tiers et danger, prescription de

Lorsque, au xive siècle, le pouvoir royal recourut, parallèlement et de préférence aux Etats généraux, à des assemblées de même genre et même composition, simplement régionales, afin d'en obtenir des subsides sur un territoire plus ou moins étendu, on pourrait croire que chacune de ces assemblées eût pour cadre une seigneurie. Il n'en fut point ainsi. Tout dépendit des commissions des agents royaux chargés de les convoquer et de les diriger. Les détroits de ces assemblées furent découpés selon un empirisme, difficile à saisir, qui tint aux circonstances. Des seigneuries furent partagées entre deux ou trois d'entre elles; les ressorts d'autres furent souvent formés de portions de seigneuries différentes (7). Les seigneurs qui, à l'imitation du roi, réunirent des Etats, suivirent les mêmes errements. Mais il n'en résulta pas un nouveau système des divisions territoriales. Dans la plus grande partie du domaine de la Couronne, ces assemblées disparurent et, avec elles, les circonscriptions correspondantes. On appela *pays d'élections* ceux où les officiers royaux appelés « élus » levèrent seuls et directement les impôts établis par le roi (8). Ceux où elles furent maintenues prirent le nom de *pays d'Etats* : c'étaient pays ayant conservé du régime seigneurial antérieur une forte vie régionale à laquelle ils incorporèrent ces assemblées d'initiative royale, au point de les tenir pour une de leurs institutions particulières, ainsi la Normandie, le Languedoc (9), ou pays dotés par leurs ducs ou comtes d'Etats généraux, à l'instar de ceux réunis par les rois, et qui en avaient stipulé le maintien lors de leur réunion à la Couronne. Dans les deux cas, les limites géographiques du pays d'Etats furent à peu près ajustées à celle de la seigneurie ou grand fief qui l'avait précédé. A partir de la fin du xvie siècle, il s'agit de combiner

40 ans, etc., lui assurèrent la durée, mais l'ensemble de ses articles rejoignirent les autres chartes dans la désuétude.

(7) A. Thomas, *Les Etats provinciaux de la France centrale sous Charles VII*, p. 19 : « Aucune trace d'Etats particuliers dans la vicomté de Limoges et ce fief est partagé entre les Etats du Haut et du Bas-Limousin; d'autre part, la circonscription territoriale des Etats du Haut-Limousin..., comprenait partie de la Basse-Marche, partie de la vicomté de Limoges, partie du Limousin proprement dit. » — « La vicomté de Turenne avait deux sortes d'Etats correspondant à la partie du Quercy et à la partie du Bas-Limousin qu'elle englobait ».

(8) Voy. ci-dessus, p. 719 et s.

(9) Alfred Coville, *Les Etats de Normandie, leurs origines et leur développement au xive siècle*, pp. 22 et s.

approximativement ces limites avec la répartition du royaume en généralités.

Mais en pays d'élections, comme en pays d'Etats, au-dessous et à travers les divisions et subdivisions du territoire qui tenaient toutes à quelque conception administrative de la royauté, persistait depuis le Moyen âge la vieille opposition des villes et du plat pays : les unes avec organisation municipale, l'autre, réparti en paroisses ou communautés d'habitants, n'en ayant pas et perpétuant les procédés les plus simples de self-gouvernement.

I. — LES ETATS PROVINCIAUX DU XIVe AU XVIIe SIÈCLE.

1° Origines et caractères primitifs des États provinciaux.

La convocation d'assemblées provinciales au xive siècle, par le gouvernement royal, eut mêmes causes et même but que celle des Etats généraux; mêmes fondements aussi : l'aide et le conseil. Les seigneurs qui admirent l'usage d'assemblées pareilles dans leurs Etats ne firent qu'imiter le roi ou prendre sa suite, ainsi en Béarn, en Guyenne ou en Berry, Auvergne, Bigorre ou Bourgogne ([10]).

Cette initiative correspondit au temps où les ressources du domaine ne suffisaient plus aux besoins de la royauté, singulièrement accrus surtout du fait des guerres et où, l'organisation des armées ayant changé, les populations et le roi préféraient substituer au service militaire dû par celles-là une aide pécuniaire ou aide d'ost. L'ancien droit royal de lever arbitrairement l'impôt, bien qu'alors renforcé par les légistes au moyen de textes romains, se heurtait à une série d'obstacles. Les contrats féodaux, la coutume limitaient l'aide pécuniaire des vassaux à quelques cas particuliers, les chartes des villes libres ou privilégiées faisaient de même quand elles n'avaient pas, de privilège en privilège, reconnu aux habitants le droit de discuter le montant

---

(10) Cadier, *Les Etats de Béarn depuis leurs origines jusqu'au commencement du* xvie *siècle*, p. 3 et s., 18 et s.; A. Thomas, *op. cit.*, pp. 22 et s.; Billioud, *Les Etats de Bourgogne aux* xive *et* xve *siècles*, pp. 14 et s.; Dussert, *Les Etats de Dauphiné aux* xive *et* xve *siècles*, pp. 36 et s.; 41 et s.; Prentout, NRH 1922, p. 677. Les Etats provinciaux n'apparurent en Normandie qu'après l'annexion à la Couronne, en Dauphiné que sous les Dauphins de France. — Hirschauer, *Les Etats provinciaux d'Artois de leurs origines à l'occupation française* (1340-1640), Paris, 1923.

de l'aide, ou même de ne payer que de bon gré. Récemment, les deux chartes normandes avaient concédé qu'aucune imposition extraféodale ne serait levée dans la province sans l'assentiment des intéressés; en Dauphiné, Humbert II avait accordé une exemption de ce genre (1341), confirmée par l'acte de cession aux fils de Philippe VI (1349-1350) (11). Presque partout dans le plat pays, des seigneurs s'interposaient entre le roi et les contribuables, et il n'était pratiquement possible d'obtenir subside ou service militaire de ceux-ci sans le concours ou le consentement de ceux-là. Dans la diversité extrême des coutumes, des sentiments et des intérêts régionaux, la politique royale trouvait son compte à morceler ses demandes, à faire discuter sur place la quotité et les modalités du subside, sans recourir à des assemblées générales que les guerres souvent empêchaient. Cette méthode inaugurée au début du siècle fut surtout pratiquée sous le règne du roi Jean et une partie de celui de Charles V, puis, écartée par le pouvoir royal redevenu fort, refleurit dans les années tristes de Charles VII, de 1418 à 1451. Au xve siècle, le fonctionnement régulier de plusieurs de ces Etats parut les incorporer définitivement à l'organisme politique de la monarchie.

Leur convocation, le lieu, le temps, la durée de leurs sessions, l'objet de leurs délibérations dépendaient du roi seul, qui souvent déléguait ses pouvoirs à un lieutenant ou à des commissaires (12). Il en désignait le président (13). Il y mandait qui il voulait, car y venir n'était pas un droit, mais une obligation; des sanctions pouvaient frapper les défaillants. Son choix était commandé par le résultat à obtenir, la levée du subside, et s'arrêtait sur ceux dont le concours la facilitait ou l'opposition l'eût empêchée, c'est-à-dire les seigneurs laïques et ecclésiastiques représentant la population du plat pays, les nobles relevant de lui, et les députés des communes et autres bonnes villes, que dans les premiers temps il appelait ensemble ou distinctement (14). Les premiers étaient convoqués par lettres individuelles; sur un ordre royal les communautés nommaient leurs mandataires par des modes divers, selon les lieux, depuis le suffrage universel jusqu'à la simple désignation

(11) Coville, *op. cit.*, pp. 45-57; Dussert, *op. cit.*, p. 31 et s.

(12) *L. P.*, 18 août 1404 (Is., t. 7, p. 86). Etats du Languedoc convoqués en Dauphiné : *L. P.* 8 mars 1435 (Is., t. 8, p. 842). — Coville, *op. cit.*, p. 147; A. Thomas, *op. cit.*, pp. 37 et s.

(13) *L. P.*, 6 mars 1473; *Ord.*, sept. 1535, art. 32, 33 (Is., t. 10, p. 672; t. 12, p. 422).

(14) *L. P.*, 14 mai 1358 (Is., t. 5, p. 3).

par les magistrats municipaux (¹⁵); en beaucoup d'endroits, notamment dans le Midi, l'usage fut que ces magistrats fussent les députés de leurs communautés (¹⁶). Quant à la circonscription correspondant à l'assemblée, elle variait d'après les circonstances, l'opportunité et les possibilités matérielles : ainsi les Etats de Normandie étaient d'ordinaire ceux de l'ensemble du duché et même de quelques pays voisins, mais la présence de forces ennemies contraignit parfois à s'en tenir à la Haute ou à la Basse-Normandie, ou à de simples bailliages. De même en Anjou, en Bourgogne. Une ordonnance de 1355 vise une aide consentie par les nobles, villes et communautés des pays de Limousin, Périgord, Brivois et Marche, et quelques années plus tard il existait des Etats distincts du Haut et du Bas-Limousin, et du Périgord (¹⁷). Dans le Midi, les grandes sénéchaussées servirent d'abord de cadres à ces assemblées jusqu'au jour où, informé par une suite d'événements, le pays de Languedoc fit siens les Etats généraux du Midi de la France, les « provincialisa » (¹⁸), tandis qu'après leur retour à la Couronne, les pays du Sud-ouest, cédés aux Anglais en 1360, eurent chacun ses Etats (¹⁹). Nulle règle fixe; le gouvernement royal fit comme il put, ayant à tenir compte des goûts et des désirs des populations (²⁰). Outre le roi, le souverain régional ou les membres ordinaires des Etats s'avisèrent parfois d'en convoquer tout ou partie pour traiter de l'administration, de la défense de la province, lever des troupes, s'allier aux Etats voisins contre les Anglais ou les routiers. Mais, au xvᵉ siècle, le principe fut posé que rien ne se pouvait faire que sous l'autorité et avec la permission du roi. S'il ne blâmait pas toujours ces initiatives, du moins les couvrait-il de Lettres de

(15) Billioud, *op. cit.*, pp. 25-56, 75-84; Coville, *op. cit.*, pp. 8 et s., 41 et s., 266 et s.; A. Thomas, *op. cit.*, p. 29 et s.; Dognon, *op. cit.*, p. 255.

(16) *Hist. du Lang.*, éd. Privat, t. 12, *Preuv.* nᵒˢ 189, 210.

(17) Coville, *op. cit.*, pp. 144-147; Billioud, *op. cit.*, pp. 22, 128. Cadier, *Les Etats de Béarn*, p. 16 et s. — *Etats de la Marche et de Combraille et ceux de la Basse-Marche* (*Arch. hist. du Limousin*, Iʳᵉ sér., t. 1, p. 289 et s.). — *Ord. des r. de Fr.*, t. 3, p. 684. Cpr. *Ord.*, juin 1381 (Is., t. 6, p. 558).

(18) *Ord.*, juill. 1358; *L. P.*, 20 avril 1363; juin 1381; 30 avril 1418 (Is., t. 5, pp. 35, 138; t. 6, p. 558; t. 8, p. 558).

(19) Dognon, *op. cit.*, pp. 195 et s., 205 et s., 236 et s., 402 et s., 495 et s. Le Languedoc embrassa, après le traité de Brétigny, les trois sénéchaussées de Beaucaire, Carcassonne et Toulouse.

(20) C'est ainsi qu'à vingt et quelques villages refusant de se laisser taxer avec le Limousin et de figurer à ses Etats, Charles VII accorda des Etats spéciaux : il s'agit du *Franc-Alleu*, aujourd'hui partie du département de la Creuse : A. Thomas, *op. cit.*, t. 1, pp. 10, 25, 177.

rémission (²¹). Les princes apanagistes mêmes durent se plier à cette règle (²²).

Ces assemblées, seigneuriales et féodales à l'origine, évoluèrent vers une représentation sous la forme des trois ordres : clergé, noblesse, tiers état. Ce ne fut même qu'après cela qu'elles prirent le nom d'Etats. D'abord, elles n'auraient dû comprendre que les seigneurs individuels et collectifs de la région, les vassaux et les bonnes villes, mais les comprendre tous. Or, les convocations n'embrassaient ni tous ces seigneurs, ni toutes ces villes. Bien que les listes d'appelés variassent, il s'établit une sorte de prérogative en faveur de certains personnages « qui avoient accoutumé cognoistre et décider des affaires du pays »; ils furent censés représenter les autres, à qui leurs décisions s'imposèrent. Il s'établit aussi une sélection parmi les villes (²³). Dans les provinces, tels le Dauphiné et la Normandie, où l'exemption des tailles non consenties bénéficiait à la population entière, les députés, quels qu'ils fussent, furent censés la représenter toute. Dans ce cas il n'y eut plus à distinguer entre sujets du roi et sujets des seigneurs. Au début, les impôts étaient généraux, les seigneurs les accordaient pour eux et pour leurs hommes. Vers la fin du xiv⁰ siècle, il se forma un courant en faveur de l'exemption des clercs et des nobles, qui, finalement, l'emporta avec la distribution des députés en trois ordres. La qualité personnelle retint seule l'attention, et les intérêts divergèrent d'après les ordres. Le plat pays se fit représenter parmi le tiers et le roi convoqua directement les sujets des seigneurs que ceux-ci ne représentaient plus (²⁴). Les Etats s'ordonnèrent sur un plan nouveau (²⁵). Le rôle qu'ils s'arrogèrent dans l'administration locale, là où ils se maintinrent, confirma leur caractère représentatif. Quelques tentatives des agents royaux pour disjoindre l'activité des trois ordres furent repoussées par ceux-ci, là où ils comprirent que leur force tenait à leur union (²⁶).

(21) A. Thomas, *op. cit.*, t. 1, pp. 81-84, 170 et s.; t. 2, *p. just.*, pp. 1, 21. Coville, *op. cit.*, p. 60 et s. Dussert, *op. cit.*, pp. 58-59.

(22) Le 25 août 1347, Philippe VI autorise son fils Jean à tenir les Etats de Normandie : Coville, *op. cit.*, *p. just.*, p. 344; A. Thomas, *op. cit.*, t. 2, *p. just.*, p. 160. Il n'en était pas ainsi en Bourgogne.

(23) Billioud, *op. cit.*, p. 102 et s.

(24) Dognon, *op. cit.*, pp. 251-255; A. Thomas, pp. 38, 94. Dussert, *op. cit.*, pp. 104, 120, 126.

(25) Coville, *op. cit.*, pp. 155-162; Dognon, *op. cit.*, pp. 228 et s. Dussert, *op. cit.*, pp. 108-114.

(26) En Dauphiné, à la fin du xiv⁰ siècle, les commissaires royaux s'étant

2° **Attribution des États provinciaux.**

La seule attribution que les rois leur aient d'abord accordée, fut
le vote des subsides. Rarement les nécessités du temps permirent
de les refuser; et les provinces voisines de la zone des hostilités
finançaient plus aisément que les autres. Mais toujours les assemblées discutaient le montant des demandes royales, souvent les
réduisaient ou en exigeaient un emploi déterminé, par exemple la
défense de la province. La nature de l'impôt, les modes de répartition et de levée les préoccupaient. Beaucoup préféraient les
tailles aux impositions indirectes. Par-dessus tout, ils s'appliquaient à conserver à la contribution son caractère de « pur don »,
de « don gratuit », n'engageant pas l'avenir, contre lequel ils
tâchaient de se prémunir par l'obtention de Lettres de non préjudice [27]. Les subsides étaient motivés par les besoins généraux. Bien qu'ils pussent prendre la forme d'entretien de troupes aux frais de la province [28], il faut écarter l'idée émise jadis
qu'ils n'étaient que l'équivalent du service militaire dû par les
provinciaux au roi; car, ce service étant obligatoire, l'aide compensatoire n'eût pu être mise en discussion. Au contraire la gratuité du don était la grande force des Etats. Pouvant le refuser,
à plus forte raison ils y pouvaient mettre des conditions, dont les
principales étaient de présider à sa levée et d'en contrôler l'emploi.

La doctrine des commissaires du roi était que la contribution
consentie, le reste les concernait. De fait, à l'origine, les officiers
royaux procédaient seuls à la répartition et à la levée. Mais les
modalités de celles-ci furent bientôt débattues entre les commissai-

efforcés de séparer l'assemblée des villes domaniales du clergé et des nobles,
ceux-ci protestèrent, voulant « que les communes soient toujours avecques
les prélas, banneres et autres nobles, senz en faire aucune séparation,
laquelle a esté accoustumée de faire puiz un pou de temps ença ». Dussert,
op. cit., pp. 111 et s., 129; Dognon, *op. cit.*, p. 231-233, 251 et s. *Hist. du
Lang.*, éd. Privat, t. 12, *Preuves*, n° 189-210.

(27) *L. P.*, juill. 1355, art. 6; *L. P.*, avril 1458 (Is., t. 4, p. 709; t. 9, p. 330).
— Coville, *op. cit.*, *p. just.*, III, V, pp. 343, 349; Billioud, *op. cit.*, p. 137 et
s.; Dom Plancher, *Hist. gén. et part. de la Bourgogne*, t 3, *Preuves*, 42, 75;
Dognon, *op. cit.*, p. 225; Dussert, *op. cit.*, pp. 45, 329. — Guy Pape, *Jurisprudence*, p. 63. — Exemple de refus par les Etats du Dauphiné : *Résolution*,
14 nov. 1404 (Is., t. 7, p. 88).

(28) Callery, *Hist. de l'origine des pouvoirs et des attributions des Etats
généraux et provinciaux depuis la féodalité jusqu'aux Etats de 1355*, Bruxelles, 1881.

res, munis de pleins pouvoirs pour tout ce qui touchait à l'administration du subside et, de façon générale, aux réformes à réaliser dans la province, et les députés qui exigeaient et souvent obtenaient que leurs élus y participassent ou en fussent exclusivement chargés. Dans ce dernier cas, à titre transactionnel, le roi commissionnait ces élus [29]. Puis ils prétendirent à nommer les receveurs qui ne devaient délivrer les fonds que pour les dépenses auxquelles ils les avaient affectés [30]. Le succès de ces exigences dépendait de la force ou des embarras momentanés du pouvoir royal [31]; il variait d'une session à l'autre. La tendance finale fut de combiner droits du roi et droits des Etats en confiant l'administration du subside à des commissions, où les agents de l'un et les délégués des autres étaient associés [32].

L'octroi des subsides était une occasion trop favorable de faire entendre des remontrances ou doléances sur l'administration, soit du royaume, soit de la province, pour que les députés aient manqué de les y incorporer : par là ils obtinrent des réformes ou des privilèges. Puis, par une sorte de prescription, cette habileté prit figure d'un droit séparé qui se manifesta par la rédaction des cahiers et par des députations [33].

Le vote même du subside fournit un moyen aux Etats d'étendre leur action au delà et d'amorcer une participation à l'administration provinciale. Pour les frais de la répartition et de la levée ils étaient entraînés à imposer, « outre le principal », une somme qu'ils estimaient. Sous ce couvert ils imaginèrent de tirer les ressources nécessaires aux besoins de la province. « Les deniers mis sus outre le principal » devenaient ainsi les recettes d'un budget provincial qu'ils administraient et contrôlaient. Les commissaires royaux tolérèrent d'abord cette pratique lorsqu'il ne s'agissait que des frais et des dons à quelques personnages importants ou de sommes destinées à la sécurité de la province.

(29) *L. P.*, juillet 1355, (art. 2-5); févr. 1356 (art. 1-3) (Is., t. 4, pp. 709, 797). Cpr. *Ord.*, 26 juill. 1356 (Is., t. 5, p. 28). — Varin, *Arch. admin. de Reims*, t. 2, pp. 951, 1191; Coville, *op. cit.*, pp. 228-234, *P. just.*, V, XLII, XLIX, pp. 345, 390 et s. Dognon, *op. cit.*, pp. 277-279. *Hist. du Lang.*, t. 10, *Preuves*, n°⁵ 462-3, 470-VI-IX, 471, 517-I, 559.

(30) *Hist. du Languedoc*, éd. Privat, t. 10, *Preuves*, n°⁵ 420, IV, 462-3-5, 470, IX, 471, 559; A. Thomas, *op. cit.*, p. 100.

(31) *Ord.*, t. 13, p. 252. — Coville, *op. cit.*, pp. 103 et s.; 169 et s.; Billioud, *op. cit.*, pp. 167.

(32) Comme en Bourgogne : Billioud, *op. cit.*, pp. 162-170.

(33) *Ord. sur les doléances des Etats de Languedoc*, 8 juin 1456 (Is., t. 9, p. 278).

Mais le pouvoir royal prohiba toute imposition qu'il n'aurait pas
autorisée, et entendit régler l'affectation des « deniers outre le
principal », comme celui-ci. Ce ne fut qu'à la longue qu'une jurisprudence s'établit en faveur des Etats qui survécurent, mais sous
la réserve de la tutelle administrative ([34]). En cas d'urgence, ils
décidaient par provision, quitte à en référer au roi. Au surplus
tout acte de juridiction leur fut interdit ([35]).

Cette administration se précisant et s'étendant, les Etats eurent
à créer un personnel chargé d'y pourvoir sous leur direction ou
par délégation : élus ou généraux, agents d'exécution, auditeurs
des comptes chargés du contrôle, pris dans leur sein, procureur
général, investi de la défense de leurs intérêts et de ceux de la
province auprès du gouvernement royal et devant les diverses
juridictions, secrétaires, commis, receveurs, députés ou ambassadeurs qu'il leur fallut appointer ou pour le moins défrayer ([36]).

Enfin les trois ordres pouvaient être appelés, comme mandataires des populations, à consentir ou à refuser des transferts de
souveraineté : ainsi les Etats de Guyenne stipulèrent sous certaines conditions leur rattachement à la Couronne, en 1451; ceux de
Bourgogne refusèrent de consentir à la cession que le traité de
Madrid (1525) avait faite de cette province à Charles-Quint ([37]).

Dans les dernières années de Charles VII, la cause primitive de
l'institution des Etats provinciaux disparut. Avec la paix, les
aides extraordinaires ne furent plus demandées; la taille pour l'entretien des gens de guerre devint perpétuelle : le roi la leva
seul. A partir de 1451, beaucoup de pays reçurent des élus,
ainsi le Limousin et la Marche qui n'en avaient jamais eu
jusqu'à cette date. Peu de temps après, la répartition et la
levée de la taille leur furent exclusivement remises ([38]). Raison de plus pour que les Etats se tournassent vers d'autres objets :

(34) *L. P.*, 23 fév. 1404 (Is., t. 7, p. 95); sept. 1478 (Rouergue et Marche)
(Is., t. 10, p. 799). Lettre de Louis XI, 1467, permettant aux Etats de la
vicomté de Turenne d'établir des taxes locales (*Arch. hist. du Limousin*,
Ire sér., t. 4, p. 174). — A. Thomas, *op. cit.*, t. 1, pp. 79, 101-113, *P. just.* IV,
XXVIII, 1, pp. 17,80; Dussert, *op. cit.* p. 58.

(35) *Ord.*, sept. 1535, art. 34 (Is., t. 12, p. 422).

(36) *L. P.*, août 1537 (Is., t. 12, p. 541). — Dognon, *op. cit.*, pp. 268 et s.;
Cadier, *op. cit.*, pp. 286-294; Dussert, *op. cit.*, pp. 315-333; Billioud, *op. cit.*,
pp. 173-178, 325. Ce personnel différait d'après les provinces et était parfois
réduit au minimum.

(37) *L. P.*, 20 juin 1451 (Is., t. 9, p. 176). J. Declareuil, *Le traité de Madrid
et le droit public français* (*Rec. de législation de Toulouse*, 1913, pp. 118-121).

(38) A. Thomas, *op. cit.*, pp. 167 et s., 174.

doléances, administration et privilèges de la province et des villes,
travaux publics, etc. ([39]). Il semblait que par là pût se développer
leur activité et se justifier encore leur existence.

3° Transformation des États provinciaux.

Il n'en fut pas ainsi. Au xvi⁰ siècle, un certain nombre de ces
assemblées ne furent plus réunies. Contre les autres il y eut un
travail de sape : tantôt on les convoquait pour le vote des subsides, tantôt non. Dans le premier cas on s'efforçait de leur en imposer l'octroi, sous menace de se passer d'eux. Pour cela, le gouvernement royal introduisait peu à peu des élus et toute une administration fiscale à lui dans les pays d'Etats, ce qui lui facilitait la
répartition et la levée directes, avec ou sans le consentement des
trois ordres ([40]). Insensiblement les deux tiers du royaume furent
réduits en pays d'élections. Partout où la résistance faiblit sur la
question du don gratuit et où les Etats ne purent se justifier que
par leur souci des intérêts locaux, ils tombèrent en désuétude.
Comme ils n'avaient pas été expressément abolis on pouvait les
croire seulement en léthargie, et certains voient un réveil de l'institution dans les assemblées des trois ordres pour accepter ou
confirmer le texte des coutumes nouvellement rédigées ou réformées. Mais rarement le détroit d'une coutume correspondait à une
conscription d'Etats provinciaux antérieurs et ces assemblées pouvaient passer pour la continuation de ceux-ci. Là, au contraire, où
ils réussirent à maintenir leurs privilèges fiscaux, le roi fut obligé
de continuer à les réunir et, autour de ce privilège, ils consolidèrent et organisèrent les attributions qu'ils avaient acquises dans
l'administration provinciale ([41]).

Alors ils se transformèrent. Devenus une institution régulière
de la province, à compétence propre, ils se composèrent un statut et se pourvurent des instruments nécessaires à leur mission.
Ce satut, se précisant par la coutume, les rendit indépendants à
la fois de leurs anciens mandants et du roi. Ce fut par une sorte

---

(39) Dognon *op. cit.*, p. 265. Cpr. A. Thomas, *op. cit.*, p. 171-173 et *La
première réunion des Etats de Languedoc sous Louis XI (1462) (Ann. du Midi*,
1909, p. 212 et s.).

(40) En 1485, les Etats d'Armagnac ayant refusé le subside, les contribuables furent saisis : *Comptes de Riscle*, éd. Parfouru, t. 1, p. xxɪɪ. Cpr. *Lettres de Louis XI*, éd. Charavay, t. 2, pp. 156, 298.

(41) Dognon, *op. cit.*, pp. 265, 268 et s.; Coville, *op. cit.*, p. 245 et s.; Billioud, *op. cit.*, pp. 102-105. *H. du Languedoc*, t. 12, *Preuves*, nᵒˢ 184, 240.

de prescription que tels dignitaires étaient admis à y siéger, tels
chapitres ou abbayes à y députer et non les autres, que tels seigneurs ou les possesseurs successifs de tels fiefs y figuraient la
noblesse, soit que jadis le roi les eût mandés plus habituellement,
soit que les autres, faute d'intérêts, eussent cessé d'y venir (42).
Une sélection analogue s'était opérée pour les villes, les unes toujours appelées, les autres à tour de rôle, d'autres jamais. La coutume fixait de même les préséances au sein de chaque ordre et le
rôle de chacun dans l'administration du subside et celle de la
province. Par fiction, ces prélats, ces tenants fiefs, ces magistrats
de quelques villes représentaient leurs ordres, et c'était vrai dans
la mesure où ils en défendaient les intérêts. Dans ces conditions, les rois, de Louis XI à Henri IV, réunirent irrégulièrement
les Etats de diverses provinces qui, soumis ou récalcitrants aux
demandes royales, obtenaient tout juste quelques diminutions au
montant de celles-ci.

Le xviie siècle surtout fut funeste aux Etats. Beaucoup disparurent. Aux approches de 1629, il semble qu'un assaut décisif contre leurs privilèges et leur existence même ait été tenté avec des
succès divers. La tactique du gouvernement royal fut d'introduire
à peu près partout des bureaux d'élections. En Dauphiné, le tiers
avait remis en question l'exemption des autres ordres : une transaction de 1554 qui les rendait coparticipants à certaines dépenses, par exemple aux travaux publics, et pour le reste exemptait
leurs biens « tant nobles que ruraux (roturiers) », ne le satisfit
point. A cause d'acquisitions nombreuses de biens du second genre
par les privilégiés, il demanda que la taille fût réelle et, un moment l'obtint (1592-1593). Un arrêt du Conseil en rétablit le caractère personnel. Le conflit s'étant perpétué, un édit de mars 1628
créa dix bureaux d'élections en Dauphiné, et un autre du mois
de juillet suspendit les Etats qui ne devaient plus se réunir que
spontanément en 1789. A titre compensatoire, un arrêt du Conseil
de 1639 établit la taille réelle (43). En 1629, des bureaux d'élections avaient été établis en Provence : autour des Etats qui y
jouissaient de prérogatives plus étendues qu'ailleurs, ayant droit
de faire statuts et ordonnances et menés par une noblesse ombra-
geuse, toute la province s'agita et la suppression des élus fut

(42) Dognon, *op. cit.*, p. 251. *Hist. du Languedoc*, éd. Privat, t. 12,
Preuves, n°s 189, 210.

(43) Dussert, *op. cit.*, pp. 336-339. — Chorier, *L'Estat politique de la province du Dauphiné*, t. 3, pp. 661-663.

payée 2.000.000 de livres (1633). Néanmoins, pour écarter les nobles turbulents, le roi ne réunit plus qu'une assemblée de communautés, c'est-à-dire de procureurs des villes, joints quelques prélats et gentilshommes de son choix. En 1639, les Etats ayant été de nouveau essayés, le tumulte recommença. Dès lors, jusqu'en 1789, on n'appela plus que les communautés (44). Avec plus de bonheur la Bourgogne sut, moyennant 400.000 livres, conserver ses privilèges et écarter les élus. Le Languedoc, où il en avait été mis (juillet 1629), s'insurgea et rejeta la transaction qui confiait le département des tailles à un comité d'élus et d'agents des Etats (1631). Un édit de Béziers (4 octobre 1632) cassa les bureaux d'élections, mais sessions et attributions des Etats furent rigoureusement réglementées (45). Richelieu, gouverneur de la Bretagne, en traita les Etats avec plus de ménagements, bien que nulle part on ne rencontrât plus d'indiscipline et moins de sens administratif que dans la « cohue » où sept cents hobereaux submergeaient le clergé et le tiers état.

La préoccupation du gouvernement royal, quand il ne parvient pas à supprimer les Etats, paraît être alors de diminuer en nombre et en influence le second ordre, ou de le remplacer par des procureurs élus par lui. Mais, dès qu'il le peut, il supprime. Sous le règne de Louis XIV disparurent les Etats de Touraine, d'Orléanais, de Haute et Basse-Auvergne (1651). En 1655 le roi prononça la déchéance de ceux de Normandie, décidant que les impôts seraient désormais levés par l'autorité du roi « nonobstant charte normande et clameur de haro » (46). Puis ce furent ceux du Rouergue, du Quercy (1673), du Périgord, du Berry, du Maine, de l'Anjou (1683). Les intendants leur étaient hostiles. Colbert les disait toujours à charge aux peuples et de peu de secours au roi, et demandait à l'intendant de Bordeaux d'examiner si l'on ne pourrait pas supprimer ceux des petits pays pyrénéens.

(44) Raoul Busquet, *Hist. des institutions de Provence*, 1920. Les Etats de Provence avaient jusqu'en 1639 un personnel nombreux : une vingtaine d'ecclésiastiques, tous les tenants fiefs, les procureurs de trente-sept villes et de vingt vigueries.

(45) Confirmé par Louis XIV en 1659.

(46) Nul n'y venait plus et on en dressait des procès-verbaux de fantaisie depuis longtemps : Bridrey, *Cahiers de doléances du Cotentin*, à propos du cahier de la paroisse de Cauquigny.

II. — LES ETATS PROVINCIAUX DU XVIIᵉ ET DU XVIIIᵉ SIÈCLES.

1° Organisation des États provinciaux.

En 1789, un tiers environ du royaume était encore constitué par des pays d'Etats. Un certain sentiment régionaliste, dû à ce qu'ils avaient formé jadis de grandes seigneuries, avait maintenu les uns : Bretagne, Bourgogne, Languedoc, Provence (⁴⁷). Un sentiment analogue, et surtout le désir, exprimé lors de leur annexion à la Couronne, de garder leurs institutions, en avaient préservé d'autres : Artois, Cambrésis, Flandre Wallonne et, jusqu'en 1704, Franche-Comté (⁴⁸), acquisitions de Louis XIV, et une série de petits pays pyrénéens, la plupart apportés à la Couronne par Henri IV : Béarn, Basse-Navarre, Comté de Foix, Bigorre, Nébouzan, Labourd, Soule, Comminge, Couzérans, Quatre Vallées.

Leur organisation variait, mais présentait quelques caractères communs. Partout on rencontrait les trois ordres, bien que dans plusieurs des petits pays d'Etats, par exemple en Béarn, clergé et noblesse ne fissent qu'un (⁴⁹). Le recrutement de l'assemblée était oligarchique : les députés siégeaient en vertu d'un droit propre, de sorte qu'il n'y avait lieu presque nulle part à élections, sauf en Normandie où les députés des trois ordres étaient élus par bailliages. Le clergé n'était guère représenté que par ses chefs : en Bretagne, 9 évêques, 9 procureurs de chapitres, 38 abbés; en Bourgogne, 5 évêques, 22 doyens de chapitres, 20 abbés, 72 prieurs ou bénéficiers; en Languedoc, 23 archevêques ou évêques; en Artois, 2 évêques, 14 procureurs de chapitres, 18 abbés; dans le comté de Foix, l'évêque et certains dignitaires, et de même ailleurs. La noblesse tantôt était figurée par quelques barons siégeant du fait de la prérogative de leurs fiefs : ainsi en Langue-

(47) *L. P. confirmant les privilèges du duché de Bourgogne,* juill. 1498; juill. 1521; mars 1551 (Is., t. 11, p. 305; t. 12, p. 124; t. 13, p. 269). *Edit,* nov. 1484 *sur les libertés de la Bretagne* (Is., t. 11, p. 260). *L. P.,* oct. 1486 et *Décl.,* avr. 1515, *sur les libertés de la Provence* (Is., t. 11, p. 166; t. 12, p. 33).

(48) En 1678, le roi transforma le don gratuit que les Etats faisaient antérieurement, chaque année, au roi d'Espagne en impôt obligatoire sous la forme de taille réelle; une déclaration du 18 mai 1704 écarta les Etats en décidant que cette taille serait fixée par arrêt du Conseil et répartie par l'intendant.

(49) C'était le « Grand-Corps » : 2 évêques, 3 abbés, 12 barons, 500 tenants fiefs et les abbés laïques : il siégeait séparément du tiers état : procureurs de 4 villes et 3 vallées, mais la non acceptation de ses décisions par ceux-ci les annihilait.

doc, 23 barons de façon permanente avec un des 16 barons de tour du Vivarais et un des 8 du Gévaudan; dans le comté de Foix les possesseurs de 70 fiefs déterminés; en Cambrésis, 12 gentilshommes dans les mêmes conditions; tantôt siégeait à peu près au complet : en Bourgogne, les tenants fiefs ayant quatre quartiers de noblesse; en Artois, les seigneurs d'une paroisse ayant cent ans de noblesse; en Béarn, tous gentilshommes ayant des droits seigneuriaux; en Bretagne, tous ceux ayant vingt-cinq ans d'âge et cent ans de noblesse, et les tentatives pour éclaircir cette gent tumultueuse restèrent sans succès (50). Le tiers état était d'ordinaire représenté par les magistrats de certaines villes : en Bourgogne, par 51 maires ou échevins dont trois députés par Dijon et 2 par d'autres; en Bretagne, par 46 députés de 41 villes dont cinq ayant droit à deux représentants, les autres à un; en Languedoc, par 68 consuls, 2 pour chaque ville épiscopale, et 1 pour d'autres communautés ayant droit constant, ou admises par tour; en Béarn, par les consuls de 4 villes et de 3 vallées, et en Bigorre par ceux de 3 villes et de 7 vallées : en Artois, par les échevins de 10 villes; en Flandre Wallonne, par les baillis de 4 hauts justiciers, des échevins de Douai, d'Orchies, et le collège échevinal de Lille, etc. L'assemblée des communautés de Provence, tous les trois ans, à Lambesc, comprenait l'archevêque d'Aix, président, deux consuls et l'assesseur d'Aix, procureurs-nés, deux évêques et deux gentilshommes élus par l'assemblée, procureurs joints, et les premiers consuls d'un nombre choisi de villes.

La plupart de ces Etats avaient des sessions annuelles, ainsi ceux du Languedoc, de l'Artois, de la Flandre Wallonne, du Béarn, du comté de Foix. En Bourgogne et en Provence, ils se réunissaient tous les trois ans; en Bretagne, tous les deux ans. Rarement ils élisaient leur président : la plupart avaient un président né : en Bourgogne, le roi, représenté par le gouverneur; en Languedoc, l'archevêque de Narbonne; en Provence, celui d'Aix; en Cambrésis, celui de Cambrai; en Béarn, l'évêque de Lescar; dans le comté de Foix, celui de Foix.

En principe, les députés étaient inviolables, ce qui n'empêchait pas de les arrêter comme il arriva en Bretagne en 1672 et 1697, en Provence en 1672, de les exiler comme en Béarn en 1712, ou de les disperser, ce que fit Machault en 1750, quand les Etats du Langue-

(50) En 1769, ce fut sans succès qu'une déclaration voulut imposer, en Bretagne, deux siècles de noblesse et 30 livres de capitation pour siéger aux Etats.

doc repoussèrent l'impôt du vingtième. Ils touchaient une indemnité et les intendants notent leur habileté à l'augmenter en prolongeant les sessions, surtout en Bretagne, ou bien, disait Colbert, ils se jetaient des gratifications à la tête. Aussi, l'administration royale tâchait d'abréger la durée des sessions. D'ordinaire, les ordres siégeaient concurremment, mais délibéraient séparément; en Béarn, en Flandre, privilégiés et tiers état constituaient même des assemblées distinctes, à dates différentes. Dans les grands pays d'Etats, Bretagne, Languedoc, Bourgogne, la délibération était commune, mais le vote émis par ordre, le principe étant que la décision ne résultait que de l'accord des trois, sauf en Languedoc où l'on votait par têtes, et où la majorité appartenait ainsi aux 68 représentants des villes.

Par une influence traditionnelle qui ne s'expliquait pas toujours par sa valeur numérique, un des ordres avait dans presque tous ces Etats une autorité décisive [51]. Le roi déléguait à chaque session des commissaires chargés d'exposer aux Etats ce qu'il attendait d'eux : c'étaient d'ordinaire le gouverneur et l'intendant, mais accompagnés des lieutenants généraux, de lieutenants du roi, et d'un nombre variable d'officiers de finance et de judicature. Après avoir exposé les désirs du roi, les commissaires se retiraient, attendant que le président leur fit savoir la fin de la délibération qui leur était communiquée en séance. Cependant l'intendant pouvait recevoir l'ordre d'assister aux délibérations ou s'y autoriser lui-même, s'il pensait sa présence utile [32].

(31) D'Argenson, *Mémoires*, t. 5, p. 373 : « Le Languedoc est la seule province du royaume où les évêques soient restés maîtres des affaires temporelles et politiques, surtout de celles des finances. Le roi a soin d'envoyer toujours en Languedoc ce qu'il a de meilleur en intendants; ce sont de vrais ministres. Les Etats de Languedoc sont épiscopaux; ce sont eux qui ont la meilleure tenue et sont en même temps les plus soigneux du bien public. Ceux de Bretagne sont conduits d'une noblesse mutine et jalouse; ceux de Bourgogne asservis à un gouvernement despote; ceux d'Arras formés d'une noblesse fière et bornée; ceux de Provence sont populaires, mais avec des communautés pauvres et dépourvues d'émulation et d'industrie, aussi sont-ils presque sans crédit. »

(32) Un intendant habile avait bien des moyens de déterminer les votes des députés. Bezons, intendant de Languedoc, écrivait à Colbert, 1er janv. 1662 et 20 févr. 1666 : « Je ferai une liste de tous les députés et verrai de qui ils dépendent pour les faire agir et ne manquerai pas de vous en rendre compte avec toute l'exactitude qui me sera possible. Il y a deux remèdes infaillibles pour faire réussir les affaires du roi aux Etats. Le premier est que sa S. M. fasse dans la suite distinction de ceux qui servent bien d'avec les autres... Pour moi, je leur laisserai bien croire que j'enverrai le rôle des opinions et

2° Attributions des États provinciaux.

Les attributions des Etats pouvaient être groupées sous trois chefs : 1° celles se rattachant à l'administration générale du royaume; 2° celles concernant l'administration provinciale; 3° une autre ayant trait aux deux, et qui était d'émettre des vœux et des doléances et de rédiger un cahier qu'un ou plusieurs députés apportaient au roi à la fin de la session : ce qu'on appelait en Bourgogne « le voyage d'honneur ».

Les attributions d'intérêt général ne comprenaient normalement que le vote de l'impôt dû au roi, le « don gratuit ». Cette appellation signifiait que l'impôt était discuté et voté, mais non qu'il pût être aisément refusé. « Tout cela n'a jamais empêché que l'on ait contraint les laïques et les ecclésiastiques, lorsqu'ils ont refusé de s'acquitter de ce devoir » (53). Mais le plus souvent les commissaires du roi usaient de persuasion ou enlevaient le vote par des dons et des faveurs. Un de leurs procédés consistait à enfler les demandes afin d'avoir une marge pour des réductions qui flattaient l'amour-propre des Etats (54). Il arriva même que ceux-ci trouvèrent les demandes du roi trop modérées et les votèrent par acclamations. Louis XIV notait qu'ils ne se servaient de leur liberté que pour lui rendre leur soumission plus agréable. La quotité du « don gratuit » variait non pas d'après les facultés imposables de la province, mais d'après des conventions arbitraires, autrement dit des abonnements. La Bourgogne, depuis 1630, s'en tira longtemps pour 400.000 livres annuelles; la Bretagne payait fixe 1.000.000 de livres en temps de paix, 1.500.000 en temps de guerre; le don gratuit du Languedoc fixé à 1.050.000 livres par

l'avis dont chacun aura été. L'autre dépend de Mgr de Conti (le gouverneur) à l'égard des consuls qui est de leur témoigner de la sévérité pour les obliger à se bien conduire, n'y en ayant pas un qui n'ait besoin de S. A. dans la suite de l'année ». En 1662 il change arbitrairement le président des Etats, l'archevêque de Narbonne, pour celui de Toulouse; en 1664, il fait interdire à l'évêque de Mâcon, déjà en route pour la session, de quitter son diocèse; en 1669, il imagine de n'accepter aux Etats que les députés munis de convocation et n'en adresse pas aux opposants. Bérillon fait de même en Béarn en 1712 et donne des commissions de maires à ses subdélégués pour siéger à leur place. En 1672, l'intendant du Languedoc et les commissaires en Bretagne obtiennent ce qu'ils veulent en distribuant l'un 7.000 livres et les autres 60.000 aux députés.

(53) *Mémoires de Louis XIV*, éd. Dreyss, t. 2, p. 122.
(54) Depping, *Correspondance administrative des intendants*, t. 1. p. 384; t. 2, p. 213.

l'édit de Béziers, fut porté à 3.000.000 en 1690. L'Artois payait
annuellement 400 000 livres en plus de 1.000.000 de taxe territoriale; la Flandre-Wallonne, 250.000 livres; le Béarn, 27.000 écus
ordinaires et 20.000 extraordinaires; le comté de Foix, 20.000 livres et un complément de 15.000, etc. Ce système de l'abonnement fut obtenu au xviiie siècle par tous les pays d'Etats pour
les nouveaux impôts, capitation, dixièmes, vingtièmes : la Bourgogne remplaça la première par un don annuel de 800.000, les
seconds par un autre de 1.556.000, la Bretagne paya pour cela
1.400.000 et 1.800.000, le Languedoc, 1.600.000 et 1.250.000 livres environ, et les autres en proportion.

Les Etats tenaient par-dessus tout à asseoir et à lever eux-
mêmes l'impôt, écartant les procédés de l'administration royale
qui leur déplaisaient, pour d'autres qui ne valaient pas toujours
mieux; mais les façons inquisitoriales, que comportent les impôts
sur les revenus ([55]), furent par là atténuées.

Les attributions intéressant la province comprenaient le vote
des contributions, destinées à pourvoir à ses besoins et, dans les
grands pays d'Etats, une part plus ou moins précise à son administration, sous la tutelle du pouvoir central, sans l'autorisation
duquel les trois ordres ne pouvaient ni établir de nouvelles taxes,
ni emprunter ([56]), et dont les officiers vérifiaient leurs comptes.
Parfois les intendants recevaient mission d'assister aux séances
consacrées à ces affaires, de se faire présenter les règlements, registres, états d'imposition, comptes de trésoriers et de receveurs ([57]).
Les privilégiés participaient aux charges provinciales, mais d'une
manière fort inégale. De là des conflits, comme ceux qui marquèrent la fin de l'histoire des Etats du Dauphiné et de ceux de Bretagne ([58]).

([55]) Voy. pp. 722 et s.

([56]) Les Etats provinciaux, comme le clergé et les municipalités, empruntaient soit pour leur compte, soit pour celui du roi. Les rentes sur les Etats
de Languedoc étaient considérées comme un placement de père de famille.
Les emprunts se faisaient à 4 % ou 5 %. La Bretagne avait en 1789 une
dette de 40.000.000; la Bourgogne, 49.000.000; le Languedoc, 50.000.000.

([57]) *Lett. de Colbert*, 18 fév. 1683, à l'intendant de Béarn chargé de rechercher les titres du domaine, de vérifier la façon dont les Etats répartissent
les impositions, l'importance des dettes, le mode de vérification des comptes. Cpr. *A. C.* 1er mars 1777 cassant les délibérations des Etats de Bretagne des 18 et 27 décembre 1776 sur ce qu'ils n'ont pas nommé, pour délégués de la noblesse et du tiers état, les candidats recommandés par le gouverneur.

([58]) Les revenus particuliers de la Bretagne consistaient dans le *grand* et
le *petit devoirs* qui frappaient les liquides et leurs déplacements (2.000.000

3° Administration des principaux pays d'État.

Pour administrer la province et exécuter leurs décisions, les États disposaient d'un personnel administratif relevant d'eux, et déléguaient des commissaires, pris dans leur sein, pour les suppléer entre les sessions. L'autorité de l'intendant en paraissait d'autant diminuée. Ce n'était souvent qu'apparence, car il restait l'inspirateur et le contrôleur de cette administration.

Celle du Languedoc avait à sa tête les trois syndics généraux des sénéchaussées de Toulouse, Carcassonne, Nîmes-Beaucaire, dans les bureaux desquels s'effectuait le travail, et un trésorier de la bourse qui en était le comptable et ne devait de comptes qu'aux Etats. Originaires de la province, obligés à la résidence, ces officiers nommés d'abord annuellement par les Etats, étaient devenus inamovibles et quasi héréditaires du fait de la vénalité de leurs charges. Deux greffiers étaient à leurs ordres et, dans chaque sénéchaussée, un directeur des travaux publics (³⁹). Mais, à certaines époques, l'archevêque de Narbonne, président des Etats, fut le véritable animateur de la province qu'il personnifiait, dans l'intervalle des sessions, en face de l'intendant (⁶⁰). Depuis le xvᵉ siècle, les subdivisions administratives, et surtout fiscales, étaient les diocèses civils auxquels correspondaient des assemblées, « assiettes diocésaines », composées de l'évêque ou de son vicaire général, d'un à cinq barons, d'un consul et d'un autre délégué de chacune des villes maitresses (⁵¹). L' « assiette » était convoquée et dirigée par un commissaire des Etats. Son rôle principal était de répartir et de lever l'impôt mis à la charge du

livres annuelles) et le produit du fouage, taille sur les feux roturiers. Ce dernier servant à amortir les dettes de la province, le tiers le considéra, au moins pour partie, comme un prêt fait par lui à celle-ci et, pour s'en rembourser, voulait capitaliser les fonds en provenant et les constituer en rentes au profit des fouagistes, ce que n'admettait pas la noblesse. — En Provence, la noblesse avait eu ses contributions particulières, sorte de taille sur les tenures nobles; en 1666 on y établit le système commun de la taille réelle.

(59) Albisson, *Lois municipales et économiques du Languedoc (1780-1787).*

(60) Des Lettres du 30 janv. 1734 créèrent une commission permanente composée du commandant en chef, de l'intendant, de deux Trésoriers de France, un évêque, un baron et deux députés du tiers nommés à vie par le roi, des trois syndics et d'un greffier, chargée de la tutelle des communautés et de la révision des comptes collecteurs, et dont les pouvoirs furent accrus en 1754 (*A. C.*, 28 déc. 1754).

(61) Dognon, *op. cit.*, pp. 283-292. Puntous, *Un diocèse civil. Les états particuliers du diocèse de Toulouse aux* xviiᵉ *et* xviiiᵉ *siècles*, 1909, pp. 50-72.

diocèse par ceux-ci, mais elle avait part à l'administration locale. Un syndic était son agent d'exécution sous le contrôle d'un Bureau de la direction des affaires, formé par trois commissaires, l'évêque, un baron, le maire ou un consul de la ville principale. Au xviii° siècle, le Languedoc avait vingt-quatre diocèses civils [62].

La Bretagne, qui n'eut d'intendant qu'à partir de 1689, avait *a fortiori* une administration dépendante des Etats : deux procureurs généraux syndics dont l'un suivait la cour, et un trésorier général en étaient les agents principaux; mais une commission, nommée à chaque session et composée de trente délégués de chaque ordre, six pour l'évêché de Rennes et trois pour les autres diocèses, suppléait les Etats dans l'intervalle des sessions [63].

L'administration de la Bourgogne était remise à quatre élus généraux, un pour chaque ordre, et au maire de Dijon; celui du tiers était pris à tour de rôle dans une des villes de la Grande Roue [64]; celui du clergé était successivement un évêque, un abbé, un doyen de chapitre; celui de la noblesse pouvait être continué ou changé à chaque session. Il s'y joignait l'élu du roi (trésorier de France), deux conseillers maîtres et deux auditeurs de la Chambre des comptes. Au travail de cette commission collaboraient l'intendant, le trésorier général, les secrétaires généraux des Etats. Un pouvoir de contrôle et de critique vis-à-vis des élus appartenait à un collège de sept alcades, deux pour chaque ordre privilégié, trois pour le tiers, nommés par les Etats. En somme, le rôle des trois ordres se bornait le plus souvent à approuver le rapport des alcades sur la gestion des élus, qui eux-mêmes avaient fini par suivre simplement l'impulsion que leur donnait l'intendant [65]. Les élus généraux avaient le département des contributions que le trésorier général, d'ordinaire, prenait à bail.

En Provence, les procureurs-nés, archevêque, consuls et assesseur d'Aix administraient toute la province avec une autorité au moins égale, bien que moins contrôlée, à celle des élus généraux de Bourgogne; avec les procureurs joints et parfois des procu-

---

(62) Puntous, *op. cit.*, pp. 123-173, 287-313.

(63) Marion, *La Bretagne et le duc d'Aiguillon : les Etats de Bretagne sous Louis XV* (R.H. 1903). Quessette, *L'admin. finan. des Etats de Bretagne* (*Ann. de Bretagne*, 1911-1913).

(64) Fabriquée au début du xvi° siècle pour régler l'alternance des députés du clergé et du tiers : Billioud, *op. cit.*, p. 166, où est reproduite la Grande Roue.

(65) Thomas, *Une province sous Louis XIV*, 1844.

reurs joints supplémentaires, ils constituaient, en outre, un corps délibérant. Sous leur direction, des syndics élus par les Etats et dont l'un résidait à la cour, un trésorier général, complétaient le haut personnel administratif ([66]).

III. — LES ASSEMBLÉES PROVINCIALES SOUS LOUIS XIV.

Dans la seconde moitié du xviiᵉ siècle, alors que nombre d'intendants se montraient plus favorables aux Etats provinciaux et, là où il n'y en avait pas, tâchaient de les remplacer en prenant eux-mêmes la défense de leurs administrés auprès du pouvoir central, une partie de l'opinion adressait aux Etats des critiques de tous genres. On leur reprochait de perdre leur temps en querelles d'étiquette, de dilapider les finances provinciales en fêtes, gratifications soit à leurs membres, soit au personnel administratif, d'être opposés aux innovations et surtout, à mesure que l'esprit public s'éprenait de la valeur mystique attachée à l'élection, de se recruter selon de vieilles règles coutumières qui en faisaient une oligarchie. Ce dernier reproche déterminait presque tous les autres, dans lesquels il y avait du vrai et beaucoup d'exagération, mais qui servaient à l'étoffer et à le voiler. Fénelon avait écrit, au contraire, que dans tous les pays d'Etats « on n'était pas moins soumis qu'ailleurs et qu'on y était moins épuisé. ». La vérité est que le système du « don gratuit » discuté, mais souvent rendu à peu près fixe par le contrat, et celui des abonnements pour les autres impôts étaient singulièrement favorables à ces pays et que cependant leur administration compliquée coûtait cher et n'avait pas des résultats supérieurs à ceux obtenus, dans les pays d'élections, par les seuls intendants.

Presque tous les opposants, au xviiiᵉ siècle, avaient suggéré d'établir uniformément dans toutes les provinces une représentation à échelons : assemblées de districts ou de diocèses, assemblées provinciales, Etats généraux. Fénelon, Saint-Simon, les physiocrates, Mirabeau le père en avaient tour à tour proposé le plan avec des divergences de détails. Mais aucune de ces assemblées, purement administratives et chargées dans des ressorts différents du département des contributions, n'aurait eu à en consentir l'octroi ([67]).

(66) Busquet, *Hist. des instit. de la Provence de 1482 à 1790*, 1920. Marchand, *Un intendant sous Louis XIV, Le Bret*, 1889.
(67) Fénelon avait exposé son système dans les *Tables de Chaulnes* : une

Le goût de l'uniformité, le besoin de changement poussèrent les ministres de Louis XVI dans cette voie. Turgot, dans un *Mémoire sur les municipalités*, avait posé les bases d'une représentation à plusieurs degrés établie sur la richesse foncière, sans avoir eu le temps ou la volonté de l'organiser ([68]). Necker, en 1778, ayant proposé au roi de doter d'assemblées les pays d'élections, un arrêt du Conseil (22 juillet 1778) en tenta l'expérience dans le Berry qui avait perdu ses Etats depuis trois siècles. Le roi nomma 16 membres, 3 pour le clergé, 5 pour la noblesse, 8 pour le tiers état qui durent dans ces proportions en coopter 32 autres. Par le même procédé fut organisée, en 1779, une assemblée de la Haute-Guyenne de 52 membres, dont 10 seulement pour le clergé. Une tentative du même genre ne put aboutir en Bourbonnais (1781). Le Dauphiné se déroba en réclamant ses anciens Etats. L'œuvre de ces assemblées fut peu importante bien que la première ait changé les corvées en crue de taille et qu'elles se soient appliquées à améliorer l'assiette de celle-ci ([69]).

Un projet plus étendu et sur les mêmes données que celui de Turgot fut repris par Calonne dans le plan de réforme générale présenté aux Notables de 1787. Bien qu'effrayés par le caractère démocratique des assemblées de paroisses et de districts, ceux-ci lui eussent permis de réaliser son dessein, s'il n'eût à son tour abandonné le gouvernement ([70]). Son successeur, de Loménie de

assemblée de l'assiette par diocèse : évêques, seigneurs locaux, députés du tiers; assemblée provinciale : évêques, députés de la noblesse et du tiers pour chaque assiette; Etats généraux : évêques et un député élu de chaque ordre par diocèse. Le marquis de Mirabeau reprit à peu près cette conception en 1750 dans son *Mémoire sur les Etats provinciaux.*

(68) *Municipalités* avait ici le sens d'assemblées ou de représentations : il y en eut eu quatre degrés, superposés et élémentaires les unes des autres : *Municipalités de paroisses* comprenant les propriétaires ayant au moins 600 livres de revenu foncier et ayant autant de voix qu'ils avaient de fois ce revenu; ceux ayant un revenu inférieur se groupaient pour réunir 600 livres et leur groupe avait une voix; *Municipalités d'arrondissements*, formées des délégués des précédents; *Municipalités de provinces et Municipalité du royaume* constituées par le même système.

(69) De Girardot, *Essai sur les assemblées provinciales et en particulier sur celle de Berry*, 1845. Lachaze, *Assemblée provinciale du Berry*, 1908. Elle devait siéger pendant un mois tous les deux ans. Dans l'intervalle une « Commission intermédiaire » assurait l'exécution de ses décisions.

(70) Les assemblées paroissiales étaient constituées sans distinction d'ordres, selon le système ploutocratique des municipalités de paroisses dans le plan de Turgot; les assemblées de districts étaient formées des députés élus de chaque paroisse : un jusqu'à 12.000 habitants, deux au-dessus; chaque dis-

Brienne, par édit de juin 1787, fit établir trois catégories d'assemblées, de paroisses, d'élections, de provinces, dans les pays d'élections, en conservant la distinction par ordre, mais avec doublement du tiers et vote par tête, la présidence étant dévolue au clergé ou à la noblesse [71]. Malgré l'opposition des Parlements, elles furent organisées dans nombre de provinces par des règlements successifs. Droit d'émettre des vœux et des remontrances leur était donné, sous la condition qu'aucun retard n'en pût résulter dans le recouvrement des impositions. Chacune d'elles avait des procureurs syndics pour représenter les intérêts de sa circonscription en justice ou auprès de l'autorité royale et nommait une commission intermédiaire pour suivre les affaires de sa compétence dans l'intervalle des sessions. L'assemblée municipale, créée là où il n'existait pas encore de municipalité, était composée du seigneur ou, d'après un roulement, d'un des seigneurs locaux, du curé, de 3, 6 ou 9 membres élus par les contribuables payant au moins 10 livres d'imposition foncière ou personnelle. Postérieurement elle devait être renouvelable par tiers chaque année, les membres sortants étant rééligibles au bout de deux ans. Les candidats devaient payer 30 livres d'imposition. L'assemblée d'élection était composée de 24 membres, 6 de chaque ordre privilégié, 12 du tiers état, pris dans les divers districts de l'élection, choisis pour la première fois moitié par les membres de l'assemblée provinciale nommés par le roi, moitié par ceux ainsi désignés. À partir de 1790 elle devait être renouvelée annuellement par quart, et les sortants devaient être remplacés par d'anciens membres des assemblées municipales élus par une assemblée représentative des paroisses. L'assemblée provinciale avait 48 membres dont 24 : 6 de chaque ordre privilégié, 12 pour le tiers état, étaient au début nommés par le roi et 24 autres choisis par ceux-ci. Elle était renouvelable par quart tous les ans, chaque assemblée d'élection remplaçant par un député du même ordre celui qui sortait.

trict envoyait un député à l'assemblée provinciale. Ces assemblées auraient eu la répartition des impôts et diverses attributions administratives sans pouvoir « s'arroger aucune portion de l'autorité exécutive » qui restait tout entière aux intendants. La tutelle administrative n'était en rien diminuée.

(71) *Édit portant création d'assemblées provinciales et municipales*, juin 1787; — *Règl. sur la formation et la composition de ces assemblées*, 23 juin 1787 (Is., t. 28, pp. 344, 366). Renouvin, *Les assemblées provinciales de 1787*, 1921. H. Fromont, *Essai sur l'administration de l'assemblée provinciale de la généralité d'Orléans*, 1907.

Ces assemblées n'avaient ni pouvoir de consentir l'impôt ou de le discuter, ni participation à l'administration active réservée à l'intendant : répartition et assiette des impositions directes anciennes (la capitation et les vingtièmes dépendant exclusivement de l'intendant), et de celles affectées aux dépenses de la province, décisions concernant ces dernières et surveillance de l'utilisation des fonds, telles étaient leurs principales fonctions. Elles n'eurent qu'une session. Leur courte destinée ne permit pas d'apprécier quels avantages on eût tiré de cet organisme compliqué [72].

§ 2. — Les administrations locales : municipalités et communautés d'habitants.

Les législations sagement conçues ont toujours traité différemment les villes, grandes agglomérations qui exigent une administration complexe, et les petits groupes d'habitations répandus dans la campagne, où elle peut être ramenée à des éléments très simples. Aux derniers siècles de la monarchie, cette distinction résultait, en outre, de l'histoire antérieure dont les premières avaient hérité une organisation municipale, tandis que les secondes n'en avaient pas. On opposait donc les municipalités urbaines aux paroisses ou communautés d'habitants du plat pays. Tout entre elles différait. Paris avait toujours eu une situation à part.

I. — LES VILLES.

1° L'assujettissement des villes au pouvoir royal.

Les collectivités urbaines avaient singulièrement déchu. Le décor extérieur subsistait. On qualifiait encore les anciennes villes libres de communes et de consulats, leurs magistrats continuaient de s'appeler maires, vicomtes, mayeurs, échevins, consuls ou capitouls, à porter chaperons et robes d'apparat, s'appliquant à conserver à leurs cités les signes d'une puissance qu'elles n'avaient plus. Les villes libres, en tant que seigneuries, avaient subi les mêmes pertes que toutes les seigneuries; comme les villes de simple bourgeoisie, elles avaient toujours glissé davantage sous la tutelle administrative. Par cette double voie, suppression progressive des franchises et mainmise plus directe

(72) Brégail, *L'assemblée provinciale de la généralité d'Auch* (Rev. des Pyrénées, 1913, pp. 470-499).

sur leur gouvernement intérieur, le pouvoir royal tendait sans précipitation, ni excès de logique, vers l'uniformité. En fait, il ne la réalisa que partiellement ou dans des ordonnances tardives peu appliquées. Mais les moyens employés pour l'atteindre constituaient à eux seuls une révolution dans la vie municipale.

A la fin du xvie siècle, presque tous les pouvoirs seigneuriaux des villes avaient disparu. D'abord, elles n'avaient plus à consentir l'impôt sur leur territoire, où le roi le levait de sa seule autorité [73]. Mais quelques-unes continuaient à être exemptes de la taille ou la payaient sous forme d'abonnement, et ainsi pour d'autres contributions [74]. Au xviiie siècle, beaucoup se rachetèrent de la capitation, des dixièmes et vingtièmes, ou obtinrent de se libérer par équivalents. En revanche le roi en sollicitait, à l'occasion, des dons gratuits et, dans les cas pressants, de façon à ne permettre aucun refus [75].

Ayant perdu le droit de guerre, les villes avaient mué leurs milices en gardes bourgeoises, troupes de police et d'apparat, parfois nombreuses, organisées par quartier ou paroisse, sous le commandement du maire ou des consuls, ou, du moins, d'officiers en dépendant et leur prêtant serment. Lorsque, en 1694, les charges de ceux-ci furent érigées en offices vénaux, plusieurs municipalités les rachetèrent pour les incorporer à leurs magistratures [76]. Louis XIV leur enleva presque toute l'artillerie dont elles disposaient. En temps de guerre ou de troubles dans la région, la garde bourgeoise, avec les compagnies d'archers ou d'arquebusiers volontaires qui complétaient les forces urbaines, passait sous le contrôle des officiers du roi [77].

Les municipalités avaient vu diminuer leur juridiction civile. L'ordonnance de Moulins (1566) supprima en principe ce qui en survivait, ne leur laissant que la justice criminelle et la police [78]. Mais quelques villes s'arrangèrent pour conserver tout ou partie des causes civiles. Dijon y prétendait encore en 1781 [79]. La

(73) Voy. ci-dessus pp. 715 et s.

(74) *Encyclopédie méthodique, Finances*, t. 2, pp. 440, 604 et s.

(75) *Lettres missives d'Henri IV*, t. 8, 646. *Correspond. des Contrôleurs généraux*, t. 1, n°s 672, 673, 686, 979. *Encyclop. méth., Finances*, t. 2, p. 626. Babeau, *La ville sous l'ancien régime*, pp. 228-233.

(76) *Edit*, mars 1694 (Is., t. 20, p. 220). Cpr. *Edit*, sept. 1703 (pour Paris) (Is., t. 20, p. 435).

(77) Babeau, *op. cit.*, p. 254-298.

(78) *Ord.*, Moulins, fév. 1566, art. 71, 72; *Edit*, janv. 1572, art. 7-9 (Is., t. 14, pp. 208 et s., 244 et s.).

(79) Guyot, *Répert. de jurispr.*, t. 4, pp. 602-611. De même Saint-Quentin :

jurisprudence fut que l'ordonnance n'atteignait pas les justices concédées à titre onéreux, qui étaient simplement rachetables ([80]). La pleine justice criminelle fut exercée jusqu'en 1789 par des municipalités importantes, telles que Bordeaux, Toulouse, Périgueux, Nantes; d'autres en furent plus ou moins dépouillées au XVII° ou au XVIII° siècle. On ne reconnaissait plus à ces justices aucun caractère seigneurial; on les tenait pour un don royal à la communauté. La juridiction de police, remise même aux villes qui ne la possédaient pas avant 1566, y fut une délégation du roi, qui en percevait les émoluments et dont les juges conservaient à son égard droit de concurrence et de prévention ([81]). Elle comprenait un pouvoir réglementaire et celui de prononcer des amendes jusqu'à 40 sols en dernier ressort et 20 livres nonobstant appel, confiés à des commissaires : deux officiers et quatre bourgeois, élus de six en six mois par les assemblées générales ([82]). Des municipalités y joignaient des droits de police sur les marchés, la voirie, l'édilité, les eaux... Cette justice était gratuite ([83]). En 1699, des offices de lieutenants de police ayant été créés dans les principales villes, celles-ci furent dépouillées à leur profit; mais beaucoup rachetèrent l'office pour l'incorporer à leurs magistratures : en Bourgogne, en Provence, ce rachat fut fait en bloc ([84]).

La tutelle administrative, que nous avons vue s'établir à mesure que la mauvaise gestion financière et les troubles urbains motivaient la diminution des franchises, s'était continuellement développée. De bonne heure, les comptes des villes avaient dû être soumis à la vérification d'officiers royaux, soit au centre du gouvernement, soit sur place ([85]). En 1514, des *contrôleurs des finances des villes*, puis à leur place, en 1550, dans chaque généralité un *conseiller général superintendant, contrôleur des deniers communs, patrimoniaux et d'octrois*, avaient été créés. L'ordonnance d'Orléans (1560) supprima celui-ci et la reddition des comp-

Normand, *Et. sur les relations de l'Etat et des communautés aux* XVII° *et* XVIII° *siècles. Saint-Quentin et la royauté.*

(80) Loyseau, *Tr. des seigneuries*, XVI, n°ˢ 89-93.

(81) *Ibid.*, n°ˢ 1-3, 68.

(82) *Edit*, janv. 1572, art. 8. L'art. 72 de l'Ordonnance de 1566 était un peu différent. Cpr. Loyseau, *l. c.*, n°ˢ 77-79.

(83) Loyseau, *loc. cit.*, n° 74.

(84) *Edit*, oct. 1699; nov. 1699; juin 1700; *Décl.*, 28 déc. 1700 (Is., t. 20, p. 346 et s., 359, 375).

(85) Voy. p. 306. *Ord.*, 1256; *Edit*, Crémieu, juin 1536, art. 27 (Is., t. 1, p. 164; t. 12, p. 509).

DECLAREUIL. — HIST. DU DR.   58

tes patrimoniaux dut être faite aux juges royaux, en présence de magistrats municipaux, sauf aux lieux où ceux-ci avaient un droit ancien pour les recevoir. Les receveurs d'octrois apportèrent les leurs aux Chambres des Comptes (86). Mais la négligence à remplir ces obligations était extrême : l'impéritie des administrations municipales menait toujours à la ruine. Leurs créanciers en venaient à faire emprisonner ou saisir leurs magistrats pour les contraindre à payer leurs dettes. S'étant évertué à assainir leurs finances, Louis XIV rendit plus rigoureuse la tutelle de l'Etat, exercée maintenant par les intendants. Ceux-ci furent chargés : 1° de présider au recouvrement par les villes de leurs biens aliénés depuis 1620 et de fixer par ordonnances les impositions nécessaires pour cela; 2° de la liquidation des dettes des communautés et, dans ce but, de diminuer les charges locales pour faire servir les économies à l'acquittement de ces dettes, de réduire au denier vingt les intérêts à échoir, d'ordonner le paiement du capital en un certain nombre d'années et, s'il était nécessaire d'établir une taxe par capitation ou sur les denrées, après consultation des habitants. Puis le détail fut remis aux Chambres des Comptes sur les décisions desquelles les intendants durent agir (87).

L'édit d'avril 1683 condensa les règles essentielles de cette tutelle. Le budget des dépenses ordinaires des villes dut être arrêté par l'intendant, s'il ne dépassait pas une certaine somme, variant d'après l'importance de la ville. Au delà, ou si les revenus patrimoniaux n'y suffisaient pas, la dépense était réglée par arrêt du Conseil et ne pouvait être réalisée que sur le visa de l'intendant. Par contre, celui-ci provoquait ou imposait les dépenses nécessaires à l'assainissement, à l'entretien des édifices publics, aux écoles, à l'assistance... Toute aliénation des biens patrimoniaux, communaux ou d'octrois, tout emprunt étaient prohibés, sauf au cas de peste ou pour le logement et l'ustensile militaires, et la réédification des nefs d'églises, sous la condition d'un vote favorable de l'assemblée générale et de l'approbation de l'intendant. L'emprunt devait être accompagné de garanties de remboursement et ne pas être détourné de sa destination avouée. Défense était faite aux trésoriers généraux de rien avancer aux villes au delà

(86) *Edit*, Paris, mars 1514; *Ord.*, Orléans, janv. 1560, art. 94, 95 (Is., t. 12, p. 26-29; t. 14, p. 87). Loyseau, *Tr. des offices*, V, 7, nos 31-32. Cpr. *Ord.*, janv. 1629, art. 134 (Is., t. 16, p. 223) interdisant les fêtes et banquets.
(87) *Edit*, déc. 1663; avril 1667; juill. 1667 (Is., t. 18, p. 187). A. C., 4 et 16 juill. 1664; 19 fév. 1665; 8 mars 1665; 31 oct. 1665 : de Fréminville, *Tr. des communautés d'habitants*, p. 738 et s.

de leurs recettes normales. Aucune imposition, aucune taxe ne
pouvait être établie sans Lettres du roi, ni levée sans l'autorisation écrite de l'intendant. Les villes ne devaient ester en justice,
ni former de députations, toujours gratuites, que sur l'approbation
de l'assemblée générale et de l'intendant, qui autorisait pareillement leurs créanciers à les poursuivre si besoin était (⁸⁸). La vérification des comptes municipaux passa aussi, dans les pays d'élections et d'imposition, aux intendants; la charge qui en fut confiée
aux maires perpétuels, créés par l'édit de 1692, ne paraît pas avoir
été aussi effective (⁸⁹), et, si l'édit d'août 1764 parut restreindre
le rôle de l'intendant à des observations communiquées, avec les
comptes de gestion, au contrôleur général, la réalité fut autre,
même avant l'abrogation de cet édit en 1771 (⁹⁰).

Les Etats provinciaux participaient là où ils existaient à la tutelle
des villes et des communautés. Ils autorisaient les emprunts et
les impositions. Ils nommaient des commissions, où parfois
prenait place quelque commissaire du roi, ainsi en Bourgogne,
en Languedoc, en Bretagne. Celles-ci parcouraient le pays ou
se faisaient apporter les comptes (⁹¹). Leurs rapports, comme ceux
des intendants, ne signalent guère qu'irrégularités, confusion, incompétence. Aussi partout l'intervention directe de l'intendant
dans l'administration des villes apparut-elle comme un bienfait.
Ce fut à lui qu'elles durent d'abord d'éviter la ruine, et ensuite
tous leurs progrès (⁹²).

Subordonnées et réduites à n'être plus que des organes administratifs, les municipalités, loin d'inquiéter le pouvoir royal,
lui apparaissaient, au contraire, des intermédiaires utiles et un
moyen économique de gérer les affaires des villes. Aux xviᵉ
et xviiᵉ siècles, il créa des échevinages et des consulats dans les
anciennes cités prévôtales ou dans des centres nouveaux qui n'en
avaient pas (⁹³).

(88) *Edit*, avril 1883; 2 août 1687; 20 oct. 1703; juin 1764, art. 30 (Is., t. 19,
p. 120-123; t. 20, p. 50, 435; t. 22, p. 413). *A. C.*, 18 nov. 1681. L'édit de 1703
en exceptait les instances en surtaux ou concernant l'imposition et la levée
des impôts.

(89) *Edit*, août 1692 (Is., t. 20, p. 161). Depping, *Corresp. adm. sous Louis XIV*,
t. 1, p. 880; Varin, *Arch. mun. de Reims*, t. 3, p. 140.

(90) *Edit*, août 1764, art. 32-35; nov. 1771 (Is., t. 22, p. 414, 539).

(91) Caron, *L'admin. des Etats de Bretagne*, p. 254.

(92) L'intendant d'Orléans, de Creil, disait : « En qualité de maître des
Requêtes, je suis au-dessus des baillis et maire perpétuel dans toute mon
intendance. » De Boislisle, *Corresp. des intendants*, t. 1, p. 236.

(93) *Edit*, oct. 1547 (Is., t. 13, p. 35). *A. C.*, juill. 1614.— Saint-Ferréol, *Notice
historique sur Brioude*, p. 106. Babeau, *op. cit.*, p. 106, 109.

2° Organisation des municipalités.

Sous quelque contrôle qu'il eût placé les villes, le pouvoir royal n'avait pu faire disparaître l'infinie diversité de leurs organisations. Pendant trois siècles des communes avaient été suspendues ou supprimées, mais les organismes municipaux, même dépouillés de leur autonomie et de leurs pouvoirs anciens, survivaient. On s'en tenait à des réformes locales et partielles. Encore sous Louis XIV et Louis XV, des échevinages et des consulats furent modifiés en vue de consolider ce qui leur restait d'autorité aux mains de la classe marchande [94]. Par ailleurs, les ordonnances s'étaient bornées à quelques règles générales et vagues. L'édit de Crémieu (1536) confirmait aux juges royaux le soin de présider aux élections des magistrats municipaux, d'en recevoir le serment, de les instituer « selon les statuts et les ordonnances des villes ». Celui de Fontainebleau (1547) proclamait l'incompatibilité des offices de judicature et de finance avec les charges municipales, considérées comme le propre des bourgeois et notables marchands, sous peine d'amendes pour les électeurs et de perte de leurs charges pour les élus; il n'était guère respecté [95]. L'ordonnance de Blois décrétait la liberté des élections sans toucher à leurs modalités: celle de janvier 1629, en souhaitant qu'elles fussent faites « ès manières accoutumées sans brigues et monopoles », conseillait aux villes de se rapprocher du type de la municipalité parisienne [96]. En fait bien des villes avaient vu modifier leur constitution, mais chacune avait gardé des institutions particulières Cependant on peut signaler quelques caractères essentiels et communs.

D'abord, tout habitant d'une ville ne faisait pas partie du corps de bourgeoisie, avec lequel se confondait la municipalité [97]. Pour être bourgeois, il fallait remplir, comme jadis, une série

(94) *A. C.*, 1668 : Chardon, *Hist. d'Auxerre*, t. 2, p. 260, 277. Cpr. *Décl.*, 20 avril 1618. — Depping, *Correspondance admin. sous Louis XIV*, t. 1, *Intr.*, pp. II, XXXVII; p. 815. Normand. *op. cit.*, p. 12, 48 et s. La municipalité toulousaine fut réorganisée sous Louis XVI par arrêt du Conseil du 26 juin 1778 : Edm. Lamouzèle, *Essai sur l'administration de la ville de Toulouse à la fin de l'ancien régime (1783-1790)*, 1910.

(95) *Edit*, Crémieu, juin 1536, art. 27; Fontainebleau, oct. 1547 (Is., t. 12, p. 509; t. 13, p. 35). — Normand, *op. cit.*, p. XI, 2.

(96) *Ord.*, Blois, mai 1579, art. 363; Paris, janv. 1629, art. 412 (Is., t. 14, p. 380; t. 16, p. 223).

(97) Voy. pp. 294-302.

de conditions; le menu peuple était écarté ([98]). La plupart des municipalités comportaient une assemblée générale, un corps de ville, ordinairement un maire, un groupe plus ou moins nombreux d'officiers : greffiers, procureurs, syndics, receveurs, etc.

Les *assemblées générales* variaient du rassemblement presque inorganique de tous les habitants à un conseil restreint de notables. Aussi étaient-elles parfois extrêmement tumultueuses. Au xviiie siècle surtout, les villes elles-mêmes souhaitaient d'ordinaire les ramener à une représentation de chaque classe au moyen de notables, élus par quartier, paroisse ou corporation. Ce dernier parti fut adopté par l'édit de 1765 ([99]). Ces assemblées comprenaient toujours des membres de droit : corps municipal, officiers du roi ou de la ville ([100]). La principale garantie consistait en ce qu'elles ne pouvaient être convoquées et présidées que par un juge royal ou un agent du gouvernement central : gouverneur, intendant, lieutenant, parfois l'évêque, puis le maire perpétuel quand il y en eut un ([101]). Le procureur syndic y parlait au nom du peuple. Leur compétence s'étendait à toutes les affaires essentielles à la vie de la cité : élections en certains lieux, impositions, emprunts, ventes domaniales, procès, enseignement, culte, assistance publique, répartition de taxes, modifications aux statuts municipaux ([102]).

Le *corps de ville* personnifiait le pouvoir politique de la cité, magistrature collégiale d'échevins, de consuls, de jurats ou jurés, ces derniers parfois combinés avec les premiers, corps délibérant et organe d'exécution ([103]). A l'origine ce corps avait été souvent très nombreux; mais, du xvie au xviiie siècle, il fut presque partout réduit, souvent à la demande des populations, qui consta-

(98) Babeau, *op. cit.*, p. 14. — Loyseau, *Tr. des ordres*, VIII, n° 8 : « Et d'ailleurs les viles personnes du menu peuple n'ont pas droict de se qualifier Bourgeois : aussi n'ont-ils pas part aux honneurs de la cité, ny voix aux assemblées, en quoy consiste la bourgeoise. »

(99) Babeau, *op. cit.*, p. 40-44; Normand, *op. cit.*, p. 16 : à Saint-Quentin, elle comprenait le corps de ville, les anciens mayeurs, échevins et jurés, les députés des corps et communautés, les mayeurs d'enseignes et prudhommes.

(100) Babeau, *op. cit.*, p. 46.

(101) Loyseau, *Tr. des offices*, VIII, 7, n° 24. — *Edit*, août 1692 (Is., t. 20, p. 160 et s.).

(102) Voy. p. 915. — De Ruffi, *H. de Marseille*, t. 2, p. 264.

(103) Loyseau, *Tr. des offices*, V, 7, n°s 2, 56 : « Le premier privilège des villes et celuy dont dépendent tous les autres, c'est d'avoir un corps et collège capable d'iceux que nos livres appellent droict de République. »

taient que plus il y avait d'administrateurs, moins valait l'administration ([104]). Fréquemment, à la tête du corps de ville était un maire, élu diversement, mais approuvé par le roi; sinon un officier royal le présidait. Ce maire, loin de constituer une magistrature distincte de l'échevinage ou du consulat lui était collégialement uni et était souvent pris dans son sein. Une répartition des fonctions municipales était opérée entre les magistrats du corps, quelquefois par tirage au sort, sinon des conflits obligeaient l'intendant à la régler. Ces fonctions étaient annuelles, système peu favorable à une administration suivie.

Le recrutement des corps de villes se faisait, selon les lieux, par des moyens d'ordinaire compliqués. Ils étaient tantôt élus par l'assemblée des habitants, ou seulement des notables, ou par les corps de métiers, tantôt cooptés par les magistrats sortants, avec ou sans adjonction de notables, de chefs de métiers ou de quartiers, tantôt nommés par des autorités supérieures, évêque, gouverneur, seigneur local, avec ou sans présentation préalable. Dans certaines villes du Midi, les consuls devaient être choisis dans des catégories sociales, appelées « échelles »; des charges étaient réservées à la noblesse, rarement au clergé ([105]). Les intendants étaient juges de ces élections, la plupart précédées de brigues, de cabales, d'achats, ou monopolisées par quelques familles ([106]). Ils signalaient les haines, les conflits, les troubles qui en résultaient : ici, comme à Soissons, une famille prétendait tout accaparer; là, des individus s'associaient pour occuper la mairie à tour de rôle; ailleurs, rivalités entre la noblesse et la bourgeoisie, comme à Marseille, entre la marchandise et les métiers manuels, comme à Saint-Quentin, entre catholiques et protestants, comme à Nîmes

(104) Babeau, *op. cit.*, p. 107 et s.

(105) Pour Bordeaux : *Livre des privilèges*, p. 410, 417. — On n'en peut donner ici que des exemples : A Saint-Quentin, le corps de ville comprenait : 1 mayeur, 13 échevins, 11 jurés, qui s'adjoignaient à l'occasion quelques notables. Chaque échevin sortant désignait un échevin pour l'année suivante, le premier désignant toujours le mayeur sortant; seize mayeurs d'enseignes (quartiers) et leurs prudhommes désignaient deux jurés pris dans le corps de ville sortant; puis deux échevins choisis par le corps de ville et les mayeurs d'enseignes nommaient deux autres jurés qui en désignaient quatre autres, deux échevins en nommaient deux autres, et un juré le onzième. Le lendemain, échevins et jurés élisaient le mayeur. — Le corps de ville fut réduit à un mayeur et six échevins en 1670. Normand, *op. cit.*, pp. 17-21, 49.

(106) Depping, *Corresp. adm.*, t. 2, p. 683, 692, 735.

ou à Gap (107). Ces pratiques étaient prétextes et excuses à la candidature officielle, voire à la nomination directe par le roi, le gouverneur ou plutôt l'intendant (108). A l'occasion, celui-ci présidait aux élections, conseillait des candidats; on votait sous son regard, mais pas toujours selon ses suggestions. Au reste, ses interventions avaient des résultats meilleurs que les pratiques des électeurs; ses choix étaient plus favorables au bien public. D'autant que, dans quelques villes, on trouvait difficilement des candidats et qu'il y fallait recourir à des sanctions pour imposer des charges lourdes et presque toujours gratuites. C'est pourquoi, au XVIII⁰ siècle, se manifeste la double tendance d'introduire dans les municipalités des officiers royaux et de remettre, quand on peut, l'élection au pouvoir central. En 1673, celle-ci fut confiée, en Artois, à l'intendant; en 1716, à Douai, au gouverneur et à l'intendant; en 1773, elle le fut, à Lille, à l'intendant et à trois commissaires du roi; à Cambrai, elle dépendait du roi et de l'archevêque. Mais entre temps, des charges municipales, à plusieurs reprises, avaient été érigées en titre d'office. En 1692, sauf à Paris et à Lyon, dans toutes les villes avaient été créés un maire perpétuel, substitué à l'ancien ou à l'officier qui en faisait fonction, et un certain nombre d'assesseurs, adjoints, à la suite, au corps municipal et parmi lesquels devait être prise chaque année, par ordre d'ancienneté, la moitié des échevins, consuls ou jurats.

(107) A. Crémieux, *Marseille et la royauté pendant la minorité de Louis XIV* : le roi donne la municipalité à la bourgeoisie et nomme le viguier. Cpr. Normand, *op. cit.*, pp. 39, 33 et s. Dugué, intendant de Grenoble à Louvois, 12 fév. 1674 : « Ce qui met le trouble dans la ville de Gap, c'est le mauvais usage qu'ils font de la liberté qu'ils ont d'élire les consuls, qui sont ordinairement l'ouvrage de la brigue et de la cabale de ceux qui préfèrent l'intérêt de leurs alliés et amis à ceux de la chose publique : c'est ce qui m'oblige à vous envoyer les noms des personnes que j'estime être le plus capables pour remplir le consulat à la prochaine nomination et le rang auquel ils doivent être mis pour éviter la contestation qui pourrait arriver entre catholiques et ceux de la R. P. R. » — « C'est la première fois depuis dix-neuf ans, écrit l'intendant Courtin, en 1665, à propos des élections d'Arras et de Béthune, qu'il n'a rien coûté à ceux qui sont entrés dans la magistrature ». Il venait de les nommer lui-même.

(108) Le roi aux échevins de Beauvais : « Chers et amés, voulant que le sieur Legay, ancien maire de nostre ville de Beauvais, fasse les fonctions de maire pendant la présente année, nous vous faisons cette lettre pour vous dire que, nonobstant l'élection ci-devant faite du sieur de Lamotte, vous ayez à vous assembler à nouveau à élire le sieur Legay, maire de nostredite ville, en la manière accoutumée. Si n'y faites faute, car tel est nostre playsir. Louis. »

Par là, le chef de la cité devenait officier du roi : aussi les fonctions, réservées jusque-là aux agents royaux dans l'administration des villes, lui furent transférées. Le but fiscal de cet édit apparut encore mieux dans d'autres de 1706 et de 1709, instituant des maires perpétuels et des lieutenants de maire, puis des échevins, alternatifs et triennaux [109]. Et cela fut nettement avoué dans les édits postérieurs qui, après chaque suppression de ces offices vénaux, les rétablirent [110]. C'est pourquoi des villes, notamment en Languedoc, furent chaque fois admises à racheter ces charges et à les incorporer à leurs corps de ville [111].

S'insérant entre les corps de ville et les assemblées générales, et souvent pures émanations de celles-ci, il existait aussi, mais pas partout, des *Conseils de ville*, ou, dans le Midi, *Conseils politiques*. Quelques-uns étaient encore très nombreux : ainsi 100 membres à Marseille, 130 à Bordeaux, 150, puis 46 depuis 1778, à Toulouse; 100 pairs, réduits à 10, à La Rochelle; finalement variant d'ordinaire au xviii° siècle de 36 à 12, mais pouvant se renforcer, à l'occasion, de notables de quartiers, de corporations ou de la banlieue. Outre leurs membres élus, la plupart comptaient des membres de droit : membres du corps de ville, anciens ou actuels, officiers de judicature et de finance, membres du clergé, de la noblesse ou du barreau [112]. Les membres élus l'étaient par des procédés les plus divers et devaient d'ordinaire avoir déjà rempli quelque fonction administrative. La compétence de ces conseils embrassait toutes les affaires de la cité. Plusieurs se divisaient en commissions plus ou moins nombreuses et permanentes, qui se répartissaient les affaires [113].

(109) *Edit*, août 1692; *A. C.*, 5 déc. 1693, art. 36; *Edits*, août 1701; mai 1702; déc. 1706; mars 1709 (Is., t. 20, p. 159, 203, 395, 410, 492, 539). Un autre édit de 1709 érigeait en titre d'office les greffes des villes et tous les emplois municipaux subalternes (*Ibid.*, p. 534).

(110) *Edit*, août 1722 (Is., t. 21, p. 209) qui rétablit ces offices supprimés à la mort de Louis XIV : *Edits*, sept. 1714; juin 1716; 17 juill. 1717 (Is., t. 20, p. 637, t. 21, p. 117). Supprimés de nouveau par édit de juillet 1724, ils furent rétablis par édits de nov. et déc. 1733 (Is., t. 21, pp. 275, 381, 382). Les édits de 1764 et 1765, organisant les municipalités, ayant fait disparaître ces charges vénales, l'édit de nov. 1771 les fit revivre (Is., t. 22, p. 539).

(111) *Edit*, 26 janv. 1723 (Is., t. 21, p. 213).

(112) Babeau, *op. cit.*, p. 149-158; Lamouzèle, *op. cit.*, p. 20 et s. et J. Declareuil, NRH. 1910, p. 596; de Boislisle, *Corresp. des contrôl. gén.*, t. 1, n° 1688; de Ruffi, *op. cit.*, t. 2, p. 266. — *Edit*, 1557 (Is., t. 13, p. 487).

(113) Ainsi à Reims, à Toulouse : Varin, *Statuts de Reims* (*Arch. munic. de la ville de Reims*, t. 3, p. 154); Lamouzèle, *l. c*

En 1764 et 1765, deux édits tentèrent une organisation uniforme des municipalités, d'après l'importance des villes (114). Les élections rétablies furent remises à des assemblées de notables, présidées par le principal juge du lieu et composées du corps de ville et d'électeurs, en nombre variant avec celui des habitants et désignés par un scrutin à deux degrés dans chaque catégorie sociale ou professionnelle de la ville (115). Dans les villes et bourgs de 4.500 h. et plus, le corps de ville comprenait : 1° un maire, nommé pour trois ans par le roi sur une liste de trois candidats, échevins ou l'ayant été, dressée par l'assemblée des notables; 2° quatre échevins élus, par cette assemblée, pour deux ans, parmi les conseillers de ville ou ceux l'ayant été, et renouvelables chaque année par moitié; 3° six conseillers de ville élus pour six ans et renouvelables un à un chaque année. De 2.000 à 4.500 h., il n'y avait plus que deux échevins et quatre conseillers; au-dessous, il n'y avait pas de maire et les conseillers étaient réduits à trois (116). Toutes les affaires importantes devaient être soumises à l'assemblée des notables, avant d'être adressées à fin d'autorisation à l'intendant : le corps de ville n'était qu'un agent d'exécution. Ni l'uniformité ne fut atteinte, car le roi se réservait de régler par Lettres particulières les usages locaux maintenus dans chaque ville, ni cette organisation ne dura. En 1771, les magistratures municipales furent de nouveau érigées en titre d'office (117). Il est vrai que cette fois encore il y eut des exceptions; des villes les rachetèrent. Au reste, ces édits ne s'appliquaient guère qu'aux pays d'élections. D'autres avaient visé à une sorte d'unification simplement par province : en 1751 pour la Lorraine, en mai 1766 pour le Languedoc, en 1778 pour l'Artois (118). Un décret-loi des 14-18 décembre 1789 introduisait l'uniformité absolue dans toutes les municipalités.

Depuis le XIVe siècle ou, au plus tard le XVIe, presque tous les corps de villes comprenaient des agents de la municipalité : pro-

(114) *Edits*, août 1764; juill. 1765 (Is., t. 22, p. 405-417, 435-447).

(115) *Edit*, juill. 1765 : à partir de 4.500 h., 14 notables; de 2.000 à 4.500 h., 10 notables; au-dessous, 6 notables. Pour le mode d'élection des notables : art. 32-37, 52-53, 56.

(116) *Ibid.*, art. 3-5, 9-12, 51-55. En Bourgogne les maires étaient nommés par les Etats provinciaux : art. 7, 13; dans les lieux où un seigneur haut justicier existait par lui : art. 6, 8.

(117) *Edit*, nov. 1771 (Is., t. 22, p. 539).

(118) *Edit*, mai 1766 (Is., t. 22, p. 455). — Guyot, *op. cit.*, t. 2, p. 737. Cpr. *Règl. pour l'administration de la ville de Lyon*, 31 août 1764 (Is., t. 22, p. 417).

cureur-syndic, greffier ou secrétaire-greffier, receveur, élus par eux ou par l'assemblée générale. Le premier représentait la collectivité bourgeoise et en défendait les intérêts auprès des juridictions royales ou seigneuriales ou de l'administration centrale et contre le corps de ville lui-même à l'occasion; il servait de ministère public au tribunal de police municipale, mais sa charge ayant été tournée, en 1690, en office vénal, il devint l'organe du roi et de la loi; ce qui n'empêcha pas, en 1699, la création d'offices de procureurs du roi près des juridictions municipales. Les secrétaires-greffiers, distincts des greffiers des tribunaux de police et déjà héréditaires dans le Midi au début du xviiᵉ siècle, correspondaient à la fois aux secrétaires de mairie et aux archivistes municipaux de nos jours. Les receveurs étaient les agents comptables. Bien qu'annexés aux corps de ville, ils n'y avaient pas voix délibérative. A raison de la compétence acquise et des services qu'ils rendaient aux magistrats successifs, ces agents restèrent en fonction pendant des périodes assez longues, et beaucoup toute leur vie (119). Les agents secondaires de la ville et leurs chefs de services étaient à la nomination du maire ou du corps de ville ; au xviiiᵉ siècle, un grand nombre de ces fonctions furent érigées en titre d'office à plusieurs reprises (120). Cela eut tout au moins l'avantage de maintenir quelques éléments stables dans des administrations si changeantes,

II. — Les Communautés d'habitants.

1° Les assemblées générales des habitants.

Les agglomérations rurales, qui n'avaient jamais eu d'organisation municipale et, au cas contraire, l'avaient perdue, restaient pour les intérêts généraux sous l'administration exclusive du représentant du roi ou du seigneur, à moins que, comme il arrivait en Languedoc et en Provence, les consuls des communautés

(119) *Edit*, juill. 1690, portant création de procureurs du roi et greffiers des Hôtels de Ville; A. C., 10 juill. 1691; sept. 1714 (Is., t. 20, pp. 106, 133, 637). Varin, *Statuts de Reims*, t. 3, p. 381; Babeau, *op. cit.*, p. 160 et s.; Pagart d'Hermansart, *Les argentiers de la ville de Saint-Omer (1316-1790). Les rentiers, les clercs de l'argenterie*, 1902.

(120) On érigea en offices jusqu'aux fonctions de trompette et de valets de ville ou de portiers : *Edit*, mars 1709 (Is., t. 20, p. 539). Cpr. *Edit*, sept. 1714 (Is., t. 20, p. 637). Babeau, *op. cit.*, p. 167 et s.; Guyot, t. 5, p. 166 et s.; *Encyclopédie méthodique, Finances*, t. 2, p. 49. Il y eut des offices de jurés crieurs d'enterrements : *Edit*, janv. 1640; déc. 1694 (Is., t. 20, p. 102, 233).

maîtresses, c'est-à-dire des villes ou des bourgs voisins, n'eussent juridiction sur elles ([121]). Quant à leurs intérêts particuliers et locaux, il y avait été pourvu de tout temps par l'initiative et l'association spontanée des habitants; et, comme ils étaient surtout d'ordre religieux et économique, l'église et les biens fonciers dont ceux-ci avaient la propriété ou la jouissance commune, furent le centre et l'occasion de ces groupements du plat pays. Aussi furent-ils identifiés d'ordinaire aux paroisses, bien que parfois des communautés comprissent plusieurs paroisses ou qu'il pût y en avoir plusieurs dans une même paroisse.

L'organe unique et nécessaire, à la fois délibérant et exécutif, était l'assemblée générale des habitants, qui se tenait le plus souvent en plein air, *sub ormo*, ou dans l'église. A l'origine les communautés, simples groupes d'individus, ne formaient pas corps; pendant une longue période, elles vécurent sous le régime de la copropriété ou plutôt dans la pratique de contrats de société ou de mandat commun, renouvelés pour chaque affaire déterminée ([122]). De sorte que nul n'était lié par la décision des autres et qu'il importait dès lors que tous les intéressés, ou du moins les chefs de feu ou de famille, fussent présents et donnassent leur avis, ainsi que l'usage s'en perpétua très tard dans certains lieux. Ailleurs, dès le xiiie siècle, on était passé à la conception d'association permanente, de « compagnie par raison de communauté », c'est-à-dire fondée sur le voisinage et un ensemble d'intérêts pareils et permanents ([123]). Sur ce fondement, l'entrée s'en trouvait ouverte à tous. Ni le sexe, ni l'âge n'en écartait; les veuves, chefs de maison, notamment y avaient leur place; et cela dura en bien des endroits jusqu'au xviiie siècle ([124]). A vrai dire, il n'y eut aucune règle fixe. Cependant par la voie de la coutume, la communauté en vint à un rudiment de statut ([125]). On fixa les conditions de l'habitantage ou du paroichage. La négligence où l'opposition de quelques-uns ne parut plus un obstacle légitime à l'intérêt commun : on dut venir à l'assemblée, prendre part au

---

(121) De Tocqueville, *L'ancien régime et la révolution*, p. 165.

(122) Voy. p. 282. — Les agents que l'assemblée nommait se trouvaient être les mandataires communs de chacun des habitants qui les avaient élus.

(123) D'où les appellations de *commun, voisins et voisines* (en Béarn, *vésian*) données souvent à la communauté.

(124) Babeau, *Le village sous l'ancien régime*, 3e éd., p. 36.

(125) C'est pour cela que la communauté d'habitants, contrairement à la ville municipale, n'avait pas besoin de titre pour prouver son existence : Denisart, *Coll. de décisions nouvelles*, 1786, t. 4, p. 724.

vote sous menace d'amende. Il fallut admettre la décision de la majeure et plus saine partie des présents. Sur ces principes, séparés ou conjoints, s'établit un système majoritaire, que des ordonnances d'intendants s'appliquaient encore à faire fonctionner sous Louis XVI (126). Mais la tendance, depuis la fin du xvııe siècle, pour écarter le désordre et l'incompétence, était de limiter l'assemblée aux seuls taillables et même de lui substituer un conseil représentatif, élu par elle. Conseillé par Domat, organisé par des intendants dans leurs généralités, celui-ci fut adopté par l'édit de juin 1787 créant pour les communautés des assemblées municipales de trois, six, neuf membres, suivant le nombre des feux (127).

Parallèlement, dès le xıııe siècle, des droits reconnus, des obligations imposées aux gens du plat pays, en prenant pour cadre les communautés : droits de s'armer, de faire acte de guerre et de police (128), de s'imposer pour services communs ou certaines dépenses, élections des asséeurs et collecteurs des aides, solidarité dans le payement des subsides (129), contribuèrent à les informer plus fortement, à les attirer dans le cercle de l'administration publique, à les faire accéder graduellement à la vie politique, mais, du même coup, à soumettre à la police de l'autorité supérieure leurs assemblées, dès lors présidées par un juge royal ou seigneurial, et à assujettir toutes leurs décisions à la tutelle administrative. Les communautés devinrent des personnes du droit public, formèrent corps, purent posséder et acquérir pour l'avenir; car les anciens communaux restèrent la copropriété des habitants (130).

2° Attributions des assemblées. — Leurs agents.

L'administration avait d'abord été simple. Les délibérations des assemblées, où les votes étaient oraux ou obtenus par rangement (à droite et à gauche), avaient pour objet des opérations assez rares, car revenus et dépenses étaient fort limités : quelques achats, ventes ou prêts, plus ordinairement emprunts; partages de

(126) Babeau, *op. cit.*, p. 51.

(127) *Edit*, juin 1787 (Is., t. 28, p. 367). Domat, *Le droit public*, I, xv, 2, 4; d'Arbois de Jubainville, *Voyage paléographique*, p. 242 et s.

(128) *Ord.*, 8 oct. 1355, art. 11; 3 mars 1356, art. 16-17; 17 août 1367 (Is., t. 4, p. 735, 826; t. 5, p. 286).

(129) *Ord.*, 26 juill. 1358, art. 7-8; 21 nov. 1379, art. 5-6 (Is., t. 5, p. 31-32, 516).

(130) *Edits*, mars 1600; avril 1667 (Is., t. 15, p. 237; t. 18, p. 197).

communaux, locations de biens fonciers, s'il y en avait; impositions, jadis décidées librement, puis peu à peu soumises aux formalités de la tutelle administrative. Normalement l'autorisation de l'intendant était nécessaire; pour les partages, celle du roi. Les impositions exigeaient une Lettre d'assiette. La déclaration de 1683 s'appliqua aux communautés (131). La vente des bois communaux, les taxes afférentes à la jouissance de certains droits locaux, les intérêts de l'argent prêté ou les fermages des fonds loués constituaient les revenus ordinaires, pour parer aux dépenses que l'administration royale avait rendues obligatoires : salaires ou honoraires, entretien de la nef de l'église, du cimetière, construction du presbytère, quelques frais du culte, à quoi s'ajoutaient des cadeaux. Les gros travaux étaient adjugés par l'intendant (132).

Un second groupe d'attributions consistait pour l'assemblée dans la nomination de ses agents. La plupart de ses décisions ne pouvaient être exécutées par elle : d'où nécessité de nommer un syndic ou un procureur-syndic pour représenter la communauté auprès des autorités supérieures, passer des actes ou ester en justice, d'autant que tout d'abord le caractère quasi privé de l'association faisait que tous ses litiges, même avec son seigneur, étaient tranchés par la justice. Au temps où elle nommait un syndic pour chaque affaire, celui-ci n'était le mandataire que des habitants qui avaient consenti au mandat, non des opposants; mais, au xiiiᵉ siècle, il commença à représenter le corps, la *communitas*. Encore au xviiiᵉ siècle, toutes les communautés n'avaient pas de syndics permanents. L'usage de les élire pour un an s'était cependant répandu : ils étaient alors chargés de la comptabilité (133), et de quelques autres fonctions, par exemple de provoquer la convocation de l'assemblée, s'il était utile. Ils étaient, du reste, révocables. Dans d'autres régions, des représentants annuels des communautés prenaient le titre de consuls ou d'échevins, sans en avoir les pouvoirs; ailleurs, comme en Bretagne, le marguillier, ou le procureur fiscal, ou le principal habitant faisait fonction de syndic (134). Les uns et les autres rendaient leurs comptes à l'as-

(131) *Décl.*, 1683; *Edit*, mars 1769 (Is., t. 19, p. 422; t. 22, p. 487). — *A. C.*, 14 juin 1689 (Is., t. 20, p. 77). Les impositions pour le compte des communautés étaient générales et payées par les nobles et le clergé.

(132) Léon Maître, *La vie communale et paroissiale en Bretagne sous les ducs et à la fin de l'ancien régime* (RQH. 1911¹, p. 136 et s.).

(133) *Ord.*, janv. 1689, art. 209 (Is., t. 16, p. 282).

(134) En Bretagne les marguilliers élus par l'assemblée, sous la dénomination de « le général » représentaient le corps politique des habitants, répar-

semblée et aux juges seigneuriaux ou royaux, finalement à l'intendant. L'édit de 1702 créa des syndics perpétuels dans toutes les communautés : ces offices furent peu recherchés. Les intendants laissaient, même avant leur suppression (1717), élire des syndics, ou en nommaient eux-mêmes. Dès lors, le syndic fut autant l'agent du pouvoir central que de la communauté et reçut de ce chef des attributions nombreuses touchant les levées d'impôts, la milice, les corvées, la voirie, le logement des troupes, etc. Il put convoquer et présider l'assemblée. L'édit de 1787 le conserva [135].

L'assemblée nommait encore les marguilliers ou fabriciens, dont elle recevait les comptes et dont l'un remplaçait en certains endroits, si besoin était, le syndic, les asséeurs et collecteurs de la taille, les sacristains, les gardes champêtres et forestiers, les pâtres publics à qui chacun devait confier son bétail pour le faire pâturer dans les communaux, et déterminait les règlements et amendes concernant la jouissance des communaux. Elle choisissait les maîtres et les maîtresses d'école, fixait les conditions de l'enseignement et les programmes. Réglant le développement à donner au culte, elle traitait pour cela avec les ecclésiastiques qu'elle appelait, et prenait à sa charge, s'il y avait lieu, leur traitement, comme celui des instituteurs; elle fut un jour appelée à désigner, par choix ou tirage au sort, les hommes de la milice [136].

tissaient la taille, étaient députés des habitants dans les assemblées des ordres réunies pour l'adoption des coutumes rédigées, présidaient les assemblées pour toutes affaires concernant le culte (inhumations, legs, fondations, achats d'ornements, prédications, bancs); ils rendaient compte à l'évêque et à l'assemblée. La tentative de création d'offices de marguilliers n'eut pas de succès.

[135] Babeau, *op. cit.*, p. 69; de Fréminville, *La pratique des terriers,* pp. 120, 182, 261, 394.

[136] Léon Maître, *op. cit.*, p. 139 et s.; P. Vigué, *Les assemblées générales des habitants de Thenezay sous l'ancien régime (1681-1787),* 1912. Restif de la Bretonne, *La vie de mon père,* 1779, t. 2, p. 54 : « La petite paroisse de Sacy ayant des communes (communaux), elle se gouverne comme une grande famille. Tout s'y décide à la pluralité des voix, dans des assemblées qui se tiennent sur la place publique, les dimanches et fêtes, au sortir de la messe et qui sont indiquées par le son de la grosse cloche. C'est à ces assemblées qu'elle nomme les syndics...; les collecteurs pour les tailles, les gardes-finage pour la sûreté des terres ensemencées et des vignes, enfin les pâtres publics. — Le président né de ces assemblées est l'homme du seigneur; le procureur fiscal y expose les sujets à traiter; mais chaque particulier a le droit de dénoncer les abus qui sont à sa connaissance ou de proposer les choses utiles qu'il a imaginées. On traite de ces objets sur-le-champ et,

§ 4. — La vie coopérative.

I. — LES CORPORATIONS ET L'ETAT.

**1° La réglementation du travail. — Vers la généralisation
du système corporatif.**

Au XIVe siècle, et dès la fin du XIIIe, il était admis que les métiers
faisaient partie du domaine. Au roi seul appartenait de créer de
nouvelles maîtrises ou de concéder le droit d'en créer ([137]). Il le faisait à la requête des intéressés, ou spontanément pour accroître la
production, ou, encore, surtout à partir de Louis XI, à l'occasion
de quelque événement important du règne ou de la vie des
princes : libéralités enveloppant une mesure fiscale au profit du
Trésor ou du concessionnaire substitué ([138]). Cette pratique souvent critiquée, non quant à sa légalité, mais pour ses conséquences économiques, dura autant que le régime corporatif, car elle
n'entrait en jeu que si le métier était déjà constitué en communauté.

Mais il existait des professions non organisées, et dans beaucoup de villes le travail restait libre ([139]). Sur le système, le
gouvernement royal était hésitant. Un jour, il ordonnait qu'en

s'ils sont de quelques conséquences, on envoie les syndics au subdélégué de
l'Intendance pour se faire autoriser. C'est encore à ces assemblées qu'on
désigne chaque année le canton que chacun doit couper dans les bois communs; on tire au sort, à l'exception du pasteur, du chef quand celui-ci est
habitant et des deux syndics auxquels on assigne nommément les cantons
les plus fournis. »

(137) *Ord.*, 11 sept. 1364 (Is., t. 5, p. 225). « Cette illusion (fiscale), fera dire
plus tard Turgot à Louis XVI, a été portée chez quelques personnes jusqu'au
point d'avancer que le droit de travailler étoit un droit royal que le Prince
pouvoit vendre et que les sujets devoient acheter ». *Ord.*, févr. 1776 (Is., t. 23,
p. 374).

(138) Création d'une ou de plusieurs maîtrises dans chaque métier à l'avènement du roi : L. P., 15 janv. 1514; *Edits*, juill. 1559; févr. 1575; déc. 1589;
mai 1610 (Is., t. 12, p. 2; t. 14, p. 3, 273; t. 15, p. 17; t. 16, p. 5); — à
l'occasion de son mariage : *Edits*, avril 1616; juin 1725 (Is., t. 16, p. 83; t. 21,
p. 294); — à celle de la naissance d'un prince : L. P., 7 janv. 1528; 16 juin
1541; déc. 1547; 28 juin 1556 (Is., t. 12, p. 307, 758; t. 13, p. 39, 465); — pour
d'autres causes : *Ord.*, 17 août 1588; *Edit*, mars 1647; *Ord.*, 3 mars 1767 (Is.,
t. 14, p. 622; t. 17, p. 61; t. 22, p. 468). — Fagniez, *Doc. rel. à l'hist. de
l'industrie en France*, t. 2, p. 96.

(139) *Ord.*, 7 juill. 1307 : Lespinasse, *Les métiers et les corporations de la
Ville de Paris*, t. 1, p. 1; — *Ord.*, janv. 1350, tit. 51, art. 1 (Is., t. 4, p. 578
et s.).

tout lieu, où il y avait marchands au poids ou à la mesure, ils s'assemblassent pour se nommer un maître et trois gardes du métier; un autre, il inclinait vers la liberté, refusant de limiter les heures de travail ou le nombre des apprentis ([140]). Si l'opinion générale était que l'ordre dans l'Etat, l'intérêt du producteur et celui du consommateur, la moralité publique, exigeaient une réglementation rationnelle du travail, il paraissait préférer que cette réglementation, venue de lui ou de ses agents, atteignît les individus sans intermédiaire, par simples mesures de police ([141]). Cependant on tenait alors à peu près partout que la communauté de métier satisfaisait le mieux au « commun profit » ([142]). Par elle, l'avilissement des prix et des salaires, la camelote et les malfaçons paraissaient devoir être écartés, la concorde entre gens collaborant au même produit maintenue. Aussi des artisans, renonçant d'eux-mêmes à la liberté, demandaient leur formation en corps de métiers. De sorte que, du xive au xve siècle, de nouvelles communautés s'ajoutèrent aux anciennes et qu'on en vit dans des villes qui ne les connaissaient pas jusque-là : ainsi à Limoges ([143]), à Blois, à Angers, en Bretagne, et généralement dans les provinces de l'Ouest où elles avaient été encore peu répandues ([144]). Ce mouvement se réalisa sans aucun ensemble : tantôt le corps de métier faisait lui-même ses statuts et les faisait approuver par le roi, par le Parlement ou quelque autre juridiction, tantôt il les sollicitait ou les recevait de ces autorités. Chaque cor-

(140) *Ord.*, 1312; 18 mars 1330; 29 nov. 1330 (*Ord. des r. de Fr.*, t. 1, p. 51; t. 2, p. 58; t. 12, p. 521).

(141) *Ord.*, 1350, art. 5-250; févr. 1415 (Is., t. 4, p. 578-623; t. 8, p. 427 et s.). Ces ordonnances semblent viser à la fois les corps de métiers et le commerce libre. — Giffard, *Ordonnances de J. d'Ableiges pour les métiers d'Evreux (1385-1387)*, Caen, 1913 (Is., t. 5, pp. 374, 377). — Cpr. *L. P.* 1372; 25 sept. 1372.

(142) Ce qui a fait écrire à M. G. Espinas (NRH., 1915, p. 689) : « Toute l'économie du Moyen âge paraît bien reposer sur un sentiment d'idéalisme antimercantile, probablement d'origine religieuse plus ou moins directe, visant à protéger le consommateur contre le producteur ou plus précisément l'ensemble des clients contre les quelques fournisseurs, la communauté contre une classe pour réaliser cet idéal elle ne peut donc employer d'autres moyens que d'édicter une série d'ordres détaillés. »

(143) De nombreux métiers adoptent le régime corporatif à la fin du xive et au xve siècle : L. Guibert, *Les anciennes corporations de métiers en Limousin*, p. 10 et s.; Leroux, *Les sources de l'histoire du Limousin*, n° XXXIII *bis*, p. 157.

(144) Martin Saint-Léon, *Hist. des corporations de métiers*, p. 327, 329 et s. Pour Paris à ce moment-là, même phénomène : *Ibid.*, p. 249.

poration maintenait ses règlements, privilèges et coutumes particulières. Mais le pouvoir royal, qui, vers la fin du XIVe siècle, avait fini par y voir un élément d'ordre et une ressource fiscale ([145]), s'évertua à faire une réalité de la doctrine qui affirmait son droit exclusif de les établir et d'en ordonner les statuts ([146]).

Le principe s'étendit à tout le royaume ([147]). Cette sujétion effective et toujours plus étroite vis-à-vis du roi conduisit le système corporatif vers la généralisation et une unification relative. Les métiers devinrent une organisation d'Etat. Louis XI, qui en créa quelques-uns, en dédoubla d'autres, retoucha et confirma les statuts d'un plus grand nombre ([148]), imagina de grouper tous ceux de Paris en 61 bannières ou compagnies, constituant ainsi une sorte de garde armée de la capitale et du roi ([149]). Des ordonnances générales continrent dorénavant des dispositions concernant la police intérieure des corporations ([150]) : obligation à l'observance stricte des statuts corporatifs approuvés par le roi, obligation de présenter le « chef-d'œuvre » pour la maîtrise, sanctions contre les tentatives de corruption à l'égard des jurés soit à prix d'argent, soit par banquets, beuveries et procédés analogues, défense d'instituer des jurés autrement que par élection. Toute modification aux règlements ne s'obtenait que du roi ([151]).

([145]) La suppression momentanée des communautés de métiers et de la juridiction du prévôt des marchands par l'ordonnance du 27 janv. 1382, à raison du mouvement révolutionnaire qui venait de se produire, ne fut qu'une mesure répressive momentanée (Is., t. 6, p. 569). Des ordonnances de 1388 et 1409 (*Ord. des r. de Fr.*, t. 7, p. 179; t. 9, p. 463) les rétablirent. Il en fut de même des restrictions qui suivirent la révolte des Cabochiens.

([146]) *Ord.*, janv. 1360, art. 99 : les statuts durent être autorisés et leur impression permise par Lettres royaux. (Is., t. 14, p. 88).

([147]) *L. P.*, janv. 1366 (tailleurs de robes); févr. 1366 (chapeliers) (Is., t. 5, p 239). Sous Louis XI : *Statuts et ordonnances concernant les barbiers*, mars 1465 (à la requête d'Olivier le Dain); *Statuts des libraires, enlumineurs, parcheminiers et relieurs*, juin 1467 (Is., t. 10, p. 513, 525). Sous Charles VIII : *Edit*, 1484, créant un métier des merciers, apothicaires et confiseurs (Is., t. 11, p. 112). Sous Henri II : *Edit* créant le métier de faiseurs d'alènes, poinçons, burins, etc., mars 1556 (Is., t. 13, p. 480).

([148]) Martin Saint-Léon, *op. cit.*, p. 264.

([149]) *Ord.* (dite *des bannières*), juin 1467 (Is., t. 10, p. 529 et s.). Louis XI, que la Ligue du Bien public avait fortement inquiété, se constituait ainsi une garde plébéienne.

([150]) *Ord.*, Villers-Cotterets, août 1539, art. 189, 190; Orléans, janv. 1560, art. 10, 98, 99; Moulins, févr. 1566, art. 74; Blois, mai 1579, art. 359 (Is., t. 13, p. 638; t. 14, p. 67, 210, 460).

([151]) *L. P.*, août 1578 (Is., t. 14, p. 509).

Les communautés de métiers étaient exclusivement urbaines ou municipales : chaque ville avait les siennes qui ne s'étendaient pas au delà. Mais, pour les marchands, si, dans bien des villes importantes, il n'existait ni communauté, ni gardes jurés, par contre, il arrivait qu'ils fussent constitués en associations régionales plus ou moins étendues, embrassant sous le nom de mercerie un nombre assez considérable de commerces de gros ou de détail (bijoux, meubles, draps, gants, tabletterie, pelleterie, tissus, la mercerie proprement dite, d'autres encore). L'association avait à sa tête un roi des merciers, investi par Lettres royaux d'un pouvoir de police et de contrôle [152]. Il accordait au nom du vrai roi des Lettres de maîtrise, distribuait titres et grades, et percevait des droits lucratifs. Il avait, dans sa circonscription, des lieutenants. Les abus, auxquels cette organisation donna lieu, firent que François Ier supprima les rois des merciers (1544). Mais ils furent rétablis peu après; du moins au temps d'Henri IV certains marchands s'en attribuaient les prérogatives [153].

Cette législation incomplète, appliquée diversement selon les Parlements, révélait des disparates et aboutissait à des résultats fiscaux médiocres. Henri III, par édit du mois de décembre 1581, étendit le régime corporatif à tous les métiers dans les villes et les campagnes du royaume et les ramena tous à une organisation essentielle, uniforme, ne restant incomplète qu'en ce qui concernait les marchands et la fiscalité royale [154]. Puis, dans

---

(152) *Ord.*, 1448 (*Ord. des r. de Fr.*, t. 14, p. 54) : « tout ainsi que sainct Charles-le-Grand et sainct Loys, roys de France, nos prédécesseurs, l'ont aussi. roys des merciers et à ses compaignons donné et octroyé d'ancienneté ». *Littera mercerie* créant un chevalier en mercerie délivrée par le roi des merciers de la sénéchaussée de Limousin (*Arch. hist. du Limousin*, Ire Sér., t. 9, p. 238). Ce roi des merciers, qui habitait Auzances dans la Marche, avait un lieutenant à Tulle. Le nouveau mercier lui payait les *jura et deveria de benevenute et del pe de porc.*

(153) *Edit*, avril 1597 : « Il a esté jugé très utile et nécessaire par les rois nos prédécesseurs.... que tous marchans... feussent tenus et adstraints auparavant que de pouvoir entrer ausdits exercices, prendre lettres d'un par eux estably qui estoit nommé roy des merciers auquel estoient attribuez certains droicts pour les dites lettres, avec autres droicts pour les visitations et apprentissages qui se devoient de six en six mois... Ce qui ayant esté supprimé par le feu roy François Ier et réüny à la Couronne, pour en jouyr par luy et ses successeurs, lesdits droicts ont esté depuis négligez et usurpez par quelques particuliers, lesquels n'ont laissé de prendre ladite qualité de rois des merciers... » — Vidal et Duru, *Hist. de la corporation des marchands merciers*, pp. 261-269.

(154) *Edit*, oct. 1581 (Fontanon, t. 1, p. 1091).

les troubles de la Ligue, cet édit ayant sombré, Henri IV, en 1597, lui rendit sa force et le compléta (155), assimilant les marchands aux autres communautés, les obligeant tous au serment de maîtrise, révoquant définitivement les rois des merciers, en même temps qu'il fixait la somme à payer par les maîtres jurés.

Cet édit posait le droit exclusif du roi de nommer aux maîtrises moyennant la finance décidée par lui, les jurés et maîtres, juges du « chef-d'œuvre », ne faisant que déclarer le candidat apte à impétrer des Lettres royaux. Il obligeait tous les marchands et maîtres des « villes et lieux non jurez » (156) à prêter le serment de maîtrise et à payer la finance dans un délai préfixe. Il enjoignait à ceux « tant des villes et lieux jurez que non jurez » de s'assembler en communauté et d'élire un ou deux gardes jurés. Il voulait que les marchands ou artisans des « lieux jurez », non encore incorporés, se fissent agréger à quelque « maîtrise et jurande » (157). Cependant l'édit n'eut aucun résultat dans les agglomérations rurales où le travail resta toujours libre, ni même dans les villes, pour certaines professions. Ailleurs, des métiers furent lents à s'y plier. Des corporations ne dataient que du xviie ou même du xviiie siècle (158). Au reste, l'édit de 1597 dispensait de ses prescriptions : 1° les marchands et artisans habitant les lieux privilégiés, faveur qu'un autre édit de 1674 tenta vainement de supprimer pour les faubourgs de Paris (159); 2° les marchands suivant la cour (160); 3° les maîtres travaillant dans certains hôpitaux, dans les galeries du Louvre, aux Gobelins (161).

L'échec relatif de l'édit d'Henri IV est constaté dans le préam-

(155) *Edit*, Rouen, avril 1597 (Is., t. 15, pp. 135-141). L'art. 2 impose aux apothicaires, chirurgiens et barbiers, une sorte d'examen professionnel avant l'obtention des Lettres de maîtrise.

(156) C'est-à-dire où il n'existait pas encore de jurandes.

(157) En revanche, le cumul de deux métiers, à charge de se faire recevoir maître dans les deux, était permis (art. 12).

(158) Ainsi la corporation des boulangers de Limoges établie en 1677 seulement : E. Lyon, *La corporation des maîtres boulangers de Limoges*, p. 6.

(159) Cet édit de 1674 supprimait aussi toutes les justices seigneuriales sur les métiers dans les faubourgs de Paris : d'où protestations des seigneurs et des artisans libres; là encore on n'aboutit pas.

(160) Privilège remontant à 1502, renouvelé en 1606 : Lespinasse, *op. cit.*, t. 1, p. 102.

(161) Hôpital de la Trinité (1545), hôpital de la Miséricorde (1656), hôpital général (1658), Gobelins (1667). Pour les galeries du Louvre le privilège était de 1608.

bule de l'édit bursal de 1673, qui en renouvela les dispositions
et fit ainsi passer les corporations parisiennes de 73 à 127. Toutes
celles du royaume furent taxées et d'après le métier, une hiérarchie étant établie entre les corporations, et d'après l'importance de la ville (162). Les efforts du législateur, même dans
les dernières années du xviiie siècle, n'aboutirent jamais à englober
dans les maîtrises et jurandes toutes les professions, fût-ce des
villes. L'édit du 23 avril 1767 répéta les injonctions précédentes
à la veille de la suppression du système (163). Parfois le roi constituait d'office un ou plusieurs métiers voisins en maîtrise et
jurande, par exemple, en 1673, les barbiers, baigneurs, étuvistes,
perruquiers, ou des arrêts du Conseil réglementaient les professions qui, n'étant point en corps de jurande, échappaient à l'inspection des officiers de police (164).

Dans leurs rapports avec le pouvoir royal et leur participation
à la vie publique, toutes les corporations n'étaient pas égales.
Quelques-unes jouissaient de privilèges spéciaux; entre toutes,
il y avait lieu de fixer une hiérarchie. Les questions de préséance
avaient dans le monde des métiers une importance aussi grande
qu'à la cour des rois. Il en résultait des plaintes, des procès, et
parfois des batailles. A Paris, le xve siècle, à ses débuts, avait
vu apparaître les *Six corps*, c'est-à-dire six corps de métiers
qui bénéficiaient d'honneurs et de prérogatives particulières qui
leur donnaient rang officiel dans l'Etat, surtout dans les cérémonies publiques. C'étaient les drapiers, les épiciers, les merciers, les changeurs, remplacés en 1514 par les bonnetiers, les
pelletiers, les orfèvres. Seuls électeurs et éligibles pour la juridiction consulaire créée en 1563, ils furent dispensés, en 1617,
de recevoir des maîtres par Lettres royaux. Comme ils se disputaient le pas dans les cortèges ou les réceptions, des Lettres
de 1625 fixèrent entre eux la préséance. Sous Henri IV et Louis
XIV, quand furent institués des Conseils du commerce, ils prétendirent fournir seuls les conseillers de commerce.

2° Confréries et compagnonnage.

Pour parfaire cette sujétion, le pouvoir royal s'évertua à maintenir l'activité de chaque corporation ou de ses membres dans

---

(162) *Edit*, mars 1691 (Is., t. 20, p. 121).

(163) *Edit*, 23 août 1767 (Is., t. 22, p. 469). Il admettait les étrangers à la
maîtrise. On y accepta des juifs malgré les protestations véhémentes des
Six Corps.

(164) *A. C.*, 3 août 1767 (Is., t. 22, p. 469).

les limites de la profession exercée conformément aux règlements approuvés par lui. Or, depuis le Moyen âge, il n'était guère de corporation qui ne fût doublée d'une confrérie. Nous savons que celle-ci avait été fort souvent l'origine du métier; du moins, sous son couvert, il avait pu avoir une caisse et un rudiment d'organisation (¹⁶⁵); puis sa personnalité juridique s'en était dégagée. Mais la confrérie avait subsisté avec son patron, sa chapelle, ses rites, ses fêtes. Ses officiers (prévôt, bâtonnier, bayle, jurés), le mode de recrutement de ceux-ci, son patrimoine, son genre d'activité (actes de piété, œuvres charitables, assistance) étaient tout à fait distincts de ceux de la maîtrise et jurande (¹⁶⁶). Les confrères y trouvaient un champ plus libre que celui où les consignaient les statuts du métier. La piété, la dévotion au patron y étaient prétexte à réunions, non toujours édifiantes, à banquets qui risquaient de tourner à l'orgie, mais qui facilitaient les moyens d'agitation et les complots pour organiser des troubles, des monopoles et des grèves.

De tout temps, le gouvernement royal et l'Eglise avaient tenu ces organisations pour suspectes. Au xvᵉ et au début du xviᵉ siècle, les Parlements les avaient interdites; celui de Paris avait ordonné au prévôt de la Ville de les supprimer (¹⁶⁷). Après les émeutes fomentées à Lyon par les compagnons imprimeurs (¹⁶⁸), l'ordonnance de Villers-Cotterets (1539) en renouvela la prohibition sous menace de peines corporelles et obligea les confrères, qui voudraient éviter la prison et l'amende, d'en remettre l'avoir mobilier aux juges du lieu, pour être affecté à des œuvres pies et aux écoles. Elle interdit aux nouveaux maîtres, sous peine de confiscation de leur charge, d'offrir cadeaux, argent ou banquets aux confrères, maîtres du métier; enfin, tant aux maîtres qu'aux compagnons, elle défendit d'entreprendre aucun monopole, d'avoir aucune intelligence les uns avec les autres pour le fait du métier, sous peine de confiscation de corps et de biens (¹⁶⁹). Les grandes ordonnances du xviᵉ siècle reproduisirent fidèlement ces dispositions et les Parlements y tenaient la main (¹⁷⁰).

Cependant les confréries subsistèrent. Tantôt des corporations

(165) Voy. ci-dessus, p. 309 et s.
(166) Martin Saint-Léon, *op. cit.*, p. 548.
(167) De Lespinasse, *op. cit.*, t. 1, p. 64.
(168) Hauser, *Ouvriers du temps passé*, ch. X.
(169) *Ord.*, Villers-Cotterets, août 1539, art. 185-191. (Is., t. 12, p. 639).
(170) *Ord.*, Orléans, janv. 1560, art. 10; Roussillon, 1563, art. 34; Moulins, févr. 1566, art. 74; Blois, mai 1579, art. 37 (Is., t. 14, p. 10, 163, 210, 391).

de tout repos en obtenaient le privilège, car il y fallait une autorisation distincte de celle du métier; tantôt, et c'était le cas ordinaire, les confrères passaient outre aux prohibitions royales. Aux xvii⁰ et xviii⁰ siècles, comme elles ne semblaient plus à craindre, on les toléra (171). Cependant on interdisait les cotisations entre confrères, en l'absence d'autorisation (172).

Les associations entre les seuls compagnons ou autres serviteurs des métiers, et dans un esprit hostile aux maîtres, furent autrement dangereuses. D'autant qu'elles étaient clandestines et liaient entre eux les ouvriers des divers métiers sans aucune limite géographique. Elles commencèrent de se former dès le xvi⁰ siècle et constituèrent un milieu où s'exciter contre les maîtres et un centre de résistance. Déjà les intérêts s'opposaient (173). Les légendes auxquelles les compagnons rattachaient leurs origines, leurs rites, leurs mots de passe, leur hiérachie, les apparentaient à la franc-maçonnerie (174). Ils se divisaient en deux branches ou sectes, entre lesquelles se manifestait à certains moments une haine qui les menait à de vraies batailles (175). Réprimées par les tribunaux (176), condamnées par la Sorbonne, ces associations comportaient une réception secrète et symbolique de l'initié et le serment de n'en rien révéler. Les compagnons avaient presque pour devoir de faire le « tour de France ». Pour faciliter cette randonnée, ils trouvaient, dans chaque ville, « la mère », une femme qui les hébergeait et, par un « rouleur », leur procurait un embauchage. Grâce au devoir d'assistance, les compagnons des autres métiers aidaient et appuyaient ceux du métier en grève. C'était le début des luttes de classes.

II. — L'ORGANISATION DES MAITRISES ET JURANDES.

1° Le personnel de la corporation.

L'organisation interne des corporations s'était peu modifiée depuis le temps d'Etienne Boileau. Le personnel se composait toujours de maîtres, de compagnons et d'apprentis.

(171) Hauser, op. cit., ch. 11.
(172) Ord., 13 juin 1774 (Is., t. 23, p. 16).
(173) Ord., nov. 1393; 31 juill. 1399 (Ord. des r. de Fr., t. 7, p. 686; t. 8, p. 339).
(174) Martin Saint Léon, Le compagnonnage. Son histoire, ses coutumes, ses règlements, ses rites. Paris, 1901; Hauser, Les compagnonnages d'arts et métiers de Dijon aux xvii⁰ et xviii⁰ siècles (Rev. bourguignonne, 1907, n° 4).
(175) Compagnons passants ou loups-garous et compagnons du devoir ou dévorants.
(176) A. P., 12 nov. 1778 (Is., t. 25, p. 452).

Les *maîtres* se répartissaient, dans la plupart des jurandes, en « jeunes », « modernes » et « anciens », selon qu'ils avaient moins de dix, de dix à vingt, ou plus de vingt ans de maîtrise. On qualifiait « bacheliers » ceux qui avaient rempli les offices de la corporation.

On ne parvenait à la maîtrise qu'après un stage comme apprenti et comme compagnon; mais ce stage était réduit ou même tout à fait supprimé pour les fils de maîtres (¹⁷⁷). Longtemps, les maîtrises ne furent ouvertes qu'aux compagnons locaux; à partir de 1755, tout compagnon put acquérir une maîtrise dans n'importe quelle ville du royaume (¹⁷⁸). Un certain âge était requis; mais les statuts étaient à cet égard peu exigeants : si quelques-uns requéraient vingt-huit ou trente ans, les grainiers se contentaient de seize. Vingt ans étaient communs. Par là étaient favorisés les fils de maîtres, dispensés du temps d'apprentissage et de compagnonnage. Depuis les guerres religieuses, la profession de foi catholique était exigée, du fait des sentiments qui dominaient dans les corps de métiers et par les ordonnances (¹⁷⁹). Dès la fin du xiiiᵉ siècle quelques corporations avaient exigé, pour l'admission à la maîtrise, la présentation du « chef-d'œuvre », ouvrage par lequel on pouvait apprécier le savoir-faire du candidat (¹⁸⁰). Cet usage, un siècle plus tard, s'était généralisé (¹⁸¹). Les ordonnances l'imposèrent même aux bénéficiaires des maîtrises nouvelles créées par le roi (¹⁸²) et tâchèrent d'assurer à cette sorte d'examen professionnel des garanties de loyauté et d'impartialité, en interdisant aux candidats de s'attirer la faveur des juges par des cadeaux, des banquets, voire la remise de sommes d'argent (¹⁸³). Cependant la coutume persista d' « arroser le chef-d'œuvre », souvent apprécié en proportion de l' « arrosage ». Les juges étaient les gardes jurés du métier, assistés de « bacheliers » ou d'« anciens ». A ces dépenses, se joignaient des contributions pour le roi, pour les officiers du métier, pour la caisse de la corporation, qui pouvaient s'élever de 1.200 à 1.800 livres. Les

(177) Martin Saint-Léon, *op. cit.*, p. 281, 427.

(178) *Ibid.*, p. 530.

(179) *A. C.*, 21 juill 1664; 21 août 1665 (Is., t. 18, p. 38, 59).

(180) De Lespinasse, *op. cit.*, t. 2, p. 167, 320; Fagniez, *op. cit.*, p. 95.

(181) *Règl. des selliers d'Amiens*, 4 mai 1393; *des oubliers*, 9 sept. 1397; *des tonneliers*, 1400 (*Ord. des r. de Fr.*, t. 7, p. 564; t. 8, p. 152, 368).

(182) *Edits*, janv. 1560; fév. 1565 (Is., t. 14, p. 88).

(183) Voir les ordonnances citées ci-dessus, note 151. — Levasseur, *Hist. des classes laborieuses*, t. 2, p. 111.

fils de maîtres en étaient exemptés ou ne payaient que moitié droit ([184]). Ces frais rendaient l'acquisition des maîtrises difficile aux simples compagnons, handicapés par ceux-ci, de sorte que, dans certaines corporations, s'établit une hérédité de fait. Le nombre des maîtres variait beaucoup, de plusieurs centaines dans les grandes villes à 2 ou 3 dans les petites.

Les *varlets* depuis le xive siècle furent de plus en plus désignés sous le nom de *compagnons*. Nul ne pouvait être embauché comme compagnon qu'après un temps d'apprentissage allant de un à six ans, ou même huit ans, d'après la difficulté du métier, sur la présentation d'un brevet d'apprenti et la preuve qu'il était en règle avec son maître d'apprentissage ([185]). La condition de l'ouvrier ne dépendait plus qu'en partie des statuts. Elle n'avait plus de fixité, variant avec les exigences des compagnons toujours prêts à réclamer une augmentation de salaires, qui correspondait d'ordinaire à une diminution des heures de travail. Longtemps, les statuts corporatifs exclurent pour la plupart les compagnons forains ou les soumirent à des conditions plus rigoureuses : cela fut difficile à maintenir avec la coutume du « tour de France ». L'état d'esprit qui se répandait parmi le monde ouvrier suggéra quelques mesures administratives, qui restèrent sans effet sensible. Un édit de 1577 interdit aux compagnons de quitter leurs maîtres sans cause légitime et prouvée ([186]). Un arrêt du Conseil de 1688 dut leur défendre de s'établir sans avoir été reçus à la maîtrise. L'impossibilité où la plupart étaient d'y aspirer faute d'argent, et aussi parce que la disproportion ne cessait de s'accroître entre le nombre des maîtrises et celui de la population ouvrière, les confinait, leur vie durant, dans celle-ci. Ils acquirent ainsi le sentiment d'une classe à part, ce qui contribua à leur suggérer les pensées haineuses que les sociétés secrètes exploitaient ([187]).

Les *apprentis*, malgré des ordonnances occasionnelles du xive ou du xve siècle, restaient limités pour chaque boutique ou atelier à un ou deux ([188]). Le contrat d'apprentissage, dont les clauses essentielles étaient imposées par les statuts du métier, devait

---

([184]) *Ord.*, 25 oct. 1644 (*Ord. des r. de Fr.*, t. 16, p. 274). — *Règl. gén.*, 13 juin 1696 : Martin Saint-Léon, p. 324. Lespinasse, *op. cit.*, t. 1, p. 544, 620.

([185]) Martin Saint-Léon, *op. cit.*, p. 424 et s.

([186]) *Edit*, 1577 (Fontanon, t.1, p. 823).

([187]) Martin Saint Léon, *op. cit.*, p. 426 et *Le Compagnonnage, son histoire...*, p. 45 et s. Aussi, grèves à Lodève en 1730, à Carcassonne en 1740, grèves des papetiers à Castres et à Mazamet en 1786, 1788, 1789.

([188]) Martin Saint-Léon, *op. cit.*, p. 420. — Un édit du 12 février 1553 auto-

être approuvé et enregistré par les gardes jurés, ce qui donnait lieu à la perception de taxes pour le roi, pour le métier, parfois pour quelqu'un de ses officiers. Seul le temps d'apprentissage avait été plus ou moins réduit depuis les statuts primitifs dans beaucoup de corporations. Dans quelques-unes, on permettait à l'apprenti de changer de maître, avec l'approbation du prévôt, mais seulement, d'ordinaire, pour un motif sérieux, par exemple injure grave. L'entrée en religion de l'enfant pouvait aussi être cause de résolution du contrat. Un édit de 1577 avait réduit de moitié le prix que les maîtres exigeaient de l'apprenti ou de ses parents, pendant les premières années d'apprentissage; pour les dernières, il arrivait au contraire que l'apprenti reçût un salaire.

2° L'administration des corporations.

Les corporations continuaient d'être dirigées et leurs intérêts gérés par des gardes jurés dont le nombre variait avec l'importance du métier, deux ou plus ordinairement quatre, élus pour deux ans et renouvelables par moitié [189]. Il fallait pour être éligible être au moins « moderne ». Le collège électoral présidé par le procureur du roi ou un juge local était constitué par un nombre déterminé d' « anciens » et de « modernes » choisis eux-mêmes par l'ensemble de la corporation, ou au moyen de règles compliquées, ou bien encore par les officiers sortants unis à des notables du métier [190]. Une grande fantaisie présidait à cette organisation à moins que le choix n'appartînt à la municipalité, comme à Toulouse, ou à quelque autre autorité locale par une coutume ancienne [191]. Au-dessus des jurés, on trouvait quelquefois un officier supérieur, doyen, bayle, comte. A plusieurs reprises, dans un but politique et surtout fiscal, le pouvoir royal fit des charges corporatives des offices vénaux; mais les métiers protestèrent et presque toujours obtinrent de les racheter [192].

Les fonctions des gardes jurés n'avaient pas changé : ils veillaient au respect des statuts corporatifs, aux bons rapports entre maîtres et compagnons, surtout entre patrons et apprentis, avec un

risait un apprenti de plus que le nombre statutaire, à la condition de prendre un enfant pauvre élevé à l'Hôpital de la Trinité (Is., t. 13, p. 353).

(189) Un édit de 1577 les avait faits triennaux (Fontanon, t. 1, p. 823).

(190) Martin Saint-Léon, *loc. cit.*

(191) *L. P.*, mars 1544 : de Lespinasse, t. 1, p. 422. *Edit*, 1566 (Fontanon. t. 1, p. 503). *Edit*, mars 1691; déc. 1791 (Is., t. 20, p. 121, 145).

(192) Voy. ci-dessus, p. 314 et s.

rôle d'arbitres à l'occasion et un certain pouvoir disciplinaire. Par des inspections possibles à toute heure du jour ou de la nuit, ils surveillaient les procédés de fabrication, l'application des règles concernant les marchés, approvisionnements et ventes, et pouvaient en cas de contraventions provoquer la saisie des marchandises. Ils géraient le patrimoine de la corporation. Un des jurés remplissait le rôle de comptable ou de receveur des deniers communs.

Cette gestion, qui n'était pas toujours heureuse, fit étendre aux corps de métiers la tutelle administrative. A Paris, les comptes durent être soumis au lieutenant général de police et au procureur du roi, dans les provinces à l'intendant ([193]). Au début du xviii⁰ siècle, on résolut de procéder à la vérification des comptes des maîtrises et jurandes. Extrêmement difficile, contrecarrée qu'elle était par les intéressés, elle dura tout le siècle..Les emprunts furent également interdits aux jurandes sans autorisation du Conseil du roi ou de l'intendant, quand on constata qu'ils servaient surtout aux procès et aux banquets ([194]).

Les gardes jurés n'avaient aucun pouvoir de juridiction : les procès entre membres du même corps de métier, comme ceux de celui-ci contre d'autres ou des tiers, ressortissaient aux tribunaux ordinaires, sauf quand leur nature les plaçait dans la compétence des juges consulaires ou, à Paris, du prévôt des marchands. Ceux qui concernaient les constructions relevaient pourtant du maître général de la maçonnerie ([195]).

III. — Suppression des corporations.

Dès le xvi⁰ siècle, alors que les édits de 1581 et 1597 en faisaient la règle générale, les corporations étaient l'objet de critiques que Bodin signale, sans les approuver. Aux Etats généraux de 1614, une partie du tiers état et de la noblesse demandait la liberté du commerce, en termes vagues, qui n'impliquaient peut-être pas leur disparition. Au temps de la Fronde la déclaration du 24 octobre 1648 accordait quelque chose de ce genre ([196]). Mais ce fut surtout au xviii⁰ siècle, avec les physiocrates et les encyclopédistes, que l'hostilité se manifesta. Les premiers, qui voulaient que les choses fussent laissées à leur cours naturel, les attaquaient

(193) *Edit.*, 1709; — *A. C.*, 1714 : Martin Saint-Léon, *op. cit.*, 503.
(194) *Décl.*, 2 avril 1763 (*Ibid.*, p. 515).
(195) Delamare, *Tr. de la police*, t. 2, p. 556.
(196) Bodin, *Tr. des six livres de la République*, III, 7, p. 478 et s.; *Décl.*, 24 oct. 1648, art. 12.

parce qu'institutions organisées et voulues, donc, leur semblait-il, artificielles: les seconds parce qu'ils réclamaient la liberté en tout, de façon inconditionnée. A une enquête ordonnée par Machault, en 1750, les intendants répondaient en signalant les nombreux procès entre jurandes à métiers limitrophes et la situation endettée de la plupart. Un mémoire sur les corps de métiers, signé Delisle, en demanda la disparition. L'*Encyclopédie*, à l'article : *Maîtrises*, adopta la même thèse. On publia un petit ouvrage posthume du président Bigot de Sainte-Croix, *Essai sur la liberté du commerce et de l'industrie*, contre les jurandes [197], à quoi les Six Corps firent répondre par un *Mémoire à consulter sur l'existence actuelle des Six Corps et la conservation de leurs privilèges*. Ainsi, l'on atteignit le ministère Turgot.

Tout acquis à la thèse encyclopédiste, Turgot commença par ordonner la suppression des écrits qui contredisaient son sentiment [198]. Puis il supprima les maîtrises et jurandes elles-mêmes par un édit du mois de février 1776, qui, à raison de l'opposition des magistrats, fut enregistré en lit de justice [199], après un vigoureux réquisitoire de l'avocat général Séguier en faveur des corporations [200].

Les maîtrises et jurandes, avec tous les privilèges qui s'y rattachaient, disparaissaient et la liberté du commerce était proclamée dans toute l'étendue du royaume, même au bénéfice des étrangers, sous la seule obligation de déclarer l'établissement commercial ou industriel à la police qui en tiendrait registre. On n'exceptait que les communautés des barbiers-perruquiers dont les charges avaient été érigées en offices et dont il eût fallu rendre la finance, les imprimeurs-libraires, parce que la liberté de la presse en fût résultée, les pharmaciens et les orfèvres à

---

(197) La thèse de Bigot, en même temps qu'à la liberté du commerce, était favorable aux grandes entreprises individuelles. C'était une thèse ploutocrate.

(198) *A. C.*, 22 févr. 1776 (Is., t. 24, p. 357).

(199) *Edit portant suppression des jurandes et communautés de commerce, arts et métiers*, fév. 1776 (Is., t. 24, p. 370 et s.).

(200) *Extrait du procès-verbal du lit de justice, tenu le 2 mars* 1776. — Entre autres arguments l'avocat général disait : « Si l'établissement des jurandes, la gêne des règlements et l'inspection des magistrats sont autant de vices secrets qui s'opposent à la propagation du commerce... pourquoi le commerce en France a-t-il été toujours si florissant ? Pourquoi les nations étrangères sont-elles si jalouses de sa rapidité, si curieuses des objets fabriqués dans le royaume ? La raison de cette préférence est sensible. Tout ce qui se fabrique en France, surtout à Lyon et à Paris, est recherché, dans l'Europe entière, pour le goût, la beauté, pour la finesse, pour la solidité... »

raison de l'importance des objets de leurs commerces pour la santé et l'économie publiques. Il était défendu aux officiers des corporations de continuer leurs charges. Tout le contentieux en était remis au lieutenant général de police. Les procès en cours ayant trait aux privilèges des maîtrises ou jurandes ou à leurs monopoles réciproques étaient annulés. Les confréries étaient également dissoutes et leur patrimoine mis à la disposition des évêques. Entre maîtres, compagnons, ouvriers, apprentis, aucune association ni assemblée n'était tolérée sous quelque prétexte que ce fût. La liquidation du patrimoine des corps de métiers, tant passif qu'actif, était prévue et organisée.

Des Parlements ayant refusé d'enregistrer, l'édit ne put être appliqué dans leurs ressorts. Il en fut ainsi notamment en Bretagne. Mais, six mois plus tard, après la chute de Turgot, son successeur entreprit de rétablir partiellement les corporations. L'édit du mois d'août 1776 commençait cette réorganisation par Paris ([201]).

Non pas toutes, mais un certain nombre de professions étaient reconstituées en communautés. Les autres restaient sous le régime de l'édit de février. Etaient rétablis six corps de marchands ([202]) et quarante-quatre communautés de métiers sur une base plus large qu'antérieurement : de sorte que des professions jadis séparées n'en formaient plus qu'une. Les femmes et les étrangers étaient admis aux maîtrises ([203]). Les droits pour y parvenir étaient considérablement diminués. Le cumul des professions compatibles était permis. On exigeait l'âge de vingt ans pour les hommes, de dix-huit pour les femmes. Les anciens maîtres pouvaient entrer dans les nouvelles corporations, moyennant une faible taxe, ou exercer librement leur profession, auquel cas ils étaient agrégés au corps du métier sans bénéficier de ses privilèges. Les Six Corps avaient à leur tête trois gardes et trois adjoints, les communautés deux syndics, deux adjoints, élus par des députés, choisis eux-mêmes par les deux ou quatre cents maîtres les plus im-

---

(201) *Edit portant modification de l'édit de février 1776 sur la suppression des jurandes*, août 1776 (Is., t. 24, p. 74 et s.).

(202) Drapiers-merciers, épiciers, pelletiers, bonnetiers, chapeliers, orfèvres, batteurs d'or, tireurs d'or, fabricants d'étoffes de gaze, tissutiers, rubaniers, marchands de vins. Les Six Corps nouveaux étaient donc un peu différents des anciens. — Voir les communautés rétablies et les professions laissées libres à la suite de l'édit (Is., t. 24, p. 88-89).

(203) Les femmes étaient pourtant exclues des assemblées et des charges de la communauté.

posés du métier, et pris parmi eux. Les gardes et adjoints procédaient seuls à l'admission des maîtres. Des règlements nouveaux et une refonte du régime intérieur de chaque corporation étaient prévus et ordonnés. La tutelle administrative se faisait encore plus rigoureuse que par le passé.

Des édits étendirent le nouveau régime aux provinces : à Lyon (1777), au ressort du Parlement de Paris (avril 1777), à la Normandie (févr. 1778), au Roussillon, à la Lorraine (mai 1779), à la Bretagne (1781). Les innovations contraires à l'ancien esprit corporatif, les droits nouveaux, l'admission des étrangers, amenèrent des protestations.

On alla de protestations en rectifications de détails, ou de discussion en discussion, jusqu'en 1789. Alors, des cahiers demandèrent le maintien des maîtrises et jurandes, d'autres leur suppression. Il importa peu. L'Assemblée nationale était acquise aux idées des économistes et des encyclopédistes. La loi des 2-17 mars 1791 les supprima toutes ([204]).

(204) Loi des 2-17 mars 1791 (Duvergier, t. 2, p. 281).

CHAPITRE VIII

LES INSTITUTIONS RELIGIEUSES
ET L'ORGANISATION DES CULTES

———

SECTION PREMIÈRE
L'ÉGLISE CATHOLIQUE.

§ 1. — L'Église et l'État.

I. — NATURE ET FORME DES RAPPORTS DE L'ÉGLISE ET DE L'ÉTAT.

Dès la fin du Moyen âge, le contact entre la puissance spirituelle et la puissance temporelle était assuré, en France, directement par le pape et par le roi (1). Leurs rapports se précisèrent d'autant plus sous cette forme qu'à partir du xiiie siècle le gouvernement du royaume fut concentré davantage aux mains du roi et celui de l'Eglise, à raison des pratiques inaugurées où poussées à l'extrême par la Chancellerie d'Avignon, parut résider tout entier dans le Saint-Siège. Cela s'imposa plus encore au xve et au début du xvie siècle lorsque la papauté, pour suppléer aux ressources insuffisantes fournies par la chrétienté, résolut d'en trouver de nouvelles dans ses domaines temporels constitués en solide Etat italien : dessein parachevé sous Jules II, mais qui comportait, dans ses relations avec les autres pouvoirs politiques, les procédés ordinaires de la diplomatie (2). Or, les rapports entre

(1) Ci-dessus, pp. 316 et s., 435 et s.

(2) Au xve siècle, la fiction même de l'unité de la chrétienté, que l'Empire romain de nation germanique avait prétendu maintenir à son profit, s'évanouit. La Bulle d'or de Charles IV, en plaçant la source du pouvoir impérial dans un collège exclusivement germanique de sept électeurs, rendit le couronnement par le pape simplement cérémoniel, et ne suscita, pour cela, aucune protestation du Saint-Siège. Frédéric III fut le dernier empereur couronné à Rome (1452). Aucun autre Habsbourg ne l'avait, du reste, été avant lui. Charles-Quint le fut tardivement à Bologne, et ce fut fini. Par voie de consé-

les deux puissances étaient nécessaires et permanents, puisque souveraineté spirituelle et souveraineté temporelle, pour différentes qu'elles fussent dans leur essence, s'exerçaient sur les mêmes personnes et souvent sur les mêmes choses.

On tenait traditionnellement, en France, que les pouvoirs du roi à l'égard des institutions ecclésiastiques étaient de deux sortes, selon qu'on le considérait comme agissant hors de l'Eglise ou dans l'Eglise. Considéré hors de l'Eglise, il avait sur elle, en tant que souverain, les droits du magistrat politique vis-à-vis des individus et des collectivités évoluant sur le territoire de l'Etat, droits qui tendent au maintien de l'ordre public et de la société civile et qui, n'ayant rien de spécial à l'Eglise, n'avaient pas besoin d'être plus amplement justifiés. Considéré dans l'Eglise, il exerçait les prérogatives qui lui étaient reconnues comme protecteur chargé à la fois de défendre le clergé et les établissements ecclésiastiques et d'empêcher qu'ils ne fussent détournés de leur rôle et de leur destination (³). Cette situation privilégiée et ce pouvoir du roi de France dans le domaine religieux résultaient de la tradition qui voyait en lui l'agent extérieur de l'Eglise, l' « évêque du dehors », comme héritier des anciens empereurs, et lui conférait la garde générale des églises de son royaume, et du sacre qui en avait fait un personnage sacro-saint, un clerc ou « prélat ecclésiastique », et dont le cérémonial comportait une promesse de les protéger, de leur conserver leurs privilèges, coutumes et libertés (⁴). Ainsi il était désigné pour les représenter toutes ou chacune et prendre en main leurs intérêts généraux ou particuliers, même devant la suprême autorité religieuse. Par lui et grâce à cette charge qu'il assumait, elles avaient le sentiment d'une unité autre que géographique, car, bien que portion du corps mystique de l'Eglise universelle, les églises de France ne constituaient pas entre elles, en dehors du roi, un corps particulier. Il y avait, dans le royaume, des diocèses, des provinces ecclésiastiques, il n'y avait pas

quence, l'Etat romain se déclara complètement indépendant de l'Empire. En 1513, fut inaugurée, en France, la pratique des nonces permanents, c'est-à-dire d'agents diplomatiques du Saint-Siège.

(3) Talon (Le Vayer de Boutigny), *Traité de l'autorité des rois touchant l'administration de l'Eglise*, Amsterdam, 1700, p. 90 et s., 125 et s. Ce livre, imprimé en 1700 sous le nom de Talon, fut écrit, à la demande de Louis XIV par le Vayer de Boutigny, lors du conflit avec Innocent XI. En 1753 seulement, il parut, à Londres (?), sous le nom de son véritable auteur, mort en 1685.

(4) Ci-dessus, pp. 110, 183.

d'Eglise gallicane, dans un sens autre que celui de groupe d'é-
glises dont le roi de France était, selon les termes de Louis XIV,
« le premier et universel patron et protecteur » (⁵). Les églises
de France discutaient, suppliaient, remontraient, devant le pape
ou le concile, par la bouche du roi ou de ses ambassadeurs.

Il n'existait pour elles d'autre organe, ni centre commun. Pas
de patriarcat, puisqu'on reconnaissait au pape le patriarcat général
de l'Occident (⁶). Pas de primatie sérieuse, car celles que s'arrogeaient ou se disputaient certains sièges ne leur avaient jamais
conféré qu'une autorité passagère, lorsque le Saint-Siège avait tenté
parfois de les utiliser à son profit en les aménageant en légations
plus ou moins permanentes: ces essais avortés, elles étaient rede-
venues à peu près des titres nus (⁷). Pas de concile national,
du moins en dehors du roi : le droit de convoquer les
conciles, théoriquement maintenu à l'avènement des Capétiens,
était tombé en désuétude bien que la doctrine gallicane
en soutînt le principe (⁸). Les très nombreuses assemblées
de prélats, mêlées à des laïques, réunies du début du
xɪvᵉ à la fin du xvɪᵉ siècle, à propos soit de conflits avec la papauté,
soit du Grand schisme, soit de la Réformation, ne prirent jamais
le nom de conciles, qui, sous cette forme, eussent été contraires
aux canons. Ce furent de grands Conseils royaux, résurrections
des *Curiae solemnes*, pour le fait de la religion et pour assister
le roi, qu'il agît comme souverain ou comme protecteur. Elles
n'étaient que pour le conseil : à lui seul appartenait la décision.
Louis XII, en 1510, pensa restaurer l'ancien usage en convoquant
sous le nom de concile national, à Orléans, puis à Tours, une
assemblée de prélats, de parlementaires et d'universitaires, afin de
se prévaloir de ses décisions dans les démêlés qu'il avait avec

(5) Privilège pour l'édition des *Preuves des libertez de l'Eglise gallicane*,
de 1651.

(6) De Marca, *Concordia sacerdotii et imperii*, 1663, t. 1, pp. 9, I, 22, II.

(7) Ces sortes de légations que le Saint-Siège pensait faire plus aisément
accepter, en périodes de crise ou de réforme, en les confiant à des prélats
nationaux, ne fonctionnèrent jamais longtemps : elles se heurtaient au mauvais vouloir des rois dont tout légat contrecarrait, par la force des choses, les prérogatives dans le gouvernement et la discipline de l'Eglise et à
celui des métropolitains qui supportaient mal cette supériorité donnée
à l'un d'eux sur ses collègues. Peut-être le Saint-Siège avait-il pensé éviter
ces inconvénients dans celle confiée au cardinal d'Amboise sous Louis XII,
puisqu'elle se trouvait confondue dans la même personne avec la plus haute
charge de l'Etat.

(8) *Libertez de l'Eglise gallicane*, art. 10 : « Les rois de France ont le
droit d'assembler des conciles dans leurs Etats. »

Jules II; l'insuffisance du moyen lui apparut vite (⁹). Les assemblées du clergé, qui eurent pour origine au xvɪᵉ siècle le contrat de Poissy, n'eurent d'abord qu'un but financier et un caractère administratif : leurs incursions postérieures dans le domaine religieux n'eurent lieu qu'à la demande et sous l'autorité du roi (¹⁰).

Cette position unique et éminente du roi de France dans l'Eglise était assortie d'avantages importants, « privilèges des lys », que nos légistes se plaisaient à énumérer et à grossir : le roi, « premier fils et protecteur de l'Eglise », ne pouvait être excommunié; il pouvait faire des lois et des règlements sur les matières ecclésiastiques, imposer le clergé, *inconsulto romano pontifice*, exercer le droit de régale, nommer à un nombre toujours élargi de bénéfices, posséder des prébendes dans les églises du royaume; celui qui priait pour lui, d'après Jean Ferrault, gagnait dix jours d'indulgence (¹¹). En cas de doute sur la validité de l'élection pontificale, il lui appartenait, ses prélats consultés, de décider de l'acceptation ou du refus d'obédience, en cas de schisme de dire l'élu à qui elle serait accordée, ou de la suspendre provisoirement, ce qui impliquait que les évêques français pourvussent, sous son contrôle, à tout ce qui concernait les églises du royaume : solutions tour à tour adoptées pendant le Grand schisme.

Il appert de ce qui précède que, les deux puissances étant associées en France pour le gouvernement de l'Eglise, le roi, dans leur action commune, représentait, non seulement comme magistrat politique, la puissance temporelle, mais encore, comme protecteur, les droits ou intérêts séculiers, et parfois spirituels, particuliers aux églises de son royaume, tandis que le pape détenait la toute-puissance spirituelle sur l'Eglise universelle, mais se prévalait aussi de droits temporels attribués à celle-ci. De ce départ ou de cet entrecroisement de droits devaient naître des conflits ou se produire des frictions : la cause principale, du xɪᵛᵉ au xvɪᵉ siècle, en fut les exigences fiscales concurrentes des deux puissances vis-à-vis des biens d'Eglise et, par suite, leur rivalité dans la collation des bénéfices, à laquelle du reste étaient attachés des intérêts d'un autre ordre, spirituels ou politiques (¹²). Il était donc naturel que le degré de résistance à opposer à chacune par l'autre et les modes de solutions des conflits dépendissent exclu-

(9) Imbart de la Tour, *Les origines de la Réforme*, t. 2, pp. 131-174.

(10) Ci-après, pp. 954 et s., 996.

(11) J. Ferrault, *Mémoire à Louis XII*, B. Nat., Lat. 4773, fᵒˢ 3-20. J. Bodin, *op. cit.*, I, 9, p. 202 et s.

(12) Talon [Le Vayer de Boutigny], *op. cit.*, *préface*, s. p.

sivement des Chancelleries pontificale et royale, ce qui eut, en même temps, pour conséquence heureuse de tenir le clergé de France en dehors des discussions et des griefs et de lui éviter d'avoir parfois à choisir entre son loyalisme vis-à-vis du roi et sa soumission spirituelle au pontife. Du reste, les deux hautes puissances ne tenaient ni à aggraver leurs divergences, ni à pousser leurs prétentions même légitimes à l'extrême. Aux heures de crise, il n'y eut jamais pensée de rupture [13]. En fait, depuis le xiiie siècle, les ardeurs de la lutte entre Philippe le Bel et Boniface VIII éteintes, les rapports des deux puissances furent constitués par une suite ininterrompue de transactions, de règlements provisoires sans cesse remaniés, suspendus ou repris.

La nationalité des papes d'Avignon, la protection dont ils bénéficiaient, les inclinèrent à venir en aide à la fiscalité royale [14], à favoriser la politique de la France [15]. Benoît XII, le moins accommodant, révoqua à la demande du roi les commendes et les grâces expectatives accordées jusqu'à lui [16]. Pendant le Grand schisme, des ordonnances de Charles VI, à raison de la suspension d'obédience (partielle, 1395-1398; totale, 1398-1403, 1406-1407), prétendirent régler, indépendamment du Saint-Siège, les questions toujours litigieuses de la collation des bénéfices, de la juridiction et de la fiscalité ecclésiastiques. Mais Charles VII ne les maintint que d'une façon théorique. A l'imitation des Anglais, établis en France, qui avaient adopté l'arrangement intervenu à Constance (2 mai 1422) entre Martin V et les Pères de « nation française », il se rapprocha du Saint-Siège. Des compromis, faits de concessions réciproques plus ou moins respectées, tendirent à reconnaître en fait la plupart des pratiques chères à la Curie romaine : convention du 13 avril 1425, concordat de Genazzaro en 1426, négociations peu claires avec Eugène IV en 1432 [17]. Mais il apparaissait de plus en plus que, dans chaque affaire, la solution était le

<hr>

(13) Le sentiment populaire sur l'alliance, utile à l'une et à l'autre, de la France et de l'Eglise apparaît dans le quatrain relevé sur un manuscrit de l'abbaye de Saint-Victor : « Mariage est de bon devis — De l'Eglise et de fleur de lis. — Quand l'un de l'autre partira, — Chascun d'eulx si s'en sentira. »

(14) Samaran et Mollat, *La fiscalité pontificale*, pp. 14-25, 59 et s.

(15) Mollat, *Innocent VI et la tentative de paix entre la France et l'Angleterre (1353-1355)* (RHE, 1909, p. 724 et s.); Prou, *Ét. sur les relations politiques du pape Urbain V avec les rois de France (1362-1370)*, Paris, 1888.

(16) Vidal, *Regesta Benedicti XII*, nos 2447, 2484.

(17) Noël Valois, *Hist. de la Pragmatique Sanction de Bourges sous Charles VII*, pp. xxxv, l, lix et s.

resultat de tractations entre le pape et le roi, où leurs seuls intérêts étaient mis en jeu. Il fallut, après l'échec d'un projet de concordat proposé par Charles VII en 1436, le conflit aigu entre le pape et le concile réuni à Bâle, les outrances de celui-ci, la nécessité d'écarter les collations de bénéfices français à des étrangers pour incliner le roi vers les partisans des libertés gallicanes et lui faire admettre, tout en s'efforçant à un rôle de conciliateur pour éviter un schisme, qu'un acte solennel, pris en dehors du Saint-Siège, pourvût à la condition des églises du royaume.

La *Pragmatique Sanction*, qui sortit des délibérations de l'assemblée du clergé réunie à Bourges en 1438, consacrait les anciennes libertés et se composait surtout de décrets du concile de Bâle rectifiés, corrigés, adoucis par les évêques français ([18]). La Pragmatique Sanction blessa la papauté, comme réglant, en dehors d'elle, les affaires religieuses et supprimant ses droits les plus utiles: elle n'entraîna pas de rupture. Le roi y tenait médiocrement; il n'y gagnait rien ([19]). Il se forma dans le clergé deux courants, l'un pour, l'autre contre. La pratique des tractations particulières reprit. Les provisions apostoliques continuèrent; le roi tantôt les repoussait en se fondant sur la Pragmatique, tantôt les agréait. Lui-même usait des grâces expectatives, déniées au pape ([20]). La Pragmatique servait surtout de menace et de moyen de pression vis-à-vis du Saint-Siège pour en obtenir faveurs ou concessions. Louis XI, qui, dauphin, l'avait supprimée en Dauphiné, ne s'en servit pas autrement ([21]).

Très vite reparurent les projets de concordat et, d'abord de la part de la papauté, en 1442-1444, 1446-1450. Au cours d'une des assemblées convoquées pour les examiner, les défenseurs de la Pragmatique produisirent (mai 1450) le document connu sous le nom de *Pragmatique Sanction de saint Louis*, auquel était attribuée

----

(18) Noël Valois, *op. cit.*, p. LXXVII et s. — *Pragmatique Sanction*, 7 juillet 1438 (Is., t. 9, pp. 3 et s.). — Elle fut commentée et glosée : *Pragmatica Sanctio cum glossis egregii eminentisque scienciae viri domini Cosmi Guimier, in supremo Parisiensi senatu inquestarum praesidis*, Parisiis, 1546 et *Pragmatica Sanctio cum glossis G. Guymier et annotationibus Ph. Probi. Accedunt historia Pragmaticae et concordatorum, nec non varia instrumenta et annotationes, per Fr. Pinssonium*, Parisiis, 1666.

(19) Par Lettres patentes, 7 août 1441, le roi enlevait à la Pragmatique tout effet rétroactif (Is., t. 9, p. 84).

(20) Noël Valois, *op. cit.*, p. CV et s.

(21) *Ord.*, 24 mai 1463; 17 fév., 30 juin, 10 sept. 1464 (Is., t. 10, p. 459, 477, 493 et s.). Noël Valois, *op. cit.*, *Pièces relat. à l'hist. de la Pragmatique Sanction de Bourges*, pp. 101, 111, 121, 130, 206.

la date du mois de mars 1268. C'était à peu près celle de Charles VII, mise au compte de saint Louis, qui en devenait ainsi le
garant [22]. Ce faux, dont on ignore l'auteur, dut être forgé quelques années auparavant, probablement dans l'entourage du prélat
gallican Gérard Machet, confesseur de Charles VII. Malgré les doutes émis sur son authenticité par l'Université et quelques personnages, généralement admise pour l'œuvre de Louis IX et citée comme
telle, elle entra dans l'arsenal gallican [23]. Cependant Louis XI
abolit la Pragmatique Sanction par Lettres du 27 novembre 1441 [24].

L'opposition des Parlements, de l'Université, d'une partie du
clergé, un changement brusque du roi en arrêtèrent l'effet [25].
Mais, à partir de 1467, une nouvelle détente [26] permit les négociations qui aboutirent au *Concordat d'Amboise*, combinaison d'une
bulle de Sixte IV (13 août 1472) et de Lettres du roi (31 oct. 1472),
contenant déjà les dispositions essentielles de celui de 1516 [27].
De nouvelles protestations des compagnies judiciaires et des
gallicans du clergé, et peut-être aussi les avantages que tirait
la royauté de l'absence de statut fixe, qui lui laissait les coudées
franches dans ses tractations avec le pape, en écartèrent une fois
de plus la réussite.

Les sentiments gallicans, contenus par Louis XI, se manifestèrent
librement aux Etats généraux de 1484. Si, quatre ans plus tard,
Charles VIII tenta des ouvertures en vue d'un autre concordat,
l'échec tint aux mêmes causes [28], et Louis XII, jusqu'à sa brouille
avec Jules II, continua la pratique antérieure de traiter chaque
affaire directement avec le pape au mieux de leurs intérêts du
moment; car de la Pragmatique on n'en tenait guère compte, tant
à raison des ordonnances de Louis XI qui l'avaient condamnée que

(22) *Ibidem*, p. CLIX et s. — Th. Basin, *Œuvres*, éd. Quicherat, IV, 83.
Voir le texte : *Ord. des r. de Fr.*, t. 1, p. 99, t. 20, p. 465.

(23) Noël Valois, *op. cit.*, pp. CLXII-CLXXIII. Cpr. P. Viollet, *La Pragmatique
Sanction de saint Louis*, BECh., t. 31, pp. 180 et s.

(24) *Aeneae Sylvii opera*, Basileae, 1551, p. 863. — *L. P.*, 27 nov. 1441
(Is., t. 10, p. 393).

(25) *Ord.*, 24 mai 1463; 17 fév., 30 juin, 10 sept. 1464 (Is., t. 10, p. 469,
477, 493, 494.

(26) *Ord.*, 24 juill. 1467 (Is., t. 10, p. 540).

(27) *Bulle*, 13 août 1472; *Ord.*, 31 oct. 1472 (Is., t. 10, p. 650, 653). Principales
dispositions : alternative des bénéfices collatifs, pas de provisions de bénéfices
consistoriaux sans Lettres du roi, jugements des causes bénéficiales en
première instance en France, sauf appel à Rome, bénéfices à la collation du
pape réservés à des clercs désignés par le roi ou des princes.

(28) Pastor, *Hist. des papes depuis la fin du Moyen âge*, trad. franç., t. 4,
p. 295 et s.

des arguments dirigés contre elle par les prélats « papalistes » dont le nombre et l'autorité croissaient [28]. L'issue lamentable des conciles de Tours et de Pise précipita beaucoup d'hésitants dans ce sens. La mort de Jules II, l'élection de Léon X, les brillants débuts du règne de François Ier fournirent un moment favorable à la royauté et au Saint-Siège pour définir les conditions de leurs relations et leurs droits respectifs. Sorti de l'entrevue de Bologne, le *Concordat* de 1516 allait en fixer la norme pour près de trois siècles. Il eut aussi la forme d'une bulle (18 août 1516), enregistrée au concile de Latran (29 déc. 1516) et suivie de Lettres royaux lui conférant force exécutoire en France [30]. Un indult du 15 septembre l'étendait à la Bretagne et à la Provence et d'autres firent de même pour les « pays d'obédience » rattachés ultérieurement à la Couronne [31]. L'inspirateur et pour ainsi dire le rédacteur en fut le chancelier Duprat qui mena les négociations de Bologne avec les cardinaux Pucci et Accolti [32]. C'était un compromis adoptant la procédure courante depuis longtemps en ce qui touchait aux bénéfices consistoriaux et consacrant presque en tout les dispositions de la Pragmatique Sanction sur les bénéfices collatifs, muet sur les questions de dogme et de discipline, limitant sur quelques points les juridictions ecclésiastiques, plein de réserve touchant les procédés fiscaux antérieurs [33]. Si Léon X eut quelque peine à le faire agréer des congrégations romaines et du concile, François Ier en eut davantage à l'imposer au Parlement, qui, après une longue résistance, ne l'enregistra que « sur exprès commandement du roi » (22 mars 1518) et décida par arrêt du 24 juillet de ne suivre que la Pragmatique dans tous les procès qui se présenteraient à juger; à l'Université qui en défendit l'impression; à quelques collectivités ecclésiastiques comme le

(29) Tels Bernard du Rozier, archevêque de Toulouse, Hélie de Bourdeilles, archevêque de Tours (Imbart de la Tour, *Les origines de la Réforme*, t. 2, pp. 108 et s.).

(30) *Ord. de François Ier*, t. 1, p. 432, et Mansi, t. 32, p. 938, 948.

(31) Is., t. 12, p. 99. *Mémoires du clergé*, t. 11, p. 1644.

(32) Les dernières difficultés furent aplanies par le président Barme envoyé en mission à Rome (Imbart de la Tour, *op. cit.*, p. 461).

(33) Il portait seulement que les lettres de provision indiqueraient le revenu annuel véritable du bénéfice (tit. IV, art. 4), pour savoir s'il était proportionnel au mérite du candidat, expliqua le chancelier devant le Parlement, qui ne s'y trompa pas en y voyant une base de calcul pour le rétablissement des annates. En effet, une bulle du 1er oct. 1516 les rétablit, mais pour les seuls bénéfices consistoriaux ayant un revenu supérieur à 25 ducats d'or. Certains éditeurs ajoutèrent cette bulle au Concordat, comme XXIe et dernier titre.

chapitre de Notre-Dame de Paris (³⁴). Nombre d'universitaires furent arrêtés et menacés de poursuites. Le clergé se calma. Une déclaration de 1527 attribua au Grand Conseil les causes bénéficiales que le Concordat réglait autrement que la Pragmatique. Le Concordat était surtout favorable au pouvoir royal qui acquérait la disposition de tous les bénéfices consistoriaux, cent dix évêchés, environ quatre mille monastères, sans compter les bénéfices collatifs conférés en régale ou appartenant au roi comme patron ou par privilège (³⁵). C'était toute l'organisation de l'Eglise de France mise dans sa main; du même coup, c'était la Réformation rendue inutile et impossible en France, car la puissance séculière n'avait plus à dépouiller l'Eglise de ses biens, puisque c'était elle qui en disposait, ni n'était disposée à la laisser dépouiller, ce qui eût diminué ses propres disponibilités. Les interventions de la Curie romaine dans le gouvernement des églises de France s'en trouvaient singulièrement limitées en échange de quelques concessions fiscales incertaines et non exprimées. Des deux associés, c'était la papauté qui était réduite dans son activité et dans ses droits (³⁶).

Il se forma sur le Concordat soit du fait des commentaires doctrinaux, soit par les arrêts, une jurisprudence qui fut loin de rester immuable au cours des deux siècles suivants. La désuétude, les contre-coups d'ordonnances royales ou du concile de Trente y apportèrent des modifications de détail : elles furent toujours dans le sens d'une extension des droits du pouvoir royal (³⁷). Sauves les dispositions formelles du Concordat, insensiblement la condition des églises et autres établissements ecclésiastiques, l'organisation et la discipline tombèrent pour la plus forte part dans le domaine de la législation royale (³⁸).

(34) Imbart de la Tour, *op. cit.*, t. 2, p. 470 et s.; L. Madelin, *Les premières applications du Concordat de 1516* (*M. Ar. et H.*, 1897).

(35) Le Concordat fut commenté par Daima jusqu'au titre *de electione* (IV); par Rebuffe, *Praxis beneficiorum*, Lugduni, 1599; par Boutaric, *Explication du Concordat*, Toulouse, 1745. Cpr. Doujat (*Specimen juris ecclesiastici apud Gallos usu recepti*, Paris, 1671) qui donne la concordance entre les dispositions de la Pragmatique. Sanction et celles du Concordat; J. Thomas, *Le Concordat de 1516*, 3 vol., Paris, 1910.

(36) Voy. Hanotaux, *Essai sur les libertés de l'Eglise gallicane*, III (*Rec. des instructions données aux ambassadeurs*, t. 2, 1888).

(37) Voy. Michel du Perray, *Observations sur le Concordat fait entre Léon X et François Ier*, Paris, 1740.

(38) Cpr. *Ord.*, Blois, mai 1579, art. 1-86 (Is., t. 14, p. 381 et s.) et Boutaric, *Explication de l'ordonnance de Blois*, Toulouse, 1745. — *Ord.* janv. 1629, art. 34-40; *Edit*, avril 1695 (Is., t. 16, p. 234 . . 20, p. 243 et s.).

II. — Les libertés de l'église gallicane.

1° Caractères et formes diverses du gallicanisme.

Sur tous les points où les deux puissances étaient en contact, soit pour limiter les intrusions nouvelles auxquelles les tendances centralisatrices du pouvoir pontifical le pouvaient pousser, soit pour aider le pouvoir royal à contenir l'autorité de l'Eglise hors de domaines déjà acquis, nos aïeux utilisèrent une série de maximes et de pratiques dont les plus anciennes remontaient au xiii° siècle et qu'on réunit et consigna, dès le xiv° siècle, sous le nom de *libertés de l'Eglise gallicane*. Nées de la coutume et de la jurisprudence, on les trouve invoquées fréquemment dans les ordonnances rendues en matières religieuses au temps du Grand schisme (1385, 1398, 1406, 1418) [39]. La Pragmatique Sanction parut en être l'expression la plus complète. Les projets de concordat depuis Charles VII avaient été combattus surtout en leur nom, et, quelque échec partiel qu'elles eussent subi de l'accord de 1516, l'état d'esprit qui y avait donné lieu ne disparut pas. Il regagna dans la littérature et la doctrine, ce qu'il perdait dans la pratique. Au xvi° siècle et au xvii°, de grands jurisconsultes en établirent la synthèse et les étayèrent d'un appareil de preuves et d'arguments particulièrement imposant, ainsi du Tillet, Claude Fauchet, Antoine Hotman, du Moulin, Guy Coquille [40]. Pierre Pithou les codifia en 83 articles précédés d'une dédicace à Henri IV, en 1594 [41]. En 1631 parurent deux volumes anonymes : *Traitez des droits et libertez de l'Eglise gallicane avec leurs preuves*, qu'un arrêt du Conseil supprima à la demande du nonce. Cette œuvre de Pierre et Jacques Dupuy fut réimprimée en 1651 à la suite du petit manuel de P. Pithou,

(39) Is., t. 6, p. 601, 823; t. 7, p. 130; t. 8, p. 594.

(40) Du Tillet, *Œuvres*, t. 3 : *Mémoire et advis sur les libertez de l'Eglise gallicane*, Paris, 1607. Claude Fauchet, *Traité des libertez de l'Eglise gallicane*, 1590. Charles Faye, *Discours des raisons et moyens pour lesquels Messieurs du clergé ont déclaré nulles et injustes les bulles monitoriales de Grégoire XIV contre les ecclésiastiques demeurez dans la fidélité du Roy*, 1591. Antoine Hotman, *Traitez des droits ecclésiastiques, franchises et libertez de l'Eglise gallicane*, 1594. Guy Coquille, *Traitez des libertez gallicanes* (écrit en 1591), 1603.

(41) *Libertez de l'Eglise gallicane*, Paris, 1594, in-8° de 27 feuillets. Une édition donnée au xix° siècle par Dupin, dans son *Manuel de Droit public ecclésiastique français*, est accompagnée d'un précieux commentaire.

mais fortement augmentée et précédée d'un privilège de Louis XIV (⁴²).

Il n'y faut voir ni une sorte de constitution de l'Eglise de France, ni même, comme le mot gallicanisme ferait supposer, une doctrine homogène. C'était, au contraire, un ensemble composite de règles et de procédés empiriques, sinon contradictoires, tendant du moins à des buts souvent divergents. Aussi a-t-on éprouvé quelque peine à les définir et à les classer. L'essai de synthèse, tenté vers la fin du xvi⁰ siècle, alors que le Concordat en avait définitivement écarté un certain nombre, ne put voiler l'hétérogénéité de ces formules. A l'opposé, l'érudition moderne, procédant par voie d'analyse, a distingué un gallicanisme politique préoccupé de limiter les entreprises des autorités spirituelles à l'encontre des autorités temporelles et un gallicanisme ecclésiastique ayant pour objet de faire obstacle à celles du Saint-Siège contre l'autorité et la juridiction des évêques, telles qu'elles paraissaient consacrées par la tradition et les canons anciens. Mais le gallicanisme politique présentait deux aspects différents selon qu'il se référait au droit public externe et qu'il s'agissait d'établir les bornes de la souveraineté spirituelle du pape par rapport à la souveraineté temporelle du roi ou qu'il se référait au droit public interne et qu'il s'agissait d'armer les juridictions laïques contre les juridictions ecclésiastiques en France. Aussi a-t-on distingué un gallicanisme royal et un gallicanisme parlementaire (⁴³). Le gallicanisme ecclésiastique, à son tour, prenait une forme plus ou moins grave, suivant qu'il prétendait décider, d'un point de vue général (théologique, ecclésiologique), de la situation et des droits respectifs des évêques et du pontife romain dans le gouvernement de l'Eglise universelle ou qu'il se contentait d'invoquer au profit des seules églises de France les traditions gallicanes, les anciens canons reçus en France, en un mot des privilèges particuliers consacrés par le temps. Au reste, certains de ces privilèges pouvaient jouer aussi bien à l'égard du gouvernement royal qu'à celui de la papauté. Aussi ce fut cette dernière forme de gallicanisme qui reçut du Concordat un coup mortel, encore que nos légistes du

(42) Une nouvelle édition en 5 volumes en fut donnée par Durand de Maillane, Lyon, 1771.

(43) Hanotaux, *loc. cit.*, p. L et s., qui exagère un peu les caractères utilitaires et opportunistes de ce qu'il appelle le gallicanisme royal et passe vite sur les droits historiques du roi dans l'Eglise.

xvie et du xviie siècle parussent la souder plus ou moins étroitement au gallicanisme politique.

Ces diverses tendances, toutes qualifiées de gallicanes, et auxquelles s'en opposaient autant d'ultramontaines, pouvaient avec celles-ci se combiner et s'entrecroiser. D'abord le roi avait sur le plan gallican une position double : comme magistrat politique, le gallicanisme royal jouait exclusivement à son profit; comme protecteur des églises de France, il devait être et fut le chef du gallicanisme ecclésiastique. Mais dès que le gouvernement de ces églises ne dépendit plus que des tractations des deux Chancelleries et que l'idée concordataire se fit jour, il devint clair que le roi sacrifierait au triomphe du premier le second devenu la rançon des concessions du pouvoir pontifical au pouvoir royal. En outre, il n'y avait pour personne aucun illogisme à être ultramontain politique et gallican ecclésiastique ou, à l'inverse, ultramontain ecclésiastique et gallican politique. L'une et l'autre attitudes furent adoptées par des docteurs : la seconde, assez fréquente au xviie siècle, fut appelée, du nom d'un de ses tenants, le duvallisme [44]. Certains, au contraire, comme Edmond Richer, maintenaient fortement accouplés le gallicanisme politique et le gallicanisme ecclésiastique [45].

La plupart des maximes et règles gallicanes d'ordre politique « choses plus tost pratiquées qu'escrites par nos ancestres » dit P. Pithou [46], étaient anciennes, l'intérêt ou le salut national les ayant inspirées avant toute doctrine. L'affirmation de l'indépendance du pouvoir royal dans les choses temporelles, la subordination du clergé à ce pouvoir dans les limites du royaume, l'habitude de résoudre tout conflit par tractations directes entre le pape et le roi, servirent, dès le xiie siècle, de fondements essentiels aux rapport des deux puissances. Nous en avons exposé par avance la nature et les formes en traitant des principes sur lesquels reposait l'indépendance de la Couronne [47]. Mais le zèle que les parlementaires mirent à les défendre dépassa au xviiie siècle toutes limites, au point que le roi dut tempérer ou réprimer

(44) Puyol, *Edmond Richer*, t. 2, p. 365.
(45) Ed. Richer, *De ecclesiastica et politica potestate libellus*, 1611.
(46) P. Pithou, *Les libertez de l'Eglise gallicane*, V, VI.
(47) Ci-dessus, p. 435 et s. Mais les gallicans du xvie siècle se sont parfois efforcés de les justifier au moyen d'une histoire fantaisiste, pendant de celle opposée par les monarchomaques à la doctrine traditionnelle des légistes sur le pouvoir royal : à ce sujet, de Marca, *Concordia sacerdotii et imperii*, éd. 1663, t. 1, p. 66 et s.

leur ingérence factieuse et inopportune (⁴⁸). Il a été dit également de quelles façons les juridictions royales réduisirent et annihilèrent presque celles d'Eglise (⁴⁹).

Le gallicanisme ecclésiastique, amorcé par la querelle de Philippe Le Bel et de Boniface VIII, mais qui devait son extension au Grand schisme, ramené à une doctrine vaine, quant à sa forme historique et pratique, par le Concordat (⁵⁰), se manifesta à peu près exclusivement aux xviiᵉ et xviiiᵉ siècles sous son aspect ecclésiologique. Depuis le xivᵉ ou le xvᵉ siècle, les théories conciliaires ou épiscopaliennes diversement nuancées en constituaient le fond (⁵¹). Les premières déniaient au Pape la prééminence sur les conciles généraux et enseignaient que ses décisions dans les questions de foi ne devenaient irréformables que par le consentement de l'Eglise universelle : les secondes attribuaient aux évêques, dans le gouvernement des âmes, un pouvoir direct, d'ordre divin, et indépendant du pape, à qui ils n'étaient rattachés que par la constitution de l'Eglise en vue de l'unité (⁵²). Mais à ces doctrines, qui avaient triomphé à Constance, à Bâle, et dans la Pragmatique Sanction de 1438, un autre courant s'opposait. En 1406 déjà, l'Université de Toulouse avait pris position contre les thèses gallicanes de la Sorbonne; plus tard les Etats du Languedoc adressèrent des remontrances au roi à raison de la Pragmatique Sanction; pendant la Ligue et après, surtout vers 1600, les thèses ultramontaines tendirent à l'emporter en dépit de la littérature en faveur des libertés de l'Eglise gallicane et des polémiques de Richer. Au contraire, le milieu du xviiᵉ siècle marqua un regain de faveur pour ce gallicanisme. Les assemblées du clergé de 1641 et 1645 prirent à leurs frais l'impression des *Petri Aurelii opera*, œuvres anonymes de Duvergier de Hauranne, abbé de St-Cyran, de sentiments épiscopaliens. Bossuet donna à la doctrine sa forme la plus modérée et la mieux équilibrée (⁵³). La déclaration de la Faculté de théologie de 1663,

(48) *Sic* à propos de la Bulle *Unigenitus* et des appelants, 1730-1731, 1753-1754 et après l'attentat de Damien (1753).

(49) Voy. ci-dessus, p. 682 et ci-après, pp. 998 et s., 1002 et s.

(50) Cependant, vers 1606, Leschassier reste un théoricien de ce gallicanisme historique.

(51) Guillaume Durant le j., *Tractatus de modo concilii generalis celebrandi*, part. IIIᵃ, 37.

(52) Certains en disaient autant des curés comme successeurs des disciples.

(53) Bossuet, *Defensio declarationis cleri gallicani* et le *Sermon sur l'Unité de l'Eglise*.

celle du Clergé de 1682, par la consécration que le roi leur donna, en firent la doctrine officielle de l'Etat ([54]).

2° L'appel comme d'abus.

Aux libertés de l'Eglise gallicane, il fallait des garanties et des sanctions. Elles prirent d'abord des formes différentes, selon que l'acte, qui portait atteinte aux règles reçues en France, était d'ordre politique ou administratif, ou bien d'ordre judiciaire. Dans le premier cas, c'étaient la saisie du temporel ou, si le délinquant n'était pas encore en possession, le refus de l'en investir : sanctions de fait dont l'arbitraire était justifié par l'indépendance juridique des deux pouvoirs ([55]). Mais, de bonne heure, lorsqu'il s'agissait d'empiétement de la juridiction ecclésiastique sur la juridiction royale, la sanction prit une forme plus réglée. Le droit de justice était assimilé en beaucoup de lieux à un fief et partout ailleurs au moins à un droit réel immobilier : or, les causes féodales ayant toujours été soustraites aux juridictions ecclésiastiques et les actions réelles immobilières l'ayant été à leur tour de très bonne heure, le juge laïque dépouillé intentait une action *de feodo*, comme cela avait lieu en Normandie ([56]), ou revendiquait sa propriété ([57]) devant le juge supérieur qui, si la réclamation était fondée, condamnait le juge ecclésiastique, sous menace de saisie du temporel ou d'amendes arbitraires à annuler la sentence et à délaisser la cause au juge laïque. Puis, vers la fin du xivᵉ siècle, à raison de la prédominance du caractère politique du conflit, il semble qu'on pût faire appel des sen-

(54) Les évêques français, tout en protestant de leur soumission au pape, maintenaient leur droit de juger en matière de foi : la bulle *Unigenitus*, la condamnation des *Maximes des Saints* furent non pas seulement exécutées, mais « acceptées » par eux. « La vérité s'est fait entendre par la voix du Pape et celle des Evêques... L'Eglise gallicane, représentée par les assemblées des Evêques de ses Métropoles, a joint son suffrage à celui du Saint-Siège... » dit l'avocat général Daguesseau en requérant l'enregistrement de cette condamnation.

(55) *Sic L. P.*, 25 janv. 1421 (Is., t. 8, p. 662). Cpr. *L. P.*, 24 juill. 1467; 1472 (Is., t. 10, pp. 540, 657). Pendant les soustractions d'obédience, les règles traditionnelles avaient été imposées par des ordonnances : *L. P.*, 27 juill. 1398; 7 mai 1399; 29 déc. 1403; 17 avril 1410 (Is., t. 6, p. 623, 332; t. 7, p. 76, 229).

(56) *Summa de legibus Normannie*, CXV, éd. Tardif, p. 247. Mirot et Déprez, *Un conflit de juridiction sous Charles VI* (*Le Moyen âge*, 1897, mai-juin, pp. 136, 143-146, 160).

(57) *Preuves des Libertez de l'Eglise gallicane*, 1731, t. 1, p. 26 et s. P. Dupuy, *Hist. du différend entre Boniface VIII et Philippe le Bel : Scriptum contra Bonifacium*, art. 24.

tences des juges d'Eglise, en se fondant sur leur incompétence,
devant le Parlement qui les annulait et renvoyait devant la juridiction séculière, procédure qui avait quelque analogie avec
le règlement de juges (⁵⁸). Enfin, la Pragmatique Sanction ayant
transformé en lois positives la plupart des maximes gallicanes, le
Parlement put annuler, même d'office, tous les actes qui s'y
trouvaient contraires quels qu'ils fussent et quels qu'en fussent
les auteurs (⁵⁹).

Mais, dans la dernière partie du xv⁰ siècle, ces procédures
avaient commencé à céder la place à une voie de droit unique
mieux adaptée à la diversité des actes qui en étaient l'objet et à
des conflits entre des autorités souveraines : ce fut l'*appel comme
d'abus*. A raison de ces pratiques anciennes et de son rôle lors de
la dispute de Vincennes, on attribua longtemps à Pierre de Cuignières l'initiative de cette institution (⁶⁰); mais on n'en rencontre
d'exemples très nets qu'à partir de Louis XI ou peut-être même
de Louis XII (⁶¹). Elle était en quelque sorte double : car elle
consistait en un recours au Parlement contre tout acte de l'autorité ecclésiastique contraire aux lois du royaume ou aux canons
reçus en France ou contre tout acte d'une autorité séculière ou
d'un particulier qui portait atteinte aux droits et prérogatives
dont l'Eglise jouissait en France (⁶²). Les procureurs généraux
et les intéressés, clercs ou laïques, en pouvaient user. D'abord le
Parlement de Paris en connaissait privativement; mais, dès le
milieu environ du xvi⁰ siècle, il put être porté devant ceux de
province (⁶³). Le Parlement annulait l'acte, s'il le reconnaissait
abusif, et, quand il y avait lieu, il disposait, pour contraindre
l'auteur à en réparer les effets, de la saisie du temporel et d'amendes arbitraires s'il était clerc, de celles-ci seules s'il était laïque. L'arrêt était prononcé par la Grand'Chambre, « qui est,

(58) Févret, *Tr. de l'abus*, 1736, t. 1, p. 11 : arrêts de 1404, 1449, Cpr.
Auffrerius, *De potestate secularium super ecclesiasticos*, n° 30, p. 40.

(59) Auffrerius, *op. cit.*, n° 31, p. 42.

(60) Pasquier, *op. cit.*, III, 33, 34, pp. 255, 259, De Marca, *op. cit.*, IV,
cap. 1, 19, 24, t. 1, p. 218 et s., 296 et s., 305 et s. Fleury, *Instit. au dr.
ecclés.*, t. 2, p. 190 et s.

(61) Du Moulin, *Stylus Curiae antiquus supremae*, VIᵃ pars, n° 47, éd. 1681,
t. 2, p. 653. Pasquier, *loc. cit.*, p. 256.

(62) Edit, avril 1695, art. 35-43 (Is., t. 20, p. 253 et s.). P. Pithou, *Les
Libertez de l'Eglise gallicane*, lxxx; Du Moulin, *loc. cit.* — D'Héricourt,
Lois ecclésiastiques, 1756, pp. 198 et s.

(63) Imbert, *La practique françoise*, II, 3, n° 18, p. 505. Le Maistre,
Œuvres, 1653, p. 94. — P. Pithou, *op. cit.*, LXXXI, LXXXII.

dit P. Pithou, le lict et le siège de justice du royaume, composée de nombre égal de personnes tant ecclésiastiques que non ecclésiastiques, mesme pour les personnes des pairs de la Couronne » [64]. Cette composition mi-parties de la Cour semblait fournir toute garantie. En principe l'appel était dirigé contre l'auteur même de l'acte abusif; cependant si celui-ci était un rescrit du pape, on appelait non contre l'octroi du rescrit, mais, par déférence pour le Saint-Siège, contre celui qui en demandait l'exécution en France [65].

§ 2. — Les circonscriptions ecclésiastiques et les bénéfices.

I. — Circonscriptions et hiérarchie.

Les circonscriptions traditionnelles ne subissaient plus que des modifications qui n'en altéraient pas le système. S'il était nécessaire ou utile, le pape avait pouvoir pour dédoubler ou unir les archevêchés et les évêchés. Au XIVe siècle, les papes d'Avignon surtout en usèrent, puis les cas devinrent plus rares [66]. Pour les subdivisions diocésaines et les bénéfices correspondants, l'évêque jouissait du même droit, avec l'assentiment du patron laïque, s'il y en avait, ou sur jugement déboutant celui-ci de son opposition, en tout cas après enquête et tous les intéressés entendus [67]. Parfois canons et ordonnances l'y incitaient [68]. Le consentement du roi était requis : 1° quand ces actes intéressaient les bénéfices consistoriaux parce qu'il en était le protecteur, que depuis le Concordat il y nomma et qu'au reste la bulle expédiée à cet effet et qui devait mentionner qu'elle l'était à sa prière, n'était exécutoire que par l'attache de Lettres patentes enregistrées avec elle au Parlement [69]; 2° quand il s'agissait de bénéfices tombant

---

(64) P. Pithou, *op. cit.*, LXXXI. D'Héricourt, *op. cit.* p. 299.

(65) Guy Coquille, *Instit. au dr. franç.* (*Œuvres*, t. 1 p. 18).

(66) Ainsi Boniface VIII avait créé l'évêché de Pamiers; Jean XXII tailla dans le diocèse de Toulouse ceux de Montauban, Rieux, Lombez, Saint-Papoul, Mirepoix, Lavaur. Puis furent détachés de Clermont Saint-Flour, d'Albi Castres, de Périgueux Sarlat, de Poitiers Luçon et Maillezais, de Rodez Vabres, de Limoges Tulle, d'Agen Condom, de Narbonne Saint-Pons de Thomières et Alet, etc.

(67) C. 8, X, V, 31. Constance, *sess.* XLIII; Trente, *sess.* VII, *cap.* 60. *Edit*, déc. 1606, art. 18.

(68) *Ord.*, Blois, mai 1579, art. 22, 23, 24. Cpr. Trente, *sess.* XXXIII, *cap.* 18; XXXIV, *cap.* 13, 19.

(69) *Sic* bulles d'Innocent XII, 3 oct. 1678 : démembrement de la pro-

en régale; 3° quand des bénéfices étaient unis à des communautés séculières ou régulières, en auraient-ils dépendu avant ([70]). Dans ces derniers cas des Lettres patentes étaient encore exigées. En fait, on en impétrait même pour les autres afin de donner plus d'autorité et de sécurité à l'acte, et de cette habitude à un droit de regard de la Chancellerie royale la différence était peu sensible.

Dans la province métropolitaine, l'archevêque avait perdu par désuétude le droit de visite, par conséquent une part de son pouvoir disciplinaire. Il gardait le ressort : on appelait des ordonnances et des jugements des évêques à l'official métropolitain, qu'il entretenait dans ce but. Il pouvait célébrer pontificalement dans toute la province et il en convoquait et présidait le synode, que les conciles et des ordonnances voulaient triennal ([71]).

L'évêque avait vu son prestige et son autorité diminuer du fait des interventions du Saint-Siège dans la collation des bénéfices et dans l'administration, à raison de la multiplicité des exemptions, mais aussi par suite de sa non-résidence habituelle. A Trente, on s'appliqua à restaurer le pouvoir épiscopal, par la suppression des abus dont les évêques se plaignaient. Redevenus seuls maîtres dans leurs diocèses, ils reprirent toute la juridiction, sauf les cas réservés au pape, et la libre disposition d'une partie de leur clergé. Par contre le concile les invitait à la résidence par certains avantages ([72]), leur commandait de prêcher eux-mêmes, de veiller au recrutement et à l'instruction des clercs ([73]), défendait de rien exiger des nouveaux bénéficiers ou promus aux ordres et d'ordonner des étrangers au diocèse non munis de lettres démissoires de leur Ordinaire ([74]). Le concile n'étant pas reçu en France, des ordonnances et des règlements synodaux

vince de Bourges par l'érection du siège métropolitain d'Albi, et d'Innocent XII, 1er juillet 1697 : érection du siège de Blois. Lors de l'érection de l'évêché de Paris en archevêché (1622) le Parlement avait demandé que la mention de la prière et du consentement du roi fût substituée au *proprio motu* pontifical (d'Héricourt, *op. cit.*, p. 412).

(70) *Ord.*, février 1330; *L. P.*, déc. 1604; *Edit*, sept. 1718; *Décl.* 25 avril 1719; 13 juillet 1719 (D'Héricourt, *op. cit.*, pp. 405, 407-408).

(71) Trente, *sess.* XXIV, *II*ᵐ *decr. de reform.*, cap. 2. — *Edits*, fév. 1580, art. 1er; sept. 1610, art. 6; *Décl.*, 16 avril 1646 (Is., t. 14, p. 465; t. 16, p. 11 t. 17, p. 58).

(72) Trente, *sess.* XXIII, *cap.* 1; XXV, *cap.* 1; XIII, *cap.* 1; XXIV, *II*ᵐ *decretum*, *cap.* 10.

(73) Trente, *sess.* XXIV, *cap.* 4, 7, 18; XXIII, *cap.* 18.

(74) Trente, *sess.* XXI, *cap.* 1; XXIV, *II*ᵐ *decr.*, *cap.* 14.

adaptèrent les principales de ces dipositions à la pratique gallicane ([75]).

Les archidiacres, dépouillés de toute juridiction contentieuse
et n'ayant plus que des bribes de la volontaire, exerçaient un
droit de visite annuelle sur les églises et chapelles de leur circonscription, quel qu'en fut le curé ou le desservant, contrôlaient
les comptes des fabriques, faisaient des ordonnances sur la gestion
de celles-ci et le service du culte, et devaient remettre leurs rapports à l'évêque sur l'état des paroisses ([76]). De l'ancien pouvoir
disciplinaire sur les clercs, il restait à l'archidiacre de présenter
les ordinands à l'évêque, de surveiller l'examen auquel ils étaient
soumis, de mettre en possession les bénéficiers pourvus ([77]).

Les archiprêtres, sous le nom de doyens ruraux, par commission de l'évêque et de l'archidiacre contrôlaient les curés,
présidaient à leurs conférences, visitaient les paroisses de leurs
doyennés; n'ayant aucun pouvoir propre, ils devaient sur tout
en rapporter à l'évêque ([78]). Les curés, en dehors du service du
culte et des sacrements, n'en avaient pareillement conservé aucun,
sinon au for intérieur. Quant aux ordres mineurs, ils n'étaient
plus que des façons de marquer les temps du stage imposé aux
candidats aux ordres majeurs. Malgré le vœu du concile de
Trente, les clercs mineurs n'étaient plus guère employés au service
de l'Eglise, où de simples laïques les remplaçaient ([79]).

Dès le début du xviie siècle, presque tous les chanoines avaient
cessé la vie commune et obtenu le partage des prébendes. Mais
ils continuaient à faire corps, gardant en commun quelques biens
et des droits de juridiction. Affranchi le plus souvent de l'évêque
par l'exemption, le chapitre cathédral avait d'ordinaire cessé
d'être son conseil obligé. Cependant il administrait le diocèse, sans
pouvoir rien y modifier, pendant les vacances du siège, avec les
pouvoirs, non pas d'ordre, mais de juridiction qui y étaient attachés; pourtant le concile de Trente et l'usage gallican lui enjoi-

---

(75) *Ord.*, Blois, mai 1579, art. 8, 11, 12, 13, 14, 17, 21, 24-26, 31.

(76) Trente, *sess.* XXIV, *IIm decr.*, *cap.* 3, 20. — *Edit*, déc. 1695, art. 14, 15,
17 (Is., t. 20, p. 251).

(77) D'Héricourt, *op. cit.*, p. 34.

(78) C'est-à-dire que l'ancien archiprêtre avec juridiction sur un territoire avait disparu. Mais, dans certains diocèses, lors de la réforme
religieuse du xviie siècle, « un vicaire forain, délégué de l'évêque et révocable par lui », se rencontre assez fréquemment et « beaucoup d'archiprêtres sont constitués vicaires forains ». L. de Lagger, *Albia christiania* t. 8,
pp. 82 et s., 145 et s.).

(79) Trente, *sess.* XXIII, *cap.* 17. — D'Héricourt, *op. cit.*, p. 446.

gnaient de nommer un ou plusieurs grands vicaires pour exercer à sa place la juridiction volontaire et un official pour la contentieuse (80). L'administration temporelle appartenait au roi. L'indépendance du chapitre était d'autant plus gênante pour l'évêque que, avec le temps, archidiacres, archiprêtre, chancelier, et tous les autres officiers de l'église cathédrale, y avaient été incorporés. Les Pères de Trente rendirent à l'évêque droit de visite et de correction sur les chapitres, la juridiction sur leurs membres et la disposition du tiers de leurs revenus (81).

L'évêque pouvait se constituer un conseil de chanoines et d'autres ecclésiastiques, à sa volonté: mais les canons et les ordonnances l'obligeaient, selon un usage très ancien, à réunir annuellement son clergé afin, sur l'avis des clercs, de réformer les abus, de faire des règlements (82), d'expédier les causes peu importantes et de désigner des juges à qui le Saint-Siège pût remettre les causes de renvoi (83).

Pour faciliter le recrutement d'un clergé instruit, l'ordonnance de Blois, à la suite du concile de Trente, prescrivit aux évêques l'établissement de séminaires et de collèges pour l'éducation des jeunes clercs; mais au règlement du concile on substitua en France des règlements diocésains qui se contentaient souvent d'une année d'études (84). Il était permis pour les doter ou en augmenter les ressources de leur unir des bénéfices. La Pragmatique Sanction, le Concordat prescrivirent l'attribution dans chaque église cathédrale d'une prébende à un gradué en théologie, ayant au moins dix années d'études, obligé à la résidence et à se consacrer à l'enseignement. Des ordonnances étendirent la prébende théologale à toutes les collégiales comptant dix prébendes et au-dessus (85).

(80) Trente, *sess.* XXIV, *cap.* 16. — Boutaric, *Instit. canon.*, p. 94 et s. Ces nominations s'expliquent par le fait que la mort de l'évêque avait mis fin à la commission de son grand vicaire et à celle de son official.

(81) Trente, *sess.* VI, *cap.* 4; *sess.* XXIV, II^m *decr.*, *cap.* 6; *sess.* XXII, *cap.* 3; *sess.* XXIII, *cap.* 18.

(82) Voir, par exemple, *Actes du synode tenu à Toulouse au mois de novembre 1782*, Toulouse, M. B. Pijon.

(83) Trente, *sess.* XXIV, *cap.* 2 : le concile voulait une réunion annuelle. Devaient assister aussi au synode diocésain les exempts non soumis à des chapitres généraux et tous ceux chargés du gouvernement des paroisses.

(84) Trente, *sess.* XXIII, *cap.* 1, 8. — *Ord.*, Blois, mai 1579, art. 24; *Edit*, Melun, février 1580, art. 1; *Ord.*, mai 1629, art. 6; *Règl.* 15 déc. 1698 (Is., t. 14, pp. 388, 564, t. 18, p. 227; t. 20, p. 319).

(85) *Pragmatica Sanctio, de collat.* 1; *Concordat, rubr.* III; *Ord.*, Orléans, 1560, art. 8; Blois, mai 1579, art. 33-34 (Is., t. 9, p. 24; t. 12, p. 82; t. 14,

A partir du Concordat, les fonctions ecclésiastiques auxquelles
correspondaient les gros bénéfices furent le plus souvent conférées
à la haute noblesse et aux grandes familles du tiers état ([86]). Il
n'y eut là, quoi qu'on ait dit, aucune règle absolue; mais la
tendance alla s'aggravant, grâce à l'influence que ces familles
exerçaient aux xviie et xviiie siècles sur le personnage qui détenait
la liste des bénéfices, sorte de directeur du personnel aux affaires
religieuses. Les bénéfices inférieurs continuèrent, au contraire, à
s'ouvrir indifféremment à tous.

II. — La collation des bénéfices ecclésiastiques.

Le droit des décrétales et les pratiques de la Chancellerie pontificale, prévention, grâces expectatives, réserves générales ou
spéciales, tendaient à la suppression du droit des électeurs pour
les bénéfices électifs et des collateurs ordinaires pour les autres.
Le pape pourvoyait si fréquemment au choix des titulaires des
premiers qu'on les qualifiait de bénéfices consistoriaux. Les causes
qui mettaient à sa disposition les seconds étaient si nombreuses
que, même pour eux, la nomination par le Saint-Siège devenait
la règle. Nous savons pourquoi ni la politique royale, ni les intérêts
fiscaux de l'Etat et des collateurs ecclésiastiques locaux ne pouvaient s'accommoder de ces errements et comment, opposées à
ceux-ci, les règles antérieures parurent constituer une part essentielle des libertés gallicanes. L'intervention concurrente et la résistance presque continue du pouvoir royal, quand il s'agissait de
bénéfices majeurs, entraînaient des compromis répétés, des solutions d'espèces ou des règlements momentanés; les protestations des
collateurs ecclésiastiques contraignaient parfois le Saint-Siège à
transiger sur les seconds : on partageait. Le pape et le collateur
ordinaire nommaient chacun pendant la moitié de l'année, ou un
certain nombre de mois, ou encore alternativement aux bénéfices
de la collation de celui-ci ([87]). Mais, au cours du Grand schisme,

pp. 66). Le Concordat fit de cette prébende un bénéfice. Les mêmes textes
ordonnaient aux monastères d'entretenir un précepteur chez eux, dans le
même but et un certain nombre d'élèves dans les Universités. Cpr. Trente,
sess. V, cap. 1.

(86) Aux Etats généraux de 1614, la noblesse demandait que, conformément à l'ordonnance de 1579, il ne fût admis à ces bénéfices que personnes d'âge, de prud'homie, suffisance et autres qualités requises et que
les gentilshommes y fussent préférés, le tiers qu'on appliquât l'ordonnance
de 1560.

(87) Sic L. P., 25 janv. 1421 (Is., t. 8, p. 662).

la diversité des obédiences, la rivalité des conciles et des papes [88]
inclinèrent les rois de France à rechercher une règle fixe soit
dans une loi de l'Etat, ce que fut la Pragmatique Sanction, soit,
dès que la paix religieuse le permit, dans le système du Concordat.
Dans les deux actes, on distinguait entre les bénéfices jadis électifs
et les bénéfices collatifs.

Les bénéfices, étant conférés *propter officium*, à raison d'une
fonction ecclésiastique, exigeaient à l'origine la résidence et ne
pouvaient être cumulés. Mais on dérogea assez vite à ces règles
et l'on en vint à distinguer entre ceux qui exigeaient la résidence
et les autres [89]. Les premiers étaient ceux qui avaient charge
d'âmes et quelques autres prélatures, dont la non-résidence,
après trois sommations inutiles du supérieur, entraînait la
perte [90]. Ces bénéfices furent aussi déclarés incompatibles entre
eux. A défaut d'option, après un certain délai, le bénéficier était
dépouillé des uns et des autres [91]. Mais encore cette rigueur
fut-elle atténuée par des dispenses appelées « commendes », grâce
auxquelles le cumul de n'importe quels bénéfices incompatibles
était autorisé, pourvu qu'un seul eût charge d'âmes. Des édits
décidèrent que tant qu'il resterait pourvu de deux bénéfices incompatibles, le bénéficier ne percevrait le revenu que d'un seul [92].
Aux religieux, tout cumul était interdit [93].

1° Les bénéfices supérieurs ou consistoriaux.

La Pragmatique Sanction, adoptant, sauf rectifications, les décrets du concile de Bâle, rétablissait les élections là où elles avaient
été établies par les anciens canons. Aux archevêchés, évêchés,
collégiales, abbayes, il devait être pourvu par élections et confirmations canoniques, sans que le pape pût y déroger autrement
que pour causes graves, raisonnables, admises par les cardinaux
et expressément formulées dans les Lettres apostoliques. Toutes

(88) Pendant les suspensions d'obédience, les règles traditionnelles furent
maintenues par des ordonnances : *L. P.*, 27 juill. 1398; 7 mai 1399; 29 déc.
1403; 17 avril 1410 (Is., t. 6, pp. 623, 632; t. 7, pp. 76, 229).

(89) X, III, 4.

(90) Le concile de Trente interdit aux bénéficiers ayant charge d'âmes
de s'absenter sans une permission de l'évêque, qui ne pouvait excéder
deux mois : *sess. XXIII, cap.* 1.

(91) Cc. 7, 28, III, 5; Trente, *loc. cit.*

(92) D. Gr., c. 3, Ca. 2, q. 1. — *Ord.*, Blois, mai 1579, art. 11; *Décl.*,
7 janv. 1681; *Edit*, avril 1695, art. 33 (Is., t. 14, p. 385, t. 19, p. 258, t. 20,
pp. 252 et s.). — Boutaric, *Explic. de l'ordonn. de Blois*, pp. 20 et s.

(93) Cc. 7, 8, X, I, 6.

réserves étaient abolies, sauf celles approuvées dans le corps du droit, c'est-à-dire concernant les bénéfices vacants *in Curia* (94). Chanoines et religieux devaient jurer que leurs votes étaient libres, non entachés de simonie, qui leur eût fait perdre leur droit électoral. Le supérieur immédiat était juge de l'élection et l'appel de sa sentence devait suivre la hiérarchie. Si le pape cassait une élection régulière pour les troubles qu'elle pouvait susciter dans l'Eglise ou le pays, il devait assigner un délai et un lieu aux électeurs pour procéder à la nouvelle. Mais, tandis que le concile condamnait toute ingérence laïque, l'assemblée de Bourges admettait qu'on tînt compte des recommandations du roi ou des princes en vue du bien de l'Etat. Elle émettait aussi le vœu que les pourvus *in Curia*, à moins qu'ils n'y fussent présents, fussent consacrés ou bénits par leurs supérieurs hiérarchiques, en tout cas, lui prêtassent serment (95). Repoussée par le Saint-Siège, négligée par le concile à raison des rectifications à ses décrets, faiblement soutenue par les rois, la Pragmatique Sanction ne fut, pour ces bénéfices, que rarement observée (96). Dans le demi-siècle qui suivit, les rois et les papes inclinèrent toujours davantage vers un accord direct. Le Concordat d'Amboise était muet sur les bénéfices majeurs, mais les Lettres patentes qui l'annonçaient en France consacraient le principe de l'entente exclusive des deux Chancelleries, qui triompha en 1516 (97).

Alors, le Concordat abolit définitivement les élections. De quelque façon qu'un de ces bénéfices vînt à vaquer, le roi devait dans les six mois désigner (*nominare*) au pape un candidat apte à en recevoir l'institution canonique. Des Lettres de cachet étaient adressées au souverain pontife, à l'ambassadeur de France, au cardinal protecteur qui était le préposant en consistoire, où les provisions étaient accordées. Si le choix du roi était écarté faute des conditions requises, il avait trois mois pour en faire un autre, après quoi le droit de nomination était dévolu au pape : disposition simplement comminatoire, car jamais celui-ci ne passa outre à la présentation royale, quelque temps qu'elle mît à se produire. Pour les archevêchés et évêchés, les candidats devaient être âgés d'au moins vingt-sept ans, être docteurs ou licenciés en théologie ou en l'un ou l'autre droit, sauf les personnes de naissance illustre et les religieux d'une science ou érudition notoire, enfin satisfaire

(94) C. 2, *in* VI°, III, 4.
(95) Is., t. 9, pp. 16-21; Mansi, t. 29, pp. 5 et s.
(96) Noël Valois, *op. cit.*, pp. XCIV-CXXVI.

aux autres règles canoniques. Sur le décret du consistoire agréant comme suffisant et digne l'évêque nommé, les bulles lui étaient expédiées. Il devait les présenter au grand sceau et y lever des Lettres à faire enregistrer à la Chambre des Comptes, pour, après le serment de fidélité au roi, obtenir mainlevée de la régale et entrer en possession du temporel. Il était tenu finalement de se faire consacrer dans les trois mois. Pour les abbayes et les prieurés conventuels électifs (les seuls visés par le Concordat), le roi devait nommer un religieux profès du même ordre, âgé de vingt-trois ans au moins; aucun degré universitaire n'était exigé ([98]).

Par exception et malgré l'abrogation des réserves, le Concordat conservait expressément au pape la collation des prélatures vacantes par décès *in Curia* : en fait, le roi nomma à ces bénéfices comme aux autres et le droit papal fut tenu pour désuet ([99]). D'autre part, l'élection était maintenue en faveur de chapitres cathédraux ou d'abbayes se prévalant de privilèges spéciaux. Mais, devant le nombre de ceux et de celles qui y prétendirent, une bulle de Clément VII suspendit tous ces privilèges, sauf pour les abbayes régies par les chefs d'ordre, et, par indults renouvelés annuellement jusqu'à Charles IX, le roi reçut le pouvoir d'y nommer, qui ne lui fut plus contesté par la suite ([100]).

Pour satisfaire en partie aux vœux de députés aux Etats généraux de 1560 qui demandaient le retour à la Pragmatique Sanction, l'ordonnance d'Orléans de la même année avait fait une place à l'élection et décidé que le roi nommerait archevêques et évêques en choisissant sur une liste de trois candidats, ayant les qualités requises et présentés par un collège composé du synode provincial, du chapitre cathédral, de douze gentilshommes députés par la noblesse et de douze bourgeois élus à l'Hôtel de ville du siège vacant. Mais cela ayant paru contraire au Concordat fut abrogé, par un édit de janvier 1562, à la demande du Saint-Siège ([101]). L'ordon-

(97) *L. P.*, 31 oct. 1472, art. 10 (Is., t. 10, p. 653).

(98) *Concordata inter Leonem X, summum pontificem, et Franciscum I, Galliarum regem*, tit. III et IV : Boutaric, *Explication du Concordat*, pp. 191-194. — En français : Is., t. 12, pp. 79 et s.

(99) *Mémoires du clergé*, t. 10, p. 173; Boutaric, *op. cit.*, p. 37.

(100) *Mémoires du clergé*, *loc. cit.*; Boutaric, *op. cit.*, p. 38. Cpr. *Ord.*, Blois, mai 1579, art. 3 (Is., t. 14, p. 382).

(101) *Ord.*, Orléans, janv. 1560, art. 1 (Is., t. 14, p. 62). Boutaric, *op. cit.*, p. 19. Cependant le concile de Trente décida, vers le même temps (11 nov. 1563), que le synode provincial dresserait une liste aussi de trois membres sur laquelle le pape choisirait et instituerait le nouvel évêque

nance de Blois chercha au contraire à le compléter en établissant une procédure pour l'exercice du droit de nomination du roi. Celui-ci ne devait nommer qu'un mois après la vacance : l'information sur la vie et les mœurs du candidat était confiée à l'évêque du diocèse où il avait résidé les cinq dernières années et devait être suivie d'un examen devant un évêque et deux docteurs en théologie [102]. Les évêques élus, non encore dans les ordres, devaient s'y faire promouvoir et être consacrés dans les trois mois à dater des Lettres de provision; les abbés et prieurs conventuels dans l'année qui suivait l'âge requis pour la prêtrise [103]. Les édits exigeant la qualité de Français étaient rappelés [104]. Toutes réserves, qu'il faut entendre ici des grâces expectatives, accordées par le roi, étaient interdites ou annulées [105]. Le cumul de bénéfices de même nature était interdit [106]. Mais ces dispositions, dans la mesure où elles ajoutaient au Concordat, ne liaient pas le roi vis-à-vis du Saint-Siège. Aussi furent-elles peu observées ou, par la suite, modifiées.

Mais des dérogations graves à la fois aux principes canoniques et à la lettre du Concordat consistèrent à écarter la règle *regularia regularibus, saecularia saecularibus* [107] et l'interdiction du cumul des bénéfices incompatibles, au moyen de la « commende » et de la « confidence ». Par la première, un dignitaire du clergé séculier était investi d'une abbaye ou d'un prieuré important ou d'un second bénéfice séculier dont il percevait les revenus, en ne laissant

(*sessio* XXIV, *cap.* 1). Cela ne s'appliqua pas en France où tout était réglé par le Concordat.

(102) *Ord.*, Blois, mai 1579, art. 1, 2 (Is., t. 14, pp. 381 et s.). Le concile de Trente (*session* XXII, *cap.* 2) remettait le soin d'informer sur les candidats aux légats et aux nonces.

(103) *Ord.*, Blois, mai 1579, art. 8, 9. L'art. 8 reproduit une décision du concile de Trente, *sess.* XXIII, *cap.* 2.

(104) *Ibid.*, art. 4, 6. Voy. *Ord.*, 10 mars 1431; *Ord.*, Orléans, janv. 1560, art. 17; *Libertez de l'Eglise gallicane*, XXXIX. Mais le roi pouvait accorder des dispenses ou des Lettres de naturalité.

(105) *Ord.*, Blois, mai 1579, art. 7. Le roi, ayant seul la nomination à ces bénéfices, n'avait besoin d'aucune réserve, mais il pouvait accorder des grâces expectatives. La sanction contre ceux qui en obtiendraient (incapacité d'obtenir jamais aucun bénéfice) était évidemment comminatoire.

(106) *Ibid.*, art. 11. Il s'agit de bénéfices de même espèce : deux archevêchés, deux évêchés. Pour le cumul de bénéfices divers, le pape pouvait accorder des dispenses : *Edit*, 1695, art. 33 (Is., t. 20, p. 253). Boutaric, *Explication de l'Ordonnance de Blois*, pp. 20 et s. Cpr. Trente, *sess.* VII, cap. 2, 4.

(107) Voy. ci-dessus, p. 325.

aux religieux, dans le premier cas, que de très minimes pensions. Seul le pape pouvait dispenser des canons, renouvelés sur ce point par le concile de Trente, et autoriser la commende par un indult [108]. Or, il le fit si souvent à la demande du roi que presque toutes les abbayes étaient possédées par des séculiers [109]. Par la seconde, encore plus sévèrement condamnée par le droit tant civil que canonique, mais pratiquement tolérée, une personne, apte à posséder un bénéfice, en était investie avec obligation d'en faire passer les revenus à une autre, clerc ou laïque, qui ne l'était pas. Des femmes, des enfants même étaient ainsi favorisés, réduisant le titulaire effectif à la portion congrue. Contre ces errements, les protestations furent continues, mais l'usage en persista [110].

2° Les bénéfices inférieurs ou collatifs.

Dans le désir de restaurer les anciens canons et de mieux défendre les collateurs ordinaires, l'assemblée de Bourges s'était montrée, en ce qui touchait aux bénéfices collatifs, plus rigide que les Pères de Bâle. La Pragmatique Sanction abrégeait encore la durée de validité des grâces expectatives déjà imparties et penchait vers des sanctions plus rigoureuses pour celles à venir [111]. Elle suspendait, conformément au IIIe concile de Latran, le droit de prévention du pape pendant les six premiers mois de la vacance des bénéfices [112]. Elle voulait que sur le tiers des prébendes qu'on avait réservé, à Bâle, aux gradués, deux tiers fussent attribués aux suppôts des Universités, selon un ordre indiqué et sur la justification par celles-ci des grades et de la situation ecclésiastique de leurs candidats, les bénéfices vacants par permutation ou simple résignation exceptés [113]. Par contre, elle admettait que

---

(108) La commende était aussi désignée par le terme d' « économat ». *Ord.*, Blois, mai 1579, art. 7. — Guyot, *Répert.*, V^{is} commende, confidence.

(109) *Rec. de remontrances, édicts... concernant le clergé de France*, 1577, pp. 6 et s.

(110) Voy. *L'abbé commendataire*, par le sieur de Froimont, Cologne, 1674.

(111) *Pragmatique Sanction : Decretum de collatione beneficiorum*, art. 2, 3 (Is., t. 9, pp. 26 et s.).

(112) *Ibid.*, art. 4. — IIIe Latran (1179), c. 8.

(113) *Ibid.*, art. 5, 6, 7, 8. Sur la réquisition de l'Université et la production des pièces justificatives exigées, les collateurs et patrons ecclésiastiques devaient par roulement instituer ou présenter à un bénéfice sur trois un gradué ou un suppôt. Les collégiales dépendant du même collateur étaient censées n'en faire qu'une : art. 5.

le pape vivant jouît, comme il était accordé à ses successeurs, du droit de disposer par mandats apostoliques, une fois au cours de son règne, d'un bénéfice sur les collateurs qui en avaient dix à leur collation et de deux sur ceux qui en avaient cinquante (¹¹⁴). Mais ces décrets modifiés ne devaient être exécutoires qu'après confirmation par le concile qui négligea de les examiner, bien que le roi les eût promulgués en France et fait enregistrer au Parlement. On dut reprendre la pratique des compromis et des solutions d'espèces dans l'attente d'un concordat toujours espéré (¹¹⁵).

Celui de 1516 adopta en grande partie, pour cette catégorie de bénéfices, les dispositions de la Pragmatique Sanction. Les prérogatives des collateurs ordinaires, archevêques, évêques, abbés, prieurs, furent définitivement rétablies, et de même celles des patrons ecclésiastiques, sous l'obligation, pour les uns et les autres, de réserver les bénéfices qui vaqueraient pendant le tiers de l'année aux gradués des Universités, d'après la distribution suivante : 1° les bénéfices venant à vaquer dans les mois d'avril et d'octobre devaient être conférés aux gradués simples qui en faisaient la réquisition; 2° ceux vacants aux mois de janvier et de juillet aux gradués nommés, c'est-à-dire recommandés par les Universités, pourvu que les uns et les autres eussent fait insinuer leurs capacités et les seconds leurs Lettres de nomination en temps voulu. Pendant les huit autres mois, les collateurs et patrons recouvraient la liberté de nommer d'autres personnes remplissant les conditions canoniques (¹¹⁶). Entre gradués ou non, la règle devait être observée, *regularia regularibus*, *saecularia*, *saecularibus*, dont toute dispense du pape était déclarée par la doctrine gallicane abusive (¹¹⁷). Les bénéfices attribués aux gradués devaient leur être conférés sur leurs réquisitions par les collateurs à peine de nullité, mais sous les réserves que voici : 1° les bénéfices vacants par démission ou permutation échappaient à l'expectative des gradués; encore un édit de 1691 exigea-t-il que la permutation eût été insinuée deux jours francs avant la mort de l'un des permutants (¹¹⁸); 2° le Concordat considérait comme « rempli » tout

(114) *Ibid.*, art. 10, 11, 12, 13, 14.
(115) Noël Valois, *op. cit.*, pp. xciii et s., cxxvii et s.
(116) *Concordat*, 1516, *rubr.* III (Is., t. 12, p. 83 et s.), où sont également indiqués les sortes de grades et les temps d'études pour bénéficier de l'expectative des gradués.
(117) *Concordat*, *loc. cit.*, et Boutaric, *Expl. du Concordat*, pp. 118 et s.
(118) *Concordat*, *loc. cit.*, et Boutaric, *op. cit.*, pp. 119 et s. — *Édit*, 1637, art. 21; *Décl.* 1644, art. 140.

gradué nanti de charges ou de bénéfices lui rapportant, avec les avantages de la résidence, 200 florins de chambre et lui interdisait d'en solliciter d'autres; l'édit de décembre 1606 prononça la même interdiction contre le gradué séculier à qui un premier bénéfice, obtenu à raison de son grade, procurait 400 livres de rente et le gradué régulier, quel que fût ce revenu, car aux réguliers tout cumul était défendu [119]; 3° le même édit (art. 1) affranchit les églises cathédrales de l'expectative des gradués. Il sied d'ajouter qu'en quelque mois qu'elles fussent devenues vacantes, les cures des cités épiscopales et des villes murées ne pouvaient être données qu'à des impétrants étant au moins maîtres ès arts ou ayant fait trois ans d'études théologiques. L'édit de 1606 (art. 31) exigea que les titulaires des dignités des églises cathédrales et des principales des collégiales fussent gradués en théologie ou en droit canon [120].

Les prescriptions du Concordat s'imposaient à tous les collateurs, quel que fût leur rang. La violation de ces règles, notamment de celles concernant les gradués, et la négligence à procéder à la collation dans les six mois de la vacance entraînaient la dévolution du droit au profit du supérieur immédiat. Cette dévolution s'opérait de degré en degré jusqu'au pape [121].

Le rétablissement des droits des collateurs et patrons ecclésiastiques avait pour contre-partie l'abolition des réserves pontificales et de l'usage, tant de la part du roi que du pape, des grâces expectatives [122]. Cependant il subsista à leur profit quelques lambeaux de la pratique antérieure : 1° lorsque les statuts d'une église métropolitaine, cathédrale ou collégiale, exigeaient que ses dignités, personnats, administrations ou offices fussent occupés par des chanoines, le pape, afin d'y pourvoir, se réservait le droit de créer un canonicat *ad effectum* : mais cela n'était guère assimilable à un bénéfice [123]; 2° par interprétation erronée du Concordat, la jurisprudence admit le maintien de la réserve ancienne au profit du Saint-Siège des bénéfices vacants *in Curia;* mais elle la ramena à cette concession que, dans le mois qui suivait la mort du béné-

---

(119) *Concordat, loc. cit.,* p. 85. *Ord.,* déc. 1606, art. 30 (Is., t. 15, p. 312).
(120) *Concordat,* 1516, *rubr.* III (Is., t. 12, p. 86). *Édit,* déc. 1606, art. 1, 31 (Is., t. 15, pp. 304, 312).
(121) X, 3, 4, *de sup. negl. prael.* En France, il n'y avait pas dévolution de l'évêque au chapitre : Rebuffe, *Praxis beneficiorum, de devolutionibus,* n° 33, 1553, pp. 245 et s.
(122) *Concordat,* 1516, *rubr.* II (Is., t. 12, p. 81).
(123) *Concordat,* 1516, *rubr.* II (Is., t. 12, pp. 81 et s.).

ficier, le pape ne pouvait être prévenu par le collateur ordinaire, qui, après ce délai, recouvrait ses droits ([124]); 3° chaque pape, une fois en sa vie, disposait par mandat apostolique d'un bénéfice sur les collateurs en ayant dix à leur nomination et de deux sur ceux en ayant cinquante, sans pouvoir en grever aucun de deux prébendes dans la même cathédrale ou collégiale. Mais après la condamnation des réserves, mandats et expectatives par le concile de Trente, les collateurs français s'affranchirent de cette dépendance, qui tomba en désuétude ([125]); 4° le roi ne cessa de pratiquer des sortes de nominations très analogues aux mandats apostoliques : en vertu d'indults plusieurs fois renouvelés depuis le xve siècle, il autorisait chacun des officiers du Parlement à lui présenter, une fois au cours de sa magistrature, un candidat afin qu'il le nommât sur le collateur qu'il choisissait ([126]); à son avènement et à la prestation de serment des archevêques ou évêques, il nommait à chacun d'eux un ecclésiastique pour que lui fût attribué un canonicat vacant dans l'église cathédrale de ce prélat ([127]).

Le Concordat laissait subsister le droit de prévention du souverain pontife, fondé sur la doctrine de son épiscopat universel, source de tous les autres, mais très combattue en France. Le pape en tout temps pouvait nommer à tous les bénéfices collatifs tant que le collateur n'y avait pas pourvu ou que la réquisition d'un gradué ne s'était pas produite, sous la seule condition d'observer la règle *de verisimili notitia obitus*, règle d'origine romaine, mais dont on avait fait en France une loi de l'Etat et qui prononçait la nullité des provisions délivrées par le pape, si entre la mort du bénéficier et ces provisions il ne s'était pas écoulé un

---

(124) *Concordat, rubr.* 1 (Is., t. 12, p. 81) qui ne vise que les bénéfices à la nomination du roi pour lesquels, malgré le texte du Concordat, la réserve *in Curia*, fut écartée par la pratique : Voy. p. 964. Louet ,sur du Moulin, *In regulas cancellariae romanae, hactenus in regno Franciae usu receptas commentarius analyticus, Reg.* 18, de *infirmis resignantibus*, n° 172. Pinsson, *Tr. des régales*, XIII, n° 3.

125) *Concordat*, 1516, *rubr.* IV (Is., t. 12, pp. 87 et s.). Cpr. Trente, *sess*. XXIV, *cap.* 29. Boutaric, *Instit. canoniques*, IV, p. 79. Dans les pays d'obédience, Bretagne, Roussillon, le pape continuait à se réserver les bénéfices vacants pendant huit mois de l'année.

(126) Les indultaires du Parlement ne pouvaient requérir que des bénéfices vacants par mort; mais ils avaient le droit de refuser ceux ayant charge d'âmes ou au-dessous de six cents livres et de requérir en commende des bénéfices réguliers : *Edit*, 1691, art. 13; *Décl.*, 1577; *L. P.*, 31 mars 1599. — Boutaric, *Explic. du Concordat*, pp. 131 et s. Pinsson, *Tr. des régales*, XIII, n° 39.

(127) Chopin, *De domanio*, II, 9, n° 16; Pinsson, *op. cit.*, XII, n° 16.

temps assez long pour que cette mort ait pu être connue du pape [128]. Hostile à la prévention pontificale, la jurisprudence tâcha de la restreindre. Elle voulut qu'une collation ou une réquisition même nulle du bénéfice l'écartât [129]. En outre, on admettait, en France, que le pape devait conférer le bénéfice au premier en date qui le demandait, quitte à soumettre ensuite au juge royal la question de validité ou non de la provision; s'il refusait, le Parlement ordonnait à l'évêque diocésain de délivrer la provision pour avoir effet à la date prise en cour de Rome [130]. En enlevant ainsi au pape la liberté du choix, on pensait diminuer son autorité sur les bénéfices français.

3° Les résignations « in favorem ».

La doctrine ancienne exigeait pour toute dérogation aux canons, une dispense du pape [131]. Or, un ecclésiastique ne pouvant résigner son bénéfice sans une cause légitime, consacrée par le droit [132], résignations et permutations eussent dû nécessiter une intervention pontificale. Mais les décrétales avaient autorisé les évêques à admettre au moins les résignations pures et simples et les permutations quand elles seraient justifiées et utiles à l'Eglise [133]. La pratique gallicane leur imposait même de les agréer sans prendre aucune connaissance de la légitimité du motif, à moins qu'elles ne parussent évidemment frauduleuses (parenté des permutants, maladie de l'un d'eux), ce qui en entraînait la nullité [134]. Un édit de 1691 faisait résulter celle-ci de plein droit de la mort de l'un ou de l'autre, survenant moins de deux jours francs après l'insinuation de ses provisions [135]. En outre, l'assentiment du patron laïque, s'il y en avait, était requis [136].

Il en fut autrement des résignations *in favorem*, quand l'usage

(128) *Concordat*, 1516, *rubr.* IV (Is., t. 12, p. 87).

(129) Rebuffe, *Praxis beneficiorum, de reservationibus*, n° 35, 1553, pp. 115 et s.

(130) *Libertez de l'Eglise gallicane*, XLVII. Ord., Blois, 1579, art. 64; Ord., juill. 1629, art. 22; Edit, avril 1695, art. 2-9 (Is., t. 14, p. 398; t. 16, p. 231; t. 20, pp. 244 et s.).

(131) Voy. ci-dessus, p. 325.

(132) Cc. 1, 10, X, I, 3.

(133) C. 5, X, III, 19.

(134) Rebuffe, *Praxis beneficiorum, De permutationibus*, n° 20, p. 531, Du Moulin, *op. cit., Reg.* 18, *de infirmis resignantibus*, n°ˢ 4, 118, 124. Voy. aussi: *Edit*, 1637, art. 21; *Décl.* 1646, art. 14.

(135) *Décl.*, février 1678. (Néron, *Ord.*, t. 2, p. 142.)

(136) *Edit*, déc. 1691, art. 13. (Is., t. 20, p. 143.)

s'en répandit. Elles ne purent être faites qu'entre les mains du pape ([137]). Mais, là encore, la jurisprudence reçue en France dénia au souverain pontife, sous la menace d'appel comme d'abus, la faculté de les examiner et de les refuser ([138]). La législation royale les entoura, au contraire, de formalités restrictives et gênantes. Un décret d'Innocent VIII, *de infirmis resignantibus*, annulant les résignations faites en état de maladie et déclarant vacant par mort le bénéfice quand le résignant était décédé dans les vingt jours après la résignation, ne fut pas maintenu dans la pratique, grâce à une clause de dispense devenue de style, sauf pour les bénéfices des cardinaux ([139]). Une règle de Chancellerie, *de publicandis resignationibus in partibus* enjoignait aux résignataires, pourvus en Cour de Rome, de faire publier les résignations et de prendre possession dans les six mois, après lesquels la mort des résignants annihilait la résignation ([140]). Tout cela était mal observé. Beaucoup de résignants voulaient rester en possession de leurs bénéfices pendant leur vie et n'avaient dessein que d'en assurer la possession aux résignataires à leur décès. Aussi gardaient-ils par devers eux la procuration *ad resignandum* ou la renouvelaient-ils de six mois en six mois, et le résignataire impétrait seulement le bénéfice à Rome pour le jour de sa vacance, au moyen d'une inscription au bureau du préfet « des petites dates », pour s'assurer la priorité sur les autres requérants possibles. Contre ces manœuvres, qui dépouillaient les collateurs ordinaires, l'édit du mois de juin 1550, connu sous le nom d' « édit des petites dates », prit des mesures pour faire apparaître la date vraie de la présentation de la procuration en Cour de Rome et celle des provisions qui y auraient été délivrées ([141]). Cette procuration devait être authentique, reçue devant témoins et remise

(137) C. 4, X, III, 8. La résignation pouvait être faite aux mains du roi pour les bénéfices dont il avait la collation : d'Héricourt, *Lois ecclésiastiques*, p. 338.

(138) *Libertez de l'Eglise gallicane*, XLVII. Voy. les ordonnances citées note 130.

(139) *Libertez de l'Eglise gallicane*, XLIII. Du Moulin, *op. cit.*, *Reg. 18, de inf. resign.* nos 34-38, 1598, pp. 64-72. D'Héricourt, *op. cit.*, XIV, nº 29.

(140) *Lib. de l'Egl. gall.*, *l. c.* — Texte du décret : Boutaric, *Inst. can.* p. 56. L'édit de 1691, art. 12, ajouta qu'après les six mois, la résignation ne vaudrait que si la prise de possession et son insinuation étaient antérieures de deux jours francs à la mort du résignant.

(141) *Edit*, juin 1550 (Is., t. 13, pp. 165 et s.). Du Moulin en écrivit un commentaire (1552) : *Omnia quae extant opera*, 1681, t. 4, pp. 307 et s. D'Héricourt, *op. cit.*, pp. 339 et s.

aussitôt à un procureur pour être insinuée au greffe du diocèse. Elle ne valait que pour. un an et tombait par la révocation ou la mort du résignant avant que la résignation fût admise. Le résignataire devait, à peine de nullité, prendre possession dans les trois années à partir de l'admission, pourvu que le résignant fût encore vivant, car sa mort survenant avant la prise de possession, six mois. après la résignation, l'annihilait, au point que le bénéfice était tenu pour vacant par mort ([142]). Les résignations faites en santé étaient irrévocables; faites au cours d'une maladie, elles pouvaient être l'objet de révocations ou « regrés »; mais il fallait au résignant de nouvelles provisions ([143]).

Les provisions de la Cour de Rome n'étaient. exécutoires en France que sur le *visa* de l'évêque diocésain à qui elles renvoyaient. le pourvu se présenter en personne pour être examiné. Les lettres de *visa*, nécessaires pour l'entrée en possession, devaient mentionner cet examen ([144]).

4° Les patrons laïques et ecclésiastiques. — La régale spirituelle.

Les patronats laïques et ecclésiastiques, toujours justifiés par la fondation, la dotation ou la construction de l'église, voire, selon certains, par la prescription quarantenaire, continuaient de s'exercer par la présentation d'un candidat à l'institution canonique de l'évêque, dans les conditions antérieures ([145]). Le droit des patrons laïques, jamais atteint par les pratiques de la Chancellerie pontificale, échappait à la prévention du pape ([146]). Par

(142) *Edits*, juin 1550; 1637, art. 20, 23; *Décl*. 1646, art. 4, 8, 12, 15 : la prise de possession avait lieu par-devant notaire, assisté de deux témoins, sauf pour les bénéfices des églises cathédrales, collégiales et conventuelles où elle était consignée au greffe de l'église. (Is., t. 17, p. 58). *Edit*, déc. 1691, art. 1, 11; *Décl*. 24 fév. 1737. D'Héricourt, *loc. cit.*

(143) Boutaric, *Instit. canoniques*, XVI, pp. 63-72.

(144) Trente, *sess*. XXIV, *cap*. 18. — *Ord*., Blois, 1579, art. 12, 64; *Edit*, Melun, 1580, art. 14; *Edit*, avril 1695, art. 2, 3 (Is., t. 14, pp. 385, 469; t. 20, p. 243). Cpr. *Ord*., janv. 1629, art. 6 (Is., t. 16, p. 227). Févret, *Tr. de l'abus*, III, 4, n°s 12, 15. Les pourvus en forme gracieuse n'avaient besoin du *visa* que pour les bénéfices ayant charge d'âmes.

(145) Voy. ci-dessus, pp. 323 et s. — On connaissait aussi des patrons mixtes : collectivités comprenant des clercs et des laïques, telles les universités, des confréries. Si les membres exerçaient leur droit de présentation en commun : pas de prévention du pape, une seule présentation, délai de six mois; s'ils l'exerçaient à tour de rôle : on appliquait à chaque groupe les règles propres aux patrons laïques ou ecclésiastiques. Roger, *Tr. de jure patronatus*, *cap*. VII.

(146) Les *jura patronatus* étaient considérés en principe comme *in fructu*,

une négligence de quatre mois ou la désignation d'irrecevables, il était dévolu, comme celui des patrons ecclésiastiques au bout de six, à l'évêque. Au reste, insensiblement, le nombre des patrons laïques diminua, soit par extinction, soit par transfert à des établissements religieux. Au xviiᵉ ou au xviiiᵉ siècle, dans certains diocèses, il n'y en avait plus [147].

La régale spirituelle, assez récente, puisqu'on en discutait encore au temps de Philippe le Bel [148], mettait, comme il a été dit, nombre de bénéfices à la collation du roi pendant la vacance des sièges épiscopaux, et il en usait avec des pouvoirs plus étendus que ceux de l'évêque lui-même. C'étaient : 1° tous les bénéfices n'ayant pas charge d'âmes; 2° les dignités des chapitres même ayant charge d'âmes et juridiction, mais sous réserve de l'examen et de l'institution par le nouvel évêque ou les vicaires généraux [149]. Mais le roi admettait les résignations *in favorem* qu'il n'appartenait pas à l'évêque de recevoir; il ne subissait pas la prévention du pape; il écartait le droit du patron ecclésiastique. Il suspendait primitivement les droits que les chanoines exerçaient conjointement ou alternativement avec l'évêque, mais l'édit de janvier 1682 déclara qu'il n'entendait en ces cas que se substituer à l'évêque, laissant au chapitre pendant la régale les droits et prérogatives qui lui appartenaient en temps normal [150]. Enfin le roi disposait du bénéfice, que celui-ci fût vacant de fait ou de droit, alors que la collation par l'évêque n'était possible que s'il l'était de fait et de droit [151]. La régale n'avait jamais

c'est-à-dire compris dans les revenus, de sorte qu'ils appartenaient à l'engagiste, à l'usufruitier, au fermier, au mari : c. 7, X, III, 38; c. 18, X, II, 27. Mais la doctrine gallicane ne l'admit guère qu'en cas de cession expresse, y voyant plutôt un droit honorifique attaché à la personne du propriétaire : du Moulin, *Comm. in C. parisiensem*, I, § 9, gl. 3, nᵒˢ 5-6 (*Opera*, 1658, t. 1, pp. 366 et s.). Roger, *op. cit.*, cap. XXXVI.

(147) *Sic* aux diocèses de Castres et d'Albi : Louis de Lagger, *États administratifs des anciens diocèses d'Albi, de Castres et de Lavaur* (*Textes et mémoires relatifs à l'hist. des anc. dioc. du Tarn*, fasc. 2). Les collateurs y étaient l'archevêque, des chefs de corporations religieuses, abbés, commandeurs, prieurs, abbesses, ou des corps ecclésiastiques, des chapitres, ou quelqu'un de leurs dignitaires. Cependant nombre d'églises restaient sous la justice directe de seigneurs, nobles ou non-nobles.

(148) Dupuy, *Hist. du différend d'entre le pape Boniface VIII et Philippe le Bel, roy de France*, 1655 : *Scriptum contra Bonifacium*, p. 319. Une bulle d'Urbain V l'admet puisqu'elle n'en conteste qu'une application erronée. Prou, *Relations entre Urbain V et Jean II. Pièc. just.* nᵒ 79.

(149) *Edit*, janv. 1682 (Is., t. 19, p. 376).

(150) *Ibid.*, p. 376.

(151) Par exemple, il y avait vacance de fait si un résignataire admis

compris les bénéfices-cures, dont la collation était réservée au futur évêque à moins que le chapitre n'en eût la collation conjointement avec l'évêque, ce qui l'autorisait à y pourvoir, ou que le pape y nommât. Or, une déclaration du 2 décembre 1688 décida que, pendant la vacance du siège, le chapitre pourvoirait à toutes les cures qui seraient à la collation de l'évêque, s'il y en avait un [152]. Mais le chapitre étant obligé de nommer des vicaires généraux et de leur déléguer les pouvoirs qu'il tenait du fait de cette vacance [153], on estimait que son droit de collation passait *de plano* à ceux-ci [154].

D'abord, la régale spirituelle n'était pas générale; mais la jurisprudence s'efforça de l'étendre à tous les évêchés en la rattachant au sacre et à la dignité religieuse du roi. Aussi était-ce une prérogative exclusivement personnelle [155]. Une déclaration de 1673, publiée à la suite des protestations d'évêques de la région du Midi que leurs sièges réunis à la France postérieurement à l'établissement de cette régale n'y étaient pas soumis, n'en excepta que ceux dont l'exemption avait été obtenue à titre onéreux [156]. Cependant deux nouveaux évêques de Pamiers (1673) et d'Alet (1675) refusèrent de s'y soumettre et excommunièrent les bénéficiers pourvus en régale. Bien que de tendances jansénistes, ils furent approuvés par Innocent XI. Des brefs de celui-ci furent condamnés par le Parlement, et le roi menacé convoqua l'assemblée du clergé pour le mois de janvier 1682. Elle confirma le droit de régale sur tous les évêchés du royaume et formula la déclaration célèbre que l'on connaît [157].

n'avait pas pris possession ou l'avait fait par procureur, avant la mort du résignataire ou avant l'ouverture de la régale.

[152] *Décl.*, 2 déc. 1688.

[153] Trente, *sess.* VII, *cap.* 10.

[154] Pastor, *Tr. de Beneficiis*, 1, 12, 2 : « In vicarium capituli potestas quæ ab episcopo in capitulum devoluta fuerit, sine reservatione ulla transfertur ».

[155] Le Bret, *op. cit.*, I, 6, pp. 122-126.

[156] *Décl.*, 10 février 1673 (Is., t. 19, p. 67).

[157] *Arrêts du Parlement*, 31 mars, 21 juin 1681; *Edit et adhésion du clergé à l'extension de la régale*, janv. 1682; *Edit pour l'enregistrement de la déclaration*, mars 1682 (Is., t. 19, pp. 262, 272, 374, 379). — Voy. p. 439.

§ 3. — Le patrimoine ecclésiastique.

I. — LES BIENS DE L'ÉGLISE ET SA CAPACITÉ DE POSSÉDER.

1° Composition du patrimoine ecclésiastique et modes d'acquisition.

La composition du patrimoine ecclésiastique restait la même. Son accroissement s'était sensiblement ralenti. L'ère des donations innombrables et opulentes était passée : celles-ci se faisaient plus rares. La succession *ab intestat* des évêques et des prêtres allait à leurs familles; ils disposaient librement de leurs biens quelle qu'en fût la provenance [158]. L'obligation du legs pieux imposée aux fidèles, écartée au xve siècle par des arrêts, était tombée en désuétude [159]. Rien de tout cela n'était plus en usage aux trois derniers siècles de la monarchie. Tel quel le patrimoine de l'Eglise restait considérable. Les uns lui attribuaient le tiers des biens fonciers du royaume, les autres les deux tiers ou encore les sept douzièmes des revenus de la France [160]. C'était fort exagéré [161]. « Ceux qui ont examiné cette matière avec des yeux aussi sévères qu'attentifs, dit Voltaire, n'ont pu porter les revenus de toute l'Eglise gallicane séculière et régulière au delà de quatre-vingt-dix millions. Ce n'est pas une somme exorbitante pour l'entretien de quatre-vingt-dix mille personnes religieuses et de cent soixante mille ecclésiastiques que l'on comptait en 1700. » La critique la plus grave portait sur la disproportion trop réelle entre les revenus des divers bénéfices et l'attribution des plus riches par la commende ou la confidence à des personnes qui en abandonnaient les charges à des curés ou des vicaires perpétuels qui en gardaient à peine de quoi subsister [162].

(158) D'Héricourt, *Analyse des Décrétales*, III, 26, 27, 28, pp. 852 et s.
(159) Bodin, *op. cit.* V, 2, p. 712.
(160) Le Bret, *op. cit.*, I, 14, p. 110; Bodin (d'après le P^t Lallemand), *l. c.*
(161) Voltaire, *Siècle de Louis XIV*, ch. XXXIV : « On s'étonne, dans l'Europe et en France, que le clergé paye si peu; on se figure qu'il jouit du tiers du royaume...; mais on se fait des idées vagues et des préjugés sur tout. Il est incontestable que l'Eglise de France est... celle qui a le moins accumulé de richesses... On dit que l'Eglise possède le tiers du royaume, comme on dit au hasard qu'il y a un million d'habitants dans Paris... »
(162) Voltaire, *l. c.* : « Beaucoup de moines conventuels ne coûtent pas deux cents livres par an à leur monastère : il y a des moines abbés réguliers qui jouissent de deux cent mille livres de rentes. C'est cette énorme

Aux revenus de ses domaines, l'Eglise ajoutait les dîmes, grosses et menues ([163]), dues par tous et dont le pape même ne pouvait accorder l'exemption en France que si elle était approuvée par Lettres patentes du roi ([164]). Les règles canoniques concernant les dîmes n'avaient pas changé ([165]). Les dîmes demeuraient, une fois établies, imprescriptibles, mais non quant à leur quotité et à leurs modalités qui dépendaient de la coutume locale et pouvaient varier ([166]). Les modes de la levée, les actes de disposition des décimateurs, les abonnements par eux consentis, tout ce qui touchait aux dîmes inféodées, glissaient toujours davantage dans le domaine de la législation royale. Le contentieux des dîmes était tout aux tribunaux de bailliage et de sénéchaussée ([167]). Mais, détournée de leur but primitif, une grosse part des dîmes restait aux mains des gros décimateurs. Vers la fin de la monarchie, ceux-ci étaient rarement des laïques, mais souvent l'évêque ou un autre dignitaire du clergé. Un chapitre, un monastère, ou un établissement ecclésiastique, l'abbé commendataire surtout, ne laissait au curé ou au vicaire perpétuel que la portion congrue fixée par la coutume ou une convention, et que le roi permit ensuite aux intéressés de faire remplacer par une subvention dont le minimum était de trois cents livres, franches de toutes impositions ([168]), à la condition d'abandonner tous les autres revenus de la cure, sauf les offrandes et oblations, le casuel, le produit des fondations et des dîmes novales : ressources médiocres et aléatoires ([169]).

disproportion qui frappe, et qui excite les murmures. On plaint un curé de campagne, dont les travaux pénibles ne lui procurent que sa portion congrue de trois cents livres de droit en rigueur, et de quatre à cinq cents livres par libéralités, tandis qu'un religieux oisif, devenu abbé et non moins oisif, possède une somme immense. »

(163) Les *grosses* se levaient sur le blé et les autres grains, sur le vin et les autres boissons, les *menues* ou *vertes dîmes* sur les fruits, les légumes ou les herbages; les *dîmes de charnage* sur la nourriture des bestiaux.

(164) D'Héricourt, *Loix ecclésiastiques*, p. 602.

(165) Trente, *sess.* XXV, *cap.* 12.

(166) *Sic Ord.*, Blois, 1579, art. 49-50; *Edits*, Melun, fév. 1580, art. 29; 1677, art. 6.

(167) *L. P.*, 30 août 1687 (Is., t. 20, p. 52).

(168) *Décl.*, 29 janv. 1686; 27 juin 1686; 30 juin 1690. Cpr. décret 30 mai 1666 (Is., t. 19, p. 542; t. 20, p. 106). Les décimateurs, par contre, pouvaient se décharger de la portion congrue en abandonnant toutes les dîmes.

(169) Les revenus des paroisses oscillaient au xviiie siècle de 150 à 1500 livres, la moyenne étant entre 500 et 800. En certains endroits, on constatait un écart assez grand entre le revenu effectif des cures et l'affermage des bénéfices. Souvent le curé n'en conservait qu'une faible partie. Cependant les revenus des bénéfices avaient acquis entre le xive siècle et le xviiie

Longtemps, la faculté de posséder ne fut limitée, pour l'Eglise, par rien et celle d'acquérir ne subissait d'entraves que du droit féodal pour les fiefs et les censives, à quoi l'on parait par des expédients déjà connus. Le principe que toutes les terres relevaient du roi, par ou sans moyen, avait permis de soumettre même les alleux au droit d'amortissement. Au reste, on s'évertua à donner à celui-ci un caractère exclusivement régalien, en lui cherchant une explication étrangère au droit féodal. Une doctrine prétendit que primitivement l'Eglise n'avait pas le droit d'acquérir des immeubles sans le consentement du roi, qui l'accordait moyennant une finance compensatoire [170]. Historiquement inexact, cela avait l'avantage, non seulement de mieux asseoir le droit d'amortissement à l'encontre des alleux, mais encore de distinguer ce droit royal de celui qu'avaient les seigneurs d'exiger que l'établissement acquéreur vidât ses mains dans l'an et jour ou fournît l'homme vivant et mourant ou, s'ils y consentaient, se rachetât. Il en restait indépendant, avec cependant ce fait que l'amortissement consenti par le roi ne permettait plus aux seigneurs de sommer l'établissement de vider ses mains: ils ne pouvaient plus en exiger que l'homme vivant et mourant et une indemnité ou celle-ci seule, selon les coutumes [171]. De plus, les droits acquis par l'amortissement et par le paiement de l'indemnité, réels autrefois, devinrent personnels : les biens, en sortant des mains de l'établissement au profit duquel ils avaient été amortis, reprenaient leur condition antérieure [172]. Les amortissements pouvaient être généraux : accordés à un diocèse ou au clergé de France; particuliers : concernant certains biens indiqués dans les Lettres patentes; mixtes : pour tous les biens possédés par un établissement à la délivrance des Lettres [173]. Le non-paiement du droit d'amortis-

une plus-value considérable. Au XIVe, certains de ces revenus n'avaient pas une puissance d'achat de plus de 200 francs de notre monnaie : Voy. L. de Lagger, *Etats admin. des anc. dioc. d'Albi, de Castres, de Lavaur (Textes et mém. rel. à l'hist. des anc. dioc. du Tarn*, fasc. 2).

(170) Bacquet, *Du droit d'amortissement*, chap. XXXIII. Jarry, *Tr. des amortissements, nouveaux acquêts et francs-fiefs*, 1715; d'Héricourt, *op. cit.*, p. 626.

(171) *C. de Valois*, art. 24; *C. de Vermandois*, art. 209; *C. de Châlons*, art. 208-209. — Loysel, n° 77 : « Nul ne peut amortir que le roi. »; de L'Hommeau, *op. cit.*, I, 19, p. 41.

(172) Loysel, n°s 83, 87. Bacquet, *op. cit.*, chap. LXI, LXII; du Moulin, *Comm. in C. parisiensem*, art. 41, n° 99. Cpr. *Ord.*, 18 juin 1328 (*Ord. des r. de Fr.*, t. 2, p. 18).

(173) *Edits*, déc. 1666; mars 1672; août 1692 (Is., t. 18, p. 96; t. 19, p. 10; t. 20, p. 166).

sement exposait les établissements de mainmorte à la taxe de nouvel-acquêt. Il était du reste très fréquemment omis, par suite de négligence de l'administration [174]. Mais, comme il était imprescriptible, les besoins de l'Etat incitaient périodiquement à la recherche des amortissements. Au temps de Richelieu, il n'en avait pas été payé depuis un siècle : à l'instigation de Léonor d'Etampes, évêque de Chartres, il fut procédé en 1639 à cette recherche, qui procura à l'Etat 5.600.000 livres. Par la suite, l'opération fut renouvelée [175].

L'acquisition continue par l'Eglise de biens fonciers, qui sortaient ainsi du commerce, et en des temps où la possession du sol conférait la puissance, devait un jour préoccuper le pouvoir royal, tenu en éveil par les écrits des publicistes peu favorables à l'Eglise et les réclamations des laïques. Aux Etats généraux de 1560, des députés avaient demandé que les dettes du roi fussent payées avec les biens d'Eglise. A Saint-Germain, sous l'inspiration de Coligny, le tiers état réclama, au profit du fisc, un prélèvement sur la valeur des bénéfices, et il en fut aliéné pour 100.000 écus de rente [176]. Les xvii⁰ et xviiiᵉ siècles furent marqués par une série de restrictions. Déjà Henri II, pour surveiller l'usage et la composition de ce patrimoine, avait créé les greffes des domaines des gens de mainmorte où devaient être insinués tous les actes les concernant; Louis XIV les réorganisa [177]. Les Parlements déclarèrent nulles les dispositions testamentaires faites en faveur des communautés au détriment des héritiers en ligne directe et annulables ou réductibles celles qui nuisaient aux collatéraux [178]. Consacrant une jurisprudence déjà ancienne, un édit de 1666 interdit la fondation d'au-

(174) Le droit d'amortissement variait d'après les coutumes : sic en Bourgogne, c'était le revenu de cinq années pour les fiefs, de trois pour les rotures; en Flandre de trois années sans distinction de biens. *Décl.*, 9 mars 1700, art. 6, 7. Une déclaration du 2 nov. 1724 l'établit au cinquième de la valeur des fiefs et au sixième de celle des rotures. L'indemnité l'était au dixième de la valeur des biens dans les mouvances du roi et ailleurs différait d'après les coutumes.

(175) J. Tournyol du Clos, *Richelieu et le clergé de France. La recherche des amortissements*, 1912. — *Décl.*, mars 1672; juill. 1689; 9 mars 1700; 16 juin 1705; mai 1708 (Is., t. 19, p. 10; t. 20, pp. 80, 354, 384, 406, 530).

(176) Aux Etats de 1614 le cahier du tiers état demanda seulement que les communautés religieuses ne pussent acquérir, si ce n'est pour accroître l'enclos des maisons conventuelles.

(177) *Edit*, déc. 1691 (Is., t. 20, p. 442). Toutes les acquisitions ou aliénations, tous les contrats, baux, adjudications, etc., y devaient être transcrits (art. 9 à 13).

(178) D'Héricourt, op. cit., p. 621.

cun nouvel établissement ecclésiastique sans Lettres patentes du roi, sous peine de nullité et de confiscation des biens ([179]). Des Lettres du 9 juillet 1738 pour la Flandre et du 1er juin 1739 pour le ressort du Parlement de Metz confirmaient ces dispositions, ouvraient la voie à de nouvelles restrictions de la faculté d'acquérir et annonçaient l'édit de 1749 ([180]). Celui-ci ajouta aux dispositions précédentes : 1° l'interdiction de toutes dispositions pour cause de mort en faveur d'établissements existants ou à fonder; 2° celle d'acquisitions de biens immobiliers non dûment autorisées par Lettres patentes, décernées après enquêtes auprès des personnes publiques ou privées intéressées; 3° une procédure d'opposition ouverte en faveur des enfants ou héritiers et des seigneurs fonciers contre les droits ou intérêts desquels les actes nuls en vertu de l'édit pourraient jouer, à fin de se faire attribuer ces biens, même du vivant des disposants, faute de quoi ils seraient vendus et le prix confisqué; 4° l'interdiction aux gens de mainmorte d'exercer aucun retrait féodal ou censuel ([181]). Les acquisitions mobilières par actes entre vifs restaient permises ([182]). Mais la déclaration de 1762 autorisa les dispositions testamentaires de rentes, biens-fonds, immeubles quelconques en faveur des hôpitaux, églises paroissiales, fabriques, écoles de charité, tables des pauvres, avec faculté pour les héritiers des disposants de reprendre ces biens contre leur valeur en argent et, à défaut, obligation pour les administrateurs de vider leurs mains et de supporter sur ces biens, en attendant, toutes les charges publiques ([183]). Une autre déclaration de 1780 précisa pour l'avenir que l'interdiction d'acquérir et de posséder des rentes constituées sur les particuliers résultait de l'édit de 1749 ([184]).

(179) *Edit*, déc. 1666 (Is., t. 18, p. 94). — D'Héricourt, *op.cit.*, pp. 618, 620 et s.

(180) Is., t. 22, p. 124. D'Héricourt, *op. cit.*, pp. 618-620. — *Edit*, août 1749 (Is., t. 22, pp. 226 et s.).

(181) Mais ils pouvaient vendre ce droit à d'autres que gens de mainmorte : *Décl.* juill. 1762, art. 6.

(182) En outre, des dispositions précédentes les séminaires étaient exceptés : *Décl.* juillet 1762, art. 1; de même les fondations qui ne comportaient pas l'institution d'un nouveau corps : *Edit*, août 1749, art. 3.

(183) *Décl.*, 20 juillet 1762, art. 8, 9, 11-15 (Is., t. 22, p. 323).

(184) *Décl.*, 24 août 1780 (Is., t. 26, pp. 370 et s.). L'acquisition de rentes sur l'Etat, le clergé, les diocèses, les pays d'Etats, les villes et communautés étaient permises : *Edit*, août 1749, art. 8, 9. Cpr. *Edit*, déc. 1606 (Is., t. 16, p. 308).

2° L'administration des biens ecclésiastiques.

I. *Les bénéfices.*.— Les biens ecclésiastiques dépendaient plus encore de l'Etat que de l'Eglise. Depuis longtemps, les ordonnances passaient outre à des canons vieillis ou suppléaient à la non-réception du concile de Trente. La règle de l'inaliénabilité [185] recevait d'elles des tempéraments. Des bénéficiers disposaient à titre onéreux des biens de leurs bénéfices s'ils y trouvaient avantage, moyennant des Lettres patentes du roi, vérifiées et enregistrées après enquête et sous condition de remploi [186]. La déclaration de 1762 reconnaissait aux gens de mainmorte la faculté de donner leurs biens à cens ou à rente perpétuelle, ce qui était si bien une aliénation que, s'ils leur revenaient faute de paiement du cens ou de la rente, il y avait lieu de nouveau au droit d'amortissement ou à l'obligation de vider les mains. Il en était autrement du bail emphytéotique [187]. La plupart de ces biens, qui ne servaient ni au culte, ni au logement des clercs, étaient donnés à bail par les bénéficiers, sans qu'ils engageassent par là leurs successeurs : pratique inévitable, mais qui diminuait singulièrement les revenus des bénéfices [188]. Si, au contraire, les bénéficiers exploitaient eux-mêmes, ils étaient tenus d'en faire tous les dix ans la déclaration devant notaire et de la faire transcrire au greffe des gens de mainmorte [189]. L'exploitation des bois et des forêts appartenant à des bénéfices était réglée par les ordonnances et dirigée par les officiers des forêts qui décidaient des coupes et

---

(185) D'Héricourt, *op. cit.*, p. 171. Ces biens ne pouvaient non plus être engagés : *Ibid.*, p. 118; en tout cas, ils pouvaient être rachetés : *Ord.* janv. 1563; 15 déc. 1656; 18 juill. 1702. (Is., t. 14, p. 169; t. 17, p. 338; t. 20, p. 413.) Durand de Maillane, *Diction. de dr. can.*, v° *Aliénation.*

(186) *Sic L. P.*, 24 juill. 1748, autorisant le chapitre de Saint-Martial de Limoges à démolir une partie des bâtiments conventuels et à en vendre les matériaux (*Arch. dép. Haute-Vienne*, Liasse H, 3444). L'évêque de Nevers, J.-A. de Tinseau, abbé commendataire de Saint-Cyran, vend des biens de la mense abbatiale (juin 1757). En 1782, Raimond de Boisgelin, archevêque d'Aix, vend la moitié de la terre de Jouques qui dépendait de sa mense épiscopale (de la Véronne. *Une aliénation de biens ecclésiastiques* : RQH., 1914², pp. 490 et s.). D'Héricourt, *op. cit.*, pp. 171-172. Cpr. *Bulle*, 2 oct. 1574 et *Edit*, 22 fév. 1586 (Is., t. 14, pp. 270, 289).

(187) *Décl.*, 30 juillet 1762, art. 4, 5 (Is., t. 22, p. 324).

(188) *Ord.*, sept. 1568 : D'Héricourt, *op. cit.*, p. 644. Les gentilshommes et les officiers du roi ne pouvaient en être les fermiers : *Edit*, Melun 1580, art. 31; *Ord.*, Blois, 1579, art. 48; janv. 1629, art. 33.

(189) *Edit*, déc. 1691, art. 11 (Is., t. 20, p. 144).

des ventes de bois ([190]). D'autre part, les rentes foncières, comprises dans un bénéfice ou assurant une fondation, ne pouvaient être remboursées, les rentes constituées ne devaient l'être que le collateur ou le patron appelé, pour en assurer le remploi ([191]).

II. *Les fabriques.* — Les biens des fabriques augmentèrent, car la générosité des fidèles se portait de ce côté. Les laïques, à qui l'autorité ecclésiastique avait fait appel pour la gestion de ces biens ([192]), furent élus, à partir du xive siècle, par les habitants sur la convocation de leurs prédécesseurs ou du doyen en tournée. Mais pendant que, dans les villes, le rôle des fabriciens, marguilliers ou forgeurs, se limita aux intérêts religieux, dans les paroisses rurales, il n'y eut aucune séparation entre ceux-ci et les intérêts temporels et le même procureur géra, sur mandat des habitants, les uns et les autres ([193]). Plus tard une distinction s'établit dans beaucoup de régions et l'on en vint à un nombre variable de marguilliers, quand l'administration royale donna un rudiment d'organisation aux communautés et réglementa le fonctionnement des fabriques ([194]). Le système urbain resta du reste plus compliqué : assemblée de fabrique composée des paroissiens notables, élisant les marguilliers et consultée dans les affaires graves; bureau ordinaire (curé, marguilliers en charge et quelques anciens), corps délibérant pour les affaires courantes; marguilliers d'honneur et marguilliers en charge, dont l'un était comptable ([195]), ces derniers agents d'exécution responsables.

Les revenus des fabriques provenaient de rentes, de locations des biens-fonds, des produits du cimetière, d'offrandes des fidèles ([196]), de services en nature, de quêtes à domicile, de taxes occasionnelles ou coutumières différentes d'après les lieux, à quoi s'ajoutèrent au xviie siècle les redevances pour les bancs et les chaises, les

(190) *Ord.*, 1573, mai 1597 (Is., t. 15, p. 145). *Ord. des eaux et forêts*, 1669, t. 24, art. 2-6, 9 (Is., t. 18, p. 231). — D'Héricourt, *op. cit.*, pp. 647 et s.

(191) *Edit*, 1606, art. 20.

(192) Voy. ci-dessus, p. 331.

(193) Voy. ci-dessus, p. 926. L. Froger, *De l'organisation et de l'administration des fabriques avant 1789 au diocèse du Mans* (RQH., 1898¹, pp. 406 et s.); Ant. Dupuy, *Et. sur l'admin. munic. en Bretagne au xviiie siècle*, pp. 92-104.

(194) Cela n'eut pas lieu partout : une déclaration du 10 mai 1772 prescrit d'établir des fabriques dans toutes les paroisses du ressort du Parlement de Toulouse, là où il n'y en avait pas encore (*Rec. des ord. du roi*, Toulouse, 1784-1785, t. 7, p. 22).

(195) Et parfois aussi un procureur.

(196) L. Froger, *l. c.*, pp. 422 et s.

droits sur les sépultures ([197]). Par contre, la fabrique pourvoyait
aux charges des fondations ([198]), au mobilier cultuel (vases sacrés,
ornements, luminaire, cloches, etc.) que, dans sa carence l'évêque
exigeait des fidèles ([199]), au cimetière, aux services religieux indépendants du bénéfice paroissial, aux salaires des clercs et laïques
au service de l'Eglise, enfin aux reconstructions ou réparations
d'édifices, sauf pour le chœur de l'église à la charge des décimateurs, qui devaient au reste, en cas d'insuffisance de la fabrique, les
assumer toutes sous peine de saisie des dîmes ([200]). Les habitants,
qui n'y étaient obligés que subsidiairement, devaient, au contraire,
le logement, presbytère ou allocation, au curé; dans les deux cas,
ils étaient imposés d'office ([201]). Les marguilliers, chaque année,
rendaient compte à l'évêque ou à l'archidiacre en visite ou à leur
délégué, à défaut au curé, en présence des principaux habitants.
Une hypothèque légale garantissait leur gestion. Leurs successeurs et les officiers royaux devaient poursuivre contre eux toute
restitution ou réparation convenable ([202]). Ils ne pouvaient accepter
aucun don ou legs sans l'avis conforme du curé ([203]); intenter
aucun procès ou y répondre, sans vote de l'assemblée et autorisation de l'intendant, imposer aucune taxe, faire aucun emprunt
sans Lettres patentes du roi ([204]). Les évêques, seuls ou en synode
diocésain, et les archidiacres, au cours de leurs visites, pouvaient
faire des ordonnances concernant l'administration des fabriques;
mais tout le contentieux, sauf entre personnes ecclésiastiques, en
appartenait à la juridiction royale ([205]).

(197) Durand de Maillane, *Diction. de dr. can.*, v° *Bancs*. — C. 12, X, III,
28. D'Héricourt, *op. cit.*, p. 82.

(198) *Edit*, août 1749, art. 3. Jousse, *Tr. du gouvernement spirituel et
temporel des paroisses*, p. 47.

(199) En cas d'insuffisance de la fabrique, cette charge incombait aux gros
décimateurs : *Edit*, avril 1695, art. 15, 21.

(200) *Edit*, avril 1695, art. 21. *Décl.*, 27 janv. 1716 (Is., t. 20, p. 249). Durand
de Maillane, v° *Réparations*, I-IV. Cpr. Trente, *sess.* XXI, *cap.* 7.

(201) *Edit*, avril 1695, art. 22. Durand de Maillane, v° *Logement des curés*.

(202) *Edit*, avril 1695, art. 17 (Is., t. 20, p. 247). En entrant en charge, ils
devaient procéder à un inventaire de tous les biens, titres et archives
de la fabrique : *Edit*, Melun, 1580, art. 9.

(203) *Ord.*, Blois, mai 1579, art. 53 (Is., t. 14, p. 396).

(204) *Décl.*, 31 janv. 1692 ; d'Héricourt, *op. cit.*, p. 172

(205) *Edit*, avril 1695, art. 14-17, 27.

II. — DES DROITS DU ROI SUR LES BIENS D'ÉGLISE.

1° Souveraineté et autres droits reconnus au roi.

De la doctrine du Moyen âge qui faisait de l'Eglise une société indépendante, se suffisant à elle-même, était résultée la reconnaissance à son profit, pratiquement à celui du Saint-Siège, d'une sorte de souveraineté sur les biens qu'elle possédait. D'après cela, leur statut n'eût dû relever que du droit canonique, le pape seul eût pu en disposer souverainement, et bénéficiant de l'immunité fiscale vis-à-vis de tous autres, ils n'eussent été imposés que par lui seul. Mais pour que cette doctrine triomphât, il eût fallu que ces biens fussent situés hors des limites des souverainetés temporelles, ce qui n'était pas, ou, du moins, qu'ils jouissent d'une exterritorialité que, nulle part, l'on admit. Jamais les rois ni les seigneurs ne pensèrent que les biens ecclésiastiques existant dans leurs Etats pussent échapper à leur juridiction et à leur haute police, ni que les occupants leur dussent une obéissance ou des services moindres que les autres [206]. Ces hommes et ces biens, qui bénéficiaient des mêmes avantages et étaient défendus pareillement par les armées du roi, disait Philippe le Bel à Boniface VIII, étaient soumis avec justice aux mêmes charges. Le don, qui en avait été fait à l'Eglise, lui en avait transmis la propriété, mais n'avait pu les soustraire à la juridiction du seigneur régional, à plus forte raison à celle du roi [207]. Ils dépendaient de sa justice : les appels des juridictions temporelles des évêques ressortissaient aux tribunaux royaux; leurs juges devaient être des laïques justiciables de ces derniers [208]. Ce fut le principe immuable, que Louis XIV exposait encore à son successeur [209].

(206) Au contraire, on avait toujours proclamé dans l'entourage royal que tous les évêchés relevaient directement du roi : voy. ci-dessus, p. 318.

(207) Dupuy, *Hist. du différend d'entre le pape Boniface VIII et Philippe le Bel, roy de Fance*, 1655 : *Scriptum contra Bonifacium*, art. 2-5. — Boutillier, *op. cit.*, p. 743.

(208) Le Bret, *op. cit.*, I, 13, pp. 100, 106-108. Talon [Le Vayer de Boutigny], *op. cit.*, pp. 270 et s.

(209) « Tout ce qu'on dit de la destination particulière des biens de l'Eglise et de l'intention des fondateurs n'est qu'un scrupule sans fondement; parce qu'il est constant que, comme ceux qui ont fondé les bénéfices, n'ont pu, en donnant leurs héritages, les affranchir ni du cens, ni des autres redevances qu'ils payaient aux seigneurs particuliers, à bien plus forte raison n'ont-ils pas pu les décharger de la première de toutes les

A ces droits du magistrat politique, le roi en ajoutait d'autres comme protecteur, qu'il n'avait pas sur les biens des laïques. Il avait la « garde universelle » de toutes les églises et des autres établissements ecclésiastiques du royaume ([210]). Un temps disputées par les seigneurs, les prérogatives qui y étaient attachées lui avaient été exclusivement restituées dès le XIII° ou le XIV° siècle ([211]) : 1° par mesure de police ou conservatoire, il pouvait prendre, en tout temps, possession des églises ou établissements religieux et de leurs biens; 2° il faisait, en ce qui les concernait, des ordonnances de police ou des règlements, droit exercé sur sa délégation tacite par les Parlements dans leurs ressorts ([212]); 3° les tenant sous son pouvoir immédiat, il y put toujours lever des hommes et des subsides de sa seule autorité ([213]). Mais la conséquence la plus remarquable du droit de garde universelle fut sans contredit le « droit de régale » ([214]).

On distinguait la régale temporelle de la régale spirituelle. La régale temporelle consistait à percevoir les fruits des bénéfices consistoriaux pendant leurs vacances. Le roi nommait à cet effet un économe, chargé de prendre toutes dispositions pour la conservation des biens et la gestion de la mense épiscopale ou abbatiale et d'en dresser un état, avec obligation de rendre compte, chaque année, à l'intendant et au Conseil du roi ([215]). Jadis employés à des œuvres de piété, les revenus du bénéfice furent, à partir de Louis XIII (1646), conservés par l'économe pour être

redevances qui est celle qui se reçoit par le Prince [comme souverain universel] pour le bien général de tout le royaume. » (Dreyss, *Mém. de Louis XIV*, t. 1, pp. 209 et s.).

(210) Voy. ci-dessus, p. 318.

(211) Beaumanoir établit le droit supérieur du roi, tout en ménageant les prétentions seigneuriales, n° 1465 : « Voirs est que li rois généraument a la garde de toutes les églises du roiaume, mes especiaument chascuns barons l'a en sa baronie, se par renonciation ne s'en est ostés. Mes se li barons renonce especiaument a la garde d'aucune eglise, adonques vient ele en la garde du roi especiaument. »

(212) Talon [Le Vayer de Boutigny], *op. cit.*, pp. 270 et s. Le Bret, *op. cit.*, I, 10, p. 81.

(213) Voy. ci-dessus, p. 318.

(214) Boniface VIII marqua lui-même la relation entre les deux choses : « Item quod *gardia* et *custodia* ecclesiarum cathedralium vacantium, quas vocant *regalia* per abusum, non abutatur... ». Dupuy, *op. cit.*, p. 91. Cpr. Boutillier, *op. cit.*, pp. 741, 744°.

(215) *Edit*, déc. 1691; nov. 1714. Le Bret, *op. cit.*, I, 16, pp. 122 et s. D'Héricourt, *op. cit.*, pp. 648-650.

remis au nouveau titulaire (²¹⁶). La régale cessait à la prise de possession et après le serment de fidélité au roi de celui-ci.

Nous avons également signalé à l'occasion les droits du roi comme patron et fondateur (²¹⁷). Mais on trouve encore exprimée de temps à autre une théorie un peu vague qui voulait que tous les biens de l'Eglise fussent à la disposition du roi en cas de nécessité urgente, celle-là n'en ayant que le dépôt, car ils lui venaient des dons du roi et de la noblesse. Philippe le Bel avait dit à peu près cela. La thèse est reproduite plus tard dans des cahiers des Etats de 1560 et de 1566; quelques passages des mémoires de Louis XIV pourraient être entendus en ce sens (²¹⁸). Talleyrand l'invoquera à la Constituante pour faire voter la nationalisation des biens d'Eglise (14 nov. 1789).

<h3 style="text-align:center">2° Les charges fiscales de l'Eglise.</h3>

I. *La théorie de l'immunité.* — La doctrine, qui présentait l'Eglise comme une société autonome et complète, suggérait l'idée de son immunité fiscale vis-à-vis des puissances séculières. Utilisant des textes romains ou francs qui se rapportaient à des faveurs sporadiques et partielles, les décrétistes la motivèrent d'abord par la consécration des biens exempts au service divin (²¹⁹); mais les décrétales la proclamèrent de droit et fondée sur l'indépendance de l'Eglise (²²⁰). Cependant la pratique imposait des exceptions pour les charges féodales que leur origine contractuelle ne permettait pas d'écarter, et comme le pouvoir royal, ayant repris force, n'acceptait pas le principe de l'immunité absolue pour les biens situés dans les limites de sa souveraineté, les auteurs de gloses distinguèrent entre les charges ordinaires et perpétuelles à caractère domanial, auxquelles les biens d'Eglise pouvaient être assujettis, et les subsides extraordinaires, c'est-à-dire les impôts ou les corvées de même genre (*munera sordida et extraordinaria*)

(216) *L. P.*, déc. 1641. Louis XIV en réserva cependant un tiers en faveur des nouveaux convertis en 1676 : *Edit*, nov. 1714.

(217) Boutillier, *op. cit.*, pp. 741 et s. Talon [Le Vayer de Boutigny], *op. cit.*, pp. 285 et s.

(218) Dupuy, *op. cit.* : *Scriptum contra Bonifacium*, pp. 318 et s. Cpr. Dubois, *De recuperatione Terre Sancte*, éd. Langlois, pp. 36 et s. Aug. Thierry, *Essai sur l'histoire du tiers état*, p. 130. — *Mém. de Louis XIV*, éd. Dreyss, t. 1, pp. 210 et s.

(219) D. Gr., cc. 21, 22, 23, 24, Ca. 23, q. 8. Cpr. c. 27, Ca. 11, q. 1; c. 40, Ca. 16, q. 1; c. 12, Ca. 23, q. 8.

(220) Cc. 4 (Latran [1179], c. 19), 7 (Latran [1215], c. 46), X, III. 49; cc. 1, 3, *in* VI°, III, 23.

dont ils devaient être affranchis, sauf pour l'Eglise à coopérer, par sentiment charitable, à certains ouvrages d'utilité publique, tels que les ponts et les chaussées (221). Mais, à mesure que les besoins de la puissance séculière augmentèrent et que ses objections se précisèrent, canonistes et conciles adoptèrent une attitude transactionnelle, ne cédant pourtant que pas à pas. Le IIIe concile de Latran (1179) toléra la levée sur les biens ecclésiastiques de contributions extraordinaires, si les ressources des laïques se révélaient insuffisantes et si l'évêque et le clergé du diocèse y consentaient. Le IVe (1215) y ajouta la nécessité d'obtenir l'assentiment du pape (222). Et, comme les papes, pour diverses causes, se montraient souvent condescendants et levaient eux-mêmes des subsides pour leur compte ou celui des princes séculiers, le concile de Constance voulut qu'ils ne le pussent faire que sur l'avis des cardinaux et des prélats (223). Mais la théorie ne correspondait plus à la réalité. Il fallut admettre que l'Eglise n'avait acquis que *cum onere*, sous réserve des droits du fisc, et restreindre la doctrine à la nécessité, pour écarter l'arbitraire, du consentement de ses représentants.

II. *Fiscalité pontificale et fiscalité royale.* — Depuis la fin du xiiie siècle, la papauté, comme les puissances séculières, était entrée dans une période de difficultés financières. Leurs ressources, jusqu'alors domaniales et féodales, ne satisfaisaient plus aux exigences des temps. Le haut domaine que le pape, souverain de l'Eglise, se reconnaissait sur ses biens l'autorisait, semblait-il, à les mettre à contribution. Ce fut le début d'une fiscalité qui, sous des formes variées, alla longtemps s'aggravant. C'étaient, d'abord, des taxes payées au siège de la Curie : 1° *servitia communia*, dus par les évêques et les abbés à leur nomination ou translation à un bénéfice frappé de réserve générale ou spéciale et d'un revenu de plus de cent florins : don gracieux, rendu obligatoire par Boniface VIII et égal au tiers du revenu annuel de la mense (224); 2° *servitia minuta*, gratifications au personnel de la

<hr>

(221) Sinibaldus Fliscus, *Comm. sup. lib. decretalium*, in c. 1, X, III, 39 et c. 4, X, III, 49. — *L. P. sur les franchises de l'Eglise*, 15 déc. 1315, art. 2 (Is., t. 3, p. 126). — Boutillier, *op. cit.*, p. 736. Hostiensis, *Summa aurea*, III, de immun. eccl., Lugduni, 1556, f°s 279-283.

(222) Latran (1179), c. 19 = c. 4, X, III, 49; Latran (1215) c. 46 = c. 7, X, III, 49. Lyon (1245) : Elie Berger, *Regesta Innocentii IV*, t. 2, p. cxxxv.

(223) Constance, sess. XLIII-6° (Mansi, t. 27, p. 1176). *Projet du pape, XVIII* : Hübler, *Die Constanzer Reformation*, pp. 128-131. Latran, 1516 (Hefele-Leclercq, *Hist. des conciles*, t. 8¹, p. 441).

(224) Partagé, depuis une bulle du 23 déc. 1334, entre la Chambre apostolique et la Chambre du Sacré Collège.

Curie; 3° *sacra*, cadeau de consécration ou de bénédiction *in Curia*, et *subdiaconum* pour les sous-diacres du pape [225]; 4° droits de Chancellerie, organisés par Jean XXII et fixés par le *Liber taxarum* (1331), mais doublés entre 1471 et 1515; 5° *visitationes ad limina*, payées lors des visites obligatoires des évêques et des abbés; 6° droit de *pallium*; 7° *quindennium*, dû tous les quinze ans par les bénéfices unis, depuis Paul II; 8° composition due par les bénéficiers au dataire, depuis Sixte IV [226]. C'étaient ensuite les contributions levées en France par les agents curiaux : 1° décimes (*decimae*), aides extraordinaires levées sur les bénéficiers d'après une *taxatio* proportionnelle au revenu et établie sur ce qui restait annuellement acquis à chacun, tous frais payés; remplacées pour les bénéfices non taxés par un *subsidium loco decimae* [227]; 2° annates (*annatae, annalia*) exigées en France depuis 1326 et frappant les bénéfices vacants *in Curia* ou, pour d'autres motifs, à la collation du pape [228]; 3° produits des droits de gîte et de procuration transformés par Benoît XII en une taxe fixe (18 décembre 1336) et pouvant être perçue sans déplacement, pourvu qu'on en versât la moitié ou les deux tiers à la Chambre apostolique [229]; 4° droit de dépouille, c'est-à-dire attribution au Saint-Siège du mobilier des évêques et des abbés, depuis Jean XXII, mais supprimé en France par Charles VII [230]; 5° vacants (*fructus medii temporis vacantes*), c'est-à-dire revenus des bénéfices vacants *in Curia*, avantage écarté en France pour les bénéfices consistoriaux par le droit de régale [231]; 6° *subsidia caritativa*, aides dont le montant était à discuter avec les bénéficiers [232].

(225) Les *servitia minuta* étaient au nombre de cinq. — La *sacra* équivalait au vingtième des *servitia communia*, le *subdiaconum* au tiers de la *sacra*. Il s'y ajoutait des droits de quittance proportionnels aux précédents.

(226) Mollat, *Les papes d'Avignon*, p. 362-365; Samaran et Mollat, *La fiscalité pontificale en France au xive siècle*, 1905, pp. 198-256.

(227) Urbain V (1363) et Grégoire XI (1372-1374) réduisirent momentanément la décime de moitié. Les cardinaux et les Hospitaliers en étaient exempts. Déjà pratiquées au xiiie siècle, fréquentes au xive, les levées de décimes se multiplièrent au xve : 1453, 1455, 1460, 1481, 1487, 1500. On évaluait à 150.000 ducats les sommes payées à ce titre par le clergé français dans la dernière partie de ce siècle : Samaran et Mollat, *loc. cit.*

(228) Sur la façon de calculer et de lever le droit d'annates, voy. ci-dessus p. 326, note 48.

(229) *Extr. comm.*, c. 1, III, 10.

(230) Ci-dessus, p. 328.

(231) Ci-dessus, pp. 984 et s.

(232) Mollat, *Les papes d'Avignon*, p. 371.

Ces droits étaient imprescriptibles et, une fois dus, grevaient les bénéfices indéfiniment. Pour en assurer la perception, le Saint-Siège divisait les pays en collectories ayant un collecteur à leur tête et un sous-collecteur dans chaque diocèse [233]. L'institution en devint permanente avec Clément VI. Le clergé et le roi se plaignaient que tant d'argent fût « évacué du royaume », le roi parce qu'il en résultait un appauvrissement de l'Etat et une diminution de sa faculté d'imposer les mêmes biens, le clergé parce que, entre les exigences des deux fiscs, il se voyait à peu près dépouillé [234].

La fiscalité royale s'était développée parallèlement, disons mieux, conjointement avec celle de la Cour de Rome. Sur les biens situés en France celle-ci ne pouvait s'exercer qu'avec l'assentiment du roi, qui y mettait pour condition ou de recevoir une partie de la contribution ou qu'il en lèverait une à son tour. Depuis Philippe-Auguste, pour la croisade ou les guerres, la décime fut levée périodiquement au profit du roi et, au cours du XIIIe siècle, au moins trente fois. Quelle qu'eût été jusqu'alors la condescendance des papes pour les demandes des rois, Philippe le Bel, désireux d'affirmer sur ce point la complète indépendance de la Couronne, leva en 1294 une décime sans entente préalable avec le Saint-Siège [235]; bien plus, l'année suivante, il comprit les biens d'Eglise dans la contribution générale du centième ou du cinquantième, ordonnée d'après l'avis d'une assemblée de prélats et de barons, mais sans que le clergé eût été spécialement consulté [236]. Alors, dans la bulle *Clericis laïcos*, Boniface VIII, sans désigner personne, reprenant les règles du IVe concile de Latran, interdit

(233) Samaran et Mollat, *La fiscalité pontificale* : cartes jointes des collectories.

(234) Ils étaient encore grevés par la fiscalité plus modeste de l'évêque, elle-même handicapée par les deux autres. Elle s'exerçait : 1° sur les bénéfices : droit de procuration, annuel, pour visites; somme, droit payé pour l'assistance au synode diocésain; déports ou vacants, perception des fruits des bénéfices vacants à la collation de l'évêque (mais les vacants pouvaient aussi appartenir à l'archidiacre ou au chapitre cathédral : d'Hérincourt, *op. cit.*, pp. 651 et s.); 2° sur les personnes, à propos de leurs actes : droits de chancellerie pour ordinations, collations, visas, dispenses, enregistrement de testaments, des contrats, etc.; droits de justice qui allèrent s'effritant (amendes, réconciliations). Les exemptions faisaient que beaucoup de ces profits passaient au Saint-Siège.

(235) Antérieurement il avait lui-même demandé et obtenu cette autorisation : Langlois, *Le règne de Philippe le Hardi*, p. 352.

(236) *Etabl.*, 13 janv. 1295 (*Ord. des r. de Fr.*, t. 12, p. 333).

aux prélats et aux collectivités ecclésiastiques de consentir aucun subside sans l'aveu du Saint-Siège et menaçait d'excommunication les princes et leurs agents qui passeraient outre ([237]). Une réponse hautaine du roi rappela qu'il ne reconnaissait aucun supérieur sur terre et, par un manifeste, le prince déclara ne pouvoir faire la guerre sans argent, et guerre et argent être nécessaires aussi bien pour la protection des biens d'Eglise que de tous autres ([238]). En même temps, il interdit l'exportation des matières d'or et d'argent, ce qui supprimait les collectes de la papauté. Boniface, dans deux bulles nouvelles, expliqua qu'il n'avait pas visé le roi de France et qu'au contraire le clergé de France pourrait toujours consentir à son roi des dons et des prêts (*donaria et mutua*), qu'en cas d'urgence il suffirait de son assentiment pour la levée du subside sans autorisation du pape et qu'un péril présent justifierait qu'il y fût procédé par le roi seul ([239]). Mais, à la suite de nouvelles difficultés, la bulle *Ausculta, fili*, affirmant la supériorité du pontife sur les rois, annonçait la réunion d'un concile et citait Philippe IV à comparaître ([240]). L'ordre royal donné aux évêques et abbés de ne point sortir du royaume et l'arrestation du légat provoquèrent la bulle *Unam Sanctam*, qui revendiquait la supériorité pour le glaive spirituel sur le temporel, la juridiction pontificale sur les rois, au moins *ratione peccati*, et entraîna l'incident d'Anagni. Les concessions de 1297 étaient révoquées ([241]).

Avec les papes d'Avignon, dont le premier admit un procès à la mémoire de Boniface VIII et annula ses actes concernant la France, de nombreuses bulles concédèrent des décimes annales, biennales ou sexennales. Parfois la durée de la contribution était seule indiquée; des modérateurs en débattaient la nature et la

---

(237) Dupuy, *op. cit.*, *Preuves*, p. 14. — Is., t. 2, p. 702 et s. — C. 3, in VI°, III, 23.

(238) L. P., 1296; *Manifeste*, 1296 (*Hist. du différend*, *Preuves*, pp. 21, 28; Is., t. 2, pp. 705 et s.).

(239) *Bulles*, 7 févr. 1297 et 31 juillet 1297 (*Hist. du différend*, *Preuves*, p. 39. Is., t. 2, pp. 711 et s.).

(240) *Bulle Ausculta, fili*, nov. 1301; *Bulle Ante promotionem* (convocation du concile) [Dupuy, *Hist. du différend*, *Preuves*, p. 48; Is., t. 2, p. 729].

(241) *Mand.*, 18 oct. 1302 (Is., t. 2, p. 478); *Bulles* sur l'arrestation du légat et révoquant celles de 1297 (voy. ci-dessus note 239). (Dupuy, *Hist. du différend*, *Preuves*, pp. 42, 661). — *Bulle Unam Sanctam* (*Ibid.*, p. 54; Is., t. 2, pp. 752 et s.). Il se mêlait, dans ce conflit, aux questions financières, d'autres difficultés de politique française et italienne, que ce n'est pas le lieu d'exposer.

quotité avec les contribuables (242). Philippe V obtint même de percevoir les annates à son profit pendant quatre ans (1316-1320) en France, en Navarre et dans le comté de Bourgogne. Aux décimes se superposaient, à l'occasion, des *subsidia caritativa* que les deux cours s'accordaient à tour de rôle. Au xv° siècle, il devint clair que le problème se ramenait à prendre chacune le plus possible, sans supprimer tout à fait la matière imposable. Pour limiter les prétentions de l'autre chacune objectait la misère des bénéficiers. En fait, on partageait (243). Mais la position stratégique du roi était la plus forte. Aussi la Pragmatique Sanction, en ces matières, fut consacrée à limiter les droits du pape. Les efforts en ce sens, mêlés de concessions occasionnelles, furent continués jusqu'au Concordat.

En 1516, Léon X accorda une décime pour un an; elle fut renouvelée d'année en année jusqu'en 1532, puis continuée sans nouvel indult par une sorte de prescription. On avait réglé la quote-part de chaque diocèse dans la contribution générale du clergé et dans les diocèses celle de chaque bénéfice qui se trouva taxé à un peu moins du dixième de son revenu; ce fut le « département de 1516 ». Cependant il arriva que, certaines années, la décime fut remplacée par des dons gratuits offerts par le clergé et très supérieurs (244). En échange, un accord tacite avait permis au pape de rétablir le droit d'annates, ce qu'il fit par une bulle du mois d'octobre 1516 (245), qui ne fut ni approuvée par le concile de Latran, ni enregistrée par le Parlement, de sorte que, dans la suite, cette imposition ne put être considérée que comme un don gratuit du bénéficier offert au pape, avec la tolérance du roi (246). Un édit de 1557 créa un receveur des décimes dans

(242) Pendant assez longtemps, ces subsides étaient accordés pour la croisade; mais il était clair que les difficultés européennes les absorberaient et ne laisseraient plus aux rois la possibilité de songer à celle-ci. Du reste, au cours de la guerre de Cent ans, la papauté vint autant qu'elle put en aide à la France par des avances et des prêts très importants. Voy. Mollat, *Les papes d'Avignon*, pp. 4, 263, 265. Samaran et Mollat, *La fiscalité pontificale*, pp. 14-24, 59.

(243) *Sic* Louis XI : *L. P.*, 11 août 1476 (Is., t. 10, pp. 795 et s.); Louis XII (1510, 1512).

(244) Fleury, *Institution du droit ecclésiastique*, pp. 239 et s. Ainsi en 1527, 1.300.000 liv. pour la rançon du roi; en 1534, moitié des revenus des biens ecclésiastiques; en 1551, autre don gratuit.

(245) *Bulle sur les annates*, calendes d'octobre 1512 (Is., t. 12, p. 98). Rebuffe, *Tractatus concordatorum*, 1576, pp. 791 et s.

(246) D'Héricourt, *op. cit.*, pp. 364, 652.

chaque diocèse ([247]) et. le clergé ne fut plus consulté que pour les levées extraordinaires. Mais en 1560, les Etats d'Orléans montrèrent le dessein de payer les dettes de l'Etat avec les biens du clergé et, en 1561, à Pontoise, le cahier du tiers état, suggéré par Coligny, contenait le plan d'une spoliation, malgré l'offre spontanée des gens d'Eglise de payer quatre décimes annuels pendant six ans ([248]). C'est alors que le clergé crut fixer définitivement sa situation fiscale vis-à-vis du roi par un contrat passé devant notaires, le 21 octobre 1561, à l'issue du colloque de Poissy ([249]). A raison de l'urgence, les archevêques, évêques et prêtres présents s'engagèrent et se portèrent forts pour le clergé des divers gouvernements du royaume ([250]). Ils devaient : 1° fournir annuellement au roi, pendant six ans, la somme de 1.600.000 livres tournois pour être employée au rachat des domaines, aides, gabelles et rentes constituées sur les recettes tant générales que particulières du royaume; 2° racheter au cours des dix années suivantes (1568-1577) les domaines, aides, gabelles, aliénés, ou qui le seraient à cette dernière date, à la Ville de Paris à condition de rente; 3° payer les arrérages des rentes sur l'Hôtel de Ville jusqu'à ce moment-là. Le roi, de son côté, promettait pour la durée du contrat : 1° de renoncer aux décimes; 2° de sauvegarder le patrimoine ecclésiastique; 3° de laisser le clergé, par ses délégués élus, répartir et lever la contribution à son gré. Les ressources tirées de l'Eglise, ainsi exclusivement consacrées à l'amortissement des dettes publiques pendant seize ans, se trouvaient placées en marge de l'état des recettes annuelles et la trésorerie n'en était pas facilitée. Aussi sur deux points essentiels le contrat fut mal observé, après que le Parlement eut rejeté la demande de résiliation formulée par le roi ([251]) :

(247) *L. P.*, juin 1557 (Fontanon, *Ord.*, t. 2, p. 888).

(248) « La vente du temporel des gens d'Eglise mouvant de leurs bénéfices, sous la réserve toutefois d'une maison principale qui demeurera aux prélats, chapitre et collège titulaire et autres bénéficiers pour leurs habitations ». Sur les 120.000.000 de livres, produit présumé de la vente, 48.000.000 placés, au denier douze, eussent été la dotation du clergé, 42.000.000 eussent servi à amortir les dettes publiques, 30.000.000 à permettre aux villes d'instituer des établissements de crédit sur les bénéfices desquels elles eussent versé 500.000, chaque an, au Trésor royal. Le clergé eût pu racheter ces biens. (Lavisse-Mariéjol, *Hist. de Fr.* t. 6¹, pp. 36, 45 et s.).

(249) *Mémoires du clergé*, t. 9, pp. 1 et s.

(250) Comme ils sont qualifiés de députés et qu'il est parlé de gouvernements, on peut penser qu'ils étaient les députés du clergé à Pontoise, où les députés des ordres avaient été élus par gouvernement.

(251) Bodin, *op. cit.*, I, 8, pp. 152 et s.

1° une partie de la contribution annuelle fut détournée de l'amortissement pour gager de nouveaux emprunts; 2° des aliénations de biens ecclésiastiques furent imposées par le chancelier de l'Hôpital au Parlement dans un lit de justice tenu à Saint-Germain (février 1563) (252).

En 1567, le roi demanda à substituer à l'obligation pour le clergé d'amortir les rentes sur l'Hôtel de Ville en dix ans, la continuation du subside annuel de 1.600.000 livres qui resterait à la disposition du Trésor. L'assemblée du clergé refusa, mais ses agents généraux consentirent ensuite à ce que les sommes versées pour le rachat des rentes fussent employées par la municipalité parisienne à payer les arrérages des anciens et nouveaux emprunts (253). Or, à l'expiration du délai, cette municipalité, bénéficiaire, tout au moins exécutrice de ce virement, prétendait opérer des saisies sur les bénéficiers parce que le rachat n'avait pas été réalisé (254). L'assemblée du clergé, convoquée pour traiter des conditions futures de la contribution, révoqua ses agents et demanda des juges; mais le gouvernement ne voulait d'elle que de l'argent. En attendant l'issue du débat, une convention passée à Melun obligeait le clergé à payer annuellement au roi 1.300.000 liv. dont 1.200.000 affectées aux arrérages des rentes sur la Ville de Paris et 100.000 à ceux des rentes sur la Ville de Toulouse, pendant six ans, après quoi une nouvelle assemblée serait appelée pour aviser en 1585 (255).

III. *Les assemblées du clergé et l'administration financière de cet ordre depuis le contrat de Poissy.* — En 1561, 1563, 1567, finalement en 1580 à Melun, le clergé avait été appelé à discuter avec le roi de ses obligations fiscales. Les gallicans considéraient ces assemblées comme nécessaires, les impositions « étant contraires aux privilèges des personnes et des biens ecclésiastiques » (256). En réalité elles s'imposèrent puisque le clergé

(252) Maugis, *Hist. du Parlement de Paris de l'avènement des rois Valois à la mort d'Henri IV*, t. 1, pp. 688-697. Louis Serbat, *Les assemblées du clergé de France. Origines, organisation, développement, 1561-1615*, pp. 42 et s. Aliénations des 100.000 liv. de rentes (1563), de 60.000, puis de 70.000 (1564). Elles furent consenties par le clergé et confirmées par une bulle de Pie IV.

(253) *Rec. de remontrances, édicts et contrats et autres choses concernant le clergé de France*, IIe partie : *Protestation du clergé à l'assemblée de 1580*, pp. 16-27. L. P. confirmant le contrat de Poissy, 25 oct. 1567 (Fontanon, *Ord.*, t. 4, p. 531).

(254) *Rec. de remontrances, édicts*, p. 29.

(255) *Mémoires du clergé*, t. 9, pp. 10 et s.

(256) Fleury, *Instit. au droit ecclés.*, t. 2, p. 253.

répartissait et levait lui-même ses contributions depuis 1561 et que, depuis 1567, on lui en remit le contentieux. Il en résulta que le clergé en tant qu'ordre eut une représentation et une administration financière que n'eurent jamais les deux ordres laïques. Il fit corps dans le royaume, à la façon des pays d'Etats et jouit des mêmes prérogatives. La discussion lui fut possible; mais le refus absolu de contribuer ne l'eût pas été. Depuis Philippe le Bel, et même avant, aucun roi n'eût admis que les biens d'Eglise fussent soustraits aux charges du royaume : seules la quotité et la forme de l'impôt étaient en question ([257]).

Les assemblées de Melun (1580) et de Paris (1585) organisèrent définitivement le système et l'administration des contributions ecclésiastiques.

Celles-ci consistèrent : 1° dans le montant du contrat décennal : 1.300.000 livres tournois perçues annuellement sous le nom de « décimes extraordinaires » et affectées au paiement des rentes sur l'Hôtel de Ville, de sorte que le receveur général du clergé les devait verser à la municipalité parisienne qui, du fait du contrat, avait titre exécutoire contre lui, sauf pour le roi, s'il avait déchargé un diocèse ou une province, à payer à l'Hôtel de Ville la somme dont ce comptable se trouvait ainsi démuni ([258]); 2° en des dons gratuits dont le quantum et le mode de paiement étaient à débattre chaque fois, mais dont on a évalué la moyenne par an à 3.300.000 livres, que le clergé se procurait par des augmentations de décimes, ou par des emprunts, de sorte que sa dette finit par

(257) *Mémoires de Louis XIV*, éd. Dreyss, t. 1, pp. 210 et s. : « Que si l'on a permis jusqu'à présent aux ecclésiastiques de délibérer dans leurs assemblées sur la somme qu'ils doivent fournir, ils ne sauraient attribuer cet usage à aucun privilège particulier, parce que la même liberté est encore laissée aux peuples de plusieurs provinces comme une ancienne marque de la probité des premiers siècles où la justice incitait suffisamment chaque particulier à faire ce qu'il devait selon ses forces, cependant cela n'a jamais empêché que l'on ait contraint et les laïques et les ecclésiastiques, lorsqu'ils ont refusé de s'acquitter volontairement de leur devoir...; s'il y avait quelques-uns... plus tenus que les autres à nous servir de tous leurs biens, ce devrait être les bénéficiers qui ne tiennent tout ce qu'ils ont que de notre choix... »

(258) *Mémoires du clergé*, t. 9, p. 285; d'Héricourt, *op. cit.*, pp. 688 et s., 692 et s. Cans, *L'organisation financière du clergé*, pp. 10 et s. Il arrivait parfois que le gouvernement détournât le montant des rentes vers le Trésor royal, ce qui entraînait des réclamations de l'Hôtel de Ville au clergé, qui adressait alors les échevins au roi. En 1655 les rentiers eux-mêmes vinrent protester.

être considérable (259); 3° quand ils furent créés, dans les impôts
de capitation, du dixième ou des vingtièmes, dont le clergé se
racheta ou qu'il remplaça par des abonnements (260). Comme ces
impôts à caractère général frappaient tous les revenus du contribuable, les ecclésiastiques se trouvaient atteints à la fois dans
leurs bénéfices et leurs biens patrimoniaux. Aussi, pour recouvrer
le montant du rachat ou de l'abonnement, les agents du clergé
cotisaient les bénéficiers tant pour les biens laïques qu'ils
possédaient que pour leurs bénéfices (261). Sous une forme ou sous
une autre, on peut calculer que la caisse générale du clergé versa
à l'Etat ou pour son compte, de 1561 à 1786, environ 1.700.000.000
de livres. En dehors de ces charges il s'en ajoutait d'autres : les
intérêts des sommes que le clergé avait dû emprunter pour payer
le don gratuit (de 11 à 12.000.000 vers la fin de l'ancien régime)
et des contributions occasionnelles (262).

Jadis les assemblées du clergé n'étaient composées que de
personnalités appelées par le roi, et celui-ci ne renonça point
à en convoquer de cette sorte. Mais à celle de Paris, en 1567, il
avait été décidé qu'aux assemblées réunies pour le renouvellement
du contrat et l'octroi de subsides ne seraient convoqués que les
députés des provinces métropolitaines, et il semble qu'à Melun,
en 1580, ait été déterminé le système de représentation qui
subsista jusqu'à la révolution (263).

Il y eut deux sortes d'assemblées : les assemblées du contrat,
décennales comme celui-ci; les assemblées des comptes, d'abord
biennales et moins solennelles, puis tenues seulement tous les
cinq ans, très importantes, mais moins nombreuses que les
premières. Les députés étaient élus à deux degrés : des assemblées
diocésaines composées de l'évêque et des bénéficiers du diocèse
élisaient chacune deux députés pour constituer un collège qui,
au siège métropolitain, nommait les députés de la province. On

(259) D'Héricourt, *op. cit.*, pp. 675 et s., 693. Cans, *op. cit.*, pp. 173 et s.
(260) Voy. ci-dessus pp. 724 et s., 729. — Cans, *op. cit.*, pp. 78-85.
(261) D'Héricourt, *op. cit.*, p. 674 : *L. P.*, 9 juill. 1715. — Il semble que
les édits pour le dixième de 1701 et 1710 ne visassent pas le clergé ou du moins
les biens ecclésiastiques; mais c'était parce qu'on était convenu d'un don
gratuit de remplacement : Cans, *op. cit.*, pp. 78 et s., et *La contribution du
clergé de France pendant la seconde partie du règne de Louis XIV*, 1910.
(262) Sic 22.000.000 de liv. pour le « droit d'oblat », entretien des invalides,
5.106.000 pour pensions des nouveaux convertis, 74.000.000 pour appointements des officiers des décimes, etc.
(263) *Mémoires du clergé*, t. 8, p. 103.

résista à toutes tentatives de la part de certains diocèses d'envoyer des députés particuliers, de la part de certains bénéficiers de s'y faire nommer par le roi au moyen de Lettres de cachet. Henri III n'eût voulu accorder l'éligibilité qu'aux évêques et à quelques autres dignitaires; l'ensemble du clergé séculier et encore plus les réguliers protestèrent. On vit alors le clergé séculier se scinder en deux ordres : le premier formé des bénéficiers consistoriaux, le second embrassant les titulaires des bénéfices inférieurs; après des résistances plus longues, on admit les religieux bénéficiers [264]. Encore avait-on exigé à Melun que les uns et les autres fussent *in sacris* [265]. La nécessité d'avoir reçu la prêtrise, un moment formulée par l'assemblée de 1664, ne fut pas maintenue [266], pas plus que les règles qu'on avait essayé d'introduire touchant l'importance du bénéfice ou la durée de sa possession [267]. Tout d'abord le nombre des députés n'ayant pas été arrêté, les députations des provinces étaient inégales [268] : en 1619, on décida que chacune enverrait deux députés de chaque ordre à l'assemblée du contrat et un à l'assemblée des comptes [269]. L'assemblée vérifiait les pouvoirs de ses membres qui, au xviie siècle, étaient munis de procurations équivalant à des mandats impératifs, dont on ne tenait guère compte et qui, en 1700, furent remplacées par une formule uniforme leur conférant des pleins pouvoirs [270]. Les députés touchaient du receveur général du clergé une indemnité, récupérée sur l'ensemble des provinces. L'assemblée nommait plusieurs présidents, pris dans le premier ordre, dont un seul était effectif, les autres n'étant que ses suppléants; elle élisait aussi deux secrétaires et deux promoteurs [271]. Après quoi les députés prêtaient serment et rendaient au roi une visite qu'ils renouvelaient à la fin de leurs travaux, pour lui remettre leurs vœux ou doléances [272].

(264) *Mémoires du clergé*, t. 8, pp. 103, 108.

(265) *Mémoires du clergé*, t. 8, p. 119.

(266) *Mémoires du clergé*, t. 8, p. 106.

(267) *Ord.*, 15 oct. 1567 (Fontanon, t. 4, p. 531) confirmée par *Décl.* 29 mars 1568 : *Mém. du clergé*, t. 8, p. 1877.

(268) *Procès-verbaux des assemblées du clergé*, t. 1, pp. 57-59, 102, 138 et s.

(269) Il y avait quatorze provinces entre lesquelles étaient répartis cent quatorze diocèses. En 1622, Paris fut érigé en métropole. D'où soixante députés.

(270) *Mémoires du clergé*, t. 8, pp. 392, 406.

(271) *Ibidem*, t. 7, p. 198; t. 8, pp. 190, 554 et s.

(272) *Ibidem*, t. 7, p. 577 et s.; t. 8, p. 588.

Le roi déléguait aux assemblées décennales des commissaires pour discuter le don gratuit et renouveler le contrat. Le premier pouvait être accordé par une majorité de plus des deux tiers; la continuation du second exigeait l'unanimité. Le vote avait lieu par province. Le travail était préparé dans des commissions, à l'origine exclusivement administratives, car ces assemblées n'étaient pas des conciles : commissions des affaires temporelles (contrat, don gratuit, etc.), des jetons, des archives, des domestiques. Mais les assemblées furent entraînées au xviie siècle à s'occuper de tout ce qui intéressait l'Eglise de France : il y eut une « commission des affaires de l'Eglise et de la doctrine » et les cahiers du clergé comprirent des « articles du temporel » et des « articles du spirituel ».

Les assemblées du clergé avaient à leur nomination ou sous leur contrôle tout un personnel administratif. En 1561, celle de Poissy avait confié à deux syndics généraux, dont le nombre s'accrut ensuite jusqu'à neuf, les intérêts temporels du clergé. Une ordonnance de 1564 avait remis à ces officiers tout le contentieux en premier et dernier ressort « pour les taxes et cotisations entre les ecclésiastiques » (273). A Melun (1580) le clergé mécontent de leurs agissements et de la dépendance où ils s'étaient mis à l'égard du gouvernement les révoqua (274) et les remplaça par deux *agents généraux* qui eurent le contrôle de la gestion de ses comptables, la garde de ses archives, la charge de poursuivre en cour les affaires du clergé, la défense de ses privilèges, avec entrée pour cela au Conseil du roi. Elus pour cinq ans, à tour de rôle, par les provinces assorties de façon qu'il y en eût d'ordinaire un des pays au nord, un des pays au sud de la Loire, ils étaient pris dans le second ordre et ne pouvaient engager le clergé en aucun cas (275). Au-dessous d'eux, un syndic métropolitain dans chaque province et un syndic diocésain dans chaque diocèse, choisis par les synodes correspondants, jouaient un rôle analogue dans leurs circonscriptions et les prévenaient de toute entreprise

(273) *Mémoires du clergé*, t. 8, p. 70. D'Héricourt, *op. cit.*, p. 705 : *Règl.*, 1646, art. 8.

(274) Voy. ci-dessus, p. 554.

(275) *Procès-verbaux des assemblées du clergé*, t. 1, pp. 141 et s., 357 et s. *Mémoires du clergé*, t. 8, p. 2346. — Les provinces métropolitaines étaient ainsi assorties : Bourges et Vienne, Lyon et Bordeaux, Rouen et Toulouse, Tours et Aix, Sens et Auch, Embrun et Arles, Reims et Narbonne. Système un peu dérangé par l'érection de Paris en archevêché (1622), mais rétabli par celle d'Albi (1690).

contre l'ordre ecclésiastique ([276]). Les uns et les autres étaient reçus à poursuivre devant les juges royaux les affaires qui regardaient la religion, le service divin, l'honneur et la dignité des personnes ecclésiastiques et les intérêts du clergé, lorsqu'il n'était pas assemblé ([277]). Ils contrôlaient les comptables : receveur général, receveurs provinciaux et particuliers des décimes ([278]). Celles-ci et les autres subventions étaient réparties entre les bénéficiers par le bureau particulier des décimes formé de l'évêque, des syndics et des députés du diocèse. En 1579 le contentieux de ces matières avait été remis à des *Chambres ecclésiastiques*, ou *Bureaux généraux des décimes*, composées de dix à douze juges nommés par les archevêques et qui furent déclarées souveraines ([279]). Vers 1615, les *Bureaux particuliers* furent commis pour juger en première instance, sans appel jusqu'à vingt livres, avec appel à la Chambre ecclésiastique du ressort au-dessus ([280]).

Le clergé étranger ou des pays conquis, c'est-à-dire annexés depuis l'époque du contrat de Poissy, restait en dehors de l'organisation qui vient d'être décrite : tantôt il était soumis aux règles fiscales de la province ([281]), tantôt il avait obtenu de remplacer les nouveaux impôts par des abonnements spéciaux à chaque province ([282]).

§ 4. — Les juridictions ecclésiastiques.

I. — LUTTE ENTRE LES JURIDICTIONS ROYALES ET ECCLÉSIASTIQUES. DÉCADENCE DES JUSTICES D'EGLISE.

Vers la fin du XIIIe siècle, dans le conflit permanent entre les justices séculières et celles d'Eglise, les juridictions royales s'étaient substituées à celles des seigneurs ([283]). Les officiers

(276) *Procès-verbaux des assemblées du clergé*, t. 1, pp. 141 et s.
(277) *Edit*, avril 1695, art. 50 (Is., t. 20, pp. 256 et s.).
(278) D'Héricourt, *op. cit.*, pp. 683, 691-693.
(279) *Edit*, mai 1586 (Ferrière, *op. cit.*, t. 1, p. 262) : Paris, Lyon, Rouen, Tours, Bourges, Toulouse, Bordeaux, Aix. *Edit*, janvier 1599, art. 35. Fleury, *Instit. au dr. ecclés.*, t. 2, p. 257. Cans, *op. cit.*, pp. 196 et s.
(280) Fleury, *l. c.*
(281) Les clergés de Flandre, Artois, Hainaut, Cambrésis (Necker, *De l'admin. des fin. de la France*, p. 211).
(282) Les clergés d'Alsace, Lorraine, Trois-Evêchés, Roussillon, Orange, Franche-Comté (*Ibidem*).
(283) Voy. ci-dessus, pp. 331-333.

royaux se montrèrent à ce moment-là fort agressifs ([284]); car une série d'ordonnances de Philippe le Bel et de ses successeurs, tout en indiquant les limites de leur compétence, semblent faites pour donner satisfaction aux plaintes des juges d'Eglise contre les entreprises de ces officiers ([285]). En attendant des enquêtes, qui ne furent faites que dans deux ou trois provinces, les droits de l'Eglise étaient confirmés même s'ils n'étaient établis que sur la coutume locale. Ce n'est que plus tard, au cours du XIVe siècle, que la législation royale s'appliqua, non plus à définir la juridiction ecclésiastique, mais à la refouler des domaines qu'elle occupait antérieurement de sorte qu'elle alla s'amenuisant sans cesse ([286]). Mais, dans l'intervalle, un débat doctrinal se trouva institué et prit corps surtout de la *dispute de Vincennes* qui, en 1329, mit en présence les représentants des deux justices pour confronter leurs thèses devant le roi. Auparavant Pierre Dubois avait préparé aux légistes une provision d'arguments ([287]). Pierre de Cuignières plaida la cause des juridictions royales. Pierre Roger, archevêque de Sens (le futur pape Clément VI), assisté de P. Bertrand, évêque élu d'Autun, qui nous a conservé son discours et un résumé de l'argumentation de leur adversaire, répondit. Le premier soutint la distinction originelle des deux juridictions : tout ce qui était aux mains de l'Eglise de la temporelle devait lui être repris, car cela était du domaine de la souveraineté royale

(284) Voy. un fragment d'enquête sur les justices ecclésiastiques en Languedoc publié par E. Boutaric : *Notices et extraits des manuscrits*, t. 20, IIe partie, pp. 132-135, et Boutaric, *La France sous Philippe le Bel*, pp. 74 et s.

(285) L. P. sur la juridiction ecclésiastique, 10 mars 1299. L. P. 1300 L. P. sur le privilège des clercs en Languedoc, 3 mars 1302; *Traité avec l'évêque de Viviers*, 2 janv. 1307 (Is., t. 2, pp. 721, 725, 739, 801). — *Olim*, t. 2, p. 323. Visiblement le roi ménageait les évêques à raison du conflit avec Boniface VIII et ceux-ci profitaient du mouvement général du moment contre la centralisation royale. Fournier, *Les officialités au Moyen âge*, p. 120, note 1.

(286) *Sic Ord.*, 3 juillet 1371; 13 mars 1376; *Edit*, mai 1425; *Ord.*, 1493 (Is., t. 5, pp. 353, 481; t. 8, p. 698; t. 11, p. 214).

(287) N. de Vailly, *Mém. de l'AIBL.*, t. 18, IIe part., pp. 435-494. Renan, *Pierre du Bois, légiste* (*Hist. litt. de la Fr.*, t. 26, p. 474). Un autre petit ouvrage, le *De Origine jurisdictionum*, attribué jusqu'à ces derniers temps à P. Bertrand, mais dont M. Olivier Martin pense que Durand de Saint-Pourçain est l'auteur, servit, de l'autre côté, aux représentants des juridictions d'Eglise (*Mél. Fitting*, t. 2, pp. 104-119). Sur cette littérature antérieure à la rencontre de Vincennes : Olivier Martin, *L'assemblée de Vincennes de 1329 et ses conséquences*, pp. 104 et s.

que ni prescription, ni concession du roi lui-même, ne pouvait faire perdre à celui-ci; et il remit, par écrit, 66 articles visant la juridiction tant volontaire que contentieuse, spécialement la juridiction concurrente dans les causes des laïques et l'abus des excommunications et des interdits comme moyens de contrainte ou sanctions. Les seconds répondirent que, de droit divin, l'Eglise connaissait de tout litige *ratione peccati*, qu'à raison de la prééminence du spirituel il n'y avait point incompatibilité à l'exercice par elle des deux juridictions, quand la longue coutume ou le privilège du Prince lui avait attribué la temporelle [288]. Ils demandèrent le maintien de la compétence traditionnelle des juges d'Eglise, condensée en vingt articles remis au roi, sous la promesse de pourvoir aux abus, s'il y en avait. Chacun se retira sur ses positions [289]. Philippe VI ne donna aucune suite législative aux griefs de Pierre de Cuignières et protesta toujours de son bon vouloir pour les justices d'Eglise. Il savait quel esprit animait ses officiers et qu'il n'était nul besoin de les exciter à la lutte contre les juridictions rivales, surtout ceux des tribunaux subalternes, car la tendance du Parlement au xivᵉ siècle semble avoir été plutôt de contrôler les cours d'Eglise, de se les subordonner peu à peu que de les détruire [290]. Ce sera, dès lors, la politique constante des rois qui, jusqu'à la fin respectueux et officiellement protecteurs de ces justices, les attirèrent dans l'orbe de la leur, les soumettant à la procédure établie par leurs ordonnances, décidant de leur recrutement et de leur fonctionnement [291] : de sorte qu'elles sortirent du cercle des rapports avec le Saint-Siège pour être exclusivement régies par la législation intérieure du royaume [292]. Ni la Pragmatique Sanction, ni le Concordat n'eurent à y toucher. Grâce à la souplesse de l'appel comme d'abus, la plupart des litiges de la compétence des juges ecclésiastiques purent être portés et soumis au Parlement, même s'ils avaient été jugés en dernier ressort [293]. Dans ces conditions plus n'était besoin pour

---

[288] *Libellus Petri Bertrandi, loc. cit.*, p. 333, note 96. Les arguments de P. de Cuignières furent repris et développés dans *Le Songe du Vergier*, vers 1373.

[289] Olivier Martin, *op. cit.*, pp. 197 et s.

[290] Voy. ci-dessus, p. 682. Cpr. Olivier Martin, *op. cit.*, pp. 223-250.

[291] D'Héricourt, *op. cit.*, pp. 132 et s., 151 et s., 193, 202.

[292] *Ord. civ.*, 1667, tit. 1, art. 1; *Edit*, 26 avril 1657; février 1678; avril 1695 (Is., t. 18, p. 349, t. 19, p. 177, t. 20, p. 243). Cpr. *Ord.*, janv. 1629 (Is., t. 16, p. 232).

[293] *Edit*, avril 1695, art. 44. — D'Héricourt, *op. cit.*, p. 149.

leur exécution du *pareatis* des juges royaux qui devaient, au contraire, y pourvoir ou y aider ([294]).

II. — L'ORGANISATION JUDICIAIRE.

La hiérarchie judiciaire restait pareille. Au faîte, le pape ne jugeait plus que sur appel des sentences des juges immédiatement inférieurs et les causes des exempts, encore devait-il le faire sur les lieux, par commissaires pris dans la province et le ressort du Parlement des parties plaidantes; et l'on ne pouvait appeler qu'une fois d'une sentence interlocutoire et plus du tout après trois sentences définitives conformes ([295]).

La juridiction du primat, qui constituait le degré au-dessous, était en France peu observée. La primatie lyonnaise, qui avait seule un fondement historique, fut écartée par les rois tant que cette ville fut territoire d'Empire, puis difficilement acceptée par les métropolitains, bien que son titulaire entretînt *curia* et juge à ce titre ([296]). Vaguement admise au xv° siècle par le Parlement, soucieux d'entraver les appels à Rome, elle ne put utiliser ses prérogatives qu'en des circonstances exceptionnelles aux siècles suivants ([297]). Aussi, malgré l'interdiction des appels *omisso medio*, on appelait des sentences des métropolitains directement devant le pape ([298]). Chaque métropolitain jugeait ou faisait juger par un official, distinct de son official diocésain, les appels inter-

(294) *Edits*, fév. 1580; sept. 1610 (Is, t. 14, p. 471, t. 16, p. 10).

(295) *Concordat*, 1516, art. 10, *de frivolis appellationibus*; Rebuffe, *Tr. concordatorum*, pp. 683 et s.; *Libertez de l'Eglise gallicane*, XLV, XLVI, qui voulaient que les délégués fussent choisis *in partibus et intra eamdem dioecesim*; en pratique, on se contentait qu'ils fussent de la province : Boutaric, *Explic. du Concordat*, p. 162-164. Ces commissaires devaient juger dans les deux ans, mais, en l'absence de sanction, on appliquait ici les règles de la péremption d'instance du droit civil. *Ord.*, Roussillon, janv. 1563, art. 15.

(296) *Ep. Ludovici VI ad Calixtum III* (HF., t. 15, pp. 339 et s.).

(297) Par exemple, sous Louis XIV, pour interdire aux vicaires généraux de Paris de publier les censures ecclésiastiques fulminées par le cardinal de Retz en fuite contre le cardinal Mazarin. Le même primat, Camille de Neufville, intervint aussi à plusieurs reprises au même titre dans le diocèse de Langres, de 1658 à 1664. (Th. Malley, *Rev. d'hist. de l'Egl. de Fr.*, janv.-fév. 1912).

(298) Boutaric, *op. cit.* : « Les archevêques de Narbonne, Vienne, Bourges, Bordeaux, accueillent volontiers ceux qui recourent à eux en qualité de primats, et ils cherchent autant qu'ils le peuvent à faire des actes de possession; mais on ne les écoute point lorsqu'ils se plaignent que des provinces sujettes à leur primatie on a recouru au pape *omisso medio*. »

jetés contre les sentences des officiaux diocésains de la province, mais connaissait seul des causes concernant la dignité ou la personne de ses suffragants ([299]).

L'évêque était toujours le juge ordinaire. Bien qu'il pût quand il voulait juger lui-même, il s'en remettait habituellement à son official et devait en avoir un pour chacune des parties de son diocèse située dans le ressort d'un Parlement différent, pour faciliter aux parties l'usage possible de l'appel comme d'abus ([300]). La composition de cet organisme judiciaire et les conditions requises pour être official : nationalité française, prêtrise, doctorat ou licence en théologie ou en droit, n'être pas officier du roi, étaient réglées par les ordonnances ([301]). Les promoteurs n'étaient pas obligatoirement gradués. En 1595, les greffiers et notaires devinrent officiers royaux, mais, en 1615, l'Eglise put racheter ces charges ([302]). Les officiaux tenant la place de l'évêque, on n'appelait pas d'eux à l'évêque, mais à l'official métropolitain. Pour la même cause ils ne pouvaient juger les affaires de leur délégant ([303]). La jurisprudence avait posé la même règle pour les archidiacres, qui avaient pour la plupart renoncé à la juridiction jadis usurpée et prescrite sur l'évêque, devant les arrêts des Parlements refusant de la reconnaître. Quand ils jugeaient, une délégation épiscopale était présumée ([304]). Les bénéficiers placés au-dessous des archidiacres n'avaient plus aucun pouvoir de juridiction contentieuse.

Les chapitres exempts, en France, étaient souvent admis par les Parlements à avoir un official, s'ils étaient en possession de ce droit, bien qu'en principe l'exemption ne le comportât pas, mais à la condition qu'on appelât de ses sentences à l'official de l'évêque : cette juridiction s'étendait au corps du chapitre et parfois à quelques paroisses ([305]).

Les abbés et prieurs claustraux prétendaient aussi à des droits de juridiction soit sur certaines parties du diocèse, soit sur leurs

(299) D'Héricourt, *op. cit.*, p. 42.

(300) *Edit*, avril 1695, art. 31.

(301) Des auteurs soutenaient que, dès lors, les évêques ne pouvaient pas plus que les seigneurs juger eux-mêmes à leurs tribunaux, mais cette doctrine ne fut point admise. — *Décl.*, 26 janv. 1680 : d'Héricourt, *op. cit.*, p. 28; *Edit*, sept. 1555 : *Ibid.*, pp. 25, 28.

(302) Il en fut de même des contrôleurs des procurations à résigner créés en 1637, vers 1646 : *Décl.*, oct. 1646. Les notaireries apostoliques furent réunies aux civiles : *Edit*, déc. 1691.

(303) D'Héricourt, *op. cit.*, p. 29.

(304) Févret, *Tr. de l'abus*, IV, 3, arrêts cités.

(305) D'Héricourt, *op. cit.*, p. 85; Fleury, *op. cit.*, t. 2, p. 31.

moines, leur pouvoir disciplinaire ayant pris figure de juridiction
avec autant de degrés d'appel qu'il existait de dignitaires superposés, jusqu'au pape; mais, par là, ces pouvoirs s'étaient trouvés
entrer dans l'orbe de l'appel comme d'abus.

III. — COMPÉTENCE DES JUSTICES ECCLÉSIASTIQUES.

1° Compétence « ratione personae ».

La compétence des juges d'Eglise alla toujours se rétrécissant.
Le privilège de clergie, sa source la plus importante, bien que
maintenu en principe, fut successivement limité par des doctrines
ou des pratiques nouvelles. Et d'abord, il reprit son caractère de
privilège personnel du clerc qui put par conséquent y renoncer.
Très souvent, il y renonçait [306]. Il n'appartenait plus qu'aux
clercs majeurs et aux clercs non mariés tenant bénéfice ou attachés
par l'évêque à une fonction ecclésiastique [307].

Au criminel, dès le XIVe siècle, les *cas privilégiés* dont le nombre
ne cessa de s'accroître livrèrent la plupart des clercs délinquants
à la juridiction royale [308]. Comme le roi avait mission d'assurer
l'ordre public, quel que fût l'auteur du trouble, et que l'Eglise ne
disposait que de peines d'ordre spirituel (suspense, déposition,
excommunication) insuffisantes pour les grands crimes, les juges
royaux eurent le droit de saisir et de juger le coupable, sans empêcher, du reste, la justice d'Eglise d'instruire de son côté le « délit
commun » et de prononcer les peines dont elle disposait [309]. Mais
tant que le clerc, dégradé par le juge ecclésiastique, ne leur avait
pas été abandonné, ils ne pouvaient prononcer contre lui que
des amendes arbitraires [310]. L'édit de Melun soudait, nous l'avons
vu, les deux instructions l'une à l'autre, mais laissait chaque
juridiction prononcer une sentence séparée, en contradiction peut-
être avec celle de l'autre [311]. Mais, peu après, on admit que
la dégradation du clerc résultait du crime lui-même et que la

(306) Fleury, *op. cit.*, t. 2, pp. 49 et s.
(307) *Ord.*, Roussillon, janv. 1563, art. 21; Moulins, fév. 1566, art. 40;
juill. 1566, art. 8 (y joignant les écoliers, actuellement étudiants). *Edit*,
16 avril 1571, art. 14 (Is., t. 14, pp. 165, 200, 233). Cpr. Trente, *sess.*
XXVII, *de reform.* c. 6.
(308) Voy. ci-dessus p. 697. J. Boutillier, II, 7, p. 720.
(309) Voy. ci-dessus, pp. 697 et s.
(310) Ayrault, *L'ordre, formalité et instruction judiciaire*, II, 2, nos 6-8.
(311) *Edit*, Melun, 1580, art. 22 (Is., t. 14, p. 471). D'Héricourt, *op. cit.*,
pp. 126, 129.

preuve qu'en avait établie le juge séculier l'autorisait à prononcer des peines corporelles, même la mort ([312]). On conservait bien la nécessité en première instance d'une double instruction, mais, devant le Parlement, il n'en était plus ainsi, sauf décision contraire de la Cour et alors l'évêque du clerc accusé devait désigner pour y être son vicaire ou official un des conseillers clercs ([313]). Tous les crimes ou délits entraînant peines afflictives étant des cas privilégiés ou pouvant être déclarés tels par les seuls juges royaux, le privilège se trouvait en fait annihilé. Seul, celui qu'avait toujours eu les évêques de n'être jugés que par le synode provincial subsistait, mais avant que celui-ci prononçât sur le fond, le Parlement réprimait les agissements de l'évêque par la saisie du temporel et d'autres sanctions ([314]).

Au civil, le privilège avait été restreint dès la fin du xiiie siècle aux actions personnelles et mobilières où les clercs étaient défendeurs ([315]). Des tentatives de canonistes dans le sens d'une compétence en matière immobilière furent repoussées avec perte au xive, et la jurisprudence, au contraire, attribua aux juges séculiers toutes les actions qui n'étaient pas pures personnelles, mais où était mêlé quelque droit réel : actions mixtes comme celles en paiement d'une créance garantie par une hypothèque, demandes en partage d'une succession, ou en paiement d'une rente foncière, etc. ([316]). D'où tous les actes notariés, toutes les reconnaissances de promesses, qui entraînaient hypothèque générale sur les biens du débiteur, se trouvèrent exclusivement attribués à la juridiction laïque ([317]). Il en fut de même de la demande de reconnaissance en justice d'un billet sous seing privé, parce que le Parlement y voyait un procédé pour obtenir une hypothèque ([318]). Le clerc qui faisait des actes de commerce, le clerc tuteur pour le compte de tutelle ou gérant d'affaires pour sa gestion, le clerc héritier ou exécuteur testamentaire pour la liquidation de la succession ou l'exé-

---

(312) D'Héricourt, *loc. cit.* Le Bret, *op. cit.*, I, 12, p. 98. Muyart de Vouglans, *Institutes au droit criminel*, p. 209.

(313) *Edits*, février 1678; avril 1695, art. 34. — D'Héricourt, *op. cit.*, p. 129.

(314) *Décl.*, 26 avril 1657; *A. C.*, 7 juill. 1710 : D'Héricourt, *op. cit.*, pp. 129-130.

(315) Voy. ci-dessus, pp. 338 et s.

(316) *Libellus domini Bertrandi*, *loc. cit.* Cpr. Dupuy, *Hist. du différend* : *Scriptum contra Bonifacium*, art. 5; *Le Songe du Vergier*, II, 203 et s., éd. Brunet, t. 2, p. 94.

(317) *R. P.*, 3 juill. 1371 (Is., t. 5, p. 353); *Ord.* Villers-Cotterets, 1539, art. 92 (Is., t. 12, p. 625). D'Héricourt, *op. cit.*, p. 126; Fleury, *l. c.*

(318) Févret, *op. cit.*, IV, 5.

cution du testament, étaient assignés devant le juge séculier. Pour toutes les causes attribuées par le roi à une juridiction d'exception ou d'attribution, le privilège ne pouvait être invoqué [319]. Un grand nombre de causes bénéficiales étaient de la compétence des juges royaux : d'abord, toutes celles concernant les bénéfices conférés par le roi soit en vertu du Concordat ou d'indults, soit en régale ou comme patron; en second lieu, toutes les actions au possessoire, car la possession n'étant qu'un fait, intéressant l'ordre dans l'Etat, il n'appartenait qu'au roi d'en connaître [320]. L'Eglise l'admit et crut conserver le jugement au pétitoire, ce qui ne lui fut pas contesté directement [321]. Mais les Parlements, sous prétexte que la décision au possessoire avait nécessité l'examen du titre du bénéficier, ne permit plus de remettre en question au pétitoire le jugement rendu au possessoire [322]. Pour garder la cause à la justice d'Eglise, il eût fallu commencer par là; ce qu'on ne faisait point. Mêmes sanctions pour les dîmes non inféodées dont le possessoire épuisait le fond et rendait le pétitoire inutile. L'appel comme d'abus fut la sanction de cette jurisprudence [323]. Une déclaration de 1686 attribua aux bailliages et sénéchaussées la connaissance même des portions congrues [324].

Les juridictions ecclésiastiques restaient naturellement compétentes pour juger de la qualité de clerc ou de religieux; mais la reconnaissance légale de ces qualités et leurs modes de preuves en France dépendaient des ordonnances [325]; de sorte que leurs conséquences juridiques ne pouvaient être sanctionnées que par la justice royale. Sur les laïques, l'Eglise ne gardait plus qu'une juridiction *ratione materiae* : celle sur les écoliers était désuète;

(319) D'Héricourt, *op. cit.*, p. 125.

(320) *Olim*, t. 1, p. 781; t. 2, p. 521; t. 3, p. 265. *Ord.*, 1493; *Ord. civ.* 1667, tit. 15, art. 4 (Is., t. 11, p. 214; t. 18, p. 125). Pothier, *Tr. de la possession*, chap. VI, sect. III, art. 1.

(321) Bulle *Providentia* (Martin V, 1425) : d'Héricourt, *op. cit.*, p. 12. *Ord.*, Villers-Cotterets, août 1539, art. 49 (Is., t. 12, p. 616).

(322) *G. Cout. de Fr.*, pp. 254 et s. Févret, *op. cit.*, t. 1, pp. 431 et s. — J. Lecoq, *Quaest.* 261 : « petitorium attrahit ad se possesorium »; *Quaest.* 389 : « ratio decidendi fuit quia possessio spiritualis mere est quid facti ».

(323) *A. P.*, 26 juin 1696 : d'Héricourt, p. 123. Fleury, *op. cit.*, t. 2, pp. 45-49.

(324) D'Héricourt, *op. cit.*, p. 126.

(325) *Ord.*, Moulins, févr. 1566, art. 55 : « Les preuves des tonsures et professions du vœu monacal seront reçuës par lettres et non par témoins. » *Décl.*, 10 juill. 1566, art. 12 : « ...le registre sera d'oresnavant fait de la profession monachale, qui sera envoyée au juge ordinaire, pour y avoir recours quand besoin sera ». (Is., t. 14, pp. 203, 215).

celle sur les *miserabiles personae* avait disparu dès le XIVᵉ siècle devant les résistances des juges royaux [326]. Un reste de juridiction gracieuse concernant les mineurs persista plus longtemps [327].

2° Compétence « ratione materiae ».

La compétence *ratione matariae* elle-même alla s'effritant sous les reprises des juridictions séculières. Les ordonnances affirmaient encore aux XVIIᵉ et XVIIIᵉ siècles que les justices d'Eglise jouissaient d'une compétence exclusive dans les causes purement spirituelles et d'une compétence concurrente dans certaines autres. L'édit d'avril 1695 en énumérant les premières et en ordonnant aux juridictions royales de les renvoyer aux juges d'Eglise, à moins qu'il n'y eût à leur sujet appel comme d'abus, semble maintenir ce classement. Mais il s'en fallait que la pratique fût si nettement délimitée.

S'il s'agissait de crimes contre la foi et la religion, telle que l'hérésie, il ne semblait pas que la compétence des cours ecclésiastiques pût être contestée, ni disputée. Cependant, dès le XIVᵉ siècle, leur action fut entravée. On leur enleva le droit de prise de corps, de sorte que le juge ecclésiastique, le « maistre des hérèses », en cas d'hérésie, devait requérir du juge laïque qu'il y procédât avec lui, mais celui-ci ne s'y prêtait qu'après examen des informations et s'il lui paraissait qu'elles fussent sérieuses et justifiassent la qualification attribuée à l'infraction [328]. Puis on ramena les termes qui désignaient les infractions à une acception plus étroite : ainsi, on refusa d'assimiler, avec les autorités ecclésiastiques, les excommuniés *animo indurato* aux hérétiques; on dénia même pour ces sortes de crimes toute juridiction à l'Eglise sur les non-chrétiens [329]; on écarta certaines pratiques superstitieuses ou magiques [330]. Mais comme les actes incriminés étaient susceptibles de troubler l'ordre dans l'Etat comme dans l'Eglise et ne pouvaient rester sans répression, le Parlement s'en attribua la connaissance. Laissant l'Eglise, s'il lui plaisait, en connaître pour son compte, les juridictions royales

---

(326) Auffrerius, *op. cit.*, n° 31, pp. 40 et s.
(327) Olivier Martin, *op. cit.*, p. 314.
(328) *Gr. Cout. de Fr.*, V, 5, p. 609. — Olivier Martin, *op. cit.*, p. 231.
(329) *Gr. Cout. de Fr.*, l. c., p. 611. — Aubert, *op. cit.*, p. 182.
(330) Cpr. *Registre de l'officialité de Cérizy* (éd. Dupont), n°ˢ 265 a, 269, et *Registre criminel du Châtelet*, t. 1, p. 360; t. 2, pp. 280 et s., 315, 335. — *Edit*, août 1682 (Is., t. 19, p. 396).

les rangèrent pour la plupart parmi les « cas royaux » et quelques-
uns, le sacrilège, le blasphème ([331]), l'hérésie que le roi avait juré
d'empêcher à son sacre, parmi les crimes de lèse-majesté divine
et humaine. Depuis le xiv⁰ siècle, le Parlement s'était attribué
les causes de sorcellerie, à quoi l'Eglise avait peu à peu renoncé.
Au xvi⁰, des édits dans le sens de cette jurisprudence le
déclarèrent compétent, non pour définir l'hérésie, mais pour en
rechercher et punir les fauteurs. Sa juridiction devint sur eux
à peu près exclusive, puis l'on restitua aux évêques la connaissance du fait d'hérésie pour les délinquants qui ne provoquaient ni scandale, ni troubles publics ([332]). Postérieurement,
l'hérésie fut toujours comptée parmi les cas royaux ([333]). Le
sacrilège était cas prévôtal ([334]). Quant aux crimes pour lesquels
il y avait eu dès l'origine juridiction concurrente, ils devinrent
successivement le monopole des juges séculiers, ainsi l'usure dès
le début du xv⁰ siècle, l'adultère, la fornication, etc., plus tôt
encore ([335]). Au for extérieur, les juges d'Eglise finirent, en
matières criminelles, par être réduits aux causes que leur procurait le privilège, déjà si réduit, de clergie ([336]).

Au reste, en dehors du droit pénal, l'emprise séculière s'étendit
aux affaires purement spirituelles par la voie, signalée déjà, du
possessoire. Il suffit qu'il s'y mêlât le moindre avantage temporel
et que la cause mît en jeu une question de fait pour que les
juges laïques se l'appropriassent : ce qui arrivait toutes les fois
qu'un trouble apporté à l'exercice d'un droit ou d'un pouvoir
spirituel motivait la « complainte en cas de nouvelleté »; car
c'était le fait de la possession qui était l'objet de l'action, et ce
fait n'était pas chose spirituelle ([337]). A ce titre et pour le maintien

(331) *Décl.*, 12 février 1566; 6 avril 1594; 2 juill. 1666 (Is., t. 14, p. 185;
t. 15, p. 87; t. 18, p. 75).

(332) *Edit*, 1544 (jurid. concurr.). — *Edits*, 27 juin 1551; 9 nov. 1559; mai
1566 (Is., t. 13, p. 189; t. 14, pp. 11, 31). — *Edit*, mai 1560, restituant aux
évêques les crimes d'hérésie.

(333) *Ord. crim.*, 1670, tit. 1, art. 11; *Décl.*, 14 mai 1714. Rousseau de la
Combe, *op. cit.*, p. 117. Bacquet, *Tr. des dr. de justice*, VII, n⁰ 28.

(334) *Ord.*, 8 fév. 1649 : *Ord. crim.*, 1670, tit. 1, art. 11; *Décl.*, 5 fév. 1731,
art. 5 (Is., t. 13, p. 144; t. 18, p. 374).

(335) Théveneau, *Tr. de l'usure*, VI, 21. Olivier Martin, *op. cit.*, pp. 333-
337.

(336) *A. P.*, 11 mai 1530 : Imbert, *La practique françoise*, III, 7, 2, p. 605.
Muyart de Vouglans, *op. cit.*, pp. 201 et s. — Voy. ci-dessus, pp. 1002 et s.

(337) *Gr. cout. de Fr.*, II, 19, pp. 253-255; *A. P.* 1376 : *Preuves des libertés
de l'Eglise gallicane* (éd. Durand de Maillane, t. 4, p. 88). — Aubert, *op. cit.*,
p. 174.

de l'ordre public, toute réglementation du culte même concernant les sacrements (baptême, communion, eucharistique, extrême-onction), obligations des bénéficiers, droits de visite, collation et administration des bénéfices, sépultures, oblations et offrandes, devoirs cultuels, pouvoirs disciplinaire ou de juridiction, se trouvaient contrôlés et révisés par la justice royale. D'où le développement continu des interventions parlementaires dans le domaine de la discipline ecclésiastique et de l'exercice extérieur du culte ([338]).

Le mariage, matière mixte, à la fois sacrement et contrat produisant une série d'effets civils, au Moyen âge avait relevé presque en tout de la législation et de la juridiction de l'Eglise. Celle-ci y avait solidement rattaché toutes les questions concernant l'état des personnes, toutes les conventions et conséquences, de quelque ordre qu'elles fussent, qui l'accompagnaient ou pouvaient en résulter ([339]). Bloc d'apparence solide que les juridictions royales s'appliquèrent à désagréger. Au xive siècle, elles connaissaient du rapt et de la séduction ([340]) et commençaient à attirer devant elles les affaires pécuniaires auxquelles le mariage et sa dissolution donnaient lieu : dot, douaire, liquidation de communauté, inventaire, partage des biens communs ([341]). Graduellement, elles établirent une concurrence; puis par désuétude ou parce que des ordonnances avaient réglé certaines de ces matières, les juges d'Eglise se trouvèrent un jour dépouillés ou délaissés. Elles jugèrent même des questions d'état connexes aux litiges engagés devant elles, par exemple de la filiation ou de la légitimation de prétendus héritiers ([342]). Ce travail d'approche une fois réalisé, vers la fin du xve et au xvie siècle, on refusa aux cours d'Eglise tous les litiges où il n'y avait plus d'intérêt pour les parties à faire établir l'existence ou la validité du sacrement, ceux où il résultait des faits de la cause qu'il n'avait pu se former; finalement ceux où l'existence du mariage n'était mise en discussion que par un tiers ([343]). La non-réception du concile de Trente en France engagea les rois à s'approprier une partie

<hr>

(338) Ainsi leur attitude devant les refus de sacrements aux jansénistes au xviiie siècle (Lavisse-Carré, *H. de Fr.*, t. 8², pp. 237-243).

(339) Voy. ci-dessus, pp. 340 et s.

(340) Aubert, *op. cit.*, p. 146; Ducoudray, *Hist. du Parlement de Paris,* pp. 645 et s.

(341) *Gr. Cout. de Fr.*, IV, 7, p. 630.

(342) J. Boutillier, *op. cit.*, pp. 537-539.

(343) Esmein, *Le mariage en droit canonique,* t. I, pp. 35 et s., 40 et s.

de ses dispositions concernant le mariage, qui passèrent ainsi dans la législation civile et dont l'application ressortit aux juges royaux [344]. Sans dénier à l'Eglise le droit d'en connaître, toutes les demandes en nullité de mariage purent être portées devant le Parlement par l'appel comme d'abus. Aux xvii° et xviii° siècles, on n'allait plus guère devant l'official que pour les litiges concernant la validité et l'exécution des fiançailles, les nullités de mariage fondées sur des empêchements dirimants dans lesquelles le juge d'Eglise prononçait des peines canoniques et envoyait les parties se pourvoir pour leurs intérêts pécuniaires devant le juge civil, enfin les « instances en adhésion » pour obliger le conjoint à la cohabitation conjugale. Les séparations de corps, toujours accompagnées de séparation de biens, appartenaient pour ce motif à la juridiction laïque [345]. La justice d'Eglise se trouva ainsi limitée à juger de la validité du sacrement et seulement entre ceux qui *litigant de foedere matrimonii*.

L'Eglise conserva assez longtemps sa juridiction concurrente en matière de testament, fondée soit sur la réception de ces actes par les curés ou ses notaires, soit surtout sur l'obligation du legs pieux. Son droit, non contesté par Pierre de Cuignières, était considéré comme supérieur par Boutillier [346]. Au xiv° siècle, on s'en tenait au système de la prévention. Le testateur pouvait soumettre l'exécution de son testament à la juridiction de son choix; à défaut, ses exécuteurs testamentaires s'adressaient à l'une ou à l'autre cour. Dans leur silence, la juridiction la plus diligente s'en emparait [347]. Des testateurs clercs choisissaient tout aussi bien le juge laïque. Les legs pieux suivirent le sort du reste des dispositions. Ces pratiques tournèrent à l'avantage des juridictions royales. Pendant le xv° siècle, la rivalité s'accentua et les Parlements se mirent à contester le droit des juges ecclésiastiques. Ils l'emportèrent finalement [348]. Les curés et vicaires conservèrent

---

(344) Ferrière, *Dict.*, t. 2, p. 206 : « La connoissance des contestations concernant les mariages clandestins ou de ceux qui sont faits au préjudice des ordonnances ne peut appartenir qu'aux juges royaux; parce que dans ces sortes de causes il s'agit de l'état des personnes. Ainsi le juge d'Eglise ne peut connaître des mariages contractés par des impubères ou par ceux qui sont sous la dépendance d'autrui. » Févret, *op. cit.*, V , 1.

(345) Fleury, *op. cit.*, p. 41-45.

(345) Fleury, *op. cit.*, pp. 41-45.
op. cit., p. 397.

(347) Jean Lecoq, *Quaest.* 9, 26, 355; *Gr. Cout. de Fr.*, IV, 6, p. 616; J. Boutillier, *op. cit.*, p. 647; J. des Mares, *Décis.* 69.

(348) Févret, *op. cit*, IV, 7.

le droit de recevoir des testaments, à la condition de les faire contrôler dans le mois du décès (³⁴⁹) par la juridiction locale. Au xviiiᵉ siècle, ce droit ne subsistait plus que dans certaines coutumes, celles d'Orléans et de Paris, par exemple. En Bretagne, l'official continua à connaître de la validité de forme des testaments (³⁵⁰).

Restait la juridiction facultative des cours d'Eglise, en ce sens qu'il dépendait des parties ou de l'une d'elles, le demandeur, que le litige fût porté, quelle que fût sa nature, devant l'official de préférence au juge laïque. Ou les parties en avaient expressément décidé par une clause du contrat, ou elles avaient confirmé leurs engagements par serment, ce qui, à cause du parjure, entraînait la compétence de la juridiction d'Eglise, ou encore le demandeur laïque ou clerc s'adressait à elle, et il en était ainsi couramment (³⁵¹). D'abord, on commença par écarter les conséquences du serment, tantôt en en prohibant l'usage, tantôt en le tenant pour un élément accessoire du contrat qui devait suivre le principal, puis en accordant des Lettres de rescision du contrat à la partie qui les requérait, en prouvant qu'elle avait obtenu de l'autorité ecclésiastique compétente dispense de son serment, ce qui devint de style; enfin, le serment fut tenu pour inexistant (³⁵²). Vers le même temps, l'ordonnance de Villers-Cotterets (1539) défendit à tous juges d'Eglise, sous peine de perte de la cause pour le demandeur et d'amende arbitraire pour eux, de faire ou de laisser citer devant eux les laïques dans les affaires pures personnelles : véritable désastre, au dire de Loyseau, pour les officialités (³⁵³). La même compétence facultative en matière réelle avait été plus vite et plus délibérément écartée. Pierre de Cuignières l'avait déniée. Un mandement de Charles V (8 mars 1372) chargea des baillis de signifier aux prélats, sous menace de saisie du temporel et d'assignation devant le Parlement, de ne recevoir à juger aucun procès de cette sorte et d'annuler ceux déjà en cours. Gré-

---

(349) *Ord.*, mai 1579, art. 63; 29 oct. 1720 (Is., t. 14, p. 398; t. 21, p. 189).

(350) *Ord. sur les testaments*, 1735, art. 25 (Is., t. 21, p. 392). *C. Paris*, 289; *C. d'Orléans*, 463. *C. Bretagne*, art. 2 (nouv.). Pothier, *Tr. des testaments*, ch. I, art. 3, § 2.

(351) *Gr. Cout. de Fr.*, IV, 19, p. 611, 624. — Fournier, *Les officialités*, p. 81, note 3; Olivier Martin, *op. cit.*, p. 339-341.

(352) Esmein, *Le serment promissoire en droit canonique* (NRH, 1888, pp. 332 et suiv.).

(353) *Ord.*, Villers-Cotterets, 1539, art. 1 (Is., t. 12, p. 601). Loyseau, *Tr. des seigneuries*, XV, nᵒ 79.

goire XI protesta. Mais on signale des mandements du même genre en 1377 (354). Un arrêt du Parlement du 9 septembre 1385 parut mettre un terme au débat et consacrer sa jurisprudence. L'évêque de Chalon, qui était en cause, invoquait la coutume immémoriale et la liberté du demandeur de choisir son juge. Mais on lui opposa toute l'argumentation qu'on trouvait dans le discours de Pierre de Cuignières et dans le *Songe du Vergier*. Dès lors, le principe nettement arrêté permit d'exercer des sanctions contre les juges ecclésiastiques ayant connu d'actions réelles (355). Il semble que le principe ne fut plus discuté.

L'histoire de la compétence des juridictions ecclésiastiques depuis le xv⁰ siècle est donc le récit d'un effritement continu.

§ 5. — Le droit canonique et la législation ecclésiastique.

Après la constitution du *Corpus juris canonici*, le système du droit canonique parut définitivement fixé dans ses lignes essentielles. Il n'y fut plus apporté que des modifications secondaires. Le grand travail doctrinal auquel il avait donné lieu cessa. Du Moulin, Le Conte, s'essayèrent à des éditions critiques (356). Cujas étudia une partie des Décrétales de Grégoire IX d'après les procédés de sa méthode historique (357). On n'ajouta rien. En 1563, Pie IV résolut de donner une édition définitive du *Corpus* et en confia le soin à une commission (358). Connue sous le nom d'édition des *Correctores romani*, elle parut à Rome en 1582.

Sous l'influence de l'esprit gallican, il s'était opéré une cristallisation des coutumes et des canons reçus en France. Là encore la création coutumière fut interrompue. Dans le champ de la législation positive, les conciles généraux de Bâle et de Constance s'étaient déroulés au milieu de trop d'agitations pour qu'il en

---

(354) *Mand.*; 8 mars 1372, *ap. Lib. de l'Egl. gall.*, t. 1, p. 121. *Bulle de Grégoire XI*, 28 nov. 1372, *ap.* Olivier Martin, *op. cit.*, *Pièc. just.*, n⁰ V. *Mand.*, 23 août 1377 (*Ord. des .r. de Fr.*, t. 6, p. 295).

(355) *A. P.*, 9 sept. 1385, *ap.* Olivier Martin, *op. cit.*, *Pièc. just.*, n⁰ VI. Jean Lecoq, *Quaest.* 45. Voir l'analyse du conflit dans Olivier Martin, *op. cit.*, p. 343-362.

(356) A Lyon, la première en 1554, la seconde en 1559. L'édition critique la plus récente est celle de Friedberg, Leipzig, Tauchnitz, 1879-1880. 2 vol. in-fol.

(357) Cujas, *Recitationes solemnes ad decretalium Gregorii IX libros II, III, IV*. (*Opera*, 1617, t. 4, *in fine*).

(358) Y figurèrent Ant. Caraffa, le Cᵃˡ Alciat, le jésuite Fr. Torrès, Jacques Amyot, Antonio Agostino.

lût résulté rien de stable; le Ve de Latran fut à peu près stérile.
Seul le concile de Trente fit œuvre considérable ([359]). Mais ses
décrets ne furent pas publiés en France, quelques efforts qu'ait
faits le clergé pour sa réception, et les meilleures de ses dispositions,
ayant été empruntées par des ordonnances royales, ne vinrent plus
pour nous d'une source canonique. Aux siècles suivants les décrétales furent l'unique forme de la législation de l'Eglise. Il n'en
fut plus fait de compilation. Les bulles et constitutions des papes
sont insérées au *Bullaire romain*. Les pratiques de la Chancellerie
pontificale, plus ou moins modifiées à l'avènement de chaque
pape, formaient un recueil de *Regulae Cancellariae apostolicae*,
dont il ne fut plus donné de nouvelle édition depuis 1769, sous
Benoît XIV.

Du reste la législation et la justice royale reprenant progressivement possession des domaines juridiques intéressant l'état des
personnes, le régime des biens ecclésiastiques et quelques autres
matières, l'intérêt d'une doctrine canonique diminuait pour ce
qui touchait au droit privé. C'est vers le droit public ecclésiastique et les rapports des deux puissances que l'attention se reportait. D'où les œuvres nombreuses concernant ces rapports et les
libertés de l'Eglise gallicane, dont il a été déjà parlé, et d'autres
encore ([360]). Pratique pure et érudition se partagèrent le champ et y
fournirent des travaux honorables, tels que l'*Institution au droit
ecclésiastique* de Fleury, les *Loix ecclésiastiques de France* de
d'Héricourt, l'*Ancienne et nouvelle discipline de l'Eglise* de Thomassin, la *Praxis beneficiorum* de Rebuffe, le *Traité des matières
bénéficiales* de Claude Henry, la *Tractatio institutionum juris canonici, sive paratitla in quinque libros decretalium Gregorii IX* de
Cl. de Ferrière, le *Dictionnaire de droit canonique* de Durand de
Maillane. Il n'y avait plus de motifs à de grandes œuvres originales.

(359) *Canones et decreta concilii Tridentini*, Romae, 1564, et *Sacrosancti
et œcumenici concilii Tridentini canones et decreta quid in hac editione
praestitum sit sequens Philippi Chiffletii ...praefatio indicabit*, Antverpiae,
1677.

(360) *Sic* Le Douaren, *De sacris ministeriis ac beneficiis libri VIII*, Paris,
1551. Voir une excellente bibliographie dans Fleury, *Institution au droit
ecclésiastique*, t. 2, pp. 319-384, et une autre dans Dupin, *Manuel de droit
public ecclésiastique français*, 1860, pp. 399-414.

SECTION II

§ 1. — Les Églises protestantes.

I. — DES ORIGINES DE LA RÉFORMATION A L'ÉDIT DE NANTES.

Du jour où les thèses luthériennes vinrent se mêler ou se substituer aux doctrines prudentes et modérées des réformateurs français jusqu'au temps où les protestants de nuances diverses furent assez nombreux pour constituer en France un parti politique armé, leurs innovations furent tenues pour de simples hérésies. Leur diffusion et le danger qu'on y voyait déjà pour l'Etat firent préciser par la jurisprudence des Parlements la nature de « cas privilégié » du crime d'hérésie, qui passa ainsi dans la compétence des juridictions séculières, dépouillant les justices d'Eglise ou finalement ne leur en laissant connaître que sous la forme du « délit commun » [361].

Après le tumulte d'Amboise, la connaissance de l'hérésie fut un moment rendue aux évêques, mais la tenue d'assemblées illicites et les agissements des prédicants furent assimilés aux « cas prévôtaux » [362]. Un autre édit (juillet 1561) décida que « jusques à la détermination du concile général », les accusés, abandonnés par l'Eglise au bras séculier, ne pourraient être que bannis, que tous ceux qui reviendraient aux pratiques orthodoxes seraient amnistiés, et maintint les sanctions précédentes contre les assemblées, voies de fait, port d'armes, etc. Cependant un troisième du 17 janvier 1561, tout en ordonnant aux dissidents la restitution des églises et des biens du clergé dont ils s'étaient emparés, les autorisait à s'assembler de jour, mais hors des villes, « pour faire leurs presches et autres exercices de leur religion», à la condition de se soumettre aux lois de l'Etat et d'accepter le contrôle de ses officiers de police [363]. Le Parlement n'enregistra qu'après deux Lettres de jussion. Là-dessus, les religionnaires ayant pris les armes, on pensa les

[361] *L. P.*, 10 juin 1525; 24 juin 1529; *Edit*, 29 janv. 1535; 1er juin 1540; *L. P.*, 30 août 1542; *Ord.*, 19 nov. 1549; *Décl.*, 11 févr. 1549; *Edit*, 27 juin 1551; 27 juill. 1557; *Décl.*, 7 nov. 1559 (Is., t. 12, pp. 231, 266, 402, 676, 785; t. 13, pp. 134, 153, 189, 494; t. 14, p. 11).
[362] *Edit*, Romorantin, mai 1560 (Is., t. 14, pp. 31 et s.).
[363] *Edits*, Saint-Germain, juillet et 17 janvier 1561 (Is., t. 14, pp. 109, 124).

apaiser en leur accordant la liberté du culte public dans les villes où ils l'avaient pratiqué jusqu'au 7 mars 1562, en plus au faubourg d'une autre ville, en chaque bailliage, et dans les maisons des hauts justiciers ou vassaux, sous les réserves que leurs assemblées se feraient, dans les villes, à la maison commune, qu'ils n'auraient pas de police particulière et que les prédicants seraient naturels français [364]. De nouveaux troubles, en 1567, n'aboutirent qu'à la confirmation de ces concessions, aussi l'accalmie qui suivit fut-elle appelée la « paix feinte ». Dorénavant, les rébellions devinrent chroniques et, terminées chaque fois par un édit de pacification, laissèrent apparaître que le gouvernement royal traitait avec les révoltés comme avec une puissance égale. A chaque fois les concessions étaient plus importantes et plus étendues. Ce furent, en 1570, les droits de résider dans toutes les villes du royaume, d'exercer leur culte dans celles où ils le faisaient déjà au 1er août de cette année-là, dans des lieux de bailliage désignés par l'édit, dans les maisons des hauts justiciers et vassaux de haubert et la livraison de quatre villes de sûreté : La Rochelle, Montauban, Cognac, La Charité [365]. Après la Saint-Barthélemy, assemblées et prêches furent prohibés, puis permis seulement et à titre privé à La Rochelle, Montauban et Nimes [366]. Mais, à la suite d'une cinquième prise d'armes, ce furent, en 1576, la permission du culte public dans toutes les villes et lieux du royaume, à l'exception de Paris et des lieux de résidence de la cour, celle d'édifier des temples, l'accession à tous les offices et charges publiques, la cession de huit villes de sûreté et l'établissement de Chambres mi-parties de magistrats catholiques et protestants pour juger les causes dans lesquelles ceux de la religion réformée seraient intéressés [367].

Mais les Etats généraux, convoqués à Blois, exigèrent du roi la proclamation de l'unité de culte et l'expulsion des prédicants. Des révoltes inclinèrent pourtant le roi à une nouvelle amnistie, et une réglementation, un peu moins libérale que la précédente, établit les lieux et les conditions d'exercice du

(364) *Décl.*, 19 mars 1562; 10 avril 1563 (Is., t. 14, pp. 135, 142).

(365) *Edit de pacification*, août 1570 (Is., t. 14, p. 227) : il accordait amnistie générale et restitution des biens confisqués aux condamnés amnistiés. Le nouveau culte ne pouvait être exercé ni à la cour, ni dans un rayon de deux lieues autour.

(366) *Décl.*, 28 août 1572; *Edit*, juill. 1573 (Is., t. 14, p. 257; Fontanon, t. 4, p. 340).

(367) *Edit de pacification*, mai 1576 (Is., t. 14, pp. 281 et s.).

culte. Des articles secrets étendaient ces privilèges en faveur des grands seigneurs protestants et de certains lieux, développaient le système des Chambres mi-parties, abandonnaient l'artillerie qui se trouvait aux villes de sûreté [368]. De nouvelles prises d'armes, sous prétexte d'inexécution ou d'insuffisance des édits, firent que, de retouches en retouches de ces dispositions à Nérac (février 1579), à Fleix (novembre 1580), on en vint au refus par les protestants de rendre les places de sûreté et à l'édit d'Union imposé à Henri III par la Ligue, puis par les Etats généraux, ce qui entraînait révocation des édits de pacification [369]. Henri IV, à son avènement, ayant promis aux catholiques qui suivaient son parti de maintenir la foi traditionnelle et de s'y faire instruire dans les six mois, mit au néant les édits en faveur de la Ligue et rétablit celui du mois de septembre 1577, en attendant un règlement définitif qui fut l'*édit de Nantes* [370].

II. — LES PROTESTANTS SOUS LE RÉGIME DE L'ÉDIT DE NANTES.

L'édit de Nantes fut la consécration de tous les avantages concédés aux protestants par les édits de pacification antérieurs, précédée et mêlée de dispositions en vue du maintien de la paix. Il garantissait notamment le libre exercice du culte catholique là où les protestants l'avaient supprimé et contenait des sanctions contre les troubles ou empêchements qui y seraient apportés; il déterminait les modes de restitution des biens qu'ils avaient soustraits à l'Eglise et au clergé catholiques [371].

(368) *Edit*, sept. 1577, et *articles secrets*, 17 sept. 1577 (Is., t. 14, pp. 330 et s.).

(369) *Edits*, juill. 1585; 20 avril 1587; 25 sept. 1589 (Is., t. 14, pp. 585, 609; t. 15, p. 9).

(370) Vigneaux, *La véritable date de l'édit de Nantes et des actes additionnels* (Rev. des ét. hist., 1909).

(371) *Edit et déclaration du roi sur les précédents édits de pacification, donné à Nantes au mois d'avril 1598 et publié à Paris en Parlement le 25 de février 1599* (Is., t. 15, pp. 170 et s.). — *Explication de l'édict de Nantes par les autres édicts de pacification, déclarations et arrests de règlement*, par M° P. Bernard, conseiller du roy au présidial de Béziers, 1666. — Pierre de Beloy, *Conférence des édicts de pacification des troubles survenus au royaume de France pour le faict de la religion, et traités et règlemens faicts par les rois Charles IX et Henri III... et de la déclaration d'iceux du roi Henri IV de France et de Navarre, publiée au Parlement le 25 février 1599*, Paris, 1600.

Les protestants acquéraient le droit d'habiter dans toutes les parties du royaume sans être inquiétés pour cause de religion, celui de parvenir indistinctement à tous les offices et aux charges de l'Etat, pour lesquelles ils étaient dispensés des formalités religieuses que leur exercice pouvait normalement comporter, et la liberté complète du culte privé ([372]). Le culte public était autorisé : 1° dans les villes et lieux où il l'avait été par l'édit de 1577 et dans ceux où il avait été pratiqué à diverses reprises dans les années 1596 et 1597; 2° dans les chefs-lieux de bailliage et de sénéchaussée ressortissant nùment à un Parlement, sauf s'ils étaient sièges d'archevêchés ou d'évêchés, cas auquel le culte réformé serait établi dans un bourg ou village voisin, qui ne dépendrait pas d'un seigneur ecclésiastique; 3° aux centres des hautes justices et des pleins fiefs de haubert pour les seigneurs et vassaux en possédant au moins le tiers et y résidant ou leur famille; pour les autres seulement à la campagne ou dans leurs maisons de ville si le haut justicier catholique le permettait ([373]). Nulle part ailleurs le nouveau culte n'était toléré, ni à Paris, ni à cinq lieues à la ronde, ni à la cour, ni aux colonies, ni aux armées ([374]). Le prosélytisme était interdit; la conversion de catholiques était tenue pour apostasié, punie par les lois ([375]). Il en était de même des détournements d'enfants d'une confession dans une autre, sans l'assentiment des parents. Les religionnaires conservaient leurs cimetières particuliers et il leur en était fourni d'autres là où ils les avaient perdus. Ils pouvaient établir des temples, avoir écoles et collèges aux lieux où ils jouissaient de la liberté du culte public. Mais seules les écoles primaires pouvaient être fondées du simple chef de l'édit, les collèges exigeaient des Lettres d'érection pour chacun d'eux, à moins qu'ils n'en eussent obtenu déjà du temps des catholiques qui en avaient été dépouillés ([376]). Au reste, les protestants étaient admis aux universités, collèges et écoles existant dans le royaume, et des édits postérieurs frappèrent d'amendes les ministres qui infligeaient des peines disciplinaires à ceux de leurs fidèles qui les fréquentaient. Les hôpitaux s'ouvraient à leurs

---

(372) *Edit de Nantes*, art. 1-5, 24, 27.
(373) *Ibid.*, art. 6, 14.
(374) *Ibid.*, art. 7-11, 14, 15.
(375) Cpr. *Ibid.*, art. 19. *Edit*, mai 1629, art. 2, 5. — P. Bernard, *op. cit.*, pp. 35 et s.
(376) *Edit de Nantes*, art. 19, 20, 25, 26, 27. — P. Bernard, *op. cit.*, pp. 277 et s. A. C., 9 nov. 1670; 16 févr. 1671 (Is., t. 19, pp. 424, 442).

malades. Mais l'observation des fêtes catholiques chômées s'imposait à tous, étant de la police générale de l'Etat, et aussi le paiement des dîmes, charge foncière ([377]). Les ministres de la religion réformée étaient, par contre, exempts des tailles, du logement des gens de guerre, du guet, des tutelles, curatelles, etc. ([378]).

L'organisation du culte et de la discipline reposait sur les ministres et sur trois sortes d'assemblées : consistoires, colloques, synodes, qui ne pouvaient être tenues qu'aux églises, c'est-à-dire qu'aux lieux d'exercice du culte public. Les *consistoires* étaient des assemblées de quelques personnes de cette église, qu'un arrêt du Conseil (11 janvier 1657) limita au ministre local, aux anciens et aux diacres. Ils ne pouvaient être réunis qu'en présence d'un officier royal, désigné par le roi ou le gouverneur. Leurs pouvoirs étaient limités aux questions de discipline ecclésiastique, mais sans aucun droit de juridiction ou de censure. Les *colloques* étaient la réunion des ministres et des anciens de plusieurs églises qui ne devaient y traiter que des affaires ecclésiastiques, en présence du commissaire du synode, car, au xvii° siècle, les colloques ne furent plus permis que pendant la tenue des synodes. Les *synodes*, provinciaux ou nationaux, étaient composés des ministres et des anciens d'une province ou du royaume. Dans ce dernier cas, on disait aussi les *Notables*. Tout synode exigeait l'autorisation expresse du roi qui y déléguait un commissaire pour veiller à ce qu'on s'y restreignît aux affaires ecclésiastiques et lui en faire un rapport détaillé. Les consistoires, selon les articles particuliers 42 et 43, semblaient faire corps et communautés. Ces articles leur reconnaissaient le droit de s'imposer dans un but cultuel (frais de synode, entretien des ministres du culte, construction de temples, paiement de condamnation), le droit d'acquérir et de posséder, celui d'ester en justice. L'imposition, quelque forme qu'elle prît, devait être délibérée et répartie en présence d'un juge royal, qui en gardait l'état, et levée, indépendamment des tailles, par des collecteurs spéciaux. Quant à la faculté d'acquérir et de posséder, il y eut plus de difficulté. La jurisprudence du xvii° siècle refusa aux consistoires la qualité de corps, c'est-à-dire la personnalité morale, d'où la capacité d'acquérir. Les « légats et donations » de l'article 42 devaient, d'après elle,

(377) *Edit de Nantes*, art. part. 44, 1.
(378) *Ibid.*, art. part. 34, 35. — *Edit*, mai 1629; *Décl.*, 17 avril 1623; *Edit*, mars 1626, art. 11 (Is., t. 16, pp. 146, 191).

être recueillis, si des immeubles en étaient l'objet, par les collèges catholiques où les protestants étaient admis et par les hôpitaux où leurs malades étaient reçus, et distribués, s'ils étaient en argent, par les héritiers des disposants à titre de secours annuels aux ministres, docteurs, écoliers et pauvres de leur religion. De sorte que les masses de biens formées par les consistoires, provenant d'acquisitions ou d'impositions illégales, étaient à la disposition du roi [379].

Ni les ministres, ni les consistoires n'avaient aucun droit de juridiction, car les religionnaires, devant observer les lois de l'Etat, étaient justiciables exclusivement des tribunaux royaux. La question se présentait surtout en matière de mariage. L'édit obligeait les protestants à garder les lois de l'Eglise et de l'Etat concernant les empêchements fondés sur la consanguinité et l'affinité, l'ordre ou les vœux religieux. L'amnistie, accordée pour le passé, laissait subsister, pour l'avenir, la loi ancienne, sauf dispense pour la consanguinité au tiers et au quart degré. Le juge royal était seul compétent, si le défendeur appartenait à la religion nouvelle, l'official le restait s'il était catholique [380].

Pour écarter toute suspicion de partialité dans les procès où des protestants étaient parties, et suivant un projet ébauché en 1576, on créa aux Parlements de Paris, de Bordeaux, de Grenoble, on maintint à Castres pour le ressort de Toulouse, des *Chambres de l'Edit*, celle de Paris composée d'un président, de seize conseillers catholiques et d'un conseiller protestant, les autres miparties. Elles connaissaient en dernier ressort de toutes les causes civiles ou criminelles, à moins qu'il ne s'agît de matières bénéficiales, de dîmes non inféodées, du domaine de l'Eglise, de patronat ecclésiastique, de crime de lèse-majesté divine, d'affaires criminelles où des ecclésiastiques étaient accusés ou défendeurs, causes dont les Parlements connaissaient seuls [381]. Dans celles que les présidiaux jugeaient en dernier ressort, les parties protestantes pouvaient récuser deux juges sans motif et trois pour les cas prévôtaux, ce qui conférait le même droit aux plaideurs

(379) *Edit de Nantes*, art. part. 42, 43. — P. Bernard, *op. cit.*, pp. 295-300.

(380) *Edit de Nantes*, art. 23, art. part. 39-41.

(381) A celle de Paris étaient rattachés les ressorts de Normandie et de Bretagne en attendant qu'ils en eussent une; à celle de Grenoble, le ressort du Parlement de Provence; dans celui de Bourgogne, les plaideurs choisissaient entre Paris et Grenoble : *Edit de Nantes*, art. 30-37. Les Chambres de l'Edit siégeant à Béziers (avant à Castres) et à Agen furent réunies aux Parlements de Toulouse et de Bordeaux en janvier 1629 (Is., t. 16, p. 256)

catholiques. Les formalités du serment étaient aussi simplifiées à raison de la doctrine réformée [382]. Les actes des ministres ou des assemblées contraires aux prescriptions de l'édit ou à la police générale des cultes étaient susceptibles d' « appel comme d'abus » devant le Parlement [383].

L'édit de Nantes laissait intactes les dispositions des édits de pacification antérieurs auxquelles il ne contredisait pas. Malgré ses apparences d'acte spontané et unilatéral, il était au fond une transaction conclue avec un parti en armes, ayant la volonté de constituer un Etat dans l'Etat français et qui obtenait par des brefs secrets des 13 et 30 avril, à titre d'otages, plus de cent places fortes commandées par des gouverneurs à lui et défendus par 25.000 soldats entretenus aux frais du véritable Etat. Le danger était si évident qu'on ne pouvait espérer qu'une telle situation pût se maintenir longtemps. Aussi, il s'en fallait de beaucoup que l'édit fût encore en vigueur dans son intégralité lors de sa révocation en dépit des confirmations dont il avait d'abord été l'objet [384]. Leur nécessité même montrait la fragilité du pacte de 1598.

Dès la mort d'Henri IV, s'ils ne l'avaient fait avant en secret, les religionnaires recommencèrent de s'agiter, levant des deniers et des troupes, refusant les restitutions ou réparations prescrites par l'édit, tenant des assemblées illicites, finalement reprenant les armes sous la direction de grands seigneurs (1621-1625) [385]. Ce n'est pas le lieu de narrer les efforts de Louis XIII et de Richelieu pour leur reprendre les places fortes qui leur avaient été momentanément remises, rompre leurs alliances étrangères, et les réduire à n'être qu'une confession religieuse dissidente et à l'observation des édits. Une série de déclarations au cours du xviie siècle rappelèrent, chaque fois qu'elles étaient oubliées ou violées, les dispositions de l'acte de Nantes [386]. Vers le milieu du siècle, la jurisprudence des Parlements se fit de plus en plus restrictive. La préoccupation du gou-

(382) *Edit de Nantes*, art. 65, 24.

(383) P. Bernard, *op. cit.*, pp. 155 et s., 268.

(384) *Décl.*, 22 mai 1610; 15 déc. 1612; 1er oct. 1614; mai 1616; 24 avril 1621; 19 nov. 1622; 10 nov. 1623 (Is., t. 16, pp. 5, 39, 52, 87, 141, 143, 144, 146).

(385) *Décl.*, 27 mai 1621; 27 déc. 1621; 15 juill. 1622; 17 avril 1623 (Is., t. 16, pp. 141 et s., 143 et s., 146).

(386) *Edits*, avril 1627; 15 déc. 1628; 2 déc. 1634; 8 déc. 1643; déc. 1656; 18 juill. 1656; A. C., 11 janv. 1657; 26 juill. 1657; 15 déc. 1660; 17 déc. 1661 (Is., t. 16, pp. 201, 223, 259, 412; t. 17, pp. 32, 389, 335, 346, 356, 380, 400).

vernement de provoquer et d'obtenir des conversions par des faveurs pour les nouveaux convertis apparaît dans la législation et la pratique administrative; les sévérités contre les relaps et le prosélytisme protestant sont aggravées ([387]). En 1669, les Chambres de l'Edit furent supprimées à Paris et à Rouen ; il en fut de même des autres un peu plus tard. Des fonctions publiques, et, en général, les maîtrises des métiers furent interdites aux protestants; du moins leur nombre y fut limité ([388]). Les fonctions judiciaires leur furent interdites ([389]). Les ministres ne purent plus habiter qu'aux lieux désignés pour le culte public. Certains de ces lieux furent supprimés. L'émigration fut interdite aux religionnaires ainsi que la vente de leurs biens; l'exemption des tailles pour les ministres abrogée. Ils furent exclus des grades universitaires. Les enfants dont un parent était catholique, les bâtards, furent élevés dans la religion catholique. Les conversions furent acceptées dès l'âge de sept ans ([390]). Tout annonçait la révocation que prononça l'édit de Fontainebleau (octobre 1685).

III. — DE LA RÉVOCATION DE L'ÉDIT DE NANTES AUX ÉDITS DE TOLÉRANCE DE LOUIS XVI.

L'édit de Fontainebleau faisait l'application en France du principe : *Cujus regio, ejus religio*, que la Réformation avait imposé au xvie siècle aux pays du nord de l'Europe, et les protestants s'y trouvèrent placés dans une situation analogue à celle des catholiques dans les divers Etats protestants.

Les ministres durent se convertir ou quitter la France dans les quinze jours après la publication de l'édit, à peine des galères; ceux qui se convertissaient recevaient une pension supérieure d'un tiers à leurs appointements et des facilités pour acquérir les grades universitaires. Aux autres religionnaires, il était interdit ainsi qu'à leurs femmes et à leurs enfants de sortir du royaume,

---

(387) *A. C.*, 7 août 1662 (sur les enterrements); *Décl.*, avril 1663; *A. C.*, mars 1662; 12 mai 1665; *Décl.*, 24 oct. 1665; 19 nov. 1680, 24 oct. 1665 (Is., t. 18, pp. 20, 23, 38, 55, 64; t. 19, p. 256). Pour les abjurations : *Décl.*, 20 nov. 1674; *A. C.*, 28 août 1676; 10 oct. 1679 (Is., t. 19, pp. 150, 173, 218).

(388) *Edit*, janv. 1669; juillet 1679 (Is., t. 18, p. 199; t. 19, p. 205).

(389) *Sic Décl.*, 16 juill. 1669; 6 nov. 1679; 20 fév. 1680; 23 août 1680; 18 avril 1683; *Décl.*, 3 déc. 1674 (Is., t. 18, p. 211; t. 19, pp. 150, 151, 231, 253).

(390) *Décl.*, 15 juin 1682 (Is., t. 19, p. 390).

sous peine des galères pour les hommes, de confiscation de corps
et de biens pour les femmes [391]. Ni leurs personnes, ni leurs commerces ne devaient être inquiétés ou gênés, s'ils ne se livraient
à aucun exercice cultuel. Ils étaient, du reste, exclus des fonctions judiciaires et du barreau [392]. Les enfants durent être bap-
tisés par des prêtres catholiques et élevés dans cette religion;
ceux, déjà nés, âgés de cinq ans furent remis à des parents catholiques qui présideraient à leur éducation. Les nouveaux convertis, comblés de faveur à l'intérieur du royaume, n'en pouvaient sortir, ni avoir de dépôts d'armes, ni faire aucune assemblée sous peine des galères. Les biens des émigrés passaient
tout de suite à leurs héritiers. Ces prescriptions furent plusieurs
fois renouvelées au cours du xviiie siècle [393].

Mais des déclarations du 8 mars 1715 et 14 mai 1724 établirent
la présomption qu'il n'existait plus de protestants en France;
d'où toute manifestation de culte ou de doctrine de la part des
réformés les constituait relaps et leur en faisait encourir les peines [394]. Il en résulta aussi qu'ils n'eurent plus d'état civil organisé. Depuis l'ordonnance de Blois, la présence du propre curé
de l'un des époux, empruntée aux canons du concile de Trente,
étant une condition absolue de la validité du mariage, un jour
vint où le clergé catholique exigea des cocontractants la preuve de
leur orthodoxie, de sorte que les réformés ne purent plus contracter de mariages civils valables [395]. Les mariages contractés
devant leurs ministres cachés en France, mariages « au désert »,
non seulement étaient nuls, mais leur faisaient encourir l'emprisonnement ou les galères. Il fallait un détour pour légitimer les
enfants qui en naissaient; des arrêts assimilaient ces unions aux
mariages putatifs, pour faire bénéficier les enfants des effets
civils du mariage [396]. La jurisprudence s'appliqua à des adoucissements de ce genre [397].

En 1787, à la suite d'un vœu de l'assemblée des Notables, l'édit

(391) *Edit*, Fontainebleau, oct. 1685 (Is., t. 19, p. 530 et s.).

(392) *Edits*, 17 nov. 1685; 28 nov. 1685 (Is., t. 19, p. 535).

(393) *Edits*, Fontainebleau, oct. 1685, art. 8; janv. 1686; 11 fév. 1699;
16 oct. 1704; 18 sept. 1713; 14 mai 1724 (Is., t. 19, pp. 533, 543; t. 20, pp.
337, 371, 605; t. 21, p. 261). — J. Dedieu, *Hist. politique des protestants français* (1715-1794), Paris, 1925, 2 vol. in-16.

(394) *Edits*, 7 mai 1686; 12 oct. 1687; 8 janv. 1689; 18 sept. 1713; 28 sept.
1776 (Is., t. 19, p. 547; t. 20, pp. 52, 70, 605; t. 21, p. 300).

(395) *Edits*, 8 mars 1715; 14 mai 1724 (Is., t. 20, p. 640; t. 21, p. 261).

(396) *Décl.*, 13 déc. 1698, art. 7 (Is., t. 20, p. 322). Anquez, *De l'état civil
des réformés en France*, pp. 39 et s., 43, 78 et s.

(397) Guyot, *Répert.*, t. 15, p. 107 : *Edit*, 1782.

du 19 novembre rendit aux sujets du roi ne faisant pas profession de foi catholique tous leurs droits civils. Il ne s'agissait que des protestants. Ils devaient jouir des droits et des biens leur appartenant et pratiquer leurs commerces sans être inquiétés. Les actes de l'état civil, naissances, mariages, décès, pouvaient être, au choix des intéressés, déclarés soit au curé catholique, agissant comme simple officier de l'état civil, soit au principal juge du lieu. Les mariages antérieurs à 1787 devaient être régularisés de la même façon [398]. Les protestants demeuraient exclus des charges de judicature et de celles de l'enseignement public. Ils ne pouvaient former corps dans le royaume, ni leurs ministres agir comme tels, ou en prendre la qualité dans aucun acte. Ils devaient, comme au temps de l'édit de Nantes, observer les fêtes chômées et contribuer à l'entretien des édifices du culte catholiques, à l'instar des autres sujets du roi [399].

L'édit occasionna des remontrances du Parlement qui obtint quelques modifications et de l'assemblée du clergé qui demanda que la religion catholique fût seule pratiquée dans le royaume et que des ecclésiastiques ne fussent mêlés ni activement, ni passivement dans les mariages des non-catholiques. C'est que si l'édit était muet sur l'exercice du culte protestant, très vite les prédicants avaient reparu et les assemblées avaient été reprises [400].

Les protestants d'Alsace et de quelques autres régions de l'Est, par faveur ou en vertu de capitulations remontant à leur annexion, restèrent toujours en dehors de ces fluctuations législatives.

§ 2. — **Les religions étrangères.**

En principe, aucune religion étrangère ne pouvait être pratiquée en France, ni par des Français, ni par des étrangers admis à y résider. Aux xie et xiie siècles, les infidèles prisonniers de guerre étaient tenus en servitude et les esclaves venus avec leurs maîtres sur le territoire du royaume le restaient, à moins que les uns et les autres ne se fissent baptiser. Plus tard, la liberté

---

(398) Portalis, *Consultation sur la validité des mariages des protestants,* 1770, et, avant, de Monclar, *Mémoire théologique et politique,* 1755.

(399) *Edit.,* nov. 1787; *Décl.,* 21 janv. 1789 (Is., t. 28, pp. 472, 634).

(400) Flammermont, *Remontrances du Parlement de Paris au xviiie siècle,* t. 3, pp. 694-702. *Remontrances du Clergé de France assemblé en 1788 au roi sur l'édit du mois de novembre 1787 concernant les non-catholiques,* Paris, 1788, pp. 23, 34-36, 42 et s.

résulta de la seule présence sur le sol sans exigence du baptême. Mais, comme il s'agissait d'individus isolés qui rarement s'y établissaient, la question de liberté du culte ne se posait pas. Aux derniers siècles, des traités avec les Etats orientaux ou barbaresques stipulaient de la part des cocontractants le respect des croyances respectives de leurs ressortissants, mais, à moins de capitulations spéciales, cela signifiait simplement qu'on ne les contraindrait pas à changer de religion [401].

A ces règles exclusives, il n'y eut d'exception que pour les Juifs. Les Juiveries furent les seules colonies étrangères, non chrétiennes, qui bénéficièrent du droit d'ériger leurs synagogues et d'observer publiquement leurs rites, sous la réserve de ne rien faire qui allât contre les règlements concernant le culte extérieur et les fêtes de l'Eglise catholique. Cela s'explique par l'ancienneté, l'importance, le rôle économique de ces colonies qui, surtout dans les provinces du Midi, tout en se prévalant de lois romaines en leur faveur, vivaient, comme la plupart des communautés étrangères, sous leurs lois et coutumes particulières et la juridiction de magistrats de leur nation (chefs ou consuls de la nation juive), ce qui fit que la législation royale n'eut jamais à s'occuper de l'organisation interne des synagogues. Etrangers, souvent privilégiés, car, s'ils étaient exposés comme les autres à des tailles arbitraires, à des taxes spéciales, à être expulsés, ils pouvaient posséder des immeubles, n'étaient pas assujettis au droit d'aubaine, donc disposaient librement de leurs biens entre vifs ou pour cause de mort et jouissaient du privilège, n'étant pas soumis aux prohibitions canoniques, de prêter à intérêt. Situation mal définie commandée par le fait que ces groupements étrangers, quasi autonomes, ne pouvaient cependant se réclamer d'aucune souveraineté réelle, se prévalant uniquement de celle tout idéale et du corps mystique d'Israël. De sorte qu'ils apparaissaient, parmi les territoires des souverainetés temporelles, à l'état d'épaves. Et comme il fallait bien qu'ils relevassent de quelqu'une, ils tombèrent dans la sujétion du seigneur territorial [402], qui se trouva libre de disposer de leurs personnes et de leurs biens, de les chasser ou retenir de force, de confisquer leurs biens, de se substituer à eux dans leurs créances, d'en libérer leurs débiteurs, comme aussi de les gratifier de ses fa-

---

(401) Adhémar de Chabannes, *Chron.*, éd. Chavanon, p. 103. *Tr. entre la France et le roi de Tunis*, 1270, (Is., t. 2, p. 646).

(402) *Ord.*, février 1218; nov. 1233; 1280; 17 mai 1315 (Is., t. 1, pp. 214, 222; t. 2, p. 666, t. 3, p. 75).

veurs, de les exempter des charges de ses sujets, d'en faire ses officiers, de leur faire payer ou non ses bienfaits, de leur céder ses droits à ferme ou autrement (⁴⁰³). Aussi les canonistes imaginèrent-ils de les déclarer serfs du Prince, *servi principum servitute civili* ou *in servitute quasi publica* (⁴⁰⁴), bien qu'on ne rencontrât en eux aucune des caractéristiques du servage (chevage, formariage, mainmorte) (⁴⁰⁵). Il est vrai qu'il est dit parfois d'un juif qu'il est donné ou vendu; c'étaient les droits fiscaux qu'on avait à son occasion qui étaient ainsi cédés (⁴⁰⁶). La conversion du juif en privait le seigneur, c'est pourquoi il fut un temps où celui-ci confisquait les biens du nouveau converti; mais l'Eglise, de bonne heure, s'y opposa (⁴⁰⁷).

Les mesures prises à l'encontre des juifs eurent rarement un motif religieux. On ne peut guère rattacher à leur qualité de non-chrétiens que les interdictions d'épouser des personnes de religion chrétienne, ce que confirmait leur propre loi, d'avoir des domestiques chrétiens (⁴⁰⁸) et celle, peu observée, d'exercer des fonctions publiques (⁴⁰⁹). Les conversions forcées furent toujours rigoureusement condamnées par l'Eglise; des ordonnances défendaient qu'on les contraignît à aucune observance cultuelle (⁴¹⁰).

Au contraire, les ordonnances restrictives de la liberté des juifs ou de leur capacité civile, d'ordinaire passagères, mais souvent reprises, eurent des causes économiques, sociales et très souvent fiscales. L'obligation même de porter un costume ou un

---

(403) *Sic Ord.*, 1182, 1234, 1257, 1270; 13 oct. 1374; 17 févr. 1375; 28 mars 1395; janv. 1397, etc. (Is., t. 1, pp. 170, 243, 280, 522; t. 4, pp. 424, 450; t. 6, pp. 763, 782).

(404) Saint Thomas d'Aquin, *Summa theologica, Secunda secundae*, 9-10, art. 12 (*Opera*, Parme, t. 3, p. 44). — C. 13, X, V, 6.

(405) *Ord.*, 1317 (*Ord. des r. de Fr.*, t. 1, p. 646). — Tanon, *Hist. des jus. tices des anciennes églises de Paris*, p. 424.

(406) *L. P.*, par lesquelles le roi donne un juif et en achète un autre (*Nouv. Répert.*, vº *Esclave*, nº 2). Mais on disait de même d'un bourgeois, d'un vassal noble : ci-dessus, p. 367.

(407) C. 5, X, V, 6 : Latran (1179). *Edit.* 15 avril 1393 (Is., t. 6, p. 728) contre ces pratiques faisant obstacle aux conversions. Cpr. Montesquieu, *De l'esprit des Lois*, XXI, 21.

(408) Quant aux interdictions de se marier sans autorisation du roi, de posséder des immeubles, elles ne furent pas admises en France, sauf dans un édit de 1784 pour l'Alsace dont le roi devait respecter les coutumes.

(409) L'Eglise n'observait pas toujours cette défense : des juifs occupaient parfois des fonctions importantes à la cour pontificale.

(410) Berger, *Regesta Innocentis III*, nº 2838, p. 424. — *Ord.*, 22 mars 1358 (Is., t. 3, p. 320).

signe distinctif fut de cet ordre de préoccupations (⁴¹¹). Les gens
du commun qui voyaient en eux des déicides, des usuriers et
souvent des traitants, contraignaient les princes à les bannir ou
à les assujettir à des mesures de précaution rigoureuses. A deux
reprises ils furent bannis du royaume à perpétuité, en 1394,
sous Charles VI et, en 1615, sous Louis XIII (⁴¹²). Il faut croire
que ces ordonnances, furent simplement comminatoires, car la
plupart restèrent dans le royaume et d'autres actes législatifs
continuèrent à leur distribuer alternativement faveurs ou vexa-
tions. Parfois, on se reportait aux lois de 1394 et 1615 pour pré-
sumer qu'il n'existait plus de juifs en France, mais ce n'était
qu'en vue d'un résultat de détail. On savait si bien qu'ils étaient
toujours là que d'autres actes réglementaient leur activité (⁴¹³).
En 1784, Louis XVI les affranchit du péage corporel et de quelques autres droits analogues (⁴¹⁴). En 1788 le roi songea à leur
accorder la nationalité française : c'était une suggestion des
milieux où se préparait la Révolution. Un décret du 28 janvier 1790 leur accorda les droits de citoyens actifs (⁴¹⁵). Sous la
Constitution de 1791, un décret-loi du 28 septembre 1791 les assimila aux Français.

(411) *Ord.*, 20 oct. 1365; 27 déc. 1366 (Is., t. 5, pp. 134 et s.).

(412) *Ord.*, 17 sept. 1394; *L. P.*, 13 janv. 1395; *Ord.*, 23 avril 1615 (Is., t. 15,
pp. 750, 758; t. 16, p. 51). — Une ordonnance du 30 sept. 1683 (Is. t. 19,
p. 435) leur ordonna de quitter les colonies.

(413) *A. C.*, 20 fév. 1731; 14 août 1774; 7 fév. 1777 (Is., t. 21, p. 343; t. 23,
pp. 271 et 338).

(414) *Ord.*, janv. 1784 (Is., t. 27, p. 360). — Quelques mesures plus
rigoureuses pour l'Alsace, à raison des engagements pris et tenus par
Louis XIV, de maintenir les coutumes alsaciennes.

(415) *Décret-loi*, 28 janv. 1790 (Duvergier, t. 1, p. 113).

CHAPITRE IX

LA CONDITION DES PERSONNES ET DES TERRES

§ 1. — **La condition des personnes. Les ordres.**

Il existait, dans l'Etat, trois ordres, le clergé, la noblesse et le tiers état; entre lesquels étaient établies quelques règles de préséance. Celles-ci ne s'observaient guère que dans les manifestations de la vie publique où chaque ordre avait occasion d'agir collectivement; car il s'en fallait que la même hiérarchie se retrouvât entre les individus qui se classaient entre eux d'après leurs dignités ou leurs charges personnelles.

« L'ordre est une qualité inhérente à la personne, native ou acquise, d'où résulte immédiatement un privilège ». Chaque ordre avait, en effet, ses privilèges, communs à tous ses membres; mais il n'en résultait pas d'autre égalité entre ceux-ci, qui montraient les conditions les plus différentes tant en ce qui concernait les fortunes que les genres d'activité, le prestige ou l'influence individuelle.

A partir du xve siècle où s'implanta ce concept des trois ordres, le clergé constitua le premier : il eut le pas sur les autres aux Etats généraux et provinciaux, aux assemblées de Notables (¹). Il fut même le seul qui fit corps dans la nation, de la seconde moitié du xvie siècle à 1789, à raison de ses assemblées particulières et des formes sous lesquelles il participait aux obligations fiscales. Comme tel, il était une institution, non pas religieuse, mais politique (²). Le second rang appartint à la noblesse, parce qu'elle était considérée comme la protectrice et la gardienne du royaume qu'elle défendait au prix de son sang; mais elle ne tarda pas à comprendre autant d'hommes de robe, sinon plus, que d'hom-

---

(1) Voy. ci-dessus 518 et s.

(2) La loi du 4 nov. 1789 supprima le clergé en tant que corps dans l'Etat.

més d'épée. Cette hétérogénéité se remarquait encore mieux dans le troisième ordre ou tiers état qui, par ses sommets, confinait à la noblesse et y accédait d'une façon continue et, légalement, embrassait tous les autres sujets du roi, sauf les serfs. Il est clair que la diversité y était extrême et que, si grande était la distance d'un archevêque ou évêque cardinal, d'un abbé commendataire à un curé à portion congrue, d'un duc et pair à un hobereau cultivant lui-même sa terre, elle l'était autant d'un maréchal de France, d'un secrétaire d'Etat, d'un président de cour souveraine, qui pouvaient n'être pas nobles, à quelque robin besogneux ou à un villageois faisant des journées.

Les ordres n'étaient pas des castes. Aucune barrière ne les séparait. Il n'était pas toujours aisé d'en déterminer les lignes frontières. Les membres du premier étaient nécessairement originaires des deux autres; les fils des familles les plus illustres et les plus humbles s'y confondaient (³). Les alliances étaient plus fréquentes qu'on ne suppose entre la noblesse et la bourgeoisie, aux divers échelons de l'une et de l'autre (⁴). Les privilèges d'ordre et la nature des occupations surtout les distinguaient. L'ensemble du droit leur était commun. Il ne s'agit de noter ici que ce qui les différenciait, c'est-à-dire ce qui était particulier à chacun d'eux : car, pour le reste, c'était tout le droit des personnes qui entrait en jeu.

I. — LES CLERCS ET LES RELIGIEUX.

Les membres du clergé, à ce titre, jouissaient d'honneurs et de privilèges et étaient frappés de quelques incapacités légales. Les honneurs étaient accordés au corps plutôt qu'aux individus; mais des préséances personnelles résultaient souvent pour ceux-ci de leur rang dans la hiérarchie ecclésiastique : ainsi, dans sa province, l'archevêque précédait le gouverneur.

Les privilèges étaient personnels ou réels. Les privilèges personnels comprenaient : 1° le privilège du for, tel qu'on l'entendait dans les derniers siècles de la monarchie et qu'il a été précédemment décrit (⁵); 2° la dispense du service militaire : depuis la seconde moitié du xvıᵉ siècle, les ecclésiastiques ne recevaient plus d'ordinaire la convocation du ban et arrière-ban, ni ne payaient plus de contribution compensatoire (⁶). Ils furent exemp-

(3) Voy. ci-dessus, pp. 961 et s.
(4) Voy. ci-dessus, p. 478, note 118.
(5) Voy. ci-dessus, pp. 1002 et s.
(6) En 1557, la semonce est encore générale : les clercs doivent, comme

tés dans le même temps et d'une façon aussi absolue du service de guet et de garde (⁷); 3° l'exemption du logement des gens de guerre et de toute contribution pour l'ustensile et le fourniment (⁸); 4° l'exemption des *munera civilia*, c'est-à-dire des charges municipales, des tutelles et curatelles qu'ils pouvaient, du reste, accepter de remplir et qui emportaient alors dérogation au privilège du for; 5° jusqu'à concurrence de 150 livres, l'insaisissabilité de leurs meubles et du titre clérical une fois établi (⁹); 6° la contrainte par corps pour dettes civiles, même pour les dépens, ne devait pas être exercée contre eux (¹⁰). Les privilèges réels consistaient en : 1° l'exemption des impositions ou contributions diverses, sauf en cas de nécessités publiques (fortifications et clôture des villes) ou de famine (contribution à la nourriture des pauvres) (¹¹); 2° l'exemption de la gabelle du sel et des droits d'aides pour les vins de leurs crûs ou provenant de leurs dîmes ou de leur portion congrue (¹²); 3° l'exemption, en principe, de la taille personnelle pour tous leurs revenus, quelle qu'en fût la provenance; mais, plus tard, ils furent imposés pour les biens qu'ils faisaient valoir eux-mêmes, au-delà de quatre charrues, et pour ceux ou pour les dîmes qu'ils tenaient à ferme (¹³); 4° l'exemption des corvées, même réelles, dans la plupart des coutumes, et, dans les autres, la faculté de s'y faire suppléer.

Les clercs parvenus aux ordres majeurs étaient astreints au célibat par les lois de l'Eglise et par la loi civile. L'empêchement dirimant au mariage qui résultait des ordres sacrés, persistait, d'après la jurisprudence des Parlements, même au cas où l'apostasie du clerc le retranchait de la communion chrétienne (¹⁴). Les clercs ayant bénéfice dans le royaume n'en pouvaient sortir sans la permission du roi. Certaines fonctions et la plupart des métiers

---

les autres, servir en personne ou contribuer : *Décl.*, 16 janv. 1557 (Is. t. 13, p. 506, Fontanon, t. 3, p. 78). — C'est le contraire par la suite: *Décl.*, 9 sept. 1675 (Néron, t. 2, p. 775). *Mém. du clergé*, t. 4, ch. i.

(7) *Décl.*, 1574 (Fontanon, t. 4, p. 606). *Ord.*, Blois, mai 1579, art. 55, 56 (Is., t. 14, p. 450).

(8) Durand de Maillane, *Dict. de dr. can.*, t. 1, p. 250.

(9) *Ord. civ.*, 1667, tit. 33, art. 15 (Is., t. 18, p. 169). Cpr. *Ord.*, janv. 1560 (Is., t. 14, p. 72).

(10) *Ord.*, 5 juill. 1576; Blois, mai 1579, art. 57; *Edit*, déc. 1606 (Is., t. 14, p. 302; t. 15, p. 310).

(11) *Ord.*, 4 nov. 1572; 23 déc. 1574 (Fontanon, t. 4, pp. 600, 606).

(12) Fleury, *Instit. au dr. eccl.*, t. 1, p. 263-266.

(13) *A. C.*, 13 janv. 1673.

(14) Pothier, *Tr. du contrat de mariage*, III° Part., ch. ii, art. 6

leur étaient interdits, comme incompatibles avec la dignité ou la réserve cléricale. C'est ainsi qu'ils ne devaient pas siéger dans les tribunaux prononçant des peines de sang et qu'ils ne pouvaient être fermiers des revenus du roi.

Les religieux avaient été graduellement assimilés aux clercs. La grande majorité l'étaient. Ils bénéficiaient des mêmes privilèges dans la mesure où leur condition civile leur permettait de s'en prévaloir. Ainsi le privilège du for leur était reconnu, quitte à savoir s'ils étaient capables d'ester en justice et, dans l'hypothèse fréquente d'une exemption, de quel juge ecclésiastique ils relevaient. La dispense du service militaire, les mêmes immunités fiscales qu'au clergé séculier leur avaient été concédées par les ordonnances ou les coutumes reçues en France; mais le corps auquel ils appartenaient, plus qu'eux qui d'ordinaire ne possédaient rien, était le bénéficiaire de ces dernières.

La profession religieuse dans les ordres où elle comporte des vœux solennels avait pour conséquence l'abdication volontaire de tous les droits qui constituaient la vie civile; le religieux profès était frappé de mort civile. Longtemps la mort civile du religieux resta totalement ou partiellement écartée de certaines provinces; mais, déjà très répandue dans le Nord au xiii⁰ siècle, elle fut généralisée au xvi⁰ par des édits de François I⁰ʳ (15). Longtemps aussi le pape put dispenser les religieux de tout ou partie de leurs vœux; la jurisprudence des Parlements refusa d'admettre les effets de ces dispenses et tint l'incapacité civile du religieux profès pour complète et définitive. Mais les ordonnances entouraient les vœux de solennités et de garanties nombreuses. Ils n'étaient admis qu'à la profession dans un ordre approuvé par l'Eglise et par l'Etat, à un âge déterminé par la loi (16), après un noviciat d'une année au moins et examen de la cause, s'il s'agissait d'une fille, par l'évêque ou son vicaire général. Ils devaient être professés librement et reçus par un supérieur tenant ce pouvoir des constitutions de l'Ordre, en une cérémonie de vêture dont procès-verbal était dressé sur un registre tenu en double, relié, coté et paraphé, dont un exemplaire était déposé au greffe du bailliage (17). Les vœux solennels entraînaient l'ou-

(15) Guyot, *Répert.*, t. 9, p. 101; Richer, *Tr. de la mort civile*, p. 677 et s., *Libertés de l'Eglise gallicane*, éd. Durand de Maillane, t. 1, p. 385 et s.

(16) Les ordonnances d'Orléans (1560) et de Blois (1579) exigeaient 25 ans pour les mâles, 20 ans pour les filles; un édit de mars 1768 se contenta de 21 ans et 18 ans accomplis.

(17) *Ord. civ.*, 1667, tit. 20, art. 16; *Décl.*, 13 avril 1736, art. 25-31 (Is. t. 21, pp. 412 et s.).

verture immédiate de la succession du religieux profès, qui était
déférée à ses parents en degré de lui succéder ou aux successeurs
désignés dans un testament antérieur. Il ne pouvait plus ni
posséder, ni contracter, ni succéder à ses parents, ni jouir d'aucun droit de famille; il était incapable d'être témoin instrumen-
taire, ni de remplir aucune fonction publique. Dans certains
monastères, on confiait aux religieux frappés de mort civile
l'administration de quelques parties du patrimoine de la communauté, à titre de pécule dont ils pouvaient disposer comme
jadis l'esclave du sien. A leur mort, ce pécule était repris par
l'abbé ou la communauté. Celui des religieux pourvus de curés
était divisé, d'après des arrêts du Parlement, entre les pauvres,
la fabrique et l'abbaye (18). On admettait généralement que la
promotion à l'épiscopat rendait le profès à la vie civile.

Dans quelques ordres religieux, on ne pratiquait que les
vœux simples qui pouvaient avoir pour le for intérieur la même
valeur que les vœux solennels, mais qui, n'étant pas environnés
de la publicité et des garanties de ceux-ci, laissaient à ceux
qui les faisaient leur capacité civile. Quelques congrégations
religieuses n'en exigeaient aucuns (19).

II. — LES NOBLES.

1° Le rôle de la noblesse dans l'État.

Le second ordre ne faisait pas corps, dans l'Etat, comme le
clergé, n'ayant ni assemblées, ni droit d'agir collectivement, si le roi
ne l'y invitait (20). La noblesse n'avait plus rien de féodal (21). Sur
les 150.000 nobles environ qu'on disait exister en 1789, un grand
nombre ne possédaient ni seigneuries, ni fiefs, passés pour la
plupart aux mains roturières (22). Voltaire parle de comtes qui
n'avaient pas quatre arpents de terre; beaucoup n'en avaient

(18) Le religieux-curé faisait valablement tous les actes que comportait
la fonction curiale ou qui y étaient attachés par les ordonnances : actes
de baptême, de mariage, de décès, testaments : Pothier, *Tr. des personnes*,
Ire Part., tit. III, sect. 1.

(19) Congrégations à vœux simples : lazaristes; — ne comportant aucuns
vœux : oratoriens, sulpiciens. — La jurisprudence concernant les vœux
successifs et gradués des jésuites fut très mouvementée. Pothier (*loc. cit.*) en
a exposé les principaux arrêts. — Les chevaliers de Malte faisaient des vœux
solennels.

(20) *Ord.*, 24 mai 1717 (Is., t. 21, p. 143).

(21) *Ord.*, Blois, mai 1579, art. 258 (Is., t. 14, p. 439).

(22) Il est malaisé d'établir le nombre des personnes, ou même des familles

aucun [23]. Les terres des autres étaient souvent acquisitions récentes. La noblesse des temps féodaux avait disparu, sauf quelques très grandes familles et d'autres fort modestes perdues dans les provinces : les unes et les autres étaient désormais englobées dans le nouvel ordre dont elles constituaient, selon Chérin, à peine un vingtième.

Il est vrai que des dignités nobiliaires restaient attachées à certaines terres, et quelques-uns pensaient encore que la noblesse résultait de l'acquisition de celles-ci [24]. Mais le principe contraire touchant l'acquisition des fiefs, de quelque valeur ou dignité qu'ils fussent, était trop nettement posé pour que cette doctrine fût acceptée [25]. Du Moulin distingua : si l'entrée en possession était autorisée par Lettres du roi, on les tenait pour Lettres d'anoblissement de l'acquéreur; sinon, celui-ci pouvait bien devenir seigneur, mais non pas noble [26]. Le roi érigeait aussi parfois des terres en duchés, marquisats, comtés, etc., en les grevant d'un droit de réversion au profit du domaine à l'extinction de la descendance masculine du titulaire [27]; mais le transfert de ces terres ne pouvait plus être consenti sans sa permission, et l'on voit par le statut des plus élevées de ces dignités, les duchés pairies, que leurs dotations foncières étaient des biens frappés de substitutions fidéicommissaires pour soutenir la splendeur du rang, bien plutôt que des fiefs [28].

La noblesse n'avait rien non plus de spécialement militaire. Peu de familles nobles l'avaient acquise par le métier des armes, dont les hautes charges n'y menaient pas nécessairement, comme le faisaient les grands offices civils [29]. Le service du ban et de l'arrière-ban était attaché à la possession d'un fief, non à la qualité de noble. La chevalerie, institution désuète, bien qu'on ait armé chevaliers

nobles, aux diverses époques. Au xvIII siècle, Lavoisier et Chérin donnaient environ 17.000 familles et 80.000 individus; Siéyès 110.000 individus, Bonvalet-Desbrosses, 52.000 familles et 220.000 personnes, ce qui est visiblement supérieur à la réalité; le marquis de Bouillé, dans ses *Mémoires*, donne 80.000 nobles, sur lesquels environ 1.000 familles nobles de race, dont 300 à peine échappaient à la misère.

(23) Voltaire, *Dictionnaire philosophique*, v° *Titres*.

(24) Loysel, n° 29. Cpr. Bacquet, *Du dr. d'anoblissement*, xx

(25) *Ord.*, Blois, mai 1579, art. 258. Loyseau, *Tr. des Seigneuries*, VIII, n° 21; *Tr. des Ordres*, V, n° 49.

(26) Du Moulin, *Comm. in C. parisiensem*, §§ 14 et 15, gl. 3, n°° 3, 4 (*Opera*, 1658, t. 1, p. 512); Loyseau, *loc. cit.*; Pothier, *Tr. des personnes*, Iʳᵉ Part., tit. I, 2, 2.

(27) *Édit*, juill. 1566; *Ord.*, mai 1579, art. 279 (Is., t. 14, pp. 217, 443).

(28) *Édit*, 14 févr. 1711; mai 1711 (Is., t. 20, p. 565).

(29) Voy. ci-après, pp. 1086 et s

quelques gentilshommes de temps à autre jusqu'au xviiiᵉ siècle (³⁰), avait été remplacée par les Ordres du roi : *Ordre de
l'Etoile*, créé par Jean le Bon (1351); *Ordre de Saint-Michel*, établi
par Louis XI (1469) qui ne se donnait qu'aux nobles de race (³¹);
Ordre du Saint-Esprit, fondé par Henri III (1578), avec chevaliers
et commandeurs, pour la haute noblesse (³²); *Ordre de Saint-Louis*,
imaginé par Louis XIV pour honorer les services militaires et
qui comptait des chevaliers, des commandeurs et des grands-croix,
touchant des pensions du roi (1693); enfin, *Ordre du mérite militaire*, institué par Louis XV (1759) en faveur des officiers protestants au service de la France (³³).

Cette noblesse se recrutait par une ascension plus ou moins
rapide, mais continue des familles riches et considérées du tiers
état. Pour beaucoup de ces familles, on suit aisément les degrés
de cette ascension et le passage d'un ordre dans un autre. On
y parvenait par les offices de judicature et de finance et les
charges de l'administration. Les nobles de cour, sous un règne,
étaient d'ordinaire les fils ou petits-fils de magistrats ou des
grands commis des règnes précédents, qui eux-mêmes s'étaient
poussés aux affaires, grâce à la fortune et à la notabilité que
leurs pères ou aïeuls s'étaient acquises par le commerce ou
quelque profession libérale.

Une aristocratie de ce genre était surtout d'origine et de résidence urbaines, naturellement fixée aux lieux des fonctions
qui l'avaient produite. Seuls des survivants de l'ancienne vivaient
dans les gentilhommières des campagnes d'où la plupart ne
sortaient guère que pour être présentés à la cour, qui ne les
voyait très souvent que ce jour-là; et pour servir aux armées.
Mais le prestige que conservaient les titres assis sur la terre,
avait, de bonne heure, incité la nouvelle à l'acquisition de sei-

(30) En dehors de toute idée d'ordre de chevalerie, le titre de chevalier
était souvent considéré comme un titre inférieur de la hiérarchie nobiliaire, s'insérant entre ceux de baron et d'écuyer; aussi le donnait-on aux
cadets par courtoisie. — Cpr. *Ord.*, janv. 1629, art. 189 (Is., t. 16, p. 278).

(31) *Ord.*, 6 nov. 1351; 22 déc. 1476; 1ᵉʳ août 1469; janv. 1629; 12 janv. 1664
(Is., t. 4, p. 658; t. 10, pp. 577, 750; t. 16, p. 279; t. 18, p. 44).

(32) *Edits*, déc. 1578; déc. 1607; mars 1727 (Is., t. 14, p. 350; t. 15, p. 341;
t. 21, p. 306). L'Ordre du Saint-Esprit emportait avec lui l'Ordre de Saint-
Michel; ses membres se qualifiaient « chevaliers des Ordres du Roi ».

(33) *Edits*, août 1693; mars 1694; 27 mars 1761; 27 mars 1779 (Is., t. 20,
pp. 181, 223; t. 22, p. 308; t. 24, p. 19). — *Ord.*, 10 mars 1759; 1ᵉʳ janv.
1788 (Is., t. 22, p. 280; t. 28, p. 1). Il y en eut quelques autres au cours
de l'histoire : de la Roque, *Tr. de la noblesse*, 1678, pp. 373 et s.

gneuries et de domaines où elle résidait quelques parties de l'année, surtout lorsque, pour diverses raisons, elle quittait les fonctions publiques. Ce n'est guère qu'à cette dernière catégorie de nobles qu'on a pu faire un grief de l'absentéisme. Cette pratique et les conséquences qu'elle eut sur les relations sociales ne furent, du reste, pas constantes. Il y eut des flux et des reflux. Aux xv° et xvi° siècles, les guerres d'Italie, puis les guerres de religion précipitèrent la noblesse dans les aventures guerrières et la vie nomade. De ces temps date la disparition d'une partie des vieilles traditions familiales. Henri IV, Sully et, sur leurs suggestions, la littérature du début du xvii° siècle remirent la vie aux champs à la mode. Les rébellions protestantes, le développement du système bureaucratique, le passage des grandes possessions terriennes aux mains des officiers de judicature et de finance, qui habitaient forcément les villes, la vie de cour, la culture scientifique et littéraire en détournèrent, mais pas toujours autant qu'on l'a dit. L'influence des physiocrates, de Rousseau, et aussi la nécessité de restreindre les dépenses y ramenèrent. Mais de ce retour résulta, avec plus d'intérêt apporté à l'exploitation, la réfection des terriers et le relèvement des droits seigneuriaux et féodaux oubliés, qui ne furent pas une des moindres causes de l'animosité des paysans contre leurs châtelains.

A la vérité, la noblesse provinciale, « vivant noblement » sur ses terres, était exposée à devenir très vite une classe besogneuse. Écartée de toutes professions lucratives, elle ne tirait de ses domaines que des redevances coutumières immuables, quelque plus-value que la terre eût acquise aux mains des tenanciers. Ses revenus étaient loin de correspondre au coût de la vie. Les rapports des subdélégués chargés d'établir, pour l'application de la capitation ou des vingtièmes, les revenus des gentilshommes, révèlent la situation modeste ou gênée de la plupart (34).

(34) Voyez, par exemple, Louis Jalenques, *La noblesse de la province d'Auvergne au xviii° siècle* (*Bull. hist. et scient. de l'Auvergne*), 1912, p. 72, 158). Dans les élections de Clermont, Issoire, Brioude, Aurillac, Mauriac, Saint-Flour, sur 541 gentilshommes, 98 sont très pauvres et labourent leurs terres; 73 ont moins de 300 livres de revenu; 130, peu riches, en ont de 300 à 1.000 livres; 106, de 1.000 à 2.000; 53, de 2.000 à 4.000; 44, de 4.000 à 8.000; 8, de 8.000 à 10.000; 3 atteignent environ 15.000 livres; 4 dépassent 20.000 livres; 3, portés très riches sans indication de chiffres. Dans ces élections, des nobles titrés, à quelques exceptions près, ont seuls des fortunes de quelque importance, mais tous les nobles titrés n'en ont pas. Il faut tenir compte que l'Auvergne est un pays de montagne et qu'on n'y voit pas beaucoup de noblesse parlementaire, ni de financiers. — Voy. Taine,

Beaucoup étaient pauvres et travaillaient eux-mêmes leurs terres; d'autres ne vivaient que de leurs pensions. Au xviiiᵉ siècle, le gouvernement royal fut constamment préoccupé de leur trouver des débouchés.

Les mœurs batailleuses, que les guerres de religion avaient perpétuées dans une partie de la noblesse, avaient disparu; la défaite de ses chefs, sous Richelieu et Mazarin, avait marqué l'heure de la prééminence, dans l'ordre, des gentilshommes qui remplissaient les charges de cour et de la noblesse de robe. Seuls, grâce, moins aux produits de leurs charges, qu'aux pensions du roi et aux fortunes acquises par leurs ascendants roturiers, ils maintenaient ces façons de vivre élevées qui faisaient le charme de l'ancienne société française [35].

2° Les diverses sortes de noblesses.

L'ordre de la noblesse contenait une hiérarchie. On distinguait la noblesse titrée et la simple noblesse. Les titres de la première étaient par ordre de dignité : duc et pair, duc, duc à brevet, marquis, comte, vicomte, baron, chevalier, écuyer, ce dernier titre infime au xviiᵉ siècle. Beaucoup de ces titres étaient attachés à une terre et se transmettaient avec elle, si le roi approuvait le transfert [36]. Aussi l'ordonnance de 1629 obligeait les gentilshommes à signer de leurs noms patronymiques et non de celui de leurs terres [37]. Cependant le titre de duc à **brevet** était personnel, n'étant pas enregistré par le Parlement, et ne procura les honneurs ducaux qu'à partir de Louis XIV. Aucune prérogative autre que celles de préséance et d'étiquette ne résultait de ces titres qui se surajoutaient à la noblesse personnelle

L'ancien régime, 13ᵉ éd. in-8°, p. 48 et s., et ci-dessus, p. 590, note 22. — Dans les cahiers de 1789, on se plaint surtout du nombre croissant des nouveaux anoblis « noblesse factice, prix de l'or et fruit de la fortune ». On apprécie fort au contraire, dans quelques cahiers, les nobles soldats qui reviennent pauvres de l'armée et la bienfaisance ou la générosité en faveur des services publics des nobles titrés.

(35) Les liens de la sociabilité embrassaient alors des gens qui nous paraissent de classes et de rangs très différents. Dès le temps de Louis XIV et de la Régence, les *Mémoires* de Madame de Staal en font foi. Notez le rôle et les relations de Madame Cornuel. Songez qu'un homme comme Restif de la Bretonne fréquentait chez la comtesse de Beauharnais, chez Sénac de Meilhan, que les gens les plus distingués allaient chez Beaumarchais, que Madame de Luynes visitait Restif chez lui, rue de la Bûcherie...

(36) Voy. ci-dessus, p. 1030.

(37) *Ord.*, janv. 1629, art. 211 (Is., p. 242).

de leur possesseur. La noblesse simple était celle qui, ne comportant aucun titre, ne conférait à ceux qui s'en prévalaient légitimement que les privilèges de l'ordre.

La noblesse se différenciait encore, d'après ses origines, en noblesse de race ou d'extraction et noblesse de concession [38].

La *noblesse de race* se fondait sur la possession immémoriale; elle était celle dont on ne pouvait coter le commencement. Elle se transmettait par le père dans la filiation légitime [39]. Jadis « le bâtard avoué retenoit le nom et la noblesse de la maison de son père, avec les armes d'icelle barrées à gauche »; mais un édit de 1600 lui enleva le titre et la qualité de gentilhomme, à moins qu'il n'obtînt, pour son compte personnel, des Lettres d'anoblissement [40]. De très rares coutumes admettaient la noblesse par la mère, mais sans autres effets que ceux qu'elles y attachaient elles-mêmes [41]. La noblesse dans la ligne paternelle s'était d'abord prouvée par la possession d'état du père et de l'aïeul. Une déclaration de 1664 exigea qu'on en rapportât des preuves depuis 1550, confirmant une jurisprudence qui voulait qu'elles remontassent à cent ans ou à trois générations, en Normandie à quatre [42]. La noblesse était du reste imprescriptible, de sorte que ces preuves perdaient leur valeur, s'il était prouvé qu'un ascendant antérieur était roturier [43]. Cela tenait à ce qu'on n'avait pas d'idée très nette sur la noblesse de race. La possession d'état des ascendants se prouvait par écrits ou par quatre témoins [44].

(38) La particule « de » n'était pas signe de noblesse : elle était également utilisée depuis le xvie siècle par nobles et roturiers pour désigner l'origine ou la résidence. L'expression « noble homme » qu'on rencontre souvent dans les actes et dont se qualifiaient dans certaines régions les officiers de judicature et les personnes de profession libérale, n'implique aucune qualité nobiliaire, si celle-ci n'était prouvée autrement.

(39) Loysel, n° 27.

(40) Loysel, n° 62. — *Edit*, mars 1600, art. 26; *Ord.*, janv. 1629, art. 197 (Is., t. 15, p. 294; t. 16, p. 279). — De la Roque, *op. cit.*, CXXX-CXXXII, pp. 137, 410 et s.

(41) *Sic C. de Châlons*, art. 2 : « Le ventre affranchit et anoblit, pour jouir du bénéfice que la coutume octroye aux nobles seulement et non en ce qui concerne les droits du Roi. » Cpr. Laurière, *Gloss. du dr. franç.*, v° *Noblesse par les mères*. Mais ailleurs la noblesse était souvent usurpée en se fondant sur celle de la mère; après la déclaration de 1661 ordonnant la recherche des faux nobles, les traitants découvrirent beaucoup d'usurpateurs de ce genre.

(42) *Ord.*, 22 juin 1664 (Is., t. 18, p. 37). — De la Roque, *op. cit.*, LXIV, p. 249.

(43) Mais cela fut ensuite écarté. — De la Roque, *op. cit.*, LXIII, p. 242.

(44) *A. C.*, 26 février 1697 (Is., t. 20, p. 285). — De la Roque, *op. cit.*,

La *noblesse de concession* était celle accordée par le roi. Ces concessions étaient générales ou particulières.

Les particulières correspondaient à la *noblesse d'érection*, conférée par Lettres d'anoblissement. Depuis le xiiie siècle, c'était un droit exclusivement régalien ([45]). Ces Lettres dont on attribuait les premières à Philippe III ([46]), tout au moins à Philippe le Bel, étaient scellées du grand sceau, enregistrées par le Parlement qui devait en vérifier le contenu et enquêter sur leurs conditions, par la Chambre des Comptes qui fixait l'indemnité que tout nouvel anobli devait au roi en compensation des privilèges fiscaux qu'il acquérait, et une aumône pour les œuvres pies, par la Cour des Aides à qui ressortissait la connaissance de ces privilèges ([47]). Mais, dans les derniers temps, quand il s'agissait de récompenser des services rendus à l'Etat, la finance d'indemnité était toujours remise ([48]). A partir du xvie siècle on eut parfois recours aux anoblissements pour subvenir aux besoins du Trésor : on en accorda un certain nombre par généralité ou même par ville, à l'occasion d'événements importants. Alors la finance d'indemnité était fixée assez haut ([49]). De temps à autre, les anoblissements étaient révoqués : ainsi en 1661, Colbert fit annuler 40.000 titres de noblesse; du moins ils n'étaient maintenus ou confirmés que moyennant une nouvelle finance. En 1771, Louis XV soumit les anoblis récents à un second paiement ([50]). La légitimité de ces révocations avait préoccupé les juristes. Pothier tenait pour irrévocables les Lettres de noblesse conférées pour services rendus à l'Etat, dont la preuve se trouvait sous leur contre-scel;

LXIV, p. 249. — Les preuves de noblesse se comptaient par quartiers en progression géométrique : 4, 8, 16, 32.

(45) *A. P.*, 1280 (Is., t. 2, p. 666); *Ord.*, 1498 (Is., t. 11, p. 353).

(46) *Lett. d'anoblissement en faveur de Raoul l'Orfèvre* (Is., t. 2, p. 645).

(47) *Ord.*, janv. 1634 (Is., t. 16, p. 392); 12 mars 1697; 18 juin 1697 (Is., t. 20, pp. 291, 295). Loyseau, *Tr. des Ordres*, V., n° 55; de la Roque, *op. cit.*, LXX, p. 277.

(48) Loyseau, *loc. cit.*

(49) *Edits*, créant 12 nobles dans chaque ville moyennant finance, janv. 1568; pour l'anoblissement de 24 personnes dans le ressort du Parlement de Paris, mai 1593; pour l'anoblissement de 2 personnes par généralité, moyennant une finance de 4.000 livres, mai 1643; créant 200 nobles moyennant finance, mai 1702; en créant 100 autres, 30 juin 1704. (Is., t. 14, p. 226; t. 20, p. 211, 261, 410, 446).

(50) *Sic Edits*, nov. 1640 (révocation des anoblissements faits depuis 30 ans); 8 févr. 1661; 22 juin 1664; *A. C.*, 2 mai 1730 (Is., t. 16, p. 528; t. 18, p. 37; t. 21, p. 333). De la Roque, *op. cit.*, LXIII, p. 243.

les autres pouvaient l'être en rendant la finance [51]. Mais on ne les révoquait que pour donner lieu à une nouvelle finance.

Aux concessions générales se rattachait la *noblesse civile* ou *de dignité*, qui résultait de certains offices. La règle était d'abord qu'un certain nombre de grands offices conféraient à ceux qui en étaient revêtus ou les avaient exercés un temps déterminé une noblesse purement personnelle et elle subsista en principe jusqu'à la fin du xvi⁰ siècle. Un édit de 1582 sur la répartition des tailles ne la signalait même pas. Tiraqueau, Guy Coquille ne lui connaissent aucun effet héréditaire [52]. Mais déjà, exceptionnellement, quelques-uns de ces offices entraînaient la pleine noblesse héréditaire, ainsi ceux de secrétaires du roi au moins depuis des Lettres de Charles VIII (février 1484) et l'on cite des arrêts du Parlement en faveur de la noblesse des enfants de ses membres ou des magistrats d'autres Cours souveraines (1540, 1544) [53]. Ce fut au début du xvii⁰ siècle que cette hérédité, plus ou moins vite acquise, paraît être définitivement admise. D'un édit de mars 1600 résulta la noblesse pour les descendants d'un père et d'un aïeul officiers du roi [54]. Le Bret cite comme offices procurant la pleine et entière noblesse héréditaire les offices de chancelier, de garde des sceaux, de conseillers d'Etat, de secrétaires d'Etat, les premières dignités militaires, celles de la justice et de la Maison du roi, et comme exigeant « que la possession de ces offices ayt esté continuée de père en fils, dans une même famille pour faire que le troisième se puisse dire pleinement noble », les offices de conseillers des Cours souveraines, de trésoriers de France, de secrétaires du roi, de lieutenants et capitaines des compagnies des gens de guerre. Cela fut, du reste, extrêmement flottant [55], étant établi le plus ordinairement non sur des textes précis, mais sur des convenances ou des analogies tirées du droit romain ou du droit féodal [56]. Une précision

<hr>

(51) Pothier, *Tr. des personnes*, I, tit. 1, 2, 2.

(52) G. Coquille, *Comm. sur la C. de Nivernois*, art. 1; Tiraqueau, *Tr. de nobilitate*, X, n° 13; de la Roque, *op. cit.*, p. 122.

(53) De la Roque, *op. cit.*, XLI, L, pp. 169, 217.

(54) C'est la doctrine de Loyseau, *Tr. des Offices*, I, 19, n⁰ˢ 16-18. De la Roque, *op. cit.*, p. 217. Cpr. Le Bret, *op. cit.*, II, 7, p. 207 et s.

(55) Ainsi Le Bret ne donne pas aux secrétaires du roi la pleine noblesse que leur avait conféré Charles VIII, et l'accorde à des charges militaires qui, un peu plus tard, n'en conféreront aucune.

(56) La noblesse sénatorienne dans l'empire romain était héréditaire à la troisième génération de clarissimes; vers la fin du xiii⁰ siècle, la noblesse était acquise à la tierce foi par les roturiers possesseurs de fiefs.

plus grande s'établit au xviie siècle qui vit ces avantages s'étendre à toutes les grandes compagnies judiciaires et descendre de leurs plus hautes dignités aux secondaires. Mais on exigea que chaque officier contribuant à cette acquisition de la noblesse aux siens exerçât l'office pendant vingt ans ou en mourût revêtu. Une fois constituée la noblesse de robe garda exclusivement à ses membres les charges devenues elles aussi héréditaires. Les essais du gouvernement royal pour lui arracher des bribes de ses privilèges ou les lui confirmer au profit du Trésor furent à peu près vains. Necker estimait à 4.000 les offices qui anoblissaient. Cette noblesse se multipliait par les naissances. Très riche, elle s'opposait à la noblesse de cour qu'elle jalousait sans raison, car l'une venait le plus souvent de l'autre et des familles de robe étaient de souche plus ancienne que telles pairies, celle de Saint-Simon, par exemple.

Les magistratures municipales de certaines villes, telles que Poitiers, Tours, Angers, Lyon, Bourges, Niort, Angoulême, La Rochelle, le Capitoulat de Toulouse passaient pour une autre source d'anoblissement. Mais les privilèges de cette *noblesse de cloche* furent toujours mal définis. Les corps municipaux achetaient de temps à autre des confirmations toujours assez vagues pour être remises en discussion et leur fournir l'occasion d'une nouvelle générosité [37].

Ce n'est que par édit du mois de novembre 1750 que Louis XV attacha la noblesse à l'exercice de certaines fonctions militaires : 1° la noblesse héréditaire fut conférée aux officiers généraux en fonction à la date de l'édit et aux autres à la date de leurs brevets; 2° la noblesse graduelle, héréditaire à la troisième génération, quand le père et l'aïeul avaient passé un temps plus ou moins long, selon leurs grades, dans l'armée ou étaient morts en service; 3° la noblesse commençante aux capitaines chevaliers de Saint-Louis, réformés pour blessures ou morts à l'ennemi [38].

3° Privilèges de la noblesse.

Les nobles jouissaient de privilèges, droits fermes attachés à la qualité de gentilhomme, et bénéficiaient de faveurs traditionnelles rarement refusées. Plusieurs coutumes les soumettaient aussi dans le domaine du droit privé à des règles spéciales.

Les privilèges étaient honorifiques, fiscaux ou judiciaires.

Parmi les privilèges honorifiques comptaient la préséance de

______

(37) De la Roque, *op. cit.*, XXIX, pp. 144-168.

leur ordre sur le tiers état, car entre personnalités l'officier royal roturier l'avait sur le gentilhomme de race, le droit de se qualifier pour le moins d'écuyer, et de timbrer leurs armoiries. Celles-ci, symbole familial héréditaire dès le xiiie siècle, avaient reçu un caractère légal quand Charles VIII avait institué un maréchal d'armes gardien de l'Armorial de France (1487), que remplaça, en 1615, un juge d'armes. Louis XIV ayant voulu substituer à celui-ci une maîtrise générale où tous les blasons seraient insinués, dut le rétablir en 1701; mais Louis XV confia la garde et le contentieux des armoiries au tribunal des maréchaux de France (1760). Chacun put avoir des armoiries, mais les nobles seuls pouvaient les timbrer, c'est-à-dire les surmonter, les ducs d'une couronne fleuronnée, les comtes d'une couronne perlée, les marquis d'une mi-fleuronnée mi-perlée, les barons d'un tortil, les autres gentilshommes d'un casque [59]. On pouvait considérer encore comme honorifiques les droits de chasse, de garenne et de colombier et celui de girouette [60].

Les privilèges fiscaux consistaient surtout dans l'exemption de la taille et de ses accessoires, crues, taillon et retaillon en pays de taille personnelle, encore dans l'exemption des corvées personnelles et de fournir, en personne, les corvées réelles, dans l'exemption des banalités. Ils étaient dispensés des droits de gros pour les produits de leurs domaines. Ils contribuaient à toutes les autres charges fiscales [61].

En matière judiciaire leurs causes personnelles ou possessoires ressortissaient directement aux bailliages et aux sénéchaussées, s'ils étaient justiciables du roi. Au criminel, ils pouvaient en tout état de cause exiger d'être jugés par la Grand'Chambre et la Tournelle assemblées. Entre gentilshommes et roturiers les peines pour les mêmes crimes étaient différentes; les premiers échappaient au fouet et à la hart. « Là où le vilain est pendu, rapporte Loysel, le noble est décapité, sauf les vilains cas », c'est-à-dire la trahison, le larcin, le parjure et le faux, qui entraînaient

---

(58) *Edit*, nov. 1750; *Décl.*, 22 janv. 1752 (Is., t. 22, pp. 238, 249).

(59) Ord., Orléans, 1560, art. 110; Blois, mai 1579, art. 257; *Edit*, nov. 1696; Ord., 29 juillet 1760 (Is., t. 14, pp. 91, 438; t. 20, p. 280; t. 22, p. 301).

(60) Le droit de chasse leur appartient en tant que nobles sur leurs propres terres seulement, car ailleurs cela dépend des règlements du haut justicier, qui l'a dans sa haute justice, qu'il soit noble ou roturier. Les droits de colombier, de garenne et de girouette tiennent encore plus à la seigneurie qu'à la qualité de gentilhomme du seigneur.

(61) Voy. ci-dessus, pp. 823 et s.

de plein droit perte de la noblesse. Mais « le noble paie 60 livres d'amende, là où le vilain ne paie que 60 sols » (²⁶).

Des offices ou des bénéfices avaient été réservés à leur création, ou postérieurement, à la noblesse : ainsi ceux de baillis ou de sénéchaux depuis le xvi⁰ siècle, des canonicats dans certaines cathédrales ou des charges conventuelles de certaines abbayes. Quatre quartiers de noblesse étaient exigés des pages de la Grande Écurie, des candidats à l'Ecole des cadets (édit 1750) et des officiers militaires pour dépasser le grade de capitaine depuis 1788 (⁶³). Le Concordat de 1516 réduisait de deux ans le temps d'études requis pour les gradués nobles de père et de mère, etc. (⁶⁴).

Des coutumes maintenaient le droit d'aînesse plus ou moins réduit dans les partages successoraux entre nobles, d'autres la garde-noble au profit des ascendants; ailleurs on trouvait le préciput du conjoint noble, ailleurs le bail au profit des collatéraux.

L'honneur et les privilèges de la noblesse faisaient que beaucoup s'efforçaient de l'usurper, usant même de ses titres les plus élevés, à part ceux de ducs dont le nombre était trop restreint : on y parait, pas toujours avec succès, par des pénalités variées, notamment des amendes arbitraires, et des enquêtes administratives renouvelées périodiquement en vue de découvrir les fraudes (⁶⁵).

4° Déchéance et dérogeance.

La noblesse se perdait par déchéance ou dégradation, c'est-à-dire par les actes qui en rendaient leurs auteurs indignes, et par dérogeance qui supposait une simple incompatibilité entre certaines situations et les privilèges ou obligations de la noblesse.

La déchéance résulta d'abord de toute condamnation infamante, mais tandis que les autres crimes n'entraînaient que celle du coupable, celui de lèse-majesté avait cet effet pour lui et tous ses descendants. Mais la jurisprudence s'établit dans le sens d'une nécessité pour le juge de prononcer expressément la déchéance, le noble même condamné n'étant pas dégradé

(62) Loysel, nᵒˢ 848-852.
(63) Voy. ci-dessus, p. 768.
(64) *Concordat*, 1516, tit. VI, § 5. — Boutaric, *Explic. du Concordat*, p. 89.
(65) *Sic Edits*, juill. 1566; juillet 1576; mars 1583; mars 1600; *Ord.*, 22 mars 1666; 3 mars 1679; 25 mai 1703; etc. (Is., t. 14, pp. 217, 305, 543; t. 15, p. 234, t. 16, p. 73; t. 20, pp. 347, 434).

de plein droit (⁶⁶). La destitution de l'officier à qui l'exercice de sa charge pendant vingt ans avait fait acquérir la noblesse, d'abord en entraînait la déchéance; puis d'aucuns exigèrent qu'un jugement exprès l'en eût privé (⁶⁷).

La dérogeance résultait de ce qu'on cessait de « vivre noblement », ce qui avait lieu : 1° par la profession des arts mécaniques, sauf exception pour la verrerie; on connaissait des gentilshommes verriers (⁶⁸); les professions libérales, au contraire, ne dérogeaient pas (⁶⁹); 2° par l'acquisition de certains offices inférieurs, tels que de greffier, procureur, sergent, avec exception pour les procureurs de la Chambre des Comptes et les greffiers des Cours souveraines. Le notariat donnait lieu à discussion et la solution n'était pas la même dans les diverses parties de la France. En Province et en Dauphiné on le tenait pour dérogeant; au contraire, les charges de notaires du Châtelet de Paris ne dérogeaient pas (⁷⁰); 3° par l'exploitation de la ferme d'autrui, à moins qu'il ne s'agît de celle des terres des princes et princesses du sang ou de la continuation provisoire d'un bail hérité. Mais le noble pouvait, sans déroger, exploiter et cultiver lui-même une terre lui appartenant dans la mesure de quatre charrues (⁷¹); 4° par le commerce. Mais soit pour permettre à la noblesse de s'enrichir alors qu'elle devenait chaque jour plus pauvre, soit pour l'intéresser aux entreprises d'outre-mer, on lui permit, dès le temps de Louis XIII, le commerce de mer et le commerce en gros, qui ne restèrent fermés qu'aux officiers de judicature (⁷²). On s'efforça plus spécialement de pousser les gentilshommes à prendre des intérêts ou du service dans les grandes compagnies coloniales des Iles Moluques (1615), des Indes orientales et occidentales (1664), d'Occident (1717), des Indes (1719). La noblesse

(66) Loyseau, *Tr. des ordres*, V, n° 90 et s. Ferrière, *Diction.* t. 1, p. 262.

(67) Loyseau, *l. c.*, n° 94; Pothier, *op. cit.*, Iʳᵉ part., sect. IV. De la Roque, *op. cit.*, CLV, pp. 462-465.

(68) *L. P.*, déc. 1655 (Is., t. 17, p. 308). — De la Roque, *op. cit.*, CXLIV, p. 435.

(69) De la Roque, *op. cit.*, CLX, p. 468.

(70) *Ord.*, 6 sept. 1500 (Is., t. 11, p. 417). *A. C.*, 4 juin 1668: les greffiers, notaires et procureurs étaient tenus roturiers. De la Roque, *op. cit.*, CXLVII, CXLVIII, CL, pp. 439-459, 462.

(71) *Ord.*, 1407; 25 févr. 1720 (Is., t. 21, p. 177). Guy Pape, *Questions*, 41, 392; De la Roque, *op. cit.*, CLIV, p. 461.

(72) Pour le commerce de mer : *Décl.*, janv. 1629; août 1669 (Is., t. 16, p. 439; t. 18, p. 217). Pour le commerce en gros : *Ord.*, janv. 1629; *L. P.*, 19 nov. 1639; *Edit.*, août 1669; déc. 1700; *Décl.*, 21 sept. 1706; *Edit*, mars 1765 (Is., t. 16, p. 338, 514; t. 20, p. 400; t. 22, p. 430).

profita peu de ces dispositions législatives. L'opinion, unanime à signaler la pauvreté et même le dénûment d'une partie de cet ordre, était cependant généralement opposée à son entrée dans le monde des affaires ([73]). Le commerce, disait-on, mène à la noblesse, mais non pas celle-ci à celui-là. Du reste, les entreprises auxquelles on invitait les gentilshommes supposaient la disposition de capitaux qu'ils n'avaient point. Une brochure anonyme, *La noblesse commerçante*, vers 1756 provoqua toute une littérature pour ou contre ([74]). Les corps consultés, surtout les Parlements et les chambres de commerce, furent pour la négative, même en ce qui concernait le commerce en gros.

En Bretagne, en Artois et quelques autres lieux, aucun commerce ne faisait perdre la noblesse; les privilèges nobiliaires étaient seulement suspendus tant que duraient les actes dérogeants. C'était, du reste, la doctrine la plus répandue chez nos anciens auteurs pour l'ensemble de la France, au moins pour la noblesse de race qui était, disait Loyseau, incommutable ([75]). Mais la jurisprudence inclina toujours plus vers la nécessité de Lettres de réhabilitation dans tous les cas. La puissance du roi était ainsi mieux marquée et le fisc y gagnait. Certains prétendaient même que si les causes de dérogeance avaient persisté pendant trois, d'autres disaient sept générations, la noblesse était éteinte ([76]). La dérogeance du père n'avait aucun effet sur les enfants déjà nés ou même déjà conçus ([77]).

---

(73) « Ce seroit le moyen d'y détruire la noblesse sans aucune utilité pour le commerce. La pratique de ce pays est très sage : les négociants ne sont pas nobles, mais ils peuvent le devenir. Ils ont l'espérance d'obtenir la noblesse sans en avoir l'inconvénient actuel. » (Montesquieu, *De l'esprit des Lois*, XX, 22).

(74) [L'abbé Coyer], *La noblesse commerçante*, in-12, 151 pp., favorable à la thèse, fut réfutée par [P. A. de Sainte-Croix, chevalier d'Arcq], *La noblesse militaire ou le patriote français*, Paris, 1756, et soutenue par [?] *Le citoyen philosophe ou Examen critique de la noblesse militaire*, 1756, par Séras, *Commerce ennobli*, 1756 et [Billardon de Sauvigny], *L'une et l'autre ou la noblesse commerçante et militaire*, etc. A noter dans ce fatras : *La noblesse commerçante ou ubiquiste*, par J.-H. Marchand, Amsterdam, 1756, in-12, 111 pp., critique passionnée des préjugés nobiliaires. Déjà en 1671 avait paru un pamphlet de ce genre : *Huque des faux nobles*, par Arnaud Busquet, chanoine d'Acre.

(75) Loyseau, *Tr. des Offices*, I, 9, n° 37, *Tr. des Ordres*, V, n° 105. — Dargentré, *Comm. in Britonum leges*, art. 155, gl. 2, n° 1, p. 546; de la Roque *op. cit.*, CXLI, p. 429 et 2.

(76) De la Roque, *op. cit.*, CLXV, p. 474 et s.

(77) Pothier, *loc. cit.*, 4, 5.

III. — LE TIERS ÉTAT.

Le troisième ordre de l'Etat semblait bien embrasser toutes les personnes ni ecclésiastiques, ni nobles. Cependant les serfs n'y étaient pas compris, et tant s'en faut que tout le peuple eut part à l'action politique ou aux influences qui s'exerçaient sous ce nom de tiers état. La qualité de roturier ne comportant, comme le remarque Loyseau, aucune dignité spéciale, le droit n'avait à considérer ses membres, pris individuellement, qu'en tant que régnicoles, jouissant ou non de la capacité civile, membres d'une famille et par rapport à l'âge, au sexe et aux différentes puissances, paternelle, maritale, tutelle, curatelle, etc., qu'ils exerçaient ou qu'on exerçait sur eux. Si les individus ne puisaient dans l'ordre aucun privilège, beaucoup se répartissaient, dans son sein, en catégories qui en possédaient : compagnies judiciaires dont ils avaient formé longtemps la majorité, offices de finance, bourgeoisies des villes dont certaines restaient privilégiées, universités, corporations de métiers, confréries. Le pamphlet célèbre de Siéyès qui eut été, aux xvie et xviie siècles, même au début du xviiie, tout à fait faux, ne l'était plus autant à la fin de celui-ci, car, par la possession des principaux offices de judicature et de finance, les grandes familles du tiers état étaient devenues la noblesse de robe et progressivement passaient du troisième ordre dans le second. Le tiers état cessait d'être tout comme il avait été longtemps, parce que ceux parmi les siens qui détenaient à peu près tout, le quittaient, et aussi parce qu'il en venait à partager d'autres très hautes charges, qu'il détenait naguère encore exclusivement. Mais il restait sur le moment précis où s'accomplissait ce transfert beaucoup de vague.

IV. — LES SERFS.

Le nombre des serfs ne cessa jamais de diminuer. Les affranchissements que les rois s'efforçaient de provoquer ou de faire accepter aux intéressés, que les seigneurs multipliaient au xive siècle, étaient devenus cependant moins fréquents [78]. Bien que le roi eut le pouvoir d'affranchir les serfs des seigneurs malgré ceux-ci, il n'en usait pas, parce qu'il eût fallu les indemniser [79]. Jusqu'à Louis XVI, on ne signale même plus d'affran-

---

(78) Voy. ci-dessus, p. 375 et s. — *Ord.*, 2 juill. 1315; 1318 (Is., t. 3, pp. 102, 205).

(79) Le Bret, *op. cit.*, IV, 10, p. 638.

chissement de serfs du domaine. Cependant le mouvement, ralenti pour des raisons agricoles surtout, ne cessa jamais complètement. Au moment de crises économiques, il eut des reprises. Ainsi, de 1550 à 1581, la finance à payer au roi par les nouveaux affranchis rapporta 9.000.000 de livres tournois au Trésor ([80]). La désuétude fit disparaître aussi beaucoup d'obligations caractéristiques du servage, qui progressivement s'atténuait, puis s'effaçait.

Parfois la même qualification continuait à être donnée à des personnes dont la condition avait changé. On parlait toujours des serfs de corps et de poursuite, alors qu'il n'y en avait plus au sens où on l'avait primitivement entendu ([81]). A cela, la jurisprudence contribua très largement en interprétant, quand elle n'était pas liée par un texte ou une tradition certaine, les institutions ou les usages dans le sens de la liberté. Sans les nier, elle leur enlevait leur signification servile; elle utilisait la doctrine du mariage putatif pour soustraire à la servitude des enfants nés d'une personne de condition libre avec une autre de condition servile loin du lieu d'origine de celle-ci; tout au moins admit-on généralement l'affranchissement par prescription fondée sur une quasi-possession de liberté pendant vingt ou trente ans ([82]). Celle-ci ou des usurpations à effets encore plus rapides furent facilitées par la négligence des seigneurs à percevoir le chevage qui disparut à peu près partout.

A la rédaction des coutumes, ce fut à peine si les rédacteurs d'une dizaine d'entre elles, Troyes, Vitry, Bourgogne, Nivernais, Bourbonnais, Marche, Auvergne, Berry, Châlons et en quelques points de la Touraine, eurent à s'occuper du servage. Encore dans les détroits de plusieurs de ces coutumes les serfs étaient-ils assez rares; et la mise par écrit de leur condition n'empêcha ni leur nombre de continuer à s'amoindrir, ni leur condition de s'améliorer ([83]). Quelques centres nouveaux de servitude furent, il est vrai, incorporés au royaume avec les conquêtes de Louis XIV, par exemple, la Franche-Comté, l'Alsace.

(80) Froumenteau, *Le secret des finances de France*, 1581, t. 1, p. 17.

(81) Guyot, *Répert.*, v° *Mainmorte;* Boutaric, *Tr. des droits seigneuriaux*, 1761, p. 332.

(82) Guy Coquille, *Comm. sur la C. de Nivernois, Des servitudes*, art. 6; *C. Vitry* (1509), art. 146; *C. Montargis* (1531), tit. 7, art. 1. — Abbadie, *Le Livre noir et les Etablissements de Dax*, p. CLXXXII.

(83) Voy. ci-dessus, note 81.

Les serfs de l'abbaye de Saint-Claude sont célèbres par l'intérêt que leur porta Voltaire ([84]).

Parmi ces serfs, dont il est malaisé de déterminer le nombre ([85]), on en comptait de trois sortes : 1° les *serfs de corps et de poursuite*, appellation qui s'appliquait désormais aux anciens serfs de servitude personnelle, qui tout en ayant la faculté de résider où il leur plaisait ne pouvaient se soustraire aux obligations serviles vis-à-vis de leur seigneur, tel que le paiement de la taille servile, ni priver celui-ci de leur succession, car « la servitude estant de naissance tient et adhère à la chair et aux os; en sorte que le serf demeure serf en quelque part qu'il aille, ores qu'il quitte tous ses biens meubles et immeubles » ([86]); — 2° les *serfs de meubles et d'héritage*, qui n'étaient serfs qu'à raison de leur résidence sous un seigneur et s'affranchissaient de la servitude en abandonnant les héritages qu'ils avaient dans la seigneurie et tous leurs meubles; — 3° les *serfs d'héritage*, qui ne l'étaient qu'à raison de leur tenure et s'affranchissaient en déguerpissant ([87]). C'était la servitude réelle et celle que les tribunaux toujours présumaient jusqu'à la preuve contraire ([88]).

Les obligations serviles subsistantes restaient le paiement d'une taille annuelle en plusieurs termes, certaines corvées, le droit de formariage, là où il était maintenu, l'incapacité de tester au préjudice du seigneur qui recueillait les biens des serfs qui décédaient sans descendants vivant en communauté avec eux. Aussi les régions de servage étaient-elles surtout celles de communautés taisibles, grâce auxquelles était écartée la règle : « le serf mort saisit le seigneur vif » ([89]). Hors de là, les serfs jouissaient de la capacité civile ordinaire : ils pouvaient aliéner, même leur tenure avec l'assentiment du seigneur; ils contractaient librement; leurs femmes avaient un douaire.

Déjà les Etats de Blois (1576) et ceux de Paris (1614) avaient demandé la suppression de la servitude personnelle ([90]); des ju-

(84) Voltaire, *Requête au roi pour les serfs de Saint-Claude*, Œuvres, 1785, t. 35, p. 187.

(85) En 1789, le duc de La Rochefoucauld donne le chiffre de 140.000, se fondant je ne sais sur quoi. Ceux de l'abbaye de St-Claude étaient un peu plus de 3.000, mais dans un des pays derniers annexés.

(86) Guy Coquille, *loc. cit.*; du Moulin, *Comm. in C. parisiensem*, § 3, gl. 3, n° 5 (*Opera*, 1658, t. 1, pp. 250 et s.) dit qu'il y en a très peu : *adhuc viget in paucis locis Galliae*.

(87) Pothier, *op. cit.*, Ire Part., tit. I, 4.

(88) *Edit*, août 1779, *préam.*, où il est dit que les tribunaux hésitaient à reconnaître la servitude personnelle (Is., t. 26, p. 140).

(89) *C. Melun* (anc.), art. 72 (B. de Richebourg, *Cout. gén.*, t. 3, p. 418). —

(90) Picot, *Hist. des Etats généraux*, t. 2, p. 539; t. 4, p. 68.

ristes l'avaient souhaitée; Voltaire avait réclamé, à propos des serfs du Mont-Jura, l'abolition totale de la mainmorte [91]. Par édit du mois d'août 1779, Louis XVI supprima : 1° toutes les formes de servage tant réelles que personnelles dans tous les domaines de la Couronne, même engagés, et il invitait les seigneurs à l'imiter, regrettant que l'état des finances ne lui permît pas de racheter toutes les tenures serviles [92]; — 2° la servitude personnelle dans toute l'étendue du royaume de sorte qu'aucun serf ne restait plus tenu vis-à-vis du seigneur qu'à raison de son meix mainmortable [93]. Dans la nuit du 4 août 1789, le duc de La Rochefoucauld-Liancourt fit voter l'abolition sans indemnité de toute servitude subsistante, tant réelle que personnelle [94].

§ 2. — La condition des terres.

I. — LES ALLEUX.

Les thèses juridiques hostiles aux alleux qui avaient commencé d'apparaître dès le xive siècle ne produisirent pas avant le xvie ou le xviie tous les effets qu'on en aurait pu attendre. Si quelques coutumes, comme celles de Bretagne ou de Senlis proscrivaient l'alleu, les autres continuaient à l'admettre, établissant seulement par les deux brocards : « Nulle terre sans seigneur » et « Nul seigneur sans titre », une présomption contre lui ou en sa faveur [95]. On n'avait pas tiré, au profit du pouvoir royal, toutes les conséquences contenues dans l'affirmation que toutes les terres relevaient du roi en fief ou en arrière-fief et qui tendait à la directe générale du Prince sur l'ensemble du sol [96]. Il semblait même que la doctrine fût en recul, car du Moulin,

(91) *Arrêtés du P. P. de Lamoignon*, art. 1. Dunod, *Tr. de la mainmorte et des retraits, préf.*; Pocquet de Livonnière, I, 2, régl. 39. — Voltaire, *loc. cit.*, — Chassin, *L'Eglise et les derniers serfs*, pp. 75 et s.

(92) *Edit*, août 1779, art. 1-3 (Is., t. 26, p. 141).

(93) *Ibid.*, art. 6 « Le droit de suite sur les mainmortables demeurera éteint et supprimé dans tout notre royaume, dès que le serf ou mainmortable aura acquis un véritable domicile dans un lieu franc; voulons qu'alors il devienne franc à l'égard de sa personne, de ses meubles et même de ses immeubles qui ne seraient pas mainmortables par leur situation ou par des titres particuliers ».

(94) *Décrets des 4, 6, 7, 8 et 11 août-21 sept. et 3 nov. 1789.*

(95) Voy. ci-dessus, pp. 380-381. — Chénon, *Les démembrements de la propriété foncière en France avant et après la révolution*, 2ª édition, 1923.

(96) Voy. ci-dessus, pp. 425-427.

Caseneuve et quelques autres attribuaient au roi deux sortes de droits sur les terres, droit de souveraineté, quant à la justice ou à la protection, sur toutes sans distinction, droit de suzeraineté, c'est-à-dire de directe générale, sur celles-là seules qui avaient par elles-mêmes nature de fiefs et de censives [97]. Mais la guerre sourde à l'alleu n'en avait pas moins continué de la part des officiers royaux dans la pratique administrative et sur des points différents du pays. C'est ainsi que par deux fois, en 1368 et en 1484, le Languedoc avait dû exiger sa reconnaissance officielle de pays d'allodialité [98]. La rédaction des coutumes avait souvent paru une occasion d'enlever à certaines régions cette qualité; mais les protestations furent généralement assez heureuses [99]. Aux Etats de Blois (1576) le cahier de la noblesse demandait que la règle : « Nulle terre sans seigneur » fût étendue à tout le royaume; or, les nobles du Dauphiné déclarèrent s'en vouloir tenir à ce que chez eux « les héritages sont réputez francs et libres, s'il n'y a quelque chose d'individu et de spécifique au contraire [100]. » Mais il faut croire qu'en dehors des pays de droit écrit, les titres étaient nombreux là où triomphait le principe : « Nul seigneur sans titre », car les alleux s'y raréfiaient. Cependant ce n'étaient pas les droits des seigneurs qui préoccupaient les publicistes et les juristes qui, contrairement à la doctrine de du Moulin, reprirent alors avec plus de force l'idée de la directe générale. La diversité des explications qu'ils en donnèrent montre que sa justification les intéressait moins que les effets qu'ils en espéraient et qui étaient de soumettre, au profit du fisc royal, le plus de terres possibles aux charges foncières et aux redevances féodales [101].

(97) Du Moulin, *Comm. in C. parisiensem*, tit. I, § 1, gl. 1, n° 11; § 68, gl. 6, n° 12 (*Opera*, 1658, t. 1, pp. 189 et s., 1293); Caseneuve, *Instruction pour le franc-alleu de la province de Languedoc*, Toulouse, 1645, p. 62.

(98) *Ord. des r. de Fr.*, t. 5, pp. 99, 109. — Galland, *Du franc-aleu*, p. 37.

(99) Un arrêt du Parlement de Paris de l'année 1544 entre le roi de Navarre, vicomte de Limoges, et les habitants de cette ville décidait qu'il incombait au vicomte de prouver que les droits censuels lui étaient dus. Bazin de Bezons qui, en 1680, soumet l'arrêt pour interprétation au contrôleur général des finances ajoute : « Les consuls avaient prétendu qu'ils devoient estre parties; parce que c'estoit une question générale s'ils pouvoient posséder en franc-alleu ou non et qu'ils l'avoient esté dans l'arrest de 1544. Mais je leur ai fait entendre qu'il s'agissait dans le papier terrier de juger les déclarations de chaque particulier et qu'ils pourroient aussi bien qu'eux expliquer leurs raisons » (*Bull. de la Soc. arch. et hist. du Limousin*, t. 65, p. 217).

(100) *Rec. de l'Acad. de législ.*, t. 7, 1858, p. 169 et s.

(101) Bacquet (*Tr. des francs-fiefs*, t. 2, chap. XVI, 2) lui donne pour

Les juges royaux visaient au même but en affirmant simplement que rien n'était allodial en France, s'efforçant d'autre part, comme les auteurs, de séparer de plus en plus la thèse de la directe royale de celle des seigneurs. On citait dans ce sens plusieurs arrêts du xvie siècle [102]. Dans le premier quart du xviie, cinq arrêts du Conseil, 1619, 1620, 1624, 1625, 1626, avaient refusé de reconnaître l'alleu sans titre à l'encontre du roi, en Bordelais, en Guyenne, en Languedoc [103], et cette jurisprudence fut législativement consacrée par l'art. 383 de l'ordonnance de mai 1629 : « Tous héritages relevans de nous en pays coustumiers ou de droict escrit sont tenus et sujets aux droits de lods, ventes, quints, requints et autres droicts ordinaires selon la condition des héritages et coustumes des lieux et sont tous héritages ne relevans d'autres seigneurs censez relever de nous, si non, pour tout ce que dessus, que les possesseurs des héritages fassent apparoir de bons titres qui les en déchargent [104]. » Les Parlements ayant refusé d'enregistrer l'ordonnance, la guerre administrative reprit. Galland publia, pour la seconder, son livre *Du franc-aleu et origine des droits seigneuriaux.*

Ainsi et de nouveau attaqués, le Languedoc et le Dauphiné parvinrent à faire triompher leurs droits (édit 1658) [105]. Par transaction un arrêt du Conseil du 22 mai 1667 et quelques autres maintinrent, dans les pays d'allodialité, la présomption en faveur de l'alleu roturier et l'établirent contre l'alleu noble [106]. Mais des édits de 1641 et de 1692 donnèrent une autre

fondement un droit primordial du Prince sur toutes les terres (sorte de métaphysique juridique), Pasquier (*op. cit.*, II, p. 117), Loyseau (*Tr. des seigneuries*, I, p. 7), Guy Coquille (*C. du Nivernois*, VII, 1) en voient l'origine dans la prétendue conquête de la Gaule par les Francs et le partage des terres par les rois ou l'abandon aux indigènes sous réserve du domaine, Galland (*op. cit.*) dans des avatars sociaux et imprécis, etc.

(102) Guillelmus Benedicti (*Repetitio capituli Raynutius*, Lugduni, 1582, *Dec. II^a*), cite un arrêt de la Chambre des Comptes disant « quod nullus in regno Franciae tenere potest sine domino. Et si qua reperiretur res immobilis sine domino super illa census imponeretur annis singulis regi solvendus... »

(103) La Poix de Fréminville, *Pratique universelle pour la réformation des terriers*, 2e éd., t. 1, p. 164.

(104) Is., t. 16, p. 317.

(105) *Rec. de l'Ac. de législ.*, *loc. cit.*

(106) Des Lettres patentes appliquèrent cela à la Bourgogne en 1693; des arrêts du Conseil (6 et 26 février 1694) interprétèrent ainsi les coutumes de Chaumont et de Troyes (*Encyclopédie méthodique*, v^o *Jurisprudence*, t. 4, pp. 611 et s.).

forme à la transaction. Après avoir, dans le dernier surtout, affirmé son droit sur toutes les terres, qui ne pouvaient être tenues que de lui, le roi ne reconnaissait d'autres explications à l'alleu qu'un privilège accordé par lui et dont le bénéficiaire devait produire le titre, ou un privilège concédé par un seigneur à un arrière-vassal, qui ne pouvait valoir contre le roi, ou encore une usurpation du possesseur de la terre, mais on ne prescrivait pas non plus contre le roi; et il décidait que l'alleutier ne serait maintenu, en l'absence de titre, dans sa situation actuelle que moyennant le paiement d'une finance à déterminer, en échange de laquelle des Lettres royaux lui seraient délivrées ([107]). Pour l'administration royale, c'était cette finance, compensatoire des cens et des droits casuels, qui importait. L'édit ne garantissait pas l'avenir : en effet, si l'édit du centième en 1703 visait les mutations de tous les biens sans nommer les alleux, ce qui ne les excluait pas, pour lever toute équivoque une ordonnance du 19 juillet 1704 les nomma ([108]).

La même politique fut suivie à l'égard de la franche-aumône ([109]). La jurisprudence des xviie et xviiie siècles tendit à faire admettre : 1° que toute terre d'Eglise était roturière; 2° qu'elle était toujours une censive, cela dans l'intérêt du roi ét de la directe générale. Mais des particuliers bénéficièrent de ce que l'Eglise ne pût plus renverser au moyen d'un titre la présomption : « Nulle terre sans seigneur » ([110]).

II. — LES TENURES FÉODALES.

1° Les fiefs.

Depuis le xive siècle, le fief avait cessé graduellement de correspondre à l'organisation sociale et à ses besoins. Il restait un type de possession foncière, dont la nature influait peu sur la vie de ses possesseurs successifs, un avatar économique de certaines terres; mais le nombre de celles-ci et les modalités qu'elles en subissaient lui assignaient encore une place importante tant dans le domaine juridique que dans l'économie générale du pays. C'est pour cela que, même après la disparition de

(107) *Edit*, août 1692 (Néron, t. 2, p. 239; Is., t. 20, p. 165 [incomplet]).
(108) *Edits*, déc., 1703; juin 1705 (Néron, t. 2, p. 338, 368); *Ord.*, 19 juillet 1704 (Is., t. 20, p. 450).
(109) Car, dit Loysel, n° 83 : « Tenir en main-morte, franc-alleu ou franche aumône est tout un en effet » et *Divers opuscules*, 1656, p. 128.
(110) Henrion de Pensey, *Dissertations féodales*, t. 2, p. 88.

la féodalité politique et militaire, les théories féodales avaient continué de préoccuper les juristes qui, comme Cujas, du Moulin ou Dargentré, les parachevèrent au xvie siècle [111]. Elles tenaient toutes au dédoublement du domaine et visaient à définir le rapport entre le détenteur de la directe et le propriétaire utile [112].

Comme ils ne pouvaient s'ignorer, le second tenant ses droits sur la terre du premier, l'obligation de la foi et hommage persistait, mais dans la plupart des coutumes les solennités en étaient fort atténuées. Dans beaucoup elle avait été réduite à un serment; dans quelques-unes à une simple visite. Là, dit Challine, « l'exhibition de la personne du vassal emporte la prestation de serment explicite » [113]. Les conséquences en étaient aussi restreintes. Les obligations vassaliques essentielles, comprises sous les deux chefs de l'*auxilium* et du *concilium*, avaient complètement disparu. Les tenants fief ne devaient le service militaire qu'au roi, sur la convocation du ban et de l'arrière-ban et sous la seule direction des baillis et des sénéchaux. Le service de cour avait cessé, quand les seigneurs ne purent plus siéger dans leurs tribunaux et à mesure que la justice féodale s'évanouit [114].

Les droits lucratifs subsistaient seuls. On maintenait la foi et l'hommage parce qu'ils en étaient le signe et la garantie. L'aveu et le dénombrement étaient-ils *a fortiori* exigés, car par eux le suzerain recevait du vassal, sur parchemin et par acte authentique, la description des biens, droits et revenus que celui-ci possédait dans sa mouvance et des devoirs ou services qu'il en pouvait exiger. Le seigneur les recevait d'ordinaire au siège de sa justice et, dans certaines régions, fixait un jour au vassal pour « quérir le blâme », c'est-à-dire pour venir écouter les objections qui lui seraient faites et rectifier l'acte s'il y avait lieu [115]. Les inexactitudes volontaires entraînaient la saisie du fief ou de fortes amendes.

---

(111) Cujas, *De feudis* (Opera, 1617, t. 2); du Moulin, *Comm. in C. pariensem*, tit. I, *De feudis* (Opera, 1658, t. 1).

(112) Voy. ci-dessus, p. 272-276.

(113) Challine, *Méthode générale pour l'intelligence des coustumes de France*, p. 53. Dès le xvie siècle l'hommage lige n'était prêté qu'au roi, devant les Cours des Aides. Cpr. du Moulin, *Comm. in C. parisiensem*, § 3, gl. 3, n°s 15-16 (*Opera*, 1658, t. 1, pp. 255 et s.).

(114) Voy. ci-dessus, pp. 242-248, 278.

(115) De la Monneraye, *Le régime féodal et les classes rurales dans le Maine au xviiie siècle* (NRH., 1921, pp. 211 et s.).

Les aides féodales, forme pécuniaire de l'*auxilium*, s'étaient, à raison de leur nature de profits, plus longtemps conservées. On les voit parfois exigées au xviii° siècle, à la réception du suzerain dans l'ordre du Saint-Esprit ou à propos du mariage de ses enfants. A peu près partout il n'en était plus question. Mais des coutumes connaissaient une taille réclamée en certaines occasions aux vassaux et qui en pourrait être une déformation. Des aveux reconnaissent assez fréquemment la prestation de cens en argent ou de redevances en nature, même de corvées, à la charge de terres nobles (¹¹⁶).

Les droits casuels constituaient le véritable fondement et mesuraient la valeur de la directe : 1° *quint* et, parfois, *requint*, dus en cas de mutation à titre onéreux, ventes et contrats équipollents; mais la quotité de ces droits variait d'après les coutumes et, en outre, le seigneur faisait d'ordinaire remise du tiers ou du quart; 2° droit de *rachat*, égal à une année du revenu du fief, que le seigneur levait chaque fois que le fief changeait de mains, à l'exception des cas où était dû un profit particulier de vente (quint, requint) et de ceux où il n'était dû que la foi sans profit (par exemple, succession ou donation en ligne directe dans la plupart des coutumes) (¹¹⁷). Si le revenu n'était pas en argent liquide, le seigneur conservait le droit de dire, dans les quarante jours, sous quelle forme il entendait percevoir le rachat (revenu annuel en nature, ou estimé à dire d'expert, ou somme à aviser par le vassal); 3° *retrait féodal*, en cas de vente ou de convention équipollente, mais que les coutumes ne permettaient plus guère qu'aux hauts justiciers, que l'édit de 1749 interdit aux établissements de mainmorte, et que rendaient impossible l'expiration du délai de quarante jours, la réception du vassal à l'hommage ou l'option sur la forme du rachat; 4° *droit de réversion*, c'est-à-dire retour du fief servant au fief dominant par extinction de la race du vassal.

Le vassal pouvait librement disposer du fief, qui ne créait plus entre le suzerain et lui qu'un lien personnel théorique, mais il ne pouvait le démembrer sans le consentement du suzerain dont la directe eût été ainsi atteinte, ni en reconnaissant cette directe à un autre suzerain, soit pour l'ensemble du fief (*dismembratio a capite*), soit pour partie (*dismembratio a capite et corpore*), ni en le morcelant en plusieurs fiefs (*dismembratio*

(116) De la Monneraye, *op. cit.*, pp. 215, 221.
(117) Voy. ci-dessus, pp. 257-263.

a corpore). Mais la plupart des coutumes permettaient le *jeu de
fief,* soit avec profit : aliénation d'une partie du fief avec obligation pour l'acquéreur d'être vassal pour la partie aliénée, soit
sans profit : aliénation d'une partie du fief en restant tenu de
la foi et de l'hommage pour le tout.

Le propriétaire éminent disposait de la directe avec une égale
liberté, en même temps que du domaine auquel elle était jointe,
et pouvait l'aliéner en tout ou partie en gardant ce domaine, ou
la garder en aliénant celui-ci. La directe ainsi détachée était
le *fief volant* ou *fief en l'air.*

Les règles successorales particulières aux fiefs avaient peu à
peu disparu et l'on s'attacha finalement, dans les partages
successoraux, plutôt à la qualité des successeurs qu'à celles des
biens.

Tout cela comportait de grands adoucissements dans les sanctions. La commise maintenue ne pouvait plus être demandée
que pour désaveu *rei et personae,* c'est-à-dire négation inex-
cusable de l'existence de la directe, ou pour félonie, qui ne
s'entendait plus au sens ancien, mais dans celui d'injure
atroce faite au concédant du fief : les deux cas donnaient lieu
à une action devant les tribunaux ordinaires pour cause d'ingratitude [118]. Les manquements aux obligations subsistant à la
charge du vassal furent sanctionnés par des amendes ou par
la saisie féodale, acte par lequel le seigneur se mettait en possession du fief mouvant de lui « pour faute d'homme et foi
non faite » et le réunissait à son domaine jusqu'à ce qu'on lui
eût apporté la foi. D'ordinaire, pendant la saisie ou du moins
pendant l'année qui la suivait, il s'attribuait les fruits et les
honneurs du fief. Pour faute d' « aveu et dénombrement », elle
était réduite à un simple séquestre [119].

2º Les tenures roturières.

Le type normal de la tenure roturière continuait d'être la
censive [120], toujours considérée comme résultant d'un contrat
de bail à cens, par lequel le propriétaire d'un héritage ou d'un
immeuble quelconque l'avait aliéné sous la réserve du domaine

---

(118) Pocquet de Livonnière, *Tr. des fiefs,* pp. 124-127.

(119) Pothier, *Tr. des fiefs,* Iʳᵉ Part., chap. II, art. 1.

(120) Le mot censive désigne indifféremment la tenure pour laquelle
un cens est dû, l'étendue d'une seigneurie sur laquelle un seigneur lève
des cens et le droit même du seigneur censier.

éminent et d'une redevance en argent ou en nature que le preneur devait payer en reconnaissance de la directe. Celui-ci était qualifié de censitaire, celui-là de seigneur censier ou sire du tréfonds. D'ordre exclusivement économique, ces tenures n'avaient pas eu à subir de transformations analogues à celles des fiefs. Leurs caractères n'avaient pas changé; mais, dans les derniers temps, il semble que la jurisprudence en détendit parfois les règles anciennes. On n'admettait plus partout que les termes *bail à cens* comportassent toujours la réserve de la directe; des juges se reconnaissaient le droit de les interpréter [121].

Le cens avait gardé sa nature cérémonielle de redevance recognitive de la seigneurie, par conséquent imprescriptible, sinon quant à la quotité [122], du moins quant à son existence et à sa forme; mais des arrêts admettaient la prescription si le bien avait été vendu comme franc et libre. En tout cas, en Dauphiné, le cens s'éteignait par la prescription centenaire [123]. Il restait en principe indivisible, sauf dans quelques coutumes (Orléans, art. 131, Blois, art. 129, Dunois, art. 46) [124]. Il était le plus ordinairement quérable; dans l'hypothèse contraire le censitaire n'était pas en faute pour ne l'avoir pas payé tant que le seigneur censier ne s'était pas présenté [125]. Le cens n'était pas sujet à la compensation, qui en eût voilé le caractère recognitif de seigneurie. Toutes règles qui ne s'appliquaient évidemment qu'au « chef-cens » et non au « sur-cens », qui depuis le triomphe du principe « cens sur cens n'a lieu » ne pouvait plus être qu'une rente foncière [126]. Enfin, il était perpétuel, mais, dans quelques régions, on autorisa de bonne heure le rachat des censives consti-

(121) Boutaric, *Tr. des dr. seign.*, 1775, p. 111. Tandis que du Moulin (*Comm. in C. paris.*, *De censibus, praef.*, n° 20, *Opera*, 1658, p. 1343), attachait à ces termes la seigneurie directe dans tous les cas, si le bien la comportait, Dargentré exigeait en Bretagne que celle-ci fût expressément stipulée (*Comm. in patrias Britonum leges*, art. 73, nᵒˢ 1-2, 1628, pp. 314-318).

(122) La prescription quant à la quotité ne pouvait être invoquée que par le censitaire, non par le seigneur censier pour exiger un cens plus fort.

(123) Boutaric, *op. cit.*, pp. 44-47.

(124) Mais cela même donne lieu à distinctions et interprétations : Loyseau, *Tr. des rentes*, II, 11, n° 11; Boutaric, *op. cit.* p. 65 et s.

(125) *C. d'Orléans*, art. 133. — Du Moulin, *op. cit.*, § 85, n° 3, p. 1567.

(126) Les mots *gros cens* ou *cher cens* ont fini par désigner celui pour lequel un héritage était donné en bloc, *menu cens*, celui qui est au contraire réparti sur chaque arpent ou autre partie de l'héritage.

tuées à prix d'argent (¹²⁷); la jurisprudence étendit cela en les assimilant, de façon assez confuse, aux rentes constituées (¹²⁸).

Les censives comportaient ordinairement des profits casuels. La plupart n'en étaient grevées qu'en cas de vente ou de contrat équivalent : profits de vente du douzième du prix, lods et ventes du sixième, la quotité variait encore d'après les coutumes. Ailleurs on trouvait un droit de « relevoisons à plaisir » égal au revenu d'un an pour toutes mutations entre vifs ou pour cause de mort; d'autres « relevoisons » étaient du sextuple ou du quadruple du cens annuel (¹²⁹).

Pour faire payer le cens et les droits casuels, le seigneur censier disposait de deux moyens : 1° une action que Pothier qualifiait de « personnelle réelle » parce qu'elle pouvait être intentée contre le débiteur personnel de ces charges au terme où elles étaient dues et contre les tiers détenteurs; 2° la saisie censuelle, qui n'était qu'un obstacle à la jouissance du censitaire, exécutée par un sergent de la justice royale. La sanction du non-paiement du cens était l'amende du « défaut », légère et, du reste, censée remise si elle n'était réclamée dans l'année ou avant le paiement du cens en retard. Faute de payer les profits ou de « dépri », c'est-à-dire de demande de délai, l'acquéreur de la censive encourait l'amende pour « ventes récélées », à moins que le seigneur censier n'eût été présent au contrat. Elle était d'ordinaire de soixante sous ou égale au profit inférieur à ce chiffre, ne se prescrivait que par trente ans, mais ne pouvait être réclamée après réception du profit (¹³⁰).

Le seigneur censier avait droit d'exiger que tout nouvel acquéreur, à son entrée en possession, ou même tout censitaire, une fois dans sa vie, lui fournît, par acte authentique, la reconnaissance censuelle, description détaillée de l'héritage tenu à cens et de ses charges, et de même lorsque le seigneur avait obtenu des Lettres de renouvellement de terrier (¹³¹).

(127) Pierre de Beauveau, angevin, premier chambellan et conseiller du roi, gouverneur de la Provence, de 1426-1427 et de 1429-1439, consacra le droit de racheter les censives constituées à prix d'argent, par un acte connu sous le nom de Sentence de Belcavalla et qui fit loi jusqu'à la révolution dans les procès si nombreux relatifs au rachat des censives d'origine féodale ou non (M. Raimbaut, BPhH., 1918, p. 77, note 5).

(128) Boutaric, *op. cit.*, pp. 55-62; Henrys, *Œuvres*, t. 1, III, 3, quest. 17.

(129) *C. d'Orléans*, art. 124-126, 136.

(130) Du Moulin, *Comm. in C. paris.*, tit. II,, § 77, gl. 1, n⁰ˢ 3, 4, 10, 23, 29, 31, 35 (*Opera*, 1658, t. 1, pp. 1416 et s.).

(131) Guy Pape, *Questions*, n° 272. Pothier, *C. d'Orléans*, tit. II, *Intr.* art. IV.

Mais, de ces charges ou obligations, le censitaire n'était toujours tenu qu'à raison de sa possession; elles grevaient la tenure, non pas lui. Il s'en affranchissait en déguerpissant.

Beaucoup de coutumes conservaient l'usage du retrait censuel, primé du reste, s'il y avait lieu, par le retrait lignager. Le principe : « Ne prend saisine qui ne veut » subsista jusqu'à la fin avec ses conséquences antérieures (132).

3º La décadence de directe.

La caractéristique des tenures féodales résidait dans la division du domaine entre deux ou plusieurs personnes dont les droits se superposaient. La théorie du domaine divisé, construite de la façon qui a été indiquée précédemment, s'était maintenue à peu près intacte jusqu'au début du xviie siècle (133). Elle restait dominée par l'idée de supériorité du domaine direct ou éminent, d'où les termes d' « obéissance », de « mouvance » par lesquels on le désignait. La mémoire survivait du temps où son titulaire avait plus ou moins dominé ou protégé les propriétaires utiles, vassaux ou censitaires. Les juristes avaient fait des deux domaines des droits absolument séparés et autonomes dont leurs titulaires disposaient à leur gré, mais le premier n'en apparaissait pas moins le domaine vrai, que le propriétaire avait seulement diminué en faveur du tenancier. « Le domaine est double, disait au xvie siècle un commentateur de la coutume de Blois, il est direct et c'est là le vrai, propre et principal domaine, à qui seul convient l'appellation de propriété, qui ne convient au contraire jamais au domaine utile » (134). Ce caractère de la directe alla toujours s'atténuant, au point qu'un jour les choses se trouvèrent renversées. Dargentré, qui, malgré ses tendances féodales, l'appelait « du brouillard sur un marais », n'y voyait déjà plus qu'un droit abstrait, détaché de la tenure et n'ayant plus de lieu réel (135). Au xviie siècle, les deux domaines étaient mis

(132) Voy. ci-dessus, pp. 269-271.

(133) Voy. ci-dessus, pp. 272 et s.

(134) Guillelmus Pontanus, *Comm. in Consuetudines blesenses*, art. 33 : « Dominium duplex est directum, id est quod verum, proprium ac principale dominium est cui etiam directo dominio proprietatis tantum appellatio convenit, nunquam utili. » Du Moulin définit le fief une « concessio rei immobilis, cum translatione utilis dominii, proprietate retentâ sub fidelitate et exhibitione servitiorum ».

(135) Dargentré, *Comm. in patrias Britonum leges*, 1628, p. 1464, F. : « Nam et manifesta ratione docetur dominium directum esse per se jus incorporale abstractum a materia quod nullo situ locali contineatur, aut cohibeatur,

sur le même pied, mais chez certains auteurs avec une légère avance en faveur du second, le premier tendant à n'être plus qu'un droit de supériorité ([136]). Enfin le nom même de propriété fut exclusivement réservé au domaine utile, qui prit alors le premier rang ([137]). Pothier note bien que le domaine direct était « le domaine ancien, originaire et primitif de l'héritage dont on a détaché le domaine utile par l'aliénation qui en a été faite »; mais ce n'est plus que « le droit qu'ont les seigneurs de se faire reconnaître comme seigneurs par les propriétaires et possesseurs des héritages tenus d'eux. Ce n'est point le domaine de propriété. Celui qui a ce domaine utile se nomme propriétaire ou seigneur utile » ([138]).

A mesure qu'elle allait s'estompant dans la théorie, la directe tendait à devenir plus rare dans le train de la vie juridique. Depuis longtemps on ne créait plus de nouveaux fiefs; si l'on a fait jusqu'à la fin des baux à cens, ils devenaient toujours plus rares, et la jurisprudence, dès qu'elle y trouvait biais, se refusait à leur reconnaître le caractère féodal ([139]). Elle faisait de même pour les champarts et d'autres tenures que nous savons avoir donné lieu, de très bonne heure, à interprétations ([140]). Le bail à rente foncière, qui ne comportait ni réserve de la directe, ni profits casuels, depuis trois siècles à peu près partout et, dans le Midi, le bail emphytéotique, qui en différait encore moins puisqu'il était la source de droits casuels, s'étaient généralement substitués à la vieille tenure féodale. Ils étaient les types courants de la concession foncière à la veille de la révolution. Ils en retenaient les avantages sans les gênes survivantes. Les inconvénients économiques en étaient moins sensibles. La tendance à admettre le rachat des rentes déjà consacré pour beaucoup dans les ordonnances, leur prescriptibilité, sauf dans les ressorts des Parlements du Sud-Ouest ([141]), la possibilité d'établir rente

etiam si in corpus et ratione corporis exerceatur, sed id separabile est a causa sua, postquam in esse productum est, sicut filia a matre producta vivere et esse incipit sine matre. »

(136) Hévin, *Questions féodales*, IV, 8 : « Soit du côté du seigneur, soit du côté du vassal, il n'y a point de servitude et l'une ne jouit point de ce qui est à l'autre à titre de servitude. Le seigneur retient la seigneurie directe..., le vassal a la seigneurie utile et *la propriété.* »

(137) Pothier, *Tr. de la propriété*, ch. I, 3. — Il dit ailleurs que « la seigneurie directe est quelque chose d'honorifique »: *C. d'Orléans*, art. 132, note.

(138) Cpr., Boutaric, *op. cit.*, p. II et s., 235 et s.

(139) Voy. ci-dessus, pp. 267, 1052.

(140) Voy. ci-dessus, p. 271. — Boutaric, *op. cit.*, pp. 425 et s.

(141) *Ibid.*, p. 56 et s.

sur rente laissaient l'espoir de rajustements chroniques avec les
nouvelles conditions économiques. Sans doute, dans les baux
à cens les plus récents, les cens avaient été fixés à des taux
très supérieurs aux anciens; mais leur disproportion avec la
valeur toujours décroissante de l'argent avait de nouveau très
vite réapparu. Les anciens, de beaucoup les plus nombreux,
représentaient une valeur si infime que, très souvent, les seigneurs censiers ne les percevaient plus, ou du moins laissaient
passer de longues années sans le faire, ne les réclamant qu'après
vingt-sept ou vingt-huit ans, parce que les arrérages se prescrivaient par trente ans. Avec des frais très réduits, ils comptaient
obtenir ainsi une rentrée sinon considérable, au moins honorable; mais ils exaspéraient les censitaires obligés de fournir tout
d'un coup des arrérages qu'ils avaient escompté ne plus jamais
payer. Il fallait une « mouvance » très étendue pour que ses cens
tinssent quelque place dans les revenus du seigneur, qui, le plus
ordinairement, les affermait, ce qui en diminuait encore pour lui
le rendement.

Soit par suite de véritables renonciations, soit que les seigneurs de la directe en eussent vendu la valeur aux propriétaires utiles beaucoup de tenures s'étaient transformées, surtout
au cours du xviiie siècle, en pleine propriété. Vers 1750, Forbon-
nais montre de nombreux nobles ou anoblis réduits à une pauvreté extrême avec des titres de propriétés immenses, vendant
aux petits cultivateurs leurs droits sur la terre, c'est-à-dire leur
domaine direct pour le montant de la taille. La pratique et
l'initiative de beaucoup de nobles allaient ainsi au-devant des
publicistes proposant la suppression des droits féodaux par la
liberté du rachat.

Depuis déjà longtemps les termes féodalité, droits féodaux,
ne correspondaient plus à rien de précis; dans le langage courant
on désignait par là la plupart des démembrements de la propriété
et autant les rentes et autres redevances, étrangères à la directe,
que les cens. Leur commune suppression faisait l'objet de discussions. En 1751, un auteur anonyme avait écrit un *Essai sur
le rachat des rentes et redevances foncières*, condamné par le
Parlement, mais qui montre que; sur le plan économique, les
rentes non féodales étaient tenues pour aussi encombrantes que
les cens féodaux. Boncerf écrivit, dans le même sens, *Les inconvénients des droits féodaux*, en 1776, livre également condamné,
et réitéra, en 1789, avec ses *Moyens d'éteindre et méthode de
liquider les droits féodaux*. Siéyès préconisait aussi l'extinction
par le rachat, système qui fonctionnait en Savoie depuis 15 ans.

III. — LES TENURES SERVILES.

Les tenures serviles, de plus en plus rares, restaient des terres grevées de redevances et de corvées, non transmissibles. Les charges en étaient devenues exclusivement coutumières, c'est-à-dire fixes. Quelquefois on atténuait la rigueur de la mainmorte en permettant la succession en ligne directe ou même collatérale moyennant une sorte de droit de relief, ou le seigneur autorisait le serf à aliéner sa tenure. Mais si le bénéficiaire de ces transferts était une personne libre ou un homme d'une autre servitude, il devait dans l'an et jour mettre la tenure hors de ses mains et en mains habiles, faute de quoi le seigneur la pouvait saisir ou confisquer. La servitude de la terre apparaît surtout dans ces faits que les serfs de servitude personnelle pouvaient posséder, en dehors de leurs meix mainmortables, des terres roturières; que les serfs d'héritage ne l'étaient que par l'exploitation qui leur avait été consentie de la tenure, puisqu'ils s'affranchissaient en l'abandonnant. Mais la disparition de la servitude personnelle entraînait presque toujours celle de la terre; l'homme et la terre étaient d'ordinaire affranchis à la fois et dans une mesure à peu près équivalente. Cela s'était fait le plus souvent dès le xive siècle. Louis XVI, dans l'édit du mois d'août 1779, transforma les terres serviles du domaine de la Couronne en censives, chargées d' « un sol » de cens par arpent, ce cens emportant lods et ventes, conformément à la coutume de leur situation. Cependant les tenures des serfs des seigneurs contre qui il abolissait le droit de suite et qui les avaient abandonnées, gardaient leur nature de tenures serviles [142]. Les nouveaux occupants devenaient donc du fait de leur possession serfs d'héritage, jusqu'à leur déguerpissement possible.

IV. — LES CONDITIONS ÉCONOMIQUES DES TERRES.

A travers les siècles, la physionomie générale de l'exploitation foncière avait moins changé qu'on ne croirait. Les possesseurs terriens des derniers temps de la monarchie n'avaient pas à suivre des errements très différents de ceux de leurs prédécesseurs, même lointains. On rencontrait cependant, plus mêlés que jamais, tous les types de la grande, de la moyenne et de la petite propriété, celle-ci se développant de façon continue. La

(142) *Edit*, août 1779, art. 4, 6 (Is., t. 26, p. 141).

grande n'était jamais immense; la moyenne n'en différait que par l'étendue, nullement par les modes d'exploitation. De l'une et de l'autre les domaines présentaient toujours trois parties : la réserve comprenant le château ou la maison de maître entourée de parcs, de vergers et de quelques champs que le propriétaire exploitait lui-même, une seconde partie distribuée en fermes ou en métairies aux mains de familles paysannes, qu'on pouvait dire à demeure, car on ne les renvoyait jamais, une troisième embrassait les bois, terres vaines et vagues, étangs, que tantôt le propriétaire se réservait exclusivement, tantôt il partageait en jouissance avec ses colons. C'était le nombre de ces fermes (baux en argent ou à gain sûr) et de ces métairies (à moitié fruits avec des conventions variées en ce qui touche le cheptel) qui faisait le domaine plus ou moins grand. On n'en trouvait nulle part du type du *latifundium*. Cette réserve, ces fermes ou métairies, ces bois et bruyères, constituaient le domaine proprement dit. Beaucoup de propriétaires fonciers, nobles ou bourgeois, ne possédaient rien de plus que ces terres sur lesquelles ils avaient la propriété allodiale ou la propriété utile.

Mais leurs «terres» s'assortissaient souvent d'une «mouvance», (fiefs et censives), dont l'étendue variait aussi infiniment, embrassant un nombre plus ou moins grand de tenures féodales sur lesquelles ils n'avaient plus que la seigneurie directe et les droits restreints qu'elle comportait : cens, profits casuels (143). Ces bonis s'ajoutaient aux revenus du domaine, mais, sauf quand la « mouvance » était très vaste, ne les accroissaient que faiblement (144). Cependant les nombreux accensements de landes, pacages, marais, signalés au xviiie siècle, durent être consentis moyennant des cens supérieurs aux anciens, mais moins élevés que ne l'eût voulu la valeur décroissante de l'argent à ce moment-là, à raison du nombre restreint des preneurs, et, dans certaines régions, l'emphytéose écartait le bail à cens (145). C'est que, ne se distinguant des précédentes que par l'absence de féodalité et si analogue en tout le reste que le langage courant et la pratique parfois les confondaient, les tenures perpétuelles où le concédant ne

(143) Il semble que dans quelques régions, par exemple, dans le Maine, il y eut des seigneuries très étendues : de la Monneraye, *Le régime féodal dans le Maine au* xviiie *siècle* (NRH. 1921, p. 177 et s.).

(144) Cpr. de la Monneraye, *op. cit.*, p. 175 et s. — Mais tout dépendait de l'importance réciproque du domaine et de la mouvance. Même des « fiefs volants » pouvaient être d'un rapport important.

(145) Dans le Midi surtout : Boutaric, *op. cit.*, p. 424 et s.

se réservait qu'un droit réel distinct de la chose, baux à rente, champarts, locateries perpétuelles, emphytéoses, augmentaient encore le nombre des terres dont le seigneur foncier ne tirait que certains profits. Il semblerait que l'importance des rentes et des champarts relativement aux cens les rendît d'un plus grand rapport. Or il n'apparaît pas toujours ([146]).

Comme par le passé, il y avait en France, au moins dans certaines régions, de grandes possessions terriennes; il n'existait nulle part de grandes exploitations. Les grands propriétaires, nobles ou bourgeois, exploitaient leurs domaines par de petits fermiers ou des métayers. Chaque ferme ou métairie était depuis très longtemps composée et mesurée sur la capacité de travail et les besoins d'une famille. Ainsi morcelée entre les familles paysannes, la terre peut plus aisément devenir leur chose. De fait, depuis le xviie siècle, peu à peu elle le devient, et, pendant tout le cours du xviiie, elle continue de se morceler à leur profit. Pour cela, il suffit que la directe s'évanouisse, et nous avons vu quelles causes la font disparaître, ou que des ventes rompent l'unité du domaine. Le luxe, les dettes de beaucoup de familles, l'extinction de certaines autres en sont l'occasion, et la bande noire y aide. Le paysan s'incruste d'autant plus à la terre qu'il en sait la valeur grandir (des deux tiers, dit-on, depuis les dernières années de Louis XIV, de trente-six pour cent dans les quarante dernières de la monarchie). Vers 1750, plus du quart du sol du royaume lui appartient ([147]). Lavoisier compte 450.000 paysans propriétaires de terres complètement libres. Dans quelques

(146) De documents privés passés entre mes mains il n'apparaît pas; mais cela est très contingent et question d'espèces. Le grand terrien consentait peu de baux à rente, préférant exploiter par baux à ferme ou métayage.

(147) M. J. Loutchisky (*La propriété paysanne en France à la veille de la révolution* [*principalement en Limousin*], Paris, 1912), qui estime que les cultivateurs représentaient 91 p. 100 de la population paysanne, attribue, en Bas-Limousin, sur 310.000 arpents : 171.000 arpents aux paysans, 81.000 aux bourgeois, 46.000 aux nobles, 9.685 au clergé. La moyenne en étendue des propriétés des classes privilégiées serait de 295 arpents avec seulement 23,8 p. 100 de terres labourables, car les bois et les landes appartiennent pour la presque totalité à ces classes, la haute bourgeoisie comprise. — M. Ch. Porée, archiviste de l'Yonne (*Doc. rel. à la vente des biens nationaux dans le district de Sens*, 1912) trouve sur 120.731 hectares : pour les paysans, 55.000 h. (49,58 p. 100 des terres cultivées), pour les bourgeois, 17.727 h.; pour les nobles, 18.000 h.; pour le clergé, 14.716 h. Cpr. Kovalewsky, *La France économique et sociale à la veille de la révolution. Les campagnes*, Paris, 1908.

pays, aux environs de Sens par exemple, presque tous les paysans étaient propriétaires (148). Arthur Young critiquait ce morcellement comme excessif. Bien que les travaux actuels sur ce sujet soient loin d'embrasser l'ensemble de la France, ce qui ne permet que des conclusions partielles, celles-ci sont généralement concordantes (149).

Ce phénomène de translation des biens à la classe paysanne est d'autant plus remarquable qu'à la même époque aucun autre pays d'Europe ne montre rien de semblable. Tout au contraire, c'est le temps où, en Angleterre, le sol se concentre aux mains de la *gentry* et que se constituent la plupart des immenses fortunes terriennes qui subsistent encore aujourd'hui. Il en était de même dans les Pays-Bas autrichiens. En France, le paysan s'approprie à l'heure même où de l'autre côté du détroit il est exproprié (150). Même en France, un mouvement inverse à celui qui s'opère dans le reste du royaume se trouve provoqué dans la Normandie par le développement de l'industrie qui incite les ruraux à abandonner la terre, dont s'empare aussitôt la bourgeoisie, et l'on ne note plus, sous Louis XVI, sur 10.777 bas-normands que 6.439 propriétaires. Une attirance du même genre était exercée par les centres industriels du Midi, Béziers, Bédarieux, Nimes, Castres, Mazamet.

Cependant l'exploitation rurale rencontrait des difficultés. La rareté des travailleurs agricoles non-propriétaires ou tenanciers rendait la main-d'œuvre rare et dès lors très chère. Comme une prospérité même relative fait les caractères plus indépendants et que les charges des tenanciers féodaux ou non féodaux apparaissaient d'autant plus gênantes qu'elles s'allégeaient, mais qu'en même temps on n'en percevait plus la raison d'être et qu'on n'en

(148) Ch. Porée, *op. cit.*, t. 1 : à Maillot, banlieue de Sens, 76 propriétaires sur 77 feux, d'après le terrier de 1754; au village de Theil-sur-Vanne, 54 propriétaires sur 61 feux. Arthur Young, *Voyage en France*, t. 2, ch. 11.

(149) Outre les ouvrages cités aux notes précédentes, voyez : Dubreuil, *Vente des biens nationaux dans le département du Nord (1750-1830).* — Marion, Benzacar, Caudrillier, *Doc. sur la vente des biens nationaux dans le département de la Gironde*, 1914. — Henri Martin, *Hist. économique de la Révolution : les biens nationaux dans le district de Toulouse*, Paris, Toulouse, 1917. — Vermale, *La vente des biens nationaux dans le district de Chambéry*, Leroux, 1912. — Lecarpentier, *La vente des biens ecclésiastiques pendant la Révolution française*, Paris, 1908.

(150) Boutmy, *Le développement de la constitution et de la société politique en Angleterre*, 1898, pp. 227-248. Sir John Carr, *Voyage en Hollande*, éd. franç., t. 1, p. 309; t. 2, p. 422.

savait plus les origines, les tenanciers étaient impatients de les rejeter. Or, juste au temps où leur suppression était discutée dans les livres, un retour brusque à la vie rurale provoqué par Rousseau, les physiocrates, le besoin de faire des économies et quelques autres causes, fit que les grands propriétaires, quelques-uns grands agronomes aussi, regardèrent de plus près à leurs droits et que de la réfection des terriers, confiée à des hommes de lois ou d'affaires, résulta une plus grande sévérité dans l'exigence des anciens droits, monopoles, banalités, droits casuels, cens. rentes, etc., et même la résurrection de ceux qu'on croyait morts depuis longtemps ou l'invention de quelques autres. D'où le mécontentement et les murmures des paysans contre les seigneurs, nobles ou bourgeois, qui se mettaient ainsi en travers du courant qui emportait plus ou moins vite ces charges et ces obligations à l'oubli.

PRINCIPALES ABRÉVIATIONS

———

AIBL........ Académie des Inscriptions et Belles-Lettres.
ASMP .... Académie des Sciences morales et politiques.
BAr.......... Bulletin archéologique.
BECh........ Bibliothèque de l'École des Chartes.
B Ph H..... Bulletin historique et philologique.
C. I. L...... Corpus inscriptionum latinarum.
DI............. Collection des documents inédits sur l'Histoire de France.
HF........... Historiens des Gaules et de la France.
Is............. Isambert, Recueil des anciennes lois françaises.
M. Ar.-H... Mélanges d'archéologie et d'histoire.
MGH .... Monumenta Germaniae historica. [Capitularia regum Francorum, t. 1 :
     Bor. (Boretius) ; t. 2 : *Kr.* (Krause) ; — Formulae aevi merovingici
     et karolini : *Z.* (Zeumer) ; — Concilia... : t. 1 : *Maassen* ; t. 2 : *Wer-*
     minghoff.]
NRH .... Nouvelle revue historique de droit français et étranger.
PL .... Migne, Patrologie Latine.
RH........... Revue historique.
RHD. .... Revue historique de droit français et étranger (1922-1925).
RQH........ Revue des Questions historiques.
RSH........ Revue de Synthèse historique.
SHFr. ...... Société de l'Histoire de France.
Z SS .... Zeitschrift der Savigny-Stiftung, Germ. Abt.

TABLE DES MATIERES

LIVRE II

Les institutions politiques et sociales sous les monarchies franques.

CHAPITRE PREMIER

La royauté aux époques mérovingienne et carolingienne.

CHAPITRE II

L'Eglise sous les monarchies franques.

CHAPITRE III

La condition des personnes et des terres pendant l'époque franque.

LIVRE III

Le régime seigneurial et la société féodale.

CHAPITRE PREMIER
Seigneuries, fiefs, royauté.

CHAPITRE IV

Les institutions municipales et corporatives.

CHAPITRE V

L'Eglise pendant la période seigneuriale et féodale.

CHAPITRE VI

La condition des personnes et des terres.

LIVRE IV

Le royaume de France.

CHAPITRE PREMIER

La constitution de la monarchie et les lois fondamentales.

CHAPITRE II

Les institutions centrales de la monarchie.

CHAPITRE III

L'administration royale dans les provinces.

CHAPITRE IV
La justice.

CHAPITRE VIII

Les institutions religieuses et l'organisation des cultes.

CHAPITRE IX

La condition des personnes et des terres.

ERRATA

Page 49, note 130, *au lieu de :* ʽEXATEPΩI, *lisez :* ʽEKATEPΩI.

Page 125, note 191, *au lieu de :* linde brogianæ, *lisez :* lindebrogianæ.

Page 133, note 32, *au lieu de :* indultæ, *lisez :* indulta.

Page 136, note 47, *au lieu de :* Antidissiodoransium, *lisez :* Autissiodorensium.

Pages 136, ligne 19 ; 137, ligne 12 ; 141, lignes 10, 11, *au lieu de :* manse, *lisez :* mense.

Page 232, ligne 20, *au lieu de :* aprisio, *lisez :* aprisia.

Page 243, note 174, *au lieu de :* 1920, *lisez :* 1290.

Page 617, lignes 17, 26, *au lieu de :* Lettres de gardes-gardiennes, *lisez :* Lettres de garde-gardienne.

Page 749, ligne 19, *au lieu de :* xive siècle, *lisez :* xve siècle.

Page 765, lignes 34, 35, *au lieu de :* vénalité des cadres, *lisez :* vénalité des charges.

Page 898, ligne 5, *au lieu de :* sous Louis XIV, *lisez :* sous Louis XVI.

Page 1004, ligne 13, *au lieu de :* ne permit plus, *lisez :* ne permirent plus.

Page 1004, ligne 18, *au lieu de :* sanctions, *lisez :* solutions.

Page 1005, ligne 5, *au lieu de :* ratione matariæ, *lisez :* ratione materiæ.

13.022 — Bordeaux, Imprimerie Cadoret, 17, rue Poquelin-Molière.